Marschner/Volckart/Lesting
Freiheitsentziehung und Unterbringung

Beck'sche Kurz-Kommentare

Band 32

Freiheitsentziehung und Unterbringung

Materielles Recht und Verfahrensrecht

bearbeitet von

Dr. Rolf Marschner

Rechtsanwalt in München

Dr. Wolfgang Lesting

Richter am OLG Oldenburg

5., völlig neu bearbeitete Auflage

des von Dr. Erwin Saage begründeten,
in 2. Aufl. von Prof. Dr. Horst Göppinger und in 3. und 4. Auflage
von Rolf Marschner und Bernd Volckart fortgeführten Werkes

Verlag C. H. Beck München 2010

Bearbeiterverzeichnis

Marschner: Kapitel A
Kapitel B 1–5
Kapitel C
Kapitel E

Lesting: Kapitel B 6–8
Kapitel D
Kapitel F

Verlag C. H. Beck im Internet:
beck.de

ISBN 978 3 406 60555 4 3

© 2010 Verlag C. H. Beck oHG
Wilhelmstraße 9, 80801 München
Satz: Druckerei C. H. Beck, Nördlingen
(Adresse wie Verlag)

Druck: Druckhaus „Thomas Müntzer" GmbH,
Neustädter Str. 1–4, 99947 Bad Langensalza

Gedruckt auf säurefreiem, alterungsbeständigem Papier
(hergestellt aus chlorfrei gebleichtem Zellstoff)

Vorwort zur 5. Auflage

Nach 9 Jahren wird der vorliegende Kommentar auf den aktuellen Stand von Gesetzgebung und Rechtsprechung sowie der rechts- und sozialpolitischen Diskussion gebracht. Der Kommentar behandelt die außerstrafrechtliche Freiheitsentziehung mit Ausnahme der sog. Zivilhaft. Es handelt sich um die Unterbringung minderjähriger und volljähriger Personen nach dem BGB und den Unterbringungsgesetzen der Bundesländer, die Absonderung nach dem Infektionsschutzgesetz, die Abschiebungs-, Zurückschiebungs- und Zurückweisungshaft nach dem Aufenthaltsgesetz sowie den Polizeigewahrsam nach bundes- und landesrechtlichen Vorschriften. Da es sich in allen Fällen um präventive Freiheitsentziehung handelt, ist den Grundrechten der Betroffenen in besonderem Maß Rechnung zu tragen. Am stärksten von präventiver Freiheitsentziehung betroffen sind psychisch kranke Menschen. Das Bewusstsein für die Problematik der Anwendung von Gewalt und Zwang in der Psychiatrie hat zwar in der Fachöffentlichkeit zugenommen. Dies spiegelt sich aber nicht in den Unterbringungszahlen wieder, die in den letzten Jahren weiter gestiegen sind.

Die Gliederung der Vorauflage wurde beibehalten. Neue Gesetze machten teilweise eine Neukommentierung erforderlich. Das Unterbringungsverfahren findet sich nunmehr in §§ 312 ff. FamFG (Kapitel D). An die Stelle der Kommentierung des FEVG tritt die Kommentierung der §§ 415 ff. FamFG (Kapitel F). Das Aufenthaltsgesetz hat das Ausländergesetz abgelöst. Gesetzliche Neuregelungen finden sich auch im Bereich der Unterbringung Minderjähriger nach § 1631 b BGB, im Bereich des Betreuungsrechts durch die Einführung der Regelungen über die Patientenverfügung sowie in einzelnen Unterbringungsgesetzen der Bundesländer, die im Übrigen redaktionell an die Regelungen des FamFG angepasst werden müssen, soweit dies noch nicht geschehen ist.

Die Unterbringungsgesetze der Bundesländer sind wiederum im Anhang abgedruckt. Die bis zum 1. 4. 2010 veröffentlichte Rechtsprechung und Literatur sind berücksichtigt.

Bernd Volckart ist am 2. 9. 2006 verstorben. An seine Stelle ist Wolfgang Lesting, Richter am OLG Oldenburg, getreten. Die Bearbeitungsbereiche wurden zwischen den Autoren teilweise neu zugeschnitten. Wir fühlen uns dem Wirken von Bernd Volckart verpflichtet und führen die grundrechtsorientierte Kommentierung auch in seinem Sinne fort.

München und Oldenburg im Juli 2010　　　　　　　　　　Die Verfasser

Inhaltsübersicht

Inhaltsverzeichnis (Verweisungen auf Randnummern)	IX
Abkürzungsverzeichnis	XXIII
Literaturverzeichnis	XXIX
A. Einführung	1
B. Die Ländergesetze zur Unterbringung psychisch kranker und abhängiger Menschen	69
C. Zivilrechtliche Unterbringung – Kommentierung einschlägiger Vorschriften des BGB	177
D. Das Unterbringungsverfahren	241
E. Materielles Freiheitsentziehungsrecht	367
F. Verfahren in Freiheitsentziehungssachen	413
Anhang: Gesetzestexte	479
Sachregister	689

Inhaltsverzeichnis

A. Einführung *(S. 1ff.)*
Rn.
1. Verfassungsrechtliche und gesetzliche Grundlagen 1
    a) Grundgesetz und Menschenrechtskonvention 1
    b) Gesetzliche Grundlagen der Freiheitsentziehung 3
        aa) Entwicklung der zivilrechtlichen Unterbringung 5
        bb) Die Entwicklung des öffentlichen Unterbringungsrechts 8
        cc) Die Entwicklung des Freiheitsentziehungsrechts 13
        dd) Künftige Rechtsentwicklung 14
        ee) Ausländische Regelungen 18
    c) Rechtsprechung des EGMR und des BVerfG 19
2. System des Unterbringungs- und Freiheitsentziehungsrechts 31
    a) Horizontale Gliederung 32
    b) Vertikale Gliederung 39
    c) Der rechtssystematische Ort der Unterbringungen nach § 312 FamFG .. 43
    d) System des Freiheitsentzugs in Freiheitsentziehungssachen 47
3. Statistische und sozialwissenschaftliche Grundlagen 51
    a) Vorbemerkung 51
    b) Statistiken des Bundes und der Länder 53
    c) Diskussion der Statistiken von Bund und Ländern 61
    d) Untersuchungen zur Unterbringung bzw. Zwangseinweisung aus juristischer, medizinischer und sozialwissenschaftlicher Sicht 66
        aa) Zahl der Zwangseinweisungen bzw. Freiheitsentziehungen 67
        bb) Das Verhältnis von vorläufiger und endgültiger Unterbringung ... 76
        cc) Dauer der Unterbringung 78
        dd) Krankheitsbilder 81
        ee) Gründe für Zwangseinweisungen 85
        ff) Die Gefährlichkeit psychisch Kranker 87
        gg) Rechtsmittel 91
        hh) Folgerungen für die Auslegung des Unterbringungsrechts 92
4. Krankheitsbegriff 98
    a) Vorbemerkung 98
    b) Gesetzesterminologie 99
    c) Juristischer und medizinischer Krankheitsbegriff 102
    d) Aspekte des Krankheitsbegriffs 104
    e) Konkretisierung des Krankheitsbegriffs 106
    f) Auslegungsgrundsätze.. 113
5. Die Gefährlichkeit und ihre Voraussage: Prognosemethoden im Unterbringungsrecht 116
    a) Der prognostische Syllogismus 116
    b) Prämissen und Wahrscheinlichkeitsaussage 121
    c) Die Beurteilung der Wahrscheinlichkeitsaussage 126
6. Verhältnis und Konkurrenz der Freiheitsentziehungsformen 131
    a) Konkurrenz in Vollstreckung und Vollzug 132
    b) Konkurrenz bei der Anordnung der Unterbringung – Bundesrecht 135

Inhaltsverzeichnis

Teil A/B

	Rn.
c) Scheinbare Konkurrenz mit den Maßregeln	142
d) Landesrechtliche Regelungen über die Anordnungskonkurrenz	146
7. Haftung bei rechtswidriger Unterbringung	152

B. Die Ländergesetze zur Unterbringung psychisch kranker und abhängiger Menschen *(S. 65ff.)*

1. Grundlagen des öffentlichen Unterbringungsrechts	1
a) Geschichtliche Hintergründe der öffentlich-rechtlichen Unterbringung	2
b) Systematik des öffentlichen Unterbringungsrechts	5
c) Rechtspolitischer Rahmen des öffentlichen Unterbringungsrechts	11
d) Die öffentlich-rechtliche Unterbringung als Teil des Gesundheitsrechts	16
e) Die Gefahrenabwehr in der Struktur des Gesundheitsrechts	24
f) Gesetzgebungskompetenz	26
2. Auslegungs- und Gestaltungsgrundsätze im öffentlichen Unterbringungsrecht	29
a) Gleichbehandlung von psychisch kranken Menschen	30
b) Zweck und Ziel der Unterbringung	33
c) Unterbringung als Sonderopfer	38
d) Selbstbestimmungsrecht und Schutz der Grundrechte	40
e) Verhältnismäßigkeitsgrundsatz	42
3. Hilfen und Maßnahmen	44
a) Rechtspolitische Einschätzung	47
b) Aufgaben und Bedingungen der vor- und nachgehenden Hilfen	54
c) Rechtslage – Allgemeine Grundsätze	60
d) Rechtslage – Befugnisse und Pflichten bei Hilfen und Maßnahmen	64
e) Die Ländergesetze	69
4. Außergerichtliches Verfahren (Verwaltungsverfahren)	85
a) Sachliche Zuständigkeit der Behörde	88
b) Örtliche Zuständigkeit der Behörde	90
c) Anforderungen an den Antrag auf Anordnung der Unterbringung	91
d) Verfahren zur Vermeidung der Unterbringung	92
e) Vorgeschriebene Ermittlungen und eventueller Zwang	93
f) Verwaltungsunterbringung	94
g) Bekanntgabe der Beendigung des Verwaltungsverfahrens	99
h) Mitteilungspflicht	100
i) Gerichtliche Kontrolle belastender Maßnahmen	101
5. Anordnung der Unterbringung	104
a) Überblick	104
b) Freiheitsentziehung und freiwillige Unterbringung	105
c) Krankheit, Sucht, Behinderung	108
d) Gefahr	113
aa) Überblick über die gesetzlichen Regelungen	113
bb) Der polizeirechtliche Gefahrbegriff	119
cc) Der strafrechtliche Gefahrbegriff	123
dd) Der Gefahrbegriff im Unterbringungsrecht	124
e) Kausalität	142
f) Erforderlichkeit	144

Teil A/B

Inhaltsverzeichnis

	Rn.
6. Vollstreckung	145
a) Das Vollstreckungsverfahren der Gesundheitsbehörde	145
b) Vollstreckungskonkurrenz mit Freiheitsentzug auf Grund Bundesrechts	152
c) Vollstreckungsplan und Beleihung	157
7. Vollzug der Unterbringung	159
a) Grundlagen des Vollzugsrechts	159
aa) Erkenntnisquellen	159
bb) Differenzierung der Maßnahmen	163
cc) Trennung der Eingriffsrichtungen	164
dd) Zweck und Ziel	166
ee) Kompensation des Sonderopfers	168
ff) In dubio pro libertate	169
b) Aufnahmevollzug	171
aa) Organisation der Aufnahme	173
bb) Eingangsuntersuchung	179
c) Behandlungs- und Vollzugsplan	181
d) Behandlung	183
aa) Anlasskrankheit und sonstige (interkurrente) Erkrankungen	183
bb) Enger und weiter Begriff der Behandlung	184
cc) Behandlungsmethoden	186
dd) Behandlungsanspruch	195
ee) Das Behandlungsmodell im Unterbringungsvollzug	198
ff) Freiwillige Behandlung	202
gg) Zwangsbehandlung	208
hh) Einwilligung durch den gesetzlichen Vertreter	212
ii) Notfallbehandlungen	219
e) Gewährleistung eines menschenwürdigen Lebens und Entfaltungsspielraums	221
aa) Allgemeines	221
bb) Wohnen	223
cc) Besitz von Sachen	224
dd) Kleidung	225
ee) Einkauf und Paketempfang	226
ff) Außenkontakte	227
gg) Arbeit	228
hh) Religionsausübung	229
ii) Vollzugslockerungen und Urlaub	230
jj) Offener Vollzug	242
kk) Aufenthalt im Freien	243
ll) Verlegung in ein anderes Krankenhaus	244
f) Eingriffe zum Schutz der Sicherheit und Ordnung des Krankenhauses	247
aa) Allgemeines	247
bb) Beschränkung des Besitzes von Sachen	252
cc) Besuchsbeschränkungen	254
dd) Eingriffe in den Schriftverkehr	257
ee) Verwertung von Erkenntnissen	259
ff) Anordnungsbefugnisse, Duldungspflicht und unmittelbarer Zwang	260
gg) Besondere Sicherungsmaßnahmen	261
hh) Durchsuchung	263

Inhaltsverzeichnis

Teil B/C

	Rn.
ii) Disziplinarmaßnahmen	264
jj) Hausordnung und Hausrecht	265
g) Akteneinsicht	267
h) Beschwerdestellen, Besuchskommissionen, Patientenfürsprecher	269
i) Rehabilitation	272
8. Kosten der Unterbringung	273
a) Kosten der verschiedenen Verfahrensabschnitte	273
b) Kosten des vorbereitenden Verwaltungsverfahrens	275
c) Kosten der Vollstreckung	276
d) Kosten des Vollzugs der Unterbringung	277

C. Zivilrechtliche Unterbringung
– Kommentierung einschlägiger Vorschriften des BGB *(S. 177ff.)*

Vorbemerkungen zu §§ 1631 b ff. BGB *(S. 177)*

1. Überblick	1
2. Bestellung eines rechtlichen Betreuers	3
a) Krankheit und Behinderung	3
b) Betreuerbestellung gegen den Willen des Betroffenen	6
c) Erforderlichkeit der Betreuung	9
d) Aufgabenkreise	11
3. Pflichten des Betreuers	16
4. Zwangsbefugnisse des Betreuers	23

§ 1631 b Mit Freiheitsentziehung verbundene Unterbringung *(S. 187)*

1. Überblick	1
2. Voraussetzungen der Genehmigung	5
a) Freiheitsentziehung	5
b) Unterbringung zum Wohl des Kindes	8
3. Genehmigung des Familiengerichts	10
4. Rücknahme der Genehmigung	11
5. Verhältnis zur Inobhutnahme nach § 42 SGB VIII	12
6. Verhältnis zu öffentlich-rechtlicher und strafrechtlicher Unterbringung	15

§ 1846 Einstweilige Maßregeln des Familiengerichts *(S. 194)*

1. Überblick	1
2. Anwendungsbereich im Betreuungsrecht	2

§ 1904 Genehmigung des Betreuungsgerichts bei ärztlichen Maßnahmen *(S. 197)*

1. Überblick	1
2. Anwendungsbereich	4
3. Voraussetzungen der Genehmigungspflicht nach Abs. 1	11
a) Gefahren bei ärztlichen Maßnahmen außerhalb der Anlasskrankheit	14
b) Gefahren bei ärztlichen Maßnahmen betreffend die Anlasskrankheit	14
4. Voraussetzungen der Genehmigungspflicht nach Abs. 2	28

Teil C/D

Inhaltsverzeichnis

	Rn.
5. Voraussetzungen der Genehmigung (Abs. 3)	29
a) Patientenverfügung	30
b) Entscheidungsgrundlagen für die Genehmigung nach Abs. 2	31
c) Entscheidungsgrundlagen für die Genehmigung nach Abs. 1	32
6. Zwangsbehandlung	34
a) Verfassungsrechtliche Grundlagen	34
b) Rechtsprechung des BGH	35
c) Pflichten des Betreuers/Bevollmächtigten	37
7. Absehen von der Genehmigungspflicht (Abs. 1 Satz 2, Abs. 4)	38
8. Arzneimittelgesetz	41
9. Verhältnis zu den PsychKG/UG und Maßregelvollzug	42
10. Verfahren	43

§ 1906 Genehmigung des Betreuungsgerichts bei der Unterbringung   (S. 215)

1. Überblick	1
2. Voraussetzungen der Unterbringung durch Betreuer und Bevollmächtigten	2
a) Betreuer mit dem Aufgabenkreis der Unterbringung	2
b) Bevollmächtigung	3
c) Freiheitsentziehung	4
d) Unterbringung zum Wohl des Betroffenen	10
aa) Selbstgefährdung (Ziff. 1)	11
bb) Notwendigkeit einer Untersuchung, einer Heilbehandlung oder eines ärztlichen Eingriffs (Ziff. 2)	20
cc) Erforderlichkeit der Unterbringung	31
dd) Sozialrechtliche Grundlagen der Unterbringung	36
3. Genehmigung des Betreuungsgerichts (Abs. 2)	37
4. Beendigung der Unterbringung (Abs. 3)	38
5. Freiheitsentziehende Maßnahmen (Abs. 4)	40
a) Grundzüge der Regelung und Anwendungsbereich	40
b) Voraussetzungen des Abs. 4	46
c) Genehmigung des Betreuungsgerichts und Beendigung der Maßnahme	54
d) Voraussetzungen der Genehmigung	56
6. Verhältnis zu öffentlich-rechtlicher und strafrechtlicher Unterbringung	61

D. Das Unterbringungsverfahren   (S. 241 ff.)

Vorbemerkungen zu §§ 312 ff. FamFG   (S. 241)

1. Freiwillige Gerichtsbarkeit	1
2. Verfahrenstyp und Verfahrensgrundsätze	4
3. Antragsverfahren	6
4. Antragsbefugnisse	8
5. Beweisverfahren	13
6. Förderungspflicht der Beteiligten – „Darlegungslast"	26
7. Rechtskraft	28

Inhaltsverzeichnis

Teil D

	Rn.
§ 151 FamFG Kindschaftssachen	(S. 251)
1. Normzweck und Anwendungsbereich	1
2. Genehmigung und Anordnung der freiheitsentziehenden Unterbringung eines Minderjährigen (Nr. 6)	2
3. Anordnung der freiheitsentziehenden Unterbringung eines Minderjährigen nach den Unterbringungsgesetzen der Länder (Nr. 7)	3
§ 167 FamFG Anwendbare Vorschriften bei Unterbringung Minderjähriger	(S. 252)
1. Normzweck und Anwendungsbereich	1
2. Sonderregelungen für das Verfahren der Unterbringung Minderjähriger	2
a) Verfahrensbeistand (Abs. 1 Satz 2)	2
b) Unterrichtungspflichten der Gerichte (Abs. 2)	3
c) Verfahrensfähigkeit (Abs. 3)	4
d) Anhörung des gesetzlichen Vertreters (Abs. 4)	5
e) Unterstützung bei der Zuführung (Abs. 5)	6
f) Qualifikation des Sachverständigen (Abs. 6)	7
§ 312 FamFG Unterbringungssachen	(S. 255)
1. Anwendungsbereich und Normzweck	1
2. Zivilrechtliche Unterbringung	6
3. Öffentlich-rechtliche Unterbringung	8
4. Zuständigkeiten	14
§ 313 FamFG Örtliche Zuständigkeit	(S. 259)
1. Anwendungsbereich	1
2. Örtliche Zuständigkeit bei zivilrechtlicher Unterbringung (Abs. 1)	2
3. Örtliche Zuständigkeit bei Eilmaßnahmen (Abs. 2)	7
4. Örtliche Zuständigkeit bei öffentlich-rechtlicher Unterbringung (Abs. 3)	9
5. Internationale Zuständigkeit	11
6. Gegenseitige Mitteilungspflichten (Abs. 4)	12
§ 314 FamFG Abgabe der Unterbringungssache	(S. 262)
1. Anwendungsbereich	1
2. Voraussetzungen der Abgabe	2
3. Verfahren	3
§ 315 FamFG Beteiligte	(S. 264)
1. Anwendungsbereich und Normzweck	1
2. Die Muss-Beteiligten (Abs. 1–3)	2
a) Der Betroffene	3
b) Der Betreuer	4
c) Der Vorsorgebevollmächtigte	5
d) Der Verfahrenspfleger	6
e) Die zuständige Behörde	7

Teil D   # Inhaltsverzeichnis

Rn.

3. Die Kann-Beteiligten (Abs. 4)	9
a) Die nahen Angehörigen (Abs. 4 Satz 1 Nr. 1)	11
b) Die Vertrauensperson (Abs. 4 Satz 1 Nr. 2)	13
c) Der Leiter der Einrichtung (Abs. 4 Satz 1 Nr. 3)	14
d) Öffnungsklausel für das Landesrecht (Absatz 4 Satz 2)	15
4. Verfahren	16

§ 316 FamFG Verfahrensfähigkeit   *(S. 277)*

1. Anwendungsbereich und Normzweck 1
2. Umfang der Verfahrensfähigkeit 2

§ 317 FamFG Verfahrenspfleger   *(S. 279)*

1. Anwendungsbereich und Normzweck 1
2. Voraussetzungen der Bestellung eines Verfahrenspflegers (Abs. 1) 2
3. Begründungspflicht bei Nichtbestellung (Abs. 2) 8
4. Auswahl der Person des Verfahrenspflegers (Abs. 3) 9
5. Vorrang für einen Verfahrensbevollmächtigten (Abs. 4) 11
6. Rechtsstellung des Verfahrenspflegers 14
7. Ende der Verfahrenspflegschaft (Abs. 5) 15
8. Unanfechtbarkeit (Abs. 6) 16
9. Kosten (Abs. 7) 17

§ 318 FamFG Vergütung und Aufwendungsersatz des Verfahrenspflegers   *(S. 274)*

1. Anwendungsbereich 1
2. Aufwendungsersatz für Verfahrenspfleger 3
3. Vergütung des Verfahrenspflegers 4
4. Pauschalierung von Aufwendungsersatz und Vergütung 6
5. Verfahren 7

§ 319 FamFG Anhörung des Betroffenen   *(S. 277)*

1. Anwendungsbereich und Normzweck 1
2. Anhörung des Betroffenen (Abs. 1, 2, 4) 3
   a) Durchführung der Anhörung 4
   b) Inhalt der Anhörung 10
   c) Zeit und Ort der Anhörung 11
3. Absehen von der mündlichen Anhörung 13
4. Anhörung im Wege der Rechtshilfe (Abs. 4) 15
5. Vorführung des Betroffenen (Abs. 5) 16
6. Verfahrensrecht 18

§ 320 FamFG Anhörung der sonstigen Beteiligten und der zuständigen Behörde   *(S. 283)*

1. Anwendungsbereich 1
2. Anhörung der sonstigen Beteiligten 2

Inhaltsverzeichnis

Teil D

	Rn.
3. Anhörung der zuständigen Behörde	5
4. Verfahren	6

§ 321 FamFG Einholung eines Gutachtens (S. 285)
1. Anwendungsbereich und Normzweck 1
2. Einholung eines Sachverständigengutachtens (Abs. 1) 2
   a) Beweisanordnung 3
   b) Auswahl des Sachverständigen 8
   c) Anforderungen an das Gutachten 10
   d) Überprüfung des Gutachtens durch das Gericht 15
3. Ärztliches Zeugnis (Abs. 2) 18
4. Therapeutische Verschwiegenheit und Gutachtenverweigerung 21

§ 322 FamFG Vorführung zur Untersuchung; Unterbringung zur Begutachtung (S. 293)
1. Anwendungsbereich und Normzweck 1
2. Vorführung zur Untersuchung 2
3. Unterbringung zur Begutachtung 7

§ 323 FamFG Inhalt der Beschlussformel (S. 296)
1. Anwendungsbereich und Normzweck 1
2. Inhalt der Beschlussformel 3
3. Begründung 11
4. Rechtsmittelbelehrung 13
5. Fehlen der erforderlichen Angaben 14
6. Feststellung der Rechtswidrigkeit 15

§ 324 FamFG Wirksamwerden von Beschlüssen (S. 299)
1. Anwendungsbereich und Normzweck 1
2. Grundsätzliche Wirksamkeit (Abs. 1) 4
3. Sofortige Wirksamkeit (Abs. 2) 5
4. Ende der Wirksamkeit 12
5. Rechtsbehelf 13

§ 325 FamFG Bekanntgabe (S. 302)
1. Anwendungsbereich und Normzweck 1
2. Bekanntgabe von Entscheidungen 2
3. Absehen von der Bekanntgabe der Entscheidungsgründe 6

§ 326 FamFG Zuführung zur Unterbringung (S. 305)
1. Anwendungsbereich 1
2. Zuführung zur Unterbringung (Abs. 1) 4
3. Anwendung von Gewalt (Abs. 2 und 3) 7
4. Rechtsmittel 13

Teil D **Inhaltsverzeichnis**

	Rn.
§ 327 FamFG Vollzugsangelegenheiten	(S. 307)
1. Allgemeines zur Vollzugskontrolle bei der öffentlich-rechtlichen und der zivilrechtlichen Unterbringung	1
a) Rechtsweg beim Vollzug der öffentlich-rechtlichen Unterbringung	3
b) Rechtsweg beim Vollzug der zivilrechtlichen Unterbringung und der unterbringungsähnlichen Maßnahmen	4
c) Rechtsweg beim Vollzug der vorläufigen zivilrechtlichen Unterbringung nach § 327 FamFG, § 1846 BGB	13
d) Grundsätze des gerichtlichen Verfahrens nach § 327	14
2. Kommentierung des § 327	21
a) Anwendungsbereich und Normzweck	22
b) Antragsarten	23
c) Anfechtungsantrag	24
d) Feststellungsantrag	25
e) Vorbeugender Unterlassungsantrag	28
f) Verpflichtungsantrag	29
g) Untätigkeitsantrag (Vornahmeantrag)	31
h) Zulässigkeit des Antrags – Antragsbefugnis und Antragsgegner	35
i) Form und Frist	40
j) Zuständiges Gericht	43
k) Die gerichtliche Prüfung	44
l) Überprüfung ärztlicher Maßnahmen	62
m) Die Entscheidung	65
n) Aufschiebende Wirkung	68
o) Gerichtliche Zwangsmaßnahmen	70
p) Unanfechtbarkeit	71
3. Rechtsbehelfe außerhalb des Rechtswegs	72
a) Verfassungsbeschwerde	72
b) Dienstaufsichtsbeschwerde	73
c) Petition	75
d) Weitere Kontrollorgane	76
§ 328 FamFG Aussetzung des Vollzugs	(S. 325)
1. Anwendungsbereich und Normzweck	1
2. Voraussetzungen der Aussetzung	8
3. Auflagen	10
4. Befristung	13
5. Widerruf der Aussetzung	14
6. Verfahren	16
§ 329 FamFG Dauer und Verlängerung der Unterbringung	(S. 328)
1. Anwendungsbereich und Normzweck	1
2. Dauer der Unterbringung (Abs. 1)	3
3. Verlängerung der Unterbringung (Abs. 2)	10
§ 330 FamFG Aufhebung der Unterbringung	(S. 331)
1. Anwendungsbereich und Normzweck	1
2. Wegfall der Voraussetzungen	3
3. Verfahren	5

Inhaltsverzeichnis

Teil D

	Rn.
Vorbemerkungen zu §§ 332–334 (S. *333*)	
1. Die Eilmaßnahmen im System des Unterbringungsrechts	1
2. Anwendungsbereich und gesetzliche Neuregelung	4

§ 331 FamFG Einstweilige Anordnung (S. *335*)
1. Anwendungsbereich ... 1
2. Materiell-rechtliche Voraussetzungen vorläufiger Unterbringungsmaßnahmen ... 2
   a) Vorliegen der Voraussetzungen einer Unterbringungsmaßnahme ... 3
   b) Dringendes Bedürfnis für ein sofortiges Tätigwerden ... 6
   c) Prognose ... 7
3. Verfahrensrechtliche Voraussetzungen vorläufiger Unterbringungsmaßnahmen ... 10
   a) Ärztliches Zeugnis (Satz 1 Nr. 2) ... 11
   b) Verfahrenspfleger (Satz 1 Nr. 3) ... 12
   c) Persönliche Anhörung des Betroffenen (Satz 1 Nr. 4) ... 13
   d) Anhörung weiterer Beteiligter ... 15
   e) Sachverhaltsaufklärung ... 16
   f) Verhältnismäßigkeit ... 17
4. Entscheidung ... 18
5. Rechtsmittel ... 19

§ 332 FamFG Einstweilige Anordnung bei gesteigerter Dringlichkeit (S. *340*)
1. Anwendungsbereich und Normzweck ... 1
2. Voraussetzungen einer dringlichen einstweiligen Anordnung ... 3
3. Nachholung der Verfahrenshandlungen ... 7

§ 333 FamFG Dauer der einstweiligen Anordnung (S. *342*)
1. Anwendungsbereich und Normzweck ... 1
2. Dauer der einstweiligen Anordnung ... 2
3. Verlängerung ... 5

§ 334 FamFG Einstweilige Maßregel (S. *344*)
1. Anwendungsbereich und Normzweck ... 1
2. Voraussetzungen einer Unterbringungsmaßnahme nach § 334 i.V.m. § 1846 BGB ... 4
3. Weiteres Verfahren ... 11

§ 335 FamFG Ergänzende Vorschriften über die Beschwerde (S. *346*)
1. Anwendungsbereich und Normzweck ... 1
2. Rechtsmittel in Unterbringungssachen ... 4
3. Beschwerdeberechtigung ... 13
   a) Beschwerdeberechtigung des Betroffenen ... 14
   b) Beschwerdeberechtigung nahe stehender Personen (§ 335 Abs. 1 Nr. 1 und 2) ... 15

	Rn.
c) Beschwerdeberechtigung des Leiters der Einrichtung (§ 335 Abs. 1 Nr. 3)	20
d) Beschwerdeberechtigung des Verfahrenspflegers (§ 335 Abs. 2)	21
e) Beschwerdeberechtigung des Betreuers bzw. Vorsorgebevollmächtigten (§ 335 Abs. 3)	23
4. Beschwerdeverfahren	26
5. Entlassung des Betroffenen und Erledigung	33

§ 336 FamFG Einlegung der Beschwerde durch den Betroffenen (S. 356)

§ 337 FamFG Kosten in Unterbringungssachen (S. 357)

1. Anwendungsbereich und Normzweck	1
2. Unterbringungsmaßnahmen nach § 312 Nr. 1 und 2 (Abs. 1)	5
3. Unterbringungsmaßnahmen nach § 312 Nr. 3	9
4. Kostenfestsetzung	12

§ 338 FamFG Mitteilungen von Entscheidungen (S. 360)

1. Anwendungsbereich und Normzweck	1
2. Satz 1	4
a) Entsprechende Anwendung des § 308	5
aa) Inhalt und Voraussetzungen der Mitteilungen (§ 308 Abs. 1 und 2)	6
bb) Unterrichtung des Betroffenen (Absatz 3)	14
cc) Dokumentationspflicht des Gerichts (Absatz 4)	16
a) Entsprechende Anwendung des § 311	17
aa) Inhalt und Voraussetzungen der Mitteilungen zur Strafverfolgung	18
bb) Unterrichtung und Dokumentation	20
3. Satz 2	21
4. Verfahren	22
5. Rechtsmittel	23

§ 339 FamFG Benachrichtigung von Angehörigen (S. 365)

E. Materielles Freiheitsentziehungsrecht (S. 367 ff.)

1. Überblick	1
2. Gesetz zur Verhütung und Bekämpfung von Infektionskrankheiten beim Menschen (Infektionsschutzgesetz)	6
a) Gesetzliche Grundlagen	6
b) Ermittlungen und Schutzmaßnahmen	7
c) Quarantäne	11
3. Aufenthaltsgesetz	20
a) Gesetzliche Grundlagen	20
b) Anwendungsbereich und Regelungszweck	21
c) Vorbereitungshaft (§ 62 Abs. 1 AufenthG)	24
d) Sicherungshaft (§ 62 Abs. 2, 3 AufenthG)	25
aa) Grundzüge der Vorschrift	25
bb) Haftgründe nach § 62 Abs. 2 Satz 1 AufenthG	29
cc) Dauer der Sicherungshaft	35
dd) Festnahmebefugnis der Ausländerbehörde	38
e) Prüfungskompetenz des Haftrichters	39

Inhaltsverzeichnis

Teil E/F

	Rn.
4. Polizeilicher Gewahrsam	41
a) Gesetzliche Grundlagen	41
b) Begriff der Freiheitsentziehung im Polizeirecht	42
c) Voraussetzungen des Polizeigewahrsams	43
aa) Schutzgewahrsam	43
bb) Sicherungsgewahrsam	47
cc) Ingewahrsamnahme Minderjähriger	52
dd) Ingewahrsamnahme Entwichener	53
ee) Gewahrsam zur Durchsetzung eines Platzverweises	54
ff) Gewahrsam zur Identitätsfeststellung	55
d) Richterliche Entscheidung	56
e) Dauer des Gewahrsams	57
f) Behandlung während des Gewahrsams	58

F. Verfahren in Freiheitsentziehungssachen *(S. 413ff.)*

Vorbemerkungen zu den §§ 415 bis 432 FamFG *(S. 413ff.)*

§ 415 FamFG Freiheitsentziehungssachen *(S. 413)*
1. Anwendungsbereich 1
2. Begriff der Freiheitsentziehung 3
3. Konkurrenzen 11

§ 416 FamFG Örtliche Zuständigkeit *(S. 417)*
1. Anwendungsbereich 1
2. Örtliche Zuständigkeit 3
3. Sachliche Zuständigkeit 11

§ 417 FamFG Antrag *(S. 421)*
1. Antragserfordernis 1
2. Antragsbegründung 7
3. Anordnung der Freiheitsentziehung 18

§ 418 FamFG Beteiligte *(S. 428)*
1. Normzweck 1
2. Beteiligte kraft Gesetzes (Abs. 1 und 2) 2
3. Beteiligte kraft Hinzuziehung (Abs. 3) 5
4. Dolmetscher 9

§ 419 FamFG Verfahrenspfleger *(S. 431)*
1. Anwendungsbereich und Normzweck 1
2. Bestellung eines Verfahrenspflegers 3
3. Beendigung der Verfahrenspflegschaft 11
4. Anfechtbarkeit 11
5. Kosten 12

§ 420 FamFG Anhörung, Vorführung *(S. 436)*
1. Anwendungsbereich 1
2. Persönliche Anhörung des Betroffenen und Vorführung 2
3. Unterbleiben der persönlichen Anhörung 9

Teil F   **Inhaltsverzeichnis**

	Rn.
4. Anhörung weiterer Beteiligter	11
5. Erforderlichkeit eines ärztlichen Sachverständigengutachtens	14
6. Richterliche Entscheidungsfindung	17

§ 421 FamFG Inhalt der Beschlussformel   (*S. 443*)
1. Normzweck 1
2. Notwendiger Inhalt nach den allgemeinen Vorschriften 2
3. Zusätzlicher Inhalt in Freiheitsentziehungssachen 4
4. Begründung der Entscheidung 8

§ 422 FamFG Wirksamwerden von Beschlüssen   (*S. 446*)
1. Anwendungsbereich 1
2. Wirksamkeit mit Rechtskraft 2
3. Sofortige Wirksamkeit 3
4. Vollzug der Freiheitsentziehung 6
5. Ende der Wirksamkeit 13

§ 423 FamFG Absehen von der Bekanntgabe   (*S. 452*)
1. Bekanntgabe der Entscheidung 1
2. Absehen von der Bekanntgabe 2

§ 424 FamFG Aussetzung des Vollzugs   (*S. 453*)
1. Normzweck 1
2. Gerichtliche und behördliche Aussetzung 2
3. Widerruf der Aussetzung 5
4. Verfahren und Entscheidung 6

§ 425 FamFG Dauer und Verlängerung der Freiheitsentziehung   (*S. 455*)
1. Anwendungsbereich 1
2. Dauer der Freiheitsentziehung 2
3. Ende der Freiheitsentziehung 5
4. Verlängerung der Freiheitsentziehung 6

§ 426 FamFG Aufhebung   (*S. 459*)
1. Anwendungsbereich 1
2. Aufhebung von Amtes wegen 2
3. Aufhebung auf Antrag 3
4. Verfahren 6

§ 427 FamFG Einstweilige Anordnung   (*S. 461*)
1. Anwendungsbereich 1
2. Voraussetzungen der einstweiligen Freiheitsentziehung (Abs. 1) 3
3. Voraussetzungen der eiligen einstweiligen Freiheitsentziehung (Abs. 1) ... 5
4. Verfahren 6

§ 428 FamFG Verwaltungsmaßnahme; richterliche Prüfung   (*S. 466*)
1. Anwendungsbereich 1
2. Verfahren bei behördlicher Freiheitsentziehung 2
3. Gerichtliche Kontrolle von Verwaltungsmaßnahmen 6

Inhaltsverzeichnis

Teil F/Anhang

	Rn.
§ 429 FamFG Ergänzende Vorschriften über die Beschwerde	(S. 468)
1. Anwendungsbereich	1
2. Beschwerdebefugnis	2
a) Beschwerdebefugnis des Betroffenen	2
b) Beschwerdebefugnis der zuständigen Behörde	5
c) Beschwerdebefugnis nahe stehender Personen	7
d) Beschwerderecht des Verfahrenspflegers	8
3. Rechtsmittelverfahren	9
§ 430 FamFG Auslagenersatz	(S. 473)
1. Anwendungsbereich	1
2. Voraussetzungen der Auslagenerstattung	5
3. Rechtsfolgen	6
§ 431 FamFG Mitteilung von Entscheidungen	(S. 476)
§ 432 FamFG Benachrichtigung von Angehörigen	(S. 476)

Anhang: Unterbringungsgesetze der Bundesländer

	Seite
1. Baden-Württemberg	*479*
2. Bayern	*485*
3. Berlin	*497*
4. Brandenburg	*506*
5. Bremen	*531*
6. Hamburg	*552*
7. Hessen	*567*
8. Mecklenburg-Vorpommern	*570*
9. Niedersachsen	*586*
10. Nordrhein-Westfalen	*599*
11. Rheinland-Pfalz	*610*
12. Saarland	*627*
13. Sachsen	*632*
14. Sachsen-Anhalt	*648*
15. Schleswig-Holstein	*659*
16. Thüringen	*671*
Sachverzeichnis	*689*

Abkürzungsverzeichnis

aA	andere Ansicht
aaO	am angegebenen Ort
Abs.	Absatz
a. F.	alte Fassung
AG	Amtsgericht
AK	Alternativkommentar
AMG	Arzneimittelgesetz
Art.	Artikel
AsylVfG	Asylverfahrensgesetz
AufenthG	Aufenthaltsgesetz
Aufl.	Auflage
AuslG	Ausländergesetz
Bay	Bayern
BayObLG	Bayerisches Oberstes Landesgericht
BayObLGZ	Entscheidungen des Bayerischen Obersten Landesgerichts in Zivilsachen
BayPAG	Bayerisches Polizeiaufgabengesetz
BayUntbrG	Bayerisches Unterbringungsgesetz
BayVBl	Bayerische Verwaltungsblätter
BayVerf	Verfassung des Freistaates Bayern
BayVGH	Bayerischer Verwaltungsgerichtshof
BeckRS	Elektronische Entscheidungsdatenbank in beck online
BewH	Bewährungshilfe
BGB	Bürgerliches Gesetzbuch
BGBl.	Bundesgesetzblatt
BGH	Bundesgerichtshof
BGHSt	Entscheidungen des Bundesgerichtshofs in Strafsachen
BGHZ	Entscheidungen des Bundesgerichtshofs in Zivilsachen
Berl	Berlin
BKAG	Gesetz über das Bundeskriminalamt und die Zusammenarbeit des Bundes und der Länder in kriminalpolizeilichen Angelegenheiten
BPolG	Gesetz über die Bundespolizei
Bran	Brandenburg
BR-Drs.	Bundesratsdrucksache
Bre	Bremen
BSeuchG	Bundesseuchengesetz
BSG	Bundessozialgericht

Abkürzungen

BSGE	Entscheidungen des Bundessozialgerichts
BtBG	Betreuungsbehördengesetz
BT-Drs.	Bundestagsdrucksache
BtM	Betäubungsmittel
BtPrax	Betreuungsrechtliche Praxis
BVerfG	Bundesverfassungsgericht
BVerfGE	Entscheidungssammlung des Bundesverfassungsgerichts
BVerfGG	Bundesverfassungsgerichtsgesetz
BVerwG	Bundesverwaltungsgericht
BW	Baden-Württemberg
BWahlG	Bundeswahlgesetz
DÖV	Die Öffentliche Verwaltung
DOK	Die Ortskrankenkasse
DRiZ	Deutsche Richterzeitung
DSM	Diagnostic and Statistical Manual of Mental Disorders
DVBl	Deutsche Verwaltungsblätter
DVJJ	Deutsche Vereinigung für Jugendgerichte und Jugendgerichtshilfen e. V.
DVO	Durchführungsverordnung
EGGVG	Einführungsgesetz zum Gerichtsverfassungsgesetz
EGMR	Europäischer Gerichtshof für Menschenrechte
Einl.	Einleitung
EinwG	Einweisungsgesetz
EKMR	Europäische Kommission für Menschenrechte
EUGRZ	Europäische Grundrechte-Zeitschrift
EWG	Europäische Wirtschaftsgemeinschaft
EZAR	Entscheidungssammlung zum Ausländer- und Asylrecht
FamFG	Gesetz über das Verfahren in Familiensachen und in den Angelegenheiten der freiwilligen Gerichtsbarkeit
FamRZ	Zeitschrift für das gesamte Familienrecht
FEVG	Gesetz über das gerichtliche Verfahren bei Freiheitsentziehungen
ff.	folgende
FGG	Gesetz über die Angelegenheiten der freiwilligen Gerichtsbarkeit
FGPrax	Praxis der Freiwilligen Gerichtsbarkeit
Fortschr	Fortschritte der Neurologie, Psychiatrie und ihrer Grenzgebiete
FreizügG/EU	Gesetz über die allgemeine Freizügigkeit von Unionsbürgern
FuR	Familie und Recht
GBl.	Gesetzblatt
GeschlKrG	Gesetz zur Bekämpfung der Geschlechtskrankheiten
GG	Grundgesetz

Abkürzungen

GK	Gemeinschaftskommentar
GVG	Gerichtsverfassungsgesetz
HAG	Gesetz über die Rechtsstellung heimatloser Ausländer im Bundesgebiet
Hess	Hessen
HIV	Human Immunodeficiency Virus
Hbg	Hamburg
Hrsg.	Herausgeber
ICD	International Classification of Diseases
i. d. R.	in der Regel
IfSG	Gesetz zur Verhütung und Bekämpfung von Infektionskrankheiten beim Menschen (Infektionsschutzgesetz)
InfAuslR	Informationsbrief Ausländerrecht
i. V.	in Verbindung
JGG	Jugendgerichtsgesetz
JKMW	Jürgens/Kröger/Marschner/Winterstein, Betreuungsrecht kompakt
JMbl.	Justizministerialblatt
JSchG	Jugendschutzgesetz
JZ	Juristenzeitung
Kap.	Kapitel
KastG	Gesetz über die freiwillige Kastration und andere Behandlungsmethoden
KG	Kammergericht
KHG	Krankenhausgesetz
KK	Karlsruher Kommentar zur Strafprozeßordnung
KMR	Kleinknecht/Müller/Reitberger, Kommentar zur Strafprozeßordnung
KostO	Kostenordnung
LG	Landgericht
LK	Leipziger Kommentar zum Strafgesetzbuch
Ls	Leitsatz
LT-Drs.	Landtagsdrucksache
MDR	Monatsschrift für Deutsches Recht
MedR	Medizinrecht
MEPolG	Musterentwurf eines einheitlichen Polizeigesetzes des Bundes und der Länder
MeVo	Mecklenburg-Vorpommern
MiZi	Mitteilungen in Zivilsachen
MRK	Menschenrechtskonvention
MRVG	Maßregelvollzugsgesetz
MSchrKrim	Monatsschrift für Kriminologie
MünchKomm	Münchener Kommentar zum Bürgerlichen Gesetzbuch
Nds	Niedersachsen
NdsRPfl	Niedersächsische Rechtspflege

Abkürzungen

NJW	Neue Juristische Wochenschrift
NJWE-FER	NJW-Entscheidungsdienst Familien- und Erbrecht
NJW-RR	NJW-Rechtsprechungsreport
NW	Nordrhein-Westfalen
NStZ	Neue Zeitschrift für Strafrecht
NVwZ	Neue Zeitschrift für Verwaltungsrecht
ÖffGesw	Das öffentliche Gesundheitswesen
ÖGD	Öffentlicher Gesundheitsdienst
ÖGDG	Gesetz über den Öffentlichen Gesundheitsdienst
OLG	Oberlandesgericht
OLGZ	Entscheidungen der Oberlandesgerichte in Zivilsachen
OVG	Oberverwaltungsgericht
PolG	Polizeigesetz
PsychKG	Gesetz für psychisch Kranke
RdNr.	Randnummer
RegE	Regierungsentwurf
RhPf	Rheinland-Pfalz
RiStBV	Richtlinien für das Strafverfahren und das Bußgeldverfahren
R&P	Recht & Psychiatrie
RPfleger	Der Deutsche Rechtspfleger
RPflG	Rechtspflegergesetz
Rn	Randnummer
RsDE	Recht der sozialen Dienste und Einrichtungen
RVG	Rechtsanwaltsvergütungsgesetz
S.	Seite/Satz
SaAn	Sachsen-Anhalt
Saar	Saarland
Sachs	Sachsen
SGB	Sozialgesetzbuch
SH	Schleswig-Holstein
s. o.	siehe oben
SOG	Gesetz über Sicherheit unf Ordnung
StGB	Strafgesetzbuch
StPO	Strafprozeßordnung
StV	Strafverteidiger
StVollzG	Strafvollzugsgesetz
Thü	Thüringen
u. a.	unter anderem
UBG/UG	Unterbringungsgesetz
VBVG	Gesetz über die Vergütung von Vormündern und Betreuern
VersR	Versicherungsrecht
vgl.	vergleiche
VGH	Verwaltungsgerichtshof
VO	Verordnung

Abkürzungen

VwGO	Verwaltungsgerichtsordnung
VwVfG	Verwaltungsverfahrensgesetz
WaffG	Waffengesetz
z. B.	zum Beispiel
ZFdG	Gesetz über das Zollkriminalamt und die Zoll-Fahndungsämter
ZJJ	Zeitschrift für Jugendkriminalrecht und Jugendhilfe
ZRP	Zeitschrift für Rechtspolitik
ZfJ	Zentralblatt für Jugendrecht
ZfStrVo	Zeitschrift für Strafvollzug und Straffälligenhilfe
Ziff.	Ziffer
ZPO	Zivilprozeßordnung
ZSEG	Gesetz über die Entschädigung von Zeugen und Sachverständigen
ZStW	Zeitschrift für die gesamte Strafrechtswissenschaft
z. T.	zum Teil

Literaturverzeichnis

Abram N., Die zwangsweise Durchsetzung von Entscheidungen BtPrax 2003, 243

Aderhold, V./Crefeld, W., Neuroleptika zwischen Nutzen und Schaden BtPrax 2010, 58

Aktion Psychisch Kranke, Gewalt und Zwang in der stationären Psychiatrie 1998

Alberts H., Sterben mit Genehmigungsvorbehalt? BtPrax 2003, 139

Alperstedt R., Die Unterbringungsvoraussetzungen und ihre Anwendung in der Praxis BtPrax 2000, 95 und 149

Alperstedt R., Willensfreiheit und Unterbringung RPfleger 2000, 481

Alperstedt R., Gefahrbegriff und Gefährlichkeitsfeststellung im Unterbringungsrecht FamRZ 2001, 467

Alternativkommentar BGB Familienrecht 1981 (AK-*Bearbeiter*)

Alternativkommentar Strafprozeßordnung 1996 (AK-*Bearbeiter*)

Alternativkommentar Strafvollzugsgesetz, 5. Aufl., 2006 (AK-*Bearbeiter*)

Amelung K., Die Freiwilligkeit des Unfreien ZStW 95 (1983), 1

Amelung K., Probleme der Einwilligungsfähigkeit R&P 1995, 20

Angermeyer M./Schulze B., Psychisch Kranke – eine Gefahr? Psychiat.Prax. 1998, 211

Arnold R./Kloß W., Offene Psychiatrie, ambulante Behandlung und Betreuungsgesetz FuR 1996, 263

Bahrenfuss D. (Hrsg.) FamFG 2009 (-*Bearbeiter*)

Bales S./Baumann H. G./Schnitzler N., Infektionsschutzgesetz, 2. Aufl. 2003

Bassenge P./Roth H., FamFG/RPflG 12. Aufl. 2009

Bauer A./Hasselbeck W., Fürsorglicher Zwang zum Wohle der Betreuten FuR 1994, 293

Bauer M., Zwangseinweisungen in der Psychiatrie – Rechtliche und praktische Gegebenheiten – Bundesrepublik Deutschland, in: Waller, Zwangseinweisung in der Psychiatrie 1982

Bauer M./Berger H., Rechtsprobleme bei der Einweisung und Behandlung von akut Kranken, in: Kisker K. P., Psychiatrie der Gegenwart 1986

Bauer M., Engfer R., Psychiatrie ohne Anstalt in: Bock/Weigand, Handwerksbuch Psychiatrie 1991

Baufeld S., Zur Vereinbarkeit von Zwangseinweisung und Zwangsbehandlung psychisch Kranker mit der UN-Behindertenrechtskonvention R&P 2009, 167

Baumann J., Unterbringungsrecht und systematischer und synoptischer Kommentar zu den Unterbringungsgesetzen der Länder 1966

Baumann J. u. a., Alternativ-Entwurf eines Strafvollzugsgesetzes 1973

Baumann J., Fehlende Rechtsgrundlage bei ärztlicher Zwangsbehandlung Untergebrachter NJW 1980, 1873

Literatur

Baur F., Bemerkungen zur Reform des Verfahrens der freiwilligen Gerichtsbarkeit, in: Festschrift für Friedrich Wilhelm Bosch 1976

Baur F.R., Der Vollzug der Maßregeln der Besserung und Sicherung nach den §§ 63 und 64 StGB in einem psychiatrischen Krankenhaus und in einer Entziehungsanstalt 1988

Baur F.R., Probleme der unbefristeten Unterbringung und der Entlassungsprognose bei psychisch kranken Tätern (§ 63 StGB) MDR 1990, 473

Bayerlein W., Praxishandbuch Sachverständigenrecht, 4. Aufl. 2008

Becker Tussaint H./de Boor/Goldschmidt/Lüderssen/Muck, Aspekte der psychoanalytischen Begutachtung im Strafverfahren 1981

Beichel-Benedetti S./Gutmann R., Die Abschiebungshaft in der gerichtlichen Praxis NJW 2004, 3015

Beier K.M./Hinrichs G., Psychotherapie mit Straffälligen 1995

Berg von S./Haselbeck H., Erste Erfahrungen mit der Einführung einer Risikocheckliste für die Allgemeinpsychiatrie Sozialpsychiatrische Informationen 2008 Heft 3, 16

Bergener M., Psychiatrie und Rechtsstaat 1981

Bergener M., Die zwangsweise Unterbringung psychisch Kranker 1986

Bergener M./Heiliger A./Holzschneider H., Problematik des Freiheitsentzugs bei psychisch Kranken. Die Zwangsunterbringung nach dem PsychKG NW am Beispiel der Stadt Köln 1988

Berger H./Schirmer U. (Hrsg.), Sozialpsychiatrische Dienste – Entwicklung, Konzeption, Praxis 1993

Berger M., Psychische Erkrankungen – Klinik und Therapie 2009

Berliner Nervenärzte, Stellungnahme zum geplanten „Gesetz für psychisch Kranke" R&P 1983, 30

Bernardi O., Freiheitsentziehende Unterbringung – auf einer offenen Station R&P 1994, 11

Berner G./Köhler M., Polizeiaufgabengesetz 18. Aufl. 2006

Bernsmann K., Maßregelvollzug und Grundgesetz in: Blau/Kammeier, Straftäter in der Psychiatrie 1984 S. 142

Bernzen C./Grimm J., Kein guter Ort zum Aufwachsen – Perspektiven nach dem Ende der „Geschlossenen Unterbringung Feuerbergstraße" in Hamburg ZJJ 2008, 175

Bienwald W./Sonnenfeld S./Hoffmann B., Betreuungsrecht 4. Aufl. 2005

Bienwald W., Zur Umsetzung des Betreuungsrechts in der Praxis FamRZ 1992, 1125

Bienwald W., Zur Rechtsnatur der Beziehungen zwischen Patient und Einrichtung bei nicht öffentlich-rechtlich fundiertem Aufenthalt R&P 2008, 212

Bochnik H.J. u.a., Thesen zum Problem von Suiziden während klinisch-psychiatrischer Therapie NStZ 1984, 108

Bock M., Zur dogmatischen Bedeutung unterschiedlicher Arten empirischen Wissens bei prognostischen Entscheidungen im Strafrecht NStZ 1990, 457

Böcker F.M., Aussetzung des Vollzugs der Unterbringung (§ 70k FGG) als Instrument des Risikomanagements R&P 2009, 75

Literatur

Böhm H., Zwangsbehandlung bei strafrechtlichen Unterbringungen BtPrax 2009, 218

Böker W./Häfner H., Gewalttaten Geistesgestörter – Eine psychiatrisch-epidemiologische Untersuchung in der Bundesrepublik Deutschland 1973

Bonner Kommentar zum Grundgesetz, hrsg. v. Dolzer R., Vogel K. Stand 2008 (-*Bearbeiter*)

Bosch G., Zur Frage des Abbaus von Zwangseinweisungen Nervenarzt 1971, 65

Bosch G., Zwangseinweisungen psychisch Kranker – Ergebnisse einer empirischen Motivanalyse Sozialpsychiatrische Informationen 1974, 70

Brill K. E. (Hrsg.), „Zum Wohle der Betreuten" 1990

Brill K. E., Sozialpsychiatrische Dienste: ein Überblick in: Berger/Schirmer, Sozialpsychiatrische Dienste S. 100

Brosey D., Zur Zulässigkeit der stationären Zwangsbehandlung des Betreuten BtPrax 2008, 108

Brosey D., Der Wunsch des Betreuten – Umsetzung und Einschränkung BtPrax 2010, 16

Bruder J., Empfiehlt es sich, das Entmündigungsrecht, das Recht der Vormundschaft und der Pflegschaft über Erwachsene sowie das Unterbringungsrecht neu zu ordnen? Gutachten C zum 57. Deutschen Juristentag 1988

Bürgle H., Auf dem Weg zu einem neuen Betreuungsrecht NJW 1988, 1881

Bruns G., Zwangseinweisung und ambulante Dienste Nervenarzt (1986) 57, 119

Bruns G., Gefahrenabwehr? Fürsorge? Kontrolle? Empirisch-kritische Bemerkungen zu den Rechtsgrundlagen der Unterbringung psychisch Kranker MSchrKrim 1990, 25

Bruns G., Zwangseinweisungspatienten – eine psychiatrische Risikogruppe Nervenarzt (1991) 62, 308

Bruns G., Ordnungsmacht Psychiatrie? 1993

Bühler E./Stolz K., Das neue Gesetz zu Patientenverfügungen in der Praxis BtPrax 2009, 261

Bumiller U./Harders D., FamFG Freiwillige Gerichtsbarkeit 9. Aufl. 2009

Bundesminister der Justiz (Hrsg.), Gutachten zu einer Neuordnung des Entmündigungs-, des Vormundschafts- und des Pflegschaftsrechts 1985

Busche M., Die Unterbringung psychisch Kranker nach dem Niedersächsischen PsychKG Psychiat.Praxis 15 (1988), 48

Calliess R. P./Müller-Dietz H., Strafvollzugsgesetz 11. Aufl. 2008

Coeppicus R., Durchführung und Inhalt der Anhörung in Betreuungs- und Unterbringungssachen FamRZ 1991, 892

Coeppicus R., Die Betreuung mit dem Aufgabenkreis der Aufenthaltsbestimmung, das Selbstbestimmungsrecht der Betroffenen und ihr Wohl FamRZ 1992, 741

Coeppicus R., Das Betreuungsgesetz schützt Betroffene nicht FamRZ 1993, 1017

Crefeld W. (Hrsg.), Recht und Psychiatrie 1983

Literatur

Crefeld W., Aufgaben und Perspektiven sozialpsychiatrischer Dienste an Gesundheitsämtern Das Öffentliche Gesundheitswesen 1988, 539

Crefeld W./Pech D., Die psychiatrischen Aufgaben der Gesundheitsämter Psychosoziale Umschau 1988, 21

Crefeld W., Der Sachverständige im Betreuungsverfahren FuR 1990, 272

Crefeld W., Wer ist vor wem zu schützen? Die Psychisch-Kranken-Gesetze müssen weiterentwickelt werden Psychosoziale Umschau 2/1991 S. 20 ff.

Crefeld W., Was müssen Sozialarbeit und Medizin zu einer besseren Anwendungspraxis des Betreuungsrechts beitragen? BtPrax 1993, 3

Crefeld W., Bedarf es einer Ethik des Sachverständigen R&P 1994, 102

Crefeld W., Zwangseinwesungen nehmen weiter zu Psychosoziale Umschau 1997, 14

Crefeld W., Denn sie wissen nicht, was sie tun BtPrax 1998, 47

Crefeld W., Gesundheitsberichterstattung zur Anwendungspraxis des Unterbringungsrechts nach dem PsychKG NRW und dem Betreuungsrecht des Bundes 2005

Crefeld W., Zur Feststellung von Betreuungsbedürftigkeit R&P 2009, 130

Cremer H.-J., Freiheitsentzug und Zwangsbehandlung in einer Privatklinik, Rechtskraftdurchbrechung und (mittelbare) Drittwirkung der EMRK EuGRZ 2008, 562

Dalferth M., Erzwungenes Festhalten von autistischen Heimbewohnern – rechtliche Bedenken zu einem umstrittenen Verfahren ZfJ 1986, 442

Damrau J./Zimmermann W., Betreuung und Vormundschaft 2. Aufl. 1995

Deinert H., Die Heranziehung des Betreuten, seiner Familienangehörigen und Erben zu den Betreuungskosten FamRZ 1999, 1187

Deinert H., Betreuungszahlen 2008 BtPrax 2009, 273

Diehn T., Das Erforderlichkeitsgebot des neuen § 1904 Abs. 5 Satz 2 BGB FamRZ 2009, 1958

Dietz A./Pörksen N./Voelzke W., Behandlungsvereinbarungen 1998

Dietz A./Hildebrandt B./Pleininger-Hoffmann M./Pörksen N./Voelzke W., Behandlungsvereinbarungen in der Akutpsychiatrie R&P 2002, 27

Dodegge G., Das Unterbringungsverfahren NJW 1987, 1910

Dodegge G., Die Elektrokrampftherapie FamRZ 1996, 74

Dodegge G., Die Gestaltung der Einweisungspraxis aus der Perspektive eines Unterbringungsrichters BtPrax 1998, 43

Dodegge G., Zwangsbehandlung und Betreuungsrecht NJW 2006, 1627

Dodegge G./Zimmermann W. PsychKG NRW 2000

Dönisch-Seidel U./van Treeck B./Geelen A./Siebert M./Rahn E./Scherbaum N./Kutscher S.U., Zur Vernetzung von forensischer Psychiatrie und Allgemeinpsychiatrie R&P 2007,184

Dörner K./Plog U., Irren ist menschlich – Lehrbuch der Psychiatrie/Psychotherapie Neuausgabe 1996

Dörner K, Meine Patienten dürfen die Akten sehen R&P 1983, 13

Dörner K., Bürger und Irre, 2. Aufl. 1984

Dörner K, Aus leeren Kassen Kapital schlagen Soziale Psychiatrie 1993 Heft 3 S. 22

Literatur

Dörner K., Hält der BGH die „Freigabe der Vernichtung lebensunwerten Lebens" wieder für diskutabel? ZRP 1996, 93

Dose M., Medikamentöse Versorgung als Heilbehandlung gemäß § 1904 BGB FamRZ 1993, 1032

Dose M., Genehmigungspflicht einer Behandlung mit Clozapin nach § 1904 des Betreuungsrechtes? Nervenarzt 1994, 787

Douraki T., Die Rechtsprechung des Europäischen Gerichtshofs für Menschenrechte in Fragen der psychischen Gesundheit R&P 1987, 82

Drechsler H. A., Mißbrauch von Persönlichkeitstests R&P 1986, 131

Dressing H./Salize H. J., Zwangsunterbringung und Zwangsbehandlung psychisch Kranker 2004

Dressing H./Salize H. J., Zwangsunterbringung und Zwangsbehandlung psychisch Kranker in den Mitgliedsländern der Europäischen Union Psychiat-Prax 2004, 342004

Dröge M., Die Betreuungsanordnung gegen den Willen des Betroffenen FamRZ 1998, 1209

Eberhard G. A./Erdmann W./Link E., Hilfen, Schutzmaßnahmen und Maßregelvollzug bei psychischen Krankheiten in Nordrhein-Westfalen – Handbuch PsychKG-MRVG 3. Aufl. 1988

von Eicken B./Ernst E.,/Zenz G., Fürsorglicher Zwang – Freiheitsbeschränkung und Heilbehandlung in Einrichtungen für psychisch kranke, für geistig behinderte und alte Menschen 1990

Eink M., Gewalttätige Psychiatrie 1997

Eisenberg U., Jugendgerichtsgesetz mit Erläuterungen 4. Aufl. 1991

Elsbernd A./Stolz K., Zwangsbehandlung und Zwangsernährung in der stationären Altenhilfe BtPrax 2008, 57

Elzer O., Die Grundrechte Einwilligungsunfähiger in klinischen Prüfungen – ein Beitrag zur EMRÜ-Biomedizin MedR 1998, 122

Erhardt W., Das Gesetz über das gerichtliche Verfahren bei Freiheitsentziehungen NJW 1956, 1868

Eschenbacher M., Nordrhein-Westfalen begeht neue Wege im Bereich der Abschiebungshaft ZfStrVo 1994, 158

Evers-Meyer K., Das Übereinkommen der Vereinten Nationen über die Rechte von Menschen mit Behinderungen – Aufbruch in einen neuen Betreuungsbegriff? BtPrax 2009, 97

Fabricius D., Arztgespräche mit Angehörigen von Patienten und ärztliche Schweigepflicht R&P 1999, 111

Fabricius D./Wulff E., Der Fall Paul L. Stein. Psychiatrisches Lebenslänglich nach einem Pelzdiebstahl R&P 1984, 15

Faust V./Steinert T./Scharfetter C., Aggressionen bei psychischen Störungen Krankenhauspsychiatrie 1998, 116 und 162

Fegert J., Geschlossene Unterbringung als Maßnahme der Jugendhilfe DVJJ-Journal 1994, 309

Finzen A., Suizidprophylaxe bei psychischen Störungen 1989

Finzen A., Medikamentenbehandlung bei psychischen Störungen, 14. Aufl. 2004

Literatur

Finzen A./Haug H.J./Beck A./Lüthy D., Hilfe wider Willen – Zwangsmedikation im psychiatrischen Alltag 1993

Fischer T., Strafgesetzbuch 57. Aufl. 2010

Forster R., Psychiatrische Macht und rechtliche Kontrolle 1997

Forster R./Kinzl H., Zehn Jahre Vollziehung des österreichischen Unterbringungsgesetzes R&P 2004, 23

Forsthoff E., Lehrbuch des Verwaltungsrechts I 10. Aufl. 1973

Foucault M., Wahnsinn und Gesellschaft 1969

Franke W., Zweifelsfragen des Unterbringungsrechts DRiZ 1960, 17

Frankfurter Kommentar zum SGB VIII (-*Bearbeiter*) 6. Aufl. 2009

Freund G./Heubel F., Forschung mit einwilligungsunfähigen und beschränkt einwilligungsfähigen Personen MedR 1997, 347

Frisch W., Prognoseentscheidungen im Strafrecht 1983

Frisch W., Prognostisch fundierte Entscheidungen im Strafrecht R&P 1992, 110

Fröhlich J. W., Neue Aufgaben des Vormundschaftsrichters bei Unterbringung von Mündeln in Anstalten DRiZ 1965, 52

Fröschle T., Beteiligte und Beteiligung am Betreuungs- und Unterbringungsverfahren nach dem FamFG BtPrax 2009, 155

Gallwass H. U., Gefahrenerforschung und HIV-Verdacht NJW 1989, 1516

Garlipp P., Zwangsbehandlung und Betreuungsrecht aus psychiatrischer Sicht BtPrax 2009, 55

Gemeinschaftskommentar zum Ausländerrecht (zitiert: GK-*Bearbeiter*)

Gerber H. G., Rahmenbedingungen für die Reduzierung von Gewalt und Zwang in einer psychiatrischen Abteilung in: Aktion Psychisch Kranke 1998

Gierlichs H. W./Uhe F., Gefährdung kranker Flüchtlinge durch Abschiebung und Abschiebehaft, in: Deutsches Institut für Menschenrechte, Prävention von Folter und Misshandlung 2007

Giesen D., Wandlungen des Arzthaftungsrechts 1983

Göppinger H., Betrachtungen zur Unterbringung psychisch Kranker – Fürsorge, Heilbehandlung, Zwangsbehandlung, Zwangspflegschaft FamRZ 1980, 856

Göppinger H., Kriminologie. Bearbeitet von Bock M./Böhm A. 5. Aufl. 1997

Goffman E., Asyle 1973

Gollwitzer K./Rüth U., § 1631b BGB – die geschlossene Unterbringung Minderjähriger aus kinder- und jugendpsychiatrischer Sicht FamRZ 1996, 1388

Greve N., Therapeutische Alternativen und Ergänzungen zur psychopharmakologischen Behandlung BtPrax 2010, 62

Greve N./Osterfeld M./Diekmann B., Umgang mit Psychopharmaka 2007

Grotkopp J., Die Abschiebungshaft – ein Stiefkind des Gesetzgebers SchlHA 2006, 373

Grotkopp J., „Es ist aber sehr dicke ..." Eine Stellungnahme zum FGG-Reformgesetz aus Sicht der vormundschaftsgerichtlichen Praxis SchlHA 2008, 261

# Literatur

Grünebaum R., Zur Strafbarkeit der Bediensteten der Maßregelkrankenhäuser wegen fehlgeschlagener Vollzugslockerungen BewH 1990, 241
Grünebaum R., Zur Privatisierung des Maßregelvollzugs – Wie eine Diskussion haarscharf am Kern vorbeigeht R&P 2006, 55
Grunsky W., Grundlagen des Verfahrensrechts 2. Aufl. 1974
Gusy C., Freiheitsentziehung und Grundgesetz NJW 1992, 457
Gusy C., Polizei- und Ordnungsrecht 7. Aufl. 2009
Gutmann R., Handlungsfähigkeit Minderjähriger im Ausländerrecht und Elternrechte InfAuslR 2003, 223
Hänggi S., Rechtliche Grundlagen für Maßnahem an psychisch kranken Menschen im Zivil- und Strafrecht der Schweiz R&P 2006, 168
Haltenhof H., Die Fixierung – Relikt vergangener Zeiten in: Eink M. 1997
Hartmann, P., Kostengesetze 40. Aufl. 2010
Hartmann T., Zu den Rahmenbedingungen von Psychotherapie mit (Sexual-)Straftätern im Regelstrafvollzug R&P 1999, 70
Hartmann T., Patientenverfügung und psychiatrische Verfügung – Verbindlichkeit für den Arzt? NStZ 2000, 113
Hauch M./Galedary G./Haag A./Lohse H./Schorsch E., Ambulante psychotherapeutische Behandlung von Sexualdelinquenten R&P 1984, 178
Hauk S., Öffentlich-rechtliche Unterbringung und Maßregelvollzug nach dem neuen Brandenburgischen Psychisch-Kranken-Gesetz R&P 2009, 174
Heckmann D., Juristische Grundlagen der öffentlich-rechtlichen Unterbringung, in: Kröber/Dölling/Leygraf/Sass S. 137
Heide J., Medizinische Zwangsbehandlung 2000
Heidelberger Kommentar zum Ausländerrecht (HK-AuslR-*Bearbeiter*) 2008
Heidelberger Kommentar zum Betreuungs- und Unterbringungsrecht (HK-BUR-Bearbeiter) Stand Februar 2010
Heinhold H., Abschiebungshaft in Deutschland. Die rechtlichen Voraussetzungen und der Vollzug 2004
Heinz G./Tölle R., Zur Beurteilung der Fahreignung nach abgelaufener endogener Psychose Nervenarzt 1975, 355
Helle J., Zwangsbefugnisse des Vormundes Erwachsener FamRZ 1984, 639
Helle J., Freiheitsentziehung und Freiheitsbeschränkung bei der bürgerlich-rechtlichen Unterbringung Minderjähriger ZfJ 1986, 40
Helle J., Patienteneinwilligung und Zwang bei der Heilbehandlung untergebrachter psychisch Kranker MedR 1993, 134
Hentschel P./König P./Dauer P., Straßenverkehrsrecht 40. Aufl. 2009
Hinz S., Gefährlichkeitsprognose im Maßregelvollzug R&P 1986, 122
Hinz S., Gutachterliche Vorhersagen von Gefährlichkeit R&P 1987, 50
HK-AuslR siehe Hofmann R. M./Hoffmann H.
Höfling W., Das neue Patientenverfügungsgesetz NJW 2009, 2849
Hoff P./Venzlaff U., Psychiatrische Begutachtung von Suizidhandlungen in: Venzlaff/Foerster S. 855
Hoffmann B., Forschung mit und an betreuten Menschen BtPrax 2004, 216
Hoffmann B., Information einwilligungsunfähiger Erwachsener vor ärztlichen Maßnahmen R&P 2005, 52

Literatur

Hoffmann B., Pflicht von Arzt und Betreuer BtPrax 2007, 143

Hoffmann B., Auslegung von Patientenverfügungen BtPrax 2009, 7

Hoffmann B., Freiheitsentziehende Unterbringung von Kindern und Jugendlichen – Rechtslage nach Neufassung des § 1631 b BGB und Inkrafttreten des FamFG R&P 2009, 121

Hoffmann B., Freiheitsentziehende Unterbringung und Maßnahmen auf Grundlage einer einstweiligen Maßregel des Betreuungsgerichts R&P 2010, 24

Hoffmann B./Klie T., Freiheitsentziehende Maßnahmen 2004

Hofmann R. M./Hoffmann H., Ausländerrecht 2008

Hofmann J., Verfassungs- und verwaltungsrechtliche Probleme der Virus-Erkrankung Aids unter besonderer Berücksichtigung des bayerischen Maßnahmenkatalogs NJW 1988, 1486

Holthus A., Aspekte der Verhältnismäßigkeit der Behandlung in der forensischen Psychiatrie 1991

Holzhauer H., Empfiehlt es sich, das Entmündigungsrecht, das Recht der Vormundschaft und der Pflegschaft über Erwachsene sowie das Unterbringungsrecht neu zu ordnen? Gutachten B zum 57. Deutschen Juristentag 1988

Holzhauer H., Zur klinischen Prüfung von Medikamenten an Betreuten NJW 1992, 2325

Holzhauer H., Für ein enges Verständnis des § 1906 Abs. 4 BGB BtPrax 1992, 54

Holzhauer H., Der Umfang gerichtlicher Kontrolle privatrechtlicher Unterbringung FuR 1992, 249

Holzhauer H., Betreuungsrecht in der Bewährung FamRZ 1995, 1463

Holzhauer H., Patientenautonomie, Patientenverfügung und Sterbehilfe FamRZ 2006, 518

Honds J., Die Zwangsbehandlung im Betreuungsrecht 2008

Hoops S./Permien H., Kinder- und Jugendliche und freiheitsentziehende Maßnahmen in der Jugendhilfe ZJJ 2005, 41

Hoppe M., Änderungen im aufenthaltsrechtlichen Freiheitsentziehungsverfahren durch das Gesetz zur Reform des Verfahrens in Familiensachen und in den Angelegenheiten der freiwilligen Gerichtsbarkeit ZAR 2009, 209

Horn E., Konkrete Gefährdungsdelikte 1973

Horn H.J., Der Maßregelvollzug im Spannungsfeld zwischen Besserung und Sicherung, in: Festschrift für Leferenz 1986 S. 486 ff.

Horstkotte H., Strafrechtliche Fragen zur Entlassungspraxis nach § 67 d Abs. 2 StGB MSchrKrim 1986, 332

Huber B./Göbel-Zimmermann R., Ausländer- und Asylrecht 2. Aufl. 2008

Huber M., Rechtsstellung und Rechtswirklichkeit der nach baden-württembergischen Unterbringungsgesetz Untergebrachten, 1990

Hülsmeier H., Die Unterbringung von Geisteskranken und Suchtkranken – Eine Untersuchung am Beispiel von Rheinland-Pfalz, in: Laux G./Reimer F., Klinische Psychiatrie 1982

Janzarik W., Die Beurteilung der Gefährlichkeit psychisch Kranker im Unterbringungsverfahren NJW 1959, 2287

Literatur

Jennissen W., Die Neuregelung des Freiheitsentziehungsverfahrens im FamFG – Licht und Schatten FGPrax 2009, 93

Juchart K./Warmbrunn J./Stolz K. , Praxiskommentar zum Unterbringungsgesetz Baden-Württemberg 3. Aufl. 2003

Jürgens A., Betreuung wider Willen BtPrax 1992, 47

Jürgens A., Ist der Tod genehmigungsfähig? BtPrax 1998, 159

Jürgens A. (Hrsg.), Betreuungsrecht (Kommentar), 4. Aufl. 2010 (zitiert Jürgens/*Bearbeiter* mit § und Rn.)

Jürgens A., /Kröger D., /Marschner R., /Winterstein P., Betreuungsrecht kompakt, 6. Aufl. 2007 (zitiert nur mit Rn.)

Jungmann J., Leitlinie: Freiheitsbeschränkende und freiheitsentziehende Maßnahmen zur Sicherung des Behandlungsziels in der Kinder- und Jugendpsychiatrie und Psychotherapie Krankenhauspsychiatrie 2000, 70

Kaleck W./Hilbrans S./Scharmer S., Gutachterliche Stellungnahme – Ratifikation der UN Disability Convention vom 30. 3. 2007 und Auswirkung auf die Gesetze für so genannte psychisch Kranke am Beispiel der Zwangsunterbringung und Zwangsbehandlung nach dem PsychKG Berlin 2008

Kammeier H. (Hrsg.), Maßregelvollzugsrecht 3. Aufl. 2010 (zitiert Kammeier/ *Bearbeiter*)

Karlsruher Kommentar zur Strafprozessordnung 6. Aufl. 2008 (KK-*Bearbeiter*)

Karp-Schröder R., Zusammenlegung des Sozialpsychiatrischen Dienstes und der Betreuungsstelle im Gesundheitsamt? BtPrax 2002, 96

Kebbel J., Zwischen Gewalt und Zwang und der Unantastbarkeit der Person in der Psychiatrie in: Aktion Psychisch Kranke 1998

Keidel T. (-Bearbeiter), FamFG – Familienverfahren, Freiwillige Gerichtsbarkeit, 16. Aufl. 2009

Ketelsen R./Schulz M./Zechert C., Seelische Krise und Aggressivität 2004

Kern B.R., Die Bedeutung des Betreuungsgesetzes für das Arztrecht MedR 1991, 61

Kerner H.J., Unbeabsichtigte und unerwünschte Nebenfolgen der JGG-Reform in: Bundesministerium der Justiz: Jugendgerichtsreform durch die Praxis S. 165

Klie T., „Plötzlich ist die Wohnung weg" – Zur Aufrechterhaltung der Wohnung bei Einzug in ein Heim nach Krankenhausaufenthalt R&P 1990, 170

Klie T., Recht auf Verwirrtheit? 1993

Klie T., Zur Verbreitung unterbringungsähnlicher Maßnahmen im Sinn des § 1906 Abs. 4 BGB in bundesdeutschen Pflegeheimen BtPrax 1998, 50

Klüsener B., Die Anwaltsbeiordnung im Unterbringungsverfahren FamRZ 1994, 487

Klüsener B./Rausch H., Praktische Probleme der Umsetzung des neuen Betreuungsrechts NJW 1993, 617

Knieper J., Vormundschaftsgerichtliche Genehmigung des Abbruchs lebenserhaltender Maßnahmen NJW 1998, 2720

Knittel B., Auf dem Weg zur FGG-Reform BtPrax 2008, 99

Knittel B./Seitz W., Der freie Wille als Ansatzpunkt zum Schutz der Autonomie BtPrax 2007, 18

Koch H.J., Unterbringungsgesetz für das Land Rheinland-Pfalz 1967

Literatur

König R., Vereinbarkeit der Zwangsunterbringung nach § 1906 BGB mit der UN-Behindertenrechtskonvention BtPrax 2009, 105

Körner H.H., Betäubungsmittelgesetz 4. Aufl. 1994

Konrad N., Aufgaben des psychowissenschaftlichen Sachverständigen im neuen Betreuungsrecht R&P 1992, 2

Konrad N., Welche Bedeutung hat die Genehmigungspflicht gemäß § 1904 BGB in der stationären psychiatrischen Versorgungspraxis R&P 1996, 76

Kopetzki C., Das neue österreichische Unterbringungsrecht R&P 1991, 61

Kopetzki C., Unterbringungsrecht 1995

Kopetzki C., Patientenvertretung in der Psychiatrie: ein Überblick über die österreichische Rechtslage R&P 1996, 103

Kopetzki C., Grundriß des Unterbringungsrechts 1997

Kowerk H., Die ärztliche Entscheidungssituation bei Zwangseinweisungen R&P 1985, 132

Krainz K., Die Problematik zukünftigen menschlichen Verhaltens aus kriminologischer und rechtsstaatlicher Sicht MSchrKrim 1984, 297

Kretz J., Einstweilige Anordnungen im Betreuungs- und zivilrechtlichen Unterbringungsverfahren nach dem FamFG BtPrax 2009, 160

Krisor M., Auf dem Weg zur gewaltfreien Psychiatrie 1992

Kröber H.L., Beurteilungsrelevante Akteninformationen gehören in das forensisch-psychiatrische Gutachten NStZ 1999, 170

Kröber H.L./Dölling D./Leygraf N./Sass H., Handbuch der forensischen Psychiatrie Band 5 2009

Krukenberg P., Wann dürfen Psychosekranke Auto fahren? R&P 1983, 27

Kühl J./Schumann K.F., Prognosen im Strafrecht – Probleme der Methodologie und Legitimation R&P 1989, 126

Kühne H.H., Staatliche Drogentherapie auf dem Prüfstand 1985

Kullmann H.J., Entziehung der Freiheit von Geisteskranken und Suchtkranken 1971

Kunkel P.-C., Lehr- und Praxiskommentar SGB VIII (zitiert: LPK-*Bearbeiter*) 3. Aufl. 2008

Kutzer K., Keine Halbgötter in schwarz ZRP 2000, 402

Kutzer K., Die Auseinandersetzung mit der aktiven Sterbehilfe ZRP 2003, 209

Kutzer K., Der Wille des Patienten ist am Lebensende entscheidend ZRP 2004, 213

Kutzer K., Probleme der Sterbehilfe FUR 2004, 683

Lachwitz K., Übereinkommen der Vereinten Nationen über die Rechte von Menschen mit Behinderungen BtPrax 2008, 143

Lammersmann B., Medizinische Eingriffe an einwilligungsunfähigen Menschen: Die Position der Biomedizin-Konvention des Europarates im Spannungsfeld zwischen Forschungsbedarf der Medizin und Selbstbestimmungsrecht des Patienten R&P 1999, 157

Lau S./Peters K., Anwendung des § 67h StGB in der Praxis R&P 2008, 75

Laufs A./Uhlenbruck W., Handbuch des Arztrechts 3. Aufl. 2002

Legemaate J., Die Rechte der Psychiatriepatienten. Zwischen Rechtsverwirklichung und Schutzbedürfnis R&P 1998, 80

Literatur

Leichthammer M., Zur Frage der Einwilligung eines Bevollmächtigten in eine unterbringungsähnliche Maßnahme nach der derzeitigen Rechtslage und Stellungnahme zu dem § 1906 Abs. 5 BGB-BtÄndG BtPrax 1997, 181

Leipziger Kommentar, Strafgesetzbuch, 12. Aufl. 2006 (zitiert: LK-*Bearbeiter*)

Lesting W., § 247 Satz 3 StPO – Gesundheitsschutz durch Ausschluß des Angeklagten aus der Hauptverhandlung? R&P 1991, 56

Lesting W., Die Belehrungspflicht des psychiatrischen Sachverständigen über das Schweigerecht des beschuldigten Probanden R&P 1992, 11

Lesting W., Informelle Rechtskontrolle und Konfliktregelung. Zur Tätigkeit der Beschwerdestellen der Landschaftsverbände in Nordrhein-Westfalen R&P 1998, 33

Lesting W., Die Neuregelung der zivilrechtlichen Haftung des gerichtlichen Sachverständigen für ein unrichtiges Gutachten R&P 2002, 224

Lesting W., Zur betreuungs- und unterbringungsrechtlichen Bedeutung des geplanten FGG-Reformgesetzes R&P 2007, 215

Lesting W./Kammeier H., Der Vollzug der Freiheitsstrafe in einer Justizvollzugsanstalt gem. § 38 StGB und der Maßregeln der Besserung und Sicherung in einem psychiatrischen Krankenhaus und in einer Entziehungsanstalt gem. §§ 63, 64 StGB in: Hamm R./Leipold K. (Hrsg.), Beck'sches Formularbuch für den Strafverteidiger 5. Aufl. 2010 (zitiert nach Seiten)

Leygraf N., Psychisch kranke Straftäter 1988

Leygraf N., Psychiatrische Gesichtspunkte und Begutachtungsfragen der öffentlich-rechtlichen Unterbringung in: Kröber/Dölling/Leygraf/Sass S. 166

Lindemann M., Die Sanktionierung unbotmäßigen Verhaltens: Disziplinarische Aspekte des psychiatrischen Maßregelvollzugs Berlin 2004

Lipp V., „Sterbehilfe" und Patientenverfügung FamRZ 2004, 317

Lipp V., Unterbringung und Zwangsbehandlung BtPrax 2006, 62

Lipp V., Die Zwangsbehandlung eines Betreuten nach der aktuellen Rechtsprechung BtPrax 2009, 53

Lipp V., Handbuch der Vorsorgeverfügungen 2009

Lisken H., Freiheitsentziehungsfristen im Polizeirecht ZRP 1996, 332

Lisken H./Denninger E., Handbuch des Polizeirechts 4. Aufl., 2007

Löffler D., Die gesetzliche Unterbringung psychisch Kranker in Abhängigkeit von gesetzlichen und administrativen Regelungen Krankenhauspsychiatrie 3 (1992), 64

Löwe/Rosenberg, Die Strafprozeßordnung und das Gerichtsverfassungsgesetz, Kommentar, 26. Aufl. (zitiert: LR-*Bearbeiter*)

Longinus B., Erfahrungen mit der offenen Tür in: Aktion Psychisch Kranke 1998

Lorenzen D., Zur Problematik der Unterbringung psychisch Kranker in psychiatrischen Krankenhäusern, in: Bergener, Psychiatrie und Rechtsstaat 1981

Loschelder W., Gesundheitsrechtliche Aspekte des Aids-Problems NJW 1987, 1467

Lübbe-Wolff G., Das Asylgrundrecht nach den Entscheidungen des Bundesverfassungsgerichts vom 14. Mai 1996 DVBl 1996, 825

Literatur

Maisch H., Vorurteilsbildungen in der richterlichen Tätigkeit aus sozialpsychologischer und forensisch-psychologischer Sicht NJW 1975, 566

Manders H./Widdershoven T., Patientenvertrauensarbeit in der Psychiatrie: Der niederländische Weg R&P 1996, 124

Mann L./Mann H., Die Natur der Rechtsbeziehungen zwischen Psychiatrischen Landeskrankenhäusern und ihren Patienten NJW 1992, 1539

Marschner R., Ein erstes Maßregelvollzugsgesetz! MSchrKrim 1982, 177

Marschner R., Sachverständigengutachten bei vormundschaftlicher Unterbringung R&P 1984, 171

Marschner R., Psychische Krankheit und Freiheitsentziehung – Eine vergleichende Kritik des geltenden Unterbringungsrechts 1985

Marschner R., Rechtsgrundlagen zur Zwangsbehandlung R&P 1985, 3

Marschner R., Plädoyer für die Abschaffung der zivilrechtlichen Unterbringung R&P 1986, 47

Marschner R., Stufen der Zwangsbehandlung R&P 1988, 19

Marschner R., Bericht über Verlauf und Ergebnisse des World Congress der World Federation of Mental Health R&P 1990, 52

Marschner R., Das Verhältnis von Vormundschaftsrecht und Unterbringungsrecht bei der Zwangsbehandlung R&P 1990, 66

Marschner R., Das Unterbringungsrecht der Bundesländer, in: Brill K.E., „Zum Wohle der Betreuten" S. 91

Marschner R., Rechtliche Aspekte sozialpsychiatrischer Arbeit, in Berger/Schirmer, Sozialpsychiatrische Dienste S. 123

Marschner R., Zum Problem der Vollmachtserteilung bei ärztlicher Behandlung und freiheitsentziehenden Maßnahmen R&P 1995, 171

Marschner R., Rechtliche Aspekte der Behandlungsvereinbarung R&P 1997, 171

Marschner R., Gesetzestexte und Rechtswirklichkeit – Möglichkeiten einer grundrechtsorientierten Unterbringung im Ländervergleich der PsychKG's und ihrer Anwendung R&P 1998, 68

Marschner R., Verbindlichkeit und notwendiger Inhalt von Patientenverfügungen in der Psychiatrie R&P 2000, 161

Marschner R., Gewalt und Betreuungsrecht R&P 2001, 132

Marschner R., Betreuungsrecht und Sozialgesetzbuch – Möglichkeiten der Koordination und Kooperation R&P 2003, 182

Marschner R., Zwangsbehandlung in der ambulanten und stationären Psychiatrie, R&P 2005, 47

Marschner R., Zivilrechtliche und öffentlich-rechtliche Unterbringung BtPrax 2006, 125

Marschner R., UN-Konvention über die Rechte von Menschen mit Behinderungen – Auswirkungen auf das Betreuungs- und Unterbringungsrecht R&P 2009, 135

Marschner R., Rechtliche Grundlagen für die Arbeit in psychiatrischen Einrichtungen 2009

Marschner R./Volckart B., Musterentwurf eines Gesetzes für psychisch Kranke R&P 1992, 54

Martis R., Winkhart-Martis, M, Arzthaftungsrecht, 3. Aufl. 2010

Literatur

Marx R., Asylrecht Band 2, 5. Aufl. 1991
Maunz T./Dürig G./Herzog R./Scholz R., Grundgesetz (-*Bearbeiter*)
May A., Patientenverfügungen BtPrax 2007, 149
Meier S., Zur gerichtlichen Haftung in Betreuungssachen BtPrax 2005, 131
Melchior, Internet Kommentar zur Abschiebungshaft, www.abschiebungshaft.de
Melchinger H., Zivilrechtliche Unterbringungen BtPrax 2009, 59
Mende W., Psychiatrische Implikationen zur Vorbereitung einer Neuordnung des Rechts der Entmündigung, der Vormundschaft und Pflegschaft für geistig Behinderte sowie der Unterbringung nach Bürgerlichem Recht, in: Bundesminister der Justiz, Gutachten zu einer Neuordnung des Entmündigungs-, des Vormundschafts- und des Pflegschaftsrechts 1985
Meyer-Goßner, StPO, 52. Aufl. 2009
Meyer-Ladewig J., Europäische Menschenrechtskonvention 2. Aufl. 2006
Moritz H. P., Genehmigungspflicht nach § 1631 b BGB bei Unterbringung des Kindes ZfJ 1986, 440
Mrozynski P., Vormundschafs- und Psychischkrankenrecht R&P 1984, 87
Mrozynski P., Rehabilitationsrecht 3. Aufl. 1992
Mrozynski P., Sozialrechtliche Hindernisse bei der Enthospitalisierung R&P 1994, 14
Mrozynski P., Sozialrechtliche Fragen der Krisen- und Notfalldienste (KND) in der psychiatrischen Versorgung RsDE (1997) 35, 1
Mrozynski P., Gefahren der „Ambulantisierung" in: Bock/Weigand S. 594
Müller P., Neue PsychKG's: Liberale Absicht und reale Nachteile durch weiter eingeschränkte Rechte der betroffenen Patienten R&P 1999, 107
Müller P., Zum Recht und zur Praxis der betreuungsrechtlichen Unterbringung BtPrax 2006, 123
Münchener Kommentar zum Bürgerlichen Gesetzbuch, Band 5 Familienrecht, 5. Auflage 2008 (-*Bearbeiter*)
Münchener Kommentar zum Strafgesetzbuch, Band 4 2006 (-*Bearbeiter*)
Münchener Kommentar zur Zivilprozessordnung, Band 5 2010 (-*Bearbeiter*)
v. Münch I., Grundgesetz. Kommentar 5. Aufl. 2003 (-*Bearbeiter*)
Murach M., Zwischen Würfeln und Wissenschaft – Zur Mißbrauchsprognose im Strafvollzug R&P 1989, 57
Nedopil N., Die medikamentöse Versorgung als Heilbehandlung gemäß § 1904 BGB – Erwiderung auf den Beitrag von Schreiber FamRZ 1993, 24
Nedopil N., Forensische Psychiatrie 3. Aufl. 2007
Neubacher F., Freiheitsentziehende Maßnahmen bei Kindern, Jugendlichen und Heranwachsenden ZJJ 2009, 106
Neumann V., Freiheitssicherung und Fürsorge im Unterbringungsrecht NJW 1982, 2588
Nomos Kommentar zum Strafgesetzbuch, 3. Aufl. 2010 (-*Bearbeiter*)
Oberloskamp H./Schmidt-Koddenberg A./Zieris E., Hauptamtliche Betreuer und Sachverständige 1992
Olzen D., Die Auswirkungen des Betreuungsrechtsänderungsgesetzes (Patientenverfügungsgesetz) auf die medizinische Versorgung psychisch Kranker, Gutachten 2010

Literatur

Ongaro-Basaglia F., Zehn Jahre nach dem Gesetz 180: Ergebnisse und Ausblicke R&P 1989, 38

Ostendorf H., Bewährungswiderruf bei eingestandenen, aber nicht rechtskräftig verurteilten neuen Straftaten? StV 1992, 288

Palandt, Bürgerliches Gesetzbuch, 69. Aufl. 2010 (zitiert mit jew. *Bearbeiter*)

Pardey K. D., Betreuung Volljähriger: Hilfe oder Eingriff 1989

Pardey K. D., Zur Zulässigkeit drittschützender freiheitsentziehender Maßnahmen nach § 1906 BGB FamRZ 1995, 713

Pardey K. D., Alltagsprobleme im Betreuungsrecht, insb. zu §§ 1904 und 1906 IV BGB BtPrax 1995, 81

Pardey K. D., Rechtsprobleme bei der Unterbringung Erwachsener BtPrax 1999, 83 und 126

Parensen G., Die Unterbringung Geistes- und Suchtkranker – Kommentar zum nordrhein-westfälischen Gesetz über Hilfen und Schutzmaßnahmen bei psychischen Krankheiten (PsychKG), 1972

Pentz A., Verfahrensfehler bei der Freiheitsentziehung NJW 1990, 2777

Permien H., Indikationen für geschlossene Unterbringung in der Praxis von Jugendhilfe und Jugendpsychiatrie R&P 2006, 111

Pestalozza C., Risiken und Nebenwirkungen: Die klinische Prüfung von Arzneimitteln an Menschen nach der 12. AMG-Novelle NJW 2004, 3374

Peters K., Strafprozeß 2. Aufl. 1978

Pfäfflin F., Soll der Angeklagte das Gutachten hören? R&P 1983, 18

Pfäfflin F., Psychotherapie bei Sexualstraftätern R&P 1990, 20

Pfäfflin P., Angst und Lust. Zur Diskussion über gefährliche Sexualtäter R&P 1997, 59

Pfäfflin F., Ohnmacht, Vollmacht, Allmacht R&P 2000, 164

Pieters V., Macht-Zwang-Sinn 2003

Pollähne H., Positive Rechte gegen negative Verstärker R&P 1992, 47

Pollähne H., Die einstweilige Unterbringung nach § 126a StPO im Recht R&P 2002, 229 und 2003, 57

Pollähne H., Der CTP-Bericht über den Deutschland-Besuch 2005 R&P 2007, 120

Pommer S., Unterbringung im Rechtsvergleich 2003

Porter R., A Social History of Madness. Stories of the Insane 1999

Prütting H./Helms T., FamFG 2009 (-*Bearbeiter*)

Psychiatrie-Enquete Zusammenfassung BT-Drucks 7/2400

Putkonen H., Gesetzliche Grundlagen psychiatrischer Zwangsmaßnahmen in Finnland R&P 2005, 166

Rakete-Dombek I., Vorsorgevollmacht – ein wichtiges und nützliches Rechtsinstrument? R&P 2000, 168

Rasch W., Die Prognose im Maßregelvollzug als kalkuliertes Risiko in: Schwind (Hrsg.), Festschrift für Blau 1985 S. 309

Rasch W./Konrad N., Forensische Psychiatrie 3. Aufl. 2004

Regus M./Depner R., Ambulante und mobile Krisenintervention und Notfallpsychiatrie Sozialpsychiatrische Informationen 1/98, 12

Literatur

Regus M./Gries K., Kommunale Gesundheitsberichterstattung über psychiatrische Unterbringungen und die Möglichkeiten ihrer Nutzung im Rahmen eines gemeindepsychiatrischen Qualitätsmanagements

Rehbein F. O., Die Anwendung der Rechtskriterien und der Einfluss anderer Faktoren bei Zwangseinweisungen nach dem Bremer Psychisch-Kranken-Gesetz – Forschungsbericht 2004

Reichel W., Zwischen Polizeieingriff und Hilfeleistung: Das Recht im Transformationsprozeß, in: Wambach M., Die Museen des Wahnsinn und die Zukunft der Psychiatrie 1980 S. 271

Reichel W., Der vorverlegte Eingriff in: Wambach M., Der Mensch als Risiko 1983 S. 99

Reichel W., 5 Jahre PsychKG in Bremen – zur Reform der psychosozialen Versorgung auf kommunaler Ebene R&P 1984, 72

Reimer A., Gesetzliche Grundlagen, Trägerschaft und Finanzierung – Wer ist eigentlich zuständig? in: Wienberg G. (Hrsg), Bevor es zu spät ist... 1993 S. 33

Remschmidt H., Erziehung und Strafe, geschlossene Unterbringung – Ausweg oder Irrweg? DVJJ-Journal 1994, 269

Renesse M., Die Patientenverfügung in der Diskussion BtPrax 2005, 47

Renner G., Ausländerrecht 8. Aufl. 2005

Rentzel-Rothe W., Prävention und Personensorge R&P 1991, 18

Richter D./Reker T., Unterbringungen nach dem PsychKG NW in einem psychiatrischen Krankenhaus – Entwicklungen über 19 Jahre Krankenhauspsychiatrie 2003, 8

Richter G., Strengbeweis und Freibeweis im Verfahren der freiwilligen Gerichtsbarkeit RPfleger 1989, 261

Richter S., Anmerkungen zum Musterentwurf eines Gesetzes für psychisch Kranke R&P 1993, 68

Riecher-Rössler A./Rössler W., Die Zwangseinweisung psychiatrischer Patienten im nationalen und internationalen Vergleich – Häufigkeiten und Einflußfaktoren Fortschr.Neurol.Psychiat. 60 (1992), 375

Riecke B./Waldmann A., Psychiatrie Ost – Zwischen Fürsorge und Bevormundung früher, auf dem Weg zum demokratischen Selbstverständnis heute in: Aktion Psychisch Kranke 1998

Rink J., Anforderungen an das Vormundschaftsgericht und die Vormundschaftsrichter aufgrund des Betreuungsgesetzes FuR 1990, 253

Rink J., Kritische Anmerkungen zum Verfahren in Betreuungs- und Unterbringungssachen R&P 1991, 148

Rink J., Die Wirksamkeit von Entscheidungen in Betreuungs- und Unterbringungssachen FamRZ 1992, 1011

Rink J., Die Unterbringung Erwachsener durch Maßregel nach § 1846 BGB FamRZ 1993, 512

Rinke W., Therapeutische Zwangsmaßnahmen bei Maßregelvollzug im psychiatrischen Krankenhaus NStZ 1988, 10

Rittstieg H., Beendigung des Aufenthaltes im Rechtsstaat NJW 1996, 545

Rogall K., Die Verletzung von Privatgeheimnissen (§ 203 StGB) NStZ 1983, 7

Sachs M. (-*Bearbeiter*), Grundgesetz 5. Aufl. 2009

Literatur

Salize H. J./Spengler A./Dressing H., Zwangseinweisungen psychisch Kranker – wie speziell sind die Unterschiede in den Bundesländern? PsychiatPrax 2007 Supplement 2, 196

Schanda H., Die aktuelle Psychiatriegesetzgebung in Österreich: Zivil- und Strafrecht aus psychiatrischer Sicht R&P 2005, 159

Schimke H. J., Datenschutz und Betreuungsrecht BtPrax 1993, 74

Schlink B./Schattenfroh S., Die Zulässigkeit der geschlossenen Unterbringung in Einrichtungen der Jugendhilfe – Gutachten im Auftrag des Bundesministeriums für Familie, Senioren, Frauen und Jugend 1997

Schmidt G./Bayerlein R./Mattern C./Ostermann J., Betreuungspraxis und psychiatrische Grundlagen 2007

Schmidt-Bleibtreu B./Klein F., Kommentar zum Grundgesetz für die Bundesrepublik Deutschland 11. Aufl. 2008

Schöch H., Juristische Aspekte des Maßregelvollzugs in: Venzlaff/Foerster S. 325

Schöch H., Die Verantwortlichkeit des Klinikpersonals aus strafrechtlicher Sicht, in: Wolfslast/Schmidt S. 163

Schönke/Schröder, Strafgesetzbuch, 27. Auflage 2006

Scholz B., Psychotherapieforschung als Qualitätssicherung bei der Behandlung von Sexualstraftätern R&P 1998, 177

Schorsch E./Pfäfflin F., Zur Phallographie bei Sexualdelinquenten R&P 1985, 55

Schott M., Begutachtung in der forensischen Psychiatrie. Der Psychiater zwischen Therapie und Beurteilung, in: Kury H. (Hrsg.), Ausgewählte Fragen und Probleme forensischer Begutachtung 1987 S. 247

Schreiber L. H., Die medikamentöse Versorgung als Heilbehandlung gemäß § 1904 BGB n. F. im zukünftigen Betreuungsgesetz FamRZ 1991, 1014 und 1993, 26

Schreiber L. H., Probleme bei dem Gebrauch einer PEG-Sonde BtPrax 2003, 148

Schreiber H. L., Das ungelöste Problem der Sterbehilfe NStZ 2006, 473

Schreiber H. L./Schreiber C., Alte Menschen als Ziel krimineller Handlungen in der Familie ZRP 1993, 146

Schröder A./Konrad N., Vorsorgevollmacht und „Zwangspsychiatrie" R&P 2000, 159

Schulte-Bunert K./Weinreich G., FamFG, Kommentar 2. Aufl. 2010

Schumacher U./Jürgens H. E./Mahnkopf U., Materialien und Ergebnisse des 1. Vormundschaftsgerichtstages 1989

Schumacher U., Rechtsstaatliche Defizite im neuen Unterbringungsrecht FamRZ 1991, 280

Schulte B., Die Recht der psychisch Kranken in: Crefeld W. (Hrsg.), Recht und Psychiatrie S. 17

Schulte B., Die „sozialstaatliche Umsetzung" des Betreuungsrechts R&P 1991, 162

Schwab D., Probleme des materiellen Betreuungsrechts FamRZ 1992, 493

Schweitzer K. H., Heilbehandlung und Selbstbestimmung FamRZ 1996, 317

Literatur

Schwind H.-D./Böhm A., Strafvollzugsgesetz 3. Aufl. 1999
Seewald O., Zur Verantwortlichkeit des Bürgers nach dem Bundesseuchengesetz NJW 1987, 2265
Seewald O., Zu den Voraussetzungen der Seuchenbekämpfung durch Blutuntersuchung und Zwangsinformation NJW 1988, 2921
Seitz W., Das OLG Frankfurt a. M. und die Sterbehilfe ZRP 1998, 417
Seliger M.,/Kröber H. L., Gibt es Defizite in der allgemeinpsychiatrischen Versorgung bei Psychosekranken mit Gewaltrisiko? Sozialpsychiatrische Informationen 2008 Heft 3,12
Sellin C./Engels D., Qualität, Aufgabenverteilung und Verfahrensaufwand bei rechtlicher Betreuung 2003
Soergel A., Bürgerliches Gesetzbuch, 12. Aufl. 1987 (zitiert mit jew. *Bearbeiter*)
Sonnen B.-R., Geschlossene Unterbringung von Kindern und Jugendlichen im Rahmen pädagogischer Intervention – Versuch einer Bestandsaufnahme DVJJ-Journal 1994, 281
Sonnenfeld S., Rechtsmittel im Betreuungs- und Unterbringungsverfahren BtPrax 2009, 167
Spämann C., Ausweitung der Unterbringung zum Zwecke der öffentlichen Sicherheit? R&P 2001, 69
Spengler A., Erfahrungen in einem psychiatrischen Notdienst in Hamburg – Zur Problematik der sofortigen Unterbringung R&P 1984, 78
Spengler A./Böhme K., Versorgungsepidemiologische Aspekte der sofortigen Unterbringung Nervenarzt 1989, 226
Spengler A., Sofortige zwangsweise Unterbringungen in der Bundesrepublik Deutschland 1991–1992: Erste Ergebnisse Psychiat.Prax. 1994, 118
Spengler A., Zwangseinweisungen in Deutschland – Basisdaten und Trends PsychiatPrax 2007 Supplement 2, 191
Spengler A./Dessing H./Koller M./Salize H. J., Zwangseinweisungen – bundesweite Basisraten und Trends, Der Nervenarzt 2005 3 S. 1
Spickhoff A., Rechtssicherheit kraft Gesetzes durch sog. Patientenverfügungen FamRZ 2009, 1949
Stackmann N., Keine richterliche Anordnung von Sterbehilfe NJW 2003, 1568
Staudinger (-*Bearbeiter*), Kommentar zum BGB, Neubearbeitung 2007
Stein/Jonas, Zivilprozeßordnung 21. Aufl. 1999 (zitiert mit jew. *Bearbeiter*)
Steinert T., Die Beurteilung drohender Gewalttätigkeit als psychiatrisches Problem Krankenhauspsychiatrie 3 (1992), 80
Steinert T., Reduzierung von Gewalt und Zwang an psychiatrischen Kliniken Krankenhauspsychiatrie 2000; 11 Sonderheft 1 S. 53
Steinert T., Psychische Störungen und Gewaltkriminalität: Wissensstand und Konsequenzen R&P 2001, 89
Steinert T./Kallert T. W., Medikamentöse Zwangsbehandlung in der Psychiatrie PsychiatPrax 2006, 166
Steller M., Diagnostischer Prozeß in: Stieglitz R. D./Baumann U. (Hrsg.): Psychodiagnostik psychischer Störungen 1994 S. 37
Stolz P., Der sozialstaatliche Ausbau der deutschen Psychiatriegesetze – Kontrolle durch Fürsorge? R&P 1984, 51

Literatur

Stolz P., Von der Macht und Ohnmacht psychopharmakologischer Eingriffe R&P 1985, 132

Stolz P., Die Sprache bringt es an den Tag – Zum Begriff der Betreuung R&P 1989, 23

Stree W., In dubio pro reo 1962

Stree W., Probleme des Widerrufs einer Strafaussetzung wegen einer Straftat NStZ 1992, 153

Taupitz J./Fröhlich U., Medizinische Forschung mit nichteinwilligungsfähigen Personen VersR 1997, 911

Thorwart J., Juristische und ethische Grenzen der Offenbarung von Geheimnissen: Anmerkungen zur aktuellen Gesetzgebung und zu juristischen sowie zu beziehungsdynamischen Aspekten der innerinstitutionellen Schweigepflicht R&P 1999, 10

Tietze A., Zwangsbehandlungen in der Unterbringung BtPrax 2006, 131

Trautwein E., Freiheitsentzug im Verwaltungsrecht 2003

Trechsel, Die Garantie der persönlichen Freiheit (Art. 5 EMRK) in der Straßburger Rechtsprechung EuGRZ 1980, 514

Trenczek T., Geschlossene Unterbringung oder Inobhutnahme DVJJ.Journal 1994, 288

Trenczek T., Inobhutnahme und geschlossene Unterbringung ZfJ 2000, 121

Uchtenhagen A., Zwangseinweisungen in der Psychiatrie – Rechtliche und praktische Gegebenheiten – Schweiz, in: Waller, Zwangseinweisung in der Psychiatrie 1982

Ukena G., Aufklärung und Einwilligung beim ärztlichen Heileingriff an untergebrachten Patienten MedR 1992, 202

Ulrich U., Der gerichtliche Sachverständige 12. Aufl. 2007

Verband der Bayerischen Bezirke, Ausgewählte Ergebnisse aus der Patientenstrukturanalyse vom 8. 1. 1986

Venzlaff U., Psychiatrisch-psychologische Begutachtung bei der Unterbringung von Straftätern in einem psychiatrischen Krankenhaus und bei bedingter Entlassung, in: Blau G./Kammeier H., Straftäter in der Psychiatrie 1984 S. 96

Venzlaff U./Foerster K., Psychiatrische Begutachtung – Ein praktisches Handbuch für Ärzte und Juristen 5. Aufl. 2009

Verrel T., Mehr Fragen als Antworten NStZ 2003, 449

Völlm B., Trends in der Gesetzgebung zur Unterbringung psychisch Kranker und im Maßregelvollzug in England und Wales R&P 2004, 18

Völlm B./Schanda H./Hänggi S./Zinkler M., Menschenrechte in der Psychiatrie – die Empfehlungen des Europarats R&P 2007, 132

Voelzke W., Anmerkungen zum Musterentwurf eines Gesetzes für psychisch Kranke R&P 1993, 18

Voges B./Becker T., Sozial- und Gemeindepsychiatrie, psychiatrisch-psychotherapeutische Rehabilitation in: Berger S. 238

Voigtel S., Zum Freibeweis bei Entscheidungen der Strafvollstreckungskammer 1998

Volbert R., Zwischenfälle im Maßregelvollzug – Wie kalkulierbar ist das Risiko? MSchrKrim 1986, 341

Literatur

Volckart B., Rechtsbehelfe zwangsweise Untergebrachter gegen Maßnahmen des Krankenhauses R&P 1984, 60

Volckart B., Behandlung im Strafvollzug – repressive Maßnahmen mit anderen Namen? BewH 1985, 24

Volckart B., Verwaltungsverfahrensrecht im Krankenhaus R&P 1987, 104

Volckart B., Nochmals: Reform des § 126a StPO ist überfällig R&P 1990, 72

Volckart B., Maßregelvollzug und Schweigepflicht R&P 1990, 158

Volckart B., Praxis der Kriminalprognose. Methodologie und Rechtsanwendung 1997

Volckart B., Verteidigung in Strafvollstreckung und im Vollzug 2. Aufl. 1998

Volckart B., Zur Bedeutung der Basisrate in der Kriminalprognose R&P 2002, 105

Volckart B./Grünebaum R., Maßregelvollzug 7. Aufl. 2009

Volckart B., Zur Bedeutung des hermeneutischen Verstehens in der Kriminalprognose R&P 1999, 58

Vormundschaftsgerichtstag e.V., 5. Vormundschaftsgerichtstag – Materialien und Ergebnisse 1997

Wagenitz T., Finale Selbstbestimmung? Zu den Möglichkeiten und Grenzen der Patientenverfügung im geltenden und künftigen Recht FamRZ 2005, 669

Wagner B., Sind psychiatrische Therapiemethoden „gerecht" R&P 1989, 49

Wagner B., Zweifelhafter Rechtsschutz gegen zweifelhafte Therapiemethoden R&P 1990, 58

Wagner B., Gleiches gleich – Ungleiches ungleich? R&P 1989, 157

Wagner B., Psychiatrische Zwangsbehandlung und rechtfertigender Notstand (§ 34 StGB) R&P 1990, 166

Wagner B., Effektiver Rechtsschutz im Maßregelvollzug – § 63 StGB 2. Aufl. 1992

Waider H., Ärztliche Schweigepflicht im psychiatrischen Krankenhaus R&P 2006, 65

Waldmann K.D., Erfahrungen mit der offenen Tür in: Aktion Psychisch Kranke 1998

Walker W.-D./Gruß M., Räumungsschutz bei Suizidgefahr und alterbedingter Gebrechlichkeit NJW 1996, 352

Waller H., Zwangseinweisung in der Psychiatrie – Zur Situation in der Bundesrepublik Deutschland, in Österreich und in der Schweiz 1982

Walter U., Das Betreuungsrechtsänderungsgesetz und das Rechtsinstitut der Vorsorgevollmacht FamRZ 1999, 685

Walter W., Aspekte für eine Reform des Unterbringungsrechts in: Lauter/Schreiber, Rechtsprobleme in der Psychiatrie 1981 S. 51

Walther G., Vor- und Zuführungen im Betreuungs- und Unterbringungsrecht R&P 2007, 167

Walther G., Freiheitsentziehende Maßnahmen nach § 1906 Abs. 4 BGB BtPrax 2005, 214 und 2006, 8

Webster C.D./Martin M./Brink J./Nichols T./Middleton, The Short-Term Assessment of Risk and Treatability (START) 2004

Literatur

Weig W./Dressing H., Die Begutachtung im Rahmen der Unterbringungsgesetze der Länder in: Venzlaff/Foerster S. 872

Welte H. P., Sicherungshaft bei der Abschiebung von Unionsbürgern und ihrer Familienangehörigen InfAuslR 2009, 298

Welzel T., Lockerungen im Maßregelvollzug BewH 1990, 253

Welzel T., Anmerkungen zum Musterentwurf eines Gesetzes für psychisch Kranke R&P 1993, 23

Wiebach K./Kreyßig M./Peters H./Wächter C./Winterstein P., Was ist „gefährlich" – Ärztliche und juristische Aspekte bei der Anwendung des § 1904 BGB BtPrax 1997, 48

Wiebe A., Rechtstaatliche Defizite bei der Unterbringung psychisch Kranker in: Bergener M., Psychiatrie und Rechtsstaat S. 116

Wiegand E., § 1846 BGB als allgemeine Ermächtigungsgrundlage des Vormundschaftsrichters für eine zivilrechtliche geschlossene Unterbringung hilfloser Erwachsener? FamRZ 1991, 1022

Wienberg G., Bevor es zu spät ist – Außerstationäre Krisenintervention und Notfallpsychiatrie – Standards und Modelle 1993

Wienberg G., Qualitätsmerkmale außerstationärer Krisenintervention und Notfallpsychiatrie in: Wienberg G. (Hrsg.), Bevor es zu spät ist ... S. 42

Wilhelm B./Mohr F., Die geplante Festnahme zum Zwecke der Abschiebung und die Anhörung durch den Richter InfAuslR 2007, 354

Windel P., Darf der Betreuer sein Aufenthaltsbestimmungsrecht gegenüber dem Betreuten zwangsweise durchsetzen BtPrax 1999, 46

Winkler-Wilfurth A., Betreuung und Heilbehandlung 1992

Winter M., Vollzug der Zivilhaft 1987

Wojnar J., Der Betreute – ein unbekanntes Wesen? BtPrax 1992, 16

Wojnar J., Freiheitsentziehende Maßnahmen und Demenz BtPrax 1995, 12

Wojnar J., Freiheitsentziehende Maßnahmen und ihre Auswirkungen auf die Persönlichkeit behinderter Menschen BtPrax 1997, 92

Wojnar J., Der Einsatz von Psychopharmaka in der Betreuung demenzkranker Menschen BtPrax 1999, 11

Wolfersdorf M./Keller F., Patientensuizide während stationärer psychiatrischer Therapie Psychiatrische Praxis 2000, 277

Wolfslast G., Psychotherapie in den Grenzen des Rechts 1985

Wolfslast G., Ärztliche Pflichten zur Verhinderung eines Suizids R&P 1986, 127

Wolfslast G./Schmidt K. W., Suizid und Suizidversuch 2005

Wolff/Bachof/Stober, Verwaltungsrecht 11./6. Aufl. 2000

Wolter-Henseler D., Betreuungsrecht und Arzneimittel – wann ist eine medikamentöse Behandlung genehmigungsbedürftig i.S. des § 1904 BGB BtPrax 1994, 183

Wolter-Henseler D., Gefährliche medizinische Maßnahmen? BtPrax 1995, 168

Wütz, B., Der Freibeweis in der freiwilligen Gerichtsbarkeit 1970

Wullweber H., Machen Psychopharmaka gesund? R&P 1985, 122

Wullweber H., Spiegelfechtereien R&P 1993, 54

Literatur

Zenz G./von Eicken B./Ernst E./Hofmann C., Vormundschaft und Pflegschaft für Volljährige – Eine Untersuchung zur Praxis und Kritik des geltenden Rechts 1987

Zilkens M., Verweigerte Einwilligung zu ärztlichen Eingriffen Deutsches Ärzteblatt 1986, 3447

Zimmermann W., Das neue Verfahren in Unterbringungssachen FamRZ 1990, 1308

Zimmermann W., Das neue Verfahren in Betreuungssachen FamRZ 1991, 270

Zimmermann W., Thüringer Gesetz zur Hilfe und Unterbringung psychisch Kranker 1994

Zimmermann W., Richter- und Rechtspflegerhaftung im Betreuungsrecht BtPrax 2008, 185

Zimmermann W./Damrau J., Das neue Betreuungs- und Unterbringungsrecht NJW 1991, 538

Zinkler M., Vorsorgevollmacht versus Behandlungsvereinbarung R&P 2000, 165

Zinkler M., Früher entlassen – schneller im Maßregelvollzug? R&P 2008, 102

Zinkler M./Schneeweiß B., Zur vormundschaftsgerichtlichen Genehmigungspflicht nach § 1904 BGB R&P 2000, 12

A. Einführung

Übersicht

1. Verfassungsrechtliche und gesetzliche Grundlagen 1
   a) Grundgesetz und Menschenrechtskonventionen 1
   b) Gesetzliche Grundlagen der Freiheitsentziehung 3
      aa) Entwicklung der zivilrechtlichen Unterbringung 5
      bb) Die Entwicklung des öffentlichen Unterbringungsrechts ... 8
      cc) Die Entwicklung des Freiheitsentziehungsrechts 13
      dd) Künftige Rechtsentwicklung 14
      ee) Ausländische Regelungen 18
   c) Rechtsprechung des EGMR und des BVerfG 19
2. System des Unterbringungs- und Freiheitsentziehungsrechts 31
   a) Horizontale Gliederung 32
   b) Vertikale Gliederung 39
   c) Der rechtssystematische Ort der Unterbringungen nach § 312 FamFG 43
   d) System des Freiheitsentzugs 47
3. Statistische und sozialwissenschaftliche Grundlagen 51
   a) Vorbemerkung 51
   b) Statistiken des Bundes und der Länder 53
   c) Diskussion der Statistiken von Bund und Ländern 61
   d) Untersuchungen zur Unterbringung bzw. Zwangseinweisung aus juristischer, medizinischer und sozialwissenschaftlicher Sicht 66
      aa) Zahl der Zwangseinweisungen bzw. Freiheitsentziehungen 67
      bb) Das Verhältnis von vorläufiger und endgültiger Unterbringung 76
      cc) Dauer der Unterbringung 78
      dd) Krankheitsbilder 81
      ee) Gründe für Zwangseinweisungen 85
      ff) Die Gefährlichkeit psychisch Kranker 87
      gg) Rechtsmittel 91
      hh) Folgerungen für die Auslegung des Unterbringungsrechts ... 92
4. Krankheitsbegriff 98
   a) Vorbemerkungen 98
   b) Gesetzesterminologie 99
   c) Juristischer und medizinischer Krankheitsbegriff 102
   d) Aspekte des Krankheitsbegriffs 104
   e) Konkretisierung des Krankheitsbegriffs 106
   f) Auslegungsgrundsatz 113
5. Die Gefährlichkeit und ihre Voraussage: Prognosemethoden im Unterbringungsrecht 116
   a) Der prognostische Syllogismus 116
   b) Prämissen und Wahrscheinlichkeitsaussage 121
   c) Die Beurteilung der Wahrscheinlichkeitsaussage 126
6. Verhältnis und Konkurrenz der Freiheitsentziehungsformen 131
   a) Konkurrenz in Vollstreckung und Vollzug 132
   b) Konkurrenz bei der Anordnung der Unterbringung – Bundesrecht 135
   c) Scheinbare Konkurrenz mit den Maßregeln 142
7. Haftung bei rechtswidriger Unterbringung 152

A

1. Verfassungsrechtliche und gesetzliche Grundlagen

1 **a) Grundgesetz und Menschenrechtskonventionen.** Jede Freiheitsentziehung ist ein Grundrechtseingriff. Grundlage der gesetzlichen Regelungen zur Unterbringung und Freiheitsentziehung sind Art. 2 Abs. 2 und Art. 104 GG (zur Rechtsprechung des BVerfG Rn. 26 ff.):

Art. 2 Abs. 2 GG:

(2) Jeder hat das Recht auf Leben und körperliche Unversehrtheit. Die Freiheit der Person ist unverletzlich. In diese Rechte darf nur auf Grund eines Gesetzes eingegriffen werden.

Art. 104 Abs. 1 und 2 GG:

(1) Die Freiheit der Person kann nur auf Grund eines förmlichen Gesetzes und nur unter Beachtung der darin vorgeschriebenen Formen beschränkt werden. Festgehaltene Personen dürfen weder seelisch noch körperlich mißhandelt werden.

(2) Über die Zulässigkeit und Fortdauer einer Freiheitsentziehung hat nur der Richter zu entscheiden. Bei jeder nicht auf richterlicher Anordnung beruhenden Freiheitsentziehung ist unverzüglich eine richterliche Entscheidung herbeizuführen. Die Polizei darf aus eigener Machtvollkommenheit niemanden länger als bis zum Ende des Tages nach dem Ergreifen in eigenem Gewahrsam halten. Das Nähere ist gesetzlich zu regeln.

2 Diese Vorschriften finden ihre Entsprechung und Ergänzung in Art. 5 MRK (Europäische Menschenrechtskonvention), für den hier in Betracht kommenden Bereich der Freiheitsentziehung insbesondere in Art. 5 Abs. 1 c), d), e), f) MRK.

Art. 5 Abs. 1 MRK:

(1) Jede Person hat das Recht auf Freiheit und Sicherheit. Die Freiheit darf nur in den folgenden Fällen und nur auf die gesetzlich vorgeschriebene Weise entzogen werden:

c) rechtmäßige Festnahme oder Freiheitsentziehung zur Vorführung vor die zuständige Gerichtsbehörde, wenn hinreichender Verdacht besteht, dass die betreffende Person eine Straftat begangen hat, oder wenn begründeter Anlass zu der Annahme besteht, dass es notwendig ist, sie an der Begehung einer Straftat oder an der Flucht nach Begehung einer solchen zu hindern;

d) rechtmäßige Freiheitsentziehung bei Minderjährigen zum Zweck überwachter Erziehung oder zur Vorführung vor die zuständige Behörde;

e) rechtmäßige Freiheitsentziehung mit dem Ziel, eine Verbreitung ansteckender Krankheiten zu verhindern, sowie bei psychisch Kranken, Alkohol- oder Rauschgiftsüchtigen und Landstreichern;

f) rechtmäßige Festnahme oder Freiheitsentziehung zur Verhinderung der unerlaubten Einreise sowie bei Personen, gegen die ein Ausweisungs- oder Auslieferungsverfahren im Gange ist.

1. Verfassungsrechtliche und gesetzliche Grundlagen **A**

Die Konvention zum Schutz der Menschenrechte und Grundfreiheiten ist unmittelbar geltendes Recht im Rang einfachen Bundesrechts, bindet damit über Art. 20 Abs. 3 GG Gerichte und Verwaltung und geht widersprechendem Bundes- oder Landesrecht vor (zur Rechtsprechung des EGMR Rn. 19 ff.). Auch die Grundrechte der Landesverfassungen sind im Lichte der MRK auszulegen (SächsVerfGH DVBl. 1996, 1423). Am 22. 9. 2004 wurden vom Ministerrat des Europarats Empfehlungen zum Schutz der Menschenrechte und der Würde von Personen mit psychischen Problemen verabschiedet, die sich an den Vorgaben der MRK und der Rechtsprechung der EGMR (hierzu S. 9 ff.) orientieren (*Völlm u. a.* R&P 2007, 132 ff.). Am 9. 5. 2005 wurden vom Ministerrat des Europarats Richtlinien zur Abschiebung verabschiedet, die auch die Abschiebungshaft betreffen.

Am 26. 3. 2009 ist das Übereinkommen der Vereinten Nationen über die Rechte von Menschen mit Behinderungen vom 13. 12. 2006 (UN-BRK) in Deutschland in Kraft getreten, das erhebliche Auswirkungen auf das Betreuungsrecht und die Unterbringung psychisch kranker Menschen hat (*Lachwitz* BtPrax 2008, 143 ff.; *Evers-Meyer* BtPrax 2009, 97 ff.; *König* BtPrax 2009, 105 ff.; *Marschner* R&P 2009, 135 ff.; *Baufeld* R&P 2009, 167 ff.). Dieses Übereinkommen versteht sich als Menschenrechtskonvention und geht in seinen Regelungen teilweise über die Europäische Menschenrechtskonvention hinaus. Aufgrund der Ratifizierung handelt es sich ebenfalls um unmittelbar geltendes Recht im Rang einfachen Bundesrechts. Nach Art. 4 UN-BRK haben die Vertragsstaaten die Verpflichtung zur Änderung aller bestehenden Gesetze, die eine Diskriminierung darstellen, soweit die UN-BRK nicht bereits unmittelbare Wirkung entfaltet. Art. 14 UN-BRK regelt die Freiheit und Sicherheit der Person.

Art. 14 UN-BRK:

(1) Die Vertragsstaaten gewährleisten,

a) dass Menschen mit Behinderungen gleichberechtigt mit anderen das Recht auf persönliche Freiheit und Sicherheit genießen;

b) dass Menschen mit Behinderungen gleichberechtigt mit anderen die Freiheit nicht rechtswidrig oder willkürlich entzogen wird, dass jede Freiheitsentziehung im Einklang mit dem Gesetz erfolgt und dass das Vorliegen einer Behinderung in keinem Fall eine Freiheitsentziehung rechtfertigt.

(2) Die Vertragsstaaten gewährleisten, dass Menschen mit Behinderungen, denen aufgrund eines Verfahrens die Freiheit entzogen wird, gleichberechtigten Anspruch auf die in den internationalen Menschenrechtsnormen vorgesehenen Garantien haben und im Einklang mit den Zielen und Grundsätzen dieses Übereinkommens behandelt werden, einschließlich durch die Bereitstellung angemessener Vorkehrungen.

Jeder Eingriff in das Recht der Freiheit der Person bedarf damit einer ge- 3 setzlichen Grundlage, auch wenn es sich nicht um **Freiheitsentziehung**, sondern um **Freiheitsbeschränkung** handelt (Art. 104 Abs. 1 GG; zum

Begriff der Freiheitsentziehung Kap. **F** § 415 FamFG, Kap. **C** S. 218). Über die Zulässigkeit und Fortdauer einer Freiheitsentziehung muss eine vorherige richterliche Entscheidung ergehen. Ist dies nicht der Fall, muss die richterliche Entscheidung unverzüglich, bei Festhalten durch die Polizei spätestens bis zum Ende des Tages nach dem Ergreifen vorliegen (Art. 104 Abs. 2 GG). Einzelheiten des Verfahrens sind gesetzlich zu regeln (siehe zum ganzen: *Gusy* NJW 1992, 457ff.). Betroffen sind allerdings im Fall der Freiheitsentziehung nicht nur die Art. 2 Abs. 2 Satz 2 und 104 GG und damit die Anordnung (bzw. Genehmigung) und Vollstreckung der Freiheitsentziehung, sondern alle Grundrechte des Betroffenen, in die während des Vollzugs der Unterbringung eingegriffen wird. Alle über die Freiheitsentziehung selbst hinausgehenden Grundrechtseingriffe im Vollzug der Freiheitsentziehung bedürfen einer eigenständigen gesetzlichen Grundlage (BVerfG NJW 1972, 811; siehe Rn. 30). Dies betrifft insbesondere die Zwangsbehandlung in der Psychiatrie (hierzu Kap. **B** S. 150ff. sowie Kap. **C** S. 210ff.). Entsprechende Regelungen über Anordnung und Vollstreckung der Freiheitsentziehung sind in Art. 5 Abs. 2 und 3 MRK enthalten, den Vollzug der Freiheitsentziehung betreffen insbesondere Art. 3 MRK (Verbot der Folter), 8 MRK (Achtung des Privatlebens) und 10 MRK (Recht auf freie Meinungsäußerung). Die Beachtung des Art. 3 MRK wird durch das Komitee zur Verhütung von Folter und unmenschlicher oder erniedrigender Behandlung oder Strafe (CTP) überwacht und betrifft alle Orte, an denen Personen durch eine öffentliche Behörde die Freiheit entzogen wird (*Pollähne* R&P 2007, 120ff.).

4 **b) Gesetzliche Grundlagen der Freiheitsentziehung.** Die materiellrechtlichen Vorschriften der Freiheitsentziehung im Sinn des Art. 2 Abs. 2 Satz 3, 104 Abs. 1 GG, soweit sie für die vorliegende Kommentierung in Betracht kommen, sind teilweise im Bundesrecht (BGB, SGB VIII, JSchG, Infektionsschutzgesetz, Aufenthaltsgesetz, BPolG), teilweise im Landesrecht (Unterbringungsgesetze bzw. Psychisch-Kranken-Gesetze sowie Polizeigesetze der Bundesländer) enthalten. Die Vorschriften für das gerichtliche Verfahren in Unterbringungssachen sind ab 1. 9. 2009 bundeseinheitlich in den §§ 312ff. FamFG geregelt. Für den Bereich der Freiheitsentziehung im Übrigen ist das gerichtliche Verfahren in §§ 415ff. FamFG geregelt, die Polizeigesetze der Bundesländer enthalten ergänzende Vorschriften. Die Vorschriften für das vorausgehende Verwaltungsverfahren sind in den jeweiligen Gesetzen enthalten, die die Voraussetzungen der Unterbringung bzw. Freiheitsentziehung regeln.

5 **aa) Entwicklung der zivilrechtlichen Unterbringung.** Ursprünglich wurde die Unterbringung eines volljährigen Mündels oder Pfleglings bzw. eines Kindes als Ausübung des **Aufenthaltsbestimmungsrechts** angesehen, ohne dass es einer richterlichen Entscheidung bedurfte (so auch noch BGHZ 17, 108 = NJW 1955, 867). Durch die grundlegende Entscheidung des Bundesverfassungsgerichts vom 10. 2. 1960 wurde klargestellt, dass eine richterliche Entscheidung nach Art. 104 Abs. 2 GG auch dann erforderlich ist, wenn der Vormund eines volljährigen Entmündigten diesen in Ausübung seines Aufenthaltsbestimmungsrechts in einer geschlossenen Anstalt unter-

1. Verfassungsrechtliche und gesetzliche Grundlagen

bringt (BVerfG NJW 1960, 811 ff.). Damit wurde der verfassungsrechtliche Schutz des Art. 104 Abs. 2 GG auf die unter Vormundschaft oder Pflegschaft stehenden volljährigen Personen ausgedehnt. Dies wurde im Wesentlichen damit begründet, dass der Anwendungsbereich des Art. 104 Abs. 2 GG nicht nur auf strafrechtliche Fälle oder Unterbringungen zum Schutz der öffentlichen Sicherheit und Ordnung beschränkt sei, sondern auch **Freiheitsentziehungen mit fürsorgerischem Charakter** umfasse. Im Fall der Unterbringung gegen den Willen des Betroffenen sei das Vormundschaftsrecht durch öffentlich-rechtliche Elemente überlagert, so dass sich auch die zivilrechtliche Unterbringung letztlich als Ausübung staatlicher Gewalt darstelle (ebenso *Sachs/Degenhart* Art. 104 Rn. 8; aA zur öffentlich-rechtlichen Überlagerung der Aufgaben des Betreuers, ohne die Anwendbarkeit des Art. 104 Abs. 2 GG in Frage zu stellen *Lipp* BtPrax 2006, 62 ff.; siehe im Einzelnen unten S. 14 f.). Es wurde offengelassen, ob dies auch für den Bereich der elterlichen Sorge und damit die Unterbringung von Kindern durch ihre Eltern gelten würde (zur Anwendbarkeit des Art. 104 Abs. 1 Satz 1 GG bei der Unterbringung von Kindern nunmehr BVerfG NJW 2007, 3560 = R&P 2007, 189 mit Anm. *Hoffmann*).

Als Folge dieser Entscheidung wurde in § 1800 Abs. 2 BGB a. F. der Genehmigungsvorbehalt durch den Richter in das Vormundschaftsrecht aufgenommen. Im Rahmen der Neuregelung des Rechts der elterlichen Sorge im Jahr 1979 wurde der Genehmigungsvorbehalt in § 1631 b BGB auf die **Unterbringung von Kindern** durch ihre Eltern ausgedehnt, so dass § 1800 Abs. 2 BGB a. F. gestrichen werden konnte, da die allgemeine Verweisung durch § 1800 BGB nunmehr auch § 1631 b BGB und damit die Unterbringung erfasste. Eine sachliche Änderung war damit für volljährige Mündel und Pfleglinge nicht verbunden. Ab dem 1. 1. 1992 ist der **Genehmigungsvorbehalt für Betreute** in § 1906 Abs. 2 BGB geregelt, so dass §§ 1631 b, 1800 BGB nur noch die Unterbringung Minderjähriger durch ihre Eltern und ihren Vormund betreffen. Das Verfahrensrecht der zivilrechtlichen Unterbringung war zunächst nicht speziell geregelt und folgte allgemeinen Regeln des FGG. Erst im Zusammenhang der Neuregelung des Rechts der elterlichen Sorge im Jahr 1979 wurde in den §§ 64 a ff. FGG a. F. das Unterbringungsverfahren geregelt. Ab dem 1. 1. 1992 wurde dieses Verfahrensrecht durch das nunmehr bundeseinheitlich auch für die öffentlich-rechtliche Unterbringung geltende Verfahrensrecht in den §§ 70 ff. FGG abgelöst. Ab 1. 9. 2009 ist das Verfahren in Unterbringungssachen in §§ 312 ff. FamFG geregelt, ergänzende Vorschriften für die Unterbringung Minderjähriger finden sich in § 167 FamFG. Mit dem FamFG wird das bisherige Vormundschaftsgericht durch das Betreuungsgericht beim Amtsgericht ersetzt und auch insoweit der Terminologie des Betreuungsrechts Rechnung getragen.

Über die Frage der **materiell-rechtlichen Voraussetzungen der zivilrechtlichen Unterbringung** wurde vom Bundesverfassungsgericht lange nicht entschieden. Ein Vorlagebeschluss des Amtsgerichts Frankfurt, wonach nach dem bis zum 1. 1. 1992 geltenden Recht das Aufenthaltsbestimmungsrecht keine ausreichende Grundlage für eine zivilrechtliche Unterbringung darstelle, da die Voraussetzungen der Unterbringung nicht ausreichend konkret geregelt seien (AG Frankfurt R&P 1986, 116), wurde vom Bundesverfassungsgericht aus formalen Gründen für unzulässig erachtet und daher nicht inhaltlich verbeschieden (BVerfG FamRZ 1987, 675). Erst im Jahr 1998 stellte das Bundesverfassungsgericht klar, dass auch die zivilrechtliche Unterbringung eines psychisch Kranken zur Behandlung nach § 1906 Abs. 1 Ziff. 2 BGB nur zulässig ist, wenn sie unumgänglich ist, um eine drohende gewichtige gesundheitliche Schädigung abzuwenden (BVerfG NJW 1998, 774 = R&P 1998, 101). Das Bundesverfassungsgericht betont im Anschluss an die Entscheidung zum traditionell fürsorgerechtlich orientierten Baden-Württembergischen Unterbringungsgesetz (BVerfG NJW 1982, 691; hierzu ausführlich S. 12 f.) nochmals, dass auch dem psychisch Kranken in gewissen Grenzen die „Freiheit zur Krankheit" belassen werden muss. Damit sind in Übereinstimmung mit der in der Literatur herrschenden Meinung die verfassungsrechtlichen Grenzen der zivilrechtlichen Unterbringung gezogen (siehe im Einzelnen Kap. **C** S. 224 f.).

8 **bb) Die Entwicklung des öffentlichen Unterbringungsrechts.** Die ursprüngliche Zuordnung des Unterbringungsrechts zum materiellen Polizeirecht hatte zur Folge, dass in der Bundesrepublik Deutschland die Regelung der öffentlich rechtlichen Unterbringung in die Zuständigkeit des Landesgesetzgebers fiel (zum geschichtlichen Hintergrund der öffentlich-rechtlichen Unterbringung Kap. **B** S. 71 f.). Das Konzept der **Gefahrenabwehr** findet sich heute in allen Unterbringungsgesetzen und Psychisch-Kranken-Gesetzen der Bundesländer einschließlich Baden-Württemberg wieder, auch wenn die Gefährdung der öffentlichen Sicherheit und Ordnung in den neueren PsychKG's nicht mehr als Voraussetzung der Unterbringung genannt wird (im Einzelnen siehe Kap. **B** S. 116 ff.).

9 Die nach 1949 erlassenen **Unterbringungsgesetze der Bundesländer** hatten sich zunächst als Ausführungsgesetze zu Art. 2 Abs. 2, 104 GG verstanden und die erforderlichen gesetzlichen Grundlagen für die Unterbringung geschaffen. Von einem Psychisch-Kranken-Recht konnte zu diesem Zeitpunkt noch nicht gesprochen werden. Das Unterbringungsrecht war ein besonderer Teil des Polizeirechts. Der psychisch Kranke wurde in erster Linie als Störer aufgefasst, Hilfsangebote wurden als ausschließliche Aufgabe des Sozialrechts angesehen.

10 Der Schritt zu einem **Psychisch-Kranken-Recht** vollzog sich erst durch die zweite Generation der Unterbringungsgesetze, beginnend mit dem Nordrhein-Westfälischen Gesetz über Hilfen und Schutzmaßnahmen bei psychischen Krankheiten vom 2. 12. 1969. In der Folgezeit wurde bis auf Hessen in allen Bundesländern das Unterbringungsgesetz novelliert, wobei allerdings Bayern, Baden-Württemberg und das Saarland die Bezeichnung und Konzeption als Unterbringungsgesetz beibehielten. Die Reformen waren beeinflusst durch die Psychiatrie-Enquete im Jahre 1975, wonach in der psychosozialen Versorgung ambulante Hilfen gegenüber der bis dahin vorherrschenden stationären Versorgung stärker in den Vordergrund treten sollten, sowie die Strafvollzugsentscheidung des Bundesverfassungsgerichts im Jahr 1972, wonach auch die Grundrechtseingriffe während einer Freiheits-

1. Verfassungsrechtliche und gesetzliche Grundlagen   A

entziehung auf eine gesetzliche Grundlage gestellt werden mussten (BVerfG NJW 1972, 811). Insbesondere die Zwangsbehandlung wurde gesetzlich geregelt, in den Psychisch-Kranken-Gesetzen wurden vor- und nachgehende Hilfen zur Vermeidung der Unterbringung konstituiert. In den Psychisch-Kranken-Gesetzen verbinden sich damit Elemente der Hilfe und des Zwangs, sozialrechtliche und polizeirechtliche Regelungen. Dadurch werden zwar Alternativen der Unterbringung geschaffen. Gleichzeitig entsteht die Gefahr, dass ein Netz sozialer Kontrolle geschaffen wird, durch das wesentlich mehr Betroffene als zuvor hinsichtlich der Voraussetzungen einer Unterbringung beurteilt werden können.

Zwischenzeitlich haben die meisten Bundesländer ihre PsychKGs überarbeitet und insbesondere dem Stand der psychiatrischen Versorgung angepasst. Zuletzt haben Thüringen (ÄndG v. 16. 12. 2008) und Brandenburg (BbgPsychKG v. 5. 5. 2009) ihre Gesetze novelliert. In Bremen wurde im Zusammenhang mit zwei Tötungsdelikten psychisch kranker Menschen mit Gesetz vom 28. 6. 2005 der Gefahrbegriff den Regelungen der anderen Bundesländer angeglichen. Zum 1. 9. 2009 war eine Anpassung an die Vorschriften und neue Terminologie des FamFG erforderlich.   **11**

Ab dem 1. 1. 1992 wurde das **Verfahrensrecht** aus den Unterbringungsgesetzen der Bundesländer ausgegliedert. Dieses ist nunmehr bundeseinheitlich in den §§ 312 ff. FamFG (zuvor §§ 70 ff. FGG) geregelt, was in vielen Fällen eine Verschlechterung des Verfahrensstandards bedeutete (z. B. im Vergleich zu den vorbildlichen Regelungen des Berliner PsychKG).   **12**

cc) Die Entwicklung des Freiheitsentziehungsrechts. Das bis zum 31. 8. 2009 geltende FEVG war als Ausführungsgesetz zu Art. 104 GG zu verstehen und in seinen wesentlichen Teilen unverändert geblieben. Die ursprüngliche beabsichtigte Einbeziehung des Verfahrens des öffentlichen Unterbringungsrechts war nicht zustande gekommen, weil die Bundesländer bevorzugten, die materiellrechtlichen und verfahrensrechtlichen Vorschriften der Unterbringung psychisch Kranker gemeinsam zu regeln. Dieser Rechtszustand ist ab dem 1. 1. 1992 wieder überholt. Das mit der zivilrechtlichen Unterbringung gemeinsame Verfahrensrecht für Unterbringungssachen befindet sich nunmehr in den §§ 312 ff. FamFG, das Verfahren in Freiheitsentziehungssachen in §§ 415 ff. FamFG. Dabei ergeben sich gegenüber den Regelungen des FEVG keine strukturellen Änderungen, der Rechtsschutz für die Betroffenen hat sich eher verschlechtert (*Jenissen* FGPrax 2009, 93 ff.).   **13**

dd) Künftige Rechtsentwicklung. Während die Reform der zivilrechtlichen Unterbringung trotz der Bestrebungen der Weiterentwicklung des Betreuungsrechts von der justizförmigen zur sozialen Betreuung zunächst als abgeschlossen angesehen werden konnte, besteht nunmehr Handlungsbedarf infolge der UN-BRK vor allem hinsichtlich der Unterbringung durch den Betreuer nach § 1906 Abs. 1 Ziff. 2 BGB (*König* BtPrax 2009, 105 ff.; *Marschner* R&P 2009, 135 ff.). Gesetzlich ungeregelt ist der Vollzug der zivilrechtlichen Unterbringung (siehe Jürgens/*Marschner* Rn. 582 ff.). Es besteht weiterhin Regelungsbedarf im Bereich der öffentlich-rechtlichen Unterbringung. Diesbezüglich bestehende Bestrebungen in Baden-Württemberg,   **14**

Bayern und Hessen, also den Ländern, die aus unterschiedlichen historischen Gründen über noch kein PsychKG verfügen, haben zu keinen entsprechenden Gesetzgebungsverfahren geführt. Allerdings zwingt die UN-BRK auch diese Bundesländer, PsychKGs zu erlassen, da Art. 14 Abs. 2 UN-BRK die Bereitstellung angemessener Vorkehrungen verlangt, bevor es zu einer Freiheitsentziehung kommt.

15 Schwerpunkte der **Neuregelungen** sollten in der Konstituierung einer Sicherstellungspflicht im Rahmen der der Unterbringung vor- und nachgehenden Hilfen, der Entflechtung von Hilfsangeboten und Zwangsmaßnahmen, im Ausbau der Patientenrechte sowie in der rechtstaatlichen Ausgestaltung und Beschränkung der Grundrechtseingriffe im Rahmen des Vollzugs der Unterbringung liegen (siehe *Marschner/Volckart* R&P 1992, 54; *Voelzke* R&P 1993, 18; *Welzel* R&P 1993, 23; *Richter* R&P 1993, 68; zur Weiterentwicklung der PsychKG's *Marschner* R&P 1998, 68). Von zunehmender Bedeutung sind Regelungen der psychiatrischen Krisenintervention zur Vermeidung der Unterbringung sowie die Gewährleistung, dass auch im Fall der in der Praxis vorherrschenden Verwaltungsunterbringung (siehe S. 31 f.) psychiatrische Fachkräfte zugezogen werden und eine zeitnahe psychiatrische Begutachtung durchgeführt wird.

16 Ein Regelungsbedarf besteht auch im Bereich des Vollzugs der Freiheitsentziehung nach dem Infektionsschutzgesetz und dem Aufenthaltsgesetz (zu den verfassungsrechtlichen Vorgaben siehe S. 13). Es wäre sinnvoll, den **Vollzug** zusammen mit den ausstehenden Regelungen des Vollzugs der Untersuchungshaft, der einstweiligen Unterbringung nach § 126a StPO, der Sicherungshaft und der Sicherungsunterbringung nach §§ 453c, 463 StPO zu regeln.

17 Am 1. 1. 2001 ist das Gesetz zur Verhütung und Bekämpfung von Infektionskrankheiten beim Menschen **(Infektionsschutzgesetz)** in Kraft getreten, in dem u.a. die bisherigen Vorschriften des Bundesseuchengesetzes sowie des Gesetzes zur Bekämpfung der Geschlechtskrankheiten zusammengefasst wurden.

18 ee) **Ausländische Regelungen.** Gesetzliche Regelungen über die Unterbringung psychisch Kranker finden sich in den meisten Rechtsordnungen. Zentraler Unterschied zu den deutschen Regelungen ist, dass die Entscheidung über die Freiheitsentziehung ganz unterschiedlich besetzten Gremien, nicht aber notwendigerweise dem Richter zugewiesen ist, da in der Regel eine Art. 104 Abs. 2 GG entsprechende Vorschrift fehlt. Allerdings ist im Anwendungsbereich der MRK zu beachten, dass Art. 5 Abs. 4 MRK das Recht gewährleistet, unverzüglich von einem Gericht die Rechtmäßigkeit der Freiheitsentziehung überprüfen zu lassen (zur Rechtsprechung des EGMR Rn. 9 ff.). Von besonderer Bedeutung für die deutsche Diskussion ist das österreichische Unterbringungsgesetz vom 1. 3. 1990, das in der Folge der Sachwalterreform erlassen wurde (hierzu *Kopetzki* 1997; 1995; R&P 1991, 61 und 1996, 103; *Forster/Kinzl* R&P 2004, 23; *Schanda* R&P 2005, 159; zu anderen ausländischen Regelungen: *Forster* 1997, insbesondere zum neuen Legalismus in der Gesetzgebung Englands, Italiens, der USA, der Niederlande und Österreichs; zu Frankreich, Belgien, Schweiz und England:

1. Verfassungsrechtliche und gesetzliche Grundlagen A

Gutachten zu einer Neuordnung des Entmündigungs-, des Vormundschafts- und des Pflegschaftsrechts, S. 51 ff.; zur Gesetzgebung und Praxis in den Mitgliedsländern der Europäischen Union: *Dressing/Salize* 2004; Niederlande: *Manders/Widdershoven* R&P 1996, 124; Italien: *Ongaro-Basaglia* R&P 1989, 38; Schweiz: *Uchtenhagen* S. 35 ff. und *Hänggi* R&P 2006, 168; zur Neuregelung in Frankreich: *Delisle* R&P 1993, 183 ff. mit Gesetzestext; England: *Völlm* R&P 2004, 18; Finnland: *Putkonen* R&P 2005, 166; zum angloamerikanischen Bereich *Marschner* R&P 1990, 53; zu europäischen und anglo-amerikanischen Unterbringungsregelungen *Pommer* 2003; zur Freiheitsentziehung im Anwendungsbereich der EMRK *Trautwein* 2003).

c) Rechtsprechung des EGMR und des BVerfG. Der **EGMR** hat in 19 einer Reihe von Entscheidungen zur Anordnung und Vollstreckung von Freiheitsentziehungen nach Art. 5 Abs. 1 c)–f) MRK (Text auf S. 2) sowie zum Vollzug der Freiheitsentziehungen (insbesondere zu Art. 3 MRK) Stellung genommen (siehe *Trechsel* EuGRZ 1980, 514 ff.; *Maaß* NVwZ 1985, 155; *Douraki* R&P 1987, 82 ff.; *Frowein/Peukert,* EMRK, 2. Aufl.; *Meyer-Ladewig,* EMRK, 2. Aufl.).

Für die Entscheidung, ob im Einzelfall eine **Freiheitsentziehung** im Sinn des Art. 5 MRK vorliegt, ist von der konkreten Situation des Betroffenen auszugehen, wobei Art, Dauer, Auswirkungen und Durchführung der betreffenden Maßnahme zu würdigen ist (EGMR NJW 1984, 544 und NVwZ 1997, 1002). Bei Anwendung dieser Grundsätze hat der EGMR in den zu entscheidenden Fällen eine Freiheitsentziehung sowohl bei der Verbannung auf eine Insel als auch im Fall des Festhaltens von Asylbewerbern in der Internationalen Zone eines Flughafens gesehen (aA im Fall des sog. Flughafenverfahrens nach § 18a AsylVfG BVerfG NJW 1996, 1666). Eine Freiheitsentziehung liegt auch vor, wenn die betroffene Person mehrfach nach einem Fluchtversuch durch die Polizei in die Klinik zurückgebracht wird, ohne das gesetzlich vorgeschriebene Unterbringungsverfahren durchzuführen. In diesem Fall kann nicht davon ausgegangen werde, die betroffene Person habe in den fortdauernden Aufenthalt in der Klinik eingewilligt (EGMR NJW-RR 2006, 308 = R&P 2005, 186).

Hinsichtlich der **Unterbringung von Geisteskranken** im Sinn des 20 Art. 5 Abs. 1 e) MRK hat der EMGR in ständiger Rechtsprechung das Vorliegen von drei Voraussetzungen verlangt (EGMR EuGRZ 1979, 650 ff. – Winterwerp –; EuGRZ 1985, 644 ff. – Luberti –; EuGRZ 1986, 8 ff. – Ashingdale –; NJW 2004, 2209 – Herz).

- Die Geisteskrankheit muss auf Grund eines objektiven medizinischen Gutachtens nachgewiesen sein.
- Sie muss von ihrer Art und Schwere her die Einweisung rechtfertigen.
- Die Einweisung darf nicht länger ausgedehnt werden, als die Geisteskrankheit besteht.

Ein auf einer Geistesstörung beruhendes querolatorisches Verhalten kann eine Unterbringung nach Art. 5 Abs. 1 e) ebenso wenig rechtfertigen (EKMR EuGRZ 1992, 585) wie die Abweichung von überwiegend akzeptierten Ansichten oder Verhaltensweisen (EGMR EuGRZ 1979, 653; NJW 2004, 2209). Die Freiheitsentziehung muss frei von Willkür sein (EGMR

NJW 2004, 2209). Auch wenn bei den in Art. 5 Abs. 1 e MRK genannten Personen die Freiheitsentziehung nicht nur im Fall einer Gefahr für die öffentlichen Sicherheit, sondern auch im eigenen Interesse zulässig sein kann, sind weniger einschneidende Maßnahmen zu prüfen (EGMR NJW 2006, 2313 für den Fall einer zwangsweisen Unterbringung eines HIV-infizierten Patienten).

21 Der EGMR verneint die Frage, dass sich aus Art. 5 Abs. 1 e) MRK ein **Recht auf Behandlung** ableiten lasse (EGMR EuGRZ 1979, 655; aA *Trechsel* EuGRZ 1980, 514, 527). Allerdings ist er der Auffassung, dass eine Unterbringung im Sinn des Art. 5 Abs. 1 e) nur dann rechtmäßig sei, wenn sie in einer Klinik, einem Krankenhaus oder einer anderen Institution mit Behandlungsauftrag vollzogen werde. Im konkret zu entscheidenden Fall wurde aber die zu späte Verlegung in eine Klinik mit offenen Behandlungsmöglichkeiten als noch nicht konventionswidrig angesehen (EGMR EuGRZ 1986, 8 ff. mit abweichendem Votum Pettiti). Die Frage der **Zwangsbehandlung** während einer psychiatrischen Unterbringung misst der EGMR an Art. 3 MRK (Verbot der Folter). Danach ist zwar wegen der typischen Unterlegenheit und Hilflosigkeit psychiatrischer Patienten erhöhte Wachsamkeit erforderlich. Nach Ansicht des EGMR kann aber eine an den Regeln der medizinischen Wissenschaft orientierte therapeutisch notwendige Maßnahme gegenüber einem entscheidungsunfähigen Patienten auch bei Anwendung von Zwangsmaßnahmen keine unmenschliche oder erniedrigende Behandlung darstellen. Die medizinische Notwendigkeit muss aber überzeugend dargelegt werden (EGMR EuGRZ 1982, 535; zu diesem Fall *Feest* R&P 1991, 141). Allerdings kann auch eine leichte Beeinträchtigung der körperlichen Unversehrtheit einer Person einen Eingriff in das Recht auf Achtung des Privatlebens nach Art. 8 MRK darstellen, wenn sie gegen den Willen der betreffenden Person erfolgt, auch wenn die Behandlung den Regeln der ärztlichen Kunst entspricht (EGMR R&P 2005, 186). Außerdem wird vom EGMR die Dauer der Verwendung von Handschellen und eines Sicherheitsbetts über mehrere Wochen hinweg für problematisch angesehen. Die EMRK hatte diese Fesselung als konventionswidrig angesehen (EKMR EuGRZ 1992, 587).

22 An Art. 3 MRK gemessen wird auch der Schutz vor Abschiebungen bei drohender Folter oder unmenschlicher Behandlung. Dieser Schutz hat absoluten Charakter (EGMR NVwZ 1997, 1093 und 1100).

23 Auch die Freiheitsentziehung zur Vorbereitung einer **Abschiebung** nach Art. 5 Abs. 1 f) MRK ist nur solange gerechtfertigt, wie das Abschiebungsverfahren voranschreitet. Dieses muss zügig durchgeführt werden und ausreichenden Schutz vor Willkür bieten (EGMR NVwZ 1997, 1093; InfAuslR 2009, 4). Eine Freiheitsentziehung nach Art. 5 Abs. 1 c) MRK dient der Verhinderung konkreter und bestimmter strafbarer Handlungen, nicht aber der präventiven Freiheitsentziehung einer wegen ihrer kriminellen Neigungen als gefährlich erscheinenden Person (EGMR NJW 1984, 544, 548).

24 Hinsichtlich des Verfahrens der Unterbringung ist darauf hinzuweisen, dass Art. 5 Abs. 4 MRK gewährleistet, dass der Betroffene im Verfahren der

1. Verfassungsrechtliche und gesetzliche Grundlagen A

Überprüfung der Unterbringung auch ohne ausdrücklichen Antrag einen **Rechtsbeistand** erhält (EGMR NJW 1992, 2945 = R&P 1993, 30) sowie dass über die Rechtmäßigkeit der weiteren Unterbringung innerhalb kurzer Frist zu entscheiden ist (EGMR NJW 2000, 2727).

Das Bundesverfassungsgericht hatte sich zunächst mit der Frage der 25 Anwendung des Art. 104 Abs. 2 GG im Fall der Unterbringung eines Entmündigten durch den Vormund zu befassen (BVerfG NJW 1960, 811 ff.; hierzu S. 5). Weitere Entscheidungen betreffen die verfahrensmäßigen Garantien im Sinn des Art. 104 Abs. 2 GG. Sie betonen dabei insbesondere die zentrale Bedeutung der **vorherigen richterlichen Anordnung** der Freiheitsentziehung. Eine nachträgliche gerichtliche Entscheidung genügt nur, wenn der mit der Freiheitsentziehung verfolgte verfassungsrechtlich zulässige Zweck nicht erreichbar wäre, sofern der Festnahme die richterliche Entscheidung vorausgehen müsste (BVerfG NJW 2002, 3161 = InfAuslR 2002, 406). In diesen Fällen ist die richterliche Entscheidung unverzüglich nachzuholen (Art. 104 Abs. 2 Satz 2 GG; zur Erforderlichkeit richterlicher Bereitschaftsdienste Kap. F S. 467). Von ebenso zentraler Bedeutung ist die **vorherige Anhörung** des Betroffenen im Unterbringungs- und Freiheitsentziehungsverfahren (BVerfG NJW 1982, 691; 61, 123; 63, 340 = NJW 1983, 2627; 66, 191 = NJW 1984, 1806; BVerfG NJW 1990, 2309 jeweils für das Unterbringungsverfahren; BVerfG NJW 2007, 3560 = R&P 2007, 189 für die Unterbringung eines Kindes in der Kinder- und Jugendpsychiatrie; BVerfGE 83, 24 = NJW 1991, 1283 für die Anordnung polizeilichen Gewahrsams; BVerfG InfAuslR 1996, 198; FGPrax 2007, 39 für die Anordnung der Abschiebungshaft; im Einzelnen siehe Kap. D § 319 FamFG und Kap. F § 420 FamFG). Dies hat zur Folge, dass weniger dringliche Dienstgeschäfte als die richterliche Anhörung in einem Unterbringungs- bzw. Freiheitsentziehungsverfahren zurückzustellen sind (BVerfG NJW 1990, 2309 f.). Das Bundesverfassungsgericht hat sich außerdem mehrfach mit der Frage der Feststellung der Rechtswidrigkeit einer erledigten Freiheitsentziehung beschäftigt und insoweit ein umfassendes Rechtsschutzbedürfnis auch dann angenommen, wenn Rechtsschutz typischerweise noch vor Ablauf der Freiheitsentziehung erlangt werden konnte (BVerfG NJW 1998, 2413 = R&P 1998, 201; NJW 2002, 2456; ebenso EGMR NJW 2004, 2209). Die Statthaftigkeit der Beschwerde nach Erledigung in der Hauptsache bei schwerwiegenden Grundrechtseingriffen ist nunmehr in § 62 FamFG gesetzlich geregelt.

Die Rechtsprechung des Bundesverfassungsgerichts zur Anordnung und 26 Vollstreckung der Unterbringung bzw. Freiheitsentziehung ist geprägt durch den **Grundsatz der Verhältnismäßigkeit** und den Grundsatz **„in dubio pro libertate"**.

Insbesondere hat das Bundesverfassungsgericht immer wieder betont, dass 27 die **Freiheit der Person** ein so hohes Rechtsgut ist, dass es nur aus besonders wichtigen Gründen eingeschränkt werden darf. Ein solcher Grund sei zwar auch der **Schutz der Allgemeinheit** vor einem gemeingefährlichen Geisteskranken. Eine Freiheitsentziehung dürfe aber nur angeordnet und aufrechterhalten werden, wenn überwiegende Belange des Gemeinwohls dies zwingend gebieten. Der hohe Rang der Freiheit verlange, eine Einschränkung der Freiheit stets der strengen Prüfung am Grundsatz der Verhältnismäßigkeit zu unterziehen. Insbesondere bei psychischen Störungen, deren Grenzen zum Krankhaften fließend und die medizinisch lediglich als Abweichungen von einem angenommenen Durchschnittsverhalten zu beschreiben sind, sei der Richter zu einer besonders sorgfältigen Prüfung aufgerufen, ob den festgestellten Störungen Krankheitswert im Sinne des Gesetzes zukommt (BVerfG NJW 1984, 1806). In einer auf den gesamten Bereich der Freiheitsentziehung übertragbaren Entscheidung zur strafrechtlichen Unterbringung hat das Bundesverfassungsgericht ausgeführt, der verfassungsrechtliche Grundsatz der Verhältnismäßigkeit beherrsche Anordnung und Fortdauer der Unterbringung in einem psychiatrischen Krankenhaus. Das hieraus sich ergebende Spannungsfeld zwischen dem Freiheitsanspruch des betroffenen Einzelnen und dem Sicherungsbedürfnis der Allgemeinheit verlange nach gerechtem und vertretbaren Ausgleich. Je länger die Unterbringung in einem psychiatrischen Krankenhaus andauere, umso strenger würden die Voraussetzungen für die Verhältnismäßigkeit der Unterbringung sein (BVerfG NJW 1986, 767ff. = R&P 1986, 25ff.; siehe auch BVerfG NJW 1987, 3076 zu den verfassungsrechtlichen Anforderungen an die Anordnung und Aufrechterhaltung von Abschiebungshaft sowie BVerfG InfAuslR 1994, 342 zum Grundsatz der Verhältnismäßigkeit bei Anordnung der Sicherungshaft nach § 57 Abs. 2 AuslG). In der Rechtsprechung der Landesverfassungsgerichte kontrovers beurteilt wird die Frage, ob ein **Polizeigewahrsam** grundsätzlich, also auch zum Schutz der Person, zur Feststellung der Identität oder zur Durchsetzung eines Platzverweises eine Höchstdauer von zwei Wochen rechtfertigen kann (ablehnend SächsVerfGH DVBl. 1996, 1423; aA BayVerfGH BayVBl. 1990, 654).

28 In seiner grundlegenden Entscheidung zum Baden-Württembergischen Unterbringungsgesetz hat das Bundesverfassungsgericht ausführlich zum Unterbringungsgrund der **Selbstgefährdung** Stellung genommen. Danach kann ein Eingriff in die Freiheit der Person nicht nur zum Schutz der Allgemeinheit, sondern auch durch den Schutz des Betroffenen gerechtfertigt sein. Die Fürsorge der staatlichen Gemeinschaft schließt auch die Befugnis ein, den psychisch Kranken, der infolge seines Krankheitszustands und der damit verbundenen fehlenden Einsichtsfähigkeit die Schwere seiner Erkrankung und die Notwendigkeit von Behandlungsmaßnahmen nicht zu beurteilen vermag oder trotz einer solchen Erkenntnis sich infolge der Krankheit nicht zu einer Behandlung entschließen kann, zwangsweise in einer geschlossenen Anstalt unterzubringen, wenn sich dies als unumgänglich erweist, um eine drohende gewichtige gesundheitliche Schädigung von dem Kranken abzuwenden. Dass dies nicht ausnahmslos gilt, weil schon im Hinblick auf den Verhältnismäßigkeitsgrundsatz bei weniger gewichtigen Fällen eine derart einschneidende Maßnahme unterbleiben muss und somit auch dem psychisch Kranken in gewissen Grenzen die „Freiheit zur Krankheit" belassen werden muss, drängt sich auf (BVerfG NJW 1982, 691, 692f.). Diese Grundsätze hat das Bundesverfassungsgericht nunmehr auf die zivilrechtliche Unterbringung nach § 1906 BGB übertragen (BVerfG NJW 1998,

1774 = R&P 1998, 101; hierzu S. 6). Eine fürsorgliche Unterbringung von Personen, die nicht an einer psychischen Krankheit leiden, allein zur Besserung der Betroffenen kommt wegen des hohen Rechtsgutes der Freiheit der Person und bei Beachtung des Grundsatzes der Verhältnismäßigkeit von vornherein nicht in Betracht (BVerfG NJW 1967, 1800 zu § 73 Abs. 2 und 3 BSHG a. F.).

In einer weiteren Entscheidung hat das Bundesverfassungsgericht die Bedeutung des Grundsatzes „in dubio pro libertate" für den Bereich der fürsorgerechtlichen Unterbringung herausgestellt. Danach dürfen Freiheitsentziehungen nur angeordnet und aufrechterhalten werden, wenn keine Zweifel am Vorliegen sämtlicher gesetzlicher Voraussetzungen bestehen. Gerade bei Unterbringungen zum Schutz gegen Selbstgefährdung sei dies lediglich die selbstverständliche Folge der gesetzlichen **Freiheitsvermutung** (BVerfG NJW 1983, 2627). 29

Für den **Vollzug der Unterbringung** und des gesamten Bereichs der Freiheitsentziehung ist auf die Strafvollzugsentscheidung des Bundesverfassungsgerichts zu verweisen (BVerfG NJW 1972, 811 ff.). Danach kann für Eingriffe in Grundrechte von Strafgefangenen nicht auf die Rechtsfigur des „Besonderen Gewaltverhältnisses" zurückgegriffen werden. Eine Einschränkung der Grundrechte von Strafgefangenen kommt nur in Betracht, wenn sie zur Erreichung eines von der Wertordnung des Grundgesetzes gedeckten gemeinschaftsbezogenen Zweckes unerlässlich ist und in den dafür verfassungsrechtlich vorgesehenen Formen – durch Gesetze oder auf Grund eines Gesetzes – geschieht. Dies gilt entsprechend für alle Bereiche der Freiheitsentziehung und Unterbringung einschließlich der zivilrechtlichen Unterbringung durch die Eltern oder den rechtlichen Betreuer. 30

2. System des Unterbringungs- und Freiheitsentziehungsrechts

Das außerstrafrechtliche Unterbringungsrecht ist sowohl nach der zeitlichen Abfolge als auch nach den Unterbringungsformen systematisch gegliedert. Das lässt sich tabellarisch darstellen, weil die Gliederung nach dem Zeitablauf eine horizontale Unterteilung und die Gliederung nach den Unterbringungsformen eine vertikale Unterteilung ermöglicht. Das geschieht hier zunächst im Hinblick auf **die Unterbringungen nach §§ 151 Nr. 6 und 7, 312 FamFG** (vgl. die nachstehende Übersicht). 31

A Einführung

Öffentlich-rechtliche Unterbringung		Zivilrechtliche Unterbringung	
Gesundheitsbehörde		**Gesetzlicher Vertreter**	
Vorgerichtliches Verfahren		**Vorgerichtliches Handeln**	
Verwaltungsverfahren, Beweisaufnahme		private Wahrnehmungen	
Antrag auf Anordnung der U.	Entschließung + Vollstreckung der vorl. U. Verwaltungs-U.	Entschließung + Zuführung Eigenm. U.	Antrag auf Genehmig. der vorl. U. der U.
Gerichtl. Verfahren (materielles Recht = Landesrecht)	(§§ 312 ff. FamFG)	§ 1631 b S. 2. § 1906 Abs. 2 S. 2 BGB	**Gerichtl. Verfahren** (§§ 312 ff. FamFG) (materielles Recht = § 1906 BGB)
strukturiertes Verfahren	vereinfachtes Verfahren		vereinf. Verfahren	strukt. Verfahren
Anordnung der Unterbringung	Anordnung der vorläufigen Unterbringung	Vorläufige Unterbringung § 1846 BGB	Genehmigung der vorl. Unterbringung	Genehmigung der Unterbringung
Vollstreckung		**Zuführung**	
Unterbringung § 328 FamFG		Unterbringung § 326 FamFG	
Vollzug der öffentlich-rechtlichen Unterbringung		**Vollzug der zivilrechtlichen Unterbringung**	
Vollzugsrecht geregelt		Vollzugsrecht ungeregelt	

32 **a) Horizontale Gliederung.** In der horizontalen Gliederung ist zunächst eine **vorgerichtliche Stufe** ins Auge zu fassen. Sie besteht bei der öffentlich-rechtlichen Unterbringung in dem Verwaltungsverfahren der zuständigen Behörde, die hier einheitlich als **Gesundheitsbehörde** bezeichnet wird, sowie in der in den Landesgesetzen geregelten in Eilfällen vorgeschalteten Verwaltungsunterbringung. Das ist in Kapitel **B** im Einzelnen erörtert, die Verwaltungsunterbringung insbesondere unter **B** S. 106 ff. Es gelten die Verwaltungsverfahrensgesetze der Länder mit psychiatriegesetzlichen Ergänzungen.

33 Bei der zivilrechtlichen Unterbringung handelt es sich vorgerichtlich um das Vorgehen des gesetzlichen Vertreters des Betroffenen. Die Unterbringung beruht hier auf einem Vertrag des betroffenen Patienten mit dem Krankenhaus, bei dem er durch seinen gesetzlichen Vertreter handelt. Es versteht sich von selbst, dass der gesetzliche Vertreter dabei die Interessen des von ihm Vertretenen wahrzunehmen hat. Ob es sich nun um die Eltern, den Vormund oder den Ergänzungspfleger eines Minderjährigen oder um den Betreuer eines Erwachsenen handelt, immer ist der gesetzliche Vertreter dem

2. System des Unterbringungs- und Freiheitsentziehungsrechts **A**

Wohle des von ihm Vertretenen verpflichtet (§§ 1627, 1793, 1901 Abs. 2 BGB). Weitere gesetzliche Regelungen gibt es nur in einzelnen Punkten. So darf der Vertreter den von ihm Vertretenen bei Gefahr im Verzug eigenmächtig unterbringen (§§ 1631 b S. 2, 1906 Abs. 2 S. 2 BGB).

Die zivilrechtliche Unterbringung darf allerdings nicht allein im rechtssystematischen Zusammenhang des bürgerlichen Rechts beurteilt werden. Sie hat einen starken öffentlich-rechtlichen Einschlag. Es besteht ein öffentliches, sozialstaatliches Interesse an der Fürsorge für den schutzbedürftigen Einzelnen. Deshalb nimmt der gesetzliche Vertreter zugleich eine öffentliche Aufgabe wahr (zum Verhältnis von Selbstgefährdung und Fremdgefährdung S. 16 ff. Die „Doppelgleisigkeit" von sozialstaatlicher und privater Fürsorge (vgl. BVerfG NJW 1960, 811) bedeutet nicht, dass der gesetzliche Vertreter als „beliehener Unternehmer" i. S. des allgemeinen Verwaltungsrechts begriffen werden müsste. Hier bedient sich nicht die vollziehende Gewalt eines Privaten, sondern schon der Gesetzgeber hat den Weg gewählt, die öffentliche, sozialstaatliche Aufgabe in den Formen des bürgerlichen Rechts durch Private erledigen zu lassen. Was bürgerlich-rechtlich als Vertretung konstruiert ist, das ist öffentlich-rechtlich zugleich ein Eingriff in die Grundrechte des Betroffenen. **34**

Hieraus ergibt sich nicht nur die rechtssystematische Begründung des Erfordernisses der gerichtlichen Genehmigung für die zivilrechtliche Unterbringung nach §§ 1631 b, 1906 Abs. 2 BGB (BVerfG NJW 1960, 811). Der öffentlich-rechtliche Einschlag des Handelns des gesetzlichen Vertreters führt zu der Folgerung, dass er schon bei der Vorbereitung seines Antrags auf Genehmigung und ebenso bei der Durchführung der genehmigten Unterbringung auch öffentlich-rechtlichen Kriterien unterliegt. Er hat sich bei der Erfüllung seiner Aufgabe wie der Staat an den Grundrechten des Vertretenen zu orientieren. Er muss prüfen, ob die Unterbringung vermeidbar ist, muss mögliche Alternativen wahrnehmen und darf die genehmigte Unterbringung nicht ausführen oder fortsetzen, wenn sie sich nach Vorliegen der Entscheidung des Gerichts doch noch als vermeidbar erweist (vgl. § 1906 Abs. 3 BGB; BGH R&P 2010, 34; BayObLG R&P 1994, 193 = FamRZ 1994, 1617; OLG Düsseldorf R&P 1995, 93 = FamRZ 1995, 118; vgl. unten Kap. **D** S. 332 und die entsprechende Verpflichtung der Gesundheitsbehörde Kap. **B** S. 109). Hat er den Betroffenen eigenmächtig untergebracht, ist er durch §§ 1631 b S. 2, 1906 Abs. 2 S. 2 BGB verpflichtet, die gerichtliche Genehmigung unverzüglich einzuholen (vgl. Art. 104 Abs. 2 S. 2 GG). Die Bindung an die Grundrechte des zivilrechtlich untergebrachten Betroffenen gilt auch für die Einrichtung, in der er lebt. **35**

Die nächste Ebene in der horizontalen Gliederung ist das **gerichtliche Verfahren,** in dem über die Anordnung oder Genehmigung der Unterbringung befunden wird. Dieses Verfahren ist durch §§ 312 ff. FamFG für die öffentlich-rechtliche und die zivilrechtliche Unterbringung im Wesentlichen einheitlich geregelt. Es ist Gegenstand des Kapitels **D** dieses Buchs. **36**

Auf das gerichtliche Verfahren folgt als weitere Regelungsebene diejenige, auf der der Betroffene tatsächlich und u. U. zwangsweise ins psychiatrische Krankenhaus gebracht wird oder dieses unterbleibt. Bei der öffentlich-recht- **37**

A Einführung

lichen Unterbringung handelt es sich um das Rechtsgebiet der **Vollstreckung.** Die Vollstreckung der Unterbringung ist ein Abschnitt des Verwaltungsverfahrens der Gesundheitsbehörde (hierzu Kap. **B** S. 128 ff.). Zur Vollstreckung gehört schließlich auch die in § 328 FamFG vorgesehene Möglichkeit der Aussetzung samt deren Widerruf, vgl. hierzu die Kommentierung des § 328 FamFG in Kapitel **D**. Bei der zivilrechtlichen Unterbringung geht es um die **Zuführung** des Betroffenen. Wenn sie nicht ohne Zwang möglich ist, hat der gesetzliche Vertreter Anspruch auf staatliche Hilfe, selbst darf er hier keine Gewalt anwenden, vgl. **D** § 326 FamFG, insbesondere die Kommentierung dort S. 305 ff.

38 Die sich an die Verbringung des Patienten in das Krankenhaus anschließende Regelungsebene ist die des **Vollzugs.** Hier geht es nicht um die Maßnahmen der Gesundheitsbehörde, sondern um diejenigen des Krankenhauses, also um alles, was dem Patienten innerhalb des Freiheitsentzugs widerfährt oder worauf er Anspruch hat, einschließlich etwaiger Vollzugslockerungen oder der Gewährung von Urlaub. Dieses Rechtsgebiet ist für die öffentlich-rechtliche Unterbringung unter **B** S. 132 ff. näher dargestellt (zum Vollzug der zivilrechtlichen Unterbringung vgl. die Bemerkungen in Kap. **C** vor § 1631 b BGB S. 183 ff.). Vollzugsmaßnahmen unterliegen der Möglichkeit gerichtlicher Kontrolle. Die gerichtliche Kontrolle des Vollzugs der öffentlich-rechtlichen Unterbringung wird in Kapitel **D** in der Kommentierung des § 327 FamFG S. 307 ff. näher behandelt, die der zivilrechtlichen Unterbringung § 327 FamFG Rn. 5 ff. (zur gerichtlichen Kontrolle des Vollzugs der oft vorgelagerten eiligen Verwaltungsunterbringung vgl. Kap. **B** S. 110).

39 **b) Vertikale Gliederung.** Die vertikale Gliederung des Unterbringungsrechts macht ihre beiden materiellrechtlich verschiedenen Formen deutlich.

40 Das **öffentliche Unterbringungsrecht** betrifft Freiheitsentzug nach Landesrecht (zur ausschließlichen Gesetzgebungskompetenz der Länder für das Gesundheits- und Unterbringungsrecht Kap. B S. 81 f.). Hinsichtlich der Abwehr von Gefahren für andere sind die Kompetenzen des Bundesgesetzgebers nach Art. 74 Nr. 19 GG auf Maßnahmen gegen gemeingefährliche und übertragbare Krankheiten und damit auf die Bekämpfung von Infektionskrankheiten beschränkt (vgl. Kap. **E** S. 367 ff.). Damit sind die von psychischen Krankheiten u. U. ausgehenden Gefahren nicht umfasst. Alle Bundesländer sehen die Möglichkeit der Unterbringung auch bei bloßer Selbstgefährdung vor (BW: § 1 Abs. 4 UG; Bay: Art. 1 Abs. 1 S. 2 UG; Berl: § 8 Abs. 1 PsychKG; Bran: § 8 Abs. 2 Nr. 1 PsychKG; Bre: § 11 Abs. 1 PsychKG; Hbg: § 9 Abs. 1 PsychKG; Hess: § 1 Abs. 2 FEG; MeVo: § 11 Abs. 1 PsychKG; Nds: § 16 PsychKG; NW: § 11 Abs. 1 PsychKG; RhPf: § 11 Abs. 1 PsychKG; Saar: § 4 Abs. 1 UG; Sachs: § 10 Abs. 2 PsychKG; SaAn: § 13 Abs. 1 Nr. 1 PsychKG; SH: § 8 Abs. 1 PsychKG; Thü: § 7 Abs. 1 PsychKG). Die fürsorgliche Unterbringung nach diesen Bestimmungen unterscheidet sich von der zivilrechtlichen dadurch, dass hier kein gesetzlicher Vertreter vorhanden ist, der die Unterbringung betreibt. Das führt zu Abgrenzungsproblemen (hierzu S. 17).

41 Das **zivilrechtliche Unterbringungsrecht** regelt die Unterbringung des durch seinen gesetzlichen Vertreter handelnden Betroffenen in einem psy-

2. System des Unterbringungs- und Freiheitsentziehungsrechts

chiatrischen Krankenhaus mit dem Erfordernis gerichtlicher Genehmigung. Die Rechtsnatur des Unterbringungsverhältnisses ist umstritten. Der BGH geht selbst bei der freiwilligen Unterbringung eines unter Betreuung stehenden Betroffenen in der geschlossenen Abteilung eines psychiatrischen Krankenhauses von der öffentlich-rechtlichen Natur der Rechtsbeziehungen aus (BGH NJW 2008, 1444 = R&P 2008, 126; aA *Fischer/Mann* NJW 1992, 1539; *Marschner* R&P 2008, 127; *Bienwald* R&P 2009, 212 ff.; zu Schadensersatzansprüchen bei rechtswidriger Unterbringung S. 65 ff.). Trotz der öffentlich-rechtlichen Überlagerung ist das zivilrechtliche Unterbringungsrecht Teil des bürgerlichen Rechts (§§ 1631 b, 1906 BGB). Die Gesetzgebungskompetenz des Bundes ergibt sich aus Art. 74 Nr. 1 GG. Da der gesetzliche Vertreter nach §§ 1627, 1793, 1901 Abs. 2 BGB zum Wohle des von ihm Vertretenen zu handeln hat, geht es um fürsorgliche Unterbringung. Da das Grundgesetz die Gesetzgebungsaufgaben durch Art. 70 ff. GG lückenlos verteilt, ist Willkür bei der Wahl der Unterbringungsform nicht hinzunehmen. Ist ein gesetzlicher Vertreter vorhanden, der die Unterbringung betreiben will und kann, so ist das Rechtsgebiet der fürsorglichen Unterbringung durch §§ 1631 b, 1906 BGB bundesrechtlich besetzt. Nach Art. 72 Abs. 1 GG darf es daneben keinen gesundheitsrechtlichen, lediglich fürsorgenden Freiheitsentzug an psychisch Kranken kraft Landesrechts geben (OLG Hamm BtPrax 2000, 35 = R&P 2000, 84). Im übrigen kann Willkür bei der Wahl der Unterbringungsform nur durch Anwendung strenger und eindeutiger Standards bei der Entscheidung über die Bestellung eines rechtlichen Betreuers mit dem Aufgabenkreis der Unterbringung ausgeschlossen werden (hierzu Kap. C S. 178 ff.). Soweit beide Arten von Gefahren zugleich vorliegen, wäre an sich die eine wie die andere Unterbringungsform zulässig, jedoch haben die Landesgesetze hier einen Nachrang der öffentlich-rechtlichen Unterbringung vorgeschrieben (vgl. S. 61; OLG Hamm BtPrax 2000, 35 = R&P 2000, 84).

Für jede der beiden Unterbringungsformen gibt es nach §§ 331 ff. FamFG eine vorgeschaltete **vorläufige Unterbringung** in dringenden Fällen bzw. bei Gefahr im Verzug, für die das gerichtliche Verfahren zur Anordnung bzw. Genehmigung vereinfacht ist. Zwischen diesen beiden Formen steht als eine dritte die **vorläufige Unterbringung durch das Gericht** nach §§ 1846 BGB, 334 FamFG. Diese Unterbringungsform ist ein rechtssystematischer Zwitter. Sie dient ausschließlich der Ermöglichung der zivilrechtlichen Unterbringung in Fällen, in denen kein gesetzlicher Vertreter da ist, der schnell genug handeln kann. Sie ist also von den materiellen Voraussetzungen der zivilrechtlichen Unterbringung abhängig; nämlich bei Erwachsenen von der Indikation für die Bestellung eines Betreuers (BayObLG BtPrax 2001, 38 = R&P 2001, 50). Sie ist aber zugleich öffentlich-rechtlicher Natur, weil ihr eben nicht ein Unterbringungsvertrag zugrunde liegt, sondern allein die Anordnung des Betreuungsgerichts. Hiermit ist allerdings die Ähnlichkeit mit der öffentlich-rechtlichen Unterbringung erschöpft. Zu den Hauptproblemen dieser Unterbringungsform gehört ihre vorgerichtliche Stufe (vgl. oben S. 14 f.). Hierauf wird in der Kommentierung des § 331 FamFG S. 335 ff. näher eingegangen. Für die 42

A

Einführung

Vollstreckung der Anordnung nach § 1846 BGB scheidet das Vollstreckungsrecht der öffentlich-rechtlichen Unterbringung aus; das Gericht muss entsprechend 90 FamFG den Gerichtsvollzieher einschalten (*Hoffmann* R&P 2010, 24; aA Keidel/*Budde* § 326 FamFG Rn. 1).

43 **c) Der rechtssystematische Ort der Unterbringungen nach § 312 FamFG.** Die Unterbringungen im psychiatrischen Krankenhaus sind nur in formeller Hinsicht den in ihrer Bezeichnung zum Ausdruck kommenden Rechtsgebieten zuzuordnen. Geht man einen Schritt über diese Zuordnung hinaus, so werden zwei Spannungsfelder deutlich, die auf ihre systematische Einordnung Einfluss haben, erstens das Spannungsfeld zwischen Medikalismus und Legalismus, zweitens das Spannungsfeld zwischen polizeilicher Gefahrenabwehr und sozialstaatlicher Fürsorge.

44 Das Gegensatzpaar **Medikalismus – Legalismus** beherrscht seit längerem die internationale Diskussion (Forster 1997; Legemaate R&P 1998, 8; hierzu Kap. B S. 75). Das betrifft die öffentlich-rechtliche wie die zivilrechtliche Unterbringung. Hinsichtlich der Entscheidung über den Freiheitsentzug ist Deutschland der Entwicklung vorausgegangen, weil früh erkannt worden ist, dass das Freiheitsgrundrecht nicht nur den rechtsgeschäftlich verbindlichen Willen schützt, sondern auch das natürliche Bedürfnis nach freier Bewegung und Entfaltung, so dass auf Grund des verfassungsrechtlichen Vorbehalts (Art. 104 Abs. 2 GG) ein Richter zu entscheiden hat (vgl. BVerfG NJW 1960, 811; hierzu oben S. 4f.). Hinsichtlich der Rechtsstellung des psychisch Kranken im Krankenhaus im Übrigen, also hinsichtlich des Unterbringungsvollzugsrechts, ist ebenfalls eine internationale Entwicklung festzustellen. Deutschland steht hier bei der öffentlich-rechtlichen Unterbringung (und beim Maßregelvollzug) neben Österreich vorne. Dagegen hat der Bundesgesetzgeber von der Entwicklung eines generellen Vollzugsrechts für die zivilrechtliche Unterbringung ausdrücklich abgesehen (vgl. Kap. **D** S. 307ff.).

45 Das Begriffspaar **polizeiliche Gefahrenabwehr – sozialstaatliche Gesundheitspflege** bezeichnet nicht eigentlich Gegensätze, sondern eher Pole, zwischen denen das Psychiatrierecht steht (hierzu Kap. **B** S. 73). Man kann die Unterbringung heute nicht mehr isoliert polizeirechtlich auffassen; sie ist Teil eines der Absicht nach auf Vermeidung der Unterbringung durch ambulante Hilfen, wo immer das ausreicht, angelegten Gesundheitsstrukturrechts. Kommt es aber zur Unterbringung, so hat diese ihren Zweck der Gefahrenabwehr nicht verloren. Bei der öffentlich-rechtlichen Unterbringung handelt es sich um Abwehr von Gefahren für den Betroffenen oder Dritte, bei der zivilrechtlichen um Abwehr von Gefahren für den psychisch kranken Menschen selbst, Fremdgefährdung kann aber hier hinzutreten.

46 Aus dem Gesichtspunkt der Gefahrenabwehr ergeben sich Konsequenzen für die Reichweite der eiligen Unterbringungen, die der Entscheidung des Gerichts u. U. vorausgehen können. Die Verwaltungsunterbringung im Vorfeld der öffentlich-rechtlichen Unterbringung ist hier eine Maßnahme der – funktionell verstandenen – „Polizei" (vgl. Bonner Kommentar-*Rüping* Art. 104 Rn. 70; *Kunig* in v. Münch-Kunig Art. 104 Rn. 24). Sie ist deshalb nach Art. 104 Abs. 2 S. 3 GG immer nur bis zum Ablauf des auf ihren Be-

2. System des Unterbringungs- und Freiheitsentziehungsrechts **A**

ginn folgenden Tages zulässig (vgl. Kap. **B** S. 106 ff.). Für die zivilrechtliche eigenmächtige Unterbringung durch den gesetzlichen Vertreter gilt diese Begrenzung nicht. Hier ist die betreuungsgerichtliche Genehmigung nach Art. 104 Abs. 2 S. 2 „unverzüglich" einzuholen.

d) System des Freiheitsentzugs in Freiheitsentziehungssachen. Die 47 Freiheitsentziehungen nach den §§ 415 ff. FamFG werden in den Kapiteln **E** und **F** näher erläutert. Es handelt sich um die Unterbringungen nach dem InfektionsschutzG, die Abschiebungshaft und den Polizeigewahrsam. Diese Verfahren weisen das gleiche vertikale System auf wie die öffentlichrechtliche Unterbringung nach § 312 Nr. 3 FamFG. Alle haben eine **verwaltungsverfahrensrechtliche vorgerichtliche Stufe,** auf der die zuständige Verwaltungsbehörde ihre Ermittlungen trifft. Einen dem gerichtlich angeordneten Freiheitsentzug vorgelagerten vorläufigen Freiheitsentzug durch die Verwaltungsbehörde gibt es nunmehr auch im Ausländerrecht (§ 62 Abs. 4 AufenthG). Das Verwaltungsverfahren mündet in die Entschließung über den Antrag an das zuständige Gericht, Freiheitsentziehung anzuordnen.

Auf die verwaltungsverfahrensrechtliche Stufe folgt auf Grund des von der 48 Behörde gestellten Antrags das **gerichtliche Verfahren,** das in den §§ 415 ff. FamFG näher geregelt ist. Wie im Unterbringungsrecht nach § 312 FamFG gibt es auch hier entweder allein das beweisrechtlich voll strukturierte Hauptsacheverfahren oder zusätzlich ein vereinfachtes Verfahren bei Gefahr im Verzug über eine einstweilige Freiheitsentziehung (vgl. die Kommentierung in Kapitel **F** S. 461 ff.).

Die **Vollstreckung** der gerichtlichen Anordnung der Freiheitsentziehung 49 ist allein Sache der antragstellenden Behörde. Eine richterliche Vollstreckungszuständigkeit gibt es nicht.

Das **Vollzugsrecht** der Freiheitsentziehungen ist unentwickelt und un- 50 übersichtlich. Einzelne Regelungen finden sich in den §§ 415 ff. FamFG selbst, nämlich in § 422 Abs. 3 und 4 (vgl. § 422 FamFG S. 446 ff.) und § 424 FamFG (vgl. § 424 FamFG S. 453 ff. Weitere Vollzugsbestimmungen sind in den Fachgesetzen getroffen worden, (hierzu Kapitel **E** S. 377 f. und 412). Wenn die Abschiebungshaft in einer Justizvollzugsanstalt vollzogen wird, sind nach § 422 Abs. 4 FamFG die meisten Bestimmungen des StVollzG entsprechend anzuwenden (vgl. §§ 171 ff. StVollzG) insbesondere also auch die Bestimmungen über die gerichtliche Überprüfung von Vollzugsmaßnahmen nach §§ 109 ff. StVollzG. Ähnliches gilt auf Grund besonderer Landesgesetze in Berl, Bran, Bre, RhPf und Saar für den Vollzug der Abschiebungshaft außerhalb von Justizvollzugsanstalten, allerdings mangels entsprechender Verweisung ohne die strafvollzugsgerichtliche Kontrolle. Die nach Art. 19 Abs. 4 GG gewährleistete gerichtliche Kontrolle von Vollzugsmaßnahmen findet überall da, wo eine Verweisung auf §§ 109 ff. StVollzG fehlt, im Verwaltungsrechtweg statt. Zur Struktur des Vollzugsrechtswegs wird auf die Darstellung in Kapitel **D** S. 307 ff. verwiesen.

A Einführung

3. Statistische und sozialwissenschaftliche Grundlagen

51   a) **Vorbemerkung.** Zahlen über Unterbringungs- und Freiheitsentziehungsverfahren, tatsächliche angeordnete Unterbringungen und Freiheitsentziehungen sowie Informationen über die Dauer der jeweiligen Freiheitsentziehung vermögen die Bedeutung des gesamten Gebietes der Unterbringung und Freiheitsentziehung zu beleuchten. Neben dem Strafvollzug und dem Maßregelvollzug als Reaktionen auf begangene Straftaten handelt es sich um den zweiten großen Bereich, in dem die Rechtsordnung den Betroffenen Eingriffe in das Grundrecht der Freiheit der Person zumutet. Zahlen verdeutlichen das Ausmaß dieses Grundrechtseingriffs und damit die **rechtliche und gesellschaftliche Relevanz** des Themas. Regionale Unterschiede und Entwicklungen der Zahlen von Freiheitsentziehungen über längere Zeiträume hinweg belegen weniger, dass unterschiedliche Gesetze unterschiedliche Zwangseinweisungsraten nach sich ziehen (zum Phänomen der Unterbringungszahlen in Baden-Württemberg siehe unten S. 41 f.), als dass mit den einer Unterbringungsentscheidung zugrundeliegenden Problemlagen unterschiedlich umgegangen werden kann. Von Interesse ist daneben vor allem, ob sich Gesetzesnovellierungen bzw. -reformen, wie sie eingangs beschrieben wurden, in veränderten Unterbringungszahlen niederschlagen. Dies betrifft sowohl die Einführung der zweiten Generation und folgende Weiterentwicklung der Unterbringungsgesetze als auch die Veränderungen des Unterbringungsrechts in Zusammenhang mit dem Inkrafttreten des Betreuungsrechts im Jahr 1992.

52   Daten zu den den Unterbringungsentscheidungen zugrundeliegenden Krankheitsbildern und Gefährdungssituationen können Entscheidungshilfen für den Einzelfall bieten. Gerade im Grenzbereich zwischen Rechtswissenschaft, Medizin und Sozialwissenschaft ist es von Bedeutung, sich die eigenen Entscheidungsgrundlagen transparent zu machen und sich hierzu der bestehenden Informationen zu bedienen. In diesem Sinn hat **Rechtstatsachenforschung** nicht nur Bedeutung für die Vorbereitung von Gesetzesvorhaben (siehe z.B. *Zenz u.a.; von Eicken u.a.*), sondern ebenso für die Tätigkeit der Gesetzesanwender, d.h. die am Unterbringungs- bzw. Freiheitsentziehungsverfahren beteiligten Berufsgruppen. Kenntnisse der medizinischen und sozialwissenschaftlichen Grundlagen von Zwangseinweisungen begegnen daher vor allem der Gefahr von Vorurteilsbildungen in der richterlichen Tätigkeit (hierzu *Maisch* NJW 1975, 566 ff.) und tragen zur Reflexion der eigenen Praxis bei. Sie erleichtern den Dialog mit den psychiatrischen, psychologischen und sozialpädagogischen Sachverständigen im Unterbringungsverfahren sowie das Aufzeigen von Alternativen zur Freiheitsentziehung insbesondere durch Ausschöpfung bestehender Versorgungsstrukturen. Es geht nicht um die Übertragung allgemeiner Erkenntnisse auf den Einzelfall, sondern um das Nutzbarmachen bestehender Erkenntnisse für den Einzelfall. Rechtstatsachen können somit wichtige Entscheidungshilfen für die an der Entscheidung beteiligten Personen darstellen und insbesondere zur Entwicklung der am Gesetz orientierten Entscheidungskriterien im Einzelfall beitragen. Nur eine auf diese Weise gewonnene Entscheidung

3. Statistische und sozialwissenschaftliche Grundlagen

misst dem Grundrechtsschutz jedes einzelnen Betroffenen den entsprechenden Platz zu, routinemäßige Entscheidungen über Freiheitsentziehungen dagegen lassen den Grundrechtsschutz leerlaufen.

b) Statistiken des Bundes und der Länder. Für alle Bundesländer 53 existiert eine Zusammenstellung der **Geschäftsübersichten der Amtsgerichte.** Die Zahlen der neuen Bundesländer sind darin vollständig erst ab 1995 erfasst. Die Geschäftsübersichten weisen die jeweils anhängigen Verfahren aus

- auf familiengerichtliche Genehmigung der Unterbringung Minderjähriger (§ 70 Abs. 1 Nr. 1a FGG; jetzt § 151 Nr. 7 FamFG),
- die vormundschaftsgerichtliche Genehmigung der Unterbringung Volljähriger einschließlich der Maßnahmen nach § 1906 Abs. 4 BGB (§ 70 Abs. 1 Nr. 1b, Nr. 2 FGG; jetzt § 312 Nr. 2 FamFG),
- der Anordnung der Unterbringung nach den Landesgesetzen über die Unterbringung psychisch Kranker (§ 70 Abs. 1 Nr. 3 FGG; jetzt für Volljährige § 312 Nr. 3 FamFG, für Minderjährige § 151 Nr. 8 FamFG),
- der Verfahren nach § 1846 BGB,
- der Freiheitsentziehungen nach dem FEVG (jetzt § 415 FamFG), wobei seit 1996 Verfahren über Abschiebungshaft nach § 57 AuslG (ab 2006 § 62 AufenthG) sowie über Haft nach § 60 Abs. 5 und § 61 Abs. 3 AuslG (ab 2006 § 15 Abs. 4 und § 57 Abs. 3 AufenthG) gesondert ausgewiesen werden. Seit 1997 werden außerdem Freiheitsentziehungen und Unterbringungssachen nach Landesrecht (ohne die Verfahren nach § 70 Abs. 1 Nr. 3 FGG) gesondert erfasst.

Nicht ausgewiesen sind die Fälle, in denen es tatsächlich zu einer gerichtlichen Entscheidung über eine Unterbringung bzw. Freiheitsentziehung kam. In Tabelle 1 sind entsprechend dem Vorgenannten die **Zahlen der Bundesländer** für das Jahr 1992 bis 2008 dargestellt.

Tabelle 1

	§ 70 I 1a	§ 70 I 1b, 2	§ 70 I 3	§ 1846	FEVG	davon AuslR
1992	2539	40369	52191	6853	21329	
1993	2956	41041	49940	7087	38490	
1994	2957	49390	55495	8506	49876	
1995	3509	54824	56633	9648	47677	
1996	3488	61581	56865	10810	48738	41071
1997	3962	65744	59605	12094	50857	44796
1998	3342	72871	57559	13266	48223	40732
1999	2575	81469	54745	14520	43797	36076
2000	2601	89407	57057	15974	46320	40016
2001	3260	100199	57558	16454	43261	36306
2002	3156	110914	58420	16491	40278	34246
2003	5183	118240	59524	15971	36803	29803
2004	4757	127470	62981	17240	33838	26213
2005	4527	130218	63155	15406	25474	21077
2006	2692	133928	62410	15294	22482	18136
2007	2775	134588	66294	14540	18746	14268
2008	3896	143403	70608	15400	18151	13338

Die Zahlen nach dem FEVG betreffen Freiheitsentziehungen auf bundesrechtlicher Grundlage. Die Freiheitsentziehungen und Unterbringungssachen aufgrund landesrechtlicher Vorschriften (ohne Verfahren nach § 70 Abs. 1 Nr. 3 FGG) haben sich von 2461 Verfahren im Jahr 1997 auf 20 972 Verfahren im Jahr 2008 erhöht.

54 In Tabelle 2 sind die **Verfahren aller Bundesländer** im Jahr 1998 erfasst.

Tabelle 2

	§ 70 I 1 a	§ 70 I 1 b, 2	§ 70 I 3	§ 1846	FEVG	davon AuslR
BW	122	4 861	3 185	413	2 827	2 186
Bay	441	17 109	5 388	8 454	8 228	7 341
Berl	131	1 733	1 345	83	6 363	5 172
Bran	97	487	535	77	2 256	1 983
Bre	44	486	693	17	616	495
Hbg	37	996	1 545	3	2 653	2 430
Hess	265	6 680	6 988	370	2 668	2 610
MeVo	117	241	502	77	777	532
Nds	341	8 256	8 006	676	3 678	3 070
NW	1 299	22 390	20 628	2 288	8 993	7 612
RhPf	118	3 139	3 450	198	1 094	830
Saar	13	832	452	10	426	335
Sachs	69	1 799	779	59	4 812	4 348
SaAn	79	590	871	43	769	759
SH	117	2 837	2 726	457	1 389	509
Thü	52	441	466	41	674	538

55 Vor Inkrafttreten des Betreuungsrechts und insbesondere des einheitlichen Verfahrensrechts in Unterbringungssachen am 1. 1. 1992 entwickelten sich die Unterbringungsverfahren in den alten Bundesländern wie folgt:

Tabelle 3

	§ 1631 b BGB	§§ 1915, 800 BGB	FEVG	UG PsychKG
1983	2 655	30 000	8 290	35 113
1984	2 899	31 913	7 209	33 737
1985	2 689	28 797	7 284	32 442
1986	2 849	31 428	7 311	34 841
1987	2 888	30 120	7 060	35 314
1988	2 898	30 846	7 810	35 706
1989	3 023	31 829	8 603	37 535
1990	3 411	33 477	11 446	39 909
1991	3 651	35 728	14 115	41 505

56 Im Rahmen der Vorbereitung des Betreuungsrechts waren die anhängigen Unterbringungsverfahren aufgeteilt nach **zivilrechtlicher Unterbringung** (einschließlich der Unterbringung Minderjähriger) und **öffentlich-rechtlicher Unterbringung** für die Jahre 1977 und 1987 angegeben worden (BT-Drs. 11/4528 S. 43). Diese Tabelle kann nunmehr auf die Jahre 1997 und 2007 erweitert werden (Tabelle 4).

3. Statistische und sozialwissenschaftliche Grundlagen

Tabelle 4

	zivilrechtl. U.	öff. rechtl. U.	Gesamtzahl
1977	22 513	37 172	59 640
1987	33 008	35 314	68 332
1997	81 800	59 605	141 405
2007	151 903	66 294	218 197

In Tabelle 5 sind die zivilrechtlichen und öffentlich-rechtlichen **Unterbringungsverfahren aller Bundesländer** in den Jahren 2005 und 2008 enthalten.

Tabelle 5

	§ 1906 BGB		§ 1846 BGB		PsychKG/UG	
	2005	2008	2005	2008	2005	2008
BW	11 325	14 937	1 035	813	2 836	3 942
Bay	31 413	36 881	10 926	10 691	6 668	9 740
Berl	1 653	2 022	97	76	1 210	1 342
Bran	1 013	1 401	90	115	565	433
Bre	414	377	29	2	1 292	1 440
Hbg	2 108	2 118	40	27	2 527	2 619
Hess	9 752	11 971	132	69	7 906	9 415
MeVo	1 322	1 220	11	72	1 069	1 113
Nds	15 091	16 568	763	487	7 396	7 859
NW	36 870	33 854	1 986	2 196	20 656	21 333
RhPf	5 189	5 885	147	53	4 089	3 822
Saar	1 815	1 735	72	13	453	871
Sachs	4 468	5 383	142	265	1 037	920
SaAn	1 327	1 764	24	67	504	588
SH	5 242	5 927	407	400	4 040	4 455
Thü	1 216	1 360	32	54	880	716

Quelle: *Deinert* Betreuungszahlen 2005 und 2008 www.btprax.de

Aus Schleswig-Holstein liegen für die Jahre 1982 bis 1991 auch die Zahlen der **angeordneten Unterbringungen** vor (3. Auflage S. 13). Die Quote der angeordneten Unterbringungen nach PsychKG bezogen auf die anhängigen Verfahren lag zwischen 86,3 und 93,3%. Nach Deinert lag die Genehmigungsquote gestellter Anträge nach § 1906 Abs. 1 BGB 2008 bei 96,85%, in den einzelnen Bundesländern zwischen 89,34% (Thüringen) und 100% (Bremen).

Für die Verfahren nach dem Betreuungsgesetz wird von den Bundesländern seit 1992 eine **Sondererhebung** durchgeführt, deren Zahlen nicht vollständig, aber weitgehend mit denen der Geschäftsübersichten der Amtsgerichte übereinstimmen. Daraus ergeben sich für 2008 Erkenntnisse über die Verteilung der Verfahren nach § 1906 Abs. 1 und § 1906 Abs. 4 BGB sowie darüber, in wieviel Fällen der Unterbringungsverfahren die Maßnahmen genehmigt bzw. abgelehnt wurden oder in wieviel Fällen sich die Verfahren anderweitig erledigt haben (z. B. durch rechtswirksame Einwilligung des Betroffenen in die Maßnahme).

Tabelle 6

Verfahren nach	§ 1906 I	§ 1906 IV
Genehmigung	52 811	91 823
Ablehnung	1 716	6 476

Daraus ergibt sich für das Jahr 2008 eine **Genehmigungsquote** bei Unterbringungen nach § 1906 Abs. 1 BGB von 96,85% und bei Maßnahmen nach § 1906 Abs. 4 BGB von 93,41%.

60   Die Verfahren nach § 1906 Abs. 4 BGB haben sich nach der Sondererhebung seit 1992 wie folgt entwickelt (nur Genehmigungen):

Tabelle 7

Jahr	
1992	9 923
1993	13 095
1994	17 898
1995	23 305
1996	27 314
1997	31 478
1998	38 849
1999	48 030
2000	54 060
2001	61 611
2002	66 888
2003	74 783
2004	79 391
2005	83 781
2006	82 904
2007	84 466
2008	91 823

Auch insoweit bestehen erhebliche regionale Unterschiede. Die Zahlen der unterbringungsähnlichen Maßnahmen je 10 000 Einwohner liegen zwischen 1,14 in Berlin und 20,27 in Bayern, je 100 Betreute zwischen 0,68 in Berlin und 13,71 in Bayern (*Deinert* Betreuungszahlen 2008 www.btprax.de).

61   **c) Diskussion der Statistiken von Bund und Ländern.** Zunächst soll auf die Aspekte der **Unterbringung Volljähriger** nach den Vorschriften des BGB sowie der landesrechtlichen Unterbringungsvorschriften eingegangen werden. Danach sind seit 1992 die Zahlen der zivilrechtlichen Unterbringungsverfahren stark und die der öffentlich-rechtlichen Unterbringungsverfahren in geringerem Umfang gestiegen. Mehr als eine Verdoppelung ist bei den Verfahren nach § 1846 BGB zu verzeichnen. Gegenüber den Jahren 1977 und 1987 haben sich die Zahlen der zivilrechtlichen Unterbringungsverfahren auf fast das fünf- bis siebenfache gesteigert, die der öffentlichen Unterbringungsverfahren sich fast verdoppelt. Allerdings sind die Verläufe regional unterschiedlich und sinken die Unterbringungszahlen in den letzten Jahren teilweise wieder. Der enorme Anstieg der zivilrechtlichen Unterbrin-

3. Statistische und sozialwissenschaftliche Grundlagen

gungsverfahren vor allem seit Inkrafttreten des Betreuungsrechts im Jahr 1992 ist aber dadurch zu erklären, dass nach den Ergebnissen der Sondererhebung die Verfahren nach § 70 Abs. 1 Nr. 2 FGG (Maßnahmen nach § 1906 Abs. 4 BGB) inzwischen fast zwei Drittel der zivilrechtlichen Unterbringungsverfahren ausmachen, wobei auch hier **regionale Unterschiede** bestehen. Der Anstieg der zivilrechtlichen Unterbringungsverfahren seit 1992 betrifft überwiegend die Verfahren nach § 70 Abs. 1 Nr. 2 FGG. Das spricht dafür, dass freiheitsentziehende Maßnahmen vor 1992 nur selten als Unterbringung behandelt wurden und nun zunehmend der vorgeschriebenen gerichtlichen Kontrolle nach § 1906 Abs. 4 BGB unterworfen werden. Eine Verschiebung von der zivilrechtlichen Unterbringung (ohne freiheitsentziehende Maßnahmen nach § 1906 Abs. 4 BGB) zur öffentlich-rechtlichen Unterbringung lässt sich seit 1992 zumindest bundesweit nicht mehr belegen. Auffallend ist der Anstieg der Verfahren nach § 1846 BGB, der allerdings vor allem durch regionale Besonderheiten bedingt ist (siehe S. 42).

Die **rechts- und sozialpolitische Relevanz** des Unterbringungsrechts und der damit verbundenen Grundrechtseingriffe wird deutlich, wenn man nur davon ausgeht, dass es in ca. 90% aller Unterbringungsverfahren zu einer Genehmigung oder Anordnung der Unterbringung kommt. Dies bedeutet, dass es im Jahr 2008 in 206 470 Fällen zu einer Unterbringung oder freiheitsentziehenden Maßnahme gegenüber Volljährigen auf der Grundlage des § 1906 BGB bzw. der Unterbringungsgesetze der Bundesländer kam. Ohne die Maßnahmen nach § 1906 Abs. 4 BGB waren im Jahr 2008 bei einer Genehmigungs- bzw. Anordnungsquote von 90% 114 647 Menschen von einer zivilrechtlichen oder öffentlich-rechtlichen Unterbringung betroffen. **62**

Hinsichtlich der **regionalen Verteilung** der Unterbringungsverfahren fallen zunächst die erheblich niedrigeren Zahlen in den neuen Bundesländern sowohl bei der zivilrechtlichen als auch bei der öffentlich-rechtlichen Unterbringung gegenüber den alten Bundesländern auf. Ähnlich niedrige Zahlen bezogen auf die jeweilige Bevölkerung des Bundeslandes liegen nur noch in Baden-Württemberg vor, wobei auch hier die Zahlen in den letzten Jahren erheblich gestiegen sind. Weiterhin fällt nach wie vor das regional unterschiedliche Verhältnis von zivilrechtlicher und öffentlich-rechtlicher Unterbringung in den einzelnen Bundesländern auf. Während in Bremen und Hamburg die öffentlich-rechtlichen Unterbringungsverfahren die zivilrechtlichen Unterbringungsverfahren nach wie vor überwiegen, ist das Verhältnis insbesondere in Bayern umgekehrt. In den übrigen Bundesländern überwiegt inzwischen fast überall die Zahl der zivilrechtlichen Unterbringungsverfahren oder besteht eine Tendenz in diese Richtung, was auf die zuvor beschriebene Steigerung bei den Verfahren über die Genehmigung freiheitsentziehender Maßnahmen nach § 1906 Abs. 4 BGB zurückzuführen ist. Bei den Verfahren nach § 1846 BGB fallen die hohen Zahlen in Bayern auf (höher als die öffentlich-rechtlichen Unterbringungsverfahren), während in den übrigen Bundesländern die Tendenz teils steigend, teils abnehmend ist. Unter Berücksichtigung der Verfahren nach § 70 Abs. 1 Nr. 1b FGG und § 1846 BGB kann davon ausgegangen werden, dass in Bayern, das über **63** noch kein PsychKG verfügt, im Gegensatz zu den übrigen Bundesländern überwiegend zivilrechtliche Unterbringungen stattfinden.

64 Betrachtet man die Verfahren der **Unterbringung von Kindern** nach § 70 Abs. 1 Nr. 1a FGG, fallen sowohl die von Bundesland zu Bundesland unterschiedliche Anwendungshäufigkeit als auch unterschiedliche Tendenzen (Anstieg bzw. Abnahme der Verfahren) auf (Tabelle 1 und 2). Erklärungen für die unterschiedliche Anzahl von Verfahren können nur in der unterschiedlichen Praxis der Jugendhilfe oder in der Annahme gefunden werden, dass erforderliche Genehmigungen der Gerichte immer noch nicht eingeholt werden. Festzustellen ist auch in diesem Bereich eine Zunahme der Verfahren seit 1992.

65 Ähnliches gilt für die **Verfahren nach dem FEVG** (Tabelle 1 und 2). Seit 1992 sind die Verfahren zunächst erheblich gestiegen und haben sich mehr als verdoppelt. Damit setzte sich die bereits vor 1992 erkennbare Entwicklung fort. Seit 1996 werden die Abschiebungsverfahren gesondert ausgewiesen. Im Jahr 1997 waren von den Verfahren nach dem FEVG 88,1% Verfahren über **Abschiebungshaft.** Seit 1997 sinken die Zahlen der Freiheitsentziehungsverfahren sowie der Abschiebungshaftverfahren aufgrund gesetzlicher Änderungen im Ausländer- und Asylrecht. Im Jahr 2008 lagen die Zahlen der Verfahren nach dem FEVG nach Bundesrecht unter denen des Jahres 1992. Dies wird auch dadurch belegt, dass sich in Justizvollzugsanstalten im Vollzug sonstiger Freiheitsentziehung (insbesondere Abschiebungshaft) am 31. 3. 2007 nur noch 1932 Personen befanden, am 31. 3. 2003 noch 3179 Personen (Quelle: *Statistisches Bundesamt* 2007). Bei den anderen Verfahren handelt es sich um Freiheitsentziehungen nach dem Infektionsschutzgesetz (früher Bundesseuchengesetz bzw. Gesetz zur Bekämpfung der Geschlechtskrankheiten) sowie auf der Grundlage anderer landesrechtlicher, insbesondere polizeirechtlicher Vorschriften. Die Freiheitsentziehungen nach Landesrecht sind seit 1997 erheblich angestiegen. Insoweit sind die Erhebungen der Bundesländer in den Geschäftsübersichten der Amtsgerichte aber nicht einheitlich. Auch im Bereich des FEVG bestehen regional sehr unterschiedlichen Verfahrenszahlen, die unterschiedliche regionale Schwerpunkte der Freiheitsentziehung insbesondere bei Ausländern sowie eine unterschiedliche Abschiebungspraxis belegen.

66 **d) Untersuchungen zur Unterbringung bzw. Zwangseinweisung aus juristischer, medizinischer und sozialwissenschaftlicher Sicht.** Die zuvor dargestellten Daten aus den Geschäftsübersichten des Bundesministeriums der Justiz können durch eine Reihe von Einzeluntersuchungen zur Frage der Unterbringung bzw. Zwangseinweisung ergänzt werden. Aus dem vorliegenden Material sollen diejenigen Informationen ausgewählt werden, die von übergeordnetem Interesse sind bzw. Erklärungsmöglichkeiten für unterschiedliche Handhabungen bieten und damit auch Entscheidungshilfen bieten können. Die Diskussion um die Entwicklung und Veränderungen der Zwangseinweisungszahlen fand zunächst ausschließlich in der psychiatrischen Fachliteratur statt und wurde erst in jüngster Zeit in der juristischen Literatur aufgegriffen (*Müller* BtPrax 2006, 123 ff.; *Marschner* BtPrax 2006, 125 ff.; *Melchinger* BtPrax 2009, 59 ff.). Im Vordergrund der Diskussion steht

3. Statistische und sozialwissenschaftliche Grundlagen   A

die Frage, ob es tatsächlich zu einem erheblichen Anstieg der zivilrechtlichen und öffentlich-rechtlichen Unterbringungen gekommen ist. In der psychiatrischen und sozialwissenschaftlichen Diskussion wird zwischen der Unterbringungs- bzw. Zwangseinweisungsquote (Anteil der unfreiwillig aufgenommenen Patienten bezogen auf die Gesamtzahl der stationär behandelten Patienten) und der Unterbringungs- bzw. Zwangseinweisungsrate (Zahl der Unterbringungen pro 100 000 Einwohner) unterschieden.

aa) Zahl der Zwangseinweisungen bzw. Freiheitsentziehungen. Am 67
Anfang stand die von *Lorenzen* veröffentlichte Tabelle über den Anteil der nach den Unterbringungsgesetzen der Bundesländer untergebrachten Patienten an der Gesamtzahl der Patienten im Jahr 1978 (Tabelle 8). Diese Tabelle beruht auf einer eigenen Umfrage von *Lorenzen* bei allen psychiatrischen Einrichtungen in den alten Bundesländern und West-Berlin (*Lorenzen* S. 137).

Tabelle 8

	Psychiatrische Landeskrankenhäuser und psychiatrische Krankenhäuser mit Aufnahmeverpflichtung		Psychiatrische Krankenhäuser und psychiatrische Abteilungen an Allgemeinkrankenhäusern ohne Aufnahmeverpflichtung		Psychiatrische Universitätskliniken	
	%	Spannweite %	%	Spannweite %	%	Spannweite %
Baden-Württemberg	3.9	1.4–10.6	–	–	1,0	–
Bayern	23.5	4.2–48.0	–	–	0.1	–
Berlin	44.8	33.4–56.1	2.6	0.9–4.7	–	–
Bremen	2.8	–	0.8	–	–	–
Hamburg	40.0	–	–	–	–	–
Hessen	39.5	31.2–51.0	10.0	–	14.2	0.6–40.0
Niedersachsen	30.1	15.0–60.4	1.2	0.3–2.0	1.5	–
Nordrhein-Westfalen	32.3	3.7–61.1	1.1	0.1–3.4	0.8	0.1–1.5
Rheinland-Pfalz	16.9	12.1–21.8	–	–	–	–
Saarland	5.2	–	0.3	–	0.3	–
Schleswig-Holstein	19.3	8.0–28.0	–	–	–	–

Diese Untersuchung bestätigt die **regional unterschiedliche Unterbringungspraxis** von Bundesland zu Bundesland, aber auch von Krankenhaus zu Krankenhaus innerhalb eines Bundeslandes. Nicht berücksichtigt sind zivilrechtliche Unterbringungen, so dass der Untersuchung nur begrenzte Aussagekraft zukommt.

Salize, Spengler und *Dressing* haben für die Jahre 1994 und 2003 die **Unter-** 68
bringungsquoten und **Unterbringungsraten** für alle Bundesländer unter Einbeziehung der zivilrechtlichen und öffentlich-rechtlichen Unterbringungsverfahren ohne unterbringungsähnliche Maßnahmen (Pflegeheimanteil) errechnet, wobei den Berechnungen teilweise Schätzungen zugrundegelegt werden (*Salize u. a.* Psychiatrische Praxis 2007 Supplement 2, 196 ff.).

Tabelle 9

	Unterbringungsquote		Unterbringungsquote	
	1994	2003	1994	2003
BW	10,7	12,2	53,8	79,2
Bay	28,0	35,1	135,0	262,0
Berl	8,7	6,3	66,3	62,1
Bran	5,1	3,3	29,5	28,1
Bre	13,1	18,8	126,7	252,1
Hbg	20,7	21,3	116,5	170,9
Hess	25,5	23,1	152,8	197,8
MeVo	5,2	10,7	30,6	97,2
Nds	27,0	22,3	144,4	172,5
NW	25,5	23,1	163,5	214,1
RhPf	24,1	21,4	121,1	161,4
Saar	9,7	10,9	64,8	110,0
Sachs	5,8	9,0	29,8	67,9
SaAn	5,6	6,2	31,4	49,3
SH	23,7	22,1	157,4	239,4
Thü	5,4	7,2	23,2	53,1

Für Deutschland werden eine Unterbringungsquote von 15,9 und eine Unterbringungsrate von 175 angegeben; im internationalen Vergleich handelt es sich um relativ hohe Zahlen (*Dressing/Salize* 2004 S. 88 und Psychiatrische Praxis 2004, 31 ff.). In dieser Berechnung sind zivilrechtliche Unterbringungen enthalten. Die regional unterschiedliche Unterbringungspraxis lässt sich auch hinsichtlich der unterschiedlichen Entwicklung in den einzelnen Bundesländern belegen. Während es insbesondere in Bayern, Bremen und Mecklenburg-Vorpommern zu einem erheblichen Anstieg von Unterbringungsquote und Unterbringungsrate kam, sanken die Zahlen in Berlin und Brandenburg. Trotz überwiegend auch hier steigender Unterbringungszahlen fällt das viel niedrigere Niveau in den **neuen Bundesländern** auf (siehe bereits *Spengler* Psychiatrische Praxis 1994, 118 ff.).

69   In verschiedenen Untersuchungen werden Zwangseinweisungsraten für bestimmte Regionen, insbesondere Großstädte angegeben. Die umfassendste Erhebung von *Bruns* (MSchrKrim 1990, 25, 33) bezieht sich auf das Jahr 1987 und beruht auf einer Anfrage bei den jeweils für die Unterbringung zuständigen Behörden von verschiedenen Städten (Tabelle 9). Auch hier sind zivilrechtliche Unterbringungen nicht berücksichtigt.

Tabelle 10

Stadt	Anzahl der Zwangseinweisungen	Einwohnerzahl 1987	ZE-Rate (ZE/100 000 E)
Braunschweig	366	251 437	146
Bremen	399	521 366	77
Dortmund	641	573 288	112
Düsseldorf	218	563 531	39
Frankfurt/M.	1223	615 068	199
Hamburg	1663	1 596 400	104
Hannover	889	527 269	169

3. Statistische und sozialwissenschaftliche Grundlagen **A**

Stadt	Anzahl der Zwangseinweisungen	Einwohnerzahl 1987	ZE-Rate (ZE/100 000 E)
Karlsruhe	14	271 670	5
Kassel	215	189 382	114
Köln	1529	972 794	157
Lübeck	300	210 000	143
Mainz	262	187 688	140
München	876	1 291 000	68
Münster	286	266 894	107
Nürnberg	68	474 673	14
Stuttgart	340	560 294	61

Alle vorgenannten Zahlen sind mit Vorsicht zu betrachten, da nicht eindeutig definiert ist, was unter Zwangseinweisung verstanden wird, insbesondere verfahrensrechtliche Besonderheiten nicht berücksichtigt sind. So wird die Zwangseinweisungsrate für Köln für das Jahr 1983 mit 114 angegeben (*Bergener u. a.* S. 99), für das Jahr 1994 mit 219 und für das Jahr 1996 mit 235 (*Kebbel* S. 22 ff.). Im Jahr 1982 wird die Zwangseinweisungsrate für Bremen mit 45, für Frankfurt mit 217 angegeben (*Reichel* R&P 1984, 76). Auch hier wird nochmals die unterschiedliche regionale Unterbringungspraxis bestätigt.

Crefeld hat ermittelt, dass in Nordrhein-Westfalen die Zahl der Unter- 71 bringungsverfahren (ohne Genehmigungen nach § 1906 Abs. 4 BGB) in einem Zeitraum von 1986 bis 1995 auf das Dreifache gestiegen ist, wobei der **Anstieg** überwiegend auf einer Zunahme der zivilrechtlichen Unterbringungsverfahren beruht (*Crefeld,* Psychosoziale Umschau 1997 Heft 2, 14 f.; BtPrax 1998, 47 ff.). Crefeld verweist weiterhin auf die divergierende Anwendung des Unterbringungsrechts in verschiedenen Bundesländern sowie in verschiedenen Kommunen hin. Danach kann sich das Risiko, in Nordrhein-Westfalen nach dem PsychKG untergebracht zu werden, um das Siebzehnfache unterscheiden. Ebenso schwankt der Anteil der zivilrechtlichen Unterbringungen an der Gesamtzahl der Unterbringungen in verschiedenen Kommunen zwischen 16 und 68% (*Crefeld* BtPrax 1998, 47 ff.).

Durch die **Einführung der PsychKGs** als zweiter Generation der Un- 72 terbringungsgesetze sind nach vorliegenden Untersuchungen die Unterbringungszahlen entgegen dem Anspruch und den Erwartungen der Gesetzgeber in Niedersachsen, Hamburg und Bremen eher gestiegen, jedenfalls nicht gesunken (*Bauer* in Waller S. 16; Reichel R&P, 1984, 76 ff.; *Spengler* R&P 1984, 78 ff.; *Bruns,* Nervenarzt 1986, 119 ff.; *Kebbel* S. 22 ff.). Nach den Ausführungen von *Kebbel* ist in Bremen nach Inkrafttreten des Betreuungsrechts im Jahr 1992 ein Anstieg der zivilrechtlichen und der öffentlich-rechtlichen Unterbringungen zu verzeichnen.

Vergleichbare Untersuchungen für den Bereich der **zivilrechtlichen** 73 **Unterbringung** fehlen zumindest für das Gesamtgebiet der alten Bundesrepublik. *Crefeld* hat die unterschiedliche Verteilung der zivilrechtlichen und öffentlich-rechtlichen Unterbringung in verschiedenen Teilen Nordrhein-Westfalens beschrieben (*Crefeld* BtPrax 1998, 47 ff.). Für den Bereich des Landschaftsverbandes Westfalen-Lippe sowie das Land Baden-Württemberg liegen für 1982 Angaben über die verschiedenen Rechtsgrundlagen der Aufnahmen in den psychiatrischen Landeskrankenhäusern vor (*Huber* S. 39), wobei die Besonderheiten des Baden-Württembergischen Unterbringungsgesetzes zu berücksichtigen sind (hierzu S. 41 f.).

Tabelle 11

Rechtsgrundlage der Unterbringung	Westfalen-Lippe		Baden-Württemberg	
	N	%	N	%
PsychKG bzw. UBG	3 499	27.8	599	2.6
Vormund-, Pflegschaft/	2 518	20.0	398	1.8
Freiwillig	6 319	50.2	20 072	91.9

Der Ansicht von *Müller* (BtPrax 2006, 123), es sei ein erheblicher Anstieg der Zwangseinweisungen in psychiatrische Kliniken eingetreten, kann nur teilweise gefolgt werden. Der bei aller Unsicherheit der vorliegenden Daten feststellbare Anstieg der Unterbringungszahlen (ohne freiheitsentziehende Maßnahmen) erklärt sich mit der Verkürzung der stationären Verweildauern und damit verbundener höherer Wahrscheinlichkeit erneuter Unterbringung sowie im Bereich der zivilrechtlichen Unterbringung mit der Zunahme der Unterbringung dementer Patienten in geschlossenen Heimen (*Spengler u. a.* Nervenarzt 2005, 363 ff.; *Spengler* Psychiatrische Praxis 2007 Supplement 2, 191 ff.). Beklagt wird generell der Mangel an einer einheitlichen und vergleichbaren Erfassung der Datenbasis. Insoweit besteht trotz der vorliegenden Daten Forschungsbedarf.

74 Im Bereich der zivilrechtlichen Unterbringung und insbesondere der freiheitsentziehenden Maßnahmen nach § 1906 Abs. 4 BGB ist zusätzlich eine nicht unerhebliche **Dunkelziffer** zu berücksichtigen, da trotz der gesetzlichen Änderungen durch das Betreuungsrecht und dem damit verbundenen starken Anstieg der Unterbringungsverfahren nach § 70 Abs. 1 Nr. 2 FGG davon auszugehen ist, dass viele freiheitsentziehende Maßnahmen ohne Legitimation und insbesondere ohne gerichtliche Genehmigung erfolgen (hierzu grundlegend die Untersuchung von *von Eicken* u. a.). In einer Stichtagserhebung von *Klie* aus den Jahren 1994/95 ergab sich, dass von 2207 freiheitsentziehenden Maßnahmen 953 Maßnahmen Fixierungen im Bett betrafen, 246 Maßnahmen Fixierungen im oder am Stuhl und 1008 Maßnahmen Ruhigstellungen durch Medikamente. Eine vormundschaftsgerichtliche Genehmigung lag nur in 82 Fällen vor, in 1019 Fällen fehlte jede Legitimation, lag also auch keine rechtswirksame Einwilligung der Betroffenen vor (*Klie* BtPrax 1998, 50 ff.). *Klie* geht bei einer Hochrechnung der Ergebnisse seiner Untersuchung davon aus, dass man von täglich etwa 400 000 freiheitsentziehenden Maßnahmen in bundesdeutschen Pflegeheimen ausgehen muss. Dies bedeutet nicht in jedem Fall die Notwendigkeit einer gerichtlichen Genehmigung nach § 1906 Abs. 4 BGB, beleuchtet aber das Ausmaß des Dunkelfeldes insbesondere im Heimbereich. Als Gründe für freiheitsentziehende Maßnahmen werden in erster Linie Sturzgefahr, Schwindel und Unruhe angegeben. Nach einer neueren Untersuchung

3. Statistische und sozialwissenschaftliche Grundlagen **A**

(Münchener Studie zu freiheitsentziehenden Maßnahmen in Münchener Pflegeheimen) fehlte bei den freiheitsentziehenden Maßnahmen im Bett in 54% der Fälle die erforderliche gerichtliche Genehmigung, bei den freiheitsentziehenden Maßnahmen am Stuhl lag der Anteil bei 27% (*Hoffmann/Klie* S. 109f.). In psychiatrischen Einrichtungen wird davon ausgegangen, dass zwischen ca. 3% und 8% aller Patienten von Fixierungen betroffen sind, wobei als Anlass fremdgefährdende Verhaltensweisen im Vordergrund stehen (*Gerber* S. 127; siehe auch *Haltenhof* S. 71 ff.). Bei etwa 10% der psychiatrisch stationär behandelten Patienten werden **Zwangsmaßnahmen** (Fixierung, Isolierung, zwangsweise Verabreichung von Psychopharmaka) durchgeführt, wobei auch insoweit erhebliche Unterschiede zwischen verschiedenen Krankenhäusern (zwischen 2 und 36%) bestehen (*Ketelsen u.a.*, Psychiatrische Praxis 2007 Supplement 2, 208ff.). Eine medikamentöse Zwangsbehandlung wird nach vorliegenden Untersuchungen bei 2 bis 8% der stationär behandelten Patienten durchgeführt (*Steinert/Kallert* Psychiatrische Praxis 2006, 160ff.).

Im Bereich der geschlossenen **Unterbringung von Kindern** in Einrichtungen der Kinder- und Jugendhilfe wird davon ausgegangen, dass im Jahr 1993 in neun Einrichtungen nur 114 bzw. 132 Plätze für eine geschlossene Unterbringung zur Verfügung standen. Dies betrifft 0,16% bzw. 0,2% der Kinder und Jugendlichen, die in Heimerziehung oder sonstigen betreuten Wohnformen lebten (siehe *Remschmidt* DVJJ-Journal 1994, 269ff.; *Sonnen* DVJJ-Journal 1994, 281, 287). Im Januar 2005 waren es 185 Plätze in 15 Einrichtungen (*Hoops/Permien* ZJJ 2005, 41ff.). Die Unterbringungsverfahren nach § 1631b BGB betreffen demnach ganz überwiegend Unterbringungen in der Kinder- und Jugendpsychiatrie. Insoweit wird von 2000 bis 3000 Unterbringungen jährlich ausgegangen (*Permien* R&P 2006, 111ff.). 75

bb) Das Verhältnis von vorläufiger und endgültiger Unterbringung. Unterbringungsmaßnahmen sind nicht nur im sog. Regelverfahren, sondern in allen Bundesländern auch im Wege der vorläufigen gerichtlichen Unterbringung durch einstweilige Anordnung gemäß §§ 331, 332 FamFG sowie im Wege der **Verwaltungsunterbringung** (sofortigen behördlichen Unterbringung) unter den jeweils in den einzelnen Gesetzen geregelten Voraussetzungen zulässig (siehe Kap. **B** S. 106ff.). Entsprechend verhält es sich bei der zivilrechtlichen Unterbringung, die im Wege der einstweiligen Anordnung gemäß §§ 331ff. FamFG oder, wenn mit dem Zuwarten auf die gerichtliche Genehmigung Gefahr verbunden wäre, auch ohne gerichtliche Genehmigung zulässig ist (§ 1906 Abs. 2 Satz 2 BGB). Für den Bereich der **öffentlich-rechtlichen Unterbringung** gibt es empirische Belege dafür, dass das als Regelfall vorgesehene Verfahren so gut wie nicht eingehalten wird, sondern in der überwiegenden Zahl der Unterbringungsverfahren eine sofortige Unterbringung ohne richterliche Entscheidung vorausgeht. *Bergener* berichtet in seiner Kölner Untersuchung, dass es in 98% aller Fälle zunächst zu einer sofortigen Unterbringung ohne gerichtliche Entscheidung nach § 17 NW a.F. kam, nur in 2% der Fälle zu einer vorläufigen gerichtlichen Unterbringung gemäß § 18 NW a.F. (*Bergener u.a.* S. 35). Spengler berichtet davon, dass in Hamburg nur in 0,5% aller Fälle es sich nicht um eine soforti- 76 ge Unterbringung handelte (*Spengler* R&P 1984, 78). Nach *Crefeld* ist in Nordrhein-Westfalen davon auszugehen, dass landesweit 93%, in einer Reihe von Kommunen sogar 100% der Unterbringungen als sofortige behördliche Unterbringungen von den Verwaltungsbehörden entschieden und vollzogen werden (*Crefeld* BtPrax 1998, 47 ff.; *Crefeld* 2005 S. 48). Für die Stadt Essen wird die Quote von fast 100% von *Dodegge* bestätigt (*Dodegge* BtPrax 1998, 43 ff.). In Bayern handelte es sich im Jahr 1970 bei 86,45% der angeordneten Unterbringungen um vorläufige Unterbringungen, davon waren 81,9% sofortige Unterbringungen (siehe *Marschner* 1985 S. 11). Vergleichbare Ergebnisse werden von *Huber* für verschiedene Bundesländer berichtet (*Huber* S. 54 ff.). Allerdings sind wiederum **regionale Unterschiede** zu beachten (siehe *Busche* für den Bereich des niedersächsischen PsychKG in: Psychiatrische Praxis 1988, 48 ff.). Im Fall der sofortigen behördlichen Unterbringung kommt es nicht in jedem Fall zu einer richterlichen Entscheidung, weil der Betroffene entweder auf freiwilliger Grundlage im Psychiatrischen Krankenhaus verbleibt oder entlassen werden kann. Dies z. B. war in 18,6% der von *Bergener* berichteten Fälle der Fall. In den anderen Fällen kam es zunächst zu einer vorläufigen Unterbringung nach § 18 NW a. F. Zu einer endgültigen Unterbringung kam es in der Regel nicht mehr (in der Untersuchung von *Bergener* nur in 0,8% der Fälle). Die Praxis der Unterbringung ist deshalb von erheblicher Bedeutung, weil sich die Verfahrensvorschriften und insbesondere die Verfahrensgarantien am Regelverfahren orientieren, während für das Verfahren der einstweiligen Anordnung eingeschränkte Verfahrensgarantien gelten (§§ 331 ff. FamFG). Kommt es aber in der Praxis nicht zum Regelverfahren, kommt es auch so gut wie nie zur Beachtung der in den §§ 312 ff. FamFG festgelegten Verfahrensweisen. Dies ist bei der Auslegung des §§ 331 ff. FamFG zu berücksichtigen. Dies gilt insbesondere für die Frage der vorherigen richterlichen Anhörung, die in der Vergangenheit bei der vorläufigen Unterbringung nach den vorliegenden empirischen Daten so gut wie nie erfolgte. Im Fall der sofortigen behördlichen Unterbringung ist der Betreuungsrichter immer mit der Situation konfrontiert, dass der Betroffene sich bereits in der Einrichtung befindet und die Antragstellung bei dem zuständigen Betreuungsgericht erst anschließend erfolgt (hierzu *Dodegge* BtPrax 1998, 43 ff.). Eine Anhörung kann dann immer erst im Verfahren der vorläufigen Unterbringung nach §§ 331 ff. FamFG stattfinden. Die Gestaltungsmöglichkeiten des Betreuungsrichters sind damit erheblich eingeschränkt (*Regus/Gries* S. 360).

77 Vergleichbare Erkenntnisse für den Bereich der **zivilrechtlichen Unterbringung** fehlen. Allerdings sind vergleichbare Verfahrensweisen wie im öffentlichen Unterbringungsrecht dort zu beobachten, wo die zivilrechtliche Unterbringung die Funktion der öffentlich-rechtlichen Unterbringung im Sinn von psychiatrischer Krisenintervention übernommen hat (z. B. in Teilen von Bayern). In den Fällen, in denen bereits ein Betreuer bestellt ist, und vor allem im Bereich chronischer Erkrankungen, der Alterserkrankungen sowie der geistigen Behinderungen ergibt sich die Notwendigkeit des Absehens von dem Regelverfahren der §§ 312 ff. FamFG nicht wie im Bereich der Akutpsychiatrie.

3. Statistische und sozialwissenschaftliche Grundlagen **A**

cc) **Dauer der Unterbringung.** Schon die Tatsache, dass es in der Vergangenheit im Bereich der öffentlich-rechtlichen Unterbringung nur in seltenen Fällen zu einer Verlängerung der zumeist auf drei Monate begrenzten vorläufigen Unterbringung kam, weist auf eine relativ kurze Aufenthaltsdauer hin. Dies wird durch empirische Daten bestätigt. Nach der Untersuchung von *Waller* (S. 146 ff.) wurde die Zwangseinweisung im Durchschnitt nach 25,3 Tagen aufgehoben. Dies bedeutet nicht notwendigerweise die Entlassung des Betroffenen, sondern in vielen Fällen die Weiterbehandlung auf freiwilliger Basis. *Richter/Reker* berichten von einer Unterbringungsdauer von 20 Tagen im Jahr 2000, während sie in den 80er-Jahren zwischen 50 und 60 Tagen lag (Krankenhauspsychiatrie 2003, 8 ff.). **Unterbringungsdauer** und **Behandlungsdauer** sind in der Regel **nicht identisch**. Nach der Untersuchung von *Bergener* (S. 37 ff.) wurde in 6,5% aller Fälle am selben Tag die Unterbringung wieder aufgehoben, in 24% aller Fälle am folgenden Tag. Die Hälfte aller Unterbringungen wurde innerhalb von fünf Tagen aufgehoben, 75% innerhalb von drei Wochen. Auch nach der Untersuchung von *Bergener* dauerte der stationäre Aufenthalt im Durchschnitt mehr als doppelt so lang wie die eigentliche Unterbringung. Es gibt also gute Gründe dafür, dass § 25 Abs. 1 Berl a. F. die vorläufige gerichtliche Unterbringung auf eine Woche, § 22 Abs. 2 Berl a. F. die endgültige Unterbringung auf zwei Monate begrenzte (siehe zur Rechtslage nach Inkrafttreten der § 70 ff. FGG LG Berlin R&P 1992, 97 = BtPrax 1992, 71 mit Anmerkung *Marschner*). 78

Empirische Belege für die Dauer der zivilrechtlichen Unterbringung finden sich nur in der Untersuchung von *Oberloskamp u. a.* (S. 66). Danach ergibt sich für die Verweildauer bei der Unterbringung von Betreuten folgende Verteilung: 79

Tabelle 12

Dauer in % v. n. n = 112	weniger als 1 Mo.	1 Mo.– 1 Jahr	1–2 Jahre	2–5 Jahre	5–10 Jahre	10–20 Jahre	20–30 Jahre	30–40 Jahre	40–50 Jahre	über 50 Jahre
	9	32	10	7	16	8	13	4	1	1

Diese Zahlen belegen eine erhebliche, häufig **langjährige Unterbringungsdauer** im Bereich der zivilrechtlichen Unterbringung. Die Zahlen werden bestätigt von *Waller* (S. 113), wonach in der Gruppe der Vormundschaftspatienten die eine chronische Patientenkarriere beschreibenden Merkmalsausprägungen gehäuft vorkamen. Die Angaben sind plausibel, weil nicht nur die Unterbringungen im psychiatrischen Krankenhaus, sondern vor allem die Unterbringungen in Alten- und Pflegeheimen zu berücksichtigen sind. Hier zeigt sich die erhebliche rechtspolitische Bedeutung der zivilrechtlichen Unterbringung, da die an der Dauer der Freiheitsentziehung zu messende Schwere des Grundrechtseingriffs dem Bereich des Maßregelvollzugs vergleichbar ist, aber wesentlich mehr Personen davon betroffen sind. 80

A

Einführung

81 dd) **Krankheitsbilder.** Für den Bereich der **öffentlich-rechtlichen Unterbringung** liegen Untersuchungen über die Verteilung der verschiedenen Krankheitsbilder bei den Untergebrachten vor. Die Ergebnisse von vier ausgewählten Untersuchungen sind in der folgenden Tabelle zusammengefasst und werden den Zahlen der Psychiatrie-Enquete über die Verteilung der Krankheitsbilder bei allen in stationärer Behandlung befindlichen Patienten gegenübergestellt. Aufgrund unterschiedlicher Terminologien und Zuordnungen ist keine vollständige Vergleichbarkeit gegeben. Die Jahreszahlen geben den Zeitpunkt der Erhebung ab.

Tabelle 13

Diagnosegruppen in %	Waller 1973	Lorenzen 1979	Huber 1982	Bergener 1983	Psychiatrie-Enquete 1973
endog. Psychosen davon:	40.9	28.4	43.9	31.9	44.9
Schizophrene	19.1	25.7	37.7	28.0	36.7
Affektive	14.5	2,7	6.2	3.9	8.2
Sonstige	7.3	–	–	–	–
organisch begründbare Psychosen, Alterserkrankungen	17.9	9.5	7,	15.9	13.0
geistige Behinderungen	–	2.7		0.5	18.5
Neurosen, Persönlichkeitsstörungen	11.8	6.8	3.0	24.4	4.0
Sucht/Alkoholismus	29.1	50.0	29.3	26.2	9.6
Sonstige	–	2.7	–	1.1	10.0

Quellen: *Waller:* Zwangseinweisung in der Psychiatrie, S. 145; *Lorenzen:* Zur Problematik der Unterbringung psychisch Kranker in psychiatrischen Krankenhäusern, S 141 f.; *Huber:* Rechtsstellung und Rechtswirklichkeit der nach baden-württembergischen Unterbringungsgesetz Untergebrachten, S. 46 f.; *Bergener u. a.:* Problematik des Freiheitsentzugs bei psychisch Kranken, S. 42 ff., *Psychiatrie-Enquete* Zusammenfassung BT-Drs. 7/2400 S. 7

82 Die Ergebnisse zeigen, dass etwa ein Drittel der nach öffentlichem Recht Untergebrachten an **Psychosen** leiden, überwiegend aus dem schizophrenen Formenkreis. Zweitgrößte Gruppe unter den Untergebrachten sind die **Suchtpatienten.** Hier besteht eine offensichtliche Überrepräsentanz gegenüber der Gesamtzahl der Patienten. Unterschiedlich sind die Ergebnisse bezüglich des Anteils der organischen Psychosen einschließlich der Alterserkrankungen, der geistigen Behinderungen sowie der Neurosen und Persönlichkeitsstörungen. Trotz vergleichbarer Schwerpunkte im Bereich der Psychosen und Suchterkrankungen zeigt sich wiederum die regional unterschiedliche Unterbringungspraxis, die entscheidend von den Versorgungsstrukturen abhängt (siehe hierzu S. 37 f.)

83 Vergleichbare Untersuchungen für den Bereich der **zivilrechtlichen Unterbringung** fehlen. Es war bereits darauf hingewiesen worden, dass sich unter den zivilrechtlich Untergebrachten überwiegend Personen mit chronischen Erkrankungen befinden. Bestätigt wird dies durch Angaben über die

3. Statistische und sozialwissenschaftliche Grundlagen

Krankheitsbilder, die zur Anordnung einer Pflegschaft/Vormundschaft führten. *Mende* fand bei der Gebrechlichkeitspflegschaft nach altem Recht einen Anteil von 30,8% der psychischen Krankheiten des höheren Lebensalters (Gutachten S. 22). *Oberloskamp u. a.* fanden bei den faktischen Gründen für die Anordnung einer Pflegschaft/Vormundschaft einen Anteil von 47% mit geistigen Behinderungen, von 23% mit endogenen Psychosen und von 17% mit seniler Demenz (*Oberloskamp u. a.* S. 44). In der Untersuchung von *Sellin/Engels* werden als Gründe der Betreuerbestellung angegeben eine psychische Krankheit in 33,9%, eine Demenz in 18,6%, Sucht in 14,6%, eine geistige Behinderung in 36,6% und ein Mischbild in 11,3% der Fälle (*Sellin/Engels* S. 55). Die diagnostische Zuordnung wird entscheidend davon abhängen, in welcher Einrichtung die Unterbringung vollzogen wird (chronischer Bereich eines psychiatrischen Krankenhauses, Einrichtung für geistig Behinderte, Alten- oder Pflegeheim). *Crefeld* hat für die Rheinischen Landeskliniken den Aufnahmemodus nach Diagnosegruppen ermittelt (BtPrax 1998, 49).

Tabelle 14

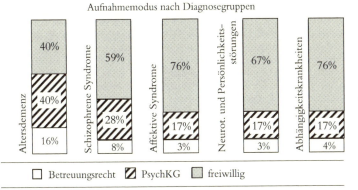

Crefeld 1994 nach Angaben des Landschaftsverbandes Rheinland

Danach ist die Zwangseinweisungsrate mit insgesamt 56% am höchstens bei der Gruppe der Betroffenen mit Altersdemenzen, wovon 40% auf eine Unterbringung nach dem PsychKG fallen, obwohl sich diese Personengruppe nicht durch besondere Gefährlichkeit auszeichnet. Dies widerspricht der Annahme, dass dieser Personenkreis eher zivilrechtlich untergebracht wird. Die zweitgrößte Gruppe unter den Zwangseinweisungen betrifft Personen mit schizophrenen Syndromen. Dies steht eher in Übereinstimmung mit den vorstehenden Untersuchungen.

85   ee) **Gründe für Zwangseinweisungen.** Die tatsächlichen Gründe für Zwangseinweisungen müssen nicht notwendigerweise mit den gesetzlichen Vorgaben übereinstimmen. Dies ist für den Bereich der öffentlich-rechtlichen Unterbringung mehrfach belegt worden (siehe zuletzt *Rehbein* 2004). Erkenntnisse bestehen zunächst für die Verteilung der Merkmale der **Fremd- bzw. Selbstgefährdung.** Üblicherweise wird davon ausgegangen, dass häufiger Personen mit einer Selbstgefährdung als mit einer Fremdgefährdung untergebracht werden. Diese Ansicht wird gestützt von der Untersuchung von *Bergener u. a.,* wonach in 85% der Unterbringungsanträge eine Eigengefährdung, in 45% eine Fremdgefährdung angegeben wird, in 30% aller Fälle also sowohl eine Selbst- als auch eine Fremdgefährdung angegeben wird. In fast 40% der Fälle wird eine Suizidproblematik als Grund für die Unterbringung genannt (*Bergener u. a.* S. 30 f.). *Kowerk* gibt dagegen als Einweisungsgründe Suizidversuche (11,8%), Fremdgefährdungen (42,3%) und Gefährdungen durch Verlust der Kontrolle über die Handlungssituation (45,9%) an. *Kebbel* berichtet davon, dass 10% aller Patienten nach einem Suizidversuch in die Klinik aufgenommen wurden, und zitiert Untersuchungen, wonach 40% aller Patienten bei der Aufnahme suizidal waren, bei 2,3% bzw. 10,7% eine Fremdgefährdung angenommen wurde (*Kebbel* in: Gewalt und Zwang in der stationären Psychiatrie, S. 22 ff.). Nach dem Forschungsbericht von *Rehbein* lag bei 37% der nach § 16 des Bremer PsychKG Untergebrachten eine Selbstgefährdung, bei 33% eine Selbst- und Fremdgefährdung, bei 30% eine Fremdgefährdung vor (*Rehbein* S. 78). In der Untersuchung von *Pieters* bestanden bei 54% der Untergebrachten Hinweise auf eine Eigengefährdung; bei den übrigen Betroffenen wurde zusätzlich von einer Fremdgefährdung ausgegangen. Keine Person wurde ausschließlich wegen Fremdgefährdung untergebracht (*Pieters* S. 215). Fraglich bleibt, ob Selbst- und/oder Fremdgefährdung tatsächlich ausschlaggebend für die Unterbringung sind. *Bosch* fand in seiner Frankfurter Untersuchung, dass sowohl die Selbst- als auch die Fremdgefährdung bei Zwangseingewiesenen nicht häufiger vorlagen als bei der Vergleichsgruppe der nicht zwangseingewiesenen Patienten. Das Vorliegen einer Gefahr ist demnach nicht ausschlaggebend dafür, ob ein Betroffener freiwillig in Behandlung bleibt oder untergebracht wird. Bosch kommt weiterhin zu dem Ergebnis, dass in mehr als der Hälfte der von ihm untersuchten Fälle die gutachterlich attestierte Fremdgefährdung nie bestanden hat. Grund für die Unterbringung war in diesen Fällen die überraschende Erstmanifestation einer Wahnerkrankung, nicht aber eine objektivierbare Gefährlichkeit. Entsprechendes gilt für den Bereich der Selbstgefährdung (*Bosch*, Sozialpsychiatrische Informationen 1974, S. 76 ff.). Zu ähnlichen Ergebnissen kommt *Waller* in seiner Untersuchung zur Erklärung von Zwangseinweisungen (*Waller* S. 120 ff.). Für den Bereich der zivilrechtlichen Unterbringung von Bedeutung ist, dass nach beiden vorgenannten Untersuchungen die fehlende Krankheitseinsicht des Betroffenen kein ausschlaggebendes Merkmal für die Unterbringung ist. *Pieters* kommt in seiner Untersuchung zu dem Ergebnis, dass aufgrund der psychopathologischen Befunde der untergebrachten Patienten die gerichtlichen Unterbringungen nicht willkürlich erfolgt waren (*Pieters* S. 215). Hin-

3. Statistische und sozialwissenschaftliche Grundlagen   A

sichtlich der Compliance für die Nachbehandlung und der Wiederaufnahmeraten gab es aber keine statistisch relevanten Unterschiede zwischen den Gruppen der gerichtlich untergebrachten und den freiwillig behandelten Patienten (*Pieters* S. 229). *Rehbein* kommt in ihrem Forschungsbericht zu dem Ergebnis, dass die gesetzlichen Unterbringungskriterien des PsychKG zwar eine hohe Entscheidungsrelevanz hatten, dass daneben aber auch außerrechtliche Wirkfaktoren wie mangelnde Krankheitseinsicht oder der Wunsch, dem Klienten helfen oder ihn behandeln zu wollen, von hoher Relevanz waren. Auch die Angst vor einer Fehlentscheidung spielte eine Rolle. Nur bei 37% der Zwangseinweisungen konnte eine stärkere Übereinstimmung mit sämtlichen Rechtskriterien festgestellt werden (*Rehbein* S. 98 ff.). *Oberloskamp u. a.* fanden heraus, dass sich die tatsächlichen Gründe, ob ein unter Vormundschaft/Pflegschaft stehender Betroffener zivilrechtlich oder nach dem PsychKG untergebracht wird, nicht wesentlich unterscheiden (*Oberloskamp u. a.* S. 68). Dies wird bestätigt von Crefelds Übersicht über den Aufnahmemodus in Rheinischen Landeskliniken bei verschiedenen Diagnosegruppen (*Crefeld* BtPrax 1998, 49; siehe die Tabelle 14 bei S. 35.

Es bestehen also **unverändert** erhebliche Anhaltspunkte dafür, dass die **86** **gesetzlichen Unterbringungsgründe** in der Rechtswirklichkeit nicht ausschlaggebend für die Frage der Unterbringung sind. Tatsächlich scheint die Frage der Unterbringung zu einem Teil von der vorhandenen Versorgungsstruktur abzuhängen, also von der Frage der alternativen Behandlungsmöglichkeiten. Dies haben insbesondere *Bauer* und *Berger* nachgewiesen (*Kisker u. a.* S. 67). Demgegenüber stellte *Bruns* fest, dass die Zwangseinweisungsrate in einem unterversorgten niedersächsischen Landkreis wesentlich niedriger war als in den Großstädten Bremen und Hamburg. Auch mit Inkrafttreten der PsychKG's und der dort geregelten vor- und nachgehenden Hilfen kam es in Bremen und Hamburg zu einem Anstieg der Unterbringungszahlen, während dies im niedersächsischen Landkreis nicht der Fall war (*Bruns* Der Nervenarzt 1986, 119 ff.). *Bruns* erklärt dies unter anderem damit, dass durch die Einführung von sozialpsychiatrischen Diensten Betroffene für die Entscheidungsinstanzen erreichbar wurden, die vorher nicht bekannt waren oder nicht als behandlungsbedürftig angesehen wurden. Nach dem Forschungsbericht über die Kommunale Gesundheitsberichterstattung über psychiatrische Unterbringungen in NRW war die Unterbringungsquote umso höher, je mehr Klinikbetten zur Verfügung standen, je höher die Niederlassungsdichte der niedergelassenen Nervenärzte war und je mehr Angebote des Betreuten Wohnens bestanden (*Regus/Gries* S. 53 ff.). Daneben spielen soziodemografische Faktoren eine Rolle. Plausibler scheint daher die Erklärung, dass die Zwangseinweisungsrate weder entscheidend von der Versorgungsstruktur noch von den jeweils geltenden Gesetzen abhängt, sondern von der **administrativen und praktischen Handhabung vor Ort** (siehe hierzu *Spengler/Böhme* Der Nervenarzt 1989, 231). Von Bedeutung sind die Organisationsstrukturen der Gesundheits- und Ordnungsämter, deren Präsenz nachts oder an Wochenenden, die Beteiligung Sozialpsychiatrischer Dienste, das Verhalten der Polizei sowie der aufnehmenden Klinik hinsichtlich der Frage, wann der Unterbringungsantrag gestellt wird. In diesem Zusammenhang kann die Existenz eines **Krisendienstes** von erheblicher Bedeutung sein (zu den Auswirkungen verschiedener Krisendienste auf die Zwangseinweisung *Regus/Depner,* Sozialpsychiatrische Informationen 1998 Heft 1 S. 12 ff.). Diese Ansicht wird bestätigt durch die Erfahrungsberichte der Vormundschaftsrichter auf dem 1. und 3. Vormundschaftsgerichtstag (*Schumacher u. a.,* 1. Vormundschaftsgerichtstag, S. 71 ff.; 3. Vormundschaftsgerichtstag, S. 121 ff.). Dies betrifft auch das Verhältnis von zivilrechtlicher und öffentlich-rechtlicher Unterbringung, da innerhalb der einzelnen Bundesländer völlig verschiedene Handhabungen der Unterbringungspraxis bestehen. Daneben scheint die Einordnung des Verhaltens des Betroffenen unter die gesetzlichen Unterbringungsvoraussetzungen durch die Entscheidungsinstanzen von erheblicher Bedeutung zu sein. Unterschiedliche Verläufe der Unterbringungszahlen in verschieden Kommunen (*Crefeld* 2005 S. 40 ff.) sowie Bundesländern (hierzu S. 28) belegen, dass die Unterbringungszahlen durch gesundheitspolitische Maßnahmen beeinflusst und gesenkt werden können. Auch die Anwendung von Gewalt und Zwang in psychiatrischen Kliniken kann durch Qualitätssicherungsmaßnahmen reduziert werden (*Ketelsen u. a.* Psychiatrische Praxis 2007 Supplement 2, S. 208 ff.). Entsprechende Überlegungen zur Verbesserung der Dokumentations- und Qualitätsstandards bestehen für das öffentlich-rechtliche Unterbringungsverfahren (*Regus/Gries* S. 359 ff.) sowie für die zivilrechtliche Unterbringung (*Melchinger* BtPrax 2009, 59 ff.).

87 **ff) Die Gefährlichkeit psychisch Kranker.** Alle Unterbringungs- bzw. Psychisch-Kranken-Gesetze der Bundesländer sehen als Unterbringungsvoraussetzung eine **konkrete Selbst- oder Fremdgefahr**, teilweise verbunden mit einer Gefährdung der öffentlichen Sicherheit und Ordnung voraus (hierzu Kap. B S. 119 ff.). Ebenso setzt § 1906 Abs. 1 Ziff. 1 BGB die Gefahr voraus, dass der Betreute sich tötet oder erheblichen gesundheitlichen Schaden zufügt (hierzu Kap. C S. 220 ff.). Bei jeder Unterbringungsentscheidung ist also eine einzelfallbezogene Gefährlichkeitsprognose erforderlich (hierzu S. 51 ff.). Hier soll zunächst auf die Frage einer möglichen Gefährlichkeit psychisch Kranker auf Grund bestimmter Krankheitsbilder eingegangen werden.

88 In jedem Fall zu unterscheiden ist zwischen der **Krankheitsprognose** und der **Gefährlichkeitsprognose**. Bei einer diagnostizierten Schizophrenie kann es beispielsweise zu einer vollständigen Remission, zum Fortbestehen von Symptomen ohne Psychose oder zu einer Chronifizierung der Erkrankung kommen (*Nedopil* 2007 S. 144). Das Fortbestehen einer psychischen Erkrankung lässt also noch keinen Schluss auf eine bestehende oder gleichzeitig fortbestehende Gefährlichkeit des Betroffenen zu. Hinsichtlich der **Fremdgefährdung** ist seit der umfangreichen Untersuchung von Böker/Häfner davon auszugehen, dass die Gefährlichkeit psychisch Kranker die Gefährlichkeit der strafmündigen Bevölkerung als Gesamtheit nicht wesentlich übersteigt. Das Gewalttatenrisiko unterschieden nach Krankheitsbildern wird für die Schizophrenie mit 0,05% (5 Gewalttäter auf 10 000 Neuerkrankungen), für geistige Behinderung und affektive Psychosen mit 0,006% (6 Gewalttäter auf 100 000 Neuerkrankungen) angegeben. Daraus ergibt sich

3. Statistische und sozialwissenschaftliche Grundlagen **A**

die Schlussfolgerung, dass keine psychische Erkrankung mit einer exzessiven Disposition zur Gewalt verbunden ist (*Böker/Häfner* S. 234 ff.). Auch die einzelnen Merkmale der Gewalttaten entsprechen denen der nicht psychisch kranken Straftäter. Die vorgenannten Ergebnisse werden von der bereits zitierten Untersuchung von *Bosch* bestätigt. Nach neueren Untersuchungen wird zwar weiterhin davon ausgegangen, dass insbesondere bei schizophrenen Psychosen ein gegenüber Gesunden statistisch erhöhtes Gewalttatenrisiko besteht, dieses aber stark von weiteren Faktoren, insbesondere einer Komorbidität mit Substanzmissbrauch oder einer antisozialen Persönlichkeitsstörung sowie von dem sozialen Umfeld und der Betreuung der Betroffenen abhängt (*Nedopil* 2007 S. 147 ff.; *Böcker* R&P 2009, 75 ff.; *Steinert* R&P 2001, 89; *Angermayer/Schulze* Psychiatrische Praxis 1998, 211 ff.; *Faust/Steinert/Scharfetter* Krankenhauspsychiatrie 1998, 116 ff. und 162 ff.; *Kebbel* S. 29 f.). In diesem Zusammenhang wird kontrovers diskutiert, ob zu kurze Unterbringungs- und Behandlungszeiten in der Allgemeinpsychiatrie zu einem Ansteigen der im Maßregelvollzug behandelten Patienten geführt haben (*Dönisch-Seidel u. a.* R&P 2007, 184 ff.; *Seliger/Kröber* Sozialpsychiatrische Informationen 2008 Heft 3 S. 12 ff.; *Zinkler* R&P 2008, 102 ff.; *Böcker* R&P 2009, 75 ff.). Dafür gibt es nach derzeitigem Erkenntnisstand aber keine ausreichenden Anhaltspunkte.

Für die Unterbringungsentscheidung bedeutet dies, dass der Schluss aus **89** einer bestimmten psychischen Erkrankung auf das Vorliegen einer Gefährlichkeit unzulässig ist. Die Gefährlichkeit ist immer mit individuellen Faktoren zu begründen. Zur Abschätzung des **Gefährdungsrisikos** gibt es eine Liste von Beurteilungskriterien hilfreich, die auf den Ergebnissen amerikanischer Untersuchungen beruht (*Steinert*, Krankenhauspsychiatrie 1992, 80 f.; *Faust/Steinert/Scharfetter*, Krankenhauspsychiatrie 1998, 116 ff. und 162 ff.; zur Entscheidungssituation bei der Zwangseinweisung siehe auch *Kowerk* R&P 1985, 138 ff.). Auch von *Steinert* wird betont, dass sich die psychiatrische Diagnose ebenso wenig wie die psychiatrische Vorgeschichte zur Vorhersage von Gewalttätigkeiten eignen.

Etwas anders stellt sich die Situation im Bereich der **Selbstgefährdung** **90** dar. *Böker/Häfner* geben an, dass Schizophrene ca. hundertmal, depressiv-psychotisch Kranke ca. tausend bis zehntausendmal mehr gefährdet sind, sich selbst als andere zu töten (*Böker/Häfner* S. 235; siehe auch die Übersicht bei *Kebbel* 29). *Hoff/Venzlaff* sprechen davon, dass das Risiko für Selbstmordhandlungen bei psychotischen Depressionen und schizophrenen Erkrankungen, aber auch bei Abhängigkeitserkrankungen deutlich höher zu veranschlagen ist als in der Allgemeinbevölkerung (*Hoff/Venzlaff* in: *Venzlaff/Foerster* S. 855; ähnlich *Nedopil* 2007 S. 276). Hier können das Krankheitsbild bzw. die Zugehörigkeit zu einer Risikogruppe als ein prognostisches Kriterium neben anderen angesehen werden (zur Abschätzung der Suizidalität siehe *Wolfslast* S. 129 ff.; *Finzen* 1989 S. 30 ff.; *Hoff/Venzlaff* S. 855 ff.; *Nedopil* 2007 S. 276). Unabhängig von der prognostischen Einschätzung einer Selbstgefährdung ist zu beachten, dass Zwangsmaßnahmen in den meisten Fällen nicht geeignet sind, einen Selbstmord oder Selbstmordversuch zu verhindern (*Hoff/Venzlaff* S. 857 f.; *Bochnik u. a.* NStZ 1984, 108 f.;

Wolfersdorf u. a., Psychiatrische Praxis 2000, 277 ff.) und in bestimmten Fällen sogar einen Kunstfehler darstellen können (OLG Köln R&P 1993, 33). Damit ist von der Rechtsprechung eine Änderung in der Beurteilung der Haftung von Psychiatern wegen eines Suizids während der psychiatrischen Therapie vollzogen worden (siehe auch BGH NJW 1994, 794 und 2000, 3425; OLG Hamm R&P 1991, 185 sowie die Übersicht bei *Wolfslast* S. 134 ff.).

91 **gg) Rechtsmittel.** Die Einlegung des Rechtsmittels der **Beschwerde** (hierzu Kap. **D** § 335 FamFG) durch den Betroffenen bedeutet Kontrolle der Entscheidung des Erstgerichts durch höhere Instanzen und ist daher grundsätzlich geeignet, zur Qualität der Entscheidung beizutragen, insbesondere routinemäßigen, kurzschlüssigen oder mittels Formblatt getroffenen Entscheidungen entgegenzuwirken. Obwohl durchaus obergerichtliche Rechtsprechung zu wesentlichen Fragen des Unterbringungsrechts und insbesondere des Verfahrensrechts (z. B. Anforderungen an Sachverständigengutachten) vorliegt, wird in der Breite von den Betroffenen eher selten Beschwerde eingelegt. Statistische Erkenntnisse der Bundesländer zur Frage der Rechtsmitteleinlegung stehen nicht zur Verfügung (Antwort der Bundesregierung auf die große Anfrage der SPD BT-Drs. 13/7133 S. 14). Für Berlin wird berichtet, dass im Jahr 1977 in 2,4% aller Unterbringungssachen (zivilrechtlich und öffentlich-rechtlich) Beschwerden eingelegt wurden, im Jahr 1978 in 2,14% aller Fälle. Die meisten Beschwerden waren erfolglos (*Huhn* § 1910 BGB Rz. 3). *Hülsmeier* berichtet von Rechtsmitteln in 11% der von ihm untersuchten Fälle, davon war ca. ein Drittel erfolgreich (*Hülsmeier* in: Laux/Reimer S. 302). *Bruns* berichtet für Bremen von einer abnehmenden Tendenz der Beschwerdeeinlegung. Im Jahr 1987 wurden immerhin noch in 13,5% der Fälle Beschwerden eingelegt (*Bruns,* MSchrKrim 1990, 30). *Löffler* berichtet für Kiel für fünf verschiedene Jahrgänge von durchschnittlich 11,2% Beschwerdeeinlegungen, die in über der Hälfte der Fälle erfolgreich waren (Krankenhauspsychiatrie 1992, 67). Die Einlegung von Rechtsmitteln dürfte entscheidend von der Beiordnung eines Rechtsanwalts bzw. Verfahrenspflegers abhängen. Der Erfolg von Rechtsmitteln wird weniger mit der Rechtswidrigkeit der angefochtenen Entscheidung als eher mit der Veränderung der Sachlage bis zur Entscheidung des Beschwerdegerichts begründet (*Schumacher u. a.,* 1. Vormundschaftsgerichtstag S. 74). Dies bedeutet, dass das Organisieren von Behandlungsalternativen Erfolg versprechender sein kann als das Bestreiten der Unterbringungsvoraussetzungen selbst. Ob sich eine Änderung der Rechtsmittelpraxis aus der neuen Rechtsprechung zur Erledigung der Unterbringung ergeben hat (s. Kap. **D** S. 355 f.), lässt sich mangels entsprechender Daten nicht feststellen. Auch insoweit besteht empirischer Forschungsbedarf.

92 **hh) Folgerungen für die Auslegung des Unterbringungsrechts.** Betrachtet man die vorgenannten statistischen und sonstigen empirischen Belege in ihrer Gesamtheit, kann weiterhin nur der Eindruck einer völlig **willkürlichen Handhabung des Unterbringungsrechts** entstehen. Dies betrifft die regionalen Unterschiede bei den Unterbringungszahlen ebenso wie die Handhabung der Unterbringung im Einzelnen. Bestätigt wird die Annahme durch die immer noch gegenüber den alten Bundesländern we-

sentlich niedrigeren Zahlen von Unterbringungsverfahren in den neuen Bundesländern, durch die Ergebnisse von *Crefelds* Erhebungen in Nordrhein-Westfalen sowie die Schätzungen von *Salize u. a.* (S. 27 ff.). Der psychisch kranke Betroffene kann von Bundesland zu Bundesland, Stadt zu Stadt und Region zu Region mit völlig unterschiedlichen Reaktionen auf seine Erkrankung und eine tatsächlich oder vermeintlich bestehende Gefährlichkeit und/oder Behandlungsbedürftigkeit rechnen. Von der Versorgungsstruktur sowie der Organisation des Unterbringungsverfahrens durch die beteiligten Instanzen hängt es ab, ob der Betroffene überhaupt untergebracht wird, er von der Polizei unmittelbar in die Klinik eingeliefert wird, er zunächst Ordnungsamt, Gesundheitsamt, Sozialpsychiatrischen Dienst oder Krisendienst vorgestellt wird, wann ein Unterbringungsantrag gestellt wird und ob schließlich eine öffentlich-rechtliche oder eine zivilrechtliche Unterbringung erfolgt. Die unterschiedliche Praxis hängt nur zum Teil von unterschiedlichen gesetzlichen Regelungen ab. Die materiellrechtlichen Voraussetzungen der öffentlich-rechtlichen Unterbringung sind im Wesentlichen identisch, die zivilrechtliche Unterbringung einschließlich des Verfahrensrechts war und ist bundeseinheitlich geregelt. Es wird allerdings zunehmend davon ausgegangen, dass im Fall der in der Praxis vorherrschenden sofortigen behördlichen oder polizeilichen Unterbringung (siehe S. 31 ff.) in den gesetzlichen Regelungen der Bundesländer die Anforderungen an die fachliche Qualität des ärztlichen Zeugnisses über die Voraussetzungen der Unterbringung nicht ausreichend geregelt sind. Dies betrifft insbesondere das Vorliegen eines zeitnahen fachärztlichen (psychiatrischen) Zeugnisses (*Crefeld* BtPrax 1998, 47 ff.; *Müller* R&P 1999, 107 ff.).

Zu erklären bleiben die ungewöhnlich niedrigen Unterbringungszahlen in den neuen Bundesländern, in Baden-Württemberg und im Bereich des öffentlichen Unterbringungsrechts in Bayern. **93**

Da die PsychKGs der **neuen Bundesländern** sich im wesentlichen am Standards der PsychKGs der alten Bundesländer orientieren und auch nicht davon auszugehen ist, dass das Auftreten und die Verteilung psychischer Krankheiten sich wesentlich von den alten Bundesländern unterscheiden, kann die Erklärung nur in einer unterschiedlichen Versorgungsstruktur sowie in einem zurückhaltenderen Umgang mit der Unterbringung von psychisch Kranken unter Ausschöpfung alternativer Behandlungsmöglichkeiten gesucht werden (*Riecke/Waldmann* S. 58 ff.; *Spengler* Psychiatrische Praxis 1994, 118). **94**

Ein wesentlicher Grund für die niedrigen **Unterbringungszahlen in Baden-Württemberg** liegt in der Möglichkeit der fürsorglichen Zurückhaltung bis zum Ablauf von drei Tagen gemäß § 4 Abs. 4 BW. Da aus den oben zitierten Untersuchungen bekannt ist, dass im Bereich der öffentlich-rechtlichen Unterbringung diese häufig innerhalb weniger Tage wieder aufgehoben wird oder die Betroffenen sich nach einer bestimmten Zeit freiwillig behandeln lassen, kommt es in Baden-Württemberg bei vielen eingewiesenen Personen überhaupt nicht zu einem Unterbringungsverfahren, da die Betroffenen entweder entlassen sind oder sich auf freiwilliger Rechtsgrundlage weiterbehandeln lassen. Die Praxis des Abwartens mit dem Unterbrin- **95** gungsantrag bis zum Ablauf des dritten Tags in jedem Fall widerspricht § 4 Abs. 4 BW insbesondere in den Fällen fehlender Einwilligung des Betroffenen, da der Unterbringungsantrag unverzüglich zu stellen ist (*Huber* S. 66 ff.; *Juchart u. a.* S. 33 f.). Ein weiterer Faktor scheint die niedrigen Unterbringungszahlen zu begünstigen. Nach der Untersuchung von Huber geht die Praxis auf Grund des Wortlauts des § 1 Abs. 1 BW davon aus, dass eine Unterbringung nur vorliegt, wenn sie gegen den Willen des Betroffenen erfolgt, nicht aber ohne den Willen des Betroffenen (*Huber* S. 66, 71 ff.). Diese eindeutig verfassungswidrige Auslegung (so auch *Juchart u. a.* S. 12) hätte zur Folge, dass ein Teil der Betroffenen überhaupt nicht als Untergebrachte behandelt würde. Dagegen findet in Baden-Württemberg offensichtlich keine Verschiebung in den Bereich der zivilrechtlichen Unterbringung statt. Dies ist angesichts der geschilderten Praxis aber auch nicht erforderlich. Auf die Problematik der freiwilligen Unterbringung („Die Freiwilligkeit des Unfreien", siehe *Amelung* ZStW 95, 1 ff.) ist zusätzlich hinzuweisen.

96 In Bayern ist seit einem längeren Zeitraum in bestimmten Regionen, vor allem im OLG-Bezirk München, eine **Verschiebung von der öffentlichrechtlichen Unterbringung zur zivilrechtlichen Unterbringung** zu beobachten, insbesondere durch die Anwendung des § 1846 BGB im Unterbringungsrecht (siehe *Marschner* R&P 1986, 47 ff.; *Rink* FamRZ 1993, 512 ff.). Diese Entwicklung hat sich fortgesetzt mit der Folge, dass mehr Unterbringungsverfahren nach § 1846 BGB abgewickelt werden als nach öffentlichen Unterbringungsrecht. In der Summe der Unterbringungsverfahren ist in Bayern der stärkste Anstieg der Unterbringungsverfahren zu verzeichnen.

97 Der Anstieg der Unterbringungszahlen im Bereich der zivilrechtlichen Unterbringung, der freiheitsentziehenden Maßnahmen und der öffentlichrechtlichen Unterbringung insgesamt lässt befürchten, dass dem Grundrechtsschutz der Betroffenen nicht ausreichend Rechnung getragen wird. Erforderlich ist in der Praxis der Unterbringung daher einerseits eine gründliche **Prüfung der gesetzlichen Voraussetzungen** einschließlich der Überprüfung der Unterbringungszwecke, andererseits eine Einflussnahme auf eine rationale, an Grundrechten, gesetzlichen Vorgaben und Interessen der Betroffenen orientierte **Organisation des Unterbringungsverfahrens.** Organisatorische Defizite dürfen nicht zur sonst nicht erforderlichen Freiheitsentziehung der Betroffenen beitragen.

4. Krankheitsbegriff

98 **a) Vorbemerkung.** Der Richter im Unterbringungsverfahren hat wie im Betreuungsverfahren über das Vorliegen von Krankheit oder Behinderung als Voraussetzung der Unterbringung zu entscheiden. Richterliche Aufgabe ist es, ärztlichen Gutachten **richterliche Kontrolle** entgegenzusetzen (BVerfG NJW 1982, 691; R&P 2005, 79; *Alperstedt* FamRZ 2001, 467 ff.). Dies beinhaltet zweierlei. Zunächst ist zu klären, welches Verständnis von Krankheit oder Behinderung der Richter bei der Auslegung der gesetzlichen Begriffe zugrundezulegen hat, ob er eher von juristischen oder

4. Krankheitsbegriff

eher von medizinischen Begrifflichkeiten auszugehen hat. Darüberhinaus erfordert richterliche Kontrolle die Fähigkeit zur Überprüfung der für die Entscheidung relevanten medizinischen Sachverhalte bzw. Anknüpfungstatsachen.

b) Gesetzesterminologie. Aus der eingangs dargestellten Gesetzgebungsgeschichte ergibt sich, dass der Gesetzgeber im Rahmen der Gesetzesnovellierungen sowohl im Bereich des öffentlichen Unterbringungsrechts, soweit die Bundesländer novellierte Unterbringungsgesetze erlassen haben, insbesondere PsychKGs vorgelegt haben, als auch im Zivilrecht im Rahmen der Betreuungsrechtsreform die Begrifflichkeit zur **Umschreibung von Krankheit und Behinderung** verändert hat. Im Entmündigungs- und Pflegschaftsrecht war von Geisteskrankheit, Geistesschwäche bzw. geistigem Gebrechen die Rede, hinzutraten bei der Entmündigung Verschwendung, Trunksucht und Rauschgiftsucht. Dies war mit Ausnahme der Rauschgiftsucht die Sprache des 19. Jahrhunderts. Entsprechend war in nahezu allen Unterbringungsgesetzen der ersten Generation von geisteskranken, geistesschwachen, rauschgift- oder alkoholsüchtigen Personen die Rede, in Baden-Württemberg auch von Gemütskrankheit (im Einzelnen 2. Auflage III Rz. 57 ff.).

99

Bereits mit dem ersten Psychisch-Kranken-Gesetz von Nordrhein-Westfalen aus dem Jahr 1969 wurden stattdessen die Begriffe: Psychose, psychische Störung, die in ihrer Auswirkung einer Psychose gleichkommt, Suchtkrankheit oder Schwachsinn verwendet (§§ 1 Nr. 3, 11 Abs. 1 NW a. F.). Absicht der Gesetzgebers war es, durch die Wahl **medizinischer Begriffe** Auslegungsschwierigkeiten zu vermeiden (LT-Drs. NW 6/725 S. 24). Nordrhein-Westfalen geht jetzt noch einen Schritt weiter und definiert in § 1 Abs. 2 NW psychische Krankheiten als behandlungsbedürftige Psychosen sowie andere behandlungsbedürftige psychische Störungen und Abhängigkeitserkrankungen von vergleichbarer Schwere. Geistige Behinderungen werden wie in § 1 Abs. 2 Bre, § 1 Nds, § 1 Abs. 2 SH und § 1 Abs. 2 Thü nicht mehr von dem Gesetz erfasst. Das Kriterium der **Behandlungsbedürftigkeit** ist bereits in § 1 Abs. 2 Hmb enthalten. Behandlungsbedürftigkeit liegt vor, wenn ohne Behandlung eine erhebliche Verschlimmerung der Erkrankung, die Zunahme oder zumindest die Fortdauer einer krankheitsbedingten Gefährdung zu erwarten sind (LT-Drs. NW 12/4063 S. 27). Die anderen PsychKGs verwenden im Wesentlichen vergleichbare Begriffe. In § 1 Abs. 2 BW ist von geistiger oder seelischer Krankheit, Behinderung oder Störung von erheblichem Ausmaß einschließlich einer physischen und psychischen Abhängigkeit von Rauschmitteln, Suchtmitteln oder Medikamenten die Rede (ähnlich § 1 Saar). § 1 Abs. 2 Bran, § 1 Abs. 2 Berl, § 1 Abs. 2 MeVo und § 1 Abs. 2 RhPf sprechen von einer Psychose, einer psychischen Störung, die in ihren Auswirkungen einer Psychose gleichkommt, oder einer mit dem Verlust der Selbstkontrolle einhergehenden Abhängigkeit von Suchtstoffen, in Bran, Berl und MeVo ist zusätzlich von geistig behinderten Personen die Rede. Diese Terminologie nähert sich weitgehend psychiatrischem Sprachgebrauch an. Lediglich in Bayern ist auch nach der Novellierung des Unterbringungsgesetzes im Jahr 1982 der Begriff der

100

Geistesschwäche neben dem der psychischen Krankheit und Störung bestehen geblieben (Art. 1 Abs. 1 Bay). Die alten Begriffe gelten außerdem noch in Hessen, das wie Bayern noch kein PsychKG erlassen hat.

101 Auch in den §§ 1896 Abs. 1, 1906 Abs. 1 BGB ist nunmehr von **psychischer Krankheit** sowie **geistiger oder seelischer Behinderung** die Rede. Der Gesetzgeber wollte durch die Verwendung dieser Begriffe gegenwärtiger Fachterminologie und moderner Gesetzessprache entsprechen (BT-Drs. 11/4528 S. 116). Trotz einer deutlichen Tendenz zu einer moderneren, weniger diskriminierenden und letztlich stärker medizinisch orientierten Gesetzessprache bleibt die Terminologie der Gesetze insgesamt uneinheitlich. Auch in Zukunft wird es der Entscheidung im Einzelfall obliegen, die Zuordnung einer vom Sachverständigen diagnostizierten Erkrankung zum Gesetzesbegriff vorzunehmen.

102 c) **Juristischer und medizinischer Krankheitsbegriff.** Die Diskussion um den Krankheitsbegriff wird bestimmt von den Bezugspunkten **juristischer und medizinischer Krankheitsbegriff** (*Baumann* S. 223 ff.; *Marschner* 1985 S. 41 ff.; *Nedopil* 2007 S. 11). Dabei bezeichnet der juristische Krankheitsbegriff das Verständnis der Juristen von einem Gesetzesbegriff, der Krankheit oder Behinderung umschreibt, während der medizinische Krankheitsbegriff das Verständnis der Ärzte bzw. Psychiater zugrundelegt. Die Rechtsprechung und Literatur insbesondere zu den Begriffen Geisteskrankheit und Geistesschwäche ging im Unterbringungsrecht (wie im früheren Entmündigungsrecht) bisher unstreitig davon aus, dass es sich bei den genannten Begriffen um juristische Begriffe handelte, für die medizinische Krankheitsbegriffe nur Ausgangspunkte darstellen (BVerfG NJW 1982, 691, 693; BGH NJW 1970, 1972; *Baumann* S. 237 ff.). Auch wenn sich der Richter eines Sachverständigen zu bedienen hat (§ 321 FamFG), ist er nicht verpflichtet, die Begriffswelt des Arztes zu übernehmen, da der medizinische Krankheitsbegriff teilweise weiter, teilweise enger ist als die Gesetzesbegriffe, die für die Entscheidung allein maßgeblich sind (BVerfG NJW 1982, 691, 693; *Pentz* NJW 1990, 2777, 2779). Geboten ist eine **teleologische Auslegung** unter Rückgriff auf die Zwecke des Unterbringungsrechts im Sinn von Gefahrenabwehr und/oder Fürsorge für den Betroffenen (siehe BGH NJW 1970, 1972 unter Bezugnahme auf *Baumann* S. 240). Insoweit führt auch das Kriterium der Behandlungsbedürftigkeit zu keiner anderen Auslegung des Krankheitsbegriffs im öffentlichen Unterbringungsrecht, da die Behandlung immer dem Zweck der Beseitigung oder Reduzierung der Gefahrenlage unterworfen ist. Die Behandlungsbedürftigkeit einer psychischen Krankheit kann im öffentlichen Unterbringungsrecht nie eine Unterbringung begründen und reicht auch für eine zivilrechtliche Unterbringung nicht aus (siehe die Rechtsprechung des Bundesverfassungsgerichts bei S. 12 f.).

103 Durch die zuvor beschriebene Veränderung in der Gesetzesterminologie hat sich nichts daran geändert, dass auch die jetzigen Umschreibungen von Krankheit und Behinderung **Gesetzesbegriffe** sind, die ausfüllungsbedürftig sind. Zwar war es Absicht der Gesetzgeber, medizinische Begriffe in die Gesetzessprache einzuführen. Auch in der Literatur wird teilweise von medizinischen Begriffen (*Parensen* § 11 Anm. C I 1) bzw. medizinischen Voraussetzungen gesprochen (*Palandt/Diederichsen* § 1896 Rn. 10). Dies ändert aber nichts daran, dass auch die jetzt überwiegend gebrauchten Krankheitsbegriffe lediglich grobe Kategorien darstellen, die im Einzelfall auf psychiatrischen Fachgebiet konkretisiert werden müssen (BayObLG BtPrax 2002, 37), wie es beispielsweise in der Begründung zum Betreuungsgesetzentwurf vorgenommen wird (BT-Drs. 11/4528 S. 116; hierzu S. 47f.). Aber selbst bei Vorliegen einer von psychiatrischer Seite diagnostizierten Psychose ist die Zuordnung zum entsprechenden Gesetzesbegriff nicht zwingend, da einerseits sich die psychiatrische Diagnose auf einen momentanen Zustand bezieht, nicht auf den Verlauf einer psychischen Störung, es zum anderen leichte Verläufe von Psychosen gibt, die zu keinerlei sozialen Auffälligkeit der Betroffenen führen. Wie beim Begriff der Geisteskrankheit ist auch hier auf die gesellschaftlichen Auswirkungen des einzelnen Krankheitsbildes abzustellen (*Baumann* S. 233ff.). Entsprechend ist bei psychischen Störungen, deren Grenzen zum Krankhaften fließend sind und die medizinisch lediglich als Abweichungen von einem angenommenen Durchschnittsverhalten zu beschreiben sind, vom Richter besonders sorgfältig zu prüfen, ob der Störung **Krankheitswert** im Sinne des jeweiligen Gesetzes zukommt (BVerfG NJW 1984, 1806; BayObLG NJW 2000, 881 = R&P 2000, 81; FamRZ 2002, 909; R&P 2002, 181). Auch bei den jetzigen Krankheitsbegriffen handelt es sich also um Rechtsbegriffe und damit um **juristische Krankheitsbegriffe**. Dies gilt auch für das Betreuungsrecht und die zivilrechtliche Unterbringung (6. Vormundschaftsgerichtstag, AG 7 These 1, R&P 1999, 54). *Bienwald* spricht von einem dynamischen Krankheitsbegriff, bei dem die voraussehbare Entwicklung in der Verfassung des Betroffenen einzubeziehen sei. Die Krankheitsbezeichnungen des § 1896 Abs. 1 BGB seien nicht im Sinn einer abschließenden Diagnose, sondern als Leitbildentscheidungen zu verstehen (*Bienwald/Sonnenfeld/Hoffmann* § 1896 BGB Rn. 25). Grundlage der Entscheidung über eine Freiheitsentziehung ist somit nicht eine medizinische Vorgabe, sondern deren rechtlich umgesetzte Bewertung (*Pardey* 1989 S. 86). Allein die Annahme eines juristischen Krankheitsbegriffs wird der gesetzlich vorgegebenen Rollenverteilung zwischen Richter und Sachverständigen gerecht und ermöglicht dem Richter die verfassungsrechtlich gebotene Kontrollfunktion im Fall der Freiheitsentziehung.

d) Aspekte des Krankheitsbegriffs. Der letztendlich verbindliche juristische Krankheitsbegriff kommt ohne Zugrundelegung medizinischer bzw. psychiatrischer Anknüpfungstatsachen und damit ohne die Formulierung einer psychiatrischen Diagnose, der ein **medizinisch-psychiatrisches Krankheitsmodell** zugrundeliegt, nicht aus. Die Verständigung zwischen den beiden Begriffswelten und damit die Zuordnung medizinischer Befunde zu den gesetzlichen Begriffen, ob sie sprachlich mehr medizinisch gefasst sind oder nicht, ist Aufgabe des Dialogs zwischen Richter und Sachverständigem. Dabei handelt es sich auch bei der **psychiatrischen Diagnose** um keine Aussage von naturwissenschaftlicher Objektivität. Das Explorieren und Diagnostizieren ist selbst ein interaktives Geschehen, ein wechselseitiges Verstehen und Mißverstehen zwischen zwei Personen, an dessen Ende eine mehr oder weniger vollständige Diagnose, d.h. Wahrnehmung des Betroffenen durch den Sachverständigen steht (siehe *Crefeld* FuR 1990, 272, 277f.; R&P 1994, 102ff.; R&P 2009, 130ff.). Das Ergebnis hängt entscheidend von dem Vorverständnis des Sachverständigen, dessen Krankheitsverständnis und Zugehörigkeit zu einer bestimmten Lehrmeinung ab, vor allem aber davon, ob ein psychischer Befund lediglich situativ oder unter Einbeziehung von Handlungsperspektiven erstellt wird. Dies ist gerade bei den Alterserkrankungen, aber auch bei psychischen Krankheiten von zentraler Bedeutung. Für die Frage der Betreuerbestellung hat *Crefeld* ein für die Praxis unverzichtbares Raster zur Untersuchung der Erforderlichkeit einer Betreuung vorgelegt, das insbesondere die Selbsthilfemöglichkeiten des Betroffenen sowie die professionellen Hilfemöglichkeiten vor Bestellung eines Betreuers mit einbezieht (*Crefeld* FuR 1990, 281; zur Notwendigkeit der Sozialdiagnostik R&P 2009, 130ff.). Die Grundgedanken sind auf die Frage der prognostischen Überlegungen bei der Unterbringung insbesondere unter dem Aspekt der **Erforderlichkeit der Unterbringung** übertragbar. Hier bekommt die Kenntnis der am Unterbringungsverfahren beteiligten Personen von einer bestehenden psychosozialen Versorgungsstruktur wesentliche Bedeutung. Eine ganzheitliche oder integrative Betrachtung von psychischer Krankheit und geistiger bzw. seelischer Behinderung ist einer rein psychopathologischen bzw. phänomenologischen Betrachtung überlegen, weil nur auf diese Weise die Entwicklungsmöglichkeiten des betroffenen Menschen einerseits, die gesetzlichen Voraussetzungen der Unterbringung in ihrer Gesamtheit andererseits in das Blickfeld des Sachverständigen und des Richters gelangen. Insoweit bestehen Parallelen zu dem von Rasch für den Bereich der strafrechtlichen Begutachtung formulierten **strukturell-sozialen Krankheitsbegriff,** der die soziale Kompetenz der Persönlichkeit in die Beurteilung einbezieht und damit auch dem Juristen ermöglicht, die Krankheitsartigkeit eines bestimmten psychischen Zustandes abzuschätzen (*Rasch/Konrad* S. 51 ff.).

105 Der Prozess des Diagnostizierens bzw. der Begutachtung lässt sich auch als **Zuschreibung** einer Krankheit oder Behinderung (6. Vormundschaftsgerichtstag, AG 7 These 4, R&P 1999, 54) mit der Folge einer staatlichen Reaktion in Form von Freiheitsentziehung betrachten. Insoweit handelt es sich um eine gesellschaftliche Reaktion auf unerwünschtes Verhalten. Im Fall des öffentlichen Unterbringungsrechts ist durch den Aspekt der Gefahrenabwehr der gesellschaftliche Zusammenhang offensichtlich. In der Kriminologie sind vergleichbare Prozesse der Etikettierung vielfach beschrieben. Aber auch die Institute der Betreuung und der zivilrechtlichen Unterbringung sind, weil es sich in der Regel um Zwangsmaßnahmen handelt, Instrumente sozialer Kontrolle. Verschiedentlich wurde vorgeschlagen oder in Erwägung gezogen, im Betreuungsrecht bzw. Unterbringungsrecht ganz auf den Krankheitsbegriff als Eingriffsvoraussetzung zu verzichten und allein die Gefährdung bzw. die Unfähigkeit der Besorgung der eigenen Angelegenheiten als Eingriffsvoraussetzung genügen zu lassen (*Holzhauer*, Gutachten B 64). Diese Diskussion hat durch das Inkrafttreten der UN-Konvention über die Rechte von Menschen mit Behinderungen (UN-BRK) erhebliche Aktualität erhalten, da allein die Anknüpfung der Rechtseingriffe Rechtliche

Betreuung und Unterbringung an eine psychische Krankheit oder seelische Behinderung als Diskriminierung im Sinn der UN-BRK verstanden werden kann (*Kaleck/Hilbrans/Scharmer*, Gutachterliche Stellungnahme, www.diebpe.de). Damit würde zwar der Diskriminierung einer bestimmten als psychisch krank bzw. geistig oder seelisch behindert bezeichneten Personengruppe begegnet werden, aber um den Preis der Öffnung der Eingriffsvoraussetzungen für vielfältige Arten sozial unerwünschten Verhaltens. Dies wäre mangels ausreichender Konkretisierung der Eingriffsvoraussetzungen verfassungswidrig (*Marschner* R&P 2009, 135 ff.). Festzuhalten bleibt daher, dass dem Krankheitsbegriff als Voraussetzung der Unterbringung eine **eingriffsbegrenzende Funktion** zukommt. Dies darf nicht dadurch unterlaufen werden, dass aus der Unfähigkeit der Besorgung eigener Angelegenheiten oder der Gefährdung der eigenen Person oder anderer auf das Vorliegen einer psychischen Krankheit zurückgeschlossen wird. Vielmehr sind beide Voraussetzungen im Sinn der Zweistufigkeit der Unterbringungsvoraussetzungen unabhängig voneinander zu prüfen. Auch diesbezüglich kommt dem Richter eine Kontrollfunktion gegenüber kurzschlüssigen Sachverständigenäußerungen zu.

e) Konkretisierung des Krankheitsbegriffs. Unter Berücksichtigung 106 der rechtlichen Vorgaben sind die psychiatrischen Krankheitsbilder zu konkretisieren, die unter die gesetzlichen Krankheitsbegriffe fallen können. Die psychiatrische Wissenschaft orientiert sich bei der Diagnosestellung üblicherweise an **Klassifikationssystemen,** die zwar nicht die unterschiedlichen Krankheitskonzepte innerhalb der Psychiatrie überwinden, aber zumindest die Kriterien bei der Diagnoseerstellung vereinheitlichen. Die in den Klassifikationssystemen erfassten psychiatrischen Störungsbilder stellen dabei das Ergebnis von Konventionen unter Psychiatern dar (6. Vormundschaftsgerichtstag, AG 7 These 2, R&P 1999, 54). Überwiegend erfolgt die Orientierung an dem 1991 von der Weltgesundheitsorganisation herausgegeben Diagnoseschlüssel ICD-10, daneben besteht das 1994 erschiene Klassifikationssystem DSM IV der American Psychiatric Association, das auch in Deutschland verwendet wird (siehe zum ganzen *Nedopil* 2007, S. 96 ff.). Die Zuordnung zu einem psychiatrischen Befund eines der genannten Klassifikationssysteme hat zwar für die Annahme einer Krankheit im juristischen Sinn keine Verbindlichkeit, stellt aber einen wesentlichen Anhaltspunkt für das Vorliegen einer Krankheit dar, mit dem sich der Richter insbesondere unter dem Aspekt der Schwere der Erkrankung auseinanderzusetzen hat (aus der strafrechtlichen Rechtsprechung BGH R&P 1991, 131; 1992, 143; 1997, 182; 1998, 103; siehe auch 6. Vormundschaftsgerichtstag AG 7 R&P 1999, 54; LG München I BtPrax 1999, 77). Die Klassifikation ersetzt aber nicht die Diagnostik, die insbesondere psychodynamische und biografische Aspekte außer Acht lässt.

Für das Betreuungsrecht und damit die zivilrechtliche Unterbringung 107 (§§ 1896 Abs. 1, 1906 Abs. 1 BGB) hat der Gesetzgeber in den Materialien angegeben, was als psychische Krankheit bzw. geistige und seelische Behinderung anzusehen ist (BT-Drs. 11/4528 S. 116). Danach sind **psychische Krankheiten:**

A Einführung

- körperlich nicht begründbare (endogene) Psychosen,
- seelische Störungen als Folge von Krankheiten oder Verletzungen des Gehirns, von Anfallsleiden oder von anderen Krankheiten oder körperlichen Beeinträchtigungen (körperlich begründbare – exogene – Psychosen,
- Abhängigkeitskrankheiten (Alkohol- und Drogenabhängigkeiten),
- Neurosen und Persönlichkeitsstörungen (Psychopathien).

Geistige Behinderungen sind angeborene oder frühzeitig erworbene Intelligenzdefekte verschiedener Schweregrade.

Seelische Behinderungen sind bleibende psychische Beeinträchtigungen, die Folge von psychischen Krankheiten sind.

108 Auch die vorgenannten Begriffe, die im Sinne der Begrifflichkeiten der aktuellen psychiatrischen Klassifikationssysteme (siehe S. 47) teilweise überholt sind, bedürfen der weiteren Konkretisierung:

- Unter **körperlich nicht begründbare Psychosen** fallen die schizophrenen, schizotypen und wahnhaften Störungen sowie die affektiven (manisch-depressiven) Störungen.
- Unter den **organisch bedingten Störungen** sind vor allen die Demenzen (z. B. Morbus Alzheimer) sowie die alkohol- und drogenbedingten Hirnstörungen und psychischen Störungen (z. B. Alkoholhalluzinose, Korsakowsyndrom) von Bedeutung.

109 Schwierig ist die Einordnung der **Abhängigkeitskrankheiten,** da bezüglich des Grades der Abhängigkeit zu differenzieren sein wird. § 1 Abs. 2 Berl spricht von einer mit dem Verlust der Selbstkontrolle einhergehenden Abhängigkeit. Diese sozialrechtlicher Rechtsprechung folgende Formulierung spricht dafür, dass eine psychische Abhängigkeit (so ausdrücklich §§ 1 Abs. 2 BW und Thür) als ausreichend anzusehen ist. Dies dürfte für den Bereich des öffentlichen Unterbringungsrechts allgemeine Meinung sein. Über die Unterbringungsvoraussetzungen in ihrer Gesamtheit ist damit noch nichts ausgesagt. Anders ist die Rechtslage im Betreuungsrecht und damit im Bereich der zivilrechtlichen Unterbringung. Hier wird die Sucht als eigene Kategorie in §§ 1896, 1906 BGB nicht mehr aufgeführt, sondern als Unterform der psychischen Krankheit aufgefasst. Das hat zur Folge, dass für das Vorliegen einer Abhängigkeitserkrankung als Voraussetzung der Unterbringung verlangt werden muss, dass die Abhängigkeit Folge einer (anderen) psychischen Krankheit ist oder der durch die Sucht verursachte Abbau der Persönlichkeit bereits den Wert einer psychischen Krankheit erreicht hat (BayObLG NJW 1990, 774f.; R&P 1994, 30 = FamRZ 1993, 1489; R&P 1994, 193 = FamRZ 1994, 1617; R&P 1999, 38 = FamRZ 1998, 1327; R&P 1999, 179 = FamRZ 1999, 1306; OLG Schleswig FamRZ 1998, 1328 = BtPrax 1998, 185; OLG Hamm BtPrax 2001, 40; OLG München BtPrax 2005, 113).

110 Zum Bereich der **psychischen Störungen** zählen vor allem die Neurosen und Persönlichkeitsstörungen. Nach den Formulierungen in nahezu allen Unterbringungs- bzw. Psychisch-Kranken-Gesetzen der Bundesländer ist ein bestimmter Schweregrad der psychischen Störung erforderlich, indem von Störungen von erheblichem Ausmaß gesprochen wird oder davon, dass die Auswirkungen der psychischen Störung auf das Erleben und die Persönlichkeitsstruktur des Betroffenen einer Psychose gleichkommen müssen. Auch im Bereich der zivilrechtlichen Unterbringung kommen nur schwerste Störungen und Auffälligkeiten in Betracht. Allein die Diagnosestellung einer Neurose oder Persönlichkeitsstörung reicht nicht aus, da in der Regel die Handlungsfähigkeit und die Entscheidungsfreiheit des Betroffenen nicht berührt sind. Hinsichtlich des Schweregrades bestehen Parallelen mit dem Begriff der schweren anderen seelischen Abartigkeit in § 20 StGB. Zu den psychischen Störungen zählen u.a. die Borderline-Persönlichkeitsstörung, abweichendes Sexualverhalten sowie pathologisches Spielen.

Seelische Behinderungen und psychische Krankheiten überschneiden sich 111 begrifflich. Gemeint sind vor allem **chronische Verläufe psychischer Erkrankungen** und Beeinträchtigungen infolge von Altersabbau. Bei den geistigen Behinderungen (Oligophrenien) wird üblicherweise nach dem **Schweregrad der intellektuellen Beeinträchtigung** (gemessen in IQ) unterschieden (siehe BayObLG BtPrax 1994, 29; Jürgens/*Winterstein* Rn. 48). Auch hier ist von Bedeutung, dass für das Unterbringungsrecht nur geistige Behinderungen von Bedeutung sind, in deren Folge Urteils- und Kritikfähigkeit weitgehend gemindert oder aufgehoben sind.

Hinsichtlich der **Symptomatik** der einzelnen psychischen Krankheiten 112 und Störungen bzw. geistigen Behinderungen ist auf die entsprechenden Begutachtungshandbücher zu verweisen (*Nedopil*, Forensische Psychiatrie; *Venzlaff/Foerster*, Psychiatrische Begutachtung; *Rasch/Konrad*, Forensische Psychiatrie; *Schmidt u.a.* Betreuungspraxis und psychiatrische Grundlagen). Gerade bezüglich der Alterserkrankungen liegt in Zusammenhang mit der Betreuungsrechtsreform spezielle Literatur vor (*Bruder*, Gutachten C zum 57. Deutschen Juristentag; *Wojnar* BtPrax 1992, 16ff.). Im Vordergrund der Überlegungen steht dabei jeweils die Frage, inwieweit bestimmte Zustandsbilder auf Grund bestehender psychiatrischer Symptomatik eine Betreuung bzw. Unterbringung erforderlich machen (zu Demenz und „Altersstarrsinn" BayObLG BtPrax 2002, 37). In vielen Fällen insbesondere im Bereich der psychischen Krankheit ist dies nicht der Fall, da bei entsprechender Therapie von positiven Krankheitsverläufen ausgegangen werden kann und Zwangsmaßnahmen eher eine antitherapeutische Wirkung haben (siehe *Wojnar* BtPrax 1992, 17; *Finzen u.a.*). Das Bestehen einer psychischen Krankheit oder einer entsprechenden psychiatrischen Symptomatik zu einem bestimmten Zeitpunkt ist also allenfalls als eine der Anknüpfungstatsachen anzusehen, auf die der Richter seine Überzeugungsbildung stützen kann (*Crefeld* R&P 2009, 130ff.). Ob die Voraussetzungen des Krankheitsbegriffs im juristischen Sinn erfüllt sind und im konkreten Fall die weiteren Voraussetzungen der Unterbringung vorliegen, ist damit noch nicht entschieden.

f) Auslegungsgrundsätze. Der Krankheitsbegriff ist nicht losgelöst von 113 dem gesetzlichen Zusammenhang zu sehen, in dem er vorkommt. Er ist verschieden auszulegen je nachdem, ob es sich um Teilhabe an sozialen Rechten (zum juristischen Krankheitsbegriff im Sozialrecht BSGE 21, 189ff. und 28, 114ff.) oder um Eingriffsbefugnisse des Staates in Grundrechte handelt. Daher ist ein Rückgriff auf den nicht mehr defizitorientierten Begriff der Behinderung in § 2 SGB IX oder die Verordnung zu § 53 SGB XII wegen deren Teilhabeorientierung nicht möglich. Bei der Auslegung des Krankheitsbegriffs sind die weiteren gesetzlichen Voraussetzungen der Unterbringung sowie der mit der Unterbringung verfolgte Zweck im Sinn einer **teleologischen Auslegung** miteinzubeziehen. Insoweit bestehen Unterschiede zwischen dem nach wie vor an der Gefahrenabwehr orientierten öffentlichen Unterbringungsrecht sowie der zivilrechtlichen Unterbringung, da sich Maßnahmen des Betreuers ausschließlich an den Interessen und Wünschen des Betreuten zu orientieren haben. In jedem Fall aber handelt es sich um Eingriffe in das Grundrecht der Freiheit der Person, unabhängig davon ob die Unterbringung aus polizeirechtlichen oder fürsorgerischen Erwägungen erfolgt.

114 Eingriffe in das Grundrecht der Freiheit der Person sind nur unter den im Grundgesetz vorgegebenen Voraussetzungen zulässig. Neben der Erforderlichkeit der Konkretisierung der Unterbringungsvoraussetzungen gehört hierzu die Beachtung des **Grundsatzes der Verhältnismäßigkeit** (BVerfG NJW 1982, 691 ff.; 1984, 1806; BayObLG NJW 2000, 881 = R&P 2000, 81; FamRZ 2002, 909; R&P 2002, 181). Dies bedeutet, dass der Eingriff in das Freiheitsgrundrecht unter Abwägung der betroffenen Rechtsgüter zur Erreichung des angestrebten Zieles geeignet und erforderlich sein und für den Betroffenen zumutbar sein muss. Dieser Grundsatz ist auch bei der Auslegung des Krankheitsbegriffs beachtlich und erfordert die **Feststellung des Schweregrades** der jeweiligen psychischen Störung oder Erkrankung (siehe BVerfG NJW 1982, 691, 692 ff.; BVerfG NJW 1984, 1806; siehe auch S. 11 f.). Die Ausklammerung leichterer Formen geistiger oder seelischer Störungen aus dem juristischen Krankheitsbegriff trägt nach Auffassung des Bundesverfassungsgerichts dazu bei, der möglichen Gefahr einer „Vernunfthoheit des Arztes über den Patienten" und einer umfassenden staatlichen Gesundheitsvormundschaft zu begegnen. Darüberhinaus ist die grundsätzliche Freiheitsvermutung zu beachten. Im Unterbringungsrecht gilt der Grundsatz **„in dubio pro libertate"** (BVerfG NJW 1983, 2627). Dies bedeutet, dass die Anordnung und Aufrechterhaltung einer Freiheitsentziehung nur zulässig sind, wenn keine Zweifel am Vorliegen sämtlicher gesetzlicher Voraussetzungen bestehen (*Baumann* S. 193 f.; *Marschner* 1985 S. 159 ff.). Dies betrifft insbesondere auch das Vorliegen einer psychischen Krankheit und geistigen oder seelischen Behinderung (unzutreffend insoweit LG München I BtPrax 1999, 77; zur verfahrensrechtlichen Bedeutung dieses Grundsatzes Kap. **D** S. 247). Vom Bundesverfassungsgericht wurde die Bedeutung der grundgesetzlich garantierten Freiheitsvermutung gerade auch für den Bereich der Selbstgefährdung herausgestellt. Der Grundsatz „in dubio pro libertate" ist daher auch für die zivilrechtliche Unterbringung anwendbar.

115 Erforderlich ist auf Grund des Eingriffscharakters der Freiheitsentziehung eine **restriktive,** am Grundsatz der Verhältnismäßigkeit orientierte **Auslegung** des Krankheitsbegriffs als Unterbringungsvoraussetzung. Bei Zweifeln am Vorliegen einer psychischen Krankheit bzw. geistigen oder seelischen Behinderung oder einem für die Unterbringung ausreichendem Schweregrad ist eine Unterbringung unzulässig. Die an den Grundrechten orientierte

5. Prognosemethoden im Unterbringungsrecht **A**

Auslegung des Krankheitsbegriffs ist wesentliche Aufgabe der richterlichen Unterbringungsentscheidung gerade auch in der Auseinandersetzung mit dem psychiatrischen Sachverständigen.

5. Die Gefährlichkeit und ihre Voraussage: Prognosemethoden im Unterbringungsrecht

a) Der prognostische Syllogismus. Präventive Freiheitsentziehung 116 knüpft in allen Anwendungsbereichen (Unterbringung, Abschiebungshaft, Polizeigewahrsam) an zukünftiges Verhalten an. In der Regel geht es um die **Abwendung von Schäden in der Zukunft** (*Gusy* S. 56). Gefährlichkeit wird verbreitet für eine menschliche Eigenschaft gehalten, die jemand hat oder nicht hat. Das ist falsch. Die Aussage, ein bestimmter Mensch sei gefährlich, ist das Ergebnis wertender **Beurteilung einer Wahrscheinlichkeitsaussage** dahin, er werde voraussichtlich – also mit mehr oder weniger großer Wahrscheinlichkeit – durch sein Verhalten einen Schaden für andere oder für sich selbst verursachen, der abgewendet werden müsse. Die Bezeichnung als „gefährlich" ist eine Chiffre (so *Wagner* in der 3. Aufl. Kap. 4.3 Rn. 87 ff.) oder eine Metapher (*Volckart* 1997, 5 ff., 39 f.). Dieser Sachverhalt wird leicht verdeckt, weil man sich Wahrscheinlichkeitsaussagen in ihren äußersten Randbereichen vorstellt, bei denen die Aussage „Schaden höchst wahrscheinlich" oder „höchst unwahrscheinlich" mit der daraufhin vorgenommenen Beurteilung als gefährlich oder ungefährlich praktisch zusammenfällt. Die meisten erfahrungswissenschaftlichen Wahrscheinlichkeitsaussagen über künftiges menschliches Verhalten sind aber nicht so eindeutig; das gilt für psychisch Kranke wie für psychisch Gesunde gleichermaßen.

Die **Methodik der Prognose** wird ganz überwiegend im Anwendungs- 117 bereich der strafrechtlichen Sanktionen und Maßregeln diskutiert, teilweise im Polizeirecht. Hierzu gibt es ausreichend Literatur und Rechtsprechung. Im Bereich der außerstrafrechtlichen Unterbringung fehlt diese fast vollständig. Vielmehr beschränken sich die Hinweise in Rechtsprechung und Literatur darauf,

– es sei eine individuelle, auf den einzelnen Betroffenen bezogene Prognose auf der Basis allgemeiner Erfahrungssätze zu treffen (*Hoffmann* in Bienwald/Sonnenfeld/Hoffmann § 1906 BGB Rn. 125),
– eine Prognose sei eine auf Tatsachen gegründete subjektive Einschätzung über einen künftigen Geschehensablauf (*Lisken/Denninger* S. 319),
– es handele sich bei der Entscheidung über die Unterbringung um eine **Prognoseentscheidung aufgrund tatsächlicher Feststellungen,** bei der insbesondere die Persönlichkeit des Betroffenen, sein früheres Verhalten, seine aktuelle Befindlichkeit und seine zu erwartenden Lebensumstände eine Rolle spielen (BayObLG NJW 2000, 881 = R&P 2000, 81; OLG Hamm NJW 2008, 2859 = R&P 2008, 220).

Damit werden zwar für die Prognose wesentliche Aspekte und Merkmale benannt, ohne auf die methodischen Probleme einzugehen (zur Prognose im Polizeirecht grundlegend *Gusy* S. 56 ff.). Soweit ersichtlich setzt sich allein *Alperstedt* mit der Methodik der Prognoseentscheidung im Unterbringungsrecht auseinander (*Alperstedt* FamRZ 2001, 467ff.). Allerdings lässt sich die Wahrscheinlichkeit des Eintretens einer Gefahr auch bei Berücksichtigung individueller Faktoren nicht mathematisch berechnen, da in die Prognoseentscheidung andere methodologische Überlegungen sowie wertende Gesichtspunkte einfließen (*Volckart* R&P 2002, 105ff.; ebenso *Gusy* S. 59 für das Polizeirecht). Ebensowenig reicht eine abstrakte, auf statistische Wahrscheinlichkeiten gestützte Prognoseentscheidung aus (BVerfG NStZ 2007, 87). Die nachstehenden methodischen Überlegungen gelten für den Fall der Fremdgefährdung wie für den Fall der Selbstgefährdung. Insoweit bestehen keine Unterschiede, auch wenn sich die juristische und forensisch-psychiatrische Fachliteratur ganz überwiegend mit der Kriminalprognose beschäftigt (grundlegend *Volckart* 1997; *Kühl/Schumann* R&P 1989, 126ff.; *Nedopil* 2007, 286ff.). Der Umstand, dass die Aufdeckung des verhaltensprognostischen Denkvorgangs auf dem Gebiet der Kriminalprognose weiter fortgeschritten ist als bei den hier zu behandelnden Gefahrenprognosen, kann die Folgerung nicht begründen, es gehe hier um etwas systematisch Anderes. Allerdings ist zu berücksichtigen, dass im Fall der außerstrafrechtlichen Unterbringung häufig kein gefährdendes Verhalten vorausgegangen ist und es sich damit teilweise um **Prognosen im primär-präventiven Bereich** handelt (*Leygraf* S. 175). Die Problematik in der Praxis besteht außerdem darin, dass Prognoseentscheidungen insbesondere bei der vorläufigen Unterbringung bzw. bei der überwiegend praktizierten Verwaltungsunterbringung (S. 31ff.) sowie im Polizeirecht in sehr kurzer Zeit und häufig auf der Grundlage nur weniger Informationen über den Betroffenen getroffen werden müssen (*Gusy* S. 58). Aber auch dies befreit nicht davon, dass die über die Unterbringung entscheidenden Personen sich der methodischen Grundlagen der Prognoseentscheidung bewusst sein müssen. Erst recht gilt dies bei Entscheidungen über die endgültige Unterbringung. Erforderlich ist daher fundiertes prognostisches Wissen nicht nur in der forensischen Psychiatrie, sondern gerade auch bei den in der Allgemeinpsychiatrie tätigen Ärzten (*Böcker* R&P 2009, 75ff.).

118 Der **Denkvorgang der Gefährlichkeitsprognose** gliedert sich in zwei Teile. Ihr erster Teil, die Wahrscheinlichkeitsaussage, ist erfahrungswissenschaftlicher Art. Im gerichtlichen Unterbringungsverfahren wird er durch Beweisaufnahme, vor allem durch das Gutachten eines Sachverständigen, gewonnen. Schon hier ist zu betonen, dass dieser Vorgang dem Beweisrecht des Unterbringungsverfahrens unterliegt (ebenso *Alperstedt* FamRZ 2001, 467ff.; vgl. im Einzelnen Kap. **D** S. 245ff.). Die wertende Beurteilung der Wahrscheinlichkeitsaussage ist juristischer Natur und obliegt dem Richter allein. Das darf aber nicht dahin mißverstanden werden, diese Beurteilung geschehe ohne Tatsacheneinflüsse. Die vom Richter zu berücksichtigenden Tatsachenvariablen, die ebenfalls im Wege der Beweisaufnahme gewonnen werden müssen, sind die Schwere des befürchteten Schadens, die Dauer des bereits erlittenen Freiheitsentzugs und die Verteilung des Fehlerrisikos. Sie werden nachfolgend S. 57ff. näher erörtert.

119 Die Analyse des prognostischen Denkvorgangs ist unerlässliche Voraussetzung für die vom Bundesverfassungsgericht in ständiger Rechtsprechung

5. Prognosemethoden im Unterbringungsrecht **A**

geforderte **richterliche Kontrolle** der Voraussetzungen des Freiheitsentzugs (BVerfG NJW 1982, 691; R&P 2005, 79). Art. 104 Abs. 2 GG fordert kritisches Nachvollziehen des Gedankengangs des erfahrungswissenschaftlichen psychiatrischen Sachverständigen bei dessen Wahrscheinlichkeitsaussage (zu den Gutachtensanforderungen im Betreuungs- und Unterbringungsrecht siehe nunmehr § 280 Abs. 3 Nr. 2 FamFG, wonach der Sachverständige seine durchgeführten Untersuchungen und zugrundegelegten Forschungserkenntnisse darzulegen hat). Dazu muss dessen Gedankengang intersubjektiv vermittelbar sein und dem Richter, notfalls auf Nachfrage, vermittelt werden. Kontrolle ist hier also nicht im Sinne von Evaluierung zu verstehen, die durch einen Test geschieht, sondern im Sinne der Überprüfung auf rationale Überzeugungskraft, in erster Linie also auf logische Stringenz. So gesehen gibt es keine miteinander konkurrierenden Prognosemethoden. Die gängige Aufzählung, es gebe eine intuitive, eine statistische und eine klinische Methode, ist vorwissenschaftlich und überholt. Eine Methode ist eine Vorgehensweise, bei deren Anwendung damit vertraute Fachleute auf Grund der gleichen Informationen zu den gleichen Ergebnissen gelangen. Intuition ist das Gegenteil einer Methode; ihre Ergebnisse sind individuell gewonnen und deren Zustandekommen nicht intersubjektiv vermittelbar. Das Gegensatzpaar „statistisch – klinisch" bezeichnet keine methodischen Alternativen, sondern nur verschiedenes praktisches Vorgehen, indem die mit kriminalprognostischen, statistisch gewonnenen Prognosetafeln Arbeitenden die sozusagen darin geronnenen Erfahrungssätze anwenden, während die klinischen Prognostiker sich auf ihre in Ausbildung und Beruf erlangte **Prognoseinstrumente** verlassen, die laufend weiterentwickelt und verfeinert werden (siehe *Nedopil* 2007, 291 ff.) Insoweit nähern sich statistische und klinische Prognoseinstrumente einander an. Für die außerstrafrechtlichen Unterbringungen gibt es vergleichbare Prognoseinstrumente kaum. Soweit ersichtlich kann zum derzeitigen Stand nur auf das START Manual (Short-Term Assesment of Risk and Treatability) verwiesen werden (*Webster/Martin/Brink/Nicholls/Middleton* 2004), von dem keine deutsche Ausgabe vorliegt. In diesem Instrument werden auch Risikofaktoren für Suizidalität und selbstverletzendes Verhalten erfasst. Im Einzelfall wird auf den ebenfalls von *Webster u. a.* entwickelten HCR-20 zurückgegriffen (*Böcker* R&P 2009, 75 ff.). Auf dessen Grundlage wird in Bremen eine Risikocheckliste für die Allgemeinpsychiatrie entwickelt, die aber noch nicht ausreichend validiert ist (*von Berg/Haselbeck* Sozialpsychiatrische Informationen 2008 Heft 3 S. 16 ff.). Im Übrigen ist hinsichtlich der Selbstgefährdung auf die in der Literatur veröffentlichten Merkmalskataloge zu verweisen (S. 39). Allerdings ist gerade die Einschätzung von Suizidalität allein anhand von Risikofaktoren und Merkmalslisten problematisch; vielmehr bedarf es in jedem Einzelfall einer individuellen Prognoseentscheidung (*Hoff/Venzlaff* in *Venzlaff/Foerster* S. 856; zur Kriminalprognose *Boetticher u. a.* NStZ 2009, 478).

Der der erfahrungswissenschaftlichen prognostischen Wahrscheinlichkeitsaussage zugrunde liegende Denkvorgang ist derjenige des **kategorialen Syllogismus:** Der Betroffene wird auf Grund individueller Besonderheiten mit einer Menge verglichen, deren Angehörige eben diese Besonderheiten

120

aufweisen und die sich auf bestimmte Weise verhalten haben. Hieraus wird der Schluss gezogen, er werde sich in Zukunft wohl ebenfalls so verhalten. Dieser Schluss hat folgende systematische Struktur:

Tabelle 14

1. Prämisse, Erfahrungssatz Menschen mit diesen oder jenen Merkmalen, darunter einer bestimmten psychischen Störung (Prädiktoren 1. Klasse)
Handeln
unter diesen oder jenen Umständen (Prädiktoren 2. Klasse)
während einer bestimmten Zeitspanne überwiegend so und so.
2. Prämisse, Beweisergebnis Der Betroffene hat eben solche Merkmale,
und er wird voraussichtlich
unter ebensolchen Umständen leben.
3. Konklusion: Also wird er voraussichtlich ebenso handeln.

Zu dem hiermit gekennzeichneten prognostischen Denkvorgang gibt es keine Alternative. Vorstellungen, es könne daneben einen unmittelbaren, hermeneutisch-verstehenden Zugang zur Gefährlichkeitsprognose geben, lassen sich weder wissenschaftstheoretisch begründen, noch sind solche „Prognosen" intersubjektiv vermittelbar und einer Überprüfung zugänglich (vgl. *Volckart* R&P 1999, 58). Das hermeneutische Vorgehen des psychiatrischen Sachverständigen, der den Betroffenen auf der Grundlage seines Erfahrungswissens zu verstehen sucht, gilt der Ermittlung der relevanten Tatsachen, die in den prognostischen Denkvorgang eingehen, es ersetzt diesen nicht. Dabei darf es nicht nur um den Betroffenen als einzelnen, gewissermaßen als anthropologisches Erkenntnisobjekt, gehen, sondern auch um die Umgebung, in der er voraussichtlich leben wird, etwa in einer therapeutischen Wohngemeinschaft, „in seinen sozialen Bezügen" (*Göppinger* 1997, 209 ff.) oder „in seiner Landschaft" (*Dörner/Plog* 1996, 13).

121 **b) Prämissen und Wahrscheinlichkeitsaussage.** Zur ersten Prämisse des prognostischen Schlusses: Der Sachverständige muss in seinem Gutach-

5. Prognosemethoden im Unterbringungsrecht **A**

ten den **Erfahrungssatz** darlegen, mit dem er seine zweite Prämisse, seine Erkenntnisse über den Betroffenen, vergleicht. Dass dies meist unterbleibt, steht nachvollziehender Kontrolle entgegen. Erfahrungssätze sind keine Naturgesetze und diesen ganz unähnlich. Sie unterliegen nicht dem Kategorienpaar „richtig – falsch", denn was einmal tatsächlich stattgefunden hat und zum Gegenstand von Erfahrung geworden ist, das kann nicht als falsch bezeichnet werden. Erfahrungssätze der hier behandelten Art sind mehr oder weniger gültig oder valide. Ihre **Validität** hängt ab von der Größe der Menge, die ihrer Bildung zugrunde liegt, von deren Repräsentativität für die Gesamtmenge ähnlicher Menschen (im Gegensatz zu einer evtl. selektiv verzerrenden Auswahl) und von ihrer zeitlichen, kulturellen und gesellschaftlichen Nähe zum Betroffenen. Die für ihre einigermaßen verlässliche Einschätzung nötige psychiatriestatistische Forschung gibt es bisher nur in Ansätzen (vgl. *Böker/Häfner* 1973; *Nedopil* 2007; zur Fremd- und Selbstgefährdung psychisch kranker Menschen S. 38 ff.). Umso wichtiger ist, dass der psychiatrische Sachverständige sein einschlägiges Erfahrungswissen offen legt (siehe § 280 Abs. 3 Nr. 2 FamFG), weil nur auf diese Weise der Gefahr begegnet werden kann, dass die Entscheidung auf eine irreführende Alltagstheorie von besonders mangelhafter Validität gestützt oder dass gar die psychische Krankheit unmittelbar mit „Gefährlichkeit" gleichgesetzt wird. Sicherlich lassen manche Prognosen sich relativ problemlos auf Grund von Alltagserfahrungen treffen. So wird es sich z.B. aufdrängen, dass ein Mensch mit altersbedingtem schweren hirnorganischen Abbau, aber noch gut zu Fuß, der in seiner Verwirrtheit immer wieder auf die Straße gelaufen ist, sich verirrt und den Straßenverkehr nicht erkannt hat, dies voraussichtlich wieder tun wird. Im Allgemeinen liegen die Dinge nicht so klar. Die Erfahrungen, die mit der Öffnung geschlossener Krankenhäuser, mit der Einrichtung betreuter Wohnformen und der Erweiterung des Lebensspielraums der psychisch kranken Patienten in psychiatrischen Krankenhäusern gemacht worden sind, haben so viele Gefährlichkeitsprognosen widerlegt, dass es unumgänglich ist, hieraus die Konsequenzen zu ziehen und die ausdrückliche Formulierung der angewendeten Erfahrungssätze einzufordern.

Zur zweiten Prämisse des prognostischen Schlusses: Die Tatsachen der **122** zweiten Prämisse des verhaltensprognostischen Schlusses sind nach den Regeln des Beweisrechts des Unterbringungsverfahrens zu ermitteln. Dieses Beweisrecht wird in Kapitel **D** S. 245 ff. im Einzelnen erörtert. Es gelten insbesondere dem Strafrecht vergleichbare Beweisverbote (Kap. **D** S. 248) und der **Zweifelssatz**. Dieser kann hier zwar nicht mit den Worten „in dubio pro reo" ausgedrückt werden, weil das Verfahren keinen strafrechtlichen Vorwurf betrifft und keinen Angeklagten kennt. Das verringert aber den nötigen Grundrechtsschutz nicht; der Zweifelssatz nimmt hier die Form **„in dubio pro libertate"** an (BVerfG NJW 1983, 2627).

Prognosetatsachen („Prädiktoren"), die sich für die Freiheit des Proban- **123** den ungünstig auswirken, erfordern nicht nur im Bestreitensfall Ermittlungen (BayObLG FamRZ 1994, 1617 = R&P 1994, 159). Sie müssen grundsätzlich, nämlich im Hauptsacheverfahren, **positiv festgestellt** werden (OLG

A

Schleswig R&P 2003, 29 und 2006, 145; *Alperstedt* FamRZ 2001, 467 ff., aus der strafrechtlichen Rechtsprechung und Literatur vgl. BGH StV 1993, 458; StV 1995, 521; OLG Celle R&P 1992, 32; BayObLG StV 1994, 186; *Volckart* 1997, 21). Nur bei den vorläufigen Unterbringungen i. S. der §§ 331, 332 FamFG genügt weniger, jedoch ist immer die Verfahrensprognose erforderlich, dass diese Prognosetatsachen im Hauptsacheverfahren positiv festzustellen sein werden. Allerdings sind Prognosen zuverlässiger, wenn sie (zunächst) nur für kurze Zeiträume erstellt werden (*Nedopil* 2007, 297). Prognosetatsachen, die sich auf die Freiheit des Betroffenen günstig auswirken, brauchen dagegen nicht sicher zu sein, es genügt die Möglichkeit ihres Bestehens (BGH MDR 1973, 900, bei Dallinger).

124 Es gibt nach ihrer Stellung im verhaltensprognostischen Denkvorgang **verschiedene Klassen von Prädiktoren.** Diejenigen, die in der Person des Betroffenen liegen, gehören der Gegenwart an; sie können aus seiner Biographie herrühren, sofern sie in der Gegenwart fortwirken. Zu ihnen gehört vor allem die psychische Krankheit. Diese muss für das befürchtete Verhalten kausal sein muss in dem Sinne, dass der Betroffene die Freiheit, sich anders zu verhalten, verloren haben muss (BayObLG R&P 1993, 146 = FamRZ 1993, 600). Dagegen stehen die Prädiktoren des Umfelds des Probanden, seine „Landschaft", wie *Dörner/Plog* es ausdrücken, in der Zukunft, denn es geht bei ihnen ja um die von ihnen zu erwartenden Einflüsse auf das künftige Verhalten. Genauer ausgedrückt gehören sie einer „im Konjunktiv stehenden Zukunft" an, wie *Kühl/Schumann* (R&P 1989, 132) treffend formuliert haben, weil ihr künftiges Vorhandensein für den Betroffenen von der richterlichen Entscheidung über den Freiheitsentzug abhängt. Diese Prädiktoren sind also nicht positiv vorhanden, sie müssen gedacht, nämlich vorausgeschätzt werden, sind also ihrerseits Gegenstand einer Prognose, einer „perspektivischen" Vorausschau, die desto unsicherer wird, je weiter sie in der Zukunft liegen. Gleichwohl haben auch diese Prädiktoren einer zweiten Klasse ihre Grundlage in Tatsachen der Gegenwart. Insoweit gilt das vorstehend dargestellte Prinzip „in dubio pro libertate": Wirken sie sich auf die Freiheit des Probanden ungünstig aus, müssen sie positiv festgestellt werden; bei günstiger Wirkung genügt die Möglichkeit ihres Bestehens.

125 Diese Beweisgrundsätze unterliegen bei der zivilrechtlichen Unterbringung nicht etwa einer Abwandlung durch die Erwägung, die Unterbringung geschehe ja in jedem Fall zugunsten des Betroffenen, da komme es auf die **Beachtung** des **Zweifelssatzes** nicht so sehr an. Richtig ist eher das Gegenteil, oder wie das Bundesverfassungsgericht es (NJW 1983, 2627) ausgedrückt hat: *„Gerade bei Unterbringungen ausschließlich zum Schutz gegen Selbstgefährdung ist das lediglich die selbstverständliche Folge der grundsätzlichen Freiheitsvermutung".*

Schließlich ist mit einem **Rückkoppelungseffekt** der Prognose schädigenden Verhaltens und der darauf aufbauenden gerichtlichen Entscheidung zu rechnen, und zwar sowohl infolge ihrer unmittelbaren Wirkungen auf den Betroffenen als auch mittelbar über ihren Einfluss auf das Verhalten der Menschen der Umgebung des Betroffenen. Es wird hier nicht weiter darauf eingegangen, weil die persönlichkeitsabhängige Wirkungsrichtung solcher

5. Prognosemethoden im Unterbringungsrecht

Einflüsse, die prinzipiell sowohl ungünstig als auch günstig sein kann, noch unerforscht ist.

c) Die Beurteilung der Wahrscheinlichkeitsaussage. Der zweite Teil des Denkvorgangs der Verhaltensprognose, die juristische Beurteilung der erfahrungswissenschaftlichen Wahrscheinlichkeitsaussage, hat auf mehrere Tatsachenvariablen Rücksicht zu nehmen. Die erste dieser Variablen ist die **Schwere des befürchteten Schadens.** Nachteile oder Schäden von geringem Gewicht können keinen Freiheitsentzug rechtfertigen, dieser wäre unverhältnismäßig. 126

Die zweite der zu beachtenden Tatsachenvariablen ist die **Dauer des bereits erlittenen Freiheitsentzugs.** Dessen Gewicht für den Betroffenen wächst mit zunehmender Dauer sogar überproportional (vgl. schon RGSt 25, 307). Bei Fremdgefährdung gilt deshalb, dass die Gefährdeten mit der Allgemeinheit mit zunehmender Dauer des Freiheitsentzugs ein höheres Risiko hinzunehmen haben (vgl. zum Maßregelrecht BVerfG NJW 1986, 167; BVerfG StV 1994, 93). Diese Erwägung gilt aber auch bei Selbstgefährdung. Schäden, die dem Probanden selbst durch sein eigenes Verhalten drohen, können mit der Zeit hinter dem Gewicht fortdauernden Freiheitsentzugs zurückbleiben. Dieser hat dann trotz des fortdauernden Risikos aufzuhören (vgl. BayObLG R&P 1995, 146). 127

Da die prognostische Wahrscheinlichkeitsaussage und die Beurteilung als „gefährlich" oder „ungefährlich" nur in den Randbereichen zusammenfallen, werden diese Formulierungen hier durch das Begriffspaar „günstig" und „ungünstig" ersetzt, das die beurteilende Verschieblichkeit des zwischen ihnen liegenden Umschlagspunkts besser kennzeichnet. Wer seine Entscheidung auf eine prognostische Wahrscheinlichkeitsaussage stützt, der muss immer mit der Möglichkeit des Irrtums rechnen, nämlich dass das weniger Wahrscheinliche eintritt. Das hiermit gegebene Erfordernis der **Verteilung des Fehlerrisikos** lässt sich durch die nachstehende Tabelle verdeutlichen: 128

Von oben her betrachtet offenbart dieses System, wie es sich in prognostischer Hinsicht verhält. In den linken Feldern stehen die ungünstigen Prognosen, die zu Freiheitsentzug führen. Rechts finden sich die günstigen, auf Grund derer der Betroffene in Freiheit bleibt oder wieder freigelassen wird. Eingedenk der Tatsache, dass alle prognostischen Entscheidungen ein Fehlerrisiko in sich tragen, zeigt das System, von der Seite her betrachtet, wie es sich in Wahrheit verhält. In den beiden oberen Feldern stehen die tatsächlich Gefährlichen, links die zutreffend prognostisch ungünstig Eingeschätzten, die das Kriterium „gefährlich" positiv aufweisen und die deshalb als wahre Positive bezeichnet werden, rechts die fehlerhaft als prognostisch günstig (fehlerhaft negativ) Behandelten. In den unteren Feldern sind die in Wahrheit Ungefährlichen aufgeführt, links die fehlerhaft als gefährlich Beurteilten, die falschen Positiven, rechts die wahren Negativen.

Tabelle 15

		Prognose		
		„positiv"	„negativ"	
Wahrheit	Tat, „wenn"	wahre Positive	falsche Negative	WP + FN = alle Gefährlichen
	Keine Tat	falsche Positive	wahre Negative	FP + WN = alle nicht Gefährlichen

129 Der Wert dieser systematischen Übersicht liegt erstens darin, dass sie die falschen Positiven ins Bild rückt. Diese Menge ist ja unsichtbar; man kann die zu ihr zählenden Personen infolge des Freiheitsentzugs nicht identifizieren, während die falschen Negativen durch den Schaden auffallen, den sie verursachen. Gleichwohl sind die falschen Positiven vorhanden und es wäre angesichts der unter S. 53 f. erörterten unzureichenden Validität der anzuwendenden Erfahrungssätze völlig unrealistisch, ihren Anteil für gering zu halten. Die hier eingeordneten Menschen sind ebenso **Prognoseopfer** wie diejenigen, die infolge der Menge der falschen Negativen im oberen rechten Feld des Systems Schaden erleiden. Die falschen Positiven erbringen ein Sonderopfer, das mit prognostisch begründetem Freiheitsentzug notwendig verbunden ist. Der Wert des Systems der vier durch Prognoseentscheidungen hervorgerufenen Mengen liegt außerdem darin, dass es die Abhängigkeit dieser Mengen voneinander erkennen lässt: Wer im Hinblick auf die befürchteten Schäden durch falsche Negative besonders vorsichtig ist, der ist immer zugleich im Hinblick auf die Leiden der falschen Positiven besonders rücksichtslos. Die beiden Fehlerarten verhalten sich auch nicht etwa so zu einander, dass auf einen vermiedenen falschen Negativen ein falscher Positiver entfalle, vielmehr hängt ihr Verhältnis von der sog. Basisrate ab, und je kleiner diese ist, desto größer ist die Zahl der auf einen falschen Negativen entfallenden falschen Positiven (vgl. *Kühl/Schumann* R&P 1989, 126; *Nedopil* 2007 S. 290; a. A. in Verkennung der methodologischen Grundlagen *Kröber* NStZ 1999, 593). Die Basisrate der psychisch Kranken, die Schäden verursachen, ist nun allerdings unbekannt (sie liegt z. B. für die Täter vorsätzlicher Tötungen in der Gesamtbevölkerung Deutschlands bei etwa 1,4‰; zum Stand der Forschung *Nedopil* 2007 S. 288 ff.). Dies gilt insbesondere für den Bereich der Selbstgefährdung. Im Bereich der im außerstrafrechtlichen Bereich selteneren Fremdgefährdung ist zu berücksichtigen, dass der Betroffene unter Umständen noch nie ein gefährliches Verhalten gezeigt hat (*Leygraf* S. 175). Die Basisrate kann nicht ermittelt werden, weil dem der Freiheitsentzug an für gefährlich Gehaltenen entgegensteht und es nicht möglich ist, alle freizulassen, um zu sehen, was passiert.

130 Hiermit wird die Bedeutung der bereits unter den S. 57 f. bezeichneten Verschieblichkeit des Umschlagspunkts bei der Beurteilung der Wahrscheinlichkeitsaussagen als „günstig" oder „ungünstig" offenbar: Ein Rechtsstaat, der prognostisch begründeten Freiheitsentzug überhaupt vorsieht, muss das

Fehlerrisiko auf beide Opferarten verteilen. Dass man den prozentualen Anteil der falschen Positiven nicht irgendwie errechnen kann, entbindet von diesem Erfordernis nicht. Die Erfahrungen mit der Ersetzung psychiatrischer Freiheitsentzugs durch ambulante Maßnahmen lassen immerhin eine Grobschätzung zu: Der Anteil der falschen Positiven liegt sicherlich nicht unter der Hälfte. Die manchen als verlockend erscheinende Strategie, das Fehlerrisiko bei den falschen Positiven zu verstecken, führt zu unverhältnismäßig zahlreichen Sonderopfern und ist nicht hinnehmbar. Der über die Unterbringung entscheidende Richter hat in diese Entscheidungen einzubeziehen, dass zugunsten der Begrenzung des Anteils falscher Positiver ein gewisses Risiko falscher Negativer eingegangen werden muss.

6. Verhältnis und Konkurrenz der Freiheitsentziehungsformen

Es geschieht nicht selten, dass für einen Menschen mehrere Formen von Freiheitsentzug zugleich in Betracht kommen oder bereits angeordnet sind. Auch psychisch kranke Betroffene können solchen konkurrierenden Formen von Freiheitsentzug unterliegen. Diese Konkurrenz wird im Folgenden näher behandelt. Man muss dabei zwischen den Problemen der **Vollstreckung** und des **Vollzugs** des Freiheitsentzugs einerseits und den Problemen seiner **Anordnung** andererseits unterscheiden.

a) Konkurrenz in Vollstreckung und Vollzug. Eine Konkurrenz bei der Vollstreckung entsteht, wenn neben einer bereits angeordneten oder sogar schon in Vollstreckung begriffenen öffentlich-rechtlichen Unterbringung eine weitere, andersartige Anordnung von Freiheitsentzug vorliegt. Die Gesundheitsbehörde steht dann vor der Frage, ob sie die Unterbringung vollstrecken (oder weiter vollstrecken) darf und muss oder ob sie den Betroffenen zwecks Vollstreckung des weiteren, andersartigen Freiheitsentzugs herauszugeben hat. Diese Probleme sind in Kapitel **B** S. 128 ff. im Einzelnen behandelt.

Im Bereich der zivilrechtlichen Unterbringung gibt es keine vollstreckungsrechtlichen Konkurrenzprobleme, weil der Freiheitsentzug hier, wenn auch gerichtlich genehmigt, auf einem Vertrag des durch seinen gesetzlichen Vertreter handelnden Betroffenen mit der Einrichtung beruht. Ein solcher zivilrechtlicher Vertrag kann einen anderweit angeordneten Freiheitsentzug nicht überlagern, also dessen Vollstreckung nicht verhindern.

Eine Konkurrenz von Maßnahmen des Vollzugs gibt es in unserer Rechtsordnung nur im Strafvollzug, wenn gegen einen Strafgefangenen in anderer Sache zugleich Untersuchungshaft angeordnet und dafür „Überhaft" notiert ist (vgl. § 122 StVollzG); er unterliegt dann sowohl den im Strafvollzugsgesetz geregelten Maßnahmen der Anstalt als auch Anordnungen des Haftrichters. Auf das Unterbringungsrecht ist diese Regelung nicht übertragbar. Ist der Betroffene zivilrechtlich oder öffentlich-rechtlich untergebracht, so unterliegt er allein dem Vollzugsrecht eben dieser Unterbringung, und es kann keine andere Behörde in den Vollzug dieser Unterbringung hineinregieren.

135 b) Konkurrenz bei der Anordnung der Unterbringung – Bundesrecht. Die Probleme der Anordnungskonkurrenz sind bisher nicht ausreichend systematisch durchdacht worden. Die Folgen sind Unklarheiten und vielfach Orientierungslosigkeit der Praxis. Aus Art. 33 GG (Bundesrecht bricht Landesrecht) lässt sich ein Vorrang des bundesrechtlich angeordneten Freiheitsentzugs vor dem landesrechtlichen i. S. einer Subsidiarität des letzteren nicht herleiten (so aber OLG Düsseldorf MDR 1984, 71). Diese Bestimmung des Grundgesetzes betrifft die Konkurrenz von Gesetzen und Verordnungen des Bundes und der Länder, nicht die Konkurrenz von Gerichtsentscheidungen und Verwaltungsmaßnahmen aufgrund bestehender Gesetze. Wenn ein Freiheitsentzug aufgrund eines verfassungsrechtlich einwandfreien Landesgesetzes angeordnet ist, dann steht er einem nach Bundesrecht angeordneten Freiheitsentzug verfassungsrechtlich im Rang nicht nach.

136 Was also soll einfachrechtlich gelten: **Priorität** (was zuerst angeordnet wird, hat vor dem späteren den Vorrang); **Spezialität** (Sonderrecht hat vor allgemeineren oder z. T. anderes betreffenden Regelungen den Vorrang), oder **Subsidiarität** (die weniger einschneidende oder weniger umfassende Maßnahme hat, wenn sie ausreicht, den Vorrang)? Tatsächlich hat jede dieser drei Rechtsfiguren ihren besonderen, beschränkten Geltungsbereich.

137 **Priorität** gibt es im Unterbringungsrecht nur, wenn mehrere Gesundheitsbehörden vor verschiedenen jeweils zuständigen Gerichten die öffentlich-rechtliche Unterbringung beantragen oder wenn mehrere jeweils zuständige Unterbringungsgerichte nach §§ 334 FamFG, 1846 BGB vorgehen. Es kann nämlich vorkommen, dass mehrere Unterbringungsgerichte zugleich zuständig sind (vgl. Kap. **D** § 314 FamFG). Nach § 2 Abs. 1 FamFG hat dann das Gericht den Vorrang, das zuerst mit der Angelegenheit befasst ist.

138 Die Rechtsfigur der **Spezialität** bestimmt das Verhältnis der zivilrechtlichen und der öffentlich-rechtlichen Unterbringung zueinander. Vor dem Inkrafttreten des Betreuungsgesetzes wurde verschiedentlich die Auffassung vertreten, eine dieser Unterbringungsformen sei gegenüber der anderen subsidiär. Einen Vorrang der zivilrechtlichen Unterbringung haben *Wiebe* (1981) und *Neumann* (NJW 1982, 2588) behauptet, einen Vorrang der öffentlich-rechtlichen *Mrozynski* (R&P 1984, 90), ebenso *Marschner* R&P 1986, 50). Das ist durch die Neuordnung des Rechtsgebiets durch das Betreuungsgesetz überholt; die Wahl der Unterbringungsform hat sich nach sachlichen Gesichtspunkten zu richten (Begr. BT-Drs. 11/4528 S. 80). Liegt **nur Fremdgefährdung** vor, kommt allein die öffentlich-rechtliche Unterbringung in Betracht. Ist bei **Selbstgefährdung** gesetzliche Vertretung durch einen Betreuer mit dem Aufgabenkreis der Unterbringung indiziert, weil es sich voraussichtlich um eine länger dauernde Unterbringung handeln und der Betroffene die Fähigkeit, über seinen Aufenthalt zu bestimmen, voraussichtlich längere Zeit nicht haben wird, dann geht die zivilrechtliche Unterbringung vor (vgl. oben S. 16 f.; *Jürgens/Kröger/Marschner/Winterstein* Rn. 490; OLG Hamm BtPrax 2000, 35 = R&P 2000, 84). Ist dagegen bei Selbstgefährdung Betreuung mit dem Aufgabenkreis der Unterbringung

6. Verhältnis und Konkurrenz der Freiheitsentziehungsformen   A

nicht indiziert, weil eine voraussichtlich nicht lange andauernde Krisenintervention gebraucht wird, so geht die öffentlich-rechtliche Unterbringung vor.

Nur wenn neben Selbstgefährdung **zugleich** auch **Fremdgefährdung** 139 vorliegt, kann an sich die eine wie die andere Unterbringungsform in Betracht kommen (vgl. oben S. 16 ff.). Das gilt allerdings nur eingeschränkt, weil die Landesgesetze besondere Subsidiaritätsregeln eingeführt haben. Nach BW § 1 Abs. 3 S. 3; Saar § 4 Abs. 2 ist die Anordnung der öffentlich-rechtlichen Unterbringung nicht zulässig, wenn die zivilrechtliche vollzogen wird, sondern nur, wenn das unterbleibt. Berl § 8 Abs. 1 S. 1; Bran § 8 Abs. 2; Bre § 11 Abs. 1 S. 1; Hmb § 9 Abs. 1 S. 1; Hess § 1 Abs. 1; MeVo § 11 Abs. 1 S. 1; Nds § 16; NW § 1 Abs. 3, 11 Abs. 1 S. 1; RhPf § 11 Abs. 1 S. 1; Sachs § 10 Abs. 2; SaAn § 13 Abs. 1; SH § 7 Abs. 1; Thü § 6 Abs. 1 S. 1 bestimmen, dass die Unterbringung nur zulässig ist, wenn die Gefahr nicht anders abgewendet werden kann, also auch nicht durch zivilrechtliche Unterbringung – immer vorausgesetzt, der gesetzliche Vertreter will sie durchführen (zu Nordrhein-Westfalen vgl. insbesondere OLG Hamm BtPrax 2000, 35 = R&P 2000, 84).

Die Rechtsfigur der **Spezialität** rechtfertigt es entgegen der in der 140 Vorauflage vertretenen Auffassung nicht, bei einem gem. § 126 a StPO einstweilen Untergebrachten durch Anordnung einer öffentlich-rechtlichen Unterbringung infolge der speziellen landesrechtlichen Bestimmungen eine Behandlung auch gegen den Willen des Betroffenen zu ermöglichen (*Pollähne* R&P 2003, 57, 71 ff.). Die Behandlung ist im Vollzug dieser einstweiligen Unterbringung nicht zulässig, weil diese nur der Verfahrenssicherung dient (*Volckart* 1999, 42; zu den gesetzlichen Regelungen in Berl, Bre, Hmb, SaAn und Thü sind unter S. 64 f.).

Die Rechtsfigur der **Subsidiarität** ist gelegentlich unproblematisch. So 141 ist der **Polizeigewahrsam** gegenüber allen anderen Formen von Freiheitsentzug subsidiär (vgl. E S. 405 und ausdrücklich § 3 S. 2 ThüPAG), weil auch diese den Sicherungszweck erfüllen. Ähnliches gilt für die **Abschiebungshaft** und die **Auslieferungshaft** gegenüber strafrechtlichem Freiheitsentzug; hier geht der strafrechtliche Strafanspruch, solange keine Anordnung nach § 456 a StPO getroffen ist, sowohl den Interessen des ausländischen Staats als auch den Interessen der Ausländerbehörde vor (vgl. OLG Frankfurt FGPrax 1995, 81). Dasselbe dürfte für das Verhältnis dieser Freiheitsentziehungsformen zur Unterbringung wegen einer psychischen Erkrankung gelten. Die Freiheitsentziehungen nach dem **InfektionsschutzG** stehen sowohl strafrechtlichem Freiheitsentzug als auch der zivilrechtlichen oder öffentlich-rechtlichen Unterbringung nach, weil Strafgefangene (vgl. §§ 56 ff. StVollzG) und Psychiatriepatienten einen uneingeschränkten Anspruch auf Behandlung ihrer somatischen Erkrankungen haben und das seuchenrechtliche Interesse damit abgedeckt ist.

c) Scheinbare Konkurrenz mit den Maßregeln. Die wichtigsten 142 Meinungsverschiedenheiten betreffen ein Strafrechtsproblem: Darf ein Strafgericht von der Anordnung der **Maßregeln nach §§ 63, 64 StGB** absehen, wenn der Betroffene inzwischen zivilrechtlich oder öffentlich-rechtlich in einem psychiatrischen Krankenhaus untergebracht ist? Die überwiegende

Auffassung in der Literatur vertritt hierzu entsprechend der vor der Strafrechtsreform in § 42 b StGB a. F. verwendeten Formulierung „wenn die öffentliche Sicherheit es erfordert" die Auffassung, die Maßregeln seien gegenüber den anderen Unterbringungen subsidiär; sie dürften nicht angeordnet werden, wenn der Sicherungszweck durch eine andere Unterbringungsform abgedeckt werde (*Fischer* § 63 Rn. 23 a; LK-*Schöch* vor § 61 Rn. 74 ff.; § 63 Rn. 158 ff.; *Bode* R&P 1998, 205). Die Gegenposition wurde bisher vor allem vom Bundesgerichtshof eingenommen. Der BGH ist der Meinung, die Maßregel sei grundsätzlich unabhängig von einer etwaigen andersartigen Unterbringung anzuordnen (BGHSt 24, 98) und dies nur dann nicht, wenn als zu befürchtende rechtswidrige Taten nur solche gegen das Krankenhauspersonal in Betracht kämen (BGH NStZ 1998, 64 = R&P 1998, 204). Die Unterbringung auf anderer Rechtsgrundlage gebe aber Anlass zu der Prüfung, ob die Vollstreckung der Maßregel zugleich mit deren Anordnung nach § 67 b StGB auszusetzen sei. Neuere Entscheidungen des BGH, dessen Rechtsprechung uneinheitlich ist, deuten daraufhin, dass der weniger stigmatisierenden öffentlich-rechtlichen Unterbringung der Vorzug zu geben ist, wenn diese bereits vollzogen wird (BGH R&P 2007, 201; 2008, 54 und 69). Begründet wird dies mit dem im gesamten Maßregelrecht geltenden und aus dem verfassungsrechtlichen Gesichtspunkt des Übermaßverbots abgeleiteten Subsidiaritätsprinzip. Entsprechend gilt dies für das Bestehen einer rechtlichen Betreuung und eine zivilrechtliche Unterbringung, auch wenn insoweit gegenüber dem Strafrecht unterschiedliche Zwecke verfolgt werden. Im Hinblick auf die Entscheidung über die Fortdauer der Unterbringung nach § 67 e StGB sind entsprechende Alternativen ggf. in die Wege zu leiten, um die weitere Vollstreckung der Unterbringung baldmöglichst nach § 67 d Abs. 2 StGB zur Bewährung aussetzen zu können; der in Art. 1 Abs. 2 Bay geregelte Grundsatz der Subsidiarität der öffentlichrechtlichen Unterbringung steht dem bei entsprechender Abstimmung des Vorgehens nicht entgegen (BGH R&P 2007, 201). Das Subsidiaritätsprinzip ist auch zu beachten bei der Entscheidung über die befristete Wiedereinvollzugsetzung zur Krisenintervention nach § 67 h StGB. Allerdings geht die bisher vorliegende Rechtsprechung zu § 67 h StGB davon aus, dass eine Unterbringung nach PsychKG in der Regel nicht die erforderliche Stabilisierung des Betroffenen leisten kann, da diese beendet werden muss, wenn die akute Gefahrenlage beseitigt worden ist (LG Göttingen R&P 2008, 64; LG Wuppertal R&P 2008, 172).

143   Damit setzt sich die Auffassung durch, bereits bei der Anordnung der Unterbringung müsse im Rahmen der Prognoseentscheidung berücksichtigt werden, ob die Gefährlichkeit des Betroffenen durch andere Maßnahmen vertretbar abgemildert werden kann (BGH R&P 2008, 69; aA BGH NStZ 2009, 260). Es handelt sich insoweit um ein Problem aus dem **Tatsachenbereich** und nicht um eine Rechtsfrage. Der in dem vorstehenden Unterabschnitt über die Gefahrenprognose (S. 51 ff.) dargestellte kategoriale Syllogismus ist selbstverständlich bei der strafrechtlichen Kriminalprognose der gleiche wie bei der Gefahrenprognose im Unterbringungsrecht. Es erweist sich, dass der Prognostiker zwei Klassen von Prädiktoren einzubeziehen hat,

6. Verhältnis und Konkurrenz der Freiheitsentziehungsformen   **A**

nicht nur Tatsachen, die in der Person des Probanden liegen, die dieser also sozusagen „mit sich herum trägt", sondern auch Tatsachen, die als künftig mutmaßlich auf den Probanden einwirkende Umstände vorausgeschätzt werden (oben S. 56). Eine solche vorauszuschätzende Tatsache ist der zu erwartende weitere Freiheitsentzug durch zivilrechtliche oder öffentlich-rechtliche Unterbringung. Das Strafgericht, das vor der Frage steht, ob eine Maßregel nach §§ 63, 64 StGB anzuordnen ist, hat darüber Beweis zu erheben, ob der anderweitige Freiheitsentzug zuverlässig und bis zum Erreichen eines die Wahrscheinlichkeit künftiger rechtswidriger Taten genügend vermindernden psychischen Gesundheitszustands dauerhaft ist. Das kann etwa durch Ermittlungen bei der zuständigen Gesundheitsbehörde und beim Betreuungsgericht geschehen. Wenn die Ermittlungen das ergeben, muss das Strafgericht die Kriminalprognose als günstig ansehen.

Der BGH hat sich also in seiner früher vorherrschenden Rechtsprechung **144** mit einer Angelegenheit befasst, die ihm als Revisionsgericht überhaupt nicht zugänglich war: er hatte lediglich die Anwendung des Rechts zu überprüfen, während die Kriminalprognose **Sache des Tatgerichts** ist. Ein Revisionsgericht kann die der Kriminalprognose zugrunde liegende Wahrscheinlichkeitsaussage nur hinsichtlich der Anwendung des Rechts überprüfen, z.B. im Hinblick auf die Beachtung des Beweisrechts (vgl. oben S. 54ff.; Kap. D S. 305ff.) oder im Hinblick auf Beurteilungsfehler bei der Einschätzung der Validität des angewandten Erfahrungssatzes (*Volckart* 1997, 77 ff.). Das gilt selbstverständlich auch für den hier in Rede stehenden außerstrafrechtlichen Freiheitsentzug als „Prädiktor 2. Klasse" (vgl. oben S. 55 f.). Verfahrensdogmatisch betrachtet läuft die bisherige Auffassung des BGH darauf hinaus, dass der Freiheitsentzug durch zivilrechtliche oder öffentlich-rechtliche Unterbringung im strafrechtlichen Erkenntnisverfahren einem Beweisverbot unterliege, im Vollstreckungsverfahren dagegen nicht – eine rechtslogische Unmöglichkeit (*Volckart* 1997, 91).

Damit wird die Anwendung des § 67b StGB (Anordnung der Maßregel mit **145** gleichzeitiger Aussetzung ihrer Vollstreckung) nicht ausgeschlossen. Dieses Vorgehen kann durchaus in Betracht kommen, wenn der Betroffene zivilrechtlich oder öffentlich-rechtlich untergebracht ist, nämlich wenn das Strafgericht diese Unterbringung nicht für zuverlässig oder dauerhaft genug hält, um von der Anordnung absehen zu können, den Einfluss und die Überwachung von Führungsaufsichtsstelle und Bewährungshelfer (§ 68a Abs. 1 StGB) aber für hinreichend ansieht, die Kriminalprognose so weit zu verbessern, dass der Zweck der Maßregel ohne ihre Vollstreckung erreichbar erscheint.

d) Landesrechtliche Regelungen über die Anordnungskonkurrenz. **146**
Die hier zu erörternden landesrechtlichen Konkurrenzregeln betreffen das Verhältnis der öffentlich-rechtlichen Unterbringung zu anderen Formen von Freiheitsentzug, vor allem zu den strafrechtlichen Maßregeln nach §§ 63, 64 StGB, zu der ihnen vorgeschalteten einstweiligen Unterbringung nach § 126a StPO und zu der bei zu erwartendem Widerruf nach Aussetzung möglichen Sicherungsunterbringung nach §§ 463, 453c StPO.

Sieben Bundesländer haben richtigerweise von derartigen Konkurrenzregeln völlig abgesehen, nämlich BW, Bran, Hess, MeVo, Nds, Saar und SH. **147**

A

Einführung

Keine Anordnungskonkurrenz, sondern einen lediglich vollstreckungsrechtlichen Nachrang der landesrechtlichen öffentlich-rechtlichen Unterbringung hinter der strafrechtlichen (so dass sie also anzuordnen ist, jedoch nicht vollstreckt werden kann) bestimmen Bay Art. 1 Abs. 2; RhPf § 11 Abs. 3; Sachs § 10 Abs. 3. Das ist in Kap. **B** S. 128 ff. näher behandelt.

148 Einen allein bei der einstweiligen Unterbringung nach § 126 a StPO geltenden Nachrang der öffentlich-rechtlichen Unterbringung bestimmt Hmb § 9 Abs. 3. Im Übrigen zählt Hamburg also zu den zuvor aufgeführten Ländern.

149 Von den Ländern, die echte Regelungen über einen Nachrang der öffentlich-rechtlichen Unterbringung hinter der strafrechtlichen eingeführt haben, sind zunächst diejenigen aufzuführen, die ausdrücklich oder implizit auf die tatsächliche anderweitige Unterbringung abstellen. Sie ermöglichen also notfalls eine Krisenintervention durch öffentlich-rechtliche Unterbringung auch bei Betroffenen, deren Maßregel gem. §§ 63, 64 StGB zur Bewährung ausgesetzt ist, so dass eine befristete Wiederinvollzugsetzung nach § 67 h StGB oder ein Widerruf der Maßregelaussetzung nach § 67 g Abs. 2 StGB (wegen Verschlechterung des Gesundheitszustands) vermieden werden können. Ausdrücklich stellt auf den anderweitigen Freiheitsentzug NW §§ 1 Abs. 3, 11 Abs. 3 ab: Das PsychKG „gilt nicht" für Personen, die in den Maßregeln nach §§ 63 oder 64 StGB, in dem diese vorbereitenden Freiheitsentzug nach §§ 126 a, 463, 453 c StPO, in der Untersuchungsunterbringung nach § 81 StPO oder die zivilrechtlich „untergebracht sind", es gilt also durchaus, wenn die Vollstreckung der strafrechtlichen Unterbringung ausgesetzt ist.

150 Implizit auf die strafrechtliche Unterbringung stellen ab: Bre § 9 Abs. 5; SaAn § 13 Abs. 2 und Thü § 8 Abs. 4. Sie formulieren übereinstimmend, die öffentlich-rechtliche Unterbringung dürfe nicht angeordnet und müsse aufgehoben werden, wenn eine Anordnung nach §§ 126 a StPO bzw. 63, 64 StGB „getroffen" worden sei. Dass das Wort „getroffen" hier den tatsächlich ins Werk gesetzten (also den „angeordneten und vollstreckten") Freiheitsentzug meint, wird vor allem deutlich, wenn das Strafgericht den vom BGH u. U. für gebotenen gehaltenen Weg gegangen ist und gegen den aus der öffentlich-rechtlichen Unterbringung heraus zur Hauptverhandlung vorgeführten Angeklagten zwar die Maßregel nach § 63 StGB angeordnet, deren Vollstreckung aber zugleich nach § 67 b StGB ausgesetzt hat. Wollte man das Wort „getroffen" mit „angeordnet" gleichsetzen, so wäre die Folge, dass das Strafgericht die Aussetzung im Hinblick auf die angebliche landesrechtliche Nachrangregel alsbald widerrufen müsste.

151 Hiermit ist vorgezeichnet, wie die letzte aufzuführende landesrechtliche Nachrangregel, nämlich Berl § 8 Abs. 2, zu verstehen ist. Folgt man allein dem Wortlaut dieser Regelung, so ist die öffentlich-rechtliche Unterbringung in Berlin unzulässig, wenn eine strafrechtliche Unterbringung nach §§ 63, 64 StGB, 81, 126 a StPO „angeordnet" ist, scheinbar also auch dann, wenn die Vollstreckung dieser Maßregel zur Bewährung ausgesetzt ist. Das ist gewiss nicht gemeint. Das Wort „angeordnet" ist also auch hier als „angeordnet und vollstreckt" auszulegen. Die Krisenintervention durch eine

6. Verhältnis und Konkurrenz der Freiheitsentziehungsformen   **A**

öffentlich-rechtliche Unterbringung geht somit der Krisenintervention nach § 67h StGB vor, wenn bereits dadurch der Widerruf nach § 67g Abs. StGB abgewendet werden kann.

7. Haftung bei rechtswidriger Unterbringung

Im Fall rechtswidriger Unterbringung oder Freiheitsentziehung kommt **152** nicht nur die Möglichkeit der Feststellung der Rechtswidrigkeit nach § 62 FamFG (hierzu Kap. **D** S. 355f. und Kap. **F** S. 469f.) in Betracht. Vielmehr können sowohl eine **Strafbarkeit** nach § 239 StGB als auch eine **Schadensersatzpflicht** nach §§ 823ff. BGB bestehen. Die Feststellung der Rechtswidrigkeit der Freiheitsentziehung nach § 62 FamFG entfaltet Bindungswirkung für den Schadensersatzprozess (siehe BGH NJW 2005, 58; 2006, 3572). Einen Schadensersatzanspruch im Fall rechtswidriger Freiheitsentziehung sieht darüber hinaus Art. 5 Abs. 5 MRK vor (siehe EGMR NJW-RR 2006, 308 = R&P 2005, 186). Der Anspruch kann sich nicht nur gegen die verantwortlichen Personen bzw. den Träger der Einrichtung, sondern auch gegen staatliche Institutionen, die beteiligten Betreuungsrichter sowie den psychiatrischen Sachverständigen richten. Ein Betreuungsrichter kann sich zudem wegen Rechtsbeugung nach § 339 StGB strafbar machen, wenn er unter systematischer Mißachtung gesetzlicher Anhörungspflichten bei gleichzeitiger Vorspiegelung ordnungsgemäßen Vorgehens freiheitsentziehende Maßnahmen genehmigt (BGH FamRZ 2009, 1664 = BtPrax 2009, 236). Die richterliche Tätigkeit in Unterbringungssachen unterliegt nicht dem **Richterprivileg** des § 839 Abs. 2 Satz 1 BGB. Wegen des Verfassungsgrundsatzes der richterlichen Unabhängigkeit kommt eine Amtspflichtverletzung aber nur bei besonders groben Verstößen (Vorsatz oder grobe Fahrlässigkeit) in Betracht (BGH FamRZ 2003, 1541 = BtPrax 2003, 265; zur richterlichen Haftung in Betreuungssachen *Meier* BtPrax 2005, 131 ff.; *Zimmermann* BtPrax 2008, 185 ff.). Der Amtshaftungsanspruch richtet sich gegen den Staat und damit gegen das Bundesland, in dessen Dienst der Richter steht. Ein gerichtlicher **Sachverständiger** haftet, wenn er grob fahrlässig ein unrichtiges Gutachten erstattet, insbesondere wesentliche Aspekte der Gutachtenserstattung missachtet (§ 839a BGB, so bereits BVerfG NJW 1979, 305; zur Neuregelung der Haftung des gerichtlichen Sachverständigen *Lesting* R&P 2002, 224). Der Schadensersatzanspruch nach Art. 5 Abs. 5 MRK ist dagegen verschuldensunabhängig (BGH InfAuslR 2006, 334). Der BGH geht auch bei der freiwilligen Unterbringung eines unter Betreuung stehenden Betroffenen in der geschlossenen Abteilung eines psychiatrischen Krankenhauses von der öffentlich-rechtlichen Natur der Rechtsbeziehungen aus mit der Folge, dass Schadensersatzansprüche sich nach dem Vorschriften der Amtshaftung gemäß § 839 BGB richten (BGH NJW 2008, 1444 = R&P 2008, 126; aA *Fischer/Mann* NJW 1992, 1539; *Marschner* R&P 2008, 127; *Bienwald* R&P 2009, 212 ff.). Zu ersetzen sind der materielle und der immaterielle Schaden. Dies gilt auch für den Anspruch nach Art. 5 Abs. 5 MRK (BGH NJW 1993, 2927). Bei der Frage, ob eine **Geldentschädigung** nach § 253 Abs. 2 BGB verlangt werden kann, ist der Bedeutung des Grundrechts der Freiheit der Person nach Art. 2 Abs. 2 Satz 2 GG Rechnung zu tragen (BVerfG NJW 2010, 433). Bei der Bemessung der Geldentschädigung nach § 253 Abs. 2 BGB orientiert sich die Rechtsprechung in der Regel nicht an den Tagessätzen des StrEG. Teilweise wird vertreten, dass am Anfang einer rechtswidrigen Freiheitsentziehung ein höherer Betrag anzusetzen sei (so LG Berlin R&P 1988 Heft 1, 29; aA LG Marburg R&P 1996, 137: nicht degressiv). Die Schadensersatzansprüche unterliegen der regelmäßigen Verjährungsfrist von drei Jahren (§ 195 BGB). Dies gilt auch für die Ansprüche aus Art. 5 Abs. 5 MRK (BVerfG NJW 2005, 1567).

153 Beispiele aus der Rechtsprechung (mit Schmerzensgeldbeträgen):

- AG Langenfeld NJW 1982, 2609;
- OLG Nürnberg R&P 1988 Heft 4, 28 = NJW-RR 1988, 791: Entmündigung und Unterbringung (30 000 DM);
- LG Berlin R&P 1988, Heft 1, 29: öffentlich-rechtliche Unterbringung für 2 Tage (2000 DM);
- BGH VersR 1991, 306;
- OLG Oldenburg VersR 1991, 306: vorläufige Unterbringung von 8 Tagen (5000 DM)
- OLG Stuttgart VersR 1991, 1288: Unterbringung in psychiatrischem Krankenhaus von 4 Wochen (12 000 DM);
- OLG Frankfurt R&P 1992, 66: Zwangsmaßnahmen im Rahmen der Vorbereitung einer Unterbringung (2000 DM);
- OLG Köln R&P 1993, 81: Fixierung in psychiatrischem Krankenhaus;
- BGH R&P 1995, 184 für den Fall einer Fehldiagnose im Unterbringungsverfahren;
- OLG Karlsruhe R&P 1995, 185;
- KG R&P 1996, 86: mehrwöchige vorläufige Unterbringung (10 000 DM);
- LG Marburg R&P 1996, 137: mehrjährige Unterbringung und Behandlung im psychiatrischen Krankenhaus (500 000 DM);
- OLG Hamm FamRZ 2001, 863: Rechtswidrige Unterbringung von mehr als 2 Monaten (5000 DM);
- OLG Oldenburg InfAuslR 2003, 296: Beantragung einer offensichtlich unzulässigen Abschiebungshaft;
- EGMR NJW-RR 2006, 308 = R&P 2005, 186: mehr als 20-monatige Unterbringung und Behandlung in psychiatrischem Krankenhaus ohne Rechtsgrundlage (75 000 Euro);
- EGMR NJW 2006, 2313: Eineinhalbjährige Unterbringung eines HIV-infizierten Patienten (12 000 Euro);
- EGMR InfAuslR 2006, 437: fehlende Information der Haftgründe (1500 EURO);
- EGMR InfAuslR 2009, 3: rechtswidrige Abschiebungshaft von vier Wochen (3000 Euro);
- LG München I FamRZ 2009, 1629: kurzzeitige psychiatrische Unterbringung (10 000 Euro);

6. Verhältnis und Konkurrenz der Freiheitsentziehungsformen A

- siehe auch LG Traunstein R&P 1993, 84: Feststellung der Rechtswidrigkeit einer Verwaltungsunterbringung;
- zur Problematik des Widerrufs einer ärztlichen Diagnose sowie zum Anspruch auf Geldentschädigung bei leichtfertig erstelltem Gutachten im Unterbringungsverfahren BGH NJW 1989, 774 = R&P 1989, 116; BGH NJW 1999, 2736 = R&P 2000, 36.

B. Die Ländergesetze zur Unterbringung psychisch kranker und abhängiger Menschen

Übersicht

1. Grundlagen des öffentlichen Unterbringungsrechts	1
a) Geschichtliche Hintergründe der öffentlich-rechtlichen Unterbringung	2
b) Systematik des öffentlichen Unterbringungsrechts	5
c) Rechtspolitischer Rahmen des öffentlichen Unterbringungsrechts	11
d) Die öffentlich-rechtliche Unterbringung als Teil des Gesundheitsrechts	16
e) Die Gefahrenabwehr in der Struktur des Gesundheitsrechts	24
f) Gesetzgebungskompetenz	26
2. Auslegungs- und Gestaltungsgrundsätze im öffentlichen Unterbringungsrecht	29
a) Gleichbehandlung von psychisch kranken Menschen	30
b) Zweck und Ziel der Unterbringung	33
c) Unterbringung als Sonderopfer	38
d) Selbstbestimmungsrecht und Schutz der Grundrechte	40
e) Verhältnismäßigkeitsgrundsatz	42
3. Hilfen und Maßnahmen	44
a) Rechtspolitische Einschätzung	47
b) Aufgaben und Bedingungen der vor- und nachgehenden Hilfen	54
c) Rechtslage – Allgemeine Grundsätze	60
d) Rechtslage – Befugnisse und Pflichten bei Hilfen und Maßnahmen	64
e) Die Ländergesetze	69
4. Außergerichtliches Verfahren (Verwaltungsverfahren)	85
a) Sachliche Zuständigkeit der Behörde	88
b) Örtliche Zuständigkeit der Behörde	90
c) Anforderungen an den Antrag auf Anordnung der Unterbringung	91
d) Verfahren zur Vermeidung der Unterbringung	92
e) Vorgeschriebene Ermittlungen und eventueller Zwang	93
f) Verwaltungsunterbringung	94
g) Bekanntgabe der Beendigung des Verwaltungsverfahrens	99
h) Mitteilungspflicht	100
i) Gerichtliche Kontrolle belastender Maßnahmen	101
5. Anordnung der Unterbringung	104
a) Überblick	104
b) Freiheitsentziehung und freiwillige Unterbringung	105
c) Krankheit, Sucht, Behinderung	108
d) Gefahr	113
aa) Überblick über die gesetzlichen Regelungen	113
bb) Der polizeirechtliche Gefahrbegriff	119
cc) Der strafrechtliche Gefahrbegriff	123
dd) Der Gefahrbegriff im Unterbringungsrecht	124
e) Kausalität	142
f) Erforderlichkeit	144

B

Ländergesetze

6. Vollstreckung	145
a) das Vollstreckungsverfahren der Gesundheitsbehörde	145
b) Vollstreckungskonkurrenz mit Freiheitsentzug auf Grund Bundesrechts	152
c) Vollstreckungsplan und Beleihung	157
7. Vollzug der Unterbringung	159
a) Grundlagen des Vollzugsrechts	159
aa) Erkenntnisquellen	159
bb) Differenzierung der Maßnahmen	163
cc) Trennung der Eingriffsrichtungen	164
dd) Zweck und Ziel	166
ee) Kompensation des Sonderopfers	168
ff) In dubio pro libertate	169
b) Aufnahmevollzug	171
aa) Organisation der Aufnahme	173
bb) Eingangsuntersuchung	179
c) Behandlungs- und Vollzugsplan	181
d) Behandlung	183
aa) Anlasskrankheit und sonstige (interkurrente) Erkrankungen	183
bb) Enger und weiter Begriff der Behandlung	184
cc) Behandlungsmethoden	186
dd) Behandlungsanspruch	195
ee) Das Behandlungsmodell im Unterbringungsvollzug	198
ff) Freiwillige Behandlung	202
gg) Zwangsbehandlung	208
hh) Einwilligung durch den gesetzlichen Vertreter	212
ii) Notfallbehandlungen	219
e) Gewährleistung eines menschenwürdigen Lebens- und Entfaltungsspielraums	221
aa) Allgemeines	221
bb) Wohnen	223
cc) Besitz von Sachen	224
dd) Kleidung	225
ee) Einkauf und Paketempfang	226
ff) Außenkontakte	227
gg) Arbeit	228
hh) Religionsausübung	229
ii) Vollzugslockerungen und Urlaub	230
jj) Offener Vollzug	242
kk) Aufenthalt im Freien	243
ll) Verlegung in ein anderes Krankenhaus	244
f) Eingriffe zum Schutz der Sicherheit und Ordnung des Krankenhauses	247
aa) Allgemeines	247
bb) Beschränkung des Besitzes von Sachen	252
cc) Besuchsbeschränkungen	254
dd) Eingriffe in den Schriftverkehr	257
ee) Verwertung von Erkenntnissen	259
ff) Anordnungsbefugnisse, Duldungspflicht und unmittelbarer Zwang	260
gg) Besondere Sicherungsmaßnahmen	261
hh) Durchsuchung	263
ii) Disziplinarmaßnahmen	264
jj) Hausordnung und Hausrecht	265
g) Akteneinsicht	267

1. Grundlagen des öffentlichen Unterbringungsrechts

h) Beschwerdestellen, Besuchkommissionen, Patientenfürsprecher 269
i) Rehabilitation 272
8. Kosten der Unterbringung 273
   a) Kosten der verschiedenen Verfahrensabschnitte 273
   b) Kosten des vorbereitenden Verwaltungsverfahrens 275
   c) Kosten der Vollstreckung 276
   d) Kosten des Vollzugs der Unterbringung 277

1. Grundlagen des öffentlichen Unterbringungsrechts

Für die psychiatrische Unterbringung nach den Ländergesetzen hat sich 1 die **Bezeichnung als „öffentlich-rechtliche Unterbringung"** und deren Grundlage als „öffentliches Unterbringungsrecht" eingebürgert. Dies wird hier beibehalten, wenngleich es unpräzise ist angesichts weiterer Unterbringungsformen, die ebenfalls im öffentlichen Recht wurzeln, aber nicht an eine psychische Krankheit anknüpfen (vgl. Kap. **E**).

Gegenstand der Kommentierung in diesem Abschnitt sind die Voraussetzungen für **Anordnung, Vollstreckung und Vollzug** der Unterbringung nach den Ländergesetzen zur Unterbringung psychisch- und suchtkranker Menschen. Die Materie der einer Unterbringung **vor- und nachgehenden Hilfen** wird insoweit dargestellt, als sie zum Verständnis und im Zusammenhang mit dem Unterbringungsrecht notwendig ist (zur Entwicklung des öffentlichen Unterbringungsrechts vgl. oben Kap. **A** S. 6 f.; zu den statistischen und sozialwissenschaftlichen Grundlagen, insbesondere Häufigkeit und Dauer der Unterbringung vgl. oben **A** S. 20 ff.; zu den verfassungsrechtlichen Grundlagen vergleiche oben **A** S. 2 f. und 11 ff.). Demgegenüber ist das Unterbringungsverfahren in §§ 312 ff. FamFG geregelt (hierzu Kap. **D**).

a) Geschichtliche Hintergründe der öffentlich-rechtlichen Unter- 2 **bringung.** Ursprünge der Kodifikation des Unterbringungsrechts reichen wie die des Polizei- und Ordnungsrechts in das Preußische Allgemeine Landrecht aus dem Jahr 1794 zurück (*Baumann* S. 18 f.; hierzu Kap. E S. 367 ff.). Seitdem wurde das Recht der psychisch Kranken überwiegend als Polizeirecht aufgefasst. Eine etwas andere Entwicklung nahm lediglich das in der Tradition des Badischen Irrenfürsorgegesetzes von 1910 stehende Unterbringungsrecht von Baden-Württemberg (zum ganzen siehe *Stolz*, R&P 1984, 51 ff.; *Reichel* S. 271 ff.). Der staatliche Umgang mit psychisch kranken und süchtigen Menschen lässt sich daher nur im **historischen Kontext** vollständig verstehen (*Dörner/Plog* S. 457 ff.). Die sozialgeschichtlichen Untersuchungen von *Foucault* (Wahnsinn und Gesellschaft) und *Dörner* (Bürger und Irre) zeigen darüber hinaus auf, wie sich die Psychiatrie zu einer Disziplin entwickeln konnte, die staatlichen Sicherheitsaufgaben ebenso wie dem ärztlichen Heilungsideal verpflichtet ist. Die Geschichte der Psychiatrie in der NS-Zeit zeigt, dass die Psychiatrie zu einem Handlanger purer Ordnungsinteressen und Unmenschlichkeit wurde. **Geistesgeschichtlich** wurzelt der heutige Umgang mit psychischer Krankheit in der Ausgrenzung des Unvernünftigen durch die **Aufklärung** und durch den zeitgleich entstandenen **Merkantilismus,** der nach nützlichen und schädlichen Gesellschaftsmitgliedern trennte (*Foucault* S. 87). Auch heute noch ist ein zentrales Problem beim Umgang mit psychisch kranken Menschen, inwieweit die Vernunft das Menschenbild prägt. Wenn von einem Menschen als von einem geistig-sittlichen Wesen ausgegangen wird, das darauf angelegt ist, in Freiheit sich selbst zu bestimmen und sich zu entfalten und damit die Menschenwürde als der „oberste Rechtswert innerhalb der verfassungsmäßigen Ordnung" definiert wird (*Maunz/Dürig,* GG, Art. 1 Abs. 1 Rn. 18), so stellt sich die Frage, was mit denen ist, die dieser Vorstellung vom Menschen nicht entsprechen. Die Erkenntnis lautet: je geringer die Toleranz gegenüber der Unvernunft, umso weniger werden die psychisch kranken Menschen an den Errungenschaften der Aufklärung partizipieren.

3   Die gesellschaftliche Realität zeigt, dass die Menschen in einer für demokratische Entscheidungen relevanten Größenordnung bereit sind, etwa Gefahren des Straßenverkehrs, der Energiewirtschaft, des Zigarettenkonsums hinzunehmen, während die Gefährlichkeit psychisch kranker Menschen allgemein überschätzt wird und ein objektiv nicht gerechtfertigtes Sicherheitsbedürfnis auslöst (vgl. Kap. **A** S. 38 ff.). Dies lässt sich vor der Tradition der Ausgrenzung, des Unverständnisses und der Etikettierungsprozesse verstehen und mit dieser Kenntnis überwinden.

4   Konkret lehrt die Geschichte (*Wagner* S. 111 ff., 144 ff.), dass die Psychiatrie, solange sie Sicherungs- und Besserungsaufgaben wahrnimmt, in der Gefahr ist, Disziplinierung, Bestrafung und Zwang als Fürsorge und Besserung zu etikettieren und dadurch zur gesellschaftlichen und rechtlichen Ausgrenzung psychisch kranker Menschen beizutragen. Diese Gefahr besteht auch heute noch in einer am ärztlichen Behandlungsmodell orientierten Anstaltspsychiatrie, die eine Integration der betroffenen Menschen in die Gesellschaft sowie die Umsetzung bedarfsorientierter sozialpsychiatrischer Konzepte erschwert.

5   **b) Systematik des öffentlichen Unterbringungsrechts.** Das öffentliche Unterbringungsrecht beschränkt sich heute nicht mehr auf eine bloße freiheitsentziehende Eingriffsverwaltung, die die Rechte der untergebrachten Personen beschränkt. Mit der Zunahme fürsorgerischer Aspekte (dazu Kap. **A** S. 6 f.) wurden in den Ländergesetzen auch sozialrechtliche Regelungen getroffen und Elemente der Leistungsverwaltung im Unterbringungsrecht etabliert. Damit geht es in diesem Kapitel um folgende Rechtsmaterien: Das **Recht der Hilfen** (S. 87 ff.) regelt die einer Unterbringung voraus- und nachgehende Gesundheitsfürsorge. Das **Recht der Schutzmaßnahmen** (S. 87 ff.) regelt die auch mit Zwangsmitteln durchsetzbaren Maßnahmen zur Vermeidung einer Unterbringung. Das **Anordnungsrecht** (S. 110 ff.) regelt die Voraussetzungen der Unterbringung. Das **Vollstreckungsrecht** (S. 128 ff. sowie **D** §§ 328 ff. FamFG) entscheidet darüber, ob und wo und wie lange der Freiheitsentzug stattfindet. Das **Vollzugsrecht** (S. 132 ff.) bestimmt die Art und Weise der Unterbringung. Zur Anwendung dieser Rechtsmaterien wurde ein eigenes **Verwaltungsverfahrensrecht** geschaffen, das zudem die **Verwaltungsunterbringung** (S. 101 ff.) regelt.

6   Zwischen diesen Gegenständen des öffentlichen Unterbringungsrechts zu unterscheiden ist schon deshalb sinnvoll, weil sie jeweils eigene und durch-

1. Grundlagen des öffentlichen Unterbringungsrechts **B**

aus unterschiedliche Prinzipien und Rechtsgrundsätze aufweisen. Sie machen aus dem öffentlichen Unterbringungsrecht eine komplexe Regelungsmaterie. In gewisser Weise wurde damit für die Bereiche des **Ordnungs-, Gesundheits- und Sozialrechts** ein besonderes Recht für psychisch kranke Menschen geschaffen. Es wäre schon im Ansatz verfehlt, dieses „**Sonderrecht**" für den Umgang mit psychisch und suchtkranken Menschen einem einzigen Rechtsgebiet zuzuordnen. Dies hat der alte **Streit über den fürsorgerechtlichen oder polizeirechtlichen Charakter** des Unterbringungsrechts gezeigt (vgl. *Neumann*, NJW 1982, 2589 und vor allem *Stolz*, R&P 1984, 51 ff.). *Baumann* vertrat das zweite Verständnis, um die Eingriffsbefugnisse zu minimieren (*Baumann* S. 23). *Horst Göppinger* wollte mit der fürsorgerischen und damit sozialrechtlichen Charakterisierung gegen den Verwahrungsmissbrauch angehen und dem Fortschritt der Psychiatrie bei der Behandlung Rechnung tragen (FamRZ 1980, 856 f.). Beide nutzten für ihre rechtspolitischen Ziele die unterschiedlichen Erkenntnisse der unterschiedlichen Rechtsmaterien. Und beide Zuordnungen lassen sich aus rechtsgeschichtlichen Zusammenhängen erklären. Die geschichtliche Verankerung des Unterbringungsrechts im Polizeirecht wurde von *Baumann* ausführlich dargestellt (*Baumann* S. 18 ff.) und prägt auch heute noch die Formulierung in einigen Ländergesetzen (vgl. S. 113 ff.). Die fürsorgerische Begründung steht in der Tradition von Bestrebungen um ein „Irrenfürsorgegesetz" (dazu *Brill* in: *Berger/Schirmer* S. 106; *Crefeld*, Öff. Gesundh.-Wes. 1988, 542).

Beide Ansätze hatten ihre Berechtigung in der Abgrenzung gegeneinander, indem sie die jeweiligen Gefahren des anderen Verständnisses aufzeigten. Sie wiesen damit aber gleichzeitig ihren begrenzten Wert für die Charakterisierung des Unterbringungsrechts nach. Die polizeiliche Gefahrenabwehr macht die psychisch Kranken zu Störern. Die Zwangsfürsorge neigt dazu, sie zu fremdbestimmten Behandlungsobjekten zu degradieren (*v. Eicken u. a.* S. 86 f.). Ein **modernes Unterbringungsrecht,** verstanden als Teil eines Gesundheitsstrukturrechts, sperrt sich gegen die eine wie die andere Zuordnung (*Marschner* 1985 S. 140, 155; *Stolz*, R&P 1984, 56 ff.). Zudem versagen die polizeirechtlichen wie die fürsorgerechtlichen Bezüge den von ihnen erwarteten Dienst. Mit einem **Polizeirecht,** das seine Sicherungslinie immer weiter vorverlegt (siehe *Reichel* S. 99 f.), lassen sich die Unterbringungsvoraussetzungen nicht mehr eingrenzen. Ein **Fürsorgerecht,** das gegen das Selbstbestimmungsrecht streitet und damit den psychiatrischen (*Stolz*, R&P 1984, 55) und öffentlichen Bedürfnissen mehr dient als dem der Erkrankten (*Neumann*, NJW 1982, 2588 ff.), versagt bei der **Neustrukturierung des Gesundheitswesens.** Die „Erkenntnisquellen" des Unterbringungsrechts müssen also neu bestimmt werden. 7

Das **Anordnungs- und Vollstreckungsrecht** wurzelt in Art. 104 GG und ist damit dem Bereich der Freiheitsentziehung zuzuordnen. Wegen der überragenden Bedeutung des Freiheitsgrundrechts in einem freiheitlich demokratischen Rechtsstaat (vgl. Kap. **A** S. 2 ff.) sind an dessen Einschränkung erhebliche formelle und materielle Anforderungen gestellt, die weder im Sozialrecht, noch im Polizeirecht deutlich entwickelt wurden, weil in beiden Rechtsmaterien der Freiheitsentzug eine eher untergeordnete Rolle spielt. 8

Es drängt sich schon wegen der Nähe zur Unterbringung nach den §§ 63, 64 StGB (*Wagner* S. 15 ff.) vielmehr der **Vergleich mit dem Strafrecht** auf, dessen wesentliche Aufgabe wie im Unterbringungsrecht darin besteht, die Voraussetzungen des Freiheitsentzugs als Mittel der Sozialpolitik zu definieren. Wesentliche Prinzipien gelten in Straf- und Unterbringungsrecht gleichermaßen: der Ultima-ratio-Gedanke (*Saage/Göppinger* 2. Auflage III Rn. 185); das Bestimmtheitsgebot des Art. 103 Abs. 2 GG findet seine Entsprechung in Art. 104 Abs. 1 GG und dem Rechtsstaatsprinzip (BVerfGE 22, 219); „in dubio pro reo" wird im Unterbringungsrecht zu „in dubio pro libertate" (Kap. **A** S. 50 und unten S. 86); die Gefährlichkeitsprognose als maßgebliches Instrument zur Vorhersage von Gefährlichkeit wurde zum Strafrecht entwickelt und erforscht (Kap. **A** S. 51 ff.). Das Vollzugsrecht wurde ausgehend von der Strafvollzugsentscheidung des Bundesverfassungsgerichts (siehe Kap. **A** S. 13) ebenfalls im strafrechtlichen Bereich entwickelt. Das StVollzG gilt als Modell für andere Formen der Freiheitsentziehung (vgl. §§ 129, 167, 171 StVollzG).

9 Sobald es beim **Recht der Hilfen** um **Behandlungsansprüche, Gesundheitsfürsorge und Rehabilitation** geht, geht es um die sozialstaatliche Absicherung der zentralen Bedürfnisse nach Behandlung, Wohnung und Beschäftigung und damit um einen gesundheitsrechtlichen Zusammenhang. Im Bereich der Leistungsverwaltung sind die dogmatischen Erkenntnisquellen also in der sozialstaatlichen Ordnung zu suchen, wo sich z. B. in § 10 SGB I, § 27 SGB V und im SGB IX (Rehabilitation und Teilhabe) ganz ähnliche Zielvorgaben für die Psychiatrische Versorgung wie in den Psychisch-Kranken-Gesetzen finden (vgl. *Crefeld,* Öff. Gesundh.-Wes. 1988, 544; zum Verhältnis von Betreuungs- und Sozialrecht *Marschner* R&P 2003, 182 ff.).

10 Bei den **Schutzmaßnahmen** geht es um die notfalls auch zwangsweise **Einbindung in die Versorgungsstruktur** und deshalb im Kern um Sozial- und Wohlfahrtsrecht. Im Fall der Schutzmaßnahme zur Abwendung einer Unterbringung sind die aus dem Polizeirecht bekannten Schranken der dortigen Zwangsbefugnisse zu beachten (Subsidiarität; Erforderlichkeit, Verhältnismäßigkeit). Wenn mit den Maßnahmen das Unterbringungsverfahren gesichert oder vorbereitet werden soll, finden sich Parallelen zu den Grundrechtseingriffen im strafrechtlichen Ermittlungsverfahren der StPO.

11 c) **Rechtspolitischer Rahmen des öffentlichen Unterbringungsrechts.** Die grundlegenden Arbeiten zur Systematisierung des Unterbringungsrechts sind zwischen 1965 und 1975 durch *Baumann* (Unterbringungsrecht, 1966) und *Horst Göppinger* (*Saage/Göppinger,* 2. Auflage 1975) geleistet worden. Die Grenzen des staatlichen Zwangs und die Patientenrechte wurden dabei menschenrechtlich und aus dem Grundgesetz formuliert und begründet. Die **zentralen Streitfragen** rankten sich um ein polizeirechtliches oder fürsorgerisches Verständnis des Unterbringungsrechts, um die Konkurrenz der Unterbringungsformen und um die Zulässigkeit der Zwangsbehandlung (*Franke,* DRiZ 1960, 17 ff.; *Horst Göppinger,* FamRZ 1980, 856 ff.). Die dabei aufgetretenen **verfassungsrechtlichen Fragen** hat *Kopetzki* in seiner umfassenden und tiefgehenden österreichischen Habilitationsschrift

1. Grundlagen des öffentlichen Unterbringungsrechts **B**

aus dem Jahr 1995 aufgegriffen und vertieft. Man kann heute sagen, dass die vor etwa 40 Jahren begonnene verfassungsrechtliche Durchdringung durch die Arbeit *Kopetzkis* weitgehend abgeschlossen ist (vgl. *Volckart* R&P 1996, 149). Der **aktuelle dogmatische Stand** lässt sich mit den Begriffen Legalismus und Medikalismus beschreiben. Danach bestimmt der Richter im Rahmen der Gesetze über den Freiheitsentzug **(Legalismus).** Die weiteren Grundrechtseingriffe werden patientennah (rechtliche Betreuer; Ärzte etc.) und therapeutisch ausgerichtet **(Medikalismus),** aber ebenfalls im Rahmen der dafür erlassenen Gesetze vorgenommen (mit internationaler Perspektive: *Forster* 1997; *Legemaate* R&P 1998, 80). Die Diskussion um spezifisch ärztliche Zwangsbefugnisse (ärztliches Gewaltverhältnis; ärztliches Privileg; Anstaltsgewalt; vgl. *Kopetzki* I S. 194) hat sich inzwischen als verfassungswidrig erledigt (BVerfGE 33, 1; vgl. Kap. **A** S. 13).

Die von *Baumann* und *Göppinger* vorgefundene **Versorgungslage in den** 12 **60er Jahren** des vorigen Jahrhunderts war geprägt durch ein stationäres Modell, in dem die psychiatrischen Krankenhäuser ein Behandlungsmonopol hatten. Psychisch kranke Menschen, die in diesen stationären Einrichtungen nicht unterkamen oder dort nicht untergebracht wurden, blieben weitgehend unversorgt.

Inzwischen sind mehr als 30 Jahre **Psychiatriereform** vergangen. Die europaweit entstandene gesellschaftliche Diskussion hatte die bundesdeutsche Politik mit der 1971 in Auftrag gegebenen und 1975 vorgelegten Psychiatrie-Enquete (BT-Drs. 7/4200) erreicht. Als die Forderungen der Psychiatrie-Enquete aufgestellt wurden, war eine Versorgung psychisch kranker Menschen im gesundheitspolitischen Sinn kaum vorhanden. Es wurde weitgehend nur ausgegrenzt, verwahrt und allenfalls punktuell behandelt. Inzwischen ist eine **ambulante Versorgungsstruktur** entstanden, wurde die stationäre Versorgung jedenfalls teilweise zugunsten der **gemeindenahen Versorgung** zurückgeschraubt, und die Zustände innerhalb der Institutionen haben sich verbessert (vgl. *Voges/Becker* in *Berger* S. 238ff.). Die Reform ist nicht abgeschlossen. Bleibt es bei der jetzigen Struktur, werden sich die erreichten Verbesserungen bald als zu teuer und auch als **unsozial** erweisen, weil sie z.B. die **chronisch Kranken** und die **alten Menschen** nur teilweise erreichen. Diese werden heute überwiegend in den kleiner werdenden Institutionen oder in Heimen isoliert und von der psychiatrischen Versorgungsinfrastruktur weitgehend abgeschnitten.

Zur Beurteilung der Ausgangslage in den **neuen Bundesländern** Bran- 13 denburg, Mecklenburg-Vorpommern, Sachsen, Sachsen-Anhalt und Thüringen kann auf den im Auftrag des Bundesgesundheitsministeriums verfassten Bericht „Zur Lage der Psychiatrie in der ehemaligen DDR" vom 30. 5. 1991 zurückgegriffen werden. Danach dominierte das psychiatrische Krankenhaus (S. 3). Die Unterbringungsverhältnisse werden für einzelne Bereiche und Gebiete als menschenunwürdig beschrieben (S. 13) und vor allem bei den geschlossenen Abteilungen wird der z. T. trostlose Zustand beklagt. In Polikliniken hatte sich demgegenüber gebietsweise eine bedarfsorientierte kommunale psychosoziale Versorgungsstruktur entwickelt mit multiprofessionellen ambulanten Beratungszentren (S. 3). Inzwischen ist die Situation in den neuen Bundesländern von derselben Sozialrechtsordnung und demselben Defizit bei der Umsetzung der Reformforderungen wie im alten Bundesgebiet geprägt (*Motzener Thesen,* Soziale Psychiatrie 2000, Heft 1, S. 24 zum Stand der Psychiatriereform in den neuen Bundesländern).

14 Die eingetretenen Entwicklungen haben die **Koordinaten geändert**, innerhalb derer das Unterbringungsrecht zu kommentieren ist. Dies wird sichtbar bei den Psychisch-Kranken-Gesetzen, die an die Stelle des ursprünglich polizeirechtlichen Zugriffs die Ansätze einer gesundheitspolitischen Konzeption stellen, wo der Freiheitsentzug nicht mehr isoliert geregelt, sondern in ein System vor- und nachgehender Hilfen eingebunden wird (zur Entwicklung **A** S. 6 ff.). Auch in anderen Teilen der Rechtsordnung haben **bedeutende Entwicklungen** stattgefunden. Die durch Zwangsfürsorge besonders gefährdete Rechtsposition psychisch kranker Menschen wurde im Gesetzgebungsverfahren zum **Betreuungsrecht** und dabei im Zusammenhang mit der zivilrechtlichen Unterbringung neu diskutiert. Mit der Betonung des Erforderlichkeitsgrundsatzes und der Hervorhebung des Selbstbestimmungsrechts psychisch Erkrankten wurden Prinzipien festgeschrieben, die auch für das Unterbringungsrecht maßgeblich sind. Die Diskussion um neue Rechtsinstitute wie **Patientenverfügung, Vorsorgevollmacht und Behandlungsvereinbarung** (siehe hierzu *Dietz/ Pörksen/Voelzke* 1998 und R&P 2002, 27; *Walter* FamRZ 1999, 685; *Hartmann* NJW 2000, 113; *Schröder/Konrad*; *Marschner, Pfäfflin, Zinkler, Rakete-Dombek* R&P 2000, 159 ff.) wirkt sich in der Praxis aus, weil immer mehr Betroffene ihren Willen in einer vorab niedergelegten Willenserklärung dokumentieren. Am 1. 9. 2009 ist das 3. BtÄndG in Kraft getreten, in dem im Anschluss an die Rechtsprechung des BGH (NJW 2003, 1588 = R&P 2003, 153) die Verbindlichkeit von Patientenverfügungen nunmehr ohne Begrenzung auf bestimmte Krankheitsbilder geregelt wird (hierzu C S. 208; zum Verhältnis von Vorsorgevollmacht und Patientenverfügung zur öffentlich-rechtlichen Unterbringung S. 127). In den PsychKG von Nordrhein-Westfalen (§ 2) und Schleswig-Holstein (§ 1 Abs. 3) werden Behandlungsvereinbarungen bzw. Patientenverfügungen ausdrücklich auch im Öffentlichen Unterbringungsrecht erwähnt.

15 Im Unterbringungsrecht führt dies zu **tiefgreifenden Veränderungen** (vgl. den Musterentwurf eines Gesetzes für psychisch Kranke von *Marschner/ Volckart,* R&P 1992, 54 ff.; dazu die Anmerkungen von *Richter,* R&P 1993, 68 ff.; *Voelzke,* R&P 1993, 18 ff.; *Welzel,* R&P 1993, 23 ff.; zur zukünftigen Entwicklung *Marschner* R&P 1998, 68 ff.). Das **Unterbringungsrecht** ist nicht mehr das zentrale Instrument zum Umgang mit psychisch Erkrankten, sondern nur noch **Teil eines Gesundheitsstrukturrechts.** Die zentralen Fragen eines so verstandenen Unterbringungsrechts knüpfen an dem Verhältnis von Hilfe und Zwang an. Leistungs- und Eingriffsverwaltung müssen in ihren Voraussetzungen klar getrennt, in ihrer sachlichen Anwendung aber aufeinander bezogen werden. Auf der einen Seite müssen die Kompetenzen und Ausstattungen der ambulanten Einrichtungen definiert und die Rechte der Patienten auf diese Hilfe möglichst präzise formuliert werden. Auf der anderen Seite sind die Voraussetzungen für Rechtsbeschränkungen eng zu

1. Grundlagen des öffentlichen Unterbringungsrechts **B**

umschreiben, die Rechte der Patienten zu konkretisieren, die Beachtlichkeit des Patientenwillens hervorzuheben und die Verknüpfung der Unterbringung mit den Hilfen so auszugestalten, dass die Zwangsunterbringung zum seltenen und auch dann nur kurzen Sonderfall in akuten Krisensituationen wird. Die öffentlich-rechtliche Unterbringung wird damit im Gegensatz zu der auf langfristige persönliche Zuwendung angelegten zivilrechtlichen Unterbringung zu einem **Instrument der Krisenintervention** in einem Gesamtkonzept psychiatrischer Hilfen und Maßnahmen. Die Unterbringung und eventuell weitere erforderlich werdende Zwangsmaßnahmen können durch entsprechend hohen Personaleinsatz bei die Behandlung während der Krise auf den kürzest möglichen Zeitraum begrenzt werden.

d) Die öffentlich-rechtliche Unterbringung als Teil des Gesundheitsrechts. Das für Psychisch Kranke einschlägige Gesundheitsstrukturrecht wird insbesondere geprägt durch §§ 27 ff. SGB V, die Krankenhausgesetze (Zusammenstellung der Landeskrankenhausgesetze bei *Laufs/Uhlenbruck* § 84 Rn. 22) und die Ländergesetze **zur öffentlichen Gesundheitsfürsorge** (Übersicht in *Lisken/Denninger* S. 189 f.). In diesem Regelungszusammenhang stehen die **PsychKG und Unterbringungsgesetze** der Bundesländer, die besondere Regelungen für psychisch kranke und suchtkranke Menschen enthalten (*Brill*, 1998 S. 98). Die Vorschriften über den Öffentlichen Gesundheitsdienst (ÖGD) und die PsychKG bzw. Unterbringungsgesetze lösen den landesrechtlichen Sicherstellungsauftrag im Bereich der psychiatrischen Versorgung ein. 16

Bei der Beratung und Betreuung von psychisch kranken und suchtkranken Menschen hat der ÖGD eine subsidiäre und komplementäre Rolle. Sie ist aber notwendig, da immer noch Betroffene von anderen Betreuungsangeboten (z. B. niedergelassenen Ärzten, Drogenberatungsstellen, Selbsthilfegruppen) nicht erreicht bzw. angenommen werden. Der ÖGD nimmt insbesondere Aufgaben in der Kinder-, Jugend- und Gerontopsychiatrie wahr. Wesentliche Aufgaben des ÖGD werden von den sozialmedizinischen Diensten wahrgenommen. Die sozialmedizinischen Dienste sollen sicherstellen, dass Personen, die wegen Krankheit oder Behinderung der Hilfe bedürfen, durch den ÖGD beraten werden (Gesundheitsberatung), vom ÖGD in andere Beratungs- und Hilfeeinrichtungen vermittelt werden (z. B. Auskunfts- und Beratungsstellen), Hilfen für den Betroffenen koordiniert eingesetzt werden und zum Teil Hilfen direkt gewährt werden. Dazu gehört die Mitarbeit in psychosozialen Arbeitsgemeinschaften sowie im gemeindepsychiatrischen Verbund. Teil des ÖGD ist auch der amtsärztliche Dienst mit gutachterlichen Aufgaben. Zu diesem Aufgabenbereich gehören insbesondere auch die Untersuchung und Begutachtung im Zusammenhang mit der Unterbringung von psychisch Kranken. 17

Die **Einbindung der Ländergesetze** zur öffentlichen Unterbringung **in das öffentliche Gesundheitsrecht** läßt sich am Beispiel von Nordrhein-Westfalen beispielhaft aufzeigen. Dort ist durch Gesetz über den Öffentlichen Gesundheitsdienst (ÖGDG NW v. 25. 11. 1997) der bei der unteren Gesundheitsbehörde angesiedelte Sozialpsychiatrische Dienst mit Aufgaben der Beratung und Vorhaltung von Hilfen für psychisch Kranke betraut (zu 18

Marschner

B Ländergesetze

den unterschiedlichen Aufgaben von Sozialpsychiatrischen Dienst und Betreuungsstelle in Nordrhein-Westfalen *Karp-Schröder* BtPrax 2002, 96 ff.). Das Krankenhausgesetz (KHG NW v. 16. 12. 1998) legt die Pflichtversorgung nach dem PsychKG für alle Einrichtungen mit psychiatrischen Abteilungen oder Fachkrankenhäuser fest und regelt somit auch die Krankenbehandlung für psychisch Kranke. Das PsychKG NW vom 17. 12. 1999 wurde in diese Gesetze eingebunden (LT-Drs. 12/4063; vgl. §§ 5 Abs. 1, 6, 10 Abs. 3 und 4, 28 Abs. 1). Dementsprechend wird in Nordrhein-Westfalen das Gesundheitsrecht für Psychisch Kranke durch PsychKG, ÖGDG und KHG sowie durch das Maßregelvollzugsgesetz (MRVG NW v. 15. 6. 1999) bestimmt.

19   Die **Finanzierung der psychiatrischen Versorgung** wird vor allem durch das **Sozialrecht**, insbesondere durch das Recht der Krankenversicherung (SGB V), im Bereich der Rehabilitation auch der Rentenversicherung (SGB VI) und schließlich durch das Recht der Sozialhilfe (SGB XII) sichergestellt. Im SGB IX werden die Rehabilitationsleistungen des Sozialgesetzbuches weitgehend vereinheitlicht und psychosoziale Leistungen (z. B. in § 26 Abs. 3 SGB IX) in den Leistungskatalog der Rehabilitationsträger einbezogen; außerdem finden sich Vorschriften, die den zügigen Zugang zu den im Einzelfall erforderlichen Rehabilitationsleistungen ermöglichen sollen (§§ 14, 15, 22 SGB IX; zu den sozialrechtlichen Grundlagen vgl. auch Kap. C S. 229). Von besonderer Bedeutung ist § 27 Abs. 1 S. 3 SGB V: „Bei der Krankenbehandlung ist den besonderen Bedürfnissen psychisch Kranker Rechnung zu tragen, insbesondere bei der Versorgung mit Heilmitteln und bei der medizinischen Rehabilitation". Eine vergleichbare Vorschrift für seelisch behinderte Menschen findet sich in § 10 Abs. 3 SGB IX. Im Bereich der ambulanten Behandlung besteht im Rahmen der kassenärztlichen Versorgung der **Sicherstellungsauftrag** für Ärzte, Psychotherapeuten und Krankenkassen (§ 72 Abs. 1 SGB V). Sozialrechtlich nicht abschließend geklärt ist die Finanzierung der sozialpsychiatrischen Dienste, soweit sie nicht im Rahmen der PsychKG öffentlich finanziert werden (hierzu *Mrozynski,* 1992 Rn. 709 ff.). Die Unterbringung als **Krankenhausbehandlung** wird im Rahmen des Sicherstellungsauftrags der Länder auf der Grundlage des SGB V sozialrechtlich finanziert. Unterschieden wird in stationäre, vor- und nachstationäre (§ 39 SGB V) sowie ambulante Versorgung (118 SGB V: psychiatrische Institutsambulanzen). Eine Krankenhausbehandlung gemäß § 39 SGB V liegt nach der Rechtsprechung des Bundessozialgerichts vor, wenn die Behandlung nicht ausschließlich Verwahrungsgründen zur Abwendung von Selbst- oder Fremdgefahr dient, sondern wenn und solange es sich um medizinische Behandlung handelt, die nur mit den besonderen Mitteln eines Krankenhauses und nicht auch ambulant durchgeführt werden kann. Entscheidend ist, ob der erforderliche komplexe Behandlungsansatz durch das Zusammenwirken eines multiprofessionellen Teams unter fachärztlicher Leitung Erfolg versprechend verwirklicht werden kann (BSG R&P 2009, 138). Da eine Unterbringung aber nur in Betracht kommt, wenn alle ambulanten Behandlungsmöglichkeiten ausgeschöpft sind, und weil es sich bei der Unterbringung im Sinn von Krisenintervention um

1. Grundlagen des öffentlichen Unterbringungsrechts **B**

eine psychiatrische Akutbehandlung handelt, sind die Kosten von dem Träger der gesetzlichen Krankenversicherung zu übernehmen (ebenso *Weig/Dressing* in: *Venzlaff/Foerster* S. 880).

Damit ergibt sich folgende Übersicht über die **psychiatrischen Einrichtungen und Dienste** (vgl. *Brill,* 1998 S. 36; *Voges/Becker* in *Berger* S. 238 ff.): 20

- **Stationäre und teilstationäre Behandlung** (§ 39 SGB V) in der Psychiatrischen Abteilung des Allgemeinkrankenhauses, der Psychiatrischen Klinik, der Fach- oder Sonderklinik für Suchterkrankungen, der Universitätsklinik, der Psychiatrischen Tages- oder Nachtklinik.
- **Ambulante Behandlung** durch den niedergelassenen Psychiater oder den Psychotherapeuten (§ 28 Abs. 1, 3 SGB V) sowie durch die psychiatrische Institutsambulanz (§ 118 SGB V); **Belastungserprobung und Arbeitstherapie** (§ 42 SGB V); **Soziotherapie** (§ 37 a SGB V).
- **Komplementäre Hilfen:** Ambulante psychiatrische Krankenpflege (§ 37 SGB V) durch private Pflegedienste, Haushaltshilfe (§ 38 SGB V); Unterkunft und Betreuung in Übergangseinrichtungen, Betreutem Wohnen, Tagesstätten und Wohnheimen (§§ 53, 54 SGB XII i. V. m. § 55 SGB IX).
- **Ambulante und stationäre Rehabilitation** (§§ 10 SGB I, 40 SGB V, 9 ff. SGB VI, 26 SGB IX) in Rehabilitationseinrichtungen für psychisch kranke und behinderte Menschen (RPK) der Kranken- und Rentenversicherungsträger.
- **Beratung, Betreuung und Behandlung** durch den Sozialpsychiatrischen Dienst sowie durch die kommunal getragenen oder geförderten Krisendienste, Kontakt- und Beratungsstellen.

Die Eingliederung des Unterbringungsrechts in das Gesundheitswesen gilt 21 selbst dort, wo die Ländergesetze nicht als PsychKG formuliert sind, also in **Baden-Württemberg, Bayern, Hessen** und im **Saarland.** Das Unterbringungsrecht muss auch dort in die von den Ländern und Gemeinden als Pflichtaufgabe zu gewährleistende Versorgungsstruktur eingebunden werden. Vorausgehende und nachsorgende Hilfen existieren als Einrichtungen der psychiatrischen oder psychosozialen Allgemeinversorgung auch dort, wo sie von den Unterbringungsgesetzen nicht ausdrücklich oder nur am Rande erwähnt werden (vgl. S. 87). Die Verortung des Unterbringungsrechts im Gesundheitsstrukturrecht zeigt, dass die **sachliche Zuständigkeit** für psychische Störungen nicht bei der Polizei, den Ordnungsbehörden oder Fürsorgeeinrichtungen angesiedelt ist, sondern allein in die Zuständigkeit der Gesundheitsverwaltung fällt. Deshalb sollte auch die formelle Zuständigkeit nicht bei den Ordnungsbehörden, sondern bei den **Gesundheitsämtern** angesiedelt sein (vgl. Zuständigkeitsübersicht unten S. 102). Im neuen Brandenburger PsychKG vom 5. 5. 2009 werden die entsprechenden Aufgaben nunmehr ausdrücklich den Sozialpsychiatrischen Diensten bei den Gesundheitsämtern zugewiesen.

Die **Aufgabe eines PsychKG im Rahmen des Gesundheitsstruk-** 22 **turrechts** besteht also in der Koordination und Verzahnung der Krankenhausbehandlung mit ambulanten und stationären Betreuungseinrichtungen. Diese Gesetze müssen für ihre Klientel den allgemein beklagten Mangel (*Schulte* R&P 1991, 162; *Laufs/Uhlenbruck* § 83 Rn. 55) ungenügender **Ko-**

ordination ausgleichen. Dies ist in **Bay** Art. 3 Abs. 2, **Berl** § 7, **Bran** §§ 6 und 7, **Bre** § 5 Abs. 3, **MeVo** § 6 Abs. 2 und 3, **Nds** § 10, **NW** § 6, **Sachs** §§ 6 und 7, **SH** § 5 umgesetzt worden.

23   **Rechtspolitisch gefordert** sind daher Gesetze (siehe bereits Kap. A S. 8), die die Versorgung psychisch Kranker mit einem integrierten Konzept regeln und vor allem vier Forderungen einlösen (vgl. *Dörner,* Soziale Psychiatrie 1993, Heft 3, S. 22 ff.; *Crefeld,* Psychosoziale Umschau 1991 Heft 2 S. 22; Psychiatrie-Enquete, BT-Drs. 7/4200, S. 408):
– Die Versorgung psychisch Kranker wird als wesentliche **Aufgabe der Daseinsvorsorge auf kommunaler Ebene** angesiedelt. Grundlage der Versorgung sind eine koordinierte, aus gemeindenaher Ambulanz und aus Selbsthilfe bestehende Versorgungsstruktur sowie eine bedarfsgerechte und umfassende komplementäre Betreuung in allen Fällen eines vermeidbaren längeren Klinikaufenthalts.
– **Kostenrechtlich** erfolgt eine Gleichstellung der psychisch Erkrankten mit den somatisch Kranken, indem die Kostenlast von den Betroffenen, ihren Familien und der Sozialhilfe auf das Solidaritätsmodell der Sozialversicherung übertragen wird.
– Die **Selbstbestimmung** der Betroffenen wird gewährleistet.
– Die **Zwangsunterbringung** wird auf eine als besonders zu rechtfertigende Art der Krisenintervention **reduziert.**

24   **e) Die Gefahrenabwehr in der Struktur des Gesundheitsrechts.** Die Gesetzgeber auf Bundes und Landesebene sind von Verfassungs wegen verpflichtet, zentrale **Rechtsgüter zu schützen.** Die soziale Existenz und Gesundheit eines Einzelnen ist durch staatliche Garantien zu gewährleisten (BVerwG NJW 1954, 1541; OVG Münster NJW 1951, 47; BVerfGE 56, 54; BVerfG NJW 1994, 1577). Gefährdungen durch Dritte sind abzuwenden (BVerfG NJW 1975, 573; FamRZ 1993, 899). Übertragen auf das Unterbringungsrecht muss der Staat geeignete Vorkehrungen gegen Fremdgefährdungen und Selbstgefährdungen durch psychisch- oder suchtkranke Menschen treffen. Welcher Art diese Vorkehrungen sind, steht dabei weitgehend in der alleinigen Verantwortung der gesetzgebenden Organe (BVerfG NJW 1989, 1271; FamRZ 1993, 899).

25   Stellt man die Unterbringung psychisch und suchtkranker Menschen in den Zusammenhang mit allen anderen Maßnahmen und Angeboten im Bereich der psychiatrischen und psychosozialen Versorgung, so lassen sich auch aus rechtlicher Sicht **regionale Unterschiede** bei den Unterbringungszahlen begründen (hierzu Kap. **A** S. 37 f.). Je weniger die allgemeine Versorgung auf Prävention und Notfälle eingerichtet ist, umso öfter muss zum Mittel der Zwangsunterbringung gegriffen werden. Dies begründet die rechtspolitische Aufgabe, eine **diversifizierte Versorgungsstruktur** zu schaffen. Ein modernes PsychKG muss auf ein abgestuftes System von Hilfen und Schutzmaßnahmen zurückgreifen können, bevor es zur Unterbringung kommt. Dies entspricht den Vorgaben von Art. 14 Abs. 2 UN-BRK (hierzu Kap. A S. 3 und 7). Um eine weitere Unterbringung zu verhindern müssen Einrichtungen und Angebote der nachgehenden Hilfen etabliert werden.

1. Grundlagen des öffentlichen Unterbringungsrechts **B**

Üblicherweise wird der Zusammenhang zwischen Unterbringung und der psychiatrischen/psychosozialen Versorgungsstruktur bei dem Merkmal der **Erforderlichkeit** festgemacht. Nur jene Unterbringung ist danach zur Gefahrenabwehr zulässig, die nicht mit anderen Mitteln der Behandlung oder Versorgung ersetzt werden kann. Dies ist aus der Sicht des Unterbringungsrechts zutreffend, greift aber letztlich zu kurz, weil die Betrachtung der Versorgungsstruktur aus dem Gesundheitsrecht vorzunehmen ist. Die in den PsychKG angebotenen **Hilfen und Schutzmaßnahmen** sind insofern Ausdruck einer **bedarfsorientierten Versorgungslage** und nicht, wie das oftmals aus der Tradition eines polizeirechtlich missverstandenen Unterbringungsrechts gesehen wird, bloße Folge des Verhältnismäßigkeitsprinzips. Die Einbindung der vorhandenen Versorgungseinrichtungen zur Gefahrenabwehr ist also keine polizeirechtliche, sondern eine gesundheitsrechtliche Aufgabe. Die Unterbringung lässt sich nicht von den Aufgaben der Krankenversorgung und des öffentlichen Gesundheitswesens trennen. Das verändert die **Verantwortungsbereiche**. Gehört die Gefahrenabwehr aber zum ursprünglichen Aufgabenbereich der psychiatrischen Allgemeinversorgung, so kommen wie selbstverständlich auch die ambulanten oder auf Freiwilligkeit beruhenden Maßnahmen ins Blickfeld.

f) Gesetzgebungskompetenz. Die **rechtssystematische Verortung** 26 des Unterbringungsrechts hat über die Bedeutung für die Ausgestaltung hinaus auch Auswirkung auf die Gesetzgebungskompetenz.

Als spezielles **Polizeirecht** verstanden läge die Gesetzgebungskompetenz bei den Ländern, wenn die Aufrechterhaltung der öffentlichen Sicherheit und Ordnung der alleinige und unmittelbare Gesetzeszweck (BVerfGE 8, 143, 150; 78, 274, 386 f.) des öffentlichen Unterbringungsrechts wäre. Dies liegt bei den als PsychKG ausformulierten modernen Ländergesetzen fern. Selbst die in alten Traditionen stehenden Gesetze Baden-Württembergs, Bayerns und Hessens lassen sich nicht ausschließlich als Polizeigesetze verstehen. Auch sie verfolgen das Ziel, eine krankheitsbedingte Gefährdung mit den Mitteln der Gesundheitsfürsorge zu bekämpfen. Die Gesetzgebungskompetenz für polizeiliche Gefahrenabwehr kommt also nicht in Frage.

Nach Art. 74 Nr. 19 GG steht dem Bund die konkurrierende Gesetzge- 27 bung zu für Maßnahmen gegen gemeingefährliche Krankheiten. Die in den Ländergesetzen angesprochenen Suchterkrankungen, psychischen Störungen oder Behinderungen nehmen aber weder typischerweise einen tödlichen Verlauf noch verursachen sie stets schwerste Gesundheitsschäden. Jedenfalls ist eine solche Auswirkung von dem einschlägigen Krankheitsbegriff (vgl. Kap. **A** S. 42 ff. nicht erfasst. Das wäre aber Voraussetzung für die Zuständigkeit nach Art. 74 Abs. 1 Nr. 19 (*Schmidt-Bleibtreu/Klein*, GG, Art. 74 Rn. 179), weshalb sich daraus keine allgemeine Kompetenz für die psychiatrische Versorgung herleiten lässt (*Maunz/Dürig*, GG Art. 74 Rn. 213).

Damit fällt das Unterbringungsrecht in seinem modernen Verständnis in 28 die **Gesetzgebungskompetenz für das Gesundheitswesen** (ebenso für Österreich: *Kopetzki* I S. 132; offen gelassen von *Heckmann* S. 138). Die Gesetzgebungskompetenz für das Gesundheitsrecht liegt schwerpunktmäßig bei den Ländern nach Art. 70 GG. Der Bundesgesetzgebung obliegt nur das

B   Ländergesetze

Zulassungsrecht für die Heilberufe und den Verkehr mit Arzneien etc. (Art. 74 Abs. 1 Nr. 19 GG), das Arbeitsschutzrecht und das Sozialversicherungsrecht (Art. 74 Nr. 12) sowie die wirtschaftliche Sicherung der Krankenhäuser (Art. 74 Nr. 19a GG). Diesbezüglich wurden den Ländern z.B. mit dem Krankenhausfinanzierungsgesetz (KHG) bundesrechtliche Vorgaben gemacht. Im übrigen hat der Bund keine Kompetenz, die Materie des öffentlichen Unterbringungsrechts zu besetzen. Deshalb wird es auf der Grundlage der bestehenden Kompetenzverteilung im GG kein bundeseinheitliches Gesetz geben, das die Voraussetzungen der öffentlichrechtlichen Unterbringung regelt. Anderes gilt bei der strafrechtlichen und zivilrechtlichen Unterbringung, wo der Bund von seiner konkurrierenden Gesetzgebungskompetenz aus Art. 74 Abs. 1 Nr. 1 GG Gebrauch gemacht hat.

2. Auslegungs- und Gestaltungsgrundsätze im öffentlichen Unterbringungsrecht

29   Für ein Rechtsgebiet, das in einer rechtspolitischen Umbruchphase durch rechtsdogmatische Zersplitterung geprägt ist, sind Grundprinzipien zu entwickeln, die auf Grund verfassungsrechtlicher Vorgaben (siehe **A** S. 2ff.) trotz im Einzelnen unterschiedlicher gesetzlicher Formulierungen für alle Ländergesetze (siehe die im Anhang abgedruckten Gesetzestexte) einheitlich gelten. Dafür kann zunächst auf die von *Baumann* (Unterbringungsrecht, S. 193ff.) und *Marschner* (Psychische Krankheit und Freiheitsentziehung, S. 153ff.) erarbeiteten Auslegungsgrundsätze zurückgegriffen werden: in dubio pro libertate, Verhältnismäßigkeitsprinzip, Subsidiarität und Freiwilligkeitsprinzip (siehe bereits Kap. **A** S. 49ff.). Im Zusammenhang mit den rechtspolitischen Grundsätzen aus S. 74ff. ergeben sich daraus folgende **Prinzipien des öffentlichen Unterbringungsrechts** (siehe auch Kap. **A** S. 49ff. zum Krankheitsbegriff und unten S. 132ff. zum Vollzug):

30   **a) Gleichbehandlung von psychisch kranken Menschen.** Im Bereich der psychiatrischen Versorgung bestehen neben der sozialrechtlichen Ungleichbehandlung immer noch erhebliche Defizite in der Infrastruktur verglichen mit der Behandlung somatischer Erkrankungen. Ein modernes Psychisch-Kranken-Gesetz verstanden als **Gesundheitsstrukturgesetz** sieht in erster Linie Hilfsangebote in Form von ambulanten Diensten, Krisendiensten und anderen komplementären Einrichtungen vor oder muss in dieser Richtung ausgelegt werden. Die materielle Rechtfertigung für diese Form der Gleichbehandlung gründet sich auf das Sozialstaatsprinzip. Notfalls muss die Infrastruktur auf gerichtlichem Wege durchgesetzt werden (*Kammeier/Wagner*, Rn.D. 109ff., K. 3).

31   Hinzu kommt, dass es dem somatisch Kranken im Gegensatz zum psychisch Kranken überlassen bleibt, sich seiner Krankheit zu stellen und diese behandeln zu lassen (BVerfG NJW 1982, 691, 692f.; BVerfG NJW 1998, 1774; siehe Kap. **A** S. 12). Die Konstruktion einer **fehlenden Krankheitseinsicht** führt bei psychischen Krankheiten häufig zur Zwangseinweisung und Zwangsbehandlung und wird damit zum Instrument der Ungleichbehandlung. Der freie Wille des psychisch kranken Menschen wird weniger

2. Auslegungs- und Gestaltungsgrundsätze **B**

respektiert als der Wille eines körperlich erkrankten Menschen (*Neumann*, NJW 1982, 2590). Dies zeigt sich auch bei den **unterschiedlichen Reaktionen auf abweichendes Verhalten** von psychisch gesunden und psychisch kranken Menschen (siehe *Jäger/Jakobsen*, MSchrKrim 1990, 305 ff.). Präventive Maßnahmen bei psychisch Gesunden sind auf kurzfristige Interventionen mit polizeilichen Standardmaßnahmen reduziert (siehe Kap. E S. 405). Beruht die „Störung" aber auf einer psychischen Krankheit, so kommt eine längerdauernde Unterbringung in Betracht. Insofern steht hinter der Gleichbehandlungsforderung auch die Zumutung an die Gesellschaft, nicht nur dissoziale Abweichung, sondern auch die Abweichung psychisch gestörter Menschen (und zwar in den gleichen Grenzen) zu ertragen.

Daraus ergeben sich folgende **Konsequenzen für die Auslegung des** 32 **Unterbringungsrechts:** Unterbringung darf nicht zur bloßen Verwahrung führen, muss also einen Behandlungsanspruch einlösen. Die Unterbringung darf nicht zu einer **Zwangsfürsorge** führen, die aus der psychischen Störung einen Unterbringungsgrund und die Rechtfertigung für weitere Eingriffe in Grundrechte des Patienten macht. Der psychisch kranke Mensch hat ebenso wie der somatisch erkrankte einen Anspruch auf eine angemessene **Gesundheitsfürsorge** und damit auf der Unterbringung vorausgehende und nachgehende Hilfen. Schließlich darf die Gesellschaft die Folgen einer psychischen Störung nicht ausschließlich dem Kranken aufladen, wenn sie bei einem psychisch Gesunden bereit wäre, die Lasten mitzutragen. Dies alles zielt in dieselbe Richtung: Die Rechte der psychisch kranken Menschen dürfen nicht allein wegen der psychischen Störung weiter eingeschränkt werden als dies bei psychisch Gesunden der Fall wäre (so nunmehr ausdrücklich Art. 2 , 12 und 14 UN-BRK).

b) Zweck und Ziel der Unterbringung. Die Definition und Unter- 33 scheidung von Zweck und Ziel der Unterbringung ist schon deshalb wichtig, weil einige Ländergesetze diese Begriffe im Vollzugsrecht verwenden. Sie prägen dort unbestimmte Rechtsbegriffe und Ermessensentscheidungen. Darüber hinaus hängt von ihrem Inhalt die Anordnung der Unterbringung ab, weil der Freiheitsentzug nur zulässig ist, wenn mit ihm ein höherrangiger Zweck verfolgt wird (BVerfG NJW 1967, 1800). Und schließlich bestimmt der Unterbringungszweck auch das Verhältnis und die Konkurrenz zu anderen Formen der Freiheitsentziehung (Kap. A S. 59 ff.). Der **Zusammenhang zwischen Zweck und Ziel** ist folgender: Während der Unterbringungszweck die Ursache für den Freiheitsentzug im Sinne einer Reaktion auf eine Situation bestimmt, legt das Unterbringungsziel deren Wirkung fest. Damit ist das **Verhältnis von Besserung und Sicherung** angesprochen.

Aus dem historischen Zusammenhang wurde der Zweck der Unterbrin- 34 gung mit dem von **polizeilichen** Maßnahmen zur **Gefahrenabwehr** gleichgesetzt (vgl. *Baumann*, S. 259; *Kullmann*, NJW 1967, 287). Nach dieser polizeirechtlichen Lösung ist auch die Selbstgefährdung ausschließlich eine Störung der öffentlichen Sicherheit und Ordnung, die Rechtsgüter des Kranken selbst sind danach nur reflexartig geschützt. Unterbringungszweck ist in jedem Fall die Beseitigung von Störung. Nach anderer Auffassung sollten durch die Unterbringung sowohl die Rechtsgüter der Allgemeinheit (polizeirechtliche Komponente) wie die Rechtsgüter des Kranken (Fürsorgeaspekt) geschützt sein. Ob die Unterbringung dem einen oder anderen Modell zugerechnet wird, muss dann nach den einzelnen Gesetzesformulierungen beurteilt werden (zum Meinungsstand *Neumann*, NJW 1982, 2589; vgl. auch *Walter*, S. 51 ff., 58 f.).

35 Sowohl die **polizeirechtliche als auch die fürsorgerechtliche Zweckbestimmung** sind für sich genommen falsch (vgl. oben S. 72 ff.). Schon die Verknüpfung des Unterbringungsgrundes der Gefahr mit der Voraussetzung einer psychischen Krankheit oder Sucht zeigt, dass die Unterbringung auch eine Besserungskomponente aufweist. Sicherungszweck und Besserungsziel sind fest miteinander verbunden. Eine Unterbringung zur **Besserung ohne Sicherungsbedürfnis** wäre verfassungswidrig, weil der Staat nicht die Aufgabe hat, seine Bürger zu bessern. Sobald der Sicherungszweck nicht mehr verfolgt wird, muss entlassen werden, auch wenn die Unterbringung zur (weiteren) Besserung sinnvoll erscheinen mag. Umgekehrt wäre eine **Sicherung ohne Besserung** verfassungswidrig, weil dies auf eine menschenunwürdige Verwahrung hinausliefe und weil die Unterbringung psychisch- und suchtkranker Menschen nicht mehr auf das für sie entwickelte Sonderrecht gestützt werden kann. Wo die Kompetenz der Psychiatrie endet, dort endet auch jener Unterschied zwischen psychisch und suchtkranken Menschen einerseits und den insoweit nicht erkrankten Menschen andererseits.

36 Für den Kranken selbst steht die optimale Versorgung und Behandlung im Vordergrund. Danach ist eine Unterbringung in der Regel nicht erforderlich, weil sich psychische Störungen mit Ausnahme von akuten Krisensituationen besser, schonender und schneller ohne gewaltsamen Freiheitsentzug behandeln, erleben und ertragen lassen (siehe *Krisor*, S. 32 ff.). Also dient die Unterbringung auch bei der Selbstgefährdung dem **Allgemeininteresse.** Dies lässt sich sowohl aus dem heutigen Verständnis des Begriffs der öffentlichen Sicherheit (hierzu S. 115) als auch aus dem Sozialstaatsprinzip ableiten. Danach ist eine Selbstgefährdung von psychisch kranken Menschen dann nicht zu tolerieren, wenn die vom Bundesverfassungsgericht vorgegebene Erheblichkeitsschwelle (hierzu Kap. **A** S. 12) überschritten ist. Dies bedeutet, dass vor allem bei suizidalen Krisen ein öffentliches Interesse an einer kurzfristigen Unterbringung bestehen kann.

37 **Der Zweck der öffentlich-rechtlichen Unterbringung** ist demnach die Gewährleistung einer bedarfsgerechten Gesundheitsfürsorge für psychisch- und suchtkranke Menschen in der allgemeinen psychiatrischen und psychosozialen Versorgung auch zum Schutz besonderer verfassungsrechtlich anerkannter Güter.

38 **c) Unterbringung als Sonderopfer.** Mit dieser Festlegung von Zweck und Ziel der Unterbringung psychisch- und suchtkranker Menschen ist gleichzeitig die Grundlage für eine Rechtfertigung der öffentlich-rechtlichen Unterbringung gelegt. Der Freiheitsentzug ist nicht Ausdruck oder Folge eines Vorwurfes an den psychisch- oder suchtkranken Menschen. Insofern unterscheidet sich die Unterbringung vom strafrechtlichen Freiheitsentzug. Die Unterbringung ist auch nicht die Inanspruchnahme eines Stö-

2. Auslegungs- und Gestaltungsgrundsätze **B**

rers wie im Polizeirecht. Dies passt für das moderne Unterbringungsrecht nicht. Heute ist die Unterbringung nicht mehr eingebettet in einen polizeilichen Maßnahmekatalog, sondern Teil der Gesundheitsversorgung einer bestimmten gesellschaftlichen Gruppe. Nicht der psychisch kranke Mensch hat etwas zu verantworten, sondern der Staat. Er nimmt die Freiheit der psychisch kranken Menschen in Anspruch, um andere Interessen durchzusetzen. Darauf passt die **Konstruktion des Sonderopfers.** Ebenso wie die strafrechtliche Unterbringung nach §§ 63, 64 StGB als Sonderopfer gerechtfertigt wird (Kammeier/*Pollähne* Rn. B 34ff.; *Wagner,* S. 161ff.), muss auch die Unterbringung nach den Landesgesetzen als auszugleichender staatlicher Eingriff in das Freiheitsgrundrecht verstanden werden.

Der **Aufopferungsgedanke limitiert die Eingriffsbefugnisse,** weil **39** nur ein unumgängliches Sonderopfer verlangt werden kann. Daneben folgt aus der Konstruktion ein Ausgleichsanspruch, der den sozialstaatlichen Fürsorgegrundsatz ergänzt und dem Untergebrachten als Ausgleich für sein Sonderopfer einen umfassenden **Anspruch auf Behandlung und Rehabilitation** gibt (vgl. Kammeier/*Pollähne* Rn. B 40ff.; Volckart/*Grünebaum* S. 222f.). Der **Fürsorgegrundsatz** ist in folgenden Ländergesetzen ausdrücklich hervorgehoben: **Bay** Art. 4, **Berl** § 2, **Bran** § 2 Abs. 1, **Bre** § 2, **MeVo** § 2, **Nds** § 2, **NW** § 2, **Saar** § 3, **SaAn** § 2, **SH** § 1 Abs. 3, **Thü** § 2.

d) Selbstbestimmungsrecht und Schutz der Grundrechte. Die **40** Grundrechte und der **Achtungsanspruch der Menschenwürde** stehen psychisch- und suchtkranken Menschen zur Seite (BayVerfGHE 10, 101, 109; *Maunz/Dürig,* GG, Art. 19 Abs. 3 Rn. 12). Diese Selbstverständlichkeit muss vor allem im Unterbringungsvollzug immer wieder betont werden (*Bernsmann,* 151ff.; Volckart/*Grünebaum* S. 67; *Kopetzki* I S. 227; II S. 440). Sie wirkt aber auch in Bereiche hinein, wo sie als solche nicht immer gesehen wird. Das Menschenbild des Grundgesetzes und damit der verfassungsmäßigen Ordnung beruht auf einem objektiven Würdekonzept. Der Mensch besitzt Würde nicht weil und wenn er sich würdevoll verhält, sondern weil er als Mensch selbst würdevoll ist (*Maunz/Dürig,* GG, Art. 1 Abs. 1 Rn. 20f.). Dies strahlt auf die Freiheitsrechte des Art. 2 GG aus, die nicht zuerkannt werden, sondern vorhanden sind. Aus psychiatrischer Sicht war das mit der Unterscheidung zwischen einer inneren und äußeren Freiheit in Frage gestellt worden (*Zutt,* JZ 1951, 432; *Ehrhardt,* NJW 1954, 1751 und NJW 1956, 1868). In das Freiheitsrecht darf unter Umständen im Interesse anderer Rechte eingegriffen werden, was bei Unterbringung zur Abwehr von Fremdgefahren der Fall ist. Ins Wanken gerät diese Konzeption, sobald die Grundrechte zum Schutz des Grundrechtsträgers selbst fürsorglich entzogen werden (zur vergleichbaren Abwägungsproblematik im Strafrecht vgl. *Wagner,* R&P 1990, 166).

Ein **fürsorgerischer Eingriff** ist stets in der Gefahr, das Grundrecht von **41** seinem Träger zu trennen. Wenn der psychisch kranke Mensch im Fall einer Zwangsmedikamentation nicht mehr entscheiden darf, ob er lieber unter den seelischen Qualen seiner psychischen Störung leidet als unter den körperlichen Auswirkungen von Psychopharmaka, ist sein Grundrecht auf körperliche Unversehrtheit entwertet. Wer dem Untergebrachten die Bewegungsfreiheit entzieht, um ihm eine eigentliche Freiheit zu gewähren, greift in Art. 2 Abs. 1 GG ein. Wer dem psychisch kranken Menschen eine spätere, freie Existenz durch eine Unterbringung gegen seinen Willen verschaffen möchte, trennt das Freiheitsrecht von der Person, entsubjektiviert und entwertet das Grundrecht. Eine Fürsorge, die sich nur damit rechtfertigt, dass aus der Sicht desjenigen, der in die Grundrechte eingreift, das erstrebte Recht höher zu bewerten ist, verstößt gegen die Wertordnung des Grundgesetzes. Insofern haben auch süchtige und psychisch kranke Menschen ein unantastbares **Recht auf ihre Krankheit,** solange nicht die Rechte anderer berührt sind (BVerfG NJW 1998, 1774 = R&P 1998, 101). Es gibt **keine Vernunfthoheit der Psychiater** beim Umgang mit psychischen Störungen (BVerfG NJW 1982, 693; *Baumann*, S. 25) wie es auch keine Vernunfthoheit der Sozialverwaltung beim Umgang mit sozialen Störungen gibt (BVerfG NJW 1967, 1799 f.). Deshalb ist im gesamten Unterbringungsrecht der **Wille der Betroffenen** zu berücksichtigen. Dies verdeutlichen die Vorschriften der §§ 2 PsychKG **NW**, 1 Abs. 3 PsychKG **SH** sowie des § 1901 Abs. 3 BGB, wonach den Wünschen der Betroffenen im Rahmen der Unterbringung zu folgen ist, soweit nicht höherrangige Rechtsgüter gefährdet sind (siehe Kap. **C** S. 184 ff.).

42 **e) Verhältnismäßigkeitsgrundsatz.** Dieser in der Rechtsprechung des Bundesverfassungsgerichts hervorgehobene Grundsatz (vgl. Kap. **A** S. 11 ff. wirkt sich an verschiedenen Stellen des Unterbringungsrechts aus (*Baumann*, S. 196 ff.; *Kullmann*, S. 28, 35; *Parensen*, S. 175 f.; *Saage/Göppinger* 2. Auflage III Rn. 186; *Marschner*, 1985 S. 161 ff.; *Kopetzki* I S. 297 ff., *Kopetzki* 1997 Rn. 128 ff., 589 ff.): Die **Anordnung** der Unterbringung ist nur dann verhältnismäßig, wenn die psychische Störung eindeutig Krankheitswert besitzt. Die gefährdeten Rechtsgüter müssen von erheblichem Gewicht sein und die Unterbringung muss das erforderliche und geeignete Mittel zu ihrem Schutz sein. Hier deckt sich das Verhältnismäßigkeitsprinzip mit dem ultima-ratio-Gedanken. Die **Vollstreckung** steht mit zunehmender Dauer zunehmend unter dem Vorbehalt der Verhältnismäßigkeit (siehe Kap. **A** S. 12). Im **Vollzug** wirkt sich das Verhältnismäßigkeitsprinzip bei belastenden Maßnahmen und insbesondere bei der Zwangsbehandlung aus.

43 Der Grundsatz „**in dubio pro libertate**" (BVerfG NJW 1983, 2627; *Marschner*, 1985 S. 159; *Baumann*, S. 191; Kammeier/Pollähne Rn. B 57 ff.; *Kopetzki* II S. 437, 640) soll verhindern, dass die psychisch kranken Menschen die Last einer Unsicherheit im tatsächlichen oder rechtlichen Zusammenhang tragen müssen. Grundrechtseingriffe sind nur zulässig, wenn sie geeignet und erforderlich sind, einen höherrangigen Zweck zu erfüllen. Sobald an der Geeignetheit und Erforderlichkeit Zweifel bestehen, ist auch die Zweckerreichung unsicher und zweifelhaft. Insofern handelt es sich hier um eine Ausprägung des Verhältnismäßigkeitsprinzips.

3. Hilfen und Maßnahmen

44 Mit den modernen Psychisch-Kranken-Gesetzen von Berlin, Brandenburg, Bremen, Hamburg, Mecklenburg-Vorpommern, Niedersachsen, Nordrhein-Westfalen, Rheinland-Pfalz, Sachsen, Sachsen-Anhalt, Schleswig-Holstein und Thüringen lässt sich zwischen Hilfen und solchen Maßnahmen der Gesundheitsbehörde unterscheiden, die die Unterbringung vorbereiten oder einer möglichen Unterbringung unmittelbar vorgeschaltet sind.

45 **Hilfen** sind in diesem Verständnis Maßnahmen der Gesundheitsfürsorge, die eine maßgebliche Bedeutung bei der Versorgung psychisch- und suchtkranker Menschen haben und deren Verbindung zum Unterbringungsrecht in ihrer zeitlichen Anordnung vor und nach der Unterbringung besteht. Sie werden in den Gesetzen (wo vorhanden) einheitlich als vor- und nachgehende Hilfen bezeichnet (Art. 3 **Bay**, §§ 3–7 **Berl**, §§ 3–6 **Bran**, §§ 5, 6 und 40 **Bre**, §§ 2–6 und 25, 26 **Hbg**, §§ 3–7 und 32–36 **MeVo**, §§ 4–6 **Nds**, §§ 3–5, 7, 8 und 27–29 **NW**, §§ 4–7, 31 **RhPf**, § 2 **Saar**, §§ 3–6 und 31 **SaAn**, §§ 5–8 **Sachs**, §§ 3–5 **SH**, §§ 2–5 und 29 **Thü**).

46 Die einer Unterbringung **vorausgehenden Maßnahmen** werden in den Ländergesetzen unterschiedlich bezeichnet. In Bremen (§ 7 **Bre**), Niedersachsen (§§ 12, 13 **Nds**), Rheinland-Pfalz (§§ 8–10 **RhPf**) und Sachsen-Anhalt (§§ 8–10 **SaAn**) werden sie Schutzmaßnahmen genannt, in anderen Ländern sind es die Maßnahmen des Gesundheitsamtes oder vergleichbarer Behörden (§ 7 **Hbg**, § 8 **MeVo**, § 9 **NW**, § 6 **SH**, § 6 **Thü**). In Brandenburg werden die Maßnahmen zusammen mit den Hilfen geregelt (§ 5 Abs. 2 **Bran**). In Baden-Württemberg, Bayern und Sachsen werden die Maßnahmen im Zusammenhang mit der Unterbringung geregelt (§ 5 **BW**, Art. 7 **Bay**, § 13 **Sachs**). Das Saarland sieht keine vorausgehenden Maßnahmen vor.

47 **a) Rechtspolitische Einschätzung.** Hilfen für psychisch erkrankte Menschen sind gesundheitspolitisch zunächst nichts anderes als eine bedarfsgerechte **Gesundheitsfürsorge** (vgl. oben S. 77 ff.). Danach ist das Psychiatrische Krankenhaus mit Institutsambulanz und Tagesklinik nur ein ergänzender Baustein des gemeindepsychiatrischen Verbundes neben den niedergelassenen Ärzten, dem Sozialpsychiatrischen Dienst, Psychosozialen Beratungs- und Kontaktstellen, Tagesstätten, betreuten Wohnangeboten, Wohn- und Übergangsheimen, beschützten Arbeitsangeboten und speziellen Rehabilitationseinrichtungen. Tatsächlich sind die Verhältnisse aber umgekehrt und die Hilfen häufig eine bloße **Ergänzung des stationären Versorgungsmodells.**

48 Die im Unterbringungsrecht der Länder unterschiedlich differenzierten vor- und nachgehenden Hilfen dokumentieren die noch nicht abgeschlossene gesundheits- und rechtspolitische **Entwicklung zu einem Versorgungsrecht für psychisch Kranke**. Ausreichende Rechtsgrundlagen für eine bedarfsgerechte Versorgung sind noch nicht in allen Bundesländern vorgesehen. In einigen Ländern werden Hilfseinrichtungen jedoch auch auf Grund anderer Rechtsgrundlagen betrieben, so dass zunächst vom Zustand des Unterbringungsrechts nicht auf die tatsächliche Versorgungslage geschlossen werden kann (*Reimer* in: *Wienberg* [Hrsg.], S. 33; *Brill* in: *Berger/Schirmer* [Hrsg.],

S. 106 ff.). Eine genauere Analyse zeigt freilich, dass dort, wo mit effektiver ambulanter Hilfe die Unterbringung verhindert werden soll, jedenfalls eine **Institutsgarantie** für Sozialpsychiatrische Dienste mit entsprechenden haushaltspolitischen Folgen **im PsychKG** gefordert ist (*Crefeld* Öff. Gesundh.-Wes. 1988, 539 ff.; *Reimer* in: *Wienberg* [Hrsg.], S. 38; *Marschner/Volckart* R&P 1992, 54 ff.; dazu *Richter* R & P 1993, 68 f.).

49   Bis zum Beginn der sog. Psychiatriereform vor drei Jahrzehnten wurde vor allem die psychiatrische und verwaltungstechnische Entwicklung für das herrschende stationäre Versorgungsmodell verantwortlich gemacht. Heute hemmen vor allem haushaltspolitische Interessen eine kommunale Pflichtversorgung (zu den Strukturen der Sozial- und Gemeindepsychiatrie und ihren Mängeln *Voges/Becker* in *Berger* S. 238 ff.). Bei der **Finanzierung** konnten sich die Sozialversicherungen bisher zu Lasten der Sozialhilfe ihrer Verantwortung entziehen (*Reimer* in: *Wienberg* [Hrsg.], S. 33 ff.; *Marschner* in: *Berger/Schirmer* [Hrsg.], aaO, S. 126 f.; *Mrozynski* 1992 S. 184 ff.; *Crefeld* Öff. Gesundh.-Wes. 1988, 542 ff.). So weist § 55 Abs. 2 Nr. 8 SGB IX die Hilfen zu selbstbestimmtem Leben in **betreuten Wohnformen** ausdrücklich den Leistungen zur Teilhabe am Leben in der Gemeinschaft zu, für die die Sozialhilfeträger zuständig sind. Demgegenüber konnten sich die durch die Krankenversicherung zu finanzierenden Leistungen der **ambulanten psychiatrischen Krankenpflege** (§ 37 SGB V) sowie der **Soziotherapie** (§ 37a SGB V) noch nicht flächendeckend etablieren. Bei einer sozialhilfefinanzierten psychiatrischen Versorgung steht der Patient aufgrund des in der Regel erforderlichen Einkommens- und Vermögenseinsatzes finanziell schlechter, als wenn die Leistungen durch die Sozialversicherung finanziert werden. Trotzdem sind **erfolgreiche Modelle** auf dem Weg in eine kommunale Psychiatrie entstanden, die mit unterschiedlichen Konzepten und Finanzierungen, mit unterschiedlichen Aufgaben und Ausstattungen einen Beitrag zur Auflösung einer repressiven, freiheitsentziehenden stationären Unterbringungslösung leisten (*Brill* in: *Berger/Schirmer* [Hrsg.], S. 106 f.; zu Berlin-Charlottenburg, Berlin-Schöneberg, Berlin-Wedding, Mannheim, Solingen und Bielefeld vgl. die Beiträge in: *Wienberg* [Hrsg.], S. 111 ff.).

50   Die wesentliche soziologische und damit verbunden auch rechtliche **Problematik der Hilfen** kann mit dem Stichwort „**Ausweitung sozialer Kontrolle**" umschrieben werden. Das öffentliche Unterbringungsrecht erweitert bereits im traditionellen Verständnis die Möglichkeiten repressiver und präventiver staatlicher Kontrolle gegenüber psychisch kranken Menschen über das hinaus, was bei psychisch gesunden Menschen möglich wäre. Das fürsorgerische Verständnis des Unterbringungsrechts begründet nachweislich die Gefahr, dass diese soziale Kontrolle weiter intensiviert und auch häufiger angewandt wird (*Bruns* MSchrKrim 1990, 25; *ders.*, Der Nervenarzt 1986, S. 119; *Bergner u.a.* S. 99; *Schulte* in: *Crefeld* [Hrsg.] 1983 S. 17 ff., 27; *Stolz* R&P 1984, 51; *Welzel* R&P 1993, 24 f.). Zwar klingt die Konzeption **zwangsweiser Hilfen** zunächst plausibel, wenn damit der massivere Zwang einer freiheitsentziehenden Unterbringung verhindert werden soll. Mit Zwangsmitteln ausgestattete Sozialarbeit neigt aber dazu, sich neue, der freiheitsentziehenden staatlichen Gewalt verschlossene Bereiche, zu erschließen.

3. Hilfen und Maßnahmen

Für das Unterbringungsrecht kann die Befürchtung formuliert werden, ein mit staatlichen Zwangsmitteln ausgestatteter Psychiatrischer Dienst könne das unerwünschte Sonderrecht für psychisch Kranke auch auf Patienten anwenden, die bisher vom Unterbringungsrecht nicht erreicht wurden (siehe *Bruns* Der Nervenarzt 1986, 119 ff.). Dies muss bedacht werden, wenn neue staatliche Zwangsmittel wie Hausbetretungen, Vorführungen oder ambulante Zwangsbehandlungen (siehe zur entsprechenden Problematik im Betreuungsrecht Kap. C S. 210 ff.) als Instrumente der Hilfen gefordert werden.

Hilfen im Sinne von Versorgungsangeboten, wie sie auch für somatische Erkrankungen angeboten werden, erlauben und benötigen **keinen Zwang.** Sie sind gemäß ihrem sozialrechtlichen Charakter Angebote und unterliegen dem **Prinzip der Freiwilligkeit.** Das Bedürfnis, die Betroffenen unter Umständen sogar mit staatlichen Eingriffen in Grundrechte vor einer Unterbringung zu bewahren, ist bei den Hilfen falsch angesiedelt. Zwang ist, wenn überhaupt, nur zulässig bei den vorausgehenden Maßnahmen (dazu nachfolgend). Angesichts der inzwischen begonnenen Diskussion um Gewalt und Zwang in der stationären Psychiatrie (vgl. *Aktion Psychisch Kranke* 1998, *Eink* 1997; *Pieters* 2003; *Ketelsen/Schulz/Zechert* 2004) ist eine Verlagerung der Zwangsausübung in den ambulanten Bereich aus rechtlichen und therapeutischen Gründen abzulehnen.

Anders als die Hilfen sind die **vorausgehenden Maßnahmen** unmittelbar mit der Unterbringung selbst verknüpft. Sie haben die Aufgabe, nötigenfalls unter Einsatz **staatlicher Gewalt,** die für das Unterbringungsverfahren nötigen **Daten zu beschaffen** und die Betroffenen aufzufordern, eine drohende Unterbringung durch **freiwillige Maßnahmen** abzuwenden. Damit sind sie mit dem strafrechtlichen Ermittlungsverfahren vergleichbar und die dortigen Garantien anwendbar. Die schlechtere Alternative zu diesen Maßnahmen wären einstweilige oder sofortige Unterbringung zur Aufklärung der Tatsachen, wie es nach empirischen Erkenntnissen in fast allen Unterbringungsverfahren der Fall ist (siehe Kap. **A** S. 31 ff.). Maßnahmen bieten die Chance, solche unnötig schnelle Hospitalisierung durch eine ambulante, sozialpsychiatrische Befragung und Untersuchung zu ersetzen.

Die **Probleme der vorausgehenden Maßnahmen** sind in der Praxis die **Zuständigkeiten** und dabei die Frage, ob mit diesen Maßnahmen auch **freie Träger** betraut werden können und sollen. Nach den Ländergesetzen sind für diese Maßnahmen zwar in aller Regel die Gesundheitsämter zuständig. Aber diese könnten ihre Aufgabe etwa an die Sozialpsychiatrischen Dienste in freier Trägerschaft delegieren. Verwaltungsrechtlich ist dies möglich, da Private mit jeder Form hoheitlicher Verwaltungsaufgaben beliehen werden können. Verlangt wird nur ein Gesetz oder ein Beleihungsakt auf Grund eines Gesetzes und die enumerative Aufzählung der Zuständigkeiten (zur Problematik bei der Unterbringung in privaten Krankenhäusern S. 131 f.). Bei Beleihungen im sensiblen Grundrechtsbereich ist daher Vorsicht geboten. Aus diesem Grund kann sich eine Trennung empfehlen zwischen demjenigen, der den unmittelbaren Zwang anwendet und demjenigen, der eine dadurch ermöglichte therapeutische oder diagnostische Maßnahme durchführt (näher *Crefeld/Pech* Psychosoziale Umschau 1988,

21 ff.). Aus therapeutischen Gründen werden demgegenüber zunehmend Regelungen bevorzugt, bei denen die Zuständigkeit für Hilfen und Maßnahmen sowie den Antrag auf Unterbringung in einer Hand liegt, um Spaltungen in „gute" und „schlechte" Akteure der psychiatrischen Versorgung zu vermeiden (*Wienberg* in ders. (Hrsg.), S. 54; so jetzt ausdrücklich §§ 11 ff. Bran; zum Zusammenwirken von Gesundheits- und Ordnungsbehörde siehe § 9 NW).

Auch für die Maßnahmen gelten die Vorbehalte zur Ausweitung sozialer Kontrolle. Rechtlich sollten **Zwangsmaßnahmen** deshalb trotz ihrer geringeren Eingriffsintensivität nur unter den gleichen Voraussetzungen wie die Unterbringung selbst angewendet werden können.

54 **b) Aufgaben und Bedingungen der vor- und nachgehenden Hilfen.** Die Aufgaben der Vor- und Nachsorge können sich in erster Linie aus den Ländergesetzen zum öffentlichen Unterbringungsrecht, daneben aber aus dem Sozialrecht ergeben (*Marschner* in: *Berger/Schirmer* [Hrsg.] S. 124 ff.; *Crefeld* Öff. Gesundh.-Wes. 1988, 544 f.), bei einer Notfallbehandlung auch aus dem Strafrecht (§ 323 c StGB; *Marschner* aaO S. 129). Zu den sich aus dem Sozialrecht ergebenden Verpflichtungen (§ 75 Abs. 1 SGB V) gehört auch die Sicherstellung eines ausreichenden ärztlichen Notdienstes, nicht aber in jedem Fall eines psychiatrischen Notdienstes (*Reimer* in: *Wienberg* [Hrsg.] S. 35; ausführlich zur Problematik der Krisen- und Notfalldienste in der psychiatrischen Versorgung *Mrozynski* RsDE (1997) 35, 1 ff.).

55 Im noch herrschenden System des Unterbringungsrechts kommen den Hilfen unterschiedliche **Aufgaben** zu. Die **vorsorgenden Hilfen** dienen in aller erster Linie zur Verhinderung oder Beseitigung einer Einweisungssituation. Die verfahrenssichernden Aufgaben sind den **vorausgehenden Maßnahmen** vorbehalten. Oftmals sind die Sozialpsychiatrischen Dienste aber die ersten Stellen, bei denen die Informationen zu den Unterbringungsvoraussetzungen auflaufen, so dass sich auch für sie die Aufgabe ergeben kann, ein Unterbringungsverfahren einzuleiten. **Nachsorgende Hilfen** haben ihre Bedeutung im vollstreckungsrechtlichen Zusammenhang, wenn es um die Aussetzung und Aufhebung von Unterbringungsmaßnahmen geht. Je intensiver die Nachsorge geplant und organisiert wird, je besser also die Grundbedürfnisse nach Wohnen, Arbeiten und Freizeit gesichert werden können, umso schneller kann die Unterbringung wegfallen. Eine Entlassungsvorbereitung kann als Vollzugsmaßnahme sinnvollerweise nur durch Integration nachsorgender Hilfen stattfinden. Die Vollzugsplanung hängt davon ab, welche Perspektiven nach der Entlassung geboten werden. Im Zusammenhang mit Lockerungsmaßnahmen werden nachsorgende Hilfen vor allem bei der Rehabilitation bedeutsam, die bereits während der Unterbringung beginnen sollte und über geeignete Vollzugsformen auch in den Einrichtungen der nachsorgenden Hilfen stattfinden kann.

56 Diese Aufgaben können im Rahmen eines ambulanten Versorgungskonzeptes, das auch Pflichtaufgaben nach dem PsychKG wahrnimmt, wie folgt beschrieben werden (siehe z. B. § 5 Abs. 1 Nr. 1–4 Bran; *Crefeld* Öff. Gesundh.-Wes. 1988, 544 f.):

3. Hilfen und Maßnahmen **B**

Vorsorgende Hilfe soll dazu beitragen, dass bei einer beginnenden psychischen Krankheit der Betroffene rechtzeitig behandelt wird. Als mögliche Hilfen kommen in Betracht: Kontaktbesuche und Kontaktaufnahme zu Betroffenen im Sinn einer beratenden oder aufsuchenden Hilfe; Erhalt bereits gewachsener Kooperationsbeziehungen; Einbeziehung der Angehörigen; Weckung von Behandlungsmotivation und Vermittlung in ambulante bzw. stationäre Behandlung; Angebote im therapeutischen Bereich; enge Kooperation mit niedergelassenen Ärzten, die in der medizinischen Versorgung Vorrang haben; Krisenintervention mit dem primären Ziel, durch psychosoziale Beratung bzw. psychiatrische Behandlung stationäre Aufnahmen zu vermeiden; Durchführung regelmäßiger Sprechstunden unter der Leitung eines in der Psychiatrie erfahrenen Arztes; Vermittlung und Förderung von Selbsthilfeprojekten.

Als wichtigste **infrastrukturelle Voraussetzungen** für effektive Hilfen gelten im Bereich der Vorsorge eine effektive Krisenintervention mit ärztlicher Behandlung, 24-Stunden-Erreichbarkeit und Notfallbetten (siehe *Regus/Depner* Sozialpsychiatrische Informationen 1998 Heft 2 S. 12 ff.; *Regus/Gries* S. 359 ff.). Ausdrücklich erwähnt sind Kriseninterventionszentren in § 4 Abs. 2 Berl. Hilfe ohne Behandlungsmöglichkeit, wie sie etwa in Baden-Württemberg eingerichtet ist, trägt nur wenig zur Vermeidung von Zwangseinweisungen bei (*Crefeld* Öff. Gesundh.-Wes. 1988, 543 f.). Ein zweites, ebenso wichtiges Standbein der vorsorgenden Hilfen besteht in der psychosozialen Beratung sowie in der Vermittlung, Organisation und Förderung der **Selbst-, Angehörigen- und Laienhilfe** (*Richter* R&P 1993, 68 zu § 3; *Völzke* R&P 1993, 18 f.). In Rheinland-Pfalz haben diese Hilfen Vorrang vor öffentlichen Hilfen, wenn es den Wünschen der Betroffenen entspricht (§ 6 **RhPf**; siehe auch § 5 **Berl** und § 6 **NW**). 57

Vorsorgende Hilfen sollten also **durch mindestens fünf Dienste** gewährleistet werden, nämlich durch 58
- den 24-stündigen **Telefondienst** zur Beratung und Entgegennahme von Notfallmeldungen;
- den **Ambulanten Dienst**, der für die Beratung in der Institution bereitsteht;
- den **Mobilen Dienst**, der die aufsuchende Hilfe organisiert sowie die Intervention vor Ort gewährleistet;
- den **Fachärztlichen Dienst**, der zur medizinischen Diagnostik, Behandlung und im Fall von Zwangseinweisungen auch Begutachtung bereitsteht;
- die Einrichtung eines „Schutzraumes" mit **Krisenbetten** außerhalb eines Krankenhauses.

Nachsorgende Hilfen dienen der Vermeidung der Wiederaufnahme im Sinn der sog. Drehtür-Psychiatrie und müssen vor allem für die drei Grundbedürfnisse Wohnen, Arbeit, Freizeit geleistet werden. Hier kommt es zu Überschneidungen mit der sozialrechtlichen Rehabilitation. Für eine effektive nachgehende Hilfe sind Übergangswohnheime, Einrichtungen zum betreuten Wohnen und Arbeiten, eine gemeindenahe ambulante Versorgung sowie Beratungs- und Kontaktstellen nötig. 59

60 **c) Rechtslage – Allgemeine Grundsätze.** Die Hilfen sind in vielen Ländergesetzen ausdrücklich erwähnt (oben S. 87). Sie unterliegen entsprechend ihrem sozialrechtlichen Charakter dem **Freiwilligkeitsprinzip.** Sie sind auch dort im Unterbringungsrecht verankert, wo sich die Länder mit reinen Unterbringungsgesetzen begnügen wie Baden-Württemberg, Bayern, Hessen und Saarland. Die Hilfen finden ihren **rechtlichen Ursprung** nämlich bereits in der Verfassung, weil eine auf den bloßen Freiheitsentzug beschränkte Behandlung psychisch kranker Menschen gegen fundamentale Prinzipien unserer Rechtsordnung verstoßen würde. Die reine Ausgrenzung und Freiheitsentziehung verstößt gegen die Grundsätze des **sozialen Rechtsstaates,** der den psychisch kranken Menschen eine Teilhabe am Gemeinwesen ermöglicht. Der **Gleichbehandlungsgrundsatz** aus Art. 3 GG und das **Diskriminierungsverbot** der UN-BRK lassen es nicht zu, für somatisch Kranke eine umfangreiche Gesundheitsfürsorge zu gewährleisten, die psychisch Kranken mit einem reinen Unterbringungsrecht bereits in Ansätzen verwehrt wird. Und der **Verhältnismäßigkeitsgrundsatz** verbietet eine Unterbringung dort, wo sie durch andere staatliche Maßnahmen verhindert werden kann. Insofern sind die Hilfen verfassungsrechtlich im **Subsidiaritätsprinzip** verankert (*Crefeld* Öff. Gesundh.-Wes. 1988, 541 f.; BVerfG NJW 1982, 692 ff.; vgl. auch § 2 Saar). Art. 14 Abs. 2 UN-BRK verlangt die **Bereitstellung angemessener Vorkehrungen** zur Vermeidung oder Verkürzung einer Unterbringung. Ambulante Dienste und Institutionen wie Altenhilfe, Sozialpsychiatrische Dienste, Familienfürsorge, ambulante Pflegedienste oder die Versorgung durch niedergelassene Ärzte haben also schon von Verfassungs wegen **Vorrang vor der Unterbringung.** Hier gilt nichts anderes als im Betreuungsrecht, wo der Subsidiaritätsgrundsatz in § 1896 Abs. 2 Satz 2 BGB und § 1906 Abs. 1 BGB vom Bundesgesetzgeber hervorgehoben wurde (*Jürgens* Rn. 66, 498; BT-Drs. 11/4528 S. 146; siehe auch Kap. **C** S. 180 ff. und S. 228 f.). Auch die **vorausgehenden Maßnahmen** wurzeln im Verhältnismäßigkeitsgrundsatz bzw. **Subsidiaritätsprinzip,** soweit mit Behandlungsempfehlungen etc. eine endgültige Unterbringung vermieden werden soll. Soweit die Maßnahmen der Verfahrensvorbereitung dienen, sind sie das mildere Mittel gegenüber einer behördlichen oder einstweiligen Unterbringung zur Aufklärung der Umstände.

61 Ein **Anspruch des Kranken auf bestehende Hilfen** lässt sich nicht unmittelbar aus dem Subsidiaritätsprinzip ableiten, da dessen Logik allenfalls einen Abwehranspruch gegen eine rechtswidrige Unterbringung gibt. Allerdings begründen die Ländergesetze einen Anspruch auf Behandlung im Rahmen der Unterbringung, und es wäre widersinnig, einen solchen Anspruch auf die subsidiäre Maßnahme anzuerkennen, den Anspruch auf die originäre Maßnahme aber abzulehnen. Der Anspruch auf die Hilfen ergibt sich also wie der Anspruch auf die Behandlung während der Unterbringung selbst aus fürsorgerischen Erwägungen, die ihrerseits im Sozialstaatsprinzip, im Gleichbehandlungsgrundsatz sowie im Gebot zur Achtung der Menschenwürde gründen (siehe S. 82 ff.).

62 Darüberhinaus besteht ein **Anspruch auf die Infrastruktur** vor- und nachsorgender Hilfen dort, wo diese gesetzlich vorgesehen sind. Soweit es

3. Hilfen und Maßnahmen

sich nicht um Ansprüche gegen die Träger der Sozialversicherung bzw. der Sozialhilfe handelt oder Vorschriften des staatlichen Gesundheitswesens einschlägig sind (vgl. Übersicht bei *Brill* in *Berger/Schirmer* [Hrsg.] S. 100 ff.), finden sich solche Vorschriften in den Psychisch-Kranken-Gesetzen im Sinn einer Verpflichtung, die notwendige ambulante Versorgung sicherzustellen (*Crefeld* Öff. Gesundh. Wes. 1988, 545). **Sicherstellung** bedeutet nicht in jedem Fall, dass der Träger der Hilfen diese selbst bereitzustellen hat, sondern dass er diese in erster Linie durch **Vermittlung** der Leistungen Dritter sicherzustellen hat (*Reimer* in *Wienberg* [Hrsg.] S. 34). Die Bereitstellung der Hilfen durch den Träger selbst ist daher in der Regel **subsidiär**. Im Vordergrund steht die Koordination der Hilfen im Rahmen der Psychosozialen Arbeitsgemeinschaften bzw. des Gemeindepsychiatrischen Verbunds (siehe S. 77 ff.).

Damit ergibt sich zugleich folgender **rechtlich und organisatorisch Rahmen** (vgl. *Brill*, Sozialpsychiatrische Dienste: Ein Überblick, in: *Berger/Schirmer* [Hrsg.], Sozialpsychiatrische Dienste, S. 122): In Baden-Württemberg und Bayern werden die Sozialpsychiatrischen Dienste vorwiegend durch freie Träger organisiert. Beratungsaufgaben nehmen die staatlichen Gesundheitsämter wahr. In Berlin, Bremen und Hamburg sind die Hilfen in die Psychisch-Kranken-Gesetze integriert und werden durch die Gesundheitsfachverwaltung auf der Ebene der Bezirke organisiert und getragen. In Hessen sind die Sozialpsychiatrischen Dienste bei den Gesundheitsämtern angegliedert, die kommunal organisiert sind. In Niedersachsen und Nordrhein-Westfalen sind die Hilfen in den Psychisch-Kranken-Gesetzen etabliert und werden durch Sozialpsychiatrische Dienste, in Niedersachsen zum Teil auch durch freie Träger organisiert. In Rheinland-Pfalz werden Sozialpsychiatrische Dienste auf der Grundlage des PsychKG bei den staatlichen Gesundheitsämtern organisiert. Im Saarland bestehen Sozialpsychiatrische Dienste bei den Gesundheitsämtern und in freier Trägerschaft. In Schleswig-Holstein sind die im Psychisch-Kranken-Gesetz etablierten Sozialpsychiatrischen Dienste den kommunalen Gesundheitsämtern angegliedert. In Mecklenburg-Vorpommern sind Sozialpsychiatrische Dienste bei den Gesundheitsämtern eingerichtet und durch das PsychKG abgesichert. Dasselbe gilt für Brandenburg, Sachsen, Sachsen-Anhalt und Thüringen.

Der organisationsrechtliche Rahmen, insbesondere die Angliederung an die Gesundheitsämter hat Auswirkungen auf die **Art und Weise und** den **Umfang der Hilfen**. Seit dem Gesetz über die Vereinheitlichung des Gesundheitswesens vom 3. 7. 1934 war den Gesundheitsämtern das **Behandeln** verboten. Diese Auffassung spiegelt sich in gesetzlichen Regelungen wieder, nach denen die Hilfen ausschließlich in **Beratung** und **Betreuung** bestehen sollen. Das vorkonstitutionelle Vereinheitlichungsgesetz ist durch die neuere Gesetzgebung in den Landesgesetzen jedenfalls im Bereich des öffentlichen Unterbringungsrechts überholt und nicht mehr anwendbar (vgl. *Crefeld* Öff. Gesund.-Wes. 1988, 543; vgl. auch *Eberhard* u. a., Hilfen, Schutzmaßnahmen und Maßregelvollzug, S. 21). Eine Behandlung durch das Gesundheitsamt oder den Sozialpsychiatrischen Dienst ist jedenfalls dann zulässig, wenn und solange eine Behandlung des Betroffenen durch einen niedergelassenen Psychiater nicht gewährleistet ist (so ausdrücklich § 11 Abs. 2 Satz 2 Nds und § 6 Abs. 2 Satz 2 Sachs). Aber auch die Personalausstattung der Hilfe leistenden Institutionen prägt deren Aufgabenbereich. So können die ohne Ärzte arbeitenden Sozialpsychiatrischen Dienste in Baden-Württemberg schon mangels Fachkompetenz keine Behandlungsmaßnahmen durchführen.

64 **d) Rechtslage – Befugnisse und Pflichten bei Hilfen und Maßnahmen.** Die **Mitarbeiter** der Institutionen sind im Rahmen ihres Aufgabengebietes **zur Hilfe verpflichtet.** Dies gilt unproblematisch für die staatlichen Träger und für solche privaten Träger, denen die Aufgaben durch staatliche Instanzen übertragen wurden. In beiden Konstellationen können sich nämlich aus der Übernahme der Aufgabe zivilrechtliche und strafrechtliche Garantenstellungen ergeben, die im Verletzungsfalle zur Haftpflicht und Kriminalstrafe führen können. Praktisch bedeutsam ist dies insbesondere für die **Verhinderung von Suiziden.** Werden nötige Behandlungsmaßnahmen verzögert oder verweigert, so drohen Konsequenzen aus der darin liegenden möglichen Körperverletzung (zum ganzen *Marschner* in *Berger/Schirmer* [Hrsg.], S. 128 ff.; sowie *Marschner* 2009 S. 57 ff.).

65 Problematisch sind die **Zwangsbefugnisse**, die nach § 4 Abs. 2 **Bran** bei den Hilfen wie bei den Maßnahmen zulässig sein sollen. Demgegenüber ist in den meisten Ländergesetzen das Prinzip der Freiwilligkeit bei den Hilfen ausdrücklich geregelt (§§ 3 Abs. 3 **Berl**, § 3 Abs. 3 **MeVo**, § 3 Abs. 2 Satz 2 **NW**, § 4 Abs. 5 **RhPf**). Das **Recht der Hilfen** ist systematisch dem Sozialrecht zuzuordnen. Dort finden sich die maßgeblichen Auslegungskriterien. Dem Sozialrecht sind zwangsweise durchsetzbare Mitwirkungs- oder sonstige Pflichten fremd. Bekannt sind dort nur Mitwirkungsobligationen, die ausdrücklich nicht sanktionsbewehrt sind, sondern nur die Folge eines Anspruchsverlustes haben können. Übertragen auf das Unterbringungsrecht bedeutet dies, dass Hilfen angeboten, aber nicht durchgesetzt werden können. Weigern sich psychisch Kranke, Hilfsangebote anzunehmen, so verlieren sie allenfalls ihre Ansprüche auf die Hilfen und den Schutz des Subsidiaritätsprinzips. Jeder Versuch, die Hilfen zu Zwangsinstrumenten auszuweiten, weitet die soziale Kontrolle aus, verstößt gegen grundlegende Prinzipien des Sozialrechts (vgl. § 66 SGB I) und begeht Etikettenschwindel, weil Repression als Fürsorge deklariert wird. **Hausbetretungen, Zwangsvorführungen** oder gar **Zwangsbehandlungen** als vor- bzw. nachsorgende „Hilfen" können in der ambulanten Betreuung vor Ort als mögliche Instrumente erscheinen, um das schlimmere Übel der Zwangsunterbringung abzuwenden. In Wirklichkeit ersetzen sie aber kein Zwangsinstrument, sondern verlagern die Möglichkeit der Zwangsausübung aus dem stationären in den ambulanten Bereich.

66 Aus diesen Zusammenhängen ergeben sich auch **Grenzen für den Gesetzgeber.** Die für Unterbringungsmaßnahmen entwickelten verfassungsrechtlichen Voraussetzungen gelten entsprechend auch für Zwang im Bereich der Hilfen und Maßnahmen. Zwang ist also nur zulässig, wenn überhaupt eine unterschiedliche Behandlung gegenüber psychisch Gesunden gerechtfertigt ist. Die Unterbringungsvoraussetzungen der psychischen

3. Hilfen und Maßnahmen **B**

Krankheit oder Sucht sowie deren Auswirkungen auf die Willens- und Einsichtsfähigkeit müssen feststehen. Erforschungseingriffe, wie sie im Polizeirecht für zulässig gehalten werden, sind hier unzulässig. Gesetzlich vorgesehene Zwangsmaßnahmen sind überhaupt nur dann zulässig, wenn der Zusammenhang mit dem Subsidiaritätsprinzip gewahrt bleibt. Also muss es bei der Anwendung von Zwang darum gehen, eine sonst sichere Unterbringung zu vermeiden. Darüber hinaus sind Zwangsmaßnahmen nur zulässig, um das Unterbringungsverfahren selbst zu sichern. In beiden Fällen handelt es sich nicht mehr um Hilfen, sondern um Maßnahmen. Dort, wo Behandlungen erlaubt sind, bedeutet dies nicht zugleich die Erlaubnis für **Zwangsbehandlungen**. Diese müssen vielmehr wie im Vollzugsrecht (vgl. S. 150ff.) ausdrücklich und gesetzlich zugelassen sein, was in keinem Bundesland der Fall ist.

Hausbesuche, Vorladungen, Vorführungen, Behandlungsanweisungen und die „**Duldungspflicht**" bei Untersuchungen als Zwangsbefugnis sind in Zusammenhang mit dem außergerichtlichen Unterbringungsverfahren zu sehen (vgl. die Ausführungen S. 101ff.). *Crefeld/Pech* halten Vorführungen für nicht mehr zeitgemäß und ziehen einen gemeinsamen Hausbesuch von Beauftragten der Ordnungsbehörde und des Sozialpsychiatrischen Dienstes vor (Psychosoziale Umschau 1988, Heft 2 S. 21). Wenn Untersuchungsverpflichtung, die Hausbetretung und die Vorführung der Information über die Unterbringungsvoraussetzungen dienen, müssen gewichtige Anhaltspunkte für die Unterbringungsvoraussetzungen vorliegen. Das ist nach der Natur der Sache weniger als für die Unterbringung (inklusive der einstweiligen nach §§ 331ff. FamFG und der behördlichen) gefordert wird, weil es um deren Voraussetzungen ja gerade geht (*Parensen* S. 150). Sollen diese Maßnahmen aber im Sinne des Subsidiaritätsprinzips eine sonst fällige Unterbringung verhindern, so ist ein im Sinn der Eingriffsintensität stufenweises Vorgehen zu beachten, wie es einigen Ländergesetzen (z.B. in § 6 **Thür**) geregelt ist. 67

Soweit den **nachsorgenden Hilfen** die Aufgabe übertragen wird, die Weisungen des § 328 FamFG zu überprüfen, kann es zur sog. **Inpflichtnahme von Privaten** kommen, z.B. wenn freie Träger mit Kontrollaufgaben bedacht werden oder nachbehandelnden Ärzten eine **Mitteilungspflicht** auferlegt wird. Insofern wurde zwar die Gesetzgebungskompetenz der Länder durch das Betreuungsrecht nicht verdrängt. Auch sind solche Inpflichtnahmen verwaltungsrechtlich zulässig. Sachlich sind sie aber unangemessen. Bei den Behandlungs-Anweisungen als vorausgehender Maßnahme wird nicht der Dritte zur Mitteilung verpflichtet, sondern vom Patienten die Befreiung von dessen Verschwiegenheitspflicht verlangt. Was der Therapeut dann daraus macht, ist dessen Angelegenheit. Auch das Strafrecht kommt bei Weisungen im Straf- und Maßregelvollzug wie bei Bewährungsaussetzungen ohne solche Inpflichtnahmen aus, obgleich dort ähnliche Informationsbedürfnisse bestehen können. Bedenkt man zudem die rechtspolitische Diskussion zu den beruflichen Schweigepflichten von Sozialarbeitern und Therapeuten (*Thorwart* R&P 1999, 10; *Volckart* R&P 1990, 158), sind solche Inpflichtnahmen überholt. Jedenfalls erstrecken sich diese Mitwir- 68 kungspflichten nicht auf unzulässige Weisungen. Dabei gelten die strafrechtlichen Grundsätze entsprechend (vgl. Kap. **D** S. 325 ff.).

69 **e) Die Ländergesetze. Baden-Württemberg:** Das Unterbringungsgesetz sieht keine Regelungen der Hilfen vor. Die entstandenen sozialpsychiatrischen Dienste sind in freier Trägerschaft eingerichtet und können schon deshalb keine hoheitlichen Aufgaben übernehmen. Dafür gibt es auch keine gesetzliche Ermächtigung. Da die Dienste nicht mit Ärzten besetzt sind, scheidet auch eine psychiatrieärztliche Versorgung aus. Einen spürbaren Beitrag zur Vermeidung der Unterbringung oder sonstige Auswirkungen auf das Unterbringungsrecht können diese Dienste deshalb nicht leisten. § 5 sieht als Maßnahme der Gesundheitsbehörde die Zwangsuntersuchung vor, wenn dringende Gründe für die Annahme vorliegen, dass die Unterbringungsvoraussetzungen vorliegen.

70 **Bayern:** Nach Art. 3 Abs. 1 sind die vorhandenen vorsorgenden, begleitenden und nachsorgenden Hilfen auszuschöpfen. Nach Abs. 3 soll es sich dabei insbesondere um Hilfen nach den Bestimmungen des Sozialgesetzbuchs handeln.

Die eingerichteten Sozialpsychiatrischen Dienste sind vornehmlich in freier Trägerschaft organisiert und haben ihren Schwerpunkt im Bereich der Wiedereingliederung und Beratung. Hoheitliche Aufgaben können diese Dienste im Rahmen der Hilfen ebenso wenig vornehmen wie die Gesundheitsämter, da gesetzliche Grundlagen im Unterbringungsgesetz fehlen. Vorausgehende Maßnahmen sind in Art. 7 geregelt.

71 **Berlin:** Nach § 4 Abs. 1 Satz 1 müssen die nötigen Hilfen „für jeden Einzugsbereich vorhanden sein". In § 4 Abs. 2 ist die Sicherstellung der psychiatrischen Notfallversorgung durch einen fachärztlichen Bereitschaftsdienst oder durch Krisenimterventionszentren ausdrücklich vorgesehen. Das ist eine Institutsgarantie. Ein individueller Anspruch auf die vorhandenen Hilfen ist nirgends geregelt, ergibt sich aber aus dem Zusammenhang in § 3. §§ 3–7 regeln das Ziel der Hilfen, deren Art und Infrastruktur. Sie werden nach den Prinzipien der Freiwilligkeit (§ 3 Abs. 3) und des Vorrangs der ambulanten Hilfe (§ 4 Abs. 1 Satz 2) angeboten. Damit ist im Zusammenhang mit den Hilfen die Ausübung jeglichen Zwangs verboten (die anderslautende Entscheidung OVGE 14, 28 ff. erging zum alten Unterbringungsgesetz). Andererseits können die Hilfen in jeder Form bis hin zur stationären Behandlung geleistet werden (§ 4 Abs. 1 Satz 1; § 3 Abs. 1 Satz 1). **Freiwillig** nach § 3 Abs. 3 wird eine Hilfe dann angenommen, wenn sie ausdrücklich vom Betroffenen akzeptiert wird. Auf eine besondere Willensfähigkeit kommt es dabei nicht an. Der natürliche Wille reicht aus. Die vorausgehenden Maßnahmen sind in § 12 geregelt.

72 **Brandenburg:** Die Hilfen sind in §§ 3–6 geregelt. Es besteht ein Rechtsanspruch auf Hilfen (§ 3). Sie bestehen in Beratung, Betreuung und Behandlung (§ 4 Abs. 1). Zu den Hilfen gehört auch die Gewährleistung einer ausreichenden psychiatrischen Notfallversorgung (§ 5 Abs. 1 Nr. 4). Die Freiwilligkeit der Hilfen ergibt sich aus § 4 Abs. 4. § 6 Abs. 3 enthält eine Sicherstellungsverpflichtung. Die Sozialpsychiatrischen Dienste bei den Gesundheitsämtern sollen unter ständiger fachärztlicher Leitung stehen (§ 6

3. Hilfen und Maßnahmen **B**

Abs. 1). Unbefriedigend ist die Regelung der Maßnahmen einschließlich der zwangsweisen Wohnungsbetretung in § 5 Abs. 2 in Zusammenhang mit den Hilfen.

Bremen: § 6 Abs. 1 formuliert ausdrücklich einen Rechtsanspruch auf 73 die Hilfen, welche nach § 3 Abs. 1 zu Auftragsangelegenheiten der Stadtgemeinden Bremen und Bremerhaven erklärt werden. Nach § 3 Abs. 3 sind insbesondere ein Sozialpsychiatrischer Dienst und das regionale Psychiatrische Behandlungszentrum einzurichten. Die Hilfen werden als individuelle medizinische und psychosoziale Beratung und Betreuung sowie durch die Vermittlung und Durchführung geeigneter Behandlungsmaßnahmen gewährt (§ 5 Abs. 2). Daneben stehen Koordinationsaufgaben (§ 5 Abs. 3). Zu den Hilfen gehören nach § 5 Abs. 3 die regelmäßige Sprechstunde sowie **Hausbesuche,** wenn dieses zur Durchführung der vorsorgenden Hilfen angezeigt ist. Darin liegt keine Ermächtigung, zwangsweise in Wohnungen einzudringen (vgl. Art. 13 GG). Dies ergibt sich im Zusammenhang mit den oben ausgeführten Erwägungen zu Zwangsmaßnahmen hier bereits aus der Gesetzesformulierung: Hausbesuche sind keine Hausbetretung gegen oder ohne den Willen des Besuchten. Auch insofern gilt das Freiwilligkeitsprinzip, das in § 6 Abs. 2 ausdrücklich geregelt ist. In § 40 sind die nachsorgenden Hilfen und darin in § 40 Abs. 2 diesbezügliche Folgen der Aussetzungen nach § 328 FamFG geregelt. Neben den Mitteilungspflichten des Entlassenen bzw. seiner Vertreter und der Unterbringungseinrichtung an die nachbehandelnden Stellen in den Absätzen 1 und 2 ist in Abs. 3 die Inpflichtnahme des nachbehandelnden Arztes geregelt (vgl. dazu die Ausführungen bei S. 95f.). Die vorausgehenden Maßnahmen sind in § 7 geregelt. Danach kommen als Maßnahmen eine Aufforderung zur Beratung, ein Hausbesuch sowie eine Untersuchung des Betroffenen in Betracht. Die zwangsweise Wohnungsbetretung und Untersuchung sind in § 7 Abs. 2 geregelt.

Hamburg: § 3 formuliert ausdrücklich einen Anspruch auf die Hilfen. 74 In § 3 Abs. 2 ist die Verpflichtung, die Hilfen wohnortnah sicherzustellen, ausdrücklich geregelt. Dies bedeutet eine Institutsgarantie. Zu den Hilfen gehören die Sprechstunde durch einen in der Psychiatrie erfahrenen Arzt sowie Hausbesuche (§ 4 Abs. 4). In § 7 sind die Maßnahmen im Sinn eines Stufenmodells geregelt. In § 7 Abs. 3 ist neben den Hausbesuchen (Satz 1) auch eine Ermächtigungsgrundlage im Sinne des Art. 13 Abs. 3 GG vorgesehen. Danach dürfen die Beauftragten der für die Hilfen zuständigen Behörde zur Aufklärung der Gefahrensituation die Wohnung, in der die betroffene Person lebt, betreten.

Hessen: Das Freiheitsentziehungsgesetz enthält keine Regelungen zu den 75 Hilfen. Die an die Gesundheitsämter angegliederten sozialpsychiatrischen Dienste werden also außerhalb des öffentlichen Unterbringungsrechts tätig. Da sie in der Praxis oftmals nicht mit Ärzten besetzt sind, ist ihr Beitrag zur Vermeidung von Unterbringungen nur regional zu erwarten. Vorausgehende Maßnahmen erwähnt das Gesetz nicht.

Mecklenburg-Vorpommern: § 4 Abs. 1 gewährt ausdrücklich einen 76 Anspruch auf Hilfen, die gemäß § 5 Abs. 1 als Aufgaben des übertragenen Wirkungskreises den kreisfreien Städten und Landkreisen übertragen sind.

Nach § 6 Abs. 1 ist insbesondere ein Sozialpsychiatrischer Dienst einzurichten. Die von sozialpsychiatrischen Diensten zu leistenden Hilfen sind durch umfassende medizinische und psychosoziale Beratung und persönliche Betreuung zu gewährleisten. Eingeschlossen ist ausdrücklich auch die Behandlung (§ 3 Abs. 1 Satz 1). Alle Hilfen stehen unter dem Vorbehalt der Freiwilligkeit. Insofern gelten die Ausführungen zu Berlin entsprechend. Als Instrumentarium der vorsorgenden Hilfen wird in § 7 Abs. 1 die regelmäßige ärztliche Sprechstunde und in Abs. 2 der Hausbesuch geregelt. Nachgehende Hilfen sind in §§ 33–36 geregelt. Für die in § 36 geregelte Mitwirkung bei Aussetzungen nach § 328 FamFG sieht das Gesetz keine Inpflichtnahme wie etwa in Bremen oder Nordrhein-Westfalen vor. Von den Hilfen zu unterscheiden sind die einer Unterbringung vorausgehenden Maßnahmen des Gesundheitsamtes nach § 8.

77 **Niedersachsen:** § 2 überträgt den Landkreisen und kreisfreien Städten die Aufgaben nach dem PsychKG als Aufgabe des übertragenen Wirkungskreises. Nach § 5 ist ein Sozialpsychiatrischer Dienst beim Gesundheitsamt einzurichten. Ein individueller Anspruch auf die Hilfen ergibt sich aus § 7, in dem die Verpflichtung zur Hilfe geregelt ist. Die Hilfen sind durch den Sozialpsychiatrischen Dienst anzubieten oder zu vermitteln (§ 5 Abs. 1). Dies enthält eine Sicherstellungsgarantie. § 11 Abs. 2 enthält eine Behandlungsermächtigung, falls Hilfen durch einen niedergelassenen Arzt nicht erreicht werden können. Weil keine Ermächtigungen für die Ausübung von Zwang vorgesehen sind, stehen die Hilfen unter dem Vorbehalt der Freiwilligkeit. Eine gewisse Einschränkung enthält allerdings § 11 Abs. 1, in dem es um die **Mitteilung von Feststellungen** geht. Die Datenweitergabe ist nunmehr an die Datenschutzvorschrift des § 33 geknüpft. Die Hilfen sind zu unterscheiden von den Maßnahmen, die in § 13 geregelt sind.

78 **Nordrhein-Westfalen** (dazu *Parensen* S. 143 ff.; *Eberhard* u. a. S. 15 ff.; *Dodegge/Zimmermann* S. 170 ff.): Nach § 4 besteht ein ausdrücklich formulierter Anspruch auf die Hilfen, welche nach § 5 den Kreisen und kreisfreien Städten als Pflichtaufgabe zur Erfüllung nach Weisung übertragen sind und insbesondere durch Sozialpsychiatrische Dienste zu leisten sind. Die in §§ 3–8 und 27–29 (nachgehende Hilfe) geregelten Hilfen sollen durch der Art der Erkrankung angemessene medizinische und psychosoziale Maßnahmen gewährt werden (§ 3 Abs. 1 Satz 1) Dies umfasst nach einer therapeutisch und rechtspolitisch orientierten Interpretation auch die ärztliche Behandlung (*Crefeld* Öff. Gesundh.-Wes. 1988, 543), soweit die Betroffenen sich nicht bereits in Behandlung befinden (§ 3 Abs. 1 Satz 2). Gerade Notfallbehandlungen i. S. von Krisenintervention können nicht entgegen der allgemeinen Hilfeleistungspflicht aus § 323 c StGB verhindert werden. Nach § 8 Abs. 1 sind für die vorsorgenden Hilfen Sprechstunden und nach Abs. 2 auch Hausbesuche anzubieten. Beide setzen Freiwilligkeit voraus. Als weiteres Instrument der vorsorgenden Hilfen wird in Abs. 3 die Verhaltensunterweisung des häuslichen Personenkreises genannt. Damit wird wesentlichen Erkenntnissen familientherapeutischer Konzepte Rechnung getragen. Auch nachgehende Hilfen werden nach § 27 Abs. 1 durch individuelle, ärztlich geleitete Beratung und Betreuung geleistet. Auch hier ist also eine Behand-

3. Hilfen und Maßnahmen **B**

lung nicht ausgeschlossen. Im Übrigen wird bei den nachgehenden Hilfen die **Pflicht des nachbehandelnden Arztes** geregelt, **das Gesundheitsamt von dem Verlauf der Behandlung zu unterrichten** (§ 29 Abs. 3; vgl. dazu oben S. 95 f.). Damit wird einer dritten Person eine öffentlich-rechtliche Pflicht auferlegt, die sich an dem zunächst zivilrechtlichen Behandlungsverhältnis zum Patienten anknüpft. Der Arzt erhält mit dieser Vorschrift einen Rechtfertigungsgrund für die Verletzung der Verschwiegenheitspflicht aus § 203 StGB. Eine Verletzung der Pflicht hat weder eine öffentlich-rechtliche noch eine zivilrechtliche oder strafrechtliche Konsequenz. Denn diese Vorschrift begründet keine Garantenstellung gegenüber dem Patienten oder gegenüber dritten Personen, welche durch den Patienten geschädigt werden. Die Pflicht besteht nämlich nicht diesen, sondern allein dem Gesundheitsamt gegenüber. Eine **Mitwirkungspflicht des Patienten** selbst regelt § 29 Abs. 1, wonach der Betroffene oder sein gesetzlicher Vertreter Auskunft über die nachbehandelnde Stelle geben muss, wenn er mit der Weisung (Auflage) entlassen wurde, sich in ärztliche Behandlung zu begeben. Sprechstunden und Hausbesuche sind in § 28 Abs. 1 Satz 2 geregelt. Zwangsmaßnahmen werden dadurch aber nicht begründet, denn sämtliche Hilfen stehen unter dem Vorbehalt der Freiwilligkeit (so auch *Eberhard u.a.* S. 17). Zu unterscheiden von den Hilfen sind die vorausgehenden Maßnahmen des Gesundheitsamtes nach § 9 im Sinn eines mehrstufigen Vorgehens. Maßnahmen sind die Aufforderung zur Sprechstunde, ein Hausbesuch, die erneute Vorladung zur Sprechstunde unter Androhung der Vorführung, die zwangsweise Vorführung sowie die zwangsweise Untersuchung. In diesem Zusammenhang findet sich die Ermächtigung nach Art. 13 Abs. 3 GG, die Wohnung des Betroffenen zu betreten (§ 9 Abs. 7).

Rheinland-Pfalz: In § 4 Abs. ist eine Institutsgarantie vorgesehen, wonach die Hilfen gemeinde- und wohnortnah vorzuhalten sind. Die Hilfen beinhalten Beratung, Betreuung und gegebenenfalls Behandlung (§ 4 Abs. 2 Satz 1). Die Hilfen unterliegen der freiwilligen Annahme durch die Betroffenen (§ 4 Abs. 4). Ausdrücklich sind Angebote der Angehörigen sowie der Selbst- und Laienhilfe einbezogen (§ 4 Abs. 3, 6). Der Sozialpsychiatrische Dienst (§ 5) soll die ambulante ärztliche und psychosoziale Beratung und Betreuung nur durchführen, wenn Hilfe durch andere Stellen nicht geleistet wird. In §§ 8, 9 sind die Maßnahmen im Sinn von Vorladung, Hausbesuch, zwangsweiser Untersuchung und Wohnungsbetretung geregelt. 79

Saarland: Das Unterbringungsgesetz enthält in § 2 nur einen Hinweis auf die Subsidiarität der Unterbringung zu anderweitig geregelter Hilfe und ansonsten keine Vorschriften zu vor- und nachgehenden Hilfen oder vorausgehenden Maßnahmen. Die eingerichteten sozialpsychiatrischen Dienste haben deshalb keinen hoheitlichen Auftrag und auch keine Zwangsbefugnisse. 80

Sachsen: Die Hilfen werden durch ärztliche und psychosoziale Beratung und Behandlung gewährt (§ 5 Abs. 4). Nach § 6 Abs. 1 sind die Sozialpsychiatrischen Dienste zur Gewährung der Hilfen verpflichtet. Dies bedeutet eine Institutsgarantie. Eine ausdrückliche Behandlungsermächtigung ergibt sich aus § 6 Abs. 2 (siehe S. 93 f.). Die Maßnahmen sind im Rahmen des 81 vorbereitenden Verfahrens in § 13 geregelt einschließlich Vorführung, Wohnungsbetretung und Zwangsuntersuchung.

82 **Sachsen-Anhalt:** Ein Anspruch auf Hilfen ergibt sich aus § 3 Abs. 3 Satz 2. Diese sind nach § 4 den Landkreisen und kreisfreien Städten als Aufgabe des übertragenen Wirkungskreises auferlegt. Nach § 5 ist insbesondere ein Sozialpsychiatrischer Dienst einzurichten. § 3 sieht als Aufgabe der Hilfen die individuelle ärztlich geleitete Beratung und Betreuung vor. Damit ist bei sachgerechter Auslegung auch die ärztliche Behandlung möglich. Die unabhängig von den Sozialleistungen durch andere Stellen gewährten Hilfen werden durch sozialpsychiatrische Dienste erbracht (§ 5; § 3 Abs. 5). Da keine Zwangsmaßnahmen geregelt sind, stehen sämtliche Hilfen unter dem Vorbehalt der Freiwilligkeit. Besonderheiten für die nachsorgenden Hilfen regelt § 31. Von den Hilfen sind sog. Schutzmaßnahmen zu unterscheiden, die im unmittelbaren Zusammenhang mit Unterbringungsmaßnahmen stehen (§§ 7–10).

83 **Schleswig-Holstein:** § 4 Abs. 2 gewährt einen Anspruch auf Hilfen, welche nach Abs. 1 in Beratung und Betreuung sowie in Hausbesuchen bestehen können. Heilbehandlung, Pflege, Geld- und Sachleistungen sind ausdrücklich ausgeschlossen nach § 4 Abs. 1 Satz 2. Die Hilfen werden durch Sozialpsychiatrische Dienste gewährt (§ 4 Abs. 3) und stehen unter dem Vorbehalt der Freiwilligkeit, was sich aus § 6 Abs. 1 und Abs. 2 Satz 1 ergibt. Zwangsmaßnahmen sind bei der Durchführung der Hilfen nicht vorgesehen. Die in § 6 geregelten Maßnahmen sehen aber die Möglichkeit einer Vorladung vor, die gegebenenfalls zwangsweise durchgesetzt werden kann (§ 6 Abs. 2 Satz 4). Dabei handelt es sich um vorausgehende Maßnahmen.

84 **Thüringen:** § 4 Abs. 2 gewährt einen gegenüber der allgemeinen Gesundheitsvorsorge und staatlicher Fürsorge subsidiären Anspruch auf die erforderlichen Hilfen, die bei den Gesundheitsämtern durch sozialpsychiatrische Dienste organisiert werden (Abs. 1). Aufgaben und Art der Hilfen sind in § 3 beschrieben und entsprechen den bei S. 94 ff. dargelegten Anforderungen an ein modernes PsychKG. Zum Instrumentarium gehören deshalb auch sämtliche therapeutischen und praktischen Maßnahmen wie Hausbesuche, Sprechstunde, Koordination anderer Hilfsangebote, Vermittlung mit nahe stehenden Personen, Diagnostik und Behandlung (§§ 3, 4). Für diese Hilfen gilt der Freiwilligkeitsgrundsatz. Die unter Umständen auch zwangsweise durchsetzbaren **vorausgehenden Maßnahmen** sind in § 6 Abs. 1–3 geregelt und sollen eine drohende Unterbringung in folgenden **Stufen** vermeiden: 1. Der Betroffene kann vorgeladen und ihm ein Hausbesuch angeboten werden. Um weitere Maßnahmen abzuwenden, kann der Betroffene sich stattdessen auch in freiwillige Behandlung begeben, die der Behörde mitzuteilen ist. 2. Unternimmt der Patient nichts, dann soll ein Hausbesuch durchgeführt werden, was nicht mehr als die vor Ort vorgetragene Bitte um Einlass bedeutet (Klingeln, Klopfen, Anrufen). 3. Erst wenn der Bitte nicht entsprochen wird oder der Hausbesuch unergiebig ist, sind Zwangsmaßnahmen in Form der Vorführung und Zwangsuntersuchung möglich. Weitere spezielle Zwangsmaßnahmen sind nicht vorgesehen. Eine Hausbetretung ist

in Abs. 4 wegen Art. 13 Abs. 3 GG ausdrücklich erwähnt. Der Umgang mit den Untersuchungsergebnissen ist in Abs. 5 geregelt.

4. Außergerichtliches Verfahren (Verwaltungsverfahren)

Der öffentlich-rechtlichen Unterbringung durch ein Gericht nach den Landesgesetzen steht eine Befassung mit der Angelegenheit durch eine **Verwaltungsbehörde,** in der Regel die untere Gesundheitsbehörde, gegenüber. Welche Behörde i.S. sachlicher und örtlicher Zuständigkeit das ist, richtet sich nach Landesrecht und ist verschieden geregelt (vgl. unten S. 102ff.). Der Antrag auf Anordnung der Unterbringung, den die Gesundheitsbehörde beim Betreuungsgericht stellt, ist zwar einerseits eine Prozesshandlung, andererseits aber auch eine **Verwaltungsmaßnahme** i.S. des Verwaltungsverfahrensrechts. Die nach außen wirkende Tätigkeit der Prüfung und Vorbereitung dieser Verwaltungsmaßnahme, durch welchen Anlass oder welches Ereignis sie auch ausgelöst sein mag, bildet das Verwaltungsverfahren der Behörde. Dieses Verwaltungsverfahren hat im Anschluss an die gerichtliche Anordnung der Unterbringung einen zweiten Abschnitt, das Vollstreckungsverfahren (vgl. S. 128ff.). 85

Alle Verfahren unterliegen im Rechtsstaat den Rechtsregeln eines Verfahrensrechts, auch das hier behandelte Verfahren der Gesundheitsbehörde (Art. 20 Abs. 3 GG). Dieses Verwaltungsverfahrensrecht ist nach Art. 70 Abs. 1, 84 Abs. 1 GG Gegenstand der Landesgesetzgebung. Alle Bundesländer haben ihr Verwaltungsverfahrensrecht in ihren VwVfG kodifiziert. Die VwVfG der Länder stimmen inhaltlich mit dem des Bundes überein. Deshalb kann hier im Wesentlichen auf die Kommentare zum VwVfG-Bund verwiesen werden, es bedarf nachfolgend nur einiger Stichworte. 86

Die wichtigsten Regeln des Verwaltungsverfahrensrechts für das Verfahren der Gesundheitsbehörden sind: 87
– Der Betroffene ist **verfahrens-handlungsfähig** (§ 12 Abs. 1 Nrn. 1 und 2 VwVfG-Bund).
– Er ist schon im vorbereitenden Verfahren durch die Gesundheitsbehörde **anzuhören;** hiervon darf nur abgesehen werden, wenn es nach den Umständen des Einzelfalls nicht geboten ist, was bei dem hier anzuwendenden strengen Maßstab nur bei Gefahr im Verzug in Betracht kommt (§ 28 Abs. 1, Abs. 2 Nr. 1 VwVfG-Bund).
– Der Betroffene kann sich schon im Vorverfahren durch einen Bevollmächtigten, vor allem **durch einen Rechtsanwalt vertreten lassen** (§ 14 VwVfG-Bund).
– Der Betroffene und sein Bevollmächtigter haben **Anspruch auf Einsicht in die Verwaltungsakten,** soweit das die ordnungsgemäße Erfüllung der Aufgaben der Behörde nicht beeinträchtigt – was im Zeitalter des Kopiergeräts praktisch nicht vorkommt (§ 29 Abs. 1, Abs. 2 VwVfG-Bund, vgl. hierzu BayVGH NJW 1988, 1615).
– Gegen den Betroffenen erlassene Maßnahmen, z.B. der unten unter S. 105f. bezeichneten Art, sind bei Vorliegen eines rechtlichen Interesses, das hier immer gegeben ist, **schriftlich zu bestätigen** (§ 37 Abs. 2

VwVfG-Bund). Dabei sind die wesentlichen **tatsächlichen und rechtlichen Gründe** der Maßnahme anzugeben (§ 39 Abs. 1 VwVfG-Bund).

– Ein Arzt, der den Betroffenen früher außerhalb seiner amtlichen Eigenschaft, etwa als Sachverständiger in einer Strafsache, begutachtet hat, ist als **Sachverständiger im Verwaltungsverfahren ausgeschlossen,** selbst wenn der Betroffene ihn von seiner Verschwiegenheit entbunden hat (§ 20 Abs. 1 Nr. 6 VwVfG-Bund).

88 **a) Sachliche Zuständigkeit der Behörde.** Zur verfassungsrechtlichen Garantie der Freiheit der Person gehört auch, dass für alle gesetzlich vorgesehenen Eingriffe in das Freiheitsgrundrecht das vorgesehene Verfahren eingehalten werden muss (vgl. Art. 104 Abs. 1 GG: „... *unter Beachtung der darin vorgeschriebenen Formen* ..."). Zu den **gesetzlichen Förmlichkeiten** gehört auch die Antragstellung durch die dafür zuständige Behörde (vgl. OLG Karlsruhe FGPrax 1996, 239). Regelmäßig ist sachlich zuständig die Gesundheits- oder Ordnungsbehörde des Landkreises bzw. der kreisfreien Stadt, in den Stadtstaaten des Bezirks, in dem das Bedürfnis für die Unterbringung hervortritt oder wo der Kranke seinen gewöhnlichen Aufenthalt hat oder zuletzt hatte. Baden-Württemberg und Brandenburg haben eine ergänzende Regelung: Dort kann, wenn der Patient sich bereits auf Grund Vertrags oder Ablaufs der früher angeordneten Unterbringung in dem Krankenhaus befindet (Zurückhaltung), das für den Vollzug der öffentlich-rechtlichen Unterbringung zuständig ist, eben dieses Krankenhaus den Unterbringungsantrag stellen.

89 Sachlich zuständig sind in:

BW § 3 Abs. 1: Die untere Verwaltungsbehörde bzw. das Krankenhaus.
Bay Art. 5, 6: Die Kreisverwaltungsbehörde.
Berl § 11: Das Bezirksamt.
Bran §§ 6 Abs. 1, 11 Abs. 1, 14 Abs. 2 : Der Sozialpsychiatrische Dienst bei dem Landkreis bzw. der kreisfreien Stadt oder das Krankenhaus. Die systemwidrige Antragstellung durch den gesetzlichen Vertreter ist durch die Neuregelung entfallen.
Bre § 14 Abs. 1: Die Ortspolizeibehörde.
Hmb § 10, Abschnitt I DurchfAO v. 19. 3. 1997 (HmbGVBl II S. 633): Das Bezirksamt.
Hess § 2 Abs. 2: In Gemeinden bis zu 7500 Einwohnern der Landrat, im Übrigen der Gemeindevorstand.
MeVo § 14: Der Landrat bzw. der Oberbürgermeister.
Nds §§ 3, 17: Der Landkreis bzw. die kreisfreie Stadt.
NW § 12: Die örtliche Ordnungsbehörde.
RhPf §§ 13 Abs. 1, 14 Abs. 1: Der Landkreis bzw. die kreisfreie Stadt.
Saar §§ 5, 8 Abs. 1: Der Landrat bzw. Oberbürgermeister, sonst im Stadtverband Saarbrücken der Stadtverbandspräsident.
Sachs §§ 12, 13 Abs. 6: Das Landratsamt bzw. die kreisfreie Stadt.
SaAn §§ 7 Abs. 1, 14 Abs. 1: Der Landkreis bzw. die kreisfreie Stadt.
SH § 8: Der Kreis oder die kreisfreie Stadt.
Thü § 8: Der sozialpsychiatrische Dienst bei den Gesundheitsämtern.

90 **b) Örtliche Zuständigkeit der Behörde.** Nach dem kodifizierten Verwaltungsverfahrensrecht der Länder ist örtlich zuständig die Gesundheitsbe-

4. Außergerichtliches Verfahren (Verwaltungsverfahren) **B**

hörde, in deren Bezirk der Betroffene seinen gewöhnlichen Aufenthalt hat oder zuletzt hatte, bei Gefahr im Verzug für unaufschiebbare Maßnahmen auch die, in deren Bezirk das Bedürfnis für die Unterbringung hervortritt (vgl. § 3 Abs. 1 Nr. 3 Buchst. a, Abs. 4 VwVfG-Bund). Manche Länder haben es dabei belassen, andere diese Regelung noch einmal wiederholt. Abweichungen davon haben folgende Länder bestimmt:

Bay Art. 6: Das Verhältnis zwischen der Behörde des örtlichen Bedürfnisses und der des gewöhnlichen Aufenthalts ist umgekehrt worden: Erstere ist zuständig, Letztere zu unterrichten. Sodann ist das Verwaltungsverfahren an die Gesundheitsbehörde abzugeben, in deren Bezirk das nach § 313 Abs. 3, 4 FamFG zuständige Betreuungsgericht liegt.

Hess § 3: Die Behörde des örtlichen Bedürfnisses darf allein Anträge auf einstweilige Anordnung i. S. des §§ 331 ff. FamFG stellen.

RhPf § 13 Abs. 2 S. 2: Befindet sich der Betroffene bereits in einer Anstalt, so ist die Gesundheitsbehörde zuständig, in deren Bezirk die Anstalt liegt.

c) Anforderungen an den Antrag auf Anordnung der Unterbringung. 91 Die Gesundheitsbehörde darf den Antrag nicht ohne genügenden Anlass stellen. Für ihre Ermittlungen bedient sie sich der erforderlichen Beweismittel nach pflichtgemäßem Ermessen (vgl. § 26 VwVfG-Bund). Sie kann auch Auskünfte anderer Behörden einholen, wobei zu beachten ist, dass die bei einem Sozialleistungsträger vorliegenden Informationen durch §§ 35 SGB I, 67 ff. SGB X geschützt sind und Ärzte, die den Betroffenen früher auf vertraglicher Grundlage behandelt haben, überdies die Aussage verweigern können und wegen der ihnen bekannt gewordenen Geheimnisse nach § 203 StGB zum Schweigen verpflichtet sind. Im Einzelnen gelten dieselben Beschränkungen, die auch im gerichtlichen Verfahren zu beachten sind (hierzu Kap. D S. 292 f.). Die meisten Landesgesetze haben Sonderregelungen über das für den Unterbringungsantrag nötige ärztliche Gutachten, mit denen ein gewisser Mindeststandard ihrer Qualität gewährleistet werden soll. Vielfach werden diese aber durch Gefahr- und Nachreichungsklauseln sowie durch ausnahmsweises Genügen eines Attests oder Zeugnisses wieder verwässert. Damit wird zwar auf tatsächliche Notlagen Rücksicht genommen, jedoch auch bürokratische Bequemlichkeit ermöglicht.

BW § 3 Abs. 2: Es ist ein ärztliches Zeugnis einzuholen. Das darf allerdings auch nach Stellung des Unterbringungsantrags geschehen, es ist dann nachzureichen. Das Zeugnis ist entweder vom Gesundheitsamt auszustellen oder es muss von einem Psychiater eines Unterbringungskrankenhauses unterschrieben sein. Es soll über die voraussichtliche Behandlungsdauer und darüber Auskunft geben, ob der Betroffene vom Gericht ohne Nachteile für seine Gesundheit mündlich angehört werden kann. Hierzu ist zu sagen: Hat der Psychiater des Unterbringungskrankenhauses den Betroffenen früher außerhalb seiner amtlichen Eigenschaft begutachtet, z. B. als Sachverständiger in einem gerichtlichen Verfahren, so ist er ausgeschlossen (vgl. § 20 Abs. 1 Nr. 6 VwVfG-Bund; s. o. S. 102). Mit einem **„Zeugnis"** ist ersichtlich eine weniger ausführliche Äußerung gemeint als ein eigentliches Gutachten (siehe auch § 331 Satz 1 Nr. 2 FamFG).

B

Ohne ein solches kommt das Gericht aber im regulären Unterbringungsverfahren nach § 321 FamFG nicht aus (zu den Anforderungen an ein Gutachten vgl. Kap. **D** S. 288f.). Das ärztliche Zeugnis muss in verkürzter Form die wesentlichen Inhalte des Gutachtens enthalten. Die Äußerung über mögliche gesundheitliche Nachteile im Sinn des § 3 Abs. 3 BW, die durch die Anhörung zu befürchten seien, soll der Vorbereitung der Entscheidung des Unterbringungsgerichts darüber dienen, ob der Betroffene nach § 319 FamFG mündlich angehört wird. Nach § 319 Abs. 2 FamFG wird dafür freilich ein regelrechtes Gutachten gebraucht, das Land kann dieses bundesrechtliche Erfordernis nicht herabstufen (zur höchst problematischen Möglichkeit, die Anhörung zu unterlassen, Kap. **D** § 319 S. 281f.). Die „Soll"-Bestimmung über voraussichtliche Behandlungsdauer und Nachteile der Anhörung bedeutet wie überall im Verwaltungsverfahrensrecht eine strikte Bindung im Regelfall. Dass einmal ausnahmsweise überwiegende Gründe für ein Abgehen von der Regel sprechen könnten, dürfte kaum vorkommen.

Bay Art. 7 Abs. 1, Abs. 2: Erforderlich ist ein auf einer nicht über zwei Wochen zurückliegenden Untersuchung beruhendes Gutachten eines Arztes am Gesundheitsamt, „nötigenfalls" nach Beiziehung eines Psychiaters. In Bayern muss aus dem Gutachten hervorgehen, ob von einer persönlichen Anhörung des Betroffenen Gesundheitsschäden drohen, ob und wie die Unterbringung vermieden werden könnte und darüber hinaus eine „Gefährdung Dritter" (Abs. 1 S. 5). Ist das Gesundheitsamt des „örtlichen Bedürfnisses" nicht zugleich das für den gewöhnlichen Aufenthalt des Betroffenen zuständige, so soll dieses gehört werden.

Berl § 12: Das erforderliche Gutachten ist von einem in der Psychiatrie erfahrenen Arzt der Gesundheitsbehörde zu erstatten. Es muss auf einer höchstens drei Tage zurückliegenden Untersuchung beruhen und hat die Gründe anzugeben, aus denen ambulante Maßnahmen nicht ausreichen.

Bre § 14 Abs. 2: Zu dem Antrag gehört ein Zeugnis eines Psychiaters oder eines in einem psychiatrischen Fachdienst tätigen Arztes. Zum „Zeugnis" vgl. die Ausführungen zu BW, zur Verwaltungsunterbringung S. 106ff.

Hmb 10 Abs. 2: Dem Antrag ist das Zeugnis eines Arztes beizufügen. Zu den Besonderheiten bei der Verwaltungsunterbringung vgl. S. 106ff.

Hess § 5 Abs. 2: Es genügt das Zeugnis eines Arztes über den Geisteszustand oder die „Süchtigkeit" des Betroffenen, das auf einer höchstens zwei Wochen zurückliegenden Untersuchung beruht. Zur Qualifikation des Arztes enthält die Bestimmung nichts. Zum „Zeugnis" wird auf die vorstehenden Ausführungen zu BW verwiesen.

MeVo § 14: Dem Antrag ist das Zeugnis eines Arztes „mit Erfahrung in der Psychiatrie" beizufügen, dem eine nicht länger als zwei Wochen zurückliegende Untersuchung zugrunde liegt. Zur Verwaltungsunterbringung vgl. S. 106ff.

Nds § 17 Abs. 1 S. 3: Dem Antrag ist das Zeugnis eines Arztes beizufügen. Zur Verwaltungsunterbringung vgl. S. 106ff.

NW § 12 S. 2 verweist auf §§ 321 und 331, für Minderjährige i.V. mit §§ 167 Abs. 1 und 6 sowie § 151 Nr. 7 FamFG: Es muss ein Gutachten

4. Außergerichtliches Verfahren (Verwaltungsverfahren) **B**

oder ärztliches Zeugnis über den Zustand des Betroffenen vorliegen (zur Bedeutung dieses Erfordernisses Kap. **D** S. 338.

RhPf § 14 Abs. 2–4: An sich ist ein Gutachten eines Psychiaters vorgeschrieben, jedoch genügt bei Gefahr im Verzug ein Zeugnis eines Arztes, und selbst dieses kann nachgereicht werden. Gutachten oder Zeugnis müssen angeben, warum andere Maßnahmen nicht ausreichen. Dem Antrag sollen Vernehmungsprotokolle und ein Abschlussbericht beigefügt werden.

Saar § 5 Abs. 2, Abs. 3: Mit der Begründung des Antrags ist ein Gutachten vorzulegen, das auf einer höchstens drei Tage zurückliegenden Untersuchung beruht. Der Sachverständige soll in der Regel ein Psychiater, er muss jedenfalls ein auf dem Gebiet der Psychiatrie erfahrener Arzt sein.

Sachs § 13: Es ist zwingend ein Gutachten eines Amtsarzts einzuholen, das auf einer höchstens drei Tage zurückliegenden Untersuchung beruht. Der Amtsarzt hat einen Psychiater oder mindestens psychiatrieerfahrenen Arzt zu beteiligen. Das Gutachten muss angeben, warum andere Maßnahmen als die Unterbringung nicht ausreichen.

SH § 8 S. 2: Gebraucht wird ein Gutachten eines „in der Psychiatrie erfahrenen Arztes".

Thü § 8 Abs. 2: Gutachten eines Sachverständigen, i. d. R. eines Arztes für Psychiatrie und Psychotherapie, das auf einer höchstens drei Tage zurückliegenden Untersuchung beruht. Auch hier ist anzugeben, warum andere Maßnahmen nicht ausreichen.

d) Verfahren zur Vermeidung der Unterbringung. Die meisten 92 Länder haben dem Antrag der Gesundheitsbehörde auf Anordnung der Unterbringung einen besonderen Abschnitt ihres Verwaltungsverfahrens vorgeschaltet, der ausdrücklich Maßnahmen zur Vermeidung der Unterbringung dient, in dem aber auch die für diesen Antrag notwendigen Informationen gesammelt werden (Bre §§ 5–7; Hmb § 6; MeVo §§ 3–8; Nds § 6; NW § 9; RhPf § 9; Sachs § 5; SaAn §§ 7–10; SH §§ 4 Abs. 1, 6; Thü §§ 4–6). Die dabei vorgesehenen Zwangsmaßnahmen unterscheiden sich nicht von denjenigen der unmittelbaren Vorbereitung des Unterbringungsantrags und werden nachfolgend mit ihnen zusammen erörtert. Eine Besonderheit dieses Verfahrensabschnitts ist die sog „Behandlungsauflage" (SaAn § 10) oder das „Aufgeben" einer Behandlung (RhPf § 9 Abs. 1; Sachs § 13 Abs. 4). Diese Termini sind verfehlt, weil sie keine Verpflichtung auslösen, die irgendwie durchsetzbar wäre oder deren Nichtbefolgung eine Sanktion auslösen könnte. Die Unterbringung kann immer nur allein durch die Krankheit veranlasst sein. Deshalb kann es sich nur um eine, wenn auch dringende, Aufforderung, Empfehlung oder ein Anheimstellen handeln (Bre § 7 Abs. 3, Hmb § 7 Abs. 1, SH § 6, Thü § 5 Abs. 1).

e) Vorgeschriebene Ermittlungen und eventueller Zwang. Damit 93 die Gesundheitsbehörde nicht auf Grund vielleicht zweifelhafter Mitteilungen vorgeht, ist in den meisten Ländern vorgeschrieben, dass mündliche Anhörung zu versuchen ist, und zwar durch **Vorladung** (BW § 5; Bay Art. 7 Abs. 1 S. 4; Hmb § 7 Abs. 1; MeVo § 8 Abs. 1; Nds § 13 Abs. 1; NW § 9 Abs. 1; RhPf § 8; Sachs § 13 Abs. 3; SH § 6; Thü § 6 Abs. 1, 3).

B Ländergesetze

Folgt der Betroffene der Vorladung nicht, sehen einige Länder die Möglichkeit der **Vorführung** durch die Polizei vor (Bay Art. 7 Abs. 1 S. 4; Nds § 13 Abs. 2; NW § 9 Abs. 3). Bayern hat hierzu weiter bestimmt: „Wird durch die Vorführung dem Betroffenen die Freiheit entzogen, hat die Kreisverwaltungsbehörde unverzüglich eine richterliche Entscheidung herbeizuführen." Gemeint ist dabei die vorherige Entscheidung des Gerichts (BayLT-Drs. 9/2431 S. 18). Vorführung ist regelmäßig mehr als ein kurzzeitiges Festhalten, es stellt sich dann bereits als Verwaltungsunterbringung dar (vgl. hierzu S. 106 ff. und Kap. **F** S. 425 ff.). Bayern hat hiermit Art. 104 Abs. 2 GG Genüge tun wollen. Das war überflüssig, denn das Verfassungsgebot der richterlichen Entscheidung über den Freiheitsentzug gilt nur, wenn dieser nach Ablauf der Frist des Art. 104 Abs. 2 GG weiter fortdauert (BVerfGE 22, 317), man muss das von dem Anspruch auf nachträgliche Kontrolle auf Antrag unterscheiden. Sachlich dürfte Vorführung regelmäßig eine ungeeignete Maßnahme sein. Besser ist der **Hausbesuch** (Bre § 7 Abs. 2; Hmb § 7 Abs. 3; MeVo § 7 Abs. 2, 8 Abs. 2, 3; Nds § 13 Abs. 2; NW § 8 Abs. 2, 9 Abs. 2; RhPf § 8; Sachs § 13 Abs. 3; SaAn § 8 Abs. 1; SH § 6 Abs. 2; Thü § 6 Abs. 1, 3). Dabei darf der besuchende Sozialarbeiter oder Arzt sich außer in SaAn notfalls gewaltsam Zutritt verschaffen und in Nds auch durchsuchen. Die **Untersuchung** notfalls unter Zwang regeln BW § 5; Bre § 7 Abs. 2; Hmb § 7 Abs. 4; RhPf § 8; SH § 6 Abs. 2 S. 5. Mehrere Länder regeln eine scheinbare Pflicht des Betroffenen, sich untersuchen zu lassen oder die Untersuchung zu „dulden" (Bay Art. 7 Abs. 2; Bln § 12 Abs. 2; Nds § 13 Abs. 2; Sachs § 13 Abs. 4; SH § 6 Abs. 2 S. 3; Thü § 6 Abs. 3). Die Annahme einer **Duldungspflicht** führt in die Irre. Wäre sie gemeint, so müsste die Duldung bei Ablehnung durch den Betroffenen nach den Bestimmungen des jeweiligen Landes-Verwaltungsvollstreckungsgesetzes erzwungen werden. Es müssten also Ordnungsgeld oder Ordnungshaft verhängt werden, bis der Betroffene es „duldet", dass man ihn untersucht. Das ist nicht gemeint, es handelt sich um eine Verschleierung einer Eingriffsbefugnis, nämlich zur Untersuchung unter Zwang. So kann man freilich nur das äußere Erscheinungsbild feststellen und körperliche Untersuchungen vornehmen. In Betracht kommen Blut- und Urinproben zur Untersuchung auf Alkoholgehalt und BtM-Rückstände (vgl. BayVerfGH NJW 1990, 2926), dazu EEG und CT. Wegen der Einzelheiten kann auf die Kommentare der StPO zu § 81a verwiesen werden.

94 f) **Verwaltungsunterbringung.** Alle Bundesländer ermöglichen bei akuter Gefahr die kurzzeitige Unterbringung durch eine Verwaltungsbehörde bereits vor der Entscheidung des Unterbringungsgerichts. Dabei kann es sich um eine Anordnung der Gesundheitsbehörde oder der Polizei handeln, in Baden-Württemberg, Bayern, Brandenburg und Bremen auch um eine Entschließung des Unterbringungskrankenhauses, wenn der Betroffene sich schon darin befindet (zur praktischen Relevanz siehe Kap. **A** S. 31 ff., wonach in der ganz überwiegenden Zahl der Unterbringungen zunächst eine Unterbringung durch die Behörde oder Polizei erfolgt). Die gesetzlichen Bezeichnungen dieser Unterbringungsform sind sehr verschieden, sie reichen von „fürsorgliche Aufnahme und Zurückhaltung" (BW) über „soforti-

4. Außergerichtliches Verfahren (Verwaltungsverfahren) B

ge Ingewahrsamnahme" (Hess) bis zur „vorläufigen Einweisung" (SaAn). Hier wird der einheitliche Begriff „Verwaltungsunterbringung" verwendet, um zu verdeutlichen, dass es sich um eine Notmaßnahme vor der vom Grundgesetz bei Überschreitung einer bestimmten, kurzen Frist verlangten richterlichen Entscheidung über den Freiheitsentzug handelt. Die Verwaltungsunterbringung ist im Hinblick auf den Grundsatz der vorherigen richterlichen Entscheidung über die Freiheitsentziehung nach Art. 104 Abs. 2 Satz 1 GG auf Ausnahmefälle in akuten Krisen- und Gefahrensituationen zu begrenzen und nur zulässig, wenn auch eine gerichtliche Entscheidung nach §§ 331 ff. FamFG nicht rechtzeitig ergehen kann (so ausdrücklich Art. 10 Abs. 1 Bay; § 26 Abs. 1 Berl, § 16 Abs. Nr. 1 Bre, § 12 Abs. 1 Hmb, § 15 Abs. 1 MeVo§ 18 Abs. 1 Nds, § 15 Abs. 1 RhPf, § 6 Abs. 1 Saar, § 18 Abs. 1 Sachs, § 15 SaAn, § 11 Abs. 1 SH, § 9 Abs. 1 Thür). Nach der neueren Rechtsprechung des Bundesverfassungsgerichts zur Freiheitsentziehung im Ausländer- und Polizeirecht ist die Erreichbarkeit eines Richters tagsüber und am Wochenende auch außerhalb der üblichen Dienstzeiten, nachts aber nur bei einem praktischen Bedarf zu gewährleisten (BVerfG NJW 2002, 3161 = InfAuslR 2002, 406; NJW 2004, 1442). Dies bedeutet auch im Unterbringungsrecht, dass zunächst versucht werden muss, eine richterliche Entscheidung über die Unterbringung herbeizuführen (hierzu LG Traunstein R&P 1993, 84).

Die entsprechenden Bestimmungen lassen sich in zwei Typen gliedern. Zum ersten Typ gehören die Länder, die die Verwaltungsunterbringung in der gebotenen Auslegung des Art. 104 Abs. 2 S. 3 GG als eine Maßnahme der „Polizei" im weiteren Sinne auffassen und sie deshalb nur bis längstens zum Ablauf des Einlieferung folgenden Tages zulassen (vgl. Bonner Kommentar-*Rüping,* Art. 104 Rn. 70; *Kunig* in *von Münch/Kunig,* GG, Art. 104 Rn. 24). Diese Länder sind Bay Art. 10 Abs. 6, Bln § 26; Bran § 12 Abs. 5; Bre § 16 f., MeVo § 15; Nds § 18; NW § 14; RhPf § 15; Sachs § 18 Abs. 7; SaAn § 15; SH § 11 Abs. 1; Thür § 9.

Liegt am Ende des Folgetags kein gerichtlicher Unterbringungsbeschluss vor, ist der Betroffene zu entlassen. Weiteres Festhalten wäre Freiheitsberaubung und Vollstreckung gegen „Unschuldige" i. S. der §§ 239, 345 StGB.

Den zweiten Typ bilden die Ländergesetze, nach denen es genügen soll, **95** nach Unterbringung des Betroffenen im Verwaltungswege dessen gerichtliche Unterbringung unverzüglich zu beantragen, wobei Höchstfristen für die Einschaltung des Gerichts bestimmt sind. Diesen Bestimmungen liegt die Auffassung zugrunde, es handele sich nicht um eine Maßnahme der „Polizei" und ein Festhalten in deren Gewahrsam, so dass die Klausel „bis zum Ablauf des folgenden Tages" hier nicht gelte und es mit der Bestimmung des Art. 104 Abs. 2 S. 2 GG: „... so ist unverzüglich eine richterliche Entscheidung herbeizuführen", sein Bewenden habe. Mit einem von der Polizei losgelösten Begriff der „fürsorglichen Gefahrenabwehr durch Freiheitsentzug im psychiatrischen Krankenhaus" werden psychisch kranke Menschen – und einer psychischen Krankheit Verdächtige – schlechter gestellt als Gesunde, die etwa einer Straftat verdächtig sind (so aber ein Vorprüfungsausschuss des BVerfG, Die Justiz 1982, 159). Zu diesem Typ der Ländergesetze gehören BW § 4; Hmb § 12; Hess § 10 und Saar § 6. Dabei weist das Gesetz Baden-Württembergs die Besonderheit auf, dass das psychiatrische Krankenhaus der Verwaltungsunterbringung den Antrag an das Gericht auf Anordnung der Unterbringung zwar unverzüglich, jedoch „spätestens bis zum Ablauf des dritten Tages ... abzusenden" habe. Eine so späte Absendung ist unter keinen Umständen mehr unverzüglich i. S. des Art. 104 Abs. 2 S. 2 GG, zumal dieser Begriff hier anders als nach § 121 BGB nicht auf individuelles Können abstellt, sondern „objektiv ohne jede vermeidbare Säumnis" bedeutet (vgl. BVerwG NJW 1974, 807) und heutzutage nicht die Post mit dem Transport der „Sendung" zu bemühen, sondern das Faxgerät zu benutzen ist.

96 Wenn die Länder anordnen, die Gesundheitsbehörde oder die Polizei habe das Gericht binnen bestimmter, sehr kurzer Fristen von der Verwaltungsunterbringung zu „verständigen", so ist damit BayObLG FamRZ 1992, 1221 zufolge eine „Einleitung des Unterbringungsverfahrens" durch die genannten Stellen gemeint, die der Gesundheitsbehörde zuzurechnen sei und deren förmlichem Antrag gleichstehe (ähnlich OLG Frankfurt R&P 1992, 96).

97 Einige Länder haben vor einer zu einfachen Verwaltungsunterbringung **Hürden** errichtet, andere sie in mehrfacher Hinsicht **erleichtert**. In mehreren Ländern darf die Untersuchung, die vor einer Verwaltungsunterbringung vorliegen muss, nicht länger als 1 Tag zurückliegen (Bre § 16 Abs. 1 Nr. 3; Hmb § 12 Abs. 1; MeVo § 15 Abs. 1; Nds § 18 Abs. 1; NW § 14 Abs. 1; SaAn § 15). Nach BW § 4 Abs. 2 darf der Autor des ärztlichen Zeugnisses nicht ein Arzt der Einrichtung sein. Im Saarland soll es sich um ein „Gutachten eines Arztes" handeln, womit allerdings der Terminus „Gutachten" fehlerhaft verwendet wird; gemeint ist dort nur, dass das Zeugnis nicht von einem Psychiater herzurühren braucht. In demselben Sinne haben mehrere andere Länder die Anforderungen an die Qualifikation des Arztes für die Verwaltungsunterbringung abgesenkt; es genügt dort ein Zeugnis eines Arztes gleich welcher Fachrichtung (Berl § 26 Abs. 2 bei Verwaltungsunterbringung durch die Polizei; MeVo § 15 Abs. 1; RhPf § 15 Abs. 2; SaAn § 15). Nach NW § 14 Abs. 1 muss der Arzt „grundsätzlich" mindestens Erfahrungen auf dem Gebiet der Psychiatrie haben; die Klausel lässt also bei besonderer Eilbedürftigkeit Ausnahmen zu. SH §§ 11 Abs. 1 S. 1, 8 S. 2 verlangt uneingeschränkt einen psychiatrieerfahrenen Arzt. Nach Bran § 12 Abs. 4 kann in dringenden Fällen, in denen auch der zunächst zuständige sozialpsychiatrische Dienst keine Entscheidung treffen kann, die Leitstelle des Rettungsdienstes einen Notarzt entsenden, der ggf. die Polizei um Vollzugshilfe ersuchen kann. In einigen Ländern gliedert die Verwaltungsunterbringung sich in zwei Stufen. Für die erste Stufe, die Einlieferung des Betroffenen ins Krankenhaus, bedarf es dort überhaupt keiner Äußerung eines Arztes. Der Betroffene ist dann im Krankenhaus sogleich (sofort, Bay Art. 10 Abs. 5) zu untersuchen und erst das Krankenhaus ordnet die Verwaltungsunterbringung oder die Freilassung an (Bay Art. 10 Abs. 1, 5; Berl § 26 Abs. 1 bei Verwaltungsunterbringung durch die Gesundheitsbehörde; Bran § 13 Abs. 1; Sachs § 18 Abs. 2; zur Praxis in Bayern Kap. **A** S. 42).

4. Außergerichtliches Verfahren (Verwaltungsverfahren) **B**

Stellt sich in der Verwaltungsunterbringung heraus, dass **ihre Voraussetzungen nicht vorliegen,** so hat das Krankenhaus den Betroffenen stets von sich aus sofort zu entlassen. Das ist so selbstverständlich, dass es keiner ausdrücklichen Regelung bedarf. Ausdrücklich bestimmen dies BW § 4 Abs. 3; Bay Art. 10 Abs. 5; Berl § 26 Abs. 3; MeVo § 15 Abs. 2; Sachs § 18 Abs. 2. In den Rn. 97 a. E. bezeichneten Ländern entscheidet überhaupt erst der nach der Einlieferung untersuchende Arzt über die Aufnahme, hat also auch die Entlassungskompetenz. RhPf § 15 Abs. 4 bestimmt, dass die Gesundheitsbehörde ihre Anordnung der Verwaltungsunterbringung aufzuheben habe, wenn nach der ärztlichen Untersuchung erhebliche Zweifel am Vorliegen der Unterbringungsvoraussetzungen bestehen. Da das zwingend vorgeschrieben ist – die Gesundheitsbehörde darf hier von der Auffassung des Krankenhauses nicht abweichen – muss man es dahin verstehen, dass das Krankenhaus die Entschließung der Gesundheitsbehörde nicht abwarten darf, sondern den Betroffenen sofort zu entlassen hat. 98

g) Bekanntgabe der Beendigung des Verwaltungsverfahrens. Wenn das Verwaltungsverfahren nicht zu einem Antrag an das Gericht auf Anordnung der Unterbringung führt, stellt sich die Frage, was zu geschehen hat. Der Betroffene sollte über die Beendigung des Verfahrens nicht im Unklaren gelassen werden, wenn er von dessen Einleitung Kenntnis erlangt hat. Die Verwaltungsverfahrensgesetze führen hier nicht weiter. Allein Bay Art. 7 Abs. 4 schreibt ausdrücklich vor, was sonst überall aus Gründen der Fairness selbstverständliche Praxis sein sollte: Mitteilung der Beendigung des Verfahrens an den Betroffenen (vgl. die rechtsähnliche Regelung des § 170 Abs. 2 StPO). 99

h) Mitteilungspflicht. Wer dem Krankenhaus keine eigene Entlassungskompetenz einräumt (vgl. hierzu unten S. 129), muss sicherstellen, dass die Unterbringung so schnell wie möglich aufgehoben wird, wenn ihre Voraussetzungen weggefallen sind. Das lässt sich nur durch Einführung einer Mitteilungspflicht des Krankenhauses erreichen, damit das Gericht alsbald von dem Wegfall unterrichtet wird. Diese Mitteilungspflicht haben folgende Länder ausdrücklich eingeführt: Bay Art. 24 Abs. 1; Bran § 34, Bre §§ 21 Abs. 2, 38 Abs. 1; Nds § 27 Abs. 1 S. 1; NW § 17 Abs. 3; RhPf § 14 Abs. 7; Saar § 14 Abs. 2; Sachs § 34 Abs. 1; SaAn § 26 Abs. 1; Thü § 28 Abs. 4. Eine entsprechende Mitteilung nach der Eingangsuntersuchung regeln Bran § 13 Abs. 3; Bre § 29 Abs. 2; Hmb § 15 Abs. 2. Man wird das dahin auslegen müssen, dass es auch nach anderen Untersuchungen gilt, wenn das Krankenhaus feststellt, dass die Unterbringungsvoraussetzungen nicht mehr vorliegen. Eine bloße Berechtigung zur Mitteilung regeln BW § 6 Abs. 4 S. 2. Die übrigen Bundesländer gehen davon aus, dass der Betroffene oder die Gesundheitsbehörde den Antrag auf Aufhebung der Unterbringung schon rechtzeitig von sich aus stellen würden. Die Notwendigkeit sofortiger Mitteilung ergibt sich schon aus Art. 2 Abs. 2 GG. 100

i) Gerichtliche Kontrolle belastender Maßnahmen. Verwaltungsverfahren: Die Möglichkeit der Anfechtung von Maßnahmen der Gesundheitsbehörde im Verwaltungsverfahren einschließlich der Vollstreckung und während der Verwaltungsunterbringung ist durch Art. 19 Abs. 4 GG garan- 101 tiert. Nach der Generalklausel des § 40 VwGO ist der Verwaltungsrechtsweg gegeben, wenn nicht das Landesrecht einen davon abweichenden Rechtsweg regelt. Mehrere Länder haben das getan: BW §§ 5 S. 2, 6 Abs. 3; Bay Art. 7 Abs. 5, 10 Abs. 7; RhPf §§ 10, 14 Abs. 9, 15 Abs. 7; Saar § 6 Abs. 3 (nur betr. Maßnahmen in der Verwaltungsunterbringung); Sachs § 18 Abs. 8; Thü § 6 Abs. 6. Übereinstimmend ist hier entsprechend § 327 FamFG der Rechtsweg zum Unterbringungsgericht gegeben.

102 **Verwaltungsunterbringung:** Über die Rechtmäßigkeit der Verwaltungsunterbringung wird in dem anschließenden gerichtlichen Unterbringungsverfahren mit entschieden. Die Entscheidung BayObLG NJW 1983, 2645 über diese Frage betrifft zwar das damalige Unterbringungsrecht Bayerns, demzufolge das Gericht alsbald über „die Unterbringung", also auch ihren voraufgegangenen Teil, eben die Verwaltungsunterbringung, zu entscheiden habe. Seit der bundesgesetzlichen Regelung durch §§ 312 ff FamFG (zuvor §§ 70 ff. FGG) ist dies in allen Bundesländern so zu sehen, weil in diesem Verfahren über die „Unterbringungsmaßnahmen" zu entscheiden ist. Nun kommt es aber oft nicht zu einer Hauptentscheidung über die Unterbringung, nämlich wenn der Betroffene vorher schon wieder entlassen worden ist (vgl. Kap. **A** S. 31 f.). Der Betroffene kann dann das Verfahren mit einem Antrag auf Feststellung der Rechtswidrigkeit der Verwaltungsunterbringung fortsetzen (BVerfG NJW 1998, 2432 = R&P 1998, 201; NJW 2002, 2456; vgl. auch LG Traunstein R&P 1993, 84).

Vollzug der Verwaltungsunterbringung: Vollzugsmaßnahmen, die während der Verwaltungsunterbringung gegen den Betroffenen ergriffen werden, unterliegen ebenfalls nach Art. 19 Abs. 4 GG auf Antrag der gerichtlichen Kontrolle (zu den gegen die verschiedenartigen Maßnahmen gegebenen Antragsarten Kap. **D** § 327 FamFG). Infolge der begrenzten Dauer der Verwaltungsunterbringung wird es meist um ein nachträgliches Begehren der Feststellung der Rechtswidrigkeit, gelegentlich um einen vorbeugenden Unterlassungsantrag handeln. Soweit das Landesrecht keine besondere Regelung aufweist, ist nach § 40 VwGO der Rechtsweg zu den Verwaltungsgerichten gegeben. Nach den oben aufgeführten landesrechtlichen Sonderregelungen gilt in den fraglichen Ländern der Rechtsweg zum Unterbringungsgericht entsprechend § 327 FamFG auch für diese Vollzugsmaßnahmen.

103 **Kosten:** Wegen der im Verwaltungsverfahren der Gesundheitsbehörden anfallenden Kosten wird auf die zusammenfassende Behandlung der landesrechtlichen Kostenbestimmungen auf S. 174 ff. verwiesen.

5. Anordnung der Unterbringung

104 **a) Überblick.** Die öffentlich-rechtliche Unterbringung stellt traditionell den Mittelpunkt der Regelungen der Ländergesetze zur Unterbringung psychisch kranker und süchtiger Menschen dar. Weil eine Freiheitsentziehung aber nur in Betracht kommt, wenn sämtliche weniger in die Freiheitsrechte eingreifenden Mittel ausgeschöpft sind, besteht ein enger sachlicher Zusammenhang mit den zuvor dargestellten Hilfen und Maßnahmen, die in den ein-

5. Anordnung der Unterbringung **B**

zelnen Gesetzen allerdings sehr unterschiedlich geregelt sind (Kap. **B** S. 87 ff.). In diesem Kapitel werden die Voraussetzungen der Unterbringung erläutert, wobei der Schwerpunkt auf dem **Gefahrbegriff** und den **geschützten Rechtsgütern** liegt. Der Grundsatz der Erforderlichkeit und Verhältnismäßigkeit ist dabei das zentrale Auslegungskriterium für die einzelnen Unterbringungsvoraussetzungen (siehe Kap. **A** S. 45 ff. sowie **B** S. 86.

b) **Freiheitsentziehung und freiwillige Unterbringung.** Eine Freiheitsentziehung (siehe die Definition in § 415 Abs. 2 FamFG; hierzu Kap. **F** S. 414 f.; Kap. **C** S. 216 f.) liegt auch im öffentlichen Unterbringungsrecht nur vor, wenn sie gegen oder ohne den Willen des Betroffenen erfolgt. Dabei ist auf den natürlichen Willen des Betroffenen abzustellen (Kap. **C** S. 219). **105**

Ausschlaggebend für die Beurteilung der **Freiwilligkeit** einer Unterbringung in einer geschlossenen Einrichtung ist einerseits die Fähigkeit zur Ausübung von Grundrechten, die entsprechend der straf- und zivilrechtlichen Einwilligungsfähigkeit zu beurteilen ist, andererseits die psychologische Freiwilligkeit, d. h. die tatsächliche Möglichkeit, sich zwischen Alternativen zu entscheiden (siehe *Amelung* ZStW 95, 1 ff.). Freiwilligkeit setzt die Freiheit von Zwang voraus. Es genügt aber die Wahl der günstigeren von zwei Alternativen, von denen die andere aus der Sicht des Betroffenen den stärkeren Eingriff in seine Rechte bedeutet. Eine freiwillige Unterbringung dient damit der Konkretisierung des Übermaßverbotes (*Amelung* ZStW 95, 1, 13 ff. und R&P 1995, 20 ff.; ähnlich LG Oldenburg NJW 1987, 1953; siehe auch Kap. **C** S. 219).

Die Einverständniserklärung hat zur Folge, dass es des besonderen in den Ländergesetzen geregelten Unterbringungsverfahrens nicht bedarf (BVerwG NVwZ 1989, 873). Eine Unterbringungsanordnung kommt daher nicht in Betracht, wenn sich der Betroffene bereits freiwillig in geschlossener Unterbringung befindet und solange er nicht ernstlich den Unterbringungsort verlassen will und daraus resultierend eine unmittelbare Gefahr für sich oder andere entsteht (OLG Hamburg NJW RR 1992, 57; siehe auch OLG Bremen R&P 1997, 87 mit Anm. *Marschner*). Ein tätlicher Angriff auf das Pflegepersonal durch einen zunächst freiwillig in Behandlung befindlichen Patienten kann als Widerruf der Freiwilligkeitserklärung verstanden werden (siehe BayObLG BeckRS 2004, 09719). Unzulässig ist es, durch die Anordnung einer Unterbringung eine anders nicht mögliche Zwangsbehandlung durchzusetzen (BGH FamRZ 2008, 866 = R&P 2008, 123; OLG Hamburg NJW RR 1992, 57; siehe Kap. **B** S. 150 ff.). Eine bereits angeordnete Unterbringung ist aufzuheben, wenn der Betroffene sich nunmehr ernsthaft und verlässlich mit der Unterbringung einverstanden erklärt (LG Oldenburg NJW 1987, 1953; LG Paderborn R&P 1984, 103; BayObLG FamRZ 1996, 1375; BayObLGZ 1998, 116 = R&P 1999, 39). Eine andere Beurteilung ist nur im Fall ständig wechselnder Erklärungen des Betroffenen möglich. Sonst ist seine Erklärung wie im umgekehrten Fall des Widerrufs einer Freiwilligkeitserklärung verbindlich (siehe Kap. **C** S. 220). **106**

Der freiwillige Patient unterliegt keinen weiteren Regelungen der Unterbringungsgesetze (siehe § 26 **NW**). Anders als im österreichischen Unter- **107** bringungsgesetz sind für die Behandlung freiwilliger Patienten keine weiteren Rechtsgarantien vorhanden (siehe *Kopetzki* R&P 1991, 61; für entsprechende Regelungen de lege ferenda *Welzel* R&P 1993, 23).

108 **c) Krankheit, Sucht, Behinderung.** Alle Ländergesetze sehen als Voraussetzung der Unterbringung das Vorliegen einer psychischen Krankheit, einer in den Auswirkungen der psychischen Krankheit vergleichbaren psychischen Störung, oder einer Suchtkrankheit, überwiegend auch noch einer geistigen Behinderung vor (siehe Kap. **A** S. 43; zu einzelnen Krankheitsbildern und daraus resultierenden Unterbringungssituationen *Alperstedt* BtPrax 2000, 149 ff.). Trotz unterschiedlichen Sprachgebrauchs ist damit in allen Ländergesetzen ein im Wesentlichen identisches Spektrum von Krankheiten und Behinderungen umfasst (zum Krankheitsbegriff aus juristischer und psychiatrischer Sicht, zur Terminologie der einzelnen Gesetze sowie zur Auslegung siehe ausführlich Kap. **A** S. 42 ff.). Bei dem zugrundezulegenden **juristischen Krankheitsbegriff** kommt es wesentlich auf den Regelungszusammenhang und damit die Funktion des öffentlichen Unterbringungsrechts an. Zweck der Unterbringung ist die Sicherung besonderer verfassungsrechtlich anerkannter Güter. Neben die Gefahrenabwehr tritt bei einer integralen Betrachtung die bedarfsgerechte Gesundheitsfürsorge für die Betroffenen (siehe Kap. **B** S. 84). Damit dient die öffentlich-rechtliche Unterbringung in erster Linie der Krisenintervention bei gleichzeitig bestehender Gefährdung von Rechtsgütern.

109 Für die Auslegung des Krankheitsbegriffs bedeutet dies, dass sich gegenüber dem Betreuungsrecht die folgenden Unterschiede ergeben:

Für eine Unterbringung im Sinn von Gefahrenabwehr und Krisenintervention kann es statt auf den Verlauf der **psychischen Krankheit** stärker auf den **aktuellen Zustand** ankommen und daher das kurzfristige Vorliegen einer psychischen Krankheit ausreichen, wenn die Krankheit diagnostisch gesichert ist und es sich um eine bezogen auf die geschützten Rechtsgüter schwerwiegende Erkrankung handelt. Dies betrifft z. B. vorübergehende psychotische Episoden oder Zustände.

110 Anders als im Betreuungsrecht ist die **Suchtkrankheit** (§ 1 Abs. 2 Bre, § 1 SaAn, § 1 Abs. 2 Sachs), Sucht (Art. 1 Abs. 1 Bay, § 1 Abs. 1 Hess) oder **Abhängigkeit** bzw. Abhängigkeitserkrankung (§ 1 Abs. 2 BW, § 1 Abs. 2 Berl, § 1 Abs. 2 Bran, § 1 Abs. 2 Hbg, § 1 Abs. 2 MeVo, § 1 Abs. 1 NW, § 1 Abs. 2 RhPf, § 1 Saar, § 1 Abs. 2 SH, § 1 Abs. 2 Thür) in allen Ländergesetzen mit Ausnahme von Niedersachsen ausdrücklich als Unterbringungsvoraussetzung genannt. In Bayern muss es sich um eine psychische Störung infolge von Sucht handeln, in Berlin und Mecklenburg-Vorpommern ist von einer mit dem Verlust der Selbstkontrolle einhergehenden Abhängigkeit von Suchtstoffen die Rede. Diese Umschreibungen besagen einerseits, dass anders als im Betreuungsrecht die Suchtkrankheit oder Abhängigkeit nicht die Qualität einer psychischen Krankheit angenommen haben muss (hierzu Kap. **A** S. 48). Andererseits ist der Begriff der Suchtkrankheit enger als im Sozialrecht auszulegen, da es sich dort um die Teilhabe an sozialen Rechten, im Unterbringungsrecht aber um den Eingriff in das Freiheitsgrundrecht handelt. Eine psychische Störung infolge von Alkohol-

5. Anordnung der Unterbringung **B**

sucht liegt vor, wenn der Betroffene unter dem inneren Zwang steht, im Übermaß Alkohol zu sich zu nehmen, und die Kraft verloren hat, diesem nicht mehr kontrollierten Zwang zu widerstehen (BayObLGZ 1986, 224, 228).

Entscheidendes Kriterium ist entsprechend der Auslegung der §§ 20, 21 StGB im Fall einer psychischen Krankheit wie der Sucht der Einfluss auf die **Fähigkeit der freien Willensbestimmung,** wobei sich aber Zweifel anders als bei den §§ 20, 21 StGB dahin auswirken, dass die Voraussetzungen einer für die Unterbringung ausreichenden Krankheit nicht angenommen werden können (siehe Kap. **D** S. 247). Die Unterbringung einer Person, die ihren Willen frei bestimmen und ihre Grundrechte freiverantwortlich ausüben kann, ist unzulässig (BVerfG NJW 1982, 691 ff.; BayVerfGH NJW 1989, 1790; BayObLG FamRZ 1993, 600 = R&P 1993, 146; FamRZ 2002, 909; R&P 2002, 179; OLG Zweibrücken FGPrax 2006, 235; ungenau insoweit LG München I NJW 2000, 883). Es bedarf daher im Einzelfall einer genauen Prüfung des Schweregrades einer psychischen Krankheit bzw. Suchtkrankheit sowie der Auswirkungen auf das soziale Erleben. Dies gilt bei Suchtkrankheiten nicht nur im Fall der Alkoholabhängigkeit, sondern ebenso im Fall von Drogen- und Medikamentenabhängigkeit, da in den meisten Fällen die Fähigkeit zur freien Willensbestimmung nicht beeinträchtigt ist. Auch im Fall der Suchtkrankheiten dient die Unterbringung der Krisenintervention (z. B. Entgiftung) im oben genannten Sinn, nicht aber einer längerfristigen Verwahrung, wenn der Betroffene sich zu keiner Therapie bereit erklärt. **111**

Entsprechendes gilt für die **psychischen Störungen,** bei denen nur in seltenen Ausnahmefällen die für eine Unterbringung erforderliche Beeinträchtigung der Willensbestimmung und damit ein entsprechender Schweregrad vorliegt (BVerfG NJW 1984, 1806; BayObLG NJW 2000, 881 = R&P 2000, 81; siehe Kap. **A** S. 48 f.). Zweifel sprechen ebenso gegen das Vorliegen einer psychischen Störung wie das Fehlen von Behandlungsmöglichkeiten einer Unterbringung entgegensteht. Bei schweren psychischen Störungen ist allenfalls eine kurzfristige Unterbringung bis zur Überwindung der akuten Krisensituation denkbar und zulässig. Der Grundsatz der Verhältnismäßigkeit ist in besonderem Maß zu beachten. **112**

d) Gefahr. aa) Überblick über die gesetzlichen Regelungen. In allen Unterbringungsgesetzen der Bundesländer wird die Gefahr als Unterbringungsvoraussetzung genannt (§ 1 Abs. 4 BW, Art. 1 Abs. 1 Bay, § 8 Abs. 1 Bln, § 8 Abs. 2 Bran, § 9 Abs. 2 Bre, § 1 Abs. 1 Hess, § 9 Abs. 1 Hbg, § 11 Abs. 1 MeVo, § 16 Nds, § 11 Abs. 1 NW, § 11 Abs. 1 RhPf, § 4 Abs. 1 Saar, § 13 Abs. 1 SaAn, § 10 Abs. 2 Sachs, § 7 Abs. 1 SH, § 7 Abs. 1 Thür). **113**

Für die Unterbringung ist nach dem Wortlaut der Gesetze eine qualifizierte Gefahr erforderlich im Sinn einer **„erheblichen"** Gefahr (§ 1 Abs. 4 BW, Art. 1 Abs. 1 Bay, § 8 Abs. 1 Berl, § 1 Abs. 1 und 2 Hess, § 16 Nds, § 11 Abs. 1 MeVo, § 11 Abs. 1 NW, § 11 Abs. 1 RhPf., § 4 Abs. 1 Saar, § 13 Abs. 1 SaAn, § 10 Abs. 2 Sachs, § 8 Abs. 1 SH, § 7 Abs. 1 Thür), teilweise wird auch eine **„gegenwärtige"** Gefahr gefordert (§ 1 Abs. 4 BW, **114**

B Ländergesetze

§ 9 Abs. 2 Bre, § 9 Abs. 1 Hbg, § 11 Abs. 1 MeVo, § 16 Nds, § 11 Abs. 1 RhPf, § 13 Abs. 1 SaAn, § 10 Abs. 2 Sachs). In Baden-Württemberg, Niedersachsen, Mecklenburg-Vorpommern, Rheinland-Pfalz, Sachsen und Sachsen-Anhalt werden diese Qualifikationen kumulativ im Sinn einer gegenwärtigen erheblichen Gefahr gefordert. § 8 Abs. 2 Bran spricht von einer ernsthaften bzw. unmittelbaren Gefahr.

115 In einigen Ländergesetzen findet sich bereits im Gesetzestext selbst eine Konkretisierung der Gegenwärtigkeit der Gefahr. Danach ist eine Gefahr auch dann gegenwärtig im Sinn des Unterbringungsrechts, „wenn sich die Krankheit so auswirkt, dass ein schadenstiftendes Ereignis unmittelbar bevorsteht oder sein Eintritt zwar unvorhersehbar, wegen besonderer Umstände jedoch jederzeit zu erwarten ist" (§ 8 Abs. 3 Bran, § 9 Abs. 3 Bre, § 9 Abs. 2 Hbg, § 11 Abs. 2 MeVo, § 11 Abs. 2 NW, § 11 Abs. 1 RhPf., § 7 Abs. 2 SH, § 7 Abs. 3 Thür). Die frühere Formulierung in Bremen, eine gegenwärtige Gefahr liege vor bei einer Sachlage, bei der die Einwirkung des schädigenden Ereignisses bereits begonnen hat oder bei der diese Einwirkung unmittelbar oder in allernächster Zeit mit einer an Sicherheit grenzenden Wahrscheinlichkeit bevorsteht, wurde zwischenzeitlich zugunsten der vorstehenden Definition geändert.

116 Alle Ländergesetze fordern in Formulierungen wie „infolge ihrer Krankheit" (z. B. BW) oder „durch ihr krankhaftes Verhalten" (z. B. Berl) eine **Kausalität** zwischen der psychischen Krankheit und der daraus resultierenden Gefahr. Ebenfalls gemeinsam ist allen Ländergesetzen, dass die Gefahr als Unterbringungsgrund nur dann ausreicht, wenn sie „nicht anders abwendbar" ist. In einigen Gesetzen ist als negative Unterbringungsvoraussetzung zusätzlich angeführt, dass „die fehlende Bereitschaft (des Betroffenen), sich behandeln zu lassen" keine Gefahr im Sinn des Unterbringungsrechts begründet (§ 8 Abs. 1 Satz 2 Berl, § 8 Abs. 4 Bran, § 9 Abs. 4 Bre, § 9 Abs. 1 Satz 2 Hbg, § 11 Abs. 1 Satz 2 MeVo, § 11 Abs. 1 NW, § 11 Abs. 1 RhPf, § 7 Abs. 1 Satz 2 Thür).

117 Unterschiede bestehen hinsichtlich der in den Gesetzen benannten **Schutzgüter.** In fast allen Ländergesetzen wird die **Selbstgefährdung** als eigenständiger Unterbringungsgrund normiert durch die alternative Aufzählung der Schutzgüter „Rechtsgüter anderer" bzw. „öffentliche Sicherheit (und Ordnung)" und der Selbstgefährdung, verbunden durch das Wort „oder" (so § 1 Abs. 4 BW, § 8 Abs. 1 Berl, ähnlich § 1 Abs. 1 und 2 Hess). Nach dem Wortlaut gehören hierher auch § 8 Abs. 2 Bran, § 9 Abs. 2 Bre, § 11 Abs. 1 MeVo, § 11 Abs. 1 NW, § 11 Abs. 1 RhPf, § 4 Abs. 1 Saar, § 13 Abs. 1 Nr. 1 „oder" 2 SaAn, § 10 Abs. 1 Sachs, § 7 Abs. 1 SH und § 7 Abs. 1 Thür. In den Gesetzen von Baden-Württemberg, Berlin, Bremen, Niedersachsen, Nordrhein-Westfalen, Rheinland-Pfalz, Saarland, Sachsen, Schleswig-Holstein und Thüringen wird nicht mehr von der Gefährdung der öffentlichen Sicherheit oder Ordnung gesprochen. sondern von der **Gefährdung der Rechtsgüter anderer,** teilweise in der Qualifikation „besonders bedeutender Rechtsgüter anderer" (§ 8 Abs. 1 Berl, § 11 Abs. 1 RhPf) oder „bedeutender Rechtsgüter anderer oder Dritter" (§ 9 Abs. 2 Bre, § 11 Abs. 1 NW, § 4 Abs. 1 Saar, § 10 Abs. 2 Sachs). In Mecklenburg-

5. Anordnung der Unterbringung **B**

Vorpommern ist von einer Gefahr für die öffentliche Sicherheit die Rede (§ 11 Abs. 1 MeVo), in Brandenburg von einer Gefahr für Leib und Leben anderer oder für die öffentliche Sicherheit (§ 8 Abs. 2 Nr. 2 Bran). In Hamburg muss die Gefahr für sich selbst oder eine andere Person bestehen (§ 9 Abs. 1 Hbg). § 16 Nds spricht von einer Gefahr für sich oder andere. In Hessen ist von einer erheblichen Gefahr für die Mitmenschen oder sich selbst die Rede (§ 1 Abs. 1 und 2 Hess). In einigen Ländergesetzen wird im Bereich der Gesundheitsgefährdung noch eine weitere Qualifikation genannt, indem von ernsthafter Gesundheitsgefahr (§ 8 Abs. 1 Berl) oder der Gefahr eines erheblichen bzw. schwerwiegenden gesundheitlichen Schadens gesprochen wird (§ 13 Abs. 1 Nr. 1 SaAn).

Nur noch das Bayerische Unterbringungsgesetz beschränkt sich nach seinem Wortlaut auf die Gefahrenabwehr im polizeirechtlichen Sinn, indem die Selbstgefährdung zwar ausdrücklich erwähnt, der **Gefährdung der öffentlichen Sicherheit oder Ordnung** aber untergeordnet wird (Art. 1 Abs. 1 Satz 2 Bay). **118**

bb) Der polizeirechtliche Gefahrbegriff. Der Gefahrbegriff im Unterbringungsrecht hat sich entsprechend der historischen Entwicklung der Unterbringungsgesetze zunächst polizeirechtlich entwickelt. Nach der polizeirechtlichen Generalklausel setzt ein Einschreiten der Polizei bzw. anderer Ordnungsbehörden im Rahmen ihrer Zuständigkeit eine Gefahr für die öffentliche Sicherheit oder Ordnung voraus (z. B. § 14 Abs. 2 BPolG). Allerdings wird in neueren Polizeigesetzen auf den Begriff der öffentlichen Ordnung verzichtet, so dass als Schutzgut die **öffentliche Sicherheit** verbleibt (*Denninger* in: *Lisken/Denninger* S. 309 f.). Dies entspricht der Terminologie der PsychKG in Brandenburg und Mecklenburg-Vorpommern. Im Fall der Freiheitsentziehung muss im Polizeirecht der Eintritt des Schadens in der Regel mit an Sicherheit grenzender Wahrscheinlichkeit zu erwarten sein (zum Gefahrbegriff im Polizeirecht Kap. **E** S. 404). **119**

Eine Gefahr im Sinn des Polizeirechts besteht auch im Fall einer sog. **Anscheinsgefahr**, d. h. einer Situation, welche bei objektiver Betrachtung als Gefahr erschien, ohne in Wirklichkeit gefährlich zu sein (*Gusy* S. 69 f.; zum Begriff der „Scheingefahr" im Unterbringungsrecht LG Frankfurt NJW 1988, 1528). Unterschiedlich wird dagegen ein sog. Gefahrenverdacht beurteilt, d. h. eine Situation, in der das Vorhandensein einer Gefahr zwar möglich, aber nicht sicher ist. Das polizeiliche Handeln hat sich in diesem Fall in erster Linie auf die Klärung der Gefahrensituation zu richten (*Denninger* in: *Lisken/Denninger* S. 320). **120**

Das Polizeirecht schützt die öffentliche Sicherheit, nach einem Teil der gesetzlichen Regelungen auch die öffentliche Ordnung. **Öffentliche Sicherheit** ist die Unverletzlichkeit der Rechtsordnung, der subjektiven Rechte und Rechtsgüter des einzelnen sowie die Einrichtungen und Veranstaltungen des Staates und sonstiger Träger der Hoheitsgewalt (*Denninger* in: *Lisken/Denninger* S. 311 ff.). Hierzu gehört der Schutz privater Rechte und Rechtsgüter (z. B. Eigentum, Besitz, Ehre, Leben, Gesundheit und Freiheit), wenn der primär in Anspruch zu nehmende **Schutz der ordentlichen Gerichtsbarkeit** nicht rechtzeitig zu erlangen ist und dadurch die Verwirk- **121**

B Ländergesetze

lichung des Rechts vereitelt oder wesentlich erschwert würde (Grundsatz der Subsidiarität). Im Fall einer ausschließlichen Selbstgefährdung liegt keine Gefahr für die öffentliche Sicherheit vor, da diese ein öffentliches Interesse an der Gefahrenabwehr voraussetzt. Das öffentliche Interesse wird aber angenommen im Fall eines Selbstmordversuches, solange nicht sicher ist, dass die Selbsttötung auf einem freien Willensentschluss beruht und Dritte nicht gefährdet (*Denninger* in: *Lisken/Denninger* S. 312, zum Polizeigewahrsam in diesem Fall Kap. **E** S. 405). Eines Rückgriffs auf den Schutz der öffentlichen Ordnung bedarf es in diesem Fall nicht.

122 Der Begriff der **öffentlichen Ordnung** umfasst die Gesamtheit der ungeschriebenen Regeln für das Verhalten des einzelnen in der Öffentlichkeit, deren Beobachtung nach den jeweils herrschenden Anschauungen als unerlässliche Voraussetzung eines geordneten staatsbürgerlichen Zusammenlebens betrachtet wird (*Denninger* in: *Lisken/Denninger* S. 313f.). Nachdem neuere Polizeigesetze die öffentliche Ordnung innerhalb der polizeilichen Generalklausel nicht mehr erwähnen, hat dieses Schutzgut auch im Polizeirecht seine eigenständige Bedeutung weitgehend verloren.

123 cc) **Der strafrechtliche Gefahrbegriff.** Der Begriff der Gefahr ist Bestandteil unterschiedlicher strafrechtlicher Regelungen (z.B. §§ 34, 63, 64, 315b, 315c StGB). Parallelen bestehen bezüglich der Vorschriften der §§ 63, 64 StGB, wobei die dort verlangten Gefahrenprognosen aber nur im Zusammenhang des strafrechtlichen Maßregelsystems verständlich sind (zum ganzen: *Volckart/Grünebaum*, S. 7ff. sowie die Kommentare zum StGB). Gefährdungsobjekte im Sinn der §§ 63, 64 StGB sind ausschließlich die Allgemeinheit oder Dritte, nicht der Betroffene selbst (zur Konkurrenz zwischen öffentlich-rechtlicher und strafrechtlicher Unterbringung Kap. **A** S. 61ff.).

124 dd) **Der Gefahrbegriff im Unterbringungsrecht.** Für die Feststellung der Gefahr im Fall einer Unterbringungsentscheidung sind vor allem zwei Aspekte von Bedeutung:
1. der für den Eintritt der Gefahr erforderliche Grad der Wahrscheinlichkeit,
2. die geschützten Rechtsgüter im Sinn von Fremd- oder Selbstgefährdung und insbesondere die Erheblichkeit der geschützten Rechtsgüter.

Die Bedeutung des Begriffs der Gefährdung der öffentlichen Sicherheit (und Ordnung), der die ursprünglichen Unterbringungsgesetze und noch die erste Generation der PsychKG geprägt hat, ist auf Grund der heutigen Gesetzestexte der ganz überwiegend Zahl der Bundesländer (siehe oben S. 113ff.) in den Hintergrund getreten.

125 Alle Gesetze gehen unabhängig von ihrem Wortlaut davon aus, dass eine konkrete oder gegenwärtige Gefahr für die geschützten Rechtsgüter vorliegen muss. Eine abstrakte Gefahr genügt nicht. Eine entsprechende Auslegung würde auch gegen Art. 14 UN-BRK verstoßen, da eine Freiheitsentziehung allein aufgrund der Behinderung konventionswidrig ist (*Baufeld* R&P 2009, 167ff.). Der **Gefahrbegriff** im Unterbringungsrecht ist im Hinblick auf den Eingriff in das Grundrecht der Freiheit der Person enger auszulegen als im allgemeinen Polizeirecht (*Baumann*, Unterbringungsrecht S. 286ff.). Dies hat zur Folge, daß in der Rechtsprechung verlangt wird,

5. Anordnung der Unterbringung **B**

- dass infolge einer psychischen Krankheit eine unmittelbar bevorstehende Gefahr für den Betroffenen oder seine Umgebung besteht, d. h. eine Gefahr, die nicht nur in naher Zeit, sondern in allernächster Zeit mit **an Sicherheit grenzender Wahrscheinlichkeit** zu erwarten ist (OLG Hamm 1959, 822),
- dass die Wahrscheinlichkeit bestehen muss, dass innerhalb kürzester Frist ein Schaden eintritt, die bloße Möglichkeit hierfür aber nicht ausreicht (OLG Celle NJW 1963, 2377),
- dass die Voraussetzungen der Unterbringung im Sinn des niedersächsischen PsychKG sicher festgestellt bzw. mit an Sicherheit grenzender Wahrscheinlichkeit erfüllt sein müssen, im Fall einer einstweiligen Anordnung eine gewisse Wahrscheinlichkeit sowie das Vorliegen hinreichender Anhaltspunkte entsprechend § 203 StPO genügen (OLG Celle R&P 1984, 101),
- dass die im Fall einer vorläufigen Unterbringung erforderlichen dringenden Gründe das Vorliegen von Beweisunterlagen fordern, nach denen eine **erhebliche Wahrscheinlichkeit** dafür spricht, dass die Voraussetzungen für eine endgültige Unterbringung vorliegen (BayObLGZ 1985, 403, 405; BayObLGZ 1989, 17, 19f.),
- dass eine konkrete Gefahr vorliegen muss, also eine im Einzelfall bestehenden Lage, die in überschaubarer Zukunft einen Schadeneintritt hinreichend wahrscheinlich macht; eine nicht sicher auszuschließende Gefährdung genügt nicht (OLG Saarbrücken R&P 1998, 45 = BtPrax 1997, 202; OLG Schleswig R&P 2006, 145),
- dass mit einer Beeinträchtigung der Rechtsgüter zum einen mit **hoher Wahrscheinlichkeit**, zum anderen **jederzeit** zu rechnen sein muss (BayObLGZ 1998,116 = R&P 1999, 39; BtPrax 2002, 39; R&P 2002, 179; BtPrax 2004, 114),
- dass mit hoher Wahrscheinlichkeit mit der Rechtsgütergefährdung jederzeit gerechnet werden muss (LG München I NJW 2000, 883).

Nach Auffassung des OLG Hamm besteht eine unmittelbare Gefahr nicht **126** nur dann, wenn der Eintritt des schadenstiftenden Ereignisses, ohne sich schon gegenwärtig zu äußern, unmittelbar bevorsteht, sondern auch dann, wenn die Unberechenbarkeit des Geisteskranken den Zeitpunkt des Eintritts des schadenstiftenden Ereignisses **unvorhersehbar** macht, mit ihm aber während des Krankheitsschubes jederzeit, d. h. auch alsbald, gerechnet werden muss. In diesem Fall kann nach Ansicht des OLG Hamm nicht eine jeden Zweifel ausschließende Gewissheit verlangt werden, sondern es genügt ein für das praktische Leben brauchbarer Grad an Gewissheit des jederzeitigen Eintritts (OLG Hamm NJW 1960, 1392; BtPrax 2000, 35 = R&P 2000, 84; FamRZ 2007, 934). Diese Rechtsprechung hat Eingang in die oben zitierten gesetzlichen Formulierungen gefunden (S. 114; siehe *Dodegge* NJW 1987, 1910, 1914f.; ebenso OLG Schleswig R&P 1999, 181; R&P 2006, 145; OLG Zweibrücken FGPrax 2007, 49 = R&P 2007, 35; zu den Vollzugshinweisen zum BayUnterbrG *Spaemann* R&P 2001, 69). Die Rechtsprechung und die darauf aufbauende Gesetzgebung gehen zurück auf psychiatrische Stimmen, nach denen auf Grund der Unberechenbarkeit psychisch Kranker eine Unterbringung bei einer zu engen Fassung des Gefahrbegriffs nicht in Betracht komme (siehe z. B. *Janzarik* NJW 1959, 2287). In der Literatur wird dementsprechend teilweise die obengenannte Rechtsprechung insbesondere des OLG Celle als zu eng angesehen (z. B. *Parensen,* S. 172 ff.). Umgekehrt wird darauf hingewiesen, dass durch die vorgenannte Rechtsprechung des OLG Hamm und die darauf folgende Neuformulierung der Unterbringungsvoraussetzungen in einigen Ländergesetzen der Gefahrbegriff im Unterbringungsrecht in dem Sinn erweitert wird, dass bei bestimmten psychischen Krankheiten die Gefahr impliziert wird (*Baumann* S. 290) und damit im psychiatrischen Bereich lediglich an die Krankheit anknüpfende **präventive Unterbringungsmöglichkeiten** geschaffen werden (*Marschner* in: Brill [Hrsg.], 1990, S. 94 f.). In Bremen wurde der Begriff der gegenwärtigen Gefahr in Anlehnung an die ursprüngliche Rechtsprechung des OLG Hamm und die Rechtsprechung zum Polizeigewahrsam zunächst enger gefasst, inzwischen aber den Regelungen der anderen Bundesländer angeglichen (siehe S. 114).

127 Richtigerweise ist im Rahmen der erforderlichen Prognoseentscheidung zwischen der **Feststellung der Tatsachen,** die die Gefahr begründen, den Anforderungen an die Intensität bzw. den **Grad der Gefahr** sowie dem **zeitlichen Zusammenhang** im Sinne der Gegenwärtigkeit der Gefahr zu unterscheiden. Schon bisher bestand weitgehend Einigkeit darüber, dass die Unberechenbarkeit des Verhaltens eines psychisch Kranken alleine nicht als Unterbringungsvoraussetzung genügt, sondern dass weitere Umstände hinzutreten müssen, die den Eintritt der Gefahr als unmittelbar bevorstehend erwarten lassen (*Eberhard/Erdmann/Link,* S. 31). Aufgrund der heute vorliegenden Erkenntnisse zur Gefährlichkeit psychisch Kranker sowohl hinsichtlich einer Fremd- als auch einer Selbstgefahr (hierzu ausführlich Kap. A S. 38 ff.) kann festgehalten werden, das das Vorliegen einer psychischen Krankheit gleich welcher Art eine Gefährlichkeit nicht begründen kann und damit alleine eine Unterbringung nicht rechtfertigt. Es bedarf also einer individuellen Tatsachenfeststellung, auf Grund welcher **zusätzlicher Umstände** aus der Vorgeschichte, aus der aktuellen Befindlichkeit sowie der sozialen Situation eine Gefahr von dem Betroffenen zum gegenwärtigen Zeitpunkt ausgeht (BayObLG NJW 2000, 881 = R&P 2000, 81; OLG Hamm FamRZ 2007, 227; NJW 2008, 2859 = R&P 2008, 220). Hierfür genügt es nicht, dass der Betroffene in einer früheren akuten Krankheitsphase zu gefährlichen Handlungen neigte. Das frühere Verhalten kann allenfalls ein Indiz für eine Gefährlichkeit im Rahmen einer Gesamtbetrachtung der aktuellen Situation des Betroffenen sein. Eine konkrete Gefährdung kann z. B. bei Drohungen mit Gewalttaten, soweit es sich um ernstliche Drohungen handelt und die angedrohten Handlungen realisierbar sind, sowie bei einem krankheitsbedingten Verlust der Handlungskontrolle unter Hinzutreten einer sozialen Isolation und fehlenden Kontrollmöglichkeiten Dritter bestehen (*Kowerk* R&P 1985, 143). Die Abgrenzung von sozialen und familiären Konfliktsituationen ohne Gefährdungslage ist im Einzelfall schwierig. Die Anknüpfungstatsachen für eine akute Gefährdung müssen objektivierbar sein, um eine Gefahr im Sinn des § 11 NRWPsychKG begründen zu

5. Anordnung der Unterbringung   **B**

können (OLG Köln R&P 1993, 33). Die Feststellung einer konkreten Suizidgefahr erfordert **beweiskräftige Angaben** über konkrete Umstände, denen zufolge nachvollziehbar von einer akut gegebenen Selbsttötungsgefahr auszugehen ist (OLG Frankfurt R&P 1992, 66; OLG Schleswig R&P 2006, 145). Die anhaltende Basissuizidalität eines stationär behandelten psychisch Kranken rechtfertigt keine Unterbringung, solange nicht eine krisenhafte Zuspitzung mit erkennbar akuter Suizidalität vorliegt (OLG Stuttgart NJW-RR 1995, 662; zur akuten Suizidgefahr als Voraussetzung verstärkter Sicherungsmaßnahmen BGH NJW 2000, 3425; siehe auch Kap. **C** S. 221 ff.).

Die Auslegung des Begriffs der Gefahr hängt unmittelbar mit der **Feststellung der Tatsachen** im Verfahren zusammen, die die Gefährlichkeit begründen (BayObLG R&P 1994,193 = BtPrax 1994, 211 = FamRZ 1994 1617; BayObLG NJW 2000, 881 = R&P 2000, 81; OLG Schleswig R&P 2003, 29; NJW-RR 2008, 380 = BtPrax 2008, 43). Die zu erstellende Gefahrenprognose beruht dabei auf einem Denkvorgang und einer Arbeitsteilung zwischen Sachverständigem und Unterbringungsrichter, wie sie in Kap. **A** S. 51 ff. grundlegend dargelegt sind. **128**

Der **Unterbringungsrichter** hat mit den so gewonnenen Erkenntnissen die normative Prognoseentscheidung zu treffen, welche maßgeblich von der Risikoverteilung durch die Unterbringungsnorm abhängt. Diese Risikoverteilung wird durch den Sinn und Zweck der Unterbringungsvorschriften vorgegeben und durch den Gefahrbegriff definiert. Würde die Gefahr im Sinn des allgemeinen Polizeirechts und damit weit ausgelegt, wäre der Anwendungsbereich der Unterbringung unter Beachtung der Grundrechte der Betroffenen in rechtsstaatlich problematischer Weise ausgedehnt. Würde er darüber hinaus sogar auf unvorhersehbare Ereignisse erweitert, wäre die Legitimation staatlichen Freiheitsentzugs bei psychisch Kranken entfallen, weil die Unterbringung nicht mehr auf Gefahrenabwehr beschränkt wäre, sondern durch die Krankheit selbst gerechtfertigt werden könnte. Dies verstößt zudem gegen Art. 14 UN-BRK. Ein weiter Gefahrbegriff mit den daraus folgenden erweiterten Unterbringungsmöglichkeiten würde der hier vertretenen Konzeption des Unterbringungsrechts und damit dem Sinn und Zweck der Unterbringungsvorschriften zuwiderlaufen, wonach die Zwangseinweisung nur ausnahmsweise in akuten Krisensituationen mit einer daraus resultierenden Gefahrenlage zur Anwendung kommt (siehe oben S. 76 f.). Die staatliche Reaktion auf psychische Krankheit und Sucht erfolgt also nur dann im Einklang mit den oben S. 82 ff. entwickelten Auslegungs- und Gestaltungsgrundsätzen eines modernen Unterbringungsrechts, wenn der Gefahrbegriff eng ausgelegt wird. Dies führt zur richtigen **Risikoverteilung:** Das Gefahrenvorfeld wird zum Anwendungsgebiet der Hilfen. Der Gefahrenverdacht wird zum Anwendungsgebiet der vorausgehenden Maßnahmen mit dem Ziel der weiteren Aufklärung der Gefahrensituation und wenn möglich der Gefahrenvermeidung im Vorfeld. Nur die in allernächster Zeit **mit an Sicherheit grenzender Wahrscheinlichkeit zu erwartende Verletzung** ist eine Gefahr, die durch eine öffentlich-rechtliche Unterbringung verhindert werden kann.

B   Ländergesetze

129   Bezogen auf die in Kap. **A** S. 51 ff. entwickelte **Struktur der Gefahrenprognose** bedeutet dies:

Ergibt sich aus dem Prognosegutachten, dass Mitglieder des Gefährdungskollektivs (also psychisch Kranke und Abhängigkeitskranke mit den beim Probanden festgestellten psychopathologischen und situativen Merkmalen) kein relevantes Risiko für die geschützten Rechtsgüter bedeuten, dann ist eine Unterbringung ausgeschlossen. Geschützt wird die Sicherheit und nicht ein Sicherheitsgefühl. Ergibt das Prognosegutachten zwar die nötige Wahrscheinlichkeit, dass von Menschen mit den vorgefundenen Merkmalen einschlägige Rechtsgutsverletzungen drohen, ist aber nicht sicher, ob der Begutachtete zu dieser Gruppe zu zählen ist, dann scheidet eine Unterbringung nach dem Grundsatz „in dubio pro libertate" aus (Kap. **A** S. 11 ff.). Ist nach dem Gutachten sicher, dass der Begutachtete zu einem bestimmten Gefährdungskollektiv zu zählen ist und dass von diesem mit der oben definierten Wahrscheinlichkeit auch Verletzungen der einschlägigen Rechtsgüter zu befürchten sind, dann hängt die Unterbringung von der **Bewertung folgender prognosetypischer Unsicherheit** ab: Weil menschliches Verhalten niemals zuverlässig vorausgesehen werden kann, kann sich auch niemand sicher sein, dass der Begutachtete zu den sog. right positives des Gefährdungskollektivs zählt (Kap. **A** S. 55). Dieser Zweifel ist über eine integrative Betrachtung in die Prognose einzubeziehen (BVerfGE 70, 297, 316). Die Entscheidungskriterien dafür stellen die in S. 82 ff. entwickelten allgemeinen Grundsätze des Unterbringungsrechts und insbesondere folgende Gesichtspunkte zur Verfügung:

– Nach dem Proportionalitätsgrundsatz ist die prognostische Unsicherheit mit der Bedrohung für das Rechtsgut ins Verhältnis zu setzen. **Je größer der drohende Schaden, umso größer** kann auch **die Unsicherheit** sein (*Baumann,* S. 290 ff.; zu einer entsprechenden Abwägung OLG Schleswig R&P 2006, 145).

– Auf demselben Prinzip beruht die **Abwägung der Unterbringungsfolgen** für den Kranken mit den Verletzungsfolgen für die bedrohten Rechtsgutsträger. Dabei können die zu erwartende Unterbringungsdauer sowie alle sozialen und finanziellen Nachteile der Unterbringung eine Rolle spielen.

– Die dritte Auswirkung des Verhältnismäßigkeitsprinzips steht in Zusammenhang mit der Frage, welche Gefahren der Allgemeinheit oder dem Einzelnen zuzumuten sind. Die Antwort hängt auch von der **Situation und vom Verhalten des möglichen Opfers** ab. So gibt die Beteiligung staatlicher Institutionen an der Einweisungssituation dem Freiheitsrecht des psychisch Kranken ein besonderes Gewicht (ähnlich BVerfGE 70, 318) und kann im Zusammenhang mit dem Prognoserisiko gegen eine Unterbringung sprechen. Die Schutzwürdigkeit des bedrohten Rechtsgutsträgers kann durch dessen Vorverhalten eingeschränkt sein. Hier können sich Parallelen zur Notwehrprovokation bei § 32 StGB und zur Zumutbarkeitsklausel in § 35 Abs. 1 S. 2 StGB ergeben.

– Prognosetypische Zweifel bei der Gefährdungsquote können mit weiteren Unsicherheiten bei anderen Unterbringungsvoraussetzungen zusammen-

5. Anordnung der Unterbringung **B**

treffen und so die normative Prognoseentscheidung beeinflussen. Auf diese Weise kann eine an und für sich gerade noch erforderliche Unterbringung unzulässig sein, weil die normative Gesamtbetrachtung keine für den Probanden negative Gefahrenprognose erlaubt. Ebenso kann auf diese Weise bei einer auf der Grenze zum Krankhaften liegenden psychischen Störung oder bei gerade noch überwundenen Zweifeln an der Kausalität eine Unterbringung ausscheiden, was für Suchterkrankungen und Persönlichkeitsstörungen eine Rolle spielen kann (siehe S. 112 f.). Eine sonst gerade noch ausreichende Datenlage kann in Verbindung mit einer prognostischen Unsicherheit bei der prognostischen Gesamtbewertung gegen eine Unterbringung sprechen.

– Bei **Selbstgefährdungen** hat das Selbstbestimmungsrecht eine ausschlaggebende Bedeutung, weil das Gemeininteresse an der Unterbringung bei eindeutiger Selbstbestimmung und zweifelhafter Gefahrenprognose zurückweichen muss (siehe S. 86).

Inwieweit die **Gefährdung der öffentlichen Sicherheit (oder Ordnung)** Voraussetzung einer Unterbringung insbesondere wegen Selbstgefährdung ist, war in Rechtsprechung und Literatur unabhängig von der Formulierung der einzelnen Ländergesetze (S. 114 f.) umstritten (hierzu S. 72 f. und S. 83 ff.). Für eine polizeirechtliche und damit restriktive Auslegung der meisten Unterbringungsgesetze hat sich vor allem Baumann ausgesprochen und zwar auch dann, wenn nach der gesetzlichen Formulierung die Selbstgefährdung als eigenständiger Unterbringungsgrund angeführt wird. Eine Ausnahme machte Baumann auf Grund der historischen Entwicklung nur für Baden-Württemberg (*Baumann* S. 282 ff.). Die an der polizeirechtlichen Tradition der Ländergesetze orientierte Auslegung, die insbesondere heute noch für die Bundesländer Bayern und Hessen vertreten wird, geht davon aus, dass eine Selbstgefährdung eine Unterbringung nur dann rechtfertigt, wenn unabhängig von der Gefährdung der Gesundheit des Betroffenen **öffentliche Belange** berührt sind, also zusätzlich eine Außenwirkung dergestalt besteht, dass die öffentliche Sicherheit oder Ordnung betroffen ist (BayObLGZ 1962, 192; BayObLGZ 1986, 224, 228; OLG Hamm NJW 1966, 1168 jeweils für den Bereich der Sucht; OLG Zweibrücken NJW 1974, 610 mit Anmerkung *Koch;* OLG Frankfurt NJW 1988, 1527; OLG Frankfurt R& P 1992, 152 = BtPrax 1992, 70 zur unveränderten Rechtslage nach Inkrafttreten des Betreuungsrechts). Das OLG Frankfurt hat in den zitierten Entscheidungen darauf hingewiesen, dass das Hessische Freiheitsentziehungsgesetz keinen fürsorgerechtlichen Charakter hat und eine Unterbringung aus Gründen der Krankenfürsorge nicht rechtfertigt, sondern ausschließlich der Gefahrenabwehr im Sinn der öffentlichen Sicherheit und Ordnung dient, obwohl zumindest aus dem Wortlaut des Gesetzes sich für diese Auslegung nichts ergibt. Denselben Standpunkt vertrat *Dodegge* für Nordrhein-Westfalen (NJW 1987, 1910, 1915). Durch den Verzicht auf das Merkmal der Gefährdung der öffentlichen Sicherheit und Ordnung im neuen nordrhein-westfälischen PsychKG bringt der Gesetzgeber nach *Dodegges* Auffassung nunmehr zum Ausdruck, dass einerseits Selbstgefährdungen nicht unbedingt eine Außenwirkung haben müssen, andererseits nicht mehr jede

130

Verletzung fremder Rechtsgüter oder allgemein anerkannter Regeln im gesellschaftlichen Zusammenleben eine Unterbringung rechtfertigt (*Dodegge/Zimmermann* § 11 Rn. 11). Der Begriff der öffentlichen Sicherheit und Ordnung ist heute nur noch im Bayerischen Unterbringungsgesetz enthalten, den Begriff der öffentlichen Sicherheit verwenden noch Brandenburg und Mecklenburg-Vorpommern (siehe S. 114f.; zur Veränderung in den Polizeigesetzen der Bundesländer S. 115f.).

131 Unstreitig ist, dass eine **Suizidgefahr** eine Gefährdung der öffentlichen Sicherheit darstellen kann (zur polizeirechtlichen Betrachtung S. 116 und Kap. E S. 405) und somit bei Beeinträchtigung der freien Willensentscheidung eine Unterbringung nach den in allen Ländergesetzen geschützten Rechtsgütern zulässt. Schwieriger ist die Auslegung in anderen Fällen der Selbstgefahr, insbesondere bei schwerer **Gefährdung der eigenen Gesundheit.** Hier wurde aber zumindest bei Lebensgefahr oder der Gefahr schwerer Gesundheitsschäden wie der Gefahr eines Siechtums oder Komas, einer Selbstverstümmelung oder Gifteinnahme das Kriterium der Gefährdung der öffentlichen Sicherheit und Ordnung als erfüllt angesehen (OLG Hamm NJW 1976, 378; OLG Frankfurt NJW 1988, 1527). Nach den heute geltenden gesetzlichen Regelungen (oben Kap. **B** S. 114f.) kann eine erhebliche Gefährdung der eigenen Gesundheit eine Unterbringung rechtfertigen. Dies entspricht den Vorgaben des Bundesverfassungsgerichts hinsichtlich der Erheblichkeit bei einer Selbstgefährdung (BVerfG NJW 1982, 691). Auch die Rechtsprechung des Bayerischen Obersten Landesgerichts lässt die enge Verknüpfung von Gefährdungshandlung und Gefahr für die öffentliche Sicherheit oder Ordnung nicht mehr erkennen (BayObLGZ 1985, 403; BayObLGZ 1989, 17).

132 Aufgrund der Veränderungen im Unterbringungsrecht ist eine polizeirechtliche am Begriff der öffentlichen Sicherheit und Ordnung orientierte Auslegung des Unterbringungsrechts genauso überholt wie der gegenteilige Standpunkt, der den **fürsorgerechtlichen Aspekt** in den Mittelpunkt der Regelungen auch der öffentlich-rechtlichen Unterbringung stellt. Nach dieser Auffassung, die vor allem für Baden-Württemberg und die Ländergesetze vertreten wurde, in denen nach der Gesetzesformulierung die Selbstgefährdung als eigenständige Unterbringungsvoraussetzung aufgeführt ist (OLG Stuttgart NJW 1974, 1205; LG Koblenz NJW 1978, 1205 im Gegensatz zu OLG Zweibrücken NJW 1974, 610; *Koch* in der Anmerkung zu OLG Zweibrücken NJW 1974, 610), war bereits bisher eine Unterbringung im Bereich der Selbstgefahr auch ohne Störung der öffentlichen Sicherheit oder Ordnung möglich.

133 Nach hier vertretener Auffassung sind Besserung und Sicherung und damit Krankenfürsorge und Gefahrenabwehr immer im Zusammenhang zu sehen. Dies ergibt sich aus der Zweckbestimmung des Unterbringungsrechts im Sinne einer Sicherung verfassungsrechtlich besonders anerkannter Rechtsgüter (S. 84). Betrachtet man die Ländergesetze darüberhinaus als **Gesundheitsstrukturgesetze** mit der Zielsetzung der **Krisenintervention,** verliert das Kriterium der Gefährdung der öffentlichen Sicherheit (und Ordnung) als Unterbringungsvoraussetzung seine eigenständige Bedeutung,

5. Anordnung der Unterbringung **B**

weil es einer überkommenen Vorstellung verhaftet ist. Dieser Standpunkt wird bestätigt durch den Wandel der polizeirechtlichen Vorstellung von Sicherheit und Ordnung sowie den Verzicht auf den Begriff der öffentlichen Sicherheit und Ordnung in allen neuen PsychKG. Der im allgemeinen Polizeirecht verbleibende Begriff der öffentlichen Sicherheit betrifft aber bereits weitgehend die Rechtsgüter, die von den Begriffen der Selbst- und Fremdgefahr ebenso umfasst werden. Selbst für Baden-Württemberg wird der Begriff der Fremdgefährdung der Gefährdung der öffentlichen Sicherheit gleichgesetzt (*Juchart/Warmbrunn/Stolz*, UBG, § 1 Anm. 2.4.2.). An die Stelle der Gefährdung der öffentlichen Sicherheit oder Ordnung tritt daher der **Grundsatz der Erforderlichkeit und Verhältnismäßigkeit** als eingriffsbegrenzendes Kriterium. Dies bedeutet, dass einheitlich in allen Bundesländern sowohl im Bereich der Fremd- als auch im Bereich der Selbstgefährdung eine Unterbringung nur in akuten Krisensituationen und im Fall ganz erheblicher Rechtsgütergefährdungen in Betracht kommt, weil nur in diesen Fällen der Eingriff in das Grundrecht der Freiheit der Person legitimierbar ist. Gleichzeitig besteht die umfassende Verpflichtung zur Behandlung und Rehabilitation

Hinsichtlich der geschützten **Rechtsgüter** ist zwischen Gefahren für Dritte (**Fremdgefahr**) und Gefahren für den Betroffenen (**Selbstgefahr**) zu unterscheiden. In beiden Bereichen ist wiederum zwischen Gefahren für Leib und Leben sowie Gefahren für sonstige Rechtsgüter zu unterscheiden. In jedem Fall ist der für eine mit Freiheitsentziehung verbundene Unterbringung erforderliche Grad der Erheblichkeit zu bestimmen, da alle Ländergesetze unabhängig von der konkreten Formulierung (hierzu S. 113 ff.) eine erhebliche Gefährdung der Rechtsgüter Dritter voraussetzen. **134**

Unstreitig können **Gefahren für das Leben** und in den meisten Fällen die **Gesundheit Dritter** eine Unterbringung begründen. Aber auch hier ist die Erheblichkeit der gefährdeten Rechtsgüter im Einzelfall zu bestimmen. Es genügen aggressive Verhaltensweisen wie die Misshandlung der Ehefrau durch Schläge mit Verletzungsfolge (BayObLGZ 1986, 224), das Einsperren der Ehefrau und die Bedrohung von Polizei und Amtsarzt mit Gewaltanwendung (BayObLG BtPrax 2002, 39), sexuelle Belästigungen von Kindern (BayObLG v. 8. 9. 1988 Az. 3 Z 121/88), Kindesmisshandlungen (BayObLGZ 1966, 361), Straftaten gegen die sexuelle Selbstbestimmung (LG München I NJW 2000, 883), Sexualstraftaten bei HIV-Infektion (FamRZ 1998, 1329 = R&P 1999, 39), Gesundheitsgefahren als Folge von **Vermüllung** (BayObLG FamRZ 2001, 365 = R&P 2001, 156) sowie Gefahren für dritte Personen im Straßenverkehr, sofern diesen nicht mit den Mitteln des Straßenverkehrsrechts begegnet werden kann (siehe § 338 FamFG), für die Annahme einer erheblichen Fremdgefahr. Bei der Bedrohung von Polizei und Amtsarzt ist allerdings zu prüfen, inwieweit diese möglicherweise situationsbedingt und anderweitig abwendbar ist (OLG Schleswig R&P 2001, 107; 2006, 145). **Nicht genügen** Belästigungen, Beleidigungen, Beschimpfungen, leichte körperliche Beeinträchtigungen und **querulatorische Verhaltensweisen** jeden Schweregrades, da diese einen Eingriff in das Freiheitsgrundrecht nicht rechtfertigen, vielmehr die Rechtsordnung derartige **135**

Verhaltensweisen von psychisch kranken Personen hinzunehmen hat (*Baumann* S. 163; BayObLGZ 1989, 17, 20; OLG Hamm BtPrax 2000, 35 = R&P 2000, 84). Nicht ausreichend sind daher bedrohliche Anrufe bei einem Bundestagsabgeordneten (aA BayObLG BtPrax 2004, 114). Bei **Bedrohungen** ist zu prüfen, mit welcher Wahrscheinlichkeit mit der Verwirklichung zu rechnen ist (OLG Schleswig R&P 2003, 29). Allerdings muss bei einer ernsthaften, einer konkreten Person geltenden Todesdrohung nicht abgewartet werden, bis sich die Gefahr verdichtet hat und dann nicht mehr kontrollierbar ist (OLG Schleswig R&P 2006, 145). Eine Fremdgefährdung kann vorliegen, wenn zu den verbalen Drohungen die Bedrohung mit einem Schürhaken und das Eintreten einer Tür hinzutreten (BayObLG R&P 2003, 25). Nur ausnahmsweise kommt eine Unterbringung im Fall krankheitsbedingter unablässiger gezielter Stalking-Attacken in Betracht, wenn diese im Einzelfall geeignet sind, die Gesundheit der attackierten Person erheblich zu gefährden (OLG Hamm NJW 2008, 2859 = R&P 2008, 220).

136 Rechtspolitisch umstritten ist, ob die **Gefahr für andere Rechtsgüter** als Leib und Leben Dritter, insbesondere für Eigentum und Vermögen eine Unterbringung rechtfertigen können. Nach § 9 Abs. 1 des Hamburger PsychKG reicht die Gefahr für Sachgüter Dritter für eine Unterbringung nicht mehr aus. In den anderen Ländergesetzen wird teilweise von einer Gefahr für bedeutende oder besonders bedeutende Rechtsgüter Dritter gesprochen (siehe S. 114 f.). Diese Einschränkung ist für alle Ländergesetze vorzunehmen. Für eine Unterbringung wegen **Sachgefahren** ist eine besondere Verhältnismäßigkeitsprüfung geboten mit der Folge, dass eine Freiheitsentziehung nur in Ausnahmefällen in Betracht kommt (z. B. im Fall der Gefahr einer Brandstiftung ohne Menschengefährdung, nicht aber im Fall von Sachbeschädigungen). Die insoweit geschützten Rechtsgüter müssen den Gefahren für Leib und Leben Dritter vergleichbar sein.

137 Im Bereich der **Selbstgefahr** ist wiederum auf die Zweckbestimmung der Unterbringung zu verweisen. Diese folgt nicht polizeirechtlichen oder fürsorgerechtlichen Konzepten, sondern dient dem Schutz der Allgemeinheit vor den Folgen der Selbstgefährdung (siehe S. 84). Es reichen also nur solche Selbstgefährdungen als Unterbringungsgrund aus, die der Allgemeinheit wie im Fall suizidaler Krisen nicht zumutbar sind (zur Gefahr der **Selbsttötung** siehe bereits S. 122 ff. und Kap. **C** S. 221 f.). Gefahren für das **Vermögen** des Betroffenen rechtfertigen keine Unterbringung. Hier ist gegebenenfalls durch eine Betreuerbestellung im Bereich der Vermögensverwaltung sowie durch einen Einwilligungsvorbehalt zu reagieren (Kap. C S. 223).

138 Schwierig ist die Grenzziehung im Bereich der **Gefährdung der eigenen Gesundheit** (siehe *Alperstedt* BtPrax 2000, 95, 98). Nach der Formulierung aller Ländergesetze (S. 113 ff.) muss es sich um eine erhebliche oder ernstliche Gefahr für die Gesundheit bzw. die Gefahr eines erheblichen oder schwerwiegenden Gesundheitsschadens handeln. Dies bedeutet, dass nicht jede krankheitsbedingte Gesundheitsschädigung eine Unterbringung rechtfertigt. Die gesetzlichen Grenzen sind durch die Grundsatzentscheidung des

5. Anordnung der Unterbringung **B**

Bundesverfassungsgerichts zur Zulässigkeit der fürsorgerechtlichen Unterbringung vorgegeben (BVerfG NJW 1982, 691, siehe Kap. **A** S. 12f.). Der erforderliche Schweregrad ist jedenfalls erreicht im Fall der Selbstverstümmelung oder wenn der Betroffene krankheitsbedingt die Nahrung verweigert und zu verhungern droht oder lebenswichtige Medikamente bzw. die Behandlung einer Diabetes verweigert und dadurch die Gefahr eines Komas besteht (OLG Hamm NJW 1976, 378; siehe die weiteren Beispiele in Kap. **C** bei § 1906 BGB S. 222f.).

Dagegen genügt die **Verweigerung einer ärztlichen,** insbesondere psychiatrischen **Behandlung** oder die Verweigerung der Einnahme für notwendig erachteter Medikamente für sich genommen nicht für eine Unterbringung (OLG Zweibrücken NJW 1974, 610; OLG Saarbrücken BtPrax 1997, 202 = R&P 1998, 45; OLG Köln NJW-RR 2004, 1590). Auch ein gesundheitlicher Rückfall oder die Verlängerung des Krankheitszustandes im Fall der Nichtbehandlung (BayObLGZ 1989, 17, 21) rechtfertigen keine Unterbringung. Erforderlich ist vielmehr zusätzlich die Gefahr einer schweren Gesundheitsschädigung (OLG Zweibrücken NJW 1974, 610; etwas anders OLG Stuttgart NJW 1974, 2052 und OLG Celle R&P 1984, 101, wonach die Behandlungsverweigerung für sich genommen eine ernsthafte Gesundheitsschädigung begründen soll). Eine schwere Gesundheitsstörung ist nur dann gegeben, wenn die Nichtbehandlung auf Dauer zu einer **Lebensgefahr** (*Zimmermann* 1994 § 6 Rn. 6) oder einer dauernden Behandlungsbedürftigkeit (LG Koblenz NJW 1978, 1205; hierzu Kap. **C** S. 222f.) führt. Nach dem ausdrücklichen Wortlaut einiger Ländergesetze (S. 114) reicht die fehlende Bereitschaft, sich behandeln zu lassen, als Unterbringungsgrund nicht aus. Dieser Grundsatz gilt für alle Ländergesetze. Das Unterbringungsrecht dient nicht der **Erzwingung einer nicht vorhandenen Krankheitseinsicht** und Behandlungsbereitschaft, es sei denn anderenfalls würde Lebensgefahr bestehen (OLG Hamburg NJW RR 1992, 58; zur zivilrechtlichen Unterbringung LG Frankfurt 1993, 478 = R&P 1993, 83; OLG Schleswig R&P 2000, 29). Hinzukommt, dass auch eine Unterbringung wegen Selbstgefährdung unzulässig wird, wenn während der Unterbringung mangels Zustimmung des Betroffenen oder gesetzlicher Grundlage eine Behandlung nicht stattfinden kann (OLG Stuttgart NJW 1981, 638; OLG Saarbrücken BtPrax 1997, 202 = R&P 1998, 45); siehe auch Kap. **C** S. 226f. Zu achten ist daher bei der Unterbringungsentscheidung vor allem darauf, dass im Fall fehlender Behandlungsbereitschaft des Betroffenen durch die behandelnden Ärzte nicht eine Gefahrensituation behauptet wird, die in Wirklichkeit gar nicht besteht (siehe *Bruns* 1993 S. 162ff.; zu den tatsächlichen Unterbringungsgründen Kap. **A** S. 36f.). Auch die Gesundheitsgefahr, die daraus resultiert, dass die nach Beginn der Unterbringung begonnene Behandlung wieder abgebrochen werden muss, rechtfertigt nicht die Aufrechterhaltung der Unterbringung (OLG Schleswig R&P 1994, 35).

139

Eine **Verwahrlosung** des Betroffenen rechtfertigt keine Unterbringung (OLG Celle R&P 1984, 101; LG Traunstein R&P 1993, 84). Vielmehr muss wie auch im Fall einer Hilflosigkeit des Betroffenen eine krankheitsbedingte schwere Gesundheitsschädigung hinzutreten.

140

141 Problematisch ist die Beurteilung einer **Gesundheitsgefahr infolge von Suchtkrankheiten.** Hier wird es häufig bereits an dem erforderlichen Schweregrad oder an der Beeinträchtigung der Fähigkeit zur freien Willensbestimmung fehlen (S. 113). Zwar kommt es nach der heutigen Rechtslage mit Ausnahme von Bayern und Hessen nicht mehr auf eine Gefährdung der öffentlichen Sicherheit oder Ordnung durch das Suchtverhalten an (S. 121 f.). Eine Unterbringung von suchtkranken bzw. abhängigen Personen kommt dennoch nur im Ausnahmefall in Betracht. Dies ergibt sich zum einen aus der bereits angesprochenen Frage der freien Willensbestimmung. Auch der Alkoholsüchtige hat grundsätzlich allein darüber zu bestimmen, ob er geheilt werden will (OLG Hamm NJW 1966, 1168; OLG Frankfurt NJW 1988, 1527). Hinzukommt der erforderliche Schweregrad der Gesundheitsschädigung. Die mit der Sucht einhergehenden Verfalls- und Krankheitserscheinungen rechtfertigen keine Unterbringung. Die maßgebliche Grenze ist vielmehr erst erreicht, wenn in kurzer Zeit eine schwere Gesundheitsschädigung mit der Gefahr eines dauernden Siechtums oder Lebensgefahr auftritt (OLG Frankfurt NJW 1988, 1527). Dies gilt entsprechend für die Lebensgefahr infolge einer akuten **Alkoholintoxikation** oder in Verbindung mit einem **Alkoholdelirium.** Zu berücksichtigen ist weiterhin, dass die über die Entgiftungsbehandlung hinausgehende Alkoholentwöhnungstherapie der Zustimmung des Betroffenen bedarf (hierzu Kap. C S. 227). Liegt diese nicht vor, ist eine über die akute Krisenintervention hinausgehende Unterbringung unzulässig, da keine Möglichkeit der Besserung bzw. Behandlung besteht (ähnlich *Juchart/Warmbrunn/Stolz* UBG § 1 Anm. 2.4.4.).

142 e) **Kausalität.** Eine Unterbringung ist nach der Formulierung aller Ländergesetze nur im Fall von krankheitsbedingten Gefährdungshandlungen zulässig. Dies bedeutet, dass die Gefahr sowohl auf die Krankheit als auch darauf beruhen muß, dass die **freie Willensbestimmung** des Betroffenen durch die Krankheit beeinträchtigt ist. Die Unterbringung einer Person, die ihren Willen frei bestimmen kann, ist unzulässig (BayObLGZ 1993, 18 = FamRZ 1993, 600 = R&P 1993, 146; FamRZ 2002, 909; R&P 2002, 179; OLG Zweibrücken FGPrax 2006, 235). Sowohl im Bereich der Fremd- als auch der Selbstgefährdung sind Fälle denkbar, in denen trotz bestehender psychischer Krankheit oder Abhängigkeit die Willensfähigkeit nicht betroffen ist. Dies betrifft vor allem Situationen, in denen der Kranke sein verfassungsrechtlich garantiertes **Recht auf Krankheit** bewusst wahrnimmt und sich unter Abwägung verschiedener Gesichtspunkte gegen Behandlungsmaßnahmen oder gegen bestimmte Behandlungsmaßnahmen entscheidet. Wie der somatisch Kranke darf in diesen Fällen auch der psychisch Kranke nicht zur Behandlung gezwungen werden (hierzu oben Kap. **B** S. 82f. und 85f. sowie Kap. **C** S. 200ff.). Die Motivation des Betroffenen für sein Handeln ist in jedem Einzelfall zu erforschen. Unzulässig ist darüberhinaus der Rückschluss aus einer bestimmten Handlung, z.B. einer Suizidhandlung, auf das Vorliegen einer psychischen Erkrankung oder Störung. Zum anderen dient das Unterbringungsrecht nicht der Unterbringung gefährlicher Personen oder der allgemeinen **Vermeidung von Gefahrenlagen**, soweit die

5. Anordnung der Unterbringung

Gefahr nicht durch die psychische Krankheit verursacht wird (BayObLG FamRZ 2002, 909; OLG Schleswig R&P 2006, 145) Dies ist ggf. Aufgabe des Strafrechts oder des allgemeinen Polizeirechts (hierzu Kap. **E** S. 401 ff.). Insbesondere Sexualstraftäter können nicht nach ihrer Entlassung aus dem Strafvollzug nach öffentlichem Unterbringungsrecht weiter untergebracht werden. Die aus Sicht des Gesetzgebers insoweit bestehenden Regelungslücken sind zwischenzeitlich durch die Vorschriften über die vorbehaltene und nachträgliche Anordnung der Sicherungsverwahrung (§§ 66a, 66b StGB) weitgehend geschlossen worden. Liegen die Voraussetzungen für die Anordnung der nachträglichen Sicherungsverwahrung nicht vor, kann nicht stattdessen die Unterbringung nach Art. 1 Bay angeordnet werden (AG Bayreuth R&P 2009, 225 L).

An der **Kausalität** fehlt es auch, wenn die Gesundheitsgefahr erst durch den Abbruch einer unmittelbar nach erfolgter behördlicher Unterbringung begonnenen Medikation entsteht, da sie nicht unmittelbare Folge der psychischen Krankheit selbst ist (OLG Schleswig R&P 1994, 35). Dies hat zur Folge, dass bei vorausgegangener behördlicher Unterbringung mit dem Beginn der Behandlung bis zur richterlichen Entscheidung zu warten ist, um die auf Grund der Krankheit selbst bestehende Gefährlichkeit richtig einschätzen zu können. Vergleichbar sind Situationen, in denen sich die Gefährdung erst durch den von den Betroffenen häufig traumatisch erlebten Ablauf der Unterbringung selbst ergibt. Allerdings kann die Mitursächlichkeit des Verhaltens des Betroffenen bei einer bereits bestehenden gesundheitlichen Vorbelastung der attackierten Person ausreichen (OLG Hamm NJW 2008, 2859 = R&P 2008, 220).

f) Erforderlichkeit. Eine Unterbringung kommt nach der Regelung der Ländergesetze (hierzu S. 114). nur in Betracht, wenn die Gefahr nicht auf andere Weise abgewendet werden kann. Freiheitsentziehung ist die **ultima ratio**. Alle weniger eingreifenden Möglichkeiten im Sinn vor- und nachgehender Hilfen und Versorgungsangebote (hierzu ausführlich S. 87 ff.) oder eine freiwillige stationäre Behandlung sind auszuschöpfen. Auch die Bestellung eines Betreuers mit dem Aufgabenkreis der Gesundheitsfürsorge kann geeignet sein, eine Unterbringung zu vermeiden, da die Möglichkeit besteht, dass der Betreuer den Betroffenen durch positive Einflussnahme zur Behandlung bewegt (OLG Köln NJW-RR 2004, 1590). Das Vorliegen einer Vorsorgevollmacht und einer Patientenverfügung steht bei akuter Selbstgefährdung jedenfalls dann einer Unterbringung nicht entgegen, wenn der Bevollmächtigte die zur Beseitigung der Gefahr erforderlichen Schritte nicht gewährleistet (OLG Hamm FamRZ 2007, 934; OLG Schleswig NJW-RR 2008, 380 = FamRZ 2008, 718 L). Allerdings ist eine Patientenverfügung im Sinn des § 1901a Abs. 1 BGB beachtlich, auch im Rahmen einer öffentlich-rechtlichen Unterbringung (*Olzen*, S. 40 ff.). Bei Zweifeln an der psychischen Eignung eines Waffenbesitzers kann es geboten sein, eine anderweitige Unterbringung der Waffen zu veranlassen, nicht aber die Unterbringung des Betroffenen (OLG München FamRZ 2009, 1246, 1248).

6. Vollstreckung

145 a) Das Vollstreckungsverfahren der Gesundheitsbehörde. Gesetzgebung und Praxis leiden an den uneinheitlichen und vielfach obsoleten Bezeichnungen des Verwaltungshandelns, das sich an die gerichtliche Anordnung eines Freiheitsentzuges anschließt. Statt solcher Bezeichnungen, die von „Ausführung" und „Durchführung" oder „Vornahme" bis hin zu „Vollzug" (Bre § 15; SH § 13) und „Vollziehung" (vgl. Kap. **D** § 328 Abs. 1 FamFG) reichen, werden hier die Begriffe verwendet, die sich in der Rechtswissenschaft und – nahezu konsequent – auch in der Bundesgesetzgebung durchgesetzt haben. Danach ist zu unterscheiden zwischen der Vollstreckung der gerichtlichen Anordnung und deren Vollzug. Der Begriff der Vollstreckung bezeichnet hier das Verwaltungshandeln außerhalb des Unterbringungskrankenhauses auf Grund der gerichtlichen Anordnung. Unter Vollzug ist die konkrete Durchführung und Ausgestaltung des Freiheitsentzuges innerhalb des Krankenhauses zu verstehen. Zu den Vollzugsmaßnahmen des Krankenhauses gehören aber auch Lockerungen und Urlaub, obwohl sie nicht innerhalb des Krankenhauses stattfinden. Ergänzende Erläuterungen finden sich bei der Darstellung des Systems des Unterbringungsrechts in Kap. **A** S. 13.

146 Das Unterbringungsgericht vollstreckt seine Entscheidung nicht selbst; bei den Vollstreckungshandlungen handelt es sich um eine Verwaltungstätigkeit. Entsprechend den anderen gerichtlichen Verfahrensordnungen, bei denen die Vollstreckung der gerichtlichen Entscheidung Sache desjenigen Beteiligten ist, der sie erwirkt hat, **obliegt die Vollstreckung der Unterbringung den Gesundheitsbehörden.** Eine Ausnahme bildet nur die vorläufige Unterbringung nach §§ 334 FamFG, 1846 BGB (vgl. Kap. **A** S. 17; **C** S. 194 und **D** S. 344).

147 Nach einer verbreiteten Auffassung soll die Gesundheitsbehörde nicht von der Vollstreckung absehen dürfen, da sie bundesrechtlich an die Anordnung des Gerichts gebunden sei. Das ist falsch. Das Gericht ordnet den Freiheitsentzug nicht um seiner selbst willen, also „zur Durchsetzung eines staatlichen Anspruchs auf Freiheitsentziehung" an, sondern zur präventiven Abwehr einer Gefahr. Wenn die Gefahr nicht mehr akut ist, etwa weil der Betroffene sich, wenn auch unter dem Druck der drohenden Unterbringung, in psychiatrische Behandlung begeben hat oder weil der Schub seiner Psychose abgeklungen ist, dann sind die Voraussetzungen der Unterbringung weggefallen. In solchen Fällen darf die Gesundheitsbehörde nicht vollstrecken. Ist der Betroffene bereits untergebracht, so kann und muss sie ihn sofort entlassen. Davon muss sie das Gericht unterrichten. Das entspricht der Rechtslage bei der Vollstreckung der Untersuchungshaft und der einstweiligen Unterbringung nach § 126a StPO: Wenn die Staatsanwaltschaft die Aufhebung der Untersuchungshaft beantragt, darf sie nach §§ 120 Abs. 3 Satz 2, 126a Abs. 3 Satz 3 StPO nicht weiter vollstrecken (vgl. *LR-Hilger* § 120 Rn. 46; KK-StPO-*Boujong* § 120 Rn. 28; *Meyer-Goßner* § 120 Rn. 14). Mit anderen Worten: Die Anordnung der Unterbringung ist **nicht der materiellen Rechtskraft** i. S. der Zivilprozessdogmatik **fähig** (vgl. Kap. **D** Vorbem. vor § 312 S. 251). Nach der grundlegenden Entscheidung des

6. Vollstreckung   B

Bundesverfassungsgerichts zu § 64 StGB (NJW 1995, 1077 = NStZ 1994, 578) gebietet es das Freiheitsgrundrecht, Grad und Ausprägung der psychischen Krankheit oder Störung allein auf Grund erfahrungswissenschaftlicher Beurteilung, also unabhängig vom Vorliegen einer rechtskräftigen gerichtlichen Anordnung zu berücksichtigen. Im Übrigen zwingt schon das Verhältnis von Bundes- und Landesrecht zu dieser Auffassung über die Kompetenz zur Entlassung aus der Unterbringung. Bundesrechtlich geregelt ist nur das gerichtliche Verfahren für die Anordnung der Unterbringung. Sowohl die materiell-rechtlichen Voraussetzungen der Unterbringung als auch und hier insbesondere das Verwaltungsverfahren der Vollstreckung der Unterbringung ist von der bundesrechtlichen Regelung im Wesentlichen unberührt geblieben und unterliegt deshalb dem Landesrecht.

Das **Krankenhaus** darf den Betroffenen freilich nicht von sich aus entlassen, denn ihm **obliegt nicht die Vollstreckung** der gerichtlichen Entscheidung, **sondern deren Vollzug** (vgl. BGH NStZ 1991, 483 = R&P 1991, 126, wo allerdings der hier herausgestellte maßgebliche Gesichtspunkt übersehen worden ist). Jedoch kann das Landesrecht dem Krankenhaus diese Vollstreckungsaufgabe übertragen. Das ist in mehreren Bundesländern geschehen. **148**

Eine uneingeschränkte **Entlassungskompetenz** des Krankenhauses haben BW § 13 Abs. 2 und MeVo § 18 Abs. 2 normiert. Eine auf die Fälle vorläufiger Unterbringungen nach §§ 331, 332, 167 Abs. 1 Satz 1 FamFG und auf Untersuchungsunterbringungen nach §§ 322, 167 Abs. 1 Satz 1 in Verbindung mit § 284 FamFG beschränkte Entlassungskompetenz des Krankenhauses entsprechend dem Untersuchungshaftrecht, kombiniert mit einer Pflicht zur Unterrichtung der Gesundheitsbehörde sieht Bay Art. 9 Abs. 3 vor. In den Ländern, in denen die Krankenhäuser keine vollstreckungsrechtliche Entlassungskompetenz haben, müssen sie in den hier erörterten Fällen Urlaub gewähren (vgl. unten Rn. 235). Zu beachten ist darüber hinaus, dass während der Verwaltungsunterbringung alle Einrichtungen eine eigene Entlassungskompetenz haben (vgl. oben Rn. 98 und ausdrücklich Sachs § 18 Abs. 2 S. 2). Das gilt auch nach RhPf § 15 Abs. 4, denn nach Satz 3 dieser Bestimmung hat die Gesundheitsbehörde ihre Anordnung der Verwaltungsunterbringung auf entsprechende Anzeige des Krankenhauses zwingend aufzuheben, wobei das Krankenhaus auf diese Aufhebung nicht warten darf. **149**

Besondere landesrechtliche Regelungen der Vollstreckung der Unterbringungsanordnung werden nur zu wenigen Punkten gebraucht. So bedarf es einer besonderen Regelung, wenn die Vollstreckung – etwa einer vorläufigen Unterbringung nach §§ 331f FamFG – unmittelbar Sache der Polizei statt der Gesundheitsbehörde sein soll, die sich der Polizei nur im Wege der Amtshilfe bedient (vgl. Berl § 27). Dass bei der Vollstreckung Zwang angewendet werden darf, braucht nicht besonders geregelt zu werden; es ergibt sich aus der Entscheidung des Gerichts (anders bei der Zuführung zur zivilrechtlichen Unterbringung, vgl. Kap. **D** § 326 FamFG Rn. 4). **150**

Kosten: Wegen der im Vollstreckungsverfahren anfallenden Kosten, vor allem Transportkosten, haben einige Bundesländer besondere Bestimmungen getroffen. Diese werden in Kap. **B** S. 174 erörtert. **151**

B   Ländergesetze

152   **b) Vollstreckungskonkurrenz mit Freiheitsentzug auf Grund Bundesrechts.** Gelegentlich steht neben der gerichtlichen Anordnung der Unterbringung nach einem PsychKG oder UG noch eine andere, damit konkurrierende Anordnung einer Freiheitsentziehung. In erster Linie kommen dafür die verschiedenen Formen strafrechtlichen Freiheitsentzugs in Betracht, aber auch Ordnungs- und Erzwingungshaft sowie die in Kapitel **E** dieses Buches behandelten Freiheitsentziehungen. Auf die Frage, welche Form des Freiheitsentzugs bei der Anordnung einer anderen vorgeht und wie dieses Verhältnis de lege ferenda geregelt werden sollte, ist an dieser Stelle nicht einzugehen (vgl. Kap. **A** S. 59). Dagegen ist zu erörtern, was vollstreckungsrechtlich zu geschehen hat, wenn zugleich mit der Anordnung nach einem PsychKG oder UG eine bundesrechtliche Anordnung von Freiheitsentzug vorliegt. Hierfür ist nicht etwa Art. 31 GG (Bundesrecht bricht Landesrecht) einschlägig. Diese Verfassungsbestimmung handelt von Gesetzgebungskompetenz und der Verfassungsmäßigkeit von Gesetzen, nicht aber von Maßnahmen der Exekutive. Vom Vollstreckungsverfahren der Gesundheitsbehörde her betrachtet sind bundesrechtliche Vorrangregeln und landesrechtliche Nachrangregeln zu erörtern.

153   Es gibt nur eine einzige **bundesrechtliche Vorrangregel:** Ist eine Maßregel der Unterbringung in einem psychiatrischen Krankenhaus nach § 63 StGB zu vollstrecken, so geht deren Vollstreckung nach § 463 Abs. 5 Satz 1 StPO allen außerstrafrechtlichen Formen von Freiheitsentzug vor, weil die Staatsanwaltschaft als Strafvollstreckungsbehörde nicht hinter einer anderen Freiheitsentziehung zurücktreten und die Vollstreckung dafür aufschieben darf. Insbesondere muss sie also trotz der Anordnung einer öffentlich-rechtlichen Unterbringung nach Landesrecht die Maßregel vollstrecken, solange die Strafvollstreckungskammer deren Vollstreckung nicht zugunsten der weniger einschneidenden Unterbringung ausgesetzt hat. Soweit diese bundesrechtliche Vorrangregel nicht eingreift, kommen landesrechtliche Nachrangregeln in Betracht.

154   **Landesrechtliche Nachrangregeln** sind in Bay Art. 1 Abs. 2 und Sachs § 10 Abs. 3 normiert. Danach tritt die Vollstreckung einer Unterbringung in Bayern zurück hinter zu vollstreckende Anordnungen nach §§ 63, 64 StGB, 81, 126a StPO sowie hinter die Sicherungsverwahrung, wenn für sie eine Überweisung in den Vollzug einer anderen Maßregel nach § 67a StGB vorliegt. Dagegen tritt sie nicht zurück hinter die Sicherungsunterbringung nach §§ 453c, 463 StPO. Die Regelung Sachsens ist ähnlich, jedoch ist hier der Nachrang auch hinter die Sicherungsunterbringung nach §§ 453c StPO vorgesehen. Sachsen handelt nicht von der Sicherungsverwahrung in den Fällen des § 67a StGB, so dass hier statt einer Vollstreckung im Maßregelkrankenhaus auch deren Unterbrechung zugunsten einer Vollstreckung der PsychKG-Unterbringung zulässig ist. Eine beschränkte Nachrangregel findet sich in RhPf § 11 Abs. 3: Ist der Betroffene bereits – auf welcher Rechtsgrundlage auch immer – bundesrechtlich eingesperrt, so darf die Gesundheitsbehörde unabhängig von seinem Gesundheitszustand nicht darauf bestehen, ihn von dort in das psychiatrische Krankenhaus zu bekommen. Noch enger ist die Regelung in Hamburg (§ 9 Abs. 3), wo eine Unterbrin-

gung unzulässig ist, solange die betroffene Person nach § 126a StPO einstweilen untergebracht ist.

Uneigentliche Nachrangregeln sind solche, nach denen die Anordnung der Unterbringung zwingend aufgehoben werden muss, wenn eine Maßregel nach §§ 63, 64 StGB oder die Anordnung einer einstweiligen Unterbringung nach § 126a StPO vorliegt (Berl § 8 Abs. 2; Bre § 9 Abs. 5; NW § 11 Abs. 3; SaAn § 13 Abs. 2; Thü § 8 Abs. 3). Hiermit kann allerdings nur der Nachrang nach zu vollstreckenden Maßregeln gemeint sein und nicht hinter solchen, deren Vollstreckung nach § 67b oder § 67d Abs. 2 StGB ausgesetzt ist. Dies verdeutlicht NW § 11 Abs. 3 i.V.m. § 1 Abs. 3, wo auf den tatsächlichen anderweitigen Freiheitsentzug abgestellt wird. Eine Unterbringung kann nämlich auch dann notwendig sein, wenn die Voraussetzungen eines Widerrufs der Aussetzung der Maßregelvollstreckung nach § 67g StGB nicht vorliegen, z.B. mangels ausreichender Erheblichkeit der befürchteten rechtswidrigen Taten. Das kommt insbesondere in Bre § 9 Abs. 5 zum Ausdruck, denn dort wird die Sicherungsunterbringung nach § 453c StPO (i.V. mit § 463 StPO) erwähnt. Diese setzt die Aussetzung der Vollstreckung der Maßregel zur Bewährung voraus. Ist die der Gesundheitsbehörde vorliegende Unterbringungsanordnung nach einer der aufgeführten Vorschriften zwingend aufzuheben, so darf sie diese in der kurzen Zeit bis zur Aufhebung nicht schnell noch vollstrecken, selbst wenn das an sich möglich wäre. 155

Wo keine dieser Regelungen eingreift, also in BW, Bran, Hess, MeVo, Nds, Saar und SH, hat die Gesundheitsbehörde zu erwägen, wo der Betroffene besser aufgehoben ist. Regelmäßig wird insoweit die landesrechtliche Unterbringung vorzuziehen sein. Kostenüberlegungen sind dabei nicht legitim und haben auszuscheiden. Zum Rechtsweg vgl. Kap. **B** S. 109. Bei Meinungsverschiedenheiten mit der Staatsanwaltschaft als Vollstreckungsbehörde besteht für die Gesundheitsbehörde überhaupt kein Anlass, von ihren begründeten Überlegungen abzuweichen und gegenüber dem Drängen der Staatsanwaltschaft nachzugeben. Stattdessen ist der Aufsichtsbehörde zu berichten, damit die Entscheidung zwischen den beteiligten Ministerien getroffen wird. 156

c) Vollstreckungsplan und Beleihung. Länder, die mehrere psychiatrische Krankenhäuser für den Vollzug der Unterbringung haben, müssen zur Gewährleistung des Prinzips der Gesetzmäßigkeit der Verwaltung (Art. 20 Abs. 3 GG) deren Zuständigkeit durch einen Vollstreckungsplan (vgl. § 152 StVollzG) nach objektiven Kriterien festlegen. Die Entscheidung darf nicht dem Ermessen der Gesundheitsbehörde überlassen werden (so aber BW § 6 Abs. 1 und Bre § 15 Abs. 1 – „möglichst wohnortnah" –). Die folgenden Landesgesetze enthalten die gesetzliche Grundlage für den Vollstreckungsplan: Berl § 10 Abs. 2; Bran § 10 Abs. 2; MeVo § 13 Abs. 2; NW § 10 Abs. 3; RhPf § 12 Abs. 1 Satz 2; Sachs § 2 Abs. 3; SaAn § 12 Abs. 2. 157

In einem weiteren Punkt ist eine gesetzliche Regelung unerlässlich, nämlich wenn ein **privates Krankenhaus** für den Vollzug der Unterbringung herangezogen werden soll. Die Heranziehung eines solchen „beliehenen Unternehmers" bedarf eines Beleihungsakts, der eine gesetzliche Grundlage 158 haben muss. Die entsprechenden Regelungen sind: BW § 2 Abs. 1 Nr. 3; Bay Art. 11; Berl § 10 Abs. 2; Bran § 10 Abs. 2; Nds § 15 Abs. 1 S. 2; RhPf § 12 Abs. 1; Sachs § 2 Abs. 2; SaAn § 12 Abs. 1 S. 2. Die Länder müssen dabei beachten, dass Beleihung nach Art. 33 Abs. 4 GG die Ausnahme zu sein hat. Die grundsätzliche Heranziehung Privater oder die Organisation aller staatlichen psychiatrischen Krankenhäuser in privatrechtlicher Rechtsform wie in Sachsen-Anhalt als landeseigener GmbH (der „Salus gGmbH") ist mit dem Grundgesetz nicht zu vereinbaren, weil der Psychiatrievollzug in besonders hohem Maß in die grundrechtliche Rechtsstellung der Patienten eingreift. Das erfordert die Ausübung der hoheitsrechtlichen Gewalt durch Einrichtungen, die als Behörde organisiert sind und deren leitende Funktionen von Beamten wahrgenommen werden (vgl. OLG Schleswig R&P 2006, 37 m. Anm. *Baur; Grünebaum* R&P 2006, 55; Kammeier/*Kammeier* 2010 Rn. A 74 ff.). Der Niedersächsische Staatsgerichtshof (R&P 2009, 99 m. zust. Anm. *Baur;* abl. zu Recht Volckart/*Grünebaum* Rn. 513; vgl. auch OLG Frankfurt NStZ-RR 2010, 93) hat bei der Überprüfung der gesetzlichen Beleihungsregelung im niedersächsischen Maßregelvollzugsgesetz einen Verstoß gegen den mit Art. 33 Abs. 4 GG inhaltsgleichen Art. 60 Satz 1 der Landesverfassung verneint, weil grundsätzlich Ausnahmeregelungen vom Beamtenvorbehalt möglich seien, wenn Gemeinwohlbelange dies erforderten. Allerdings müssten die mit hoheitlichen Aufgaben betrauten natürlichen Personen ihre Zuständigkeit aus einer lückenlosen demokratischen Legitimationskette herleiten. Das heißt, sie müssen von der zuständigen Behörde als Organe der demokratisch legitimierten Exekutive ausgewählt werden. Hierzu reiche es nicht aus, dass die Vollzugsleitung des Krankenhauses in staatlicher Hand verbleibe, auch die mit hoheitlichen Aufgaben betrauten weiteren Bediensteten müssten einem Auswahlvorbehalt der Behörden unterliegen. Zur Umsetzung der gesetzlichen Beleihungsregeln im neuen BranPsychKG vgl. *Hauk* R&P 2009, 174, 179 ff. Dem Staat obliegt wegen des Rechts der Patienten auf körperliche und psychische Unversehrtheit jedenfalls die Pflicht, private psychiatrische Kliniken zu überwachen und zu kontrollieren (EGMR R&P 2005, 186 m. Anm. *Cremer* EuGRZ 2008, 562).

7. Vollzug der Unterbringung

159 **a) Grundlagen des Vollzugsrechts. aa) Erkenntnisquellen.** Der Freiheitsentzug in einer geschlossenen Einrichtung ist mit dramatischen Eingriffen in die **Grundrechte der Patienten** verbunden. Früher hatte man lange Zeit geglaubt, dass diese Eingriffe in die Individualrechte der Eingesperrten sozusagen „in der Natur der Sache" lägen. Nach der Lehre vom **„besonderen Gewaltverhältnis"** befand sich etwa der Strafgefangene in einem spezifischen Unterwerfungs- und Pflichtenverhältnis zum Staat, kraft dessen er alle Rechtsbeschränkungen hinzunehmen hatte, die sich aus den allgemein anerkannten Strafzwecken und Aufgaben des Vollzuges – wie dem Schutz der Allgemeinheit oder der Resozialisierung des Straftäters – ergaben (vgl. *Calliess/Müller-Dietz* Einl. Rz. 21). Damit erübrigten sich besondere gesetzliche Grundlagen und speziellen Normen für die über den reinen

7. Vollzug der Unterbringung

Freiheitsentzug hinausgehenden Eingriffe. Spätestens seit der grundlegenden Entscheidung des Bundesverfassungsgerichts zum Strafvollzug (NJW 1972, 811) ist diese Auffassung überholt: Das besondere Gewaltverhältnis bietet keine Grundlage mehr für Grundrechtsbeschränkungen. Grundrechte gelten vielmehr prinzipiell auch für die Insassen geschlossener Anstalten; Einschränkungen können nur durch Gesetz oder aufgrund eines Gesetzes erfolgen. Der Bundesgesetzgeber war deshalb zum Erlass des StVollzG und die Landesgesetzgeber (vgl. § 138 StVollzG) später zum Erlass von gesetzlichen Vorschriften für die Eingriffe im Maßregelvollzug gezwungen. Auch für den Vollzug aufgrund der Landesgesetze über die Unterbringung psychisch Kranker kann nichts anderes gelten. Ein „besonderes Gewaltverhältnis im weißen Kittel" wäre ein juristischer Kunstgriff und kann Eingriffe in die Individualrechte der Patienten nicht rechtfertigen. Trotz dieser Entwicklung bleiben einige Landesgesetze mit ihren bloß rudimentären Regelungen immer noch erheblich hinter den verfassungsrechtlichen Anforderungen zurück.

Eine mögliche Erklärung für die gesetzgeberischen Defizite ist sicherlich 160 die verbreitete Gewohnheit, beim Auftreten einer psychischen Erkrankung oder auch nur bei einem entsprechenden Verdacht schlagartig alle Rücksichtnahme zu vergessen und sich über die Belange der Betroffenen hinwegzusetzen (vgl. *Porter* 1999). Ihre ideologische Rechtfertigung fand ein solches Verhalten in dem Konstrukt einer **„Grundrechtsunmündigkeit",** wonach psychisch Kranke ihre Grundrechte nicht ausüben könnten, weil sie durch ihre Krankheit daran gehindert seien, die Bedeutung und die therapeutischen Nutzen der staatlichen Eingriffe zu erkennen (vgl. *Volckart/ Grünebaum* 2009, 227). Auch diese Vorstellung ist verfassungsrechtlich überholt. Was für die Beurteilung von Rechtsgeschäften im bürgerlich-rechtlichen Rechtsverkehr gilt (zur Unvereinbarkeit dieser Vorstellung mit Art. 12 der UN-Konvention vgl. *Lachwitz* BtPrax 2008, 143; *Marschner* R&P 2009, 135) und die Prozessfähigkeit in einigen Verfahrensordnungen beeinflusst, muss nicht universell gelten. Psychisch Kranke haben Grundrechte wie alle anderen Bürger und sie behalten sie auch während der Unterbringung innerhalb eines geschlossenen Krankenhauses. Im Übrigen darf man akute psychotische Zustände, wie sie manchen Juristen bei ihren Überlegungen zur „Grundrechtsunmündigkeit" vorgeschwebt haben mögen, nicht verallgemeinern, da sie nicht die Regel, sondern die Ausnahme darstellen.

Ein differenziertes Vollzugsrecht ist zunächst für den Strafvollzug entwi- 161 ckelt worden. Dort gibt es mit dem am 1. Januar 1977 in Kraft getretenen Strafvollzugsgesetz seit langem eine Kodifizierung und außerdem eine umfangreiche Rechtsprechung und Literatur, durch die nicht nur Ungereimtheiten und Widersprüche des Gesetzes weitgehend geklärt werden konnten, sondern auch eine besondere Dogmatik des Strafvollzugsrechts geschaffen worden ist. Das Strafvollzugsrecht lässt sich gewiss nicht ohne weiteres auf den Vollzug der öffentlich-rechtlichen Unterbringung psychisch Kranker übertragen, weil diese sich keiner Straftat schuldig gemacht haben. Man darf den Unterschied aber nicht überbewerten. Auch der Strafvollzug steht unter dem Leitgedanken der Rehabilitation. Der Resozialisierungsauftrag des Strafvollzugs ist eine Konkretisierung des Gebots, die Menschenwürde zu achten (Art. 1 GG). Er hat nach der ständigen Rechtsprechung des Bundesverfassungsgerichts Verfassungsrang (BVerfG NJW 1998, 3337 = StV 1998, 438; NJW 2006, 2095). Deshalb gibt es eine **allgemeine Dogmatik des Vollzugsrechts**, die für alle seine besonderen Ausprägungen einheitlich gilt. Bei den strafrechtlichen Maßregeln der Unterbringung in einem psychiatrischen Krankenhaus und in einer Entziehungsanstalt nach §§ 63, 64 StGB ist die Entwicklung des Psychiatrievollzugsrechts denn auch relativ weit fortgeschritten, selbst wenn einige der älteren Landesgesetze zum Maßregelvollzug immer noch schwerwiegende Lücken und Ungereimtheiten aufweisen.

162 Wer das Vollzugsrecht der öffentlich-rechtlichen Unterbringung gedanklich erfassen will, sollte sich am **Maßregelvollzugsrecht** orientieren, da es keinen Sinn macht, mit den Überlegungen sozusagen wieder bei Null anzufangen. Hierzu ist besonders hinzuweisen auf die Handbücher zum Maßregelvollzug von *Kammeier* 2010 und *Volckart/Grünebaum* 2009 sowie auf die Monographie über den gerichtlichen Rechtsschutz im Maßregelvollzug von *Wagner* (1992). Mehrere Länder haben denn auch das Recht des Vollzugs der Maßregeln und der öffentlich-rechtlichen Unterbringung in demselben Gesetz und weitgehend gleich lautend geregelt, nämlich BW; Bay; Berl; Bran; Bre; MeVo; Sachs und Thü.

163 **bb) Differenzierung der Maßnahmen.** Dem unvorbereiteten Betrachter des Geschehens innerhalb eines psychiatrischen Krankenhauses mag dieses zunächst kaum entwirrbar erscheinen, weil mit jedem Gesichtspunkt andere konkurrieren und jede begriffliche Erfassung dadurch begrenzt wird und nur eingeschränkt richtig erscheint. Wenn im Folgenden die Maßnahmen des Krankenhauses begrifflich unterschieden werden, darf man jedoch nicht übersehen, dass alle unter folgenden gemeinsamen Grundsätzen stehen: dem **Angleichungsgrundsatz**, wonach das Leben im Krankenhaus soweit wie möglich dem Leben in Freiheit anzugleichen ist, dem **Gegenwirkungsgrundsatz**, wonach den schädlichen Folgen des Freiheitsentzugs entgegenzuwirken ist und dem **Eingliederungsgrundatz,** wonach der Vollzug darauf auszurichten ist, dass er dem Eingesperrten hilft, sich in das Leben in Freiheit wieder einzugliedern. Dennoch ist die gedankliche Differenzierung der verschiedenen Maßnahmen des Krankenhauses unerlässlich. Zu allererst muss man unterscheiden zwischen belastenden Maßnahmen, die gegen den Betroffenen ergriffen werden, und begünstigenden Maßnahmen, die ihm gewährt werden können oder auf die er sogar einen Rechtsanspruch hat. Die Landesgesetze befassen sich überwiegend mit den zuerst genannten Maßnahmen. Das allgemeine Persönlichkeitsrecht nach Art. 2 Abs. 1 GG umfasst aber nicht nur Abwehrrechte, die dem Staat – hier in Gestalt des Krankenhauses – Grenzen setzen. Es hat auch eine positive Seite. Indem der Staat dem einzelnen Betroffenen mit dem Freiheitsentzug zum Zweck der präventiven Gefahrenabwehr ein Sonderopfer auferlegt, fällt ihm die positive Aufgabe zu, Bedingungen zu schaffen, unter denen dieser auch dann noch ein seiner Menschenwürde entsprechendes Leben führen kann. Im Folgenden müssen beide Typen von Maßnahmen erörtert werden, einerseits die

7. Vollzug der Unterbringung **B**

(begünstigenden) **Maßnahmen zur Gewährleistung eines angemessenen Lebensspielraums,** anderseits die (belastenden) **Eingriffe zur Aufrechterhaltung der Sicherheit und Ordnung** im Krankenhaus. Maßnahmen der Behandlung im engeren Sinn können sowohl lediglich begünstigend sein, als auch vorwiegend Eingriffscharakter haben oder schließlich beiden Typen in gleichem Maß angehören. Zunächst ist auf die gedankliche Differenzierung der Eingriffe weiter einzugehen.

cc) Trennung der Eingriffsrichtungen. Die zentrale Erkenntnis der 164 modernen Vollzugsdogmatik ist das Auseinanderhalten der verschiedenen Eingriffsrichtungen von Vollzugsmaßnahmen (*Wagner* 1992, 156 ff.; *Volckart/ Grünebaum* 2009, 49). Eingreifende **Behandlungsmaßnahmen** können therapeutisch oder rehabilitativ ausgerichtet sein. Mit **Sicherungsmaßnahmen** sollen Rechtsgüter anderer vor einer Beschädigung durch den Patienten oder dieser vor Selbstschädigung geschützt werden, auch durch eine Verhinderung des Entweichens. **Ordnungsmaßnahmen** dienen der Funktionserhaltung der Institution. Alle drei Eingriffsrichtungen haben unterschiedliche Voraussetzungen und Grenzen, die im Einzelfall auseinandergehalten werden müssen. Freilich kann es auch gemischte Maßnahmen geben, etwa wenn aus Behandlungsgründen eine Verlegung in eine andere Abteilung notwendig wird. In diesem Fall treffen die Ordnungsmaßnahme der Verlegung und die Behandlungsmaßnahme als therapeutische Anordnung zusammen. Beide Aspekte haben je eigene Voraussetzungen und im Einzelfall kann die therapeutische Anordnung rechtmäßig, die Ordnungsmaßnahme hingegen unrechtmäßig sein, wenn nämlich die Therapie auch in der ursprünglichen Abteilung durchgeführt werden kann. Werden aus „therapeutischen Gründen" Kaffee und alkoholische Getränke verboten, so mag das bei Suchtkranken oder bei einer Wechselwirkung mit Medikamenten die richtige Einordnung sein. Weit häufiger wird es sich dabei aber um Ordnungsmaßnahmen handeln, die nur zulässig sind, wenn sie eine unerlässliche Voraussetzung zur Aufrechterhaltung des Zusammenlebens in der Anstalt bilden. Wird einem tobenden Patienten ein sedierendes Medikament verabreicht, so liegt darin in aller Regel eine Ordnungsmaßnahme, die vergleichbar mit der Fesselung ist.

Nur die strikte **Trennung der Eingriffsrichtung** verhindert einen Eti- 165 kettenschwindel. Sie deckt „strafende" Behandlung auf, entlarvt falsche Fürsorge als Disziplinierung und trägt wesentlich dazu bei, ein „therapeutisches Gewaltverhältnis" zu verhindern.

dd) Zweck und Ziel. Der Zweck der Unterbringung ist die Gefahren- 166 abwehr. Wollte man es aber dabei bewenden lassen, wäre der Vollzug auf die bloße Ausführung der Unterbringungsanordnung, also auf eine reine Verwahrung der Betroffenen beschränkt. Dass dies nicht richtig sein kann, ist bereits ausgeführt worden. Mit dem Beginn des Vollzugs tritt das **Ziel** der Unterbringung hinzu, genauer: es tritt an die erste Stelle. Ziel der Unterbringung ist die **Beseitigung der Anordnungsgründe durch Behandlung,** also durch therapeutische Maßnahmen im engeren Sinn und durch Rehabilitationsmaßnahmen. Zweck und Ziel können jeweils Maßnahmen nahelegen, die einander widersprechen. Beispielsweise können Vollzugslockerungen und Urlaub therapeutisch sehr wünschenswert sein, zugleich aber die Gefahr begründen, dass der Patient nicht zurückkehrt; andererseits verhindert ein strikter Freiheitsentzug die Rehabilitation. Die richtige Wahl setzt eine gehörige Beachtung der Grundrechte des Patienten voraus. Daraus folgt, dass ein gewisses Risiko eingegangen (und damit die Möglichkeit eines Fehlschlags einkalkuliert) werden muss. Die Grenzen des Risikos kann man am besten mit der im strafrechtlichen Bewährungsrecht verwendeten gesetzlichen Formel ausdrücken. Danach sind zugunsten von Behandlungsmaßnahmen Risiken zu Lasten der Gefahrenabwehr einzugehen, „wenn dies unter Berücksichtigung des Sicherheitsinteresses der Allgemeinheit verantwortet werden kann" (§ 57 Abs. 1 StGB).

167 Die Orientierung an den Grundrechten des Betroffenen ergibt noch eine weitere Relativierung des Unterbringungsziels, nämlich wenn die Therapie für den Betroffenen selbst ein zu großes Risiko impliziert. Das wird vor allem – aber nicht nur – dann akut, wenn der Betroffene zwangsweise behandelt werden soll. Auf diese Grenzen der Behandlung wird ebenfalls noch näher einzugehen sein.

168 **ee) Kompensation des Sonderopfers.** Der Betroffene ist kein Störer im Sinne das allgemeinen Polizeirechts, sondern ein Mensch, dessen Freiheitsrecht entweder dem Sicherheitsbedürfnis der Allgemeinheit oder dem Interesse der Gesellschaft weichen muss, die seine Selbstgefährdung im Hinblick auf das Sozialstaatsprinzip nicht zulassen will. Der Freiheitsentzug hat also weder einen eigenen Wert, noch gibt es entsprechend dem staatlichen Strafanspruch im Strafrecht einen „staatlichen Anspruch auf Einsperrung". Vielmehr wird dem Betroffenen zugunsten übergeordneter, staatlicher Interessen ein Sonderopfer auferlegt. Das Sonderopfer des Freiheitsentzugs muss so weit wie möglich ausgeglichen werden. Dieser zum Maßregelvollzugsrecht entwickelte Gedanke (vgl. Kammeier/*Pollähne* 2010 Rn. B 34 ff.; Volckart/*Grünebaum* 2009, 222) ist auf das Unterbringungsrecht zu übertragen. Behandlungs- und Rehabilitationsmaßnahmen verstehen sich danach als **Restitutionsleistungen**, die dem Patienten anzubieten sind. Unter diesem Blickwinkel ist jede zwangsweise Behandlung außerordentlich problematisch, weil sie das dem Betroffenen auferlegte Sonderopfer zunächst noch vergrößert.

169 **ff) In dubio pro libertate.** Die Bedeutung dieses Rechtsgrundsatzes für das Unterbringungsrecht im Allgemeinen und für die Anordnung und Vollstreckung der Unterbringung im Besonderen ist schon hervorgehoben worden. Im Vollzug gewinnt der Grundsatz bei der Behandlung entscheidende Bedeutung. Zwangsmaßnahmen zur Behandlung stehen unter dem Vorbehalt „in dubio pro libertate". Wenn die psychiatrische Wissenschaft mehrere (Behandlungs-)Möglichkeiten anerkennt, darf nur diejenige ausgewählt werden, welche die Freiheitsrechte des Betroffenen am meisten schont (*Wagner* 1992, 166 ff., 180 ff.; AK-StVollzG-*Pollähne,* vor § 136 Rn. 21). Wenn also Ärzte verschiedene Auffassungen darüber haben, ob ein Kommunikationsverbot therapeutisch nützlich oder schädlich ist, ob der Kontakt mit Angehörigen als Familientherapie zu begrüßen oder als antitherapeutisch besser zu verhindern ist, ob Elektrokrampftherapie, Pharmakotherapie oder Psy-

7. Vollzug der Unterbringung   **B**

chotherapie das Mittel der Wahl ist, dann kommt es nicht darauf an, ob das jeweilige Vorgehen dem Stand der psychiatrischen Wissenschaft entspricht und „kunstgerecht" ist, sondern es darf nur das Mittel zur Anwendung kommen, das dem Willen des Patienten entspricht bzw. das mildeste Mittel, wenn er alle Alternativen ablehnt. Wer es genügen lässt, dass das gewählte Vorgehen kunstgerecht ist, verwechselt möglich mit notwendig (so aber OLG Hamm StV 1982, 125). Diese Wahl entfällt nur, wenn ein ganz bestimmtes Vorgehen indiziert ist.

Die folgende weitere Erörterung des Unterbringungsvollzugsrechts geht **170** zunächst auf die besonderen Probleme der Aufnahme des Betroffenen ein (Rn. 171 ff.). Danach folgen entsprechend der oben erörterten Differenzierung jeweils besondere Anschnitte über die Behandlung (Rn. 183 ff.), über die Gewährleistung eines angemessenen Lebensspielraums (Rn. 221 ff.) sowie über die zu Lasten des Betroffenen unter Umständen notwendigen Eingriffe zur Wahrung von Ordnung und Sicherheit (Rn. 247 ff.).

b) Aufnahmevollzug. Besondere Vollzugsbestimmungen über die Auf- **171** nahme haben Bran § 15; Bre § 21; Hmb § 14 f.; MeVo § 18; Nds § 20; NW § 17; Sachs § 20; SaAn § 16; SH § 14 Abs. 5 und Thü § 11 normiert. Einige Länder haben Vollzugsbestimmungen für die Aufnahme nur im Zusammenhang mit der Verwaltungsunterbringung (vgl. dazu oben Rn. 94–98) eingeführt, nämlich BW § 4 Abs. 3; Bay Art. 10 Abs. 5; Berl § 26 Abs. 3; RhPf § 15 Abs. 3, 4. Die **Aufnahme im Krankenhaus** ist die wohl schwierigste Phase des Unterbringungsvollzugs, die sich vom Maßregelvollzug in zwei wesentlichen Punkten unterscheidet. Erstens hat eine ambulante Krisenintervention regelmäßig noch nicht stattgefunden. Der Betroffene ist deshalb häufig sehr erregt, wird oftmals durch die Polizei eingeliefert und versteht nicht, was ihm geschieht. Vor allem Schizophreniekranke sind in ihrem akuten Zustand sehr empfindlich und von der Situation überfordert. Meist besteht ein akutes Interventionsbedürfnis, sei es in der Form der Beruhigung, der Sicherung oder der medikamentösen Behandlung (*Bergener* 1986, 11 ff.). In dieser Phase finden die meisten Zwangsbehandlungen statt (*Finzen et al.* 1993, S. 140, 158), weil diese Akutstationen nach den Prinzipien der Sicherheit und Ordnung organisiert sind (*Finzen* 1990, 242 f.). Zweitens ist der Vollzug der öffentlich-rechtlichen Unterbringung tendenziell eher eine stationäre Krisenintervention als ein länger andauernder Behandlungsvollzug. Das zeigen die in Kap. **A** S. 33 dargelegten Zahlen, wonach die durchschnittliche Vollzugsdauer unter einem Monat liegt und in der Hälfte aller Fälle die Unterbringung schon nach 5 Tagen aufgehoben wurde.

Diese Besonderheit muss Auswirkungen auf die Gestaltung des Aufnah- **172** mevollzugs haben, weil er oft eben nicht in einen „Normalvollzug" überleitet, sondern unmittelbar zur Entlassung führt. Eine konsequent **therapeutische Ausgestaltung der Aufnahme** anstelle der noch vorherrschenden Sicherheits- und Ordnungsstrukturen ist deshalb die entscheidende Aufgabe zur Verbesserung des Unterbringungsvollzugs. Es erfordert nicht viel Phantasie zu erkennen, dass die Aufnahmephase die Betroffenen besonders belastet. Die in nicht wenigen psychiatrischen Krankenhäusern anzutreffende Übung, von einer besonders kargen, unfreundlichen und unruhigen „Aufnahmestation" – oder gar von der Barbarei eines „Wachsaals" – überzuleiten in wohnlichere Abteilungen, ist antitherapeutisch. Was der Betroffene braucht, lässt sich am besten mit den Worten des Schweizer Psychiaters *Ciompi* (1994, 345) sagen, nämlich „… eine einfache und ruhige, entspannte und unkomplizierte, beschützende und dabei möglichst natürliche Atmosphäre mit wenig Trubel, wenig Aufregung, wenigen, aber verlässlichen, gelassenen, verständnisvollen und vor allem gesunden Menschen um sich herum." Daneben dürfen aber auch jene Patienten nicht vergessen werden, für die die Unterbringung keine Krisenintervention, sondern einen monatelangen, unter Umständen sogar jahrelangen Aufenthalt im Krankenhaus bedeutet. Deren Situation ist mit jener im Straf- und Maßregelvollzug vergleichbar.

173 **aa) Organisation der Aufnahme.** Der Patient wird in der für ihn selbst häufig nicht begreifbaren Aufnahmesituation mit einer Vielzahl organisatorischer Maßnahmen konfrontiert. Um dabei die von *Goffman* (1971, 25) beschriebenen Degradierungsrituale zu vermeiden, bedarf die Aufnahmephase einer ganz besonderen Reflexion und Organisation, bis hin zur Auflösung der sog. Aufnahmestationen (zur entsprechenden Praxis in Herne: *Krisor* 1992, 58 ff.). Es geht schließlich nicht nur um die Versorgung in einer Krise, sondern auch um **organisatorische Vorkehrungen zur Aufnahme des Patienten** in ein neues soziales Umfeld: Seine Identität ist zu überprüfen, er ist über seine Rechte und Pflichten zu informieren, persönliche Sachen sind sicherzustellen, häusliche und familiäre Angelegenheiten zu erledigen, organisatorische Dinge im persönlichen und beruflichen Umfeld zu klären, Angehörige und Vertrauenspersonen zu unterrichten und vor allem muss eine Eingangsuntersuchung durchgeführt werden.

Im Einzelnen: Wegen des Grundrechts auf Datenschutz bzw. des Rechts auf informationelle Selbstbestimmung (BVerfG NJW 1984, 419) dürfen **Daten der Patienten** nur erfasst werden, soweit eine rechtliche Grundlage besteht oder soweit die Daten zur Erreichung des Unterbringungszwecks unmittelbar erforderlich sind. Deshalb bedürfen erkennungsdienstliche Maßnahmen oder Erhebungen zu Forschungszwecken einer ausdrücklichen gesetzlichen Ermächtigung. Zulässig sind dagegen die Erfassung und Speicherung der allgemeinen Identitätsmerkmale und der zur Behandlung notwendigen Informationen. Der Umgang mit Patientendaten ist in folgenden Ländergesetzen geregelt: BW § 6 Abs. 4, § 7 Abs. 5; Berl § 26 Abs. 5; Bran §§ 54 ff.; Bre § 46 ff.; Hmb §§ 27 ff.; MeVo §§ 15 Abs. 5; 43 f.; Nds §§ 32 ff.; NW § 23 Abs. 1 S. 3, 4; RhPf §§ 33 ff.; SH §§ 27 ff.; Thü § 36 ff.

174 **Eingebrachte Sachen** sind, soweit sie nicht als persönliche Gegenstände auf die Patientenzimmer mitgenommen werden können, für die Patienten zu verwahren, hilfsweise an nahe stehende Personen zu übergeben oder notfalls einzulagern. Ein Verkauf kommt allenfalls im Einverständnis mit dem Patienten in Betracht.

175 Da die Patienten in aller Regel plötzlich aus ihrem Alltag herausgerissen werden, müssen **eilige Angelegenheiten** bereits in der Aufnahmephase erledigt werden wie die Versorgung von Kindern und Haustieren, die Erfüllung wiederkehrender Pflichten wie Ratenzahlungen, Miete oder Unterhalt

7. Vollzug der Unterbringung

sowie die Klärung beruflicher Angelegenheiten (vgl. Bre § 18 Abs. 3; Hmb § 14 Abs. 3; NW § 16 Abs. 3). Dies ist vor allem eine Aufgabe des Sozialdienstes. Soweit die Länder diese Aufgaben nicht besonders geregelt haben, ergibt sich die Verpflichtung des Krankenhauses zur Hilfe aus dem Sozialstaatsprinzip.

Die **Information und Unterrichtung** der Patienten ist von Anfang an 176 besonders wichtig, um Gefühlen der Ohnmacht und des Ausgeliefertseins zu begegnen (Bre § 12; Hmb § 14 Abs. 1; NW § 17 Abs. 1; SH § 12 Abs. 1; Thü § 10 Abs. 3). Dazu ist insbesondere der Unterbringungsgrund möglichst einfühlsam zu erklären (vgl. *Richter* R&P 1993, 68). Die von *Goffman* (1971, 25 ff.) beschriebene Entrechtung der Insassen in einer totalen Institution kann am besten dadurch verhindert werden, dass den Patienten von Anfang an ermöglicht wird, den Vollzug mit zu gestalten. Über die Rechte und Pflichten im Vollzug ist der Patient in geeigneter Weise zu informieren, was sowohl einen unverständlichen mündlichen Vortrag als auch die kommentarlose Aushändigung von Gesetzestexten ausschließt. Auf die Besonderheiten der Aufklärung über die Behandlung wird an anderer Stelle noch besonders einzugehen sein (unten Rn. 205). Mehrere Landesgesetze enthalten ausdrücklich den Vollzugsgrundsatz, dass die Bereitschaft des Betroffenen, an der Erreichung des Unterbringungsziels mitzuwirken, zu wecken und zu fördern ist (Berl § 28 Abs. 1 S. 3; Bran § 16 Abs. 1 S. 2, 3; MeVo § 19 Abs. 1 S. 4; Nds § 19 Abs. 2; SaAn § 18 Abs. 1 S. 2; Thü § 13 Abs. 2). Das setzt seine umfassende Unterrichtung über alle ihn betreffenden Vollzugsumstände voraus.

Nahe **Angehörige, Vertrauenspersonen** und **gesetzliche Vertreter** 177 sind zu unterrichten, soweit der Betroffene damit einverstanden ist. Ohne Einverständnis darf nur der zur Entscheidung über psychiatrische Behandlungsmaßnahmen berechtigte gesetzliche Vertreter informiert werden, bei Erwachsenen also der Betreuer mit dem Aufgabenkreis der psychischen Gesundheitssorge oder der Einwilligung in psychiatrische Maßnahmen. Ist ein Betreuer mit dem Aufgabenkreis der (zivilrechtlichen) Unterbringung bestellt, rechtfertigt diese Befugnis nicht auch seine Unterrichtung über den Vollzug der öffentlich-rechtlichen Unterbringung. Im Übrigen kommt eine Unterrichtung Dritter nur im Rahmen einer Notstandsabwägung in Betracht, wenn hierdurch ein größerer Schaden abgewendet werden soll. Dabei ist allerdings der vom Bundesverfassungsgericht hervorgehobene hohe Rang des allgemeinen Persönlichkeitsrechts und des daraus folgenden Rechts auf informationelle Selbstbestimmung zu beachten.

Angehörige haben nicht selten unter einer Verschlossenheit der Ärzte zu 178 leiden, die weit über den gebotenen Datenschutz und die ärztliche Verschwiegenheitspflicht hinausgeht. Das trifft insbesondere auch für Lebenspartner zu, wenn keine Ehe besteht. Allgemeine Informationen über psychische Krankheiten und das Krankenhaus sowie dessen Arbeit sind selbstverständlich nicht geheim und oft schon ausreichend, um den Angehörigen die quälende Unsicherheit zu nehmen. Schließlich sind sie es, die sich die größten Sorgen machen und die nach der Entlassung wieder mit dem Betroffenen zusammenleben müssen. Wenn es wünschenswert ist, dass die Angehörigen mehr erfahren, muss abgewogen werden, ob man dem Betroffenen in geeigneter Weise eine Entbindung von der Verschwiegenheit nahe legt (vgl. grundlegend *Fabricius* 1999), da der Persönlichkeitsschutz und das Datenschutzrecht nur zugunsten der Betroffenen bestehen und keine mit der Geheimhaltung einhergehende Machtsteigerung der Ärzte beabsichtigen. In besonderen Fällen kann es sogar angebracht sein, die Bestellung eines Betreuers mit dem Aufgabenkreis der Entbindung von der Schweigepflicht zu veranlassen.

179 **bb) Eingangsuntersuchung.** Ein wesentlicher Bestandteil des Aufnahmevollzugs ist die Eingangsuntersuchung (BW § 4 Abs. 3; Bay Art. 10 Abs. 5; Berl § 26 Abs. 3; Bran § 15 Abs. 1; Bre § 21; Hmb § 15; MeVo § 18; Nds § 20; NW § 17; RhPf § 20 Abs. 1 S. 1; Sachs § 20; SaAn § 16; SH § 14 Abs. 5; Thü § 11). Sie ist schon deshalb erforderlich, um festzustellen, ob der akute psychische oder körperliche Zustand des Patienten sofortige Maßnahmen erfordert (vgl. zu Haftungsfragen BGH NJW 1993, 2927). Mit der Eingangsuntersuchung wird die erste Grundlage für **therapeutische Maßnahmen** und **Rehabilitationsbemühungen** gelegt. Daher erstreckt sich die Eingangsuntersuchung auf den allgemeinen Gesundheitszustand, auf die psychiatrische Anamnese und auf die sonstigen Tatsachen der sozialen Lage des Betroffenen. Untersuchungen unter Zwang sind nur unter den Voraussetzungen einer Zwangsbehandlung zulässig und können ohnehin der Natur der Sache nach nur Körperliches aufklären (Saar § 11; Thü § 16 Abs. 1 S. 2; anders BW § 8 Abs. 2; Nds § 20 S. 3: Duldungspflicht). Ein HIV-Antikörpertest darf nicht gegen den Willen des Betroffenen durchgeführt werden (OLG Koblenz StV 1989, 163, AK-StVollzG-*Boetticher/Stöver* vor § 56 Rn. 50; *Calliess/Müller-Dietz* § 56 Rn. 10).

180 Die **psychiatrische Untersuchung** bezieht sich auf die sog. Anlasskrankheit, also auf die psychische Störung, die der Grund der Unterbringung ist. Angesichts der Erfahrung, dass die vorliegenden Unterbringungsgutachten in vielen Fällen revidiert werden müssen, sollten die psychiatrischen Eingangsuntersuchungen nicht von jenen Personen vorgenommen werden, die schon im gerichtlichen Verfahren mitgewirkt haben. Zu den wissenschaftlichen Schwierigkeiten der Diagnose in methodologischer Hinsicht vgl. *Steller* (1994). Die Untersuchungen zum **sozialen Umfeld** sollten in die Hände kompetenter Sozialarbeiter gelegt werden. Diese können die erforderlichen Eilmaßnahmen in die Wege leiten (oben Rn. 175) und verfügen über die berufliche Kompetenz zur Organisation der rehabilitativen Maßnahmen.

181 **c) Behandlungs- und Vollzugsplan.** Die Untersuchungsergebnisse bilden die Grundlage für den **Behandlungsplan**. Sie sind Bestandteil der Patientenakten und müssen deshalb so dokumentiert werden, dass jederzeit in sie Einsicht genommen werden kann. Der Behandlungsplan wird zwingend gebraucht. Er ist eine der Voraussetzungen dafür, den Freiheitsentzug so kurz wie möglich zu halten. Er stellt eine notwendige Orientierungshilfe für das Krankenhauspersonal bei der Vorbereitung sämtlicher Vollzugsmaßnahmen und der Stellungnahmen gegenüber dem Gericht dar, wenn eine Verlängerung der Unterbringung nach § 329 Abs. 2 FamFG in Betracht kommt (vgl. Kap. **D** S. 330). Außerdem ist der Behandlungsplan auch zur

7. Vollzug der Unterbringung **B**

Vorbereitung der Nachsorge unerlässlich. Der Behandlungsplan ist **mit dem Betroffenen zu erörtern**. Das ist nicht dasselbe wie die Aufklärung über Behandlungsmaßnahmen und ersetzt die Einwilligung des Betroffenen nicht (vgl. hierzu unten Rn. 205 ff.). Gelegentlich wird noch immer vertreten, dass die Erörterung mit dem Patienten „aus therapeutischen Gründen unterbleibt". Einer solchen Praxis ist mit allem Nachdruck entgegen zu treten. Ein „therapeutisches Privileg", das es ermöglicht, vor dem Patienten geheim zu halten, was man mit ihm vorhat, gibt es nicht. Insbesondere die Annahme, es werde dem Patienten schaden, wenn er erfahren würde, wie man über ihn denkt, ist den rein ideologisch begründeten Alltagstheorien zuzuordnen. Es gibt keine einzige erfahrungswissenschaftliche Untersuchung, durch die der Verdacht solcher Schädigungen untergebrachter Patienten erhärtet worden wäre. Bemerkenswerterweise ist eine solche Untersuchung auch nach der erheblichen Kritik, welche die inzwischen wohl überholte Entscheidung des Bundesgerichtshofs (NJW 1983, 328; vgl. BVerfG NJW 2006, 1116; *Martis/Winkhart* Rn. E 5 ff.) über das begrenzte Geheimhaltungsrecht des vertraglich tätigen Psychiaters erfahren hat, bis heute nicht vorgelegt worden. Im Maßregelvollzug wird ein Anspruch auf Aushändigung einer Kopie des Behandlungs- und Eingliederungsplans bejaht (LG Landau R&P 2007, 41). Zu der Besonderheit in der psychoanalytischen Praxis vgl. Kap. **D** S. 281. Nach den Berichten vieler Betroffener über ihre früheren Erlebnisse während einer Unterbringung verursacht die Sprachlosigkeit der Therapeuten Ängste und zusätzliche, vermeidbare Leiden (vgl. *Porter* 1999). Der Behandlungsplan ist angesichts der oft kurzen Unterbringungszeiten möglichst im direkten Anschluss an die Eingangsuntersuchung aufzustellen, weil er sonst folgenlos bleibt. Kommt es nicht binnen weniger Tage oder Wochen zur Entlassung, muss er in regelmäßigen Abständen **fortgeschrieben werden**. Vorschriften über den Behandlungsplan haben Berl § 30 Abs. 1 S. 3, 4; Bran § 15; Bre § 23; MeVo § 23 Abs. 1 S. 4, 5; Nds § 20 S. 2; NW § 18 Abs. 2; RhPf § 20 Abs. 1 S. 3, Abs. 2; Sachs § 21 Abs. 1 S. 3, Abs. 2; SaAn § 17 Abs. 2, 3; SH § 14 Abs. 1 S. 3; Abs. 2 und Thü § 12 Abs. 1 S. 3, 5 normiert.

Inhaltlich muss der Behandlungsplan die Ergebnisse der Eingangsuntersuchung dokumentieren und fortschreiben. Er muss die Diagnose der Anlasskrankheit enthalten und sich auf medizinische, heilpädagogische, psychotherapeutische, sozialtherapeutische, arbeits- und beschäftigungstherapeutische Maßnahmen erstrecken. Außerdem muss der Behandlungsplan Angaben zum Ausmaß der erforderlichen Sicherung enthalten. Er muss Auskunft geben über Tätigkeiten, die als Arbeit, Ausbildung und Freizeitgestaltung nicht therapeutisch oder rehabilitativ definiert sind. Der Plan hat weiter die Einbindung in nachsorgende Hilfen zu enthalten und die während des Vollzugs notwendigen Maßnahmen zur beruflichen und sozialen Eingliederung anzugeben. **182**

d) Behandlung. aa) Anlasskrankheit und sonstige (interkurrente) Erkrankungen. Für die rechtliche Beurteilung von Behandlungsmaßnahmen muss zwischen der Anlasskrankheit, die der Anlass für die Unterbringung ist und sonstigen, sog. interkurrenten Erkrankungen unterschieden **183**

werden. Selbstverständlich hat der Betroffene während der Unterbringung auch Anspruch auf Behandlung seiner interkurrenten Erkrankungen. Der Unterschied wird aber wichtig, wenn der Betroffene es ablehnt, sich wegen seiner interkurrenten Erkrankung behandeln zu lassen. Mit dem Unterbringungsgrund hat das nämlich auch dann nichts zu tun, wenn die Ablehnung von der psychischen Krankheit oder Störung des Betroffenen geprägt sein sollte, denn nicht von seiner interkurrenten Krankheit geht die die Unterbringung rechtfertigende Gefahr aus, sondern von der psychischen. Vom Unterbringungsvollzugsrecht erfasst werden nur solche Körpererkrankungen, die unmittelbar auf dem durch die Anlasskrankheit bedingten Verhalten beruhen wie z.B. die Verletzungen, die bei einem infolge der depressiven Erkrankung begangenen Suizidversuch entstandenen sind oder die Folgen des durch die psychische Krankheit bedingten Hungerns (vgl. Bre § 22 Abs. 6; Sachs § 22 Abs. 3; Thü § 12 Abs. 5). Will man sonstige interkurrente Erkrankungen des Betroffenen trotzdem behandeln, ist zu beachten, dass der Regelungsgegenstand der Landesgesetzgebung wegen der abschließenden bundesrechtlichen Regelung (Art. 72 Abs. 1 GG) nicht zugänglich ist. Dementsprechend hat der gesetzliche Vertreter darüber zu bestimmen, ob in die Behandlung eingewilligt werden soll, bei erwachsenen Betroffenen also ein notfalls eilig zu bestellender Betreuer mit dem Aufgabenkreis der Gesundheitssorge (vgl. OLG Hamm NJW 2003, 2392; Kammeier/*Wagner* 2010 D Rn. 139; Volckart/*Grünebaum* 2009 S. 232). Mehrere Landesgesetze verkennen das und befassen sich ausdrücklich mit der Möglichkeit der zwangsweisen Behandlung interkurrenter Erkrankungen (Bay Art. 13 Abs. 2 S. 2; Hmb § 17; Nds. § 21 Abs. 3 Nr. 2; SaAn § 17 Abs. 7). In anderen Landesgesetzen wird nicht zwischen Anlasskrankheiten und sonstigen Krankheiten differenziert (BW § 8 Abs. 3; Bre § 22; Hess § 17; MeVo § 23 Abs. 2 S. 2; NW § 18 Abs. 4; Saar § 13 Abs. 2; Sachs § 16; SH § 14 Abs. 3; Thü § 12 Abs. 3). Rechtlich einwandfreie Regelungen in dieser Hinsicht sind Berl § 30 Abs. 2 S. 2; Bran § 18 Abs. 2 S. 2. Zu **Notfallbehandlungen**: Während hinsichtlich der Anlasskrankheit (also bei einem plötzlich tobenden Psychotiker) auf die völlig ausreichenden unter Rn. 208 ff. erörterten Zwangsbehandlungsvorschriften zu verweisen ist (vgl. insbesondere Rn. 219), kann bei plötzlich auftretenden dramatischen Zuständen einer interkurrenten Erkrankung die krankheitsbedingte Behandlungsverweigerung durch die allgemeine Hilfepflicht nach § 323 c StGB überlagert werden. Nachfolgend wird allein noch die Behandlung der Anlasskrankheit erörtert.

184 bb) **Enger und weiter Begriff der Behandlung.** In der Unterbringung ist zwischen einem engen und einem weiten **Behandlungsbegriff** zu unterscheiden, wobei die Tätigkeiten in beiden Bereichen der Verbesserung der Situation des Patienten dienen. Während der weite Behandlungsbegriff das gesamte Feld der Interaktion und Kommunikation zwischen dem Untergebrachten und seinen Bezugspersonen (vgl. *Marschner* 1985, 177) mit Ausnahme der Maßnahmen zur Gewährleistung eines angemessenen Lebensspielraums und zur Bewahrung der Sicherheit und Ordnung umfasst, meint der enge Behandlungsbegriff die Therapie durch einen Psychiater oder einen psychologischen Psychotherapeuten einschließlich der Behand-

7. Vollzug der Unterbringung B

lung eingliederungserschwerender Körpermängel (vgl. § 63 StVollzG). Keine Behandlung ist der Einsatz therapeutischer Mittel (Psychopharmaka; verhaltenstherapeutisches „Disziplinieren") zur Aufrechterhaltung von Sicherheit oder Ordnung.

Die Bedeutung der Unterscheidung zwischen einem engen und einem **185** weiten Behandlungsbegriff zeigt sich bei der **Reichweite von Eingriffen** in Rechte des Betroffenen aus Behandlungsgründen (vgl. zum Eingriff Rn. 164 f.). Eingriffe i. S. des engeren Behandlungsbegriffs werden als Zwangsbehandlung bezeichnet und unter Rn. 208 ff. besonders erörtert. Eingriffe i. S. des weiteren Behandlungsbegriffs bedürfen ebenfalls einer besonderen gesetzlichen Grundlage. Sie sind außerordentlich problematisch und können deshalb nur sehr selten in Betracht kommen (vgl. unten Rn. 251 ff.). In diesem Bereich liegt alles Gewicht auf begünstigenden Rehabilitationsmaßnahmen, insbesondere darauf, dass die im Krankenhaus tätigen Angehörigen der verschiedenen Fachdienste in multiprofessioneller Teamarbeit zusammenwirken.

cc) Behandlungsmethoden. Die Behandlung von psychisch kranken **186** und suchtkranken Menschen erfordert in aller Regel einen längeren Prozess, in dem therapeutische Maßnahmen im engeren Sinne genauso wichtig sind, wie rehabilitative Maßnahmen. Im Zusammenhang mit dem Unterbringungsvollzug geht es aber vor allem um die therapeutischen Maßnahmen im engeren Sinne.

Chirurgische Eingriffe spielen zwar in den Gesetzen eine Rolle, kom- **187** men aber in der Praxis kaum noch vor. Die Kastration kommt als freiwillige Maßnahme noch gelegentlich im Vollzug lebenslanger Freiheitsstrafen und allenfalls im Maßregelvollzug vor. Sie ist durch das Gesetz über die freiwillige Kastration und andere Behandlungsmaßnahmen v. 15. 8. 1969 (BGBl. I S. 1143) zuletzt geändert durch das 6. Gesetz zur Reform des Strafrechts vom 26. 1. 1998 (BGBl. I S. 164, 187) geregelt und setzt eine besondere Begutachtung voraus. Wenn die Landesgesetze allgemein von Operationen sprechen, ist die Kastration nicht gemeint, weil die bundesrechtlich abschließende Regelung konkurrierendem Landesrecht entgegensteht.

Psychochirurgie ist nach amerikanischem Vorbild in der Bundesrepublik **188** bis in die 70er Jahre angewendet worden, in der DDR an der Universität Leipzig zu Lasten von Patienten des Psychiatrischen Krankenhauses Waldheim sogar bis 1990 (vgl. R&P 1992, 1). Psychochirurgie ist psychische Verstümmelung und mit dem Abhacken einer Hand bei Dieben vergleichbar. Sie ist in einem Gemeinwesen, das sich der Achtung der Menschenwürde verpflichtet hat (Art. 1 GG), absolut verboten (zutreffend MeVo § 23 Abs. 3). Ein Betroffener kann darin auch nicht einwilligen, weder selbst noch durch einen gesetzlichen Vertreter. Eine Reihe von Landesgesetzen will die Behandlung untergebrachter Patienten durch Operationen regeln. Dabei wird mit Ausnahme der erwähnten Bestimmung von MeVo nicht zwischen Psychochirurgie und medizinisch indizierten Operationen unterschieden. Als Schutzklausel wird die Formulierung verwandt, die Behandlung dürfe den Kernbereich der Persönlichkeit nicht verändern (manche Gesetze verlangen dann eine Einwilligung des Betroffenen oder seines gesetzlichen Vertreters). Was der Begriff „Kernbereich der Persönlichkeit" hier bedeuten soll, bleibt unklar. Psychische Störungen befallen einen Menschen regelmäßig nicht von außen wie eine Infektionskrankheit, sondern haben ihre Wurzel im einzelnen Betroffenen selbst, so dass die Frage aufgeworfen ist, was dann eigentlich der Kernbereich sei und ob nicht sogar die Krankheit dazu gehöre. Hirnoperationen darf es ausschließlich aus medizinischen Gründen geben. Wer etwa einen noch operablen Hirntumor hat, dem darf die Operation nicht verwehrt werden, wenn er sie wünscht, selbst auf die Gefahr hin, dass er dadurch psychisch erheblich verändert wird. Die Landesgesetze hierzu sind: BW § 8 Abs. 3; Berl § 30 Abs. 4; Bran § 18 Abs. 2, 5; Bre § 22 Abs. 5 S. 1; Hmb § 16 Abs. 2; Hess § 17 Abs. 1 S. 3 i. V. mit der DVO v. 7. 9. 1954; MeVo § 23 Abs. 3; Sachs § 22 Abs. 2; SaAn § 17 Abs. 4; Thü § 12 Abs. 4.

189 Die **Elektrokrampftherapie** hat infolge ihrer Fortentwicklung und bei einer Beschränkung auf die unilaterale Stimulation der nicht dominanten Hirnhälfte ihre medizinisch greifbaren Nachteile zumindest teilweise verloren. Geblieben ist neben der nach wie vor kontroversen Diskussion um ihre Gefährlichkeit und ihren unterschiedlichen Einsatz (vgl. Kap. C S. 206) vor allem auch die Angst der Betroffenen, die beachtet werden muss und nicht einfach übergangen werden darf. Die unilaterale Stimulation soll nach der wohl überwiegenden Auffassung im Gegensatz zur bilateralen keine Behandlungsmethode mehr sein, für die ein an Stelle des krankheitsbedingt untüchtigen Betroffenen handelnder Betreuer nach § 1904 BGB generell der vormundschaftsgerichtlichen Genehmigung bedarf (LG Hamburg NJWE-FER 1998, 203 = R&P 1999, 42; *Nedopil* 2007, 55; Venzlaff/Foerster/ *Foerster* 2009, 562; grundlegend mit weiteren Nachweisen *Zinkler/Schneeweiß* R&P 2000, 12). Wegen der kontroversen Diskussion um ihre Gefährlichkeit und ihres unterschiedlichen Einsatzes in der Praxis sollte weiterhin von der Genehmigungspflichtigkeit ausgegangen werden (Kap. C S. 206). In Betracht kommt eine Elektrokrampftherapie als Alternative zur pharmakologischen Behandlung bei akut schizophrenen und depressiven Krisen und vor allem bei der lebensbedrohlichen perniziösen Katatonie. Es besteht aber offenbar eine gewisse Tendenz, die Indikation auszuweiten. Davor ist, vor allem im Hinblick auf die ungeklärte Gefährlichkeit und die angstbedingten Vorbehalte, die zumindest auf einer bis vor kurzem verbreiteten missbräuchlichen Anwendung beruhen, entschieden zu warnen.

190 Die **medikamentöse Behandlung** mit Psychopharmaka hat in der Praxis der Unterbringung die größte Bedeutung, obwohl diese Behandlungsform erhebliche Probleme aufwirft und nur bei sorgfältiger Prüfung der Indikation, genauer Auswahl und Dosierung des Mittels sowie bei gleichzeitiger intensiver Betreuung bzw. Psychotherapie Erfolg verspricht (*Finzen* 1990, 19 ff.). Zu berücksichtigen sind vor allem gewünschte und unerwünschte Nebenwirkungen. Sowohl die Antidepressiva als auch die Neuroleptika wirken symptomatisch, beeinflussen aber nicht die Ursache der Erkrankung und haben damit keine heilende Wirkung. Sie haben aber erhebliche unerwünschte Nebenwirkungen, die bis zu irreversiblen Dauerschäden reichen können (vgl. *Aderhold/Crefeld* BtPrax 2010, 58; *Greve*

7. Vollzug der Unterbringung **B**

BtPrax 2010, 62; Kap. **C** S. 204 m.w.N.; HK-BUR-*Rink* § 1904 BGB Rn. 17 ff.). Das ist bei der Aufklärung und insbesondere bei der Entscheidung über eine zwangsweise Verabreichung immer zu beachten. Im Interesse der Patienten sind niedrigste Dosierungen oder ein vollständiger Verzicht auf Neuroleptika anzustreben (*Aderhold/Crefeld* BtPrax 2010, 58).

Psychotherapie kann u.a. in den Formen der Gesprächstherapie, Gruppentherapie, des Rollenspiels, Psychodramas und der Gestalttherapie stattfinden. Psychoanalytische Verfahren setzen wie alle tiefenpsychologischen Therapieformen eine ausreichende Sprach- und Kommunikationsfähigkeit voraus. Allen Konzepten ist gemeinsam, dass sie wesentlich auf der freiwilligen Mitarbeit der Patienten beruhen und längere Zeit beanspruchen. Für die überwiegende Zahl der Untergebrachten mit ihren kurzen Unterbringungszeiten geht es im Vollzug also vor allem um die Einleitung oder Organisation solcher Therapieformen. Zu den rechtlichen Grenzen der Psychotherapie vgl. *Wolfslast* (1985, 100 ff.). **191**

Verhaltenstherapie baut auf dem lerntheoretischen Ansatz auf, dass erwünschtes Verhalten oftmals antrainiert und unerwünschtes Verhalten unter Umständen abtrainiert werden kann. Dabei wird mit sogenannten positiven und negativen Verstärkern operiert. Das ist bei nicht wenigen Menschen mit einem Fehlverhalten durchaus wirkungsvoll; Psychosen sind damit aber nicht erreichbar. Verhaltenstherapie wird oft bei Sexualtätern eingesetzt, ist aber gerade da problematisch, weil es bei manchen das Gegenteil des Erwünschten bewirken kann (*Hauch et al.* R&P 1984, 178; *Pfäfflin* R&P 1990, 20; *ders.* 1997, 59). In der öffentlich-rechtlichen Unterbringung kommt die Verhaltenstherapie bei einer gewissen Anzahl von Abhängigkeitskranken in Betracht. Allerdings fehlen auch Abhängigkeitskranken oft die inneren Voraussetzungen für das erstrebte Erlernen, nämlich wenn das Bedürfnis nach dem Rausch auf etwas anderem beruht als einer verfehlten, schlechten Angewohnheit nämlich auf einer primären psychischen Störung oder auf dem Druck von Aussichts- und Hoffnungslosigkeit. So sind für eine Verhaltenstherapie vor allen diejenigen Abhängigen erreichbar, die als Dealer begonnen haben und bei denen es erst dadurch zu Eigengebrauch und Abhängigkeit gekommen ist. Aus dem Maßregelvollzug ist aber bekannt, dass verhaltenstherapeutische Konzepte auch zur Aufrechterhaltung der Ordnung in der Einrichtung missbraucht werden (Kammeier/*Wagner* 2010 Rn. D 37, 38 f.; *Pollähne*, R&P 1992, 49 f.). **192**

Unter dem Begriff der **Milieutherapie** werden komplementäre Betreuungsmaßnahmen als konkrete Behandlung organisiert. Das therapeutische Milieu fängt bei der Architektur an, setzt sich in der Stationsorganisation fort und drückt sich schließlich im Verhalten des Personals aus. Die Milieutherapie ist ein wesentliches Merkmal sozialpsychiatrischer Konzepte. Das gilt auch für die **Sozialtherapie** im Allgemeinen, unter der alle therapeutischen Möglichkeiten zu verstehen sind, die Beziehungen des Patienten zu seinem sozialen Umfeld zu gestalten (*Dörner/Plog* 1996, 513 ff.). **193**

Ergotherapie kommt u.a. als Beschäftigungstherapie, Arbeitstherapie, Belastungserprobung, Sport- und Musiktherapie zum Einsatz. Rechtlich problematisch ist vor allem die Arbeitstherapie, die von der Vollzugsarbeit **194**

unterschieden werden muss. Wird letztere fälschlich als Behandlungsmaßnahme etikettiert, werden die Patienten um ihre Ansprüche auf Arbeitentgelt etc. gebracht. Arbeitstherapie kommt nur für diejenigen Patienten in Betracht, die Störungen in ihrem Arbeitsverhalten aufweisen, darüber hinaus in begrenztem Umfang zur Diagnose solcher Störungen (vgl. Rn. 228).

195 **dd) Behandlungsanspruch.** In allen Ländern setzt mit der Unterbringung ein Anspruch des Betroffenen auf Behandlung ein. Der Anspruch hat Verfassungsrang, weil er erstens auf dem mit dem Freiheitsentzug korrespondierenden **Wiedereingliederungsgebot** (vgl. oben Rn. 166) und zweitens auf dem **sozialstaatlichen Fürsorgegrundsatz** beruht. Die meisten Länder haben den Behandlungsanspruch in ihren Gesetzen festgeschrieben (BW § 8 Abs. 1 S. 1; Bay Art. 13 Abs. 1 S. 1; Berl § 30 Abs. 1 S. 1; Bran § 18 Abs. 1 S. 1; Bre § 22 Abs. 1; MeVo § 23 Abs. 1 S. 1; RhPf § 20 Abs. 1 S. 1; Saar § 12 Abs. 2 S. 1; Sachs § 21 Abs. 1 S. 1; SH § 14 Abs. 1 S. 1; Thü § 12 Abs. 1 S. 1).

196 Der Anspruch auf Behandlung bedeutet nicht, dass das Krankenhaus sich auf diejenige Behandlungsmethode beschränken darf, die den Verantwortlichen am leichtesten realisierbar erscheint. Zwar wird häufig dementsprechend vorgegangen, indem sich die Behandlung überwiegend auf die Verabreichung von Medikamenten beschränkt; richtig wird es dadurch nicht. Die verschiedenen Behandlungsmethoden stehen nicht einfach alternativ zur Verfügung, sondern sind auf unterschiedliche Persönlichkeiten mit jeweils verschiedenen Störungen zugeschnitten. Was bei dem einen wirkt, kann bei einem anderen trotz ähnlicher Störungen wirkungslos bleiben. Die Aufgabe besteht darin, die zu wählende Therapie auf Grund sorgfältiger Diagnose und Indikation einzelfallbezogen in einen **umfassenden Resozialisierungsansatz** einzufügen (*Scholz* R&P 1998, 177). Die Psychotherapieforschung ist inzwischen so weit fortgeschritten, dass diese Aufgabe bereits jetzt in vielen Fällen lösbar ist und in Zukunft sicherlich für weitere Fälle geklärt werden kann.

197 Mit dem Behandlungsanspruch korrespondiert die **Behandlungspflicht,** die straf- wie schadensersatzrechtlich abgesichert ist. Die allgemeine strafrechtliche Hilfeleistungspflicht aus § 323 c StGB ist nur in den seltenen Fällen eines plötzlichen, unvorhergesehenen Krankheitsverlaufs von Bedeutung. Nach der Rechtsprechung greift § 323 c StGB auch bei einem Suizidversuch ein (BGHSt 32, 367; krit. *Schönke/Schröder/Cramer/Sternberg/Lieben* StGB § 323 c Rn. 7; Nomos Kommentar/*Wohlers* StGB § 323 c Rn. 5; MüKo/*Freund* StGB § 323 c Rn. 59). Zu den allgemeinen Sorgfaltspflichten bei der Behandlung im Rahmen der zivilrechtlichen Haftpflicht vgl. *Wolfslast* 1985, 128 ff.; zur Sicherungspflicht bei akuter Suizidgefahr vgl. OLG Koblenz R&P 2008, 161 m. Anm. *Marschner;* BGH R&P 2001, 42; 1994, 141; Volckart/*Grünebaum* 2009, 140; *Martis/Winkhart* 2007, 765. Ob eine Pflicht zur Behandlung der Anlasskrankheit auch gegen den Patientenwillen zu erfüllen ist, bestimmt sich nach den Regeln der Zwangsbehandlung, die unter Rn. 208 ff. näher erörtert wird. Zur Notfallbehandlung vgl. insbesondere Rn. 219.

198 **ee) Das Behandlungsmodell im Unterbringungsvollzug.** Das allgemeine arztrechtliche Behandlungsmodell geht vom Vertrag des Patienten

7. Vollzug der Unterbringung **B**

mit dem Arzt und damit von der Einwilligung eines aufgeklärten, in die Behandlungsplanung einbezogenen Patienten aus, die den Arzt im Rahmen der Behandlung auch zu Eingriffen ermächtigt. Solche Eingriffe dürfen nicht mit den Eingriffen in Rechte (vgl. oben Rn. 164f.) verwechselt werden. Dieses Modell lässt sich nicht ohne weiteres auf das öffentliche Arztrecht übertragen. Der Behandlung liegt hier kein Dienstvertrag, sondern ein öffentlich-rechtliches Subordinationsverhältnis zugrunde. Nur für den Fall, dass ein dazu fähiger Patient eine Behandlung verlangt, entspricht das zivilrechtliche weitgehend dem öffentlich-rechtlichen Behandlungsmodell. Behandlungen ohne oder gegen den Patientenwillen stehen als belastende, in die Grundrechte des Betroffenen eingreifende Verwaltungsmaßnahmen unter einem **Gesetzesvorbehalt.** Während der Unterbringung sind psychiatrische Behandlungsmaßnahmen also entweder zulässig, weil sie dem Willen des Patienten entsprechen oder weil sie auf einer besondern gesetzlichen Ermächtigung beruhen. Schließlich hat das Unterbringungsvollzugsrecht insoweit einen zivilrechtlichen Einschlag, als auch der gesetzliche Vertreter des Betroffenen, bei Erwachsenen also sein Betreuer mit dem Aufgabenkreis der psychischen Gesundheitssorge, die Einwilligung erklären kann. Dass Landesgesetze die Einwilligung des gesetzlichen Vertreters höher bewerten als eine Zwangsbehandlung und damit die Bestellung von Betreuern veranlassen, ist an sich rechtssystematisch nicht geboten, aber gleichwohl verbreitet (vgl. Rn. 212ff.). Dadurch ergeben sich die drei Formen des öffentlich-rechtlichen Behandlungsmodells: Freiwillige Behandlung (Rn. 202), Zwangsbehandlung (Rn. 208) und Zwangsfürsorge durch Entscheidung des gesetzlichen Vertreters (Rn. 212). Zur Notfallbehandlung vgl. Rn. 219.

199 Unabhängig von den uneinheitlichen Ländergesetzen besteht ein verfassungsrechtlich begründeter **Vorrang der einverständlichen vor der Zwangsbehandlung** (Compliance statt Zwang). Eingriffe in die Rechte von Patienten sind „in dubio pro libertate" nur dann zugelassen, wenn sie erforderlich sind (vgl. oben Rn. 169). Deshalb geht die einverständliche Behandlung in jedem Falle vor. Auf sie ist aus Gründen der Verhältnismäßigkeit und aus therapeutischen Bedürfnisse hinzuwirken, schon weil die einverständliche Behandlung eher Erfolg verspricht als jede aufgezwungene (*Jürgens/Kröger/Marschner/Winterstein* Rn. 509; Kammeier/Wagner 2010 Rn. D 122, 127). Das Krankenhaus muss sich deshalb um das Einvernehmen (Behandlungscompliance) bemühen und den Patientenwillen sorgfältig ergründen.

200 Bei der Behandlung kommen zwei Arten rechtlicher Grenzen in Betracht, erstens eine **Untergrenze** oder Schwelle, die überschritten sein muss, wenn die Behandlung überhaupt zulässig sein soll und zweitens eine **Obergrenze,** die nicht überschritten werden darf und eine Behandlung unter Umständen verbietet (vgl. *Marschner* BtPrax 2006, 125; R&P 1988, 19). Die Behandlungsgrenzen bei einer Zwangsbehandlung werden im Folgenden unter Rn. 209ff. näher erläutert.

201 Zunächst sind **Behandlungsgrenzen** bei der einverständlichen, freiwilligen Behandlung zu erörtern. Eine rechtliche Untergrenze oder Schwelle gibt es hier nicht. Obergrenzen ergeben sich nicht nur daraus, was allgemein als Regeln der ärztlichen Wissenschaft („Kunstregeln") bezeichnet wird, sondern auch aus im engeren Sinn rechtlicher Perspektive: Behandlungen, die zu Persönlichkeitsänderungen im Kernbereich führen können wie insbesondere Psychochirurgie sind verboten (vgl. Rn. 188). Heilversuche mit noch nicht genügend erprobten und noch nicht zugelassenen Medikamenten sind im Freiheitsentzug ebenso verboten wie die Erprobung von Arzneimitteln. § 40 Abs. 1 S. 3 Nr. 4 AMG schließt bei der Prüfung eines Arzneimittels die Einbeziehung von Probanden aus, die auf gerichtliche oder behördliche Anordnung in einer Anstalt untergebracht sind. Die Regelung unterstellt insoweit, dass die Insassen nicht über eine ausreichende Freiheit verfügen, ihre Willensentscheidung unbeeinflusst herbeizuführen (vgl. auch Bran § 18 Abs. 6; Bre § 22 Abs. 5 S. 2; Ham § 16 Abs. 4 S. 2; SH § 14 Abs. 3 S. 3). Zur Sterilisation vgl. § 1905 BGB.

202   **ff) Freiwillige Behandlung.** Eine freiwillige Behandlung liegt vor, wenn ein aufgeklärter und einwilligungsfähiger Patient ausdrücklich in der konkreten Situation sein **Einverständnis** erklärt hat, wenn hierfür eine wirksame, **vorausgehende Einwilligungserklärung** (Patientenverfügung, psychiatrisches Testament) vorliegt, oder wenn sich aus den gesamten Lebensumständen des Patienten seine **mutmaßliche Einwilligung** ableiten lässt. Die Einwilligungsfähigkeit bestimmt sich im öffentlichen Arztrecht danach, wie weit das **Selbstbestimmungsrecht** des Betroffenen reicht, über sein Grundrecht auf körperliche Unversehrtheit (Art. 2 Abs. 2 GG) und seinen seelischen Zustand zu bestimmen (vgl. BVerfG NJW 1960, 811; *Volkart* R&P 1987, 37; umfassend *Amelung* ZStW 1992, 525 ff, 821 ff.). Das Selbstbestimmungsrecht des Patienten hat Verfassungsrang (BVerfGE 52, 131). Durch das Dritte Gesetz zur Änderung des Betreuungsrechts ist seine überragende Bedeutung noch einmal gestärkt worden (vgl. Kap. C S. 207).

203   Die **Einwilligungsfähigkeit** liegt vor, wenn der Betroffene hinsichtlich der Diagnose und der therapeutischen Möglichkeiten einschließlich ihrer Alternativen sowie ihrer Chancen und Risiken den Wert der betroffenen Interessen erfassen und seine Entscheidung nach dieser Einsicht treffen kann. Das entspricht der sogenannten „natürlichen Einsichts- und Willensfähigkeit" im Straf- und im Vertragsrecht (vgl. *Amelung* R&P 1995, 20; Kammeier/*Wagner* 2010 Rn. D 131; Palandt/*Diederichsen* § 1901 a Rn. 10).

204   Diese Einsichtsfähigkeit fehlt psychisch Kranken nur ganz ausnahmsweise (BGHZ 29, 46, 51; *Göppinger* 1980, 858). Sie fehlt, wenn der Patient zur Artikulation oder Kommunikation gar nicht mehr in der Lage ist (z. B. bei Bewusstlosigkeit, Apathie, extremer Autismus, katatoner Stupor). Aus therapeutischer Sicht „unvernünftig" erscheinenden Entschlüsse der Betroffenen sind **zu respektieren,** wenn sie Ausfluss einer selbstbestimmten Entscheidung sind (vgl. Kap. C S. 200 f.; Kammeier/*Wagner* 2010 Rn. D 131; *Schönke/Schröder/Lenckner* vor §§ 32 ff. Rn. 40; *LR-Rönnau* vor § 32 Rn. 194). Der im Unterbringungsvollzug allzu häufig herangezogene Begriff der „fehlenden Krankheitseinsicht" verdeckt nur zu oft einen Verstoß gegen das Selbstbestimmungsrecht durch einen Zirkelschluss, wonach die Verweigerung der Behandlung unbeachtlich ist, weil die Behandlung verweigert wurde (OLG Schleswig R&P 1994, 37).

7. Vollzug der Unterbringung

Eine Einwilligung in die Behandlung setzt voraus, dass der Betroffene **205** weiß, worum es geht. Das erfordert zunächst eine umfassende **Aufklärung**. Die Aufklärung als Grundlage jeder Einwilligung muss auch im Unterbringungsvollzug eine unabdingbare Selbstverständlichkeit sein. Sie muss wegen der eingeschränkten Bedingungen sogar umfangreicher ausfallen als in Freiheit. Die Aufklärung muss mindestens die Diagnose, die Indikation und Dringlichkeit der Behandlung, die Behandlungsalternativen und die Risiken der Behandlung bzw. Nichtbehandlung deutlich machen. Therapeutische Rücksichtnahmen rechtfertigen es nicht, auf eine Aufklärung zu verzichten. Die Aufklärung muss in einer Weise erfolgen, die den betroffenen Patienten in die Lage versetzt, Bedeutung und Folgen seiner Entscheidung abzuschätzen. Dass dies im Unterbringungsvollzug gerade dort besonders problematisch ist, wo es am meisten darauf ankommt, nämlich bei der Aufnahme, mindert die Aufklärungspflichten nicht, sondern verstärkt sie noch. Schon ein Gesunder wäre in der Situation einer zwangsweisen Aufnahme in ein psychiatrisches Krankenhaus kaum in der Lage, einem Vortrag des Arztes richtig zuzuhören und die nötigen Fragen zu stellen. Ein kranker Betroffener ist noch stärker beeinträchtigt, zumal wenn er unter der Wirkung eines sedierenden Medikaments steht. Deshalb ist die Aufklärung tatsächlich eine über die Aufnahmesituation hinausreichende Daueraufgabe, die auch dann noch besteht, wenn bei der Entlassung eine weitere Medikation verordnet wird. Einige Länder haben die Aufklärung richtigerweise in ihre Gesetze aufgenommen (BW § 8 Abs. 2 S. 1; Bran § 18 Abs. 1 S. 4; Hmb § 16 Abs. 5; Saar § 12 Abs. 2 S. 2; Sachs § 21 Abs. 2 S. 2; SH § 14 Abs. 2 S. 2). Die notwendige Aufklärung darf auch nicht durch Tricks und Heimlichkeiten (Mörsern von Tabletten, Beimischungen, falsche Erklärungen) umgangen werden.

Hinsichtlich des **Zeitpunkts der Einwilligungserklärung** kommt es **206** entscheidend darauf an, was der Betroffene in der konkreten Behandlungssituation erklärt. Ergibt sich daraus keine ausreichende Klarheit, kann auch auf frühere mündliche oder schriftliche Erklärungen abgestellt werden. Letztere bezeichnet man als Patientenverfügung oder psychiatrisches Testament. Eine solche persönliche Erklärung kann Einwilligungen, Verweigerungen und eine Wahl zwischen mehreren Möglichkeiten enthalten. Für die beteiligten Personen (Ärzte, Pflegepersonal, Betreuer) sind sie grundsätzlich bindend und auch dann beachtlich, wenn der Betroffene seine Einwilligungsfähigkeit zum Zeitpunkt der Behandlung krankheitsbedingt verloren hat. Dies folgt aus der Menschenwürde, die es gebietet, sein in einwilligungsfähigem Zustand ausgeübtes Selbstbestimmungsrecht auch dann noch zu respektieren, wenn er zu einer eigenverantwortlichen Entscheidung nicht mehr in der Lage ist (BGH NJW 2003, 1588).

Wenn sowohl eine aktuelle als auch eine frühere ausdrückliche Erklärung **207** fehlt und der Betroffene nicht mehr zu einer Äußerung fähig ist, muss versucht werden, seinen **„mutmaßlichen" Willen** zu ermitteln. Dieser kann oftmals aus früheren Äußerungen oder Umständen geschlossen und insbesondere von nahe stehenden Personen bekundet werden. Die Angehörigen können häufig Auskunft darüber geben, wie sich der Betroffene nach

Ihrer Kenntnis entschieden hätte, wenn er mit der jetzigen Situation konfrontiert worden wäre. Für die mutmaßliche Einwilligung kommt es also nicht auf einen objektiven, „vernünftigen" Maßstab und auch nicht auf die eigene Auffassung der Angehörigen an, sondern allein darauf, wie der Betroffene sich in der konkreten Lage entschieden hätte (*Amelung* R&P 1995, 20). Mit den §§ 1901a bis 1904 BGB liegen inzwischen Regelungen zur Bestimmung des mutmaßlichen Willens vor, auf die zurückgegriffen werden kann.

208 gg) **Zwangsbehandlung.** Um Zwangsbehandlung handelt es sich dagegen, wenn der Patient gegen seinen aktuell erklärten, seinen antizipierten oder seinen aus den Lebensumständen ableitbaren mutmaßlichen Willen behandelt wird. Zwangsbehandlung in einem weiteren Sinn liegt auch dann vor, wenn gegen den erklärten Willen des Patienten behandelt wird, aber dieser Wille infolge der psychischen Krankheit nicht maßgeblich sein soll. Die Einwilligung eines Vertreters führt nicht zum einverständlichen Behandlungsmodell, weil sich auch in einer solchen Situation der Patient gegen konkrete Behandlungsmaßnahmen sperren wird und Zwangsmittel zur Durchsetzung erforderlich sind. Diese Variante ist als Alternative zur eigentlichen Zwangsbehandlung besonders zu erörtern (Rn. 212). Die Zwangsbehandlung der Anlasskrankheit ist ein massiver Eingriff in die Grundrechte der allgemeinen Handlungsfreiheit und der körperlichen Unversehrtheit (Art. 2 Abs. 1 und Abs. 2 Satz 1 GG). Eine Zwangsbehandlung kommt allenfalls in Betracht, wenn sie in dem Landesgesetz über den Vollzug der öffentlich-rechtlichen Unterbringung zugelassen ist. Jede Zwangsbehandlung muss verhältnismäßig, also geeignet, erforderlich und das angemessene, also zumutbare Mittel sein. Wegen des Vorrangs des Patientenwillens sind alle Möglichkeiten zur Herstellung einer Compliance auszuschöpfen (zu den praktischen Folgen Kammeier/*Wagner* 2010 Rn. D 147). (Zu Notfallbehandlungen vgl. Rn. 219). Unabhängig von der Ausgestaltung der Ländergesetze ist auch eine Zwangsbehandlung nur zwischen einer Untergrenze und einer Obergrenze zulässig (grundsätzlich abl. wegen Verstoßes gegen die UN-Konvention *Kaleck/Hilbrans/Scharmer* www.die-bpe.de).

209 Hinsichtlich der **Untergrenze** einer Zwangsbehandlung gilt folgendes: Der Grundsatz der Verhältnismäßigkeit setzt einen erheblichen Grad psychischer Störung voraus. Einige Landesgesetze haben diesen sich schon aus der Verfassung ergebenden Grundsatz mit verschiedenen Formulierungen aufgegriffen, indem sie normieren, die Behandlung müsse „erforderlich" oder „unaufschiebbar" oder „verhältnismäßig" sein oder sie setze eine erhebliche, unmittelbare oder akute Gefahr voraus. Angesichts der Strenge des in allen Bundesländern geltenden verfassungsrechtlichen Verhältnismäßigkeitsgrundsatzes wird man in dieser Hinsicht landesrechtliche Unterschiede in dem Sinne, dass eine Zwangsbehandlung in dem einen Land leichter durchgeführt werden dürfe als in dem anderen, nicht anerkennen können. Aus der unter dem Verhältnismäßigkeitsgebot geltenden Grundregel der Erforderlichkeit ergibt sich das Verbot der Zwangsbehandlung „in dubio pro libertate", wenn eine Alternative in Betracht kommt (vgl. oben Rn. 169). Eine Zwangsbehandlung kommt erst in Betracht bei einer erheblichen Gefahr für das eigene Leben oder

7. Vollzug der Unterbringung **B**

die eigene Gesundheit, weil erst dann das für den Grundrechtseingriff höhere Interesse vorliegt (Kammeier/*Wagner* 2010 Rn. D 150; *Marschner* R&P 2009, 135). Einer Abwehr von Gefahren für Dritte darf eine Zwangsbehandlung grundsätzlich nicht dienen, weil hierfür andere Sicherungsmaßnahmen in Betracht kommen (*Marschner* R&P 2009, 135).

Einige Landesgesetze (eine Kommentierung des teilweise entsprechenden 210 Maßregelvollzugsregelungen findet sich bei Kammeier/*Wagner* 2010 Rn. D 157 ff.) ermöglichen die Zwangsbehandlung ohne formelle, sondern nur mit einer materiellen **Obergrenze** (Nds, NW, Saar), die anderen weichen bei gefährlichen Behandlungen als formeller Obergrenze auf die Einwilligung des gesetzlichen Vertreters aus, bei Erwachsenen also durch einen notfalls eilig zu bestellenden Betreuer mit dem Aufgabenkreis der Sorge für die psychische Gesundheit (vgl. Rn. 212), so dass für eine Zwangsbehandlung i. e. S. nur die weniger gefährlichen Behandlungsformen übrig bleiben. Die Ermächtigung zur Zwangsbehandlung wird von mehreren Ländern in die Worte gekleidet, der Betroffene habe „die Behandlung zu dulden" (z. B. BW § 8 Abs. 2, Nds § 21 Abs. 3 Nr. 1). Das Wort „dulden" verschleiert, was gemeint ist. Die Länder wollen damit gewissermaßen die Verantwortung für eine Anwendung von Gewalt auf den betroffenen Patienten abwälzen, weil dieser sich den Ärger quasi selbst zuzuschreiben habe, wenn er Widerstand leistet. Eine Duldungspflicht wäre auch rechtsdogmatischer Unsinn. Dann müsste nämlich das Krankenhaus gegen den widerspenstigen Betroffenen so lange die Zwangsmittel nach dem Landes-Verwaltungsvollstreckungsgesetz verhängen, bis dieser es „duldet", dass man ihm etwa ein antipsychotisches Medikament verabreicht (vgl. §§ 6, 9 VerwVollstrG-Bund; alle Bundesländer haben ähnliche Vollstreckungsbestimmungen). Das ist offensichtlich nicht gemeint. Es handelt sich in Wahrheit um eine Ermächtigung zur Behandlung unter Anwendung von Zwang. Außerdem verstoßen die Unterbringungsgesetze, die eine Behandlungsduldungspflicht des Untergebrachten ohne weitere Voraussetzungen regeln, gegen die UN-Konvention über die Rechte von Menschen mit Behinderungen, weil sie ausschließlich an die Behinderung und deren Behandlungsbedürftigkeit anknüpfen (*Marschner* R&P 2009, 135). Die Landesgesetze: BW § 8 Abs. 2 S. 2; Bay Art. 13 Abs. 2; Berl § 30 Abs. 2 S. 2; Bran § 18 Abs. 2 S. 2; Bre § 22 Abs. 3, 4; Hmb § 16 Abs. 1, 2; Hess § 17 Abs. 1 S. 2; MeVo § 23 Abs. 2 S. 2; Nds § 21 Abs. 3; NW § 18 Abs. 4; RhPf § 20 Abs. 3; Saar § 13 Abs. 2; Sachs § 16; SaAn § 17 Abs. 6; SH § 14 Abs. 3 S. 1; Abs. 4; Thü § 12 Abs. 3.

Eine Zwangsbehandlung darf im Hinblick auf den Grundsatz der Verhältnismäßigkeit außerdem eine gewisse Obergrenze nicht überschreiten (vgl. oben Rn. 200; Kammeier/*Wagner* 2010 Rn. D 152). Insoweit ist zunächst auf die auch für eine freiwillige Behandlung geltenden Verbote hinzuweisen (vgl. oben Rn. 201), die erst recht für die Zwangsbehandlung gelten müssen. Praktisch bedeutet das: Erstens sind Behandlungen, die eine Lebensgefahr, die Gefahr erheblicher Gesundheitsschäden oder dauerhafte Persönlichkeitsveränderungen verursachen wegen ihrer Gefährlichkeit von einer Einwilligung abhängig. Zweitens kann Elektrokrampftherapie (vgl. oben Rn. 189) zwangsweise allenfalls in der Form der unilateralen Stimulation der nicht dominanten Hirnhälfte in Betracht kommen. Drittens muss bei einer medikamentösen Zwangsbehandlung die Gefahr von Gesundheitsschäden besonders beachtet werden. Diese dürfen nicht allgemein als das im Vergleich zu den Symptomen der psychischen Krankheit geringere Übel angesehen werden. Deshalb wird es oft geboten sein, nicht allzu schwer wiegende Symptome einer Psychose hinzunehmen und ihr Abflauen abzuwarten, statt sie zwangsweise medikamentös zu bekämpfen.

211 Zur Vorbeugung gegen eine drohende Zwangsbehandlung ist insbesondere auf das gerichtliche Überprüfungsverfahren, nämlich die Möglichkeit der Stellung eines **vorbeugenden Unterlassungsantrags,** hinzuweisen, vgl. dazu Kap. D S. 314. Außerdem gibt es einen Weg, auf dem ein Betroffener mit natürlicher Einsichts- und Urteilsfähigkeit die **Zwangsbehandlung durchgreifend verhindern** kann: Wenn der Betroffene ernsthaft und verlässlich erklärt, nunmehr freiwillig im Krankenhaus bleiben zu wollen, ist die Anordnung der Unterbringung hinfällig und muss nach § 330 S. 1 FamFG aufgehoben werden (BayObLG R&P 1999, 39). Eine Zwangsbehandlung scheidet dann aus, die Behandlungsverweigerung ist zu respektieren. Die Verweigerung kommt auch als eigenständiger Unterbringungsgrund für eine öffentlich-rechtliche Unterbringung nicht in Betracht (OLG Hamburg NJW-RR 1992, 57, vgl. auch Kap. C S. 227).

212 **hh) Einwilligung durch den gesetzlichen Vertreter** (vgl. *Olzen* 2010, 52 ff.). Soweit die Landesgesetze anstelle eines originär hoheitlichen Eingriffsrechts für die Zwangsbehandlung an den Willen des Patienten anknüpfen, regeln sie auch die Voraussetzungen einer Ersetzungsbefugnis des gesetzlichen Vertreters. So schließen die meisten Bundesländer eine Zwangsbehandlung aus, wenn es um die Durchführung einer Operation geht (hierzu Rn. 187 f.) oder wenn die Behandlung mit einer erheblichen Gefahr für die Gesundheit des Betroffenen verbunden ist (hierzu Rn. 210). Sie verlangen in diesen Fällen bei fehlender Einwilligung des Betroffenen die seines gesetzlichen Vertreters, bei Erwachsenen also des Betreuers mit dem Aufgabenkreis der Sorge für die psychische Gesundheit bzw. der Entscheidung über Einwilligung in psychiatrisch/neurologische Behandlung: BW § 8 Abs. 4; Bay Art. 13 Abs. 3; Berl § 30 Abs. 3; Bran § 18 Abs. 2; Hmb § 16 Abs. 2, 3; Hess § 17 S. 3; MeVo § 23 Abs. 2 S. 2; RhPf § 20 Abs. 3; Sachs § 22 Abs. 2; SaAn § 17 Abs. 5, 6; SH § 14 Abs. 3; Thü § 12 Abs. 2. Eilfallregelungen, die die Einschaltung des Vertreters erübrigen, enthalten Bre § 22 Abs. 3; MeVo § 23 Abs. 2 S. 2; NW § 18 Abs. 4 und Saar § 13 Abs. 2. Die Einzelheiten der Gesetzeslage in den Bundesländern sind verwirrend und vielfach ungeklärt. Die Möglichkeiten einer stellvertretenden/ersetzenden Einwilligung durch Dritte werden höchst unterschiedlich beurteilt. Teilweise wird die Beteiligung von Dritten, die in einem besonderen Fürsorgeverhältnis zum Patienten stehen, nur als zusätzliche verfahrenstechnische Absicherung seines Selbstbestimmungsrechts anerkannt und angenommen, dass eine stellvertretende Einwilligung von Betreuern oder Personensorgeberechtigten wegen eines Vetorechts des Patienten nicht über dessen Behandlungsverweigerung hinweg helfe (Kammeier/*Wagner* 2010 Rn. D 138 ff.). Ein Rückgriff auf die Einwilligung durch den gesetzlichen

7. Vollzug der Unterbringung B

Vertreter ist äußerst problematisch, weil er mit dem durch das 3. BtÄndG gestärkten Selbstbestimmungsrecht des Betroffenen als höchstpersönliche Angelegenheit und Art. 12 Abs. 2 der UN-Konvention kollidieren kann (*Marschner* R&P 2009, 135). Zwangsbehandlungen sind grundsätzlich ausgeschlossen, sobald der entgegenstehende Wille des Betroffenen verbindlich festgestellt wurde. Der Betreuer muss bei einer geplanten Zwangsbehandlung eine entgegenstehende Patientenverfügung in der Weise durchsetzen, dass er die Vornahme widersprechender Maßnahmen selbst bei Lebensgefahr verhindert (*Olzen* 2010, 47).

Der Betreuer muss sich an den Vorgaben des § 1901 Abs. 3 BGB orientieren. Soweit die Festlegungen in einer Patientenverfügung auf die aktuelle Lebens- und Behandlungssituation zutreffen, hat er dem Willen des Betroffenen Ausdruck und Geltung zu verschaffen. Aber auch wenn keine beachtliche Patientenverfügung im Sinne des § 1901a Abs. 1 BGB vorliegt, hat der Betreuer bei seiner Entscheidung die Behandlungswünsche und den mutmaßlichen Willen des Betroffenen zu berücksichtigen (§ 1901a Abs. 2 BGB). Der mutmaßliche Wille ist aufgrund konkreter Anhaltspunkte unter Berücksichtigung früherer mündlicher oder schriftlicher Äußerungen des Betroffenen sowie seiner persönlichen Wertvorstellungen zu ermitteln (§ 1901 Abs. 2 Satz 2 und 3 BGB). Der Betreuer muss jeweils im Gespräch mit dem behandelnden Arzt und ggf. weiteren Personen (Angehörigen oder Vertrauenspersonen des Betroffenen) erörtern, ob die ärztliche Maßnahme dem Willen des Betroffenen entspricht (Kap. C S. 208, 186). Der Betreuer ist auch die vom jeweiligen Landesgesetz vorgegebenen Grenzen der Zwangsbehandlung wie auch an andere im öffentlichen Recht bestehende Behandlungsgrenzen z.B. nach dem Arzneimittelgesetz gebunden (Kap. C S. 214 m.w.N.; *Marschner* R&P 2005, 47). Zwangsbehandlungsregelungen im öffentlichen Unterbringungsrecht dürfen auch nicht durch die Bestellung eines Betreuers umgangen werden (OLG München R&P 2009, 149 m. Anm. *Marschner*). 213

In den Bundesländern, in denen (wie unter Rn. 212 ausgeführt) gefährliche Zwangsbehandlungen verboten sind, bleibt unterhalb der Obergrenze für Zwangsbehandlungen durch die Möglichkeit einer Einwilligung des gesetzlichen Vertreters danach allenfalls ein geringer Spielraum (generell abl. wegen Konventionswidrigkeit *Kaleck/Hilbrans/Scharmer* www.die-bpe.de). Die Erforderlichkeitsschwelle (Rn. 209) liegt sehr hoch. Zwangsbehandlung hat immer nur einen schmalen Anwendungsbereich und ist weit weniger oft zulässig, als die Praxis annimmt. In diesem Sinne ist die restriktivere Neuregelung in Thüringen (§ 12 Abs. 4) zu begrüßen, wonach ärztliche Eingriffe und Behandlungsverfahren, welche mit einer erheblichen Gefahr für Leben oder Gesundheit verbunden sind oder welche die Persönlichkeit tiefgreifend und auf Dauer schädigen könnten, unabhängig von einer Einwilligung Dritter generell unzulässig. 214

Auf die zwingende Einschaltung des gesetzlichen Vertreters als Ersatz für Zwangsbehandlungen hat allerdings Niedersachsen verzichtet (§ 21 Abs. 3). Auch insoweit ist auf die sich aus dem verfassungsrechtlichen Grundsatz der Verhältnismäßigkeit ergebende hohe Schwelle (vgl. Rn. 209) hinzuweisen. 215

216 Eine Besonderheit enthalten Bre § 22 Abs. 4 S. 2 und Sachs § 16: In Bremen hat auf „Einwendungen" des Betroffenen gegen eine Zwangsbehandlung stets das **Betreuungsgericht** zu entscheiden (vgl. Kammeier/ *Wagner* 2010 Rn. D 161). Ist in Sachsen bei der Anordnung der öffentlich-rechtlichen Unterbringung kein Betreuer mit dem Aufgabenkreis der Gesundheitssorge bestellt, so hat das **Unterbringungsgericht** auch darüber zu entscheiden, ob und wenn ja welche Zwangsbehandlung zulässig sein soll. Diese Bestimmungen sind verfassungsrechtlich fehlerhaft. Die Aufgaben des Unterbringungsgerichts sind durch §§ 312 ff. FamFG bundesrechtlich abschließend geregelt (vgl. deren Kommentierung in Kapitel **D**). Bremen will die „Einwendung" auch dann als vorbeugenden Unterlassungsantrag (vgl. hierzu Kap. **D** S. 314) mit aufschiebender Wirkung behandeln, wenn sie gar nicht an das Gericht gerichtet ist. Die zwingende aufschiebende Wirkung ist zwar zum Schutz der Grundrechte des Betroffenen wünschenswert, aber mit § 327 Abs. 3 FGG unvereinbar. Bei minderjährigen Betroffenen unter elterlicher Sorge ist die Einschaltung des Betreuungsgerichts mit der Zuständigkeitsregel des § 1631 b S. 1 BGB unvereinbar (vgl. hierzu Kap. **C** S. 132; Kap. **D** S. 256). Durch die sächsische Regelung wird systemwidrig eine Entscheidung, die nach § 327 FamG als judikative Kontrolle einer Maßnahme der Exekutive vorgesehen ist, landesrechtlich durch eine Maßnahme des dafür zuständigen Gerichts vorweggenommen, denn es wird weder eine formulierte „Einwendung" noch ein Unterlassungsantrag vorausgesetzt. Auch hier hat schon die Weigerung des Betroffenen entgegen § 327 Abs. 3 FGG aufschiebende Wirkung. Außerdem wird die in einem Rechtsstaat mit Gewaltenteilung unerlässliche Aufgabenverteilung und damit auch die parlamentarische Kontrolle der Verwaltung unterlaufen, denn durch die Übertragung einer Vollzugsmaßnahme auf das Gericht wird deren Zurückführung auf den dem Parlament und dem Volk verantwortlichen Gesundheitsminister verhindert.

217 Ist in den unter Rn. 212 erörterten Fällen der Betroffene erwachsen, der gesetzliche Vertreter also der Betreuer mit dem Aufgabenkreis der Sorge für die psychische Gesundheit, gilt für ihn uneingeschränkt die Regelung des § 1904 BGB. Danach unterliegen gefährliche Behandlungen dem Erfordernis der **betreuungsgerichtlichen Genehmigung.** Auf die Kommentierung des § 1904 in Kapitel **C** kann insoweit verwiesen werden. Einige Länder erwähnen § 1904 BGB oder wenigstens das Genehmigungserfordernis, damit an dessen Geltung kein Zweifel aufkommen kann: Nds § 21 Abs. 2 S. 3; NW § 18 Abs. 3 S. 3; RhPf § 20 Abs. 3; Saar § 13 Abs. 3.

218 Das **Verhältnis des Genehmigungserfordernisses** nach § 1904 BGB **zur Zwangsbehandlung** ist im Wesentlichen ungeklärt (vgl. *Marschner* R&P 1990, 66; Kap. **B** S. 210). Man muss jedoch davon ausgehen, dass eine Behandlungsform, die zivilrechtlich nicht genehmigungsfähig wäre, auch als Zwangsbehandlung nicht zulässig ist. Es handelt sich um eine Konkretisierung des Art. 2 Abs. 2 S. 1 GG, also eine Klärung der Reichweite des Grundrechts auf körperliche Unversehrtheit. Diese Reichweite kann zivilrechtlich nicht anders begrenzt sein als öffentlich-rechtlich; die Krankenhäuser – und die Gerichte bei einer Überprüfung nach § 327 FamFG – werden das zu beachten haben.

7. Vollzug der Unterbringung **B**

Ein Versuch, hinsichtlich der Zwangsbehandlung zu einer **Übereinstimmung mit** der Regelung des **§ 1904 BGB** zu gelangen, ist in Nds § 21 Abs. 3 S. 2 unternommen worden: Das Krankenhaus darf danach eine Behandlungsform nicht zwangsweise anwenden, wenn das Betreuungsgericht die vom Betreuer beantragte Genehmigung versagt hat. Das ist richtig, aber auch selbstverständlich. Dagegen ist ungeregelt geblieben, was gilt, wenn zwar dieselbe Behandlungsform in Rede steht, aber keine Entscheidung des Betreuungsgericht darüber ergangen ist, weil entweder der Betroffene keinen Betreuer hat und einwilligungsfähig ist, aber die Behandlung ablehnt oder weil der Betreuer das Betreuungsgericht gar nicht erst gefragt hat. Die notwendige Rechtseinheit hängt hier davon ab, dass die Krankenhäuser die Rechtsprechung zu § 1904 BGB aufmerksam verfolgen und auch bei ihren zwangsweisen Behandlungen respektieren.

ii) Notfallbehandlungen. Die dargelegten Behandlungsregeln in den Ländergesetzen gelten auch für Notfallbehandlungen. Gelegentlich wird die Auffassung vertreten, insoweit sei die zivilrechtliche Rechtsfigur der Geschäftsführung ohne Auftrag (§§ 677–687 BGB) von Bedeutung. Das ist unzutreffend. Was für die Klärung der Behandlungsverhältnisse bei der Aufnahme und Behandlung bewusstloser oder minderjähriger Patienten in allgemeinen Krankenhäusern anwendbar ist (vgl. *Laufs/Uhlenbruck* § 40 Rn. 6 ff.; *Martis/Winkhart* 2007, 70), kann bereits wegen der besonderen Fallkonstellationen auf den Vollzug der öffentlich-rechtlichen Unterbringung nicht übertragen werden. Im Übrigen sind die Pflichten des „Geschäftsführers" und der „Ersatz seiner Aufwendungen" bereits anderweitig geregelt, so dass es eines Rückgriffs auf das gesetzliche Schuldverhältnis der GoA nicht bedarf. Notbehandlungen sind außerhalb der Behandlungsvorschriften bei Unglücksfällen (§ 323 c StGB) zulässig. Für das Behandlungsteam gelten etwa bei katanonen Zuständen, bei suizidalen oder massiv selbstschädigenden Handlungen die für den Fall der Betreuung vorgesehenen Kriterien zur Erforschung des Patientenwillens entsprechend. Eine Rechtfertigung nach § 34 StGB ist außerhalb der Vorschriften zur Zwangsbehandlung möglich, wenn überwiegende Rechtsgüter anderer Personen geschützt werden müssen oder wenn die Selbstbestimmung des Patienten nicht aufgeklärt werden kann. Kollidieren objektive Gesundheitsinteressen des Patienten aber mit dessen Selbstbestimmung, so bietet die Notstandsvorschrift keinen Ausweg (*Kammeier/Wagner* 2010 Rn. D 155). 219

Eine landesrechtliche Vollzugsvorschrift, die die notwendigen Regelungen verfassungsrechtlich einwandfrei zusammenfasst, könnte etwa wie folgt lauten (vgl. *Marschner/Volckart* R&P 1992, 54): 220

Behandlung

(1) Der Patient hat Anspruch auf die erforderliche Behandlung seiner Störungen und Erkrankungen. Die Behandlung schließt psychotherapeutische und heilpädagogische Maßnahmen sowie ärztliche Maßnahmen ein, die der sozialen Eingliederung dienen.

(2) Die Behandlung setzt unbeschadet der Regelungen durch Absätze 3 bis 5 die von dem Patienten selbst erklärte Einwilligung voraus.

(3) Die Krankheit, die zu der Unterbringung Anlass gegeben hat und sonstige Erkrankungen, die unmittelbar auf dem durch die Anlasskrankheit bedingten Verhalten des Patienten beruhen, können auch ohne die Einwilligung nach Abs. 2 behandelt werden, wenn der Patient sonst in Lebensgefahr geriete oder irreversible, schwere Nachteile für seine Gesundheit oder die Gesundheit anderer drohten. Zwangsbehandlung ist verboten, wenn sie lebensgefährlich ist oder wenn sie die Gesundheit erheblich gefährdet.

(4) Psychochirurgie ist verboten.

(5) Ist bei sonstigen Erkrankungen die Einwilligung des Patienten selbst nicht zu erlangen, so wird sie durch die Einwilligung seines gesetzlichen Vertreters ersetzt.

221 **e) Gewährleistung eines menschenwürdigen Lebens- und Entfaltungsspielraums. aa) Allgemeines.** Mit dem Eingriff des Freiheitsentzugs korrespondiert die Aufgabe des Staates, die Voraussetzungen dafür zu schaffen, dass der eingesperrte Patient trotzdem ein **sinnvolles, seiner Würde entsprechendes Leben** führen kann. Das Grundrecht auf freie Entfaltung der Persönlichkeit überschneidet sich an dieser Stelle mit dem Sozialstaatsprinzip des Art. 20 Abs. 1 GG. Der psychisch kranke Patient behält in der Unterbringung alle Grundrechte, soweit sie nicht ausdrücklich gesetzlich beschränkt worden sind. Unabhängig von seinem Anspruch auf Behandlung ist ihm im Freiheitsentzug so viel Spielraum zu bieten, dass die Unterbringung trotz der unerlässlichen Beschränkungen ein würdiges Dasein ermöglicht und nicht zusätzliche Schäden verursacht (vgl. *Volckart/Grünebaum* 2009, 146).

222 Psychisch Kranke, die in ihrer Entfaltung durch ihre Krankheit unter den beschränkenden Bedingungen des Freiheitsentzugs behindert sind, haben darüber hinaus einen Anspruch auf Hilfe und Anleitung. Auch die UN-Konvention betont ausdrücklich die Pflicht zur Unterstützung der Rechts- und Handlungsfähigkeit der Betroffenen. Dieser notwendigen Konsequenz, die die Auferlegung des Sonderopfers des Freiheitsentzugs auf die Kranken mit sich bringt, tragen nur einige der Ländergesetze ausreichend Rechnung, nämlich Berl § 28 Abs. 1; Bran § 16 Abs. 1; Bre § 24 Abs. 1; MeVo § 19 § 19 Abs. 1; Nds § 19 Abs. 1; RhPf § 16 Abs. 1; SaAn § 18 Abs. 1 und Thü § 13 Abs. 1. Der dort geregelte **Angleichungsgrundsatz**, demzufolge die Unterbringung den allgemeinen Lebensverhältnissen so weit wie möglich anzugleichen ist, lehnt sich zwar an den auf Gesunde zugeschnittenen § 3 Abs. 1 StVollzG an. Er hat aber in den genannten Gesetzen mit den Worten „unter Berücksichtigung therapeutischer Gesichtspunkte" die richtige Ergänzung erhalten. Demgegenüber verdeutlicht der Begriff der „Betreuung" in anderen Landesgesetzen (BW § 7 Abs. 1; Bay Art. 12 Abs. 1; Bre § 19) und manche Paragraphenüberschrift (Saar § 12) infolge einer paternalistischen Prägung eine fehlerhafte Ausrichtung und lässt das Element des „Sichentfalten-lassens" völlig unberücksichtigt. Wegen der näheren Einzelheiten der im Folgenden kurz dargestellten Ausgestaltung des Vollzuges kann auf die Darstellungen bei Volckart/*Grünebaum* 2009, 77 ff. und Kammeier/*Lesting* 2010, Rn. G 1 ff. verwiesen werden, da die Entwicklung des Maßregelvollzugsrechts weiter fortgeschritten ist und kein Grund besteht, Untergebrachte schlechter als Maßregelvollzugspatienten zu behandeln.

bb) Wohnen. Psychisch Kranke gehören nicht auf eine „Station", über deren breite Flure Krankenbetten gerollt werden, in deren Krankenzimmern sie zu dritt oder zu viert „liegen" und die hygienisch karg und kalt ausgestattet sind, womöglich mit außerordentlich teuren, großen Krankenbetten. Es genügt völlig, wenn das psychiatrische Krankenhaus für zusätzlich körperlich Kranke über einige wenige Krankenzimmer verfügt. Demgegenüber brauchen psychisch Kranke eine Wohngruppe mit gemeinschaftlichem Wohnraum, mindestens einer Teeküche und ein auf die Wohngruppe beschränktes Bad sowie die Rückzugsmöglichkeit eines eigenen Schlafzimmers. Jeder Patient hat ein **Recht auf Diskretion und Wahrung seiner Intimsphäre** (Art. 2 Abs. 1 GG). Dazu gehört unbedingt ein Raum, den der Patient für sich allein hat und in dem er ungestört ist, mag er auch sehr klein sein. Die **Pflegekräfte** des Krankenhauses gehören nur während ihrer Büroarbeiten und der Vorbereitung der Medikation in einen besonderen Raum und ansonsten dahin, wo die Patienten sind. Die Landesgesetze gehen auf das Wohnen als den für das tägliche Leben im Unterbringungsvollzug allerwichtigsten Aspekt nicht ein. 223

cc) Besitz von Sachen. Jeder Mensch hat das Recht auf einen Kernbestand an **persönlichem Besitz**. Das trifft auch für psychisch kranke Patienten zu. Sie müssen sich mit mitgebrachten, ihnen zugeschickten oder während des Krankenhausaufenthalts erworbenen Sachen umgeben und ihr Patientenzimmer damit wohnlich ausstatten können. Außerdem brauchen die Patienten ein Schließfach, in dem sie persönliche Gegenstände **verschlossen aufbewahren** können. In fast allen Landesgesetzen ist das grundsätzliche Recht auf den Besitz von Sachen im Krankenhaus anerkannt (BW § 9; Bay Art. 14; Berl § 31 Abs. 2; Bran § 22; Bre § 26; Hmb § 19; MeVo: § 24 Abs. 2; Nds § 23; NW § 19; RhPf § 21 Abs. 2; Saar: § 15 Abs. 1; Sachs § 24; SaAn: § 21 Abs. 1; Thü § 15). Zur Durchsuchung vgl. Rn. 263. 224

dd) Kleidung. Eine kennzeichnende Anstaltskleidung verstößt gegen die Menschenwürde. Das selbstverständliche Recht, **eigene Kleidung** zu tragen, wird in mehreren Landesgesetzen besonders ausgesprochen (BW § 9; Bay Art. 14; Berl § 31 Abs. 1; Bre § 26 Abs. 1; Hmb § 19; MeVo § 24 Abs. 1; Nds § 23; RhPf § 21 Abs. 1; Saar § 15 Abs. 1; Sachs § 24; SaAn § 21 Abs. 1; Thü § 17 Abs. 1). 225

ee) Einkauf und Paketempfang. Der Angleichungsgrundsatz gebietet es, dass die Patienten Gelegenheit haben, sich gewisse Gegenstände des täglichen Gebrauchs wie Nahrungs- und Genussmittel nach ihrem Belieben zu **kaufen** oder sich Sachen **schicken zu lassen**. Entgegen den Regelungen in einigen Maßregelvollzugsgesetzen, wo ausdrücklich ein Recht auf Einkauf normiert ist, schweigen die Landesgesetze weitgehend über den Ein- 226 kauf. Einige regeln immerhin den Besitz von **Bargeld** (Bre § 26 Abs. 1; MeVo § 20 Abs. 1, 2; Sachs § 24; Thü § 17 Abs. 2) oder bekräftigen den sozialhilferechtlichen Anspruch (§ 21 BSHG) Bedürftiger auf Taschengeld (Berl § 28 Abs. 3; Bran § 31 Abs. 2, 3; MeVo § 20 Abs. 1; SaAn § 18 Abs. 3) in der selbstverständlichen Annahme, dass man es im Krankenhaus auch ausgeben kann. Das Recht, **Pakete** abzusenden oder zu empfangen, regeln zahlreiche Landesgesetze (BW § 10 Abs. 2; Bay Art. 18; Berl § 35 Abs. 1; Bran § 26 Abs. 2; Bre § 27 Abs. 6; Hmb § 20 Abs. 4; MeVo § 27 Abs. 5; Nds § 25 Abs. 1; NW § 21 Abs. 4; RhPf § 24 Abs. 4; Sachs § 27; SaAn § 22 Abs. 6; SH § 20; Thü § 20 Abs. 1).

227 **ff) Außenkontakte.** Die Patienten haben als Folge ihrer Grundrechte auf freie Meinungsäußerung, freie Entfaltung ihrer Persönlichkeit und Wahrung des Briefgeheimnisses (Art. 2 Abs. 1, 5, 10 GG) grundsätzlich Anspruch auf **unbeschränkten und unüberwachten Schriftverkehr.** Sie sind weiter berechtigt, **Telefongespräche** zu führen und **Besucher** zu empfangen. In der Vergangenheit war die Unterbindung oder Beschränkung der Kommunikation immer eine Quelle besonderer zusätzlicher Leiden (vgl. *Porter* 1999). Die restriktive Praxis fördert die soziale und familiäre Desintegration durch die Unterbringung. Angehörigenbesuche stehen zusätzlich unter dem Schutz des Art. 6 GG (BVerfG R&P 2008, 223; LG Bayreuth R&P 1992, 37). Besucher, die der Patient nicht sehen will, dürfen dagegen nicht zugelassen werden, da zur grundrechtlich geschützten Handlungsfreiheit auch gehört, einen Besuch abzulehnen. Die Landesgesetze befassen sich hauptsächlich mit den möglichen Eingriffen in diese Rechte. Das wird nachfolgend unter Rn. 254 ff. erörtert.

228 **gg) Arbeit.** Arbeitstherapie und **arbeitstherapeutische Beschäftigung** sind Behandlungsmaßnahmen, die nur für solche Patienten in Betracht kommen, die krankheitsbedingte Störungen in ihrem Arbeitsverhalten aufweisen oder bei denen solche Störungen vermutet werden, bis man zu einer zuverlässigen Diagnose gelangt ist. Den anderen Patienten sollte zur Vermeidung schädlicher Folgen des Freiheitsentzugs bei einem wenige Wochen übersteigenden Krankenhausaufenthalt eine **reguläre Arbeit** gegen Arbeitsentgelt angeboten werden (vgl. Volckart/*Grünebaum* 2009, 156 ff.). Von den Landesgesetzen sehen Arbeit vor: BW: § 7 Abs. 4; Bay: Art. 12 Abs. 3; Bran § 29; MeVo § 20 Abs. 3; Sachs § 19 Abs. 4. Von „Beschäftigung" handeln Bre § 24 Abs. 4 und RhPf § 16 Abs. 1 S. 2.

229 **hh) Religionsausübung.** Die Religionsfreiheit und deren Ausübung ist überall durch Art. 4, 140 GG, 136 Abs. 1, 141 WRV gewährleistet, vgl. die folgenden Landesgesetze: Bln § 32; Bran § 23; MeVo § 25; Nds § 24; RhPf § 22; Saar § 15 Abs. 3; SaAn § 25; Thü § 18.

230 **ii) Vollzugslockerungen und Urlaub.** Die Krankenhäuser vollziehen den Freiheitsentzug nicht um seiner selbst willen, sondern zur Abwendung einer Gefahr. Menschen, die wegen ihrer psychischen Erkrankung als gefährlich bezeichnet werden, sind dies regelmäßig nur zeitweise. Sind die Symptome der Krankheit durch psychotherapeutische oder medikamentöse Behandlung hinreichend zurückgedrängt, so dass für eine bestimmte, überschaubare Zeit keine akute Gefahr mehr anzunehmen ist, hat der Patient einen **Anspruch auf kurzfristige Freilassung,** deren Dauer auf seinen Zustand abzustimmen ist.

Vollzugslockerungen und Urlaub sind heute selbstverständliche und notwendige Bestandteile des Vollzugsrechts. Trotzdem ist es notwendig, auf ihren Zusammenhang mit dem Bestand der Unterbringungsanordnungen hinzuweisen. Vielfach liegen bei einem Betroffenen, dem Vollzugslockerungen oder Urlaub gewährt werden, bereits die **Voraussetzungen für die Aufhebung** der Unterbringung nach § 330 FamFG vor (vgl. Kap. **D** S. 332). In diesen Fällen ist die Unterbringung aufzuheben. Man muss annehmen, dass die aus einer liberalen, am Freiheitsgrundrecht orientierten Einstellung folgenden Lockerungen und Beurlaubungen im Ergebnis die Zahl unnötiger Unterbringungen vermehrt haben (vgl. *Müller* R&P 1999, 107). Dem muss durch sorgfältigere Prüfung und restriktivere Kriterien für die Annahme des unveränderten Vorliegens der Unterbringungsvoraussetzungen entgegengewirkt werden. 231

Die Entscheidung über Vollzugslockerungen und Urlaub liegt **ausschließlich bei den Ärzten** des Krankenhauses. Die Vorstellung, dem stehe die gerichtliche Anordnung des Freiheitsentzugs entgegen, ist falsch: Es geht hier nicht um die Aufhebung des Freiheitsentzugs, sondern um dessen Ausmaß und Ausgestaltung. Insoweit ist daran zu erinnern, dass die richterliche Entscheidung über die Unterbringung auf Art. 104 Abs. 2 GG zurückzuführen ist und den Zweck hat, der sachverständigen ärztlichen Gefahrenprognose zur Gewährleistung des Freiheitsgrundrechts des Betroffenen die notwendige gerichtliche Kontrolle entgegenzusetzen (vgl. Kap. **D** S. 290). Die Anordnung der Unterbringung durch den Richter hat dagegen nicht die Aufgabe, den ärztlichen Sachverstand bei der Prognose zu Lasten des Betroffenen zu übertrumpfen. 232

Im Bereich des **Vollzugs der Maßregeln** nach §§ 63, 64 StGB ist das seit langem anerkannt (vgl. Volckart/*Grünebaum* 2009, 171 ff. m.w.N.; Kammeier/*Pollähne* 2010, Rn. F 1 ff.). Dort sind auch in Anlehnung an das Strafvollzugsrecht die zu verwendenden Rechtsbegriffe festgelegt (vgl. §§ 11 ff. StVollzG). **Urlaub** ist die Freilassung des Untergebrachten für einen längeren Zeitraum als einen Tag. Als Vollzugslockerungen werden bezeichnet: Die **Ausführung** durch einen Bediensteten des Krankenhauses, entweder einzeln oder in einer Gruppe. Der **Ausgang** besteht aus einer unbeaufsichtigten Freilassung für einen Teil eines Tages. Ein begleiteter Ausgang ist ein Ausgang mit der Weisung, dass er nur in Begleitung einer Privatperson durchgeführt werden darf. **Außenbeschäftigung** ist eine Beschäftigung oder Arbeit außerhalb des Krankenhauses, aber unter Aufsicht, z. B. in einer beschützenden Werkstatt. Mit dem **Freigang** wird es einem Patienten allgemein erlaubt, das Krankenhaus regelmäßig zu einem bestimmten Zweck – Arbeit, Ausbildung, Psychotherapie – zu verlassen. Der Freigang darf also nicht mit einem Ausgang vermengt werden, er liegt auf der Skala der Vollzugslockerungen am anderen Ende. Mischformen und weitere Typen von Vollzugslockerungen sind möglich (vgl. AK-StVollzG/*Lesting* § 11 Rn. 25). Von diesen Rechtsbegriffen sollte im Bereich des Unterbringungsvollzugs nicht abgewichen werden, weil das die rechtliche Beurteilung erschweren, Missverständnisse provozieren und außerdem keinen Erkenntniswert bringen würde. 233

B Ländergesetze

234 Zu den **Landesgesetzen:** Alle Bundesländer ermöglichen Ausführungen und Ausgang. Außer Saar § 12 Abs. 3 ermöglichen die Bundesländer auch ausdrücklich die weiteren Vollzugslockerungen und den Urlaub. Die meisten Gesetze verwenden das Wort „Urlaub" als Oberbegriff für Urlaub und Vollzugslockerungen: BW § 11 Abs. 1; Berl § 37 Abs. 1 S. 1; Bran § 19 Abs. 1; Hmb § 22 Abs. 1; Hess § 19 Abs. 1; Nds § 26 Abs. 2; NW § 25 Abs. 1; RhPf § 27 Abs. 1 S. 1; SaAn § 24 Abs. 1 S. 1; SH § 24 Abs. 1. Zwischen Vollzugslockerungen und Urlaub wird begrifflich differenziert in Bay Art. 22, 23, Bre § 29; MeVo § 28; Sachs § 30 Abs. 2 und Thü § 22 Abs. 4. Dass Bay Art. 23 zwar von der Ausführung, nicht aber vom Ausgang handelt, kann nicht die Annahme begründen, diesen gebe es in Bayern nicht, denn Art. 22 Abs. 2 handelt ausdrücklich von einem „Urlaub" von weniger als 24 Stunden, der nach der unter Rn. 233 behandelten Legaldefinition Ausgang ist, wenn er nicht über Nacht dauert.

235 Zu den **Obergrenzen** für Urlaub: Eine unbefristete Beurlaubung als Ersatz für die oben in Rn. 149 behandelte vollstreckungsrechtliche Entlassung aus der Verwaltungsunterbringung wegen Fehlens der Unterbringungsvoraussetzungen haben Bre § 21 Abs. 2; Hmb § 15 Abs. 2 Nr. 1; NW § 17 Abs. 3 S. 2; SaAn § 16 Abs. 5; und Thü § 11 Abs. 2 S. 2 geregelt, vgl. auch Hess § 19. Nach SH § 24 Abs. 2 gilt dies auch für die weitere Unterbringung. Sonst hat der einzelne Urlaub in den meisten Ländern eine Obergrenze, nämlich einen Monat in RhPf § 27 Abs. 1 S. 1; vier Wochen in BW § 11 Abs. 1; Sachs § 30 Abs. 2; zwei Wochen in Bay Art. 22 Abs. 1 S. 1; Berl § 37 Abs. 1 S. 1; Nds § 26 Abs. 2 S. 1 und Thü § 22 Abs. 1; zehn Tage in Bre § 29 Abs. 1 S. 1; Hmb § 22 Abs. 1 und zwei Tage in SH § 24 Abs. 1. Nach Bran § 19 Abs. 4 ist bei einer Beurlaubung von mehr als 42 Kalendertagen im Quartal zwingend ein Antrag auf Aussetzung der Unterbringung zu stellen. Einige Länder haben zwar keine zwingende Obergrenze, verlangen aber von einer bestimmten Obergrenze an die Zustimmung bestimmter Personen oder Stellen. Bran § 19 Abs. 2 verlangt bei Überschreitung von 14 Kalendertagen im Quartal die Zustimmung des gesetzlichen Vertreters. Da dessen Beweggründe keiner gerichtlichen Kontrolle unterliegen, ist das nicht zu rechtfertigen. SaAn § 24 Abs. 3 S. 2 verlangt bei Überschreitung von zwei Wochen die Abstimmung mit der Gesundheitsbehörde und dem Gericht; NW § 25 Abs. 1 S. 2 bei mehr als zehn Tagen das Einvernehmen, d. h. die Zustimmung des Gerichts. Die Einschaltung des Unterbringungsgerichts ist, wenn sie wie hier über Stellungnahmen hinausgeht, ein legislatorischer Fehler, weil das Gericht weder die Vollstreckungs- noch die Vollzugskompetenz hat (vgl. zu einem ähnlichen Fehler betr. Zwangsbehandlung in Bre und Sachs oben Rn. 216).

236 Die in den Landesgesetzen festgelegten zwingenden **Obergrenzen für Urlaub** lassen sich nicht rechtfertigen, sie sind allenfalls ein Hinweis darauf, dass die Unterbringung nach § 330 FamFG aufzuheben sein dürfte, wenn das Krankenhaus einen längeren Urlaub gewähren will. Liegen aber die Voraussetzungen vor und hebt das Unterbringungsgericht die Unterbringung dennoch nicht auf, ist Urlaub über die Obergrenze hinaus zu gewähren. Entgegenstehende landesrechtliche Obergrenzen verstoßen gegen Art. 2

7. Vollzug der Unterbringung **B**

GG. Das Krankenhaus kann und wird die offene Überschreitung der Obergrenze dadurch vermeiden, dass es den Betroffenen mehrmals unmittelbar hintereinander beurlaubt, wie es bei Maßregelpatienten in Ländern mit maßregelvollzugsrechtlichen Obergrenzen oft geschieht (sog. Kettenurlaub). Entsprechend muss auch im Saarland, das in § 12 Abs. 3 den Begriff „kurzzeitige Abwesenheit" verwendet, vorgegangen werden. Eine Begrenzung für die Anzahl der Beurlaubungen sieht kein Bundesland vor.

Weisungen: Die Erteilung von Vollzugslockerungen und Urlaub darf mit 237 Weisungen (nicht: „Auflagen", vgl. Kap. **D** S. 326) verbunden werden, wenn diese erst eine ausreichend günstige Prognose ermöglichen. Das Krankenhaus hat notfalls für eine ambulante psychiatrische Versorgung im Urlaub organisatorische Vorbereitungen zu treffen, die durch Weisungen ergänzt werden können. Weisungen setzen das Einverständnis des Patienten voraus. Die meisten Landesgesetze verwenden das irreführende Wort „Auflagen": BW § 11 Abs. 2; Bay Art. 22 Abs. 3; Berl § 37 Abs. 1 S. 2; Bre § 29 Abs. 3; Hmb § 22 Abs. 2; Hess § 19 Abs. 1 S. 2; MeVo § 28 Abs. 1 S. 2; Nds § 26 Abs. 3; NW § 25 Abs. 2; RhPf § 27 Abs. 1 S. 2; Sachs § 30 Abs. 3 S. 1; SaAn § 24 Abs. 2 und Thü § 22 Abs. 1 S. 2. Der falsche Gebrauch der Fachsprache tritt besonders bei einem Vergleich mit Bran § 19 Abs. 1 S. 2 zu Tage. Dort ist sowohl von Auflagen als auch von Weisungen die Rede. Der Landesgesetzgeber hat also tatsächlich mit den „Auflagen" daran gedacht, den Betroffenen die Verpflichtung zu Leistungen aufzuerlegen (vgl. § 56 b StGB). Solche Verpflichtungen lassen sich aus keinem Gesichtspunkt rechtfertigen, sie laufen darauf hinaus, dass der Betroffene die Maßnahme kaufen muss. Würden sie angeordnet, läge ein Verstoß gegen das allgemeine Persönlichkeitsrecht und die Menschenwürde vor.

Der Grad, um den die im Rahmen der **Gefahrenprognose** (vgl. Kap. **A** 238 S. 51) angenommene Gefährlichkeit des Patienten vermindert sein muss, um Vollzugslockerungen oder Urlaub zu rechtfertigen, lässt sich nicht exakt festlegen. Die Anforderungen dürfen keinesfalls zu hoch angesetzt werden. Keine Prognose kann jemals völlig sicher sein. Es darf nicht schwerer sein, Vollzugslockerungen zu bekommen, als die Aufhebung der Unterbringung durch das Gericht zu erreichen. Deshalb lassen sich die Urlaubs- und Lockerungsvoraussetzungen am besten in Anlehnung an die Formel des § 57 StGB umschreiben: Die Maßnahmen sind zu gewähren, **wenn dies im Hinblick auf die davon etwa ausgehenden Gefahren verantwortet werden kann** (vgl. *Marschner/Volckart* R&P 1992, 58).

Ermessen oder Anspruch? Die meisten Bundesländer erklären die 239 Gewährung von Vollzugslockerungen und Urlaub durch die Verwendung des Wortes „kann" für eine Angelegenheit des Verwaltungsermessens. Eine Ermächtigung zum Erlass der Maßnahmen auf Grund Ermessens bedeutet, dass bei gleichen tatsächlichen Voraussetzungen sowohl die Gewährung als auch die Versagung rechtlich richtig sein können. Das kann auf der Grundlage des unter Rn. 230 f. Ausgeführten für Vollzugslockerungen und Urlaub nicht gelten. Wenn die Prognose genügend günstig ist, dann besteht ein Rechtsanspruch auf deren Erteilung (zur vergleichbaren Situation im Maßregelvollzug: Kammeier/*Pollähne* 2010, Rn. F 13; Volckart/*Grünebaum* 2009,

175). Eine in dieser Hinsicht dem Freiheitsgrundrecht entsprechende Regelung findet sich in Bay Art. 22 Abs. 1 S. 1. Auch Bran § 19 Abs. 1 S. 1 hat die Krankenhäuser mit der Verwendung des Wortes „soll" bei Vorliegen der Voraussetzungen zumindest grundsätzlich zur Gewährung verpflichtet. Bre § 29 Abs. 3 S. 3, Abs. 5 S. 2 trumpft dagegen mit der gesetzlichen Erklärung auf, es gebe auf Urlaub oder Ausführung keinen Anspruch.

240 **Zustimmungserfordernisse, Anhörungen und Mitteilungen:** Zu den Zustimmungserfordernissen in Bran, NW und SaAn vgl. oben Rn. 235. Vorschriften, nach denen bestimmte Stellen oder Personen vor der Gewährung von Vollzugslockerungen oder Urlaub oder jedenfalls vor der Gewährung eines nicht nur ganz kurzen Urlaubs anzuhören sind oder ihnen die Absicht, eine solche Maßnahme zu erlassen, zuvor mitzuteilen ist, dienen in erster Linie der verwaltungsverfahrensrechtlichen Beweisaufnahme, also der Verbreiterung der Tatsachengrundlage für die Gewährung oder Versagung der Maßnahme. Die Adressaten erhalten damit Gelegenheit zu Tatsachenangaben und Hinweisen. Außerdem werden sie über den Stand des Unterbringungsvollzugs informiert. Bestimmungen über eine (nachträgliche) Mitteilung der Maßnahme haben allein den Zweck der Information. Das ist im Hinblick auf die Ausführungen unter Rn. 231 wegen der nunmehr nahe liegenden Aufhebung der Unterbringung nach § 330 FamFG oder jedenfalls ihrer Aussetzung nach § 328 FamFG und ihrer Nichtverlängerung nach § 329 Abs. 2 FamFG besonders wichtig. Die landesrechtlichen Bestimmungen über die Anhörung und die vorherige Mitteilung sind: Bay Art. 22 Abs. 2 S. 1; Berl § 37 Abs. 2 Nr. 1; Bran § 19 Abs. 2; Bre § 29 Abs. 1 S. 2; MeVo § 28 Abs. 2 S. 1 Buchst a, S. 2, Abs. 4; Nds § 26 Abs. 2 S. 2; NW § 25 Abs. 1 S. 2; RhPf § 27 Abs. 3; Saar § 12 Abs. 3 S. 2; Sachs § 30 Abs. 4; SaAn § 24 Abs. 3; SH § 24 Abs. 1; Thü § 22 Abs. 3. Nachträgliche Mitteilungen – außer in Hess bei den kürzeren Beurlaubungen oder Lockerungen – sind geregelt in Bay Art. 22 Abs. 2 S. 2; Berl § 37 Abs. 2 S. 2; Bran § 19 Abs. 1 S. 3; Hess § 19 Abs. 2 und NW § 25 Abs. 1 S. 3.

241 **Widerruf:** Treten nachträglich Tatsachen ein, die der Lockerungsprognose entgegenstehen und die zu einer Versagung der Maßnahme geführt hätten, wenn sie bei deren Erlass schon vorgelegen hätten, dann dürfen Vollzugslockerungen und Urlaub widerrufen werden. Mehrere Landesgesetze erklären die Maßnahmen für „jederzeit widerruflich", BW § 11 Abs. 3; Bay Art. 22 Abs. 3 S. 2; Bre § 29 Abs. 3 S. 2; Hmb § 22 Abs. 3; Hess § 19 Abs. 1 S. 2; Nds § 26 Abs. 4; NW § 25 Abs. 3; Sachs § 30 Abs. 3 S. 2 und SaAn § 24 Abs. 4. Das lässt sich nicht rechtfertigen. Die strengen Voraussetzungen für den Widerruf und die Rücknahme nach dem Landes-Verwaltungsverfahrensrecht (vgl. §§ 48, 49 VwVfG-Bund) haben zwar keinen Verfassungsrang, so dass die Länder für ihr Verwaltungsverfahrensrecht im Unterbringungsvollzug Abweichendes regeln können. Es ist verfassungsrechtlich zulässig, den Widerruf dem Ermessen des Krankenhauses zu überlassen. Praktisch läuft das freilich auf dasselbe hinaus, denn aus der Gewährung der Maßnahme ergibt sich ein **Vertrauenstatbestand**, der verlangt, mit der Ermessensentscheidung bei dem einmal Gewährten zu bleiben, wenn dem nicht ein wichtiger Grund, d. h. ein Widerrufsgrund, entgegensteht (vgl. BVerfG StV 1994, 147; 1994, 432; NStZ 1994, 379; StV 1996, 252; NStZ 1996, 379). Ermessen ist nicht Willkür, selbst wenn Landesgesetze es für „frei" erklären. Menschenwürde, Freiheitsgrundrecht und auch das Rechtsstaatsprinzip ergeben, dass der Patient auf die ihm mit der Vollzugslockerung oder dem Urlaub gewährte Rechtsposition vertrauen darf, wenn das Krankenhaus keinen tatsächlichen Grund für einen Widerruf hat, den es gegen die schutzwürdigen Interessen des Patienten abwägen muss. Einen regelrechten Widerrufsgrund verlangen Berl § 37 Abs. 3; Bran § 18 Abs. 3; MeVo § 28 Abs. 3 und RhPf § 27 Abs. 2.

jj) Offener Vollzug. Bei vielen Patienten gibt es nach Konstitution, Alter und Lebensgewohnheiten überhaupt keinen Grund für die Befürchtung, sie könnten eine hohe Mauer oder einen hohen Zaun übersteigen. Bei ihnen genügen daher **„keine oder nur verminderte Vorkehrungen gegen Entweichungen"**. Diese Beschreibung enthält die Legaldefinition des „offenen Vollzugs" (§ 141 Abs. 2 StVollzG). Offener Vollzug ist also nicht synonym mit der Gewährung von Lockerungen oder Urlaub. Auch aus dem geschlossenen Vollzug werden Vollzugslockerungen und Urlaub gewährt, während es zugleich vorkommt, dass einem im offenen Vollzug untergebrachten Patienten diese Maßnahmen versagt werden müssen. Ein offener Vollzug der Unterbringung besteht darin, dass die Patienten in einem Krankenhaus, in einem bestimmten Gebäude eines Krankenhauskomplexes oder in einem Teil eines Krankenhausgebäudes wohnen, von wo aus ein dazu entschlossener und körperlich wie psychisch befähigter Patient unbemerkt fliehen könnte. Nicht alle Landesgesetzgeber haben das Erfordernis des offenen Vollzugs zur Vermeidung überflüssiger und teurer Übersicherung normiert, vgl. Berl § 36; Bran § 16 Abs. 4; Bre § 13 Abs. 5 S. 2; MeVo § 30; Nds § 26 Abs. 1 (unter Verwendung der missverständlichen Worte „in gelockerter Form"); RhPf § 26; Sachs § 29; SaAn § 23; SH § 14 Abs. 2 und Thü § 13 Abs. 1. Ein offener Vollzug ist selbst ohne ausdrückliche gesetzliche Regelung vorzusehen und wird von den meisten psychiatrischen Krankenhäusern auch praktiziert. **242**

kk) Aufenthalt im Freien. Ein aus dem Angleichungsgrundsatz folgendes selbstverständliches Recht jedes Patienten ist die Gelegenheit zu einem **täglich mindestens einstündigen** Aufenthalt im Freien. Es reicht nicht aus, dies allein mit Gesundheitserfordernissen zu begründen. Der eigentliche Sinn des Aufenthalts im Freien liegt darin, dass es Menschen als angenehm empfinden, zeitweise keine Mauern um sich zu haben, wenn sie ansonsten ständig in einem Haus eingesperrt sind. Es darf nicht vorkommen, dass psychisch kranke Untergebrachte insoweit schlechter gestellt sind als Strafgefangene (vgl. § 64 StVollzG). Der Anspruch wird ausdrücklich zuerkannt durch Berl § 28 Abs. 1 S. 2; Bre § 24 Abs. 3; MeVo § 19 Abs. 1 S. 3; RhPf § 16 Abs. 1; Sachs § 19 Abs. 5; SaAn § 19 Abs. 1 Nr. 2 – mittelbar –; SH § 15 Nr. 9 und Thü § 14 Abs. 1 Nr. 1 – mittelbar –). **243**

ll) Verlegung in ein anderes Krankenhaus. Verlegungen geschehen meist auf Wunsch des Patienten, weil die psychiatrischen Krankenhäuser regionale Bezirke versorgen und ihre Zuständigkeit gesetzlich vorgegeben ist. Wird einmal ein Patient gegen seinen Willen in ein anderes Krankenhaus **244**

verlegt, so handelt es sich um einen Eingriff, der einer gesetzlichen Grundlage bedarf. Die Landesgesetze sehen dergleichen nicht vor. **Verlegungen auf Wunsch des Patienten** innerhalb eines Bundeslandes – etwa in ein Krankenhaus, das für die Angehörigen leichter erreichbar ist – sind als begünstigende Vollzugsmaßnahmen zulässig und oft erwünscht. Von den Landesgesetzen behandelt nur Bran § 17 die Verlegung. Zum Rechtsweg gegen ablehnende Bescheide vgl. Kap. **D** S. 313 ff.

245 **Verlegungen in ein anderes Bundesland** sind dagegen problematisch. Die Unterbringung wird nach dem jeweiligen Landesrecht angeordnet, vollstreckt und vollzogen; nur das Verfahrensrecht für die Anordnung ist Bundesrecht (vgl. Kap. **D**). Ein psychiatrisches Krankenhaus kann immer nur sein eigenes Unterbringungs-Vollzugsrecht anwenden, nicht aber das eines anderen Landes. Eine Ausnahme hiervon ist die sog. Amtshilfe nach Art. 35 GG und den Landes-Verwaltungsverfahrensgesetzen (vgl. § 4 VwVfG-Bund). Amtshilfe kann es aber immer nur als „ergänzende" Hilfe geben (vgl. § 4 Abs. 1 VwVfG-Bund). Eine Verlegung ist das Gegenteil ergänzender Hilfe, denn durch sie soll die Unterbringung allein von dem neuen Krankenhaus übernommen werden. Praktisch lässt sich das Problem nur durch eine Übereinkunft der beteiligten Behörden samt ihrer Gesundheitsministerien und unter Einbeziehung des für das neue Krankenhaus zuständigen Unterbringungsgerichts lösen: Der Patient wird vorbereitend und sozusagen besuchsweise in das neue Krankenhaus gebracht. Dieses darf ihn im Wege der „ergänzenden" Amtshilfe einige Tage festhalten. Wenn während dieser Zeit das Amtsgericht des aufnehmenden Krankenhauses die Unterbringung nach seinem Landesrecht anordnet, ist die „Verlegung" eingeleitet.

246 Eine für den Transport und die Verlegungen wichtige Regelung ist Hmb § 13 Abs. 4: Bei der Durchlieferung von Betroffenen, gegen die in einem anderen Bundesland die Unterbringung angeordnet ist, können Krankenhausbedienstete des anderen Bundeslandes auch in Hamburg hoheitlich tätig werden. Die übrigen Länder sind insoweit auf die Amtshilfe des Gastlandes angewiesen.

247 **f) Eingriffe zum Schutz der Sicherheit und Ordnung des Krankenhauses. aa) Allgemeines.** Zunächst ist auf die grundsätzlichen Ausführungen Rn. 159–169 zu verweisen. Die Antwort auf die zentrale Frage, woher das Krankenhaus das Recht nimmt, in Rechte des Patienten einzugreifen, kann nur lauten: „Aus dem Gesetz". Das „besondere Gewaltverhältnis", das früher die Rechtsbeziehungen zwischen Patient und Krankenhaus zusammenfasste, kann zur Rechtfertigung von eingreifenden Maßnahmen nicht mehr herangezogen werden. Mehrere Landesgesetze bestätigen das ausdrücklich und rechtlich zutreffend mit den Worten, der Untergebrachte unterliege „nur den in diesem Gesetz geregelten Beschränkungen" (Bln: § 29 S. 1; Bran § 20 Abs. 1 S. 1; Bre § 20 Abs. 1; Hmb: § 13 Abs. 3; MeVo: § 21 S. 1; RhPf § 17 Abs. 1 S. 1; Sachs § 19 Abs. 1 S. 1; SH § 12 Abs. 2 S. 1; Thü § 10 Abs. 1 S. 1).

248 Dagegen versuchen einige Landesgesetze, Eingriffe in Rechte der Patienten mittels einer **Generalklausel** zu ermöglichen (Hess § 17 Abs. 1 S. 1; Nds § 22 Abs. 1 S. 1; NW § 16 Abs. 1 S. 1; SaAn § 20 S. 1). Tatsächlich

7. Vollzug der Unterbringung   B

tauchten im Zuge der Entwicklung des Strafvollzugsrechts immer wieder Befürchtungen auf, dass es nicht gelingen könnte, alle erforderlichen Eingriffstatbestände zu formulieren, um den praktischen Anforderungen zu genügen. Selbst das Bundesverfassungsgericht hat im Jahre 1972 daran gedacht, dass für das nicht Vorhersehbare und nicht Formulierbare eine „eng begrenzte" Generalklausel als Auffangtatbestand erforderlich werden könnte (BVerfG NJW 1972, 811). Die seit dem Inkrafttreten des StVollzG am 1. 1. 1977 erfolgte Entwicklung des Vollzugsrechts hat jedoch ergeben, dass die Befürchtung unbegründet war. Die für den Strafvollzug in § 4 Abs. 2 S. 2 StVollzG eingeführte und auf das „Unerlässliche" beschränkte ergänzende Generalklausel wird praktisch nicht gebraucht. Deshalb leisten die vorerwähnten Generalklauseln nicht das, was sie leisten sollen. Ihr Zweck ist nicht eng begrenzt, sondern sie sollen Einzelregelungen ersetzen, die – wie die zuvor genannten Regelungen zeigen – ohne weiteres hätten formuliert und in die Landesgesetze eingefügt werden können. Dabei enthebt die Formulierung von Generalklauseln die Länder nicht von ihrer Pflicht, die erforderlichen Eingriffstatbestände lückenlos und exakt zu regeln. Generalklauseln erweisen sich danach als nichts anderes als die in das Gesetz eingestellte Behauptung, es gebe nach wie vor ein „besonderes Gewaltverhältnis im Krankenhaus", das Eingriffe in die Rechte der Patienten ermögliche. Das Fazit kann deshalb nur lauten: Wo das Landesrecht einen bestimmten Eingriffstyp nicht vorsieht, darf ein solcher Eingriff nicht vorgenommen werden; geschieht es dennoch, sollte ein davon Betroffener den Rechtsweg beschreiten (vgl. Kap. D S. 307) und entweder eine Vorlage nach Art. 100 GG erwirken oder nach Erschöpfung des Rechtswegs selbst eine Verfassungsbeschwerde einlegen.

Alle staatlichen Maßnahmen unterliegen dem **Grundsatz der Verhältnismäßigkeit.** Dieses Rechtsprinzip hat Verfassungsrang und gilt auch für den Vollzug der Unterbringung. Es verpflichtet die Krankenhäuser, Sicherheits- und Ordnungsmaßnahmen nur zu ergreifen, wenn dies wirklich unerlässlich ist. Beschränkungen müssen in einem angemessenen Verhältnis zu ihrem Zweck stehen und dürfen die Patienten nicht mehr und nicht länger als unbedingt notwendig beeinträchtigen. Insofern ist bei notwendigen Eingriffen von mehreren möglichen Maßnahmen die schonendste zu wählen. Am leichtesten lässt sich das mit den Worten umschreiben: **„nicht mehr Einschränkungen als unbedingt nötig".** Die meisten Landesgesetze haben diesen Grundsatz ausdrücklich aufgenommen (BW § 7 Abs. 1; Bay Art. 12 Abs. 1 S. 2, 19 Abs. 3; Bln: § 29 S. 2; Bran § 20 Abs. 1 S. 2; Bre § 20 Abs. 1 S. 2, 3: MeVo § 21 S. 2; Nds § 22 S. 2; NW § 16 Abs. 1 S. 2; RhPf § 17 Abs. 1 S. 2; Sachs § 19 Abs. 1 S. 2; SaAn § 20 Abs. 2; SH § 12 Abs. 2 S. 2 und Thü § 10 Abs. 1 S. 2, 3). 249

Maßnahmen zum Zweck der Aufrechterhaltung von Sicherheit oder Ordnung im Krankenhaus verlieren diese Eigenschaft nicht dadurch, dass ein Arzt sie zu einer **„ärztlichen Maßnahme"** erklärt. Der Umstand, dass alle Maßnahmen des Krankenhauses ungeachtet ihrer Eingriffsrichtung von dessen therapeutischen Auftrag durchdrungen sein sollten, kann die Eingriffsrichtung nicht ändern (vgl. Rn. 164f.), ganz abgesehen davon, dass auch die 250 im engeren Sinne ärztlichen Maßnahmen, wenn sie in Grundrechte der Patienten eingreifen, eine gesetzliche Ermächtigung brauchen. Ein „besonderes Gewaltverhältnis im weißen Kittel", das irgendwelche Maßnahmen rechtfertigen könnte, gibt es nicht.

251 Einer besonderen Erörterung bedarf die Eingriffsbefugnis **„aus Gründen der Behandlung"** oder „zum Schutz der Gesundheit" des Patienten. Hier liegt die Gefahr eines Etikettenschwindels und der vorwissenschaftlichen Anwendung nicht haltbarer Alltagstheorien besonders nahe. In Betracht kommen insoweit überhaupt nur abschirmende Maßnahmen; die eingreifende Zufügung eines Übels – etwa auf Grund lerntheoretischer oder pädagogischer Vorstellungen – verstößt immer gegen Art. 1 GG. Aber auch abschirmende und vorbeugende Maßnahmen, etwa bei Beschränkungen des Besitzes von Sachen, der Besuche oder des Schriftverkehrs, sind in der Praxis problematisch. Sie erfordern nämlich zwei Prognosen, die jeweils eine verlässliche Tatsachengrundlage brauchen, welche unter entsprechende Erfahrungssätze zu subsumieren ist (vgl. zu ähnlichen Prognosen Kapitel **A** S. 53 ff.), nämlich erstens: Wie wird der Gesundheitszustand des Patienten in Zukunft wahrscheinlich sein, wenn die ins Auge gefasste Maßnahme unterbleibt? Zweitens: Wie wird der Gesundheitszustand des Patienten in Zukunft voraussichtlich sein, wenn die ins Auge gefasste Maßnahme ergriffen wird? Erst wenn beides deutlich auseinanderklafft, ist der Eingriff rechtmäßig (vgl. *Volckart* BewH 1985, 24). Die weit verbreitete Praxis, jedes Nachdenken und jegliche Überprüfung einzustellen, sobald von Seiten des Krankenhauses „Behandlungsgründe" vorgebracht werden, ist durch nichts zu rechtfertigen.

252 **bb) Beschränkung des Besitzes von Sachen.** Was der Patient außerhalb des Krankenhauses besitzt, erwirbt oder veräußert, geht das Krankenhaus nichts an. Demgegenüber muss aber eine gesetzliche Möglichkeit bestehen, unter bestimmten Voraussetzungen in den unmittelbaren Besitz von Sachen im Krankenhaus einzugreifen.

Gründe der Ordnung im Krankenhaus kommen nur selten für ein Verbot von Sachen in Betracht. Immerhin kann es vorkommen, dass der **Umfang** dessen, was ein Patient im Krankenhaus bei sich haben will, dessen Möglichkeiten ganz erheblich übersteigt. Wenn er sich von der Notwendigkeit einer Selbstbeschränkung nicht überzeugen lässt, kann eine Beschränkung des Umfangs durch das Krankenhaus unvermeidlich sein. Ordnungsgründe können es unter Umständen auch rechtfertigen, einen Patienten, der durch allzu laute Benutzung seines eigenen Radios, Fernsehapparats oder CD-Players die Mitpatienten **unzumutbar stört,** auf die Benutzung von Kopfhörern zu verweisen. **Gefährliche Sachen** können ausgeschlossen werden. Hierbei ist allerdings zu beachten, dass kein Gegenstand für sich allein gefährlich ist; er kann es immer nur in den Händen einer bestimmten Person sein. Deshalb erfordert jeder Eingriff in den Besitz eine konkrete, persönlichkeitsbezogene Gefahrenprognose. Dies gilt für Sachen, die der Patient in das Krankenhaus mitgebracht hat, die er während des Krankenhausaufenthalts erwirbt, die ihm von Besuchern mitgebracht oder in Paketen übersandt werden. Gleiches gilt auch für die Kleidung des Patienten. So darf einem

7. Vollzug der Unterbringung

Patienten, der früher immer wieder durch krankheitsbedingte Gewalttätigkeiten mit Fußtritten aufgefallen ist, das Tragen von Clogs oder schweren Stiefeln untersagt werden. Befindet sich allerdings ein Gegenstand mit Genehmigung des Krankenhauses bereits im Besitz des Patienten, besteht nach den Grundsätzen des Vertrauensschutzes auch ein Recht auf Bestandsschutz. Zu Durchsuchungen vgl. Rn. 263.

Die Bestimmungen der Landesgesetze differenzieren, indem für einen 253 Eingriff in den Besitz von Sachen teils eine „erhebliche" oder „schwerwiegende" befürchtete Störung, teils eine gewöhnliche Gefahr vorausgesetzt wird, letzteres zumeist bei befürchteten Nachteilen für die Gesundheit des Patienten. Die Gesetze von BW und Saar verzichten völlig auf das Wort „erheblich". Alle Landesgesetze stehen aber unter dem in Rn. 249 behandelten Grundsatz „nicht mehr als nötig", was zur Konsequenz hat, dass überall allenfalls bei einer erheblichen Gefahr eingegriffen werden darf. Die Landesgesetze: BW § 9; Bay Art. 14; Berl § 31 Abs. 2; Bran § 22 Abs. 1 S. 2; Bre § 26 Abs. 1 S. 2, Abs. 2; Hmb § 19; MeVo § 24 Abs. 2 S. 2; Nds § 23; NW § 19 S. 2; RhPf § 21 Abs. 2 S. 2; Saar § 15 Abs. 1 S. 1; Sachs § 24; SaAn § 21 Abs. 2; Thü § 17 Abs. 1 S. 2, Abs. 2.

cc) **Besuchsbeschränkungen.** Wenn Besuche durch eine Hausordnung 254 auf gewisse Tageszeiten konzentriert werden, handelt es sich grundsätzlich noch nicht um einen beschränkenden Eingriff. Anders wäre es aber, wenn ein Angehöriger beispielsweise berufsbedingt oder wegen schlechter Verkehrsverbindungen nur außerhalb der vorgesehenen Besuchszeiten zum Krankenhaus kommen könnte. Besuchszeiten und Besuchsdauer müssen deshalb flexibel geregelt werden, um den unterschiedlichen Bedürfnissen der Besucher möglichst entgegen zu kommen. Wegen des Verhältnismäßigkeitsgrundsatzes müssen **Eingriffe in den Besuchsverkehr** aus einer Reihe abgestufter Maßnahmen bestehen. Die erste, am wenigsten belastende Maßnahme besteht darin, dass sich der Besucher durchsuchen lässt. Die nächste Stufe, die einer gesetzlichen Regelung bedarf, besteht in der nur optischen, eine weitere in der zugleich akustischen Überwachung des Besuchs. Erst wenn ersichtlich keine dieser Maßnahmen ausreicht, um der Gefahr zu begegnen, darf ein Besuch untersagt werden. Letzteres wird jedoch kaum in Betracht kommen, weil Besuche die wichtigsten Außenkontakte der Patienten sind. Selbst wenn das Krankenhaus also einen konkreten Grund für die Annahme hat, dass ein Besucher den Besuch missbrauchen und einen gefährlichen oder verbotenen Gegenstand wie eine Waffe oder Rauschmittel einschmuggeln will, ist dem Ausschluss des Besuchers der weniger einschneidende Eingriff vorzuziehen, indem der Besuch von einer Durchsuchung des Besuchers abhängig gemacht wird. Allenfalls konkret drohenden Übergriffen des Besuchers, denen nicht anders vorgebeugt werden kann, darf das Krankenhaus durch einen Ausschluss zuvorkommen. Bei einem tatsächlichen Missbrauch darf ein Besuch nach vorheriger Androhung notfalls abgebrochen werden. In jedem Fall ist eine gesetzliche Ermächtigung erforderlich. Ein vermeintlicher „antitherapeutischer Einfluss" des Besuchers hält kaum jemals näherer Überprüfung stand (vgl. BVerfG R&P 2008, 223; zu den hierbei erforderlich werdenden Prognosen vgl. Rn. 251, *Volckart*

BewH 1985, 24). Deshalb ist noch einmal darauf hinzuweisen, dass die früher angeblich zur Vorbeugung gegen schädliche Einflüsse übliche Unterbindung jeglicher Kommunikation stets eine Ursache großer, zusätzlicher Leiden war (vgl. *Porter* 1999). Selbst wenn die Ländergesetze kein **Angehörigenprivileg** (vgl. § 25 Ziff. 2 StVollzG) kennen, ist bei Einschränkungen von Besuchen durch Angehörige wegen des besonderen Grundrechtsschutzes durch Art. 6 GG ein besonders strenger Maßstab anzulegen.

255 **Bestimmte Besuche dürfen nicht beschränkt werden**, unabhängig davon, ob das Landesgesetz dies ausdrücklich vorsieht oder nicht. Wer die gesetzliche Aufgabe hat, den Patienten in der Unterbringungssache allgemein oder in einer Angelegenheit des Unterbringungsvollzugs zu vertreten, muss ihn uneingeschränkt besuchen dürfen. Dies gilt für den gesetzlichen Vertreter bzw. Betreuer oder einen Rechtsanwalt, aber auch für einen für den Patienten in einem Strafverfahren tätigen Verteidiger (vgl. *Kammeier/ Lesting* 2010, Rn. C 30; AK-StVollzG/*Joester/Wegner* § 26 Rn. 8). Bei ausländischen Patienten darf der Besuch eines Angehörigen seiner konsularischen Vertretung schon aus völkerrechtlichen Gründen nicht unterbunden werden.

256 Die landesrechtlichen Regelungen für Eingriffe in das Besuchsrecht sind: BW § 9; Bay Art. 15 Abs. 2–5; Berl § 33; Bran § 24; Bre § 28 Abs. 2–4; Hmb § 19; MeVo § 26; Nds § 23; NW §§ 22, 19 S. 2; RhPf § 23; Saar § 15 Abs. 1; Sachs § 25 Abs. 2–5; SaAn § 21 Abs. 2; SH §§ 18, 22; Thü § 19.

257 **dd) Eingriffe in den Schriftverkehr.** Alle Landesgesetze enthalten zum Teil sehr eingehende Bestimmungen über Eingriffe in den **Schriftverkehr,** die meisten auch entsprechende Regelungen zu Telefongesprächen. Die großen Unterschiede zwischen den Bestimmungen zeigen, dass auch großzügigere Regelungen praktikabel sind. Dementsprechend ist die tatsächliche Bedeutung der Postkontrolle gering. Wegen der Grundrechte des Patienten und des Schutzes seiner Privatsphäre, müssen Eingriffe auf seltene Ausnahmen beschränkt bleiben. Der Detailreichtum mancher Regelungen ist allenfalls historisch zu erklären (vgl. Vorauflage). Viele Landesgesetze widersprechen dem Verhältnismäßigkeitsgrundsatz (vgl. Rn. 249) und gehen über das notwendige Maß weit hinaus. Hess § 18 Abs. 1 lässt sogar die Unterbindung des Schriftverkehrs „im wohlverstandenen Interesse" des Patienten oder eines Dritten zu. Vorbildlich ist demgegenüber die jetzige Regelung Nds § 25, auf die ausdrücklich hingewiesen werden soll.

258 Auch in den anderen Bundesländern gehen die meisten Krankenhäuser heute mit der gebotenen Zurückhaltung vor. Die wesentlich weiter gehenden landesrechtlichen Vorschriften müssen im Lichte des Verhältnismäßigkeitsgrundsatzes und der unter Rn. 259 aufgeführten Rechtsprechung des Bundesverfassungsgerichts einschränkend ausgelegt werden. Mit dem Verhältnismäßigkeitsgrundsatz ist ein Anhalten des Schriftverkehrs auf Grund des bloßen Verdachts eines dem Patienten gesundheitlich nachteiligen oder der Sicherheit der Einrichtung erheblich abträglichen Inhalts nicht zu vereinbaren (OLG Jena R&P 2004, 109). Bei den Landesregelungen handelt sich um folgende Bestimmungen: BW § 10 Abs. 2; Bay Art. 16 Abs. 3; Berl § 34 Abs. 3; Bran § 25 Abs. 2; Bre § 27 Abs. 2–7; Hmb § 20; Hess § 18;

7. Vollzug der Unterbringung **B**

MeVo § 27 Abs. 3; Nds § 25 Abs. 2; NW § 21 Abs. 3; RhPf § 24 Abs. 2; Saar § 15 Abs. 1; Sachs § 26 Abs. 4; SaAn: § 22 Abs. 2, Abs. 3 S. 2, 3; SH: § 18; Thü § 20 Abs. 2. Das Amtsgericht ist im Beschwerdeverfahren nach § 327 FamFG auf eine Kontrolle der vom Klinikleiter angeordneten Eingriffe beschränkt und nicht befugt, in eigener Zuständigkeit Beschränkungen anzuordnen (OLG Hamm BtPrax 2008, 178).

ee) Verwertung von Erkenntnissen. Zur Verwertung von Erkenntnissen aus der Briefkontrolle und einer durchgeführten akustischen Überwachung von Besuchen ist noch einmal mit Nachdruck auf das allgemeine Persönlichkeitsrecht und die Menschenwürde hinzuweisen. Der betroffene Patient wird eine Verwertung als Vertrauensbruch und Verletzung seiner Intimsphäre empfinden. Die legitimen psychiatrischen und psychologischen Erkenntnisquellen sind das Gespräch, wenn der Patient es führen will, die Befragung anderer, wenn sie sich äußern wollen sowie Tests und körperliche Untersuchungsmethoden, wenn der Patient sich ihnen unterziehen will oder wenn das Gesetz die körperliche Untersuchungsmethode zulässt. Die **Unterbringung ist nicht dazu da, in den letzten Rest von Privatheit einzudringen,** der dem psychisch Kranken noch geblieben ist, seine brieflichen Äußerungen auszuschnüffeln oder ihn daran zu hindern, sich in seinen Briefen an Menschen, zu denen er vertrauliche Beziehungen unterhält, frei und ohne besondere Vorsicht zu äußern. Was jemand im vertraulichen Familienkreis äußert, gehört zum verfassungsrechtlich geschützten Bereich freier Meinungsäußerung, selbst wenn es gegenüber fremden Adressaten als drastisches „Dampf ablassen" eine strafbare Beleidigung wäre. Gegenüber Vertrauten darf man ungehindert schimpfen und auch lügen. Werden solche Äußerungen in der Post gelesen oder bei der Besuchsüberwachung gehört, gilt nichts anderes, da die Äußerungen ihren vertrauliche Natur behalten. Der früher im Strafvollzug mit dem Anhalten der Post geübten Selbstjustiz der Vollzugsbehörden, auch wenn sie „pädagogisch" mit der Erklärung bemäntelt wurde, der Insasse solle sich an ein ordentlichen Benehmen gewöhnen, hat das Bundesverfassungsgericht in zahlreichen Entscheidungen ein Ende bereitet: Die Kontrollmöglichkeiten der Vollzugsbehörden ändern nichts an dem privaten und vertraulichen Charakter der Mitteilung (BVerfG StV 1995, 144; ZfStrVo 1995, 302; StV 1997, 265; vgl. Kammeier/*Lesting* 2010 Rn. G 35). Dasselbe gilt auch im psychiatrischen Vollzug. Eine Verwertung von Erkenntnissen aus vertraulichen Äußerungen kommt nur dann in Betracht, wenn sich aus ihnen ergibt, dass die Sicherheit des Krankenhauses oder eine Person erheblich gefährdet ist, oder wenn sie auf die Verübung einer Straftat hindeuten (vgl. § 108 Abs. 1 StPO). Für die Behandlung des Patienten sind solche Äußerungen unverwertbar. Von den Landesgesetzen haben Bran § 25 Abs. 3; Nds § 25 Abs. 5; Sachs § 28 und SaAn § 22 Abs. 5 zurückhaltende Bestimmungen getroffen. Die übrigen, rechtlich fehlerhaften gesetzlichen Regelungen sind: BW § 10 Abs. 2; Bay Art. 16 Abs. 3; Bre § 27 Abs. 2; Hmb § 20 Abs. 5; RhPf § 25 und Thü § 21 Abs. 1.

ff) Anordnungsbefugnisse, Duldungspflicht und unmittelbarer Zwang. Die Ländergesetze müssen eine Bestimmung enthalten, wonach der Patient **Anordnungen** des Leiters des Krankenhauses oder seiner Bediensteten, die zur Aufrechterhaltung von Ordnung oder Sicherheit unerlässlich sind, **zu befolgen hat** (vgl. § 82 Abs. 2 StVollzG). Was soll man tun, wenn ein Patient nach einem Gespräch mit dem Krankenhausleiter nicht in seine Wohngruppe zurückgehen will, sondern schimpft und schreit, sich auf den Boden legt und erklärt, hier werde er bis zum nächsten Tag bleiben? Dass alle Krankenhäuser sich in dieser Situation so verhalten, als gäbe es die vorerwähnte Bestimmung, macht sie nicht überflüssig. Es beweist vielmehr, wie sehr sie gebraucht wird. Die Landesgesetzgeber haben in diesem Punkt ihre Aufgabe verfehlt, wohl weil es ihnen anrüchig erschien, den untergebrachten Patienten eine Gehorsamspflicht aufzuerlegen. Genau darum geht es aber in jedem Freiheitsentzug, und eine Terminologie, die das beschönigt, verschleiert die Tatsachen. In mehreren Gesetzen findet sich die Formulierung, der Patient sei „aus Gründen der Sicherheit und Ordnung zur Duldung von Zwangsmaßnahmen verpflichtet". Das löst die Probleme nicht. Es kann in dem vorerwähnten Beispiel nicht darum gehen, gegen den schwierigen Patienten so lange irgendwelche Sanktionen zu verhängen (welche denn, wenn keine vorgesehen sind?), bis er endlich nachgibt und es „duldet", dass ein Pfleger ihn in seine Wohngruppe bringt. Vielmehr erscheinen gegen 19.30 Uhr zwei kräftige Krankenpfleger, greifen dem Patienten unter die Arme und bringen ihn in sein Zimmer, ob er das nun „duldet" oder nicht. Die entsprechenden Vorschriften sind deshalb im Wege der Auslegung als Anordnungs- und Durchsetzungsbefugnisse zu deuten. Allein Bran hat mit § 20 Abs. 1 S. 3 die rechtlich zutreffende Vorschrift. Zum unmittelbaren Zwang: BW § 12; Bay Art. 19; Berl § 29 S. 3, 4; Bran § 19 Abs. 2; Bre § 33; RhPf § 19; Sachs § 23; SH § 17; Thü § 16.

261 **gg) Besondere Sicherungsmaßnahmen.** Gelegentlich kommt es vor, dass ein Patient wegen seines krankheitsbedingten Verhaltens zeitlich begrenzten **Eingriffen** unterworfen werden muss, **die weit über den mit der Unterbringung verbundenen Freiheitsentzug hinausgehen.** Das kann unvermeidbar sein, wenn der Gefahr des Entweichens oder erheblicher Gewalttätigkeiten gegen sich oder andere anders nicht begegnet werden kann. So kann es vorkommen, dass man einen Patienten, der tobt, in einem besonderen Raum absondern oder sogar fesseln („fixieren") muss, dass man ihm praktisch alle Sachen, die er sonst haben darf, wegnehmen und sein Recht auf täglichen Aufenthalt im Freien beschränken muss. Wo die Landesgesetzgeber die psychiatrischen Krankenhäuser im Stich gelassen haben, muss versucht werden, solche Krisensituationen mit verstärktem Personaleinsatz zu bewältigen solange nicht die Grenze erreicht ist, von der an die Mittel der Notwehr (§ 32 StGB), der Nothilfe und des rechtfertigenden Notstands (§ 34 StGB) zur Verfügung stehen (OLG Schleswig R&P 1991, 37). Die notwendigen Regelungen für besondere Sicherungsmaßnahmen haben Bln § 29a; Bran § 21; Bre § 31; Hmb § 18 (nur Fixierung); MeVo § 22; NW § 20; RhPf § 17 Abs. 2; Sachs § 31; SaAn § 19; SH § 16 und Thü § 14 normiert.

262 Eine Fixierung des Patienten ist zwar manchmal unvermeidlich, zumal in akuten Notfällen oder als Alternative zu einer Medikation, wenn diese im Einzelfall als der schwerere Eingriff erscheint (vgl. Rn. 190, 210). Eine Fi-

7. Vollzug der Unterbringung

xierung ist aber mit erheblichen Gefahren für den Patienten auch in körperlicher Hinsicht verbunden. Sie erfordert deshalb besondere Sorgfalt, ständige Beobachtung und sofortige Beendigung, wenn sie nicht mehr zwingend nötig ist. Von den Landesgesetzen entsprechen Bran § 21, Bre § 31 Abs. 3 und NW § 20 Abs. 2 diesem modernen Standard.

hh) Durchsuchung. Es gehört zu den vollzugsrechtlichen Notwendigkeiten, dass das Krankenhaus in der Lage sein muss, unter Umständen die Sachen des Patienten zu durchsuchen, aber auch eine körperliche Durchsuchung vorzunehmen. Obwohl ein grundrechtlicher Schutz des Patienten an der Ungestörtheit in seinem Wohnbereich anzuerkennen ist, bedarf eine Durchsuchung seiner Sachen keiner besonderen gesetzlichen Ermächtigung, da der Schutzbereich des Art. 13 GG das Patientenzimmer nach herrschender Meinung nicht umfasst (vgl. (BVerfG NJW 1996, 2643). Verfügt der Patient über verschließbare Behältnisse, darf das Krankenhaus darauf bestehen, einen Schlüssel zu besitzen (vgl. hierzu Rn. 224). Bei der körperlichen Durchsuchung handelt es sich um einen über den bloßen Freiheitsentzug hinausgehenden Eingriff, so dass insoweit eine gesetzliche Ermächtigung erforderlich ist, was allerdings nur wenige Landesgesetzgeber wahrgenommen haben. Die Krankenhäuser sollten die Maßnahmen mit großer Zurückhaltung anwenden und auf das unbedingt Notwendige beschränken, um ihre Patienten nicht in eine therapiefeindliche Verbitterung zu drängen. Die im Folgenden aufgeführten Landesgesetze schreiben eine solche Beschränkung auf das Erforderliche oder auf die Voraussetzung einer Gefahr für die Sicherheit oder Ordnung des Krankenhauses vor: Bre § 32; RhPf § 18; Sachs § 32 und Thü § 15. 263

ii) Disziplinarmaßnahmen. Irgendwelche **Sanktionen** wegen eines schuldhaften **Fehlverhaltens** eines Patienten darf das Krankenhaus grundsätzlich nicht verhängen, da eine gesetzliche Regelung für Disziplinarmaßnahmen fast überall fehlt. Die Landesgesetzgeber haben die psychiatrischen Krankenhäuser insoweit wohl wegen der verfehlten Annahme, das Krankenhaus werde anderenfalls in die Nähe des Gefängnisses gerückt, im Stich gelassen (zur vergleichbaren Situation im Maßregelvollzug: *Lindemann* 2004; OLG Hamburg R&P 2007, 203 m. Anm. *Lindemann*). Dennoch dürfen die Krankenhäuser die fehlende Ermächtigungsgrundlage nicht dadurch umgehen, dass die Sanktion als Behandlungsmaßnahme oder „ärztliche Maßnahme" bezeichnet wird (vgl. BVerfG R&P 2008, 46; Volckart/*Grünebaum* 2009, 130; Kammeier/*Wagner* Rn. D 50). Ein solcher Etikettenschwindel ist dennoch weit verbreitet; auf die Ausführungen oben Rn. 164f. wird deshalb besonders hingewiesen. 264

jj) Hausordnung und Hausrecht. Eine Hausordnung kann niemals selbst eine rechtfertigende Grundlage für einen Eingriff in die Rechte des Patienten bieten, sondern allenfalls eine nähere Ausgestaltung auf der Grundlage einer gesetzlichen Regelung vornehmen. Wenn eine Hausordnung dagegen Ansprüche auf begünstigende Maßnahmen regelt, kann sich der Patient darauf aus dem Gesichtspunkt der „Selbstbindung des Ermessens" berufen. Als Beispiele seien genannt: Tagesablauf, Ordnung des Einkaufs, Besuchszeiten, Benutzung des Telefons, Gottesdienste, Sprechstunden des 265

Krankenhausleiters etc. Eine besondere gesetzliche Erlaubnis zum Erlass solcher Hausordnungen oder Stationsordnungen ist nicht erforderlich. Mehrere Länder sehen ausdrücklich Hausordnungen vor und bestimmen, welche Maßnahmen darin näher geregelt werden sollen: Bay Art. 20; Berl § 39; Bran § 28; Bre § 30: MeVo § 29; RhPf § 28; SH § 15 („Satzung"); Thü § 23.

266 Ein vermeintliches **Hausrecht** des Krankenhausleiters rechtfertigt gegenüber den Patienten gar nichts. Krankenhaus und Patient stehen zueinander in einem öffentlich-rechtlichen Dauerrechtsverhältnis, so dass der Krankenhausleiter an dessen Regelungen gebunden ist. Er kann den Patienten nicht aus dem Krankenhaus hinauswerfen, was als einzige „hausrechtliche" Sanktion in Betracht käme. Auch gegenüber Besuchern des Patienten gibt es keine Hausrechtsbefugnisse, weil Besuche ein Gegenstand des Vollzugsrechts sind. Die Ausübung des Hausrechts kommt allenfalls gegenüber Lieferanten und gegenüber Besuchern des Krankenhauses in Betracht.

267 g) **Akteneinsicht.** Im Bereich des Arztvertragsrechts hat die Rechtsprechung lange Zeit hinsichtlich des Anspruchs auf Einsichtnahme in die Krankenunterlagen psychiatrisch oder psychotherapeutisch behandelter Patienten einen „therapeutischen Vorbehalt" anerkannt (vgl. *Martis/Winkhart* 2010, 600 ff.). Nach Abschluss einer entsprechenden Behandlung stand danach den Patienten gegenüber dem Arzt nur ein Anspruch auf Einsichtnahme in die ihn betreffenden Krankenunterlagen zu, soweit sie Aufzeichnungen über objektive physische Befunde und Berichte über Behandlungsmaßnahmen betreffen. Der Grund für diese Beschränkung liege in der Natur des psychiatrischen Behandlungsvertrages, der im Interesse des Arztes, des Patienten und dritter Personen, deren Angaben über den Patienten zur Krankheitsgeschichte gehören, die Zurückhaltung weiterer ärztlicher Aufzeichnungen gebiete. Es bestehe das Risiko, dass die psychischen Störungen und medizinischen Bewertungen fehlerhaft verarbeitet würden, wenn der Patient ohne ärztlichen Rat Einsicht in seine Krankengeschichte nehme. Es kann dahinstehen, ob diese Ansicht angesichts neuerer Entwicklungen und veränderter verfassungsrechtlicher Anschauungen (vgl. BVerfG NJW 2006, 1116) überhaupt noch haltbar ist. Sie gilt jedenfalls nicht (mehr) im öffentlichen Arztrecht. **Das Unterbringungsrecht lässt eine Geheimhaltung grundsätzlich nicht zu.**

268 Gegenüber einem privat-rechtlichen Arzt-Patienten-Verhältnis hat ein Untergebrachter ein besonders starkes verfassungsrechtlich geschütztes Interesse an der Einsichtnahme in seine Krankenakte (BVerfG NJW 2006, 1116). In der Unterbringung ist das Selbstbestimmungsrecht des Behandelten durch die Verweigerung des Zugangs zu entscheidenden Teilen der eigenen Krankenunterlagen wesentlich intensiver berührt als in einem privatrechtlichen Behandlungsverhältnis, in dem der Betroffene sein Selbstbestimmungsrecht dadurch ausüben kann, dass er das Behandlungsverhältnis wechselt. Die mit einer nur beschränkten Einsicht verbundene Missbrauchsgefahr wiegt in der Unterbringung wesentlich schwerer, weil hier vom Inhalt und damit auch von der ordnungsgemäßen Führung der Krankenakten Entscheidungen über die Freiheit des Untergebrachten und über das Ausmaß der Freiheitsbeschrän-

7. Vollzug der Unterbringung

kungen im Vollzug abhängen. Vor diesem Hintergrund besteht an der umfassenden Akteneinsicht in der Unterbringung ein besonders starkes, verfassungsrechtlich geschütztes Interesse, welches die entgegenstehenden Interessen der behandelnden Therapeuten überwiegt. Danach müssen untergebrachte Patienten, die das wünschen, Gelegenheit zur Akteneinsicht haben, um zu erfahren, was mit ihnen geschieht. Von den Landesgesetzen, die Bestimmungen über die Akteneinsicht enthalten, kann allenfalls Hmb § 32 befriedigen; eine Ablehnung ist hier nur zulässig, wenn eine Verständigung mit dem Patienten wegen seiner Krankheit nicht möglich ist. Die übrigen Ländervorschriften sind: Berl § 15; Bran § 20 Abs. 5; MeVo § 44 Abs. 2. Alle sehen die Möglichkeit der Ablehnung vor, wenn die Einsicht dem Patienten gesundheitlich schaden könnte. Auf die Unhaltbarkeit des sog. „therapeutischen Verschweigens" ist bereits hingewiesen worden (vgl. oben Rn. 181 und Kap. D S. 281). Auch Beschränkungen zum Schutz Dritter sind nicht zu rechtfertigen, denn das Interesse des Betroffenen geht infolge der wesentlich stärkeren Beeinträchtigung seiner Grundrechte allemal vor. Der Betroffene muss wissen können, was das Krankenhaus über ihn weiß oder zu wissen meint, um seine Rechte angemessen wahrnehmen zu können. Die **Krankenunterlagen,** auf die sich das Einsichtsrecht bezieht, sind sowohl die die Behandlung i. e. S. betreffenden Krankenakten, Krankenblätter u. ä. als auch die Patientenakten der Krankenhausverwaltung. Das Einsichtsrecht steht nicht nur dem Patienten selbst zu, sondern unter der Voraussetzung, dass er das Krankenhaus von der therapeutischen Verschwiegenheit entbunden hat, auch einem Betreuer mit dem entsprechendem Aufgabenkreis und seinem Rechtsanwalt in der Unterbringungssache.

h) Beschwerdestellen, Besuchskommissionen, Patientenfürsprecher. Zu jeder gesetzlichen Regelung von Verwaltungshandeln gehört auch dessen **Kontrolle.** Sie tritt den Rechtsregeln nicht von außen hinzu, sondern muss als Bestandteil desselben Systems verstanden werden (vgl. Kap. **D** S. 308). Kein Gemeinwesen kann damit rechnen, dass erlassene Gesetze auch tatsächlich angewandt werden, wenn nicht eine effektive Kontrolle vorgesehen ist. Die gerichtliche Kontrolle von Vollzugsverwaltungsmaßnahmen in der Unterbringung nach § 327 FamFG auf Antrag von Patienten reicht für diesen Zweck bei weitem nicht aus (vgl. Kap. **D** S. 317). Deshalb hat die Mehrheit der Bundesländer Organe geschaffen, die zusätzlich zur gerichtlichen Kontrolle und zu der im Rechtsstaat selbstverständlichen Selbstkontrolle durch die Aufsichtsbehörden Kontrollaufgaben wahrnehmen, und die Wünsche, Anregungen und Beschwerden der Patienten anhören. 269

In den meisten Fällen werden diese Kontrollorgane als **„Besuchskommissionen"** bezeichnet. Diese Kommissionen haben sich gelegentlich als durchaus effektiv erwiesen, am wenigsten allerdings auf dem Gebiet der Verrechtlichung des Unterbringungsvollzugs durch das Vollzugsrecht. Der Grund dafür dürfte darin zu suchen sein, dass die Unterbringung dem Bereich der Gesundheitsverwaltung und folglich dem entsprechenden Ressort der Landesregierungen angehört und man dort wenig geneigt ist, sich aus dem Bereich der Justizverwaltung (und gar des Justizvollzugs) sachverständigen Rat zu holen. Das hat sich auch auf die Zusammensetzung der Besuchs- 270 kommissionen ausgewirkt. Die Landesregelungen sind: Bay Art. 21; Berl § 38; Bran § 33; Bre § 36; Hmb § 23; MeVo § 31; Nds § 30; NW § 23; RhPf § 3; Sachs § 3; SaAn § 29; SH § 26; Thü § 24. Zu den erweiterten Befugnissen der Besuchskommission nach dem neuen BranPsychKG (Erweiterung des Personenkreises, Einsichtsrecht in Stellenpläne) vgl. *Hauk* R&P 2009, 174.

271 Einige Bundesländer haben zusätzliche Einrichtungen, an die die Patienten sich wenden können („Beschwerderecht": Bran § 32; Bre § 37) und die als Beschwerdestellen oder Patientenfürsprecher bezeichnet werden. Ihre Aufgabe liegt darin, sich der Schwierigkeiten und Defizite im Einzelfall anzunehmen, Hilfe zu leisten und Patienten bei der Wahrnehmung ihrer Interessen, auch was die Rehabilitation anbelangt, und ihrer Rechte zu unterstützen. In NW hat sich diese Form der Kontrolle als durchaus wirksam erwiesen (vgl. *Lesting* R&P 1998, 33). Es handelt sich um folgende Bestimmungen: Berl § 40; NW § 24, Sachs § 4 und Thü § 25.

272 **i) Rehabilitation.** Krankenhäuser und Gesundheitsbehörden haben über den Aufenthalt des Patienten im Krankenhaus hinaus die Aufgabe, darauf hinzuwirken, dass der Patient sich **wieder eingliedern** kann, dass erneute Verschlimmerungen der Krankheit vermieden und ihre Folgen gemildert werden. Das umfasst insbesondere Entlassungsvorbereitungen und nachsorgende Hilfe. § 10 SGB I stimmt hierin mit § 1901 Abs. 4 BGB inhaltlich überein. Folgende Landesgesetze haben besondere Vorschriften über die Nachsorge: Bre § 39 f.; Hmb § 25; MeVo § 35; NW § 27 f.; RhPf § 31; Thü § 28.

8. Kosten der Unterbringung

273 **a) Kosten der verschiedenen Verfahrensabschnitte.** Um die durchaus divergierenden Kostenregelungen der Bundesländer zu durchschauen, ist es zunächst erforderlich, sich die verschiedenen Verfahrensabschnitte zu vergegenwärtigen (vgl. Kap. **A** S. 13), denn in jedem dieser Abschnitte fallen Kosten an. Es gilt also zu unterscheiden zwischen 1. den Kosten, die im **vorbereitenden Verwaltungsverfahren** der Gesundheitsbehörde entstanden sind, 2. den Kosten des **gerichtlichen Verfahrens**, 3. den Kosten der **Vollstreckung** der gerichtlichen Anordnung der Unterbringung und 4. den Kosten des **Vollzugs**, also denjenigen Kosten, die im Krankenhaus anfallen. Auch an dieser Stelle wird deutlich, dass systematische Trennung und exakte Begrifflichkeit unerlässlich sind.

274 Während die Kosten der Gesundheitsbehörde (1. und 3. in Rn. 273) und die Kosten des Krankenhauses als landesbehördliche Kosten der Landesgesetzgebung zugänglich und hier näher zu erörtern sind, bestehen für die Kosten des gerichtlichen Verfahrens (2. in Rn. 273) Regelungen durch Bundesgesetz, nämlich durch § 128 b KostO und § 337 FamFG. Insoweit kann auf die Kommentierung zu § 337 verwiesen werden.

275 **b) Kosten des vorbereitenden Verwaltungsverfahrens.** Die meisten Länder erheben für die im vorbereitenden **Verwaltungsverfahren** anfallenden Arbeiten weder Gebühren noch Auslagen. Sie bestimmen dies entweder

8. Kosten der Unterbringung

ausdrücklich (BW § 16; Bre § 50 Abs. 1; Hmb § 35; RhPf § 37; Saar § 16 Abs. 3; Sachs § 37; SH § 32) oder sie haben darüber einfach keine Regelung (Bay; Hess; MeVo; Nds; NW; SaAn). Einige Länder überbürden die im vorbereitenden Verwaltungsverfahren anfallenden Kosten für Untersuchungen auf den Betroffenen und damit im Ergebnis auf dessen Krankenversicherung, wenn es sich um ein versichertes Risiko handelt, und auf dessen Unterhaltspflichtigen, wenn der Betroffene selbst nicht leistungsfähig ist (Berl § 49; Bran § 35; Thü § 40 Abs. 2).

c) **Kosten der Vollstreckung.** Die Kostenregelungen für den Verfahrensabschnitt der **Vollstreckung** sind denen für das vorbereitende Verwaltungsverfahren sehr ähnlich, aber nicht damit identisch. Sie befassen sich ausschließlich mit den Transportkosten, also nicht mit weiteren Kosten, wie sie etwa durch die Suche nach dem Betroffenen oder durch das Öffnen seiner Haustür anfallen können. Ausdrücklich keine Vollstreckungskosten erheben BW § 16; Sachs § 37; SH § 32. Keine Kostenregelung für die Vollstreckungskosten haben Berl; Bran; Bre; MeVo; Nds; NW; Saar; SaAn und Thü. Folgende Länder überbürden die Transportkosten auf den Betroffenen und damit meist im Ergebnis auf den ihm zum Unterhalt Verpflichteten: Bay Art. 25 Abs. 1 S. 1; Hmb § 34 Abs. 1; Hess § 31 und RhPf § 38 Abs. 1. **276**

d) **Kosten des Vollzugs der Unterbringung.** Alle Bundesländer bestimmen, dass der Betroffene grundsätzlich die Kosten des Vollzugs seiner Unterbringung zu tragen hat, und alle schließen daran mehr oder weniger vollständig die Erwähnung Dritter an, die an Stelle des Betroffenen für diese Kosten einzustehen haben: den Sozialversicherungsträger (Kranken- oder Rentenversicherung), eine private Krankenversicherung oder ein Unterhaltspflichtiger kraft Gesetzes oder auf Grund Vertrages, ja, sogar den Träger der Sozialhilfe. Alle diese Erwähnungen Dritter sind überflüssig. Ihre Verpflichtungen sind bundesgesetzlich geregelt, vorausgesetzt, dass der Betroffene überhaupt grundsätzlich die Vollzugskosten zu tragen hat. Man könnte allenfalls daran denken, dass die Länder, die in ihren Kostenbestimmungen die dem Betroffenen unterhaltspflichtigen Personen erwähnen, einen gegen diese gerichteten eigenständigen Anspruch schaffen wollten, was z.B. den Lauf einer besonderen Verjährungsfrist zur Folge hätte. Aber ihre Aufführung neben dem versicherungsrechtlichen Kostenträger spricht gegen eine solche Auslegung. Man hat wohl nur sicherstellen wollen, dass die Auferlegung der Vollzugskosten auf den Betroffenen die erwähnten Dritten nicht etwa freistellt. Auf die Besonderheiten bei ungerechtfertigten Unterbringungen wird im folgenden Absatz eingegangen. Die grundsätzlich den Betroffenen belastenden Kostenbestimmungen sind: BW § 17; Bay Art. 25 Abs. 1; Berl § 49; Bran § 35; Bre § 50 Abs. 3; Hmb § 34 Abs. 1; Hess § 31; MeVo § 45; Nds § 37 Abs. 1; NW § 32 Abs. 1; RhPf § 38 Abs. 1; Saar § 16; Sachs § 36 Abs. 1; SaAn § 32 Abs. 1; SH § 33 Abs. 1 und Thü § 40 Abs. 2. **277**

Einige Bundesländer haben es bei der Auferlegung der Kosten auf den Betroffenen auch dann belassen, wenn sich später herausstellt, dass die Unterbringung nicht gerechtfertigt war. Die missliche Konsequenz ist, dass die Betroffenen darauf angewiesen sind, dem Anspruch der Gesundheitsbehörde einen Schadensersatzanspruch aus Amtspflichtverletzung nach Art. 34 GG, **278**

§ 839 BGB entgegenzuhalten (vgl. BGH R&P 2003, 214 m. Anm. *Marschner;* KG R&P 1996, 86 m. Anm. *Schulz;* LG Marburg R&P 1996, 137; LG Frankfurt NJW 1988, 1528; LG Berlin R&P 1988, 29). Es handelt sich insoweit um die Länder BW; Berl; Bran; Hess und Saar. Demgegenüber trägt nach den folgenden Bestimmungen das Land die Vollzugskosten, wenn die Voraussetzungen der Unterbringung zum Zeitpunkt ihrer Anordnung nicht gegeben waren: Bay Art. 25 Abs. 2; Bre § 50 Abs. 4; MeVo § 45 Abs. 2; Nds § 37 Abs. 2; NW § 32 Abs. 2; RhPf § 38 Abs. 2; Sachs § 36 Abs. 2; SaAn § 32 Abs. 2. Dabei kann es sich um vorläufige und um nicht rechtskräftig angeordnete endgültige Unterbringungen handeln, deren sofortige Wirksamkeit nach § 324 Abs. 1 FamFG angeordnet worden ist. In Fällen, in denen zur Stellung des Unterbringungsantrags kein begründeter Anlass bestand, ermöglichen Bre § 50 Abs. 5 und NW § 32 Abs. 3 als Ermessensentscheidung die Auferlegung der Kosten statt auf den Staat auf die Gebietskörperschaft, der die Gesundheitsbehörde angehört. Hmb § 34 Abs. 2 beschränkt die Überbürdung der Vollzugskosten auf den Staat auf die nicht gerechtfertigte vorläufige Unterbringung, SH § 33 Abs. 2 und Thü § 40 Abs. 3 auf die nicht gerechtfertigte Verwaltungsunterbringung i. S. der oben unter Kap. **B** S. 106 aufgeführten Bestimmungen. Im Beschwerdeverfahren über die Kosten der Unterbringung findet nur eine summarische Prüfung des Vorliegens der Unterbringungsvoraussetzungen ohne weitere nachträgliche Sachverhaltaufklärung statt (OLG Hamm BtPrax 2004, 75).

C. Zivilrechtliche Unterbringung
(Kommentierung einschlägiger Vorschriften des BGB)

Vorbemerkungen zu §§ 1631 b ff. BGB

Übersicht

1. Überblick 1
2. Bestellung eines rechtlichen Betreuers 3
   a) Krankheit und Behinderung 3
   b) Betreuerbestellung gegen den Willen des Betroffenen 6
   c) Erforderlichkeit der Betreuung 9
   d) Aufgabenkreise 11
3. Pflichten des Betreuers 16
4. Zwangsbefugnisse des Betreuers 23

1. Überblick

Die **zivilrechtliche Unterbringung** ist im BGB für **Minderjährige** in 1 § 1631 b BGB, für **Volljährige** in § 1906 BGB geregelt. Die Unterbringungsvoraussetzungen sind verschieden. Das Unterbringungsverfahren ist weitgehend einheitlich in den §§ 312 ff. FamFG geregelt, die nach § 167 Abs. 1 FamFG auch für die Unterbringung Minderjähriger gelten, insoweit aber in § 167 Abs. 1 bis 6 FamFG um einige besondere Regelungen ergänzt werden (hierzu Kapitel **D**). Der Schwerpunkt der folgenden Kommentierung liegt bei der Unterbringung Volljähriger unter Einbeziehung der für die Unterbringungspraxis wichtigen Vorschriften der §§ 1846, 1904 BGB. Im Recht der Minderjährigen wird nur die für die Unterbringung maßgebliche Vorschrift des § 1631 b BGB kommentiert.

Die Vorschriften des **materiellen Betreuungsrechts** (insbesondere 2 §§ 1896 und 1901 BGB) werden jeweils mit Blick auf die Bedeutung für das Unterbringungsrecht vorab dargestellt. Im Vordergrund der Überlegungen stehen die Eingriffe in die Rechte und insbesondere Grundrechte der Betroffenen, die mit Maßnahmen des Betreuers im Fall einer Unterbringung verbunden sind. Berührt werden vor allem die Grundrechte des Art. 2 Abs. 1 GG (freie Entfaltung der Persönlichkeit), des Art. 2 Abs. 2 Satz 1 GG (Recht auf körperliche Unversehrtheit), des Art. 2 Abs. 2 Satz 2 GG (Freiheit der Person), des Art. 10 Abs. 1 GG (Brief, Post und Fernmeldegeheimnis), des Art. 11 Abs. 1 GG (Freizügigkeit) sowie des Art. 13 Abs. 1 GG (Unverletzlichkeit der Wohnung). Von zentraler Bedeutung ist darüberhinaus der aus Art. 2 Abs. 1 und 20 Abs. 3 GG abzuleitende Grundsatz der Verhältnismäßigkeit (hierzu ausführlich Kap. **A** S. 50). Das **Betreuungsverfahren** ist in §§ 271 ff. FamFG geregelt (siehe hierzu die Kommentierungen von Jürgens/*Kretz* und Keidel/*Budde* §§ 271 ff. FamFG). Wesentliche Elemente des Verfahrens sind die Verfahrensfähigkeit des Betroffenen (§ 275

FamFG), die Bestellung eines Verfahrenspflegers, soweit dies zur Wahrnehmung der Interessen des Betroffenen erforderlich ist (§ 276 FamFG), die persönliche Anhörung des Betroffenen (§ 278 FamFG) sowie die Einholung eines Sachverständigengutachtens (§ 280 FamFG). Für das Unterbringungsverfahren von Bedeutung ist die Möglichkeit der Bestellung eines vorläufigen Betreuers durch einstweilige Anordnung (§ 300 f. FamFG).

2. Bestellung eines rechtlichen Betreuers

3 **a) Krankheit und Behinderung.** Geregelt wird innerhalb des Betreuungsrechts die Unterbringung von Betreuten **durch den Betreuer.** Für den Betroffenen muss daher auf Grund einer psychischen Krankheit oder seelischen oder geistigen Behinderung (hierzu Kap. **A** S. 42 ff.) zumindest ein vorläufiger Betreuer nach §§ 300 f. FamFG bestellt worden sein. Bei den Begriffen psychische Krankheit, geistige und seelische Behinderung handelt es sich um **Rechtsbegriffe,** die psychiatrisch konkretisiert werden müssen (hierzu ausführlich Kap. **A** S. 45 ff.; 6. Vormundschaftsgerichtstag, AG 7, R&P 1999, 54). Eine Verdachtsdiagnose genügt nicht (OLG Köln FamRZ 2009, 2116 L). Altersstarrsinn ist keine psychische Krankheit im Sinn des Betreuungsrechts; vielmehr erfordert die Feststellung einer psychischen Krankheit oder seelischen Behinderung der fachpsychiatrischen Konkretisierung und die Darlegung ihrer Auswirkungen auf die kognitiven und voluntativen Fähigkeiten des Betroffenen (BayObLG FamRZ 2002, 494 = BtPrax 2002, 37). Aber auch das Vorliegen einer psychischen Krankheit im psychiatrischen Sinn sagt allein noch nichts über das Vorliegen einer psychischen Krankheit im Sinne des § 1896 Abs. 1 BGB aus. Dies gilt auch für den Bereich der psychischen Krankheiten im engeren Sinn. Allein die Diagnose einer schizophrenen Störung oder einer Psychose rechtfertigt nicht die Annahme einer psychischen Krankheit im Sinn des Betreuungsrechts, da leichte Verlaufsformen denkbar sind, die keinerlei Auswirkungen auf die Erkenntnisfähigkeiten und Handlungsmöglichkeiten des Betroffenen haben. Entscheidend ist die Ausprägung der Krankheit auf Grund der vorliegenden psychiatrischen Befunde im Zeitpunkt der Entscheidung über die Betreuerbestellung. Dies gilt erst recht für den Bereich der psychischen Störungen (Neurosen und Persönlichkeitsstörungen), da nur schwerste psychische Störungen die Annahme einer psychischen Krankheit oder seelischen Behinderung im Sinn des Abs. 1 rechtfertigen (siehe Kap. **A** S. 44 f. und 48 f.). Jegliche Form abweichenden oder sozial auffälligen Verhaltens scheidet als Voraussetzung einer Betreuerbestellung aus. Da es sich in der Regel um eine Zwangsbetreuung handelt, sind die tatbestandlichen Voraussetzungen für den Eingriff zu konkretisieren, um verfassungsrechtlichen Ansprüchen zu genügen (siehe Palandt/*Diederichsen* § 1896 BGB Rn. 1 und 7; *Pardey,* Betreuung Volljähriger, S. 85 ff.). Dies bedeutet die Festlegung eines bestimmten Schweregrades der psychischen Krankheit bzw. der seelischen Behinderung. Auch im Bereich der geistigen Behinderungen ist zunächst ein bestimmter Schweregrad festzustellen, bevor es zu einer Betreuerbestellung kommen kann (BayObLG BtPrax 1994, 29).

Vorbemerkungen zu §§ 1631b ff. BGB **C**

Dies gilt auch für **Sucht- oder Abhängigkeitserkrankungen.** Diese 4
erfüllen ohne Hinzutreten weiterer Kriterien nicht die Voraussetzungen einer psychischen Krankheit im Sinn des § 1896 Abs. 1 BGB (BayObLG R&P 1994, 30 = BtPrax 1993, 208 = FamRZ 1993, 1489; R&P 1994, 193 = BtPrax 1994, 211 = FamRZ 1994, 1617; R&P 1999, 38 = FamRZ 1998, 1327; R&P 1999, 179 = FamRZ 1999, 1306; OLG Schleswig BtPrax 1998, 185; OLG Hamm BtPrax 2001, 40; OLG München BtPrax 2005, 113; siehe auch Kap. **A** S. 41). Insbesondere eine lediglich psychische Abhängigkeit reicht nicht für die Annahme einer psychischen Krankheit aus. Dies gilt umso mehr, als die Betreuerbestellung im Fall der Abhängigkeit der Zuführung zur Therapie dienen soll, die diesbezügliche Einsichtsfähigkeit des Betroffenen aber in aller Regel nicht aufgehoben sein dürfte (siehe *Bienwald* FamRZ 1992, 1130).

Die Unfähigkeit zur Besorgung eigener Angelegenheiten muss eine Fol- 5
ge der psychischen Krankheit oder geistigen oder seelischen Behinderung sein. Diese **kausale Verknüpfung,** die keine empirische Feststellung voraussetzt, soll sicherstellen, dass weder das Feststellen eine Krankheit oder Behinderung allein noch die isolierte Unfähigkeit zur Besorgung eigener Angelegenheiten für eine Betreuerbestellung ausreichen. Vielmehr müssen beide Stufen gesondert geprüft und festgestellt werden. Unzulässig ist auch der Rückschluss aus einer unterstellten Unfähigkeit zur Besorgung bestimmter Angelegenheiten (z. B. einer fehlenden Krankheitseinsicht) auf das Vorliegen einer psychischen Krankheit oder seelischen oder geistigen Behinderung. Die Zweistufigkeit der Voraussetzungen hat eingriffsbegrenzenden Charakter. Selbst bei Vorliegen einer psychischen Krankheit kann die Nichtbesorgung einzelner Angelegenheiten eine andere Ursache haben.

b) Betreuerbestellung gegen den Willen des Betroffenen. Die Be- 6
treuerbestellung kann nicht nur auf Antrag des Betroffenen, der keine Geschäftsfähigkeit voraussetzt (§ 1896 Abs. 1 Satz 2 BGB), sondern auch **von Amts wegen** erfolgen. Dies eröffnet die Möglichkeit, dass Dritte (unter Beachtung einer eventuell bestehenden Schweigepflicht nach § 203 StGB) durch eine Anregung beim Betreuungsgericht ein Betreuungsverfahren einleiten (*Jürgens/Kröger/Marschner/Winterstein* Rn. 341). Allerdings darf ein Betreuer nach der durch das 2. BtÄndG zum 1. 7. 2005 eingeführten Vorschrift des § 1896 Abs. 1a BGB gegen den freien Willen des Betroffenen nicht bestellt werden. Eine Zwangsbetreuung ist daher nur zulässig, wenn positiv festgestellt wird, dass der Betroffene zu einer freien Willensbestimmung krankheitsbedingt nicht in der Lage ist (*Knittel/Seitz* BtPrax 2007, 18). Dies ergibt sich bereits aus dem durch Art. 2 Abs. 1 i. V. mit Art. 1 Abs. 1 GG geschützten Selbstbestimmungsrecht, da bereits die Bestellung eines Betreuers ohne Einverständnis des Betroffenen einen Grundrechtseingriff darstellt (BVerfG NJW 2002, 206; FamRZ 2008, 2260 = R&P 2009, 44).

Die Regelung des § 1896 Abs. 1a BGB entspricht der bereits vor dem 7
2. BtÄndG überwiegenden Rechtsprechung, wonach ein Betreuer gegen den Willen des Betroffenen nur bestellt werden darf, wenn und solange dieser auf Grund einer psychischen Krankheit oder geistigen oder seelischen Behinderung seinen **Willen nicht frei bestimmen** kann (BayObLG

FamRZ 1994, 720 = BtPrax 1994, 59; FamRZ 1994, 1551 = BtPrax 1994, 209; FamRZ 1998, 1183; BtPrax 2004, 68; FamRZ 2006, 289; KG R&P 1996, 86; OLG Zweibrücken FamRZ 2005, 748; OLG Köln FGPrax 2006, 117; OLG München FamRZ 2007, 582; OLG Brandenburg FamRZ 2009, 152 = BtPrax 2008, 265). Dies gilt auch bei schubförmig verlaufenden Krankheiten (BayObLG R&P 1995, 145 = FamRZ 1995, 510). Die Krankheit oder Behinderung muss einen solchen Grad erreicht haben, dass die Fähigkeit des Betroffenen zur Wahrnehmung seines **Selbstbestimmungsrechts** ausgeschlossen oder so erheblich beeinträchtigt ist, dass er für die Aufgabenkreise der einzurichtenden Betreuung zu eigenverantwortlichen Entscheidungen nicht in der Lage ist (OLG Hamm BtPrax 1995, 70, 72).

8   Nicht nur im rechtsgeschäftlichen Bereich, sondern vor allem im Bereich der Grundrechtseingriffe, die im Kontext des Unterbringungsrechts vorrangig von Bedeutung sind, ist der in Wahrnehmung seines Selbstbestimmungsrechts geäußerte Wille des Betroffenen bereits bei der Betreuerbestellung zu berücksichtigen und schließt eine Betreuung bei einem rechtlich beachtlichen entgegenstehenden Willen des Betroffenen aus. Ob der Wille des Betroffenen beachtlich ist, ist entsprechend der vorstehenden Rechtsprechung zunächst danach zu bestimmen, ob der Betroffene in diesem Bereich seinen Willen frei bestimmen kann und damit in Ausübung seines Selbstbestimmungsrechts handelt. Weitergehend ist zu berücksichtigen, ob sich der Betroffene durch seine **Wünsche** und Vorstellungen selbst schädigt, weil anderenfalls der Betreuer an diese Wünsche nach § 1901 Abs. 3 BGB gebunden ist und zur Untätigkeit verpflichtet ist (*Jürgens/Kröger/Marschner/Winterstein* Rn. 63 b).

9   **c) Erforderlichkeit der Betreuung.** Zu einer psychischen Krankheit oder geistigen oder seelischen Behinderung muss die Unfähigkeit des Betroffenen treten, seine Angelegenheiten ganz oder teilweise zu erledigen. Zu prüfen ist einzelfallbezogen auf die individuelle Situation des Betroffenen, ob er einzelne seiner Angelegenheiten unter Ausschöpfung aller **vorrangigen Hilfsmöglichkeiten** nicht ohne Betreuerbestellung regeln kann. Für die Beurteilung der Erforderlichkeit einer Betreuung durch Sachverständigen und Richter in der Praxis kann das Orientierungsraster von *Crefeld* herangezogen werden, wonach bezogen auf das individuelle Behinderungsbild mit den vorliegenden funktionellen und sozialen Einschränkungen zunächst die verbliebenen bzw. zu mobilisierenden Bewältigungsmöglichkeiten des Betroffenen sowie professionelle Hilfestellungen ohne Betreuung auszuschöpfen sind, bevor es zu einer Problemlösung unter Zuhilfenahme einer Betreuung kommt (*Crefeld* FuR 1990, 281).

Ein rechtlicher Betreuer darf nur bestellt werden, soweit dies erforderlich ist (§ 1896 Abs. 2 Satz 1 BGB). Die Betreuung ist nicht erforderlich, soweit andere, insbesondere soziale Hilfen nach dem SGB ausreichen, ohne dass ein Betreuer bestellt werden muss (§ 1896 Abs. 2 Satz 2 BGB; hierzu OLG Oldenburg R&P 2004, 161). In diesem Fall kann ein Betreuer auch nicht auf Antrag des Betroffenen und damit mit seiner Zustimmung bestellt werden (OLG München FamRZ 2007, 743). Für die Beurteilung der Erforderlichkeit der Betreuung wird häufig neben einem medizinischen oder psychiatrischen Sachverständigengutachten eine Sozialanamnese des Betroffenen erforderlich sein, da das einzuholende Sachverständigengutachten auch zur Frage der möglichen Aufgabenkreise sowie zur voraussichtlichen Dauer der Betreuungsbedürftigkeit Stellung zu nehmen hat (§ 280 Abs. 3 FamFG; zur Sozialdiagnostik bei der Feststellung von Betreuungsbedürftigkeit *Crefeld* FuR 1990, 281; R&P 2009, 130). Erforderlich ist also bereits bei der Betreuerbestellung eine **Prognoseentscheidung** und zwar im Sinn einer doppelten Verlaufsprognose (zu den Grundsätzen der Prognoseentscheidung Kap. **A** S. 51 ff.). Der Verlauf der Krankheit mit Betreuerbestellung ist dem Verlauf ohne Betreuerbestellung unter Ausschöpfung professioneller Hilfemöglichkeiten gegenüberzustellen.

Eine Betreuerbestellung ist nicht zulässig im Fall einer rechtlichen Vertretung auf Grund einer **Vollmacht**, d. h. wenn für die Angelegenheit, für die eine Betreuerbestellung in Betracht käme, der Betroffene einen Bevollmächtigen bestellt hat, der nicht zu den in § 1897 Abs. 3 BGB bezeichneten Personen gehört (§ 1896 Abs. 2 Satz 2 BGB). Die eine Betreuerbestellung ausschließende Vollmachtserteilung ist von der sog. Betreuungsverfügung zu unterscheiden, die Wünsche des Betroffenen für den Fall einer Betreuerbestellung festlegt (§§ 1897 Abs. 4, 1901 Abs. 3 BGB). Mit Einfügung der §§ 1904 Abs. 2, 1906 Abs. 5 BGB durch das 1. BtÄndG hat sich der Gesetzgeber für die Zulässigkeit der Bevollmächtigen im Bereich der ärztlichen Maßnahmen und der Unterbringung sowie freiheitsentziehenden Maßnahmen entschieden und ist damit dem Teil der Rechtsprechung gefolgt, der diese Bevollmächtigung bereits vorher für zulässig hielt (OLG Stuttgart BtPrax 1994, 99; aA LG Frankfurt/Main FamRZ 1994, 125; OLG Düsseldorf FamRZ 1997, 904 = BtPrax 1997, 162; zum ganzen *Leichthammer* BtPrax 1997, 181; *Walter* FamRZ 1999, 686). Damit haben auch Vorsorgevollmachten und **Behandlungsvereinbarungen**, in denen die Betroffenen Vertrauenspersonen bevollmächtigen, im Krisenfall für sie Entscheidungen hinsichtlich ihrer Unterbringung und Behandlung zu treffen, eine gesetzliche Grundlage erhalten (zur Behandlungsvereinbarung *Marschner* R&P 1997, 171).

Eine Betreuerbestellung trotz bestehender Vorsorgevollmacht kommt erst dann in Betracht, wenn die Wahrnehmung der Interessen durch den Bevollmächtigten eine konkrete Gefahr für den Betroffenen begründet (OLG Brandenburg NJW 2005, 1587; zu weit OLG Schleswig BtPrax 2008, 132, wonach schon ausreichen soll, dass der Bevollmächtigte nicht in der Lage ist, eine zeitnahe Entscheidung über eine notwendige Behandlungsmaßnahme zu treffen). Dies ist nicht der Fall, wenn der Bevollmächtigte einem verbindlichen Willen des Betroffenen im Sinn von § 1901a Abs. 1 oder 2 BGB folgt (hierzu unten S. 208 ff., insbesondere den in einer Patientenverfügung niedergelegten Willen umsetzt, auch wenn dadurch eine aus ärztlicher Sicht erforderliche Behandlung mit Psychopharmaka nicht durchgeführt werden kann (aA zur Rechtslage vor Inkrafttreten des 3. BtÄndG: KG FGPrax 2006, 182 = FamRZ 2006, 1301 L; FamRZ 2006, 1481 L = R&P 2007, 30; FamRZ 2007, 580 = FGPrax 2007, 115). Auch im Übrigen führt die kritische Einstellung des Bevollmächtigten gegenüber der gebotenen psychiatrischen Behandlung nicht ohne Weiteres zu der Annahme, der Bevollmächtigte sei ungeeignet, die Interessen des Betroffenen wahrzunehmen (OLG Oldenburg R&P 2003, 102).

11 **d) Aufgabenkreise.** Auch die Festlegung und Begrenzung der Aufgabenkreise des Betreuers unterliegt dem Erforderlichkeitsgrundsatz (§ 1896 Abs. 2 Satz 1 BGB). Dies erfordert eine weitgehende **Differenzierung der Aufgabenkreise.** Pauschale Aufgabenzuweisungen sind unzulässig. Die Entscheidung über die Aufgabenkreise hat einzelfallbezogen und problembezogen zu erfolgen. Dabei handelt es sich um eine Prognoseentscheidung (siehe Kap. **A** S. 51 ff.). Es ist nicht zulässig, rein vorsorglich Aufgabenkreise festzulegen oder weiter als erforderlich zu beschreiben, wenn zum Entscheidungszeitpunkt kein **Betreuungsbedarf** besteht (OLG Köln FamRZ 2000, 908). Ein Handlungsbedarf kann auch dann bestehen, wenn bei Bestehen einer Psychose im Fall eines akuten Schubes sofort gehandelt werden muss (BayObLG BtPrax 1993, 117). Allerdings muss auch bei schubförmig verlaufenden Krankheiten im Zeitpunkt der Betreuerbestellung die freie Willensbestimmung des Betroffenen im Aufgabenkreis aufgehoben sein (BayObLG R&P 1995, 145 = FamRZ 1995, 510).

12 Eine Betreuerbestellung, die eine **Unterbringung des Betreuten** nach § 1906 Abs. 1 BGB ermöglichen soll, setzt die Anordnung eines entsprechenden Aufgabenkreises voraus. Da es sich bei einer Freiheitsentziehung um einen weitergehenden Eingriff in die Rechte des Betroffenen handelt als beispielsweise im Fall der Post- und Fernmeldekontrolle, ist eine präzise Beschreibung des Aufgabenkreises erforderlich. Dies bedeutet, dass der Aufgabenkreis Personensorge die Berechtigung zur Unterbringung nicht umfasst, sondern dem Betreuer ausdrücklich das **Recht zur Aufenthaltsbestimmung oder zur Unterbringung** des Betreuten eingeräumt sein muss (*Schwab* FamRZ 1992, 496 f.; MünchKomm/*Schwab* § 1906 BGB Rn. 4; aA *Damrau/Zimmermann* § 1906 BGB Rn. 6). Die Entscheidung über die Unterbringung sowie freiheitsentziehende Maßnahmen sollte daher ausdrücklich in den Aufgabenkreis einbezogen werden, wenn dies erforderlich ist. Auch die Anordnung der Aufgabenkreise der Gesundheitsfürsorge bzw. der Heilbehandlung rechtfertigt keine Freiheitsentziehung, da verschiedene Grundrechte betroffen sind (OLG Hamm FamRZ 2001, 861). Ebensowenig rechtfertigt die Befugnis zur Aufenthaltsbestimmung bzw. Unterbringung die Behandlung gegen den Willen des Betroffenen (siehe BayObLG R&P 1990, 133 = FamRZ 1990, 1154; OLG Stuttgart NJW 1981, 638 und OLG Saarbrücken R&P 1998, 45 = BtPrax 1997, 202 für den Fall einer Unterbringung nach öffentlichem Unterbringungsrecht). Voraussetzung für eine Betreuerbestellung mit dem Aufgabenkreis der **Aufenthaltsbestimmung** ist, dass der Betroffene zu diesbezüglichen Entscheidungen auf Grund eigener natürlicher Willensbildung nicht in der Lage ist (siehe S. 179 f.). Kommt eine Unterbringung nach § 1906 Abs. 1 Ziff. 2 BGB in Betracht, ist es erforderlich, zusätzlich den Aufgabenkreis auf den Bereich der ärztlichen Behandlung bzw. einer konkreten Behandlung zu erstrecken, da anderenfalls die Unterbringung unzulässig wäre (*Damrau/Zimmermann*, § 1906 BGB Rn. 6; OLG Stuttgart NJW 1981, 638). Die Anordnung der Aufgabenkreise der Aufenthaltsbestimmung bzw. Unterbringung und der ärztlichen Behand-

Vorbemerkungen zu §§ 1631b ff. BGB

lung muss aber nicht zwingend gemeinsam erfolgen, da Fälle der Unterbringung denkbar sind, ohne dass eine ärztliche Behandlung damit einhergeht.

Besonderheiten sind im Bereich der beabsichtigten Heimeinweisung und 13 im Fall von **freiheitsentziehenden Maßnahmen** nach § 1906 Abs. 4 BGB zu beachten. Beide Aufgabenkreise erfordern in aller Regel eine ausdrückliche Annordnung und sind wegen der Grundrechtsbezogenheit der betroffenen Rechtsgüter nicht vom Aufgabenkreis der Personensorge umfasst. Von besonderer Bedeutung sind darüberhinaus Maßnahmen während einer Unterbringung bzw. eines Heimaufenthaltes. Als Aufgabenkreis kommt daher auch die Wahrnehmung von Rechten gegenüber dem Heim oder dem psychiatrischen Krankenhaus in Betracht. Soweit ein Heimaufenthalt nicht vermeidbar ist, ist der Aufgabenkreis der Wohnungsauflösung (§ 1907 BGB) und des Umzugs in das Heim einschließlich des Abschlusses eines Heimvertrages erforderlich.

Im Bereich der **Personensorge** sind eine Unterbringung oder eine 14 Heimeinweisung vermeidende Aufgabenkreise vorrangig zu berücksichtigen (Sicherstellung ambulanter therapeutischer oder pflegerischer Versorgung, Versorgung der Wohnung bis zur Entrümpelung). Im Bereich der **Heilbehandlung** ist der Aufgabenkreis einzelfallbezogen zu differenzieren. In der Regel ist die konkret beabsichtigte Behandlung (Einwilligung in eine bestimmte Behandlung) anzugeben (ebenso HK-BUR/*Bauer* § 1896 BGB Rn. 228). Zu berücksichtigen ist, ob es sich um die Behandlung der psychischen Krankheit oder geistigen oder seelischen Behinderung handelt, die zur Betreuerbestellung führen wird oder geführt hat (sog. Anlasskrankheit), oder es sich um die Behandlung anderer Erkrankungen handelt. Hat die beabsichtigte Behandlungsmaßnahme keine Aussicht auf Erfolg, kommt ein entsprechender Aufgabenkreis mangels Handlungsbedarf des Betreuers nicht in Betracht (OLG Schleswig R&P 2010, 35 = FGPrax 2010, 32; LG Frankfurt/Main R&P 1993, 83 = FamRZ 1993, 478). Der allgemeine Aufgabenkreis Gesundheitsfürsorge ohne Beschränkung auf den psychiatrischen bzw. nervenärztlichen Bereich ist bei Beachtung des Erforderlichkeitsgrundsatzes fehlerhaft, wenn nicht die tatsächlichen Feststellungen die weite Fassung des Aufgabenkreises rechtfertigen (BayObLG R&P 1994, 195; BtPrax 1995, 64 und 218). Eine weitere Differenzierung kann im Hinblick auf § 1904 BGB geboten sein. Ist der Betroffene nach § 63 StGB in einem psychiatrischen Krankenhaus untergebracht, ist die Bestellung eines Betreuers mit dem Aufgabenkreis der Gesundheitsfürsorge in der Regel nicht erforderlich, da die Behandlung dem psychiatrischen Krankenhaus nach den Vorschriften des Maßregelvollzugsrechts obliegt (OLG Schleswig R&P 2008, 38 mit Anm. *Lesting*).

Über die Unterbringung als solche hinausgehende Eingriffe in die Rechte 15 der Betroffenen (wie z.B. die Zwangsbehandlung, die Postkontrolle oder Besuchsregelungen) müssen ausdrücklich vom Aufgabenkreis des Betreuers umfasst sein (so für die **Post- und Fernmeldekontrolle** § 1896 Abs. 4 BGB). Der Einrichtung stehen aus eigenem Recht (anders als im öffentlichen Unterbringungsrecht – hierzu Kap. **B** S. 132 ff.) keine Eingriffsbefugnisse in den Post- und Fernmeldeverkehr zu (BT- Drs. 11/4528 S. 83). Dies bedeutet, dass Betreute in Einrichtungen in der Regel wegen Fehlens des Aufgabenkreises des Abs. 4 keinen Einschränkungen im Post- und Fernmeldeverkehr unterliegen, vielmehr der freie Post- und Fernmeldeverkehr zu gewährleisten ist. Im Bereich des Umgangs mit dritten Personen, insbesondere mit Verwandten ist Art. 6 GG zu beachten. Ein im öffentlichen Recht wurzelndes **Besuchsrecht** (Besuch durch Mitglied des Petitionsausschusses eines Landtags) unterliegt nicht der Dispositionsbefugnis des Betreuers (BayObLG Rechtspfleger 1981, 281 (L); siehe auch BayObLG FamRZ 1988, 322). Ebensowenig kann der Betreuer den Besuch eines Rechtsanwalts untersagen, wenn dieser beauftragt ist oder beauftragt werden soll, die Aufhebung der Betreuung zu betreiben (BayObLG MDR 1990, 723). Erst recht gelten die vorstehenden Ausführungen für das Besuchsrecht von Betreuten in Einrichtungen. Auch hier steht die Entscheidung über eine eventuelle Einschränkung des Besuchsrechts nur dem Betreuer mit einem entsprechenden Aufgabenkreis (hierzu BayObLG FamRZ 2000, 1524) zu, nicht der Einrichtung.

3. Pflichten des Betreuers

16 Der Betreuer ist innerhalb seines Aufgabenkreises unter Beachtung der in § 1901 BGB niedergelegten Grundsätze selbstverantwortlich tätig. Sein Handeln hat sich an dem Willen, dem Wohl und an den Wünschen des Betroffenen zu orientieren. Das Wohl des Betroffenen dabei nicht nur objektiv zu bestimmen, sondern subjektiv als die Möglichkeit des Betroffenen zu verstehen, das Leben nach den **eigenen Wünschen und Vorstellungen** zu gestalten (§ 1901 Abs. 2 BGB). Dies betrifft sämtliche Lebensbereiche und damit alle denkbaren Aufgabenkreise, damit sowohl den Bereich der Vermögenssorge (Gestaltung des Lebenszuschnitts) als auch der Personensorge (insbesondere die Wahl des Lebensmittelpunkts bzw. Wohnorts). Verboten ist eine Orientierung am Drittinteresse, auch am Interesse von Verwandten oder potentiellen Erben (siehe OLG Düsseldorf BtPrax 1993, 102) oder von Mitbewohnern in Heimen (LG Hildesheim BtPrax 1994, 106; hierzu S. 237). Zum Wohl des Betreuten gehört es, ihn nicht entgegen seinen Wünschen vom Genuss seines Vermögens und seiner Einkünfte auszuschließen, sondern ihm vielmehr den gewohnten Lebenszuschnitt zu erhalten (BayObLG FamRZ 1991, 481 = R&P 1991, 74; BayObLG FamRZ 1993, 891; OLG Düsseldorf BtPrax 1999, 74). Dies ist besonders für alte Menschen von Bedeutung.

17 Die Wünsche des Betreuten sind für den Betreuer bindend, soweit sie dem Wohl des Betreuten nicht zuwiderlaufen und für den Betreuer zumutbar sind (Abs. 3 Satz 1). Dies gilt entsprechend für den Bevollmächtigten (OLG Oldenburg R&P 2003, 102). Gemeint sind alle Wünsche des Betreuten, unabhängig davon, ob sie vernünftig oder unvernünftig erscheinen. Geschäftsfähigkeit oder Einsichtsfähigkeit sind für die Formulierung der Wünsche nicht erforderlich. Die alleinige Grenze der Verbindlichkeit liegt in dem Wohl des Betroffenen. Der Betreuer hat daher bei der Frage, ob die Wünsche des Betreuten seinem Wohl widersprechen, eine **Güterabwägung**

vorzunehmen. Der Wunsch widerspricht vor allem dann dem Wohl des Betreuten, wenn seine Verwirklichung höherrangige Rechtsgüter gefährden würde als die mit dem Wunsch angestrebten (*Schwab* FamRZ 1992, 503), also insbesondere Leben und Gesundheit, oder seine gesamte Lebens- und Versorgungssituation erheblich verschlechtern würde (BGH NJW 2009, 2814 = R&P 2009, 203). Eine Unbeachtlichkeit der Wünsche liegt nach Auffassung des BGH im Übrigen dann vor, wenn der Betreute infolge seiner Erkrankung nicht mehr in der Lage ist, eigene Wünsche und Vorstellungen zu bilden oder wenn er die der Willensbildung zugrunde liegenden Tatsachen infolge seiner Erkrankung verkennt. Dies sind allerdings die für den Begriff der Einwilligungsunfähigkeit maßgeblichen Kriterien (hierzu S. 200 f. Der Auffassung des BGH kann daher auch im Hinblick auf Art. 12 UN-BRK nicht gefolgt werden. Es sind auch die sog. verrückten Wünsche beachtlich, soweit nicht die vorgenannte Güterabwägung ein Abweichen wegen einer Selbstschädigung des Betroffenen rechtfertigt (*Jürgens/Kröger/Marschner/Winterstein* Rn. 165 ff.; so im Ergebnis auch OLG Schleswig BtPrax 2001, 211 = R&P 2001, 205; kritisch zur Entscheidung des BGH auch *Brosey* BtPrax 2010, 16).

Die **Wünsche** können alle Angelegenheiten betreffen, die zum Aufgabenkreis des Betreuers gehören können, z.B. das Verbleiben in der Wohnung, den Umzug in ein bestimmtes Alten- oder Pflegeheim, die Gestaltung des täglichen Lebens, aber auch die Durchführung oder das Unterlassen bestimmter ärztlicher Behandlungsmaßnahmen (*Bienwald/Sonnenfeld/Hoffmann* § 1901 BGB Rn. 22 f.). Der Wunsch kann sich auch auf Einzelheiten einer ärztlichen Behandlung beziehen, z.B. die Nichtbehandlung mit einem bestimmten Medikament, die Behandlung mit einer anderen Therapiemethode oder durch einen anderen Arzt. Im Rahmen einer Unterbringung können sich die Wünsche sowohl auf Unterbringung vermeidende Maßnahmen als auch auf die Gestaltung bzw. den Vollzug der Unterbringung beziehen (z.B. den Besuch oder Ausgang, die Verlegung auf eine andere Station oder die Zimmerausstattung). In jedem Fall ist die Abwägung der konkret betroffenen Rechtsgüter geboten. Den Wünschen ist gegebenenfalls durch Organisation sozialer oder tatsächlicher Hilfen nachzukommen (Essen auf Rädern, Putzdienst). Die Grenze der Zumutbarkeit für den Betreuer rechtfertigt bei den hier im Vordergrund stehenden Angelegenheiten der Personensorge sowie bei potentiellen Grundrechtseingriffen nicht die Übergehung der Wünsche des Betreuten (*Jürgens/Kröger/Marschner/Winterstein* Rn. 168). 18

Beachtlich sind auch Wünsche, die in einer **Betreuungsverfügung** vor Bestellung des Betreuers schriftlich niedergelegt oder anderweitig geäußert worden sind, es sei denn, der Betreute will erkennbar nicht mehr an ihnen festhalten (§ 1901 Abs. 3 Satz 2 BGB). Der aktuelle Wille ist vorrangig. Von Bedeutung sind neben finanziellen Regelungen insbesondere in einer Betreuungsverfügung festgehaltene Wünsche, statt einer Heimunterbringung solange wie möglich unter Ausschöpfung ambulanter Hilfen in der eigenen Wohnung zu verbleiben oder Anweisungen hinsichtlich bestimmter ärztlicher, insbesondere psychiatrischer Behandlungsmethoden im Fall einer 19

Unterbringung. Auch in diesen Fällen ist die obengenannte Güterabwägung vorzunehmen. Besteht keine Gefahr für vorrangige Rechtsgüter, ist der Wunsch des Betreuten verbindlich.

20 Weitergehend sind die in einer **Patientenverfügung** nach § 1901a Abs. 1 BGB vorab schriftlich niedergelegten Vorstellungen des Betroffenen als verbindlich anzusehen, wenn der Betroffene bei der Erklärung als einsichts- und entscheidungsfähig anzusehen war, er sich eine hinreichend konkrete Vorstellung darüber machen konnte, für welchen Fall seine Erklärung wirksam werden soll, und die Erklärung ausreichend bestimmt und individuell verfasst ist (zur Verbindlichkeit von Patientenverfügungen nach der Neuregelung durch das 3. BtÄndG S. 208f.). Dies betrifft vor allem Psychiatriepatienten, die auf Grund der bei vorausgegangenen Unterbringungen und Behandlungen gemachten Erfahrungen nunmehr bestimmte Behandlungsmethoden ablehnen bzw. andere vorziehen.

21 Die Besprechungspflicht des § 1901 Abs. 3 Satz 3 BGB betrifft alle wichtigen Angelegenheiten und findet ihre Grenze wiederum in dem Wohl des Betreuten. Wichtige Angelegenheiten sind jedenfalls die in den §§ 1896 Abs. 4, 1904 bis 1907 BGB geregelten Angelegenheiten und damit alle **grundrechtsrelevanten Angelegenheiten.** Aber auch darüberhinaus sind insbesondere alle persönlichen Angelegenheiten zu besprechen, soweit es sich nicht um Routinefragen handelt, so vor allem alle Fragen, die in Zusammenhang mit einer Unterbringung, einem Heimaufenthalt und einer ärztlichen Behandlung stehen. Besprechen bedeutet, dass der Betreuer den Betreuten in einem persönlichen Gespräch nach dessen Vorstellungen zu befragen hat.

22 Innerhalb seines Aufgabenkreises ist der Betreuer verpflichtet, zur Rehabilitation des Betreuten beizutragen (§ 1901 Abs. 4 Satz 1 BGB). Die Formulierung der Vorschrift ist § 10 SGB I entlehnt und dokumentiert dadurch die Nähe zu sozialrechtlichen Fragestellungen (zum Verhältnis von Betreuungs- und Sozialrecht *Marschner* R&P 2003, 182). Im Ergebnis bedeutet dies, dass der Betreuer anzustreben hat, die Betreuerbestellung selbst – soweit möglich – entbehrlich zu machen und damit auf eine **Aufhebung** hinzuwirken. Hierfür kann das Gericht die Erstellung eines Betreuungsplans anordnen (§ 1901 Abs. 4 Satz 2 und 3 BGB). Liegen Erkenntnisse vor, dass die Betreuung nicht mehr oder nicht mehr im bisherigen Umfang erforderlich ist, besteht die Verpflichtung des Betreuers zur Information des Betreuungsgerichts (§ 1901 Abs. 5 BGB), damit über die Aufhebung der Betreuung entschieden werden kann (§ 1908d Abs. 1 BGB).

4. Zwangsbefugnisse des Betreuers

23 Die Regelung der **Zwangsbefugnisse des Betreuers** ist unzureichend. Der Gesetzgeber ist aber Forderungen nach einer umfassenden Regelung der Zwangsbefugnisse (*Abram* BtPrax 2003, 243) nicht gefolgt. Eine gesetzliche Regelung findet sich lediglich in Zusammenhang mit der Durchführung der Unterbringung in § 326 FamFG (hierzu Kap. **D** S. 305ff.). Eine ausdrückliche Regelung für die Anwendung unmittelbaren Zwangs fehlt insbesondere bei der Behandlung (zur Problematik der Zwangsbehandlung einschließlich der ambulanten Zwangsbehandlung S. 210 ff.). Eine Gesetzesinitiative zur gesetzlichen Regelung der ambulanten Zwangsbehandlung blieb ohne Erfolg (hierzu *Marschner* R&P 2005, 47). In anderen Fällen wie der Post- und Fernmeldekontrolle nach § 1896 Abs. 4 BGB wird man bei entsprechendem Aufgabenkreis des Betreuers davon ausgehen können, dass die Befugnisse auch gegen den Willen des Betroffenen durchgesetzt werden können. Dies geschieht durch Anweisung an die Post unter Hinweis auf den gerichtlich angeordneten Aufgabenkreis. Unterschiedlich beurteilt wird die Frage, ob der Betreuer die Wohnung des Betreuten gegen dessen Willen betreten darf. Nach der Rechtsprechung des Bundesverfassungsgerichts ist die Durchsuchung der Wohnung nur auf Grund richterlicher Entscheidung und bei bestehender gesetzlichen Grundlage zulässig (siehe BVerfG NJW 1979, 1539). Da eine entsprechende Vorschrift außerhalb des § 326 Abs. 3 FamFG fehlt, ist ein **zwangsweises Betreten der Wohnung** auch mit ausdrücklicher Genehmigung des Betreuungsgerichts z.B. zum Zweck der Säuberung verwahrloster Räume unzulässig (OLG Frankfurt R&P 1996, 31 = BtPrax 1996, 71; BayObLG FamRZ 2002, 348 = R&P 2002, 181; OLG Oldenburg R&P 2004, 161; OLG Schleswig FGPrax 2008, 70), sondern nur zur Durchführung einer Unterbringung nach § 1906 BGB bei Beachtung aller Verfahrensschritte der §§ 312 ff. FamFG zulässig (*Jürgens/Kröger/Marschner/Winterstein* Rn. 247). Unzulässig ist daher auch die zwangsweise Verbringung des Betreuten in ein offenes Altenpflegeheim (OLG Hamm FGPrax 2003, 45 = R&P 2003, 100; LG Offenburg FamRZ 1997, 899; aA LG Bremen BtPrax 1994, 102; zur zwangsweisen Durchsetzung des Aufenthaltsbestimmungsrechts *Windel* BtPrax 1994, 46). Nach anderer Auffassung konnte dem Betreuer der Aufgabenkreis „Zutritt zur Wohnung" übertragen werden und er dann zusätzlich zur Anwendung von Zwang ermächtigt werden (LG Berlin FamRZ 1996, 821 = BtPrax 1996, 111; LG Freiburg FamRZ 2000, 1316). Aufgrund der Entscheidung des BGH zur ambulanten Zwangsbehandlung ist nunmehr geklärt, daß dem Betreuer außerhalb der Unterbringung keine Zwangsbefugnisse zustehen (BGH NJW 2001, 888 = R&P 2001, 465).

Mit Freiheitsentziehung verbundene Unterbringung

1631 b Eine Unterbringung des Kindes, die mit Freiheitsentziehung verbunden ist, bedarf der Genehmigung des Familiengerichts. Die Unterbringung ist zulässig, wenn sie zum Wohl des Kindes, insbesondere zur Abwendung einer erheblichen Selbst- oder Fremdgefährdung, erforderlich ist und der Gefahr nicht auf andere Weise, auch nicht durch andere öffentliche Hilfen, begegnet werden kann. Ohne die Genehmigung ist die Unterbringung nur zulässig, wenn mit dem Aufschub Gefahr verbunden ist; die Genehmigung ist unverzüglich nachzuholen.

C Zivilrechtliche Unterbringung

Übersicht

1. Überblick	1
2. Voraussetzungen der Genehmigung	5
a) Freiheitsentziehung	5
b) Unterbringung zum Wohl des Kindes	8
3. Genehmigung des Familiengerichts	10
4. Rücknahme der Genehmigung	11
5. Verhältnis zur Inobhutnahme nach § 42 StGB VIII	12
6. Verhältnis zu öffentlich-rechtlicher und strafrechtlicher Unterbringung	15

1. Überblick

1 Die Vorschrift regelt die familiengerichtliche Genehmigungspflicht der **Unterbringung eines Kindes** durch die sorgeberechtigten Eltern. Die Unterbringung Minderjähriger ist im Recht der elterlichen Sorge (§ 1626f. BGB) geregelt. Die elterliche Sorge umfasst die Personensorge (§ 1626 Abs. 1 Satz 2 BGB), die Personensorge beinhaltet das Recht und die Pflicht, das Kind zu beaufsichtigen und seinen **Aufenthalt zu bestimmen** (§ 1631 Abs. 1 BGB). Die Vorschrift gilt auch für nicht miteinander verheiratete Eltern, die eine Sorgeerklärung nach § 1626a Abs. 1 Nr. 1 BGB abgegeben haben, sowie die Mutter, die die elterliche Sorge gemäß § 1626a Abs. 2 BGB allein ausübt. Sie gilt entsprechend für die Vormundschaft über Minderjährige (§ 1800 BGB) sowie für die Ergänzungspflegschaft, wenn Eltern oder Vormund an der Besorgung der die Unterbringung betreffenden Angelegenheiten verhindert sind (§§ 1909, 1915 BGB). Sind die Eltern aus tatsächlichen oder rechtlichen Gründen verhindert und ein Vormund oder Pfleger (noch) nicht bestellt, hat das Familiengericht die im Interesse des Kindes erforderlichen Maßnahmen zu treffen (§ 1693 BGB). Dies kann auch eine Unterbringung sein. Die Vorschrift entspricht § 1846 BGB (siehe die Kommentierung unten S. 194ff.).

2 Die Notwendigkeit der **gerichtlichen Genehmigung** ist eine Konkretisierung des Art. 104 Abs. 2 Satz 1 GG. Das Bundesverfassungsgericht hatte in seiner Entscheidung zur Genehmigungsbedürftigkeit der Unterbringung Volljähriger durch ihren Vormund oder Pfleger die Frage offen gelassen, ob Art. 104 Abs. 2 GG auch die richterliche Genehmigung der Unterbringung Minderjähriger durch ihre Eltern verlangt (BVerfG NJW 1960, 811, 813; hierzu Kapitel **A** S. 5). Der Gesetzgeber hat den Genehmigungsvorbehalt auf die Unterbringung von Minderjährigen durch ihre Eltern erstreckt (zur Gesetzgebungsgeschichte Kap. **A** S. 5). Ein Verstoß gegen Art. 6 Abs. 2 GG kann darin nicht gesehen werden, da auch der Minderjährige sich auf das Grundrecht der Freiheit der Person nach Art. 2 Abs. 2 Satz 2 GG berufen kann und eine Freiheitsentziehung einen schweren Eingriff in die kindliche Entwicklung darstellt. Die Schutzbedürftigkeit des Kindes ist daher vorrangig. Die Entscheidung über die Freiheitsentziehung verbleibt bei den Eltern, sie bedürfen allerdings der gerichtlichen Genehmigung (so auch Staudinger/ *Salgo* § 1631b Rn. 4). Auch im Bereich der Vermögenssorge bestehen Genehmigungsvorbehalte (MünchKomm/*Huber* § 1631b Rn. 1). Nunmehr

§ 1631b. Mit Freiheitsentziehung verbundene Unterbringung **C**

misst das Bundesverfassungsgericht das Verfahren der Unterbringung eines Kindes ausdrücklich an den Grundrechten der Art. 2 Abs. 2 Satz 2 und Art. 104 Abs. 1 Satz 1 GG (BVerfG NJW 2007, 3560 = R&P 2007, 189).

Die praktische Relevanz der Unterbringung Minderjähriger ist schwer abzuschätzen (zu den statistischen und sozialwissenschaftlichen Grundlagen Kap. **A** S. 26 und 31). Aufgrund der wenigen verfügbaren Plätze für eine geschlossene Unterbringung in Einrichtungen der Jugendhilfe dürfte der weitaus größere Anteil der Unterbringungen auf Einrichtungen der Kinder- und Jugendpsychiatrie fallen (*Neubacher* ZJJ 2009, 106 f.; so jetzt auch Staudinger/*Salgo* § 1631 b BGB Rn. 2 f., der darauf verweist, dass es sich bei der geschlossenen Unterbringung in der Kinder- und Jugendpsychiatrie um ein tabuisiertes Thema handelt; zur Diskussion um die geschlossene Unterbringung Minderjähriger siehe auch *Remschmidt, Sonnen, Trenczek* und *Fegert* in DVJJ-Journal 1994, 269; *Hoops/Permien* ZJJ 2005, 41; *Permien* R&P 2006, 111; *Kindler/Permien/Hoops* ZJJ 2007, 40; *Bernzen/Grimm* ZJJ 2008, 175). 3

Zuständig für die Genehmigung der Unterbringung von Kindern durch die Eltern oder anderen Personensorgeberechtigten ist das **Familiengericht**. Es handelt sich um eine Kindschaftssache nach § 158 Nr. 6 FamFG. Ohne vorherige Genehmigung des Familiengerichts ist die Unterbringung eines Kindes nur bei Gefahr im Verzug zulässig, in diesem Fall ist die Genehmigung unverzüglich nachzuholen (Satz 3). Bei Wegfall der Unterbringungsvoraussetzungen ist die Genehmigung zurückzunehmen (Satz 4). Das Unterbringungsverfahren richtet sich nach §§ 167, 312 ff. FamFG (siehe Kapitel **D**). 4

2. Voraussetzungen der Genehmigung

a) Freiheitsentziehung. Genehmigungspflichtig ist nur eine Unterbringung, die mit **Freiheitsentziehung** verbunden ist. Der Begriff der Freiheitsentziehung entspricht dem des § 1906 BGB (hierzu S. 218 ff.). Da aber eine § 1906 Abs. 4 BGB entsprechende Vorschrift fehlt, ist von einem weiten Begriff der Unterbringung auszugehen, der die freiheitsentziehenden Maßnahmen umfasst (Palandt/*Diederichsen* § 1631 b Rn. 2; MünchKomm/ *Huber* § 1631 b Rn. 8; Staudinger/*Salgo* § 1631 b Rn. 15; *Dodegge* FamRZ 1993, 1348; *Dalferth* ZfJ 1986, 442 für den Fall des erzwungenen Festhaltens bei autistischen Heimbewohnern; aA LG Essen FamRZ 1993, 1347; *Hoffmann* R&P 2009, 121). Nicht erfaßt wird der Abbruch lebenserhaltender Maßnahmen bei Kindern (OLG Brandenburg NJW 2000, 2361). Auch eine halboffene Unterbringung in einer jugendpsychiatrischen Einrichtung ist eine Freiheitsentziehung, wenn der Betroffene seinen Willen, sich frei zu bewegen, nicht durchsetzen kann (AG Kamen FamRZ 1983, 299 mit Anm. *Damrau* FamRZ 1983, 1060; zur Unterbringung auf offenen Stationen siehe auch S. 278). Eine Festlegung auf eine bestimmte Einrichtung besteht nicht. Eine mit Freiheitsentziehung verbundene Unterbringung kommt daher in jedem Fall einer Fremderziehung in einer **Einrichtung der Jugendhilfe** (§ 34 SGB VIII) oder in der **Kinder- und Jugendpsychiatrie** in Betracht, 5 wenn diese mit Freiheitsentziehung verbunden ist. Ein pädagogisches oder therapeutisches Motiv steht der Annahme einer Freiheitsentziehung nicht entgegen, da das Vorliegen von Freiheitsentziehung unabhängig von den zugrundeliegenden Motiven zu bestimmen ist.

6 Keine Freiheitsentziehung liegt im Fall einer bloßen **Freiheitsbeschränkung** vor. Die Abgrenzung ist wie bei einem Volljährigen vorzunehmen, sie lässt sich nicht aus dem **Alter eines Kindes** ableiten (*Moritz* ZfJ 1986, 440; Staudinger/*Salgo* § 1631 b BGB Rn. 13; aA OLG München FGPrax 2009, 40 für ein zweijähriges Kind; MünchKomm/*Huber* § 1631 b Rn. 5; *Helle* ZfJ 1986, 40, der die Grenze bei dem 10. Lebensjahr ziehen will). Damit kommt es auch nicht auf die kaum zu beantwortende Frage an, welche Beschränkungen der Bewegungsfreiheit altersüblich sind und welche nicht. Entscheidend sind Qualität und Quantität des Eingriffs (*Moritz* ZfJ 1986, 440). Eine mit Freiheitsentziehung verbundene Unterbringung eines Kindes in einer Einrichtung ist daher in jedem Alter genehmigungspflichtig. Anderenfalls würde der Grundrechtsschutz eines Teiles der Minderjährigen leerlaufen, ohne dass hierfür eine gesetzliche Vorgabe besteht. Das Alter des Kindes spielt allenfalls bei der Frage eine Rolle, ob das Wohl des Kindes die Unterbringung rechtfertigt, da die wachsende Fähigkeit und das wachsende Bedürfnis des Kindes zu selbständigem verantwortungsbewusstem Handeln zu berücksichtigen sind (§ 1626 Abs. 2 BGB).

7 Eine Freiheitsentziehung liegt wie bei Betreuten nicht vor, wenn die **Einwilligung** des Minderjährigen vorliegt und dieser über den maßgeblichen natürlichen Willen verfügt (MünchKomm/*Huber* § 1631 b Rn. 4; *Hoffmann* R&P 2009, 121 ff.; aA Palandt/*Diederichsen* § 1631 b Rn. 2; siehe auch S. 218 ff.). Dabei ist auf die altersgemäßen Erkenntnis- und Entscheidungsmöglichkeiten unter Berücksichtigung vorliegender psychischer Erkrankungen bzw. geistiger Behinderungen abzustellen (hierzu ausführlich *Amelung* R&P 1995, 20). Im Fall der Unterbringung in der Kinder- und Jugendpsychiatrie wird auch bei älteren Minderjährigen häufig von einer Beeinträchtigung der Einsichts- und Steuerungsfähigkeit auszugehen sein (Staudinger/*Salgo* § 1631 b Rn. 8; *Gollwitzer/Rüth* FamRZ 1996, 1388). Der Widerruf der Einwilligung des einwilligungsfähigen Jugendlichen ist beachtlich und hat zur sofortigen Entlassung oder zur unverzüglichen Einholung der Genehmigung bei Vorliegen der Voraussetzungen der Unterbringung zu führen (siehe S. 220).

8 **b) Unterbringung zum Wohl des Kindes.** Für die Erteilung der Genehmigung ist das **Wohl des Kindes** ausschlaggebend (Satz 2). Das Kindswohl als Voraussetzung einer Freiheitsentziehung ist unter dem Gesichtspunkt der Verhältnismäßigkeit zu konkretisieren. *Schlink/Schattenfroh* hielten § 1631 b a. F. wegen der Unbestimmtheit der Unterbringungsvoraussetzungen für verfassungswidrig (*Schlink/Schattenfroh*, Gutachten 1997). Durch das Gesetz zur Erleichterung familiengerichtlicher Maßnahmen bei Gefährdung des Kindswohls vom 4. 7. 2008 (BGBl. I 1188) wurden die Unterbringungsvoraussetzungen konkretisiert, so dass keine verfassungsrechtlichen Bedenken mehr bestehen (aA Frankfurter Kommentar/*Trenczek* § 42 Rn. 45 f.). Eine Unterbringung zum Wohl des Kindes ist danach insbesondere zulässig im

§ 1631b. Mit Freiheitsentziehung verbundene Unterbringung **C**

Fall einer erheblichen Selbst- oder Fremdgefährdung. Dies entspricht der bereits zuvor überwiegend vertretenen Auffassung. Eine Unterbringung kommt daher nur in Betracht im Fall einer **erheblichen Selbst- oder Fremdgefährdung** des Kindes im Sinn des § 42 Abs. 5 SGB VIII (Münch-Komm/*Huber* § 1631b Rn. 13; Soergel/*Strätz* § 1631b Rn. 9; Staudinger/ *Salgo* § 1631b Rn. 24). Eine Selbst- bzw. Fremdgefährdung kann vorliegen bei Suizidgefahr, der Verweigerung der Einnahme lebenswichtiger Medikamente oder von Nahrung (*Hoffmann* R&P 2009, 212ff.), bei den S-Bahn-Surfern oder den sog. Crash-Kids (*Trenczek* DVJJ-Journal 1994, 288, 291f.; *Neubacher* ZJJ 2009, 106ff.). Anders als bei der Unterbringung Volljähriger durch den Betreuer kann eine Unterbringung auch bei einer Fremdgefährdung dem Wohl des Kindes dienen, um Straftaten oder Gefährdungen zu vermeiden, die durch Abwehrmaßnahmen der gefährdeten Person entstehen können (Soergel/*Strätz* § 1631b Rn. 9; *Hoffmann* R&P 2009, 121). Dabei ist aber in besonderem Maß der **Grundsatz der Verhältnismäßigkeit** zu beachten und zu prüfen, ob zur Abwendung der Gefahr eine mit Freiheitsentziehung verbundene Unterbringung erforderlich ist oder ob mildere Mittel ausreichen, um das Kind oder den Jugendlichen erzieherisch beeinflussen zu können (MünchKomm/*Huber* § 1631b Rn. 14; *Hoffmann* R&P 2009, 121). Dies erfordert auch unter den Angeboten der Kinder- und Jugendhilfe diejenige Maßnahme zu wählen, die am wenigsten in die Rechte der Betroffenen eingreift. Dabei sind die **Wünsche** des Kindes bzw. Jugendlichen ebenso zu berücksichtigen (§§ 5, 36 Abs. 1 SGB VIII) wie die mit dem Alter wachsende Selbständigkeit (§ 1626 Abs. 2 BGB). Durch das Kinder- und Jugendhilferecht sind die Mitwirkungsrechte der Beteiligten wesentlich ausgebaut worden. Mit Ausnahme der Inobhutnahme nach § 42 Abs. 5 SGB VIII besteht im Kinder- und Jugendhilferecht keine Möglichkeit der Freiheitsentziehung mehr. Dies hat zur Folge, dass ausschließlich aus erzieherischen Gründen eine Freiheitsentziehung auch nicht nach § 1631b BGB genehmigt werden kann (aA *Hoffmann* R&P 2009, 121: bei außergewöhnlichen Komplikationen als bewusste Notlösung). In jedem Einzelfall ist eine Güterabwägung vorzunehmen, die die Gefährdung des Kindes einerseits, die Nachteile und insbesondere psychischen Folgen einer Unterbringung andererseits einbezieht. Geringfügige Gesundheitsschäden oder Straferwartungen, eine drohende Verwahrlosung ohne die Folge körperlicher oder psychischer Schäden sowie die Gefahr von Vermögensschäden, auch in Form von Schadensersatzansprüchen, rechtfertigen keine Unterbringung (*Neubacher* ZJJ 2009, 106; ähnlich Staudinger/*Salgo* § 1631b Rn. 25).

Problematisch ist die Unterbringung in einer **geschlossenen Einrichtung der Kinder- und Jugendpsychiatrie** (zum Konflikt zwischen Jugendhilfe und Jugendpsychiatrie *Wullweber* R&P 1993, 54). Anders als im öffentlichen Unterbringungsrecht und nach § 1906 BGB ist eine psychische Krankheit oder geistige oder seelische Behinderung nicht Voraussetzung der Genehmigung der Unterbringung. Kann die Einrichtung aber kein geeignetes therapeutisches oder pädagogisches Konzept zur Beseitigung der Gefährdung des Kindswohls anbieten, kommt eine Unterbringung nicht in Betracht, da die Unterbringung eine bloße Verwahrung darstellen würde. Dies 9 kann nicht dem Wohl des Kindes dienen. Im Ergebnis bedeutet dies, dass die Unterbringung von Kindern und Jugendlichen, die nicht psychisch krank sind und daher auch nicht behandelt werden können, in der Kinder- und Jugendpsychiatrie unzulässig ist. Aber auch sonst sollte die geschlossene Unterbringung in der Kinder- und Jugendpsychiatrie der absolute, auf kurzzeitig besonders problematische Zustände beschränkte Ausnahmefall bleiben (*Fegert* DVJJ-Journal 1994, 309). Von wesentlicher Bedeutung ist daher die Diagnostik bzw. Beschreibung der konkreten Problematik des Betroffenen durch den Sachverständigen im Unterbringungsverfahren im Hinblick auf die zur Verfügung stehenden pädagogischen und therapeutischen Möglichkeiten und Versorgungsangebote (siehe §§ 167 Abs. 6, 321 FamFG). Bei dem Sachverständigen sollte es sich in aller Regel um einen Kinder- und Jugendpsychiater handeln.

3. Genehmigung des Familiengerichts

10 Wie im Fall des § 1906 Abs. 2 BGB handelt es sich um eine gerichtliche Genehmigung der Ausübung des Aufenthaltsbestimmungsrechts, nicht um die Anordnung des Gerichts. Einen wirksamen Antrag auf Erteilung der Genehmigung kann auch im Fall einer vorausgegangenen Inobhutnahme nach § 42 Abs. 5 SGB VIII nur der Aufenthaltsbestimmungsberechtigte stellen (BVerfG NJW 2007, 3560 = R&P 2007, 189 mit Anm. *Hoffmann*). Im Fall einer Antragsrücknahme kann die Unterbringung nicht aufrechterhalten oder verlängert werden (OLG Naumburg FamRZ 2009, 431). Es besteht die Gefahr der Strafbarkeit der verantwortlichen Personen nach § 239 StGB, wenn die Einrichtung Kinder und Jugendliche ohne gerichtliche Genehmigung in einer Art aufnimmt, die die Voraussetzungen der Freiheitsentziehung erfüllt. Die **Genehmigung** ist **vor der Unterbringung** nach Durchführung des Unterbringungsverfahrens (§§ 167, 312 ff. FamFG) zu erteilen (zum Verfahren nach dem FamFG siehe Kap. **D** sowie *Hoffmann* R&P 2009, 121). Nur wenn mit dem Aufschub der Unterbringung Gefahr verbunden wäre, ist eine Unterbringung ohne vorherige Genehmigung des Familiengerichts zulässig. In diesem Fall ist die Genehmigung unverzüglich, d. h. ohne jede sachlich zu rechtfertigende Verzögerung, nachzuholen (hierzu S. 229 f,). Eine Gefahr liegt nur bei akuten Gefährdungssituationen, z. B. im Fall einer Selbstmordgefahr oder bei unmittelbar bevorstehenden schweren Straftaten, vor (Soergel/*Strätz* § 1631 b Rz. 11). Anderenfalls ist das Unterbringungsverfahren durchzuführen und zumindest eine gerichtliche Entscheidung im Wege der einstweiligen Anordnung nach §§ 331 ff. FamFG herbeizuführen. In dem Genehmigungsbeschluss ist klarzustellen, ob die Unterbringung in einer psychiatrischen Klinik oder einer Einrichtung der Kinder- und Jugendhilfe genehmigt wird (BVerfG NJW 2007, 3560 = R&P 2007, 189). In der Praxis des Unterbringungsverfahrens bestehen erhebliche Defizite, wie die vorgenannte Entscheidung des Bundesverfassungsgerichts belegt (ebenso die Untersuchung von *Hoops/Permien* ZJJ 2005, 41 ff.).

§ 1631b. Mit Freiheitsentziehung verbundene Unterbringung

4. Rücknahme der Genehmigung

Die Pflicht zur **Rücknahme der Genehmigung** durch das Familiengericht bei Wegfall der Unterbringungsvoraussetzungen ist in § 330 FamFG geregelt. Das Familiengericht ist verpflichtet, auch innerhalb des Zeitraumes, für den die Genehmigung erteilt ist, von Amts wegen auch ohne besonderen Anlass die Voraussetzungen der Unterbringung regelmäßig zu überprüfen. Die Pflicht zur Beendigung der Unterbringung trifft auch den Sorgerechtsinhaber sowie die Einrichtung, in der der Betroffene untergebracht ist.

5. Verhältnis zur Inobhutnahme nach § 42 SGB VIII

Eine Maßnahme nach § 34 SGB VIII (Heimerziehung) bzw. die Befugnis des Jugendamtes zur Inobhutnahme nach § 42 SGB VIII rechtfertigen noch keine Freiheitsentziehung. Vielmehr ist zusätzlich die familiengerichtliche Genehmigung erforderlich. Nur im Fall der **Inobhutnahme** nach § 42 Abs. 5 SGB VIII kommt bei Gefahr für Leib oder Leben des Kindes bzw. Jugendlichen oder Dritter (hierzu S. 191) eine Freiheitsentziehung durch das Jugendamt in Betracht (hierzu *Trenczek* ZfJ 2000, 121). § 42 Abs. 5 SGB VIII lautet:

> (5) Freiheitsentziehende Maßnahmen im Rahmen der Inobhutnahme sind nur zulässig, wenn und soweit sie erforderlich sind, um eine Gefahr für Leib und Leben des Kindes oder des Jugendlichen oder eine Gefahr für Leib und Leben Dritter abzuwenden. Die Freiheitsentziehung ist ohne gerichtliche Entscheidung spätestens mit Ablauf des Tages nach ihrem Beginn zu beenden.

Die gerichtliche Entscheidung über die Freiheitsentziehung muss also anders als im Fall der Genehmigung nach § 1631b BGB bis zum Ablauf des dem Beginn der Freiheitsentziehung folgenden Tages vorliegen, anderenfalls ist die Freiheitsentziehung zu beenden.

Nach § 42 Abs. 3 SGB VIII ist **der Personensorge- bzw. Erziehungsberechtigte** unverzüglich von der Inobhutnahme **zu unterrichten**. Stimmt er der weiteren Freiheitsentziehung zu, ist das Verfahren nach § 1631b BGB i.V. mit §§ 167, 312ff. FamFG durchzuführen, soweit die Gefahr fortbesteht. Widerspricht er, hat das Jugendamt entweder das Kind oder den Jugendlichen zu übergeben oder eine Entscheidung des Familiengerichts über die erforderlichen Maßnahmen zum Wohl des Kindes oder Jugendlichen herbeizuführen. Bei Fortbestehen der Gefahr und Untätigkeit der Sorgeberechtigten bedeutet dies den Eingriff in das Sorgerecht nach §§ 1666, 1666a BGB mit der Folge der Bestellung eines Vormundes oder zumindest eines Ergänzungspflegers nach § 1909 BGB, damit dieser das Verfahren nach § 1631b BGB i.V. mit § 167, 312ff. FamFG durchführen kann.

Ist eine Entscheidung nach § 1631b BGB nicht rechtzeitig herbeizuführen, bedarf es einer gerichtlichen Entscheidung des Familiengerichts über die **Fortdauer der Inobhutnahme** über den dem Beginn der Freiheitsentziehung folgenden Tag hinaus unter den in § 42 Abs. 5 SGB VIII geregelten

Voraussetzungen. Insoweit ist § 42 Abs. 5 SGB VIII lex specialis gegenüber § 1631b BGB. Auf das gerichtliche Verfahren der Entscheidung über die Freiheitsentziehung nach § 42 Abs. 5 Satz 2 SGB VIII sind §§ 167, 312ff. FamFG entsprechend anwendbar (Staudinger/*Salgo* § 1631b Rn. 17; LPK SGB VIII/*Röchling* § 42 Rn. 112; *Neubacher* ZJJ 2009, 106).

6. Verhältnis zu öffentlich-rechtlicher und strafrechtlicher Unterbringung

15   Die polizeirechtliche **Ingewahrsamnahme** Minderjähriger (hierzu Kap. E S. 408) rechtfertigt keine weitergehende Freiheitsentziehung, sondern ermöglicht deren Zuführung zu den Sorgeberechtigten bzw. dem Jugendamt. Dagegen kommt eine **Unterbringung Minderjähriger nach öffentlichem Unterbringungsrecht** bei Vorliegen der entsprechenden Voraussetzungen, insbesondere einer psychischen Krankheit und einer erheblichen Selbst- oder Fremdgefahr, grundsätzlich in Betracht (ebenso *Hoffmann* R&P 2009, 121; zur Konkurrenz der Unterbringungsformen grds. Kap. **A** S. 59ff.; zu den Voraussetzungen der Unterbringung Kap. **B** S. 110ff.). Allerdings sind in besonderem Maß die Unterbringung vermeidende Hilfen zu prüfen. Für die Unterbringung Minderjähriger nach öffentlichem Unterbringungsrecht ist nunmehr auch das Familiengericht zuständig (§ 151 Nr. 7 FamFG.

16   **Bei Straftaten strafmündiger Jugendlicher** kann der Jugendrichter nach § 12 JGG Hilfen zur Erziehung insbesondere in Einrichtungen des § 34 SGB VIII auferlegen. Nach § 7 JGG kann die Unterbringung in einem psychiatrischen Krankenhaus angeordnet werden, wobei der Verhältnismäßigkeitsgrundsatz besonders zu beachten ist. Als vorläufige Erziehungsmaßnahme und zur Vermeidung von Untersuchungshaft kann die einstweilige Unterbringung in einem Heim der Jugendhilfe angeordnet werden (§§ 71 Abs. 2 72 Abs. 4 JGG). Dies zeigt, dass im Jugendstrafrecht grundsätzlich zu prüfen ist, inwieweit der Begehung weiterer Straftaten mit jugendhilferechtlichen Maßnahmen begegnet werden kann.

Einstweilige Maßregeln des Familiengerichts

1846 Ist ein Vormund noch nicht bestellt oder ist der Vormund an der Erfüllung seiner Pflichten verhindert, so hat das Familiengericht die im Interesse des Betroffenen erforderlichen Maßregeln zu treffen.

1. Überblick

1   Die Vorschrift gilt unmittelbar für das Handeln des **Vormunds für Minderjährige** und damit für die Unterbringung nach § 1631b BGB, über die Verweisungsvorschrift des § 1908i Abs. 1 BGB aber auch für die **Betreuung**. Die Verweisung auf § 1846 in § 1908i Abs. 1 BGB wurde erst im Laufe des Gesetzgebungsverfahrens auf Initiative des Bundesrats aufgenom-

§ 1846. Einstweilige Maßregeln des Familiengerichts **C**

men. Ergänzend wurde § 70h Abs. 3 FGG (nunmehr § 334 FamFG) eingefügt (hierzu Kap. **D** S. 334ff.). Danach gelten die Vorschriften über vorläufige Unterbringungsmaßnahmen nach § 331ff. FamFG entsprechend für einstweilige Unterbringungsmaßnahmen nach § 1846. Zwar hat der Gesetzgeber seine ursprüngliche Absicht, die Anwendbarkeit des § 1846 im Unterbringungsverfahren auszuschließen, offensichtlich aufgegeben. Dennoch bleibt der konkrete Anwendungsbereich des § 1846 im Unterbringungsrecht unklar.

2. Anwendungsbereich im Betreuungsrecht

§ 1846 setzt nach seinem Wortlaut voraus, dass ein Betreuer noch nicht 2 bestellt oder an der Erfüllung seiner Aufgaben verhindert ist, so dass das Betreuungsgericht an seine Stelle treten und die erforderlichen Maßregeln treffen muss. Unstreitig ist die Anwendbarkeit des § 1846 im Fall der **Verhinderung des Betreuers,** wenn kein Ersatzbetreuer nach § 1899 Abs. 4 BGB bestellt ist, und mit der Entscheidung nicht gewartet werden kann, bis der Betreuer tätig wird (BayObLG FamRZ 2000, 560 = R&P 2000, 199), sowie im Fall des Todes oder der Entlassung des Betreuers, wenn noch kein neuer Betreuer bestellt ist (§ 1908c BGB). Ist ein Betreuer mit dem entsprechenden Aufgabenkreis bestellt und nicht verhindert, ist eine Maßnahme nach § 1846 unzulässig (BayObLG FamRZ 2000, 560 = R&P 2000, 199; OLG Frankfurt FGPrax 2007, 149 = FamRZ 2007, 673).

Ist allerdings noch kein Betreuer bestellt und noch kein Betreuungsver- 3 fahren anhängig, ist nach dem Wortlaut des § 1846 auf Grund der Einheitsentscheidung bei der Betreuerbestellung eine Unterbringungsmaßnahme durch das Betreuungsgericht ohne gleichzeitige Bestellung zumindest eines **vorläufigen Betreuers** nach § 300 FamFG nicht möglich (OLG Frankfurt R&P 1993, 37 = BtPrax 1993, 32; *Wiegand* FamRZ 1991, 1022; *Rink* FamRZ 1993, 512). Demgegenüber wird unter Bezugnahme auf die Gesetzgebungsgeschichte sowie die Regelung des § 334 FamFG die Auffassung vertreten, dass auch nach Inkrafttreten des Betreuungsrechts der Betreuungsrichter in Ausnahmefällen zu einer Unterbringungsmaßnahme nach § 1846 befugt sei, wenn gleichzeitig mit der Anordnung durch geeignete Maßnahmen sichergestellt wird, dass dem Betroffenen unverzüglich zumindest ein vorläufiger Betreuer zur Seite gestellt wird (BGH NJW 2001, 1801 = R&P 2001, 177; OLG München NJW 2008, 810 = FamRZ 2008, 917; BayObLG FGPrax 2001, 44 = R&P 2001, 50; BtPrax 2003, 176; OLG Schleswig R&P 1992, 155 mit Anm. *Marschner* = BtPrax 1992, 107; LG Berlin R&P 1992, 153 = BtPrax 1992, 43; LG Hamburg BtPrax 1992, 111; siehe auch Kap. **D** S. 344ff.).

Auch wenn man der letztgenannten Auffassung auf Grund der eindeuti- 4 gen Gesetzgebungsgeschichte folgt, bleibt § 1846 eine **Ausnahmevorschrift** (BGH NJW 2001, 1801 = R&P 2001, 177; OLG München NJW 2008, 810 = FamRZ 2008, 917; OLG Frankfurt FGPrax 2007, 149 = FamRZ 2007, 673; so bereits BayObLZ 1987, 7 = R&P 1/1988, 34; BayObLG FamRZ 1990, 1154 = R&P 1990, 133). Dies bedeutet, dass für die Anwendung des § 1846 im Unterbringungsrecht nur in seltenen Fällen ein praktisches Bedürfnis besteht, eine Maßnahme nach § 1846 nur unter engen Voraussetzungen in Betracht kommt und unter keinen Umständen eine systematische Unterbringungspraxis unter Missachtung der sachlichen Grenzen zwischen öffentlichem Unterbringungsrecht und zivilrechtlicher Unterbringung rechtfertigt.

5 Insbesondere ist eine Unterbringungsmaßnahme nach § 1846 rechtswidrig, wenn sie im Anschluss an eine behördliche bzw. polizeiliche Unterbringungsmaßnahme erfolgt, bei der Aufnahmeuntersuchung sich aber herausstellt, dass die Voraussetzungen der öffentlich-rechtlichen Unterbringung nicht vorliegen. In diesem Fall ist nach der ausdrücklichen Regelung aller Unterbringungsgesetze der Betroffene zu entlassen (hierzu Kap. **B** S. 109). Daher ist es auch nicht zulässig, noch im Beschwerdeverfahren eine öffentlich-rechtliche Unterbringung in eine Unterbringung nach § 1846 umzuwandeln (aA OLG München R&P 2006, 91 = FamRZ 2006, 62 L; offengelassen in OLG Frankfurt FGPrax 2007, 149 = FamRZ 2007, 673; skeptisch unter Hinweis auf den Grundsatz der Formenstrenge in Freiheitsentziehungssachen auch BVerfG NJW 2007, 3560 = R&P 2007, 189). Ebenso unzulässig ist eine Unterbringungsmaßnahme nach § 1846 im Anschluss an den Widerruf eines freiwilligen Aufenthaltes in einer geschlossenen Einrichtung (hierzu S. 220). Liegen die Voraussetzungen des öffentlichen Unterbringungsrechts vor, ist gegebenenfalls eine öffentlich-rechtliche Unterbringung durch einstweilige Anordnung durch das Betreuungsgericht zu beantragen. Bei psychiatrischen Krisen wird in aller Regel eine öffentlich-rechtliche Unterbringungsmaßnahme veranlasst sein, da es langfristig nicht auf eine Betreuerbestellung ankommt (ebenso *Holzhauer* FamRZ 1995, 1463, 1472 f.).

6 Eine Maßnahme nach § 1846 kommt danach nur in Betracht, wenn von vornherein absehbar ist, dass es auf Grund der konkreten Krankheit oder Behinderung des Betreuten langfristig zu einer Betreuerbestellung kommen wird (BayObLG R&P 2001, 50 = BtPrax 2001, 38), und bereits mit der Bestellung eines vorläufigen Betreuers Gefahr verbunden wäre. Dabei ist der Begriff der Gefahr an den materiellrechtlichen Voraussetzungen der Unterbringung zu orientieren, was auch im Fall des § 1906 Abs. 1 Ziff. 2 BGB die Gefahr einer erheblichen Gesundheitsschädigung voraussetzt (hierzu S. 224). Kommt es zu einer Unterbringungsmaßnahme durch das Betreuungsgericht nach § 1846, ist unverzüglich zumindest ein **vorläufiger Betreuer** mit dem Aufgabenkreis der Unterbringung zu bestellen, der in eigener Verantwortung über die weitere Unterbringung zu entscheiden und gegebenenfalls um die gerichtliche Genehmigung nachzusuchen hat (BayObLG FGPrax 2001, 44; LG Hamburg BtPrax 1992, 111; BayObLG FamRZ 1990, 1154 = R&P 1990, 133; siehe auch OLG Frankfurt R&P 1993, 37 = BtPrax 1993, 32). Unverzüglich bedeutet innerhalb weniger Tage, wenn eine vorläufige Unterbringungsmaßnahme vorausgeht, die außerhalb des Gerichtsgebäudes getroffen wird, spätestens am nächsten regulären Arbeitstag (BayObLG BtPrax 2003, 176). Unterbleibt dies, ist die Anordnung der Unterbringung unzulässig (BGH NJW 2001, 1801 = R&P 2001, 177; BGH BtPrax 2003,

176; OLG München NJW 2008, 810 = FamRZ 2008, 917; OLG Brandenburg BeckRS 2008, 00291). Die Feststellung der Rechtswidrigkeit kann auch nachträglich nach § 62 FamFG geltend gemacht werden (zum Verfahren Kapitel **D** S. 355 ff.).

Das Betreuungsgericht kann im Fall der Verhinderung des Betreuers gemäß § 1846 auch **Maßnahmen nach § 1906 Abs. 4 BGB sowie § 1904 BGB** treffen (Keidel/*Budde* § 300 FamFG Rn. 12 f.), nicht aber wenn ein Betreuer mit dem entsprechenden Aufgabenkreis bestellt ist; dabei ist die jeweilige Maßnahme konkret zu bezeichnen (BayObLG FamRZ 1999, 1304 = R&P 2000, 38). Die Anordnung einer Unterbringungsmaßnahme nach § 1846 als solche beinhaltet nicht das Recht zur ärztlichen Behandlung des Betroffenen gegen dessen Willen (BayObLG FamRZ 1990, 1154 = R&P 1990, 133). Die Entscheidung steht vielmehr dem Betreuer zu, der in Verhinderungsfällen durch den Betreuungsrichter vertreten werden kann. Der Einrichtung stehen auch in diesem Fall aus eigenem Recht keine Eingriffsbefugnisse in die Rechte der Betroffenen zu. 7

Genehmigung des Betreuungsgerichts bei ärztlichen Maßnahmen

1904 (1) **Die Einwilligung des Betreuers in eine Untersuchung des Gesundheitszustands, eine Heilbehandlung oder einen ärztlichen Eingriff bedarf der Genehmigung des Betreuungsgerichts, wenn die begründete Gefahr besteht, dass der Betreute auf Grund der Maßnahme stirbt oder einen schweren und länger dauernden gesundheitlichen Schaden erleidet. Ohne die Genehmigung darf die Maßnahme nur durchgeführt werden, wenn mit dem Aufschub Gefahr verbunden ist.**

(2) **Die Nichteinwilligung oder der Widerruf der Einwilligung des Betreuers in eine Untersuchung des Gesundheitszustands, eine Heilbehandlung oder einen ärztlichen Eingriff bedarf der Genehmigung des Betreuungsgerichts, wenn die Maßnahme medizinisch angezeigt ist und die begründete Gefahr besteht, dass der Betreute auf Grund des Unterbleibens oder des Abbruchs der Maßnahme stirbt oder einen schweren und länger dauernden gesundheitlichen Schaden erleidet.**

(3) **Die Genehmigung nach den Absätzen 1 und 2 ist zu erteilen, wenn die Einwilligung, die Nichteinwilligung oder der Widerruf der Einwilligung dem Willen des Betreuten entspricht.**

(4) **Eine Genehmigung nach den Absätzen 1 und 2 ist nicht erforderlich, wenn zwischen Betreuer und behandelndem Arzt Einvernehmen darüber besteht, dass die Erteilung, die Nichterteilung oder der Widerruf der Einwilligung dem nach § 1901 a festgestellten Willen des Betreuten entspricht.**

(5) **Die Absätze 1 bis 4 gelten auch für einen Bevollmächtigten. Er kann in eine der in Absatz 1 Satz 1 oder Absatz 2 genannten Maßnahmen nur einwilligen, nicht einwilligen oder die Einwilligung widerrufen, wenn die Vollmacht diese Maßnahmen ausdrücklich umfasst und schriftlich erteilt ist.**

C Zivilrechtliche Unterbringung

Übersicht

1. Überblick 1
2. Anwendungsbereich 4
3. Voraussetzungen der Genehmigungspflicht nach Abs. 1 11
   a) Gefahren bei ärztlichen Maßnahmen außerhalb der Anlasskrankheit 14
   b) Gefahren bei ärztlichen Maßnahmen betreffend die Anlasskrankheit 18
4. Voraussetzungen der Genehmigungspflicht nach Abs. 2 28
5. Voraussetzungen der Genehmigung (Abs. 3) 29
   a) Patientenverfügung 30
   b) Entscheidungsgrundlagen für die Genehmigung nach Abs. 2 .. 31
   c) Entscheidungsgrundlagen für die Genehmigung nach Abs. 1 .. 32
6. Zwangsbehandlung 34
   a) Verfassungsrechtliche Grundlagen 34
   b) Rechtsprechung des BGH 35
   c) Pflichten des Betreuers/Bevollmächtigten 37
7. Absehen von der Genehmigungspflicht (Abs. 1 Satz 2, Abs. 4) .. 38
8. Arzneimittelgesetz 41
9. Verhältnis zu den PsychKG/UG und Maßregelvollzug 42
10. Verfahren 43

1. Überblick

1 Der Gesetzestext regelt in der Fassung des 3. BtÄndG die Frage, bei welchen Untersuchungs- und Behandlungsmaßnahmen bzw. ärztlichen Eingriffen die Einwilligung Abs. 1), die Nichteinwilligung oder der Widerruf der Einwilligung (Abs. 2) des Betreuers bzw. Bevollmächtigten (Abs. 5) der **Genehmigung des Betreuungsgerichts** bedürfen und in welchen Fällen von der an sich erforderlichen Genehmigung abgesehen werden darf. Die praktische Relevanz der Vorschrift in der bis zum 31. 8. 2009 geltenden Fassung ist entgegen den vor Inkrafttreten des Betreuungsrechts geäußerten Erwartungen (*Rink* R&P 1991, 148) vor allem in der stationären psychiatrischen Versorgungspraxis gering (*Konrad* R&P 1996, 76). Die Zahl der Genehmigungsverfahren nach § 1904 im Jahr 2008 betrug 3707, davon wurden 3481 Genehmigungen erteilt. Dies bedeutet eine Genehmigungsquote von 93,3%. Die Zahl der Genehmigungen pro 10 000 Einwohner variiert zwischen den einzelnen Bundesländern erheblich (*Deinert* BtPrax 2009, 273 und www.btprax.de). Es lässt sich befürchten, dass von den Betreuern nicht in allen Fällen, in denen dies rechtlich geboten ist, um Genehmigung nach § 1904 nachgesucht wird, und die Betreuungsgerichte daher nicht mit entsprechenden Genehmigungsverfahren befasst werden. Daraus erklärt sich auch die geringe Zahl der bekannt gewordenen Gerichtsentscheidungen zu § 1904.

2 Der Regelungsbereich des § 1904 geht weit über seinen Wortlaut hinaus. Die Regelung betrifft den gesamten Bereich der ärztlichen Behandlung von einwilligungsunfähigen sowie unter Betreuung stehenden Personen und berührt dadurch grundsätzliche Fragen des **Arztrechts**, der **Zwangsbehandlung** und der **Patientenautonomie am Lebensende.** Da weder der Begriff der Einwilligungsfähigkeit noch die Voraussetzungen der Zwangsbehandlung gesetzlich geregelt sind, sind die jeweiligen Grenzen unter verfassungsrechtlichen Aspekten zu konkretisieren.

Die Behandlung nach Abs. 1 findet von Ausnahmen abgesehen bei nach § 1906 BGB untergebrachten Personen statt. Für nach öffentlichem Recht Untergebrachte gelten die jeweiligen Regelungen der Landesgesetze (hierzu Kap. **B** S. 141 ff.). 3

2. Anwendungsbereich

Abs. 1 betrifft die **Einwilligung des Betreuers bzw. Bevollmächtigten** in Untersuchungen des Gesundheitszustandes, d. h. diagnostische Maßnahmen, Heilbehandlungsmaßnahmen und ärztliche Eingriffe, bei denen es sich nicht um eine Heilbehandlung handelt wie z. B. im Fall einer kosmetischen Operation. Abs. 2 betrifft die **Nichteinwilligung oder den Widerruf der Einwilligung** des Betreuers in eine der in Abs. 1 genannten ärztlichen Maßnahmen, wenn diese Maßnahme medizinisch angezeigt ist. Jeweils ist Voraussetzung, dass die begründete Gefahr besteht, dass der Betreute durch die Maßnahme oder auf Grund des Unterbleibens oder des Abbruchs der Maßnahme stirbt oder einen schweren und länger dauernden gesundheitlichen Schaden erleidet. Die Vorschrift betrifft nicht den Abschluss des Arztvertrages, sondern die Vornahme tatsächlicher Handlungen. Im Fall einer ärztlichen Maßnahme ohne Einwilligung besteht für den Arzt die Gefahr der Strafbarkeit nach §§ 223 ff. StGB sowie der Verpflichtung zum Schadensersatz nach §§ 823 ff. BGB. 4

Voraussetzung für ein Tätigwerden des **Betreuers** ist zunächst, dass ihm der Aufgabenkreis der ärztlichen (psychiatrischen) Behandlung bzw. der Einwilligung in eine konkrete ärztliche Behandlung übertragen wurde (hierzu oben S. 183; *Diekmann* BtPrax 2010, 53. Der Aufgabenkreis der Aufenthaltsbestimmung bzw. eine Unterbringung rechtfertigen keine Einwilligung in eine ärztliche Behandlung. Bereits bei der Betreuerbestellung bzw. Festlegung des Aufgabenkreises ist zu prüfen, ob der Betroffene nicht selbst in die Behandlung einwilligen kann. 5

Die Einwilligung oder Nichteinwilligung eines **Bevollmächtigten** in Maßnahmen nach Abs. 1 und 2 ist nur wirksam, wenn sie schriftlich erteilt worden ist und die in Abs. 1 Satz 1 und Abs. 2 genannten Maßnahmen ausdrücklich umfasst (Abs. 5; zur Bestimmtheit einer entsprechenden Vollmacht LG Hamburg FamRZ 1999, 1613; LG Düsseldorf MDR 2000, 646; OLG Zweibrücken FamRZ 2003, 113; zu den Anforderungen an die Vollmacht grundsätzlich *Milzer* NJW 2003, 1936; *Keilbach* FamRZ 2003, 969; *Klie/Bauer* FPR 2004, 671; *Diehn* FamRZ 2009, 1958; *Lipp* S. 322 ff.; zur Anwendbarkeit auf die Maßnahmen des Abs. 2 vor Inkrafttreten des 3. BtÄndG LG Ellwangen FamRZ 2004, 732). Der Betroffene muss bei Erteilung der Vollmacht einwilligungsfähig sein (*Jürgens/Kröger/Marschner/Winterstein* Rn. 73 a; Palandt/*Diederichsen* § 1904 Rn. 7; *Bienwald/Sonnenfeld/Hoffmann* § 1896 BGB Rn. 78; aA MünchKomm/*Schwab* § 1904 Rn. 70: partielle Geschäftsfähigkeit). Bei wirksamer Vollmachtserteilung im Bereich der Gesundheitsfürsorge kommt eine Betreuerbestellung nicht in Betracht 6

C Zivilrechtliche Unterbringung

(siehe S. 181), Eine Vollmacht kann auch in einer Patientenverfügung oder Behandlungsvereinbarung enthalten sein. In anderen Fällen muss die Vollmacht nicht zwingend schriftlich erteilt sein, obwohl sich zum Nachweis des Umfangs einer Vollmacht in Gesundheitsangelegenheiten grundsätzlich die Schriftform empfiehlt.

7 Der Betreuer (nicht das Betreuungsgericht) mit entsprechendem Aufgabenkreis kann nur dann stellvertretend als gesetzlicher Vertreter (§ 1902 BGB) in eine ärztliche Behandlung einwilligen, wenn der Betreute zum Zeitpunkt der Einwilligungserklärung **einwilligungsunfähig** ist (OLG Hamm FGPrax 1997, 64 mit Anmerkung *Seitz* FGPrax 1997, 142 = R&P 1997, 184; NJW 2003, 2392; BayObLG FamRZ 1999, 1304; AG Frankfurt FamRZ 2003, 476 für den Fall der Vollmacht). Dies entspricht den allgemeinen Regeln des Arztrechts. Das Bestehen der Betreuung selbst mit dem Aufgabenkreis der Heilbehandlung ist nicht notwendigerweise ein Indiz für das Fehlen der Einwilligungsfähigkeit. Bei bestehender Einwilligungsfähigkeit ist allein der Betroffene zu einer Entscheidung über die ärztliche Behandlung berechtigt. Es kann also nur der Betreute oder der Betreuer einwilligen (MünchKomm/*Schwab* § 1904 Rn. 6 und 12). Allerdings kann es aus der Sicht des behandelnden Arztes bei Zweifeln an der Einwilligungsfähigkeit des Betreuten sinnvoll sein, sowohl die Einwilligung des Betreuten als auch des Betreuers einzuholen. Liegt die Einwilligungsfähigkeit des Betreuten vor, ist auch seine Ablehnung einer Behandlungsmaßnahme verbindlich, da jeder das Recht hat, ärztliche Behandlungsmaßnahmen abzulehnen. Ein Einwilligungsvorbehalt zum Zweck der Übergehung des vom Betreuten geäußerten Willens ist unzulässig. Eine stellvertretende Einwilligung in eine Organspende kommt nicht in Betracht, da immer die Einwilligung des volljährigen einwilligungsfähigen Spenders erforderlich ist (§ 8 TPG). Das Konzept der Einwilligungsunfähigkeit kann nach Inkrafttreten von Art. 12 Abs. 2 UN-BRK, wonach auch Menschen mit Behinderungen gleichberechtigt mit anderen Rechts- und Handlungsfähigkeit genießen, in der bisherigen Form nicht aufrechterhalten werden. Von dem Begriff der Rechts- und Handlungsfähigkeit wird auch der Begriff der Einwilligungsfähigkeit umfasst (*Lachwitz* BtPrax 2008, 143). Eine stellvertretende Einwilligung eines Betreuers oder Bevollmächtigten kommt danach nur noch in Betracht, wenn andere in der UN-BRK geschützte höherrangige Menschenrechte (z.B. das Recht auf Leben) gefährdet werden.

8 Entscheidende Voraussetzung für die stellvertretende Einwilligung des Betreuers nach bisheriger Auffassung ist die **Einwilligungsunfähigkeit des Betreuten.** Nicht entscheidend ist die Geschäftsfähigkeit nach § 104 BGB (OLG Hamm FGPrax 1997, 64 mit Anmerkung *Seitz* FGPrax 1997, 142 = R&P 1997, 184; NJW 2003, 2392). Einwilligungsunfähig ist nach der üblichen Definition, wer Art, Bedeutung und Tragweite bzw. Folgen der Maßnahme nicht verstehen bzw. seinen Willen nicht danach bestimmen kann. Abzustellen ist auf die erforderliche **ärztliche Aufklärung**, die der Einwilligung vorauszugehen hat. In der Regel ist auch der einwilligungsunfähige Betroffene aufzuklären (*Hoffmann* BtPrax 2007, 143). Dies ergibt sich aus der Besprechungspflicht des Betreuers nach § 1901 Abs. 3 Satz 3 BGB. Die

§ 1904. Genehmigung des Betreuungsgerichts bei ärztlichen Maßnahmen **C**

Aufklärung und erforderliche Einsicht erstrecken sich auf die ärztliche Diagnose, die therapeutischen Möglichkeiten einschließlich der denkbaren Alternativen sowie das Abschätzen der jeweils damit verbundenen Behandlungschancen und Risiken (MünchKomm/*Schwab* § 1904 Rn. 9). Einwilligungsunfähig ist daher, wer auf Grund geistiger Behinderung oder psychischer Krankheit nicht erfassen kann,
– welchen Wert oder Rang die von der Einwilligungsentscheidung berührten Güter und Interessen für ihn haben,
– um welche Tatsachen es bei der Entscheidung geht,
– welche Folgen oder Risiken sich aus der Einwilligungsentscheidung ergeben,
– welche Mittel es zur Erreichung der mit der Einwilligung erstrebten Ziele gibt, die ihn möglicherweise weniger belasten,
oder zwar die erforderliche Einsicht hat, aber nicht in der Lage ist, sich nach ihr zu bestimmen (*Amelung* R&P 1995, 20, 26, siehe auch *Nedopil* 2007 S. 53 ff.). Für die Beurteilung des Wertes der maßgeblichen Güter und Interessen ist das **subjektive Wertsystem** des Einwilligenden maßgeblich, nicht ein objektiv vernünftiges Wertsystem. Die Autonomie der Willensentscheidung ist zu respektieren, solange keine krankhafte Verzerrung des Wertsystems des Betroffenen vorliegt (*Amelung* R&P 1995, 20, 24).

Die **Behandlungsalternativen** sind gerade im Fall einer beabsichtigten 9
Zwangsbehandlung unter dem Gesichtspunkt des geringstmöglichen Eingriffs von zentraler Bedeutung. Nicht ausschlaggebend ist nach oben stehenden Kriterien eine fehlende Krankheitseinsicht oder eine aus Sicht des behandelnden Arztes unvernünftige Ablehnung einer beabsichtigten Behandlung. Auch der psychisch Kranke hat das Recht, bestimmte Behandlungsmaßnahmen ganz abzulehnen oder sich für Alternativen zu entscheiden. Viele Psychiatriepatienten leiden lieber an ihren Symptomen als an ihren Psychopharmaka (*Dörner/Plog* S. 528). Entscheidet sich ein psychisch kranker Betreuter auf Grund der ihm aus früheren Behandlungen bekannten Nebenwirkungen (hierzu S. 204 ff. gegen eine pharmakologische Behandlung oder die Behandlung mit einem bestimmten Medikament, ist dies in der Regel als ein auf einer autonomen Wertentscheidung beruhender und damit beachtlicher Wille anzusehen, da die Fähigkeit zu einer Abwägung der Vor- und Nachteile der Behandlung vorliegt. Dem Arzt und Betreuer bleibt es unbenommen, den Betroffenen von der Notwendigkeit der Behandlung zu überzeugen, wobei die Grenze des § 1901 Abs. 3 BGB zu beachten ist (zur Notwendigkeit der Vermeidung der Zwangsbehandlung *Finzen u.a.* S. 158 f.). Zwangsmaßnahmen sind in diesem Fall nur unter den Voraussetzungen des öffentlichen Unterbringungsrechts und der dortigen Regelungen zur Zwangsbehandlung möglich (hierzu Kap. **B** S. 150 ff.).

Die Zuständigkeit für die Einwilligung liegt ausschließlich bei dem Be- 10
troffenen selber oder bei dem Betreuer bzw. Bevollmächtigten, der ggf. der Genehmigung des Betreuungsgerichts bedarf. Die **Einrichtung** ist zu Grundrechtseingriffen wie einer Zwangsbehandlung aus eigenem Recht anders als im öffentlichen Unterbringungsrecht nicht berechtigt. Dies gilt auch im Fall einer vorläufigen Unterbringung durch einstweilige Anordnung

nach §§ 1846 BGB, 334 FamFG. In diesem Fall ist unverzüglich ein vorläufiger Betreuer zu bestellen (§§ 300 f. FamFG). Eine pauschale Übertragung der Behandlung durch den Betreuer auf die Einrichtung ist unzulässig, da die Rechtsprechung zum Arztrecht eine Aufklärung und Einwilligung im Einzelfall, d. h. für jede einzelne Behandlungsmaßnahme verlangt.

3. Voraussetzungen der Genehmigungspflicht nach Abs. 1

11 Voraussetzung für die Genehmigungspflicht durch das Betreuungsgericht ist die begründete Gefahr, dass der Betroffene auf Grund der Maßnahme stirbt oder einen schweren und länger dauernden gesundheitlichen Schaden erleidet.

12 Eine **begründete Gefahr** liegt vor bei einer konkreten und nahe liegenden Möglichkeit des Schadenseintritts. Eine überwiegende Wahrscheinlichkeit ist nicht erforderlich (*Jürgens/Kröger/Marschner/Winterstein* Rn. 206). Lediglich nicht ausschliessbare Risiken lösen die Genehmigungspflicht nicht aus (OLG Hamm NJW 2003, 2392 für den Fall einer Zahnbehandlung unter Vollnarkose). Es ist auf den Einzelfall abzustellen, insbesondere auf den Gesundheitszustand der Person, bei der die Maßnahme durchzuführen ist. Bei alten und kranken Menschen kann die Genehmigungspflicht häufiger anzunehmen sein. Als Anhaltspunkt können die Komplikationshäufigkeit sowie die Rechtsprechung zur Aufklärungspflicht über typische Risiken der Behandlung (*Winkler-Wilfurth* S. 121; *Kern* MedR 1991, 68) sowie zu §§ 81 a StPO, 65 SGB I dienen. Es verbietet sich aber eine generalisierende Festlegung des Grades der Wahrscheinlichkeit (aA wohl *Wiebach u. a.* BtPrax 1997, 48).

13 Hinsichtlich der **Schwere der Gesundheitsschädigung** wird in der Gesetzesbegründung auf § 224 StGB verwiesen, ohne dass diese Aufzählung abschließenden Charakter hätte. Es kommt auf die Schwere der Beeinträchtigung der alltäglichen Lebensführung infolge der Behandlung im Vergleich zu einem gesunden Menschen an (LG Berlin R&P 1993, 39 = BtPrax 1993, 66 = FamRZ 1993, 59). Als **länger dauernd** wird der Zeitraum von mindestem einem Jahr angenommen, bei der Gefahr besonders schwerer Gesundheitsschäden kommen auch kürzere Zeiträume in Betracht (LG Hamburg FamRZ 1994, 1204 = R&P 1995, 94; R&P 1999, 42). Auch psychische Schäden kommen in Betracht, z. B. eine Abhängigkeit oder Suizidgefahr als Folge von Medikamenteneinnahmen.

14 **a) Gefahren bei ärztlichen Maßnahmen außerhalb der Anlasskrankheit.** Die Genehmigungspflicht betrifft zunächst den Bereich der Untersuchungen, Heilbehandlungen und ärztlichen Eingriffe, die nicht Anlass der Betreuerbestellung oder Bevollmächtigung sind, bei den Betroffenen aber wie bei jedem anderen erforderlich werden können. Auch hier ist auf die Einwilligung des Betroffenen abzustellen, wenn er einwilligungsfähig ist (S. 200). Bei chronisch kranken, alterskranken und geistig behinderten Menschen dürfte bei diesen ärztlichen Maßnahmen der Hauptanwendungsbereich des § 1904 liegen. Es besteht nur ein mittelbarer Zusammenhang mit dem Unterbringungsrecht, da die Untersuchungen und Behandlungen ent-

§ 1904. Genehmigung des Betreuungsgerichts bei ärztlichen Maßnahmen   **C**

weder ambulant oder stationär, aber nur selten unter Ausübung von Zwang während einer Unterbringung des Betroffenen in einem psychiatrischen Krankenhaus durchgeführt werden.

Als genehmigungspflichtige **Untersuchungen** werden genannt die Pneumencephalographie, die Leberblindpunktion, die Bronchoskopie (MünchKomm/*Schwab* § 1904 Rn. 14), Herzkatheterisierung, Liquorentnahme aus Gehirn oder Rückenmark (BVerfGE 16, 194 zu § 81a StPO), die Angiographie (*Meyer-Goßner* § 81a Rn. 21) sowie bei alten bzw. gebrechlichen Menschen je nach Einzelfall die Arthroskopie (*Schreiber* FamRZ 1991, 1015).   15

Von den operativen **Behandlungsmaßnahmen** werden als genehmigungspflichtig angesehen: Amputationen (LG Darmstadt FamRZ 2009, 543 L), Herzoperationen, Transplantationen, neurochirurgische Operationen (MünchKomm/*Schwab* § 1904 Rn. 14), gefäßchirurgische Eingriffe, Operationen am Gehirn und Rückenmark sowie Operationen am offenen Thorax (4. Vormundschaftsgerichtstag S. 148; siehe auch die Aufstellung mit Operationsrisiken bei *Winkler/Wilfurth* S. 125). Die Genehmigungsbedürftigkeit der Anästhesie ist jedenfalls bei alten und gebrechlichen Menschen gegeben, im Übrigen ist im Einzelfall zu entscheiden (siehe OLG Hamm NJW 2003, 2392).   16

Zu den genehmigungspflichtigen **nichtoperativen Behandlungsmethoden** gehören Chemotherapie, Strahlenbehandlungen (siehe MünchKomm/*Schwab* § 1904 Rn. 14), die Dauerkatheterisierung der Harnblase, zumindest bei Risikopatienten und damit häufig bei alten Menschen das Legen einer PEG-Sonde (*Schreiber* BtPrax 2003, 148; *Herbert-Fehler/Hoffmann* BtPrax 1996, 210; aA *Müller-Bohlen* BtPrax 1997, 22) sowie die Behandlung mit Medikamenten je nach Art, Verwendungszweck, Menge und Verträglichkeit (*Schreiber* FamRZ 1991, 1016).   17

b) Gefahren bei ärztlichen Maßnahmen betreffend die Anlasskrankheit. Im Zusammenhang des Unterbringungsrechts sind die Maßnahmen von zentraler Bedeutung, die die **Behandlung der psychischen Krankheit** bzw. geistigen oder seelischen Behinderung (hierzu Kap. A S. 42ff.) betreffen, die zur Betreuerbestellung mit dem entsprechenden Aufgabenkreis geführt hat.   18

Auch im psychiatrischen Bereich sind **Untersuchungsmethoden** neben der organischen Abklärung denkbar, die einer Genehmigungspflicht unterliegen. Dies betrifft zum einen die im forensischen Bereich teilweise praktizierte Phallographie (*Schorsch/Pfäfflin* R&P 1985, 55ff., *Meyer-Goßner* § 81a Rn. 21). Problematisch ist darüberhinaus die Durchführung von Persönlichkeitstests. Hier liegt die Problematik aber weniger bei einer drohenden Gefahr für die Gesundheit des Betroffenen, sondern in einer Verletzung des allgemeinen Persönlichkeitsrechts, das die Intimsphäre auch insoweit schützt, als es um Informationen aus dem Innenleben eines Menschen geht (siehe *Drechsler* R&P 1986, 131). Sollte eine Genehmigungspflicht des Betreuungsgerichts wegen der Gefahr schwerer psychischer Schäden im Einzelfall nicht zu begründen sein, ist es Aufgabe des Betreuers, die Einwilligung in psychologische Testverfahren gegebenenfalls zu verweigern. Da die Durchführung von Persönlichkeitstests von der Mitarbeit des Betroffenen abhängen, ist eine zwangsweise Durchführung nur schwer denkbar.   19

20 Im Bereich der **Behandlungsmaßnahmen** kann eine Genehmigungspflicht auf Grund der bekannten Nebenwirkungen bei der Behandlung mit Psychopharmaka bestehen. Eine Entscheidung über die Anwendbarkeit des § 1904 ist jeweils im Einzelfall unter Berücksichtigung der individuellen Behandlungssituation vorzunehmen, was nicht ausschließt, bei bestimmten Gruppen der Psychopharmaka oder einzelnen Medikamenten grundsätzlich von einer Genehmigungspflicht auszugehen (siehe die Diskussion zwischen Schreiber FamRZ 1991, 1014 und 1993, 26, *Nedopil* FamRZ 1993, 24 und *Dose* FamRZ 1993, 1032). Eine Listenlösung wie von Schreiber vorgeschlagen ist daher abzulehnen, da diese notwendigerweise unvollständig ist und die Beurteilung der Gefahren in der Regel auch von der Dosierung und Dauer der Behandlung abhängt (*Wolter-Henseler* BtPrax 1994, 183 und 1995, 168; *Pardey* BtPrax 1995, 83; *Wiebach u. a.* BtPrax 1997, 48).

21 Bei der Entscheidung über die Genehmigungspflicht und die Genehmigungsfähigkeit von Psychopharmaka ist deren Wirkungsweise im Sinn **gewünschter und ungewünschter Wirkungen** zu berücksichtigen. Sowohl Antidepressiva als auch Neuroleptika, die beiden im psychiatrischen Bereich wichtigsten Gruppen der Psychopharmaka, wirken symptomatisch, beeinflussen aber nicht die Ursache der Psychose und haben damit keine heilende Wirkung im engeren Sinn (siehe *Finzen* S. 70 ff. und 121 ff.; *Wojnar* BtPrax 1999, 11; *Aderhold/Crefeld* BtPrax 2010, 58). Sie sind aber unter Umständen geeignet, eine Besserung der psychotischen Symptomatik zu erreichen und damit auch eine Erreichbarkeit des Patienten für psychotherapeutische oder soziotherapeutische Verfahren herzustellen. Daneben stehen dämpfende und beruhigende Wirkungen bei den Neuroleptika, auch antriebssteigernde und stimmungsaufhellende Wirkungen bei den Antidepressiva im Vordergrund. Der Schwerpunkt der Wirkung unterscheidet sich je nach Medikament, der verabreichten Dosis und der individuellen Befindlichkeit des Patienten. Bei den klassischen Neuroleptika wird zwischen niederpotenten und hochpotenten Medikamenten unterschieden. An der grundsätzlichen Problematik hat sich auch durch die Einführung der sog. atypischen Neuroleptika nichts geändert (hierzu *Finzen* S. 142 f.; *Greve/Osterfeld/Diekmann* S. 120 f.). Auch wenn teilweise von einer besseren Verträglichkeit aus Sicht der Betroffenen berichtet wird, sind die Langzeitwirkungen noch nicht bekannt. Erste Erkenntnisse weisen darauf hin, dass der Krankheitsverlauf nicht verbessert wird, nur eine Verlagerung der Nebenwirkungen eintritt sowie ein erhöhtes Mortalitätsrisiko besteht (*Aderhold* Soziale Psychiatrie 2007, Heft 4 S. 5 ff.). Es wird zunehmend die Reduzierung der Neuroleptikadosierungen sowie der Einsatz nichtmedikamentöser Therapieformen empfohlen (*Aderhold* Soziale Psychiatrie 2007, Heft 4 S. 5 ff.; *Greve* BtPrax 2010, 62).

22 Sowohl Neuroleptika als auch Antidepressiva haben erhebliche unerwünschte Wirkungen bzw. **Nebenwirkungen.** Bei den Neuroleptika wird unterschieden zwischen den extrapyramidal-motorischen Nebenwirkungen (Frühdyskinesien, Parkinsonoid, Akathisie bzw. Bewegungsunruhe, Spätdyskinesien), vegetativen, somatischen und psychischen Nebenwirkungen (*Finzen* S. 128 ff.; *Greve/Osterfeld/Diekmann* S. 113 ff.; *Wojnar* BtPrax 1999,

§ 1904. Genehmigung des Betreuungsgerichts bei ärztlichen Maßnahmen **C**

11). Das Auftreten der Nebenwirkungen hängt von der Art und Dosis des Neuroleptikums sowie der Konstitution des Patienten ab. Insbesondere bei der Verabreichung von hochpotenten Neuroleptika und bei der Langzeitbehandlung besteht die erhöhte Gefahr von Nebenwirkungen, wobei es sich bei den Spätdyskinesien und evtl. auch bei dem Parkinson-Syndrom häufig um **irreversible Dauerschäden** handelt. Bei den atypischen Neuroleptika stehen somatische Nebenwirkungen und ein erhöhtes Mortalitätsrisiko im Vordergrund. Bei den Antidepressiva stehen vegetative und somatische Nebenwirkungen im Vordergrund, u. a. kardiotoxische Wirkungen und Blutbildveränderungen (*Finzen* S. 71 f.). Bei stark antriebssteigernden Antidepressiva kann am Beginn der Behandlung eine erhöhte Suizidgefahr bestehen (*Finzen* S. 70; *Greve/Osterfeld/Diekmann* S. 46; *Wolter-Henseler* BtPrax 1994, 183, 185). Neben den Neuroleptika und Antidepressiva sind die Schlafmittel, Tranquilizer und Antiepileptika bzw. Antikonvulsiva zu nennen. Bei Schlafmitteln und Tranquilizern steht die Suchtgefahr im Vordergrund (*Finzen* S. 46 ff. und S. 52 ff.; *Greve/Osterfeld/Diekmann* S. 88 ff.).

Für die Auslegung des Gefahrbegriffs als Voraussetzung der gerichtlichen 23 Genehmigungspflicht nach § 1904 bedeutet dies, dass anders als die kurzfristige Akutbehandlung die **Langzeitbehandlung** mit Neuroleptika und Antikonvulsiva genehmigungspflichtig ist (*Nedopil* 2007 S. 55 sowie FamRZ 1993, 26; aA *Wiebach u. a.* BtPrax 1997, 48). Die Genehmigungspflicht betrifft auch die Depot-Behandlung als Form der Langzeitbehandlung. Eine Langzeitbehandlung liegt nach *Nedopil* vor, wenn sie über die Dauer der ursprünglichen Erkrankung hinaus fortgeführt werden soll. So bedarf die Behandlung mit Glianimon, Atosil und Neurocil oder vergleichbaren Neuroleptika über mehrere Wochen hinweg wegen der Gefahr von Spätfolgen in Form eines Parkinsonoids oder von Spätdyskinesien der betreuungsgerichtlichen Genehmigung (LG Berlin R&P 1993, 39 = BtPrax 1993, 66 = FamRZ 1993, 597). Dies betrifft im Fall der Behandlung über einen längeren Zeitraum wegen der Gefahr nicht mehr rückbildungsfähiger Spätdyskinesien auch das Medikament Ciatyl-Z-Depot sowie andere Neuroleptika wie z. B. Haldol (AG Bremen R&P 1997, 84; offen gelassen in OLG Hamm FGPrax 1997, 64 = R&P 1997, 184 = BtPrax 1997, 162). Nach anderer Ansicht beginnt die Genehmigungspflicht erst im Fall der Weiterbehandlung nach Auftreten der ersten Anzeichen von Spätdyskinesien (4. Vormundschaftsgerichtstag S. 147). In diesem Fall ist der häufig irreversible Gesundheitsschaden aber bereits eingetreten.

Eine Genehmigungspflicht ist darüberhinaus für die Medikamente **Li-** 24 **thium** (*Nedopil* 2007 S. 55) sowie **Leponex** (aA *Dose* Nervenarzt 1994, 787) anzunehmen. Bei Lithium, das vor allem der Rückfallprophylaxe bei manisch-depressiven Erkrankungen dient, besteht u. a. die Gefahr von Veränderung des Nierengewebes sowie die Gefahr von Intoxikationen, so dass eine besonders sorgfältige Risiko-Nutzen-Abwägung erforderlich ist (*Finzen* S. 103 ff.; *Greve/Osterfeld/Diekmann* S. 67 ff.). Leponex darf nur von Ärzten verordnet werden, die gegenüber dem Hersteller schriftlich versichern, dass sie sich über die Risiken informiert haben und die notwendigen Vorsichtsmaßnahmen, insbesondere regelmäßige Blutbildkontrollen gewährleisten

(Merkblatt des Herstellers bei *Finzen* S. 146; *Dose* Nervenarzt 1994, 787; *Wolter-Henseler* BtPrax 1994, 183, 185).

25 Umstritten ist, ob die **Elektrokrampftherapie** (EKT), die nach Bekanntwerden der Langzeitfolgen der Psychopharmakabehandlung wieder häufiger zur Anwendung kommt, der Genehmigungspflicht unterliegt (zur EKT siehe bereits BGH NJW 1966, 1855). Es wird zunehmend die Auffassung vertreten, dass auf Grund moderner Technik bei der EKT mit Ausnahme der Anwendung bei Risikopatienten keine Gefahr im Sinn des § 1904 bestehen würde (*Dodegge* FamRZ 1996, 74; *Wiebach u. a.* BtPrax 1997, 48). Das LG Hamburg unterscheidet nunmehr zwischen der EKT mit unilateraler Stimulation der nicht dominanten Hirnhälfte sowie der bilateralen Stimulation und hält die bilaterale Stimulation wegen der Gefahr länger anhaltender retrogarder Gedächtnisstörungen weiterhin für genehmigungspflichtig, nicht aber die unilaterale Stimulation (LG Hamburg NJW-FER 1998, 203 = R&P 1999, 42; FamRZ 1994, 1204 = R&P 1995, 49; so jetzt auch *Nedopil* 2007 S. 55). Aufgrund der nach wie vor kontroversen Diskussion um die Gefährlichkeit der EKT (4. Vormundschaftsgerichtstag S. 148) und des sehr unterschiedlichen Einsatzes der EKT in der Praxis sollte weiterhin von der Genehmigungspflichtigkeit der EKT ausgegangen werden, um im Genehmigungsverfahren Alternativen zur EKT und die Wünsche des Betroffenen prüfen zu können (hierzu *Zinkler/Schneeweiß* R&P 2000, 12). Eine EKT darf nie **gegen den** erklärten **Willen des Betroffenen** durchgeführt werden (§ 1901 Abs. 3 BGB).

26 Genehmigungspflicht besteht für die **Insulinschockbehandlung** sowie die **hirnchirurgischen oder stereotaktischen Operationsmethoden.** Hier scheidet eine Genehmigungsfähigkeit allerdings aus, da diese Operationsmethoden auf Grund der weitreichenden Persönlichkeitsveränderungen gegen die Menschenwürde verstoßen (Volckart/*Grünebaum* S. 238). Besondere Vorschriften gelten nach § 3 Abs. 3 und 4 KastG, wonach eine **Kastration** im Fall der Einwilligungsunfähigkeit des Betroffenen nur bei kumulativer Einwilligung des Betroffenen selbst und eines Betreuers mit entsprechendem Aufgabenkreis durchgeführt werden kann, es sei denn es geht um die Behandlung einer lebensbedrohenden Krankheit.

27 Als genehmigungspflichtig kommen wegen der möglicherweise weitgehenden Eingriffe in die Persönlichkeitsstruktur auch **psychotherapeutische Verfahren** in Betracht. Da sie sich aber zwangsweise nicht durchführen lassen, kommt es letztlich in jedem Fall auf die Freiwilligkeit des Betroffenen an. Eine Ausnahme kann bestehen, wenn der Betroffene zwar an der Therapie teilnimmt, auf Grund der Psychotherapie aber eine Suizidgefahr besteht.

4. Voraussetzungen der Genehmigungspflicht nach Abs. 2

28 In Abs. 2 ist nunmehr geregelt, dass eine Genehmigung des Betreuungsgerichts auch erforderlich ist, wenn der Betreuer oder Bevollmächtigte (Abs. 5) in eine Untersuchung des Gesundheitszustands, eine Heilbehandlung oder eine ärztliche Maßnahmen nicht einwilligt oder die zuvor erteilte Einwilligung widerruft. Nach der bisherigen Rechtsprechung war zwar

§ 1904 nicht entsprechend anzuwenden, wenn die ärztliche Maßnahme in der Beendigung einer lebenserhaltenden Maßnahme bestand und der Sterbevorgang noch nicht unmittelbar eingesetzt hatte (OLG Schleswig FGPrax 2003, 78 = FamRZ 2003, 554; LG München I NJW 1999, 1788; LG Augsburg NJW 2000, 2363; aA OLG Karlsruhe NJW 2002, 689 = FamRZ 488; OLG Frankfurt/Main NJW 1998, 2747 = FamRZ 1998, 1137; LG Duisburg NJW 1999, 2744). Nach Auffassung des BGH bedurfte die Entscheidung des Betreuers, seine Einwilligung in eine ärztlicherseits angebotene **lebenserhaltende oder -verlängernde Behandlung** zu verweigern, der Zustimmung des Vormundschaftsgerichts nicht in analoger Anwendung des § 1904, sondern aus einem unabweisbaren Bedürfnis des Betreuungsrechts (BGH NJW 2003, 1588 = R&P 2003, 153). Dabei mussten nach Auffassung des BGH lebenserhaltende oder -verlängernde Maßnahmen unterbleiben, wenn der Betroffene einwilligungsunfähig war, sein Grundleiden einen irreversiblen tödlichen Verlauf angenommen hatte und er zuvor einen entsprechenden Willen z. B. in einer Patientenverfügung geäußert hatte (BGH NJW 2003, 1588 = BtPrax 2003, 123). Die Entscheidung des BGH wurde insbesondere wegen der Einschränkung auf einen irreversiblen tödlichen Verlauf des Grundleidens sowie hinsichtlich der Voraussetzungen richterlicher Rechtsfortbildung kontrovers und überwiegend ablehnend diskutiert (aus der umfangreichen Literatur *Stackmann* NJW 2003, 1568; *Kutzer* ZRP 2003, 209; *Holzhauer* FamRZ 2003, 191; *Albers* BtPrax 2003, 139; *Verrel* NStZ 2003, 449; *Lipp* FamRZ 2004, 317). Nach Auffassung des OLG Karlsruhe kamen eine Entscheidung des Betreuers gegen eine lebenserhaltende oder -verlängernde Behandlung des Betreuten und eine Zustimmung des Vormundschaftsgerichts auch dann in Betracht, wenn das Leiden einen irreversiblen tödlichen Verlauf angenommen hat, ohne dass der Tod in kurzer Zeit bevorsteht (NJW 2004, 1882 = FamRZ 2004, 1319). Auf Grund der ungeklärten und kontrovers diskutierten Fragen zu den Grenzen der Sterbehilfe hat das **3. BtÄndG** nunmehr die Patientenverfügung und die Voraussetzungen der Genehmigungspflicht **gesetzlich geregelt** (zum Gesetzgebungsverfahren *von Renesse* BtPrax 2005, 47; *Wagenitz* FamRZ 2005, 699; *Holzhauer* FamRZ 2006, 518; *Schreiber* NStZ 2006, 473; *May* BtPrax 2007, 149; *Höfling* NJW 2009, 2849). Es ist allerdings zweifelhaft, ob die erwünschte Rechtssicherheit erreicht werden konnte (*Spickhoff* FamRZ 2009, 1949; vgl. das Themenheft FPR 2010, 249–282). Die gesetzliche Regelung knüpft grundsätzlich an die vorgenannte Rechtsprechung des BGH an und stellt diese auf eine gesetzliche Grundlage. Der Anwendungsbereich der Vorschrift wird auf diejenigen Fälle erweitert, in denen die begründete Gefahr besteht, dass der Betroffene auf Grund des Unterbleibens oder des Abbruchs der medizinisch indizierten Maßnahme stirbt oder länger dauernden gesundheitlichen Schaden erleidet (siehe *Höfling* NJW 2009, 2849). Ist die ärztliche Maßnahme nicht medizinisch indiziert und wird daher keine ärztliche Behandlung angeboten, bedarf es weder einer Entscheidung des Betreuers noch einer gerichtlichen Genehmigung (BGH NJW 2003, 1588 = BtPrax 2003, 1123). Hinsichtlich des Begriffs der begründeten Gefahr gelten nach der Gesetzesbegründung (BT-Drs. 16/8442

S. 18) die gleichen Maßstäbe wie nach Abs. 1 (hierzu Rn 5). Unter den Voraussetzungen des Abs. 4 ist eine Genehmigung des Betreuungsgerichts nicht erforderlich (hierzu S. 213).

5. Voraussetzungen der Genehmigung (Abs. 3)

29 Der Gesetzgeber hatte zunächst versäumt, die Voraussetzungen festzulegen, unter denen die betreuungsgerichtliche Genehmigung einer Behandlungsmaßnahme erteilt werden kann. Mit dem 3. BtÄndG hat der Gesetzgeber in Zusammenhang mit den neuen gesetzlichen Regelungen über die Patientenverfügung nunmehr in Abs. 3 für die Einwilligung nach Abs. 1 sowie die Nichteinwilligung bzw. den Widerruf der Einwilligung nach Abs. 2 Voraussetzungen festgelegt, unter denen die Genehmigung zu erteilen ist.

30 a) **Patientenverfügung.** Eine verbindliche Patientenverfügung im Sinn des § 1901 a Abs. 1 BGB liegt vor,
– wenn der Betroffene zum Zeitpunkt der Erstellung der Patientenverfügung **einwilligungsfähig** war (hierzu S. 200 f.),
– die Patientenverfügung **schriftlich** abgefasst wurde,
– die ärztlichen Maßnahmen noch nicht unmittelbar bevorstanden.
– die ärztlichen Maßnahmen, in die eingewilligt wird oder die untersagt werden, hinreichend bestimmt sind (z. B.: künstliche Ernährung, Beatmung, Dialyse, Wiederbelebung, Verabreichung von Medikamenten),
– die Patientenverfügung **nicht widerrufen** wurde. Hierfür ist weder Schriftlichkeit noch Einwilligungsfähigkeit erforderlich (Jürgens/*Jürgens* § 1901 a Rn. 6; aA *Spickhoff* FamRZ 2009, 1949, der dann aber § 1901 Abs. 3 BGB anwendet).

In diesem Fall hat der Betreuer bzw. Bevollmächtigte (§ 1901 a Abs. 5 BGB) dem Willen des Betroffenen Ausdruck und Geltung zu verschaffen, soweit die Festlegungen in der Patientenverfügung auf die aktuelle Lebens- und Behandlungssituation zutreffen. Eine eigene (stellvertretende) Willenserklärung durch den Betreuer oder Bevollmächtigten erfolgt in diesem Fall nicht (zur Auslegung von Patientenverfügungen *Hoffmann* BtPrax 2009, 7; *Spickhoff* FamRZ 2009, 1949). Aber auch wenn keine beachtliche Patientenverfügung im Sinn des § 1901 a Abs. 1 BGB vorliegt, hat der Betreuer bzw. Bevollmächtigte bei seiner Entscheidung die **Behandlungswünsche** und den **mutmaßlichen Willen** des Betroffenen zu berücksichtigen (§ 1901 a Abs. 2 BGB). Insoweit ist keine Schriftform erforderlich. Der mutmaßliche Wile ist aufgrund konkreter Anhaltspunkte unter Berücksichtigung früherer mündlicher oder schriftlicher Äußerungen des Betroffenen sowie seiner persönlichen Wertvorstellungen zu ermitteln (§ 1901 a Abs. 2 Satz 2 und 3 BGB). Der Betreuer bzw. Bevollmächtigte muss jeweils im Gespräch mit dem behandelnden Arzt und ggf. weiteren Personen (Angehörigen oder Vertrauenspersonen des Betroffenen) erörtern, ob die ärztlich indizierte Maßnahme dem Willen des Betroffenen entspricht (§ 1901 b BGB).

31 b) **Entscheidungsgrundlagen für die Genehmigung nach Abs. 2.** Die Neuregelung wurde in erster Linie im Hinblick auf die Genehmigungs-

§ 1904. Genehmigung des Betreuungsgerichts bei ärztlichen Maßnahmen **C**

pflicht nach Abs. 2 getroffen. Die Genehmigung ist zu erteilen, wenn die Entscheidung des Betreuers bzw. Bevollmächtigten dem **Willen des Betroffenen** entspricht. Damit sind als für die gerichtliche Entscheidung verbindliche Grundlagen sowohl die aktuellen Wünsche des Betroffenen nach § 1901 Abs. 3 BGB als auch der in einer Patientenverfügung niedergelegte Wille nach § 1901a Abs. 1 BGB und die Behandlungswünsche bzw. der mutmaßliche Wille nach § 1901a Abs. 2 BGB zu beachten. Ein Ermessen des Gerichts besteht nicht, soweit ein verbindlicher Wille des Betroffenen festgestellt werden kann.

Bestehen Zweifel hinsichtlich des Vorliegens eines zumindest mutmaßlichen Willens des Betroffenen, ist die Entscheidung im Fall des Abs. 2 „für das weitere Leben" zu treffen (LG Kleve BtPrax 2009, 199; *Bühler/Stolz* BtPrax 2009, 261; *Beckmann* FPR 2010, 278). Eine uneingeschränkte Unterbrechung der Versorgung per Magensonde verstößt gegen die Menschenwürde im Sinn des Art. 1 GG und ist daher nicht genehmigungsfähig (OLG Düsseldorf FamRZ 2008, 1283). Soweit kein verbindlicher Wille und auch keine nach § 1901 Abs. 3 BGB beachtlichen aktuellen Wünsche festgestellt werden können, hat sich das Betreuungsgericht wie der Betreuer an § 1901 Abs. 2 BGB zu orientieren.

c) Entscheidungsgrundlagen für die Genehmigung nach Abs. 1. 32 Abs. 3 ist auch anwendbar bei Genehmigungen nach Abs. 1 und betrifft damit auch den bisherigen Anwendungsbereich des § 1904. Dadurch wird gerade im Bereich **psychiatrischer Behandlungen** die Patientenautonomie gestärkt. Auch insoweit sind in erster Linie der in einer Patientenverfügung niedergelegter Wille des Betroffenen (§ 1901a Abs. 1 BGB) und, soweit eine verbindliche Patientenverfügung nicht vorliegt, seine Wünsche und sein mutmaßlicher Wille zu beachten (§ 1901a Abs. 2 BGB). Eine Patientenverfügung oder beachtliche Wünsche können auch in einer Betreuungsverfügung bzw. **Behandlungsvereinbarung** schriftlich niedergelegt sein. Liegen eine beachtliche Patientenverfügung nach § 1901a Abs. 1 BGB oder zu berücksichtigende Behandlungswünsche nach § 1901a Abs. 2 BGB vor, darf eine Behandlung gegen den Willen des Betroffenen nicht stattfinden. Im ersten Fall fehlt es bereits an der erforderlichen Einwilligung, im zweiten Fall darf sich der Betreuer bzw. Bevollmächtigte nicht über die Behandlungswünsche hinwegsetzen, sofern nicht höherrangige Rechtsgüter gefährdet sind (§ 1901 Abs. 3 Satz 1 BGB). Eine Behandlung gegen den Willen des Betroffenen ist dann auch unter den Voraussetzungen des öffentlichen Unterbringungsrechts nicht zulässig (*Olzen* S. 40 ff.).

Da es sich um einen Grundrechtseingriff handelt, ist eine Genehmigung 33 auch im Übrigen nur unter engen Voraussetzungen und unter Beachtung des Grundsatzes der **Erforderlichkeit** und der **Verhältnismäßigkeit** zulässig. Dies bedeutet, dass in aller Regel versucht werden muss, die Einwilligung des Betroffenen in die Behandlung herbeizuführen. Eine Genehmigung dürfte eher bei der Behandlung organischer Erkrankungen zur Abwendung schwerwiegender Gesundheitsgefahren als bei der Behandlung der sog. Anlasskrankheit in Betracht kommen (siehe OLG Hamm NJW 2003, 2392 für den Fall einer Zahnbehandlung zur Abwehr lebensbedrohlicher

Folgen). Insbesondere bei der Behandlung mit Psychopharmaka ist eine Heilung im engeren Sinn gerade nicht möglich und gar nicht intendiert, sondern häufig allenfalls eine Sedierung oder dämpfende Wirkung zu erreichen (LG Berlin R&P 1993, 39 = BtPrax 1993, 66 = FamRZ 1993, 597; siehe S. 204 f.; zu den Gefahren der Zwangsbehandlung mit Psychopharmaka *Wullweber* R&P 1985, 122 ff.; *Stolz* R&P 1985, 132 ff.; *Aderhold/Crefeld* BtPrax 2010, 58). Es hat daher in jedem Fall eine **Güterabwägung** zwischen den betroffenen Rechtsgütern unter Einbeziehung der mit der Behandlung verbundenen möglichen Gefahren stattzufinden. Ist eine Heilung oder nachhaltige Besserung des Gesundheitszustandes nicht zu erreichen, bestehen auf der anderen Seite erhebliche Gefahren in Form von schwerwiegenden Nebenwirkungen der Behandlung, ist diese nicht genehmigungsfähig, da sie durch den Behandlungserfolg nicht aufgewogen werden (LG Berlin R&P 1993, 39 = BtPrax 1993, 66 = FamRZ 1993, 597). Die Behandlung mit einer EKT (siehe S. 206 ist auf Grund der vorstehenden Grundsätze allenfalls in psychiatrischen Notsituationen (hierzu S. 212 ff.) denkbar und ist daher nicht genehmigungsfähig, wenn der Betroffene widerspricht.

6. Zwangsbehandlung

34 a) **Verfassungsrechtliche Grundlagen.** Art. 2 Abs. 2 Satz 1 GG (siehe Kap. **A** S. 2) schützt das Grundrecht der körperlichen Unversehrtheit. Auch in dieses Recht darf nur aufgrund eines Gesetzes eingegriffen werden (Art. 2 Abs. 2 Satz 3 GG). Daneben ist das Selbstbestimmungsrecht des Betroffenen nach Art. 2 Abs. 1 i. V. mit Art. 1 Abs. 1 GG betroffen. Bereits jede Behandlung ohne oder gegen den Willen des Betroffenen auf der Grundlage einer stellvertretenden Einwilligung des Betreuers oder Bevollmächtigten stellt einen Grundrechtseingriff dar. Von der Frage der Ersetzung der Einwilligung des Betreuten durch den Betreuer oder Bevollmächtigten (S. 200) zu unterscheiden ist nach heutigem Verfassungsverständnis die Frage, ob die Einwilligung auch zwangsweise gegen den Betreuten durchgesetzt werden kann (BGH NJW 2001, 888 = R&P 2001, 46; BGH NJW 2006, 1277 = R&P 2006, 141 mit Anm. *Hoffmann*; *Jürgens/Kröger/Marschner/Winterstein* Rn. 240; *Heide* S. 156 ff.). Für die zwangsweise Durchsetzung der Behandlung gegen den körperlichen Widerstand des Betreuten bedarf es daher einer **speziellen gesetzlichen Grundlage**. Außerhalb der Vorschrift des § 326 FamFG enthält das Betreuungsrecht aber keine Vorschriften über Zwangsbefugnisse des Betreuers bzw. Bevollmächtigten, weil der Gesetzgeber zur Verbesserung der Rechtsstellung des Betroffenen bewusst von entsprechenden Regelungen Abstand genommen hat (siehe zum ganzen *Marschner* R&P 2001, 132 und 2005, 47). Mangels einer dem verfassungsrechtlichen Bestimmtheitsgrundsatz entsprechenden Rechtsgrundlage ist es daher fraglich, ob das Betreuungsrecht eine Zwangsbehandlung durch den Betreuer überhaupt ermöglicht. In einer diesbezüglichen gesetzlichen Regelung müssen die Voraussetzungen für den Grundrechtseingriff hinsichtlich Inhalt, Gegenstand, Zweck und Ausmaß hinreichend konkretisiert sein (*Dreier/Schulze-Fielitz* Art. 20 GG Rn. 129 ff.; zum Unterbringungsrecht

§ 1904. Genehmigung des Betreuungsgerichts bei ärztlichen Maßnahmen **C**

EGMR NJW 2006, 2313). Teilweise wird die Auffassung vertreten, die Befugnis für eine Zwangsbehandlung durch den Betreuer ergebe sich aus der Zuweisung eines entsprechenden Aufgabenkreises in Verbindung mit § 1901 Abs. 2 und 3 BGB (*Lipp* BtPrax 2006, 62 und 2009, 53; *Tietze* BtPrax 2006, 131). Dies kann aber nur für die Einwilligung ohne oder gegen den Willen des Betroffenen gelten, nicht für deren Durchsetzung mit Gewalt (ebenso *Honds* S. 112 ff.).

b) Rechtsprechung des BGH. Der BGH hatte sich zunächst mit der 35 Frage der Zulässigkeit der ambulanten Zwangsbehandlung zu befassen. Eine **Zwangsbehandlung** mit Psychopharmaka, insbesondere mit Depotneuroleptika, **im ambulanten Bereich**, also außerhalb einer Unterbringung, ist unzulässig, da für diese Maßnahme weder die Voraussetzungen des § 1906 Abs. 1 noch des Abs. 4 BGB vorliegen (BGH NJW 2001, 888 = R&P 2001, 46; OLG Bremen NJW-RR 2006, 75 = FamRZ 2006, 730 L; aA *Tietze* BtPrax 2006, 131). Eine Zwangsbehandlung im ambulanten Bereich kommt auch nicht als geringerer Eingriff gegenüber einer Unterbringung in Betracht. Auch die zwangsweise Verabreichung einer Depotspritze zur Schwangerschaftsverhütung lässt sich nicht auf § 1906 Abs. 4 BGB stützen (OLG Karlsruhe FGPrax 2008, 133).

Die vorgenannten Grundsätze müssen auch für die **Zwangsbehandlung** 36 **während der Unterbringung durch den Betreuer** gelten. Allerdings kann nach Auffassung des BGH eine Behandlung des Betreuten während einer durch das Betreuungsgericht nach § 1906 Abs. 1 Ziff. 2 (nicht nach Ziff. 1) genehmigten Unterbringung erforderlichenfalls ausnahmsweise unter Anwendung von Zwang gegen dessen körperlichen Widerstand durchgesetzt werden, da die erforderliche Behandlung sonst nicht durchgeführt werden könne (BGH NJW 2006, 1277 = R&P 2006, 141; OLG Köln NJW-RR 2006, 1664; OLG Schleswig FGPrax 2008, 180; FamRZ 2002, 985 = R & P 2002, 118 aA *Marschner* R&P 2001, 132 und 2005, 47; OLG Celle BtPrax 2005, 235 = R&P 2005, 196; so auch OLG Hamm NJW 2003, 2392 für einen im Maßregelvollzug untergebrachten Patienten; zur Zwangsbehandlung während der Unterbringung *Dodegge* NJW 2006, 1627; *Brosey* BtPrax 2008, 108; *Lipp* BtPrax 2009, 53). Der BGH sieht in diesem Fall § 1906 Abs. 1 Ziff. 2 BGB als ausreichende Rechtsgrundlage auch für eine Zwangsbehandlung an, obwohl § 1906 BGB die mit Freiheitsentziehung verbundene Unterbringung regelt und damit nicht das Recht auf körperliche Unversehrtheit, sondern das Recht auf Freiheit der Person betrifft. Allerdings ist im Fall einer Zwangsbehandlung während der betreuungsrechtlichen Unterbringung auch nach Auffassung des BGH der Verhältnismäßigkeitsgrundsatz in besonderem Maß zu beachten. Eine Zwangsbehandlung ist daher nur zulässig zur Abwendung schwerer gesundheitlicher Schäden oder zur Heilung schwerer Krankheiten (MünchKomm/*Schwab* § 1904 Rn 22). Der mögliche therapeutische Nutzen der Behandlung muss gerade bei einer **Zwangsbehandlung mit Neuroleptika** gegen die Gesundheitsschäden abgewogen werden, die ohne Behandlung entstehen würden. Dabei sind auch die negativen psychischen Auswirkungen der Unterbringung und Zwangsbehandlung auf den Betroffenen einzubeziehen (BGH

NJW 2006, 1277 = R&P 2006, 141; zur Problematik der Zwangsbehandlung in der Psychiatrie ausführlich *Finzen u. a.* 1993). In diesem Fall ist die durchzuführende Behandlung in der Entscheidung über die Unterbringung nach § 1906 Abs. 1 Ziff. 2 BGB hinsichtlich Arzneimittel, Wirkstoff, Dosis; Verabreichungshäufigkeit, Nebenwirkungen und ggf. Behandlungsalternativen präzise zu bezeichnen (BGH NJW 2006, 1277 = R&P 2006, 141; OLG Köln NJW-RR 2006, 1664; OLG Schleswig FGPrax 2008, 180; insoweit aA OLG Karlsruhe FGPrax 2007, 263). In einer **offenen Einrichtung** ist eine Zwangsbehandlung immer unzulässig (BGH R&P 2008, 123 = FamRZ 2008, 866). Auch § 1906 Abs. 4 BGB ermöglicht in diesem Fall nicht die Anwendung von Zwang bei der Behandlung (aA für den Bereich der stationären Altenhilfe *Elsbernd/Stolz* BtPrax 2008, 57; offengelassen von *Brosey* BtPrax 2008, 108).

Die Frage, ob § 1906 Abs. 1 Ziff. 2 BGB eine ausreichende Ermächtigungsgrundlage für eine Zwangsbehandlung darstellt, bleibt auch nach den vorliegenden Entscheidungen des BGH zweifelhaft (ähnlich *Heide* S. 160 und insoweit *Tietze* BtPrax 2006, 131). Es ist außerdem fraglich, ob die Auffassung des BGH zur Zulässigkeit der Zwangsbehandlung während der Unterbringung durch den Betreuer nach Inkrafttreten der UN-BRK aufrechterhalten werden kann. Danach rechtfertigen eine psychische Krankheit oder seelische Behinderung als solche keine Zwangseingriffe (hierzu *Marschner* R&P 2009, 135; *König* BtPrax 2009, 105). Eine Behandlung gegen den körperlichen Widerstand des Betroffenen ist (anders als die Ersetzung der Einwilligung) daher in der Regel nur unter den Voraussetzungen des öffentlichen Unterbringungsrechts möglich (hierzu Kap. **B** S. 150).

37 **c) Pflichten des Betreuers/Bevollmächtigten.** Betreuer und Bevollmächtigter entscheiden nach der Rechtsprechung des BGH im Rahmen der Unterbringung auf der Grundlage des Genehmigungsbeschlusses des Betreuungsgerichts nach § 1906 Abs. 1 Ziff. 2 BGB darüber, ob die erforderliche Behandlung auch mit Gewalt durchgesetzt werden soll. Für die Entscheidung ist wiederum § 1901 Abs. 3 BGB heranzuziehen. Nach dieser Vorschrift und nach den Regelungen der UN-BRK (hierzu S. 200) kommt eine Zwangsbehandlung nur zur Abwehr schwerer Gesundheitsgefahren in Betracht. Dem Betreuer bzw. Bevollmächtigten kommt daher eine besondere Verantwortung zu, bevor er sich ausnahmsweise zu einer Zwangsbehandlung des Betroffenen entschließt (zur Indikation der Zwangsbehandlung aus psychiatrischer Sicht *Garlipp* BtPrax 2009, 55). Der Betreuer ist zur Durchführung der Zwangsbehandlung nicht verpflichtet, auch wenn ein entsprechender Beschluss des Betreuungsgerichts vorliegt, da sich die maßgeblichen die Behandlung betreffenden Umstände zwischenzeitlich geändert haben können (siehe BGH FamRZ 2010, 202 = R&P 2010, 34). Auch die Behandlung mit einer EKT darf nicht gegen den Widerstand des Betroffenen durchgesetzt werden (siehe S. 208).

7. Absehen von der Genehmigungspflicht (Abs. 1 Satz 2, Abs. 4)

38 Wenn mit dem Aufschub der Genehmigung, insbesondere durch das zur Einholung der Genehmigung erforderliche Verfahren, selbst Gefahr verbun-

den ist, darf die Maßnahme nach Abs. 1 auch ohne Genehmigung durchgeführt werden (Abs. 1 Satz 2). Diese muss nicht nachgeholt werden. Zu denken ist an **akute Behandlungsindikationen** im somatischen Bereich sowie lebensbedrohliche Gefahrensituationen für den Betroffenen im psychiatrischen Bereich. Die normale psychiatrische Behandlung auch im Akutbereich fällt nicht unter diese Ausnahmeregelung.

Eine Genehmigung nach den Absätzen 1 und 2 ist weiterhin nicht erforderlich, wenn zwischen Betreuer und behandelndem Arzt Einvernehmen darüber besteht, dass die Erteilung, die Nichterteilung oder der Widerruf der Einwilligung dem nach § 1901a BGB festgestellten Willen des Betroffenen entspricht (Abs. 4). Im Bereich des Abs. 1 wird die praktische Relevanz der insoweit neuen Vorschrift überwiegend bei den somatischen Erkrankungen liegen. Aber auch im Bereich der psychiatrischen Erkrankungen sind differenzierte Patientenverfügungen oder Willensbekundungen denkbar, in denen der Betroffene seine Einwilligung in eine bestimmte Behandlung erklärt. Überwiegen dürften aber insoweit die Behandlung ganz oder teilweise ablehnende Patientenverfügungen. 39

Die durch das 3. BtÄndG eingeführten Vorschrift des Abs. 4 hat ihre Bedeutung vor allem im Bereich des Abs. 2 und entspricht insoweit der bisherigen Rechtsprechung (BGH NJW 2003, 1588 = BtPrax 2003, 123; OLG München FamRZ 2007, 1128; LG Berlin NJW 2006, 3014; aA LG Essen NJW 2008, 1170). Bereits nach dieser Rechtsprechung sollte eine gerichtliche Genehmigung nur in Konfliktfällen erforderlich sein. Nach der Gesetzesbegründung dient die Einschaltung des Betreuungsgerichts zum Schutz des Betreuten der Kontrolle, ob die Entscheidung des Betreuers tatsächlich dem ermittelten individuell-mutmaßlichen Patientenwillen entspricht. Im Fall des Einvernehmens zwischen Arzt und Betreuer ist danach eine Kontrolle durch das Betreuungsgericht nicht erforderlich, weil bereits eine wechselseitige Kontrolle der Entscheidungsfindung stattfindet. Das Einvernehmen ist zu dokumentieren (BT-Drs. 16/8442 S. 19). Es ist allerdings zweifelhaft, ob der auch nach der Gesetzesbegründung nicht völlig auszuschließenden Gefahr des Missbrauchs durch rechtsmissbräuchliches Zusammenwirken von Arzt und Betreuer zum Nachteil des Betreuten durch Aufsichtsmaßnahmen des Betreuungsgerichts oder die Präventionswirkung des Strafrechts ausreichend begegnet werden kann (so auch *Spickhoff* FamRZ 2009, 1949). Denn dies setzt voraus, dass jemand das Betreuungsgericht informiert. In Zweifelsfällen sollte der Betreuer den Antrag auf Genehmigung stellen, da grundsätzlich von einer Genehmigungspflicht auszugehen ist. Das Betreuungsgericht kann ggf. ein sog. Negativattest erteilen (aA Palandt/*Diederichsen* § 1904 Rn 22). 40

8. Arzneimittelgesetz

Ein weitergehendes Verbot der Behandlung ergibt sich aus den §§ 40, 41 AMG (Schutz des Menschen bei klinischer Prüfung). Das Arzneimittelgesetz wurde mit Gesetz vom 30. 7. 2004 (BGBl. I S. 2031) zur Umsetzung Europäischer Richtlinien geändert (hierzu *Pestalozza* NJW 2004, 3374). Unter- 41 schieden wird nunmehr zwischen den Allgemeinen Voraussetzungen der Klinischen Prüfung nach § 40 AMG und den Besonderen Voraussetzungen der Klinischen Prüfung nach § 41 AMG. Die besonderen Voraussetzungen gelten für volljährige Personen, die an einer Krankheit leiden, zu deren Behandlung das zu prüfende Arzneimittel angewendet werden soll (§ 41 Abs. 1 AMG). Grundsätzlich ist die Einwilligung der einwilligungsfähigen volljährigen Person erforderlich (§ 40 Abs. 1 Nr. 3 AMG). Die Ersetzung der Einwilligung durch einen gesetzlichen Vertreter oder Bevollmächtigten kommt nur in Betracht, wenn die Anwendung des zu prüfenden Arzneimittels angezeigt ist, um das Leben der Betroffenen Person zu retten, ihre Gesundheit wiederherzustellen oder ihr Leiden zu erleichtern (§ 41 Abs. 3 AMG). Eine stellvertretende Einwilligung bei volljährigen einwilligungsunfähigen Personen ist daher nur bei unmittelbarem Nutzen für den Betroffenen, nicht aber bei fremd- oder gruppennütziger Arzneimittelforschung zulässig (*Hoffmann* BtPrax 2004, 216). Der Betreuer hat sich bei seiner Entscheidung an den §§ 1901, 1904 BGB zu orientieren hat (zur Strafbarkeit bei fehlender Einwilligung BayObLG NJW 1990, 1552 = R&P 1990, 131). Bei Untergebrachten ist die klinische Prüfung in jedem Fall unzulässig (§§ 40 Abs. 1 Nr. 4, 41 AMG). Dies gilt nicht nur für die nach öffentlichem Recht, sondern auch für die nach § 1906 BGB Untergebrachten (so auch *Holzhauer* NJW 1992, 2325).

9. Verhältnis zu den PsychKG/UG und Maßregelvollzug

42   In allen Unterbringungsgesetzen bzw. Psychisch-Kranken-Gesetzen der Bundesländer befinden sich wie in den Maßregelvollzugsgesetzen Regelungen, nach denen bestimmte gefährliche ärztliche Eingriffe nur mit **Einwilligung des Betroffenen** durchgeführt werden dürfen, diese Einwilligung unter bestimmten Voraussetzungen aber durch den gesetzlichen Vertreter ersetzt werden kann (hierzu Kap. **B** S. 152ff. Überblick bei *Marschner* R&P 1988, 19). Da es sich in diesen Fällen immer auch um gefährliche Regelungen im Sinn des § 1904 handelt, bedarf der Betreuer zusätzlich der Einwilligung des Betreuungsgerichts. Darüberhinaus darf der Betreuer nicht in Behandlungsmaßnahmen einwilligen, die nach dem jeweiligen Unterbringungsgesetz bzw. Maßregelvollzugsgesetz des Bundeslandes nicht zulässig sind (*Schumacher u. a.*, 1. Vormundschaftsgerichtstag, Seite 78; *Volckart* R&P 1987, 37; *Marschner* R&P 1990, 66; Volckart/*Grünebaum* S. 235; aA OLG Hamm R&P 1987, 36; BayObLG FPR 2003, 260 = R&P 2004, 33; KG FamRZ 2008, 300 = R&P 2008, 39). Dies gilt wegen Art. 6 Abs. 2 MRK auch für den Fall einer einstweiligen Unterbringung nach § 126a StPO. Die **Zwangsbehandlung** eines **im Maßregelvollzug** untergebrachten Betreuten kann nicht nach § 1906 Abs. 1 Ziff. 2 BGB durch den Betreuer veranlasst werden, sondern ist allein nach öffentlich-rechtlichen Vorschriften über den Maßregelvollzug zu beurteilen, da eine Unterbringung nach dieser Vorschrift nicht vorliegt (OLG München BtPrax 2009, 244 = FamRZ 2009, 1350 mit Anmerkung *Böhm* BtPrax 2009, 218; siehe hierzu oben S. 210ff.).

10. Verfahren

Für das Genehmigungsverfahren gelten die Vorschriften des FamFG. In § 298 FamFG sind besondere Vorschriften für das Verfahren in Fällen des § 1904 enthalten. Diese betreffen die **Anhörung** des Betroffenen und sonstiger Beteiligter, die Bestellung eines Verfahrenspflegers sowie die Einholung eines **Sachverständigengutachtens**, wobei Sachverständiger und ausführender Arzt verschiedene Personen sein sollen (§ 298 Abs. 4 FamFG). Von Bedeutung für die gerichtliche Entscheidung und Risikoabwägung bei der Vergabe von Psychopharmaka sind Indikation, Dosis und Wirkung der Medikamente, die Gefahr von Nebenwirkungen, deren Reversibilität und die Möglichkeiten ihrer Beeinflussbarkeit, die Durchführung von Kontrolluntersuchungen, die möglichen Folgen des Absetzens verabreichter Medikamente sowie die Alternativen der medikamentösen Behandlung (siehe das Beispiel eines gerichtlichen Fragebogens an den Sachverständigen bei *Klie* 1993, S. 52 sowie Leitfaden für das Gespräch zwischen Arzt und Betreuer, in: 4. VGT S. 148f.). In aller Regel wird, da es sich um eine Behandlung gegen oder ohne den Willen des Betroffenen handelt, auch in den Fällen des § 1904 Abs. 1 ein **Verfahrenspfleger** zu bestellen sein (§ 276 FamFG). In den Fällen des § 1904 Abs. 2 ist dies stets erforderlich (§ 298 Abs. 3 FamFG). Aus dem Genehmigungsbeschluss des Betreuungsgerichts muss eindeutig hervorgehen, ob nur die Zufuhr von Nahrungsersatz oder auch die Versorgung mit Flüssigkeit zur Verhinderung von Durst gemeint ist (OLG Düsseldorf FamRZ 2008, 1283). Die Genehmigung nach Abs. 2 wird erst zwei Wochen nach Bekanntgabe an den Betreuer oder Bevollmächtigten sowie an den Verfahrenspfleger wirksam (§ 287 Abs. 3 FamFG). Gegen die Entscheidung ist das Rechtsmittel des Beschwerde gegeben (§ 58 FamFG). Die Beschwerde ist innerhalb eines Monats einzulegen (§ 63 Abs. 1 FamFG).

Genehmigung des Betreuungsgerichts bei der Unterbringung

1906 (1) **Eine Unterbringung des Betreuten durch den Betreuer, die mit Freiheitsentziehung verbunden ist, ist nur zulässig, solange sie zum Wohl des Betreuten erforderlich ist, weil**

1. **auf Grund einer psychischen Krankheit oder geistigen oder seelischen Behinderung des Betreuten die Gefahr besteht, dass er sich selbst tötet oder erheblichen gesundheitlichen Schaden zufügt, oder**
2. **eine Untersuchung des Gesundheitszustandes, eine Heilbehandlung oder ein ärztlicher Eingriff notwendig ist, ohne die Unterbringung des Betreuten nicht durchgeführt werden kann und der Betreute auf Grund einer psychischen Krankheit oder geistigen oder seelischen Behinderung die Notwendigkeit der Unterbringung nicht erkennen oder nicht nach dieser Einsicht handeln kann.**

(2) **Die Unterbringung ist nur mit Genehmigung des Betreuungsgerichts zulässig. Ohne die Genehmigung ist die Unterbringung nur zulässig, wenn mit dem Aufschub Gefahr verbunden ist; die Genehmigung ist unverzüglich nachzuholen.**

(3) Der Betreuer hat die Unterbringung zu beenden, wenn ihre Voraussetzungen wegfallen. Er hat die Beendigung der Unterbringung dem Betreuungsgericht anzuzeigen.

(4) **Die Absätze 1 bis 3 gelten entsprechend, wenn dem Betreuten, der sich in einer Anstalt, einem Heim oder einer sonstigen Einrichtung aufhält, ohne untergebracht zu sein, durch mechanische Vorrichtungen, Medikamente oder auf andere Weise über einen längeren Zeitraum oder regelmäßig die Freiheit entzogen werden soll.**

(5) **Die Unterbringung durch einen Bevollmächtigten und die Einwilligung eines Bevollmächtigten in Maßnahmen nach Absatz 4 setzt voraus, dass die Vollmacht schriftlich erteilt ist und die in den Absätzen 1 und 4 genannten Maßnahmen ausdrücklich umfasst. Im Übrigen gelten die Absätze 1 bis 4 entsprechend.**

Übersicht

1. Überblick	1
2. Voraussetzungen der Unterbringung durch Betreuer und Bevollmächtigten	2
a) Betreuer mit dem Aufgabenkreis der Unterbringung	2
b) Bevollmächtigter	3
c) Freiheitsentziehung	4
d) Unterbringung zum Wohl des Betroffenen	10
aa) Selbstgefährdung (Ziff. 1)	11
bb) Notwendigkeit einer Untersuchung, einer Heilbehandlung oder eines ärztlichen Eingriffs (Ziff. 2)	20
cc) Erforderlichkeit der Unterbringung	31
dd) Sozialrechtliche Grundlagen der Unterbringung	36
3. Genehmigung des Vormundschaftsgerichts (Abs. 2)	37
4. Beendigung der Unterbringung (Abs. 3)	38
5. Freiheitsentziehende Maßnahmen (Abs. 4)	40
a) Grundzüge der Regelung und Anwendungsbereich	40
b) Voraussetzungen des Abs. 4	46
c) Genehmigung des Vormundschaftsgerichts und Beendigung der Maßnahme	54
d) Voraussetzungen der Genehmigung	56
6. Verhältnis zu öffentlich-rechtlicher und strafrechtlicher Unterbringung	61

1. Überblick

1 Die Vorschrift regelt die materiellrechtlichen Voraussetzungen der Unterbringung des Betreuten (Abs. 1), das Erfordernis der betreuungsgerichtlichen Genehmigung der Unterbringung (Abs. 2), die Beendigung der Unterbringung (Abs. 3), die Anwendbarkeit der Absätze 1 bis 3 für freiheitsentziehende bzw. unterbringungsähnliche Maßnahmen (Abs. 4) sowie die Unterbringung bzw. Einwilligung in Maßnahmen nach Abs. 4 durch einen Bevollmächtigten (Abs. 5). Eine vergleichbare Vorschrift war im früheren Recht nicht enthalten (hierzu Kap. **A** S. 4 ff.). Durch die Neuregelung wurde versucht, offene Fragen des früheren Rechts zu klären. Dies betrifft zum einen die gesetzliche Konkretisierung der Voraussetzungen der zivilrechtlichen Unterbringung, um damit dem verfassungsrechtlichen **Bestimmtheitsge-**

§ 1906. Genehmigung des Betreuungsgerichts bei der Unterbringung **C**

bot bei Grundrechtseingriffen zu genügen. Das betrifft zum anderen den zivilrechtlichen **Unterbringungsbegriff**. Durch die Regelung des Abs. 4 und die dadurch erfolgte Gleichstellung der unterbringungsähnlichen Maßnahmen kann für die Auslegung des Abs. 1 ein engerer Unterbringungsbegriff zugrundegelegt werden. Die beabsichtigte Klärung ist aber nur teilweise gelungen. Die Zahl der Unterbringungsverfahren ist seit Inkrafttreten des Betreuungsrechts am 1. 1. 1992 erheblich gestiegen, wobei der Anstieg im Wesentlichen die Verfahren nach Abs. 4 betrifft (hierzu ausführlich Kap. **A** S. 20ff.).

Dies bedeutet, dass den handelnden Personen im Unterbringungsverfahren (insbesondere Rechtlichen Betreuern, Sachverständigen, Betreuungsrichtern) im Hinblick auf die Schwere des Grundrechteingriffs erhebliche Verantwortung zukommt mit dem Ziel, die Unterbringung bzw. Freiheitsentziehung zu vermeiden oder so kurz wie möglich zu halten (hierzu ausführlich Kap. **A**; zur Qualitätssicherung im Unterbringungsverfahren *Melchinger* BtPrax 2009, 59; zur Haftung bei rechtswidriger Unterbringung S. 65ff.). Die Auslegung von Abs. 1 Ziff. 2 wird durch Art. 14 UN-BRK beeinflusst (hierzu Kap. **A** S. 3). Eine Anpassung der Vorschrift an die Vorgaben der UN-BRK ist daher geboten.

2. Voraussetzungen der Unterbringung durch Betreuer und Bevollmächtigten

a) Betreuer mit dem Aufgabenkreis der Unterbringung. Eine Freiheitsentziehung durch den Betreuer setzt voraus, dass zumindest ein vorläufiger Betreuer mit dem Aufgabenkreis der Aufenthaltsbestimmung oder Unterbringung bestellt worden ist (zur Bestellung eines rechtlichen Betreuers und den diesbezüglichen Aufgabenkreisen vor § 1631b BGB S. 178ff., insbesondere S. 182f.). 2

b) Bevollmächtigung. Nach Abs. 5 kann eine Unterbringung (wie eine Maßnahme nach Abs. 4) auch durch einen **Bevollmächtigten** erfolgen, wenn die Vollmacht schriftlich erteilt worden ist und ausdrücklich die Unterbringung (bzw. Maßnahmen nach Abs. 4) umfasst (BVerfG NJW 2009, 1803; LG Frankfurt/Main FamRZ 2001, 1555; zum Ausdrücklichkeitserfordernis LG Düsseldorf FamRZ 2000, 1315; AG Frankfurt/Main BtPrax 1999, 246; *Lipp* S. 340f.; siehe auch S. 199f.). Unter den vorgenannten Voraussetzungen kann eine Bevollmächtigung zur Unterbringung auch in Vorsorgevollmachten, Patientenverfügungen und Behandlungsvereinbarungen enthalten sein (hierzu *Marschner* R&P 1997, 171; *Walter* FamRZ 1999, 685). Die Bevollmächtigung setzt, soweit sie die Unterbringung und freiheitsentziehende Maßnahmen betrifft, **Einwilligungsfähigkeit** voraus (zur entsprechenden Problematik bei ärztlichen Maßnahmen S. 199). Die Vollmacht behält aber ihre Wirkung über den Zeitpunkt des eventuellen Verlustes der Einwilligungsfähigkeit hinaus. Gemäß § 326 Abs. 1 FamFG kann nunmehr entgegen der früheren Rechtslage auch der Bevollmächtigte bei der Zuführung zur Unterbringung die Unterstützung der Betreuungsbehörde in Anspruch zu nehmen (hierzu Kap. **D** § 326 FamFG). Durch die durch 3 das 3. BetrÄndG eingeführte Vorschrift des § 1901a BGB haben entsprechende Vollmachten auch für die Unterbringungspraxis eine erheblich erhöhte Relevanz erhalten, da auch der Bevollmächtigte verpflichtet ist, dem in einer Patientenverfügung niedergelegten Willen Geltung zu verschaffen (§ 1901a Abs. 1 und 5 BGB). Dies kann zur Folge haben, dass Unterbringungen zur Durchführung einer Heilbehandlung unzulässig sind (hierzu S. 227).

4 **c) Freiheitsentziehung.** Der Begriff der Freiheitsentziehung wird gesetzlich in § 415 Abs. 2 FamFG definiert (siehe Kap. **F** S. 414 ff.). Anders als im öffentlichen Unterbringungsrecht besteht keine Festlegung auf einen bestimmten **Einrichtungsbegriff.** Für den Bereich der zivilrechtlichen Unterbringung gelten als übliche Kriterien, dass Insassen einer Anstalt, eines Krankenhauses oder eines Heimes auf einem bestimmten beschränkten Raum festgehalten werden, ihr Aufenthalt ständig überwacht wird sowie die Aufnahme des Kontaktes mit Personen außerhalb dieses Raumes durch Sicherheitsmaßnahmen verhindert wird (BGH NJW 2001, 888 = R&P 2001, 46; OLG Düsseldorf NJW 1963, 397; siehe auch *von Eicken u. a.,* Fürsorglicher Zwang, S. 24 ff.). Für die Praxis bedeutet dies, dass eine Freiheitsentziehung jedenfalls bei der Unterbringung in einer **geschlossenen Anstalt,** einem geschlossenen Krankenhaus oder einem geschlossenem Heim bzw. in einem abgeschlossenen Teil einer der genannten Einrichtungen vorliegt.

5 Eine Freiheitsentziehung kann aber auch im Fall einer halboffenen Unterbringung, wenn keine Möglichkeit des freien Zutritts und keine Möglichkeit des Ausgangs ohne Aufsicht besteht (AG Kamen FamRZ 1983, 299), oder einer **offenen Unterbringung** vorliegen (AG Wolfhagen BtPrax 1998, 83). Vor allem in der Psychiatrie wird zunehmend die Unterbringung auf offenen Stationen durchgeführt (*Bernardi* R&P 1994, 11; *Arnold/Kloß* 1996, 263; *Waldmann* S. 178 ff.; *Longinus* S. 181 ff.). Die Abgrenzung zwischen genehmigungsbedürftiger Freiheitsentziehung und einer Freiheitsbeschränkung, die nicht unter § 1906 fällt, ist jeweils im Einzelfall zu treffen. Dabei ist zu berücksichtigen, dass es außer abgeschlossenen Türen andere Möglichkeiten der Überwachung gibt (z. B. Trickschlösser, Überwachung der Tür durch einen Pförtner, Kameras oder Alarmanlagen; siehe auch *Gusy* NJW 1992, 457, 459). Die Vorschriften über den offenen Vollzug im öffentlichen Unterbringungsrecht (hierzu Kap. **B** S. 163) zeigen, dass es weniger auf die Vorkehrungen gegen Entweichungen in jedem Fall (siehe § 141 Abs. 2 StVollzG) als auf die Beschränkung auf einen bestimmten Raum sowie die Reglementierung des Zusammenlebens und des Kontaktes nach außen ankommt.

6 Entscheidend für das Vorliegen von Freiheitsentziehung ist das tatsächliche Maß der Beschränkung der Freiheit, nicht die Bezeichnung. Das **Motiv der Freiheitsentziehung** ist unerheblich. Eine Freiheitsentziehung ist damit auch bei psychisch kranken, geistig behinderten und altersverwirrten Menschen möglich, es sei denn es besteht überhaupt keine Möglichkeit der Fortbewegung. Das Grundrecht der Freiheit der Person schützt alle Menschen unabhängig von ihrem psychischen oder geistigen Zustand.

7 Eine Freiheitsentziehung liegt vor, wenn sie **ohne oder gegen den Willen** des Betroffenen erfolgt. Ist dieser mit der Unterbringung einverstanden,

§ 1906. Genehmigung des Betreuungsgerichts bei der Unterbringung **C**

liegt keine Freiheitsentziehung vor (BayObLG FamRZ 1996, 1375; *Bienwald/ Sonnenfeld/Hoffmann* § 1906 BGB Rn. 25; HK-BUR/*Rink* vor § 1906 BGB Rn. 3 f.; so jetzt auch MünchKomm/*Schwab* § 1906 BGB Rn. 27 ff.). Auch die Einwilligung eines Betreuten ist maßgeblich, wenn sie von seinem natürlichen Willen getragen wird (aA *Schumacher* FamRZ 1991, 280 f.). Dabei wird nicht verkannt, dass die Einwilligung eines Betreuten auf sehr unterschiedlichen und teilweise auch fragwürdigen Motiven beruhen kann, häufig von einer Zwangslage bestimmt ist und dass eine gerichtliche Kontrolle der Unterbringung in diesen Fällen nicht stattfindet. Andererseits ist darauf hinzuweisen, dass der Betroffene durch eine Einwilligung im Einzelfall die Einleitung eines Unterbringungsverfahren und in der Praxis häufig auch eines Betreuungsverfahrens vermeiden kann. Man wird daher die Einwilligung und die daraus folgende freiwillige Behandlung auch unter Beachtung des Verhältnismäßigkeitsgrundsatzes bzw. des Übermaßverbotes als den geringeren Eingriff in die Rechte des Betroffenen ansehen können (LG Oldenburg NJW 1987, 1953; *Amelung,* ZStW 95, 14). Zu lösen ist die Problematik daher nur durch eine Konkretisierung der Einwilligungsfähigkeit in jedem einzelnen Fall unter Beachtung des Grundrechtsschutzes des Betroffenen sowie eine sofortige Entlassung im Fall des Widerrufs. Über das Recht auf Widerruf ist der Betroffene aufzuklären.

Für die Einwilligung in eine Freiheitsentziehung kommt es auf den **natürlichen Willen** des Betroffenen an, da es sich nicht um ein Rechtsgeschäft oder eine Willenserklärung handelt, sondern um die Gestattung zur Vornahme von Handlungen, die in rechtlich geschützte Güter eingreifen (BGH NJW 1964, 1177; BayObLG FamRZ 1996, 1375; OLG München FGPrax 2007, 267; *Gusy* NJW 1992, 457, 462; *Klüsener/Rausch* NJW 1993, 617, 621). Maßgeblich ist daher nicht die Geschäftsfähigkeit, sondern die natürliche Einsichts- und Urteilsfähigkeit. Einwilligung ist danach die im Augenblick der Freiheitsentziehung vorhandene, freiwillige und ernstliche Zustimmung in die beabsichtigte Rechtsgutverletzung (BGH NJW 1964, 1177; OLG München FGPrax 2007, 267). Diese setzt voraus, dass der Betroffene Wert und Bedeutung des betroffenen Freiheitsrechts sowie die Folgen und Risiken seiner Zustimmung erkennen kann und bei seiner Entscheidung die Alternativen, d. h. die zur Erreichung des angestrebten Zwecks weniger belastenden Mittel, einbeziehen kann bzw. sein Handeln danach bestimmen kann (*Amelung* R&P 1995, 20 ff.). Die Bestimmung der **Einwilligungsfähigkeit** in der Praxis bereitet Schwierigkeiten (siehe 2. Vormundschaftsgerichtstag, S. 91 ff.; *Alperstedt* RPfleger 2000, 481). Ob eine vom natürlichen Willen getragene Zustimmung des Betroffenen vorliegt, ist einzelfallbezogen und unter Berücksichtigung des jeweiligen Krankheitsbildes bzw. der jeweiligen Behinderung zu entscheiden. Dabei sind unterschiedliche Kriterien für psychisch Kranke, geistig Behinderte und senil demente Personen zugrundezulegen (*Bruder* C 38 ff.). Teilweise stehen die kognitiven, teilweise die voluntativen Aspekte im Vordergrund. Zu beachten ist, dass gerade im Bereich der psychischen Krankheit der Wille des Betroffenen auch dann verbindlich ist, wenn er eine von ärztlicher Seite für notwendig erachtete Unterbringung aus in seiner Person begründeten Erwä- 8 gungen ablehnt, weil außer im Fall einer krankhaften Verzerrung auf Grund einer akuten psychischen Erkrankung auf das **subjektive Wertsystem** des Betroffenen abzustellen ist (*Amelung* R&P 1995, 20; hierzu bereits § 1904 Rn. 8).

9 Die Einwilligung des Betroffenen in die Freiheitsentziehung ist jederzeit frei **widerruflich** mit der Folge, dass das weitere Festhalten in der Folge eine rechtswidrige Freiheitsberaubung darstellt, es sei denn, es liegen nunmehr auf Grund veränderter Umstände die Voraussetzungen für eine Unterbringung vor und der Betreuer hat die Genehmigung des Betreuungsgerichts eingeholt (BayObLG FamRZ 1996, 1375; EGMR NJW-RR 2006, 308 = R&P 2005, 186; MünchKomm/*Schwab* § 1906 BGB Rn. 31, HK-BUR/ *Rink* vor § 1906 BGB Rn. 6). Anderenfalls ist der Betroffene unverzüglich zu entlassen. Dies gilt entsprechend für die unterbringungsähnlichen Maßnahmen des Abs. 4.

10 d) Unterbringung zum Wohl des Betroffenen. Eine mit Freiheitsentziehung verbundene Unterbringung des Betroffenen durch den Betreuer bzw. Bevollmächtigten ist nur zu dessen Wohl bzw. in dessen Interesse zulässig. Entgegen dem früheren Recht ist das Wohl des Betroffenen nunmehr in Abs. 1 durch die beiden dort aufgeführten Tatbestände konkretisiert. Damit sind die materiellrechtlichen Voraussetzungen der Unterbringung durch den Betreuer bzw. Bevollmächtigten abschließend gesetzlich geregelt. Nicht mehr das durch die Rechtsprechung zu konkretisierende Wohl des Betreuten ist Voraussetzung der Unterbringung, sondern eine Unterbringung kommt nur in Betracht, wenn die Voraussetzungen einer der beiden Ziffern des Abs. 1 vorliegen. Die gesetzliche **Konkretisierung des Wohls des Betreuten** als Unterbringungsvoraussetzung hat die Folge, dass eine Unterbringung im Interesse der Allgemeinheit oder im Drittinteresse durch den Betreuer nicht mehr zulässig ist (OLG Hamm BtPrax 2001, 40; OLG München BtPrax 2006, 36 = FamRZ 2006, 445; OLG Schleswig FGPrax 2008, 180; *Bienwald/Sonnenfeld/Hoffmann* § 1906 BGB Rn. 37; HK-BUR/*Rink* vor § 1906 BGB Rn. 8; aA *Pardey* FamRZ 1995, 713). Dies betrifft auch Fälle mittelbarer Selbstgefährdungen durch Reaktionen Dritter auf Handlungen des Betroffenen (HK-BUR/*Rink* § 1906 BGB Rn. 21). Damit ist insbesondere die Rechtsprechung überholt, die eine Unterbringung als im Wohl des Betroffenen liegend angesehen hat, die der Verhinderung von Straftaten durch den Betroffenen oder der Abwendung von Gefahren für Dritte dienen sollte (BayObLG FamRZ 1982, 199). Der Schutz der Allgemeinheit oder Dritter ist eine ausschließliche Aufgabe des öffentlichen Unterbringungsrechts. Die Neuformulierung der Unterbringungsvoraussetzungen diente aus Sicht des Gesetzgebers vor allem auch einer sachgerechten Abgrenzung von zivilrechtlicher und öffentlich-rechtlicher Unterbringung.

11 aa) Selbstgefährdung (Ziff. 1). Das Wohl des Betreuten wird in Abs. 1 Ziff. 1 dahingehend konkretisiert, dass auf Grund der psychischen Krankheit oder geistigen oder seelischen Behinderung die Gefahr besteht, dass der Betreute sich entweder selbst tötet oder erheblichen gesundheitlichen Schaden zufügt.

§ 1906. Genehmigung des Betreuungsgerichts bei der Unterbringung **C**

Eine Unterbringung zur Verhinderung einer Selbstschädigung infolge psychischer Erkrankung setzt weiterhin voraus, dass der Betroffene auf Grund der Krankheit seinen **Willen nicht frei bestimmen** kann, weil der Staat von Verfassung wegen nicht das Recht hat, seine erwachsenen und zu freier Willensbestimmung fähigen Bürger zu erziehen, zu bessern oder zu hindern, sich selbst gesundheitlich zu schädigen (BayObLGZ 1993, 18 = FamRZ 1993, 600 = R&P 1993, 146; FamRZ 1998, 1327 = R&P 1999, 38; OLG München BtPrax 2006, 36 = FamRZ 2006, 445; FGPrax 2007, 43 und 267; OLG Brandenburg BtPrax 2007, 224 = FamRZ 2007, 1768; OLG Hamm FGPrax 2009, 133; BGH FamRZ 2010, 365 = R&P 2010, 89; zur Verfassungsrechtsprechung Kap. **A** S. 12 ff.).

Zur **Auslegung des Begriffs** der **Selbstgefährdung** kann mit Einschrän- **12** kungen auf die Rechtsprechung zum öffentlichen Unterbringungsrecht zurückgegriffen werden. Zu berücksichtigen ist dabei, dass der im öffentlichen Unterbringungsrecht nach der Konzeption einiger Bundesländer noch maßgebliche Aspekt der Gefährdung der öffentlichen Sicherheit (und Ordnung) (hierzu Kap. **B** S. 115 f.) für die Auslegung des Begriffs der Selbstgefährdung bei der Unterbringung im Betreuungsrecht keine Rolle spielt.

Die **Gefahr der Selbsttötung** setzt voraus, dass die konkrete und ernst- **13** liche Gefahr besteht, dass der Betreute auf Grund seiner psychischen Krankheit oder geistigen oder seelischen Behinderung einen (weiteren) Selbsttötungsversuch unternehmen wird. Es müssen objektivierbare **konkrete Anhaltspunkte** für eine akute Suizidgefahr vorliegen (BGH NJW 2000, 3426; OLG München BtPrax 2006, 36 = FamRZ 2006, 445; OLG Koblenz MedR 2000, 136; OLG Hamm VersR 1991, 1026 = R&P 1991, 185; OLG Frankfurt R&P 1992, 66; OLG Köln R&P 1993, 33). Die anhaltende Basissuizidalität eines stationär behandelten, psychisch kranken Patienten ist noch kein Grund, ihn ständig in einer geschlossenen Abteilung unterzubringen, solange nicht eine krisenhafte Zuspitzung der Krankheit mit erkennbarer akuter Suizidalität vorliegt (OLG Stuttgart NJW RR 1995, 662). Es genügt nicht, wenn der Betroffene eine geringe Zahl von Beruhigungsmitteln und Schlaftabletten geschluckt hat, ohne dass feststeht, um welche Mittel es sich gehandelt hat, oder wenn der Betroffene aus dem Fenster seiner Erdgeschosswohnung springt, wenn dies die einzige Möglichkeit ist, die versperrte Wohnung zu verlassen (siehe BayObLGZ 1985, 403 = R&P 1986, 115). Von Bedeutung sind suizidale Gedanken, Todeswünsche, Suiziddrohungen und insbesondere frühere Suizidversuche (OLG Hamm VersR 1991, 1026 = R&P 1991, 185), darüber hinaus die Zugehörigkeit zu Risikogruppen, die Krisenanfälligkeit, die suizidale Entwicklung und insbesondere das präsuizidale Syndrom (*Wolfslast* S. 131; zur strafrechtlichen Verantwortlichkeit des Klinikpersonals *Schöch* in *Wolfslast/Schmidt* S. 163 ff.). Die Zugehörigkeit zu einer bestimmten Diagnosegruppe kann nur ein Anhaltspunkt unter anderen für das Vorliegen einer akuten Suizidalität sein (hierzu Kap. **A** S. 39 f.).

Die Gefahr der Selbsttötung muss ihre **Ursache** in der psychischen **14** Krankheit oder geistigen oder seelischen Behinderung des Betreuten haben (siehe oben). Der in freier Willensbestimmung vorgenommene Suizidversuch rechtfertigt keine Unterbringung durch den Betreuer oder Bevollmächtigten. Die Abgrenzung zwischen einem sog. Bilanzselbstmord und einem durch Krankheit oder Behinderung beeinflussten Selbsttötungsversuch im Einzelfall ist schwierig. Anders als im öffentlichen Unterbringungsrecht ist durch die Betreuerbestellung das Vorliegen einer psychischen Krankheit oder geistigen oder seelischen Behinderung bereits im Betreuungsverfahren festgestellt worden. Auch dies bedeutet nicht, dass in jedem Fall und zu jedem Zeitpunkt ein Selbsttötungsversuch seine Ursache in der Krankheit oder Behinderung des Betreuten hat. Jedenfalls ist es unzulässig, aus dem Versuch einer Selbsttötung auf das Vorliegen einer psychischen Krankheit zurückzuschließen. Vielmehr ist die Motivation des Betroffenen im Einzelfall zu untersuchen.

15 Die Gefahr der Zufügung eines **erheblichen gesundheitlichen Schadens** setzt ebenso wie die Gefahr der Selbsttötung konkrete Anhaltspunkte für das Eintreten der Gefahr sowie die Kausalität zwischen der psychischen Krankheit oder geistigen oder seelischen Behinderung des Betroffenen und der Gesundheitsschädigung voraus. Die Gefahr muss ernstlich und konkret sein, die bloße Möglichkeit des Gefahreintritts genügt nicht (BGH FamRZ 2010, 365 = R&P 2010, 89; OLG Celle NJW 1963, 2377). Ob eine ernstliche und konkrete Gefahr vorliegt, ist eine **Prognoseentscheidung** die auf Grund tatsächlicher Feststellungen zu treffen ist (BayObLG R&P 1994, 193 = FamRZ 1994, 1617; OLG Hamm NJW 2008, 2859 = R&P 2008, 220). Der erforderliche Grad der Wahrscheinlichkeit der Gefahr ist im Einzelfall vor allem auch im Hinblick auf die Schwere des bedrohten Rechtsguts festzulegen (zum Gefahrbegriff und zur Prognoseentscheidung grundsätzlich Kap. **A** S. 51 ff. sowie Kap. **B** S. 118 ff.). Der Gefahrbegriff entspricht dem des öffentlichen Unterbringungsrechts (ebenso Palandt/*Diederichsen* § 1906 BGB Rn. 11; aA BGH FamRZ 2010, 365 mit Anm. *Zimmermann* = R&P 2010, 89; *Bienwald/Sonnenfeld/Hoffmann* § 1906 BGB Rn. 91).

16 Die Gefahr einer **erheblichen Gesundheitsschädigung** kommt in den folgenden Situationen in Betracht:
– wenn der Betreute krankheitsbedingt sein Leben gefährdet, insbesondere lebenswichtige Medikamente nicht einnimmt (OLG Hamm NJW 1976, 378 für den Fall eines an einer Psychose erkrankten Diabetikers, der krankheitsbedingt die Behandlung verweigert und dadurch die Gefahr eines Komas heraufbeschwört),
– im Fall einer krankheitsbedingten Verweigerung der Nahrungsaufnahme, wobei die Alternativen der Unterbringung im Rahmen der Erforderlichkeit besonders sorgfältig zu prüfen sind (BT-Drs. 11/4528 S. 146 f.),
– wenn ein altersverwirrter Betreuter planlos oder nachts oder bei Kälte oder ohne Beachtung des Straßenverkehrs umherläuft und sein Leben oder seine Gesundheit dadurch gefährdet, dass er überfahren wird oder sich Erfrierungen zuzieht (BT-Drs. 11/4528 S. 146 f.),
– bei wiederholten Verletzungen durch Stürze im Alkoholrausch bei Vorliegen einer psychischen Krankheit im Sinn des § 1906 (BayObLG R&P 1994, 193 = FamRZ 1994, 1617; OLG Hamm DAVorm 1997, 55).

17 Dagegen ist für die Annahme einer erheblichen Gesundheitsschädigung nicht alleine ausreichend, dass der Betreute an seniler Demenz mit Verwirrtheit und Unruhezuständen leidet und es während eines Krankenhausaufenthaltes zu einem Sturz mit einer Oberarmfraktur kommt, ohne dass der Zusammenhang zwischen der Krankheit und dem Sturz festgestellt wird (OLG Zweibrücken NJW 1985, 2769 mit Anm. *Göppinger*). Ebensowenig genügt, dass der Betroffene die **Einnahme der** zu seiner Behandlung erforderlichen **Medikamente** ablehnt und dadurch ein gesundheitlicher Rückfall zu befürchten ist (OLG Zweibrücken NJW 1974, 610; OLG Saarbrücken BtPrax 1997, 202 = R&P 1998, 45). Vielmehr muss in jedem Einzelfall festgestellt werden, inwieweit die Verweigerung der Medikamenteneinnahme zu einer erheblichen Gesundheitsschädigung führt (OLG Brandenburg BtPrax 2007, 224 = FamRZ 2007, 1768; OLG München BtPrax 2006, 36 = FamRZ 2006, 445; OLG Stuttgart NJW 1974, 2052) und ob die Gesundheitsschädigung auf der Krankheit bzw. Behinderung des Betroffenen beruht. Ein erheblicher Gesundheitsschaden könnte allenfalls angenommen werden, wenn die Verweigerung der Medikamenteneinnahme zu einem derart chronifizierten Krankheitsbild führen würde, dass der Betreute auf Dauer auf eine stationäre Behandlung angewiesen sein wird. Eine derartige Prognose ist angesichts der heutigen Behandlungsmöglichkeiten und -alternativen auch im Langzeitbereich der psychiatrischen Krankenhäuser nicht mehr zu treffen (siehe 2. Vormundschaftsgerichtstag, S. 63 ff.). Eine Zwangsbehandlung gegen den Widerstand des Betroffenen ist im Rahmen der Unterbringung nach Ziff. 1 nicht zulässig (hierzu S. 210 ff.).

Nicht ausreichend für eine Unterbringung nach Ziff. 1 sind andere als gesundheitliche Schäden, insbesondere **Vermögensschäden.** Gegebenenfalls ist mit der Anordnung eines Einwilligungsvorbehalts nach § 1903 BGB zu reagieren. Entgegen der Ansicht des Gesetzgebers (BT- Drs. 11/4528 S. 146) kann auch die mittelbare Gefahr der Zerstörung familiärer Beziehungen mit der Folge einer Verschlimmerung des psychischen Leidens des Betreuten eine Unterbringung nicht rechtfertigen, da es einerseits an der konkreten Gefahr (außer der Gefahr eines Suizidversuchs) fehlen dürfte, andererseits therapeutische Alternativen in Form von Angehörigenarbeit oder Familientherapie eine Unterbringung entbehrlich machen. Zur Lösung eines Familienkonflikts den Betreuten gegen seinen Willen unterzubringen, ist unzulässig (ebenso HK-BUR/*Rink* § 1906 BGB Rn. 21). Nicht ausreichend für eine Unterbringung nach Ziff. 1 ist weiterhin die drohende **Verwahrlosung** des Betreuten, soweit diese nicht notwendigerweise mit der Gefahr der erheblichen Gesundheitsschädigung einhergeht (BGH FamRZ 2010, 365 = R&P 2010, 89). 18

Die **Unterbringung von alkoholabhängigen Personen** scheitert in der Regel schon daran, dass keine psychische Krankheit im Sinn des Betreuungsrechts vorliegt (BayObLG BtPrax 1993, 208 = R&P 1994, 30; FamRZ 1998, 1327 = R&P 1999, 38; FamRZ 1999, 1306 = R&P 1999, 179; OLG Schleswig FamRZ 1998, 1328 = BtPrax 1998, 185; OLG München BtPrax 2005, 113). Auch bei Vorliegen eines hirnorganischen Psychosyndroms oder eines Korsakow-Syndroms hängt es vom Ausprägungsgrad der Erkrankung im Einzelfall ab, ob eine psychische Krankheit vorliegt, durch die die freie Willensbestimmung ausgeschlossen ist (BayObLG FamRZ 1998, 1327 = 19

C
Zivilrechtliche Unterbringung

R&P 1999, 38). Sollte dies im Einzelfall aufgrund einer zugrundeliegenden psychischen Krankheit des Betroffenen oder des durch die Sucht verursachten Persönlichkeitsabbaus der Fall sein, muss die Gefahr einer erheblichen Selbst- bzw. Gesundheitsschädigung hinzutreten (OLG Hamm BtPrax 2001, 41; FG Prax 2009, 135; OLG München BtPrax 2005, 113). Die Notwendigkeit einer Behandlung reicht für eine Unterbringung nach Abs. 1 Ziff. 1 nicht aus. Auch wenn der Gesichtspunkt der öffentlichen Sicherheit im Betreuungsrecht keine Rolle spielt, wird man auch für die Anwendbarkeit des Abs. 1 Ziff. 1 zugrundelegen können, dass der Alkoholsüchtige allein darüber befinden kann, ob er geheilt werden will oder nicht (OLG Frankfurt NJW 1988, 1527). Um eine Unterbringung zu rechtfertigen, muss daher die konkrete Gefahr einer durch den Alkoholismus verursachten Lebensgefahr z. B. in Form eines Suizidversuches, im Fall einer akuten Alkoholintoxikation oder in Verbindung mit einem Alkoholdelirium oder die konkrete Gefahr schwerer alkoholbedingter Verletzungen bestehen. Anderenfalls ist auf Ziff. 2 (hierzu S. 227) oder auf das öffentliche Unterbringungsrecht (hierzu Kap. B S. 126) zu verweisen.

20 **bb) Notwendigkeit einer Untersuchung, einer Heilbehandlung oder eines ärztlichen Eingriffs (Ziff. 2).** Die Formulierung der Ziff. 2 war im Gesetzgebungsverfahren umstritten. Als fraglich wurde angesehen, ob die Gesetz gewordene Regelung dem verfassungsrechtlichen **Bestimmtheitsgebot,** nach dem die Voraussetzungen der Freiheitsentziehung in berechenbarer, messbarer und kontrollierbarer Weise zu regeln sind, sowie den Anforderungen der Rechtsprechung des Bundesverfassungsgerichts zur Zulässigkeit der fürsorgerechtlichen Unterbringung genügt (hierzu Kap. **A** S. 57).

21 Das Bundesverfassungsgericht hat die zu der fürsorgerechtlichen Unterbringung nach dem Baden-Württembergischen Unterbringungsgesetz entwickelten Grundsätze nunmehr ausdrücklich auf die Unterbringung nach Abs. 1 Ziff. 2 übertragen (BVerfG NJW 1998, 1774 = R&P 1998, 101). Danach ist die Unterbringung eines psychisch Kranken zu seinem eigenen Schutz bei Beachtung des Grundsatzes der Verhältnismäßigkeit nur zulässig, wenn sich diese als unumgänglich erweist, um eine drohende gewichtige gesundheitliche Schädigung von dem Betroffenen abzuwenden; bei weniger gewichtigen Fällen muss auch dem psychisch Kranken die „**Freiheit zur Krankheit**" belassen bleiben (BVerfGE 58, 208 = NJW 1982, 691, 693; NJW 1998, 1774 = R&P 1998, 101; so jetzt auch BGH NJW 2006, 1277 = R&P 2006, 141; ebenso die h. M. in der Literatur: MünchKomm/*Schwab* § 1906 BGB Rn. 21; *Bienwald/Sonnenfeld/Hoffmann* § 1906 BGB Rn. 98; HK-BUR/*Rink* § 1906 BGB Rn. 23 f.; *Schumacher* FamRZ 1991, 280). Durch die Aufnahme dieses zusätzlichen Kriteriums ist auch gewährleistet, dass letztendlich der Richter über die Voraussetzungen der Unterbringung entscheidet und nicht die faktische Entscheidungsgewalt wie bei dem Begriff der notwendigen Heilbehandlung auf den Sachverständigen übergeht (*Schumacher* FamRZ 1991, 280). Nur in der vorgenannten Auslegung genügt Ziff. 2 den Anforderungen des Art. 14 UN-BRK, wonach das Vorliegen einer Behinderung in keinem Fall eine Freiheitsentziehung rechtfertigt (*König* BtPrax 2009, 105; *Marschner* R&P 2009, 135).

§ 1906. Genehmigung des Betreuungsgerichts bei der Unterbringung   **C**

In der Diskussion zum Betreuungsgesetz war vorgeschlagen worden, den **22** Anwendungsbereich der Ziff. 2 auf **Krankheiten** zu beschränken, **die nicht Anlass der Unterbringung** bzw. Betreuerbestellung **sind** (*Schumacher* u.a., 1. Vormundschaftsgerichtstag, S. 78). Dieser Standpunkt wird auch zur Gesetz gewordenen Fassung der Ziff. 2 mit guten Gründen vertreten, da im Fall der nach der Rechtsprechung des Bundesverfassungsgerichts gebotenen Auslegung neben Ziff. 1 kaum ein eigenständiger Anwendungsbereich der Ziff. 2 in Bezug auf die sog. Anlasskrankheit, insbesondere eine psychische Krankheit besteht (*Rink* R&P 1991, 148, 158 f.; HK-BUR/*Rink* § 1906 BGB Rn. 25; ähnlich die Beispiele bei *Damrau/Zimmermann* § 1906 BGB Rn. 10).

Die Voraussetzungen der Unterbringung nach Ziff. 2 bestehen also darin, **23** dass
— eine Untersuchung des Gesundheitszustands, eine Heilbehandlung oder ein ärztlicher Eingriff des Betreuten notwendig ist,
— ohne Durchführung der Maßnahme die Gefahr eines gewichtigen gesundheitlichen Schädigung des Betroffenen besteht,
— die beabsichtigte Maßnahme ohne eine Unterbringung des Betroffenen nicht durchgeführt werden kann und
— der Betreute auf Grund seiner psychischen Krankheit oder geistigen oder seelischen Behinderung nicht in der Lage ist, die Notwendigkeit der Unterbringung zur Durchführung der Maßnahme zu erkennen bzw. nach dieser Einsicht zu handeln.

Der Hauptanwendungsbereich der Ziff. 2 sollte im Bereich der **Krank- 24 heiten** liegen, die **nicht Grundlage der Betreuerbestellung** waren. Zu nennen sind die Untersuchung bei Verdacht auf Krebs an inneren Organen (*Damrau/Zimmermann* § 1906 BGB Rn. 10), die Diabetes-Einstellung (*Rink* R&P 1991, 158) sowie jede notwendige Untersuchung oder Behandlung, deren Nichtvornahme zu einer gewichtigen Gesundheitsschädigung führen würde. Entscheidend ist, dass die Nichtvornahme der notwendigen Behandlung ihre Ursache in der psychischen Krankheit oder geistigen oder seelischen Behinderung des Betroffenen hat. Ausschlaggebend ist die Beeinträchtigung der Einsichts- und Steuerungsfähigkeit (OLG Düsseldorf FamRZ 1995, 118 = R&P 1995, 93; *Seitz* FGPrax 1997, 142). Anderenfalls besteht das Recht zur Ablehnung ärztlicher Behandlungsmaßnahmen, auch wenn dies zu Gesundheitsschäden führen würde oder als unvernünftig erscheint.

Im Fall der sog. **Anlasskrankheit,** also insbesondere der psychischen **25** Krankheit, die zur Betreuerbestellung geführt hat, ist eine Unterbringung nur zulässig, wenn die beabsichtigte Behandlungsmaßnahme geeignet ist, den gewünschten Behandlungserfolg herbeizuführen, und die Nachteile. die ohne Unterbringung und Behandlung entstehen würden, die Schwere der Freiheitsentziehung überwiegen (BT-Drs. 11/4528 S. 147; BGH NJW 2006, 1277 = R&P 2006, 141; OLG Hamm FGPrax 2008, 50 und 2009, 90 = FamRZ 2009, 811; OLG Schleswig FGPrax 2008, 180 = FamRZ 2008, 1376 L; OLG Naumburg FamRZ 2008, 2060; OLG Celle NJW-RR 2007, 230 = FamRZ 2007, 2107 L; LG Frankfurt FamRZ 1993, 478 = R&P 1993, 83). Dafür müssen Art, Inhalt und Dauer der beabsichtigten Behandlung genau festgelegt werden (BGH NJW 2006, 1277 = R&P 2006, 141; OLG Schleswig FGPrax 2008, 180; OLG Düsseldorf FamRZ 1995, 118 = BtPrax 1995, 25). Es ist also in jedem Einzelfall eine **Güterabwägung** auf der Grundlage der Rechtsprechung des Bundesverfassungsgerichts vorzunehmen. Zur Abschätzung der Nachteile und möglichen ernstlichen Gesundheitsschäden ist eine **doppelte Verlaufsprognose** vorzunehmen: Dem Verlauf der Krankheit mit Unterbringung und Zwangsbehandlung ist der Verlauf der Krankheit ohne Unterbringung unter Berücksichtigung vorhandener Behandlungsalternativen gegenüberzustellen.

26 Die Unterbringung nach Ziff. 2 ist nur dann zulässig, wenn die beabsichtigte ärztliche Maßnahme erlaubt ist (BGH NJW 2006, 1277 = R&P 2006, 141; MünchKomm/*Schwab* § 1906 BGB Rn. 24). Für den Bereich psychiatrischer Behandlungsmethoden bedeutet dies, dass eine Unterbringung nach Ziff. 2 unzulässig ist, wenn die beabsichtigte **Behandlung mit Psychopharmaka** genehmigungspflichtig nach § 1904 BGB ist, wegen der fehlenden Heilungs- bzw. Besserungsmöglichkeit die Genehmigung aber zu versagen ist (LG Berlin R&P 1993, 39 = FamRZ 1993, 597; OLG Hamm BtPrax 2000, 173 = R&P 2000, 143; siehe auch OLG Stuttgart NJW 1981, 638; OLG Saarbrücken BtPrax 1997, 202 = R&P 1998, 45). Für den Bereich der beabsichtigten Psychopharmakabehandlung als notwendiger Heilbehandlung im Sinn der Ziff. 2 bedeutet dies, dass in jedem Einzelfall eine therapeutische Indikation bestehen muss und der mögliche therapeutische Nutzen gegen die Gesundheitsschäden abgewogen werden muss, die ohne die Behandlung entstehen würden. Dabei sind die negativen psychischen Auswirkungen der Unterbringung und einer Zwangsbehandlung als solcher auf den Betroffenen in die Abwägung einzubeziehen (zur Problematik der EKT-Behandlung S. 206. Steht die sedierende oder dämpfende Wirkung der Vergabe von Psychopharmaka im Vordergrund, kommt eine Unterbringung nach Ziff. 2 nicht in Betracht (LG Berlin R&P 1993, 39 = FamRZ 1993, 597). Ist eine Behandlung nicht erfolgversprechend, ist die Unterbringung unzulässig (KG FamRZ 2005, 1777 L; OLG Schleswig R&P 2010, 35 = FGPrax 2010, 32). Eine erhebliche Gesundheitsschädigung kann im Einzelfall in der (weiteren) Chronifizierung der Anlasskrankheit bestehen (OLG Schleswig FGPrax 2005, 136 = R&P 2005, 72; KG FamRZ 2006, 1481 L = R&P 2007, 30). Eine Zwangsbehandlung gegen den körperlichen Widerstand des Betroffenen ist während der Unterbringung nach Ziff. 2 auch nach der Rechtsprechung des BGH nur ausnahmsweise zulässig (hierzu S. 210ff.). Eine Unterbringung ist auch dann nicht zulässig, wenn eine Freiheitsentziehung als solche nicht erforderlich ist und die Unterbringung nur der Rechtfertigung einer Zwangsbehandlung in einer offenen Einrichtung dienen soll (BGH R&P 2008, 123 = FamRZ 2008, 866).

27 Auch im Fall der **Akutbehandlung** ist zu berücksichtigen, dass es Patienten gibt, die das Durchleben einer psychotischen Krise der Behandlung mit Psychopharmaka vorziehen. Da bezüglich der Behandlung mit Psychopharmaka Wünsche des Betroffenen gemäß § 1901 Abs. 3 BGB weitgehend zu berücksichtigen sind, scheidet im Fall der Ablehnung der beabsichtigten medikamentösen Behandlung durch den Betroffenen eine Unterbringung

§ 1906. Genehmigung des Betreuungsgerichts bei der Unterbringung **C**

nach Abs. 1 Ziff. 2 aus. Diesbezüglich sind auch **Patientenverfügungen** nach § 1901a Abs. 1 BGB oder die sonstigen **Behandlungswünsche** bzw. der mutmaßliche Wille des Betroffenen nach § 1901a Abs. 2 BGB zu berücksichtigen und stehen einer Unterbringung nach Abs. 1 Ziff. 2 entgegen, wenn die vorab geäußerte Ablehnung der Behandlung als verbindlich anzusehen ist (*Olzen* 2010, S. 36 ff.; hierzu S. 208 ff.). Entsprechende Wünsche können auch in einer Behandlungsvereinbarung niedergelegt sein. In Betracht kommt dann nur eine Unterbringung nach Abs. 1 Ziff. 1 (hierzu S. 220 ff.).

Grundsätzlich ist einer Behandlung mit Einwilligung des Betroffenen der 28 Behandlung ohne Einwilligung des Betroffenen der Vorzug zu geben. Ist die beabsichtigte psychiatrische Behandlung wegen des fehlenden Einverständnisses des Betroffenen nicht durchführbar, ist die Unterbringung auch nicht zur **Erzwingung der Krankheits- und Behandlungseinsicht** zulässig (LG Frankfurt FamRZ 1993, 478 = R&P 1993, 83; OLG Schleswig R&P 2000, 29; LG Rostock FamRZ 2003, 704; zur fehlenden Relevanz des Kriteriums der Krankheitseinsicht im Fall der Unterbringung siehe Kap. A S. 36 f.). Abs. 1 Ziff. 2 ist daher **keine geeignete Grundlage zur Durchführung einer Zwangsbehandlung.** Diese Ansicht wird bestätigt durch Untersuchungen zur Zwangsmedikation im psychiatrischen Alltag, wonach in einer Vielzahl von Fällen die Zwangsbehandlung vermeidbar gewesen wäre und aus therapeutischen Gründen sinnvollerweise hätte vermieden werden sollen (*Finzen u.a.* S. 131 ff., 158 ff.).

Unzulässig ist eine Unterbringung nach Abs. 1 Ziff. 2 zur Durchführung 29 einer **Alkoholentwöhnungsbehandlung,** da diese unter Zwangsbedingungen nicht durchführbar, vielmehr auf die Mitarbeit des Betroffenen angewiesen ist (LG Regensburg FamRZ 1994, 125; OLG Schleswig FamRZ 1998, 1328). Ausnahmsweise kann eine Unterbringung zur Behandlung des Alkoholismus gerechtfertigt sein, wenn diese das letzte verfügbare Mittel darstellt, um einer lebensbedrohlichen Entwicklung entgegenzuwirken (OLG Hamm FGPrax 2009, 135). Demgegenüber soll eine Entgiftungsbehandlung eine Unterbringung nach Ziff. 2 rechtfertigen (BT-Drs. 11/4528 S. 147). Aber auch im Fall der Entgiftungsbehandlung ist im Einzelfall die Gefahr einer gewichtigen Gesundheitsschädigung festzustellen. Das Betreuungsrecht und die zivilrechtliche Unterbringung sind insgesamt betrachtet kein geeignetes Instrumentarium zur Behandlung therapieunwilliger abhängiger Personen (siehe zu diesem Problemkreis *Bienwald* FamRZ 1992, 1130). Entsprechendes gilt für alle psychotherapeutischen Verfahren, die auf die Einwilligung und Mitarbeit des Betroffenen angewiesen sind.

Auch im Fall der sog. Anlasskrankheit ist eine Unterbringung nach Ziff. 2 30 nur im Fall der **fehlenden Einsichts- bzw. Steuerungsfähigkeit** zulässig, wenn also der Widerstand des Betroffenen gegen eine nur durch die Unterbringung ermöglichte Heilbehandlung auf einer psychischen Krankheit oder seelischen oder geistigen Behinderung beruht (OLG Düsseldorf FamRZ 1995, 118 = R&P 1995, 193; BayObLG BtPrax 1996, 28 und 2004, 193; OLG München BtPrax 2006, 105; OLG Hamm FGPrax 2009, 90 und 135; *Seitz* FGPrax 1997, 142 ff.). Dabei bezieht sich die Einsichtsfähigkeit auf die kognitiven Aspekte, die Steuerungsfähigkeit auf die voluntativen Aspekte. Letztlich kommt es wie bei der ärztlichen Behandlung nach § 1904 BGB auf den natürlichen Willen des Betroffenen an, da die Unterbringung auf die Durchführung einer Behandlungsmaßnahme abzielt, ohne diese aber unzulässig ist.

31 **cc) Erforderlichkeit der Unterbringung.** Beide Alternativen des Abs. 1 setzen voraus, dass die Unterbringung erforderlich ist. In Ziff. 2 ist dieser Grundsatz nochmals dadurch verdeutlicht, dass die in Aussicht genommene Untersuchungs- oder Behandlungsmaßnahme nicht ohne Unterbringung durchzuführen sein darf. Es handelt sich um eine Konkretisierung des verfassungsmäßigen Verhältnismäßigkeitsgrundsatzes sowie des das Betreuungsrecht bestimmenden Erforderlichkeitsgrundsatzes. Eine Freiheitsentziehung kommt nur als ultima ratio in Betracht (zum Grundsatz in dubio pro libertate Kap. **A** S. 50). Alle einer Freiheitsentziehung **vorrangigen Hilfs- und Behandlungsmöglichkeiten** müssen ausgeschöpft sein. Dies betrifft den Bereich der Unterbringung nach Abs. 1 wie der freiheitsentziehenden Maßnahmen nach Abs. 4, die sog. Anlasskrankheiten wie andere Krankheiten des Betreuten. Im Einzelfall ist zu prüfen, ob Maßnahmen nach Abs. 4 weniger in die Rechte des Betroffenen eingreifen als eine Unterbringung nach Abs. 1. Gerade im Bereich von organischen Erkrankungen kann eine kurzfristige Fixierung zur Durchführung einer Untersuchung, einer ärztlichen Behandlung oder Operation das weniger einschneidende Mittel gegenüber einer Unterbringung darstellen.

32 Als **vorrangige Behandlungsmöglichkeiten** kommen im psychiatrischen Bereich vor allem in Betracht:
– freiwillige Behandlungen im stationären Bereich,
– teilstationäre oder ambulante Behandlungsalternativen wie die
– Behandlung in Tag- und Nachtkliniken,
– Übergangseinrichtungen,
– therapeutischen Wohngemeinschaften,
– im betreuten Einzelwohnen,
– durch sozialpsychiatrische Dienste, Krisendienste oder
– niedergelassene Psychiater und Therapeuten.

33 Die verschiedenen Angebote können im Einzelfall kombiniert werden. Zu berücksichtigen sind gleichermaßen die Angebote von **Selbsthilfegruppen** und Patienteninitiativen, wenn dies dem Wunsch des Betroffenen entspricht (§ 1901 Abs. 3 BGB). Wichtig ist, dass die erreichbaren Alternativen im Versorgungsangebot auch tatsächlich ausgeschöpft werden (hierzu Kap. **A** S. 37 f. und **B** S. 79).

34 Im geriatrischen Bereich und im Bereich der Alterserkrankungen sind die Alternativen zu einer geschlossenen Heimunterbringung auszuschöpfen. Dies betrifft insbesondere die Möglichkeiten der Betreuung und **Pflege im ambulanten Bereich** unter Aufrechterhaltung der eigenen Wohnung. Die sozialrechtlichen Möglichkeiten hinsichtlich einer häuslichen Pflege sind wahrzunehmen, wenn dies dem Wunsch des Betreuten entspricht und die anderenfalls bestehende Gefahr für das Leben oder die Gesundheit des Betroffenen vermindert werden kann.

§ 1906. Genehmigung des Betreuungsgerichts bei der Unterbringung **C**

Wegen des in §§ 3 SGB XI, 13 Abs. 1 SGB XII verankerten Grundsatzes des Vorrangs der häuslichen Pflege bzw. offenen Hilfe besteht die sozialrechtliche Verpflichtung, die Pflege und Hilfe so weit wie möglich außerhalb von Einrichtungen zu gewähren. Entsprechendes gilt für den Bereich von geistig behinderten Personen, wo zunehmend selbständige Wohnformen das Leben in stationären oder geschlossenen Einrichtungen ablösen. 35

dd) Sozialrechtliche Grundlagen der Unterbringung. Im Fall der zivilrechtlichen Unterbringung des Betroffenen durch den Betreuer bzw. Bevollmächtigten in einem psychiatrischen Krankenhaus ist grundsätzlich vom Vorliegen einer **Krankenhausbehandlung** im Sinn des § 39 SGB V auszugehen mit der Folge, dass die gesetzlichen Krankenkassen die Kosten der Krankenhausbehandlung im Rahmen der Vorschriften der §§ 27ff. SGB V zu übernehmen haben. Dies gilt sowohl für den Fall einer notwendigen Heilbehandlung nach Abs. 1 Ziff. 2 als auch für die Behandlung, die im Fall einer Selbstschädigung oder nach einem missglückten Selbsttötungsversuch im Sinn des Abs. 1 Ziff. 1 erforderlich wird. Bei dem Suizidversuch eines psychisch kranken oder geistig oder seelisch behinderten Betroffenen kann in aller Regel nicht von einem Selbstverschulden im Sinn des § 52 SGB V ausgegangen werden (siehe BAG NJW 1979, 2326). Allerdings indiziert die betreuungsgerichtliche Genehmigung der Unterbringung nicht die Notwendigkeit der Krankenhausbehandlung im sozialrechtlichen Sinn (BSG R&P 2005, 30). Ist der Betroffene nicht in der gesetzlichen Krankenversicherung versichert, was im Hinblick auf die Regelung des § 5 Abs. 1 Nr. 13 SGB V kaum noch vorkommen dürfte, sind entsprechende Leistungen als **Krankenhilfe** gemäß § 48 SGB XII i. V. mit § 264 SGB V durch die Krankenkassen zu erbringen. Bei der Unterbringung in geschlossenen Pflegeheimen sind die Kosten durch die **Pflegeversicherung** (§ 43 SGB XI) bzw. ergänzend durch die überörtlichen Sozialhilfeträger (§§ 61ff. SGB XII) zu übernehmen. Bei der Unterbringung in stationären Einrichtungen der Behindertenhilfe sind die Kosten im Wege der **Eingliederungshilfe** nach den §§ 53ff. SGB XII zu gewähren. 36

3. Genehmigung des Betreuungsgerichts (Abs. 2)

Die Zuständigkeit für die Unterbringung liegt zunächst ausschließlich beim Betreuer bzw. Bevollmächtigten. Das Betreuungsgericht hat die Unterbringung zu genehmigen. Es handelt sich bei der Vorschrift um eine Konkretisierung des Art. 104 Abs. 2 GG (BVerfGE 10, 302 = NJW 1960, 811; BGH R&P 2001, 46 = FamRZ 2001, 149; siehe Kap. **A** S. 4f.). Anders als im öffentlichen Unterbringungsrecht ordnet der Betreuungsrichter die Unterbringung nicht selbst an. Die **Genehmigung** hat **vor der Unterbringung** zu erfolgen. Das Verfahren richtet sich nach den §§ 312ff. FamFG. Nur im Ausnahmefall, wenn mit dem Aufschub Gefahr verbunden ist, kommt eine Unterbringung durch den Betreuer oder Bevollmächtigten ohne betreuungsgerichtliche Genehmigung in Betracht (Abs. 2 Satz 2). In diesem Fall ist die Genehmigung **unverzüglich nachzuholen** (Abs. 2 37

Satz 2 2. Halbsatz). Mit dem Aufschub der Unterbringung bis zum Vorliegen einer richterlichen Genehmigung, die notfalls im Wege der einstweiligen Anordnung nach §§ 331 ff. FamFG (hierzu Kap. **D**) ergehen kann, muss Gefahr für den Betreuten verbunden sein. Die Auslegung des Gefahrbegriffs ist an den materiellen Unterbringungsvoraussetzungen des Abs. 1 zu orientieren (siehe BVerfG NJW 1998, 1774 = R&P 1998, 101 zum Gefahrbegriff nach §§ 70 h, 69 f. FGG, nunmehr § 332 FamFG). Unterbleibt die vorherige Genehmigung des Betreuungsgerichts, ist diese unverzüglich nachzuholen, d. h. ohne jede Verzögerung, die sich nicht aus sachlichen (tatsächlichen oder rechtlichen) Gründen rechtfertigen lässt (BVerfG NJW 1974, 807; *Klüsener/Rausch* NJW 1993, 617, 622). Weniger dringliche Dienstgeschäfte sind zurückzustellen (siehe BVerfG NJW 1990, 2309). Dies gilt sowohl für die Pflicht des Betreuers, die Genehmigung durch das Betreuungsgericht unverzüglich zu veranlassen, als auch für die Tätigkeit des Betreuungsrichters.

4. Beendigung der Unterbringung (Abs. 3)

38 Nach Genehmigung der Unterbringung durch das Betreuungsgericht liegt die ausschließliche Verantwortung für den Aufenthalt des Betroffenen wieder bei dem Betreuer bzw. Bevollmächtigten. Er verfügt in der Regel über die Informationen, um über das Fortbestehen oder den **Wegfall der Unterbringungsvoraussetzungen** entscheiden zu können. Sind die Voraussetzungen der Unterbringung nach Abs. 1 weggefallen, hat der Betreuer bzw. Bevollmächtigte die Unterbringung zu beenden, d. h. die Entlassung des Betroffenen zu veranlassen. Diese Pflicht besteht gegebenenfalls auch gegen ärztlichen Rat. Mit zunehmender Dauer der Unterbringung steigen die Voraussetzungen für deren Fortdauer (BayObLG FamRZ 1994, 1617 = R&P 1994, 193). Nur der Betroffene selbst kann nach Wegfall der Unterbringungsvoraussetzungen in eine weitere freiwillige Behandlung einwilligen, wenn der diesbezügliche natürliche Wille vorliegt. Zwischen der Bereitschaft zur Weiterbehandlung und dem Wegfall der Unterbringungsvoraussetzungen kann unter dem Gesichtspunkt der Erforderlichkeit eine Wechselwirkung bestehen. Der Betreuer bzw. Bevollmächtigte hat die Beendigung der Unterbringung dem Betreuungsgericht anzuzeigen (Abs. 3 Satz 2).

39 Kommt der Betreuer bzw. Bevollmächtigte seiner Pflicht nach Abs. 3 nicht nach, besteht die Verpflichtung zur Beendigung der Unterbringung bei Wegfall der Unterbringungsvoraussetzungen auch für das Betreuungsgericht (§ 330 FamFG) sowie für die Einrichtung. Diese haben gegebenenfalls gegen den Willen des Betreuers bzw. Bevollmächtigten tätig zu werden und die **Entlassung des Betroffenen** zu veranlassen. Die Unterbringungsmaßnahme ist nach § 330 FamFG auch dann aufzuheben, wenn die angestrebte Behandlung nicht oder nicht mehr durchgeführt wird (BGH FamRZ 2010, 202 = R&P 2010, 34) oder der Betroffene zwischenzeitlich von der Einrichtung oder auf Veranlassung des Betreuers bzw. Bevollmächtigten entlassen wurde (FamRZ 1995, 1296 = R&P 1995, 146). Die Genehmigung der

Unterbringung ist in jedem Fall einer erneuten Unterbringung einzuholen, auch wenn der ursprüngliche Genehmigungszeitraum noch nicht abgelaufen ist. Die ursprüngliche Unterbringungsgenehmigung gilt auch im Fall der Flucht des Betroffenen als verbraucht (OLG München FGPrax 2008, 137). Dies gilt auch im Fall der Verlegung des Betroffenen von einer geschlossenen auf eine offene Station einer psychiatrischen Klinik, es sei denn diese ist von vornherein auf einen kurzen Zeitraum unmittelbar vor der Entlassung beschränkt (OLG Hamm FGPrax 1999, 222 = R&P 2000, 23; KG BeckRS 2005, 30366693; R&P 2007, 30). Eine probeweise Entlassung aus der zivilrechtlichen Unterbringung ist – anders als im öffentlichen Unterbringungsrecht nach § 328 FamFG – nicht vorgesehen.

5. Freiheitsentziehende Maßnahmen (Abs. 4)

a) Grundzüge der Regelung und Anwendungsbereich. Durch die 40 Regelung werden die sog. freiheitsentziehenden Maßnahmen der Unterbringung nach Abs. 1 gleichgestellt. Dies bedeutet die entsprechende Anwendung der Abs. 1 bis 3 auf die freiheitsentziehenden Maßnahmen. Auch im Fall der Durchführung freiheitsentziehender Maßnahmen durch den Betreuer bzw. Bevollmächtigten sind die materiellrechtlichen Voraussetzungen des Abs. 1 Ziff. 1 und 2 zu prüfen, ist nach Abs. 2 die betreuungsgerichtliche Genehmigung einzuholen und ist nach Abs. 3 die Maßnahme durch den Betreuer bzw. Bevollmächtigten zu beenden, wenn die Voraussetzungen weggefallen sind (zur praktischen Bedeutung der freiheitsentziehenden Maßnahmen Kap. **A** S. 24 und 30 f.).

Zumindest für den Bereich der freiheitsentziehenden Maßnahmen **außer-** 41 **halb einer geschlossenen Unterbringung** klärt die Regelung die nach altem Recht umstrittene Abgrenzung zwischen einer genehmigungspflichtigen Freiheitsentziehung und einer nicht genehmigungspflichtigen Freiheitsbeschränkung (siehe AG Frankfurt FamRZ 1988, 1209 einerseits, AG Recklinghausen FamRZ 1988, 653 andererseits). Für das Vorliegen einer Unterbringung nach Abs. 1 kann insoweit zu einem engen Unterbringungsbegriff zurückgekehrt werden, da die in Abs. 4 aufgezählten freiheitsentziehenden Maßnahmen vom Gesetz ausdrücklich dem Genehmigungsvorbehalt unterstellt werden (zur Abgrenzung für den Fall eines Armbandsenders AG Stuttgart-Bad Canstatt FamRZ 1997, 704).

Entgegen den ursprünglichen Plänen des Gesetzgebers bezieht sich der 42 Genehmigungsvorbehalt aber nur auf freiheitsentziehende Maßnahmen in Einrichtungen, nicht aber außerhalb von Einrichtungen, insbesondere in der Familie. *Schumacher* hält den Ausschluss der Genehmigungspflicht im Rahmen der Familienpflege für verfassungswidrig (FamRZ 1991, 280, 282). Dem ist zuzustimmen. Wird eine freiheitsentziehende Maßnahme im Rahmen der Familienpflege durch den Betreuer gegen den Willen des Betroffenen durchgeführt, ist angesichts der öffentlichrechtlichen Überlagerung der Betreuung eine entsprechende Anwendung des Art. 104 Abs. 2 GG geboten, wenn die quantitative Grenze des Abs. 4 erreicht ist. Es ist schwer nachvollziehbar, warum die identische Maßnahme in einer offenen Einrichtung genehmigungspflichtig sein soll, im Rahmen der Familienpflege aber nicht, wenn letztlich ein Betreuer als staatlich bestellter Vertreter und Gewalthaber (so BVerfGE 10, 302 = NJW 1960, 811, 812) die freiheitsentziehende Maßnahme anordnet (zur Gewalt gegen alte Menschen in der Familie *Schreiber/ Schreiber,* ZRP 1993, 146; *Klie* 1993 S. 36f., 41f.). Abs. 4 ist daher im Wege der verfassungskonformen Auslegung auch auf Fälle der **Unterbringung in der eigenen Wohnung** (LG Hamburg FamRZ 1994, 1619 = BtPrax 1995, 31; AG Tempelhof-Kreuzberg BtPrax 1998, 194; LG München I BtPrax 1999, 242 = R&P 2000, 33; aA für den Fall der Betreuung durch Familienangehörige BayObLG BtPrax 2003, 37 = R&P 2003, 99; *Bienwald/Sonnenfeld/Hoffmann* § 1906 Rn. 61; Palandt/*Diederichsen* § 1906 Rn. 5) sowie auf freiheitsentziehende Maßnahmen im Rahmen der Familienpflege anzuwenden (AG Garmisch-Partenkirchen BtPrax 1999, 207). Derartige Maßnahmen sind darüberhinaus nach § 239 StGB strafbar, soweit keine Rechtfertigungsgründe vorliegen.

43 Die Regelung des Abs. 4 ist entgegen dem Wortlaut auch anwendbar auf **Betreute, die bereits untergebracht sind** (*Bienwald/Sonnenfeld/Hoffmann* § 1906 BGB Rn. 63; Palandt/*Diederichsen* § 1906 BGB Rn. 34; *Schumacher* FamRZ 1991, 280, 281f.; BGH NJW 2006, 1277 = R&P 2006, 141; OLG München FamRZ 2005, 1196; OLG Frankfurt FGPrax 2007, 149; BayObLGZ 1993, 208 = R&P 1993, 147 = FamRZ 1994, 721; OLG Düsseldorf FamRZ 1995, 118 = R&P 1995, 319; AG Hannover BtPrax 1992, 113; aA AG Stuttgart-Bad Canstatt BtPrax 1996, 35; *Damrau/Zimmermann* § 1906 BGB Rn. 21; *Klüsener/Rausch* NJW 1993, 617, 623). *Schwab* löst den Konflikt dadurch, dass er unterbringungsähnliche Maßnahmen gegenüber schon freiheitsentziehend Untergebrachten als weitere Stufe der Unterbringung ansieht und dem Genehmigungsvorbehalt des Abs. 1 unterstellt (MünchKomm/*Schwab* § 1906 Rn. 47). Im Ergebnis bedeutet auch dies, dass im Wege einer verfassungskonformen Auslegung untergebrachte Personen hinsichtlich der Anwendung des Abs. 4 nicht untergebrachten Personen gleichzustellen sind. Dieses Ergebnis ist auch deswegen geboten, weil die richterliche Genehmigung der Unterbringung nach Abs. 1 nicht automatisch die in Abs. 4 genannten Maßnahmen umfasst, es sich hierbei vielmehr um eigenständige Grundrechtseingriffe handelt, die einer eigenen Prüfung der materiellrechtlichen Voraussetzungen bedürfen. Dies ergibt sich auch aus § 323 Ziff. 1 FamFG, der die konkrete Bezeichnung der Unterbringungsmaßnahme verlangt. Anders verhält es sich im öffentlichen Unterbringungsrecht, wenn eine gesetzliche Grundlage die Zulässigkeit der freiheitsentziehenden Maßnahmen im Rahmen der Unterbringung regelt (siehe BVerfG NJW 1994, 1339). Im Betreuungsrecht hat der Gesetzgeber aber ausdrücklich von Vollzugsregelungen abgesehen, so dass das Handeln des Betreuers an Art. 104 Abs. 1 und 2 GG zu messen ist.

44 Über die Frage der Anwendbarkeit des Abs. 4 auf bereits untergebrachte Betreute hinaus verbietet sich zur Legitimation von freiheitsentziehenden Maßnahmen jeglicher Rückgriff auf die Figur des **besonderen Gewaltverhältnisses.** Dies gilt auch für **Hausordnungsmaßnahmen** von unterbringungsähnlichem Gewicht, die *Holzhauer* in die alleinige Kompetenz der

Einrichtung stellen will (*Holzhauer* FuR 1992, 249, 257; BtPrax 1992, 54 ff.), weil diese Konstruktion nichts anderes als einen Rückgriff auf das besondere Gewaltverhältnis darstellt und damit verfassungswidrig ist. Sie widerspricht im Übrigen den gesetzlichen Vorgaben des Betreuungsgesetzes, da die Einrichtung aus eigenem Recht zu keinerlei Grundrechtseingriffen außerhalb oder während einer Unterbringung befugt ist (BT- Drs. 11/4528 S. 83). Die Entscheidungskompetenz liegt ausschließlich bei dem Betreuer. Allerdings kann das Betreuungsgericht anordnen, dass der Betreuer die Fixierung nur nach ausdrücklicher Anordnung des behandelnden Arztes vornehmen darf (siehe BayObLG R&P 1993, 147 = FamRZ 1994, 721). Die von *Holzhauer* angeführten Zweckmäßigkeitserwägungen belegen die Annahme des Fortbestehens eines besonderen Gewaltverhältnisses im Heimbereich sowie im geriatrischen Bereich und damit das Missverständnis in der Grundrechtsauslegung. Das Vorliegen eines Grundrechtseingriffes und damit einer Freiheitsentziehung kann nicht von den dieser zugrundeliegenden Motiven her bestimmt werden, sondern die Motive für eine Freiheitsentziehung sind an den Grundrechten zu messen. Dabei ist zusätzlich der Grundsatz „in dubio pro libertate" zu beachten (hierzu Kap. **A** S. 50).

Die Regelungen des Art 2 Abs. 2 und Art. 104 Abs. 1 und 2 GG haben weiterhin zur Folge, dass die in der Praxis verbreiteten **Fixierungsrichtlinien** (z. B. Dienstanweisung des Landeswohlfahrtsverbandes Hessen in: *von Eicken u. a.* S. 115; Fixierungsrichtlinien des Landesbetriebs Pflegen & Wohnen Hamburg BtPrax 1992, 30) als solche nicht geeignet sind, Grundrechtseingriffe in Form freiheitsentziehender Maßnahmen zu rechtfertigen. Eingriffe in die Freiheit der Person bedürfen vielmehr einer gesetzlichen Grundlage (Art. 2 Abs. 2 Satz 3, 104 Abs. 1 GG). Eine gesetzliche Grundlage stellen die entsprechenden Regelungen der Unterbringungsgesetze der Bundesländer (hierzu Kap. **B** S. 170) sowie die Regelungen des Betreuungsrechts dar. Die Vorschrift des § 34 StGB ist grundsätzlich nicht geeignet, die fehlende gesetzliche Grundlage für Eingriffe in die Freiheit der Person zu ersetzen (so für die Zwangsbehandlung *Wagner* R&P 1990, 166 ff.). Ein Rückgriff auf § 34 StGB ist allenfalls in einer einzelnen Notsituation zur strafrechtlichen Rechtfertigung einer Freiheitsberaubung im Sinn des § 239 StGB möglich, die Maßnahme bedarf auch in diesem Fall der ärztlichen Anordnung und ständigen optischen Überwachung (OLG Köln R&P 1993, 81). Die Richtlinien können daher allenfalls Hinweise auf die bestehenden gesetzlichen Regelungen enthalten, die gesetzlich geregelten Eingriffsbefugnisse aber nicht erweitern. Dies bedeutet gleichzeitig, dass im Rahmen des Betreuungsrechts Fixierungen im Interesse Dritter unzulässig sind und auch nicht durch Fixierungsrichtlinien gerechtfertigt werden können (hierzu S. 237). 45

b) Voraussetzungen des Abs. 4. Die Anwendung des Abs. 4 setzt voraus, dass 46
– ein Betreuer mit entsprechendem Aufgabenkreis bestellt ist oder eine Vollmacht nach Abs. 5 vorliegt,
– sich der Betroffene in einer Anstalt, einem Heim oder einer sonstigen Einrichtung aufhält oder nach der hier vertretenen Auffassung untergebracht ist,

– ihm dort durch mechanische Vorrichtungen, Medikamente oder auf andere Weise
– über einen längeren Zeitraum oder regelmäßig die Freiheit entzogen wird.

47 Die Regelung betrifft Personen, für die ein **Betreuer** gegebenenfalls durch einstweilige Anordnung nach §§ 300 f. FamFG **bestellt** ist, oder die eine **andere Person** schriftlich mit der Einwilligung in Maßnahmen nach Abs. 4 **bevollmächtigt** haben (Abs. 5; hierzu Rn. 3). Der Aufgabenkreis des Betreuers muss sich ausdrücklich auf die beabsichtigten Grundrechtseingriffe beziehen (hierzu S. 183). Es besteht die Möglichkeit einer einstweiligen Anordnung nach §§ 331 ff. FamFG, in Ausnahmefällen auch einer Anordnung durch den Betreuungsrichter gemäß § 1846 BGB i. V. mit § 334 FamFG (hierzu § 1846 BGB S. 194 ff. und Kap. **D** § 334 FamFG S. 344 ff.). Ist ein Betreuer nicht bestellt bzw. liegt keine Vollmacht nach Abs. 5 vor oder handelt es sich um Maßnahmen zum Schutz Dritter, muss auf die Rechtsgrundlagen des öffentlichen Unterbringungsrechts unter Zugrundelegung des dort geltenden engeren Unterbringungsbegriffs zurückgegriffen werden. Die freiheitsentziehenden Maßnahmen im Sinn des Abs. 4 werden ausschließlich vom Betreuer bzw. Bevollmächtigten angeordnet und verantwortet, nicht von der Einrichtung.

48 Der Betroffene muss sich in einer **offenen** oder nach der hier vertretenen Auffassung **geschlossenen Einrichtung** befinden. Dabei handelt es sich um alle stationären Einrichtungen der Altenhilfe (Altenheime und Altenpflegeheime), der Behindertenhilfe (insbesondere Einrichtungen für geistig Behinderte) sowie der Psychiatrie (psychiatrische Krankenhäuser, psychiatrische Abteilungen von Allgemeinkrankenhäusern, insbesondere auch gerontopsychiatrische Einrichtungen). In Betracht kommen auch Allgemeinkrankenhäuser und teilstationäre Einrichtungen in der Alten- und Behindertenhilfe. Der Einrichtungsbegriff ist vom Schutzzweck der Norm her weit auszulegen (so auch MünchKomm/*Schwab* § 1906 BGB Rn. 45; LG München I BtPrax 1999, 242 = R&P 2000, 33; zur eigenen Wohnung als Einrichtung im Sinn des Abs. 4 siehe S. 231 f.). Das Bestehen von die Selbständigkeit der Betroffenen stärker fördernden Wohnformen in Trägerschaft der freien Wohlfahrtspflege belegt den fließenden Übergang von der Einrichtung zur Familienpflege. Eine Genehmigungspflicht besteht daher immer dann, wenn die freiheitsentziehende Maßnahme durch den Betreuer bzw. Bevollmächtigten gegen den Willen des Betroffenen angeordnet wird.

49 Als **Mittel der Freiheitsentziehung** kommen mechanische Vorrichtungen, Medikamente oder sonstige Vorkehrungen in Betracht. Es handelt sich um einen offenen Katalog. Gemeint sind alle typischen Sicherungsmaßnahmen in den oben genannten Einrichtungen (zur Kasuistik *von Eicken u. a.* S. 38 ff. sowie die Übersicht bei *Klie* 1993 S. 56; *Hoffmann/Klie* S. 19; *Walther* BtPrax 2005, 214 und 2006, 8):

– das Festbinden des Betreuten durch einen Leibgurt am Stuhl oder Bett (LG Berlin R&P 1990, 178; BayObLGZ 1993, 208 = R&P 1993, 147 = FamRZ 1994, 721; OLG Hamm FamRZ 1993, 1490 = R&P 1993, 207), also die typische Fixierung, die in Alten- und Behinderteneinrichtungen sowie in der Psychiatrie in Akutsituationen verwendet wird,

§ 1906. Genehmigung des Betreuungsgerichts bei der Unterbringung   **C**

- das Verhindern des Verlassens des Bettes durch Bettgitter (LG Berlin R&P 1990, 178) oder besondere Schutzdecken,
- das Anbringung eines Therapietisches am Stuhl oder Rollstuhl (LG Frankfurt FamRZ 1993, 601; OLG Frankfurt FamRZ 1994, 992),
- das Verhindern des Verlassens der Einrichtung durch besonders komplizierte Schließmechanismen oder durch zeitweises Versperren der Eingangstür tagsüber oder nachts (ohne dass der Betreute einen Schlüssel erhält oder ohne dass das Öffnen der Tür anderweitig möglich ist) – (BT- Drs. 11/4528 S. 148),
- das Arretieren des Rollstuhls,
- das Verhindern des Verlassens der Einrichtung durch das Personal (BT-Drs. 11/4528 S. 148),
- das Verhindern des Verlassens der Einrichtung durch Vergabe von Medikamenten (Schlafmittel, Psychopharmaka),
- durch Wegnahme der Straßenbekleidung oder besondere Pflegehemden,
- durch Ausübung psychischen Drs sowie Anwendung von Verboten, List, Zwang oder Drohungen.

Umstritten ist die Zulässigkeit der Ausstattung der Betreuten mit sog. **50** Sendeanlagen oder **Personenortungsanlagen,** die bei Verlassen der im Übrigen offenen Einrichtung ein Signal auslösen und damit das Eingreifen des Personals ermöglichen. Die Maßnahme ist genehmigungspflichtig, wenn sie der Feststellung des Verlassens eines offenen Heimes dient und entsprechende Maßnahmen auslöst (LG Ulm NJW-RR 2009, 225 = FamRZ 2009, 544; AG Stuttgart Bad-Canstatt FamRZ 1997, 704; LG Bielefeld BtPrax 1996, 232; AG Hannover BtPrax 1992, 113; aA OLG Brandenburg FamRZ 2006, 1481). Nach Ansicht des AG Hannover verstößt diese Maßnahme gegen die Menschenwürde. Fraglich dürfte sein, ob eine derartige Maßnahme zur Verhinderung des Verlassens der Einrichtung erforderlich ist, da eine Kontrolle bei ausreichender Personalausstattung auch durch eine Beobachtung möglich ist. Die Maßnahme ist daher jedenfalls gegen den ausdrücklichen Willen des Betroffenen unzulässig (zum ganzen *Feuerabend* BtPrax 1999, 93).

Eine **Freiheitsentziehung durch Medikamente** liegt vor, wenn diese **51** gezielt dazu verwendet werden, um den Betreuten an der Fortbewegung in der Einrichtung oder am Verlassen der Einrichtung zu hindern (OLG Hamm R&P 1997, 184 = FGPrax 1997, 64 mit Anmerkung *Seitz* FGPrax 1997, 142; kritisch hierzu *Pardey* BtPrax 1999, 85), um die Pflege zu erleichtern oder um generell Ruhe auf der Station oder in der Einrichtung herzustellen. *Wojnar* hält die Vergabe von Psychopharmaka zur Sedierung für unzulässig (BtPrax 1997, 92). Werden Medikamente zu Heilzwecken oder aus therapeutischen Gründen gegeben, ist Abs. 4 nicht anwendbar, auch wenn als Nebenwirkung der Bewegungsdrang des Betreuten eingeschränkt wird (ebenso *Hoffmann;* aA *Klie* jeweils in *Hoffmann/Klie* S. 19 f.; zur Wirkung von Psychopharmaka S. 204 f.). Für eine Zwangsbehandlung eines Betroffenen, der sich freiwillig in einem psychiatrischen Krankenhaus aufhält, ist Abs. 4 ebensowenig entsprechend anwendbar (siehe der Fall AG und OLG Bremen R&P 1997, 85 mit Anmerkung *Marschner*) wie im Fall der ambulanten Zwangsbehandlung (BGH FamRZ 2008, 866 = R&P 2008, 123; NJW 2001, 888 = R&P 2001, 46 = FamRZ 2001, 149; OLG Bremen NJW-RR 2006, 75 = FamRZ 2006, 730 L; siehe S. 210 ff.). In Fällen der therapeutischen Indikation ist § 1904 BGB zu prüfen und ggf. anzuwenden. Die Zielsetzung der Medikamentenvergabe ist daher im Einzelfall hinsichtlich der Frage der Genehmigungsbedürftigkeit zu überprüfen. Hierfür kann eine sorgfältige Dokumentation hilfreich sein.

52 Die Freiheitsentziehung durch die genannten Mittel muss über einen **längeren Zeitraum oder regelmäßig** erfolgen. Regelmäßigkeit liegt vor, wenn eine freiheitsentziehende Maßnahme entweder stets zur selben Zeit (z. B. nachts oder mittags) oder aus wiederkehrendem Anlass (z. B. bei der Gefahr aus dem Bett zu fallen) erfolgt. Auch ungeplante Wiederholungen lösen die Genehmigungspflicht aus (2. Vormundschaftsgerichtstag S. 76, These 4). Bei dem Merkmal des längeren Zeitraums ist je nach Mittel der Freiheitsentziehung zu differenzieren (*Bienwald/Sonnenfeld/Hoffmann* § 1906 BGB Rn. 57). Eine verhältnismäßig kurze Zeit kann ausreichen (BayObLG R&P 1993, 147 = FamRZ 1994, 721). Dies bedeutet, dass bei Fixierungen bereits der Zeitraum eines Pflegetages oder einer Nacht die Genehmigungsbedürftigkeit auslöst. Als Höchstgrenze ist die Frist des § 128 StPO anzusehen (richterliche Entscheidung spätestens am Tag nach dem Beginn der freiheitsentziehenden Maßnahme). Bei Unterbrechungen ist der gesamte Zeitraum der freiheitsentziehenden Maßnahme zu berücksichtigen, soweit nicht bereits das Kriterium der Regelmäßigkeit erfüllt ist.

53 Eine Freiheitsentziehung im Sinn des Abs. 4 liegt nur vor, wenn der Betroffene noch in der Lage ist, sich fortzubewegen und die Einrichtung zu verlassen (OLG Hamm FamRZ 1994, 1270 = BtPrax 1994, 32). Nicht entscheidend ist dagegen, ob der Betroffene den aktuellen **Willen zur Fortbewegung** hat (OLG Hamm FamRZ 1993, 1490 = R&P 1993, 207). Wie bei der Unterbringung nach Abs. 1 schließt die Einwilligung des Betreuten das Vorliegen einer freiheitsentziehenden Maßnahme bis zum Widerruf aus, wenn der Betreute über den maßgeblichen natürlichen Willen verfügt (hierzu S. 219 f.). Die Erkundung des natürlichen Willens wird aber bei der Ruhigstellung mit Medikamenten oft schwierig sein, da diese bereits die Willensbildung beeinflussen.

54 **c) Genehmigung des Betreuungsgerichts und Beendigung der Maßnahme.** Die entsprechende Anwendung des Abs. 2 bedeutet die Verpflichtung zur **vorherigen** Genehmigung durch das Betreuungsgericht, es sei denn mit dem Aufschub der Genehmigung ist Gefahr verbunden (S. 229 f.). Für das Verfahren gelten die §§ 312 ff. FamFG (§ 312 Ziff. 2 FamFG). Es handelt sich um eine vorhergehende Kontrolle. Die von *Holzhauer* angedeutete gegenteilige Auffassung (BtPrax 1992, 54) findet im Gesetz keine Grundlage. Die Einschaltung des Betreuers bzw. Bevollmächtigten alleine oder denkbare Maßnahmen der Heimaufsicht ersetzen die gesetzlich vorgeschriebene und verfassungsrechtlich gebotene richterliche Genehmigung genauso wenig wie dies umgekehrt der Fall ist.

55 Der Betreuer bzw. Bevollmächtigte ist wie im Fall der Unterbringung zur sofortigen **Beendigung einer freiheitsentziehenden Maßnahme** verpflichtet (Abs. 3). Dieselbe Pflicht besteht für die Einrichtung und das Betreuungsgericht (S. 230f.). Die rechtzeitige Beendigung der freiheitsentziehenden Maßnahme setzt einen engen Kontakt zwischen Betreuer bzw. Bevollmächtigtem, Einrichtung und Betreuungsgericht voraus (2. Vormundschaftsgerichtstag S. 76, These 1).

d) Voraussetzungen der Genehmigung. Hinsichtlich der Voraussetzungen der Genehmigung gilt Abs. 1 entsprechend. Dies bedeutet, dass die freiheitsentziehende Maßnahme dem Wohl des Betroffenen in einer in Abs. 1 Ziff. 1 oder 2 konkretisierten Weise dienen muss und erforderlich sein muss. Die **Konkretisierung des Wohls des Betroffenen** in Abs. 1 hat auch für die freiheitsentziehenden Maßnahmen zur Folge, dass sie nur zur Abwehr von Gefahren für den Betroffenen selbst (Ziff. 1) oder zur Durchführung einer Maßnahme nach Ziff. 2 zulässig sind. Eine freiheitsentziehende Maßnahme im Drittinteresse kommt nach dem eindeutigen Gesetzeswortlaut nicht in Betracht, sondern ist ausschließlich Aufgabe des öffentlichen Unterbringungsrechts (OLG Frankfurt FGPrax 2007, 149 = FamRZ 2007, 673; LG Hildesheim BtPrax 1994, 106; HK-BUR/*Rink* § 1906 BGB Rn. 41f.; MünchKomm/*Schwab* § 1906 BGB Rn. 31; 2. Vormundschaftsgerichtstag, S. 76, These 7; aA *Damrau/Zimmermann* § 1906 Rn. 23; *Pardey* BtPrax 1995, 81 und FamRZ 1995, 713; OLG Karlsruhe NJW-RR 2009, 223 = FamRZ 2009, 640 für den Fall, dass zugleich eine Gefahr für die eigene Gesundheit besteht; differenzierend *Bienwald/Sonnenfeld/Hoffmann* § 1906 BGB Rn. 109). 56

Eine freiheitsentziehende Maßnahme nach Abs. 4 i. V. mit Abs. 1 Ziff. 1 setzt voraus, dass die Gefahr besteht, dass der Betroffene sich **selbst tötet oder erheblichen gesundheitlichen Schaden zufügt.** Dies betrifft vor allem behinderte oder altersverwirrte Menschen, bei denen die konkrete Gefahr besteht, dass sie hilflos und orientierungslos im Straßenverkehr umherirren und vom Auto überfahren werden, nicht zurückfinden und dadurch erfrieren, keine Nahrung zu sich nehmen oder lebensnotwendige Medikamente nicht erhalten. Eine weitere Fallgruppe betrifft Personen, bei denen die Gefahr besteht, aus dem Bett zu fallen oder anderweitig zu stürzen und sich dabei zu verletzen. Es müssen in diesen Fällen konkrete Anhaltspunkte für eine Gefährdung bestehen. Dabei müssen die Freiheitsrechte auch des verwirrten Betroffenen berücksichtigt werden (OLG Koblenz FamRZ 2002, 1359 = R&P 2002, 30 und 104). Häufig werden freiheitsentziehende Maßnahmen nicht erforderlich sein, da als Alternativen therapeutische Angebote einschließlich einer entsprechenden Strukturierung des Alltags in der Einrichtung oder Sitzwachen vorrangig heranzuziehen sind (zu alternativen Problemlösungen *Bauer/Hasselbeck* FuR 1994, 293; *Wojnar* BtPrax 1995, 12). 57

Die unzureichende organisatorische und personelle Ausstattung und damit verbundene **fiskalische Gesichtspunkte** rechtfertigen keine Eingriffe in Grundrechte und damit auch nicht die Anwendung freiheitsentziehender Maßnahmen (BayObLG R&P 1994, 183 = FamRZ 1994, 1617; OLG Schleswig R&P 1991, 37; ähnlich LG Berlin R&P 1990, 178; MünchKomm/*Schwab* § 1906 BGB Rn. 50; 2. Vormundschaftsgerichtstag S. 76f., These 8; aA *Holzhauer* BtPrax 1992, 54ff., der aber die Anwendung des 58

Abs. 1 bereits für nicht hilfreich hält; differenzierend hinsichtlich der Personalsituation OLG Frankfurt BtPrax 1993, 138 = R&P 1993, 206; OLG Hamm BtPrax 1993, 172 = R&P 1993, 207; OLG München FamRZ 2006, 63). Dies schließt den Einsatz von Fixierungen und sedierenden Medikamenten zur Erleichterung der Pflege oder wegen Personalmangels aus. Im Einzelfall kommt eine Genehmigung für eine Übergangszeit unter Auflagen in Betracht (siehe 2. Vormundschaftsgerichtstag, S. 76f., These 8). Es ist dann Aufgabe des Trägers der Einrichtung, gegenüber dem Kostenträger die erforderliche finanzielle und personelle Ausstattung sicherzustellen (zum Mindestpersonalbestand einer psychiatrischen Station OLG Hamm NJW 1993, 2387 = R&P 1993, 203). In jedem Fall ist zu prüfen, ob weniger in die Freiheitsrechte des Betroffenen eingreifende Alternativen bestehen (OLG München BeckRS 2005, 10407). Eigene finanzielle Mittel sind für Alternativen vorrangig einzusetzen (AG Marburg BtPrax 1994, 106).

59 Eine freiheitsentziehende Maßnahme wegen der **Notwendigkeit einer Untersuchung oder ärztlichen Behandlung** kommt nur in Betracht, wenn die Maßnahme ohne Fixierung oder Sedierung des Betroffenen nicht durchgeführt werden kann, mit dem Verzicht auf die Maßnahme die Gefahr einer gewichtigen Gesundheitsschädigung des Betreuten verbunden wäre und dieser auf Grund seiner Krankheit oder Behinderung die Notwendigkeit der Maßnahme nicht erkennen oder nicht nach dieser Einsicht handeln kann (Abs. 1 Ziff. 2). Dabei ist auf den natürlichen Willen des Betreuten abzustellen (S. 219). Zu denken ist in erster Linie an organische Erkrankungen, bei denen ohne Behandlung eine erhebliche Verschlechterung des Gesundheitszustandes eintreten würde. Im Einzelfall kann es sich auch um die Krankheit oder Behinderung handeln, die zur Betreuerbestellung geführt hat (zur Zwangsbehandlung S. 210ff.). Häufig wird es aber am Kriterium des längeren Zeitraums oder der Regelmäßigkeit fehlen, wenn z.B. eine einmalige Fixierung für die Durchführung eines ärztlichen Eingriffs vorgenommen wird. In diesem Fall entscheidet allein der Betreuer bzw. Bevollmächtigte unter Beachtung der §§ 1901, 1901a und 1904 BGB.

60 Die Abwägung zwischen verschiedenen freiheitsentziehenden Maßnahmen unter dem Gesichtspunkt der **Erforderlichkeit** bzw. **Verhältnismäßigkeit** im Einzelfall ist schwierig. Eindeutig ist lediglich, dass alle vorrangigen Möglichkeiten ohne Freiheitsentziehung ausgeschöpft werden müssen, bevor es zu einem Eingriff in die Freiheitsrechte des Betroffenen kommen darf (OLG München FamRZ 2006, 441 – Bettnest –; *Walther* BtPrax 2006, 8). Ob dann allerdings die Unterbringung in einer geschlossenen Einrichtung mit dem Erhalt der Fortbewegungsmöglichkeit innerhalb der Einrichtung bzw. Station oder die vollständige oder zeitweise Ruhigstellung durch freiheitsentziehende Maßnahmen in einer im übrigen offenen Einrichtung den geringeren Eingriff in die Grundrechte des Betroffenen darstellt, kann nur im Einzelfall entschieden werden und ist von dem Betreuungsgericht im Rahmen der Genehmigungsentscheidung zu prüfen (ebenso *Ewers* FamRZ 1993, 853; aA LG Köln FamRZ 1993, 110). Offensichtlich ist, dass eine Fixierung oder medikamentöse Ruhigstellung über einen längeren Zeitraum einen schwereren Grundrechtseingriff darstellen kann als eine Unterbrin-

§ 1906. Genehmigung des Betreuungsgerichts bei der Unterbringung **C**

gung (siehe die stufenweise Einordnung der Eingriffsintensität bei *von Eicken u. a.* S. 37).

6. Verhältnis zu öffentlich-rechtlicher und strafrechtlicher Unterbringung

Vor Inkrafttreten des Betreuungsgesetzes waren unterschiedliche Auffassungen zum Rangverhältnis von zivilrechtlicher und öffentlich-rechtlicher Unterbringung vertreten worden. Durch die Neuregelung der Unterbringungsvoraussetzungen in Abs. 1 sowie die Vereinheitlichung des Verfahrensrechts in den §§ 312 ff. FamFG mit der Zuständigkeitskonzentration bei dem Betreuungsgericht ist die Diskussion überholt. Es ist von einer **Gleichrangigkeit** von zivilrechtlicher und öffentlich-rechtlicher Unterbringung auszugehen. Allein sachliche Gesichtspunkte sind dafür ausschlaggebend, welche Unterbringung in Betracht kommt (zur Konkurrenz der Unterbringungsformen grundsätzlich Kap. **A** S. 59 ff.). Überschneidungen sind nur im Bereich der Selbstgefährdung denkbar. Ist bereits zumindest durch einstweilige Anordnung ein Betreuer bestellt und liegen die Voraussetzungen des Abs. 1 Ziff. 1 vor, ist die zivilrechtliche Unterbringung vorrangig, wenn sich der Betreuer zu einer Unterbringung entschließt (OLG Hamm R&P 2000, 84 = BtPrax 2000, 35). Andernfalls oder im Fall von Fremdgefährdungen kommt ausschließlich die öffentlich-rechtliche Unterbringung in Betracht. Dies betrifft vor allem Fälle der psychiatrischen Krisenintervention, in denen es anders als im Fall der Unterbringung von alterskranken oder geistig behinderten Personen langfristig nicht auf eine Betreuerbestellung ankommt. **61**

Nicht abschließend geklärt ist die Frage, ob eine zivilrechtliche Unterbringung die Anordnung einer **strafrechtlichen Unterbringung** nach § 63 StGB verhindert (hierzu Kap. **A** S. 61 ff.). Allerdings bleibt für die Anwendung des § 63 StGB kein Raum, wenn der Betroffene die Anlasstaten im Rahmen einer zivilrechtlichen Unterbringung begangen hat und diese sich gegen das Pflegepersonal richten (BGH R&P 1998, 204 mit Anmerkung *Bode*). Eine zivilrechtliche Unterbringung sowie eine Betreuerbestellung können außerdem einen besonderen Umstand nach § 67 b StGB darstellen mit der Folge, dass die Vollstreckung der strafrechtlichen Unterbringung zur Bewährung ausgesetzt werden kann (BGH NStZ 1992, 538 = R&P 1993, 32; R&P 1997, 183; R&P 2001, 41; NStZ 2002, 367 = R&P 2002, 192; FamRZ 2009, 421 L; StV 2009, 588). Im strafrechtlichen Sicherungsverfahren ist im Hinblick auf mögliche Alternativen zur Unterbringung nach § 63 StGB in der Regel der Betreuer als Zeuge zu hören (BGH R&P 1997, 79). Problematisch ist demgegenüber die sog. zivilrechtliche Anschlussvollstreckung zur Vorbereitung einer Entlassung aus dem Maßregelvollzug nach § 67 d Abs. 2 StGB, da hier häufig lediglich eine Umwandlung der Rechtsgrundlage erfolgt, ohne dass der Betroffene die Möglichkeit erhält, in die Freiheit entlassen zu werden (zu Einzelheiten *Rentzel-Rothe* R&P 1991, 18). In diesem Fall sind die Voraussetzungen der zivilrechtlichen Unterbringung durch das Betreuungsgericht besonders sorgfältig zu prüfen. **62**

D. Das Unterbringungsverfahren

Vorbemerkungen zu §§ 312 ff. FamFG

Übersicht

1. Freiwillige Gerichtsbarkeit 1
2. Verfahrenstyp und Verfahrensgrundsätze 4
3. Antragsverfahren 6
4. Antragsbefugnisse 8
5. Beweisverfahren 13
6. Förderungspflicht des Beteiligten „Darlegungslast" 25
7. Rechtskraft 27

1. Freiwillige Gerichtsbarkeit

Wie das frühere Gesetz über die freiwillige Gerichtsbarkeit (FGG) enthält 1
auch das neue Gesetz über das Verfahren in Familiensachen und die Angelegenheiten der freiwilligen Gerichtsbarkeit (FamFG) das gemeinsame Verfahrensrecht zahlreicher justizieller Nebengebiete mit ganz unterschiedlichen Verfahrensgegenständen. Weitgehend handelt es sich um staatliche Verwaltungstätigkeit im Dienst der Privatrechtsordnung. Der Freiheitsentzug passt materiell hierzu nicht. Selbst neben den sog. echten Streitsachen der freiwilligen Gerichtsbarkeit (vgl. Keidel/*Sternal* § 1 Rn. 30) sind die Unterbringungssachen ein Fremdkörper. Das Recht ihres gerichtlichen Verfahrens war durch das Betreuungsgesetz v. 12. 9. 1990 in das FGG eingefügt worden, wohl deshalb, weil schon die vorangegangenen Verfahrensregelungen der Landes-Unterbringungsgesetze regelmäßig ergänzend auf das FGG verwiesen und weil eine Einfügung in das bestehende Gesetz als die am wenigsten aufwändige Lösung erschien. Daran hat sich durch das FamFG nichts geändert. Nach § 1 FamFG gilt dieses Gesetz in den Angelegenheiten der freiwilligen Gerichtsbarkeit, soweit sie durch Bundesgesetz den Gerichten zugewiesen sind. Hierzu zählen die in § 23 a Abs. 2 Nr. 1 GVG aufgezählten Unterbringungssachen im Sinne des § 312 FamFG.

Da nach Art. 104 Abs. 2 GG über die Zulässigkeit und Fortdauer einer 2
Freiheitsentziehung nur der Richter zu entscheiden hat, ist der Rechtspfleger grundsätzlich von allen Unterbringungsentscheidungen ausgeschlossen mit Ausnahme der Entscheidung über die Festsetzung von Vergütungs- und Aufwendungsersatzansprüchen des Verfahrenspflegers (vgl. § 318).

Eine vollständige Darstellung des Verfahrensrechts über die Unterbrin- 3
gungen psychisch Kranker würde es erfordern, auch sämtliche allgemeinen Vorschriften des FamFG zu erörtern, die für das Verfahren nach §§ 312 ff. FamFG gelten. Das ist nicht das Ziel dieser Ausführungen; dafür kann auf die gängigen Kommentare zum FamFG (insbesondere *Keidel, Prütting/*

Helms, Bassenge/Roth und *Schulte-Bunert/Weinreich*) verwiesen werden. An dieser Stelle ist vor der Kommentierung der §§ 312 ff. FamFG nur auf die wesentlichen Verfahrensgrundsätze und darauf einzugehen, welche Besonderheiten im Unterbringungsverfahren, insbesondere im Beweisverfahren, zu beachten sind.

2. Verfahrenstyp und Verfahrensgrundsätze

4   Bei der öffentlich-rechtlichen Unterbringung handelt es sich um ein Vorgehen des Staates gegen den betroffenen Bürger, der untergebracht werden soll. Ein solches Verfahren lässt sich nicht beliebig so oder so regeln. Die Struktur des gerichtlichen Verfahrens und dessen Grundsätze ergeben sich aus der Aufgabe, der es dienen soll. Von daher gesehen ist die Einordnung des Unterbringungsverfahrens in das FamFG problematisch. Wie zu erörtern sein wird, bedürfen die das Unterbringungsverfahren regelnden Bestimmungen des FamFG vielfach der Auslegung, vor allem im Bereich des Beweisrechts. Da das Unterbringungsverfahren im FamFG ein Fremdkörper ist, hat von den Auslegungsmethoden, die die juristische Methodenlehre entwickelt hat, die systematische Auslegung die größte Bedeutung: Die Auslegung hat sich daran zu orientieren, wie ähnliches staatliches Vorgehen in anderen hochentwickelten Verfahrensordnungen geregelt ist. Deshalb bieten ZPO und VwGO für das Unterbringungsverfahren keine Orientierungshilfen, und die Regeln des Zivilprozessrechts lassen sich nur heranziehen, wo dies wie in §§ 29, 30 und 76 FamFG ausdrücklich vorgeschrieben ist.

5   Dagegen lassen sich einige systematisch-strukturelle Orientierungshilfen aus dem Strafprozessrecht gewinnen. Denn auch dort „streitet der Staat gegen den Bürger", in dessen Grundrechte massiv eingegriffen werden und der unter Umständen Freiheitsentzug erleiden soll. Unterbringungsverfahren und Strafprozess sind einander darin ähnlich, dass in beiden Verfahren die materiell-rechtlichen Voraussetzungen für einen anzuordnenden Freiheitsentzug festgestellt werden. Beim Sicherungsverfahren nach §§ 413 ff. StPO springt diese Ähnlichkeit besonders ins Auge. Deshalb stehen der **Offizialmaxime** und der **Amtsermittlung** (§ 26 FamFG) die rechtsstaatlichen Schutzregeln gegenüber, die der Betroffene im Strafprozess und im Unterbringungsverfahren gleichermaßen braucht: **Verhältnismäßigkeit, Fürsorge des Gerichts, rechtliches Gehör, der Zweifelssatz, das Recht auf Verteidigung** einschließlich des Rechts, **Beweisanträge** zu stellen, **Beweisverbote** und **Zeugnisverweigerungsrechte,** alles dies gilt auch nach §§ 312 ff. FamFG unabhängig davon, ob es dort ausdrücklich geregelt ist oder nicht.

3. Antragsverfahren

6   Das Verfahren für die Anordnung der öffentlich-rechtlichen Unterbringung setzt einen **Antrag** der Gesundheitsbehörde voraus (Bassenge/Roth/ *Bassenge* § 312 Rn. 5; differenzierend Keidel/*Budde* § 312 Rn. 7; aA BayObLG R&P 1993, 36 = NJW 1992, 2709; OLG Frankfurt R&P 1992, 96

Vorbemerkungen zu §§ 312ff. FamFG D

= NJW 1992, 1395). Das FamFG regelt das zwar nicht ausdrücklich. Die Antwort ergibt sich aber aus der Struktur des Verfahrens: Ohne eine Gesundheitsbehörde, die die in Kap. **B** S. 101 und 105 erörterten Vorermittlungen getroffen hat und daraufhin die Unterbringung des Betroffenen erreichen will, kann das Unterbringungsgericht kein Verfahren zur öffentlich-rechtlichen Unterbringung betreiben. Die abweichende Meinung geht davon aus, dass die bundesrechtliche Regelung den Ländern die Gesetzgebungskompetenz belassen habe, die Einleitung des Verfahrens bei der öffentlich-rechtlichen Unterbringung eigenständig zu regeln. Wo es bis zur Einführung der §§ 70 ff. FGG im Jahre 1992 antraglose Unterbringungsverfahren gegeben habe, gelte dies demnach fort. Sie berufen sich dabei auf eine Formulierung der Begründung des RegE (BT-Drs. 11/4528 S. 183), wonach „§ 70 Abs. 1 S. 2 Nr. 3 die Beibehaltung unterschiedlicher Regelungen in den Landesunterbringungsgesetzen hinsichtlich der Einleitung des Verfahrens" ermöglicht. Hier wird ein **Missverständnis** offenbar: Unberührt geblieben ist das Landesrecht über das Verwaltungsverfahren der Gesundheitsbehörde und die materiellen Voraussetzungen der öffentlich-rechtlichen Unterbringung, diese sind Gegenstand des Landesrechts. Es ist das vorgerichtliche Verwaltungsverfahren, das „eingeleitet" wird, wenn die Behörde meint, tätig werden zu müssen. Ob aber das gerichtliche Verfahren eines Antrags bedarf, ist allein Gegenstand des Rechts des gerichtlichen Verfahrens. Dieses ist bundesrechtlich geregelt und nach Art. 74 Nr. 1, 72 Abs. 1 GG keiner landesrechtlichen Sonderregelung zugänglich.

Für die Genehmigung einer BGB-Unterbringung oder einer unterbringungsähnlichen Maßnahme gelten ähnliche Erwägungen: Das gerichtliche Verfahren kann erst eingeleitet werden, wenn der gesetzliche Vertreter die Maßnahme tatsächlich anwenden will. Deshalb muss die Person oder Behörde, die die Maßnahme ergreifen will, einen entsprechenden Antrag stellen (vgl. BVerfG NJW 2009, 1803, R&P 2007, 189 m. Anm. *Hoffmann*; aA BayObLG NJW-RR 2000, 524; Keidel/*Budde* § 312 Rn. 6; Bassenge/Roth-*Bassenge* § 312 Rn. 4; Palandt/*Diederichsen* § 1906 Rz. 43: es genügt, dass der Wunsch des Betreuers, eine Unterbringungsgenehmigung zu erhalten, aus seinem Verhalten ersichtlich ist). Der in Kapitel **A** S. 5 und 15. erörterte öffentlich-rechtliche Einschlag, den die Tätigkeit dieser Privatpersonen hat, erfordert es, sie als Antragsteller voll an dem Verfahren zu beteiligen, was Konsequenzen einerseits in Bezug auf ihre Förderungspflicht (vgl. S. 250), andererseits auf ihre Beschwerdebefugnis nach §§ 58 Abs. 1, 59 FamFG hat (vgl. in diesem Kap. S. 346 ff. und die Kommentierung dort). Eine Ausnahme gilt allein bei Eilmaßnahmen nach §§ 334 FamFG, 1846 BGB. 7

4. Antragsbefugnisse

Welche Stelle befugt ist, die Anordnung der öffentlich-rechtlichen Unterbringung nach § 312 Abs. 1 Nr. 3 FamFG zu beantragen, ist dagegen keine Frage des bundesrechtlich geregelten gerichtlichen Verfahrens, sondern des vorgelagerten landesrechtlichen Verwaltungsverfahrens. Welche Behörden 8

D Das Unterbringungsverfahren

danach sachlich und örtlich zuständig sind, ist deshalb unter Kap. **B** S. 103 im Einzelnen dargestellt. Darauf kann verwiesen werden.

9 Die Antragsbefugnis für die Genehmigung der zivilrechtlichen Unterbringung wird durch die Regelungen des bürgerlichen Rechts über die gesetzliche Vertretung bestimmt. Bei der BGB-Unterbringung kann es sich ausnahmsweise um einen **minderjährigen Betroffenen** handeln (vgl. §§ 151 Nr. 6, 7, 167 FamFG). Dann sind antragsberechtigt entweder die Eltern gemeinsam (§§ 1631 b, 1627, 1626 a Abs. 1 BGB), oder der Elternteil, dem das Familiengericht die Antragsbefugnis auf Antrag übertragen hat (§§ 1631 b, 1628 BGB), oder die nichteheliche Mutter (§§ 1631 b, 1626 a Abs. 2 BGB), oder der Vormund des Minderjährigen (§§ 1631 b, 1800 BGB). Wenn die antragsberechtigte Person verhindert ist, kommt auch die Bestellung eines Ergänzungspflegers durch das Familiengericht nach § 1909 BGB mit dem Wirkungskreis der Unterbringung in Betracht; dieser kann dann nach §§ 1631 b, 1915 BGB den Antrag stellen.

10 Ein **erwachsener Betroffener** unterliegt der zivilrechtlichen Unterbringung nach § 1906 BGB nur auf Grund eines in seinem Namen geschlossenen Vertrags seines Betreuers mit dem Krankenhaus. Deshalb kann allein der Betreuer den Antrag auf Genehmigung der Unterbringung stellen. Dabei kann fraglich sein, für welchen Aufgabenkreis der Betreuer bestellt sein muss, wenn dieser nicht ausdrücklich die Unterbringung aufführt. **Folgende Aufgabenkreise umfassen daneben die Unterbringung:** Erstens der Aufgabenkreis „alle Angelegenheiten des Betreuten", denn damit ist allein die Einwilligung nach § 1905 S. 1 BGB ausgenommen, zweitens der Aufgabenkreis „Bestimmung des Aufenthaltes des Betreuten", denn damit kommt die Bestimmung ohne oder gegen den natürlichen Willen des Betroffenen genügend zum Ausdruck. Die oft verwendete Formulierung: „Ausübung des Aufenthaltsbestimmungsrechts" verkennt sowohl §§ 7, 8 BGB als auch § 1901 Abs. 2 BGB: Bei der Unterbringung handelt es sich zwar gegenüber dem Krankenhaus bzw. der Einrichtung um rechtsgeschäftliche Vertretung, aber nicht gegenüber dem Betreuten; hier ist sie ein Eingriff. Gleichwohl kennzeichnet auch diese Angabe des Aufgabenkreises die Berechtigung zur Unterbringung noch ausreichend deutlich.

11 Der Aufgabenkreis „Personensorge" umfasst die Berechtigung zur Unterbringung und zur Stellung eines Antrags auf deren Genehmigung nicht (MünchKomm/*Schwab* § 1906 Rn. 6; Bienwald/Sonnenfeld/Hoffmann/ *Hoffmann* § 1906 Rn. 66; aA HK-BUR/*Rink* § 1906 Rn. 10). Das Prinzip, den Aufgabenkreis des Betreuers im Gegensatz zu den umfassenden Befugnissen von Eltern und Vormund möglichst eng und vor allem präzise zu fassen, nötigt zu einem restriktiven Verständnis. Der Betreuer mit dem Aufgabenkreis der Personensorge soll grundsätzlich selbst sorgen. Erst wenn er ausdrücklich auch die Unterbringung betreiben darf, umfasst der Aufgabenkreis die Befugnis, die Sorge faktisch vollständig an eine Einrichtung weiterzugeben. Auch der Aufgabenkreis „Gesundheitssorge" umfasst die Unterbringung nicht (KG BtPrax 2010, 92; OLG Hamm FamRZ 2001, 861; Bienwald/Sonnenfeld/Hoffmann/*Hoffmann* § 1906 Rn. 66). Gleiches gilt für die „Einwilligung in eine ärztliche Heilbehandlung" (aA *Rink* R&P

Vorbemerkungen zu §§ 312ff. FamFG **D**

1991, 159), weil es nach § 1906 Abs. 4 BGB Zwangsbehandlungen auch ohne Unterbringung gibt. Soll die Unterbringung nach § 1906 Abs. 1 Nr. 2 BGB erfolgen, muss der Betreuer zusätzlich mit der Gesundheitssorge betraut sein (Bienwald/Sonnenfeld/Hoffmann/*Hoffmann* § 1906 Rn. 69).

Unterbringungsähnliche freiheitsentziehende Maßnahmen i.S. des § 1906 **12** Abs. 4 BGB werden in Ausführung des Dienstvertrages ergriffen, den der Betreuer mit der Einrichtung geschlossen hat. Aus eigener Initiative kann die Einrichtung nur Notmaßnahmen ergreifen (vgl. § 323c StGB); sie fallen nicht unter § 1906 Abs. 4 BGB. Hier sei daran erinnert, dass die Einrichtung es vertragsrechtlich nur mit einem Partner zu tun hat, nämlich mit dem durch den Betreuer gesetzlich vertretenen Betreuten. Für diesen gehen die unterbringungsähnlichen Maßnahmen deshalb auf den Betreuer zurück (vgl. RegE BT-Drs. 11/4528 S. 149). Danach kann allein der Betreuer den Antrag auf Genehmigung der Maßnahmen stellen.

5. Beweisverfahren

Grundsatz der Amtsermittlung. Das Gericht ist nach dem Grundsatz **13** der Amtsermittlung (auch als Inquisitionsmaxime oder Untersuchungsgrundsatz bezeichnet) berechtigt und verpflichtet, den Sachverhalt, den es seiner Entscheidung zu Grunde legen will, von Amts wegen aufzuklären, nach pflichtgemäßem Ermessen die gebotenen Ermittlungen durchzuführen und die erforderlich erscheinenden Beweise zu erheben (§ 26 FamFG). Bei seinen Ermittlungen ist das Gericht weder an das Vorbringen der Beteiligten noch an deren Beweisanträge gebunden (vgl. § 29 Abs. 1 Satz 2 FamFG), es muss aber die darin liegenden Anregungen und die damit verbundenen Tatsachenbehauptungen im Rahmen seiner Ermittlungspflicht berücksichtigen (Schulte-Bunert/Weinreich/*Brinkmann* § 26 Rn. 28). Die Verantwortung für die Vollständigkeit der Ermittlungen trägt allein das Gericht. Es darf die Ermittlungen abschließen, wenn der Sachverhalt so vollständig aufgeklärt ist, dass von einer weiteren Beweisaufnahme kein sachdienliches, die Entscheidung beeinflussendes Ergebnis mehr zu erwarten ist (Köln FamRZ 2004, 1382; OLG Frankfurt FGPrax 1998, 62; BayObLG FamRZ 1999, 819).

Strengbeweis oder Freibeweis? In den Verfahren der freiwilligen Ge- **14** richtsbarkeit liegt es grundsätzlich im pflichtgemäßen Ermessen des Gerichts, ob es die erforderlichen Feststellungen im Wege des Freibeweises oder des Strengbeweises treffen will (vgl. § 30 Abs. 1 FamFG). Der Begriff des Freibeweisverfahrens ist im Strafprozessrecht entwickelt worden. Er bezeichnet das Beweisverfahren außerhalb der Hauptverhandlung und der kommissarischen Vernehmung (vgl. umfassend *Voigtel* 1998; *Wütz* 1970, 1ff.). Das damit gekennzeichnete Verfahren ermöglicht eine Beweiserhebung, ohne an förmliche Beweisregeln oder die klassischen Beweismittel (§§ 371ff. ZPO) gebunden zu sein. In Betracht kommen danach etwa die schriftliche oder telefonische Befragung von Zeugen und Sachverständigen, die Einholung amtlicher Auskünfte oder die Verwertung von Aussagen und Akten. Der Grundsatz der Unmittelbarkeit der Beweisaufnahme (§ 355 ZPO), wonach das Gericht die Beweisaufnahme grundsätzlich selbst durchführen muss, gilt nach h. M. im Freibeweisverfahren nicht (OLG München FamRZ 2008, 2047; Schulte-Bunert/Weinreich/*Brinkmann* § 29 Rn. 11; abl. zu Recht *Wütz* 1970, 90). Gleiches gilt danach für den Grundsatz der „Partei"-Öffentlichkeit, der den Beteiligten durch die Gewährleistung von Teilnahme- und Fragerechten einen unmittelbaren Einfluss auf die Beweisaufnahme sichert (Keidel/*Sternal* § 29 Rn. 23; Schulte-Bunert/Weinreich/*Brinkmann* § 29 Rn. 11; abl. zu Recht *Wütz* 1970, 76 ff.). Auch bei der formlosen Beweisaufnahme nach dem Freibeweisverfahren bleibt das Gericht an die Einschränkungen des § 29 Abs. 2 und 3 FamFG gebunden. Danach ist die Amtsverschwiegenheit in entsprechender Anwendung des § 376 ZPO zu respektieren und das Recht zur Zeugnis- und Auskunftsverweigerung entsprechend §§ 383 bis 390 ZPO zu beachten (vgl. schon *Voigtel* 1998, 157 ff.). Um die erforderliche Transparenz zu gewährleisten, ist das Ergebnis der Beweisaufnahme zu dokumentieren. In beiden Beweisverfahren sind die Anforderungen an die gerichtliche Überzeugungsbildung gleich (BGH NJW 1997, 3319).

15 Eine Wahlfreiheit zwischen Frei- und Strengbeweis kommt im Unterbringungsverfahren nicht in Betracht. Nur im Verfahren über eine vorläufige Unterbringung entscheidet das Gericht nach pflichtgemäßem Ermessen, ob es die entscheidungserheblichen Tatsachen (§ 331) durch eine förmliche Beweisaufnahme (Strengbeweis) entsprechend den Regeln des Zivilprozesses feststellt. Im eigentlichen Unterbringungsverfahren gibt es dieses Ermessen nicht; **es gilt das Strengbeweisverfahren** (vgl. schon *Wütz* 1970, 123; *Pentz* NJW 1990, 2777, 2779; *Grunsky* 1974, 438 ff.; *Richter* Rpfleger 1989, 261; *Baur* 1976, 34 ff.). Dies hat in § 30 Abs. 2 und 3 FamFG nur unzureichend Ausdruck gefunden. Nach § 30 Abs. 2 muss eine förmliche Beweisaufnahme stattzufinden, wenn dies im Gesetz vorgeschrieben ist. Dies betrifft nach § 321 in Unterbringungssachen die Einholung des medizinischen Gutachtens. Darüber hinaus schreibt § 30 Abs. 3 FamFG generalklauselartig die Durchführung einer förmlichen Beweisaufnahme über die Richtigkeit einer von einem Beteiligten ausdrücklich bestrittenen Tatsache vor, wenn das Gericht seine Entscheidung maßgeblich auf die Feststellung dieser Tatsache stützen will. Führt also etwa der psychiatrische Sachverständige in seinem Gutachten Tatsachen an, die er nicht selbst beobachtet, sondern die jemand ihm berichtet hat, und sind diese Tatsachen für die Gefahrenprognose von ausschlaggebender Bedeutung, hat das Gericht förmlich Zeugen zu vernehmen, unter Umständen den Gutachter selbst als Zeugen. Bei den Anforderungen an das Bestreiten müssen die individuellen Fähigkeiten des Beteiligten berücksichtigt werden. Ein einfaches Bestreiten genügt, wenn von dem Beteiligten eine weitere Substantiierung nicht verlangt werden kann (Keidel/*Sternal* § 30 Rn. 11).

16 Darüber hinaus ist seit langem anerkannt, dass wegen der Bedeutung der Angelegenheit auch in den gesetzlich nicht ausdrücklich geregelten Fällen eine förmliche Beweiserhebung erforderlich sein kann (Keidel/*Sternal* § 30 Rn. 15). Was aber etwa in Kostensachen (vgl. OLG Zweibrücken NJW-RR 1988, 1211) anerkannt ist, muss wegen der Schwere des Grundrechtseingriffs regelmäßig auch im Unterbringungsverfahren gelten. Die Durchführung

Vorbemerkungen zu §§ 312ff. FamFG **D**

eines förmlichen Beweisverfahrens bietet eine höhere Gewähr für die Richtigkeit des Beweisergebnisses und eine ausreichende Mitwirkung der Beteiligten. Dem Grundrechtsschutz ist nicht zuletzt durch die Gestaltung des (Beweis-)Verfahrens Rechnung zu tragen. Schließlich ergibt auch die oben Rn. 4f. dargestellte Parallele zum Strafverfahren, dass die Hauptentscheidung im Unterbringungsverfahren, die Anordnung oder Genehmigung der Unterbringung, allein auf einer Beweisaufnahme aufbauen darf, die im Strengbeweisverfahren gewonnen worden ist.

Im Zweifel zugunsten des Betroffenen: Psychische Störung. 17
Schon die Frage, ob der Betroffene an einer psychischen Krankheit, Störung oder Behinderung i. S. der materiell-rechtlichen Unterbringungsvoraussetzungen leidet oder nicht, kann das Gericht wegen der vielfältigen Probleme der Definition und Abgrenzung vor kaum lösbare Schwierigkeiten stellen. Hierzu muss auf die Ausführungen zu den materiell-rechtlichen Unterbringungsvoraussetzungen (Kap. **A** S. 42f.) verwiesen werden. Immerhin wird man sagen können, dass das Vorliegen einer psychischen Störung sich in vielen Fällen durch das Zusammenspiel von mündlicher Anhörung, Augenschein des Betroffenen und psychiatrischen Sachverständigengutachten jenseits allen Zweifels feststellen lässt.

Im Zweifel zugunsten des Betroffenen: Gefährlichkeitsprognose. 18
Die Methodologie der Unterbringungsprognosen und das Beweisrecht zur Feststellung von prognostisch relevanten Tatsachen greifen eng ineinander. Deshalb sind die wesentlichen Auswirkungen des Zweifelssatzes „in dubio pro libertate" bereits in der Einführung dieses Buchs in dem Unterkapitel über die Gefahrenprognose unter Kap. **A** S. 51 f. dargestellt worden. Hier ist nun, das Beweisrecht im Unterbringungsverfahren weiter konkretisierend, folgendes hinzuzufügen:

Der Betroffene hat wie hinsichtlich der Kriminalprognosetatsachen im 19
Strafverfahren das **Recht zu schweigen** (vgl. BGHR § 56 Abs. 1 StGB Sozialprognose 4). Dass er vor einer Befragung hierüber zu belehren ist, wird nicht ausdrücklich vorgeschrieben. Die Belehrungspflicht im Strafprozess nach §§ 136 Abs. 1 S. 2, 163a Abs. 4 S. 2 StPO (vgl. dazu und zum Verwertungsverbot bei Missachtung BGH NJW 1992, 1463) hat die Aufgabe zu gewährleisten, dass niemand sich selbst im Hinblick auf einen strafrechtlichen Schuldvorwurf und die Gefahr der Bestrafung zu belasten braucht. Diese gesetzliche Belehrungspflicht lässt sich nicht auf das Unterbringungsverfahren übertragen. Trotzdem besteht auch im Unterbringungsverfahren regelmäßig ein Belehrungsgebot. Es ergibt sich aus der dem Betroffenen durch § 316 eingeräumten Subjektstellung, die wegen des Freiheitsgrundrechts i.S. der Entscheidung des BVerfG (NJW 1960, 811) unerlässlich ist, da ein Freiheitsentzug droht. Im Hinblick auf die mutmaßliche, krankheitsbedingte Schwäche des Betroffenen muss immer sichergestellt sein, dass er seine fundamentalen Verfahrensrechte kennt. Deshalb ist die Belehrung immer zu empfehlen und im Zweifel geboten.

Aus der Wahrnehmung eines Rechts darf kein für die Freiheit des Betrof- 20
fenen nachteiliger Schluss gezogen werden, weil sonst ein Zwang zur Aufgabe der Rechtsposition geschaffen würde. Deshalb ist das Schweigen gegen-

Lesting 247

über der Gesundheitsbehörde, dem Gericht oder dem Sachverständigen nicht als ungünstiger Prädiktor verwertbar. Dasselbe gilt für die Verweigerung einer ärztlichen Behandlung. Hiervon gibt es nur eine Ausnahme: Nur wenn und soweit der Betroffene gegen seinen natürlichen Willen behandelt werden darf, ist sein Widerstand dagegen keine geschützte Wahrnehmung einer Rechtsposition. Wegen der Voraussetzungen und der Reichweite der Befugnis zur Zwangsbehandlung, die nur im Vollzug der Unterbringung oder in einer Einrichtung i. S. des § 1906 Abs. 4 BGB in Betracht kommt, wird auf die Kapitel **B** S. 150 und **C** S. 224 verwiesen. Zur redaktionell verfehlten Umformulierung der unter Umständen bestehenden Befugnis zur Zwangsbehandlung in eine Duldungspflicht vgl. Kap. **B** S. 106 a. E.

21 Auch sonst gelten infolge der strukturellen Ähnlichkeit des Unterbringungsverfahrensrechts mit dem Strafprozessrecht dessen **Beweisverbote**. § 136a Abs. 1 S. 1 StPO lautet:

Die Freiheit der Willensentschließung und der Willensbetätigung des Beschuldigten darf nicht beeinträchtigt werden durch Mißhandlung, durch Ermüdung, durch körperlichen Eingriff, durch Verabreichung von Mitteln, durch Quälerei, durch Täuschung oder durch Hypnose.

Man beruhige sich nicht mit der Erwägung, das alles sei in einem den Grund- und Menschenrechten verpflichteten Rechtsstaat so selbstverständlich, dass es keinerlei Probleme aufwerfe. So können beispielsweise Antidepressiva leicht eine so starke Wirkung auf die Freiheit der Willensentschließung und Willensbetätigung des Betroffenen haben, dass die Verwertung von Äußerungen gegenüber dem Richter und die psychiatrische Exploration zur Vorbereitung eines Sachverständigengutachtens nicht mehr zulässig sind.

22 Auch die Aussagen von Angehörigen können leicht einem Beweisverbot unterliegen, nämlich wenn der nach § 383 Abs. 1 Nr. 1 bis 3 ZPO zur Aussageverweigerung berechtigte Angehörige vor Gericht die Aussage verweigert, aber vor dem Sachverständigen oder im Verfahren vor der Gesundheitsbehörde Aussagen gemacht hat. Die ohne die erforderliche vorherige Belehrung gemachten Aussagen oder eingeholten Auskünfte sind nicht verwertbar (Schulte-Bunert/Weinreich/*Brinkmann* § 29 Rn. 43; Keidel/*Sternal* § 30 Rn. 61). Auch strafprozessrechtlich ist eine solche Verwertung durch § 252 StPO ausgeschlossen, wenn es sich bei den früheren Äußerungen des Zeugen um solche im Rahmen einer „Vernehmung" handelt. Wenn der Zeuge in dem der Unterbringung vorangehenden Verwaltungsverfahren oder gegenüber dem psychiatrischen Sachverständigen (vgl. hierzu *Lesting*, R&P 1992, 11) ausgesagt hat, wird man dies als Aussage im Rahmen einer Vernehmung behandeln müssen. Die notwendige Orientierung des Unterbringungsverfahrensrechts am Strafprozessrecht ergibt ebenfalls ein Beweisverbot.

23 Ärzte, die den Betroffenen behandelt haben, sind gem. §§ 29 Abs. 2 FamFG, 383 Abs. 1 Nr. 6 ZPO zur Verweigerung der Aussage berechtigt und dürfen nach § 383 Abs. 3 ZPO über das, was ihnen ärztlich bekannt geworden ist, nicht befragt werden. Diesem Schutz unterliegen auch ihre Unterlagen. Sie sind im Unterbringungsverfahren erst zugänglich, wenn der

Vorbemerkungen zu §§ 312ff. FamFG **D**

Betroffene oder sein gesetzlicher Vertreter den Arzt von seiner Schweigepflicht entbunden hat. Unter Umständen bedarf es hierfür einer Erweiterung des Aufgabenkreises des Betreuers. Eine Belehrung wie bei den unter § 383 Abs. 1 Nr. 1 bis 3 ZPO vorgesehenen Personen ist gesetzlich nicht vorgesehen (§ 383 Abs. 2 ZPO). Das Gericht muss aber Rücksicht auf berufliche Schweigepflichten der Auskunftsperson nehmen und im Rahmen fairer Verhandlungsführung gegebenenfalls darauf hinweisen, wenn etwa eine Entbindung von der Schweigepflicht nicht vorliegt. Das Gericht darf sich nicht zum „Gehilfen" oder „Anstifter" einer Schweigepflichtverletzung des Arztes machen (Schulte-Bunert/Weinreich/*Brinkmann* § 29 Rn. 44). Kommt es dennoch zu einer Aussage unter Verletzung der Schweigepflicht oder wird eine insoweit unzulässige Frage des Gerichts von der Auskunftsperson beantwortet, sollen die Angaben nach h. M. trotzdem grundsätzlich verwertbar sein (BGH NJW 1990, 1734; 1994, 2220; Schulte-Bunert/Weinreich/ *Brinkmann* § 29 Rn. 44; Keidel/*Sternal* § 30 Rn. 62; krit. zu Recht Musielak/*Huber* § 383 Rn. 9). Zur Schweigepflicht des Arztes im Einzelnen vgl. Kap. **D** S. 292.

Zur Frage, welche Ärzte von der Tätigkeit als Sachverständige im Unterbringungsverfahren ausgeschlossen sind vgl. die Kommentierung zu § 321 FamFG S. 287. 24

Der Betroffene hat das **Recht, Beweisanträge zu stellen**. Die Einräumung eines solchen Rechts ist im Strengbeweisverfahren des Unterbringungsrechts unerlässlich, weil es um einen der schwersten in unserer Rechtsordnung in Betracht kommenden Grundrechtseingriffe geht. Dem Betroffenen muss jede Gelegenheit gegeben werden, sich gegen die drohenden Eingriffe mit den Mitteln des Rechts zu verteidigen, also etwa Zeugenaussagen zu erschüttern, denen der Unterbringungsrichter ohne Bedenken zu glauben geneigt ist. Als psychisch gestört angesehene Menschen sind ja oft im Umgang durchaus schwierig. Da darf es nicht verwundern, dass sie ihr soziales Umfeld häufig überfordern oder sogar Abneigung und Hass auf sich ziehen. Dies kann auch der Grund falscher Aussagen sein mit der für den Richter nicht ohne weiteres erkennbaren Absicht, den Betroffenen aus seiner Umgebung loszuwerden. Zwar ist das noch im Regierungsentwurf (BT-Drs. 16/6308 S. 413) vorgesehene förmliche Beweisantragsrecht der Beteiligten auf Vorschlag des Rechtsausschusses gestrichen worden, weil damit das Verfahren stärker formalisiert werde als der Zivilprozess. Das ändert aber nichts am Recht der Beteiligten, durch Beweisanträge auf den Umfang der Amtsermittlung des Gerichts Einfluss zu nehmen. Selbst wenn das Gericht nicht an bestimmte Beweisanträge der Beteiligten gebunden ist (BayObLG FGPrax 1998, 182; Schulte-Bunert/Weinreich/*Brinkmann* § 29 Rn. 18; Keidel/*Sternal* § 26 Rn. 22), muss es sich mit rechts- und entscheidungserheblichen Beweisangeboten auseinandersetzen. Der durch Beweisanträge untermauerte Vortrag eines Beteiligten kann das Gericht so zu einer weiteren Amtsermittlung zwingen. Die Pflicht zur Amtsermittlung endet erst dort, wo der Richter mit gutem Grund zu der sicheren Überzeugung gelangt, ein weiteres Beweismittel könne sein bereits von dem Sachverhalt gewonnenes Bild nicht mehr erschüttern. Eine zu Unrecht nicht vorge- 25 nommene Beweiserhebung ist stets eine Verletzung der Amtsermittlungspflicht (§ 26 FamFG). Die Transparenz des Verfahrens verlangt es darüber hinaus, dass das Gericht darlegt, weshalb es einem Beweisantritt nicht nachgegangen ist. Nur wenn die Gründe für eine unterbliebene Beweisaufnahme in der Entscheidung ausreichend dargelegt sind (§ 38 Abs. 3 FamFG), wird das Beschwerdegericht in die Lage versetzt zu überprüfen, ob das erstinstanzliche Verfahren verfahrensfehlerfrei durchgeführt wurde.

6. Förderungspflicht der Beteiligten – „Darlegungslast"

26 Unabhängig vom Grundsatz der Amtsermittlung besteht im Verfahren der Freiwilligen Gerichtsbarkeit eine gewisse Förderungs- und Mitteilungspflicht der Beteiligten. Die Beteiligten sollen bei der Ermittlung des Sachverhalts mitwirken (§ 27 Abs. 1 FamFG). Die Beteiligten sind in allen Verfahrensstadien – soweit sie dazu in der Lage sind – gehalten, durch Angabe von Tatsachen und die Bezeichnung geeigneter Beweismittel Anhaltspunkte für die gerichtlichen Ermittlungen zu geben und hierdurch eine ausreichende Aufklärung zu ermöglichen (Keidel/*Sternal* § 27 Rn. 3). Die Intensität der Mitwirkungspflicht der Beteiligten erhöht sich in dem Maße, in dem das Gericht auf die Mitwirkung bei der Aufklärung angewiesen ist. Versäumen die Beteiligten die ihnen obliegende Verfahrensförderung, kann dies grundsätzlich dazu führen, dass eine weitere Ermittlungspflicht des Gerichts entfällt und eine Rüge ungenügender Amtsermittlungen ohne Erfolg bleibt. Im Unterbringungsverfahren gilt dies wegen dessen Besonderheiten und im Hinblick auf die oben (S. 247) erörterten Verfahrens- und Auslegungsgrundsätze nur mit Einschränkungen: Von manchen Beteiligten eines Unterbringungsverfahrens kann eine Mitwirkung nicht erwartet bzw. ihnen nicht zugemutet werden (BT-Drs. 16/6308 S. 406). Eine Verpflichtung, sich selbst zu belasten bzw. durch Sachverhaltsangaben gerichtliche Zwangsmaßnahmen wie eine Unterbringung gegen sich selbst herbeizuführen, besteht nicht (Schulte-Bunert/Weinreich/*Brinkmann* § 27 Rn. 7). Der Betroffene hat deshalb überhaupt keine Mitwirkungspflicht. Er darf schweigen. Er ist – anders als andere Beteiligte (§ 27 Abs. 2 FamFG) – auch nicht zu wahrheitsgemäßen Angaben verpflichtet.

27 Den Antragsteller im Unterbringungsverfahren trifft die Förderungspflicht dagegen ebenso wie in anderen Antragsverfahren der Freiwilligen Gerichtsbarkeit. Es obliegt ihm, den ihm bekannten Sachverhalt wahrheitsgemäß und vollständig vorzubringen sowie die ihm bekannten Beweismittel zu benennen. Wenn er die Sachdarstellung nicht abgibt, zu der er in der Lage wäre und die ihm zuzumuten ist, kann das Betreuungsgericht daraus Schlüsse ziehen, statt erst weitere, komplizierte Ermittlungen anzustellen. So ist es bei offensichtlicher Verletzung der Förderungs- und Mitwirkungspflicht zulässig, einen Antrag auch ohne Beweisaufnahme abzulehnen. Wegen des Grades der Zumutbarkeit ist zwischen Behörden und privaten Antragstellern zu unterscheiden. Die Gesundheitsbehörden haben als Antragsteller eine gesteigerte Förderungs- und Mitwirkungspflicht, während das Gericht an private Betreuer und andere private gesetzliche Vertreter nur deutlich geringere Anforderungen stellen darf

§ 151. Kindschaftssachen

und gegebenenfalls in besonderem Maße auf einen ergänzenden Vortrag hinwirken muss.

7. Rechtskraft

Die Entscheidungen des Gerichts, mit denen eine Unterbringung angeordnet oder genehmigt wird, unterliegen dem Rechtsmittel der sofortigen Beschwerde (vgl. die Erläuterungen zu § 335), werden also **formell rechtskräftig** (vgl. § 45 FamFG). Materielle Rechtskraft in dem Sinne, dass ihre Tatsachengrundlage in irgendeinem Sinn verbindlich wird, kann nicht eintreten. Die Frage nach der materiellen Rechtskraft kann bei den sehr heterogenen Gegenständen des Rechts der freiwilligen Gerichtsbarkeit nicht einheitlich beantwortet werden (vgl. Keidel/*Engelhardt* § 45 Rn. 7 ff.), die Antwort darauf muss aus dem materiellen systematischen Ort des jeweiligen Rechtsgebiets gewonnen werden. Bei der Unterbringung geht es wie im Maßregelrecht um die Abwehr der von einer psychischen Krankheit ausgehenden Gefahren durch Freiheitsentzug. Grad und Ausprägung der psychischen Krankheit des Betroffenen und damit auch die prognostische Wahrscheinlichkeitsaussage können prinzipiell nicht rechtskräftig verbindlich werden, weder im Strafrecht (BVerfG NJW 1995, 1077; OLG Frankfurt NJW 1978, 2347; OLG Hamm NStZ 1982, 300), noch im Unterbringungsrecht. Sie unterliegen ausschließlich erfahrungswissenschaftlicher Kompetenz. Das lässt sich mit einer einfachen Überlegung verdeutlichen: Einen Menschen wegen einer als Gefahrenquelle betrachteten Krankheit, die er – wie sich später herausstellt – in Wahrheit gar nicht hat, in ein Krankenhaus zu sperren und ihn dort zu behandeln, wäre nicht nur ein medizinischer, sondern auch ein verfahrensrechtlicher Unsinn (vgl. weiter Kap. **B** S. 128). 28

Kindschaftssachen

151 Kindschaftssachen sind die dem Familiengericht zugewiesenen Verfahren, die

1. ...
...
6. **die Genehmigung der freiheitsentziehenden Unterbringung eines Minderjährigen (§§ 1631 b, 1800 und 1915 des Bürgerlichen Gesetzbuchs),**
7. **die Anordnung der freiheitsentziehenden Unterbringung eines Minderjährigen nach den Landesgesetzen über die Unterbringung psychisch Kranker**
8. ...**betreffen.**

1. Normzweck und Anwendungsbereich

§ 151 definiert den **Begriff der Kindschaftssachen** neu. Für die Kindschaftssachen sind erstinstanzlich die Familiengerichte (§§ 23 a Abs. 1 Nr. 1, 23 b Abs. 1 GVG) und zweitinstanzlich die Oberlandesgerichte zuständig (§ 119 Abs. 1 Nr. 1 a GVG). Zu den Kindschaftssachen gehören nach den 1

Nummern 6 und 7 auch Verfahren, die die freiheitsentziehende Unterbringung Minderjähriger betreffen. Nach § 167 hat das Familiengericht in diesen Angelegenheiten die für das Verfahren in Unterbringungssachen geltenden Vorschriften anzuwenden.

2. Genehmigung und Anordnung der freiheitsentziehenden Unterbringung eines Minderjährigen (Nr. 6)

2 Nr. 6 erfasst als Kindschaftssachen die früher in § 70 Abs. 1 Nr. 1a FGG geregelten Fälle der **zivilrechtlichen Unterbringung Minderjähriger**. Dazu gehören die zivilrechtlichen Unterbringungsmaßnahmen der Genehmigung der Unterbringung durch die sorgeberechtigten Eltern nach § 1631b BGB (vgl. Kap. C S. 187; *Hoffmann* R&P 2009, 121) oder den sorgeberechtigten Elternteil (§§ 1626, 1626a BGB) und die Genehmigung der Unterbringung durch den Vormund (§ 1800 i.V.m. § 1631b BGB) oder den Pfleger (§ 1915 i.V.m. § 1631b BGB). Gleiches gilt für Unterbringungsmaßnahmen, die das Familiengericht nach §§ 1846, 1915 BGB als einstweilige Maßregel anordnet, weil ein Vormund oder Pfleger noch nicht bestellt oder an der Erfüllung seiner Pflichten verhindert ist. Auch unterbringungsähnliche Maßnahmen nach § 1906 Abs. 4 BGB sind genehmigungspflichtig (Staudinger/*Salgo* § 1631b Rn. 14; Palandt/*Diederichsen* § 1631b Rn. 2; MünchKomm/*Huber* § 1631b Rn. 8; aA LG Essen FamRZ 1993, 1347; wohl auch Keidel/*Engelhardt* § 151 Rn. 14).

3. Anordnung der freiheitsentziehenden Unterbringung eines Minderjährigen nach den Unterbringungsgesetzen der Länder (Nr. 7)

3 Nr. 7 erfasst als Kindschaftssachen die früher in § 70 Abs. 1 Nr. 3 FGG (mit)geregelten Fälle der **öffentlich-rechtlichen Unterbringung Minderjähriger**, soweit diese in den Landesgesetzen über die Unterbringung psychisch Kranker vorgesehen ist.

Anwendbare Vorschriften bei Unterbringung Minderjähriger

167 (1) **In Verfahren nach § 151 Nr. 6 sind die für Unterbringungssachen nach § 312 Nr. 1, in Verfahren nach § 151 Nr. 7 die für Unterbringungssachen nach § 312 Nr. 3 geltenden Vorschriften anzuwenden. An die Stelle des Verfahrenspflegers tritt der Verfahrensbeistand.**

(2) **Ist für eine Kindschaftssache nach Absatz 1 ein anderes Gericht zuständig als dasjenige, bei dem eine Vormundschaft oder eine die Unterbringung erfassende Pflegschaft für den Minderjährigen eingeleitet ist, teilt dieses Gericht dem für das Verfahren nach Absatz 1 zuständigen Gericht die Anordnung und Aufhebung der Vormundschaft oder Pflegschaft, den Wegfall des Aufgabenbereichs Unterbringung und einen Wechsel in der Person des Vormunds oder Pflegers mit; das für das Verfahren nach Absatz 1 zuständige Gericht teilt dem anderen Gericht die Unterbringungsmaßnahme, ihre Änderung, Verlängerung und Aufhebung mit.**

§ 167. Anwendbare Vorschriften bei Unterbringung Minderjähriger **D**

(3) **Der Betroffene** ist ohne Rücksicht auf seine Geschäftsfähigkeit verfahrensfähig, wenn er das 14. Lebensjahr vollendet hat.

(4) In den in Absatz 1 Satz 1 genannten Verfahren sind die Elternteile, denen die Personensorge zusteht, der gesetzliche Vertreter in persönlichen Angelegenheiten sowie die Pflegeeltern persönlich anzuhören.

(5) Das Jugendamt hat die Eltern, den Vormund oder den Pfleger auf deren Wunsch bei der Zuführung zur Unterbringung zu unterstützen.

(6) In Verfahren nach § 151 Nr. 6 und 7 soll der Sachverständige Arzt für Kinder- und Jugendpsychiatrie und -psychotherapie sein. In Verfahren nach § 151 Nr. 6 kann das Gutachten auch durch einen in Fragen der Heimerziehung ausgewiesenen Psychotherapeuten, Psychologen, Pädagogen oder Sozialpädagogen erstattet werden.

1. Normzweck und Anwendungsbereich

§ 167 regelt die **Verfahrensvorschriften für die zivilrechtliche und** 1
öffentlich-rechtliche Unterbringung Minderjähriger. Nach Abs. 1 Satz 1 sind die Verfahrensvorschriften für die Unterbringung Erwachsener (§§ 313 ff.) grundsätzlich auch auf die Unterbringung Minderjähriger anwendbar: In Verfahren betreffend die Genehmigung und Anordnung der freiheitsentziehenden Unterbringung eines Minderjährigen (§ 151 Nr. 6) sind die für Unterbringungssachen nach § 312 Nr. 1, in Verfahren betreffend die Anordnung der freiheitsentziehenden Unterbringung eines Minderjährigen nach den Landesgesetzen über die Unterbringung psychisch Kranker (§ 151 Nr. 7) sind die für Unterbringungssachen nach § 312 Nr. 3 geltenden Vorschriften anzuwenden. Wegen der Verweisung auf die Vorschriften über die Unterbringung Volljähriger ist es gerechtfertigt, das entsprechende Verfahrensrecht in vollem Umfang anzuwenden, so dass sich die Zulässigkeit einer Beschwerde nach § 58 richtet (OLG Celle FGPrax 2010, 163 mit zust. Anm. *Giers,* aA OLG Koblenz NJW 2010, 880). Allerdings sind folgende **Modifikationen** zu beachten:

2. Sonderregelungen für das Verfahren der Unterbringung Minderjähriger

a) **Verfahrensbeistand (Abs. 1 Satz 2).** Nach Absatz 1 Satz 2 tritt an 2
die Stelle des Verfahrenspflegers nach § 317 der **Verfahrensbeistand** nach § 158. Dementsprechend gilt für dessen Vergütung nicht § 318, sondern § 158 Abs. 7. Ein Verfahrensbeistand ist stets zu bestellen, wenn nach den für Unterbringungssachen geltenden Vorschriften ein Verfahrenspfleger zu bestellen wäre (vgl. § 317 Rn. 3 ff.). Ist der Minderjährige unter 14 Jahre alt und damit nicht verfahrensfähig, ist stets ein Verfahrensbeistand zu bestellen.

b) **Unterrichtungspflichten der Gerichte (Abs. 2).** Absatz 2, der im 3
wesentlichen dem früheren § 70 Abs. 7 FGG entspricht, schreibt **gegenseitige Unterrichtungspflichten** vor, wenn für die Unterbringungsmaßnahme nach § 151 Nr. 6 oder 7 ein anderes Gericht als dasjenige zuständig ist, bei dem eine Vormundschaft oder eine die Unterbringung erfassende Pflegschaft für den Minderjährigen eingeleitet ist. Die Unterrichtungspflicht die-

D Das Unterbringungsverfahren

ses Gerichts erstreckt sich auf die Anordnung und Aufhebung der Vormundschaft oder Pflegschaft, den Wegfall des Aufgabenbereichs Unterbringung und einen Wechsel in der Person des Vormunds oder Pflegers. Das für die Unterbringung zuständige Gericht hat die Unterbringungsmaßnahme, ihre Änderung, Verlängerung und Aufhebung mitzuteilen. Die Unterrichtungspflichten sollen sicherstellen, dass die mit den unterschiedlichen Aspekten befassten Richter über die vollständige Entwicklung des Falles informiert sind und – soweit erforderlich – die materiell-rechtlichen Konsequenzen der mitgeteilten Änderungen ziehen können.

4   c) **Verfahrensfähigkeit (Abs. 3).** Absatz 3, der dem früheren § 70 a FGG entspricht, regelt die **Verfahrensfähigkeit des Kindes** abweichend von § 316. Wegen der einschneidenden Bedeutung einer Unterbringungsmaßnahme gerade für Minderjährige ist es geboten, ein Verfahren zumindest mit den gleichen Garantien wie bei Erwachsenen vorzusehen. Dazu gehört es, dem Minderjährigen ab einem bestimmten Alter eine eigene Verfahrensfähigkeit einzuräumen (Bienwald/Sonnenfeld/Hoffmann/*Bienwald* § 70 a Rn. 2). Der Betroffene ist ohne Rücksicht auf seine Geschäftsfähigkeit verfahrensfähig, wenn er das 14. Lebensjahr vollendet hat. Ein 14 jähriges Kind hat daher die gleiche Rechtsposition wie ein Erwachsener. Es kann alle Angriffs- und Verteidigungsmittel vorbringen, Rechtsmittel einlegen und einen Rechtsanwalt mit seiner Vertretung beauftragen. Dadurch entfällt aber nicht die Notwendigkeit, ihm unter den Voraussetzungen des § 317 einen Verfahrensbeistand zu bestellen. Zur besonderen Schutzbedürftigkeit Minderjähriger im Unterbringungsverfahren HK-BUR/*Bauer* § 70 a FGG Rn. 15 ff.

5   d) **Anhörung des gesetzlichen Vertreters (Abs. 4).** Absatz 4, der dem früheren § 70d Abs. 2 entspricht, regelt die **Anhörung des gesetzlichen Vertreters**. In den Verfahren nach § 151 Nr. 6 und 7 sind zum Schutz des Minderjährigen die Elternteile, denen die Personensorge zusteht, der gesetzliche Vertreter in persönlichen Angelegenheiten sowie die Pflegeeltern persönlich anzuhören. Durch die zwingende persönliche, d. h. mündliche Anhörung sollen möglichst umfassende Informationen gewonnen und Verständigungsschwierigkeiten vermieden werden sowie nicht sogleich ins Auge fallende Entwicklungsstörungen des minderjährigen Betroffenen dem Gericht vermittelt werden (BT-Drs. 11/4528 S. 184 zu § 70d FGG). Die Pflegeeltern sind in den Kreis persönlich anzuhörender Personen aufgenommen worden, weil sie häufig über die aktuellsten Erkenntnisse verfügen, die für die Entscheidung erheblich sind (BT-Drs. 11/4528 S. 184). Deshalb genügt auch ein tatsächliches Pflegeverhältnis, wenn z. B. Angehörige ein Kind in Pflege haben (Keidel/*Engelhardt* § 167 Rn. 9). Die Pflegeeltern sind wegen des Amtsermittlungsgrundsatzes (§ 26 FamFG) auch dann (noch) anzuhören, wenn das Pflegeverhältnis seit kurzem nicht mehr besteht (Bienwald/Sonnenfeld/Hoffmann/*Bienwald* § 70 d Rn. 12).

6   e) **Unterstützung bei der Zuführung (Abs. 5).** Absatz 5, der im Wesentlichen dem früheren § 70g Abs. 5 Satz 1 FGG (dazu: *Walther* R & P 2007, 167) entspricht, regelt die **Unterstützungspflicht des Jugendamts** bei der Zuführung zur zivilrechtlichen Unterbringung Minderjähriger nach § 151 Nr. 6. Während die Zuführung zur öffentlich-rechtlichen Unterbringung

§ 312. Unterbringungssachen **D**

durch die nach den Unterbringungsgesetzen der Länder zuständigen Behörden vorgenommen wird, handelt es sich bei der Zuführung zur zivilrechtlichen Unterbringung Minderjähriger um eine Aufgabe der Eltern, des Vormunds oder des Pflegers. Den unterbringungsberechtigten Personen soll eine kompetente Fachbehörde an die Seite gestellt werden, wenn sie den Wunsch nach einer Unterstützung bei der Zuführung äußern, weil beispielsweise ein geeignetes Transportfahrzeug oder Begleitpersonal fehlt (BT-Drs. 11/4528 S. 185). Die Befugnisse des Jugendamts bei der Zuführung zur Unterbringung richten sich nach § 167 Abs. 1 Satz 1 in Verbindung mit § 326 Abs. 2 (BT-Drs. 16/6308 S. 243). Nach § 326 Abs. 2 kann das Jugendamt gegen den Minderjährigen Gewalt nur anwenden, wenn das Gericht dies aufgrund einer ausdrücklichen Entscheidung angeordnet hat (vgl. § 326 S. 306). Ist das Jugendamt zur Gewaltanwendung ermächtigt, darf es nach § 326 Abs. 2 Satz 2 um die Unterstützung der polizeilichen Vollzugsorgane nachsuchen.

f) Qualifikation des Sachverständigen (Abs. 6). Absatz 6 regelt die 7 **Qualifikation des Sachverständigen** für die Erstattung eines Gutachtens bei der Unterbringung Minderjähriger. Vor der Genehmigung einer Unterbringung muss nach § 321 durch förmliche Beweisaufnahme ein Sachverständigengutachten über die Notwendigkeit der Unterbringung und deren voraussichtliche Dauer eingeholt werden. Abweichend von § 321 Abs. 1 Satz 4 soll der Sachverständige jedoch nicht (nur) Arzt für Psychiatrie, sondern speziell Arzt für Kinder- und Jugendpsychiatrie und -psychotherapie sein. Soweit nicht Absatz 6 Satz 2 eingreift, muss der Arzt entsprechend § 321 Abs. 1 Satz 4 HS 2 zumindest Erfahrungen auf diesen Gebieten haben (Schulte-Bunert/Weinreich/*Ziegler* § 167 Rn. 8).

Abweichend vom Regelfall des Abs. 6 Satz 1 kann nach **Absatz 6 Satz 2** 8 das Gutachten bei der zivilrechtlichen Unterbringung nach § 151 Nr. 6 ausnahmsweise auch durch einen in Fragen der Heimerziehung ausgewiesenen Psychotherapeuten, Psychologen, Pädagogen oder Sozialpädagogen erstattet werden. Zwar handelt es sich gerade bei stark verhaltensauffälligen Kindern, für die eine geschlossenen Unterbringung in Betracht kommt, um eine psychiatrische Hochrisikogruppe, für die im Regelfall eine psychiatrische Begutachtung erforderlich ist (BT-Drs. 16/6308 S. 243). Wenn aber, etwa bei eindeutigen Erziehungsdefiziten, von vornherein nur eine Unterbringung in einem Heim der Kinder- und Jugendhilfe in Betracht kommt, kann das Gutachten mangels psychiatrischen Hintergrunds auch von einem speziell ausgewiesenen nicht-ärztlichen Sachverständigen erstattet werden (BT-Drs. 16/6308 S. 243).

Unterbringungssachen

312 Unterbringungssachen sind Verfahren, die

1. die Genehmigung einer freiheitsentziehenden Unterbringung eines Betreuten (§ 1906 Abs. 1 bis 3 des Bürgerlichen Gesetzbuchs) oder einer Person, die einen Dritten zu ihrer freiheitsentziehenden Unter-

bringung bevollmächtigt hat (§ 1906 Abs. 5 des Bürgerlichen Gesetzbuchs),
2. die Genehmigung einer freiheitsentziehenden Maßnahme nach § 1906 Abs. 4 des Bürgerlichen Gesetzbuchs oder
3. eine freiheitsentziehende Unterbringung eines Volljährigen nach den Landesgesetzen über die Unterbringung psychisch Kranker
betreffen.

1. Anwendungsbereich und Normzweck

1 Die Vorschrift knüpft an den früheren § 70 Abs. 1 FGG an und definiert den **Begriff der Unterbringungssache.** Danach sind Unterbringungssachen alle Verfahren, die auf die Genehmigung bzw. Anordnung von mit Freiheitsentzug verbundenen Unterbringungen (einschließlich unterbringungsähnlichen Maßnahmen) Volljähriger gerichtet sind. Entsprechend dem weiten Begriffsverständnis sind auch ablehnende Entscheidungen gemeint sowie Verfahren, die den Vollzug, die Beendigung oder Aufhebung der Unterbringung betreffen.

2 Die Vorschrift unterscheidet dabei zwischen der zivilrechtlichen Unterbringung nach § 1906 BGB (Nr. 1 und 2) und der öffentlich-rechtlichen Unterbringung nach den Landesgesetzen über die Unterbringung psychisch Kranker (Nr. 3). Trotz unterschiedlicher materiell-rechtlicher Voraussetzungen (Kapitel **B** und **C**; *Marschner* BtPrax 2006, 125) gelten für beide Unterbringungsarten **gemeinsame Verfahrensvorschriften.** Ergänzend sind die Vorschriften des Allgemeinen Teils (§§ 1–110) und des Verfahrens in Betreuungssachen (§§ 271–311) heranzuziehen. Angesichts der regelmäßig höheren Eingriffsintensität einer Unterbringungsmaßnahme können die Verfahrensgarantien nicht geringer als in Betreuungsangelegenheiten sein (Keidel/ *Budde* § 312 Rn. 8).

3 Das Verfahren zur **Unterbringung Minderjähriger** ist gesondert als dem Familiengericht zugewiesene Kindschaftssache in § 151 Nr. 6 und 7 geregelt. Insoweit enthält § 167 Abs. 1 Satz 1 eine ergänzende Verweisung auf die Vorschriften für Unterbringungssachen, soweit sich nicht aus den weiteren Regelungen des § 167 etwas anderes ergibt.

4 Die §§ 312 ff. finden **keine Anwendung** auf Freiheitsentziehungssachen nach §§ 415 ff. (vgl. Kap. F S. 414) und Unterbringungen nach dem Strafgesetzbuch (§§ 63, 64, 66 StGB) und der Strafprozessordnung (§ 81 StPO).

5 Die §§ 312 ff. finden mangels Freiheitsentziehung (zum Begriff Kap. F S. 414; Kap. C S. 215) auch dann keine Anwendung (mehr), wenn der Betroffene wirksam in seine geschlossene Unterbringung einwilligt. Zu den Voraussetzungen einer solchen Einwilligung vgl. Kap. C S. 218, Kap. F S. 416. Gleiches gilt bei einem Aufenthalt auf einer halboffenen Station oder Einrichtung (vgl. Kap. **C** S. 218).

2. Zivilrechtliche Unterbringung

6 Zu den Unterbringungssachen gehören nach **Nr. 1** die Verfahren, die die gerichtliche Genehmigung der geschlossenen Unterbringung eines volljährigen Betreuten durch den Betreuer (§ 1906 Abs. 2 BGB) und eines Betroffenen durch den hierzu ausdrücklich rechtsgeschäftlich Bevollmächtigten (§ 1906 Abs. 5 BGB) betreffen. Damit werden erfasst: die vorherige Genehmigung auf Antrag des Betreuers oder Bevollmächtigten (§ 1906 Abs. 2 Satz 1 BGB), die nachträgliche Genehmigung einer Unterbringung durch den Betreuer oder Bevollmächtigten (§ 1906 Abs. 2 Satz 2 HS 2 BGB), die Verlängerung der Unterbringungsmaßnahme nach § 329 Abs. 2 und die Aufhebung der Unterbringungsmaßnahme durch das Gericht nach Wegfall ihrer Voraussetzungen (§ 1906 Abs. 3 BGB i. V. m. § 330). Vorläufige Unterbringungsmaßnahmen durch das Betreuungsgericht selbst nach § 1908i Abs. 1 Satz 1 i. V. m. § 1846 BGB werden von § 312 zwar nicht unmittelbar umfasst. Über § 334 erhalten sie aber den Charakter von Unterbringungsmaßnahmen im Sinne des § 312.

Zu den Unterbringungssachen gehört nach **Nr. 2** auch die Genehmigung einer unterbringungsähnlichen Maßnahme nach § 1906 Abs. 4 BGB durch den Betreuer oder Bevollmächtigten. Zu den unterbringungsähnlichen Maßnahmen gehören die Anwendung von mechanischen Vorrichtungen, Medikamenten oder anderen Mitteln, mit deren Hilfe die Freiheit des Betroffenen in einer Einrichtung (Krankenhaus, Heim) über einen längeren Zeitraum oder wiederkehrend entzogen werden soll (vgl. Kap. C S. 231). Gleiches gilt über den Wortlaut des § 1906 Abs. 4 BGB hinaus auch bei der Anwendung unterbringungsähnlicher Maßnahmen auf Personen, die bereits geschlossen untergebracht sind (vgl. Kap. C S. 232). Zu dem erforderlichen Antrag des Betreuers oder Bevollmächtigten in all diesen Fällen vgl. Vorbemerkung S. 243. 7

3. Öffentlich-rechtliche Unterbringung

Zu den Unterbringungssachen gehört schließlich nach **Nr. 3** auch die Anordnung einer freiheitsentziehenden Unterbringung Volljähriger nach den Landesgesetzen über die Unterbringung psychisch Kranker. Alle Bundesländer haben entsprechende Landesgesetze erlassen (Textabdruck aller Ländergesetze im Anhang): 8

Baden-Württemberg: Gesetz über die Unterbringung psychisch Kranker (Unterbringungsgesetz – UBG) i. d. F. v. 2. 12. 1991, zuletzt geändert durch Gesetz vom 4. 5. 2009 (GBl. S. 195), 9

Bayern: Gesetz über die Unterbringung psychisch Kranker und deren Betreuung (Unterbringungsgesetz – UnterbrG) i. d. F. v. 5. 4. 1992, zuletzt geändert durch Gesetz vom 22. 12. 2009 (GVBl. S. 640),

Berlin: Gesetz für psychisch Kranke (PsychKG) vom 8. 3. 1985, zuletzt geändert durch Gesetz vom 17. 3. 1994 GVBl. S. 86, 87),

Brandenburg: Gesetz über Hilfen und Schutzmaßnahmen sowie über den Vollzug gerichtlich angeordneter Unterbringung für psychisch kranke und seelisch behinderte Menschen im Land Brandenburg (Bbg PsychKG) v. 5. 5. 2009 (GVBl. S. 134),

Bremen: Gesetz über Hilfen und Schutzmaßnahmen bei psychischen Krankheiten (PsychKG) v. 19. 12. 2000, zuletzt geändert durch Gesetz v. 23. 6. 2009 (GBl. S. 233),

Hamburg: Hamburgisches Gesetz über Hilfen und Schutzmaßnahmen bei psychischen Krankheiten (HmbPsychKG) vom 27. 9. 1995, zuletzt geändert durch Gesetz vom 17. 2. 2009 (GVBl. S. 29),

Hessen: Gesetz über die Entziehung der Freiheit geisteskranker, geistesschwacher, rauschgift- oder alkoholsüchtiger Personen vom 19. 5. 1952, zuletzt geändert durch Gesetz vom 15. 7. 1997 (GVBl. S. 217),

Mecklenburg-Vorpommern: Gesetz über Hilfen und Schutzmaßnahmen für psychisch Kranke (PsychKG M-V) i. d. F. v. 13. 4. 2000, zuletzt geändert durch Gesetz v. 23. 5. 2006 (GVOBl. M-V S. 318),

Niedersachsen: Niedersächsisches Gesetz über Hilfen und Schutzmaßnahmen für psychisch Kranke (NPsychKG) vom 16. 6. 1997, zuletzt geändert durch Gesetz v. 25. 1. 2007 (GVBl. S. 50),

Nordrhein-Westfalen: Gesetz über Hilfen und Schutzmaßnahmen bei psychischen Krankheiten (PsychKG) vom 17. 12. 1999, zuletzt geändert durch Gesetz v. 8. 12. 2009 (GV.NRW S. 750),

Rheinland-Pfalz: Landesgesetz für psychisch kranke Personen (PsychKG) vom 17. 11. 1995, zuletzt geändert durch Gesetz vom 22. 12. 2009 (GVBl. S. 413),

Saarland: Gesetz über die Unterbringung psychisch Kranker (UBG) vom 11. 11. 1992, zuletzt geändert durch Gesetz v. 21. 11. 2007 (Amtsblatt S. 2393),

Sachsen: Sächsisches Gesetz über die Hilfen und die Unterbringung bei psychischen Krankheiten (SächsPsychKG) v. 10. 10. 2007, zuletzt geändert durch Gesetz v. 8. 12. 2008 (GVBl. 940),

Sachsen-Anhalt: Gesetz über Hilfen für psychisch Kranke und Schutzmaßnahmen des Landes Sachsen-Anhalt (PsychKG LSA) vom 30. 1. 1992, zuletzt geändert durch Gesetz v. 13. 4. 2010 (GVBl. S. 192),

Schleswig-Holstein: Gesetz zur Hilfe und Unterbringung psychisch kranker Menschen (PsychKG) vom 14. 1. 2000, zuletzt geändert durch Gesetz v. 24. 9. 2009 (GVOBl. S. 633),

Thüringen: Thüringer Gesetz zur Hilfe und Unterbringung psychisch kranker Menschen (ThürPsychKG) vom 5. 2. 2009 (GVBl. S. 10).

10 Die verschiedenen Landesgesetze regeln sowohl die materiellen Voraussetzungen, unter denen eine freiheitsentziehende Unterbringung zulässig ist, als auch verfahrensrechtliche Fragen. Soweit es allein um die **materiell-rechtlichen Voraussetzungen** geht, lässt die bundesrechtliche Regelung des FamFG diese unberührt, da es nur das Verfahrensrecht bundesrechtlich vereinheitlicht (so schon zur früheren Rechtslage nach dem FGG: OLG Frankfurt BtPrax 1992, 70). Im Vordergrund der landesrechtlichen Regelungen stehen die Gesichtspunkte der Gefahrenabwehr und der Krisenintervention bei psychisch kranken Menschen.

11 **In verfahrensrechtlicher Hinsicht** ist zu differenzieren: Soweit es um die **Einleitung des verwaltungsrechtlichen Unterbringungsverfahrens** (vgl. Kap. **B** S. 101) im Vorfeld des Gerichtsverfahrens geht, bleibt es bei der landesrechtlichen Regelung. Dies bedeutet, dass die nach Landesrecht zuständigen Behörden und Stellen tätig werden müssen und insbesondere die im Landesrecht für die Verwaltung vorgesehenen vorläufigen Unterbrin-

§ 313. Örtliche Zuständigkeit **D**

gungsmaßnahmen zu treffen haben (OLG Frankfurt NJW 1992, 1395; BayObLG NJW 1992, 2709 = FamRZ 1992, 1221; Kap. **B** S. 106).

§ 312 Nr. 3 erfasst damit allein das **gerichtliche Unterbringungsverfahren** bei der öffentlich-rechtlichen Unterbringung. Das Gericht wird nur auf Antrag tätig. Form und Inhalt des Antrags sowie die Antragsberechtigung regelt das Landesrecht (Kap. **B** S. 102 ff.). Die Auffassung (OLG Frankfurt NJW 1992, 1395; BayObLG FamRZ 2000, 566), vorläufige Maßnahmen nach §§ 331 ff. seien auch ohne Antrag möglich, ist durch die Regelung des § 51 Abs. 1 Satz 1 überholt. Unberührt bleibt nur die Möglichkeit, von Amts wegen nach § 334 vorzugehen (vgl. § 334 S. 344). 12

Soweit die landesrechtlichen Verfahrensvorschriften das gerichtliche Verfahren betreffen, sind sie – soweit erforderlich – an das FamFG anzupassen. Dies ist noch nicht in allen Bundesländern erfolgt 13

4. Zuständigkeiten

Sachlich zuständig für alle Unterbringungssachen nach §§ 312 ff. ist das Betreuungsgericht, eine Abteilung des Amtsgerichts (§§ 23 a Abs. 1 Nr. 2, Abs. 2 Nr. 1, 23 c Abs. 1 GVG). Die Bundesländer können durch Rechtsverordnung einem Amtsgericht für die Bezirke mehrerer Amtsgerichte Unterbringungssachen zuweisen (§ 23 d GVG). Funktionell zuständig ist allein der Richter (Art. 104 Abs. 2 Satz 1 GG). Ein Richter auf Probe darf im ersten Jahr nach seiner Ernennung keine Geschäfte des Betreuungsrichters und damit auch keine Unterbringungssachen wahrnehmen (§ 23 c Abs. 2 Satz 2 GVG). Zur örtlichen und internationalen Zuständigkeit vgl. § 313. 14

Örtliche Zuständigkeit

313 (1) **Ausschließlich zuständig für Unterbringungssachen nach § 312 Nr. 1 und 2 ist in dieser Rangfolge:**
1. **das Gericht, bei dem ein Verfahren zur Bestellung eines Betreuers eingeleitet oder das Betreuungsverfahren anhängig ist;**
2. **das Gericht, in dessen Bezirk der Betroffene seinen gewöhnlichen Aufenthalt hat;**
3. **das Gericht, in dessen Bezirk das Bedürfnis für die Unterbringungsmaßnahme hervortritt;**
4. **das Amtsgericht Schöneberg in Berlin, wenn der Betroffene Deutscher ist.**

(2) **Für einstweilige Anordnungen oder einstweilige Maßregeln ist auch das Gericht zuständig, in dessen Bezirk das Bedürfnis für die Unterbringungsmaßnahme bekannt wird. In den Fällen einer einstweiligen Anordnung oder einstweiligen Maßregel soll es dem nach Absatz 1 Nr. 1 oder Nr. 2 zuständigen Gericht davon Mitteilung machen.**

(3) **Ausschließlich zuständig für Unterbringungen nach § 312 Nr. 3 ist das Gericht, in dessen Bezirk das Bedürfnis für die Unterbringungsmaßnahme hervortritt. Befindet sich der Betroffene bereits in einer Einrichtung zur freiheitsentziehenden Unterbringung, ist das Gericht ausschließlich zuständig, in dessen Bezirk die Einrichtung liegt.**

Lesting 259

D   Das Unterbringungsverfahren

(4) Ist für die Unterbringungssache ein anderes Gericht zuständig als dasjenige, bei dem ein die Unterbringung erfassendes Verfahren zur Bestellung eines Betreuers eingeleitet ist, teilt dieses Gericht dem für die Unterbringungssache zuständigen Gericht die Aufhebung der Betreuung, den Wegfall des Aufgabenbereiches Unterbringung und einen Wechsel in der Person des Betreuers mit. Das für die Unterbringungssache zuständige Gericht teilt dem anderen Gericht die Unterbringungsmaßnahme, ihre Änderung, Verlängerung und Aufhebung mit.

1. Anwendungsbereich

1 § 313 ersetzt den früheren § 70 Abs. 2, 5 und 7 FGG. Die Vorschrift regelt in Ergänzung zu § 2 die örtliche Zuständigkeit des Gerichts bei einer zivilrechtlichen und öffentlich-rechtlichen Unterbringung. Eine einmal begründete örtliche Zuständigkeit bleibt grundsätzlich erhalten (§ 2 Abs. 2). Änderungen der die Zuständigkeit begründenden Umstände können aber eine Abgabemöglichkeit (§ 314) schaffen.

2. Örtliche Zuständigkeit bei zivilrechtlicher Unterbringung (Abs. 1)

2 Abs. 1 trifft in seinen Nummern 1–4 eine **Rangfolge** zur ausschließlichen örtlichen Zuständigkeit bei zivilrechtlicher Unterbringung nach § 312 Nr. 1 und 2. Anders als im früheren § 70 Abs. 2 FGG (i.V.m. § 65 Abs. 1 FGG) ist in § 313 eine Anknüpfung an die Erstbefassung eines Gerichts bei örtlicher Zuständigkeit mehrerer Gerichte nicht erfolgt, da sie bereits in § 2 Abs. 1 enthalten ist.

3 Nach **Nr. 1** ist vorrangig das Gericht zuständig, bei dem ein **Verfahren zur Bestellung eines Betreuers** eingeleitet oder das Betreuungsverfahren anhängig ist. Anhängig in diesem Sinne bedeutet, dass zumindest ein vorläufiger Betreuer mit dem Aufgabenkreis Unterbringung bestellt ist. Auch ohne den einschränkenden Zusatz des § 70 Abs. 2 Satz 1 FGG muss die anhängige Betreuung also den Aufgabenkreis der Unterbringung/Aufenthaltsbestimmung umfassen (Jürgens/*Marschner* § 313 Rn. 2; Keidel/*Budde* § 313 Rn. 2; aA Schulte-Bunert/Weinreich/*Dodegge* § 313 Rn. 3). Eingeleitet ist ein Betreuungsverfahren, wenn ein Antrag beim örtlich zuständigen Gericht eingeht. Nach der Neuregelung genügt es also auch, dass noch zu prüfen ist, ob und mit welchem Aufgabenkreis ein Betreuer bestellt werden soll (enger Jürgens/*Marschner* § 313 Rn. 2). Die akzessorische Zuständigkeit soll gewährleisten, dass die im Rahmen der Einrichtung einer Betreuung gewonnenen Erkenntnisse auch im Unterbringungsverfahren verwertet werden.

4 Ist ein Betreuungsverfahren noch nicht eingeleitet, ist nach **Nr. 2** das Gericht örtlich zuständig, in dessen Bezirk der Betroffene seinen gewöhnlichen Aufenthalt hat. Der **gewöhnliche Aufenthalt** ist ein rein tatsächlicher Vorgang. Er befindet sich dort, wo der Betroffene für längere Zeit den tatsächlichen Mittelpunkt der Lebensführung, also den Schwerpunkt seiner Bindungen hat. Eine lediglich vorübergehende Abwesenheit (Reisen, kürzere Klinikaufenthalte) ist unschädlich. Bei längeren Klinikaufenthalten ist entscheidend, ob der Betroffene wieder an seinen bisherigen Aufenthaltsort zurückkehren kann (Jürgens/*Kretz* § 272 Rn. 5).

§ 313. Örtliche Zuständigkeit **D**

Fehlt ein gewöhnlicher Aufenthaltsort im Inland oder ist er nicht feststellbar, ist nach **Nr. 3** das Gericht örtlich zuständig, in dessen Bezirk das **Bedürfnis für die Unterbringungsmaßnahme** hervortritt. Dies ist der Ort, an dem der Betroffene auffällig wird etwa durch Wahnerleben oder einen Suizidversuch. Das kann auch ein Krankenhaus sein, in das sich der Betroffene zunächst freiwillig zur Behandlung begeben hat. 5

Für die Fälle, in denen die Voraussetzungen der Nummern 1–3 nicht vorliegen, begründet **Nr. 4** für Deutsche eine Auffangzuständigkeit des **AG Schöneberg** in Berlin. Die Regelung betrifft vor allem Deutsche, die im Ausland leben. 6

3. Örtliche Zuständigkeit bei Eilmaßnahmen (Abs. 2)

Abs. 2 trifft eine ergänzende Zuständigkeitsregelung für **Eilmaßnahmen**. Neben dem nach Abs. 1 Nr. 1 und 2 zuständigen Hauptsachegericht ist für eine Unterbringung durch einstweilige Anordnung oder einstweilige Maßregel auch das Gericht örtlich zuständig, in dessen Bezirk das Bedürfnis für die Unterbringungsmaßnahme hervortritt. Die Regelung gilt für einstweilige Anordnungen nach § 331f sowie einstweilige Maßregeln nach § 334 i.V.m. § 1846 BGB. Das Eilgericht darf sich nicht unter Hinweis auf die parallele Zuständigkeit des allgemein zuständigen Gerichts weigern, tätig zu werden. Die Zuständigkeit des Eilgerichts entfällt, wenn es die eilige Maßnahme getroffen hat oder das Fürsorgebedürfnis aus anderem Grunde entfällt (OLG Hamm NJW-RR 2007, 157). 7

Nach Abs. 2 Satz 2 hat das Eilgericht das allgemein zuständige Gericht über die getroffene Maßnahme zu unterrichten und die Akte zur Fortführung des Verfahrens zu übersenden. Schließt sich an die vorläufige Unterbringungsmaßnahme ein weiteres Verfahren an, verbleibt es bei der Zuständigkeit des Gerichts nach Abs. 1. In Betracht kommt aber eine Abgabe des Verfahrens an das Gericht des Unterbringungsortes (§ 314). 8

4. Örtliche Zuständigkeit bei öffentlich-rechtlicher Unterbringung (Abs. 3)

Für die öffentlich-rechtliche Unterbringung nach § 312 Nr. 3 ist gemäß **Abs. 3 Satz 1** ausschließlich das Gericht örtlich zuständig, in dessen Bezirk das **Bedürfnis für die Unterbringung** hervortritt. Eine Anknüpfung an den gewöhnlichen Aufenthalt sollte vermieden werden, weil dies bei einem vorübergehenden Aufenthalt des Betroffenen in einem anderen Bundesland zur Anwendung auswärtigen Landesrechts geführt hätte (BT-Drs. 11/4528 S. 218, 233; 11/6949 S. 83). Im Übrigen handelt es sich bei der öffentlich-rechtlichen Unterbringung in aller Regel um Eilfälle, bei denen möglichst sofort am Ort des Unterbringungsbedürfnisses entschieden werden muss. Damit ist der Ort gemeint, an dem die durch das Verhalten des Betroffenen bedingte Gefahrensituation auftritt (OLG Hamm FGPrax 2009, 35 = BtPrax 2009, 40). Wird die geschlossene Unterbringung angeordnet und dann in einer auswärtigen Einrichtung vollzogen, bleibt die örtliche Zuständigkeit des anordnenden Gerichts – vorbehaltlich einer Abgabe (§ 314) – bestehen. 9

Lesting

D   Das Unterbringungsverfahren

10   Befindet sich der Betroffene zum Zeitpunkt der Antragstellung bereits **in einer Einrichtung** zur freiheitsentziehenden Unterbringung, ist nach der ergänzenden Zuständigkeitsregelung in **Absatz 3 Satz 2** das Gericht ausschließlich zuständig, in dessen Bezirk die Einrichtung liegt. Die Regelung bezieht sich auf die Fälle, in denen die zuständige Behörde auf landesrechtlicher Grundlage die sofortige Unterbringung des Betroffenen vorgenommen hat und nunmehr die Anordnung der Unterbringung durch das Gericht beantragt (Keidel/*Budde* § 313 Rn. 10). Der Unterbringungsantrag ist bei dem Gericht des Einrichtungsorts zu stellen (OLG Hamm FGPrax 2009, 35 = BtPrax 2009, 40). Der Gesetzgeber wollte erreichen, dass insbesondere auch an Wochenenden und Feiertagen die Anhörungen der Betroffenen und die richterlichen Entscheidungen möglichst schnell an dem Ort erfolgen können, an dem sich der Betroffene befindet.

5. Internationale Zuständigkeit

11   Die internationale Zuständigkeit deutscher Gerichte ist für die zivilrechtlichen Unterbringungssachen (§ 312 Nr. 1 und 2) in § 104 geregelt. Für die öffentlich-rechtlichen Unterbringungssachen (§ 312 Nr. 3) gilt § 104 nicht (§ 104 Abs. 3). Die Zuständigkeit richtet sich allein danach, wo das Bedürfnis für die Unterbringung hervortritt bzw. wo der Betroffene bereits untergebracht ist (§ 313 Abs. 3).

6. Gegenseitige Mitteilungspflichten (Abs. 4)

12   § 313 Abs. 4 regelt die gegenseitigen Mitteilungspflichten, wenn für eine Unterbringungsmaßnahme ein anderes Gericht als dasjenige zuständig ist, bei dem ein die Unterbringung erfassendes Verfahren zur Bestellung eines Betreuers eingeleitet ist. Die gegenseitigen Unterrichtungspflichten sollen sicherstellen, dass die Auswirkungen der von dem einen Gericht getroffenen Maßnahmen bei den von dem anderen Gericht zu treffenden Entscheidungen berücksichtigt werden können.

Abgabe der Unterbringungssache

314   **Das Gericht kann die Unterbringungssache abgeben, wenn der Betroffene sich im Bezirk des anderen Gerichts aufhält und die Unterbringungsmaßnahme dort vollzogen werden soll, sofern sich dieses zur Übernahme des Verfahrens bereit erklärt hat.**

1. Anwendungsbereich

1   Die Vorschrift ist eine Sonderregelung zu der allgemeinen Regelung der Abgabe an ein anderes Gericht in § 4 FamFG. Sie entspricht unter gleichzeitiger Erweiterung ihres Anwendungsbereichs der früheren Regelung in § 70 Abs. 3 Satz 1 HS 1 FGG. Während sich die Abgabemöglichkeit nach § 70 Abs. 3 FGG auf die zivilrechtliche Unterbringung beschränkte, erfasst § 314 seinem Wortlaut nach alle Unterbringungssachen im Sinne des § 312 (Keidel/*Budde* § 314 2; Bassenge/Roth/*Bassenge* § 314 Rn. 1; Bahrenfuss/

§ 314. Abgabe der Unterbringungssache **D**

Grotkopp § 314 Rn. 1; abl. Prütting/Helms/*Roth* § 313 Rn. 16), also auch die öffentlich-rechtlichen Unterbringungen nach den Landesgesetzen zur Unterbringung psychisch Kranker (§ 312 Nr. 3) einschließlich einstweiliger Maßnahmen nach §§ 331, 334 (§ 51 Abs. 2 Satz 1 FamFG).

2. Voraussetzungen der Abgabe

Nach § 314 kann das Gericht eine Unterbringungssache an das Gericht 2 abgeben, in dessen Bezirk sich der Betroffene aufhält und die Unterbringungsmaßnahme vollzogen werden soll, wenn sich dieses Gericht zur Übernahme bereit erklärt hat. Die Vorschrift soll die (isolierte) Abgabe des Unterbringungsverfahrens erleichtern, wenn sich der Betroffene ohne Veränderung seines gewöhnlichen Aufenthalts beispielsweise in einer auswärtigen Einrichtung (Klinik, Heim) aufhält und dort eine **Unterbringungsmaßnahme** vollzogen werden soll. Eine Abgabe ist unzulässig, wenn sich der Betroffene nicht im Bezirk des für den voraussichtlichen Unterbringungsort zuständigen Gerichts aufhält (OLG München BeckRS 2008, 02843). Ein wichtiger Grund im Sinne des § 4 FamFG ist nicht erforderlich. Eine Abgabe setzt die **Übernahmebereitschaft** des Gerichts voraus, an das die Unterbringungssache abgegeben werden soll (zum Abgabestreit vgl. Rn. 3). Die Gerichte müssen in pflichtgemäßem Ermessen prüfen, ob durch die Abgabe/Übernahme eine insbesondere bei Anhörungen des Betroffenen effektivere Verfahrensgestaltung möglich wird. Grundsätzlich sollen alle Maßnahmen einschließlich der Betreuung bei einem Gericht konzentriert, andererseits eine aufwändige Reisetätigkeit des Richters vermieden werden. Eine Abgabe scheidet daher von vornherein aus, wenn an ein benachbartes oder nicht weit entferntes Gericht abgegeben werden soll (OLG Stuttgart FamRZ 1986, 821; Jürgens/*Marschner* § 314 Rn. 3). Eine Abgabe kommt auch erst dann in Betracht, wenn nach den Ermittlungen des abgebenden Gerichts die Unterbringung des Betroffenen notwendig und von gewisser Dauer sein wird.

3. Verfahren

Funktionell zuständig für die Abgabe ist der Richter. Den Beteiligten soll 3 vor der Abgabe des Verfahrens rechtliches Gehör gewährt werden. Eine Ausnahme kommt nur in besonders eiligen Fällen in Betracht. Einer Zustimmung des Betroffenen, seines Betreuers oder gesetzlichen Vertreters bedarf es ebenso wenig wie der Bestellung eines Verfahrenspflegers nur für das Abgabeverfahren. Wird die Übernahme durch das andere Gericht abgelehnt, muss nach § 5 Abs. 1 Nr. 5 FamFG eine Entscheidung des nächsthöheren gemeinsamen Gerichts herbeigeführt werden. Ist das nächsthöhere gemeinsame Gericht der Bundesgerichtshof, wird das zuständige Gericht durch das Oberlandesgericht bestimmt, zu dessen Bezirk das zuerst mit der Sache befasste Gericht gehört (§ 5 Abs. 2 FamFG). Einer vorläufigen Zuständigkeitsregelung entsprechend § 70 Abs. 3 Satz 2 FGG bedurfte es nicht, da sich die Zuständigkeit des Gerichts des Unterbringungsorts bereits aus § 313 Abs. 2 Satz 1 ergibt.

4 Mit der Übernahme des Verfahrens wird die Zuständigkeit des anderen Gerichts begründet. Diese betrifft auch künftig erforderlich werdende Verlängerungsentscheidungen nach § 329. Die Zuständigkeit des abgebenden Gerichts erlischt.

Beteiligte

315 (1) Zu beteiligen sind
1. **der Betroffene,**
2. **der Betreuer,**
3. **der Bevollmächtigte im Sinne des § 1896 Abs. 2 Satz 2 des Bürgerlichen Gesetzbuchs.**

(2) Der Verfahrenspfleger wird durch seine Bestellung als Beteiligter zum Verfahren hinzugezogen.

(3) Die zuständige Behörde ist auf ihren Antrag als Beteiligte hinzuzuziehen.

(4) Beteiligt werden können im Interesse des Betroffenen
1. dessen Ehegatte oder Lebenspartner, wenn die Ehegatten oder Lebenspartner nicht dauernd getrennt leben, sowie dessen Eltern und Kinder, wenn der Betroffene bei diesen lebt oder bei Einleitung des Verfahrens gelebt hat, sowie die Pflegeeltern,
2. eine von ihm benannte Person seines Vertrauens,
3. der Leiter der Einrichtung, in der der Betroffene lebt.

Das Landesrecht kann vorsehen, dass weitere Personen und Stellen beteiligt werden können.

1. Anwendungsbereich und Normzweck

1 Die Vorschrift knüpft an den Beteiligtenbegriff in § 7 FamFG an und regelt, welche Personen und Stellen in Unterbringungssachen zu beteiligen sind bzw. beteiligt werden können. Die Vorschrift gilt in allen Unterbringungssachen der §§ 312 ff., auch in Verfahren über einstweilige Anordnungen/Maßregeln nach §§ 331 ff. (§ 51 Abs. 2 Satz 1). Die Beteiligung dient dem rechtlichen Gehör und der Sachverhaltsaufklärung sowie der Stärkung des Rechtsschutzes des Betroffenen.

Die Klärung des Beteiligtenbegriffs (§ 7) ist eines der zentralen Anliegen des FamFG (vgl. *Fröschle* BtPrax 2009, 155; *Lesting* R&P 2007, 215). Allerdings kann der Gesetzgeber den Kreis der nach Art. 103 Abs. 1 GG anhörungsberechtigten Personen nicht abschließend festlegen (BVerfG NJW 2009, 138). Der Kreis der Beteiligten ist deshalb in § 315 nicht umfassend geregelt. Die Aufzählung der Beteiligten hat eher die Bedeutung einer nicht abschließenden Checkliste. Die Notwendigkeit oder Möglichkeit einer Beteiligung kann sich darüber hinaus auch aus § 7 FamFG ergeben.

2. Die Muss-Beteiligten (Abs. 1–3)

§ 315 Abs. 1–3 nennt die sog. Muss-Beteiligten und konkretisiert damit 2
die allgemeine Regelung in § 7 Abs. 2 Nr. 1 und 2. Die Absätze 1 und 2
betreffen die Personen, die das Gericht von Amts wegen zu beteiligen hat.
Absatz 3 betrifft die zwingende Beteiligung der zuständigen Behörde auf
ihren Antrag.

a) Der Betroffene. Der Betroffene ist bereits nach § 7 Abs. 2 Nr. 1 Be- 3
teiligter, weil er durch das Verfahren in seinen Rechten unmittelbar betroffen wird. Abs. 1 Nr. 1 wiederholt die selbstverständlich zwingende Beteiligung des Betroffenen aus Gründen der Übersichtlichkeit. Die Verfahrensfähigkeit des Betroffenen ergibt sich aus § 316.

b) Der Betreuer. Der vorläufig oder endgültig bestellte Betreuer ist 4
nach Abs. 1 Nr. 2 unabhängig von seinen Aufgabenkreisen zwingend zum
Verfahren hinzuzuziehen. Bereits nach bisherigem Recht wurde davon ausgegangen, dass der Betreuer durch eine Unterbringungsmaßnahme auch
dann in eigenen Rechten betroffen ist, wenn sein Aufgabenkreis die Unterbringung nicht umfasst, weil er als gesetzlicher Vertreter stets Beschränkungen seiner Tätigkeit erfährt, wenn eine Unterbringungsmaßnahme im Raum
steht (BT-Drs. 16/6308 S. 273). Davon unabhängig ist eine Beteiligung auch
deshalb angebracht, weil die Unterbringung Anlass für eine Erweiterung des
Aufgabenkreises sein kann (Keidel/*Budde* § 315 Rn. 3).

c) Der Vorsorgebevollmächtigte. Nach Abs. 1 Nr. 3 ist auch der Vor- 5
sorgebevollmächtigte im Sinne des § 1896 Abs. 2 Satz 2 BGB von Amts
wegen zu beteiligen. § 1896 Abs. 2 BGB lautet:

> Ein Betreuer darf nur für Aufgabenkreise bestellt werden, in denen die Betreuung erforderlich ist. Die Betreuung ist nicht erforderlich, soweit die Angelegenheiten des Volljährigen durch einen Bevollmächtigten, der nicht zu den in § 1897 Abs. 3 bezeichneten Personen gehört, oder durch andere Hilfen, bei denen kein gesetzlicher Vertreter bestellt wird, ebenso gut wie durch einen Betreuer besorgt werden können.

Wie beim Betreuer ist ohne Bedeutung, ob der Umfang der Vollmacht
durch die Unterbringungsmaßnahme betroffen ist (BT-Drs. 16/6308 S. 273).
Häufig wird es um eine Unterbringungsmaßnahme nach § 1906 Abs. 5
BGB gehen; eine Beteiligung ist aber auch bei einer öffentlich-rechtlichen
Unterbringung notwendig (Keidel/*Budde* § 315 Rn. 4).

d) Der Verfahrenspfleger. Nach Abs. 2 wird der Verfahrenspfleger mit 6
seiner Bestellung durch das Gericht zugleich Beteiligter des Unterbringungsverfahrens. Eines weiteren Verfahrensaktes bedarf es nicht. Die Bestellung
eines Verfahrenspflegers hat im Unterbringungsverfahren in aller Regel zu
erfolgen (vgl. § 317 S. 271). Der Verfahrenspfleger soll die Belange des Betroffenen im Verfahren wahren. Er hat seinen Willen zu beachten, ist aber
nicht an seine Weisungen gebunden, sondern hat die objektiven Interessen
wahrzunehmen (BT-Drs. 16/6308 S. 265). Zur Rechtsstellung des Verfahrenspflegers vgl. § 317 S. 273.

7 **e) Die zuständige Behörde.** Nach Absatz 3 ist die zuständige Behörde auf ihren Antrag als Beteiligte hinzuzuziehen. Die Behörde kann damit selbst entscheiden, ob sie als Beteiligte am Verfahren mitwirken will. Unabhängig davon kann für das Gericht im Rahmen der Amtsermittlung (§ 26) die Pflicht zur Anhörung der zuständigen Behörde bestehen.

8 Die zuständige Behörde für Unterbringungsmaßnahmen bei einem Minderjährigen (§§ 167 Abs. 1 Satz 1, 151 Nr. 6 und 7, 312 Nr. 1 und 3) ist das Jugendamt, für Unterbringungsmaßnahmen bei der Unterbringung eines Betreuten und bei unterbringungsähnlichen Maßnahmen (§§ 312 Nr. 1 und 2) die örtlich zuständige Betreuungsbehörde nach §§ 1 ff. Betreuungsbehördengesetz, bei der öffentlich-rechtlichen Unterbringung (§ 312 Nr. 3) die jeweilige Behörde nach den Landesgesetzen über die Unterbringung psychisch Kranker (die als Antragsstellerin nach § 7 Abs. 1 ohnehin an dem Verfahren beteiligt ist).

3. Die Kann-Beteiligten (Abs. 4)

9 Abs. 4 konkretisiert § 7 Abs. 3 und führt die Angehörigen und nahe stehenden Personen auf, die in Unterbringungssachen beteiligt werden können. Während der frühere § 70d Abs. 1 FGG eine obligatorische Anhörung vorsah, werden die Mitwirkungsrechte der Genannten in § 315 an eine formale Beteiligung geknüpft. Werden die genannten Personen in eigenen Rechten verletzt, ergibt sich ihre Beteiligung bereits aus § 7 Abs. 2 Satz 1.

10 Voraussetzung einer Kann-Beteiligung ist ein **Interesse des Betroffenen**. Das Interesse des Betroffenen ist aus seiner subjektiven Sicht zu beurteilen. Bestehen Zweifel, ob der Betroffene mit einer Beteiligung einverstanden ist, muss er zunächst befragt werden (Schulte-Bunert/Weinreich/*Dodegge* § 315 Rn. 11). Eine sorgfältige Prüfung der Wünsche und Belange des Betroffenen vor der Entscheidung über eine Beteiligung ist auch deshalb erforderlich, weil mit der Beteiligung eine Teilnahme an der persönlichen Anhörung verbunden sein kann (§ 319). Gegen den Willen des Betroffenen kommt eine Beteiligung ausnahmsweise nur in Betracht, wenn der Wille des Betroffenen seinem objektiven Interesse zuwider läuft und keine erheblichen Gründe gegen die Beteiligung sprechen (BT-Drs. 16/6308 S. 266).

11 **a) Die nahen Angehörigen (Abs. 4 Satz 1 Nr. 1).** Die gesetzliche Aufzählung der Kann-Beteiligten beginnt mit dem Personenkreis, der zwar im Regelfall nicht selbst in seinen Interessen verletzt ist, dessen ideelles Interesse am Verfahren jedoch besonders gesetzlich geschützt werden soll (BT-Drs. 16/6308 S. 273). Beteiligt werden können danach die **Ehe- und Lebenspartner** im Sinne des § 1 LPartG, wenn sie nicht dauernd getrennt (vgl. §§ 1565 ff. BGB) vom Betroffenen leben. Maßgeblicher Zeitpunkt für das Getrenntleben ist nicht die Verfahrenseinleitung, sondern der Erlass der Entscheidung. Eine Anhörung hat daher auch dann zu erfolgen, wenn die Trennung während des Verfahrens endet, nicht jedoch, wenn sie nach Verfahrenseinleitung eingetreten ist. Die vor der Trennung erfolgte Anhörung bleibt verwertbar (HK-BUR/*Bauer* § 70d Rn. 22). Der Partner einer nicht ehelichen Lebensgemeinschaft ist vom Wortlaut ebenso wenig wie der Verlobte erfasst. Wenn er vom Betroffenen auch nicht als Vertrauensperson nach Nr. 2 benannt wird, kann seiner häufig großen Bedeutung für die Sachverhaltsaufklärung im Rahmen der Amtsermittlung (§ 26) Rechnung getragen werden.

Beteiligt werden können auch **Eltern und Kinder** bei häuslicher Gemeinschaft (auch in einer Einliegerwohnung im gemeinsamen Haus) zumindest im Zeitpunkt der Einleitung des Unterbringungsverfahrens. Elternteil ist auch der nichteheliche Vater. Ob der Elternteil sorgeberechtigt ist, ist unerheblich. Kinder im Sinne der Nr. 1 sind nur volljährige Kinder (auch Adoptiv- und nichteheliche Kinder), da der Betroffene nur dann „bei diesen" leben kann. Auf jüngere Kinder ist der Amtsermittlungsgrundsatz anzuwenden; je älter sie sind, umso mehr drängt sich ihre Anhörung auf. Anders als noch in § 70d Abs. 1 FGG zur Anhörung werden in § 315 Abs. 4 Satz Nr. 1 als mögliche Beteiligte auch die Pflegeeltern aufgeführt. Ein faktisches Pflegeverhältnis nach § 44 SGB VIII genügt. 12

b) Die Vertrauensperson (Abs. 4 Satz 1 Nr. 2). Der Betroffene kann – ohne dazu verpflichtet zu sein – eine oder mehrere natürliche Personen (keine Organisationen oder Institutionen) als Vertrauensperson benennen. Die Vorschrift ermöglicht dem Gericht die Einbeziehung auch solcher Personen, die – wie etwa der nichteheliche Lebenspartner – in Nr. 1 nicht ausdrücklich aufgeführt sind. Das Gericht sollte den Betroffenen insoweit befragen, selbst wenn es eines ausdrücklichen Verlangens des Betroffenen auf Anhörung der Vertrauensperson nicht bedarf. Für die Ermittlungen des Gerichts (§ 26) können die Vertrauenspersonen nämlich häufig sogar eine größere Bedeutung haben als die unter Nr. 1 aufgeführten Personen haben. 13

c) Der Leiter der Einrichtung (Abs. 4 Satz 1 Nr. 3). Auch der Leiter der Einrichtung, in der der Betroffene lebt, kann beteiligt werden. Gemeint ist die Einrichtung, in der der Betroffene seinen gewöhnlichen Aufenthalt hat und nicht die Einrichtung, in der der Betroffene geschlossen untergebracht werden soll oder bereits untergebracht ist. Der Leiter der Einrichtung kann seine Rechte und Pflichten aus der Beteiligung in der üblichen Weise auf andere Bedienstete delegieren (BT-Drs. 11/4528 S. 184). Nur wenn der Leiter als Zeuge oder Sachverständiger persönlich geladen ist, muss er selbst erscheinen oder im Wege der Absprache eine Änderung der Ladung bewirken. 14

d) Öffnungsklausel für das Landesrecht (Absatz 4 Satz 2). Abs. 4 Satz 2 enthält eine Öffnungsklausel für den Landesgesetzgeber, wonach in Unterbringungen nach den Landesgesetzen (§ 312 Nr. 3) weitere Personen und Stellen beteiligt werden können. Die auf der Grundlage des früheren § 70d Abs. 1 Satz 2 FGG getroffenen landesrechtlichen Regelungen, die eine zusätzliche Anhörung des Gesundheitsamtes (Art. 9 Abs. 1 BayUBG) oder des sozialpsychiatrischen Dienstes bzw. des behandelnden Arztes (vgl. § 14 Abs. 3 PsychKG Bre; § 16 PsychKG M-V; § 13 Abs. 2 PsychKG NRW) vorsehen, müssen erst an die Neuregelung angepasst werden. Die Öffnungsklausel schafft nur eine Kann-Beteiligung im Sinne des § 7 Abs. 3 und 4, nicht jedoch eine Anhörungspflicht, die abschließend in § 320 geregelt ist (Keidel/*Budde* § 315 Rn. 9). 15

D   Das Unterbringungsverfahren

4. Verfahren

16   Die Durchführung der Hinzuziehung als Beteiligter hängt davon ab, ob sie von Amts wegen oder auf Antrag erfolgt (§ 7 Abs. 3). Erfolgt die Hinzuziehung von Amts wegen bedarf es keiner besonderen Form. Erforderlich ist nur, dass die Rolle eines Verfahrensbeteiligten erkennbar zugedacht wird (Keidel/*Budde* § 274 Rn. 12). Vor der Beteiligung aufgrund eines Antrags eines Angehörigen oder einer Vertrauensperson bedarf es eines förmlichen Zwischenverfahrens (§ 7 Abs. 3).

17   Die Ablehnung eines Antrags auf Hinzuziehung als Beteiligter erfolgt durch Beschluss (§ 7 Abs. 5 Satz 1). Der Beschluss ist mit der sofortigen Beschwerde in entsprechender Anwendung der §§ 567–572 ZPO anfechtbar (§ 7 Abs. 5 Satz 2).

Verfahrensfähigkeit

316   **In Unterbringungssachen ist der Betroffene ohne Rücksicht auf seine Geschäftsfähigkeit verfahrensfähig.**

1. Anwendungsbereich und Normzweck

1   Die Vorschrift ergänzt die allgemeine Regelung zur Verfahrensfähigkeit in § 9 FamFG. Sie entspricht hinsichtlich der Unterbringung Volljähriger dem früheren § 70a FGG (zur Verfahrensfähigkeit Minderjähriger vgl. § 167 Abs. 3) und begründet für alle Unterbringungsmaßnahmen der §§ 312ff. eine von der Geschäftsfähigkeit unabhängige Verfahrensfähigkeit der Betroffenen. Auf die Fähigkeit zur Bildung eines „natürlichen Willens" kommt es nicht an (OLG Schleswig FGPrax 2007, 130). Die Vorschrift soll die Rechtsposition des Betroffenen stärken und seine **Subjektstellung im Unterbringungsverfahren** gewährleisten. Die Verfahrensfähigkeit des Betroffenen entbindet das Gericht nicht von der Verpflichtung, ihm unter den Voraussetzungen des § 317 einen Verfahrenspfleger zu bestellen.

2. Umfang der Verfahrensfähigkeit

2   **Verfahrensfähigkeit** ist die Fähigkeit, Verfahrenshandlungen selbst oder durch einen Verfahrensbevollmächtigten wirksam vor- oder entgegenzunehmen (Bassenge/Roth/*Bassenge* § 316 Rn. 2): Der Betroffene kann ungeachtet seiner psychischen Störung selbständig Anträge stellen, alle Angriffs- und Verteidigungsmittel vorbringen sowie Rechtsmittel einlegen oder zurücknehmen. Zur Verfahrensfähigkeit gehört auch die Kompetenz, einen Verfahrensbevollmächtigten zu bestellen. Dies hat zur Folge, dass der Betroffene einen entgeltlichen Geschäftsbesorgungsvertrag mit einem Rechtsanwalt schließen und sich wirksam zur Gegenleistung verpflichten kann, da nur auf diese Weise eine anwaltliche Vertretung gewährleistet ist. Insofern ist analog §§ 112ff. BGB zumindest von einer Teilgeschäftsfähigkeit des Betroffenen auszugehen (aA Prütting/Helms/*Roth* § 316 Rn. 3f.).

§ 317. Verfahrenspfleger **D**

Die Verfahrensfähigkeit führt gelegentlich dazu, dass sich der Betroffene 3
durch Verfahrenshandlungen selbst schädigt oder seine Rechte beeinträchtigt. Dies kann etwa bei einem Rechtsmittelverzicht, der sog. Freiwilligkeitserklärung oder der Bevollmächtigung ungeeigneter Dritter der Fall sein.
Das Gesetz nimmt diese Kehrseite der Verfahrensfähigkeit in Kauf. Den
damit verbundenen **Gefahren** ist nicht durch eine Einschränkung der Verfahrensfähigkeit, sondern durch eine strikte richterliche Kontrolle und der
Hinzuziehung eines Verfahrenspflegers zu begegnen (Keidel/*Budde* § 275
Rn. 4f.; HK-BUR/*Bauer* § 70a Rn. 10ff.).

Verfahrenspfleger

317 (1) Das Gericht hat dem Betroffenen einen Verfahrenspfleger
zu bestellen, wenn dies zur Wahrnehmung der Interessen des
Betroffenen erforderlich ist. Die Bestellung ist insbesondere erforderlich, wenn von einer Anhörung des Betroffenen abgesehen werden soll.

(2) Bestellt das Gericht dem Betroffenen keinen Verfahrenspfleger, ist
dies in der Entscheidung, durch die eine Unterbringungsmaßnahme
genehmigt oder angeordnet wird, zu begründen.

(3) **Wer Verfahrenspflegschaften im Rahmen seiner Berufsausübung
führt, soll nur dann zum Verfahrenspfleger bestellt werden, wenn keine
andere geeignete Person zur Verfügung steht, die zur ehrenamtlichen
Führung der Verfahrenspflegschaft bereit ist.**

(4) **Die Bestellung eines Verfahrenspflegers soll unterbleiben oder
aufgehoben werden, wenn die Interessen des Betroffenen von einem
Rechtsanwalt oder einem anderen geeigneten Verfahrensbevollmächtigten vertreten werden.**

(5) **Die Bestellung endet, sofern sie nicht vorher aufgehoben wird,
mit der Rechtskraft der Endentscheidung oder mit dem sonstigen Abschluss des Verfahrens.**

(6) **Die Bestellung eines Verfahrenspflegers oder deren Aufhebung
sowie die Ablehnung einer derartigen Maßnahme sind nicht selbständig
anfechtbar.**

(7) **Dem Verfahrenspfleger sind keine Kosten aufzuerlegen.**

1. Anwendungsbereich und Normzweck

Die Vorschrift entspricht inhaltlich dem früheren § 70b FGG und findet 1
in allen Unterbringungssachen im Sinne der §§ 312ff. Anwendung, also
insbesondere auch bei den vorläufigen Unterbringungen.

Mit der Vorschrift soll der **Rechtsschutz der Betroffenen** gestärkt und 2
die **Wahrung ihrer Belange** im Verfahren gewährleistet werden (vgl. BGH
FamRZ 2009, 1656). Der Betroffene soll bei den besonders schwerwiegenden Eingriffen in seine Freiheitsrechte nicht allein stehen, sondern fachkundig beraten und vertreten werden (OLG Köln FGPrax 2008, 136;
HK-BUR/*Bauer* § 70b Rn. 28). Dieser Normzweck erfordert wegen der
Schwere des Grundrechtseingriffs aus verfassungsrechtlichen Gründen eine

Lesting

D Das Unterbringungsverfahren

Auslegung und Anwendung, die im Zweifel die Bestellung eines Verfahrenspflegers zur Folge hat (HK-BUR/*Bauer* § 70 b Rn. 31). Bei den meisten Betroffenen besteht in der kritischen Lebenslage einer drohenden oder vollzogenen Unterbringung ein erhöhtes Schutzbedürfnis, weil sie zu einer ausreichenden Interessenwahrnehmung nicht in der Lage sind.

2. Voraussetzungen der Bestellung eines Verfahrenspflegers (Abs. 1)

3   Nach der **Grundnorm** in Abs. 1 Satz 1 hat das Gericht dem Betroffenen zwingend einen Verfahrenspfleger zu bestellen, wenn dies zur Wahrnehmung seiner Interessen erforderlich ist. Mit dieser schon in § 70 b Abs. 1 Satz 1 FGG enthaltenen, wenig präzisen Klausel hatte der Bundesgesetzgeber 1992 denjenigen Bundesländern nachgegeben, die in der vorher in Berlin, Bremen, Hamburg, Niedersachsen und Nordrhein-Westfalen geltenden zwingenden Bestellung eines Rechtsanwalts einen teuren und arbeitsaufwendigen Luxus sahen (vgl. einerseits RegE BT-Drs. 11/4528 S. 25, 93, andererseits ebd. S. 219, 233). Die obergerichtliche Rechtsprechung hat die Klausel dahingehend konkretisiert, dass es im Falle einer zivil- oder öffentlich-rechtlichen Unterbringung in der Regel zur Bestellung eines Verfahrenspflegers kommen muss. Schon wegen der engen materiell-rechtlichen Voraussetzungen einer Unterbringung wird man regelmäßig davon ausgehen müssen, dass sich der Betroffene im Unterbringungsverfahren nicht sachgerecht vertreten kann und zur Wahrung seines rechtlichen Gehörs (Art. 103 GG) eines Verfahrenspflegers bedarf (HK-BUR/*Bauer* § 70 b Rn. 44). Auch einem Betroffenen, der aufgrund seiner Krankheit, seiner geistigen Fähigkeiten oder der Medikation nur vordergründig in der Lage ist, seine Rechte im Verfahren wahrzunehmen, seine Einwendungen zu den Anträgen, dem Sachverhalt, den Zeugenaussagen oder ärztlichen Gutachten aber nicht artikulieren und mit einer differenzierten Begründung dem Gericht nahe bringen kann, ist deshalb ein Verfahrenspfleger zu bestellen (BayObLG FamRZ 2003, 1044). Gleiches gilt bei unzureichenden Sprachkenntnissen (KG BtPrax 2008, 42), partieller Geschäftsunfähigkeit (BayObLG NJW 1990, 774) oder einer Beweiserhebung in Abwesenheit des Betroffenen (KG FamRZ 2008, 1116 Ls = BeckRS 2007, 65280 für die Abgabe einer ärztlichen Stellungnahme).

4   **Zivilrechtliche Unterbringungsmaßnahmen** nach § 1906 Abs. 1 BGB erfordern nach der Rechtsprechung die Feststellung, dass der Betroffene seinen Willen im Hinblick auf die Erforderlichkeit der Unterbringung und eine damit verbundene Behandlung nicht frei bestimmen kann. Droht unter diesen Bedingungen eine Unterbringung, ist die Bestellung eines Verfahrenspflegers erforderlich (OLG Köln FGPrax 2008, 136; Keidel/*Budde* § 317 Rn. 2). Bei unterbringungsähnlichen Maßnahmen nach § 1906 Abs. 4 BGB will die überwiegende Meinung nach Art, Dauer und Intensität der Maßnahme differenzieren (Keidel/*Budde* § 317 Rn. 2; Schulte-Bunert/Weinreich/*Dodegge* § 317 Rn. 4; weitergehend Jürgens/*Marschner* § 317 Rn. 5). Danach soll bei der Genehmigung der (nächtlichen) Anbringung eines Bettgitters oder des nächtlichen Abschließens der (Haus)Tür eher auf einen

Verfahrenspfleger verzichtet werden können als beim längerfristigen Anlegen eines Bauchgurtes. Die Differenzierung erscheint nicht unproblematisch, da Bauchgurt, Bettgitter oder sedierende Medikamente schwerer noch als Maßnahmen der geschlossenen Unterbringung in die Freiheitsrechte und die körperliche Unversehrtheit der Betroffenen eingreifen können (HK-BUR/*Bauer* § 70b Rn. 49 ff.). Das Regel/Ausnahme-Verhältnis gilt deshalb auch für unterbringungsähnliche Maßnahmen (Prütting/Helms/*Roth* § 317 Rn. 5). So wird die Bestellung eines Verfahrenspflegers für erforderlich gehalten bei der Fixierung einer Betreuten zur zwangsweisen Verabreichung einer Depotspritze (OLG Karlsruhe NJW-RR 2008, 813; Bassenge/Roth/ *Bassenge* § 317 Rn. 2). Im Rahmen einer zivilrechtlichen Unterbringungsmaßnahme kann auch ein Interessenkonflikt zwischen dem Betroffenen und seinem gesetzlichen Vertreter eine Verfahrenspflegerbestellung erzwingen, wenn der Vetreter durch das Verhalten des Betroffenen selbst beeinträchtigt ist und ein Eigeninteresse an der freiheitsentziehenden Maßnahme hat (Jürgens/*Marschner* § 317 Rn. 5; HK-BUR/*Bauer* § 70b Rn. 48).

Bei der **öffentlich-rechtlichen Unterbringung** nach den Landesgesetzen (§ 312 Nr. 3) ist die Bestellung eines Verfahrenspflegers schon wegen der Schwere des Eingriffs regelmäßig erforderlich (KG BtPrax 2008, 42; OLG Schleswig FamRZ 1994, 782; vgl. auch EuGHMR NJW 1992, 2945; R&P 2005, 186 = NJW-RR 2006, 308). 5

Nach dem **Regelbeispiel** in Abs. 1 Satz 2 ist die Bestellung eines Verfahrenspflegers auch dann zwingend erforderlich, wenn von der persönlichen Anhörung des Betroffenen gemäß § 319 Abs. 3 in Verbindung mit § 34 Abs. 2 abgesehen werden soll. Dies kommt in Betracht, wenn nach ärztlichem Gutachten von der Anhörung erhebliche Nachteile für die Gesundheit des Betroffenen zu befürchten sind oder der Betroffene nach dem unmittelbaren Eindruck des Gerichts offensichtlich nicht in der Lage ist, seinen Willen kundzutun. Ein Verfahrenspfleger ist insoweit schon deshalb erforderlich, weil bei der parteiöffentlichen Beweiserhebung ein Vertreter des Betroffenen zugegen sein muss. Das gleiche gilt, wenn das Gericht nach § 325 Abs. 1 von der Bekanntgabe der Entscheidungsgründe gegenüber dem Betroffenen absehen will oder dem Betroffenen nicht der vollständige Inhalt des Sachverständigengutachtens mitgeteilt wird (OLG München BtPrax 2006, 35; Keidel/*Budde* § 317 Rn. 3). 6

Der **Zeitpunkt für die Bestellung** eines Verfahrenspflegers ist im Gesetz nicht vorgeschrieben. Um seine Aufgaben effektiv wahrnehmen und den Ablauf sowie das Ergebnis des Verfahrens noch beeinflussen zu können, muss die Bestellung des Verfahrenspflegers möglichst frühzeitig erfolgen. Die Bestellung hat daher regelmäßig bereits mit dem Eingang des Unterbringungsantrags zu erfolgen, spätestens aber vor der persönlichen Anhörung des Betroffenen. Eine Verfahrensweise, bei der unabhängig von einem tatsächlich bestehenden Eilbedürfnis die Bestellung eines Verfahrenspflegers grundsätzlich erst in dem Beschluss über eine vorläufige Unterbringungsmaßnahme erfolgt, ist rechtswidrig (Keidel/*Budde* § 317 Rn. 7). Auch bei Eilmaßnahmen muss grundsätzlich ein Verfahrenspfleger bestellt und zur persönlichen Anhörung des Betroffenen hinzugezogen werden, wenn dafür 7 objektiv noch ein hinreichender Zeitraum zur Verfügung steht (OLG München BeckRS 2006, 08107; BayObLG FamRZ 2002, 629; OLG Naumburg FamRZ 2008, 186). Etwas anderes gilt nur dann, wenn bereits bei Verfahrensbeginn klar ist, dass eine Unterbringungsmaßnahme nicht in Betracht kommt. In diesen Fällen bedarf es keiner Verfahrenspflegerbestellung.

3. Begründungspflicht bei Nichtbestellung (Abs. 2)

8   Da zu befürchten ist, dass die Bestellung eines Verfahrenpflegers zu Unrecht unterbleibt, etwa weil das Gericht glaubt, ohne ihn einfacher und schneller entscheiden zu können, enthält Abs. 2 eine Begründungspflicht. Das Gericht ist verpflichtet, die Ablehnung einer Verfahrenspflegerbestellung in der Entscheidung, durch die eine Unterbringungsmaßnahme genehmigt oder angeordnet wird, zu begründen. Der Begründungszwang soll dazu beitragen, dass von der Bestellung eines Verfahrenspflegers nur in Ausnahmefällen abgesehen wird (Keidel/*Budde* § 317 Rn. 4; HK-BUR/*Bauer* § 70b 135). Eine formelhafte Begründung reicht nicht aus, da es auf die konkreten Umstände des Einzelfalls ankommt (OLG Schleswig R&P 1994, 35 = FamRZ 1994, 781; LG Köln BtPrax 1992, 74; Jürgens/*Marschner* § 317 Rn. 6). Sie kann sich beispielsweise daraus ergeben, dass der Betroffene von einem Rechtsanwalt oder einem anderen geeigneten Verfahrensbevollmächtigten vertreten wird (vgl. Abs. 4).

4. Auswahl der Person des Verfahrenspflegers (Abs. 3)

9   Der Gesetzgeber hat auch in der Neuregelung keine persönlichen oder fachlichen Qualifikationen für die Person des Verfahrenspflegers angegeben. In Abs. 3 findet sich nur der **Vorrang für den ehrenamtlichen Verfahrenspfleger**. Entsprechend § 1897 Abs. 6 Satz 1 BGB soll danach ein berufsmäßig tätiger Verfahrenspfleger nur bestellt werden, wenn keine andere geeignete Person zur Verfügung steht, die zur ehrenamtlichen Führung der Verfahrenspflegschaft bereit ist. Dadurch werden die Staatskasse bzw. der Betroffene nicht mit den Kosten eines berufsmäßig tätigen Verfahrenspflegers belastet. Allerdings ist besonders in Unterbringungssachen abzuwägen, ob nicht ein professioneller Verfahrenspfleger eher die Grundrechte der Betroffenen zu schützen vermag.

10 Die Auswahl des Verfahrenspflegers steht im pflichtgemäßen Ermessen des Gerichts. Voraussetzung ist die **Eignung** der Person. Wenn bislang in der Praxis zu beobachten ist – so der Bundesrat im Gesetzgebungsverfahren –, dass Verfahrenspfleger eher selten von effektivem Nutzen für das Verfahren und die Wahrung der Interessen der Betroffenen sind, erscheint eine sorgfältigere Auswahl umso erforderlicher. Nicht die Vorlieben der Richter oder die Gewohnheiten des Betreuungsgerichts sind entscheidend, sondern die Fähigkeit des Verfahrenspflegers, sich kompetent, engagiert und notfalls auch konfliktbereit für die Interessen der Betroffenen einzusetzen. Bei der **Auswahl des Verfahrenspflegers** ist deshalb darauf zu achten, dass er sowohl zum Gericht, zum gesetzlichen Vertreter des Betroffenen und zum Sachverständigen die nötige kritische Distanz wahrt. Häufig werden zumindest bei Unterbrin-

gungsmaßnahmen nach § 312 Nr. 1 und 3 nur Rechtsanwälte über die erforderlichen juristischen Kenntnisse verfügen. Gelegentlich haben aber auch Sozialarbeiter größere Kenntnisse als Rechtsanwälte, die nicht häufig mit Unterbringungssachen befasst sind. Wer nur als Statist auftritt, um den Förmlichkeiten zu genügen und die Vergütung nach § 318 zu kassieren, ist gewiss ungeeignet. Angehörige, die die Verfahrenspflegschaft nur laienhaft betreiben können, sind angesichts ihrer mangelnden Kenntnisse der juristischen, psychiatrischen, psychologischen und pädagogischen Implikationen des Unterbringungsverfahrens als Verfahrenspfleger regelmäßig ungeeignet (HK-BUR/ *Bauer* § 70 b Rn. 145). Gleiches gilt wegen möglicher Interessenkonflikte auch für Mitarbeiter der Einrichtung oder dessen Träger, in der der Betroffene wohnt oder untergebracht werden soll (§ 1897 Abs. 3 BGB analog).

5. Vorrang für einen Verfahrensbevollmächtigten (Abs. 4)

Nach Abs. 4 soll die Bestellung eines Verfahrenspflegers mangels Schutzbedürftigkeit unterbleiben oder aufgehoben werden, wenn die Interessen des Betroffenen von einem Rechtsanwalt oder einem anderen geeigneten Verfahrensbevollmächtigten vertreten werden. Dies gilt selbst dann, wenn der Verfahrenspfleger selbst es war, der den Verfahrensbevollmächtigten beauftragt hat. Lehnt der Betroffene den Verfahrenspfleger ab, kann er bei eigener Leistungsfähigkeit einen Rechtsanwalt seines Vertrauens beauftragen und sich dadurch des Verfahrenspflegers „entledigen". Voraussetzung ist aber in jedem Fall, dass der Verfahrensbevollmächtigte geeignet ist (Rn. 9), da ansonsten das Bedürfnis einer Verfahrenspflegschaft fortbesteht.

11

Die Vertretung durch einen Rechtsanwalt geht auch dann vor, wenn sie durch dessen Beiordnung im Rahmen der Bewilligung von Verfahrenskostenhilfe (§§ 76, 78 Abs. 2) erfolgt (Keidel/*Budde* § 317 Rn. 5). Insbesondere darf dem Betroffenen die Bewilligung von Verfahrenskostenhilfe nicht unter Hinweis auf die Möglichkeit der Bestellung eines Verfahrenspflegers versagt werden.

12

Die Vorschrift räumt dem Gericht ein eingeschränktes Ermessen ein, um eine Aufrechterhaltung der Verfahrenspflegschaft in atypischen Fällen zu ermöglichen, etwa bei häufigem Anwaltswechsel oder Untätigkeit des Verfahrensbevollmächtigten (*Pohl* BtPrax 1992, 19, 21). Gleiches soll gelten, wenn der Verfahrenspfleger besser zur Wahrnehmung der Rechte des Betroffenen in der Lage ist als der von diesem selbst gewählte Anwalt (LG Bremen FamRZ 2005, 222). Bei Zweifeln ist die Verfahrenspflegschaft aufrechtzuerhalten (HK-BUR/*Bauer* § 70 b Rn. 147).

13

6. Rechtsstellung des Verfahrenspflegers

Die Rechtsstellung des Verfahrenspflegers ist gesetzlich nur rudimentär geregelt (vgl. umfassend HK-BUR/*Bauer* § 70 b Rn. 78 ff.; § 67 Rn. 97 ff. FGG). Der Verfahrenspfleger hat in erster Linie die Pflicht, den Verfahrensgarantien des Betroffenen, insbesondere dem Anspruch auf rechtliches Gehör, Geltung zu verschaffen und den tatsächlichen oder mutmaßlichen Willen des Betroffenen zu erkunden und in das Verfahren einzubringen (BGH

14

NJW 2009, 2814 = FamRZ 2009, 1656). Er ist weder an Weisungen des Betroffenen gebunden noch unterliegt er einer Aufsicht des Gerichts. Er ist selbständiger Verfahrensbeteiligter mit eigenen Verfahrensrechten wie z. B. dem Akteneinsichtsrecht und dem Anspruch auf rechtliches Gehör. Er ist an allen Verfahrenshandlungen zu beteiligen und insbesondere zur Anhörung des Betroffenen zu laden (OLG Köln FGPrax 2008, 136 = BtPrax 2008, 25; BayObLG FamRZ 2002, 629). Das Sachverständigengutachten ist ihm zugänglich zu machen. Da er nicht die Rechtsstellung eines gesetzlichen Vertreters des Betroffenen hat, kann er ein von diesem eingelegtes Rechtsmittel nicht eigenmächtig zurücknehmen (BGH FGPrax 2003, 224). Gegenüber dem Gericht muss er auf die Beachtung des Verhältnismäßigkeitsgrundsatzes und der Verfahrensgarantien zugunsten des Betroffenen drängen.

7. Ende der Verfahrenspflegschaft (Abs. 5)

15 Nach Absatz 5 endet die Verfahrenspflegschaft durch ihre Aufhebung, den Eintritt der formellen Rechtskraft der das Verfahren abschließenden Entscheidung oder mit einem sonstigen Abschluss des Verfahrens etwa durch die Entlassung oder den Tod des Betroffenen, Rücknahme des Antrags oder Erledigung. Eine Aufhebung kommt in den Fällen des Abs. 4 in Betracht und erfolgt durch Beschluss. Wird gegen die Entscheidung des Amtsgerichts Beschwerde oder gegen die Entscheidung des Landgerichts Rechtsbeschwerde eingelegt, besteht die Verfahrenspflegschaft bis zur Entscheidung des BGH. Die Verfahrenspflegerbestellung umfasst nicht automatisch die Verlängerung des Unterbringungsverfahrens.

8. Unanfechtbarkeit (Abs. 6)

16 Nach Abs. 6 können die Bestellung eines Verfahrenspflegers oder deren Aufhebung sowie die Ablehnung einer Bestellung oder Aufhebung nicht isoliert angefochten werden. Dies entspricht schon der bisherigen Rechtsprechung (BGH BtPrax 2003, 266).

9. Kosten (Abs. 7)

17 Abs. 7 schließt eine Belastung des Verfahrenspflegers mit Verfahrenskosten aus. Die Regelung ist gerechtfertigt, weil der Verfahrenspfleger allein im Interesse des Betroffenen tätig wird und deshalb keine Kostenrisiken tragen darf. Zu den Vergütungs- und Aufwendungsersatzansprüchen des Verfahrenspflegers siehe § 318.

Vergütung und Aufwendungsersatz des Verfahrenspflegers

318 Für die Vergütung und den Aufwendungsersatz des Verfahrenspflegers gilt § 277 entsprechend.

1. Anwendungsbereich

1 Die Vorschrift entspricht inhaltlich dem früheren § 70b Abs. 1 Satz 3 FGG und verweist auf die Regelungen zur Vergütung und zum Aufwendungsersatz eines Verfahrenspflegers in Betreuungssachen. Die Vorschrift des § 277, auf die verwiesen wird, lautet:

(1) Der Verfahrenspfleger erhält Ersatz seiner Aufwendungen nach § 1835 Abs. 1 bis 2 des Bürgerlichen Gesetzbuchs. Vorschuss kann nicht verlangt werden. Eine Behörde oder ein Verein erhält als Verfahrenspfleger keinen Aufwendungsersatz.

(2) § 1836 Abs. 1 und 3 des Bürgerlichen Gesetzbuchs gilt entsprechend. Wird die Verfahrenspflegschaft ausnahmsweise berufsmäßig geführt, erhält der Verfahrenspfleger neben den Aufwendungen nach Absatz 1 eine Vergütung in entsprechender Anwendung der §§ 1, 2 und 3 Abs. 1 und 2 des Vormünder- und Betreuervergütungsgesetzes.

(3) Anstelle des Aufwendungsersatzes und der Vergütung nach den Absätzen 1 und 2 kann das Gericht dem Verfahrenspfleger einen festen Geldbetrag zubilligen, wenn die für die Führung der Pflegschaftsgeschäfte erforderliche Zeit vorhersehbar ist und ihre Ausschöpfung durch den Verfahrenspfleger gewährleistet ist. Bei der Bemessung des Geldbetrags ist die voraussichtlich erforderliche Zeit mit den in § 3 Abs. 1 des Vormünder- und Betreuervergütungsgesetzes bestimmten Stundensätzen zuzüglich einer Aufwandspauschale von 3 Euro je veranlagter Stunde zu vergüten. In diesem Fall braucht der Verfahrenspfleger die von ihm aufgewandte Zeit und eingesetzten Mittel nicht nachzuweisen; weitergehende Aufwendungsersatz- und Vergütungsansprüche stehen ihm nicht zu.

(4) Ist ein Mitarbeiter eines anerkannten Betreuungsvereins als Verfahrenspfleger bestellt, stehen der Aufwendungsersatz und die Vergütung nach den Absätzen 1 bis 3 dem Verein zu. § 7 Abs. 1 Satz 2 und Absatz 3 des Vormünder- und Betreuervergütungsgesetzes sowie § 1835 Abs. 5 Satz 2 des Bürgerlichen Gesetzbuchs gelten entsprechend. Ist ein Bediensteter der Betreuungsbehörde als Verfahrenspfleger für das Verfahren bestellt, erhält die Betreuungsbehörde keinen Aufwendungsersatz und keine Vergütung.

(5) Der Aufwendungsersatz und die Vergütung des Verfahrenspflegers sind stets aus der Staatskasse zu zahlen. Im Übrigen gilt § 168 Abs. 1 entsprechend.

Ist dem Betroffenen Verfahrenskostenhilfe bewilligt und ein Rechtsanwalt 2 beigeordnet worden (§§ 76, 78), steht diesem ein Vergütungsanspruch gegen die Staatskasse aus § 45 RVG zu. Die Vergütungsregelung des § 318 gilt auch dann nicht, wenn Rechtsanwälte als Verfahrensbevollmächtigte tätig werden.

2. Aufwendungsersatz für Verfahrenspfleger

Ein Anspruch auf Aufwendungsersatz steht sowohl dem ehrenamtlichen 3 als auch dem berufsmäßigen Verfahrenspfleger nach Maßgabe des § 1835 Abs. 1 bis 2 BGB zu (§ 277 Abs. 1 Satz 1). Einen Vorschuss auf seine Aufwendungen kann der Verfahrenspfleger nicht verlangen (§ 277 Abs. 1 Satz 2). Wird ein Rechtsanwalt als Verfahrenspfleger tätig, ist es ihm grundsätzlich verwehrt, seine Tätigkeit nach dem RVG abzurechnen und in dieser

Höhe Aufwendungsersatz gemäß § 1835 Abs. 3 BGB zu verlangen (vgl. BVerfG FamRZ 2000, 1280 und 1284; BayObLG BtPrax 2002, 121). Dies gilt nach h. M. (OLG Schleswig NJW-RR 2009, 79; OLG München BtPrax 2008, 219; OLG Düsseldorf FamRZ 2008, 76; OLG Frankfurt BeckRS 2005, 07817; Jürgens/*Kretz* § 277 Rn. 5) aber dann nicht, wenn der konkrete Fall vertiefte, spezifische Rechtskenntnisse erfordert und deshalb ein anderer, einschlägig erfahrener und beruflich tätiger Verfahrenspfleger einen Rechtsanwalt beauftragt hätte. Dies wird besonders häufig im Unterbringungsrecht der Fall sein, da die Verteidigung gegen eine Freiheitsentziehung ureigenste Aufgabe von Rechtsanwälten ist. Zur Vermeidung späterer Auseinandersetzungen sollte das Gericht bereits bei der Bestellung des Verfahrenspflegers klarstellen, ob die Hinzuziehung des Rechtsanwalts wegen der rechtlichen Schwierigkeiten erfolgte.

3. Vergütung des Verfahrenspflegers

4 Der Verfahrenspfleger erhält neben den Aufwendungen eine Vergütung, wenn bei seiner Bestellung festgestellt wird, dass die Verfahrenspflegschaft berufsmäßig geführt wird (§§ 277 Abs. 2 Satz 1, 1836 Abs. 1 Satz 2 BGB). Die Feststellung der Berufsmäßigkeit kann nachgeholt werden, wenn sie versehentlich unterblieb (OLG Naumburg FamRZ 2009, 370; OLG Hamm FGPrax 2008, 106). Die Höhe der Vergütung richtet sich gemäß § 277 Abs. 2 Satz 2 nach §§ 1, 2 und 3 Abs. 1 und 2 VBVG.

5 Erfüllt ein Verfahrenspfleger nicht die Voraussetzungen der §§ 1836 Abs. 1 Satz 2, 3 BGB, 1 Abs. 1 VBVG, kommt eine Vergütung nicht in Betracht.

4. Pauschalierung von Aufwendungsersatz und Vergütung

6 Anstelle des Aufwendungsersatzes und der Vergütung kann das Betreuungsgericht dem Verfahrenspfleger einen festen Geldbetrag zubilligen, wenn die für die Führung der Pflegschaftsgeschäfte erforderliche Zeit vorhersehbar und ihre Ausschöpfung durch den Verfahrenspfleger gewährleistet ist (§ 277 Abs. 3). Dadurch wird der Einzelnachweis der aufgewandten Zeit entbehrlich.

5. Verfahren

7 Neben dem Einzelverfahrenspfleger ist auch der anerkannte Betreuungsverein berechtigt, für die von ihm beschäftigten Mitarbeiter Aufwendungsersatz und Vergütung zu verlangen, wenn er zum Vereinsverfahrenspfleger bestellt wird (§ 277 Abs. 4). Schuldner des Aufwendungsersatzes und der Vergütung ist die Landeskasse (§ 277 Abs. 5 Satz 1), die die gezahlten Beträge unter Umständen als Verfahrensauslagen gemäß §§ 93a Abs. 2, 137 Abs. 1 Nr. 16, 128b Satz 2 KostO vom Betroffenen zurückfordern kann. Das Verfahren zur Festsetzung der Vergütung richtet sich nach § 168 Abs. 1 (§ 277 Abs. 5 Satz 2).

8 Der Beschluss zur Festsetzung von Aufwendungen und Vergütung ist mit der befristeten Beschwerde anfechtbar, wenn die Beschwer 600 Euro übersteigt oder das Betreuungsgericht die Beschwerde zulässt, weil die Rechtssache grundsätzliche Bedeutung hat oder die Fortbildung des Rechts oder die Sicherung einer einheitlichen Rechtsprechung eine Entscheidung des Beschwerdegerichts erfordert (§ 61 Abs. 1, 3). Kein Beschwerderecht besteht gegen die Feststellung der (Nicht)Berufsmäßigkeit der Verfahrenspflegschaft.

Anhörung des Betroffenen

319 (1) **Das Gericht hat den Betroffenen vor einer Unterbringungsmaßnahme persönlich anzuhören und sich einen persönlichen Eindruck von ihm zu verschaffen. Den persönlichen Eindruck verschafft sich das Gericht, soweit dies erforderlich ist, in der üblichen Umgebung des Betroffenen.**

(2) **Das Gericht unterrichtet den Betroffenen über den möglichen Verlauf des Verfahrens.**

(3) **Soll eine persönliche Anhörung nach § 34 Abs. 2 unterbleiben, weil hiervon erhebliche Nachteile für die Gesundheit des Betroffenen zu besorgen sind, darf diese Entscheidung nur auf Grundlage eines ärztlichen Gutachtens getroffen werden.**

(4) **Verfahrenshandlungen nach Absatz 1 sollen nicht im Wege der Rechtshilfe erfolgen.**

(5) **Das Gericht kann den Betroffenen durch die zuständige Behörde vorführen lassen, wenn er sich weigert, an Verfahrenshandlungen nach Absatz 1 mitzuwirken.**

1. Anwendungsbereich und Normzweck

Die Vorschrift ersetzt den früheren § 70c FGG. Sie regelt die Verpflichtung des Gerichts zur persönlichen Anhörung des Betroffenen in allen Unterbringungssachen des § 312, also einschließlich der unterbringungsähnlichen Maßnahmen. Sie gilt auch für die Verlängerung von Unterbringungsmaßnahmen (§ 329 Abs. 2 Satz 1) und vorläufige Unterbringungsmaßnahmen durch einstweilige Anordnung (§ 331 Satz 1 Nr. 4) oder einstweilige Maßregel (§ 334). Will das Gericht dagegen eine Unterbringungsmaßnahme ablehnen oder abkürzen, richtet sich die Notwendigkeit der persönlichen Anhörung allein nach § 26 (aA wegen der Kontrollfunktion des Gerichts Prütting/Helms/Roth § 319 Rn. 3). Gleiches gilt in Verfahren zur Klärung der Rechtmäßigkeit einer erledigten Unterbringungsmaßnahme (OLG Schleswig FamRZ 2000, 247).

Die Vorschrift verfolgt nicht nur den Zweck, den Betroffenen in den Entscheidungsprozess einzubeziehen, indem ihm rechtliches Gehör gewährt wird. Vorrangiger Zweck der persönlichen Anhörung ist es, dem Richter einen unmittelbaren Eindruck von dem Betroffenen und der Art seiner Erkrankung zu verschaffen, damit er ein klares und umfassendes Bild von der Persönlichkeit des Unterzubringenden gewinnen und seiner Kontrollfunktion gegenüber Zeugen und Sachverständigen genügen kann (BVerfG NJW 1990, 2309; BGH BtPrax 2009, 236 = FamRZ 2009, 1664; OLG Hamm

BtPrax 2008, 37; OLG München BeckRS 2005, 12822; OLG Schleswig FPR 2004, 709). Das Gericht darf bei derart wichtigen Angelegenheiten, die die Freiheitsrechte der Betroffenen berühren, keine Entscheidungen nur auf Grund von Beweismitteln treffen. Im Übrigen gehört die mündliche Anhörung des Betroffenen vor der Entscheidung über eine Freiheitsentziehung zu den wesentlichen Verfahrensgarantien des Art. 104 Abs. 1 GG und ist das Kernstück der Amtsermittlung (vgl. BVerfG NJW 2009, 2659; InfAuslR 2008, 308; 2006, 462 zum inhaltsgleichen § 5 Abs. 1 FEVG).

2. Anhörung des Betroffenen (Abs. 1, 2, 4)

3   Nach **Abs. 1 Satz 1** muss das Gericht den Betroffenen vor einer Unterbringungsmaßnahme persönlich (d. h. mündlich) anhören und sich einen persönlichen (d. h. unmittelbaren) Eindruck verschaffen.

4   a) **Durchführung der Anhörung.** Die Art und Weise der Anhörung muss sich an ihrer Funktion orientieren: Erstens geht es um die Gewährung des rechtlichen Gehörs: Der Betroffene muss Gelegenheit erhalten, sich gegen die drohende Unterbringung zu verteidigen. Zweitens handelt es sich um einen **Teil der Beweisaufnahme:** Der Richter soll unter Wahrung der Würde und des Persönlichkeitsrechts des Betroffenen so viel wie möglich über dessen psychischen Zustand erfahren. Das stellt hohe Anforderungen an die Kompetenz und Sensibilität des Richters. Es würde den Rahmen dieser Kommentierung sprengen, das tatsächlich zweckmäßige und zugleich rechtlich richtige Verhalten unter Berücksichtigung der infrage kommenden Krankheitsbilder im Einzelnen darzustellen (vgl. hierzu *Coeppicus* FamRZ 1991, 892). Deshalb nur folgende Hinweise:

5   Die Anhörung ist **keine Vernehmung**. Es verbietet sich deshalb, die Richtung der Äußerungen des Betroffenen wie bei einer Beweisaufnahme zu steuern oder Tatsachen „abzufragen". Stattdessen kommt es darauf an, dass der Betroffene – soweit möglich in Kenntnis der Verfahrenslage, die ihm einleitend zu eröffnen ist – von sich aus spricht. Die Rolle des Richters ist dabei der des Psychiaters im psychiatrischen Interview nicht unähnlich, wenn auch das Erfordernis, den Betroffenen soweit wie möglich als Subjekt des Verfahrens zu behandeln, einige Besonderheiten gebietet.

6   Der **Stil der Anhörung** lässt sich mit folgenden Stichworten kennzeichnen:

> – Der Richter nimmt mit seiner Haltung konsequent die Mitte zwischen Anteilnahme und Distanz ein. Das schafft einen Schwebezustand, in dem eine Autoritätsangst des Betroffenen am leichtesten aufgelöst werden kann. Dadurch lassen sich sowohl verbale Aggressivität als auch Servilität abbauen.
> – Er ist unbeirrbar sowohl freundlich als auch ernst. Bei der Offenbarung mancher besonders skurriler Wahnbildungen ist es mitunter äußerst schwierig, ernst zu bleiben, dennoch ist es unerlässlich. Lachen ist nur angebracht, wenn der Betroffene es erkennbar hervorrufen will.

> – Er äußert weder Kritik noch einen Vorwurf oder sonst eine Stellungnahme, auch nicht durch Mimik. Er versucht nicht, Äußerungen des Betroffenen richtig zu stellen.
> – Er unterbricht den Betroffenen nicht. Erst bei einem längeren Redeschwall ist es angebracht, den Betroffenen durch eine kurze Frage auf einen anderen Gegenstand zu lenken.
> – Er zeigt seine Aufmerksamkeit durch Blickkontakt, gelegentliches Vorbeugen, Kopfnicken oder ähnliches.
> – Er fördert die Äußerungsbereitschaft des Betroffenen durch konsequent neutrale, offene Fragen wie etwa: „Und was geschah dann?" oder auch nur: „Ja?" oder „Hm". Wenn der Betroffene ins Stocken gerät und schweigt, kann es angebracht sein, seine letzten Äußerungen mit betontem Verständnis zu wiederholen.
> – Er stellt keine Fang- oder Suggestivfragen (aA *Coeppicus* FamRZ 1991, 892). Auch wenn eine Suggestivfrage in einem anderen Zusammenhang nicht zu beanstanden wäre, hier ist sie unzulässig, weil der Betroffene, bei dem mit einer psychischen Krankheit oder Behinderung zu rechnen ist, besonderen Schutz braucht.
> – Die verbreitete Übung, den Betroffenen kleine Rechenaufgaben zu stellen, sie nach dem Datum oder bekannten Persönlichkeiten zu fragen, ist zu vermeiden. Menschen, die die Fähigkeit zur richtigen Beantwortung solcher Fragen verloren haben, empfinden trotzdem noch das Demütigende einer solchen Befragung. Psychisch Kranke sind keine Kinder. Man kann die gewünschten Erkenntnisse auch ohne solche Demütigungen gewinnen.
> – Wenn im weiteren Verlauf der Anhörung Fragen offen bleiben, so stellt der Anhörende sie so neutral wie möglich, also etwa: „Ich höre, es soll da Ärger mit X gegeben haben. Stimmt denn das?"
> – Er belastet das Gespräch möglichst nicht durch Mitschreiben oder durch ein Aufnahmegerät, so dass häufig nur kurze Notizen angebracht sind. Nur wenn es entscheidend auf die Beantwortung bestimmter Fragen ankommt, kann eine wörtliche Protokollierung angebracht sein.

Die Anhörung des Betroffenen erfolgt nach § 170 Abs. 1 Satz 1 GVG **7** **nicht öffentlich**, so dass außer dem Richter, dem Verfahrensbevollmächtigten des Betroffenen und seiner Vertrauensperson (§ 170 Abs. 1 Satz 3 GVG), dem Verfahrenspfleger und dem hinzugezogenen Sachverständigen keine weiteren Personen ein Anwesenheitsrecht haben. Andere Personen dürfen nach pflichtgemäßem Ermessen des Gerichts nur teilnehmen, wenn der Betroffene nicht widerspricht (§ 170 Abs. 1 Satz 2 GVG). Dies gilt auch für sonstige Beteiligte (§ 315) des Verfahrens wie den Betreuer oder Angehörige, denen nicht etwa aufgrund ihrer Beteiligtenstellung ein eigenes Recht zur Teilnahme an der persönlichen Anhörung des Betroffenen zusteht (Jürgens/*Kretz* § 278 Rn. 20; Keidel/*Budde* § 278 Rn. 5; Bahrenfuss/*Grotkopp* § 319 Rn. 5).

8 Über die persönliche Anhörung hat der Richter einen **Vermerk** anzufertigen, in den die wesentlichen Vorgänge der Anhörung aufzunehmen sind (§ 28 Abs. 4). Der Eindruck von dem Betroffenen als Ergebnis der Augenscheineinnahme durch den Richter sollte immer aufgenommen werden. In jedem Fall ist die Mitteilung von großer Bedeutung, ob der Betroffene unter dem Einfluss von Medikamenten steht.

9 Die früher in § 70c Satz 5 i. V. m. § 68 Abs. 5 FGG vorgesehene Notwendigkeit eines Schlussgesprächs ist entfallen (BT-Drs. 16/6308 S. 267).

10 **b) Inhalt der Anhörung.** Der Inhalt der persönlichen Anhörung des Betroffenen gestaltet sich wie folgt (vgl. HK-BUR/*Bauer* § 70c Rn. 26 ff., 32 ff., *Zimmermann* FamRZ 1990, 1308, 1310; *Coeppicus* FamRZ 1991, 892):
- Vorstellung der Person und Funktion des Richters und des ärztlichen Sachverständigen,
- Transparenz der Verfahrens durch Information des Betroffenen über den Gegenstand und möglichen Verlauf des Verfahrens **(Abs. 2),** soweit dies nicht bereits vorher erfolgt ist,
- Inaugenscheinnahme des Betroffenen und seiner Umgebung (unmittelbarer Eindruck von dem Betroffenen und seinem psychosozialen Umfeld),
- Klärung des Sachverhalts, der den Freiheitsentzug angeblich erforderlich macht (Wie ist es zum Verfahren gekommen? Treffen die Äußerungen dritter Personen über die Verhaltensweisen des Betroffenen in der Vergangenheit zu? Welche Hilfen stehen dem Betroffenen zur Verfügung?),
- Erörterung des Inhalts des rechtzeitig vor der Anhörung übersandten vollständigen, schriftlichen Gutachtens (OLG Schleswig NJW-RR 2008, 380 = BtPrax 2008, 43; KG FGPrax 2008, 40 = BtPrax 2008, 38; FamRZ 2007, 1042; BayObLG BtPrax 2003, 175; OLG Düsseldorf BtPrax 1996, 188); wird das Gutachten des Sachverständigen bei der Anhörung lediglich mündlich erstattet, tritt häufig eine Überforderung des Betroffenen ein, insbesondere, wenn von ihm eine sofortige Stellungnahme zu der Ausführungen des Sachverständigen verlangt wird (KG FGPrax 2008, 40),
- (soweit nicht vorher erfolgt) Feststellung, welche Angehörigen in das Verfahren einzubeziehen sind (§ 320),
- (soweit nicht vorher erfolgt) Klärung, wer als Angehöriger oder Vertrauensperson(en) (§ 315 Abs. 4 Nr. 2) zu beteiligen ist,
- (soweit nicht vorher erfolgt) Klärung, ob ein Rechtsanwalt oder eine andere Person bevollmächtigt ist oder bevollmächtigt werden soll,
- (soweit nicht vorher erfolgt) Klärung ob ein Verfahrenspflegers (§ 317) zu bestellen ist,
- Erörterung des Ergebnisses der bisherigen Anhörung und des unmittelbaren Eindrucks,
- Prüfung der Unterrichtungsfähigkeit des Betroffenen (§ 338).

11 **c) Zeit und Ort der Anhörung.** Das Gericht muss den Betroffenen außer bei Gefahr im Verzug (§ 332) grundsätzlich vor dem Erlass der Entscheidung anzuhören. Nähere Angaben zum **Zeitpunkt der Anhörung** enthält § 319 nicht. Regelmäßig wird es zur Sicherung des rechtlichen Gehörs des Betroffenen erforderlich sein, ihn insbesondere zu dem medizinischen Sachverständigengutachten (§ 321) anzuhören, um dessen Feststellungen und die Erforderlichkeit einer geschlossenen Unterbringung überprüfen zu können (Keidel/*Budde* § 319 Rn. 4). Um den Betroffenen einerseits möglichst frühzeitig am Verfahren zu beteiligen und andererseits umfassend über das Ergebnis der Ermittlungen zu informieren, ist es bei einem späten Anhörungstermin jedenfalls geboten, ihn zu Beginn des Verfahrens schriftlich über dessen Einleitung und den Verfahrensverlauf zu informieren.

Auch zum **Ort der Anhörung** enthält das Gesetz nur einen indirekten Hinweis. Nach **Abs. 1 Satz 2** verschafft sich das Gericht den persönlichen Eindruck, soweit dies erforderlich ist, in der üblichen Umgebung des Betroffenen (sog. Milieuanhörung). Die Anhörung wird wegen des Amtsermittlungsgrundsatzes (§ 26) **regelmäßig in der Wohnung des Betroffenen, dem Krankenhaus oder dem Heim**, in dem er lebt, stattfinden müssen. Der Zustand der Wohnung des Betroffenen ist für die Beurteilung seines psychischen Zustands und seiner vorhandenen Fähigkeiten von ebenso großem Erkenntniswert wie bauliche und pflegerische Besonderheiten der Einrichtung bei der Beurteilung der Notwendigkeit unterbringungsähnlicher Maßnahmen. Eine realistische Einschätzung der Gefahrensituation wird deshalb häufig nur möglich sein, wenn der Betroffene an seinem gewöhnlichen Aufenthaltsort aufgesucht und sein Wohnumfeld in die Beurteilung einbezogen wird (HK-BUR/*Bauer* § 70c Rn. 36a). Bei einem mutmaßlich psychisch gestörten oder kranken Menschen muss außerdem damit gerechnet werden, dass er einer Ladung ins Gericht nicht folgt, Zwangsmaßnahmen (Abs. 5) contraproduktiv sind und die Umgebung des Gerichts die Kommunikation erheblich beeinträchtigen wird. Allerdings steht dem Betroffenen ein Widerspruchsrecht gegen das Betreten seiner Wohnung zu, was sich mittelbar aus der Vorführungsmöglichkeit nach Abs. 5 ergibt (Jürgens/*Marschner* § 319 Rn. 10; HK-BUR/*Bauer* § 70c Rn. 36b; aA Keidel/*Budde* § 319 Rn. 2).

3. Absehen von der mündlichen Anhörung (Abs. 3)

Die persönliche Anhörung des Betroffenen (nicht die Verschaffung des persönlichen Eindrucks) kann nach Abs. 3 i.V.m. § 34 Abs. 2 unterbleiben, wenn hiervon erhebliche Nachteile für seine Gesundheit zu besorgen sind oder dieser offensichtlich nicht in der Lage ist, seinen Willen kundzutun, d.h. weder verbal noch nonverbal kommunizieren kann. Die Feststellungen zu den erheblichen, insbesondere irreversiblen oder lebensgefährlichen, gesundheitlichen Schäden durch die persönliche Anhörung müssen durch das Gutachten eines nicht in der Unterbringungseinrichtung tätigen ärztlichen Sachverständigen konkret dargelegt und nachgewiesen sein. Vorübergehende Beeinträchtigungen oder Nachteile, denen medikamentös entgegengewirkt werden kann, reichen keinesfalls aus (OLG Karlsruhe FamRZ 1999, 670). Die Regelung ist abschließend. Dass der Betroffene selbst von der Notwendigkeit einer Unterbringung ausgeht, rechtfertigt es nicht, von der persönlichen Anhörung abzusehen (BayObLG FamRZ 1995, 695). Wird von einer Anhörung abgesehen, ist ein Verfahrenspfleger zu bestellen.

D Das Unterbringungsverfahren

14 Die Regelung, aus Gründen des Gesundheitsschutzes auf eine persönliche Anhörung zu verzichten, begegnet erheblichen tatsächlichen und rechtlichen **Bedenken:** Ein „therapeutisches Privileg", das es ermöglicht, einen psychisch Gestörten oder Kranken einzusperren, ohne ihm den Grund zu nennen, gibt es nicht. Ärztliche Gutachten, in denen derartiges behauptet wird, beruhen nicht auf wissenschaftlich gesicherten Erfahrungen, sondern auf einer überholten Ideologie (vgl. *Dörner* R&P 1983, 13; *Schumacher* FamRZ 1991, 280; *Porter* 1999). Zwar kann man befürchten, dass die Konfrontation mit seiner Krankheit und deren Symptomen bei dem Betroffenen große emotionale Erregung hervorruft. Aber dass ihm das erheblich in seiner psychischen Gesundheit schade, und zwar mehr als das Verfahren selbst, die Unterbringungsentscheidung, deren Vollstreckung und deren Vollzug, ist wissenschaftlich unbelegt und abgesehen von der noch zu erörternden, seltenen Ausnahme aus dem Bereich der Neurosen und der psychoanalytischen Praxis dem rein ideologisch begründeten Alltagstheorien zuzuordnen. Oder es ist sogar Heuchelei, weil es nämlich in Wahrheit nicht um den Schutz des Kranken geht, sondern um den Schutz des Richters vor einer zeitraubenden und vielleicht peinlichen, emotional belastenden Begegnung. Die Frage möglicher gesundheitlicher Nachteile durch Offenbarung ist im Sigmund-Freud-Institut in Frankfurt näher untersucht worden mit dem Ergebnis, dass es gelegentlich unbewusste psychische Zustände von der Art von „Lebenslügen" gibt, die der Psychoanalytiker nur im Rahmen eines länger andauernden therapeutischen Kontakts aufdecken, die er aber nicht abrupt zur Unzeit zerstören darf (vgl. *Becker-Tussaint et al.* 1981 S. 53). Das rechtfertigt aber weder die Geheimhaltung vor dem Betroffenen im gerichtlichen Verfahren, in dem ihm Freiheitsentzug droht (vgl. *Pfäfflin* R&P 1983, 18; *Lesting* R&P 1991, 56), noch ist es überhaupt auf die psychischen Zustände übertragbar, die zu einer Unterbringungsmaßnahme nach §§ 312 ff. führen können. Außerdem ist zu bedenken, dass Verfahrenspfleger und insbesondere Verfahrensbevollmächtigte ihren Aufgaben gerecht werden müssen. Wie sie das tun sollen, ohne mit dem Betroffenen ein Gespräch mit eben dem Inhalt zu führen, den die Anhörung haben würde, ist kaum vorstellbar. Durch die Akteneinsicht des beauftragten Rechtsanwalts und die nachfolgende pflichtgemäße Information des Mandanten kann sich dieser die ihm vorenthaltenen Informationen ohnehin beschaffen. Ist ein Gespräch also möglich, so ist es zu führen; sonst ist Art. 103 Abs. 1 GG verletzt.

4. Anhörung im Wege der Rechtshilfe (Abs. 4)

15 Nach Abs. 4 sollen die persönliche Anhörung und die Verschaffung eines persönlichen Eindrucks nicht im Wege der Rechtshilfe erfolgen, also nicht durch den ersuchten Richter eines anderen Gerichts. Angesichts der Bedeutung einer Unterbringungsmaßnahme für die Freiheitsrechte des Betroffenen und des Zwecks der Regelung (Rn. 2) kommen Ausnahmen nur in äußerst seltenen Fällen etwa bei der Genehmigung geringfügiger freiheitsentziehender Maßnahmen (§ 1906 Abs. 4 BGB) in Betracht. Der Umstand, dass der Richter zu einem auswärtigen Aufenthaltsort des Betroffenen reisen müsste, kann einen Ausnahmefall grundsätzlich nicht begründen. Das Problem einer

§ 320. Anhörung der sonstigen Beteiligten und der zuständigen Behörde **D**

aufwändigen Reisetätigkeit wird durch die Abgabemöglichkeit nach § 314 und dadurch entschärft, dass bei einstweiligen Anordnungen eine Anhörung des Betroffenen im Wege der Rechtshilfe abweichend von Abs. 4 zulässig ist (§ 331 Satz 2).

5. Vorführung des Betroffenen (Abs. 5)

Nach Abs. 5 kann das Gericht den Betroffenen durch die zuständige Behörde vorführen lassen, wenn er sich weigert, an Verfahrenshandlungen nach Abs. 1, also der persönlichen Anhörung und der Verschaffung des persönlichen Eindrucks mitzuwirken. Der Grundsatz der **Verhältnismäßigkeit** verlangt, dass ausreichende Anknüpfungstatsachen vorliegen, die einen solchen Eingriff in das Persönlichkeitsrecht des Betroffenen rechtfertigen (Jürgens/*Kretz* § 319 Rn. 17). Von einer Weigerung zur Mitwirkung kann ausgegangen werden, wenn der Betroffene trotz ordnungsgemäßer Ladung zum Anhörungstermin nicht erschienen oder den Zutritt zu seiner Wohnung verweigert hat. Die Vorführung wird nicht durch den Gerichtsvollzieher, sondern die zuständige Fachbehörde (§ 1 BtBG) durchgeführt. 16

Die Vorführung kann nicht gegen den Widerstand des Betroffenen durchgeführt werden, da der Einsatz von Zwang, etwa das Öffnen der Wohnung, in § 319 nicht geregelt ist (Prütting/Helms/*Roth* § 319 Rn. 18; vgl. BVerfG FamRZ 2009, 1814). Die daraus für die Praxis folgenden Probleme lassen sich weder durch Auslegung beseitigen noch als redaktionelles Versehen wegdiskutieren (aA Jürgens/*Kretz* § 278 Rn. 18). 17

6. Verfahrensrecht

Ein Verstoß gegen die Anhörungspflicht führt zur Rechtswidrigkeit einer gleichwohl durchgeführten Unterbringung, der auch rückwirkend nicht mehr zu heilen ist (BVerfG NJW 1990, 2309; BGH BtPrax 2009, 236; OLG Hamm BtPrax 2008, 37). Etwas anderes gilt nur, wenn die Anhörung am Widerstand des Betroffenen scheitert. Zur Haftung des Richters wegen Amtspflichtverletzung bei pflichtwidrig unterlassener Anhörung vgl. BGH BtPrax 2009, 236 = FamRZ 2009, 1664; KG R&P 1996, 86. 18

Für das Beschwerdeverfahren gelten die Verfahrenshandlungen nach Abs. 1 Satz 1 entsprechend (§ 68 Abs. 3 Satz 1). Von der Anhörung der Betroffenen kann im Beschwerdeverfahren ausnahmsweise gem. § 68 Abs. 3 Satz 2 FamFG abgesehen werden, wenn der Betroffene in erster Instanz persönlich angehört worden ist und von einer erneuten Anhörung keine zusätzlichen Erkenntnisse zu erwarten sind (vgl. BGH FGPrax 2010, 163). Die Anhörung des Betroffenen darf nicht auf den beauftragten Richter einer Beschwerdekammer übertragen werden (Jürgens/*Kretz* § 278 Rn. 15). 19

Anhörung der sonstigen Beteiligten und der zuständigen Behörde

320 Das Gericht hat die sonstigen Beteiligten anzuhören. Es soll die zuständige Behörde anhören.

Die Vorschrift knüpft an den früheren § 70d Abs. 1 FGG an. Sie regelt im Anschluss an § 319 (Anhörung des Betroffenen) die Anhörung der sons- 1 tigen Beteiligten und der zuständigen Behörde in Unterbringungssachen eines Volljährigen. Für die Anhörungspflichten bei der Unterbringung Minderjähriger gilt der speziellere § 167 Abs. 4. Besonderheiten gelten auch hinsichtlich der Anhörung der Beteiligten bei der einstweiligen Anordnung gemäß § 332 und den einstweiligen Maßregeln gemäß § 334 (vgl. § 332 S. 342f., § 334 S. 346).

1. Anhörung der sonstigen Beteiligten

2   Nach **Satz 1** hat das Gericht die sonstigen Beteiligten zwingend anzuhören, was sich bereits aus Art. 103 Abs. 1 GG ergibt. Die sonstigen Beteiligten sind mit Ausnahme des Betroffenen (für den § 319 gilt) alle Beteiligten im Sinne von § 315. Während der frühere § 70d Abs. 1 FGG die anzuhörenden Personen gesondert aufführte, knüpft Satz 1 also an die formale Beteiligtenstellung an. Bei der zuständigen Behörde setzt dies nach § 315 Abs. 3 ihren Antrag, bei den Kann-Beteiligten des § 315 Abs. 4 ihre Hinzuziehung voraus. Damit geht eine Einschränkung der Anhörungspflichten einher (zust. *Grotkopp* SchlHA 2008, 261). Der Betroffene kann der Anhörung nicht widersprechen. Der entgegenstehende Wille des Betroffenen ist allerdings bei der Entscheidung über die Beteiligung zu beachten und abzuwägen.

3   Die Anhörungen dienen der **Sachverhaltsaufklärung** und der **Sicherung des Rechtsschutzes** des Betroffenen (HK-BUR/*Bauer* § 70d Rn. 11). Die Entscheidung des Gerichts soll auf eine möglichst breite Grundlage gestellt werden. Angesichts der Bedeutung einer Unterbringungsmaßnahme für den Betroffenen sollen außerdem alle relevanten Gesichtspunkte zu seinen Gunsten ermittelt werden. Die anzuhörenden Personen sind an sich **keine Zeugen** und zur Äußerung nicht verpflichtet (Jürgens/*Marschner* § 320 Rn. 4; Prütting/Helms/*Roth* § 320 Rn. 4). Ihre beweisrechtliche Stellung ist derjenigen des Ehegatten oder des mit der Person des Angeklagten befassten Sozialarbeiters im Strafverfahren vergleichbar (vgl. zum Ehegatten als Beistand § 149 StPO, zur Gerichtshilfe Art. 294 EGStGB, § 160 Abs. 3 S. 2, 463d StPO, zur Jugendgerichtshilfe §§ 38, 50 Abs. 3, 107 JGG, zum Bewährungshelfer §§ 56d, 68a StGB, 453 Abs. 1 S. 4 StPO). Ihre Äußerungen können Hinweise auf – im Rahmen der Aufklärungspflicht (§ 26 FamFG) – zu erhebende Beweise geben. Wenn das Gericht ihren Äußerungen wesentliche Bedeutung für die Entscheidung beimisst, werden die Auskunftspersonen zu **Zeugen** mit Zeugnispflicht, soweit ihnen nicht ein Zeugnisverweigerungsrecht zusteht (Jürgens/*Marschner* § 320 Rn. 5; HK-BUR/*Bauer* § 70d Rn. 19). Der Leiter der Einrichtung kann unter Umständen in die Stellung als Sachverständiger rücken. Diese beweisrechtliche Veränderung fällt in dem für die Vorbereitung der Entscheidung über eine vorläufige Unterbringung geltenden Freibeweisverfahren (vgl. hierzu oben Vorbem. vor § 312 S. 245) meist nicht auf, weil die Gerichte ihren dann möglicherweise einsetzenden Belehrungspflichten nicht nachkommen. Die Belehrungspflichten gelten aber sowohl im Freibeweis- als auch im Strengbeweisverfahren (vgl. hierzu Vorbem. vor § 312 S. 246).

§ 321. Einholung eines Gutachtens

Unabhängig von einer Verfahrensbeteiligung kann das Gericht von weiteren Personen im Wege der Amtsermittlung einzelne Informationen erfragen. Hierdurch wird die Auskunftsperson nicht Beteiligter (§ 7 Abs. 6 FamFG). 4

2. Anhörung der zuständigen Behörde

Unabhängig von ihrer Beteiligtenstellung soll die zuständige Behörde nach **Satz 2** angehört werden. Die Vorschrift hat vor allem Bedeutung in Verfahren der zivilrechtlichen Unterbringung (§ 312 Nr. 1 und 2), in denen die Betreuungsbehörde in der Regel nicht Beteiligte des Verfahrens ist. Auch wenn die Behörde eine Beteiligung nicht beantragt hat, soll das Gericht ihren Sachverstand etwa im Hinblick auf mildere Mittel als die Unterbringung nutzen. Unabhängig davon kann die zuständige Behörde bereits nach § 7 Abs. 1 oder § 315 Abs. 3 Beteiligte des Verfahrens und damit nach Satz 1 zwingend anzuhören sein. Zur Zuständigkeit der Behörde vgl. § 315 Rn. 8. 5

3. Verfahren

Die **Durchführung der Anhörung** ist nicht an eine bestimmte Form gebunden. Anders als bei der Anhörung des Betroffenen muss nicht zwingend eine persönliche Anhörung (zur gesetzlichen Terminologie vgl. § 319 Rn. 3) durchgeführt werden. Das Gericht hat deshalb nach pflichtgemäßem Ermessen zu entscheiden, ob es für die Amtsermittlung (§ 26) ausreicht, den Anzuhörenden schriftlich unter Fristsetzung Gelegenheit zur Äußerung zu geben. Eine Einholung telefonischer Äußerungen sollte wegen der damit verbundenen Unsicherheit vermieden werden (HK-BUR/*Bauer* § 70 d Rn. 18 d). 6

Der Betroffene hat grundsätzlich das Recht auf Teilnahme an mündlichen Anhörungen sowie vollständige **Information** über die in der Unterbringungssache eingegangenen Informationen und die Namen der Informanten, soweit das Gericht diese im Rahmen der Entscheidung verwerten will. Die Auskunftspersonen können keine Anonymität und Vertraulichkeit erwarten, weil der Schutz der Auskunftspersonen hinter den Grundsatz des rechtlichen Gehörs zurücktritt (HK-BUR/*Bauer* § 70 d Rn. 20 a). Von einer Unterrichtung des Betroffenen kann ausnahmsweise entsprechend § 34 Abs. 2 abgesehen werden, wenn eine Information erhebliche Nachteile für seine Gesundheit befürchten lässt. Unterbleibt eine erforderliche Anhörung liegt ein **Verfahrensfehler** vor, auf dem die Entscheidung beruhen kann. Eine gleichwohl angeordnete Unterbringung ist rechtswidrig (Prütting/Helms/*Roth* § 320 Rn. 5). 7

Einholung eines Gutachtens

321 (1) **Vor einer Unterbringungsmaßnahme hat eine förmliche Beweisaufnahme durch Einholung eines Gutachtens über die Notwendigkeit der Maßnahme stattzufinden. Der Sachverständige hat den Betroffenen vor der Erstattung des Gutachtens persönlich zu untersuchen oder zu befragen. Das Gutachten soll sich auch auf die vor-**

aussichtliche Dauer der Unterbringung erstrecken. Der Sachverständige soll Arzt für Psychiatrie sein; er muss Arzt mit Erfahrung auf dem Gebiet der Psychiatrie sein.

(2) Für eine Maßnahme nach § 312 Nr. 2 genügt ein ärztliches Zeugnis.

Übersicht

1. Anwendungsbereich und Normzweck	1
2. Einholung eines Sachverständigengutachtens (Abs. 1)	2
a) Beweisanordnung	3
b) Auswahl des Sachverständigen	8
c) Anforderungen an das Gutachten	10
d) Überprüfung des Gutachtens durch das Gericht	15
3. Ärztliches Zeugnis (Abs. 2)	18
4. Therapeutische Verschwiegenheit und Gutachtenverweigerung	21

1. Anwendungsbereich und Normzweck

1 Die Vorschrift ersetzt den früheren § 70e Abs. 1 FGG. Sie zwingt das Gericht in allen Unterbringungssachen des § 312 ausdrücklich zu einer förmlichen Beweisaufnahme, um die medizinischen Voraussetzungen einer Unterbringung zu klären.

2. Einholung eines Sachverständigengutachtens (Abs. 1)

2 In aller Regel ist vor einer Unterbringungsmaßnahme ein Sachverständigengutachten einzuholen. Nur für unterbringungsähnliche Maßnahmen nach § 312 Nr. 2 genügt unter Umständen ein ärztliches Zeugnis (Rn. 18 ff.). Bei der Einholung des Gutachtens hat das Gericht außerordentlich hohe verfahrensrechtliche Anforderungen zu beachten.

3 **a) Beweisanordnung.** Durch die Anordnung der förmlichen Beweisaufnahme gelten die Vorschriften der ZPO über den Beweis durch Sachverständige (§§ 402 ff. ZPO) entsprechend (§ 30 Abs. 1). Die Gutachtenerstattung erfolgt aufgrund eines **Beweisbeschlusses**, der die Tatsachen bezeichnen muss, auf deren Feststellung es für die Beurteilung der Notwendigkeit einer Unterbringungsmaßnahme ankommt. Der Auftrag an den Sachverständigen ist vom Gericht im Hinblick auf die medizinischen Gesichtspunkte der materiell-rechtlichen Voraussetzungen der konkreten Unterbringungsmaßnahme möglichst präzise zu formulieren (vgl. HK-BUR/*Rink* § 70e Rn. 8). Das gesetzlich vorgegebene Beweisthema, wonach sich das Gutachten auch auf die voraussichtliche Dauer der Unterbringung zu erstrecken hat (Abs. 1 Satz 3), muss deshalb um einen **speziellen Fragenkatalog** ergänzt werden (Keidel/*Budde* § 321 Rn. 2). Bei einer Unterbringung zum Zwecke der Heilbehandlung nach § 1906 Abs. 1 Nr. 2 BGB muss beispielsweise nach Inhalt, Gegenstand und Ausmaß einer vom Betroffenen etwa zu duldenden Behandlung und deren therapeutischen Nutzen gefragt werden (vgl. BHG NJW 2006, 1277 = R&P 2006, 141 m. Anm. *Hoffmann*; OLG Stuttgart R&P 2010, 93; OLG Hamm FGPrax 2009, 135; OLG Köln NJW-RR 2006, 1664). Nur so kann gewährleistet werden, dass der Sachverständige ein Gutachten erstattet, das den in Rechtsprechung und Literatur entwickelten Anforderungen entspricht. Die

§ 321. Einholung eines Gutachtens

weitverbreitete Praxis des bloßen Ankreuzens eines knapp gehaltenen Formulars legt demgegenüber häufig bereits die Ursache für ein unzureichendes Gutachten.

Das Gericht hat das Gutachten eines Sachverständigen **einzuholen**. Dazu ist es grundsätzlich erforderlich, dass das Gericht die Erstattung des Gutachtens veranlasst (KG FGPrax 2006, 260). Soweit die antragstellende Behörde im Rahmen der öffentlich-rechtlichen Unterbringung nach Landesrecht dem Antrag ein ärztliches Gutachten beifügt, handelt es sich nicht um ein gerichtlich eingeholtes Gutachten (vgl. LG Tübingen FamRZ 1996, 1344). Gutachten, deren Einholung nicht vom Gericht selbst angeordnet worden sind, können niemals als Sachverständigengutachten im Sinne des § 321 verwertet werden. Von der Möglichkeit, den Aussteller eines solchen Gutachtens als Sachverständigen zu bestellen, sollte das Gericht schon wegen des Anscheins einer Voreingenommenheit Abstand nehmen.

Vor der Einholung des Gutachtens hat das Gericht den Betroffenen über den Zweck der Begutachtung und die Person des Sachverständigen zu **informieren**, weil er nur dann in die Lage versetzt wird, seine Verfahrensrechte wirksam auszuüben (KG FGPrax 2008, 40 = BtPrax 2008, 38; FamRZ 2007, 1043 = R&P 2007, 84 m. Anm. *Lesting*; Jürgens/Marschner § 321 Rn. 2). So eröffnet erst die Gewährung des rechtlichen Gehörs dem Betroffenen die Möglichkeit, den Sachverständigen gegebenenfalls abzulehnen (§ 30 Abs. 1 i. V. m. § 406 ZPO).

Das Gutachten wird in aller Regel **schriftlich** zu erstatten sein. Denn erstens überfordert ein bloß mündlich erstattetes Gutachten den Richter, weil dieser es nur schwer auf etwa vorliegende Mängel und Fehler überprüfen und deshalb seine Entscheidung nicht richtig begründen kann. Zweitens ist die Erstattung eines schriftlichen Gutachtens gegenüber dem Betroffenen, seinem gesetzlichen Vertreter und seinem Verfahrenspfleger eine selbstverständliche prozessuale Pflicht. Wie sollen diese Personen ansonsten ihr rechtliches Gehör sachgerecht, d.h. ohne Überforderung wahrnehmen (vgl. KG FGPrax 2008, 40 = BtPrax 2008, 38) und nach der Unterbringung über die Einlegung von Rechtsmitteln entscheiden können? Wird das Gutachten ausnahmsweise nur mündlich erstattet, hat dies in Anwesenheit des Betroffenen oder seines Verfahrenspflegers zu erfolgen (OLG Schleswig (BtPrax 2008, 43). Das mündliche Gutachten kann im weiteren Verfahren nur dann verwertet werden, wenn die Ausführungen des Sachverständigen in einer Art und Weise aktenkundig gemacht werden, dass sie den Anforderungen an ein schriftliches Gutachten entspricht. Es muss deshalb der Untersuchungsbefund, aus dem der Sachverständige seine Diagnose ableitet, im Einzelnen festgehalten und es müssen die Folgerungen aus den einzelnen Befundtatsachen auf die Diagnose oder die sonst gestellte Beweisfrage nachvollziehbar dargestellt werden (OLG Schleswig FamRZ 2007, 1042 = R&P 2007, 84 m. Anm. *Lesting*; OLG Brandenburg FamRZ 2001, 38).

Hat das Betreuungsgericht ein für die Entscheidung über eine Unterbringungsmaßnahme ausreichendes Gutachten nicht eingeholt, kann der Verfahrensfehler nicht mehr geheilt werden und die Feststellung der Rechtswidrigkeit der Unterbringung (§ 62) begründen.

8 b) Auswahl des Sachverständigen. Die Auswahl des Sachverständigen steht im pflichtgemäßen Ermessen des Gerichts. Es ist eine bestimmte natürliche Person auszuwählen. Die Bezeichnung einer Klinik oder einer Abteilung, eines Instituts oder einer Behörde ist schon deshalb unzulässig, weil dem Betroffenen dadurch das Recht abgeschnitten würde, den Sachverständigen wegen Befangenheit abzulehnen. Ein Arzt, der die Unterbringung angeregt hatte, sollte schon wegen des Anscheins seiner Voreingenommenheit nicht ausgewählt werden. Bei der Auswahl ist auch zu beachten, ob der vorgesehene Sachverständige in die Behandlung des Betroffenen eingebunden ist, weil Sachverständiger und behandelnder Arzt grundsätzlich nicht personenidentisch sein dürfen (LG Tübingen FamRZ 1996, 1344; Bayerlein/*Franzki* § 52 Rn. 52). Bestimmte Ärzte können deshalb nicht als Sachverständige bestellt werden (vgl. Einzelheiten bei Rn. 21). Im Falle einer beabsichtigten Zwangsbehandlung ist angesichts der Schwere des Grundrechtseingriffs ein externer Sachverständiger zu bestellen, der nicht zugleich ausführender Arzt ist (OLG Celle BtPrax 2007, 263 = R&P 2007, 197 m. zust. Anm. *Marschner;* aA Keidel/*Budde* § 321 Rn. 3). Bei einer Unterbringungsdauer von mehr als vier Jahren ist § 329 Abs. 2 Satz 2 zu beachten.

9 Hinsichtlich der **Qualifikation des Sachverständigen** legt Abs. 1 Satz 4 fest, dass der Sachverständige Arzt für Psychiatrie (abgeschlossene Facharztausbildung) sein soll. Eine Ausnahme kommt in Betracht, wenn nicht psychische oder neurologische Erkrankungen, sondern andere Krankheitsbilder im Vordergrund stehen (BT-Drs. 16/9733 S. 371). Grundsätzlich wird man aber von einem Psychiater nur absehen können, wenn er nicht greifbar ist oder in zumutbarer Zeit das Gutachten nicht erstatten kann (Jürgens/*Marschner* § 321 Rn. 3). Auch in diesem Fall muss der Sachverständige aber zumindest Arzt mit Erfahrung auf dem Gebiet der Psychiatrie sein. Hierbei kann es sich etwa um Ärzte handeln, die sich in der entsprechenden Facharztausbildung befinden oder als Amtsärzte mit psychiatrischer Vorbildung tätig sind. Ein Arzt im Praktikum verfügt grundsätzlich nicht über ausreichende Erfahrungen (KG BtPrax 2007, 82). Ergibt sich die Sachkunde des Sachverständigen nicht bereits aus der von ihm geführten Facharztbezeichnung, muss sie vom Gericht festgestellt und in der gerichtlichen Entscheidung besonders dargelegt werden (BayObLG FamRZ 1993, 351; OLG Naumburg FamRZ 2008, 186). Sind solche Feststellungen nicht getroffen worden, ist die Entscheidung anfechtbar (BayObLG FamRZ 1997, 1565).

10 c) Anforderungen an das Gutachten. Das Gesetz schreibt hinsichtlich der Anforderungen an das Gutachten nur vor, dass der Sachverständige den Betroffenen vor der Erstattung des Gutachtens persönlich zu untersuchen oder zu befragen hat (Abs. 1 Satz 2). Dies setzt eine **persönliche Kommunikation** zwischen dem Sachverständigen und dem Betroffenen voraus, die eine nach Lage des Einzelfalls fundierte Aussage ermöglicht (OLG Hamm BtPrax 2009, 90 = BtPrax 2009, 77). Diesen Anforderungen wird der Sachverständige nicht gerecht, wenn das Gutachten nur nach Aktenlage erstellt (OLG Brandenburg FamRZ 2001, 40), aufgrund einer Exploration am geöffneten Fenster (OLG Köln FamRZ 2001, 310), eines Gesprächs im Hausflur (OLG Köln OLGR 2005, 271) am Telefon oder auf der Grundlage eines Gesprächs aus anderem Anlass (OLG Köln FamRZ 1999, 873). Die Weigerung des Betroffenen, einen Kontakt zum Sachverständigen zuzulassen, ist ohne den Versuch einer Vorführung kein hinreichender Grund, von einer persönlichen Untersuchung abzusehen (OLG Zweibrücken FGPrax 2007, 72 = R&P 2007, 35 m. Anm. *Marschner*). Die Untersuchungen müssen kurz vor der Erstattung des Gutachtens vorgenommen werden, um zu aussagefähigen Ergebnissen zu kommen (BayObLG BtPrax 2004, 114; OLG Köln FGPrax 2006, 232). Der Betroffene ist berechtigt, zu der Untersuchung einen Verfahrensbevollmächtigten oder Beistand hinzuzuziehen (Keidel/Budde § 280 Rn. 8).

Ergänzende Untersuchungen (EEG, Labor), die keinen persönlichen Eindruck voraussetzen, können auch von Dritten vorgenommen werden. Der Sachverständige kann Hilfskräfte heranziehen, wenn er für deren Tätigkeit die Verantwortung übernimmt, sie namhaft macht und deren Tätigkeitsumfang angibt. Wenn er ein psychologisches Zusatzgutachten zu brauchen meint, muss er das beim Gericht anregen, denn ein Psychologe ist keine Hilfskraft des Psychiaters, für dessen Arbeit er die Verantwortung übernehmen kann, da dieser auf der Grundlage seiner eigenen Wissenschaft tätig wird. **11**

Bei der Erstattung eines Gutachtens genügt es nicht, dass der Sachverständige das Fazit seiner Arbeit mitteilt; das wäre kein Gutachten, sondern ein Attest. Diagnose und Prognose sind Ergebnisse eines logischen Schlusses aus dem Vergleich des Betroffenen mit dem Erfahrungswissen des Gutachters (vgl. zum prognostischen Syllogismus Kap. **A** S. 51). Zu beidem, Diagnose und Prognose, muss der Sachverständige seinen Denkvorgang darlegen. Er muss also sowohl die Prämissen als auch die Konklusion mitteilen, weil er nur dadurch den Richter in die Lage versetzt, seinen Denkvorgang kontrollierend nachzuvollziehen. Immer geht es notwendigerweise um zwei Prämissen, nämlich um den aus dem Erfahrungswissen gebildeten Erfahrungssatz samt seiner Validität und um die Subsumtion der den Betroffenen betreffenden Tatsachen, der „Anknüpfungstatsachen", darunter. **12**

Um die Qualität eines medizinischen Sachverständigengutachtens zu erreichen, müssen folgende **Mindeststandards** erreicht werden (OLG Düsseldorf FamRZ 1995, 118 = R&P 1995, 93; BayObLG 2001, 166; OLG Hamm FGPrax 2006, 230 = FamRZ 2007, 763; OLG Naumburg FamRZ 2008, 2060). Das Gutachten muss enthalten: **13**
— Eine Darstellung der durchgeführten Untersuchungen und Befragungen, der sonstigen Erkenntnisse sowie ihre sachverständige Erörterung,
— die Darlegung des Krankheitsbildes und der Krankheitsentwicklung, des körperlichen und psychiatrischen Zustands des Betroffenen,
— eine Stellungnahme zu der Frage, ob und inwieweit der Betroffene hierdurch gehindert ist, seinen Willen bezüglich der geschlossenen Unterbringung frei zu bestimmen,
— eine Auseinandersetzung mit den materiell-rechtlichen Voraussetzungen der Unterbringungsmaßnahme, d.h. konkrete Angaben zur laufenden und zukünftigen Behandlung (Inhalt, Gegenstand, Ausmaß), des zu erwartenden Behandlungserfolgs und die Notwendigkeit der Behandlung in

einer geschlossenen Einrichtung (zu den Angaben bei einer Unterbringung nach § 1906 Abs. 1 Nr. 2 BGB: BGH NJW 2006, 1277 = R&P 2006, 141 m. Anm. *Hoffmann*; OLG Stuttgart R&P 2010, 93; OLG Köln NJW-RR 2006, 1664; OLG Hamm FGPrax 2009, 135), konkrete Feststellungen zu Art und Ausmaß der Fremd- oder Eigengefährdung bei einer Unterbringung nach den Landesgesetzen,
- eine Stellungnahme dazu, ob und welche Alternativen anstelle der Freiheitsentziehung in Betracht kommen,
- Angaben zur voraussichtlichen Dauer der geschlossenen Unterbringung sowie
- Angaben dazu, ob das Gutachten und die gerichtlichen Entscheidungsgründe dem Betroffenen bekannt gemacht werden können und ob von einer persönlichen Anhörung erhebliche Nachteile für den Betroffenen zu befürchten sind.

14 Der Sachverständige muss den Betroffenen darüber **aufklären**, dass die Untersuchung und Befragung im Rahmen der gerichtlich angeordneten Beweiserhebung durchgeführt wird (KG FGPrax 2008, 40 = BtPrax 2008, 38; R&P 2007, 84 m. Anm. *Lesting*). Der Betroffene muss bei der Befunderhebung wissen, dass ihm der Arzt als Sachverständiger und nicht als behandelnder Arzt gegenübertritt. Der Betroffene muss auch darüber informiert werden, dass bezüglich dessen, was in der Untersuchungssituation besprochen wird, dem Auftraggeber des Gutachtens gegenüber keine ärztliche Schweigepflicht besteht und dass er zu Angaben gegenüber dem Sachverständigen und zu einer Mitarbeit bei der Untersuchung nicht verpflichtet ist (Venzlaff/Foerster/*Foerster/Winckler* 2009, 18).

15 **d) Überprüfung des Gutachtens durch das Gericht.** Wenn dem Richter für die Ermittlung bestimmter Tatsachen die erforderliche Sachkunde fehlt und er sich deshalb eines Sachverständigen bedient, darf das nicht dazu führen, dass er diesem die Beantwortung der Tatsachenfrage einfach überlässt. Das gilt insbesondere für die gefahrenprognostische Wahrscheinlichkeitsaussage des Sachverständigen samt ihrer Tatsachengrundlage (vgl. hierzu Kap. **A** S. 51 ff.). Hilfe durch den Sachverständigen bedeutet Vermittlung von Kompetenz, da der Richter seiner Aufgabe anders nicht nachkommen kann. Mit der Vermittlung durch den Sachverständigen muss eine kritische Würdigung von Seiten des Gerichts korrespondieren. Das Gericht darf dem Sachverständigengutachten nur folgen, wenn die für das Freiheitsgrundrecht des Betroffenen ungünstigen Anknüpfungstatsachen („Prädiktoren", vgl. Kap. **A** S. 55) sicher feststehen und das Gutachten der **kritischen Überprüfung** (BayObLG BtPrax 2002, 121) standhält. Legt der Sachverständige seinem Gutachten Tatsachen zugrunde, die der Betroffene bestreitet oder die sonst nicht sicher feststehen, muss weiter Beweis erhoben werden (BayObLG R&P 1994, 193 = FamRZ 1994, 1617; OLG Schleswig BtPrax 2003, 41). Erfahrungsgemäß tun sich die Gerichte mit der kritischen Würdigung medizinischer Gutachten äußerst schwer. Häufig wird nur das Ergebnis des Gutachtens referiert und eine oberflächliche Plausibilitätskontrolle anhand des persönlichen Eindrucks des Betroffenen vorgenommen.

§ 321. Einholung eines Gutachtens **D**

Mangelhafte Unterbringungsgutachten sind erschreckend häufig. **16**
Deshalb werden hier in Anlehnung an *Rasch/Konrad* (2004 S. 329) einige
Beispiele wichtiger Mängel aufgeführt:
– Verwertung von Anknüpfungstatsachen zum Nachteil des Betroffenen, die nicht sicher festgestellt, sondern nur wahrscheinlich sind (Verdachtsurteil, vgl. Kap. **A** S. 55),
– Verwertung anderer ärztlicher Unterlagen ohne Vorliegen einer Entbindung von der Verschwiegenheit durch den Betroffenen oder seinen gesetzlichen Vertreter,
– Nichtverwertung solcher Unterlagen, obwohl der Betroffene oder sein gesetzlicher Vertreter von der ärztlichen Verschwiegenheit entbunden hat oder dies auf Befragen getan hätte (Verstoß gegen § 26, vgl. BayObLG RPfleger 1986, 302),
– Verstöße gegen gesetzliche Beweisverbote,
– Fehlen einer Auseinandersetzung mit früheren Gutachten (vgl. BayObLG BtPrax 2004, 114),
– Unkommentierte Lücken in der Vorgeschichte,
– Fehlen einer körperlichen Untersuchung, u. U. Computertomogramm, EEG, Blutuntersuchungen,
– Bestimmung des für die Begutachtung wesentlich erscheinenden Intelligenzniveaus lediglich auf Grund des Eindrucks, wenn ein Test möglich gewesen wäre,
– Nur-deskriptive Pseudodiagnose,
– Keine Erläuterung der im Gutachten verwendeten Begriffe,
– Berufung auf „Erfahrung" statt wissenschaftlicher Belege,
– Anwendung obskurer (nicht anerkannter) Untersuchungsverfahren,
– Fehlen einer wissenschaftlich anerkannten Diagnose oder einer Diskussion der differential-diagnostischen Schwierigkeiten,
– Mangelhafte Diskussion derjenigen Befunde, die nicht zu den gezogenen Schlussfolgerungen passen,
– Ungeklärte Widersprüche zwischen dem Lebenslauf und den gefundenen Ergebnissen,
– Unzureichende Begründung der gezogenen Schlüsse,
– Fehlen prognostischer Erörterungen und therapeutischer Empfehlungen.

Zu der kritischen Würdigung des Gutachtens gehört auch die Einbeziehung einer Stellungnahme des Betroffenen. Das Gutachten des Sachverständigen ist dem Betroffenen, gegebenenfalls seinem Verfahrensbevollmächtigten oder Verfahrenspfleger, zur Wahrung seines rechtlichen Gehörs vollständig und rechtzeitig vor der Anhörung zu übermitteln, damit er dazu Stellung nehmen kann (BayObLG FamRZ 2002, 629; KG FamRZ 2007, 1042 = R&P 2007, 84 m. Anm. *Lesting*; FGPrax 2008, 40 = BtPrax 2008, 38; OLG Schleswig NJW-RR 2008, 380 = BtPrax 2008, 43; OLG München BeckRS 2006, 08107). **17**

3. Ärztliches Zeugnis (Abs. 2)

Abs. 2 lässt für unterbringungsähnliche Maßnahmen nach § 312 Nr. 2 **18**
ein ärztliches Zeugnis genügen. Das kann aber nur gelten, wenn die Ein-

holung eines ärztlichen Zeugnisses dem Amtsermittlungsgrundsatz (§ 26) genügt.

19 Das ärztliche Zeugnis unterscheidet sich vom Sachverständigengutachten weniger durch seinen Inhalt als vielmehr in der Art seiner Einführung in das Verfahren und seine verfahrensrechtliche Bewertung (Jürgens/*Kretz* § 271 Rn. 6). Auch das ärztliche Zeugnis muss gewissen Mindestanforderungen genügen (OLG Frankfurt FGPrax 2005, 23; Schulte-Bunert/Weinreich/*Dodegge* § 321 Rn. 15). Es setzt eine zeitnahe Untersuchung des Betroffenen voraus, eine Beschreibung seines Zustandes, eine nachvollziehbare Diagnose und Angabe der dafür maßgeblichen Anknüpfungstatsachen sowie der Erforderlichkeit und Dauer der konkreten unterbringungsähnlichen Maßnahme. Wegen der notwendigen Sachkunde wird vom ausstellenden Arzt häufig die Qualifikation des Abs. 1 Satz 4 zu fordern sein.

20 Ein ärztliches Zeugnis des behandelnden Arztes unterliegt nicht der Befangenheitsablehnung nach §§ 30 Abs. 1 i.V. m. § 406 ZPO (KG FamRZ 2009, 1517). Die vorgetragenen Befangenheitsgründe sind aber im Rahmen der Sachverhaltsaufklärung nach § 26 zu würdigen.

4. Therapeutische Verschwiegenheit und Gutachtenverweigerung

21 Bei der rechtlichen Erörterung dieser oft übersehenen Problematik muss unterschieden werden zwischen Ärzten, die den Betroffenen bereits behandeln oder früher behandelt haben und Ärzten, die den Betroffenen schon in einem früheren Verfahren als Sachverständige begutachtet haben.

22 **Behandelnde Ärzte:** Die allgemeine **ärztliche Schweigepflicht** einschließlich ihrer Strafbewehrung durch § 203 Abs. 1 StGB sowie das prozessrechtliche Aussage- und Gutachtenverweigerungsrecht gelten auch im Unterbringungsverfahren (vgl. auch *Waider* R&P 2006, 65; *Wigge* MedR 1996, 291, 297). Nach § 29 Abs. 2 FamFG i. V. mit §§ 385, 408 ZPO ist der behandelnde Arzt des Unterbringungskrankenhauses wegen der ihm als Arzt bekannt gewordenen Tatsachen (zunächst) verpflichtet, gegenüber dem Betreuungsgericht Aussage und Begutachtung zu verweigern. Offenbart er eine Tatsache, die dem Geheimhaltungsinteresse des Betroffenen unterliegt, ist das als unbefugte Offenbarung eines Privatgeheimnisses mit Strafe bedroht. Zu der Begutachtung ohne Vorliegen einer **Entbindung von seiner Schweigepflicht** kann der Sachverständige auch nicht gezwungen werden. Die Bestellung eines behandelnden Arztes zum Sachverständigen setzt deshalb eine Entbindung von der ärztlichen Schweigepflicht voraus (Bienwald/Sonnenfeld/Hoffmann/*Hoffmann* § 1906 Rn. 160; *Volckart* R&P 1990, 158). Die Entbindungserklärung muss durch den Betroffenen erfolgen, wenn er einwilligungsfähig ist; ansonsten durch den gesetzlichen Vertreter zu dessen Aufgabenkreis die Entbindung von der ärztlichen Verschwiegenheit gehört.

23 Diese Rechtslage hat erhebliche **praktische Konsequenzen**: Liegt keine Entbindungserklärung vor, darf der Arzt des Unterbringungskrankenhauses, der beispielsweise im Verlauf der einstweiligen Unterbringung nach § 331 das Gutachten nach § 321 anfertigen will oder soll, mit der Behandlung erst beginnen, wenn er das Gutachten fertiggestellt hat. Ansonsten muss ein anderer Arzt tätig werden. Hat der Gutachter danach die Behandlung aufge-

§ 322. Vorführung zur Untersuchung; Unterbringung zur Begutachtung **D**

nommen, kann er bei einer nachfolgenden Anhörung das Gutachten nicht mehr mündlich vertreten. Er muss diese Sachverständigenaufgabe einem anderen Arzt überlassen (vgl. den Fall LG Tübingen FamRZ 1996, 1344; Jürgens/*Marschner* § 321 Rn. 5).

Die bei der Behandlung erhobenen Befunde sind nur dann verwertbar, 24 wenn der Betroffene den Sachverständigen von der Schweigepflicht entbunden hat (KG R&P 2007, 84 m. Anm. *Lesting*). Der Sachverständige ist nicht befugt, auf seine Kenntnisse als behandelnder Arzt zurückzugreifen; insoweit ist er Zeuge und unterliegt der ärztlichen Schweigepflicht (KG FGPrax 2008, 40 = BtPrax 2008, 38; Venzlaff/Foerster/*Taupitz*/Neiker 2009, 514).

Die ärztliche Verschwiegenheit ist aber nicht nur für die rechtliche Beur- 25 teilung erheblich, sondern auch für eine erfolgversprechende psychiatrische Behandlung **tatsächlich unerlässlich.** Eine psychiatrische Behandlung ist in viel größerem Ausmaß von dem Vertrauen des Patienten in seinen Arzt abhängig, als das bei körperlichen Erkrankungen der Fall ist. Dieses Vertrauen stellt sich bei zwangsweiser Unterbringung nur besonders schwer ein. Umso wichtiger ist es, dass die Verschwiegenheit des Arztes unangetastet bleibt und nicht durch Offenbarungen im Rahmen einer Begutachtung belastet wird, selbst wenn eine Schweigepflichtentbindung vorliegt (*Venzlaff* 1984 S. 96; *Volckart* R&P 1990, 158).

Frühere Sachverständige: Die ärztliche Schweigepflicht beruht auf 26 dem schutzwürdigen Vertrauensverhältnis zum Patienten. Wo der Arzt jedoch im Auftrag des Gerichts als Sachverständiger an den Betroffenen herantritt, betätigt er sich nicht als Helfer des Kranken, sondern des Gerichts. Die in dieser Funktion erhobenen Befunde darf er nicht verschweigen (Bayerlein/*Franzki* § 52 Rn. 52f.; *Ulrich* S. 207). Insoweit hat er das dem behandelnden Arzt zustehende Zeugnisverweigerungsrecht nicht. Die Durchbrechung der Schweigepflicht gegenüber dem Gericht gilt aber nur für das Verfahren, in dem der gerichtliche Auftrag an den Sachverständigen erfolgte. Über die Tatsachen, die ihm als Sachverständigem in einem früheren Verfahren bekannt geworden sind, hat der Arzt in einem anderen, späteren Verfahren eine Schweigepflicht, sofern ihn der Betroffenen nicht ausdrücklich von seiner Schweigepflicht befreit (BGH NJW 1993, 803; 1964, 449; Bayerlein/*Franzki* § 52 Rn. 54; *Ulrich* S. 207). Die **frühere Gutachtertätigkeit** als behördlicher Sachverständiger im Verwaltungsverfahren der Gesundheitsbehörde (vgl. § 20 Abs. 1 Nr. 6 VwVfG-Bund; Kap. **B** S. 103) schließt also eine spätere Verwertung der dort gewonnen Kenntnisse ohne eine Befreiung von der Verschwiegenheit aus.

Vorführung zur Untersuchung; Unterbringung zur Begutachtung

322 Für die Vorführung zur Untersuchung und die Unterbringung zur Begutachtung gelten die §§ 283 und 284 entsprechend.

1. Anwendungsbereich und Normzweck

Die Vorschrift entspricht dem früheren § 70e Abs. 2 FGG. Die Verwei- 1 sung auf § 283 stellt klar, dass der Betroffene im Unterbringungsverfahren dem Sachverständigen im Rahmen der Vorbereitung seines Gutachtens zur Untersuchung vorgeführt werden kann. Der weiter in Bezug genommene § 284 ermöglicht es, den Betroffenen vorübergehend unterzubringen und zu beobachten, wenn dies zur Vorbereitung des Gutachtens erforderlich ist.

2. Vorführung zur Untersuchung

2   Der bei der Vorführung zur Untersuchung entsprechend anwendbare § 283 lautet:

> (1) Das Gericht kann anordnen, dass der Betroffene zur Vorbereitung eines Gutachtens untersucht und durch die zuständige Behörde zu einer Untersuchung vorgeführt wird. Der Betroffene soll vorher persönlich angehört werden.
>
> (2) Gewalt darf die Behörde nur anwenden, wenn das Gericht dies auf Grund einer ausdrücklichen Entscheidung angeordnet hat. Die zuständige Behörde ist befugt, erforderlichenfalls die Unterstützung der polizeilichen Vollzugsorgane nachzusuchen.
>
> (3) Die Wohnung des Betroffenen darf ohne dessen Einwilligung nur betreten werden, wenn das Gericht dies auf Grund einer ausdrücklichen Entscheidung angeordnet hat. Bei Gefahr im Verzug findet Satz 1 keine Anwendung.

3   Eine **zwangsweise Vorführung** zur Untersuchung kann vom Gericht angeordnet werden, wenn Anhaltspunkte für eine Unterbringungsbedürftigkeit bestehen, der Betroffene nicht freiwillig zum Untersuchungstermin beim Sachverständigen erscheint und das Gutachten auch nicht auf andere Weise (etwa durch Anwesenheit des Sachverständigen bei der Anhörung des Betroffenen) erstattet werden kann. Vor der Vorführung soll der Betroffene persönlich angehört werden (§ 283 Abs. 1 Satz 2). Die **Anhörung** hat den Zweck, dem Betroffenen die möglichen Konsequenzen einer Verweigerung vor Augen zu führen. Außerdem muss der Betroffene wegen Art. 103 Abs. 1 GG die Gelegenheit haben, die Willensbildung des Gerichts zu beeinflussen (BVerfG BtPrax 2010, 75 = R&P 2010, 88 m. Anm. *Marschner*; FamRZ 2009, 1814). Verweigert der Betroffene auch diese Anhörung, sollten ihm schriftlich die Konsequenzen seiner Weigerung vor Augen geführt werden. Zu seiner Schonung muss die Vorführung durch die nach dem BtBG zuständige Fachbehörde erfolgen, da nur diese über hinreichend geschultes Personal verfügt. Als letztes Mittel darf die Betreuungsbehörde polizeiliche Vollzugshilfe in Anspruch nehmen (§ 283 Abs. 2 Satz 2).

4   Nach § 283 Abs. 2 Satz 1 ist für die **Anwendung von Gewalt** (unmittelbarer Zwang) eine ausdrückliche gerichtliche Anordnung erforderlich. Durch § 283 Abs. 3 wird dem verfassungsrechtlichen Gebot einer Ermächtigungsgrundlage für das Betreten der Wohnung des Betroffenen ohne dessen Einwilligung Rechnung getragen (vgl. BVerfG FamRZ 2009, 1814). Eine ausdrückliche gerichtliche Ermächtigung ist nur bei Gefahr im Verzug entbehrlich (§ 283 Abs. 3 Satz 2).

5   Im Gegensatz zur Vorführung darf die Untersuchung selbst nicht gegen den Willen des Betroffenen erfolgen. Eine über die Duldung der Unter-

§ 322. Vorführung zur Untersuchung; Unterbringung zur Begutachtung

suchung hinausgehende Verpflichtung des Betroffenen zur Mitwirkung besteht nicht. Jegliche Art körperlicher Eingriffe ist im Rahmen der Untersuchung unzulässig. Eine Beantwortung von Fragen oder die Teilnahme an Tests kann nicht erzwungen werden (Keidel/*Budde* § 283 Rn. 2; Prütting/Helms/*Roth* § 322 Rn. 3).

Die Anordnungen nach § 283 einschließlich aller Nebenentscheidungen zur Anwendung von Gewalt und zum Zutritt zur Wohnung des Betroffenen sind als Zwischenentscheidungen nicht anfechtbar (BVerfG R&P 2010, 88 m. Anm. *Marschner* = BtPrax 2010, 75). Die Anordnung, sich psychiatrisch untersuchen zu lassen, ist ausnahmsweise dann angreifbar, wenn sie sich als objektiv willkürlich darstellt. Dies ist der Fall, wenn das Gericht die psychiatrische Untersuchung des Betroffenen anordnet, ohne diesen zuvor persönlich angehört oder sonstige Feststellungen zur Unterbringungsbedürftigkeit getroffen zu haben (BGH NJW 2007, 3575 = BtPrax 2007, 167; Jürgens/*Kretz* § 283 Rn. 6). 6

3. Unterbringung zur Begutachtung

Der bei der Unterbringung zur Begutachtung entsprechend anwendbare § 284 lautet: 7

(1) Das Gericht kann nach Anhörung eines Sachverständigen beschließen, dass der Betroffene auf bestimmte Dauer untergebracht und beobachtet wird, soweit dies zur Vorbereitung des Gutachtens erforderlich ist. Der Betroffene ist vorher persönlich anzuhören.

(2) Die Unterbringung darf die Dauer von sechs Wochen nicht überschreiten. Reicht dieser Zeitraum nicht aus, um die erforderlichen Erkenntnisse für das Gutachten zu erlangen, kann die Unterbringung durch gerichtlichen Beschluss bis zu einer Gesamtdauer von drei Monaten verlängert werden.

(3) § 283 Abs. 2 und 3 gilt entsprechend. Gegen Beschlüsse nach den Absätzen 1 und 2 findet die sofortige Beschwerde nach den §§ 567 bis 572 der Zivilprozessordnung statt.

Nach § 284 ist als letztes Mittel eine befristete Unterbringung zur Beobachtung möglich, wenn der Betroffene eine Mitwirkung an der Untersuchung verweigert und das Gutachten ohne eine längere Beobachtung nicht erstattet werden kann. Wegen der Schwere des Grundrechtseingriffs muss bei jeder Entscheidung nach § 284 eine strenge **Verhältnismäßigkeitsprüfung** erfolgen (Jürgens/*Kretz* § 284 Rn. 7). Mit der Anordnung kann nur der zwangsweise Klinikaufenthalt des Betroffenen erzwungen werden, nicht aber eine Mitwirkung an der Untersuchung. Eine Rechtsgrundlage für eine medizinische Behandlung oder Zwangsmaßnahmen bietet § 284 nicht. Die Kosten des Krankenhausaufenthalts des Betroffenen sind nach § 8 Abs. 1 Nr. 4 i.V.m. § 12 Abs. 1 Satz 2 JEVG als Aufwendungen des Sachverständigen aus der Staatskasse zu erstatten, sofern es sich nicht um eine sozialrechtlich zu finanzierende Krankenhausbehandlung handelt (OLG Frankfurt FGPrax 2008, 275; Keidel/*Budde* § 284 Rn. 9). 8

Lesting

D   Das Unterbringungsverfahren

9   Vor der Unterbringung hat eine **Anhörung eines psychiatrischen Sachverständigen** zu erfolgen, ob und für welche Dauer eine Unterbringung erforderlich ist. Der Sachverständige muss den Betroffenen gesehen und sich einen persönlichen Eindruck verschafft haben. Der Betroffene ist vorher persönlich anzuhören (§ 284 Abs. 1 Satz 2). Die Unterbringung ist grundsätzlich auf sechs Wochen befristet, kann aber ausnahmsweise auf eine Gesamtdauer von drei Monaten verlängert werden (§ 284 Abs. 2). Die gesetzlich vorgesehenen Höchstfristen sind völlig verfehlt. Die erforderlichen Klärungen sind immer innerhalb einer erheblich kürzeren Zeit möglich. Längere Beobachtungszeiten ermöglichen es dem Sachverständigen vielmehr, die Beschäftigung mit dem Betroffenen zugunsten vermeindlich dringenderer Aufgaben zurückzustellen. Das ist mit dem materiellen Freiheitsgrundrecht des Art. 2 Abs. 2 GG und mit dem Verhältnismäßigkeitsgebot aller staatlichen Zwangsmaßnahmen nicht zu vereinbaren. Die Unterbringung darf nur so lange dauern, wie dies zur Vorbereitung des Gutachtens erforderlich ist. Wegen der Durchsetzung der Maßnahmen verweist § 284 Abs. 3 Satz 1 auf § 283 Abs. 2 und 3 (Rn. 4).

10   Nach § 284 Abs. 3 Satz 2 sind die Unterbringungsanordnung und die Anordnung der Verlängerung der Unterbringung selbständig mit der sofortigen Beschwerde anfechtbar. Unanfechtbar sind dagegen die Maßnahmen zur zwangsweisen Durchsetzung der Unterbringung nach § 284 Abs. 3 i. V. m. § 283 Abs. 2 und 3.

Inhalt der Beschlussformel

323 Die Beschlussformel enthält im Fall der Genehmigung oder Anordnung einer Unterbringungsmaßnahme auch
1. die nähere Bezeichnung der Unterbringungsmaßnahme sowie
2. den Zeitpunkt, zu dem die Unterbringungsmaßnahme endet.

1. Anwendungsbereich und Normzweck

1   Die Vorschrift entspricht dem früheren § 70 f Abs. 1 Nr. 2 und 3 Halbsatz 1 FGG. Sie bestimmt den Inhalt der Beschlussformel bei Anordnung oder Genehmigung einer Unterbringungsmaßnahme im Sinne des § 312. § 70 f Abs. 1 Nr. 3 Halbsatz 2 ist aus systematischen Gründen jetzt in § 329 Abs. 1 geregelt.

2   Da der Inhalt eines Beschlusses bereits in der allgemeinen Regelung des § 38 Abs. 2 und 3 enthalten ist, muss § 323 nur den dort aufgeführten Mindestinhalt um die speziellen Regelungen zur Beschlussformel in Unterbringungssachen ergänzen. Die Erforderlichkeit einer Rechtsmittelbelehrung ist bereits in § 39 geregelt.

2. Inhalt der Beschlussformel

3   Unterbringungsentscheidungen werden durch einen Beschluss des Betreuungsgerichts getroffen. Den Inhalt eines solchen Beschlusses legen §§ 38 und 323 fest:

§ 323. Inhalt der Beschlussformel

a) Nach § 38 Abs. 2 Nr. 1 muss der Beschluss zunächst den Betroffenen 4 mit Aufenthaltsort und Wohnanschrift bezeichnen sowie den gesetzlichen Vertreter angeben und vorhandene Verfahrensbevollmächtigte bzw. Verfahrenspfleger aufführen. Nach § 38 Abs. 2 Nr. 2 sind das Gericht und die Namen der Gerichtspersonen, die an der Entscheidung mitgewirkt haben, zu bezeichnen.

b) Die nach § 38 Abs. 2 Nr. 3 erforderliche Beschlussformel wird in 5 § 323 konkretisiert. Danach muss zunächst eine **nähere Bezeichnung der Unterbringungsmaßnahme** erfolgen (Nr. 1). Insofern ist zwischen den unterschiedlichen Unterbringungsarten des § 312 zu unterscheiden:

Bei der **Genehmigung einer zivilrechtlichen Unterbringung** durch 6 den bestellten Betreuer oder Vorsorgebevollmächtigten des Betroffenen (§ 1906 Abs. 1, 5 BGB i.V.m. § 312 Nr. 1) ist nur die allgemeine Art der Unterbringungseinrichtung (psychiatrische Klinik, Fachkrankenhaus, Rehabilitations- oder Pflegeeinrichtung) anzugeben. Die Auswahl der konkreten Klinik oder Einrichtung trifft der Betreuer oder Vorsorgebevollmächtigte (BayObLG FamRZ 1994, 320; OLG Düsseldorf FamRZ 1995, 118). Gleiches gilt bei der Unterbringung eines Minderjährigen nach §§ 1631b, 1800, 1915 BGB (BVerfG R&P 2007, 189 m. Anm. *Hoffmann*; OLG Brandenburg FGPrax 2004, 52). Welche ärztlichen Maßnahmen während der Unterbringung durchgeführt werden sollen, muss das Gericht grundsätzlich nicht bestimmen. Etwas anderes gilt bei einer vorläufigen Unterbringungsmaßnahme nach § 1846 BGB, bei der sich die Anordnung auf die konkrete Einrichtung und gegebenenfalls die Durchführung ärztlicher Maßnahmen erstrecken muss (BayObLG NJW-RR 2002, 1446), da das Gericht an die Stelle des Vertreters tritt (vgl. Kap. C S. 194). Auch bei der Unterbringung zur Durchführung einer Heilbehandlung (insbesondere Zwangsbehandlung) nach § 1906 Abs. 1 Nr. 2 BGB sind Art, Dauer und Inhalt der Behandlung genau zu bezeichnen (BGH NJW 2006, 1277 = R&P 141 m. zust. Anm. *Hoffmann*, OLG Stuttgart R&P 2010, 93; OLG Brandenburg FamRZ 2007, 1127 Ls; OLG Köln NJW-RR 2006, 1664; aA OLG Karlsruhe FGPrax 2007, 263; *Dodegge* NJW 2006, 1627; teilweise auch Keidel/*Budde* § 323 Rn. 3).

Bei der **Genehmigung einer unterbringungsähnlichen Maßnahme** 7 durch den bestellten Betreuer oder Vorsorgebevollmächtigten (§ 1906 Abs. 4 BGB i.V.m. § 312 Nr. 2) muss eine möglichst präzise Bezeichnung der konkreten Maßnahme nach Zeit und Ort, Art der Verabreichung oder Vornahme (Fixierung am Bett, Uhrzeiten z.B. während der Infusionen, Art der Medikation) erfolgen, damit nicht mehr vollzogen wird, als das Gericht materiell-rechtlich für erforderlich gehalten und genehmigt hat. Die Genehmigung kann in der Weise beschränkt werden, dass im Einzelfall die Anordnung des behandelnden Arztes hinzutreten muss (BayObLG FamRZ 1994, 721).

Die gerichtliche Genehmigung einer Unterbringung umfasst nur die da- 8 mit regelmäßig verbundenen Beschränkungen, nicht aber weitergehende Eingriffe in die Freiheitsrechte der Betroffenen. Deshalb bedürfen weitergehende Freiheitsbeschränkungen auch dann der gerichtlichen Genehmigung, wenn sich der Betroffene bereits in einer geschlossenen Unterbringung befindet und die weiteren Voraussetzungen der gesetzlichen Vorschrift gegeben sind (BayObLG R&P 1993, 147 = BtPrax 1993, 139; OLG Düsseldorf FamRZ 1995, 118; OLG Frankfurt FGPrax 2007, 149; Keidel/*Budde* § 323 Rn. 4).

9 Bei der **Anordnung der Unterbringung nach Landesrecht** (§ 312 Nr. 3) ist allenfalls über die Art der Unterbringungseinrichtung zu befinden (OLG Zweibrücken BeckRS 2003, 30308849). Streng genommen darf hierzu überhaupt nichts angeordnet werden, weil die Regelung der sachlichen und örtlichen Zuständigkeit der Unterbringungseinrichtungen einschließlich der Vollstreckung der Anordnung des Gerichts nach einem Vollstreckungsplan Sache des Landesrechts ist (vgl. Kap. **B** S. 131). Auch die Zulässigkeit und Durchführung einer Zwangsbehandlung des Betroffenen sind in den jeweiligen Landesgesetzen geregelt. Deren gerichtliche Überprüfung erfolgt im Verfahren nach § 327.

10 c) In der Beschlussformel muss weiter enthalten sein der **Zeitpunkt, zu dem die Unterbringungsmaßnahme endet** (Nr. 2). Damit soll gewährleistet werden, dass die Maßnahme auf die voraussichtlich notwendige Zeit begrenzt wird. Es ist ein bestimmtes oder zumindest bestimmbares (z. B. drei Monate nach Bekanntgabe) Datum anzugeben, wobei die Fristberechnung nach §§ 16 FamFG, 222 Abs. 1 ZPO, 188 Abs. 2, 187 Abs. 1 BGB erfolgt (vgl. OLG München FGPrax 2008, 137). Aus Gründen der Klarheit und um Probleme bei der Fristberechnung auszuschließen, ist die Bestimmung eines Kalendertages vorzuziehen und in der Praxis weitgehend üblich. Das Gericht bestimmt die Frist auf der Basis der vom Gutachter abgegebenen Prognose nach der voraussichtlich notwendigen Dauer der Maßnahme (OLG München FGPrax 2007, 43). Mit der erforderlichen Einzelfallprüfung ist die übliche Ausnutzung der gesetzlichen Höchstfristen nicht zu vereinbaren. An die Angaben im Antrag des Betreuers ist das Gericht nicht gebunden (OLG Schleswig FamRZ 2003, 1499). Mit Ablauf der Frist endet die Unterbringungsmaßnahme ohne weiteres; der Betroffene muss entlassen werden, wenn nicht die Maßnahme zuvor durch das Gericht gemäß § 329 Abs. 2 verlängert worden ist. Die Höchstdauer ist in § 329 geregelt. Nach § 329 Abs. 1 endet die Unterbringung spätestens ein Jahr, bei offensichtlich langer Unterbringungsbedürftigkeit zwei Jahre nach Erlass der Entscheidung. Will das Gericht über die regelmäßige Höchstfrist der Unterbringung von einem Jahr hinaus eine längere Unterbringung genehmigen, muss es die Abweichung vom Regelfall im Hinblick auf den hohen Rang des Freiheitsrechts besonders begründen (OLG Schleswig FGPrax 2006, 138 = R&P 2006, 93; OLG München BtPrax 2005, 113; BayObLG NJW-RR 2005, 1314; FamRZ 2002, 629).

3. Begründung

11 Aus rechtsstaatlichen Gründen ist jede – auch die ablehnende – Entscheidung zu begründen (§ 38 Abs. 3). In der Praxis werden Unterbringungsentscheidungen häufig nur mit der Wiederholung des Gesetzestextes und Standardfloskeln in vorgegebenen Rubriken der offensichtlich nur für wenige

Angaben entworfenen Formulare begründet. Der Unterschied zum **Begründungsaufwand** in strafrichterlichen Entscheidungen vergleichbarer Eingriffsintensität ist erschreckend. Rechtsstaatlich geboten ist eine vollständige und verständliche Sachverhaltsschilderung, eine umfassende Beweiswürdigung und Auseinandersetzung insbesondere mit den Äußerungen des Sachverständigen und des Betroffenen sowie die genaue Angabe der gesetzlichen Grundlagen und der zur Subsumtion herangezogenen Tatsachen (Schulte-Bunert/Weinreich/*Dodegge* § 323 Rn. 22).

Darüber hinaus sind **besondere Begründungsanforderungen** zu beachten etwa zur Nichtbestellung eines Verfahrenspflegers (§ 317 Abs. 2), zur Überschreitung der regelmäßigen Höchstfrist der Unterbringung (Rn. 10), zur Nichtbekanntmachung der Entscheidungsgründe an den Betroffenen (§ 325 Abs. 1), zur Anordnung der sofortigen Wirksamkeit (§ 324 Abs. 2 Satz 1), zur Gestattung der Gewaltanwendung bei der Zuführung zur Unterbringung (§ 326 Abs. 2 und 3), zur Aussetzung des Vollzugs (§ 328) und zur Unterrichtung über die Mitteilung der Entscheidung (§ 338). 12

4. Rechtsmittelbelehrung

Nach § 39 muss die Entscheidung eine Rechtsbehelfsbelehrung über das statthafte Rechtsmittel sowie das Gericht, bei dem der Rechtsbehelf einzulegen ist, dessen Sitz und die einzuhaltende Form und Frist enthalten. Die Beschwerdefrist beträgt einen Monat § 63 Abs. 1), bei einstweiliger Anordnung zwei Wochen (§ 63 Abs. 2 Nr. 1). Die Frist beginnt mit der schriftlichen Bekanntgabe des Beschlusses (§ 63 Abs. 3). Fehlt die Rechtsmittelbelehrung oder ist sie fehlerhaft, ist auf Antrag Wiedereinsetzung in den vorigen Stand zu gewähren (§ 17 Abs. 2). 13

5. Fehlen der erforderlichen Angaben

Ohne ausreichende Bezeichnung des Betroffenen ist die Maßnahme nicht vollstreckbar. Wird die konkrete Unterbringungsmaßnahme nicht bezeichnet, ist der Beschluss als unwirksam anzusehen (Prütting/Helms/*Roth* § 323 Rn. 7). Ansonsten soll bei fehlenden Angaben eine Ergänzung durch weiteren Beschluss möglich sein. 14

6. Feststellung der Rechtswidrigkeit

Wegen des hohen Wertes des Freiheitsgrundrechts (Art. 2 Abs. 2 Satz 2 GG besteht regelmäßig ein Rechtsschutzinteresse an der Feststellung der Rechtswidrigkeit einer Unterbringungsmaßnahme (BVerfG NJW 2002, 3161). Die Feststellung setzt einen entsprechenden Antrag voraus (§ 62). Ergänzend kann insoweit auf § 335 Rn. 33 und die Kommentierungen zu § 62 verwiesen werden. 15

Wirksamwerden von Beschlüssen

324 (1) **Beschlüsse über die Genehmigung oder die Anordnung einer Unterbringungsmaßnahme werden mit Rechtskraft wirksam.**

D Das Unterbringungsverfahren

(2) Das Gericht kann die sofortige Wirksamkeit des Beschlusses anordnen. In diesem Fall wird er wirksam, wenn der Beschluss und die Anordnung seiner sofortigen Wirksamkeit
1. dem Betroffenen, dem Verfahrenspfleger, dem Betreuer oder dem Bevollmächtigten im Sinne des § 1896 Abs. 2 Satz 2 des Bürgerlichen Gesetzbuchs bekannt gegeben werden,
2. einem dritten zum Zweck des Vollzugs des Beschlusses mitgeteilt werden oder
3. der Geschäftsstelle des Gerichts zum Zweck der Bekanntgabe übergeben werden.

Der Zeitpunkt der sofortigen Wirksamkeit ist auf dem Beschluss zu vermerken.

1. Anwendungsbereich und Normzweck

1 Die Vorschrift ersetzt die frühere Regelung in § 70g Abs. 3 FGG. Als Sondervorschrift regelt sie die Wirksamkeit von Beschlüssen in Unterbringungssachen abweichend von der allgemeinen Bestimmung des § 40 Abs. 1, wonach der Beschluss wirksam wird mit der Bekanntgabe an den Beteiligten, für den er seinem wesentlichen Inhalt nach bestimmt ist. Entscheidungen über eine Unterbringungsmaßnahme werden grundsätzlich erst mit dem Eintritt der formellen Rechtskraft wirksam (Abs. 1). Das Gericht kann aber durch die Anordnung der sofortigen Wirksamkeit einen sofortigen Vollzug der Unterbringungsmaßnahme ermöglichen (Abs. 2).

2 Die Vorschrift gilt für alle Entscheidungen „über" die Genehmigung oder Anordnung einer Unterbringungsmaßnahme im Sinne des § 312 Nr. 1 bis 3, also nicht für die Aufhebung einer Unterbringung bzw. deren Ablehnung nach § 330 (Prütting/Helms/*Roth* § 324 Rn. 2; aA Bassenge/Roth/ *Bassenge* § 324 Rn. 2). Sie gilt für Entscheidungen in der Hauptsache ebenso wie für einstweilige Anordnungen und Maßregeln nach §§ 331 ff., für positive als auch ablehnende (vgl. BayObLG FamRZ 2002, 909). Die Vorschrift gilt auch für die Unterbringung zur Begutachtung nach § 322 (Jürgens/ *Marschner* § 324 Rn. 1).

3 Der Zweck der Vorschrift, die Wirksamkeit der Beschlüsse bis zum Eintritt der formellen Rechtskraft hinauszuschieben, besteht in der **Gewährleistung eines effektiven Rechtsschutzes** der Betroffenen bei schwerwiegenden Grundrechtseingriffen. Die Praxis hat das gesetzliche Regel/ Ausnahme-Verhältnis umgekehrt und den Bedürfnissen nach einem sofortigen Vollzug der Entscheidungen durchgehend Vorrang eingeräumt.

2. Grundsätzliche Wirksamkeit (Abs. 1)

4 Nach Abs. 1 werden Entscheidungen, durch die eine Unterbringungsmaßnahme getroffen oder abgelehnt wird, erst mit Rechtskraft wirksam. Rechtskraft tritt ein mit fruchtlosem Ablauf der Frist für die Einlegung der Beschwerde gegen die Unterbringungsmaßnahme. Die Frist zur Beschwerde beträgt einen Monat (§ 63 Abs. 1), bei einstweiligen Anordnungen 14 Tage (§ 63 Abs. 2 Nr. 1). Die Rechtsmittelfrist beginnt für jeden Beschwerdebe-

§ 324. Wirksamwerden von Beschlüssen

rechtigten mit der schriftlichen Bekanntgabe an ihn (§ 63 Abs. 3). Sie muss für alle Beschwerdeberechtigten abgelaufen sein.

3. Sofortige Wirksamkeit (Abs. 2)

Nach Abs. 2 **Satz 1** kann das Gericht von Amts wegen oder auf Anregung eines Beteiligten wegen der Eilbedürftigkeit der Unterbringungsmaßnahme deren sofortige Wirksamkeit anordnen. Die Anordnung der sofortigen Wirksamkeit ist Teil der Sachentscheidung und muss durch den Beschluss ausdrücklich getroffen werden. Wegen der notwendigen Klarheit und der gravierenden Folgen ist die Auffassung der herrschenden Meinung (BayObLG BtPrax 2002, 39; OLG Hamm FGPrax 2009, 135; Keidel/*Budde* § 324 Rn. 3; abl. Jürgens/*Marschner* § 324 Rn. 3) abzulehnen, die Anordnung könne auch stillschweigend erfolgen und durch Auslegung ermittelt werden, wenn sich beispielsweise aus der gerichtlichen Entscheidung zweifelsfrei ergebe, dass eine sofortige Fortdauer der Behandlung im Anschluss an die bisher genehmigte Unterbringung sichergestellt werden sollte. 5

Die Anordnung der sofortigen Wirksamkeit setzt Gefahr im Verzug voraus. Diese Voraussetzung liegt nur vor, wenn ein Abwarten bis zur Rechtskraft der Entscheidung im Verhältnis zu den Nachteilen, die dem Betroffenen drohen, unverhältnismäßig ist (Jürgens/*Marschner* § 324 Rn. 3). Davon kann etwa ausgegangen werden bei akuter operativer Behandlungsbedürftigkeit oder der konkreten Gefahr einer schweren Selbstschädigung. Die Feststellung bedarf einer besonderen Begründung. 6

In Abs. 2 Satz 2 Nr. 1 bis 3 werden verschiedene Möglichkeiten aufgeführt, die Entscheidung des Gerichts wirksam werden zu lassen: 7

Nach **Nr. 1** tritt die Wirksamkeit mit der mündlichen oder schriftlichen Bekanntgabe der Entscheidung und der Anordnung der sofortigen Wirksamkeit an den Betroffenen, den Verfahrenspfleger, den Betreuer oder den Vorsorgebevollmächtigten (§ 1896 Abs. 2 Satz 2 BGB) ein. Diese Möglichkeit kommt insbesondere bei einer persönlichen Anhörung des Betroffenen in einer Klinik oder einem Heim in Betracht. Die Wirksamkeit der Entscheidung wird dann durch das Verlesen der die Anordnung der sofortigen Wirksamkeit umfassenden Beschlussformel herbeigeführt (§ 41 Abs. 2 Satz 1). 8

Nach **Nr. 2** tritt die Wirksamkeit ein mit der mündlichen oder schriftlichen Mitteilung der Entscheidung und der Anordnung der sofortigen Wirksamkeit an einen Dritten (Leiter der Unterbringungseinrichtung, ausführende Behörde etc.) zum Zweck des Vollzugs der Unterbringung. Voraussetzung auch dieser Alternative ist, dass der Beschluss bereits schriftlich abgesetzt und unterschrieben ist. 9

Nach **Nr. 3** kann die Wirksamkeit auch durch Übergabe der Entscheidung und der Anordnung der sofortigen Wirksamkeit an die Geschäftsstelle zum Zwecke der Bekanntgabe herbeigeführt werden. 10

Der Zeitpunkt der sofortigen Wirksamkeit ist auf dem Beschluss zu vermerken (§ 324 Abs. 2 Satz 3). In allen Fällen muss noch eine schriftliche Bekanntgabe des vollständigen Beschlussinhalts an alle Beteiligten erfolgen (§ 41 Abs. 2 Satz 3). Erst dadurch wird die Beschwerdefrist in Gang gesetzt. 11

4. Ende der Wirksamkeit

12 Die Wirksamkeit der Entscheidung, durch die eine Unterbringungsmaßnahme genehmigt oder angeordnet worden ist, endet mit Ablauf der in ihr angegebenen Frist (§ 323 Nr. 2) oder durch die Aufhebung der Maßnahme (§ 330 Satz 1). Die gerichtliche Entscheidung kann auch dann wirkungslos werden, wenn sie tatsächlich nicht mehr vollzogen wird. Wirkungslosigkeit tritt bei einem Entweichen des Betroffenen ein (OLG München FGPrax 2008, 137; OLG Hamm FGPrax 1999, 222; Jürgens/*Marschner* § 324 Rn. 5; Keidel/*Budde* § 324 Rn. 5; aA Bassenge/Roth/*Bassenge* § 324 Rn. 10; HK-BUR/*Hoffmann* § 70g Rn. 35). Die Fortsetzung der Unterbringung erfordert dann eine neue gerichtliche Entscheidung, in deren Höchstfristberechnung die bisherige Unterbringungszeit einzuberechnen ist (OLG München FGPrax 2008, 137). Die vormundschaftsgerichtliche Genehmigung der geschlossenen Unterbringung wird auch dann unwirksam, wenn die Verlegung auf eine offene Station nicht nur zur Probe verfügt wurde (OLG München NJW-RR 2008, 810) oder für eine nicht unerhebliche Zeit erfolgte (OLG Hamm FGPrax 1999, 222: sechs Wochen; BayObLG FamRZ 2004, 1323 Ls: zwei Monate; KG BeckRS 2005, 30366693: Fortbestand der Wirksamkeit bei Verlegung 10 Tage vor der Entlassung; abl. Keidel/*Budde* § 324 Rn. 6). Eine Aussetzung des Vollzugs ist nur im Fall der öffentlich-rechtlichen Unterbringung möglich (§ 328). Ansonsten bedarf es für die Fortsetzung der geschlossenen Unterbringung einer erneuten gerichtlichen Entscheidung, die deren Voraussetzungen aktuell feststellen muss.

5. Rechtsbehelf

13 Die Anordnung der sofortigen Wirksamkeit ist wie deren Ablehnung nicht isoliert anfechtbar. In einem Beschwerdeverfahren ist auch über die Anordnung der sofortigen Wirksamkeit zu entscheiden. Das Beschwerdegericht kann die Vollziehung der vom Amtsgericht angeordneten sofortigen Wirksamkeit aussetzen (§ 64 Abs. 3) oder die sofortige Wirksamkeit anordnen (§ 69 Abs. 3), selbst wenn dies erstinstanzlich unterblieben war.

Bekanntgabe

325 (1) **Von der Bekanntgabe der Gründe eines Beschlusses an den Betroffenen kann abgesehen werden, wenn dies nach ärztlichem Zeugnis erforderlich ist, um erhebliche Nachteile für seine Gesundheit zu vermeiden.**

(2) **Der Beschluss, durch den eine Unterbringungsmaßnahme genehmigt oder angeordnet wird, ist auch dem Leiter der Einrichtung, in der der Betroffene untergebracht werden soll, bekannt zu geben. Das Gericht hat der zuständigen Behörde die Entscheidung, durch die eine Unterbringungsmaßnahme genehmigt, angeordnet oder aufgehoben wird, bekannt zu geben.**

§ 325. Bekanntgabe **D**

1. Anwendungsbereich und Normzweck

Die Vorschrift ersetzt in Abs. 1 den früheren § 70g Abs. 1 Satz 2 FGG, in **1**
Abs. 2 den § 70g Abs. 2 Satz 1 und 2 FGG. Sie ergänzt die allgemeine Vorschrift des § 41 um besondere Regelungen bei der Bekanntgabe von Beschlüssen in Unterbringungssachen. Die Bekanntgabe ist wichtig als Zeitpunkt für das Wirksamwerden der Entscheidungen (§ 40 Abs. 1) und als Beginn der Rechtsmittelfrist (§ 63 Abs. 3).

2. Bekanntgabe von Entscheidungen

Alle Entscheidungen, die in Unterbringungssachen ergehen, sind allen am **2**
Verfahren Beteiligten und damit insbesondere auch dem Betroffenen als Subjekt des Verfahrens bekannt zu geben (§ 41 Abs. 1). Für das Erfordernis der Bekanntgabe ist es unerheblich, ob es sich um Muss-Beteiligte (§ 315 Abs. 1 bis 3) oder Kann-Beteiligte (§ 315 Abs. 4) handelt. Unerheblich ist auch, ob der Betroffene dazu in der Lage ist, den Inhalt der Entscheidung aufzunehmen und sich dazu zu äußern. Vom früheren § 70g Abs. 2 Satz 1 FGG abweichend hat die Bekanntgabe der Entscheidung an die **Adressaten** nunmehr unabhängig von deren Inhalt zu erfolgen, so dass grundsätzlich auch ablehnende Entscheidungen erfasst werden.

Abs. 2 sieht ergänzende Regelungen zur Bekanntgabe von Entscheidungen an den **Leiter der Einrichtung,** in der der Betroffene untergebracht **3**
werden soll (also nicht der Leiter der Einrichtung im Sinne des § 315 Abs. 4 Nr. 3) und die **zuständige Behörde** vor. Da beide Vorschriften nur die Vollstreckung der öffentlich-rechtlichen Unterbringung bzw. die Ausführung der zivilrechtlichen Unterbringung und nicht das gerichtliche Unterbringungsverfahren betreffen, stellen sie einen Fremdkörper in der gesetzlichen Regelung dar (vgl. Vorauflage § 70g FGG Rn. 6). Nach Satz 1 sind dem Leiter der Einrichtung solche Beschlüsse bekannt zu geben, durch die eine Unterbringungsmaßnahme genehmigt oder angeordnet wird. Der Leiter soll mit den nötigen Informationen versorgt werden, um die Aufnahme bestmöglich vorzubereiten. Ein Unterrichtungsinteresse kann der Leiter der Einrichtung, in der der Betroffene untergebracht werden soll, aber erst dann haben, wenn die Anordnung vollstreckbar ist. Dies gebietet jedenfalls eine verfassungskonforme Auslegung mit Rücksicht auf das allgemeine Persönlichkeitsrecht (Jürgens/*Marschner* § 325 Rn. 3). Nach Satz 2 sind der zuständigen Behörde solche Entscheidungen bekannt zu geben, durch die eine Unterbringungsmaßnahme genehmigt, angeordnet oder aufgehoben wird. Die zuständige Behörde soll bei belastenden Unterbringungsmaßnahmen informiert werden, um notfalls unterstützend oder überwachend tätig werden zu können. Als zuständige Behörde ist die Betreuungsbehörde (§ 1 BtBG) gemeint, da bei der öffentlich-rechtlichen Unterbringung die Behörde als Antragstellerin kraft Gesetzes (§ 7 Abs. 1) Beteiligte ist. Die Bekanntgabe an die Behörde dient insbesondere der Wahrnehmung des Beschwerderechts nach § 335 Abs. 4. Eine Bekanntgabe von ablehnenden Entscheidungen sieht das Gesetz in den Fällen des Absatz 2 (trotz anderslautender Gesetzesbegründung)

nach seinem klaren Wortlaut nicht vor (Prütting/Helms/*Roth* § 325 Rn. 7, 10).

4   Die **Form der Bekanntgabe** richtet sich nach §§ 15 Abs. 2, 41 Abs. 1 Satz 2, Abs. 2. In Unterbringungssachen ist regelmäßig davon auszugehen, dass die Entscheidung nicht dem Willen des Betroffenen entspricht, weshalb eine förmliche Zustellung erforderlich ist (§ 41 Abs. 1 Satz 2). Diese kann nunmehr auch durch Ersatzzustellung an den Leiter der Unterbringungseinrichtung oder seinen Vertreter erfolgen (§§ 15 Abs. 2 FamFG, 178 Abs. 1 Nr. 3 ZPO; vgl. BayObLG FamRZ 2002, 848). Zur Wahrung seiner Rechte muss aber gewährleistet sein, dass dem Betroffenen die Entscheidung unverzüglich ausgehändigt wird. Gegebenenfalls ist ihm Wiedereinsetzung in den vorigen Stand (§ 17) zu gewähren, wobei an den Grad der Glaubhaftmachung geringere Anforderungen zu stellen sind (BayObLG FamRZ 2002, 848).

5   Die Bekanntgaben in Unterbringungssachen haben wegen der Rechtsgarantien des Art. 104 GG **unverzüglich** zu erfolgen (BT-Drs. 11/4528 S. 185). Das bedeutet, dass z. B. Eilentscheidungen nicht nur sofort geschrieben und unterschrieben, sondern auch auch unverzüglich zur Post gegeben werden müssen.

3. Absehen von der Bekanntgabe der Entscheidungsgründe

6   Grundsätzlich ist ein Beschluss dem Betroffenen in vollem Umfang bekanntzumachen (§ 41 Abs. 1 Satz 1). **Abs. 2** ermöglicht es aber, dem Betroffenen die **Entscheidungsgründe** (nicht die Entscheidungsformel) **vorzuenthalten**, wenn dies nach ärztlichem Zeugnis erforderlich ist, um erhebliche Nachteile für seine Gesundheit zu vermeiden. Zu diesem „therapeutischen Verschweigen" wird zunächst auf die Bemerkungen zu § 319 S. 281 verwiesen. Die Bestimmung beruht nicht auf den Ergebnissen erfahrungswissenschaftlicher Forschung, sondern auf einer ideologisch begründeten Alltagstheorie. Wer sich dennoch von seiner vermeintlich fürsorglichen Geheimniskrämerei nicht abbringen lässt, der sei darauf hingewiesen, dass die Vorenthaltung der Gründe der gerichtlichen Entscheidung den davon betroffenen Menschen vermutlich stärker beunruhigt und ängstigt als deren Offenlegung. Im Übrigen fällt auf, dass hier im Gegensatz zu der Regelung bei der Anhörung (§ 319 Abs. 3) ein ärztliches Zeugnis statt eines Gutachtens genügen soll. Macht das Gericht von der gesetzlichen Möglichkeit dennoch Gebrauch, bleibt der Verdacht eines bloßen Vorwands, um sich und anderen die Arbeit zu erleichtern.

7   Bei einer Anwendung der **Ausnahmevorschrift** müssen dessen enge Voraussetzungen beachtet werden. Das einzuholende ärztliche Zeugnis muss eine detaillierte Begründung enthalten, welche konkreten Beeinträchtigungen entstehen können, die über das Maß dessen hinausgehen, was allgemein mit der Bekanntgabe von gerichtlichen Entscheidungen verbunden ist. Die Befürchtung des behördlichen Sachverständigen, das Vertrauensverhältnis des Betroffenen zum sozialpsychiatrischen Dienst oder Vertrauenspersonen könne gestört werden, reicht zur Begründung nicht aus (OLG Frankfurt BtPrax

2003, 222). Gleiches gilt für bloßen Ärger oder befürchtete Wutausbrüche des Betroffenen. Gibt es ein milderes Mittel, etwa in Form der Hinzuziehung medizinisch oder psychologischen Personals oder einer privaten Vertrauensperson zur Bekanntmachung oder einer behutsameren Formulierung der Entscheidungsgründe, muss hierauf zurückgegriffen werden (HK-BUR/*Hoffmann* § 70g Rz. 7; Prütting/Helms/*Roth* § 325 Rn. 5). Gegen die Vorenthaltung der Entscheidungsgründe ist die Beschwerde gegeben (BayObLG NJW-RR 2001, 583).

Zuführung zur Unterbringung

326 (1) **Die zuständige Behörde hat den Betreuer oder den Bevollmächtigten im Sinne des § 1896 Abs. 2 Satz 2 des Bürgerlichen Gesetzbuchs auf deren Wunsch bei der Zuführung zur Unterbringung nach § 312 Nr. 1 zu unterstützen.**

(2) **Gewalt darf die zuständige Behörde nur anwenden, wenn das Gericht dies auf Grund einer ausdrücklichen Entscheidung angeordnet hat. Die zuständige Behörde ist befugt, erforderlichenfalls die Unterstützung der polizeilichen Vollzugsorgane nachzusuchen.**

(3) **Die Wohnung des Betroffenen darf ohne dessen Einwilligung nur betreten werden, wenn das Gericht dies auf Grund einer ausdrücklichen Entscheidung angeordnet hat. Bei Gefahr im Verzug findet Satz 1 keine Anwendung.**

1. Anwendungsbereich

Die Vorschrift ersetzt den früheren § 70g Abs. 5 FGG und erweitert seinen Anwendungsbereich ausdrücklich auf den Vorsorgebevollmächtigten des § 1896 Abs. 2 Satz 2 BGB. Sie gilt nur für die Unterbringung nach § 312 Nr. 1, also zivilrechtliche Unterbringungsmaßnahmen Volljähriger nach § 1906 Abs. 1, Abs. 2 Satz 2 und Abs. 5 BGB. Für die Zuführung Minderjähriger zur Unterbringung gilt § 167 Abs. 5. § 326 ist nicht entsprechend anwendbar, Rechtsgrundlage einer Zuführung zu einer Unterbringung nach § 1846 BGB ist § 90 FamFG (*Hoffmann* R&P 2010, 24; a.A. Keidel/*Budde* § 316 Rn. 1)). 1

§ 326 findet keine Anwendung auf unterbringungsähnliche Maßnahmen nach § 312 Nr. 2. Hierfür gibt es keine Regelung. Für den Vollzug der unterbringungsähnlichen Maßnahmen ist das Personal der Einrichtung zuständig, in der sich der Betroffene bereits befindet. 2

§ 326 findet auch keine Anwendung auf Zuführungen zur öffentlich-rechtlichen Unterbringung nach § 312 Nr. 3. Da die Vollstreckung der öffentlich-rechtlichen Unterbringung ein Teil des Verwaltungsverfahrens der Gesundheitsbehörden ist (vgl. Kap. **B** S. 128), hat der Bundesgesetzgeber ihre Regelung mit Recht den PsychKG bzw. Unterbringungsgesetzen der Länder überlassen. Dort finden sich die Regelungen zur Anwendung von Gewalt und zum Betreten der Wohnung des Betroffenen sowie zur polizeilichen Unterstützung bei der Zuführung. 3

2. Zuführung zur Unterbringung (Abs. 1)

4 Die Zuführung des Betroffenen zur zivilrechtlichen Unterbringung (umfassend: *Walther* R&P 2007, 167) geschieht ausschließlich durch den Betreuer oder den Vorsorgebevollmächtigen im Sinne des § 1896 Abs. 2 Satz 2 BGB. Das Gericht erteilt nur die Genehmigung der Unterbringung. Ob der gesetzliche oder gewillkürte Vertreter von der gerichtlichen Genehmigung Gebrauch macht, steht allein in seinem pflichtgemäßen Ermessen. Im Falle eines Ermessensmissbrauchs muss das Gericht Maßnahmen nach §§ 1837, 1908 i BGB ergreifen.

5 Nach Abs. 1 hat die zuständige Betreuungsbehörde (§ 315 S. 265) den Betreuer oder Bevollmächtigten auf deren Wunsch bei der Zuführung zur Unterbringung zu unterstützen. Der Gesetzgeber wollte eine Anlaufstelle für die Verantwortlichen schaffen und ein für den Betroffenen möglichst schonendes Vorgehen durch das Fachpersonal der Behörde sicherstellen (BT-Drs. 11/5428 S. 185). Die Unterstützung kann sich etwa beziehen auf die Hilfe bei der Suche nach dem verschwundenen Betroffenen, die Anwendung unmittelbaren Zwangs zur Überwindung eines Widerstands des Betroffenen oder dessen Transport in die vom Vertreter ausgewählte Unterbringungseinrichtung. Die bei der Zuführung entstehenden Kosten hat die Betreuungsbehörde zu tragen.

6 Die Unterstützung bezieht sich nur auf die Zuführung zur Unterbringung, also alle erforderlichen Maßnahmen, um den Betroffenen in die Unterbringungseinrichtung zu bringen. Sie bezieht sich nicht auf Vollzugsmaßnahmen im Rahmen der Unterbringung (BT-Drs. 11/6949 S. 84). Die Unterstützung bei Vollzugsmaßnahmen hat durch die Einrichtung zu erfolgen. Ob allerdings die Übertragung von Eingriffsbefugnissen des gesetzlichen oder gewillkürten Vertreters auf die Einrichtung eine Vollzugsregelung bezüglich der zivilrechtlichen Unterbringung entbehrlich macht (so BT-Drs. 11/4528 S. 83) ist verfassungsrechtlich äußerst zweifelhaft (vgl. *Lesting* R&P 2010, 137; *Jürgens/ Kröger/Marschner/Winterstein* Rn. 582).

3. Anwendung von Gewalt (Abs. 2 und 3)

7 Wehrt sich der Betroffene gegen die Zuführung, bedarf die **Anwendung von Gewalt** zu ihrer Durchführung **nach Abs. 2** der ausdrücklichen gerichtlichen Genehmigung. Der gesetzliche oder gewillkürte Vertreter selbst darf keinen unmittelbaren Zwang anwenden; auch eine richterliche Genehmigung dafür ist gesetzlich nicht vorgesehen (OLG Frankfurt R&P 1996, 31 = BtPrax 1996, 71). Die Ermächtigung der zuständigen Behörde zur Anwendung von Gewalt stellt eine selbständige gerichtliche Entscheidung dar, deren Voraussetzungen gesondert zu prüfen sind. Sie kann zusammen mit der Unterbringungsgenehmigung in einem Beschluss ergehen. Eine formularmäßige Ermächtigung der Behörde verbietet sich wegen des Erfordernisses einer Einzelfallentscheidung unter Berücksichtigung des Verhältnismäßigkeitsgrundsatzes (Keidel/*Budde* § 326 Rn. 3). Ist die Betreuungsbehörde zur Gewaltanwendung ermächtigt, kann sie nach Abs. 2 Satz 2 erforderlichenfalls die Unterstützung der polizeilichen Vollzugsorgane nachsuchen. Die Polizei ist nach den Grundsätzen der Amtshilfe zur Vollzugshilfe gegenüber der Betreuungsbehörde verpflichtet.

Wegen des Gesetzesvorbehalts in Art. 13 Abs. 2 GG stellt **Abs. 3** klar, dass auch das **Betreten der Wohnung des Betroffenen** ohne dessen Einwilligung grundsätzlich einer ausdrücklichen gerichtlichen Ermächtigung bedarf (zum Erfordernis einer hinreichenden Rechtsgrundlage vgl. BVerfG FamRZ 2009, 1814). Auch bei dieser gerichtlichen Entscheidung ist der Verhältnismäßigkeitsgrundsatz zu beachten. 8

4. Rechtsmittel

Die Entscheidungen über die Anwendung von Gewalt nach Abs. 2 und 3 sind selbständig mit der Beschwerde anfechtbar (§ 58 Abs. 1). 13

Vollzugsangelegenheiten

327 (1) **Gegen eine Maßnahme zur Regelung einzelner Angelegenheiten im Vollzug der Unterbringung nach § 312 Nr. 3 kann der Betroffene eine Entscheidung des Gerichts beantragen. Mit dem Antrag kann auch die Verpflichtung zum Erlass einer abgelehnten oder unterlassenen Maßnahme begehrt werden.**

(2) **Der Antrag ist nur zulässig, wenn der Betroffene geltend macht, durch die Maßnahme, ihre Ablehnung oder Unterlassung in seinen Rechten verletzt zu sein.**

(3) **Der Antrag hat keine aufschiebende Wirkung. Das Gericht kann die aufschiebende Wirkung anordnen.**

(4) **Der Beschluss ist nicht anfechtbar.**

Übersicht

1. Allgemeines zur Vollzugskontrolle bei der öffentlich-rechtlichen und der zivilrechtlichen Unterbringung	1
a) Rechtsweg beim Vollzug der öffentlich-rechtlichen Unterbringung	3
b) Rechtsweg beim Vollzug der zivilrechtlichen Unterbringung und der unterbringungsähnlichen Maßnahmen	4
c) Rechtsweg beim Vollzug der vorläufigen zivilrechtlichen Unterbringung nach §§ 334, 1846 BGB	13
d) Grundsätze des gerichtlichen Verfahrens nach § 327	14
2. Kommentierung der Norm	21
a) Anwendungsbereich und Normzweck	22
b) Antragsarten	23
c) Anfechtungsantrag	24
d) Feststellungsantrag	25
e) Vorbeugender Überlassungsantrag	28
f) Verpflichtungsantrag	29
g) Untätigkeitsantrag (Vornahmeantrag)	31
h) Zulässigkeit des Antrags – Antragsbefugnis und Antragsgegner	35
i) Form und Frist	40
j) Zuständiges Gericht	43
k) Die gerichtliche Prüfung – Zulässigkeitsprüfung	44

D Das Unterbringungsverfahren

l) Überprüfung ärztlicher Maßnahmen	62
m) Die Entscheidung	65
n) Aufschiebende Wirkung	68
o) Gerichtliche Zwangsmaßnahmen	70
p) Unanfechtbarkeit	71
3. Rechtsbehelfe außerhalb des Rechtswegs	72
a) Verfassungsbeschwerde	72
b) Dienstaufsichtsbeschwerde	73
c) Petition	75
d) Weitere Kontrollorgane	76

1. Allgemeines zur Vollzugskontrolle bei der öffentlich-rechtlichen und der zivilrechtlichen Unterbringung

1 Menschen, die einer Unterbringung oder unterbringungsähnlichen Maßnahmen ausgesetzt sind, gehören zu den schwächsten Gliedern unserer Gesellschaft. Besonders Schwache brauchen nicht nur Hilfe, sondern auch Schutz. Sie brauchen Schutz nicht zuletzt vor einem Fehlverhalten derjenigen, die dazu berufen sind, ihnen zu helfen. Bei psychisch Kranken und psychisch Behinderten drängt sich ein solcher Schutz umso mehr auf, als diese Menschen oft im Umgang schwierig oder unvernünftig sind. Eine **Gefahr rechtswidriger Maßnahmen** besteht aber auch dort, wo Zorn oder Verärgerung der Helfenden eher fern liegen. Das Verhalten der therapeutisch und pflegend Tätigen wird wie bei allen Menschen nicht nur durch ihre bewussten Motive und erklärten Absichten geprägt, sondern zugleich von irrationalen Triebfedern gesteuert. Es darf nicht verwundern, dass hierzu auch die Macht gehört, die sie über die Betroffenen haben. Hinzu kommen die repressiven Traditionen der Psychiatrie („Fixierung ist von jeher eine ärztliche Maßnahme"), ein gelegentlich mit langer beruflicher Praxis einhergehender Verlust an Sensibilität, ein bürokratisches Beharren auf der Krankenhauspraxis und schließlich nicht selten eine Unkenntnis der Rechte der Betroffenen sowie ein Unverständnis gegenüber der Notwendigkeit einer rechtlichen Kontrolle.

2 Um die Betroffenen zu schützen, gibt es eine Reihe von Wegen. Das Recht des Vollzugs der Unterbringung ist dabei nicht auf das Geschehen im Krankenhaus beschränkt. Recht als ein Stück gesellschaftlicher Wirklichkeit bedarf der Durchsetzbarkeit durch **Kontrollorgane**. Ohne funktionierende Kontrollorgane kann kein Gemeinwesen damit rechnen, dass die von seinem Gesetzgeber erlassenen Rechtsvorschriften auch angewandt und umgesetzt werden. Tatsächlich gibt es mehrere unabhängig voneinander arbeitende Kontrollorgane, nämlich die Aufsichtsbehörden (vgl. S. 324, das zur Kontrolle der Verwaltung im demokratischen Staat berufene Landesparlament (vgl. S. 324) und die Gerichte. Hier ist zunächst die Anrufung des Gerichts, also der Rechtsweg, zu erörtern.

3 **a) Rechtsweg beim Vollzug der öffentlich-rechtlichen Unterbringung.** Wird jemand durch die öffentliche Gewalt in seinen Rechten verletzt, steht ihm der Rechtsweg offen (Art. 19 Abs. 4 GG). Im Vollzug der öffentlich-rechtlichen Unterbringung tritt der Staat dem Patienten mit hoheitlichen Machtmitteln entgegen. Dabei ist es durchaus angebracht, darauf

§ 327. Vollzugsangelegenheiten **D**

hinzuweisen, dass ärztliche Behandlung nicht außerhalb der Rechtsordnung steht. Bei der öffentlich-rechtlichen Unterbringung ist die Grundlage der Behandlung nicht vertraglicher, sondern öffentlich-rechtlicher Natur (vgl. *Wagner* 1992; *Baur* 1988). Deshalb ist kein Eingriff im Vollzug der öffentlich-rechtlichen Unterbringung von der rechtsstaatlichen Grundregel des Art. 19 Abs. 4 GG ausgenommen. Nach § 327 kann der Betroffene das Betreuungsgericht anrufen.

b) Rechtsweg beim Vollzug der zivilrechtlichen Unterbringung 4
und der unterbringungsähnlichen Maßnahmen. Das Schutzbedürfnis des Betroffenen ist bei den zivilrechtlichen Unterbringungsmaßnahmen nicht kleiner als in der öffentlich-rechtlichen Unterbringung. Die zivilrechtliche Unterbringung nach § 1906 Abs. 1 Nr. 1 BGB wird meistens in denselben psychiatrischen Landeskrankenhäusern auf denselben Stationen durch dieselben Ärzte und dasselbe übrige Krankenhauspersonal vollzogen wie die öffentlich-rechtliche Unterbringung. Es kann deshalb nicht verwundern, dass dabei auch die gleichen Konflikte auftreten.

Wird die zivilrechtliche Unterbringung in einer **privaten Einrichtung** 5 vollzogen, so liegen die Probleme ähnlich. Dasselbe gilt hinsichtlich der unterbringungsähnlichen Maßnahmen. Gleichwohl ist bei der Einführung des bundeseinheitlichen Rechtswegs zur Kontrolle des Vollzugs der öffentlich-rechtlichen Unterbringung im früheren § 701 FGG auf eine besondere Regelung zur Kontrolle zivilrechtlicher Maßnahmen verzichtet worden. In der Begründung des RegE zum BtG (BT-Drs. 11/4528 S. 93) ist dazu ausgeführt:

> Es liegt in der Verantwortung des Betreuers, mit der jeweiligen Einrichtung 6 Maßnahmen zur Regelung einzelner Angelegenheiten im Rahmen einer zivilrechtlichen Unterbringung abzustimmen. Soweit der Betroffene Wünsche hat, hat er sich in erster Linie an den Betreuer zu halten, er kann sich auch jederzeit an das Vormundschaftsgericht wenden. § 701 FGG-E befaßt sich daher nur mit Maßnahmen zur Regelung einzelner Angelegenheiten im Vollzug einer öffentlich-rechtlichen Unterbringung.

Rechtlich zutreffend ist das nicht. Gegen Maßnahmen der Einrichtung, 7 die nicht durch deren Vertrag mit dem Betreuer gedeckt sind und in absolute Rechte des Betroffenen eingreifen, ist der **Zivilrechtsweg** (HK-BUR/ *Hoffmann* § 701 Rn. 7) gegeben: Der Betroffene kann in entsprechender Anwendung des § 1004 BGB von der Einrichtung Beseitigung bzw. Beendigung der Störung verlangen und bei Wiederholungsgefahr auf Unterlassung klagen. Hauptsächlich kommen folgende absolute Rechte in Betracht: das Freiheitsgrundrecht, soweit die Beeinträchtigung über den Vertrag mit dem Betreuer hinausgeht (Art. 2 Abs. 2 S. 2 GG); das Recht auf körperliche Unversehrtheit – und zwar auch auf Unversehrtheit durch ärztliche Behandlung, wenn der Vertrag mit dem Betreuer überschritten wird oder wenn § 1904 BGB verletzt ist – (Art. 2 Abs. 2 S. 1 GG); der Schutz der Familie, wenn Angehörigenbesuche über Gebühr erschwert werden (Art. 6 Abs. 1 GG); das Brief- und Postgeheimnis (Art. 10 GG); das Eigentum (Art. 14 GG) und das allgemeine Persönlichkeitsrecht (Art. 2 Abs. 1 GG).

Lesting

D

Das Unterbringungsverfahren

8 Darüber hinaus kann der Betroffene gegen Vollzugsmaßnahmen im Rahmen einer zivilrechtlichen Unterbringung auch zivilrechtliche Ansprüche gegen den Betreuer geltend machen etwa einen Unterlassungsanspruch nach § 823 BGB oder einen Anspruch auf Einschreiten des Betreuungsgerichts nach §§ 1908i Abs. 1 Satz 1, 1837 Abs. 2 Satz 1 BGB (HK-BUR/ *Hoffmann* § 701 Rn. 7).

9 Sofern während der Unterbringung nach § 1846 BGB das Krankenhaus Zwangsmaßnahmen ergreift, ohne dass diese vom gesetzlichen Vertreter des Betroffenen oder dem Gericht veranlasst worden sind, ist hiergegen der Rechtsweg nach §§ 23ff. EGGVG zu den Zivilsenaten der Oberlandesgerichte gegeben (OLG München R&P 1987, 112; Jürgens/*Marschner* § 327 Rn. 1; HK-BUR/*Hoffmann* § 701 Rn. 8). Die Maßnahmen des Krankenhauses beruhen nämlich nicht auf einem Vertrag mit dem gesetzlichen Vertreter des Betroffenen, sondern auf der Unterbringungsentscheidung des Amtsgerichts. Somit handelt es sich bei funktionaler Betrachtung um eine Maßnahme der Justizverwaltung. Hat das Gericht die Vollzugsmaßnahme aber im Rahmen seiner Entscheidung nach § 1846 BGB angeordnet, ist diese Anordnung nur mit der Beschwerde anfechtbar.

10 Die **entscheidende Erschwernis** für den Betroffenen liegt darin, dass er gemäß § 316 zwar als verfahrensfähig gilt, das Zivilgericht aber nur dann unabhängig von seinem Betreuer anrufen kann, wenn er prozessfähig gemäß §§ 51ff. ZPO ist (vgl. OLG Düsseldorf BtPrax 2010, 85; BAG BtPrax 2009, 296 = R&P 2010, 91). Nun braucht der Anlass zu seiner Unterbringung oder zu der unterbringungsähnlichen Maßnahme seine Geschäfts- und Prozessfähigkeit nicht zu beeinträchtigen; im Gegenteil sind die Voraussetzungen des § 1906 BGB und des § 104 Nr. 2 BGB ganz unterschiedlich. Dennoch wird der Betroffene, der unabhängig von seinem Betreuer oder sogar gegen dessen Willen die Einrichtung, in der er sich befindet, vor dem Zivilgericht verklagen will, häufig auf kaum zu überwindende Schwierigkeiten stoßen. Von diesen ist die Ausräumung der Annahme, er sei prozessunfähig, nur die erste. Auch die Verfahrensgrundsätze des Zivilprozesses, vor allem der Beibringungsgrundsatz, machen die Rechtsverfolgung schwer. Vor allem aber dürfte der Betroffene mit seinem Anliegen vor einem fachlich nicht spezialisierten Gericht oft auf „fürsorgliches" Unverständnis stoßen.

11 Unter diesen Umständen gilt es zu prüfen, welchen Wert der vorerwähnte Vorschlag hat, sich mit seinen „Wünschen" an den Betreuer oder das Betreuungsgericht zu wenden. Schließlich handelt es sich dabei um die informelle Geltendmachung eines Anspruchs, dessen Durchsetzung zudem nur über Gebote und Verbote des Rechtspflegers des Betreuungsgerichts gegenüber dem Betreuer nach § 1837 Abs. 2, Abs. 3 BGB zu erzielen ist. Wegen des verfassungsrechtlich äußerst problematischen Fehlens eines kodifizierten Vollzugsrechts für die zivilrechtliche Unterbringung und wegen der außerordentlichen Schwierigkeiten einer effektiven Rechtsverfolgung (vgl. *Lesting* R&P 2010, 137) trifft auch heute noch der Satz zu, dass die zivilrechtlich Untergebrachten die rechtlosesten aller Menschen in unserer Gesellschaft sind. In dieser Hinsicht ist der Bundesgesetzgeber leider mit voller Absicht (vgl. BT-Drs. 11/4528 S. 187) aus der gemeinsamen Bewegung der rechtlich entwickelten Länder, weg vom „Medikalismus" in der Anstaltspsychiatrie hin zu einem „Legalismus", ausgeschieden (vgl. Kap. **A** S. 44; *Forster* 1997; *Legemaate* R&P 1998, 80).

Für die Fälle, in denen die zivilrechtliche Unterbringung in einem öffentlich-rechtlichen (Landes-)Krankenhaus stattfindet, ist auf die Möglichkeit der Dienstaufsichtsbeschwerde hinzuweisen (vgl. S. 324). 12

c) Rechtsweg beim Vollzug der vorläufigen zivilrechtlichen Unterbringung nach §§ 327 FamFG, 1846 BGB. Gegen Maßnahmen des Krankenhauses während der Unterbringung nach § 1846 BGB, die nicht vom Betreuer oder dem Gericht veranlasst sind, steht den Betroffenen der Rechtsweg nach §§ 23 ff. EGGVG offen (OLG München R&P 1987, 112; Jürgens/*Marschner* § 327 Rn. 1). Die Maßnahmen des Krankenhauses beruhen nicht auf einem Vertrag mit dem gesetzlichen Vertreter des Betroffenen, sondern auf einer Unterbringungsentscheidung des Amtsgerichts. Somit handelt es sich bei funktionaler Betrachtungsweise um eine Maßnahme der Justizverwaltung. Nach § 25 EGGVG entscheidet ein Zivilsenat des Oberlandesgerichts. Hat das Gericht die Vollzugsmaßnahme aber im Rahmen seiner Entscheidung nach § 1846 BGB angeordnet, ist diese Anordnung mit der Beschwerde angreifbar (hierzu *Hoffmann* R&P 2010, 24). 13

d) Grundsätze des gerichtlichen Verfahrens nach § 327. Bereits in der Einführung in das gerichtliche Verfahren zur Anordnung oder Genehmigung der Unterbringung (vor § 312) war darauf hingewiesen worden, dass der Gesetzgeber das Verfahren nicht nach seinem Belieben so oder anders regeln kann. Verfahrensordnungen gliedern sich je nach dem Gegenstand, über den zu entscheiden ist, in eine begrenzte Zahl von Typen. Im gerichtlichen Verfahren über die Kontrolle von Vollzugsmaßnahmen „streitet der betroffene Bürger gegen den Staat". Dieser Sachverhalt bestimmt den Verfahrenstyp. Da das Handeln der Einrichtungen bei der öffentlich-rechtlichen Unterbringung öffentliche Verwaltung ist und den Rechtsregeln der Verwaltungsverfahrensgesetze der Länder unterliegt (vgl. *Volckart* R&P 1987, 104), lässt sich der gerichtliche Rechtsschutz nur im Sinne der Grundzüge des verwaltungsgerichtlichen Rechtsschutzes regeln. Die damit befassten Unterbringungsrichter haben deshalb die schwierige Aufgabe, als eine Art besonderes Verwaltungsgericht tätig zu werden. Diese Zumutung wiegt umso schwerer, als die Ausbildung der Amtsrichter im Verwaltungsprozessrecht oft lange zurückliegt und Verfahren nach § 327 wohl wegen der geringen „Beschwerdemacht" der Betroffenen äußerst selten sind (ein seltenes Beispiel: OLG Hamm NJW 2008, 2859 = BtPrax 2008, 178). Dennoch haben die wenigen Betroffenen, die Anträge nach § 327 stellen, einen Anspruch auf prozessrechtlich richtige Bearbeitung ihrer Verfahren. 14

Da es sich um einen Verwaltungsprozess handelt, gilt das **Antragsprinzip**. Auch wenn dem Gericht Verstöße gegen die Vollzugsvorschriften des landesrechtlichen PsychKG bzw. Unterbringungsgesetzes bekannt geworden sind, kann es also nicht von Amts wegen tätig werden. Für das allgemeine Verwaltungsprozessrecht gilt insoweit die Erwägung, dass die betroffenen Bürger selbst für die Verwirklichung der Rechtmäßigkeit der Verwaltung (Art. 20 Abs. 3 GG) sorgen. Sie sind gewissermaßen zum Sachwalter der 15

Allgemeinheit gemacht worden und dadurch das individuelle Rechtsschutzinteresse zum Vehikel des öffentlichen Interesses an der Gesetzmäßigkeit der Verwaltung. Auf dem Gebiet des Unterbringungsvollzugsrechts wird dieser Effekt wegen der kleinen Fallzahlen kaum eintreten. Umso wichtiger ist, dass die Gerichte ihre sachlichen Entscheidungen nach § 327 besonders sorgfältig vorbereiten und begründen.

16 Mit dem Antragsprinzip korrespondiert der **Verfügungsgrundsatz,** durch den sich das Verfahren nach § 327 grundlegend vom eigentlichen Unterbringungsverfahren nach §§ 312 ff. unterscheidet. Anders als dort und im Strafprozess, wo der Gegenstand des Verfahrens allein durch das Gesetz bestimmt wird, bleibt der Streitgegenstand in Unterbringungsvollzugssachen Sache der Beteiligten. Nach diesen Grundsätzen kann der Betroffene seinen Antrag zurücknehmen, der Antragsgegner (das Krankenhaus) ihn anerkennen. Beide können die Hauptsache für erledigt erklären und einen Vergleich schließen.

17 Hiervon zu unterscheiden ist der **Untersuchungsgrundsatz** (Offizialmaxime). Er gilt im Unterbringungsvollzugsverfahren genauso wie im Verwaltungsprozess (vgl. § 26).

18 Ob im Unterbringungsvollzugsverfahren nach § 327 der Strengbeweis oder der Freibeweis gilt, könnte zweifelhaft sein (vgl. oben vor § 312 S. 245). Das Strengbeweisverfahren würde in Betracht kommen, wenn die allgemeinen Vorschriften des FamFG über das gerichtliche Verfahren und insbesondere § 29 für das Verfahren in Vollzugssachen uneingeschränkt gelten würden. Das ist aber höchst problematisch, denn als „Verwaltungsgerichtsordnung im Kleinen" ist das Verfahren der Vollzugskontrolle im FamFG in noch einem weiteren Sinne ein Fremdkörper als das eher strafprozessähnliche Unterbringungsverfahren. Indem § 327 seine Vorbilder gewissermaßen zitiert, nämlich die §§ 42 VwGO, 23 f EGGVG und 109 StVollzG, nimmt die Bestimmung auch auf die Grundzüge der dort geregelten Verfahren Bezug. Dort ist nun aber überall, wie auch im Strafprozess, das Beschlussverfahren mit dem Freibeweisverfahren gekoppelt, während der Strengbeweis nur da gilt, wo durch Urteil zu entscheiden ist. Man wird daraus die Konsequenz ziehen müssen, dass im Verfahren nach § 327 das Freibeweisverfahren anzuwenden ist (vgl. grundlegend *Voigtel* 1998; *Wütz* 1970). Die Beweisbeschränkungen, Beweisverbote und Belehrungspflichten, die das Strengbeweisverfahren bestimmen, gelten im Freibeweisverfahren gleichermaßen.

19 Verfahrensrechtliche Probleme bei der gerichtlichen Kontrolle von Vollzugsmaßnahmen werden am ehesten durch Orientierung an dem gerichtlichen Verfahren zu lösen sein, das für die Kontrolle der Maßnahmen der Behörden im Vollzug anderer Arten des Freiheitsentzugs gilt. Dabei steht der Vollzug der strafgerichtlichen Unterbringung in einem psychiatrischen Krankenhaus und in einer Entziehungsanstalt nach §§ 63, 64 StGB dem Vollzug der öffentlich-rechtlichen Unterbringung besonders nahe. Deshalb kann hier auf die Literatur über die gerichtliche Kontrolle des Maßregelvollzugs verwiesen werden (vgl. *Wagner* 1992; Volckart/*Grünebaum* 2009, 322 ff.; Kammeier/*Gericke* Kapitel K; AK StVollzG/*Kammann/Volckart*, §§ 109–121, 136–138; *Lesting/Kammeier* S. 857 ff.).

Gelegentlich wird die öffentlich-rechtliche Unterbringung statt in einem Landeskrankenhaus in einer privaten oder doch privatrechtlich organisierten Einrichtung vollzogen, so z.B. in Sachsen-Anhalt (vgl. Kap. **B** S. 131). Für die gerichtliche Überprüfung macht das keinen Unterschied. Auch diese Einrichtungen erlassen als „beliehene Unternehmer" Maßnahmen zur Regelung einzelner Angelegenheiten im Vollzug der Unterbringung. 20

2. Kommentierung der Norm

Wie bereits mit dem früheren § 701 FGG hat es der Bundesgesetzgeber in § 327 unternommen, ein gerichtliches Verfahren in einem einzigen Paragraphen zu regeln. Gegenüber anderen Verfahrensordnungen, in denen versucht wird, der Fülle möglicher Anliegen und Verfahrenskonstellationen durch eine differenzierte Regelung gerecht zu werden, bleibt § 327 weit zurück (vgl. neben der VwGO die immerhin mehrere Paragraphen umfassende Regelung der Rechtskontrolle der Justizverwaltung in §§ 23–30 EGGVG sowie die Straf- und des Maßregelvollzugs in §§ 109–121 StVollzG). § 327 soll offenbar dem Verfassungsgebot des Art. 19 Abs. 4 GG mit möglichst geringem Aufwand gerecht werden. Alle Erfahrungen mit verkürzten Verfahrensordnungen deuten aber darauf hin, dass ein „effektiver Rechtsschutz", auf den die Betroffenen nach ständiger Rechtsprechung des BVerfG Anspruch haben (vgl. insbes. BVerfG NJW 1973, 2196), oft am mangelhaften Verfahrensrecht scheitert. So waren seit dem Inkrafttreten der §§ 109 bis 121 StVollzG die Mehrzahl der erfolgreichen Rechtsbeschwerden nur deshalb erfolgreich, weil das erstinstanzliche Gericht das Verfahrensrecht nicht richtig ausgelegt und angewandt hat. Man muss befürchten, dass solche Mängel auch bei der Anwendung des § 327 auftreten. 21

a) Anwendungsbereich und Normzweck. § 327 ersetzt den früheren 701 FGG und eröffnet für die Betroffenen einen Rechtsweg zur Überprüfung von Maßnahmen zur Regelung einzelner Angelegenheiten im Vollzug der öffentlich-rechtlichen Unterbringung nach § 312 Nr. 3, also nach den Landesgesetzen über die Unterbringung psychisch Kranker. Einige Bundesländer haben diesen Rechtsweg auch für die gerichtliche Kontrolle der Verwaltungsmaßnahmen im außergerichtlichen Verfahren und im Vollzug der Verwaltungsunterbringung eingeführt (vgl. Kap. **B** S. 110). 22

b) Antragsarten. Wie die anderen verwaltungsprozessrechtlichen Verfahrensordnungen zählt auch § 327 die Antrags- oder Klagearten nicht enumerativ auf. Der zentrale Begriff ist die „Maßnahme", denn aus der Konkretisierung der Maßnahme, gegen die oder um die der Betroffene streitet, ergibt sich die Antragsart. 23

c) Anfechtungsantrag. Wenn der Betroffene sich gegen einen ihn **belastenden** Vollzugs-**Verwaltungsakt** wendet (Beispiele: das Krankenhaus gibt einen Brief nicht weiter, weil er einen grob beleidigenden Inhalt habe; es lässt einen Besucher nicht zu, weil er einen antitherapeutischen Einfluss ausübe), dann ist der Anfechtungsantrag nach § 327 Abs. 1 Satz 1 gegeben. Sein Ziel ist die Aufhebung des Verwaltungsakts durch das Gericht. 24

d) Feststellungsantrag. Eine „Maßnahme" mit Regelungscharakter im Einzelfall ist nicht immer ein Verwaltungsakt. Auch schlicht hoheitliches Han- 25 deln, sogar rein tatsächliches Handeln kann die Lebensverhältnisse in der Unterbringung mit rechtlicher Wirkung gestalten und unterliegt dann als Vollzugsmaßnahme der gerichtlichen Überprüfung. Einen Realakt kann man aber nicht „aufheben" und dementsprechend nicht anfechten. Außerdem steht er entweder noch bevor oder er ist schon ausgeführt und erledigt (Beispiele: der Betroffene musste sich bei einer Durchsuchung ausziehen; ihm wird gegen seinen Willen ein antipsychotisches Depotmedikament verabreicht). Gegen schon **vollzogene Maßnahmen** ist der **Feststellungsantrag** gegeben. Sein Ziel ist die Feststellung der Rechtswidrigkeit der Maßnahme.

26 Bei schon vollzogenen Maßnahmen ist es allerdings möglich, dass der Betroffene nicht mehr beschwert ist. Die Zulässigkeit des Feststellungsantrags ist aber davon abhängig, dass noch ein **Feststellungsinteresse** besteht. Dieses kann sich ergeben aus der Wiederholungsgefahr, aus einem Rehabilitationsinteresse wegen der diskriminierenden Auswirkungen der Maßnahme oder der Verletzung eines Grundrechts (vgl. OLG Celle StV 1985, 244; NStZ 1985, 480; OLG Frankfurt ZfStrVo 1987, 120). Dass der Feststellungsantrag in § 327 Abs. 1 nicht aufgeführt ist, steht seiner grundsätzlichen Zulässigkeit nicht entgegen. Diese ergibt sich schon daraus, dass die Vorschrift mit der Verwendung des Begriffs der „Maßnahme" auch das Vorgehen gegen hoheitliche Realakte ermöglichen will, die bereits vollzogen sind.

27 Der Anwendungsbereich des Feststellungsantrags ist allerdings nicht auf hoheitliche Realakte beschränkt. Diese Antragsart ist auch gegeben, wenn ein belastender Verwaltungsakt sich erledigt hat und deshalb nicht mehr angefochten werden kann. Wegen der Anwendung bei begünstigenden Maßnahmen vgl. Rn. 29.

28 **e) Vorbeugender Unterlassungsantrag.** Wenn der Betroffene tatsächliche Anhaltspunkte für die Befürchtung hat, dass eine bestimmte belastende Vollzugsmaßnahme gegen ihn erlassen werden soll, die er für rechtswidrig hält, so steht ihm die Antragsart des vorbeugenden Unterlassungsantrags zur Verfügung. Der Antrag ist eine Parallele zu der bei den zivilrechtlichen Unterbringungsmaßnahmen gegebenen Unterlassungsklage aus der analogen Anwendung des § 1004 BGB (vgl. S. 309). Auch diese Antragsart ist in § 327 nicht aufgeführt. Ihre Zulässigkeit ergibt sich aus Art. 19 Abs. 4 GG. Tatsächlich ist diese Antragsart gerade im psychiatrischen Freiheitsentzug unentbehrlich, weil sie die gerichtliche Kontrolle eines zentralen Anliegens der Betroffenen ermöglicht, nämlich die **zwangsweise Verabreichung antipsychotischer Medikamente** zu verhindern.

29 **f) Verpflichtungsantrag.** Mit dem Verpflichtungsantrag nach § 327 Abs. 1 S. 2 begehrt der Antragsteller den Erlass einer ihn **begünstigenden Vollzugsmaßnahme**. Dabei wendet er sich zugleich – insoweit mit einer Anfechtung – gegen die Ablehnung seines auf Erlass der Maßnahme gerichteten Antrags (Beispiele: Ablehnung einer Zuwendung für Leistungen in der Arbeitstherapie, Ablehnung eines Wochenendurlaubs). Ziel des Verpflichtungsantrags ist die Aufhebung der Ablehnung und die Verpflichtung des Krankenhauses, die beantragte Maßnahme zu erlassen.

30 Auch im Bereich der begünstigenden Maßnahmen kann Erledigung eintreten, etwa, wenn der Wochenendurlaub der Teilnahme des Betroffenen an

der Konfirmation seines Kindes dienen sollte und dieses Ereignis inzwischen stattgefunden hat. Es ist dann auch hier der Feststellungsantrag (vgl. oben S. 314 gegeben.

g) Untätigkeitsantrag (Vornahmeantrag). Was kann der Betroffene 31 tun, wenn das Krankenhaus einen von ihm gestellten Antrag auf Erlass einer ihn begünstigenden Vollzugsmaßnahme einfach liegen lässt und nicht bescheidet? Nach § 327 Abs. 1 S. 2 braucht der Betroffene die Ablehnung nicht abzuwarten, weil er auch die Verpflichtung zum Erlass einer „unterlassenen" Maßnahme begehren kann. Andere verwaltungsprozessrechtliche Verfahrensordnungen sehen hierfür nähere Regelungen vor, die etwa klären, wie lange der Antragsteller warten muss, was geschieht, wenn das Krankenhaus einen zureichenden Grund für seine Untätigkeit hat oder wenn es den Betroffenen während des gerichtlichen Verfahrens bescheidet (vgl. §§ 75 VwGO, 27 EGGVG, 113 StVollzG).

Das Fehlen einer ausdrücklichen Regelung des Untätigkeitsantrags im 32 Bereich der öffentlich-rechtlichen Unterbringung ist ein besonders auffälliges Beispiel dafür, wie es der Gesetzgeber nicht machen sollte. Konkrete Regeln werden schon deshalb dringend gebraucht, weil das erwähnte „Liegenlassen" von Anträgen häufig vorkommt. Gerade psychisch Kranke sind der Gefahr ausgesetzt, dass ihre Anliegen nicht ernst genommen oder in ihrer Bedeutung verkannt werden. Man hofft, der Kranke werde es schon irgendwann vergessen, oder bei einem als querulatorisch bezeichneten Menschen, er werde die Übersicht über seine zahlreichen Anträge verlieren und damit die Beurteilung möglicherweise schwieriger Vollzugsfragen erübrigen.

Als Ausweg aus dem Dilemma mangelnder Regelung kann hier nur vor- 33 geschlagen werden, § 113 StVollzG entsprechend anzuwenden. Die Bestimmung lautet:

§ 113 Vornahmeantrag

(1) Wendet sich der Antragsteller gegen das Unterlassen einer Maßnahme, kann der Antrag auf gerichtliche Entscheidung nicht vor Ablauf von drei Monaten seit dem Antrag auf Vornahme der Maßnahme gestellt werden, es sei denn, daß eine frühere Anrufung des Gerichts wegen besonderer Umstände des Falles geboten ist.

(2) Liegt ein zureichender Grund dafür vor, daß die beantragte Maßnahme noch nicht erlassen ist, so setzt das Gericht das Verfahren bis zum Ablauf einer von ihm bestimmten Frist aus. Die Frist kann verlängert werden. Wird die beantragte Maßnahme in der gesetzten Frist erlassen, so ist der Rechtsstreit in der Hauptsache erledigt.

(3) Der Antrag nach Absatz 1 ist nur bis zum Ablauf eines Jahres seit der Stellung des Antrags auf Vornahme der Maßnahme zulässig, außer wenn die Antragstellung vor Ablauf der Jahresfrist infolge höherer Gewalt unmöglich war oder unter den besonderen Verhältnissen des Einzelfalles unterblieben ist.

Zur Erläuterung im Einzelnen muss auf die Kommentare zum StVollzG 34 verwiesen werden (vgl. AK StVollzG/*Kamann/Volckart* § 113).

35 **h) Zulässigkeit des Antrags – Antragsbefugnis und Antragsgegner.** In Vollzugsangelegenheiten streitet der Betroffene gegen die zuständige Behörde. Als betroffener Antragsteller kommen sowohl der Untergebrachte als auch Dritte (abgelehnte Besucher, Briefpartner, deren Brief angehalten worden ist, Rechtsanwälte, die sich in ihrem Mandatsverhältnis behindert sehen etc.) in Betracht (Jürgens/*Marschner* § 327 Rn. 3; HK-BUR/*Hoffmann* § 701 Rn. 11; Prütting/Helms/*Roth* § 327 Rn. 9; Schulte-Bunert/Weinreich/*Dodegge* § 327 Rn. 8; aA Keidel/*Budde* § 327 Rn. 4; Bassenge/Roth/*Bassenge* § 327 Rn. 3). Antragsgegner ist entsprechend der Verantwortlichkeit für die streitgegenständliche Maßnahme der Leiter der Unterbringungseinrichtung oder die zuständige Behörde.

36 **Vollzugsmaßnahmen und andere Anliegen:** Der Antrag muss sich auf eine Maßnahme im Vollzug der öffentlich-rechtlichen Unterbringung beziehen.

37 Damit scheiden die Anliegen des Betroffenen, die **nicht den Vollzug** betreffen, aus der Überprüfung nach § 327 aus. Für Schadensersatzansprüche, insbesondere solche aus Amtspflichtverletzung, ist der Zivilrechtsweg gegeben. Gegen strafprozessrechtliche Maßnahmen der Polizei und der Staatsanwaltschaft, die im Verlauf der Unterbringung vorgenommen werden, kann allein der dafür zur Verfügung stehende Rechtsweg nach § 98 Abs. 2 S. 2 StPO oder §§ 23 ff. EGGVG beschritten werden.

38 Notwendig ist, dass mit der Maßnahme etwas **geregelt** worden ist oder geregelt werden soll. Es genügt dafür ein gestaltender Einfluss auf die Lebensverhältnisse des Betroffenen im Krankenhaus wie z.B. durch eine ärztliche Behandlung, während bloße Ratschläge, Belehrungen, Ermahnungen oder Meinungsäußerungen nicht ausreichen.

39 Es muss sich um eine Regelung **einzelner Angelegenheiten** im Vollzug der Unterbringung handeln. Die Hausordnung des Krankenhauses ist deshalb i. d. R. keine anfechtbare Maßnahme (vgl. KG ZfStrVO 1985, 181; OLG Hamm ZfStrVO 1987, 119; 383). Sie kann ausnahmsweise eine anfechtbare sog. **Allgemeinverfügung** sein, etwa, wenn der Leiter des Krankenhauses das Fernsehen von einer bestimmten Zeit am Abend an verbieten würde.

40 **i) Form und Frist.** Der Betroffene muss gemäß Abs. 2 geltend machen, **in seinen Rechten** verletzt zu sein. Er muss also mindestens Tatsachen vortragen, die, wenn sie zuträfen, ergeben würden, dass eine Rechtsverletzung in Betracht kommt. Der Betroffene muss zu erkennen geben, dass er sich dadurch in seinen Rechten verletzt fühlt. Anträge, die weniger enthalten, sind unzulässig. Ob die Rechtsverletzung tatsächlich vorliegt, ist erst im Rahmen der Begründetheit zu prüfen. An die Zulässigkeit des Antrags dürfen keine hohen Anforderungen gestellt werden. Unzulässige Anträge darf das Gericht wegen seiner Fürsorgepflicht nicht ohne weiteres verwerfen, wenn der Zulässigkeitsmangel beseitigt werden kann.

41 Der Antrag ist an **keine Form oder Frist** gebunden. Allenfalls wird man in Anlehnung an § 113 Abs. 3 StVollzG sagen können, dass diese Grenze in der Regel nach einem Jahr erreicht ist.

42 Angesichts der geringen „Beschwerdemacht" der Betroffenen hat die Fürsorgepflicht einen höheren Stellenwert als in anderen Verfahrensordnungen.

§ 327. Vollzugsangelegenheiten **D**

Das Gericht muss die Schwächen der Betroffenen so gut es geht zu kompensieren suchen. Das kann dadurch geschehen, dass das Gericht den Betroffenen an die Rechtsantragstelle des für das Krankenhaus zuständigen Amtsgerichts verweist. Dieses Vorgehen kommt vor allem in Betracht, wenn in demselben Bezirk auch eine Justizvollzugs- oder Maßregelvollzugsanstalt liegt und deshalb mit der Erfahrung des Rechtspflegers in vergleichbaren Antragssituationen gerechnet werden kann. Mitunter wird es sich empfehlen, den Betroffenen aufzusuchen und mit ihm zu sprechen. Kommt dann ein zulässiger Antrag zustande, kann sogleich der Antragsgegner das rechtliche Gehör erhalten, indem der Leiter des Krankenhauses eingeschaltet wird. Unter Umständen kann so vor Ort versucht werden, eine gütliche Erledigung zu erzielen oder soweit nötig, sogleich Beweis zu erheben. Teilweise wird die Bestellung eines Verfahrenspflegers für möglich gehalten (HK-BUR/*Hoffmann* § 70 I Rn. 20; Keidel/*Budde* § 327 Rn. 5).

j) Zuständiges Gericht. Die örtliche Zuständigkeit des Gerichts muss wegen des eigenständigen Verfahrensgegenstands unabhängig von dem Verfahren bestimmt werden, welches zur Anordnung der Unterbringung geführt hat (Keidel/*Budde* § 327 Rn. 5). Zuständig ist danach das Betreuungsgericht des Unterbringungsortes im Sinne des § 313 Abs. 3 Satz 2 (Jürgens/*Marschner* § 327 Rn. 3). 43

k) Die gerichtliche Prüfung. Das Gericht prüft zunächst, ob der gestellte Antrag zulässig ist. Hierzu gehört, ob der Antragsteller überhaupt antragsbefugt ist, ob der richtige Rechtsweg beschritten ist, ob der Antragsteller geltend macht, in seinen Rechten verletzt zu sein und ob der Antrag sich auf eine Maßnahme zur Regelung einer einzelnen Angelegenheit im Vollzug der Unterbringung bezieht (vgl. S. 316). Bei Rechtswegfehlern gilt § 17 a Abs. 2 GVG. Danach ist das Verfahren (ohne Antrag) nach Anhörung der Beteiligten an das zuständige Gericht des zulässigen Rechtswegs zu verweisen. Innerhalb der ordentlichen Gerichtsbarkeit wird das Verfahren an das zuständige Gericht „abgegeben". Nur unrettbar unzulässige Anträge sind als unzulässig zu verwerfen. 44

Bei der Begründetheitsprüfung sind die gesetzlichen Regelungen zum Unterbringungsvollzug in dem jeweiligen Landesgesetz zugrunde zu legen. Besteht keine gesetzliche Grundlage für einen über den Freiheitsentzug hinausgehenden Eingriff in die Rechte des Betroffenen, ist die Maßnahme rechtswidrig und der Betroffene in seinen Rechten verletzt (BVerfG NJW 1972, 811). 45

Was das Gericht im Einzelnen zu prüfen hat, ergibt sich aus der Struktur der umstrittenen Maßnahme. Regelmäßig sind die rechtlichen Bestimmungen über den Vollzug der Unterbringung nach einem „Wenn ... dann"-Schema aufgebaut. Sie beschreiben mit dem Wort „wenn" bestimmte tatsächliche Voraussetzungen, die vorliegen müssen, um darauf mit dem Wort „dann" festzulegen, was das Krankenhaus zu Lasten des Betroffenen tun oder nicht tun darf oder was es zu seinen Gunsten tun kann oder tun muss. Die Vollzugsnormen haben also eine Tatsachenseite und eine Rechtsfolgenseite, die bei der Prüfung und Entscheidung zu beachten sind. Das lässt sich mit der folgenden Tabelle verdeutlichen: 46

Lesting 317

D Das Unterbringungsverfahren

Tabelle 4

Tatsachenseite („wenn …")		Rechtsfolgenseite („dann …")
A	Konkrete Tatsachen	C Gebote
B	Durch unbestimmte Rechtsbegriffe	D Verbote
	umschriebene Tatsachen	E Gestaltung
	a) gegenwärtige Tatsachen	F (Folge-)Ermessen
	b) Gefahrenprognosen	a) Entschließungsermessen
	c) Indikationen	b) Auswahlermessen
		G Selbstbindung des Ermessens

47 **Zu A – konkrete Tatsachen:** Wenn als Voraussetzung des Verhaltens des Krankenhauses eine konkrete Tatsache genannt wird, muss das Gericht prüfen, ob sie vorliegt. Verbietet z. B. das Gesetz die Kontrolle von an einen Rechtsanwalt gerichteten Briefen und wehrt sich der Betroffene gegen eine solche Kontrolle, die vorgenommen wurde, weil er einmal einen Empfänger fälschlicherweise als „Rechtsanwalt" bezeichnet hat, so prüft das Gericht nur, ob der Empfänger des umstrittenen Briefes Rechtsanwalt ist.

48 **Zu B – unbestimmte Rechtsbegriffe:** Häufig umschreibt das Gesetz komplexe tatsächliche Voraussetzungen mit einem sog. unbestimmten Rechtsbegriff.

49 Als Beispiel für eine **gegenwärtige Tatsache,** die durch einen unbestimmten Rechtsbegriff umschrieben wird (Ba), ist der „angemessene Barbetrag" zu nennen, der Patienten im Krankenhaus zur persönlichen Verfügung stehen muss (vgl. § 18 Abs. 3 PsychKG SaAn).

50 Als Beispiel für eine **Gefahrenprognose** (Bb) kommt die „Gefährlichkeit" in Betracht, deretwegen eine Vollzugslockerung oder ein Urlaub verweigert wird. Was alles eine solche Prognose impliziert, ist in Kapitel **A 5** näher ausgeführt.

51 Eine **Indikation** (Bc) ist die „Erforderlichkeit" einer bestimmten ärztlichen Behandlung. Wenn das Krankenhaus eine solche Norm anwenden will, muss es zunächst den unbestimmten Rechtsbegriff konkretisierend ausfüllen.

52 Im Streit über die daraufhin erlassene Maßnahme hat das Gericht zunächst zu prüfen, ob das Krankenhaus den **unbestimmten Rechtsbegriff richtig verstanden** hat. So wird es z. B. den Begriff „Gefahr für die Ordnung des Krankenhauses" als Eingriffsvoraussetzung eng auslegen müssen, damit der Lebens- und Entfaltungsspielraum der Patienten nicht durch übertriebene Vorstellungen von Ordnung übermäßig eingeengt wird.

53 Der zweite Teil der Prüfung besteht in der Aufklärung, ob die **Konkretisierung des unbestimmten Rechtsbegriffs** in dem umstrittenen Einzelfall **zutrifft.** Eine solche Konkretisierung gründet sich regelmäßig auf eine Mehrzahl konkreter Tatsachen, die einem Erfahrungssatz unterworfen werden. Die Tatsachengrundlage muss vollständig und richtig sein. Das hat das Gericht uneingeschränkt nachzuprüfen. Beispiel: Der Betroffene hat keinen Ausgang erhalten, weil er für andere gefährlich sei, „denn er habe sich am … so und so verhalten". Wenn letzteres nicht zutrifft, ist diese Gefährlichkeitsprognose schon aus diesem Grund fehlerhaft.

§ 327. Vollzugsangelegenheiten D

Die Subsumtion der Tatsachen unter einen Erfahrungssatz wird in der 54
Rechtsprechung zum Straf- und Maßregelvollzug und in einem Teil der
Literatur als „Beurteilung", gelegentlich auch als „Einschätzung", bezeichnet. In einem Teilbereich des Vollzugsrechts, nämlich bei den Gefährlichkeitsprognosen, den Fluchtprognosen und der Annahme der „Eignung" für
eine Ausbildung, hatte man diesen Beurteilungsakt lange Zeit für nur eingeschränkt justiziabel erklärt und die richterliche Kontrolldichte nach dem
Vorbild der verwaltungsgerichtlichen Rechtsprechung über den „**Beurteilungsspielraum der Behörden**" reduziert (vgl. BGHSt 30, 320 = NStZ
1982, 173 m. abl. Anm. *Volckart*; zu Anhaltspunkten für eine Trendwende
zugunsten eines effektiveren Rechtsschutzes: *Calliess/Müller-Dietz* § 11
Rn. 16; *Kruis/Wehowski* NStZ 1998, 593, 594). In den übrigen Bereichen
herrscht dagegen allgemeine Übereinstimmung darüber, dass es keinen Beurteilungsspielraum der Vollzugsverwaltung gibt und die Gerichte zur uneingeschränkten Überprüfung von deren Maßnahmen berechtigt und verpflichtet sind. Dies gilt vor allem für den häufig verwendeten unbestimmten
Rechtsbegriff der „Gefahr für die Sicherheit und Ordnung der Anstalt".

Das Konzept des Beurteilungsspielraums leidet unter dem Mangel, dass es 55
der Bundesgerichtshof (BGHSt 30, 320) versäumt hat, sich über die methodologischen Implikationen rationaler Kriminalprognosen zu unterrichten
und diese auseinander zu legen. Dieser Mangel betrifft auch die Gefahrenprognosen im Unterbringungsrecht. Eine Zusammenfassung der Prognosemethodologie findet sich in Kapitel **A 5,** eine ausführliche Analyse bei
Volckart 1997 m. w. N. Für den verfahrensrechtlichen Begriff des Beurteilungsspielraums ergibt sich daraus: Die Prognosen unterliegen im mehrfacher Hinsicht einer **beweistatsächlichen Notlage**. Erstens: Die Validität
der einer solchen Prognose zugrunde zu legenden Erfahrungssätze (vgl.
hierzu Kap. **A** S. 53) lässt sich nicht exakt erfassen, weil alle Erfahrung begrenzt und der Fehlerquelle der selektiven Verzerrung ausgesetzt ist. Insoweit hat der Prognostiker einen gewissen Einschätzungsspielraum. Zweitens:
Da auch die „Prädiktoren" (vgl. hierzu Kap. **A** S. 55 f.) weder lückenlos
feststellbar sind noch auf den Zweifelssatz „in dubio pro libertate" verzichtet
werden kann und zusätzlich mit einem Rückkoppelungseffekt gerechnet
werden muss, können die erfahrungswissenschaftlichen prognostischen
Wahrscheinlichkeitsaussagen niemals numerisch exakt, sondern immer nur
„mit weichen Rändern" formuliert werden. Auch in dieser Hinsicht bleibt
für den Prognostiker ein Spielraum. Drittens: Die Wahrscheinlichkeitsaussage ist dahin rechtlich zu beurteilen, ob die Prognose als „günstig" oder als
„ungünstig" behandelt werden soll (hierzu Kap. **A** S. 57 f.). An dieser Stelle
ist davor zu warnen, den rechtlichen Beurteilungsakt damit zu verwechseln,
was die Rechtsprechung unter der Ausfüllung eines „Beurteilungsspielraums" versteht. Beides ist durchaus verschieden, weil ersteres der Kategorie
des Rechts (des Sollens) angehört, letzteres derjenigen der Tatsachen (des
Seins). Trotzdem sind bei diesem rechtlichen Beurteilungsakt mehrere Tatsachenvariablen zu berücksichtigen: die Schwere des befürchteten Schadens,
die Dauer des bereits erlittenen Freiheitsentzugs und die Verteilung des Fehlerrisikos. Letzteres (hierzu Kap. **A** S. 57) kann man mangels Kenntnis der

"Basisrate" nur abschätzen, so dass auch hier ein Einschätzungsspielraum besteht. Die so bezeichneten Einschätzungsspielräume lassen sich mit dem beweisverfahrensrechtlichen Begriff des Beurteilungsspielraums befriedigend erfassen.

56 **Zu C und D – Gebote und Verbote:** Gebote finden sich z. T. in den Landesgesetzen ausdrücklich. So „ist" z. B. nach Bay Art. 12 Abs. 3 S. 2 für geleistete Arbeit „ein Entgelt zu gewähren". In anderen Fällen ergibt sich das Gebot aus dem Freiheitsgrundrecht: Ist der Patient nicht akut gefährlich, etwa weil seine Krankheitssymptome durch ein antipsychotisches Medikament unter Kontrolle gebracht worden sind, und ist auch nicht zu befürchten, dass er flieht, dann hat er Anspruch auf Vollzugslockerungen. Verbote finden sich in den meisten Landesgesetzen, denen zufolge die Kontrolle bestimmter Postsendungen zu unterbleiben hat. Einige Verbote ergeben sich aus dem Bundesrecht: Psychochirurgie verstößt gegen die Menschenwürde und ist nach Art. 1 GG verboten. Kontrolle von Verteidigerpost ist nach § 148 Abs. 1 StPO unzulässig.

57 **Zu E – gestaltende Vollzugsverwaltungsakte:** Gestaltende Maßnahmen kommen im Unterbringungsvollzug nur selten vor. Zu nennen ist die Aufrechnung eines Anspruchs des Krankenhausträgers – etwa aus unerlaubter Handlung gem. § 823 BGB – gegen den Anspruch des Patienten auf Arbeitsentgelt oder Taschengeld, die bei der Überprüfung an § 394 BGB scheitern muss.

58 **Zu F – Ermessen:** Das Krankenhaus ist oft dazu ermächtigt, Maßnahmen nach seinem Ermessen zu erlassen. Beispielsweise „kann" es die Gewährung eines Urlaubs mit einer Auflage, d. h. Weisung (vgl. § 328 Rn. 10) verbinden. Mit dieser z. B. in Bay Art. 22 Abs. 3 S. 1 verwendeten Formulierung ist hier wie sonst auch eine Ermessensermächtigung gemeint. § 327 enthält indes keine den §§ 114 VwGO, 115 Abs. 5 StVollzG, 28 Abs. 3 EGGVG entsprechende Regelung darüber, wie solche Ermessensmaßnahmen zu überprüfen sind. Dieser Mangel darf nicht dazu verführen, das Ermessen unbeachtet zu lassen und bei der Überprüfung eigenes, gerichtliches Ermessen an die Stelle des Ermessens des Krankenhauses zu setzen. Was Ermessen bedeutet, ist bundeseinheitliches allgemeines Verwaltungsrecht und in den § 40 VwVfG-Bund entsprechenden landesrechtlichen Regelungen kodifiziert, die überall auch im Unterbringungsvollzug gelten (vgl. Kap. **B** S. 101).

§ 40 VwVfG-Bund lautet:

> Ist die Behörde ermächtigt, nach ihrem Ermessen zu handeln, hat sie ihr Ermessen entsprechend dem Zweck der Ermächtigung auszuüben und die gesetzlichen Grenzen des Ermessens einzuhalten.

59 Das ist ein verwaltungsrechtliches Spiegelbild des § 114 VwGO, durch das die Reichweite der gerichtlichen Überprüfung abgesteckt ist. Das Gericht kann das Ermessen des Unterbringungskrankenhauses nur darauf hin überprüfen, ob **Ermessensfehler** vorliegen. Ermessensfehler können erstens im Tatsachenbereich liegen: Ist das Krankenhaus bei seiner Entschließung von unzutreffenden Tatsachen ausgegangen, dann ist die Maßnahme stets rechtswidrig. Hier kommen nicht nur die Tatsachen auf der „Wenn-Seite" im

§ 327. Vollzugsangelegenheiten **D**

Wenn-Dann-Schema der Struktur der Maßnahme in Betracht (vgl. S. 317f.), sondern auch weitere tatsächliche Erwägungen, die der Ausübung des Ermessens zu Grunde liegen. Beispiel: Bei der Ablehnung einer beantragten Ausführung hat das Krankenhaus seinen – tatsächlichen oder vorgeblichen – Personalmangel berücksichtigt (vgl. Fa und Fb).

Ermessensfehler kommen zweitens bei der Ausfüllung des dem Krankenhaus eingeräumten Ermessensspielraums vor. Ermessen bedeutet, dass es innerhalb eines Spielraums mehrere rechtlich richtige Entscheidungen gibt, i.d.R. einschließlich der Möglichkeit, gar keine Maßnahme zu erlassen. Ein Ermessensfehler liegt vor, wenn das Krankenhaus den ihm gewährten Spielraum nicht gekannt, sondern sich für gebunden gehalten hat, wenn es die Grenzen seines Ermessens falsch gesehen hat, wenn es willkürlich oder sachfremd entschieden hat oder wenn seine Erwägungen widersprüchlich waren. Alle Ermessenserwägungen haben sich daran zu orientieren, Eingriffe möglichst gering zu halten und die Unterbringung möglichst frühzeitig beenden zu können. 60

Im Verfahren nach § 327 hat das Unterbringungskrankenhaus deshalb seine Ermessenserwägungen offen zu legen. 61

Bei der gerichtlichen Überprüfung muss das Gericht den Ermessensspielraum im Einzelfall und konkret abstecken, es genügt nicht, lediglich auf die Befugnis zu Ermessensentscheidungen zu verweisen. Häufig erweist sich bei dieser Überprüfung, dass wegen der vorerwähnten Ermessensgrundsätze ein Spielraum in Wahrheit gar nicht bestanden hat und dass das Krankenhaus nur eine einzige Entscheidung hätte treffen dürfen („Ermessensreduzierung auf Null").

l) Überprüfung ärztlicher Maßnahmen. Zur rechtlichen Struktur der ärztlichen Maßnahmen vgl. Kap. **B** S. 143 f., 165. Die Maßnahmen des Arztes sind von der gerichtlichen Überprüfung nicht ausgenommen (vgl. *Wagner* 1992). 62

Die sog. Freiräume des Arztes und besonders des Psychiaters, die im Arztvertragsrecht gewöhnlich mit dem Begriff „ärztliches Ermessen" umschrieben werden, ergeben sich allein aus dem jeweiligen Stand der wissenschaftlichen Diagnostik und Therapie. Soweit Unsicherheiten in der Diagnose und Unsicherheiten in der Beurteilung der positiven (und negativen) Wirkungen bestimmter Behandlungsmaßnahmen nicht zu überwinden sind, stehen dem Arzt im Rahmen freiwilliger Behandlung verschiedene mögliche Maßnahmen offen. Insoweit sind diese Maßnahmen einer gerichtlichen Beurteilung, die von derjenigen des Arztes abweicht, nicht zugänglich. 63

Anders liegen die Dinge, wenn der Betroffene gegen seinen natürlichen Willen behandelt werden soll oder behandelt worden ist. Was nach dem derzeitigen Stand der Psychiatrie möglich und erlaubt ist, also den sog. „ärztlichen Kunstregeln" entspricht, das ist nicht deshalb auch zwangsweise erlaubt. Alle gesetzlichen Regelungen, die eine Zwangsbehandlung zulassen, stehen – mindestens – unter dem Vorbehalt, dass diese Behandlung notwendig sein muss. Von Notwendigkeit kann aber nur die Rede sein, wenn alle anderen Möglichkeiten ausscheiden. Solange das nicht sicher ist, sondern Zweifel an der Notwendigkeit bestehen, geht „in dubio pro libertate" der 64

Lesting

Wille des Betroffenen vor (vgl. *Wagner* 1992). Wer dem Arzt bei zwangsweiser Behandlung einen Freiraum zuerkennt, verwechselt notwendig mit möglich (vgl. Kap. **B** S. 136, 150 ff.; zur Zwangsbehandlung im Maßregelvollzug BVerfG R&P 2009, 213; KG R&P 1998, 109; OLG München R&P 2009, 149 = BtPrax 2009, 243).

65 **m) Die Entscheidung.** Das Betreuungsgericht ist im Verfahren nach § 327 auf eine Kontrollfunktion beschränkt. Es ist nicht befugt, in eigener Zuständigkeit Beschränkungen anzuordnen (OLG Hamm NJW 2008, 2859 = FamFG 2008, 1885 m. Anm. *Bienwald*).

Erweist sich der angefochtene, den Antragsteller belastende Vollzugsverwaltungsakt (oben S. 313 als fehlerhaft, so lautet die Entscheidung: „Die Verfügung des Antragsgegners vom ... wird aufgehoben."

Ist die von dem Antragsteller bekämpfte belastende Vollzugsmaßnahme bereits erledigt und besteht ein Feststellungsinteresse (oben S. 314), so lautet die Entscheidung: „Es wird festgestellt, dass die Maßnahme des Antragsgegners vom ... (folgt Datum und Kennzeichnung) rechtswidrig war". Auf einen begründeten vorbeugenden Unterlassungsantrag (oben S. 314) ist wie folgt zu entscheiden: „Dem Antragsgegner wird verboten ... (folgt Kennzeichnung der verbotenen Maßnahme)".

66 Ein begründeter Verpflichtungsantrag (oben S. 314) führt zunächst wie bei einem Anfechtungsantrag (oben S. 313) zur Aufhebung der Ablehnung. Sodann gibt es zwei Möglichkeiten: Hat der Antragsteller einen Anspruch auf die begehrte Maßnahme, so wird weiter entschieden: „Der Antragsgegner hat dem Antragsteller ... (folgt Kennzeichnung) zu gewähren". Hat der Antragsteller nur Anspruch auf einen ermessensfehlerfreien Bescheid, so ist zu formulieren: „Der Antragsgegner ist verpflichtet, den Antragsteller unter Beachtung der Rechtsauffassung des Gerichts neu zu bescheiden."

67 Ist nach einem gestellten Untätigkeitsantrag (oben S. 315) die gesetzte **Frist abgelaufen**, so gibt es zwei Möglichkeiten: Ging es dem Antragsteller nur um den Bescheid und hat er sich vorbehalten, ob er gegen eine Ablehnung mit einem Verpflichtungsantrag angehen will, dann lautet die Entscheidung: „Der Antragsgegner wird verpflichtet, dem Antragsteller auf seinen Antrag vom ... einen Bescheid zu erteilen." Will der Antragsteller dagegen nicht nur um die Bescheidung, sondern um die Sache selbst streiten, so ist das Verfahren fortzusetzen, bis darüber wie über einen Verpflichtungsantrag (oben S. 314) entschieden werden kann.

68 **n) Aufschiebende Wirkung.** Nach § 327 Abs. 3 S. 1 hat der Antrag auf gerichtliche Entscheidung keine aufschiebende Wirkung. Nach Abs. 3 S. 2 kann das Gericht die aufschiebende Wirkung anordnen. Das bezieht sich allein auf belastende Maßnahmen, nämlich auf Vollzugsverwaltungsakte, die bereits angeordnet, aber noch nicht oder noch nicht vollständig vollzogen worden sind (S. 313) und auf bevorstehende, befürchtete Maßnahmen, die der Antragsteller mit einem vorbeugenden Unterlassungsantrag verhindern will (S. 314). Auf Bre § 22 Abs. 4 S. 2, Sachs § 16 ist besonders hinzuweisen (vgl. Kap. **B** S. 216).

69 Da § 327 erlassen worden ist, um Art. 19 Abs. 4 GG zu genügen, muss die Bestimmung einen **effektiven Rechtsschutz** ermöglichen. Irreparable

§ 327. Vollzugsangelegenheiten **D**

Verletzungen der Rechte des Betroffenen müssen deshalb grundsätzlich verhindert werden. Sie sind nur in Kauf zu nehmen, wenn ein „höher zu bewertendes Interesse" am sofortigen Vollzug besteht. Die Unterbringungsgerichte haben hier die Rechtsprechung des Bundesverfassungsgerichts zum einstweiligen Rechtsschutz in Strafvollzugs- und Maßregelvollzugssachen zu beachten. Die langjährige restriktive Praxis, die diesen Rechtsschutz nur selten gewährte, war verfassungswidrig (vgl. *Lesting/Kammeier* S. 897 m. w. N.). Was für Strafgefangene und im Maßregelvollzug Untergebrachte gilt, kann den wegen einer psychischen Krankheit Untergebrachten nicht verweigert werden. Um dem Verfassungsgebot eines effektiven Rechtsschutzes zu genügen, muss der Richter auf einen Anfechtungsantrag oder einen vorbeugenden Unterlassungsantrag sofort beim Krankenhaus anrufen, den zuständigen Arzt anhören, das Ergebnis dieser telefonischen Anhörung in den Akten vermerken und in der Regel, nämlich wenn nicht eindeutig ein höher zu bewertendes Interesse am sofortigen Vollzug besteht, die aufschiebende Wirkung anordnen. Er kann diese Entscheidung nach gehöriger Darlegung eines höher zu bewertenden Interesses am Vollzug und nach Gewährung des rechtlichen Gehörs jederzeit wieder ändern.

o) Gerichtliche Zwangsmaßnahmen. Es erscheint angebracht darauf 70 hinzuweisen, dass das Gericht seine Entscheidungen, wenn nötig, auch durchsetzen kann. Es kann gegen den Antragsgegner nach Androhung gem. § 35 FamFG ein Zwangsgeld festsetzen.

p) Unanfechtbarkeit. Nach § 327 Abs. 4 ist der Beschluss unanfechtbar. 71 Die Beschränkung des Rechtswegs in Unterbringungsvollzugssachen auf eine einzige gerichtliche Instanz ist zu bedauern. Das Verfahrensrecht der Kontrolle von Vollzugsmaßnahmen ist ein schwieriges Rechtsgebiet. Um so mehr ist mit fehlerhaften und divergierenden Entscheidungen zu rechnen. Die notwendige Rechtseinheit wird sich allenfalls dann verwirklichen lassen, wenn die Unterbringungsgerichte ihre Entscheidungen möglichst sorgfältig begründen und veröffentlichen. Das Erfordernis einer sorgfältigen Begründung drängt sich auch deshalb auf, weil mit der Entscheidung der Rechtsweg erschöpft und nach § 90 Abs. 2 BVerfGG der Weg zum Bundesverfassungsgericht mit der Verfassungsbeschwerde eröffnet ist (vgl. unten S. 323).

3. Rechtsbehelfe außerhalb des Rechtswegs

a) Verfassungsbeschwerde. Die meisten Maßnahmen im Unterbrin- 72 gungsvollzug haben mit den Grundrechten der Betroffenen zu tun. Vor allem die belastenden Maßnahmen greifen oftmals tief in Grundrechte ein. Aber auch die Ablehnung eines Antrags auf Erlass einer begünstigenden Maßnahme kann eine Grundrechtsverletzung sein, wenn nämlich der Betroffene um die Gewährung einer Maßnahme kämpft, auf die er zur Gewährleistung eines grund- und menschenrechtlichen Mindeststandards Anspruch hat. Nach Erschöpfung des Rechtswegs nach § 327 kann der Betroffene Verfassungsbeschwerde einlegen. Die Verfassungsbeschwerde ist zu begründen (§ 92 BVerfGG). Sie ist binnen 1 Monat nach Mitteilung der Entscheidung des Amtsgerichts beim Bundesverfassungsgericht anzubringen (§ 93 Abs. 1 BVerfGG).

73 **b) Dienstaufsichtsbeschwerde.** Die Dienstaufsichtsbeschwerde ist bei der öffentlich-rechtlichen Unterbringung stets zulässig, ob diese nun in einem Landeskrankenhaus vollzogen wird oder durch einen „beliehenen Unternehmer". Dienstaufsichtsbeschwerden sind Aufforderungen an den Staat, seiner Verpflichtung zur rechtsstaatlichen Selbstkontrolle nachzukommen.

74 Über Dienstaufsichtsbeschwerden gegen Bedienstete des Krankenhauses entscheidet dessen Leiter. Gegen dessen Entscheidung kann bei seiner Aufsichtsbehörde weitere Dienstaufsichtsbeschwerde eingelegt werden. Bei dieser Behörde kann der Betroffene sich auch gegen den Leiter des Krankenhauses beschweren.

Die Dienstaufsichtsbeschwerde ist ein schwacher Rechtsbehelf. Der Beschwerdeführer hat zwar Anspruch auf einen Bescheid, sofern es sich nicht um eine wiederholte Beschwerde mit denselben Anliegen handelt. Er hat aber keinen Anspruch auf Einhaltung eines bestimmten Verfahrens und auf eine Beweisaufnahme. Dienstaufsichtsbeschwerden haben deshalb selten Erfolg. Ihr Hauptanwendungsbereich sind die Fälle, in denen ein Rechtsbruch klar zutage liegt und die Dienstaufsichtsbeschwerde es ermöglicht, die Angelegenheit ohne Anrufung des Gerichts „geräuschlos zu bereinigen".

75 **c) Petition.** Die Petition ist die an das Parlament gerichtete Aufforderung, seiner Aufgabe zur Kontrolle der Staatsverwaltung in einem Einzelfall nachzukommen. Da die Unterbringung Sache des Landesrechts und der Verwaltung des Landes ist, kommt hier nur die **Petition an den Landtag** (in den Stadtstaaten: Bürgerschaft bzw. Abgeordnetenhaus) in Betracht. Auf eine Petition fordert das Parlament durch seinen Präsidenten das zuständige Ministerium auf, ihm über die Sache zu berichten. Das Ministerium wiederum lässt sich auf dem Dienstweg berichten, um sich ins Bild zu setzen. Das kann zu einer Kontrolle der Vollzugsverwaltungsmaßnahmen des Krankenhauses Anlass geben. Allerdings liegen die Dinge hier oft ähnlich wie bei der Dienstaufsichtsbeschwerde: die erforderliche Selbstkontrolle unterbleibt leicht, weil sie von einer Tendenz zur Abwehr eines Angriffs auf die Verwaltung überlagert wird. Die Petition hat dann die besten Aussichten, zu einer sowohl objektiven als auch schnellen Überprüfung zu führen, wenn es gelingt, mindestens einen Abgeordneten des Parlaments für den Vollzug der Unterbringung so zu interessieren, dass er sich einarbeitet, die Krankenhäuser besucht und sich mit den Problemen vertraut macht.

76 **d) Weitere Kontrollorgane.** Mehrere Bundesländer haben noch weitere Kontrollorgane eingeführt: **Besuchskommissionen**, beratende Kommissionen, **Patientenfürsprecher** und -ausschüsse sowie verwaltungsinterne **Beschwerdestellen**. Letztere haben sich vor allem in Nordrhein-Westfalen (vgl. § 24 PsychKG i. V. mit § 5 KrankenhausG NW) als durchaus effektiv erwiesen. Da sie bei den Patienten weit mehr Akzeptanz gefunden haben als die Kontrolle durch die Gerichte, sind durch sie eine Reihe von Missständen und Ungereimtheiten zu Tage getreten und abgestellt worden (vgl. *Lesting* 1998 sowie Kap. **B** S. 173).

Aussetzung des Vollzugs

328 (1) Das Gericht kann die Vollziehung einer Unterbringung nach § 312 Nr. 3 aussetzen. Die Aussetzung kann mit Auflagen versehen werden. Die Aussetzung soll sechs Monate nicht überschreiten; sie kann bis zu einem Jahr verlängert werden.

(2) Das Gericht kann die Aussetzung widerrufen, wenn der Betroffene eine Auflage nicht erfüllt oder sein Zustand dies erfordert.

1. Anwendungsbereich und Normzweck

Die Vorschrift ersetzt den früheren § 70k Abs. 1 und 2 FGG. Dessen Abs. 3 konnte wegen des weit gefassten Begriffs der Unterbringungssache in § 312 sowie der Regelungen zum Beteiligtenbegriff in § 315 entfallen (BT-Drs. 16/6308 S. 275). Die Aussetzung des Vollzugs (vgl. Fallbeispiel bei *Böcker* R&P 2009, 75) soll eine flexible Handhabung der Unterbringung ermöglichen und als **probeweise Entlassung** die endgültige Beendigung der Unterbringung vorbereiten (Jürgens/*Marschner* § 328 Rn. 1). 1

Die Vorschrift betrifft ausschließlich die **öffentlich-rechtliche Unterbringung** nach den Unterbringungsgesetzen der Länder. Eine entsprechende Anwendung auf die zivilrechtliche Unterbringung kommt nicht in Betracht, weil es dort kein Vollstreckungsverhältnis gibt, dem der Betroffene unterliegt. Der Betroffene unterliegt während der zivilrechtlichen Unterbringung allein der tatsächlichen Freiheitsentziehung, so dass eine länger andauernde Verlegung auf eine offene Station oder eine Flucht zum Erlöschen der gerichtlichen Genehmigung der zivilrechtlichen Unterbringung führt (vgl. § 324 S. 302 m. w. N.). 2

Die Möglichkeit der Aussetzung der Vollziehung besteht auch im Fall einer **vorläufigen Unterbringung nach §§ 331 ff.** Hat beispielsweise die Gesundheitsbehörde die Unterbringung beantragt, weil der Betroffene die Einnahme seines antipsychotischen Medikaments abgebrochen hat und die Krankheitssymptome bereits hervortreten, kann die Aussetzung angezeigt sein, wenn der Betroffene die Medikamenteneinnahme bis zur Anhörung bereits wieder aufgenommen hat und auch für die Zukunft – wenn auch unter dem Druck der drohenden Unterbringung – glaubhaft zusichert. 3

Entsprechend ihren Vorbildern in den Unterbringungsgesetzen der Länder und §§ 67 b und 67 d Abs. 2 StGB kann die Aussetzung des Vollzugs sowohl **gleichzeitig mit ihrer Anordnung** (Jürgens/*Marschner* § 328 Rn. 1; Schulte-Bunert/Weinreich/*Dodegge* § 328 Rn. 4; zweifelnd OLG Frankfurt R&P 1992, 152; abl. Keidel/*Budde* § 328 Rn. 1) als auch **während einer bereits laufenden Vollstreckung** erfolgen. Eine Aussetzung zugleich mit der Anordnung hat vor allem in den Bundesländern praktische Bedeutung, in denen keine besonderen Maßnahmen und kein Verfahren zur Vermeidung der Unterbringung vorgesehen sind (Kap. **B** S. 105). 4

Dennoch ist der Anwendungsbereich der Aussetzung eng, weil eine Unterbringung, deren Vollstreckung (zur Terminologie vgl. Kap. **B** S. 128) aussetzbar erscheint, in der Regel gar nicht erst angeordnet werden darf bzw. 5

aufgehoben werden muss (§ 330 Satz 1). Lassen sich die Voraussetzungen für eine Unterbringungsmaßnahme nicht eindeutig feststellen, ist nicht auszusetzen, sondern die Unterbringungsmaßnahme abzulehnen (BT-Drs. 11/4528 S. 186).

6 Die bundesrechtliche Regelung ist inkonsequent, weil sie einerseits die materiellrechtlichen Voraussetzungen psychiatrischen Freiheitsentzugs den Landesregelungen überlässt, andererseits aber durch eine Vollstreckungsregelung, die ansonsten ebenfalls Gegenstand des Landesrechts ist, darin eingreift.

7 Die Aussetzung des Vollzugs ist zu unterscheiden von der Urlaubsgewährung durch den Leiter der Unterbringungseinrichtung nach den Landesgesetzen. Die Entscheidung über eine solche Beurlaubung erfolgt nach § 327.

2. Voraussetzungen der Aussetzung

8 Eine Aussetzung kommt in Betracht, wenn die Unterbringungsvoraussetzungen zwar noch vorliegen, eine Entlassung aus der Einrichtung aber – eventuell unter Berücksichtigung begleitender Maßnahmen – verantwortet werden kann. Da es sich um eine Erprobung handelt, sind die Anforderungen an die diesbezügliche Prognoseentscheidung geringer als im Fall einer endgültigen Entlassung. Dem Gericht soll bewusst die Möglichkeit eingeräumt werden, kalkulierte Risiken einzugehen.

9 Liegen die Voraussetzungen für eine Aussetzung vor, muss das Gericht sie aussprechen (HK-BUR/*Hoffmann* § 70k Rn. 9; Prütting/Helms/*Roth* § 328 Rn. 7; aA Keidel/*Budde* § 328 Rn. 2). Ein gerichtliches Ermessen besteht entgegen dem Wortlaut nicht, da ein unnötiger Freiheitsentzug des Betroffenen vermieden werden muss. Das Gericht kann die Aussetzung von Amts wegen anordnen, eines Antrags bedarf es nicht.

3. Auflagen

10 Nach Abs. 1 Satz 2 kann die Aussetzung mit Auflagen (entsprechend dem juristischen Sprachgebrauch besser: Weisungen) verbunden werden, d. h. der **Freiheitsentzug wird im Sinne einer „kontrollierten Freiheit" durch Weisungen ersetzt.** Bei den Weisungen handelt es sich um Anordnungen für die Probezeit, welche die Lebensführung des Betroffenen außerhalb der Einrichtung berühren. In Betracht kommen insbesondere die Sicherstellung einer Weiter- und Nachbehandlung.

11 In einer Weisung muss **inhaltlich und dem Umfang nach genau** festgehalten sein, was der Betroffene zu tun und zu lassen hat. Es genügt nicht, dass er das geforderte Verhalten erst aus dem Weisungszweck herleiten oder bei gutem Willen noch erkennen kann, was das Gericht von ihm verlangen will (vgl. OLG München R&P 2009, 219). Im Übrigen unterliegen alle Weisungen den Grundsätzen der **Verhältnismäßigkeit und Zumutbarkeit.** Die Weisung, sich einer ärztlichen Behandlung zu unterziehen oder Medikamente einzunehmen, setzt das ausdrücklich erklärte Einverständnis des Betroffenen voraus, das nicht durch seinen gesetzlichen Vertreter ersetzt werden kann. Behandlungsweisungen greifen tief in das allgemeine Persönlichkeitsrecht des Betroffenen (Art. 2 Abs. 1 GG) und die Behandlung mit

Psychopharmaka in sein Grundrecht auf körperliche und geistige Unversehrtheit (Art. 2 Abs. 2 GG) ein. Die Wirkungen dieser Mittel sind nicht nur symptomunterdrückend, sondern häufig mit gravierenden Nebenwirkungen bis hin zu Dauerfolgen wie z.B. Bewegungsstörungen verbunden (vgl. § 1904 Rn. 21 ff.).

Da die Befugnis zur Anordnung von Weisungen durch § 328 Abs. 1 S. 2 **12** dem Betreuungsgericht zugewiesen ist, sind entsprechende landesgesetzliche Regelungen (vgl. Hmb § 26 Abs. 1; MeVo § 36; Nds § 28; NW § 29 Abs. 1; RhPf § 31 Abs. 5; Sachs § 34 Abs. 3 und SaAn § 27) mangels Gesetzgebungskompetenz verfehlt.

4. Befristung

Die Dauer der Aussetzungszeit muss vom Gericht einzelfallbezogen fest- **13** gesetzt werden. Sie darf in der Regel **sechs Monate** nicht überschreiten (Abs. 1 Satz 3), um den belastenden Schwebezustand nicht zu sehr auszudehnen. Wird die Aussetzung während der festgesetzten Probezeit nicht widerrufen, ist die Anordnung der Unterbringung anschließend aufzuheben. Die Probezeit kann ausnahmsweise auf bis zu einem Jahr verlängert werden, wenn zuvor aufgetretene Schwierigkeiten auf eine Gefährlichkeit hindeuten, die aber noch nicht zum Widerruf zwingt. Ist die Probezeit bereits abgelaufen, kann sie nicht mehr verlängert werden. Den Lauf der Unterbringungsfrist lässt die Aussetzung der Vollziehung unberührt.

5. Widerruf der Aussetzung

Nach Abs. 2 kann die Aussetzung widerrufen werden, wenn der Betrof- **14** fene eine Auflage (Weisung) nicht erfüllt oder sein Zustand dies erfordert (z.B. bei erheblichen Gesundheitsverschlechterungen). Ein Weisungsverstoß rechtfertigt den Widerruf nicht automatisch. Es ist vielmehr im Einzelfall zu prüfen, ob aufgrund nachträglich eingetretener Tatsachen die der Aussetzung zugrunde liegende Prognose nicht aufrechterhalten werden kann und die Vollstreckung nunmehr erforderlich ist. Der in einem Weisungsverstoß liegende Ungehorsam reicht allein nicht aus, da der Widerruf nicht als Bestrafung gedacht ist (BayObLG R&P 1994, 143; FamRZ 1995, 1001). Ein Weisungsverstoß kann daher nur Anlass für eine Überprüfung der Prognoseentscheidung sein.

Die Aussetzung der Vollstreckung gewährt dem Betroffenen eine **Rechts-** **15** **position**. Deshalb kann sich das Gericht nicht einfach „umentschließen". Es kann auch keine Tatsachen zum Anlass der Anordnung der Weitervollstreckung nehmen, die bei der Aussetzung schon vorgelegen haben und die ihm erst jetzt bekannt geworden sind. Es würde sich dann nämlich nach juristischem Sprachgebrauch (vgl. § 48 f VerwVfG) um eine „Rücknahme" handeln und nicht um einen Widerruf. Eine Rücknahme sieht das Gesetz jedoch nicht vor. Nur bei sehr schwerwiegenden Verstößen oder Zustandsverschlechterungen kommt daher ein Widerruf in Betracht (Prütting/Helms/ *Roth* § 328 Rn. 11; Schulte-Bunert/Weinreich/*Dodegge* § 328 Rn. 9).

D Das Unterbringungsverfahren

6. Verfahren

16 Für das Aussetzungs- und Widerrufsverfahren sieht das Gesetz anders noch als im früheren § 70k Abs. 3 FGG keine besonderen Regelungen vor. Es gelten daher die **allgemeinen Verfahrensgrundsätze**, insbesondere § 26. Dies bedeutet, dass dem Betroffenen im Widerrufsverfahren rechtliches Gehör zu gewähren und gegebenenfalls ein Sachverständigengutachten zu der Frage einzuholen ist, ob der Zustand des Betroffenen die Vollziehung der Unterbringung erfordert. Die Anhörungspflichten ergeben sich aus § 315. Das Aussetzungs- und Widerrufsverfahren ist antragsunabhängig und vom Gericht von Amts wegen durchzuführen. Örtlich zuständig ist das Gericht, in dessen Bezirk die Unterbringungseinrichtung liegt. Für das Wirksamwerden der Entscheidung gilt § 324. Gegen die Entscheidung ist das Rechtsmittel der Beschwerde gegeben (§ 58 Abs. 1), für die Beschwerdebefugnis gilt § 335.

Dauer und Verlängerung der Unterbringung

329 **(1) Die Unterbringung endet spätestens mit Ablauf eines Jahres, bei offensichtlich langer Unterbringungsbedürftigkeit spätestens mit Ablauf von zwei Jahren, wenn sie nicht vorher verlängert wird.**

(2) Für die Verlängerung der Genehmigung oder Anordnung einer Unterbringungsmaßnahme gelten die Vorschriften für die erstmalige Anordnung oder Genehmigung entsprechend. Bei Unterbringungen mit einer Gesamtdauer von mehr als vier Jahren soll das Gericht keinen Sachverständigen bestellen, der den Betroffenen bisher behandelt oder begutachtet hat oder in der Einrichtung tätig ist, in der der Betroffene untergebracht ist.

1. Anwendungsbereich und Normzweck

1 Die Vorschrift ersetzt in Absatz 1 den früheren § 70f Abs. 1 Nr. 3 Hs. 2 FGG. Sie knüpft an die Regelung in § 323 Nr. 2 an und bestimmt für alle Unterbringungsmaßnahmen die Höchstdauer der Unterbringung. Zu den Höchstfristen einer einstweiligen Anordnung vgl. § 333.

2 § 329 Absatz 2 ersetzt den früheren § 70i Abs. 2 FGG und regelt die Möglichkeit der Verlängerung der Unterbringung.

2. Dauer der Unterbringung (Abs. 1)

3 Nach § 323 Nr. 2 muss das Gericht in seiner Entscheidung bei einer Genehmigung oder Anordnung einer Unterbringungsmaßnahme den Zeitpunkt angeben, zu dem die Unterbringungsmaßnahme endet (vgl. § 323 S. 298). Abs. 1 bestimmt den zeitlichen Rahmen, innerhalb dessen das Gericht die Unterbringungsdauer bestimmen kann. Dieser beträgt grundsätzlich höchstens ein Jahr (Rn. 5), bei offensichtlich langer Unterbringungsbedürftigkeit höchstens zwei Jahre (Rn. 6) nach deren Ablauf die Unterbringung spätestens endet, wenn nicht das Gericht eine kürzere Frist angegeben hat.

In der Regel ist eine am Einzelfall (Art der Erkrankung, aktueller Zustand, voraussichtliche Auswirkungen der med. Behandlung) und dem Grundsatz der Verhältnismäßigkeit orientierte **kürzere Frist** festzulegen. Mit der erforderlichen Einzelfallprüfung ist die in der Praxis häufige Ausnutzung der gesetzlichen Höchstfristen nicht zu vereinbaren. Vielmehr muss die Prognose über die zur Erreichung des Unterbringungszwecks voraussichtlich notwendige Unterbringungsdauer auf der Grundlage der fundierten Feststellungen des zeitnah erstellten Sachverständigengutachtens erfolgen, welches sich nach § 321 Abs. 1 Satz 3 auch auf die voraussichtliche Dauer der Unterbringung erstrecken soll. Dabei ist zu beachten, dass die dort genannte Dauer sich am Zeitpunkt der Erstellung des Gutachtens und nicht der gerichtlichen Entscheidung ausrichtet (OLG München FGPrax 2007, 43). An die in dem Antrag auf Unterbringung genannte Frist ist das Gericht nicht gebunden (OLG Schleswig FamRZ 2003, 1499). 4

Nach diesen Kriterien ist die regelmäßige **Höchstfrist von einem Jahr** häufig nicht erforderlich. Insbesondere im Bereich der öffentlich-rechtlichen Unterbringung, die oftmals der akuten Krisenintervention dient, werden die Fristen regelmäßig erheblich kürzer sein. 5

Wird über die regelmäßige Höchstfrist von einem Jahr hinaus eine Unterbringungsdauer von bis zu **zwei Jahren** genehmigt oder angeordnet, ist die Abweichung vom Regelfall wegen der besonderen Intensität des Eingriffs in das Freiheitsgrundrecht näher zu begründen, weshalb eine kürzere Unterbringungsfrist nicht ausreicht (OLG Schleswig FGPrax 2006, 138 = R&P 2006, 93; OLG München BtPrax 2005, 113 = FamRZ 2006, 362 Ls; BayObLG NJW-RR 2005, 1314; FamRZ 2002, 629). Dies gilt insbesondere dann, wenn zuvor kürzere Unterbringungsfristen für ausreichend gehalten wurden (OLG Schleswig aaO) oder der Betroffene erstmalig untergebracht werden soll. 6

Zur **Berechnung** der in der gerichtlichen Entscheidung angeordneten Frist vgl. § 323 Rn. 10. Eine Unterbrechung des Fristenlaufs durch eine anderweitige Freiheitsentziehung, eine Beurlaubung oder Aussetzung der Vollziehung findet nicht statt (Keidel/*Budde* § 329 Rn. 3), da die der Prognose zugrunde liegenden Anknüpfungstatsachen spätere Zeiträume nicht erfassen. 7

Die gesetzlich festgesetzten Höchstfristen bedeuten nicht, dass eine Unterbringung nie länger als zwei Jahre dauern kann. Abs. 1 sieht ausdrücklich vor, dass Unterbringungsmaßnahmen verlängert werden können (Rn. 10) und Abs. 2 trifft sogar eine Sonderregelung für Unterbringungen mit einer Gesamtdauer von mehr als vier Jahren. 8

Läuft die Frist ab, ohne dass das Gericht sie vorher verlängert hat, endet die Unterbringung automatisch. Eine Verlängerung nach Fristablauf kommt nicht in Betracht. Es muss gegebenenfalls eine neue Unterbringungsentscheidung getroffen werden. 9

3. Verlängerung der Unterbringung (Abs. 2)

Soll eine Unterbringungsmaßnahme im Sine des § 312 über den Endzeitpunkt hinaus fortdauern, ist über die Verlängerung dieser Unterbringungs- 10 maßnahme nach Abs. 2 zu entscheiden. Mit den Regelungen des **Abs. 2 Satz 1** soll verhindert werden, dass bei einer Verlängerungsentscheidung gerichtliche Routine aufkommt (BT-Drs. 11/4528 S. 186). Der Beschluss über die Verlängerung soll mit der gleichen Intensität und Genauigkeit vorbereitet werden wie die erstmalige Genehmigung oder Anordnung. Eine Verlängerung kommt nur in Betracht, wenn die Voraussetzungen der Unterbringung fortbestehen. Zugleich sind die Voraussetzungen im Hinblick auf die Verhältnismäßigkeit um so strenger zu beurteilen, je länger die Unterbringung dauert (BayObLG BtPrax 2005, 68; R&P 1994, 193 = FamRZ 1994, 1617).

11 Für das **Verlängerungsverfahren** gelten die §§ 312 ff. entsprechend. Der Betroffene (§ 319) und die Beteiligten (§ 320) sind zwingend anzuhören. Es muss ein neues Sachverständigengutachten zum Vorliegen der Unterbringungsvoraussetzungen (§ 321; S. 286) erstattet und gegebenenfalls ein Verfahrenspfleger (§ 317) bestellt werden. Mit der Dauer der Unterbringung steigen auch die Anforderungen an die Begründung der Entscheidung (BayObLG BtPrax 2005, 68). Für den Inhalt und das Wirksamwerden der Entscheidung gelten die §§ 323 und 324.

12 Die Ermittlungen sind so rechtzeitig vor dem Ablauf der Unterbringungsfrist aufzunehmen, dass Eilmaßnahmen nach §§ 331 ff. auf die Fälle beschränkt bleiben, in denen unvorhersehbar die Notwendigkeit einer verlängerten Unterbringung entstanden ist. In diesem Sinne kann unter Umständen eine einstweilige Anordnung ausnahmsweise in Betracht kommen, wenn erst kurz vor Ablauf der genehmigten Unterbringung die Erforderlichkeit einer Verlängerung erkannt wird und ein Hauptsacheverfahren nicht mehr rechtzeitig durchgeführt werden kann (OLG Brandenburg BtPrax 2009, 124 = FamRZ 2009, 1351). Angesichts der Förderungspflicht der Antragsteller, also der Gesundheitsbehörde oder den gesetzlichen Vertreters (vgl. Vorb. vor § 312 Rn. 25) und den Anforderungen an eine qualifizierte medizinische Behandlung werden diese Voraussetzungen nur selten vorliegen.

13 Örtlich zuständig bleibt grundsätzlich das Gericht, welches die ursprüngliche Unterbringungsentscheidung getroffen hat (§ 2 Abs. 2) und zwar auch dann, wenn sich der Betroffene inzwischen in einer zum Bezirk eines anderen Amtsgerichts gehörenden Einrichtung befindet. Etwas anderes gilt nur, wenn eine Abgabe des Verfahrens nach § 314 erfolgt ist.

14 Zur Stärkung der Rechtsposition des Betroffenen schreibt **Abs. 2 Satz 2** einen Wechsel des Sachverständigen nach Ablauf von vier Jahren vor. Der neue Sachverständige darf den Betroffenen bisher weder behandelt oder begutachtet haben noch in der Einrichtung tätig sein, in der der Betroffene untergebracht ist. Es reicht also nicht, dass zwischenzeitlich ein **anderer Gutachter** beauftragt wurde (BayObLG BtPrax 2005, 68). Über den Wortlaut hinaus sind auch solche Ärzte ausgeschlossen, die lediglich ein ärztliches Zeugnis ausgestellt haben (Jürgens/*Marschner* § 329 Rn. 4; HK-BUR/*Hoffmann* § 70i Rn. 26). Auch der neue Sachverständige muss die erforderliche Qualifikation (§ 321 Abs. 1 Satz 4) aufweisen.

15 Mit der Regelung soll sichergestellt werden, dass eine Unterbringung nicht auf Grund der fest gefügten Meinung eines Sachverständigen länger als erfor-

derlich ausgedehnt wird (BT-Drs. 11/4528 S. 186). Zwar besitzt ein früherer Sachverständiger bereits Vorkenntnisse, auf die er bei einer erneuten Begutachtung aufbauen könnte. Er kann aber zugleich in seinem diagnostischen und therapeutischen Konzept befangen sein. Eine externe Begutachtung kann insofern mehr Objektivität bieten, eine „Betriebsblindheit" gegenüber den bisherigen Ansätzen vermeiden und zudem der regelmäßigen Gefahr entgehen, die Schweigepflicht zu brechen. Man kann durchaus damit rechnen, dass ein Arzt, der als Externer einen bestimmten Patienten längst für entlassungsreif halten würde, als Angehöriger des Krankenhauses zur gegenteiligen Überzeugung käme (vgl. BVerfGE 70, 297: Fall „Paul L. Stein; StV 1994, 93; *Fabricius/Wulff* R&P 1984, 15). Vergleichbare Bestimmungen anderer Gesetze sehen deshalb sogar einen früheren Gutachterwechsel vor (BranPsychKG § 37 Abs. 4; MVollzG NW § 16 Abs. 3; MVollzG Saar § 8 Abs. 4).

Die Gesamtdauer von vier Jahren ergibt sich aus der Addition der Unterbringungen aufgrund aller Erst-, Neu- und Verlängerungsentscheidungen. Dabei ist auf den Zeitraum der tatsächlichen Unterbringung abzustellen (HK-BUR/*Hoffmann* § 70i Rn. 24). Es reicht auch aus, wenn die jetzige Verlängerung über das Fristende hinausreicht (Keidel/*Budde* § 329 Rn. 7). Kurzfristige Unterbrechungen etwa durch Entweichungen oder eine Aussetzung der Vollziehung sind unschädlich (Keidel/*Budde* § 329 Rn. 6). 16

Nur in Ausnahmefällen („soll") darf von der Bestellung eines neuen, externen Sachverständigen abgesehen werden. Dies soll in Betracht kommen, wenn ein nicht ausgeschlossener, gleichermaßen qualifizierter Gutachter nur schwer erreichbar ist (BT-Drs. 11/4528 S. 186). Ein solcher Fall ist allerdings kaum denkbar, weil das Gericht seine Überprüfung so rechtzeitig beginnen muss, dass ein externer Sachverständiger immer gefunden werden kann (HK-BUR/*Hoffmann* § 70i Rn. 25). Denkbar sind allenfalls Fälle, in denen der beauftragte externe Sachverständige so kurz vor Ablauf der Unterbringungszeit ausfällt, dass ein neuer externer Sachverständiger sich nicht so schnell wie nötig in die Sache einarbeiten kann. 17

Aufhebung der Unterbringung

330 Die Genehmigung oder Anordnung der Unterbringungsmaßnahme ist aufzuheben, wenn ihre Voraussetzungen wegfallen. Vor der Aufhebung einer Unterbringungsmaßnahme nach § 312 Nr. 3 soll das Gericht die zuständige Behörde anhören, es sei denn, dass dies zu einer nicht nur geringen Verzögerung des Verfahrens führen würde.

1. Anwendungsbereich und Normzweck

Die Vorschrift regelt die Aufhebung einer Unterbringungsmaßnahme im Sinne des § 312. Sie ersetzt den früheren § 70i Abs. 1 Satz 1 und 2 FGG. Eine Nachfolgevorschrift für § 70i Abs. 1 Satz 3 FGG war wegen der neuen Bekanntgabevorschrift des § 325 Abs. 2 Satz 2 nicht erforderlich. 1

Kein Betroffener soll länger als unbedingt nötig untergebracht sein oder unterbringungsähnlichen Maßnahmen i. S. des § 1906 Abs. 4 BGB unterlie- 2 gen. Die Vorschrift verpflichtet deshalb das Gericht, von Amts wegen unverzüglich die Unterbringungsmaßnahme aufzuheben, wenn sich herausstellt, dass ihre Voraussetzungen weggefallen sind. Eines Antrags des Betroffenen, seines Vertreters oder der zuständigen Behörde bedarf es dazu nicht. Im Fall der zivilrechtlichen Unterbringung tritt die Verpflichtung des Gerichts neben die entsprechende Pflicht des gesetzlichen Vertreters (für den Betreuer § 1906 Abs. 3 Satz 1 BGB). Auch die für die Unterbringung verantwortliche Behörde ist dazu verpflichtet, die Unterbringungsmaßnahme mit Wegfall der Voraussetzungen zu beenden (Jürgens/Kröger/Marschner/Winterstein Rn. 576). Die gleiche **Pflicht zur regelmäßigen Überprüfung** trifft schließlich auch die Unterbringungseinrichtung. Diese hat bei Wegfall der Voraussetzungen auf eine Beendigung hinzuwirken (für eine Pflicht zur Beendigung bei der zivilrechtlichen Unterbringung Jürgens/*Marschner* § 330 Rn. 2 unter Hinweis auf BT-Drs. 11/4528 S. 148).

2. Wegfall der Voraussetzungen

3   Fallen die materiell-rechtlichen Voraussetzungen der Unterbringungsmaßnahme weg, ist sie nach Satz 1 unverzüglich aufzuheben. Um diesen Anforderungen zu genügen, ist das Gericht dazu verpflichtet, die Unterbringungsmaßnahme dauerhaft zu **beaufsichtigen** (Jürgens/*Marschner* § 330 Rn. 2; Prütting/Helms/*Roth* § 330 Rn. 2; Schulte-Bunert/Weinreich/ *Dodegge* § 330 Rn. 3). So darf eine bereits erteilte Genehmigung nicht länger aufrechterhalten werden, wenn sich herausstellt, dass die in der Unterbringungseinrichtung tätigen Ärzte abweichend von den der Unterbringung zugrunde liegende Gutachten eine Heilbehandlung für medizinisch nicht geboten halten und eine solche Behandlung deshalb nicht durchführen (BGH FGPrax 2010, 94 = R&P 2010, 34). Die Pflicht zur Aufhebung besteht auch dann, wenn der Betroffene mit natürlicher Einsichts- und Urteilsfähigkeit erklärt, nunmehr freiwillig im Krankenhaus bleiben zu wollen. Sie besteht erst Recht, wenn sich herausstellt, dass die gesetzlichen Voraussetzungen der Unterbringungsmaßnahme schon bei ihrem Erlass nicht vorgelegen haben. Trotz der missverständlichen Begrifflichkeit („wegfallen") ist der Eintritt neuer tatsächlicher Umstände nicht erforderlich. Nur dieses Verständnis trägt dem Zweck des Aufhebungsverfahrens, eine sachlich nicht gerechtfertigte Unterbringungsmaßnahme zur Verwirklichung der Freiheitsgarantie des Art. 104 GG umgehend zu beenden (vgl. BGH NJW 2009, 299 zum entsprechenden § 426), ausreichend Rechnung. Eine Bindungswirkung an die Ausgangsentscheidung besteht nicht, da diese nicht in materielle Rechtskraft erwächst (vor § 312 S. 251). Zur Beseitigung des von ihr ausgehenden Rechtsscheins ist das Gericht auch dann gehalten, die Genehmigung oder Anordnung der Unterbringungsmaßnahme aufzuheben, wenn sie vom gesetzlichen oder gewillkürten Vertreter bzw. der Behörde bereits beendet wurde (BayObLG R&P 1995, 146; OLG Hamm FamRZ 2000, 1120).

4   Sind die Voraussetzungen weggefallen, hat die Aufhebung auch gegen den Willen des Betroffenen, der Behörde oder der Unterbringungseinrichtung zu erfolgen. Will der gesetzliche Vertreter trotz Vorliegens der Voraus-

setzungen die Unterbringungsmaßnahme nicht beenden, ist zumindest mit den zivilrechtlichen Mitteln der §§ 1666, 1837 BGB vorzugehen, wenn nicht sogar mit der Strafanzeige nach § 239 StGB.

3. Verfahren

Um unnötige Verfahrensverzögerungen zu vermeiden, hat das Gesetz, abgesehen von der Sonderregelung des Satz 2, bewusst auf Verfahrensregelungen verzichtet (vgl. BT-Drs. 11/4528 S. 186). Es gelten deshalb die **allgemeinen Verfahrensgrundsätze**. Über die Notwendigkeit der Einholung eines Sachverständigengutachtens, Anhörungen oder die Beteiligung anderer Personen oder Stellen hat das Gericht nach § 26 von Amts wegen zu entscheiden. Wegen der entlastenden Wirkung einer Aufhebung werden die Anforderungen an das Verfahren häufig weniger streng sein als im Fall der Anordnung oder Genehmigung einer Unterbringung (Prütting/Helms/*Roth* § 330 Rn. 3). Bei eindeutiger Sachlage ist das Gericht deshalb verpflichtet, alle Verfahrenshandlungen zu unterlassen, die eine Aufhebung unnötig verzögern würden.

Nach **Satz 2** soll das Gericht vor der Aufhebung einer öffentlich-rechtlichen Unterbringung die zuständige Behörde anhören. Die Behörde soll Hilfen im Rahmen der Nachsorge vorbereiten oder Sicherheitsbedenken vortragen bzw. die Einlegung eines Rechtsmittels vorab prüfen können. Von der regelmäßigen Anhörung der zuständigen Behörde kann abgesehen werden, wenn dies zu einer nicht nur geringen Verzögerung des Verfahrens, d. h. der Aufhebung der Unterbringung, führen würde (Satz 2 HS 2). Solche Verzögerungen sind angesichts der heutigen Kommunikationsmittel und der strengen Anforderungen an die Behördenorganisation kaum vorstellbar.

Die Entscheidung über die Aufhebung der Unterbringungsmaßnahme oder deren Ablehnung erfolgt durch Beschluss. Bekanntgabe und Wirksamkeit richten sich nach den allgemeinen Vorschriften (§§ 40 f). Die Bekanntgabe an die zuständige Behörde richtet sich nach § 325 Abs. 2 Satz 2.

Die Entscheidung kann mit der Beschwerde angegriffen werden (§ 58). Die Beschwerdebefugnis richtet sich nach §§ 59, 335. Für die zuständige Behörde ergibt sie sich aus § 335 Nr. 4.

Vorbemerkungen zu §§ 331–334

1. Die Eilmaßnahmen im System des Unterbringungsrechts

Der Antrag auf Anordnung oder Genehmigung einer Unterbringungsmaßnahme gegen einen in Freiheit lebenden Betroffenen wird regelmäßig aus akutem Anlass gestellt, weil der Antragsteller das Verhalten des Betroffenen als Zuspitzung einer psychischen Störung oder als „Schub" einer Psychose ansieht. In solchen Fällen drängt es sich häufig auf, nach summarischer Beweisaufnahme im Freibeweisverfahren beschleunigt mit einer **vorläufigen**

Maßnahme einzugreifen. Dieser vorläufigen Maßnahme liegt dann nicht eine unter Beachtung aller Kautelen eines rechtsstaatlichen Verfahrens gewonnene Gewissheit, sondern nur eine im summarischen Verfahren gewonnene Überzeugung hoher Wahrscheinlichkeit zugrunde. Ein legislatorisches Bedürfnis, solche Eilentscheidungen zu ermöglichen, steht außer Frage, obwohl verbesserte Kommunikationsmöglichkeiten und Fortschritte in der psychiatrischen Behandlung viele solcher Eingriffe überflüssig machen. Deshalb ermöglichen §§ 331 ff. eilige vorläufige Maßnahmen.

2   Häufig entfällt der akute Anlass für die vorläufige Unterbringungsmaßnahme bereits nach wenigen Wochen oder sogar schon nach einigen Tagen, weil etwa der Schub der schizophrenen Erkrankung des Betroffenen wieder abgeflaut ist oder die Symptome der Erkrankung durch Medikamente unter Kontrolle gebracht worden sind. Die vorläufige Maßnahme dient in diesen Fällen nach der ursprünglichen gesetzgeberischen Konzeption der **Intervention bei einer vorübergehenden Krise**, die bald wieder aufgehoben werden kann. Die gerichtliche Praxis und Bestrebungen, stationäre Unterbringungen aus finanziellen Gründen zeitlich eng zu befristen (Schulte-Bunert/Weinreich/*Dodegge* § 331 Rn. 2) haben jedoch dazu beigetragen, dass vorläufige Unterbringungen durch einstweilige Anordnung sehr viel häufiger sind als Unterbringungen durch eine Hauptsacheentscheidung (vgl. die statistischen Angaben in Kap. **A** S. 31). Durch die neue gesetzliche Ausgestaltung der einstweiligen Anordnung als eigenständiges Verfahren wird das ursprüngliche Ausnahmeverfahren endgültig zum Regelverfahren werden.

3   Dieser Sachverhalt nötigt zu Folgerungen für die Auslegung und praktische Anwendung der §§ 331 ff. Vorläufige Maßnahmen sind in allen vergleichbaren Verfahrensordnungen Entscheidungen, die der Hauptsacheentscheidung **vorausgehen** und die ihre grundsätzliche Legitimität in der **regelmäßig** nachfolgenden **vollen Überprüfung** der gesetzlichen Voraussetzungen finden, die zunächst nur für sehr wahrscheinlich gehalten werden konnten (vgl. für den Zivilprozess §§ 916 ff. ZPO, für den Verwaltungsprozess § 123 VwGO, für den Strafprozess §§ 112 f., 126 a StPO). Im Unterbringungsrecht gilt die einstweilige Anordnung nach der gesetzlichen Neuregelung dagegen nicht mehr als bloß vorläufige Regelung, die in einem von Amts wegen einzuleitenden Hauptsacheverfahren durch eine endgültige Maßnahme zu ersetzen ist (BT-Drs. 16/6308 S. 275). Die Selbständigkeit des summarischen Eilverfahrens und die damit einhergehende geringere Bedeutung des Hauptsacheverfahrens unterscheiden das Unterbringungsverfahren in rechtsstaatlich nicht unproblematischer Weise von den anderen Verfahrensordnungen. Soweit die Verschiebungen zu Lasten des Hauptsacheverfahrens auf den tatsächlichen Besonderheiten beruhen, scheidet die Möglichkeit, Unterbringungen durch Hauptsacheentscheidungen zu vermehren und die Anzahl vorläufiger Unterbringungen zu verringern, ersichtlich aus. Die beschriebene Schieflage hat aber noch einen anderen Grund: Die gesetzlichen Höchstfristen für die vorläufige Unterbringung (§ 333) sind so lang und werden von den Betreuungsgerichten so extensiv genutzt, dass Hauptentscheidungen schon durch die lange Dauer der vorläufigen Unterbringung verhindert werden. Ein im Hinblick auf das Freiheitsgrundrecht

der Betroffenen rechtsstaatlich erträgliches Verhältnis der beiden Unterbringungsformen zueinander lässt sich deshalb nur herstellen, wenn die Gerichte **die langen gesetzlichen Fristen** der vorläufigen Unterbringung **in der Regel nicht ausnutzen,** sondern im Einzelfall wesentlich kürzere bestimmen und zugleich die Hauptsacheverfahren möglichst beschleunigen (vgl. LG Berlin FamRZ 1992, 1330, 1333 = R&P 1992, 97, 101).

2. Anwendungsbereich und gesetzliche Neuregelung

Die §§ 331–334 ersetzen den früheren § 70h FGG. Sie ergänzen als Sonderregelungen die Vorschriften der §§ 49–57 des Allgemeinen Teils des FamFG und regeln die besonderen verfahrensrechtlichen Voraussetzungen für den Erlass einer einstweiligen Anordnung in allen Unterbringungssachen des § 312. Von §§ 331 ff. nicht erfasst werden die im Rahmen der öffentlich-rechtlichen Unterbringungen nach Landesrecht vorgesehenen verwaltungsrechtlichen vorläufigen Unterbringungen (vgl. Kap. **B** S. 106). 4

Die gesetzliche Neuregelung (*Kretz* BtPrax 2009, 160) hat die **Selbständigkeit des Eilverfahrens** eingeführt. Anders als nach früherem Recht ist das Verfahren der einstweiligen Anordnung ein im Verhältnis zum Hauptsacheverfahren selbständiges Verfahren (§ 51 Abs. 3 Satz 1). Der Betroffene kann nach § 52 Abs. 1 aber die Durchführung des Hauptsacheverfahrens erzwingen, wenn dieses nicht bereits vom Betreuungsgericht nach § 26 von Amts wegen eingeleitet wird. Weitere gesetzliche Änderungen betreffen die ausdrückliche Normierung einer einstweiligen Anordnung bei gesteigerter Dringlichkeit (§ 332) und das Beschwerderecht (vgl. § 331 S. 349). 5

Einstweilige Anordnung

331 Das Gericht kann durch einstweilige Anordnung eine vorläufige Unterbringungsmaßnahme anordnen oder genehmigen, wenn
1. **dringende Gründe für die Annahme bestehen, dass die Voraussetzungen für die Genehmigung oder Anordnung einer Unterbringungsmaßnahme gegeben sind und ein dringendes Bedürfnis für ein sofortiges Tätigwerden besteht,**
2. **ein ärztliches Zeugnis über den Zustand des Betroffenen vorliegt,**
3. **im Fall des § 317 ein Verfahrenspfleger bestellt und angehört worden ist und**
4. **der Betroffene persönlich angehört worden ist.**

Eine Anhörung des Betroffenen im Wege der Rechtshilfe ist abweichend von § 319 Abs. 4 zulässig.

Übersicht

1. Anwendungsbereich	1
2. Materiell-rechtliche Voraussetzungen vorläufiger Unterbringungsmaßnahmen	2
a) Vorliegen der Voraussetzungen einer Unterbringungsmaßnahme	3

b) Dringendes Bedürfnis für ein sofortiges Tätigwerden 6
c) Prognose 7
3. Verfahrensrechtliche Voraussetzungen vorläufiger Unterbringungsmaßnahmen 10
 a) Ärztliches Zeugnis (Satz 1 Nr. 2) 11
 b) Verfahrenspfleger (Satz 1 Nr. 3) 12
 c) Persönliche Anhörung des Betroffenen (Satz 1 Nr. 4) 13
 d) Anhörung weiterer Beteiligter 15
 e) Sachverhaltsaufklärung 16
 f) Verhältnismäßigkeit 17
4. Entscheidung 18
5. Rechtsmittel 19

1. Anwendungsbereich

1 Die Vorschrift ersetzt den früheren § 70h Abs. 1 Satz 1 in Verbindung mit § 69f Abs. 1 FGG. Sie nennt alle Voraussetzungen für die einstweilige Anordnung einer vorläufigen Unterbringungsmaßnahme. Einer weitergehenden Neuregelung des § 70h Abs. 1 Satz 2 und 3 FGG bedurfte es nicht, da das rechtliche Gehör der Beteiligten bereits in § 320 i.V.m. § 315 geregelt ist und nach § 51 Abs. 2 sich das Verfahren der einstweiligen Anordnung nach den Verfahrensvorschriften des Hauptsacheverfahrens richtet.

2. Materiell-rechtliche Voraussetzungen vorläufiger Unterbringungsmaßnahmen

2 § 331 Satz 1 nennt die Voraussetzungen, die kumulativ zum Erlass einer einstweiligen Anordnung in Unterbringungssachen erfüllt sei müssen:

3 **a) Vorliegen der Voraussetzungen einer Unterbringungsmaßnahme.** Nach Satz 1 Nr. 1 müssen dringende Gründe für die Annahme bestehen, dass die Voraussetzungen für die Genehmigung oder Anordnung einer Unterbringungsmaßnahme gegeben sind. Die sachlichen Voraussetzungen für den Erlass einer vorläufigen Unterbringungsmaßnahme sind damit grundsätzlich dieselben wie für den Erlass der Maßnahme durch eine Hauptsacheentscheidung (OLG Zweibrücken FGPrax 2006, 236). Die Voraussetzungen bedürfen allerdings keines vollen Beweises, sondern die Glaubhaftmachung reicht aus.

4 Der Erlass einer einstweiligen Anordnung setzt zunächst bei der öffentlich-rechtlichen Unterbringung den **Antrag** der zuständigen Behörde voraus, da das Verfahren in der Hauptsache nur auf Antrag eingeleitet werden kann (§ 51 Abs. 1 Satz 1). Auch die zivilrechtliche Unterbringung bedarf eines Antrags des Betreuers bzw. des Vorsorgebevollmächtigten (vgl. vor § 331 ff. S. 342; Jürgens/*Marschner* § 331 Rn. 3; Prütting/Helms/*Roth* § 331 Rn. 9; aA BayObLG FamRZ 2000, 566; Keidel/*Budde* § 331 Rn. 1; Schulte-Bunert/Weinreich/*Dodegge* § 331 Rn. 5). Der Betreuer muss bereits mit einem ausreichenden Aufgabenkreis (Unterbringung, Aufenthaltsbestimmung) bestellt sein (OLG Brandenburg BtPrax 2007, 223: Aufenthaltsbestimmung und Gesundheitsfürsorge). Ist ein Betreuer noch nicht bestellt oder nicht erreichbar, kommt nur eine einstweilige Maßregel nach § 334

§ 331. Einstweilige Anordnung **D**

i. V. m. § 1846 BGB in Betracht. Ein besonderer Antrag auf Erlass einer Eilmaßnahme ist nicht erforderlich, da sie von Amts wegen erlassen werden kann. Allerdings muss sich aus der Antragsbegründung ergeben, dass der Antragsteller die Maßnahme für eilig hält.

Die **Voraussetzungen für die Genehmigung oder Anordnung einer** 5 **Unterbringungsmaßnahme** ergeben sich aus § 1906 BGB (vgl. Kap. **C** S. 217) bzw. den jeweiligen Landesgesetzen über die Unterbringung psychisch Kranker. Diese Voraussetzungen müssen nicht zweifelsfrei vorliegen und die für den Erlass der endgültigen Unterbringung erforderlichen Ermittlungen noch nicht abgeschlossen sein. Erforderlich ist aber, dass konkrete Umstände mit **erheblicher Wahrscheinlichkeit** (KG FGPrax 2008, 40 = BtPrax 2008, 38; OLG München R&P 2007, 195; OLG Hamm FamRZ 2007, 227; OLG Bremen BtPrax 2007, 87; OLG Zweibrücken FGPrax 2006, 236; OLG Schleswig BeckRS 2008, 19312; BayObLG FamRZ 2005, 477) für das Vorliegen der sachlichen Voraussetzungen sprechen.

b) Dringendes Bedürfnis für ein sofortiges Tätigwerden. Weiter 6 muss ein dringendes Bedürfnis für ein sofortiges Tätigwerden bestehen. Die Formulierung entspricht inhaltlich der bisherigen Regelung des FGG (BT-Drs. 16/6308 S. 275, 271), wonach mit dem Aufschub der Unterbringungsmaßnahme eine mit konkreten Tatsachen begründete **Gefahr** verbunden sein muss, deren Abwendung keinen Aufschub duldet (BVerfG NJW 1998, 1774 = BtPrax 1998, 144; OLG Bremen BtPrax 2007, 87 = FamRZ 2007, 1127 Ls). Nach dem Grundsatz der Verhältnismäßigkeit reicht nicht irgendeine Gefahr aus, sondern nur eine solche, die bei Abwägung der zu erwartenden Nachteile für den Betroffenen oder (bei der öffentlich-rechtlichen Unterbringung) für Dritte bei einem Unterbleiben der Unterbringungsmaßnahme und der mit der Unterbringungsmaßnahme verbundenen Einschränkungen des Betroffenen ein sofortiges Tätigwerden des Betreuungsgerichts rechtfertigt.

c) Prognose. Erforderlich ist eine **doppelte Gefahrenprognose.** Sie 7 richtet sich erstens auf die materiell-rechtlichen Unterbringungsvoraussetzungen (Selbstgefährdung oder Fremdgefährdung) und zweitens darauf, ob mit dem Abwarten bis zur Hauptsacheentscheidung eine Gefahr verbunden wäre, die ein Abwarten verbietet (OLG Karlsruhe FGPrax 2000, 165). Die diesen Prognosen (vgl. Kapitel **A** 5) zugrunde liegenden Tatsachen brauchen nicht zur vollen Überzeugung des Gerichts festzustehen, sie brauchen nur – bei Beachtung des Beweisrechts (vgl. vor § 312 S. 245) – sehr wahrscheinlich zu sein.

Nach Klärung der in Betracht kommenden Beweise ist eine weitere prog- 8 nostische Prüfung erforderlich, nämlich die **Verfahrensprognose,** ob die materiellen Prognosetatsachen voraussichtlich sicher festzustellen sein werden oder nicht. An dieser Stelle haben nämlich Tatsachen, für die es voraussichtlich bei einem „non liquet" bleiben wird, auszuscheiden (vgl. BVerfG R&P 1998, 101 = NJW 1998, 1774; KG R&P 1996, 86). Es ist hier wie in einem Strafprozess: Wenn am Ende des Vorverfahrens eine Verurteilung des Beschuldigten nicht erwartet werden kann, weil über ein „non liquet" nicht hinauszukommen ist, darf trotz fortbestehenden dringenden Tatverdachts auch keine Untersuchungshaft mehr angeordnet werden oder bestehen bleiben. Ein Betroffener, gegen den voraussichtlich keine Unterbringung durch Hauptsacheentscheidung angeordnet werden kann, darf auch nicht vorläufig untergebracht werden.

9 Die Begründung der Entscheidung des Betreuungsgerichts (§ 38 Abs. 3) muss erkennen lassen, dass eine konkrete Abwägung der Gefährdung mit dem Freiheitsgrundrecht des Betroffenen vorgenommen worden ist (BayObLG BtPrax 2004, 114; Keidel/*Budde* § 331 Rn. 2). Allgemein gehaltene ärztliche Diagnosen einer psychiatrischen Erkrankung und formelhafte Wendungen reichen keineswegs aus.

3. Verfahrensrechtliche Voraussetzungen vorläufiger Unterbringungsmaßnahmen

10 Um das Freiheitsgrundrecht des Betroffenen angemessen zu gewichten, bedürfen besonders auch die verfahrensrechtlichen Voraussetzungen vorläufiger Unterbringungsmaßnahmen großer Aufmerksamkeit. Diese Voraussetzungen sind:

11 **a) Ärztliches Zeugnis (Satz 1 Nr. 2).** Dem Gericht muss ein **ärztliches Zeugnis** über den Zustand des Betroffenen vorliegen. Das Zeugnis muss wegen der Bedeutung des Freiheitsgrundrechts regelmäßig den Anforderungen des § 321 genügen (vgl. § 321 Rn. 10; Jurgeleit/*Diekmann* § 70 h Rn. 4; Jürgens/*Marschner* § 331 Rn. 5). Nach Sinn und Zweck der Regelung darf es sich nicht in einer Beschreibung des Zustands des Betroffenen erschöpfen, sondern muss die Notwendigkeit der Unterbringung begründen und die maßgeblichen Anknüpfungstatsachen darlegen (OLG Frankfurt FGPrax 2005, 23 = FamRZ 2005, 303; OLG Köln FGPrax 2006, 231). Dazu muss der ausstellende Arzt den Betroffenen zeitnah untersucht haben. Das inhaltlich einem Gutachten entsprechende Zeugnis muss im Einzelnen zu den sachlichen Voraussetzungen der Unterbringungsmaßnahme Stellung nehmen sowie Angaben zum Sachverhalt, zur Vorgeschichte, zu Art und Ausmaß der psychischen Erkrankung oder Störung und dazu enthalten, ob der Betroffene aufgrund seiner Erkrankung seinen Willen nicht frei bestimmen kann (Keidel/*Budde* § 331 Rn. 4). Hinsichtlich der Erkrankung oder Störung ist erstens erforderlich eine psychiatrische Diagnose, die das Gericht in den ICD-Schlüssel der Weltgesundheitsorganisation oder in das psychiatrische Klassifikationssystem DSM einordnen kann (zum Krankheitsbegriff Kap. **A** S. 42), zweitens Angaben zum Schweregrad der Störung, drittens die Prognose, welches Verhalten von dem Betroffenen befürchtet wird und viertens die kausale Verknüpfung der Störung mit dem befürchteten Verhalten. Auch wenn das Gesetz als Aussteller lediglich einen Arzt vorsieht, ist generell die gleiche Qualifikation wie nach § 321 Abs. 1 Satz 4 erforderlich, so dass der Arzt zumindest in der Psychiatrie erfahren sein muss (OLG Zweibrücken BtPrax 2003, 80).

12 **b) Verfahrenspfleger (Satz 1 Nr. 3).** Da in Unterbringungssachen regelmäßig die Voraussetzungen für die Bestellung eines Verfahrenspflegers vorliegen (§ 317 Rn. 3), ist unverzüglich ein Verfahrenspfleger zu bestellen

§ 331. Einstweilige Anordnung

(Prütting/Helms/*Dodegge* § 331 Rn. 17; Jürgens/*Marschner* § 331 Rn. 6) und anzuhören. Die Bestellung eines Verfahrenspflegers erscheint gerade im summarischen Verfahren der einstweiligen Anordnung zur Wahrung der Rechte des Betroffenen geboten. Wenn es die zeitlichen Gegebenheiten zulassen, ist der Verfahrenspfleger zu der persönlichen Anhörung des Betroffenen hinzuzuziehen (OLG München BeckRS 2005, 12822; Keidel/*Budde* § 331 Rn. 5). Für die Anhörung ist eine besondere Form nicht vorgeschrieben. Von der vorherigen Bestellung und Anhörung eines Verfahrenspflegers kann nur unter den zusätzlichen Anforderungen des § 332 abgesehen werden.

c) Persönliche Anhörung des Betroffenen (Satz 1 Nr. 4). Der Betroffene muss persönlich angehört worden sein. Die mündliche Anhörung des Betroffenen vor der Entscheidung über die Freiheitsentziehung gehört zu den wesentlichen **Verfahrensgarantien gemäß Art. 104 Abs. 1 GG** und ist Kernstück der Amtsermittlung (vgl. BVerfG NJW 2009, 2659; BGH BtPrax 2009, 236 = FamRZ 2009, 1664; EGMR NJW 2001, 51 zu Art. 5 Abs. 3 EMRK). Sie dient nicht nur der Gewährung des rechtlichen Gehörs, sondern soll dem Gericht einen unmittelbaren Eindruck von dem Betroffenen und seiner Erkrankung verschaffen und es in die Lage versetzen, seine Kontrollfunktion gegenüber Gutachtern und Zeugen wahrzunehmen (OLG Hamm FGPrax 2008, 43; OLG München BeckRS 2005, 12822). Weniger wichtige Dienstgeschäfte sind deshalb zurückzustellen und der sofortigen Anhörung des Betroffenen vor dem Erlass einer einstweiligen Anordnung Vorrang einzuräumen (BVerfG NJW 1990, 2309). Nach § 331 Satz 2 kann die persönliche Anhörung des Betroffenen auch durch einen ersuchten Richter erfolgen. Die Abweichung von § 319 Abs. 4 ist unter Berücksichtigung der Gefahrenlage mit den Verfahrensgarantien nur vereinbar, wenn der ersuchte Richter den unmittelbaren Eindruck, den er vom Betroffenen gewonnen hat, ausreichend aktenkundig macht. Der in einer Nichtanhörung liegende Verfahrensverstoß wird durch die nachträgliche Anhörung nicht geheilt.

13

Von der vorherigen persönlichen Anhörung des Betroffenen kann nur unter den besonderen Voraussetzungen des § 332 abgesehen werden (vgl. § 332 S. 341; KG FGPrax 2008, 40 = BtPrax 2008, 38) oder wenn gemäß §§ 319 Abs. 3, 34 Abs. 2 hiervon erhebliche Nachteile für seine Gesundheit zu besorgen sind bzw. das Gericht aufgrund seines unmittelbaren Eindrucks davon ausgehen kann, dass der Betroffene offensichtlich nicht in der Lage ist, seinen Willen kundzutun.

14

d) Anhörung weiterer Beteiligter. Auch die weiteren am Verfahren einer einstweiligen Anordnung beteiligten Personen und Institutionen (§ 315) sind zwingend vor dem Erlass einer Entscheidung gemäß § 320 anzuhören (Prütting/Helms/*Roth* § 331 Rn. 14).

15

e) Sachverhaltsaufklärung. Es ist eine unverzichtbare Voraussetzung rechtsstaatlichen Verfahrens, dass Entscheidungen, die den Entzug der persönlichen Freiheit betreffen, auf **ausreichender richterlicher Sachaufklärung** beruhen und eine in tatsächlicher Hinsicht genügende Grundlage haben, die der Bedeutung der Freiheitsgarantie entspricht (BVerfG NJW 1986, 767; 1998, 1774). Dass für eine einstweilige Unterbringungsmaßnahme bereits die Wahrscheinlichkeit des Vorliegens der materiell-rechtlichen Voraus-

16

setzungen ausreicht, entbindet das Gericht nicht davon, mögliche weitere Ermittlungen zur Aufklärung des Sachverhalts vorzunehmen (Keidel/*Budde* § 331 Rn. 7). Selbst wenn im Verfahren der einstweiligen Unterbringung keine vollständige Aufklärung des Sachverhalts erwartet werden kann (BayObLG FGPrax 2002, 281), muss das Gericht doch alle kurzfristig zur Verfügung stehenden Erkenntnisquellen (telefonische Auskünfte etc.) nutzen.

17 **f) Verhältnismäßigkeit.** Schließlich ist die Erforderlichkeit der einstweiligen Unterbringungsmaßnahme einer strengen Prüfung am Grundsatz der Verhältnismäßigkeit zu unterziehen, da die Freiheit der Person ein so hohes Rechtsgut darstellt, dass sie nur aus einem besonders wichtigen Grund angetastet werden darf (BayObLG FamRZ 2000, 566; R&P 2001, 105).

4. Entscheidung

18 Die Entscheidung ergeht wie im Hauptsacheverfahren (§ 51 Abs. 2) durch Beschluss. Für den Inhalt der Entscheidung, das Wirksamwerden und die Bekanntgabe gelten die §§ 323, 324 und 325. Gemäß § 324 Abs. 2 muss die sofortige Wirksamkeit der Entscheidung besonders angeordnet werden. Die Höchstdauer der einstweiligen Anordnung richtet sich nach § 333.

5. Rechtsmittel

19 Gegen Entscheidungen, durch die eine einstweilige Anordnung getroffen oder abgelehnt wird, ist das Rechtsmittel der **Beschwerde** gegeben (vgl. *Kretz* BtPrax 2009, 160). Die Beschwerdefrist ist gemäß § 63 Abs. 2 Nr. 1 auf zwei Wochen verkürzt, wenn sich die Beschwerde gegen eine einstweilige Anordnung richtet. Gegen die Beschwerdeentscheidung ist gemäß § 70 Abs. 4 eine Rechtsbeschwerde nicht statthaft.

20 Erledigt sich die Unterbringungsmaßnahme während des Beschwerdeverfahrens kann auf Antrag des Betroffenen die Rechtswidrigkeit des Eingriffs festgestellt werden (§ 62).

Einstweilige Anordnung bei gesteigerter Dringlichkeit

332 Bei Gefahr im Verzug kann das Gericht eine einstweilige Anordnung nach § 331 bereits vor Anhörung des Betroffenen sowie vor Anhörung und Bestellung des Verfahrenspflegers erlassen. Diese Verfahrenshandlungen sind unverzüglich nachzuholen.

1. Anwendungsbereich und Normzweck

1 Die Vorschrift ersetzt den früheren § 70h Abs. 1 i. V.m. § 69f Abs. 1 Satz 4 FGG. Bereits das FGG unterschied zwischen der sog. „gewöhnlichen einstweiligen Anordnung" und der sog. „eiligen einstweiligen Anordnung". Letztere soll bei gesteigerter Dringlichkeit eine einstweilige Anordnung in Unterbringungssachen (§ 312) unter erleichterten Verfahrensvoraussetzungen ermöglichen.

2 Aus verfassungsrechtlichen Gründen muss der Anwendungsbereich auf seltene Ausnahmefälle beschränkt bleiben. Die mündliche Anhörung des

§ 332. Einstweilige Anordnung bei gesteigerter Dringlichkeit **D**

Betroffenen vor der Entscheidung über die Freiheitsentziehung gehört nämlich zu den wesentlichen Verfahrensgarantien des Art. 104 GG und ist ein Kernstück der Amtsermittlung (BVerfG NJW 2009, 2659; InfAuslR 2008, 308 zu § 5 FEVG; EGMR NJW 2001, 51 zu Art. 5 Abs. 3 EMRK). Die Anhörung dient nicht nur der Garantie rechtlichen Gehörs, sondern soll dem erkennenden Richter einen unmittelbaren Eindruck von dem Betroffenen und seiner Erkrankung verschaffen sowie ihn in die Lage versetzen, seine Kontrollfunktion gegenüber Sachverständigen und Zeugen wahrzunehmen (BVerfG FamRZ 2007, 1627; OLG Hamm FGPrax 2008, 43; OLG Karlsruhe NJW-RR 2000, 1172).

2. Voraussetzungen einer dringlichen einstweiligen Anordnung

a) Zunächst müssen die Voraussetzungen des § 331 Satz 1 Nr. 1 und 2 **3** vorliegen. Es müssen also dringende Gründe für die Annahme bestehen, dass die Voraussetzungen für die Genehmigung oder Anordnung einer Unterbringungsmaßnahme gegeben sind (§ 331 S. 337). Außerdem muss ein ärztliches Zeugnis über den Zustand des Betroffenen vorliegen (§ 331 S. 338). Die Unterbringung darf auch nicht gegen den verfassungsrechtlichen Grundsatz der Verhältnismäßigkeit verstoßen (BVerfG FamRZ 2007, 1627). Der Grundsatz ist nicht nur zentrales Auslegungskriterium für die einzelnen Unterbringungsvoraussetzungen, sondern auch Maßstab für die Sachverhaltsaufklärung; er verlangt eine Gesamtwürdigung aller Umstände des Einzelfalls, bei der die vom Betroffenen ausgehenden Gefahren zur Schwere des Eingriffs in seine persönliche Freiheit ins Verhältnis zu setzen sind (BayObLG FGPrax 2002, 281).

b) Es muss weiter nicht nur ein dringendes Bedürfnis für ein sofortiges **4** Tätigwerden bestehen (§ 331 S. 337), sondern nach Satz 1 **Gefahr im Verzug** vorliegen. Diese setzt einen besonderen Ausprägungsgrad der Gefahr voraus (KG R&P 1996, 86). Dabei ist nicht darauf abzustellen, dass die Unterbringungsmaßnahme wegen drohender Nachteile für den Betroffenen oder (bei der öffentlich-rechtlichen Unterbringung) für Dritte so dringend ist, dass keine Zeit für eine vorherige Anhörung verbleibt. Da sich der Betroffene wegen der Gefahrenlage zumeist ohnehin in geschlossener Unterbringung befindet – entweder aufgrund Eilunterbringung durch den Betreuer nach § 1906 Abs. 2 Satz 2 BGB (vgl. Kap. **C** S. 229) oder aufgrund einer Verwaltungsunterbringung nach Landesrecht (vgl. Kap. **B** S. 106) –, ist entscheidend auf den Zeitraum abzustellen, der nach dem Eingang des Antrags bis zum Ablauf des auf die Einlieferung folgenden Tages verbleibt, um die Entscheidung über die Fortdauer der Unterbringung treffen zu können (KG FGPrax 2008, 40 = BtPrax 2008, 38; Keidel/*Budde* § 332 Rn. 1). Dieser Zeitraum wird in aller Regel für eine vorherige Anhörung ausreichen.

Um dies zu gewährleisten, müssen notfalls weniger dringliche Dienst- **5** geschäfte zurückgestellt werden (BVerfG FamRZ 2007, 1625; NJW 1982, 691; 1990, 2309). Das hat zur Konsequenz, dass wie bei strafrichterlichen Eilentscheidungen nach §§ 115, 128 StPO auch am Wochenende eine Anhörung des Betroffenen durch den richterlichen Eildienst durchgeführt wer-

D   Das Unterbringungsverfahren

den muss (Keidel/*Budde* § 332 Rn. 1). Das Gericht muss die Voraussetzungen der Gefahr im Verzug in dem Beschluss über die vorläufige Unterbringung durch auf den konkreten Sachverhalt bezogene Tatsachen belegen (OLG München OLGR 2006, 113; KG FGPrax 2008, 40). Die bloße Angabe, die vorherige Anhörung sei wegen Eilbedürftigkeit nicht möglich gewesen, genügt diesen Anforderungen nicht.

6   c) Die Verfahrenshandlungen nach § 331 Satz 1 Nr. 3 und 4 (§ 331 S. 339) können notfalls zunächst zurückgestellt werden. Die einstweilige Anordnung kann also bereits vor der Anhörung des Betroffenen sowie vor der Bestellung und Anhörung des Verfahrenspflegers erlassen werden.

3. Nachholung der Verfahrenshandlungen

7   Nach Satz 2 müssen die Verfahrenshandlungen, von deren Durchführung das Gericht zunächst absehen konnte, nach dem Erlass der einstweiligen Anordnung unverzüglich nachgeholt werden. Die Bestellung des Verfahrenspflegers sollte bereits in dem Beschluss über die einstweilige Anordnung erfolgen. Hinsichtlich der unterbliebenen Anhörungen ist zu differenzieren: Wegen des durch Art. 2 Abs. 2 Satz 2 und 104 Abs. 1 Satz 1 garantierten Schutzes der persönlichen Freiheit muss die Anhörung des Betroffenen in aller Regel **am nächsten Tag** nachgeholt werden (BayObLG R&P 2001, 105 = FamRZ 2001, 578; OLG Hamm FGPrax 2008, 43; Jürgens/*Marschner* § 332 Rn. 3; HK-BUR/*Rink* § 69f Rn. 39), notfalls durch einen Bereitschaftsrichter (BayObLG FGPrax 2002, 281). Bei einer Abgabe des Verfahrens müssen notfalls die relevanten Aktenbestandteile per Fax weitergeleitet werden, um die unverzügliche Nachholung der Anhörung, gegebenenfalls durch den Eilrichter, zu ermöglichen (OLG Hamm FGPrax 2008, 43). Die nachträgliche Anhörung des Verfahrenspflegers kann ohne schuldhaftes Zögern noch in den nächsten Tagen erfolgen (vgl. LG Frankfurt NJW 1992, 986).

Dauer der einstweiligen Anordnung

333 Die einstweilige Anordnung darf die Dauer von sechs Wochen nicht überschreiten. Reicht dieser Zeitraum nicht aus, kann sie nach Anhörung eines Sachverständigen durch eine weitere einstweilige Anordnung verlängert werden. Die mehrfache Verlängerung ist unter den Voraussetzungen der Sätze 1 und 2 zulässig. Sie darf die Gesamtdauer von drei Monaten nicht überschreiten. Eine Unterbringung zur Vorbereitung eines Gutachtens (§ 322) ist in diese Gesamtdauer einzubeziehen.

1. Anwendungsbereich und Normzweck

1   Die Vorschrift ersetzt den früheren § 70h Abs. 2 FGG. Sie regelt die zeitliche Befristung einer einstweiligen Anordnung. Die **Höchstfristen** des § 333 gelten für alle einstweiligen Anordnungen in Unterbringungssachen des § 312, also die „normale" einstweilige Anordnung nach § 331, die „eilige"

§ 333. Dauer der einstweiligen Anordnung

einstweilige Anordnung nach § 332 und die einstweilige Maßregel nach § 334.

2. Dauer der einstweiligen Anordnung

Die Höchstfrist einer einstweiligen Anordnung beträgt nach Satz 1 grundsätzlich **sechs Wochen**. In der Entscheidung muss die genaue Frist genannt und sichergestellt werden, dass der gesetzliche Zeitrahmen nicht überschritten wird. Die Frist beginnt mit dem Wirksamwerden der Entscheidung (§ 324). Zur Berechnung des Fristendes vgl. § 323 S. 298.

Die gesetzliche Angabe einer Höchstdauer von sechs Wochen bedeutet nicht, dass dieser Zeitraum regelmäßig ausgenützt werden darf. Die verbreitete Praxis, routinemäßig die Höchstfrist auszusprechen, bedeutet häufig einen Verstoß gegen das Freiheitsgrundrecht der Betroffenen. Die langen Höchstfristen dürfen auch nicht dazu verführen, sie arbeitssparend auszunutzen, um Verlängerungsentscheidungen wegen einer früheren Entlassung des Betroffenen zu erübrigen. Deshalb ist in jedem Einzelfall unter Berücksichtigung des Freiheitsrechts des Betroffenen eine angemessene Höchstdauer anzugeben, binnen derer über eine endgültige Unterbringungsmaßnahme entschieden oder eine erfolgreiche Krisenintervention durchgeführt werden kann. Besonders kurze Fristen gelten im Rahmen des § 1846 BGB, wenn ein gesetzlicher Vertreter noch nicht bestellt ist, weil das Gericht unmittelbaren Einfluss auf den Zeitablauf hat. Deshalb dürften zwei Wochen ausreichend sein (LG Hamburg BtPrax 1992, 111; BayObLG NJW-RR 1991, 774).

Die einstweilige Anordnung endet automatisch mit dem Ablauf der Frist, ihrer Aufhebung gemäß § 330 oder dem Wirksamwerden einer anderweitigen Regelung (§ 56 Abs. 1).

3. Verlängerung

Die Frist von sechs Wochen kann nach Satz 2 und 3 einmalig oder auch mehrfach bis zu einer **Gesamtdauer von höchstens drei Monaten** verlängert werden. Bei der Fristberechnung mehrerer nicht zusammenhängender Unterbringungszeiträume (vgl. OLG München FGPrax 2008, 137 = BtPrax 2008, 75) ist der Monat mit 30 Tagen zu rechnen (§ 16 FamFG i. V. m. § 191 BGB). In die Gesamtdauer ist gemäß Satz 5 die Zeit einer Unterbringung zur Vorbereitung eines Gutachtens (§ 322) einzubeziehen. Maßgeblich ist insoweit die tatsächlich in der Unterbringung verbrachte Zeit.

Für eine Verlängerung müssen folgende **Voraussetzungen** vorliegen:

a) Wie bei der erstmaligen einstweiligen Anordnung müssen auch bei einer Verlängerung die Voraussetzungen einer einstweiligen Anordnung gegeben sein. Es müssen also dringende Gründe für die Annahme bestehen, dass die Voraussetzungen einer endgültigen Unterbringungsmaßnahme gegeben sind und mit einem Aufschub Gefahr verbunden wäre (vgl. § 331 S. 336).

b) Der höchste Unterbringungszeitraum von sechs Wochen darf zum Erlass der Hauptsacheentscheidung nicht ausreichen, weil trotz aller Bemühungen das notwendige Gutachten nicht rechtzeitig fertiggestellt werden kann oder noch weiter Beweis erhoben werden muss. Eine Verlängerung kommt nur ausnahmsweise in Betracht, wenn aus besonderen Gründen nicht vorher über die endgültige Unterbringungsmaßnahme entschieden werden kann (OLG Karlsruhe FamRZ 2002, 1127; Jürgens/*Marschner* § 333 Rn. 3; Schulte-Bunert/Weinreich/*Dodegge* § 333 Rn. 7).

9 c) Mit der Verlängerung der Unterbringungsdauer steigen auch die Anforderungen an die Sachverhaltsaufklärung. Dies betrifft insbesondere die Anforderungen, die an die **Anhörung des Sachverständigen** zu stellen sind (Keidel/*Budde* § 333 Rn. 3). Ein ärztliches Zeugnis (§ 331 Satz 1 Nr. 2) ist nicht mehr ausreichend. Die ärztliche Stellungnahme muss substantielle Ausführungen zu den Fragen enthalten, auf die sich auch ein nach § 321 zu erstattendes Sachverständigengutachten zu erstrecken hätte (Keidel/*Budde* § 333 Rn. 3). Eine persönliche Anhörung des Sachverständigen ist nicht erforderlich, kommt aber in Betracht, wenn nach der ärztlichen Stellungnahme Fragen verbleiben. Der Arzt muss die Qualifikation des § 321 Abs. 1 aufweisen.

10 d) Schließlich müssen die Verfahrensvoraussetzungen einer einstweiligen Anordnung gegeben sein. Erforderlich ist also insbesondere eine erneute persönliche Anhörung des Betroffenen. Die Verfahrensbeteiligten müssen Gelegenheit zur Äußerung erhalten.

11 Nach Ablauf von drei Monaten kann in derselben Sache keine einstweilige Anordnung mehr ergehen. Ob es sich um dieselbe Sache handelt, ist nicht danach zu beurteilen, ob sich die neue gerichtliche Unterbringungsmaßnahme oder die Verlängerung unmittelbar an die vorherige Unterbringungsmaßnahme anschließt oder ob die vorherige Unterbringungsmaßnahme durch das Entweichen des Betroffenen oder seine Entlassung unterbrochen war. Maßgebend ist vielmehr, ob nach der Beendigung der ersten Maßnahme eine neue Sachlage insbesondere durch ein neues Krankheitsbild eingetreten ist (OLG München FGPrax 2008, 137). Wird die Unterbringung durch einen zwischenzeitlichen freiwilligen Aufenthalt des Betroffenen im Krankenhaus unterbrochen, handelt es sich um dieselbe Angelegenheit (BayObLG RPfleger 1991, 195). Etwas anderes gilt dann, wenn zwischen der früheren vorläufigen Unterbringung und dem neu auftretenden Bedürfnis eine längere Zeit verstrichen ist.

Einstweilige Maßregeln

334 Die §§ 331, 332 und 333 gelten entsprechend, wenn nach § 1846 des Bürgerlichen Gesetzbuchs eine Unterbringungsmaßnahme getroffen werden soll.

1. Anwendungsbereich und Normzweck

1 Die Vorschrift ersetzt den früheren § 70h Abs. 3 FGG. Sie ermöglicht es dem Betreuungsgericht, ausnahmsweise vorläufige Unterbringungsmaßnahmen nach § 312 Nr. 1 und 2 im Wege der einstweiligen Maßregel unter den

§ 334. Einstweilige Maßregeln **D**

Voraussetzungen der §§ 331 ff. selbst anzuordnen (vgl. *Hoffmann* R&P 2010, 24).

Im Gesetzgebungsverfahren zum BtG war die Anwendbarkeit des § 1846 2
BGB auf Unterbringungsmaßnahmen umstritten (vgl. Voraufl. *Volckart* § 70 h Rn. 11; BGH NJW 2002, 1801 = R&P 2002, 177 m. Anm. *Marschner*). In Übereinstimmung mit der Vorgängerregelung bleibt es auch nach der Gesetzesänderung dabei, dass sich die Befugnis des Gerichts zu Eilmaßnahmen nach § 1846 BGB auch auf die Anordnung einer Unterbringung erstreckt.

Die Vorschrift hat einen streng subsidiären Charakter (OLG Frankfurt 3
NJW-RR 2007, 1019; Keidel/*Budde* § 334 Rn. 2). Eine Unterbringung durch das Vormundschaftsgericht ist nur ausnahmsweise unter engen Voraussetzungen zulässig (BGH NJW 2002, 1801 = R&P 2002, 177 m. Anm. *Marschner*) und darf nicht dazu führen, die gebotene Beteiligung des Betreuers am Verfahren zu umgehen. Sind die Voraussetzungen einer öffentlich-rechtlichen Unterbringung gegeben, geht diese vor.

2. Voraussetzungen einer Unterbringungsmaßnahme nach § 334 i. V. m. § 1846 BGB

a) Materiell-rechtlich müssen zunächst die tatbestandlichen Voraussetzungen 4
des § 1846 BGB (vgl. Kap. **C** S. 195; *Hoffmann* R&P 2010, 24) erfüllt sein.

b) Die entsprechende Anwendung der §§ 331, 332 und 333 führt dazu, 5
dass für vorläufige Maßnahmen nach § 1846 BGB folgende weitere Voraussetzungen erfüllt sein müssen:
– Es müssen dringende Gründe für die Annahme bestehen, dass die **Vor-** 6
aussetzungen für die Genehmigung einer endgültigen Unterbringungsmaßnahme gegeben sind: Es muss eine erhebliche Wahrscheinlichkeit für die Annahme bestehen, dass ein (vorläufiger) Betreuer, Vormund oder Pfleger bestellt wird bzw. es muss ein gesetzlicher oder gewillkürter Vertreter vorhanden sein, der zur Entscheidung über die Unterbringung befugt, aber verhindert ist und diese Person die Genehmigung einer endgültigen Unterbringungsmaßnahme beantragen wird. Außerdem müssen die materiell-rechtlichen Voraussetzungen einer Unterbringungsmaßnahme nach § 1906 Abs. 1 oder 4 BGB wahrscheinlich gegeben sein (vgl. § 331 S. 337).
– Es muss ein **dringendes Bedürfnis für ein sofortiges Tätigwerden** 7
bestehen. Mit dem Aufschub der Unterbringungsmaßnahme muss eine konkrete Gefahr verbunden sein (BVerfG NJW 1998, 1774; OLG Bremen BtPrax 2007, 87; OLG München R&P 2006, 91, BtPrax 2006, 36 = FamRZ 2006, 445; vgl. § 331 S. 337).
– Es muss ein **ärztliches Zeugnis** über den Zustand des Betroffenen vor- 8
liegen (vgl. § 331 S. 338).
– Das Betreuungsgericht muss die erforderlichen **Verfahrenshandlungen** 9
durchführen. Dem Betroffenen ist ein Verfahrenspfleger zu bestellen, der auch angehört werden muss (vgl. § 331 S. 339). Auch der Betroffene

muss angehört werden (vgl. § 331 S. 339). Diese Verfahrenshandlungen sind unverzüglich nachzuholen, wenn von ihnen zunächst wegen Gefahr im Verzug abgesehen worden ist (vgl. § 332 S. 341).

10 – Die Verhältnismäßigkeit der Maßnahme muss gewahrt sein (vgl. § 331 S. 340).

3. Weiteres Verfahren

11 Ordnet das Betreuungsgericht eine Unterbringung ohne Beteiligung eines Betreuers an, hat es sicherzustellen, dass unverzüglich, d. h. innerhalb weniger Tage, ein zumindest vorläufiger Betreuer bestellt wird, der die Interessen des Betreuten wahrnimmt und alsbald die Entscheidung über die Fortdauer der Unterbringung **in eigener Verantwortung** trifft (BGH NJW 2002, 1801 = R&P 2002, 177; OLG München FamRZ 2008, 917; R&P 2006, 91 m. Anm. *Marschner;* BayObLG FGPrax 2003, 145; OLG Brandenburg BeckRS 2008, 00291; enger *Rink* FamRZ 1993, 512; Wiegand FamRZ 1991, 1022). Selbst wenn die Unterbringung außerhalb der regulären Dienstzeit angeordnet wird, ist die Einleitung des Verfahrens zur Bestellung eines (vorläufigen) Betreuers regelmäßig am nächsten Arbeitstag nachzuholen (OLG München FamRZ 2008, 917). Unterbleiben diese weiteren Verfahrenshandlungen ist die Unterbringung von vornherein rechtswidrig (BGH NJW 2002, 1801 = R&P 2002, 177; BayObLG FGPrax 2003, 145). Wird ein unverzüglich eingeleitetes Verfahren zur Bestellung eines Betreuers nicht mit der gebotenen Beschleunigung durchgeführt, wird die einstweilige Maßregel ab dem Zeitpunkt der Verzögerung rechtswidrig (*Hoffmann* R&P 2010, 26).

12 Der nicht mehr verhinderte bzw. (vorläufig) bestellte Betreuer oder Bevollmächtigte hat unmittelbar zu prüfen, ob er die einstweilige Maßnahme aufrechterhalten, aufheben oder abändern will. Eine vorläufige Unterbringung nach § 1846 BGB ist nur solange zulässig, wie der Vertreter gehindert ist, selbst eine Entscheidung über die Unterbringung zu treffen (OLG Schleswig BtPrax 2001, 211). Das Gericht muss deshalb den Vertreter auf das Bedürfnis nach einer unverzüglichen Entscheidung besonders hinweisen (BayObLG FamRZ 2003, 783). Entscheidet sich der Betreuer für die Aufrechterhaltung der freiheitsentziehenden Unterbringung oder Maßnahme, bedarf er einer Genehmigung des Betreuungsgerichts nach § 1906 BGB.

Ergänzende Vorschriften über die Beschwerde

335 (1) **Das Recht der Beschwerde steht im Interesse des Betroffenen**

1. **dessen Ehegatten oder Lebenspartner, wenn die Ehegatten oder Lebenspartner nicht dauernd getrennt leben, sowie dessen Eltern und Kindern, wenn der Betroffene bei diesen lebt oder bei Einleitung des Verfahrens gelebt hat, den Pflegeeltern,**
2. **einer von dem Betroffenen benannten Person seines Vertrauens sowie**
3. **dem Leiter der Einrichtung, in der der Betroffene lebt,**

zu, wenn sie im ersten Rechtszug beteiligt worden sind.

§ 335. Ergänzende Vorschriften über die Beschwerde **D**

(2) Das Recht der Beschwerde steht dem Verfahrenspfleger zu.

(3) Der Betreuer oder der Vorsorgebevollmächtigte kann gegen eine Entscheidung, die seinen Aufgabenkreis betrifft, auch im Namen des Betroffenen Beschwerde einlegen.

(4) Das Recht der Beschwerde steht der zuständigen Behörde zu.

Übersicht

1. Anwendungsbereich und Normzweck.................................	1
2. Rechtsmittel in Unterbringungssachen	4
a) Beschwerde	5
b) Rechtsbeschwerde	10
3. Beschwerdeberechtigung	13
a) Beschwerdeberechtigung des Betroffenen	14
b) Beschwerdeberechtigung nahe stehender Personen (§ 335 Abs. 1 Nr. 1 und 2)	15
c) Beschwerdeberechtigung des Leiters der Einrichtung (§ 335 Abs. 1 Nr. 3)	20
d) Beschwerdeberechtigung des Verfahrenspflegers (§ 335 Abs. 2)	21
e) Beschwerdeberechtigung des Betreuers bzw. des Vorsorgebevollmächtigten (§ 335 Abs. 3)	23
f) Beschwerdeberechtigung der zuständigen Behörde (§ 335 Abs. 4)	25
4. Beschwerdeverfahren	26
5. Entlassung des Betroffenen und Erledigung	33

1. Anwendungsbereich und Normzweck

Die Vorschrift ersetzt den früheren § 70m Abs. 2 FGG und betrifft ausschließlich die erforderliche **Beschwerdebefugnis** des Rechtsmittelführers. Sie erweitert die Beschwerdebefugnis nach § 59, wonach nur derjenige beschwerdeberechtigt ist, der durch die angefochtene Entscheidung in eigenen Rechten beeinträchtigt ist, um die Beschwerdeberechtigung weiterer Personen und der zuständigen Behörde. Die Regelung gilt für alle Unterbringungsmaßnahmen des § 312. **1**

Die allgemeinen Regelungen zur Zulässigkeit der Beschwerde und zum Gang des Beschwerdeverfahrens finden sich in den §§ 58 bis 69 (vgl. S. 348 ff.). **2**

Die gesetzliche Neuregelung hat zu erheblichen Änderungen im Rechtsmittelverfahren geführt (*Sonnenfeld* BtPrax 2009, 167). Während viele Änderungen die Betroffenen nicht übermäßig belasten oder die Wahrnehmung ihrer Rechte sogar erleichtern, stellt die Abschaffung der zulassungsfreien weiteren Beschwerde zu den Oberlandesgerichten zugunsten einer Rechtsbeschwerde zum Bundesgerichtshof einen erheblichen Verlust an Rechtsschutz dar (*Knittel* BtPrax 2008, 99, 101). Die formalen Zugangsbarrieren zu den Oberlandesgerichten waren schon früher für die häufig nicht anwaltlich vertretenen Betroffenen nicht leicht zu überwinden mit der Folge, dass zahlreiche weitere Beschwerden als unzulässig zu verwerfen waren. Die Rechtsbeschwerde zum Bundesgerichtshof weist noch höhere und angesichts der Notwendigkeit einer effektiven Rechtskontrolle zu hohe rechtliche und tatsächliche Hürden auf. **3**

2. Rechtsmittel in Unterbringungssachen

4 Die Vorschriften zu den Rechtsmitteln in Unterbringungssachen finden sich in §§ 58 ff. Rechtsmittel sind die Beschwerde und die Rechtsbeschwerde.

5 a) **Beschwerde:** Die Statthaftigkeit der Beschwerde ist in § 58 geregelt. § 58 lautet:

> (1) Die Beschwerde findet gegen die im ersten Rechtszug ergangenen Endentscheidungen der Amtsgerichte und Landgerichte in Angelegenheiten nach diesem Gesetz statt, sofern durch Gesetz nichts anderes bestimmt ist.
>
> (2) Der Beurteilung des Beschwerdegerichts unterliegen auch die nicht selbständig anfechtbaren Entscheidungen, die der Entscheidung, vorausgegangen sind.

Danach sind **Endentscheidungen** der Betreuungsgerichte (§ 23 a GVG) in Unterbringungssachen mit der Beschwerde anfechtbar. Endentscheidungen sind nach der gesetzlichen Definition des § 38 Abs. 1 Entscheidungen, durch die der Verfahrensgegenstand ganz oder teilweise erledigt wird. In Unterbringungssachen handelt es sich um folgende Entscheidungen:
- Entscheidungen, durch die eine Unterbringungsmaßnahme getroffen oder abgelehnt wird,
- Entscheidungen, durch die im Wege der einstweiligen Anordnung oder Maßregel eine vorläufige Unterbringungsmaßnahme getroffen oder abgelehnt wird (§§ 331 ff.),
- Entscheidungen, durch die eine Unterbringungsmaßnahme verlängert oder ihre Verlängerung abgelehnt wird (§ 329 Abs. 2),
- Entscheidungen über die Aufhebung der Unterbringung (§ 330),
- Entscheidungen über die Aussetzung des Vollzugs (§ 328),
- Entscheidungen über die Anwendung von Gewalt nach § 326 Abs. 2 und 3.

6 Demgegenüber sind **Zwischen- und Nebenentscheidungen**, also die Endentscheidung lediglich vorbereitende bzw. ergänzende Entscheidungen, nur zusammen mit der Endentscheidung anfechtbar (§ 58 Abs. 2), es sei denn, die Anfechtbarkeit ist im Gesetz ausdrücklich vorgesehen oder von der Rechtsprechung ausnahmsweise zugelassen worden (vgl. Jürgens/*Kretz* § 58 Rn. 8 ff.; BT-Drs. 16/6308 S. 166). **Anfechtbar** ist danach etwa die Ablehnung eines Antrags auf Zuziehung als Beteiligter (§ 7 Abs. 5 Satz 2), Beschlüsse zur Verfahrenskostenhilfe (§ 76 Abs. 2) oder die Unterbringung zur Vorbereitung eines Gutachtens (§ 322 i. V. m. § 284). Ausdrücklich für **unanfechtbar** erklärt hat das Gesetz beispielsweise die Bestellung eines Verfahrenspflegers (§ 317 Abs. 6) oder Entscheidungen in Vollzugsangelegenheiten (§ 327 Abs. 4). Unanfechtbar als nicht instanzabschließende Zwischenentscheidung sind insbesondere auch die Anordnung oder Ablehnung einer bestimmten Beweiserhebung (BayObLG FamRZ 2000, 566; FamRZ 2005, 390).

7 Mit der gesetzlichen Neuregelung ist durch § 63 eine **generelle Befristung** der Beschwerde eingeführt worden. § 63 lautet:

§ 335. Ergänzende Vorschriften über die Beschwerde

(1) Die Beschwerde ist, soweit gesetzlich keine andere Frist bestimmt ist, binnen einer Frist von einem Monat einzulegen.

(2) Die Beschwerde ist binnen einer Frist von zwei Wochen einzulegen, wenn sie sich gegen

1. eine einstweilige Anordnung oder
2. ...

richtet.

(3) Die Frist beginnt jeweils mit der schriftlichen Bekanntgabe des Beschlusses an die Beteiligten. ...

Die Frist zur Einlegung der Beschwerde beträgt danach einen Monat, bei einstweiligen Anordnungen zwei Wochen. Für den Betroffenen und den Verfahrenspfleger laufen eigene Beschwerdefristen, die jeweils mit der schriftlichen Bekanntgabe des Beschlusses beginnen (vgl. § 325 S. 303).

Die Beschwerde kann nach § 64 Abs. 1 nicht mehr bei dem Beschwerdegericht eingelegt werden. § 64 lautet auszugsweise: **8**

(1) Die Beschwerde ist bei dem Gericht einzulegen, dessen Beschluss angefochten wird.

(2) Die Beschwerde wird durch Einreichung einer Beschwerdeschrift oder zur Niederschrift der Geschäftsstelle eingelegt. ... Die Beschwerde muss die Bezeichnung des angefochtenen Beschlusses sowie die Erklärung enthalten, dass Beschwerde gegen diesen Beschluss eingelegt wird. Sie ist von dem Beschwerdeführer oder seinem Bevollmächtigten zu unterzeichnen.

(3) Das Beschwerdegericht kann vor der Entscheidung eine einstweilige Anordnung erlassen; es kann insbesondere anordnen, dass die Vollziehung des angefochtenen Beschlusses auszusetzen ist.

Neben der Einlegung der Beschwerde bei dem Gericht, dessen Beschluss angefochten wird, kann der Betroffene nach § 336 die Beschwerde auch bei dem Amtsgericht einlegen, in dessen Bezirk er untergebracht ist. Will der Betroffene die Beschwerde zur Niederschrift der Geschäftsstelle einlegen, gibt es zwei Möglichkeiten: Entweder das Unterbringungskrankenhaus lässt ihn die Beschwerde im Amtsgericht anbringen, indem es ihm Ausgang erteilt bzw. ihn dorthin ausführt, oder der Urkundsbeamte der Geschäftsstelle kommt ins Krankenhaus. Beides muss vor Fristablauf geschehen. Hat der Betroffene seinen Wunsch rechtzeitig bekannt gegeben, nämlich spätestens am vorletzten Tag der Frist, und wird die Frist versäumt, so war er ohne seine Schuld gehindert, sie einzuhalten. Nach § 18 ist ihm dann auf Antrag Wiedereinsetzung in den vorigen Stand gegen die Versäumung der Beschwerdefrist zu gewähren.

Die Beschwerde soll begründet werden (§ 65 Abs. 1). Der Grundsatz der **9** Amtsermittlung (§ 26) schließt es zwar aus, Umstände im Beschwerdeverfahren allein deshalb unberücksichtigt zu lassen, weil sie nicht vorgetragen wurden. Eine Begründung kann dem Gericht aber entscheidende Anhaltspunkte für zusätzliche Ermittlungen aufzeigen oder einen Verstoß gegen die Amtsermittlungspflicht verdeutlichen, wenn Ermittlungsansätzen nicht genügend nachgegangen worden ist. Die Beschwerde kann auch auf neue Tatsachen und Beweismittel (§ 65 Abs. 3), nicht aber darauf gestützt werden, dass das Amtsgericht seine Zuständigkeit zu Unrecht angenommen hat (§ 65 Abs. 4). Das Gericht, dessen Entscheidung angefochten wird, kann der Beschwerde abhelfen, wenn es sie für begründet erachtet (68 Abs. 1 Satz 1).

10 b) **Rechtsbeschwerde**: Gegen die Beschwerdeentscheidung des Landgerichts kann die Rechtsbeschwerde zum Bundesgerichtshof (§§ 119 Abs. 1 i. V. m. 133 GVG) erhoben werden. In Unterbringungssachen (§ 312) ist die Rechtsbeschwerde auch nicht von der Zulassung durch das Beschwerdegericht abhängig, wenn sie sich gegen einen Beschluss richtet, der die Unterbringung oder die freiheitsentziehende Maßnahme anordnet (§ 70 Abs. 3 Satz 1 Nr. 2, Satz 2; vgl. BGH FGPrax 2010, 98). Allerdings ist sie bei Verfahren der einstweiligen Anordnung (§§ 331, 332, 334) nicht statthaft (§ 70 Abs. 4).

11 Form und Frist der Rechtsbeschwerde sind in § 71 geregelt. § 71 lautet:

(1) Die Rechtsbeschwerde ist binnen einer Frist von einem Monat nach der schriftlichen Bekanntgabe des Beschlusses durch Einreichen einer Beschwerdeschrift bei dem Rechtsbeschwerdegericht einzulegen. Die Rechtsbeschwerde muss enthalten:

1. die Bezeichnung des Beschlusses, gegen den die Rechtsbeschwerde gerichtet wird, und
2. die Erklärung, dass gegen diesen Beschluss Rechtsbeschwerde eingelegt werde.

Die Rechtsbeschwerdeschrift ist zu unterschreiben. Mit der Rechtsbeschwerdeschrift soll eine Ausfertigung oder beglaubigte Abschrift des angefochtenen Beschlusses vorgelegt werden.

(2) Die Rechtsbeschwerde ist, sofern die Beschwerdeschrift keine Begründung enthält, binnen einer Frist von einem Monat zu begründen. Die Frist beginnt mit der schriftlichen Bekanntgabe des angefochtenen Beschlusses. § 551 Abs. 2 Satz 5 und 6 der Zivilprozessordnung gilt entsprechend.

(3) Die Begründung der Rechtsbeschwerde muss enthalten:
1. die Erklärung, inwieweit der Beschluss angefochten und dessen Aufhebung beantragt werde (Rechtsbeschwerdeanträge);
2. die Angabe der Rechtsbeschwerdegründe, und zwar
    a) die bestimmte Bezeichnung der Umstände, aus denen sich die Rechtsverletzung ergibt;
    b) soweit die Rechtsbeschwerde darauf gestützt wird, dass das Gesetz in Bezug auf das Verfahren verletzt sei, die Bezeichnung der Tatsachen, die den Mangel ergeben.

(4) Die Rechtsbeschwerde- und die Begründungsschrift sind den anderen Beteiligten bekannt zu geben.

Die Rechtsbeschwerde kann nur durch Einreichung einer Beschwerdeschrift beim BGH eingelegt werden. § 336 finden auf die Rechtsbeschwerde keine Anwendung. Eine Abhilfebefugnis des Beschwerdegerichts besteht nicht. Der Betroffene muss sich vor dem BGH grundsätzlich durch einen dort zugelassenen Rechtsanwalt vertreten lassen (§ 10 Abs. 4 Satz 1). Eine wichtige Ausnahme gilt allerdings im Verfahren über die Verfahrenskostenhilfe. Zu den Vertretungsverhältnissen der Behörden vgl. § 10 Abs. 4 Satz 2.

Die Rechtsbeschwerde kann nur auf die in § 72 aufgeführten Gründe gestützt werden, nämlich darauf, dass die angefochtene Entscheidung auf einer Verletzung des formellen oder materiellen Rechts beruht. § 72 lautet: **12**

> (1) Die Rechtsbeschwerde kann nur darauf gestützt werden, dass die angefochtene Entscheidung auf einer Verletzung des Rechts beruht. Das Recht ist verletzt, wenn eine Rechtsnorm nicht oder nicht richtig angewendet worden ist.
>
> (2) Die Rechtsbeschwerde kann nicht darauf gestützt werden, dass das Gericht des ersten Rechtszugs seine Zuständigkeit zu Unrecht angenommen hat.
>
> (3) Die §§ 547, 556 und 560 der Zivilprozessordnung gelten entsprechend.

Das Rechtsmittel der Rechtsbeschwerde ist damit revisionsähnlich ausgestaltet. Das bereitet keine Probleme, wenn der Rechtsbeschwerdeführer den festgestellten Sachverhalt hinnimmt und nur beanstandet, dass das Landgericht auf diesen Sachverhalt das sachliche Unterbringungsrecht fehlerhaft angewandt habe. Will er hingegen den festgestellten Sachverhalt angreifen, so ist das nur möglich, wenn und soweit er einen Rechtsfehler in der Anwendung des Verfahrensrechts rügt. Das stellt hohe Anforderungen an die Abfassung der Rechtsbeschwerdebegründung.

3. Beschwerdeberechtigung

Hinsichtlich der Beschwerdeberechtigung gegen Entscheidungen des Betreuungsgerichts in Unterbringungssachen ist zwischen verschiedenen Personen bzw. der Betreuungsbehörde zu differenzieren. **13**

a) Beschwerdeberechtigung des Betroffenen. Die Beschwerdeberechtigung des Betroffenen ist nicht in § 335, sondern in § 59 Abs. 1 geregelt. § 59 lautet: **14**

> (1) Die Beschwerde steht demjenigen zu, der durch den Beschluss in seinen Rechten beeinträchtigt ist.
>
> (2) Wenn ein Beschluss nur auf Antrag erlassen werden kann und der Antrag zurückgewiesen worden ist, steht die Beschwerde nur dem Antragsteller zu.
>
> (3) Die Beschwerdeberechtigung von Behörden bestimmt sich nach den besonderen Vorschriften dieses oder eines anderen Gesetzes.

Der Betroffene ist danach beschwerdeberechtigt, wenn er in seinem Freiheitsrecht oder in dem Verfahrensgrundrecht des Art. 103 GG beeinträchtigt ist. Eine Beeinträchtigung seines Rechts ist gegeben, wenn die Unterbringung angeordnet, verlängert oder aufrechterhalten wird. Nicht beeinträchtigt wird der Betroffene durch eine Entscheidung, mit der eine Unterbringungsmaßnahme abgelehnt oder aufgehoben wird (BayObLG BtPrax 2005, 70 = FamRZ 2005, 834). Eine als nachteilig empfundene Entscheidungsbegründung allein kann eine Beschwer grundsätzlich nicht begründen (Keidel/*Budde* § 335 Rn. 2). Zur Feststellung der Rechtswidrigkeit einer beendeten Unterbringungsmaßnahme vgl. Rn. 33.

15 **b) Beschwerdeberechtigung nahe stehender Personen (§ 335 Abs. 1 Nr. 1 und 2).** Mit der gesetzlichen Neuregelung ist der Kreis der beschwerdeberechtigten Personen gegenüber der früheren Rechtslage verkleinert worden. Nicht mehr ausdrücklich als beschwerdeberechtigt aufgeführt werden die Großeltern und die Geschwister des Betroffenen. Unerwähnt geblieben sind Verlobte und Lebenspartner einer nichtehelichen Lebensgemeinschaft. Nach § 335 Abs. 1 sind beschwerdeberechtigt nur Personen, die nach § 315 Abs. 4 im Interesse des Betroffenen am Verfahren beteiligt werden können.

16 Zu diesen Personen gehören nach **Nr. 1** der Ehegatte des Betroffenen oder sein Lebenspartner (i. S. d. LPartG), soweit das Paar nicht dauernd getrennt lebt. Zu den Personen gehören Eltern (auch Elternteil) und Kinder (auch Stiefkind) des Betroffenen, wenn er bei diesen lebt oder bei Einleitung des Verfahrens gelebt hat. Leben umgekehrt Eltern bzw. Kinder beim Betroffenen oder wohnt der Betroffene weder bei seinen Eltern noch bei seinen Kindern, kann sich die Beschwerdeberechtigung aus Art. 6 Abs. 1, Art. 103 Abs. 1 GG ergeben (BT-Drs. 11/4528 S. 187; Jürgens/*Marschner* § 335 Rn. 6; aA OLG Schleswig BeckRS 2001, 30207077). Bei den weiter aufgeführten Pflegeeltern handelt es sich um Personen, in deren dauerhafter Obhut sich das Pflegekind im Rahmen der Familienpflege aufhält.

17 Zu den beschwerdeberechtigten Personen kann nach **Nr. 2** auch eine vom Betroffenen benannte Vertrauensperson gehören. Dabei muss es sich um eine natürliche Person handeln. In Betracht kommen auch mehrere Vertrauenspersonen (Prütting/Helms/*Roth* § 335 Rn. 3), nicht aber eine Organisation. Die in Nr. 1 nicht (mehr) ausdrücklich aufgeführten Personen wie der nichteheliche Lebenspartner oder Geschwister können als Vertrauensperson beschwerdeberechtigt sein.

18 Voraussetzung des Beschwerderechts der genannten Personen ist, dass sie im Verfahren erster Instanz beteiligt worden sind (für ein Beschwerderecht zu Unrecht nicht beteiligter Personen: Prütting/Helms/*Roth* § 335 Rn. 4).

19 Das Beschwerderecht gilt unabhängig von einer Beeinträchtigung eigener Rechte. Nach herrschender Auffassung gilt es für alle Unterbringungsentscheidungen und ist nicht auf den Umfang der Beschwer des Betroffenen beschränkt (Keidel/*Budde* § 335 Rn. 7; Prütting/Helms/*Roth* § 335 Rn. 6). Es kann sich deshalb sowohl um die Anordnung bzw. Genehmigung oder die Ablehnung der Aufhebung einer Unterbringung als auch um die Ablehnung der Anordnung bzw. Genehmigung oder die Aufhebung einer Unterbringung handeln. Nach der hier vertretenen Auffassung (vgl. vor § 312 S. 342 f.) setzt aber nicht nur die öffentlich-rechtliche (so Keidel/*Budde* § 335 Rn. 7; Schulte-Bunert/Weinreich/*Dodegge* § 335 Rn. 3), sondern auch die zivilrechtliche Unterbringung einen Antrag voraus, so dass gemäß

§ 335. Ergänzende Vorschriften über die Beschwerde **D**

§ 59 Abs. 2 beschwerdeberechtigt bei Ablehnung des Antrags nur der Antragsteller ist. Die Beschwerdebefugnis besteht im Übrigen nur im Interesse des Betroffenen, so dass Rechtsmittel ausgeschlossen sind, die ausschließlich im eigenen Interesse verfolgt werden.

c) Beschwerdeberechtigung des Leiters der Einrichtung (§ 335 Abs. 1 Nr. 3). Beschwerdeberechtigt ist auch der Leiter der Einrichtung, in der der Betroffene untergebracht ist („lebt"). Voraussetzung ist aber auch hier, dass er gemäß § 315 Abs. 4 Satz 1 Nr. 3 im Verfahren erster Instanz als Beteiligter zugezogen war. Wer Leiter der Einrichtung ist, ergibt sich aus der internen Organisation. 20

d) Beschwerdeberechtigung des Verfahrenspflegers (§ 335 Abs. 2). § 335 Abs. 2 räumt dem Verfahrenspfleger eine **eigenständige Beschwerdebefugnis** ein. Da der Verfahrenspfleger zur Wahrnehmung der Interessen des Betroffenen bestellt wird (§ 317 Abs. 1), muss er als selbständiger Verfahrensbeteiligter auch über die verfahrensrechtlichen Mittel verfügen, dessen Interessen Geltung zu verschaffen. Aus diesem Grund ist aber zugleich die Beschwerdebefugnis des Verfahrenspflegers auf den Umfang der Beschwer des Betroffenen durch die angefochtene Entscheidung beschränkt (Jürgens/*Kretz* § 303Rn. 10; Keidel/*Budde* § 335 Rn. 3). Der Verfahrenspfleger ist deshalb nicht befugt, gegen die Ablehnung oder Aufhebung einer Unterbringungsmaßnahme Beschwerde einzulegen (BayObLG BtPrax 2002, 165; OLG Frankfurt FGPrax 2000, 21 = FamRZ 2000, 1446). Der Verfahrenspfleger kann auch nicht das dem Betroffenen persönlich zustehende Beschwerderecht ausüben (OLG Hamm BtPrax 2006, 190). Im Interesse des Betroffenen kann der Verfahrenspfleger auch die Feststellung der Rechtswidrigkeit nach Erledigung (vgl. S. 355) begehren. 21

Unabhängig davon kann der Verfahrenspfleger als Beteiligter in eigenen Rechten verletzt sein, weshalb ihm auch die Beschwerdebefugnis nach § 59 Abs. 1 zustehen kann. Dies kommt in Betracht, wenn die von ihm beantragte Festsetzung der Vergütung und des Aufwendungsersatzes nach § 318 abgelehnt wird. 22

e) Beschwerdeberechtigung des Betreuers bzw. des Vorsorgebevollmächtigten (§ 335 Abs. 3). Nach § 335 Abs. 3 ist der Betreuer oder der Vorsorgebevollmächtigte (§ 1896 Abs. 2 Satz 2 BGB) im Namen des Betroffenen beschwerdebefugt gegen eine Entscheidung, die seinen Aufgabenkreis betrifft. Die Beschwerdebefugnis des Betreuers folgt bereits aus seiner umfassenden Vertretungsbefugnis nach § 1902 BGB. Anders als nach der entsprechenden Regelung im Betreuungsrecht (§ 303 Abs. 4) ist von der Einzelvertretungsbefugnis mehrerer Betreuer bewusst abgesehen worden (BT-Drs. 16/6308 S. 276), so dass die Beschwerde gemäß § 1899 Abs. 3 BGB nur gemeinschaftlich erhoben werden kann, wenn nicht das Gericht etwas anderes bestimmt hat. 23

Die Beschwerde des Betreuers bzw. Vorsorgebevollmächtigten mit dem Aufgabenkreis der Aufenthaltsbestimmung ist zulässig bei Ablehnung der Genehmigung der Unterbringung oder deren Aufhebung. Wird die Genehmigung erteilt oder deren Aufhebung abgelehnt, ist eine Beschwerde mangels Rechtsschutzbedürfnisses unzulässig, weil Betreuer und Vorsorgebe- 24 vollmächtigter die Möglichkeit haben, von der ihnen nach § 1906 Abs. 2 bzw. Abs. 5 erteilten Genehmigung keinen Gebrauch zu machen (Jürgens/ *Marschner* § 335 Rn. 5; Keidel/*Budde* § 335 Rn. 4). Die Beschwerdeberechtigung des Betreuers gegen eine öffentlich-rechtliche Unterbringungsanordnung nach Landesrecht folgt aus der Beeinträchtigung seiner gesetzlichen Vertretung im Aufgabenkreis der Aufenthaltsbestimmung.

25 **f) Beschwerdeberechtigung der zuständigen Behörde (§ 335 Abs. 4).** § 334 Abs. 4 räumt als besondere Vorschrift im Sinne des § 59 Abs. 3 der zuständigen Behörde (§ 315 Abs. 3) eine Beschwerdebefugnis ein. Bei der öffentlich-rechtlichen Unterbringung steht die Beschwerdebefugnis der für die Antragstellung zuständigen Behörde zu. Eine Beschwerde dieser Behörde kommt nur bei einer ihr nachteiligen Entscheidung, also der Ablehnung des Antrags oder der Aufhebung der Unterbringung in Betracht (Keidel/*Budde* § 335 Rn. 6). In Verfahren der zivilrechtlichen Unterbringung soll nach der Gesetzesbegründung (BT-Drs. 16/6308 S. 276) das Beschwerderecht inhaltlich der früheren Regelung in §§ 70m Abs. 2, 70d Abs. 1 Nr. 6 FGG entsprechen, so dass nur Beschwerden gegen die Genehmigung von (vorläufigen) Unterbringungsmaßnahmen sowie die Ablehnung der Aufhebung solcher Maßnahmen in Betracht kommt (aA Keidel/*Budde* § 335 Rn. 7: unbeschränktes Beschwerderecht der Betreuungsbehörde).

4. Beschwerdeverfahren

26 Sachlich zuständig für das Beschwerdeverfahren ist das Landgericht (§ 72 Abs. 1 Satz 2 GVG). Die von anderen Familiensachen abweichende Regelung ist mit der gegenüber den Oberlandesgerichten geringeren räumlichen Entfernung der Landgerichte zum Untergebrachten begründet worden (BT-Drs. 16/6308 S. 319). Die Übertragung des Beschwerdeverfahrens auf den Einzelrichter ist auch in Unterbringungssachen nicht ausgeschlossen; sie kann nicht zum Gegenstand eines Rechtsmittels gemacht werden (KG FGPrax 2008, 226).

27 Auf das Beschwerdeverfahren finden gemäß § 68 Abs. 3 Satz 1 die Vorschriften über den ersten Rechtszug und damit die §§ 312 ff. Anwendung. Das Beschwerdegericht tritt vollständig an die Stelle des Amtsgerichts und hat die gleichen Befugnisse wie dieses. Abweichungen von diesem Grundsatz sind gemäß § 68 Abs. 3 Satz 2 nur für solche Verfahrenshandlungen möglich, die das Amtsgericht bereits umfassend und vollständig durchgeführt hat und von deren erneuten Durchführung zusätzliche Erkenntnisse nicht zu erwarten sind. Will das Beschwerdegericht von der Wiederholung von Verfahrenshandlungen absehen, hat es dies zu begründen (BayObLG BtPrax 2001, 218; Jürgens/*Kretz* § 68 Rn. 7).

28 **Anhörung des Betroffenen:** Wegen der Schwere des freiheitsentziehenden Eingriffs ist die erneute Anhörung des Betroffenen auch im Beschwerdeverfahren in aller Regel geboten (OLG Hamburg FamRZ 1989, 318; OLG Schleswig BtPrax 1994, 62; BayObL FamRZ 2004, 1854; R&P 1995, 146; OLG Karlsruhe FGPrax 2000, 165; OLG Hamm FGPrax 2009, 135; 2006, 230 = FamRZ 2007, 763; Jürgens/*Marschner* § 335 Rn. 9; BGH FGPrax 2010, 163: „grundsätzlich erforderlich").

Gutachten: Auf durch das Amtsgericht eingeholte Gutachten und vorgelegte ärztliche Zeugnisse kann sich das Beschwerdegericht dann stützen, wenn sie unter den Beteiligten außer Streit stehen (BT-Drs. 11/4528 S. 179) und im Hinblick auf Erstellungszeitpunkt, Qualifikation des Ausstellers sowie ihre inhaltlichen Anforderungen als nach § 26 ausreichende Grundlage zur Feststellung der erforderlichen Tatsachen dienen können (Jürgens/Marschner § 335 Rn. 9). 29

Zeugenvernehmungen: Von einer erneuten Zeugenvernehmung kann abgesehen werden, wenn die Zeugenaussage ausreichend protokolliert ist und es auch nicht auf den persönlichen Eindruck des Zeugen ankommt, nichts zusätzliches aufzuklären ist und gegen die Richtigkeit der Aussage weder etwas vorgebracht wird noch sich Bedenken aufdrängen. Entsprechendes gilt für die erneute Anhörung von Beteiligten. 30

Anhörung von Beteiligten: Eine erneute Anhörung der in § 320 genannten Personen oder Stellen ist nur dann erforderlich, wenn diese in der ersten Instanz unterblieben ist oder neue Tatsachen oder neue rechtliche Gesichtspunkte eine abweichende Äußerung erwarten lassen. 31

Verfahrenspfleger: Der bestellte Verfahrenspfleger bleibt dies auch im Beschwerdeverfahren, da sein Amt erst mit der Rechtskraft der Entscheidung endet (§ 317 Abs. 5). Wurde in erster Instanz kein Verfahrenspfleger bestellt und erachtet das Beschwerdegericht dies gemäß § 317 Abs. 1 für erforderlich, hat es ihn zu bestellen. 32

5. Entlassung des Betroffenen und Erledigung

Von großer praktischer Bedeutung in Unterbringungssachen ist die Frage des Rechtsschutzes bei Erledigung der Hauptsache. Sie ist durch die gesetzliche Neuregelung in § 62 beantwortet. § 62 lautet: 33

(1) Hat sich die angefochtene Entscheidung in der Hauptsache erledigt, spricht das Beschwerdegericht auf Antrag aus, dass die Entscheidung des Gerichts des ersten Rechtszugs den Beschwerdeführer in seinen Rechten verletzt hat, wenn der Beschwerdeführer ein berechtigtes Interesse an der Feststellung hat.

(2) Ein berechtigtes Interesse liegt in der Regel vor, wenn
1. schwerwiegende Grundrechtseingriffe vorliegen oder
2. eine Wiederholung konkret zu erwarten ist.

Wird der Betroffene während des Beschwerdeverfahrens entlassen, so erledigt sich damit zwar die Hauptsache, die Beschwerde wird damit aber nicht unzulässig. In Unterbringungsverfahren besteht im Hinblick auf Art. 19 Abs. 4 GG wegen des tiefgreifenden Grundrechtseingriffs ein berechtigtes Interesse an der **Feststellung der Rechtswidrigkeit** der angegriffenen Maßnahme (so schon: BVerfG NJW 1998, 2432 = BtPrax 1998, 184; EGMR NJW 2004, 2209; OLG Hamm FGPrax 2008, 43; FGPrax 2006, 230 = FamRZ 2007, 763; FamRZ 2007, 227; KG FGPrax 2009, 186; 2008, 42; BtPrax 2007, 137; OLG Schleswig NJW-RR 2008, 380 = BtPrax 2008, 43; OLG München NJW-RR 2008, 810; OLG Köln FamRZ 2006, 4

1875; OLG Celle NJW-RR 2008, 230; OLG Zweibrücken FGPrax 2006, 235; BtPrax 2005, 72). Dies gilt auch dann, wenn die Beschwerde erst nach dem Ende der Unterbringung eingelegt worden ist (Jürgens/*Kretz* § 62 Rn. 3; *Bumiller/Harders* § 62 Rn. 4). Die Beschwerdefrist darf aber noch nicht abgelaufen sein, da der Instanzenzug durch die Erledigung der Hauptsache nicht neu eröffnet wird. Die Unterbringungsmaßnahme muss auch vollzogen und nicht nur angeordnet worden sein (BayObLG FGPrax 2004, 307). Für die Zeit nach der Entlassung des Betroffenen fehlt ein schutzwürdiges Feststellungsinteresse (OLG Frankfurt FGPrax 2005, 88).

34 Eine konsequente Umsetzung der verfassungsrechtlichen Vorgaben gebietet eine Überprüfung der amtsgerichtlichen (und nicht nur der landgerichtlichen) Entscheidung im Verfahren der Rechtsbeschwerde auch dann, wenn das erledigende Ereignis erst nach der Beschwerdeentscheidung eingetreten ist (BGH FGPrax 2010, 150; OLG München BtPrax 2005, 155; OLG Zweibrücken BtPrax 2005, 72; OLG Hamm FGPrax 2006, 230 = FamRZ 2007, 763). Ein ausdrücklicher **Antrag** muss nicht gestellt werden. Ausreichend ist auch das konkludente Begehren, die Rechtmäßigkeit der getroffenen Maßnahme überprüfen lassen zu wollen. Will das Gericht das Rechtsmittelbegehren des Betroffenen nach Beendigung der Unterbringung nicht so auszulegen, dass damit nunmehr die Feststellung der Rechtswidrigkeit der Unterbringung beantragt wird (Jürgens/*Marschner* § 335 Rn. 13), muss es auf einen Antrag des Betroffenen hinwirken. Der Antrag kann nicht von den nach § 335 Abs. 1 beschwerdeberechtigten Personen gestellt werden, da der Grundrechtseingriff nach § 62 den Beschwerdeführer betreffen muss (so schon OLG München BtPrax 2006, 231).

35 Die den Feststellungsantrag zurückweisende Entscheidung des Beschwerdegerichts ist mit der zulassungsfreien Rechtsbeschwerde anfechtbar.

Einlegung der Beschwerde durch den Betroffenen

336 Der Betroffene kann die Beschwerde auch bei dem Amtsgericht einlegen, in dessen Bezirk er untergebracht ist.

1 Die Vorschrift schafft eine zusätzliche örtliche Zuständigkeit für die Einlegung der Beschwerde gegen eine Entscheidung des Amtsgerichts. Ergänzend zu § 64 Abs. 1 FamFG, wonach die Beschwerde bei dem Gericht einzulegen ist, dessen Beschluss angefochten wird, kann die Beschwerde nach § 336 auch bei dem Amtsgericht eingelegt werden, in dessen Bezirk der Betroffene untergebracht ist. Die Vorschrift entspricht inhaltlich dem früheren § 70m Abs. 3 i. V. m. § 69g Abs. 3 FGG. Sie soll der erleichterten Rechtsverfolgung des untergebrachten Betroffenen dienen. Die Rechtsmittelbelehrung nach § 39 FamFG muss auch auf diese Möglichkeit der Beschwerdeeinlegung hinweisen.

2 Die **Wahlzuständigkeit** des Untergebrachten gilt für Beschwerden jeder Art in Unterbringungssachen und bei jeder Art von Freiheitsentziehungen, egal ob zivilrechtlicher oder öffentlich-rechtlich Art nach den PsychKG der Länder (Bassenge/Herbst/*Bassenge* § 336 Rn. 1; HK-BUR/*Bauer* § 69g

§ 337. Kosten in Unterbringungssachen **D**

Rn. 104). Sie gilt nur für den Betroffenen und denjenigen, der in seinem Namen Beschwerde einlegt, z. B. den Verfahrensbevollmächtigten und den Betreuer oder Versorgebevollmächtigten im Rahmen des § 335 Abs. 3; nicht aber für den Verfahrenspfleger oder den Betreuer bzw. Vorsorgebevollmächtigten aus eigenem Recht oder andere Beschwerdeberechtigte (Bassenge/Herbst/*Bassenge* § 336 Rn. 1; HK-BUR/*Bauer* § 69g Rn. 104).

§ 336 gilt wegen der neu geschaffenen, abschließenden Sonderregelung **3** nicht für die Einlegung der Rechtsbeschwerde. Die Rechtsbeschwerde gegen eine Entscheidung des Landgerichts kann gemäß §§ 71 Abs. 1 Satz 1, 10 Abs. 4 Satz 1 FamFG nur beim Bundesgerichtshof durch einen dort zugelassenen Rechtsanwalt eingelegt werden.

Kosten in Unterbringungssachen

337 (1) **In Unterbringungssachen kann das Gericht die Auslagen des Betroffenen, soweit sie zur zweckentsprechenden Rechtsverfolgung notwendig waren, ganz oder teilweise der Staatskasse auferlegen, wenn eine Unterbringungsmaßnahme nach § 312 Nr. 1 und 2 abgelehnt, als ungerechtfertigt aufgehoben, eingeschränkt oder das Verfahren ohne Entscheidung über eine Maßnahme beendet wird.**

(2) **Wird ein Antrag auf eine Unterbringungsmaßnahme nach den Landesgesetzen über die Unterbringung psychisch Kranker nach § 312 Nr. 3 abgelehnt oder zurückgenommen und hat das Verfahren ergeben, dass für die zuständige Verwaltungsbehörde ein begründeter Anlass, den Unterbringungsantrag zu stellen, nicht vorgelegen hat, hat das Gericht die Auslagen des Betroffenen der Körperschaft aufzuerlegen, der die Verwaltungsbehörde angehört.**

1. Normzweck und Anwendungsbereich

Die Vorschrift regelt die Auferlegung der **Auslagen des Betroffenen** auf **1** die Staatskasse im Fall einer zivilrechtlichen Unterbringung (Abs. 1) bzw. auf die Körperschaft der antragstellenden Behörde im Fall einer öffentlich-rechtlichen Unterbringung (Abs. 2). Sie entspricht inhaltlich dem früheren § 13a Abs. 2 Satz 1 bzw. Satz 3 FGG.

§ 337 ergänzt für seinen Regelungsbereich die allgemeinen Vorschriften **2** der §§ 81 ff. über die Kostenpflicht. Unter den Voraussetzungen des § 81 Abs. 2 kommt die Auferlegung der Kosten auf einen am Verfahren Beteiligten (§ 315) bzw. unter den Voraussetzungen des § 81 Abs. 4 auf einen nicht beteiligten Dritten in Betracht. Die Möglichkeit der isolierten Anfechtung einer Kostenentscheidung folgt bereits aus dem Allgemeinen Teil, so dass es einer dem früheren § 20a Abs. 1 Satz 2 FGG entsprechenden Regelung nicht bedurfte.

Die Entscheidung über die **Gerichtskosten des Unterbringungsverfahrens** richtet sich nach § 128b KostO. Nach § 128b Satz 1 KostO fallen **3** in Unterbringungssachen (§ 312) unabhängig von der Vermögenslage des Betroffenen in allen Rechtszügen keine Gerichtsgebühren an (Gebührenfreiheit). Als Auslagen können von dem Betroffenen nach § 128b Satz 2

Lesting 357

KostO allenfalls die an den Verfahrenspfleger gezahlten Beträge (§ 137 Abs. 1 Nr. 16 KostO) erhoben werden, wenn das Gericht die Kosten keinem anderen auferlegt hat und der Betroffene nicht mittellos im Sinne des § 1836c BGB ist. Kommt eine Auslagenfreiheit in Betracht, muss das Gericht großzügig sein, da den Betroffenen die außergerichtlichen Auslagen ohnehin meist hart treffen (vgl. *Hartmann* § 128b Rn. 10; *Deinert* FamRZ 1999, 1187). Sonstige Auslagen des Gerichts, also vor allem die nach den Vorschriften des JVEG an Sachverständige und Zeugen zu zahlenden Beträge, fallen dem Staat zur Last (OLG Frankfurt FGPrax 2008, 275). Für andere etwaige Auslagenschuldner gilt § 128b Satz 3 KostO.

4 Die Entscheidung über die **Kosten des Vollzugs der öffentlich-rechtlichen Unterbringung** richtet sich nach der jeweiligen landesrechtlichen Regelung. Über die Kosten muss nur entschieden werden, soweit sie nicht durch die Krankenkasse oder den Sozialhilfeträger gezahlt werden (vgl. OLG Hamm BtPrax 2004, 75; OLG Frankfurt FGPrax 2008, 275 = FamRZ 2009, 249).

2. Unterbringungsmaßnahmen nach § 312 Nr. 1 und 2 (Abs. 1)

5 Voraussetzung für die Auferlegung der Auslagen des Betroffenen auf die Staatskasse ist eine bestimmte Beendigung einer zivil-rechtlichen Unterbringungsmaßnahme nach § 1906 BGB. Die Maßnahme muss
– abgelehnt
– als ungerechtfertigt aufgehoben
– als ungerechtfertigt eingeschränkt oder
– das Verfahren ohne Entscheidung über eine Maßnahme beendet
worden sein. Eine Aufhebung oder Einschränkung der Maßnahme als ungerechtfertigt erfolgt nur dann, wenn sie von Anfang an (zum Teil) nicht hätte ergehen dürfen (OLG Zweibrücken FGPrax 2003, 220; Keidel/*Budde* § 307 Rn. 3). Wegen des Zwecks der Erstattungsanordnung, kostenrechtliche Härten zu vermeiden, reicht es aus, dass die Tatsachen, die zur Aufhebung oder Einschränkung führen, erst nachträglich bekannt werden (Keidel/*Budde* § 307 Rn. 3; Jürgens/*Kretz* § 307 Rn. 4). Auch erhebliche Verfahrensfehler bei der Anordnung der Maßnahme können zu einer Erstattungsanordnung führen (OLG München NJW-RR 2008, 810 = FamRZ 2008, 917; NJW-RR 2006, 1377 = FamRZ 2006, 1617; OLG Zweibrücken FGPrax 2003, 220). Eine Beendigung des Verfahrens ohne Entscheidung kommt insbesondere bei einer Erledigung der Hauptsache in Betracht (vgl. § 335 S. 355).

6 Die Vorschrift gilt auch im Fall der Rechtswidrigkeitserklärung einer Unterbringungsmaßnahme nach § 62 (OLG München NJW-RR 2006, 1377 = FamRZ 2006, 1617; NJW-RR 2008, 810 = FamRZ 2008, 917).

7 Entgegen dem Wortlaut der Vorschrift besteht in den beiden zuerst genannten Fällen kein Ermessen des Gerichts (Jürgens/*Kretz* § 307 Rn. 5; aA Keidel/*Budde* § 307 Rn. 6).

8 Die Erstattungsanordnung kann sich auf die zur zweckentsprechenden Rechtsverfolgung notwendigen Auslagen des Betroffenen beziehen. Diese

§ 337. Kosten in Unterbringungssachen **D**

umfassen die Gerichtskosten (Gebühren und Auslagen) sowie die vom Betroffenen zu tragenden außergerichtlichen Kosten. Zu den außergerichtlichen Kosten des Betroffenen können insbesondere die Gebühren und Auslagen des beauftragten Rechtsanwalts gehören. Die Beauftragung eines Rechtsanwalts ist wegen der Bedeutung eines Unterbringungsverfahrens regelmäßig als zur zweckentsprechenden Rechtsverfolgung erforderlich anzusehen.

3. Unterbringungsmaßnahmen nach § 312 Nr. 3

Voraussetzung für die Kostenerstattung durch die Körperschaft, der die 9
antragstellende Behörde angehört, ist, dass ein Antrag auf öffentlich-rechtliche Unterbringung nach Landesrecht
– in der Hauptsache abgelehnt oder
– zurückgenommen wird und
– kein begründeter Anlass, den Unterbringungsantrag zu stellen, vorlag.

Ob der Unterbringungsantrag als unzulässig oder unbegründet abgelehnt wird, ist unerheblich. Unerheblich ist auch, in welcher gerichtlichen Instanz es zur Ablehnung oder Zurücknahme des Antrags kommt. Bei der Frage, ob ein **begründeter Anlass für den Unterbringungsantrag** bestand, ist auf den Zeitpunkt der Antragstellung abzustellen. Kein begründeter Anlass bestand, wenn die Verwaltungsbehörde wegen unzureichender Ermittlungen, einem unzulänglichen Gutachten oder ärztlichem Zeugnis oder infolge rechtsfehlerhafter Gesetzesanwendung zu einer Antragstellung kam. Das Verhalten der Behördenmitarbeiter muss nicht schuldhaft sein. Dagegen bestand ein begründeter Anlass, wenn dem Antrag der Verwaltungsbehörde durch das Gericht entsprochen wurde (KG FGPrax 2006, 182).

Eine entsprechende Anwendung des Abs. 2 kommt in Betracht, wenn 10
nach Erledigung der Hauptsache die Rechtswidrigkeit der Unterbringungsmaßnahme festgestellt wird (vgl. OLG München NJW-RR 2006, 1377 = FamRZ 2006, 1617; OLG Hamm BtPrax 2004, 75; Jürgens/*Marschner* § 337 Rn. 3; aA Keidel/*Budde* § 337 Rn. 6; Prütting/Helms/*Roth* § 337 Rn. 7: Kostenentscheidung nach billigem Ermessen gemäß § 81 Abs. 1, 2).

Abs. 2 räumt dem Gericht kein Ermessen ein. Liegen die Voraussetzun- 11
gen vor, muss das Gericht die Kostenerstattung in vollem Umfang anordnen. Zu welcher Körperschaft die antragstellende Behörde gehört, richtet sich nach öffentlichem Recht. Regelmäßig handelt es sich um den Landkreis bzw. die kreisfreie Stadt.

3. Kostenfestsetzung

Wie in allen gerichtlichen Verfahrensordnungen gewährt die Auslagenent- 12
scheidung des Gerichts dem Erstattungsberechtigten noch keinen Titel. Sie ist eine Grundentscheidung, die der Konkretisierung im Kostenfestsetzungsverfahren bedarf. Infolge der Verweisung des § 85 auf die §§ 103 ff. ZPO werden die zu erstattenden Auslagen auf Antrag durch den Rechtspfleger des Unterbringungsgerichts festgesetzt.

D Das Unterbringungsverfahren

Mitteilung von Entscheidungen

338 Für Mitteilungen gelten die §§ 308 und 311 entsprechend. Die Aufhebung einer Unterbringungsmaßnahme nach § 330 Satz 1 und die Aussetzung der Unterbringung nach § 328 Abs. 1 Satz 1 sind dem Leiter der Einrichtung, in der der Betroffene lebt, mitzuteilen.

Übersicht

1. Normzweck und Anwendungsbereich	1
2. § 338 Satz 1	4
a) Entsprechende Anwendung des § 308	5
aa) Inhalt und Voraussetzungen der Mitteilungen (§ 308 Abs. 1 und 2)	6
bb) Unterrichtung des Betroffenen (§ 308 Abs. 3)	14
cc) Dokumentationspflicht des Gerichts (§ 308 Abs. 4)	16
b) Entsprechende Anwendung des § 311	17
aa) Inhalt und Voraussetzungen der Mitteilungen zur Strafverfolgung (§ 311 Satz 1)	18
bb) Unterrichtung und Dokumentation (§ 311 Satz 2)	20
3. § 338 Satz 2	21
4. Verfahren	22
5. Rechtsmittel	23

1. Normzweck und Anwendungsbereich

1 Die Vorschrift ersetzt den früheren § 70n FGG und schafft die gesetzliche Grundlage für Mitteilungen in Unterbringungssachen. Wegen der Voraussetzungen der Mitteilungen an öffentliche Stellen, ihres Inhalts und der Art und Weise ihrer Übermittlung sowie der Unterrichtung des Betroffenen, seines Verfahrenspflegers und Betreuers verweist die Vorschrift auf die entsprechenden Betreuungsregelungen in §§ 308 und 311. Die Mitteilungen bilden einen Teil des gerichtlichen Verfahrens.

2 Die Unterrichtung anderer Gerichte und Behörden über gerichtliche Entscheidungen wurde früher als eine Angelegenheit der Justizverwaltung angesehen. Nach der Entscheidung des Bundesverfassungsgerichts zum Volkszählungsgesetz (BVerfG NJW 1984, 419) ist anerkannt, dass die Weitergabe personenbezogener Daten wegen des **Grundrechts der informationellen Selbstbestimmung** aus Art. 2 Abs. 1, 1 Abs. 1 GG einer verfassungsgemäßen gesetzlichen Grundlage bedarf. Diesen Anforderungen trägt § 338 Rechnung.

3 Eine besondere Unterrichtungspflicht des für die Unterbringung zuständigen Gerichts gegenüber dem Betreuungsgericht sieht § 313 Abs. 4 Satz 2 vor. Die Bekanntgabe von Entscheidungen, die in Unterbringungssachen ergehen, an die Verfahrensbeteiligten ist in § 325 geregelt. Von den Mitteilungen nach § 338 zu unterscheiden ist auch das Recht der Akteneinsicht nach § 13.

2. § 338 Satz 1

4 § 338 Satz 1 verweist auf die §§ 308 und 311. § 308 entspricht dem früheren § 69k FGG und regelt die Mitteilung an Gerichte, Behörden oder

§ 338. Mitteilung von Entscheidungen

sonstige öffentliche Stellen. § 311 entspricht dem bisherigen § 69n FGG und regelt die Mitteilungen zur Strafverfolgung.

a) Entsprechende Anwendung des § 308. Aus der entsprechenden Anwendung des § 308 folgt, dass Entscheidungen im gerichtlichen Unterbringungsverfahren unter bestimmten Voraussetzungen an andere Gerichte, Behörden oder sonstige öffentliche Stellen mitzuteilen sind. § 308 lautet:

Mitteilung von Entscheidungen

(1) Entscheidungen teilt das Gericht anderen Gerichten, Behörden oder sonstigen öffentlichen Stellen mit, soweit dies unter Beachtung berechtigter Interessen des Betroffenen erforderlich ist, um eine erhebliche Gefahr für das Wohl des Betroffenen, für Dritte oder für die öffentliche Sicherheit abzuwenden.

(2) Ergeben sich im Verlauf eines gerichtlichen Verfahrens Erkenntnisse, die eine Mitteilung nach Absatz 1 vor Abschluss des Verfahrens erfordern, hat diese Mitteilung über die bereits gewonnenen Erkenntnisse unverzüglich zu erfolgen.

(3) Das Gericht unterrichtet zugleich mit der Mitteilung den Betroffenen, seinen Verfahrenspfleger und seinen Betreuer über Inhalt und Empfänger der Mitteilung. Die Unterrichtung des Betroffenen unterbleibt, wenn

1. der Zweck des Verfahrens oder der Zweck der Mitteilung durch die Unterrichtung gefährdet würde,
2. nach ärztlichem Zeugnis hiervon erhebliche Nachteile für die Gesundheit des Betroffenen zu besorgen sind oder
3. der Betroffene nach dem unmittelbaren Eindruck des Gerichts offensichtlich nicht in der Lage ist, den Inhalt der Unterrichtung zu verstehen.

Sobald die Gründe nach Satz 2 entfallen, ist die Unterrichtung nachzuholen.

(4) Der Inhalt der Mitteilung, die Art und Weise ihrer Übermittlung, ihr Empfänger, die Unterrichtung des Betroffenen oder im Fall ihres Unterbleibens deren Gründe sowie die Unterrichtung des Verfahrenspflegers und des Betreuers sind aktenkundig zu machen.

aa) Inhalt und Voraussetzungen der Mitteilungen (§ 308 Abs. 1 und 2): Gegenstand der Mitteilung nach § 308 Abs. 1 sind nur die im Verfahren ergangenen Entscheidungen. Der Empfänger der Mitteilung ist über jede Änderung oder Aufhebung des Entscheidung zu unterrichten (Keidel/*Budde* § 308 Rn. 12 unter Hinweis auf § 20 Abs. 1 Satz 1 EGGVG). § 308 Abs. 2 erweitert die Mitteilungspflicht auf den Zeitraum vor dem Abschluss des Verfahrens und betrifft einzelne, für die Aufgabenerfüllung des Mitteilungsadressaten erforderliche Erkenntnisse. Dies können Ermittlungsergebnisse des bisherigen Verfahrens wie Sachverständigengutachten, Anhörungsprotokolle oder entsprechende Aktenvermerke sein. Die Erkenntnisse müssen gesichert sein, bloße Mutmaßungen oder Verdachtsmomente rechtfertigen eine Mitteilung nicht (Jürgens/*Kretz* § 308 Rn. 9). Der Adressat der Mitteilung muss von der Unrichtigkeit übermittelter Daten und über neue Erkenntnisse sowie den Ausgang des Verfahrens unterrichtet werden

(Keidel/*Budde* § 308 Rn. 12 unter Hinweis auf § 20 Abs. 1 Satz 1 und 2, Abs. 2 Satz 1 EGGVG).

7 **Adressat der Mitteilung** kann nur ein anderes Gerichte, eine Behörde oder sonstige öffentliche Stelle sein. Ausgeschlossen sind danach Privatpersonen, privatrechtlich organisierte Institutionen (z. B. Betreuungsvereine) oder Banken und Sparkassen. Die Mitteilung ist nur zulässig, wenn sie der Erfüllung der dem Empfänger obliegenden Aufgaben dient (Jürgens/*Kretz* § 308 Rn. 2). Wegen der Zuständigkeit der jeweiligen Behörden als Mitteilungsempfänger vgl. die Anordnung über Mitteilungen in Zivilsachen (MiZi) II.

8 Mitteilungen sind nur zulässig, um einen in § 308 Abs. 1 aufgeführten **Mitteilungszweck** zu erreichen, nämlich die

9 – Abwendung einer erheblichen **Gefahr für das Wohl des Betroffenen**. Eine solche Gefahr kann etwa vorliegen, wenn gegen den Betroffenen ein strafrechtliches Ermittlungsverfahren oder Strafverfahren anhängig ist und seine psychische Störung dort anscheinend noch nicht bekannt ist. Eine erhebliche Gefahr kann dem Betroffenen aber auch als Beklagten in einem Zivilprozess drohen (BT-Drs. 11/4528 S. 182; Jürgens/Kröger/Marschner/Winterstein Rn. 466). Ergibt sich also im gerichtlichen Verfahren, dass wahrscheinlich verminderte Schuldfähigkeit oder sogar Schuldunfähigkeit, Geschäftsunfähigkeit oder Prozessunfähigkeit des Betroffenen vorliegt, die womöglich zu seinen Lasten unberücksichtigt bliebe, ist eine Mitteilung geboten, damit die gewonnenen Ergebnisse auch in den anderen Verfahren genutzt werden können (Jürgens/*Kretz* § 308 Rn. 4).

10 – Abwendung einer erheblichen **Gefahr für Dritte**. Erhebliche Gefahren für Dritten können sich u. U. aus der bekannten, auf bestimmte Personen bezogenen Gewalttätigkeit eines nicht steuerungsfähigen Betroffenen oder aus dem Beruf des Betroffenen ergeben, wenn anzunehmen ist, dass er im Rahmen seiner beruflichen Tätigkeit etwa als Arzt, Apotheker, Polizist, Rechtsanwalt oder Notar (vgl. § 54 Abs. 1 Nr. 1 BNotO) Dritte erheblich schädigt. Eine erhebliche Gefahr kann auch für die minderjährigen Kinder des Betroffenen aufgrund seiner schweren Depression (vgl. LG Rostock BtPrax 2003, 233) oder für den heiratswilligen Partner eines geschäfts- und damit eheunfähigen (§ 1304 BGB) Betroffenen drohen (BT-Drs. 11/4528 S. 182).

11 – Abwendung einer erheblichen **Gefahr für die öffentliche Sicherheit**. Die Gefahr für die öffentliche Sicherheit unterscheidet sich nur dadurch von der Gefahr für Dritte, dass nicht bestimmte einzelne, sondern eine unbestimmte Vielzahl von Personen gefährdet ist. Sie kann vorliegen, wenn der Betroffene etwa Waffen besitzt, einen Waffenschein, eine sprengstoffrechtliche Erlaubnis oder einen Jagdschein hat. Besitzt der Betroffene eine Fahrerlaubnis und ist seine Erkrankung von der Art, dass er als Autofahrer wahrscheinlich einen Unfall verursachen würde, ist die Straßenverkehrsbehörde zu unterrichten, damit sie nach § 3 StVG die Fahrerlaubnis entziehen kann. Eine schematische Entziehung der Fahrerlaubnis bei psychischen Erkrankungen lässt sich allerdings nicht rechtfertigen, weil sie zu wenig differenziert. Wenn die psychische Erkrankung die Fahrtüchtigkeit nicht berührt oder wenn damit gerechnet werden kann, dass der Betroffene die Erkrankung demnächst überwindet oder sie unter Kontrolle gebracht wird, liegt keine erhebliche Gefahr vor, die eine Mitteilung rechtfertigt (vgl. *Heinz/Tölle,* 1975; *Kruckenberg* R&P 1983, 27; *Hentschel/König/Dauer,* Straßenverkehrsrecht, § 2 StVG Rn. 11 m. w. N.).

Erforderlich ist eine **erhebliche Gefahr**, d. h. die konkrete und ernstliche 12 Gefahr einer Schädigung (vgl. zum Gefahrbegriff Kap. **B** S. 113 ff.).

Schließlich darf eine Mitteilung nur erfolgen, wenn sie unter Beachtung 13 der berechtigten Interessen des Betroffenen **erforderlich** ist. Für die Feststellung der Erforderlichkeit bedarf es einer Gesamtabwägung nach dem Grundsatz der Verhältnismäßigkeit, ob das öffentliche Interesse an der Aufgabenerfüllung des Mitteilungsadressaten das berechtigte Interesse des Betroffenen nach informationeller Selbstbestimmung überwiegt (Jürgens/*Kretz* § 308 Rn. 7). Eine Mitteilung vor Abschluss des Verfahrens (Abs. 2) ist nur erforderlich, wenn die Abwägung zu dem Ergebnis führt, dass die bestehende Gefährdungslage ein weiteres Abwarten bis zur Rechtskraft der Entscheidung ausschließt (Jürgens/*Kretz* § 308 Rn. 9; Keidel/*Budde* § 308 Rn. 8). Die Erforderlichkeit bestimmt auch den Umfang der Mitteilung. Daten, deren Kenntnis für den Adressaten irrelevant ist, sind von der Mitteilung ausgeschlossen. Dementsprechend ist zu entscheiden, ob nur der Tenor oder die gesamte Entscheidung mitzuteilen ist (Jürgens/*Kretz* § 308 Rn. 8; Schulte-Bunert/Weinreich/*Eilers* § 308 Rn. 27) bzw. ob die Erkenntnisse vollständig oder teilweise geschwärzt mitgeteilt werden (Prütting/Helms/*Fröschle* § 308 Rn. 12).

bb) Unterrichtung des Betroffenen (§ 308 Absatz 3): Nach § 308 14 Abs. 3 Satz 1 ist das Gericht verpflichtet, den Betroffenen, seinen Verfahrenspfleger und seinen Betreuer über den Inhalt und den Empfänger der Mitteilung zu unterrichten. Zum Grundrecht auf informationelle Selbstbestimmung gehört auch, dass der Betroffene in der Lage sein muss, zu erkennen, wer was wann über ihn weiß. Die Unterrichtung hat zugleich mit der Mitteilung zu erfolgen, damit der Betroffene rechtzeitig die Initiative ergreifen kann, bevor die Adressaten Maßnahmen zu seinen Lasten einleiten (BT-Drs. 11/4528 S. 182).

§ 308 Abs. 3 Satz 2 sieht drei Ausnahmen von der Pflicht zur Unterrich- 15 tung des Betroffenen (nicht des Verfahrenspflegers und Betreuers) vor, nämlich wenn:
1. der Zweck des Verfahrens oder der Zweck der Mitteilung durch die Unterrichtung gefährdet würde. Diese Ausnahme kommt nur in Betracht, wenn sich der Betroffene in Freiheit befindet und nicht vorläufig untergebracht ist.
2. nach ärztlichem Zeugnis hiervon erhebliche Nachteile für die Gesundheit des Betroffenen zu besorgen sind. Eine solche Gefährdung ist kaum vorstellbar. Ergänzend kann auf die Kommentierung zu § 325 Rn. 6 verwiesen werden.
3. der Betroffene nach dem unmittelbaren Eindruck des Gerichts offensichtlich nicht in der Lage ist, den Inhalt der Unterrichtung zu verstehen. Die Regelung ist unverständlich, da auch Geschäftsunfähige verfahrensfähig

sind und dem Betroffenen die Gründe der ihn betreffenden Entscheidung auch dann mitgeteilt werden, wenn er sie nicht versteht.

Nach § 308 Abs. 3 Satz 3 ist die Unterrichtung des Betroffenen nachzuholen, sobald die Gründe des Satz 2 entfallen.

16 **cc) Dokumentationspflicht des Gerichts (§ 308 Absatz 4):** § 308 Abs. 4 verpflichtet das Gericht zur Dokumentation. Der Inhalt der Mitteilung, die Art und Weise ihrer Übermittlung, ihr Empfänger, die Unterrichtung des Betroffenen oder im Fall ihres Unterbleibens deren Gründe sowie die Unterrichtung des Verfahrenspflegers und des Betreuers sind aktenkundig zu machen. Die Dokumentation dient der späteren Nachprüfbarkeit.

17 **b) Entsprechende Anwendung des § 311.** Aus der entsprechenden Anwendung von § 311 folgt, dass das Gericht Entscheidungen oder Erkenntnisse aus dem Unterbringungsverfahren zum Zweck der Strafverfolgung anderen Gerichten oder Behörden unter bestimmten Bedingungen nach pflichtgemäßem Ermessen mitteilen darf. § 311 lautet:

Mitteilungen zur Strafverfolgung

Außer in den sonst in diesem Gesetz, in § 16 des Einführungsgesetzes zum Gerichtsverfassungsgesetz sowie in § 70 Satz 2 und 3 des Jugendgerichtsgesetzes genannten Fällen darf das Gericht Entscheidungen oder Erkenntnisse aus dem Verfahren, aus denen die Person des Betroffenen erkennbar ist, von Amts wegen nur zur Verfolgung von Straftaten oder Ordnungswidrigkeiten anderen Gerichten oder Behörden mitteilen, soweit nicht schutzwürdige Interessen des Betroffenen an dem Ausschluss der Übermittlung überwiegen. § 308 Abs. 3 und 4 gilt entsprechend.

18 **aa) Inhalt und Voraussetzungen der Mitteilungen zur Strafverfolgung (§ 311 Satz 1): Gegenstand der Mitteilung** können im Verfahren ergangene Entscheidungen oder Erkenntnisse aus dem Verfahren sein, aus denen die Person des Betroffenen erkennbar ist. **Adressat der Mitteilung** sind nur andere Gerichte oder Behörden wie die Staatsanwaltschaft (§ 152 StPO) oder die Verwaltungsbehörde (§ 35 OWiG). Wegen der Zuständigkeit der jeweiligen Behörden als Mitteilungsempfänger vgl. MiZi II. Der **Zweck der Mitteilung** liegt nur in der Verfolgung von Straftaten oder Ordnungswidrigkeiten.

19 Eine Mitteilung kommt nur in Betracht, soweit nicht **schutzwürdige Interessen des Betroffenen** an dem Ausschluss der Übermittlung überwiegen. In die Abwägung einzubeziehen sind nur die Interessen des Betroffenen, d. h. des Betreuten oder Untergebrachten, nicht (auch) die Interessen des von der Mitteilung Betroffenen (BT-Drs. 13/4709 S. 31). Deshalb darf die Vorschrift nicht dahin missverstanden werden, hier habe sich der Wunsch nach möglichst lückenloser Strafverfolgung gegenüber dem gesundheitspolitischen Auftrag durchgesetzt. Eine Mitteilung wegen des Verdachts, der Betroffene habe eine Straftat begangen, wird bis auf seltene Ausnahmen ausscheiden und beim Verdacht einer Ordnungswidrigkeit wohl kaum vorkommen können. Praktisch bedeutsam sind dagegen Fälle, in denen der Verdacht besteht, dass der Betroffene Opfer einer Straftat geworden ist. Auch hier können freilich die schutzwürdigen Interessen des Betroffenen der Mitteilung entgegenstehen – man denke nur an Fälle, in denen sich Angehörige des Betroffenen in großer Verzweiflung einer nicht sehr schwerwiegenden Freiheitsberaubung oder Körperverletzung schuldig gemacht haben. Kommt ein solcher Verdacht im Rahmen der Beweisaufnahme über die Unterbringungsmaßnahme auf, kann eventuell der hinzugezogene Sachverständige oder das Krankenhauses nach den Interessen des Betroffenen an einer Strafverfolgung befragt werden.

bb) Unterrichtung und Dokumentation (§ 311 Satz 2). Wegen der 20 Unterrichtung des Betroffenen, seines Verfahrenspflegers und seines Betreuers sowie der Dokumentationspflichten des Gerichts verweist § 311 Satz 2 auf § 308 Abs. 3 und 4 (S. 363).

3. § 338 Satz 2

Nach § 338 Satz 2 sind die Aufhebung einer Unterbringungsmaßnahme 21 nach § 330 Satz 1 und die Aussetzung der Unterbringung nach § 328 Abs. 1 Satz 1 dem Leiter der Einrichtung, in der der Betroffene untergebracht ist („lebt"), mitzuteilen. Die besondere Mitteilungspflicht dient dem Schutz des Betroffenen, der nach einer entsprechenden Entscheidung sofort entlassen werden soll. Die Mitteilung hat daher unverzüglich zu erfolgen.

4. Verfahren

Funktionell zuständig für die Anordnung der Mitteilungen ist der Rich- 22 ter. Sachlich zuständig ist das Gericht erster Instanz.

5. Rechtsmittel

Die Anfechtbarkeit einer Mitteilung nach dem System des FamFG ist 23 rechtlich problematisch, da es sich bei einer Mitteilung nicht um eine Endentscheidung im Sinne des § 58 Abs. 1 handelt und die §§ 22 f EGGVG wegen ihrer Subsidiarität keine Anwendung finden (Keidel/*Budde* § 308 Rn. 14). Wegen des Eingriffs in das informationelle Selbstbestimmungsrecht und der Rechtsweggarantie des Art. 19 Abs. 4 GG muss jedoch eine Beschwerde statthaft sein (Jürgens/*Kretz* § 308 Rn. 13: entsprechende Anwendung der §§ 58 ff.; Keidel/*Budde* § 308 Rn. 14: Behandlung und Entscheidung nach § 22 Abs. 2 und 3 EGGVG; für Unanfechtbarkeit: Schulte-Bunert/Weinreich/*Eilers* § 308 Rn. 41; Prütting/Helms/*Fröschle* § 308 Rn. 24).

Benachrichtigung von Angehörigen

339 Von der Anordnung oder Genehmigung der Unterbringung und deren Verlängerung hat das Gericht einen Angehörigen des Betroffenen oder eine Person seines Vertrauens unverzüglich zu benachrichtigen.

D   Das Unterbringungsverfahren

1 Die zur Klarstellung neu eingefügte Vorschrift übernimmt in einfachgesetzlicher Form die Vorgaben des **Art. 104 Abs. 4 GG**, wonach von jeder richterlichen Entscheidung über die Anordnung oder Fortdauer einer Freiheitsentziehung unverzüglich ein Angehöriger des Festgenommenen oder eine Person seines Vertrauens zu benachrichtigen ist. Der Schutzzweck des Art. 104 GG, das „spurlose" Verschwinden von Personen zu verhindern, gilt auch im Unterbringungsverfahren.

2 Eine Benachrichtigung hat bei allen eine Unterbringung anordnenden, genehmigenden oder verlängernden Entscheidungen zu erfolgen. Die Benachrichtigungspflicht besteht demgegenüber nicht bei Entscheidungen, die eine Unterbringung ablehnen oder beenden sowie bei freiheitsentziehenden Maßnahmen nach § 312 Nr. 2. Eine Benachrichtigung ist auch dann entbehrlich, wenn ein Angehöriger oder eine vom Betroffenen benannte Vertrauensperson am Verfahren unmittelbar beteiligt (§ 315 Abs. 4) und ihr deshalb die gerichtliche Entscheidung bekannt zu geben ist (§ 41 Abs. 1). Eine besondere Form ist für die Benachrichtigung nicht vorgesehen; sie kann auch telefonisch erfolgen. Die Benachrichtigung hat unverzüglich, d. h. ohne schuldhaftes Verzögern zu erfolgen. Welche Person zu benachrichtigen ist, entscheidet grundsätzlich der Betroffene. In Betracht kommen Angehörige (z.B. Ehegatten, Lebenspartner, Kinder, Pflegeeltern) oder Vertrauenspersonen (z.B. Freunde, Kollegen oder Rechtsanwälte). Der Betroffene kann auf die Benachrichtigung verzichten. Wegen der Missbrauchsgefahr ist jedoch bei der Annahme eines Verzichts äußerste Zurückhaltung geboten.

E. Materielles Freiheitsentziehungsrecht

Übersicht

1. Überblick	1
2. Gesetz zur Verhütung und Bekämpfung von Infektionskrankheiten beim Menschen (Infektionsschutzgesetz)	6
a) Gesetzliche Grundlagen	6
b) Ermittlungen und Schutzmaßnahmen	7
c) Quarantäne	11
3. Aufenthaltsgesetz	20
a) Gesetzliche Grundlagen	20
b) Anwendungsbereich und Regelungszweck	21
c) Vorbereitungshaft (§ 62 Abs. 1 AufenthG)	24
d) Sicherungshaft (§ 62 Abs. 2, 3 AufenthG)	25
aa) Grundzüge der Vorschrift	25
bb) Haftungsgründe nach § 62 Abs. 2 Satz 1 AufenthG	29
cc) Dauer der Sicherungshaft	35
dd) Festnahmebefugnis der Ausländerbehörde	38
e) Prüfungskompetenz des Haftrichters	39
4. Polizeilicher Gewahrsam	41
a) Gesetzliche Grundlagen	41
b) Begriff der Freiheitsentziehung im Polizeirecht	42
c) Voraussetzungen des Polizeigewahrsams	43
aa) Schutzgewahrsam	43
bb) Sicherungsgewahrsam	47
cc) Ingewahrsamnahme Minderjähriger	52
dd) Ingewahrsamnahme Entwichener	53
ee) Gewahrsam zur Durchsetzung eines Platzverweises	54
ff) Gewahrsam zur Identitätsfeststellung	55
d) Richterliche Entscheidung	56
e) Dauer des Gewahrsams	57
f) Behandlung während des Gewahrsams	58

1. Überblick

Die materiellrechtlichen Voraussetzungen der Freiheitsentziehung außerhalb des Unterbringungsrechts sind in verschiedenen Bundes- und Landesgesetzen geregelt. Auch hier handelt es sich jeweils um **präventive Freiheitsentziehung**, die dem materiellen Polizei- und Ordnungsrecht zuzurechnen ist (zu den verfassungsrechtlichen Grundlagen Kap. **A** S. 2 ff.). Die Ursprünge der Kodifikation des Polizei- und Ordnungsrechts reichen in das Preußische Allgemeine Landrecht aus dem Jahr 1794 zurück. Danach wurden die nötigen Anstalten zur Erhaltung der öffentlichen Ruhe, Sicherheit und Ordnung und zur Abwendung der dem Publico oder einzelnen Mitgliedern desselben bevorstehenden Gefahr der Polizei zugewiesen (*Gusy* S. 1 f.). Ähnlich lautete das Preußische Polizeiverwaltungsgesetz aus dem Jahr 1931. Im Vordergrund der Kommentierung stehen die Voraussetzungen der

1

E Materielles Freiheitsentziehungsrecht

Anordnung der Freiheitsentziehung. Die **Vollstreckung** obliegt der antragstellenden Behörde (zur Vollstreckung der öffentlich-rechtlichen Unterbringung Kap. **B** S. 128 ff.; zur Systematik des Freiheitsentziehungsrechts Kap. **A** S. 13 ff.; zum **Vollzug** siehe unten S. 377 und 412; Kap. **A** S. 19 und Kap. **F** § 422 FamFG S. 448 ff. und § 424 FamFG S. 453 ff.). Die Vorschriften über das Verfahren in Freiheitsentziehungssachen in §§ 415 ff. FamFG enthalten zwar eine Definition des Begriffs der Freiheitsentziehung (§ 415 Abs. 2 FamFG), aber keine materiellrechtlichen Vorschriften über die Voraussetzungen einer Freiheitsentziehung. § 415 Abs. 1 FamFG (hierzu Kap. **F**) bezieht sich auf Freiheitsentziehungen, die aufgrund **Bundesrechts** angeordnet sind. Die § 415 ff. FamFG sind aber auch im Fall einer ausdrücklichen Verweisung durch **Landesrecht** anwendbar. Diese Verweisung ist in allen Polizeigesetzen der Bundesländer für den Fall des polizeilichen Gewahrsams enthalten (siehe § 14 Abs. 2 Satz 2 MEPolG).

2 Der Anwendungsbereich der §§ 415 ff. FamFG aufgrund Bundesrechts betrifft
– die Abschiebungshaft für Ausländer nach § 62 AufenthG einschließlich der Haft in Verbindung mit einer Zurückweisung oder Zurückschiebung (§§ 15 Abs. 5 und 6, 57 Abs. 3 AufenthG),
– die Inhaftnahme nach § 58 Abs. 4 Satz 3 AufenthG i. V. m. § 40 BPolG,
– die Inhaftnahme nach § 59 Abs. 2 i. V. m. § 89 Abs. 2 AsylVfG,
– die Unterbringung (Absonderung) nach § 30 Abs. 2 IfSG,
– den polizeirechtlichen Gewahrsam auf bundesrechtlicher Grundlage (§§ 23 Abs. 3 S. 4, 25 Abs. 3, 39 Abs. 1 und 2, 43 Abs. 5 BPolG, 20p BKAG und § 23 Abs. 1 S. 2 Nr. 8 ZFdG).

Die konkurrierende Gesetzgebungskompetenz des Bundes für das Ausländer- und Asylrecht ergibt sich aus Art. 74 Abs. 1 Nr. 4 GG. Für das Bundespolizeirecht (Gesetz über die Bundespolizei vom 19. 10. 1994 – BPolG, Gesetz über das Bundeskriminalamt und die Zusammenarbeit des Bundes und der Länder in kriminalpolizeilichen Angelegenheiten vom 2. 1. 2002 – BKAG, Gesetz über das Zollkriminalamt und die Zollfahndungsämter vom 16. 8. 2002 – ZFdG) hat der Bund die ausschließliche Gesetzgebung nach Art. 73 Abs. 1 Nr. 5, 6a, 9a und 10 GG.

3 Durch das im Rahmen des Seuchenrechtsneuordnungsgesetzes am 1. 1. 2001 in Kraft getretene **Infektionsschutzgesetz** sind die Vorschriften über die Absonderung bzw. Unterbringung nach dem bisherigen BSeuchG sowie die zwangsweise Einweisung nach dem früher geltenden GeschlKrG vereinheitlicht worden. Die konkurrierende Gesetzgebungskompetenz des Bundes ergibt sich aus Art. 74 Abs. 1 Nr. 19 GG (zur Gesetzgebungskompetenz im Unterbringungsrecht Kap. **B** S. 81 f.).

4 Die praktische Bedeutung liegt ganz überwiegend im Bereich der **Abschiebungshaft,** zunehmend auch im Bereich des Polizeigewahrsams, der allerdings regelmäßig nur kurze Zeiträume umfasst (zu den statistischen Grundlagen Kap. **A** S. 26; zur Dauer des Polizeigewahrsams unten S. 411).

5 Der Anwendungsbereich der §§ 415 ff. FamFG aufgrund Landesrechts betrifft den **polizeilichen Gewahrsam** aufgrund der Polizeigesetze der Bundesländer. Nach Art. 70 GG sind für das Polizei- und Ordnungsrecht die

1. Überblick **E**

Bundesländer zuständig, soweit keine Zuweisung an den Bund vorliegt. Es handelt sich um folgende Gesetze:
- Polizeigesetz Baden-Württemberg v. 13. 1. 1992 (GBl. S. 1), zuletzt geändert durch Gesetz v. 4. 5. 2009 (GBl. S. 195),
- Bayerisches Polizeiaufgabengesetz v. 14. 9. 1990 (GVBl. S. 397), zuletzt geändert durch Gesetz v. 27. 7. 2009 (GVBl. S. 400),
- Allgemeines Gesetz zum Schutz der öffentlichen Sicherheit und Ordnung in Berlin v. 11. 10. 2006 (GVBl. S. 930), zuletzt geändert durch Gesetz v. 3. 2. 2010 (GVBl. S. 45),
- Brandenburgisches Polizeigesetz v. 19. 3. 1996 (GVBl. S. 74), zuletzt geändert durch Gesetz v. 18. 12. 2008 (GVBl. S. 355),
- Bremisches Polizeigesetz v. 6. 12. 2001 (GBl. S. 47), zuletzt geändert durch Gesetz v. 22. 12. 2009 (GBl. S. 17),
- Hamburgisches Gesetz zum Schutz der öffentlichen Sicherheit und Ordnung v. 14. 3. 1966 (GVBl. S. 77), zuletzt geändert durch Gesetz v. 15. 12. 2009 (GVBl. S. 405, 433),
- Hessisches Gesetz über die öffentliche Sicherheit und Ordnung v. 14. 1. 2005 (GVBl. S. 14), zuletzt geändert durch Gesetz v. 14. 12. 2009 (GVBl. S. 635),
- Gesetz über die öffentliche Sicherheit und Ordnung in Mecklenburg-Vorpommern v. 25. 3. 1998 (GVOBl. S. 335), zuletzt geändert durch Gesetz v. 17. 12. 2009 (GVOBl. S. 687, 720),
- Niedersächsisches Gesetz über die öffentliche Sicherheit und Ordnung v. 19. 1. 2005 (GVBl. S. 9), zuletzt geändert durch Gesetz v. 25. 3. 2009 (GVBl. S. 72),
- Polizeigesetz des Landes Nordrhein-Westfalen v. 25. 7. 2003 (GVBl. S. 441), zuletzt geändert durch Gesetz v. 9. 2. 2010 (GV. S. 132),
- Polizei und Ordnungsbehördengesetz Rheinland-Pfalz v. 10. 11. 1993 (GVBl. S. 595), zuletzt geändert durch Gesetz v. 25. 7. 2005 (GVBl. S. 320),
- Saarländisches Polizeigesetz v. 26. 3. 2001 (Amtsbl. S. 1074), zuletzt geändert durch Gesetz v. 21. 11. 2007 (Amtsbl. S. 2393),
- Polizeigesetz des Freistaates Sachsen v. 13. 8. 1999 (GVBl. S. 466), zuletzt geändert durch Gesetz v. 8. 12. 2008 (GVBl. S. 940),
- Gesetz über die öffentliche Sicherheit und Ordnung des Landes Sachsen-Anhalt v. 23. 9. 2003 (GVBl. S. 215), zuletzt geändert durch Gesetz v. 15. 12. 2009 (GVBl. S. 648, 680),
- Allgemeines Verwaltungsgesetz für das Land Schleswig-Holstein v. 2. 6. 1992 (GVOBl. S. 243), zuletzt geändert durch Gesetz v. 9. 3. 2010 (GVOBl. S. 356),
- Thüringer Polizeiaufgabengesetz v. 4. 6. 1992 (GVBl. S. 199), zuletzt geändert durch Gesetz v. 16. 1. 2008 (GVBl. S. 245).

Der Kommentierung wird der Musterentwurf eines einheitlichen Polizeigesetzes des Bundes und der Länder in der Fassung des Vorentwurfs zur Änderung des MEPolG (Stand: 12. 3. 1986) zugrundegelegt, dem der Text der meisten Polizeigesetze der Bundesländer entspricht. Auf die entsprechenden Vorschriften des BPolG und der Bundesländer wird jeweils hingewiesen. Auf

E Materielles Freiheitsentziehungsrecht

die Regelungen der Polizeigesetze der einzelnen Bundesländer wird außerdem gesondert eingegangen, wenn darin für die Frage der Freiheitsentziehung wesentliche Abweichungen gegenüber dem MEPolG enthalten sind. Die Polizeigesetze der Bundesländer enthalten neben den Vorschriften über die materiellrechtlichen Voraussetzungen des Gewahrsams ergänzende Verfahrensvorschriften insbesondere über die Verpflichtung der Polizei, unverzüglich eine richterliche Entscheidung über die Zulässigkeit und Fortdauer der Freiheitsentziehung herbeizuführen (§ 14 Abs. 1 MEPolG).

2. Gesetz zur Verhütung und Bekämpfung von Infektionskrankheiten beim Menschen (Infektionsschutzgesetz)

6 a) **Gesetzliche Grundlagen.** Die Unterbringung im Rahmen des Infektionsschutzgesetzes ist in § 30 Abs. 2 IfSG geregelt. Für das Verständnis der Vorschrift sind §§ 1, 2 Nr. 1–8, 14; 3; 19; 24; 25 Abs. 1; 26 Abs. 2, 4; 28–30 IfSG von Bedeutung.

§ 1 Zweck des Gesetzes

(1) Zweck des Gesetzes ist es, übertragbaren Krankheiten beim Menschen vorzubeugen, Infektionen frühzeitig zu erkennen und ihre Weiterverbreitung zu verhindern.

(2) Die hierfür notwendige Mitwirkung und Zusammenarbeit von Behörden des Bundes, der Länder und der Kommunen, Ärzten, Tierärzten, Krankenhäusern, wissenschaftlichen Einrichtungen sowie sonstigen Beteiligten soll entsprechend dem jeweiligen Stand der medizinischen und epidemiologischen Wissenschaft und Technik gestaltet und unterstützt werden. Die Eigenverantwortung der Träger und Leiter von Gemeinschaftseinrichtungen, Lebensmittelbetrieben, Gesundheitseinrichtungen sowie des Einzelnen bei der Prävention übertragbarer Krankheiten soll verdeutlicht und gefördert werden.

§ 2 Begriffsbestimmungen

Im Sinne dieses Gesetzes ist

1. Krankheitserreger
   ein vermehrungsfähiges Agens (Virus, Bakterium, Pilz, Parasit) oder ein sonstiges biologisches transmissibles Agens, das bei Menschen eine Infektion oder übertragbare Krankheit verursachen kann,
2. Infektion
   die Aufnahme eines Krankheitserregers und seine nachfolgende Entwicklung oder Vermehrung im menschlichen Organismus,
3. übertragbare Krankheit
   eine durch Krankheitserreger oder deren toxische Produkte, die unmittelbar oder mittelbar auf den Menschen übertragen werden, verursachte Krankheit,
4. Kranker
   eine Person, die an einer übertragbaren Krankheit erkrankt ist,

5. Krankheitsverdächtiger
   eine Person, bei der Symptome bestehen, welche das Vorliegen einer bestimmten übertragbaren Krankheit vermuten lassen,
6. Ausscheider
   eine Person, die Krankheitserreger ausscheidet und dadurch eine Ansteckungsquelle für die Allgemeinheit sein kann, ohne krank oder krankheitsverdächtig zu sein,
7. Ansteckungsverdächtige
   eine Person, von der anzunehmen ist, dass sie Krankheitserreger aufgenommen hat, ohne krank, krankheitsverdächtig oder Ausscheider zu sein,
8. nosokomiale Infektion
   eine Infektion mit lokalen oder systematischen Infektionszeichen als Reaktion auf das Vorhandensein von Erregern oder ihrer Toxine, die im zeitlichen Zusammenhang mit einer stationären oder einer ambulanten medizinischen Maßnahme steht, soweit die Infektion nicht bereits vorher bestand,
9. Schutzimpfung
   die Gabe eines Impfstoffes mit dem Ziel, vor einer übertragbaren Krankheit zu schützen,
10. andere Maßnahme der spezifischen Prophylaxe
    die Gabe von Antikörpern (passive Immunprophylaxe) oder die Gabe von Medikamenten (Chemoprophylaxe) zum Schutz vor Weiterverbreitung bestimmter übertragbarer Krankheiten,
11. Impfschaden
    die gesundheitliche und wirtschaftliche Folge einer über das übliche Ausmaß einer Impfreaktion hinausgehenden gesundheitlichen Schädigung durch Schutzimpfung; ein Impfschaden liegt auch vor, wenn mit vermehrungsfähigen Erregern geimpft wurde und eine andere als die geimpfte Person geschädigt wurde,
12. Gesundheitsschädling
    ein Tier, durch das Krankheitserreger auf Menschen übertragen werden können,
13. Sentinel-Erhebung
    eine epidemiologische Methode zur stichprobenartigen Erfassung der Verbreitung bestimmter übertragbarer Krankheiten und der Immunität gegen bestimmte übertragbare Krankheiten in ausgewählten Bevölkerungsgruppen,
14. Gesundheitsamt
    die nach Landesrecht für die Durchführung dieses Gesetzes bestimmte und mit einem Amtsarzt besetzte Behörde.

§ 3 Prävention durch Aufklärung

Die Information und Aufklärung der Allgemeinheit über die Gefahren übertragbarer Krankheiten und die Möglichkeiten zu deren Verhütung sind eine öffentliche Aufgabe. Insbesondere haben die nach Landesrecht zuständigen Stellen über Möglichkeiten des allgemeinen und individuellen Infektionsschutzes sowie über Beratungs-, Betreuungs- und Versorgungsangebote zu informieren.

§ 19 Aufgaben des Gesundheitsamtes in besonderen Fällen

(1) Das Gesundheitsamt bietet bezüglich sexuell übertragbarer Krankheiten und Tuberkulose Beratung und Untersuchung an oder stellt diese in Zusammenarbeit mit anderen medizinischen Einrichtungen sicher. Diese sollen für Personen, deren Lebensumstände eine erhöhte Ansteckungsgefahr für sich oder andere mit sich bringen, auch aufsuchend angeboten werden und können im Einzelfall die ambulante Behandlung durch einen Arzt des Gesundheitsamtes umfassen, soweit dies zur Verhinderung der Weiterverbreitung der sexuell übertragbaren Krankheiten und der Tuberkulose erforderlich ist. Die Angebote können bezüglich sexuell übertragbarer Krankheiten anonym in Anspruch genommen werden, soweit hierdurch die Geltendmachung von Kostenerstattungsansprüchen nach Absatz 2 nicht gefährdet wird.

(2) Die Kosten der Untersuchung und Behandlung werden getragen:

1. von den Trägern der Krankenversicherung nach dem fünften Abschnitt des dritten Kapitels des Fünften Buches Sozialgesetzbuch, falls die Person bei einer Krankenkasse nach § 4 des Fünften Buches Sozialgesetzbuch versichert ist,
2. im Übrigen aus öffentlichen Mitteln, falls die Person die Kosten der Untersuchung oder Behandlung nicht selbst tragen kann; des Nachweises des Unvermögens bedarf es nicht, wenn dieses offensichtlich ist oder die Gefahr besteht, dass die Inanspruchnahme anderer Zahlungspflichtiger die Durchführung der Untersuchung oder Behandlung erschweren würde.

Wenn bei der Untersuchung oder der Feststellung der Behandlungsbedürftigkeit der Kostenträger noch nicht feststeht, werden die Kosten vorläufig aus öffentlichen Mitteln übernommen. Der Kostenträger ist zur Erstattung verpflichtet.

§ 24 Behandlung übertragbarer Krankheiten

Die Behandlung von Personen, die an einer der in § 6 Abs. 1 Satz 1 Nr. 1, 2 und 5 oder § 34 Abs. 1 genannten übertragbaren Krankheiten erkrankt oder dessen verdächtig sind oder die mit einem Krankheitserreger nach § 7 infiziert sind, ist insoweit im Rahmen der berufsmäßigen Ausübung der Heilkunde nur Ärzten gestattet. Satz 1 gilt entsprechend bei sexuell übertragbaren Krankheiten und für Krankheiten oder Krankheitserreger, die durch eine Rechtsverordnung auf Grund des § 15 Abs. 1 in die Meldepflicht einbezogen sind. Als Behandlung im Sinne der Sätze 1 und 2 gilt auch der direkte und indirekte Nachweis eines Krankheitserregers für die Feststellung einer Infektion oder übertragbaren Krankheit; § 46 gilt entsprechend.

§ 25 Ermittlungen, Unterrichtungspflichten des Gesundheitsamtes bei Blut-, Organ- oder Gewebespendern

(1) Ergibt sich oder ist anzunehmen, dass jemand krank, krankheitsverdächtig, ansteckungsverdächtig oder Ausscheider ist oder dass ein Verstorbener krank, krankheitsverdächtig oder Ausscheider war, so stellt das Ge-

2. Gesetz zur Verhütung und Bekämpfung von Infektionskrankheiten

sundheitsamt die erforderlichen Ermittlungen an, insbesondere über Art, Ursache, Ansteckungsquelle und Ausbreitung der Krankheit.

§ 26 Durchführung

(2) Die in § 25 Abs. 1 genannten Personen können durch das Gesundheitsamt vorgeladen werden. Sie können durch das Gesundheitsamt verpflichtet werden, Untersuchungen und Entnahmen von Untersuchungsmaterial an sich vornehmen zu lassen, insbesondere die erforderlichen äußerlichen Untersuchungen, Röntgenuntersuchungen, Tuberkulintestungen, Blutentnahmen und Abstriche von Haut und Schleimhäuten durch die Beauftragten des Gesundheitsamtes zu dulden sowie das erforderliche Untersuchungsmaterial auf Verlangen bereitzustellen. Darüber hinausgehende invasive Eingriffe sowie Eingriffe, die eine Betäubung erfordern, dürfen nur mit Einwilligung des Betroffenen vorgenommen werden; § 16 Abs. 5 gilt nur entsprechend, wenn der Betroffene einwilligungsunfähig ist. Die bei den Untersuchungen erhobenen personenbezogenen Daten dürfen nur für Zwecke dieses Gesetzes verarbeitet und genutzt werden.

(4) Die Grundrechte der körperlichen Unversehrtheit (Artikel 2 Abs. 2 Satz 1 Grundgesetz), der Freiheit der Person (Artikel 2 Abs. 2 Satz 2 Grundgesetz) und der Unverletzlichkeit der Wohnung (Artikel 13 Abs. 1 Grundgesetz) werden insoweit eingeschränkt.

§ 28 Schutzmaßnahmen

(1) Werden Kranke, Krankheitsverdächtige, Ansteckungsverdächtige oder Ausscheider festgestellt oder ergibt sich, dass ein Verstorbener krank, krankheitsverdächtig oder Ausscheider war, so trifft die zuständige Behörde die notwendigen Schutzmaßnahmen, insbesondere die in den §§ 29 bis 31 genannten, soweit und solange es zur Verhinderung der Verbreitung übertragbarer Krankheiten erforderlich ist. Unter den Voraussetzungen von Satz 1 kann die zuständige Behörde Veranstaltungen oder sonstige Ansammlungen einer größeren Anzahl von Menschen beschränken oder verbieten und Badeanstalten oder in § 33 genannte Gemeinschaftseinrichtungen oder Teile davon schließen; sie kann auch Personen verpflichten, den Ort, an dem sie sich befinden, nicht zu verlassen oder von ihr bestimmte Orte nicht zu betreten, bis die notwendigen Schutzmaßnahmen durchgeführt worden sind. Eine Heilbehandlung darf nicht angeordnet werden. Die Grundrechte der Freiheit der Person (Artikel 2 Abs. 2 Satz 2 Grundgesetz), der Versammlungsfreiheit (Artikel 8 Grundgesetz) und der Unverletzlichkeit der Wohnung (Artikel 13 Abs. 1 Grundgesetz) werden insoweit eingeschränkt.

(2) Für Maßnahmen nach Absatz 1 gilt § 16 Abs. 5 bis 8, für ihre Überwachung außerdem § 16 Abs. 2 entsprechend.

§ 29 Beobachtung

(1) Kranke, Krankheitsverdächtige, Ansteckungsverdächtige und Ausscheider können einer Beobachtung unterworfen werden.

(2) Wer einer Beobachtung nach Absatz 1 unterworfen ist, hat die erforderlichen Untersuchungen durch die Beauftragten des Gesundheitsamtes zu

dulden und den Anordnungen des Gesundheitsamtes Folge zu leisten. § 26 Abs. 2 gilt entsprechend. Eine Person nach Satz 1 ist ferner verpflichtet, den Beauftragten des Gesundheitsamtes zum Zwecke der Befragung oder der Untersuchung den Zutritt zu seiner Wohnung zu gestatten, auf Verlangen ihnen über alle seinen Gesundheitszustand betreffenden Umstände Auskunft zu geben und im Falle des Wechsels der Hauptwohnung oder des gewöhnlichen Aufenthaltes unverzüglich dem bisher zuständigen Gesundheitsamt Anzeige zu erstatten. Die Anzeigepflicht gilt auch bei Änderungen einer Tätigkeit im Lebensmittelbereich im Sinne von § 42 Abs. 1 Satz 1 oder in Einrichtungen im Sinne von § 36 Abs. 1 sowie beim Wechsel einer Gemeinschaftseinrichtung im Sinne von § 33. § 16 Abs. 2 Satz 4 gilt entsprechend. Die Grundrechte der körperlichen Unversehrtheit (Artikel 2 Abs. 2 Satz 1 Grundgesetz), der Freiheit der Person (Artikel 2 Abs. 2 Satz 2 Grundgesetz) und der Unverletzlichkeit der Wohnung (Artikel 13 Abs. 1 Grundgesetz) werden insoweit eingeschränkt.

§ 30 Quarantäne

(1) Die zuständige Behörde hat anzuordnen, dass Personen, die an Lungenpest oder an von Mensch zu Mensch übertragbaren hämorrhagischem Fieber erkrankt oder dessen verdächtig sind, unverzüglich in einem Krankenhaus oder einer für diese Krankheiten geeigneten Einrichtung abgesondert werden. Bei sonstigen Kranken sowie Krankheitsverdächtigen, Ansteckungsverdächtigen und Ausscheidern kann angeordnet werden, dass sie in einem geeigneten Krankenhaus oder in sonst geeigneter Weise abgesondert werden, bei Ausscheidern jedoch nur, wenn sie andere Schutzmaßnahmen nicht befolgen, befolgen können oder befolgen würden und dadurch ihre Umgebung gefährden.

(2) Kommt der Betroffene den seine Absonderung betreffenden Anordnungen nicht nach oder ist nach seinem bisherigen Verhalten anzunehmen, dass er solchen Anordnungen nicht ausreichend Folge leisten wird, so ist er zwangsweise durch Unterbringung in einem abgeschlossenen Krankenhaus oder einem abgeschlossenen Teil eines Krankenhauses abzusondern. Ansteckungsverdächtige und Ausscheider können auch in einer anderen geeigneten abgeschlossenen Einrichtung abgesondert werden. Das Grundrecht der Freiheit der Person (Artikel 2 Abs. 2 Satz 2 Grundgesetz) kann insoweit eingeschränkt werden. Buch 7 des Gesetzes über das Verfahren in Familiensachen und in den Angelegenheiten der freiwilligen Gerichtsbarkeit gilt entsprechend.

(3) Der Abgesonderte hat die Anordnungen des Krankenhauses oder der sonstigen Absonderungseinrichtung zu befolgen und die Maßnahmen zu dulden, die der Aufrechterhaltung eines ordnungsgemäßen Betriebs der Einrichtung oder der Sicherung des Unterbringungszwecks dienen. Insbesondere dürfen ihm Gegenstände, die unmittelbar oder mittelbar einem Entweichen dienen können, abgenommen und bis zu seiner Entlassung anderweitig verwahrt werden. Für ihn eingehende oder von ihm ausgehende Pakete und schriftliche Mitteilungen können in seinem Beisein geöffnet und

2. Gesetz zur Verhütung und Bekämpfung von Infektionskrankheiten E

zurückgehalten werden, soweit dies zur Sicherung des Unterbringungszwecks erforderlich ist. Die bei der Absonderung erhobenen personenbezogenen Daten sowie die über Pakete und schriftliche Mitteilungen gewonnenen Erkenntnisse dürfen nur für Zwecke dieses Gesetzes verarbeitet und genutzt werden. Postsendungen von Gerichten, Behörden, gesetzlichen Vertretern, Rechtsanwälten, Notaren oder Seelsorgern dürfen weder geöffnet noch zurückgehalten werden; Postsendungen an solche Stellen oder Personen dürfen nur geöffnet und zurückgehalten werden, soweit dies zum Zwecke der Entseuchung notwendig ist. Die Grundrechte der körperlichen Unversehrtheit (Artikel 2 Abs. 2 Satz 1 Grundgesetz), der Freiheit der Person (Artikel 2 Abs. 2 Satz 2 Grundgesetz) und das Grundrecht des Brief- und Postgeheimnisses (Artikel 10 Grundgesetz) werden insoweit eingeschränkt.

(4) Der behandelnde Arzt und die zur Pflege bestimmten Personen haben freien Zutritt zu abgesonderten Personen. Dem Seelsorger oder Urkundspersonen muss, anderen Personen kann der behandelnde Arzt den Zutritt unter Auferlegung der erforderlichen Verhaltensmaßregeln gestatten.

(5) Die Träger der Einrichtungen haben dafür zu sorgen, dass das eingesetzte Personal sowie die weiteren gefährdeten Personen den erforderlichen Impfschutz oder eine spezifische Prophylaxe erhalten.

(6) Die Länder haben dafür Sorge zu tragen, dass die nach Absatz 1 Satz 1 notwendigen Räume, Einrichtungen und Transportmittel zur Verfügung stehen.

(7) Die zuständigen Gebietskörperschaften haben dafür zu sorgen, dass die nach Absatz 1 Satz 2 und Absatz 2 notwendigen Räume, Einrichtungen und Transportmittel sowie das erforderliche Personal zur Durchführung von Absonderungsmaßnahmen außerhalb der Wohnung zur Verfügung stehen. Die Räume und Einrichtungen zur Absonderung nach Absatz 2 sind nötigenfalls von den Ländern zu schaffen und zu unterhalten.

b) Ermittlungen und Schutzmaßnahmen. In dem vorstehend auszugsweise abgedruckten, am 1. 1. 2001 in Kraft getretenen Infektionsschutzgesetz wurden die seuchenrechtlichen Vorschriften entsprechenden aktuellen Anforderungen und Erkenntnissen neu gefasst. Hinsichtlich der in §§ 28, 30 IfSG enthaltenen Vorschriften über die Schutzmaßnahmen und die Absonderung bzw. Unterbringung (**Quarantäne**) ergeben sich nur geringfügige Änderungen gegenüber den früheren §§ 34 und 37 BSeuchG. 7

§§ 25 und 26 IfSG regeln die erforderlichen **Ermittlungen** durch das Gesundheitsamt. Die in § 25 Abs. 1 IfSG genannten Personen (Kranke, Krankheitsverdächtige, Ansteckungsverdächtige oder Ausscheider) können durch das Gesundheitsamt vorgeladen und verpflichtet werden, **Untersuchungen** und die Entnahmen von Untersuchungsmaterial an sich vornehmen zu lassen. Invasive Eingriffe sowie Eingriffe, die eine Betäubung erfordern, dürfen nur mit Einwilligung des Betroffenen oder im Fall der Einwilligungsunfähigkeit seines gesetzlichen Vertreters vorgenommen werden (§ 26 Abs. 2 IfSG). Eine zwangsweise Durchsetzung der Vorladung und Verpflichtung zur Duldung der Untersuchung ist im Gesetz nicht vorgese- 8 hen, so dass im Fall einer Verweigerung des Betroffenen, der Vorladung Folge zu leisten, die Maßnahme der §§ 28 ff. IfSG zu prüfen sind.

9 Die Regelung der zwangsweisen Unterbringung in einem abgeschlossenen Krankenhaus oder Teil eines Krankenhauses zum Zweck der Absonderung (§ 30 Abs. 2 IfSG) ist im Zusammenhang der Schutzmaßnahmen nach § 28 ff. IfSG zu sehen. Die **Schutzmaßnahmen** dienen der Verhinderung der Verbreitung übertragbarer Krankheiten. Die Vorschrift betrifft einerseits Personen, die an Lungenpest oder von Mensch zu Mensch übertragbaren hämorraghischem Fieber erkrankt oder dessen verdächtigt sind (§ 30 Abs. 1 Satz 1 IfSG), andererseits sonstige Kranke sowie Krankheitsverdächtige, Ansteckungsverdächtige oder Ausscheider (§ 30 Abs. 1 Satz 2 IfSG). Die Umschreibung dieses Personenkreises ergibt sich aus den Begriffsbestimmungen des § 2 IfSG. Die Legaldefinition der **übertragbaren Krankheit** ergibt sich aus § 2 Nr. 3 IfSG. Zu den übertragbaren Krankheiten im Sinn der §§ 28 ff. IfSG gehören nicht nur die meldepflichtigen Krankheiten des § 6 IfSG, sondern alle übertragbaren Krankheiten.

10 **Aids** galt bereits bisher als übertragbare Krankheit im Sinne des Bundesseuchengesetzes (BayVGH NJW 1998, 2318). Bei der **HIV-Infektion** liegt ein Ansteckungsverdacht im Sinn des § 2 Nr. 7 IfSG vor. Der Nachweis des Krankheitserregers HIV ist nichtnamentlich meldepflichtig (§ 7 Abs. 3 Nr. 2 IfSG). Die Zugehörigkeit zu einer Risikogruppe rechtfertigt für sich genommen aber noch nicht die Annahme eines Ansteckungsverdachts, vielmehr müssen im Einzelfall Verhaltensweisen hinzutreten, die auf einen Ansteckungsverdacht schließen lassen (zum ganzen *Seewald* NJW 1987, 2265 und 1988, 2921; *Hofmann* NJW 1988, 1486; a. A. *Gallwas* NJW 1989, 1516).

11 **c) Quarantäne.** Bevor es zu einer **Absonderung** im Wege der zwangsweisen Unterbringung kommt, ist zunächst von der Möglichkeit des § 30 Abs. 1 IfSG Gebrauch zu machen. Bei den in Satz 1 aufgezählten Krankheiten muss die Absonderung angeordnet werden, bei den anderen Krankheiten kann sie im Rahmen der Erforderlichkeit angeordnet werden. Die Absonderung nach § 30 Abs. 1 IfSG setzt die Freiwilligkeit des Betroffenen und damit seine Einsicht in das Notwendige voraus. Die Situation ist der Einwilligung im Rahmen einer geschlossenen psychiatrischen Unterbringung ähnlich. Freiwilligkeit bedeutet, dass das jederzeitige Recht des Widerrufs und damit des Verlassens der Einrichtung besteht, es sei denn es liegen nunmehr die Voraussetzungen für eine Unterbringung vor. Die Freiwilligkeit setzt aber nach der gesetzlichen Regelung keinen rechtsgeschäftlichen oder natürlichen Willen voraus, sondern es genügt, dass der Betroffene den entsprechenden Anordnungen tatsächlich Folge leistet.

12 Eine Absonderung im Wege der **zwangsweisen Unterbringung** kommt nur in Betracht, wenn der Betroffene den seine Absonderung betreffenden Anordnungen nicht nachkommt oder nach seinem bisherigen Verhalten dies anzunehmen ist (§ 30 Abs. 2 IfSG). Es handelt sich um eine Prognoseentscheidung (hierzu grundsätzlich Kap. **A** S. 51 ff.), die mit konkreten Tatsachen (z. B. ausdrückliche Weigerung des Betroffenen, den Anordnungen Folge zu leisten, oder Verhalten in früheren vergleichbaren Situationen) zu belegen ist (*Bales/Baumann/Schnitzler* § 30 IfSG Rn. 9). Praktische Bedeu-

2. Gesetz zur Verhütung und Bekämpfung von Infektionskrankheiten E

tung hat die zwangsweise Absonderung nur bei Personen mit offener Lungentuberkulose erlangt, die insbesondere im Fall von Obdachlosigkeit oder infolge Alkohol- oder Drogenabhängigkeit die medizinisch notwendige Behandlung verweigern oder abbrechen (*Bales/Baumann/Schnitzler* § 30 IfSG Rn. 10). In diesem Fall liegt eine **Freiheitsentziehung** vor mit der Folge, dass die Unterbringung vorher vom Richter anzuordnen ist, es sei denn es wird wegen besonderer Dringlichkeit eine behördliche Unterbringungsmaßnahme durchgeführt (§ 428 Abs. 1 FamFG). In diesem Fall ist die richterliche Entscheidung unverzüglich (hierzu Kap. **F** § 428 FamFG S. 466 ff.) herbeizuführen. Der Antrag auf Freiheitsentziehung ist von der nach Landesrecht zuständigen Behörde (§ 54 IfSG) bei dem nach § 416 FamFG zuständigen Amtsgericht zu stellen (§ 417 FamFG). Für die zwangsweise Absonderung tuberkulosekranker Männer steht das Tuberkulosekrankenhaus Parsberg I in Bayern, für Frauen das Auguste-Viktoria- und Cäcilien-Stift in Bad Lippspringe zur Verfügung.

Die Unterbringung kommt nur als ultima ratio nach Ausschöpfung aller vorrangigen Behandlungsmöglichkeiten in Betracht. Die Durchführung der Maßnahme unterliegt dem **Übermaßverbot** (*Seewald* NJW 1987, 2265, 2272; *Hofmann* NJW 1988, 1492). Dies hat zur Folge, dass eine Unterbringung wegen der Unheilbarkeit bei HIV-Infizierten sowie Aids-Kranken nicht in Betracht kommt, da sie zu einer lebenslangen Absonderung führen würde (ähnlich *Hofmann* NJW 1988, 1492). Auch die Anordnung einer Zwangshaft nach dem Verwaltungsvollstreckungsrecht zur Durchsetzung eines seuchenrechtlichen Prostitutionsausübungsverbots wegen Verweigerung eines Aids-Tests kann unverhältnismäßig und ungeeignet sein, wenn bei dem Betroffenen keine Verhaltensänderung zu erwarten ist (VG Stuttgart NJW 1999, 1130 = NVwZ 1999, 323). Weitergehend wird die Auffassung vertreten, dass die Unterbringung von Aids-Kranken nach § 30 Abs. 2 IfSG schon deshalb nicht in Betracht kommt, weil die Unterbringungsvoraussetzungen nicht in berechenbarer, messbarer und kontrollierbarer Weise geregelt sind (*Rink* in *Schumacher u. a.,* 1. Vormundschaftsgerichtstag S. 187 ff.; siehe auch *Seewald* NJW 1987, 2265 ff.). Unstreitig kommt eine Unterbringung von Aids-Kranken nach den Unterbringungsgesetzen der Bundesländer nicht in Betracht, es sei denn es liegt zusätzlich eine psychische Krankheit vor (so der Fall BayObLGZ 1998, 116 = R&P 1999, 39). 13

Einzelheiten des **Vollzugs** der Absonderung sind unvollständig in § 30 Abs. 3 IfSG geregelt (zur Aussetzung des Vollzugs Kap. **F** § 424 FamFG S. 453 ff.). Sie betreffen in erster Linie die Abnahme von Gegenständen, die dem Entweichen dienen können, sowie die Postkontrolle. Die Duldungspflicht hinsichtlich der Maßnahmen, die der Aufrechterhaltung eines ordnungsgemäßen Anstaltsbetriebs oder der Sicherung des Unterbringungszwecks dienen, ist dagegen zu unbestimmt geregelt, um den Anforderungen der Rechtsprechung des Bundesverfassungsgerichts zu genügen. Über § 30 Abs. 3 IfSG hinausgehende Grundrechtseingriffe im Vollzug der Unterbringung sind unzulässig (BVerfG NJW 1972, 811 ff.). 14

Eine **Zwangsbehandlung** während der Absonderung ist gesetzlich verboten (§ 28 Abs. 1 Satz 3 IfSG). Dies verdeutlicht, dass die Maßnahmen der 15

Gefahrenabwehr dienen, nicht aber der zwangsweisen Behandlung des Betroffenen. Die Behandlung kann aber im Interesse des Betroffenen liegen und dann mit seiner Zustimmung durchgeführt werden.

16 Das frühere Gesetz zur Bekämpfung der Geschlechtskrankheiten ist wie das frühere Bundesseuchengesetz durch das Infektionsschutzgesetz abgelöst worden. Die bisherigen Vorschriften über die Möglichkeiten einer zwangsweisen Einweisung mit dem Ziel einer zwangsweisen Behandlung zur Beseitigung einer Ansteckungsgefahr für Dritte wurden durch die weitgehend dem bisherigen § 37 BSeuchG entsprechende Vorschrift des § 30 IfSG abgelöst.

17 Entgegen dem bisherigen Konzept der Maßnahmen zur Bekämpfung von Geschlechtskrankheiten enthalten die Vorschriften des Infektionsschutzgesetzes bezüglich sexuell übertragbarer Krankheiten keine Zwangselemente mehr. Im Vordergrund stehen **Angebote der Beratung und Untersuchung** (§ 19 Abs. 1 IfSG). Der Gesetzgeber reagiert damit auf wissenschaftliche Erkenntnisse, wonach die Ausübung von Zwang sowie polizeiliche Kontrolle dazu führen, dass Betroffene mit Geschlechtskrankheiten ärztliche Kontakte und Behandlungen meiden (BR-Drucks. 566/99 S. 160). Durch die Möglichkeit einer aufsuchenden Arbeit und einer sofortigen medikamentösen Therapie durch das Gesundheitsamt kann nach Auffassung des Gesetzgebers bei anders nicht erreichbaren Personengruppen der Schutz Dritter vor Ansteckung besser erreicht werden. Wie in der Mehrzahl der PsychKG ist in § 19 Abs. 1 Satz 2 IfSG eine ausdrückliche **Ermächtigung der Gesundheitsämter zur Behandlung** enthalten, soweit dies zur Verhinderung der Weiterverbreitung der sexuell übertragbaren Krankheiten erforderlich ist (siehe Kap. **B** S. 93 f.). Die Angebote können anonym in Anspruch genommen werden (§ 19 Abs. 1 Satz 3 IfSG).

18 Durch die Neuregelung der Aufgaben der Gesundheitsämter bezüglich sexuell übertragbarer Krankheiten sind auch die Regelungen über die Vorführung entfallen mit der Folge, dass die Diskussion um die Einordnung der Vorführung nach dem bisherigen § 18 GSchlKrG als Freiheitsentziehung oder Freiheitsbeschränkung gegenstandslos geworden ist (siehe hierzu BGH NJW 1982, 753).

19 Gleichzeitig ist die Möglichkeit einer Zwangsbehandlung des Betroffenen nach den bisherigen §§ 3, 17 GSchlKrG entfallen. Es gilt auch insoweit das ausdrückliche Verbot der Anordnung der Heilbehandlung gegen den Willen des Betroffenen nach § 28 Abs. 1 Satz 3 IfSG.

3. Aufenthaltsgesetz

20 **a) Gesetzliche Grundlagen.** Die **Abschiebungshaft** ist in § 62 AufenthG geregelt. Die Vorschrift gilt entsprechend für die **Zurückweisungshaft** und die **Zurückschiebungshaft** (§§ 15 Abs. 5 und 6, 57 Abs. 3 AufenthG) und ist grundsätzlich auch für Asylbewerber und Asylberechtigte anwendbar. Obwohl die Zahlen der Freiheitsentziehungen nach Ausländerrecht in den letzten Jahren abgenommen haben (hierzu Kap. **A** S. 26), ist die praktische Relevanz hoch und die Handhabung von Anordnung und Vollzug

3. Aufenthaltsgesetz **E**

der Abschiebungshaft in der Praxis teilweise unbefriedigend (*Kessler* in *Hoffmann/Hoffmann* S. 762 ff.). § 62 AufenthG entspricht in der ursprünglichen Fassung weitgehend der Vorgängervorschrift des § 57 AuslG ergänzt durch die Möglichkeit der Sicherungshaft bei einer Abschiebungsanordnung nach § 58 a AufenthG. § 57 Abs. 2 AuslG wurde durch das Gesetz zur Neuregelung des Asylverfahrensrechts vom 26. 6. 1992 (BGBl. I S. 1126), in Kraft getreten am 1. 7. 1992, neu gefasst. Mit dem Richtlinienumsetzungsgesetz vom 19. 8. 2007 (BGBl. I S. 1970) wurden die Regelung über die Fortgeltung der Haftanordnung nach gescheiterter Abschiebung in § 62 Abs. 2 Satz 5 AufenthG eingefügt und in § 62 Abs. 4 AufenthG die Befugnis der Ausländerbehörde geschaffen, einen Ausländer ohne vorherige richterliche Anordnung festzuhalten und vorläufig in Gewahrsam zu nehmen. Das Asylverfahrensgesetz vom 26. 6. 1992 wurde zwischenzeitlich mehrfach geändert (insbesondere durch das Zuwanderungsgesetz vom 30. 7. 2004 – BGBl. I S. 1950). Für das Verständnis der Vorschriften über die Abschiebungshaft sowie die Zurückschiebungs- und Zurückweisungshaft sind die §§ 15, 50, 50 a, 57 bis 62, 106 AufenthG sowie §§ 13, 14, 34, 59, 71, 71 a, 89 AsylVfG von Bedeutung. Die ausdrückliche Verweisung auf das FamFG für das Verfahren in Freiheitsentziehungssachen befindet sich in § 106 Abs. 2 AufenthG und § 89 Abs. 2 AsylVfG. Wegen Einzelfragen zum materiellen Ausländerrecht muss auf die Kommentierungen zum Ausländerrecht verwiesen werden (insbesondere *Renner*, Ausländerrecht, 8. Auflage; Gemeinschaftskommentar Ausländerrecht und Asylverfahrensgesetz; *Hoffmann/Hoffmann*, Ausländerrecht; *Huber/Göbel/Zimmermann*, Ausländer- und Asylrecht, 2. Aufl.; zur Beendigung des Aufenthalts im Rechtsstaat *Rittstieg* NJW 1996, 545; zur Abschiebungshaft in der gerichtlichen Praxis *Beichel-Benedetti/Gutmann* NJW 2004, 3015; neueste Entscheidungen zur Abschiebungshaft in der FGPrax).

§ 15 Zurückweisung

(1) Ein Ausländer, der unerlaubt einreisen will, wird an der Grenze zurückgewiesen.

(2) Ein Ausländer kann an der Grenze zurückgewiesen werden, wenn
1. ein Ausweisungsgrund vorliegt,
2. der begründete Verdacht besteht, dass der Aufenthalt nicht dem angegebenen Zweck dient,
2 a. er nur über ein Schengen-Visum verfügt oder für einen kurzfristigen Aufenthalt von der Visumpflicht befreit ist und beabsichtigt, entgegen § 4 Abs. 3 Satz 1 eine Erwerbstätigkeit auszuüben oder
3. er die Voraussetzungen für die Einreise in das Hoheitsgebiet der Vertragsparteien nach Artikel 5 des Schengener Grenzkodex nicht erfüllt.

(3) Ein Ausländer, der für einen vorübergehenden Aufenthalt im Bundesgebiet vom Erfordernis eines Aufenthaltstitels befreit ist, kann zurückgewiesen werden, wenn er nicht die Voraussetzungen des § 3 Abs. 1 und des § 5 Abs. 1 erfüllt.

(4) [1]§ 60 Abs. 1 bis 3, 5 und 7 bis 9 ist entsprechend anzuwenden. [2]Ein Ausländer, der einen Asylantrag gestellt hat, darf nicht zurückgewiesen wer-

den, solange ihm der Aufenthalt im Bundesgebiet nach den Vorschriften des Asylverfahrensgesetzes gestattet ist.

(5) ¹Ein Ausländer soll zur Sicherung der Zurückweisung auf richterliche Anordnung in Haft (Zurückweisungshaft) genommen werden, wenn eine Zurückweisungsentscheidung ergangen ist und diese nicht unmittelbar vollzogen werden kann. ²Im Übrigen ist § 62 Abs. 3 entsprechend anzuwenden. ³In den Fällen, in denen der Richter die Anordnung oder die Verlängerung der Haft ablehnt, findet Absatz 1 keine Anwendung.

(6) ¹Ist der Ausländer auf dem Luftweg in das Bundesgebiet gelangt und nicht nach § 13 Abs. 2 eingereist, sondern zurückgewiesen worden, ist er in den Transitbereich eines Flughafens oder in eine Unterkunft zu verbringen, von wo aus seine Abreise aus dem Bundesgebiet möglich ist, wenn Zurückweisungshaft nicht beantragt wird. ²Der Aufenthalt des Ausländers im Transitbereich eines Flughafens oder in einer Unterkunft nach Satz 1 bedarf spätestens 30 Tage nach Ankunft am Flughafen oder, sollte deren Zeitpunkt nicht feststellbar sein, nach Kenntnis der zuständigen Behörden von der Ankunft, der richterlichen Anordnung. ³Die Anordnung ergeht zur Sicherung der Abreise. ⁴Sie ist nur zulässig, wenn die Abreise innerhalb der Anordnungsdauer zu erwarten ist. ⁵Absatz 5 ist entsprechend anzuwenden.

§ 50 Ausreisepflicht

(1) Ein Ausländer ist zur Ausreise verpflichtet, wenn er einen erforderlichen Aufenthaltstitel nicht oder nicht mehr besitzt und ein Aufenthaltsrecht nach dem Assoziationsabkommen EWG/Türkei nicht oder nicht mehr besteht.

(2) ¹Der Ausländer hat das Bundesgebiet unverzüglich oder, wenn ihm eine Ausreisefrist gesetzt ist, bis zum Ablauf der Frist zu verlassen. ²Die Ausreisefrist endet spätestens sechs Monate nach dem Eintritt der Unanfechtbarkeit der Ausreisepflicht. ³Sie kann in besonderen Härtefällen verlängert werden.

(2 a) ¹Liegen der Ausländerbehörde konkrete Anhaltspunkte dafür vor, dass der Ausländer Opfer einer in § 25 Abs. 4 a Satz 1 genannten Straftat wurde, setzt sie eine Ausreisefrist, die so zu bemessen ist, dass er eine Entscheidung über seine Aussagebereitschaft nach § 25 Abs. 4 a Satz 2 Nr. 3 treffen kann. ²Die Ausreisefrist beträgt mindestens einen Monat. ³Die Ausländerbehörde kann von der Festsetzung einer Ausreisefrist nach Satz 1 absehen, diese aufheben oder verkürzen, wenn

1. der Aufenthalt des Ausländers die öffentliche Sicherheit und Ordnung oder sonstige erhebliche Interessen der Bundesrepublik Deutschland beeinträchtigt oder

2. der Ausländer freiwillig nach der Unterrichtung nach Satz 4 wieder Verbindung zu den Personen nach § 25 Abs. 4 a Satz 2 Nr. 2 aufgenommen hat.

⁴Die Ausländerbehörde oder eine durch sie beauftragte Stelle unterrichtet den Ausländer über die geltenden Regelungen, Programme und Maßnahmen für Opfer von in § 25 Abs. 4 a Satz 1 genannten Straftaten.

(3) Die Ausreisefrist wird unterbrochen, wenn die Vollziehbarkeit der Ausreisepflicht oder der Abschiebungsandrohung entfällt.

(4) Durch die Einreise in einen anderen Mitgliedstaat der Europäischen Gemeinschaften genügt der Ausländer seiner Ausreisepflicht nur, wenn ihm Einreise und Aufenthalt dort erlaubt sind.

(5) Ein ausreisepflichtiger Ausländer, der seine Wohnung wechseln oder den Bezirk der Ausländerbehörde für mehr als drei Tage verlassen will, hat dies der Ausländerbehörde vorher anzuzeigen.

(6) Der Pass oder Passersatz eines ausreisepflichtigen Ausländers soll bis zu dessen Ausreise in Verwahrung genommen werden.

(7) [1] Ein Ausländer kann zum Zweck der Aufenthaltsbeendigung in den Fahndungshilfsmitteln der Polizei zur Aufenthaltsermittlung und Festnahme ausgeschrieben werden, wenn sein Aufenthalt unbekannt ist. [2] Ein ausgewiesener, zurückgeschobener oder abgeschobener Ausländer kann zum Zweck der Einreiseverweigerung zur Zurückweisung und für den Fall des Antreffens im Bundesgebiet zur Festnahme ausgeschrieben werden. [3] Für Ausländer, die gemäß § 15a verteilt worden sind, gilt § 66 des Asylverfahrensgesetzes entsprechend.

§ 57 Zurückschiebung

(1) Ein Ausländer, der unerlaubt eingereist ist, soll innerhalb von sechs Monaten nach dem Grenzübertritt zurückgeschoben werden. Abweichend hiervon ist die Zurückschiebung zulässig, solange ein anderer Staat auf Grund einer zwischenstaatlichen Übernahmevereinbarung zur Übernahme des Ausländers verpflichtet ist.

(2) Ein ausreisepflichtiger Ausländer, der von einem anderen Staat rückgeführt oder zurückgewiesen wird, soll unverzüglich in einen Staat zurückgeschoben werden, in den er einreisen darf, es sei denn, die Ausreisepflicht ist noch nicht vollziehbar.

(3) § 60 Abs. 1 bis 5 und 7 bis 9 und § 62 sind entsprechend anzuwenden.

§ 58 Abschiebung

(1) Der Ausländer ist abzuschieben, wenn die Ausreisepflicht vollziehbar ist und die freiwillige Erfüllung der Ausreisepflicht nicht gesichert ist oder aus Gründen der öffentlichen Sicherheit und Ordnung eine Überwachung der Ausreise erforderlich erscheint.

(2) Die Ausreisepflicht ist vollziehbar, wenn der Ausländer

1. unerlaubt eingereist ist,
2. noch nicht die erstmalige Erteilung des erforderlichen Aufenthaltstitels oder noch nicht die Verlängerung beantragt hat und der Aufenthalt nicht nach § 81 Abs. 3 als erlaubt oder der Aufenthaltstitel nach § 81 Abs. 4 nicht als fortbestehend gilt,
3. auf Grund einer Rückführungsentscheidung eines anderen Mitgliedstaates der Europäischen Union gemäß Artikel 3 der Richtlinie 2001/40/EG des Rates vom 28. Mai 2001 über die gegenseitige Anerkennung von Ent-

scheidungen über die Rückführung von Drittstaatsangehörigen (ABl. EG Nr. L 149 S. 34) ausreisepflichtig wird, sofern diese von der zuständigen Behörde anerkannt wird,

und eine Ausreisefrist nicht gewährt wurde oder diese abgelaufen ist. Im Übrigen ist die Ausreisepflicht erst vollziehbar, wenn die Versagung des Aufenthaltstitels oder der sonstige Verwaltungsakt, durch den der Ausländer nach § 50 Abs. 1 ausreisepflichtig wird, vollziehbar ist.

(3) Die Überwachung der Ausreise ist insbesondere erforderlich, wenn der Ausländer

1. sich auf richterliche Anordnung in Haft oder in sonstigem öffentlichen Gewahrsam befindet,
2. innerhalb der ihm gesetzten Ausreisefrist nicht ausgereist ist,
3. nach § 53 oder § 54 ausgewiesen worden ist,
4. mittellos ist,
5. keinen Pass oder Passersatz besitzt,
6. gegenüber der Ausländerbehörde zum Zweck der Täuschung unrichtige Angaben gemacht oder die Angaben verweigert hat oder
7. zu erkennen gegeben hat, dass er seiner Ausreisepflicht nicht nachkommen wird.

§ 58a Abschiebungsanordnung

(1) Die oberste Landesbehörde kann gegen einen Ausländer auf Grund einer auf Tatsachen gestützten Prognose zur Abwehr einer besonderen Gefahr für die Sicherheit der Bundesrepublik Deutschland oder einer terroristischen Gefahr ohne vorhergehende Ausweisung eine Abschiebungsanordnung erlassen. Die Abschiebungsanordnung ist sofort vollziehbar; einer Abschiebungsandrohung bedarf es nicht.

(2) Das Bundesministerium des Innern kann die Übernahme der Zuständigkeit erklären, wenn ein besonderes Interesse des Bundes besteht. Die oberste Landesbehörde ist hierüber zu unterrichten. [3] Abschiebungsanordnungen des Bundes werden von der Bundespolizei vollzogen.

(3) Eine Abschiebungsanordnung darf nicht vollzogen werden, wenn die Voraussetzungen für ein Abschiebungsverbot nach § 60 Abs. 1 bis 8 gegeben sind. § 59 Abs. 2 und 3 ist entsprechend anzuwenden. [3] Die Prüfung obliegt der über die Abschiebungsanordnung entscheidenden Behörde, die nicht an hierzu getroffene Feststellungen aus anderen Verfahren gebunden ist.

(4) Dem Ausländer ist nach Bekanntgabe der Abschiebungsanordnung unverzüglich Gelegenheit zu geben, mit einem Rechtsbeistand seiner Wahl Verbindung aufzunehmen, es sei denn, er hat sich zuvor anwaltlichen Beistands versichert; er ist hierauf, auf die Rechtsfolgen der Abschiebungsanordnung und die gegebenen Rechtsbehelfe hinzuweisen. Ein Antrag auf Gewährung vorläufigen Rechtsschutzes nach der Verwaltungsgerichtsordnung ist innerhalb von sieben Tagen nach Bekanntgabe der Abschiebungsanordnung zu stellen. Die Abschiebung darf bis zum Ablauf der Frist nach

3. Aufenthaltsgesetz E

Satz 2 und im Falle der rechtzeitigen Antragstellung bis zur Entscheidung des Gerichts über den Antrag auf vorläufigen Rechtsschutz nicht vollzogen werden.

§ 59 Androhung der Abschiebung

(1) Die Abschiebung soll schriftlich unter Bestimmung einer Ausreisefrist angedroht werden.

(2) In der Androhung soll der Staat bezeichnet werden, in den der Ausländer abgeschoben werden soll, und der Ausländer darauf hingewiesen werden, dass er auch in einen anderen Staat abgeschoben werden kann, in den er einreisen darf oder der zu seiner Übernahme verpflichtet ist.

(3) Dem Erlass der Androhung steht das Vorliegen von Abschiebungsverboten nicht entgegen. In der Androhung ist der Staat zu bezeichnen, in den der Ausländer nicht abgeschoben werden darf. Stellt das Verwaltungsgericht das Vorliegen eines Abschiebungsverbots fest, so bleibt die Rechtmäßigkeit der Androhung im Übrigen unberührt.

(4) Nach dem Eintritt der Unanfechtbarkeit der Abschiebungsandrohung bleiben für weitere Entscheidungen der Ausländerbehörde über die Abschiebung oder die Aussetzung der Abschiebung Umstände unberücksichtigt, die einer Abschiebung in den in der Abschiebungsandrohung bezeichneten Staat entgegenstehen und die vor dem Eintritt der Unanfechtbarkeit der Abschiebungsandrohung eingetreten sind; sonstige von dem Ausländer geltend gemachte Umstände, die der Abschiebung oder der Abschiebung in diesen Staat entgegenstehen, können unberücksichtigt bleiben. Die Vorschriften, nach denen der Ausländer die im Satz 1 bezeichneten Umstände gerichtlich im Wege der Klage oder im Verfahren des vorläufigen Rechtsschutzes nach der Verwaltungsgerichtsordnung geltend machen kann, bleiben unberührt.

(5) In den Fällen des § 58 Abs. 3 Nr. 1 bedarf es keiner Fristsetzung; der Ausländer wird aus der Haft oder dem öffentlichen Gewahrsam abgeschoben. Die Abschiebung soll mindestens eine Woche vorher angekündigt werden.

§ 60 Verbot der Abschiebung

(1) In Anwendung des Abkommens vom 28. Juli 1951 über die Rechtsstellung der Flüchtlinge (BGBl. 1953 II S. 559) darf ein Ausländer nicht in einen Staat abgeschoben werden, in dem sein Leben oder seine Freiheit wegen seiner Rasse, Religion, Staatsangehörigkeit, seiner Zugehörigkeit zu einer bestimmten sozialen Gruppe oder wegen seiner politischen Überzeugung bedroht ist. Dies gilt auch für Asylberechtigte und Ausländer, denen die Flüchtlingseigenschaft unanfechtbar zuerkannt wurde oder die aus einem anderen Grund im Bundesgebiet die Rechtsstellung ausländischer Flüchtlinge genießen oder die außerhalb des Bundesgebiets als ausländische Flüchtlinge nach dem Abkommen über die Rechtsstellung der Flüchtlinge anerkannt wurden. Eine Verfolgung wegen der Zugehörigkeit zu einer bestimmten sozialen Gruppe kann auch dann vorliegen, wenn die Bedrohung

des Lebens, der körperlichen Unversehrtheit oder der Freiheit allein an das Geschlecht anknüpft. Eine Verfolgung im Sinne des Satzes 1 kann ausgehen von

a) dem Staat,
b) Parteien oder Organisationen, die den Staat oder wesentliche Teile des Staatsgebiets beherrschen oder
c) nichtstaatlichen Akteuren, sofern die unter den Buchstaben a und b genannten Akteure einschließlich internationaler Organisationen erwiesenermaßen nicht in der Lage oder nicht willens sind, Schutz vor der Verfolgung zu bieten, und dies unabhängig davon, ob in dem Land eine staatliche Herrschaftsmacht vorhanden ist oder nicht,

es sei denn, es besteht eine innerstaatliche Fluchtalternative. Für die Feststellung, ob eine Verfolgung nach Satz 1 vorliegt, sind Artikel 4 Abs. 4 sowie die Artikel 7 bis 10 der Richtlinie 2004/83/EG des Rates vom 29. April 2004 über Mindestnormen für die Anerkennung und den Status von Drittstaatsangehörigen oder Staatenlosen als Flüchtlinge oder als Personen, die anderweitig internationalen Schutz benötigen, und über den Inhalt des zu gewährenden Schutzes (ABl. EU Nr. L 304 S. 12) ergänzend anzuwenden. Wenn der Ausländer sich auf das Abschiebungsverbot nach diesem Absatz beruft, stellt das Bundesamt für Migration und Flüchtlinge außer in den Fällen des Satzes 2 in einem Asylverfahren fest, ob die Voraussetzungen des Satzes 1 vorliegen und dem Ausländer die Flüchtlingseigenschaft zuzuerkennen ist. Die Entscheidung des Bundesamtes kann nur nach den Vorschriften des Asylverfahrensgesetzes angefochten werden.

(2) Ein Ausländer darf nicht in einen Staat abgeschoben werden, in dem für diesen Ausländer die konkrete Gefahr besteht, der Folter oder unmenschlicher oder erniedrigender Behandlung oder Bestrafung unterworfen zu werden.

(3) Ein Ausländer darf nicht in einen Staat abgeschoben werden, wenn dieser Staat den Ausländer wegen einer Straftat sucht und die Gefahr der Verhängung oder der Vollstreckung der Todesstrafe besteht. In diesen Fällen finden die Vorschriften über die Auslieferung entsprechende Anwendung.

(4) Liegt ein förmliches Auslieferungsersuchen oder ein mit der Ankündigung eines Auslieferungsersuchens verbundenes Festnahmeersuchen eines anderen Staates vor, darf der Ausländer bis zur Entscheidung über die Auslieferung nur mit Zustimmung der Behörde, die nach § 74 des Gesetzes über die internationale Rechtshilfe in Strafsachen für die Bewilligung der Auslieferung zuständig ist, in diesen Staat abgeschoben werden.

(5) Ein Ausländer darf nicht abgeschoben werden, soweit sich aus der Anwendung der Konvention vom 4. November 1950 zum Schutze der Menschenrechte und Grundfreiheiten (BGBl. 1952 II S. 685) ergibt, dass die Abschiebung unzulässig ist.

(6) Die allgemeine Gefahr, dass einem Ausländer in einem anderen Staat Strafverfolgung und Bestrafung drohen können und, soweit sich aus den Absätzen 2 bis 5 nicht etwas anderes ergibt, die konkrete Gefahr einer nach

3. Aufenthaltsgesetz

der Rechtsordnung eines anderen Staates gesetzmäßigen Bestrafung stehen der Abschiebung nicht entgegen.

(7) Von der Abschiebung eines Ausländers in einen anderen Staat soll abgesehen werden, wenn dort für diesen Ausländer eine erhebliche konkrete Gefahr für Leib, Leben oder Freiheit besteht. Von der Abschiebung eines Ausländers in einen anderen Staat ist abzusehen, wenn er dort als Angehöriger der Zivilbevölkerung einer erheblichen individuellen Gefahr für Leib oder Leben im Rahmen eines internationalen oder innerstaatlichen bewaffneten Konflikts ausgesetzt ist. Gefahren nach Satz 1 oder Satz 2, denen die Bevölkerung oder die Bevölkerungsgruppe, der der Ausländer angehört, allgemein ausgesetzt ist, sind bei Anordnungen nach § 60a Abs. 1 Satz 1 zu berücksichtigen.

(8) Absatz 1 findet keine Anwendung, wenn der Ausländer aus schwerwiegenden Gründen als eine Gefahr für die Sicherheit der Bundesrepublik Deutschland anzusehen ist oder eine Gefahr für die Allgemeinheit bedeutet, weil er wegen eines Verbrechens oder besonders schweren Vergehens rechtskräftig zu einer Freiheitsstrafe von mindestens drei Jahren verurteilt worden ist. Das Gleiche gilt, wenn der Ausländer die Voraussetzungen des § 3 Abs. 2 des Asylverfahrensgesetzes erfüllt.

(9) In den Fällen des Absatzes 8 kann einem Ausländer, der einen Asylantrag gestellt hat, abweichend von den Vorschriften des Asylverfahrensgesetzes die Abschiebung angedroht und diese durchgeführt werden.

(10) Soll ein Ausländer abgeschoben werden, bei dem die Voraussetzungen des Absatzes 1 vorliegen, kann nicht davon abgesehen werden, die Abschiebung anzudrohen und eine angemessene Ausreisefrist zu setzen. In der Androhung sind die Staaten zu bezeichnen, in die der Ausländer nicht abgeschoben werden darf.

(11) Für die Feststellung von Abschiebungsverboten nach den Absätzen 2, 3 und 7 Satz 2 gelten Artikel 4 Abs. 4, Artikel 5 Abs. 1 und 2 und die Artikel 6 bis 8 der Richtlinie 2004/83/EG des Rates vom 29. April 2004 über Mindestnormen für die Anerkennung und den Status von Drittstaatsangehörigen oder Staatenlosen als Flüchtlinge oder als Personen, die anderweitig internationalen Schutz benötigen, und über den Inhalt des zu gewährenden Schutzes (ABl. EU Nr. L 304 S. 12).

§ 60a Vorübergehende Aussetzung der Abschiebung (Duldung)

(1) Die oberste Landesbehörde kann aus völkerrechtlichen oder humanitären Gründen oder zur Wahrung politischer Interessen der Bundesrepublik Deutschland anordnen, dass die Abschiebung von Ausländern aus bestimmten Staaten oder von in sonstiger Weise bestimmten Ausländergruppen allgemein oder in bestimmte Staaten für längstens sechs Monate ausgesetzt wird. Für einen Zeitraum von länger als sechs Monaten gilt § 23 Abs. 1.

(2) Die Abschiebung eines Ausländers ist auszusetzen, solange die Abschiebung aus tatsächlichen oder rechtlichen Gründen unmöglich ist und keine Aufenthaltserlaubnis erteilt wird. Die Abschiebung eines Ausländers ist

auch auszusetzen, wenn seine vorübergehende Anwesenheit im Bundesgebiet für ein Strafverfahren wegen eines Verbrechens von der Staatsanwaltschaft oder dem Strafgericht für sachgerecht erachtet wird, weil ohne seine Angaben die Erforschung des Sachverhalts erschwert wäre. Einem Ausländer kann eine Duldung erteilt werden, wenn dringende humanitäre oder persönliche Gründe oder erhebliche öffentliche Interessen seine vorübergehende weitere Anwesenheit im Bundesgebiet erfordern.

(2 a) Die Abschiebung eines Ausländers wird für eine Woche ausgesetzt, wenn seine Zurückschiebung oder Abschiebung gescheitert ist, Abschiebungshaft nicht angeordnet wird und die Bundesrepublik Deutschland auf Grund einer Rechtsvorschrift, insbesondere des Artikels 6 Abs. 1 der Richtlinie 2003/110/EG des Rates vom 25. November 2003 über die Unterstützung bei der Durchbeförderung im Rahmen von Rückführungsmaßnahmen auf dem Luftweg (ABl. EU Nr. L 321 S. 26), zu seiner Rückübernahme verpflichtet ist. Die Aussetzung darf nicht nach Satz 1 verlängert werden. Die Einreise des Ausländers ist zuzulassen.

(3) Die Ausreisepflicht eines Ausländers, dessen Abschiebung ausgesetzt ist, bleibt unberührt.

(4) Über die Aussetzung der Abschiebung ist dem Ausländer eine Bescheinigung auszustellen.

(5) Die Aussetzung der Abschiebung erlischt mit der Ausreise des Ausländers. Sie wird widerrufen, wenn die der Abschiebung entgegenstehenden Gründe entfallen. Der Ausländer wird unverzüglich nach dem Erlöschen ohne erneute Androhung und Fristsetzung abgeschoben, es sei denn, die Aussetzung wird erneuert. Ist die Abschiebung länger als ein Jahr ausgesetzt, ist die durch Widerruf vorgesehene Abschiebung mindestens einen Monat vorher anzukündigen; die Ankündigung ist zu wiederholen, wenn die Aussetzung für mehr als ein Jahr erneuert wurde.

§ 61 Räumliche Beschränkung; Ausreiseeinrichtungen

(1) Der Aufenthalt eines vollziehbar ausreisepflichtigen Ausländers ist räumlich auf das Gebiet des Landes beschränkt. Weitere Bedingungen und Auflagen können angeordnet werden. Von der räumlichen Beschränkung nach Satz 1 kann abgewichen werden, wenn der Ausländer zur Ausübung einer Beschäftigung ohne Prüfung nach § 39 Abs. 2 Satz 1 Nr. 1 berechtigt ist.

(1 a) In den Fällen des § 60 a Abs. 2 a wird der Aufenthalt auf den Bezirk der zuletzt zuständigen Ausländerbehörde im Inland beschränkt. Der Ausländer muss sich nach der Einreise unverzüglich dorthin begeben. Ist eine solche Behörde nicht feststellbar, gilt § 15 a entsprechend.

(2) Die Länder können Ausreiseeinrichtungen für vollziehbar ausreisepflichtige Ausländer schaffen. In den Ausreiseeinrichtungen soll durch Betreuung und Beratung die Bereitschaft zur freiwilligen Ausreise gefördert und die Erreichbarkeit für Behörden und Gerichte sowie die Durchführung der Ausreise gesichert werden.

3. Aufenthaltsgesetz · E

§ 62 Abschiebungshaft

(1) Ein Ausländer ist zur Vorbereitung der Ausweisung auf richterliche Anordnung in Haft zu nehmen, wenn über die Ausweisung nicht sofort entschieden werden kann und die Abschiebung ohne die Inhaftnahme wesentlich erschwert oder vereitelt würde (Vorbereitungshaft). Die Dauer der Vorbereitungshaft soll sechs Wochen nicht überschreiten. 3Im Falle der Ausweisung bedarf es für die Fortdauer der Haft bis zum Ablauf der angeordneten Haftdauer keiner erneuten richterlichen Anordnung.

(2) Ein Ausländer ist zur Sicherung der Abschiebung auf richterliche Anordnung in Haft zu nehmen (Sicherungshaft), wenn

1. der Ausländer auf Grund einer unerlaubten Einreise vollziehbar ausreisepflichtig ist,
1 a. eine Abschiebungsanordnung nach § 58a ergangen ist, diese aber nicht unmittelbar vollzogen werden kann,
2. die Ausreisefrist abgelaufen ist und der Ausländer seinen Aufenthaltsort gewechselt hat, ohne der Ausländerbehörde eine Anschrift anzugeben, unter der er erreichbar ist,
3. er aus von ihm zu vertretenden Gründen zu einem für die Abschiebung angekündigten Termin nicht an dem von der Ausländerbehörde angegebenen Ort angetroffen wurde,
4. er sich in sonstiger Weise der Abschiebung entzogen hat oder
5. der begründete Verdacht besteht, dass er sich der Abschiebung entziehen will.

Der Ausländer kann für die Dauer von längstens zwei Wochen in Sicherungshaft genommen werden, wenn die Ausreisefrist abgelaufen ist und feststeht, dass die Abschiebung durchgeführt werden kann. Von der Anordnung der Sicherungshaft nach Satz 1 Nr. 1 kann ausnahmsweise abgesehen werden, wenn der Ausländer glaubhaft macht, dass er sich der Abschiebung nicht entziehen will. Die Sicherungshaft ist unzulässig, wenn feststeht, dass aus Gründen, die der Ausländer nicht zu vertreten hat, die Abschiebung nicht innerhalb der nächsten drei Monate durchgeführt werden kann. Ist die Abschiebung aus Gründen, die der Ausländer zu vertreten hat, gescheitert, bleibt die Anordnung nach Satz 1 bis zum Ablauf der Anordnungsfrist unberührt.

(3) Die Sicherungshaft kann bis zu sechs Monaten angeordnet werden. Sie kann in Fällen, in denen der Ausländer seine Abschiebung verhindert, um höchstens zwölf Monate verlängert werden. Eine Vorbereitungshaft ist auf die Gesamtdauer der Sicherungshaft anzurechnen.

(4) Die für den Haftantrag zuständige Behörde kann einen Ausländer ohne vorherige richterliche Anordnung festhalten und vorläufig in Gewahrsam nehmen, wenn

1. der dringende Verdacht für das Vorliegen der Voraussetzungen nach Absatz 2 Satz 1 besteht,
2. die richterliche Entscheidung über die Anordnung der Sicherungshaft nicht vorher eingeholt werden kann und

3. der begründete Verdacht vorliegt, dass sich der Ausländer der Anordnung der Sicherungshaft entziehen will.

Der Ausländer ist unverzüglich dem Richter zur Entscheidung über die Anordnung der Sicherungshaft vorzuführen.

§ 106 Einschränkung von Grundrechten

(1) Die Grundrechte der körperlichen Unversehrtheit (Artikel 2 Abs. 2 Satz 1 des Grundgesetzes) und der Freiheit der Person (Artikel 2 Abs. 2 Satz 2 des Grundgesetzes) werden nach Maßgabe dieses Gesetzes eingeschränkt.

(2) Das Verfahren bei Freiheitsentziehungen richtet sich nach Buch 7 des Gesetzes über das Verfahren in Familiensachen und in den Angelegenheiten der freiwilligen Gerichtsbarkeit. Ist über die Fortdauer der Zurückweisungshaft oder der Abschiebungshaft zu entscheiden, so kann das Amtsgericht das Verfahren durch unanfechtbaren Beschluss an das Gericht abgeben, in dessen Bezirk die Zurückweisungshaft oder Abschiebungshaft jeweils vollzogen wird.

Auszüge aus dem Asylverfahrensgesetz:

§ 13 Asylantrag

(1) Ein Asylantrag liegt vor, wenn sich dem schriftlich, mündlich oder auf andere Weise geäußerten Willen des Ausländers entnehmen lässt, dass er im Bundesgebiet Schutz vor politischer Verfolgung sucht oder dass er Schutz vor Abschiebung oder einer sonstigen Rückführung in einen Staat begehrt, in dem ihm die in § 60 Abs. 1 des Aufenthaltsgesetzes bezeichneten Gefahren drohen.

(2) Mit jedem Asylantrag wird sowohl die Zuerkennung der Flüchtlingseigenschaft als auch, wenn der Ausländer dies nicht ausdrücklich ablehnt, die Anerkennung als Asylberechtigter beantragt.

(3) [1] Ein Ausländer, der nicht im Besitz der erforderlichen Einreisepapiere ist, hat an der Grenze um Asyl nachzusuchen (§ 18). [2] Im Falle der unerlaubten Einreise hat er sich unverzüglich bei einer Aufnahmeeinrichtung zu melden (§ 22) oder bei der Ausländerbehörde oder der Polizei um Asyl nachzusuchen (§ 19).

§ 14 Antragstellung

(1) Der Asylantrag ist bei der Außenstelle des Bundesamtes zu stellen, die der für die Aufnahme des Ausländers zuständigen Aufnahmeeinrichtung zugeordnet ist. Der Ausländer ist vor der Antragstellung schriftlich und gegen Empfangsbestätigung darauf hinzuweisen, dass nach Rücknahme oder unanfechtbarer Ablehnung seines Asylantrags die Erteilung eines Aufenthaltstitels gemäß § 10 Abs. 3 des Aufenthaltsgesetzes Beschränkungen unterliegt. In Fällen des Absatzes 2 Satz 1 Nr. 2 ist der Hinweis unverzüglich nachzuholen.

(2) Der Asylantrag ist beim Bundesamt zu stellen, wenn der Ausländer

1. einen Aufenthaltstitel mit einer Gesamtgeltungsdauer von mehr als sechs Monaten besitzt,
2. sich in Haft oder sonstigem öffentlichem Gewahrsam, in einem Krankenhaus, einer Heil- oder Pflegeanstalt oder in einer Jugendhilfeeinrichtung befindet, oder
3. noch nicht das 16. Lebensjahr vollendet hat und sein gesetzlicher Vertreter nicht verpflichtet ist, in einer Aufnahmeeinrichtung zu wohnen.

Die Ausländerbehörde leitet einen bei ihr eingereichten schriftlichen Antrag unverzüglich dem Bundesamt zu.

(3) Befindet sich der Ausländer in den Fällen des Absatzes 2 Satz 1 Nr. 2 in

1. Untersuchungshaft,
2. Strafhaft,
3. Vorbereitungshaft nach § 62 Abs. 1 des Aufenthaltsgesetzes,
4. Sicherungshaft nach § 62 Abs. 2 Satz 1 Nr. 1 des Aufenthaltsgesetzes, weil er sich nach der unerlaubten Einreise länger als einen Monat ohne Aufenthaltstitel im Bundesgebiet aufgehalten hat,
5. Sicherungshaft nach § 62 Abs. 2 Satz 1 Nr. 1a bis 5 des Aufenthaltsgesetzes,

steht die Asylantragstellung der Anordnung oder Aufrechterhaltung von Abschiebungshaft nicht entgegen. Dem Ausländer ist unverzüglich Gelegenheit zu geben, mit einem Rechtsbeistand seiner Wahl Verbindung aufzunehmen, es sei denn, er hat sich selbst vorher anwaltlichen Beistands versichert. Die Abschiebungshaft endet mit der Zustellung der Entscheidung des Bundesamtes, spätestens jedoch vier Wochen nach Eingang des Asylantrags beim Bundesamt, es sei denn, es wurde auf Grund von Rechtsvorschriften der Europäischen Gemeinschaft oder eines völkerrechtlichen Vertrages über die Zuständigkeit für die Durchführung von Asylverfahren ein Auf- oder Wiederaufnahmeersuchen an einen anderen Staat gerichtet oder der Asylantrag wurde als unbeachtlich oder offensichtlich unbegründet abgelehnt.

§ 34 Abschiebungsandrohung

(1) Das Bundesamt erlässt nach den §§ 59 und 60 Abs. 10 des Aufenthaltsgesetzes die Abschiebungsandrohung, wenn der Ausländer nicht als Asylberechtigter anerkannt und ihm die Flüchtlingseigenschaft nicht zuerkannt wird und er keinen Aufenthaltstitel besitzt. Eine Anhörung des Ausländers vor Erlass der Abschiebungsandrohung ist nicht erforderlich.

(2) Die Abschiebungsandrohung soll mit der Entscheidung über den Asylantrag verbunden werden.

§ 59 Durchsetzung der räumlichen Beschränkung

(1) Die Verlassenspflicht nach § 12 Abs. 3 des Aufenthaltsgesetzes kann, soweit erforderlich, auch ohne Androhung durch Anwendung unmittelbaren Zwangs durchgesetzt werden. Reiseweg und Beförderungsmittel sollen vorgeschrieben werden.

(2) Der Ausländer ist festzunehmen und zur Durchsetzung der Verlassenspflicht auf richterliche Anordnung in Haft zu nehmen, wenn die freiwillige Erfüllung der Verlassenspflicht, auch in den Fällen des § 56 Abs. 3, nicht gesichert ist und andernfalls deren Durchsetzung wesentlich erschwert oder gefährdet würde.

(3) Zuständig für Maßnahmen nach den Absätzen 1 und 2 sind

1. die Polizeien der Länder,
2. die Grenzbehörde, bei der der Ausländer um Asyl nachsucht,
3. die Ausländerbehörde, in deren Bezirk sich der Ausländer aufhält,
4. die Aufnahmeeinrichtung, in der der Ausländer sich meldet, sowie
5. die Aufnahmeeinrichtung, die den Ausländer aufgenommen hat.

§ 71 Folgeantrag

(1) Stellt der Ausländer nach Rücknahme oder unanfechtbarer Ablehnung eines früheren Asylantrags erneut einen Asylantrag (Folgeantrag), so ist ein weiteres Asylverfahren nur durchzuführen, wenn die Voraussetzungen des § 51 Abs. 1 bis 3 des Verwaltungsverfahrensgesetzes vorliegen; die Prüfung obliegt dem Bundesamt. Das Gleiche gilt für den Asylantrag eines Kindes, wenn der Vertreter nach § 14a Abs. 3 auf die Durchführung eines Asylverfahrens verzichtet hatte.

(2) [1] Der Ausländer hat den Folgeantrag persönlich bei der Außenstelle des Bundesamtes zu stellen, die der Aufnahmeeinrichtung zugeordnet ist, in der er während des früheren Asylverfahrens zu wohnen verpflichtet war. [2] In den Fällen des § 14 Abs. 2 Satz 1 Nr. 2 oder wenn der Ausländer nachweislich am persönlichen Erscheinen gehindert ist, ist der Folgeantrag schriftlich zu stellen. [3] Der Folgeantrag ist schriftlich bei der Zentrale des Bundesamtes zu stellen, wenn

1. die Außenstelle, die nach Satz 1 zuständig wäre, nicht mehr besteht,
2. der Ausländer während des früheren Asylverfahrens nicht verpflichtet war, in einer Aufnahmeeinrichtung zu wohnen.

[4] § 19 Abs. 1 findet keine Anwendung.

(3) In dem Folgeantrag hat der Ausländer seine Anschrift sowie die Tatsachen und Beweismittel anzugeben, aus denen sich das Vorliegen der Voraussetzungen des § 51 Abs. 1 bis 3 des Verwaltungsverfahrensgesetzes ergibt. Auf Verlangen hat der Ausländer diese Angaben schriftlich zu machen. Von einer Anhörung kann abgesehen werden. § 10 gilt entsprechend.

(4) Liegen die Voraussetzungen des § 51 Abs. 1 bis 3 des Verwaltungsverfahrensgesetzes nicht vor, sind die §§ 34, 35 und 36 entsprechend anzuwenden; im Falle der Abschiebung in einen sicheren Drittstaat (§ 26a) ist § 34a entsprechend anzuwenden.

(5) Stellt der Ausländer, nachdem eine nach Stellung des früheren Asylantrags ergangene Abschiebungsandrohung oder -anordnung vollziehbar geworden ist, einen Folgeantrag, der nicht zur Durchführung eines weiteren Verfahrens führt, so bedarf es zum Vollzug der Abschiebung keiner erneuten

Fristsetzung und Abschiebungsandrohung oder -anordnung. Die Abschiebung darf erst nach einer Mitteilung des Bundesamtes, dass die Voraussetzungen des § 51 Abs. 1 bis 3 des Verwaltungsverfahrensgesetzes nicht vorliegen, vollzogen werden, es sei denn, der Ausländer soll in den sicheren Drittstaat abgeschoben werden.

(6) Absatz 5 gilt auch, wenn der Ausländer zwischenzeitlich das Bundesgebiet verlassen hatte. Im Falle einer unerlaubten Einreise aus einem sicheren Drittstaat (§ 26 a) kann der Ausländer nach § 57Abs. 1 des Aufenthaltsgesetzes dorthin zurückgeschoben werden, ohne dass es der vorherigen Mitteilung des Bundesamtes bedarf.

(7) War der Aufenthalt des Ausländers während des früheren Asylverfahrens räumlich beschränkt, gilt die letzte räumliche Beschränkung fort, solange keine andere Entscheidung ergeht. In den Fällen der Absätze 5 und 6 ist für ausländerrechtliche Maßnahmen auch die Ausländerbehörde zuständig, in deren Bezirk sich der Ausländer aufhält.

(8) Ein Folgeantrag steht der Anordnung von Abschiebungshaft nicht entgegen, es sei denn, es wird ein weiteres Asylverfahren durchgeführt.

§ 71 a Zweitantrag

(1) Stellt der Ausländer nach erfolglosem Abschluss eines Asylverfahrens in einem sicheren Drittstaat (§ 26 a), für den Rechtsvorschriften der Europäischen Gemeinschaft über die Zuständigkeit für die Durchführung von Asylverfahren gelten oder mit dem die Bundesrepublik Deutschland darüber einen völkerrechtlichen Vertrag geschlossen hat, im Bundesgebiet einen Asylantrag (Zweitantrag), so ist ein weiteres Asylverfahren nur durchzuführen, wenn die Bundesrepublik Deutschland für die Durchführung des Asylverfahrens zuständig ist und die Voraussetzungen des § 51 Abs. 1 bis 3 des Verwaltungsverfahrensgesetzes vorliegen; die Prüfung obliegt dem Bundesamt.

(2) Für das Verfahren zur Feststellung, ob ein weiteres Asylverfahren durchzuführen ist, gelten die §§ 12 bis 25, 33, 44 bis 54 entsprechend. Von der Anhörung kann abgesehen werden, soweit sie für die Feststellung, dass kein weiteres Asylverfahren durchzuführen ist, nicht erforderlich ist. § 71 Abs. 8 gilt entsprechend.

(3) Der Aufenthalt des Ausländers gilt als geduldet. Die §§ 56 bis 67 gelten entsprechend.

(4) Wird ein weiteres Asylverfahren nicht durchgeführt, sind die §§ 34 bis 36, 42 und 43 entsprechend anzuwenden.

(5) Stellt der Ausländer nach Rücknahme oder unanfechtbarer Ablehnung eines Zweitantrags einen weiteren Asylantrag, gilt § 71.

§ 89 Einschränkung von Grundrechten

(1) Die Grundrechte der körperlichen Unversehrtheit (Artikel 2 Abs. 2 Satz 1 des Grundgesetzes) und der Freiheit der Person (Artikel 2 Abs. 2 Satz 2 des Grundgesetzes) werden nach Maßgabe dieses Gesetzes eingeschränkt.

(2) Das Verfahren bei Freiheitsentziehungen richtet sich nach Buch 7 des Gesetzes über das Verfahren in Familiensachen und in den Angelegenheiten der freiwilligen Gerichtsbarkeit.

21 **b) Anwendungsbereich und Regelungszweck.** Die Voraussetzung der mit Freiheitsentziehung (hierzu § 415 FamFG S. 414ff.) verbundenen Abschiebungshaft sind in § 62 AufenthG geregelt. Es wird unterschieden zwischen der **Vorbereitungshaft** (§ 62 Abs. 1 AufenthG) und der **Sicherungshaft** (§ 62 Abs. 2, 3 AufenthG). Die Vorschriften über die Abschiebungshaft sind entsprechend anwendbar auf die Haft bei der Zurückweisung und Zurückschiebung der §§ 15 Abs. 5, 6 und 57 AufenthG, wenn ein Ausländer unerlaubt einreisen will oder unerlaubt eingereist ist. Gemeinsame Voraussetzung ist die Ausländereigenschaft des Betroffenen. **Ausländer** ist jeder, der nicht Deutscher im Sinn des Art. 116 Abs. 1 GG ist (§ 2 Abs. 1 AufenthlG). Damit kommt eine Abschiebungshaft grundsätzlich auch für Asylbewerber und Asylberechtigte sowie heimatlose Ausländer (§ 23 HAG) in Betracht, in der Regel aber nicht für Unionsbürger (§ 1 Abs. 2 Nr. 1 AufenthG), da in § 11 Abs. 1 FreizügG/EU § 62 AufenthG nicht für anwendbar erklärt wird, wenn das Recht auf Einreise und Aufenthalt nach § 2 Abs. 1 FreizügG/EU besteht (zu den Ausnahmen *Welte* InfAuslR 2009, 298)

22 Zweck der Abschiebungshaft ist ausschließlich die Vorbereitung und Sicherstellung einer **Abschiebung,** wenn diese nicht anderweitig, insbesondere mit Einverständnis des Betroffenen durchgeführt werden kann. Sie ist weder Sanktion noch Beugemittel, um ein bestimmtes Verhalten zu erzwingen (*Huber/Göbel-Zimmermann* S. 450; *Kessler* in *Hoffmann/Hoffmann* § 62 Rn. 18). Es handelt sich bei der Entscheidung über die Abschiebung um eine **Prognoseentscheidung** hinsichtlich der Durchführbarkeit der Abschiebung (*Renner* § 62 Rn. 5; zur Prognose grundsätzlich Kap. **A** S. 51 ff.). Da es sich um Freiheitsentziehung im Sinn der Art. 2 Abs. 2 Satz 2, 104 GG handelt, unterliegt die Freiheitsentziehung neben der strengen Zweckbindung dem Grundsatz der **Verhältnismäßigkeit** sowie dem Gebot schnellstmöglicher Durchführung der Abschiebung, um den damit verbundenen Eingriff in die Freiheit der Person so gering wie möglich zu halten (zur diesbezüglichen Rechtsprechung des EGMR und des BVerfG siehe Kap. **A** S. 9 ff.).

23 Weitgehend unzureichend oder nicht geregelt ist der **Vollzug** der Abschiebungshaft (hierzu § 422 FamFG S. 448 ff. sowie bereits Kap. **A** S. 8; zur menschenunwürdigen Unterbringung in der Abschiebungshaft BVerfG NJW 2006, 86).

24 **c) Vorbereitungshaft (§ 62 Abs. 1 AufenthG).** Die Anordnung der Vorbereitungshaft ist nur zulässig, wenn sich eine **Ausweisung** nach §§ 53 ff. AufenthG, über die wegen noch ausstehender Ermittlungen über die tatsächlichen Voraussetzungen oder der Ausweisung entgegenstehende Gründe nicht sofort entschieden werden kann, in Vorbereitung befindet und die Abschiebung ohne Inhaftnahme wesentlich erschwert oder vereitelt würde. Erforderlich ist der begründete Verdacht für das Vorliegen der Ausweisungsvorausset-

3. Aufenthaltsgesetz **E**

zungen. Die Ausweisung muss mit hoher Wahrscheinlichkeit zu erwarten sein. Dies ist nicht der Fall, wenn die Ausweisung von einem gegen den betroffenen anhängigen Strafverfahren abhängt (BayObLG InfAuslR 1999, 82). Bei **Asylbewerbern** kommt eine Ausweisung nur unter den Voraussetzungen des § 56 Abs. 4 AufenthG in Betracht. Die Erschwerung oder Vereitelung der Abschiebung ist aufgrund konkreter Tatsachen zu belegen, die gesetzlichen Gründe für eine Abschiebung nach § 49 AuslG allein reichen hierfür nicht aus (siehe BayObLGZ 1998, 124). Die Vorbereitungshaft ist nicht erforderlich, wenn die Abschiebung innerhalb der höchstens zulässigen Haftdauer aus rechtlichen oder tatsächlichen Gründen nicht durchgeführt werden kann. Dabei ist von der regelmäßigen **Höchstdauer** von sechs Wochen gemäß § 62 Abs. 1 Satz 2 AufenthG auszugehen (*Renner* § 62 Rn. 9, 10). Nur in Ausnahmefällen kommt eine Verlängerung der Vorbereitungshaft in Betracht. Fallen die Voraussetzungen für die Ausweisung oder Abschiebung nachträglich weg oder wird die Dauer der Vorbereitungshaft unverhältnismäßig, hat die Ausländerbehörde unverzüglich die Aufhebung zu beantragen. Wird während der Vorbereitungshaft die Ausweisung verfügt, läuft die Vorbereitungshaft bis zum Ende der festgelegten Höchstdauer weiter, ohne dass es einer erneuten richterlichen Entscheidung bedarf (§ 62 Abs. 1 Satz 3 AufenthG). Es kann also in demselben Verfahren von der Vorbereitungs- zur Sicherungshaft übergegangen werden (BGH NJW 1980, 891). Der Betroffene kann außerdem jederzeit nach § 426 Abs. 2 FamFG die Aufhebung der Abschiebungshaft beantragen.

d) Sicherungshaft (§ 62 Abs. 2, 3 AufenthG). aa) Grundzüge der Vorschrift. Die Voraussetzungen der Sicherungshaft wurden in § 57 Abs. 2 AuslG zum 1. 7. 1992 neu geregelt und sind im Wesentlichen gleichlautend in § 62 AufenthG übernommen worden. Der Gesetzgeber beabsichtigte dadurch eine Erleichterung der Anordnung der Abschiebungshaft (BT-Drucks. 12/2062 S. 45; BGH NJW 1993, 3069). Dies wird durch eine **enumerative Aufzählung der Haftgründe** angestrebt. Die Anordnung der Sicherungshaft ist nunmehr zulässig, wenn der Ausländer
– vollziehbar oder unanfechtbar ausreisepflichtig aufgrund einer Ausweisung oder sonst unrechtmäßigen Aufenthalts ist (§ 50 Abs. 1 AufenthG),
– die Voraussetzungen für eine Abschiebung nach § 58 Abs. 1 AufenthG vorliegen, weil die freiwillige Ausreise nicht gesichert oder eine Überwachung der Ausreise erforderlich ist,
– die Abschiebung innerhalb der nächsten drei Monate durchgeführt werden kann,
– einer der in § 62 Abs. 2 Satz 1 AufenthG aufgeführten Haftgründe vorliegt und
– die Anordnung von Abschiebungshaft als Mittel der Sicherung der Abschiebung erforderlich ist (BVerfG InfAuslR 1994, 342).

Nach § 50 Abs. 1 AufenthG besteht Ausreisepflicht, wenn der Ausländer einen erforderlichen Aufenthaltstitel (§ 4 AufenthG) nicht oder nicht mehr besitzt und ein Aufenthaltsrecht nach dem Assoziationsabkommen EWG/Türkei nicht oder nicht mehr besteht. Ein Aufenthaltstitel erlischt insbesondere mit Ablauf seiner Geltungsdauer, durch Rücknahme oder Widerruf sowie im Fall der Ausweisung (§ 51 Abs. 1 AufenthG).

E Materielles Freiheitsentziehungsrecht

26 In § 62 Abs. 2 Satz 1 Nr. 1 bis 5 AufenthG sind die Gründe geregelt, die regelmäßig den Verdacht der Vereitelung der Abschiebung begründen. Im Fall der Nr. 1 kann von der Anordnung der Sicherungshaft **abgesehen** werden, wenn der Ausländer glaubhaft macht, dass er sich der Abschiebung nicht entziehen will (§ 62 Abs. 2 Satz 3 AufenthG). Die Erfüllung eines der Haftgründe des § 62 Abs. 2 Satz 1 AufenthG genügt bei Beachtung des Grundsatzes der **Verhältnismäßigkeit** grundsätzlich nicht für die Anordnung der Abschiebungshaft, wenn sich der Ausländer offensichtlich nicht der Abschiebung entziehen will (BVerfG InfAuslR 1994, 342). Die Sicherungshaft dient ausschließlich der Sicherstellung der Abschiebung und darf nicht für andere Zwecke, insbesondere nicht zur Erleichterung der Tätigkeit der Ausländerbehörden eingesetzt werden (BVerfG InfAuslR 2007, 290 = FamRZ 2007, 1874).

27 Die **Ausreisepflicht** entfällt
– bei zwischenzeitlich erteiltem Aufenthaltstitel,
– fiktivem Aufenthaltstitel nach § 81 Abs. 3 und 4 AufenthG bei Beantragung eines Aufenthaltstitels durch einen Ausländer, der sich rechtmäßig im Bundesgebiet aufhält bzw. bei einem Antrag auf Verlängerung des Aufenthaltstitels,
– wenn der Ausländer erstmals einen Asylantrag stellt und dadurch eine Aufenthaltsgestattung nach § 55 AsylVfG erhält, oder
– wenn im Fall des Folge- oder Zweitantrages ein erneutes Asylverfahren durchgeführt wird (§§ 71 Abs. 8, 71a Abs. 2 Satz 3 AsylVfG; hierzu OLG München FGPrax 2007, 195).

Auch die erstmalige Stellung eines **Asylantrags** im EU-Ausland steht der Abschiebungshaft entgegen, wenn für dessen Behandlung Deutschland zuständig ist (siehe BVerfG InfAuslR 2008, 133; BGH FGPrax 2010, 150 = InfAuslR 2010, 249; OLG Celle InfAuslR 2008, 225). Bei einer Einreise aus einem sicheren Drittstaat setzt die Aufenthaltsgestattung gemäß § 55 Abs. 1 Satz 3 AsylVfG einen förmlichen Asylantrag im Sinn des § 14 AsylVfG voraus. Ein Asylgesuch nach § 13 AsylVfG, das erkennen lassen muss, dass Schutz vor politischer Verfolgung begehrt wird, genügt in diesem Fall nicht (BGH FGPrax 2003, 142 = InfAuslR 2003, 202; KG InfAuslR 2009, 459; OLG Düsseldorf FGPrax 2009, 86). Bei einem Asylantrag aus der Haft ist § 14 Abs. 3 AsylVfG zu beachten (OLG Düsseldorf InfAuslR 2000, 236; 2004, 305; OLG Karlsruhe NVwZ-Beil. I 2000, 111; KG InfAuslR 2004, 308; 2005, 40; FGPrax 2008, 178; 2009, 282; offengelassen in BGH FGPrax 2000, 130; a. A. BayObLGZ 1999, 97 = InfAuslR 1999, 464 für den Fall, dass der Ausländer den Asylantrag entgegen § 13 Abs. 3 Satz 2 AsylVfG nicht unverzüglich nach der Einreise gestellt hat). Nach § 14 Abs. 3 Satz 3 AsylVfG endet die Abschiebungshaft mit der Zustellung der Entscheidung des Bundesamtes, spätestens jedoch vier Wochen nach Eingang des Asylantrags beim Bundesamt, soweit nicht der Asylantrag als unbeachtlich oder offensichtlich unbegründet abgelehnt wurde oder sich nach dem Recht der EU oder nach völkerrechtlichen Vorschriften die Zuständigkeit eines anderen Staates für die Durchführung des Asylverfahrens nach § 27a AsylVfG ergibt. Ist über den Asylantrag noch nicht entschieden, darf

3. Aufenthaltsgesetz E

die Abschiebungshaft nach § 14 Abs. 3 Satz 3 AsylVfG nicht länger als vier Wochen dauern (OLG Karlsruhe FGPrax 1999, 244; OLG Brandenburg FGPrax 2002, 278 = InfAuslR 2002, 481; KG InfAuslR 2005, 40; FGPrax 2009, 283). Eine **Verbringungshaft** nach § 59 Abs. 2 AsylVfG zur Durchsetzung einer räumlichen Beschränkung darf höchstens eine Woche dauern (OLG Hamburg InfAuslR 2002, 309).

§ 62 Abs. 2 Satz 2 AufenthG ermöglicht in besonderen Fällen, z.B. zur Vorbereitung von **Sammelabschiebungen,** die Anordnung der Sicherungshaft bis zur Dauer von zwei Wochen. Es handelt sich um eine Ermessensvorschrift (zur notwendigen Ermessensausübung OLG Hamm InfAuslR 2007, 159; OLG Düsseldorf InfAuslR 2007, 111; OLG München FGPrax 2010, 51 = InfAuslR 2010, 71). Dabei muss feststehen, dass die Abschiebung in dieser Zeit durchgeführt werden kann (OLG Köln FGPrax 2005, 274). Weiterhin müssen auch insoweit begründete Anhaltspunkte dafür bestehen, dass sich der Betroffene der Abschiebung entziehen wird (OLG München FGPrax 2010, 51 = InfAuslR 2010, 71). 28

bb) Haftgründe nach § 62 Abs. 2 Satz 1 AufenthG. Nach Nr. 1 liegt ein Haftgrund vor, wenn der Ausländer unerlaubt eingereist ist und deshalb **vollziehbar ausreisepflichtig** ist (§§ 14, Abs. 1, 50, 58 Abs. 2 Nr. 1 AufenthG; hierzu BGH FGPrax 2010, 50 = InfAuslR 2010, 118 für den Fall der illegalen Einreise eines türkischen Staatsangehörigen). Nach § 62 Abs. 2 Satz 3 AufenthG ist aber in diesem Fall von der Anordnung der Sicherungshaft abzusehen, wenn der Ausländer die Vermutung widerlegt, er werde sich der Abschiebung entziehen (zum Wegfall der Ausreisepflicht bei erlaubtem Aufenthalt und Asylantragstellung siehe S. 394). Ein Ermessen besteht entgegen dem Wortlaut der Gesetzes nicht (*Renner* § 62 Rn. 15; *Kessler* in Hoffmann/Hoffmann § 62 Rn. 24). Die Vermutung kann widerlegt sein, wenn der Betroffene freiwillig die Ausländerbehörde aufsucht (OLG Hamm InfAuslR 2002, 478), die Unterbringung in einer Unterkunft mit einer Meldeauflage sichergestellt wird oder der Betroffene ernsthaft die Eheschließung betreibt (*Kessler* in Hoffmann/Hoffmann § 62 Rn. 24). 29

Nr. 1a betrifft den Fall einer Abschiebungsanordnung nach § 58a AufenthG (bei einer Gefahr für die Sicherheit der Bundesrepublik Deutschland oder terroristischer Gefahr), die nicht unmittelbar vollzogen werden kann.

Nr. 2 begründet einen Haftgrund vor allem im Fall des **Untertauchens,** wenn die Ausreisefrist nach § 50 Abs. 2 AufenthG abgelaufen ist und der Ausländer seinen Aufenthaltsort ohne Benachrichtigung der Ausländerbehörde gewechselt hat, ohne der Ausländerbehörde eine Anschrift anzugeben, unter der er erreichbar ist. Die Voraussetzungen müssen kumulativ vorliegen. Weiterhin ist erforderlich, dass der Ausländer in für ihn verständlicher Weise auf die Pflicht des § 50 Abs. 5 AufenthG hingewiesen wurde, einen Wohnungs- oder Aufenthaltswechsel anzuzeigen (OLG Celle InfAuslR 2004, 118). Der Haftgrund entfällt, wenn sich der Ausländer im Einzelfall offensichtlich nicht der Abschiebung entziehen will (BVerfG InfAuslR 1994, 342). Dies kann der Fall sein, wenn der Ausländer seinen Aufenthaltswechsel der zuständigen Meldebehörde angezeigt hat, freiwillig bei der Ausländerbehörde erscheint und seinen Aufenthaltsort offenlegt (OLG Düsseldorf 30

FGPrax 2000, 167 = InfAuslR 2000, 451), sich in öffentlichem Gewahrsam befindet (OLG Frankfurt FGPrax 1995, 81) oder nicht mit seiner Abschiebung rechnen muss (BayObLG FGPrax 1997, 237).

31 Nr. 3 und Nr. 4 betreffen Fälle der **Vereitelung der Abschiebung.** Im Fall der Nr. 3 ist Verschulden des Ausländers erforderlich. Paßlosigkeit ist allein kein Haftgrund (OLG Frankfurt FGPrax 1998, 38), aber das Verstecken der Ausreisepapiere (BGH NJW 1980, 891). In beiden Fällen ist zu prüfen, ob sich der Ausländer offensichtlich nicht der Abschiebung entziehen will (BVerfG InfAuslR 1994, 342).

32 Nach Nr. 5 liegt ein Haftgrund vor, wenn der begründete Verdacht besteht, dass der Ausländer sich der Abschiebung **entziehen** will. Es handelt sich um eine Prognoseentscheidung (hierzu grundsätzlich Kap. **A** S. 51 ff.). Für die Absicht des Ausländers müssen konkrete Umstände mit Wahrscheinlichkeit vorliegen, der bloße Verdacht oder die Möglichkeit, der Ausländer werde sich der Abschiebung entziehen, genügen nicht (BGH NJW 1986, 3024; FGPrax 2000, 130; BayObLG InfAuslR 1999, 82; *Huber/Göbel-Zimmermann* S. 454). Darüber hinaus muss die Abschiebungshaft im Sinn der Rechtsprechung des BVerfG **erforderlich** sein. Die Verweigerung der freiwilligen Ausreise genügt daher nicht (BGH NJW 1986, 3024). Als einen Haftgrund im Sinn der Nr. 5 begründende Tatsachen kommen z. B. in Betracht:
– ausdrückliche Erklärung des Ausländers,
– illegale Einreise mit Hilfe eines Schleusers (BGH FGPrax 2000, 130; BayObLG InfAuslR 2001, 174; KG InfAuslR 2009, 459),
– das Verstecken der Ausreisepapiere (BGH NJW 1980, 891),
– Weggabe der für die Ausreise erforderlichen Reisedokumente vor Inhaftierung (BGH NJW 1996, 2796),
– Aufenthalt im „verdeckten Kirchenasyl" (BayObLG NJW 1997, 1713 = FGPrax 1997, 117),
– Betreiben des Asylverfahrens unter falscher Identität (BayObLG InfAuslR 2000, 453),
– beharrliche und durch bestimmte Handlungen nach außen bestätigte Ausreiseverweigerung (OLG Düsseldorf NVwZ 1985, 373),
– Untertauchen in der Vergangenheit,
– Verstrickung in schwerwiegende Straftaten wie Rauschgifthandel (BayOblGZ 1993, 265; 1995, 287; InfAuslR 2002, 478).

33 Nicht ausreichend ist insbesondere, dass der Ausländer ohne festen **Wohnsitz,** ohne soziale Bindungen und trotz vollziehbarer Ausreisepflicht nicht ausgereist ist (BayObLG InfAuslR 1999, 83). Ebenso wenig genügt allein die Weigerung, den für die Ausreise erforderlichen Pass verlängern zu lassen oder bei der Ausstellung von Passersatzpapieren mitzuwirken (BayObLG NVwZ 1992, 814; OLG Zweibrücken InfAuslR 2001, 341). Die Ausländerbehörde ist vielmehr bei einem Ausländer, der seine Identität verschweigt, selbst verpflichtet, die Identität des Ausländers zu klären und Reisedokumente zu beschaffen (BayObLGZ 1996, 16).

34 Die Sicherungshaft ist unzulässig, wenn die **Abschiebung nicht** aus von dem Ausländer nicht zu vertretenden Gründen **innerhalb von drei**

3. Aufenthaltsgesetz E

Monaten durchgeführt werden kann (§ 62 Abs. 2 Satz 4 AufenthG; BVerfG InfAuslR 2000, 221). Auch insoweit handelt es sich um eine Prognoseentscheidung insbesondere hinsichtlich der Frage, ob innerhalb der Frist von drei Monaten die erforderlichen Heimreisepapiere beschafft werden können (BGH FGPrax 2010, 150 = InfAuslR 2010, 249; *Kessler* in Hoffmann/ Hoffmann § 62 Rn. 32). Ist dies nicht der Fall, darf Sicherungshaft nicht angeordnet oder aufrechterhalten werden (OLG Celle InfAuslR 2004, 306). Bei der Prognoseentscheidung sind alle im Einzelfall ernsthaft in Betracht kommenden Gründe, die der Abschiebung entgegenstehen, zu berücksichtigen (BVerfG NJW 2009, 2659). Der Ausländer hat die **Verzögerung seiner Abschiebung** zu vertreten, wenn er die für seine Ausreise erforderlichen Reisedokumente vor seiner Inhaftierung weggibt (BGH NJW 1996, 2796). Die Ausländerbehörde hat allerdings nach dieser Entscheidung des BGH alle notwendigen Anstrengungen zu unternehmen, um Ersatzpapiere zu beschaffen, um die Abschiebungshaft auf eine möglichst kurze Zeit zu beschränken (hierzu BayObLG InfAuslR 2000, 454). Ist die Abschiebung aus Gründen, die der Ausländer zu vertreten hat, gescheitert, bleibt die Anordnung der Sicherungshaft bis zum Ablauf der Anordnungsfrist unberührt (§ 62 Abs. 2 Satz 5 AufenthG). Mit dieser durch das Richtlinienumsetzungsgesetz vom 19. 8. 2007 eingeführten Vorschrift soll die Sicherungshaft trotz Zweckverfehlung bestehen bleiben, wenn der Ausländer das Scheitern der Vollstreckungsmaßnahme und damit die Zweckverfehlung der Maßnahme selbst herbeigeführt hat, weil er z. B. im Flugzeug randaliert und der Flug abgebrochen werden muss (BT-Drucks. 16/5065 S. 188 und 344). Nach richtiger Ansicht ist diese Vorschrift in verfassungskonformer Auslegung nur dann anzuwenden, wenn die abgebrochene Abschiebung in kürzester Zeit nachgeholt werden kann. Andernfalls ist eine erneute richterliche Entscheidung einzuholen oder der Ausländer aus der Haft zu entlassen (Keßler in Hoffmann/Hoffmann § 82 Rn. 38).

cc) Dauer der Sicherungshaft. Die Höchstdauer der Sicherungshaft ist 35 auf sechs Monate festgelegt, wobei eine eventuelle Vorbereitungshaft anzurechnen ist, mit der Möglichkeit der Verlängerung bis zu 18 Monaten, wenn der Ausländer seine Abschiebung verhindert (§ 62 Abs. 3 AufenthG). Die **Dauer der Sicherungshaft** ist konkret festzulegen (siehe BGH NJW 1990, 1417), wobei die Höchstdauer in der Regel nicht ausgeschöpft werden darf (KG InfAuslR 2005, 112; OLG Zweibrücken InfAuslR 1989, 233; OLG Frankfurt NVwZ 1994, 827). Die Rechtsprechung zur Frage der Verhältnismäßigkeit einer länger als sechs Monate dauernden Untersuchungshaft nach §§ 121, 122 StPO ist übertragbar. Die Dauer der Abschiebungshaft kann nach Zeiträumen oder kalendermäßig festgelegt werden. Die Abschiebungshaft beginnt mit ihrer Anordnung durch das Gericht (BayObLG FGPrax 1996, 240; OLG Düsseldorf FGPrax 2001, 130) und endet mit dem festgesetzten Tag oder dem Ablauf der angeordneten Frist. Ist das Ende der Abschiebungshaft kalendermäßig festgelegt, darf sie auch im Fall einer Unterbrechung nach Ablauf des festgelegten Zeitpunktes nicht mehr vollzogen werden (BGH NJW 1990, 1417). Mehrere Haftzeiten, die auf einem einheitlichen Sachverhalt beruhen, sind zusammenzurechnen (KG FGPrax 2000, 84 = InfAuslR 2000, 233).

36 Ist gegen den Ausländer ein **strafrechtliches Ermittlungsverfahren** eingeleitet worden oder Klage erhoben worden, darf eine Abschiebung nur im Einvernehmen mit der zuständigen Staatsanwaltschaft erfolgen (§ 72 Abs. 4 Satz 1 AufenthG; hierzu OLG Düsseldorf FGPrax 2001, 130; 2008, 87). Liegt dieses nicht vor, ist auch Abschiebungshaft unzulässig. Im Fall von **Straf- oder Untersuchungshaft** tritt die Abschiebungshaft zurück oder wird unterbrochen. Befindet sich der Ausländer in Straf- oder Untersuchungshaft, ist die Anordnung von Abschiebungshaft im Anschluss an die Straf- oder Untersuchungshaft grundsätzlich zulässig (BGH NJW 1995, 1898), wenn die Abschiebung aus der Strafhaft nicht möglich ist (§§ 58 Abs. 3 Nr. 1, 59 Abs. 5 AufenthG). Unzulässig ist aber die vorbeugende Anordnung von Abschiebungshaft im Anschluss an eine noch nicht verhängte Strafhaft (BGH NJW 1995, 2226). Ist noch nicht über das Absehen von der Vollstreckung der weiteren Freiheitsstrafe nach § 456a StPO entschieden oder hat die Ausländerbehörde versäumt, rechtzeitig die Abschiebung aus der Strafhaft vorzubereiten, ist die Anordnung der Sicherungshaft unzulässig (BayObLG InfAuslR 1992, 12; OLG Hamm NVwZ-RR 1993, 273; KG StV 1996, 107; OLG Frankfurt StV 2000, 377; OLG Schleswig InfAuslR 2000, 449; OLG Oldenburg InfAuslR 2006, 281).

37 Die Abschiebung ist durch die Ausländerbehörde in jedem Fall mit der bei Freiheitsentziehungen gebotenen **Beschleunigung** zu betreiben (BVerfG NJW 2006, 1336; BGH NJW 1996, 2797; BayObLGZ 1998, 131; InfAuslR 2000, 228; 2001, 446; OLG Frankfurt FGPrax 1995, 208; OLG Karlsruhe InfAuslR 2000, 234; 2007, 356; OLG Celle InfAuslR 2001, 448; 2003, 444; 2004, 247; OLG München FGPrax 2005, 276; OLG Düsseldorf FGPrax 2009, 87). Anderenfalls wird die Abschiebungshaft unverhältnismäßig mit der Folge, dass der Ausländer unverzüglich zu entlassen ist. Der Ausländer kann jederzeit nach § 426 Abs. 2 FamFG die **Aufhebung der Abschiebungshaft** beantragen. Die Aufhebung der Haft für die Zukunft kann nicht nur auf neue Gründe, sondern auch auf Einwände gegen ihre Anordnung gestützt werden (BGH InfAuslR 2010, 35; FGPrax 2010, 150 = InfAuslR 2010, 249). Die Verlängerung der Sicherungshaft nach § 62 Abs. 3 Satz 2 AufenthG kommt nur in Betracht, wenn der Ausländer die Abschiebung durch sein Verhalten aktiv verhindert, indem er z.B. Urkunden vernichtet, die zu seiner Identifizierung oder zur Beschaffung von Ersatzpapieren benötigt werden (KG FGPrax 2000, 83 = InfAuslR 2000, 229), nicht aber, wenn der Ausländer sein die Abschiebung hinderndes Verhalten aufgibt (BayObLGZ 2000, 227). Nicht ausreichend ist die Verweigerung der Mitwirkung bei der Beschaffung der Heimreisepapiere (a.A. BayObLG InfAuslR 2001, 177; 2002, 313; OLG Hamm InfAuslR 2004, 212; OLG Celle InfAuslR 2004, 246). Vielmehr hat die Ausländerbehörde zunächst alle anderen möglichen Ermittlungen durchzuführen. Auch insoweit ist Abschiebungshaft keine Beugehaft (*Kessler* in Hoffmann/Hoffmann § 62 Rn. 42).

38 **dd) Festnahmebefugnis der Ausländerbehörde.** Nach dem durch das Richtlinienumsetzungsgesetz vom 19.8.2007 eingeführten § 62 Abs. 4

3. Aufenthaltsgesetz   E

AufenthG kann die für den Haftantrag zuständige Behörde einen Ausländer ohne vorherige richterliche Anordnung **festhalten oder vorläufig in Gewahrsam nehmen,** wenn
- der dringende Verdacht für das Vorliegen der Voraussetzungen der Anordnung von Sicherungshaft besteht,
- die richterliche Entscheidung über die Anordnung der Sicherungshaft nicht vorher eingeholt werden kann und
- der begründete Verdacht besteht, dass sich der Ausländer der Anordnung der Sicherungshaft entziehen wird.

Die Voraussetzungen müssen kumulativ vorliegen. Der Ausländer ist **unverzüglich dem zuständigen Richter** zur Entscheidung über die Anordnung der Sicherungsverwahrung **vorzuführen** (§ 62 Abs. 4 Satz 2 AufenthG; hierzu unten sowie Kap. **F** § 428 FamFG S. 466 ff.). Eine der richterlichen Entscheidung vorausgehende Freiheitsentziehung durch die Verwaltung gibt es zwar im Unterbringungsrecht (zur Verwaltungsunterbringung Kap. **B** S. 106 ff.) sowie im Bereich des Polizeigewahrsams (hierzu unten S. 401 ff.). Das Recht der Abschiebungshaft kannte eine entsprechende Befugnis der Ausländerbehörde, aus eigener Machtvollkommenheit einen Ausländer festzunehmen und dem Richter vorzuführen, bisher nicht (BVerwG NJW 1982, 536; BGH NJW 1993, 3069). Es war vielmehr immer die vorherige richterliche Entscheidung über die Freiheitsentziehung erforderlich, soweit keine Ingewahrsamnahme nach polizeirechtlichen Vorschriften möglich war. Der Gesetzgeber beabsichtigt mit der Neuregelung die Erfassung folgender Fallkonstellationen, die mit den zuvor geltenden Vorschriften nach seiner Auffassung nicht gelöst werden konnten (BT-Drucks. 15/5065 S. 188 und 344):
- Die Polizei überprüft die Personalien eines Ausländers zur Nachtzeit und stellt fest, dass er sich unrechtmäßig im Bundesgebiet aufhält.
- Der Ausländerbehörde ist nicht zuvor bekannt, dass Sicherungshaft beantragt werden soll. Dies ergibt sich erst während einer Vorsprache bei der Ausländerbehörde. Er will untertauchen.
- Der Ausländerbehörde ist bereits bekannt, dass Sicherungshaft beantragt werden soll. Der Ausländer erscheint zufällig bei der Ausländerbehörde.
- Der Aufenthalt des vollziehbar ausreisepflichtigen Ausländers ist unbekannt.

Die Voraussetzungen für eine Festnahme durch die Polizei dürften nur in seltenen Fällen vorliegen, da einerseits Gründe für die Anordnung der Sicherungshaft (hierzu S. 393 ff.) mit **hoher Wahrscheinlichkeit** vorliegen müssen, andererseits feststehen muss, dass eine richterliche Entscheidung auch im Wege der einstweiligen Anordnung gemäß § 427 FamFG nicht vorher eingeholt werden kann, ohne den verfassungsrechtlich zulässigen Zweck der Freiheitsentziehung zu gefährden (BVerfG NJW 2002, 3161 = InfAuslR 2002, 406; FGPrax 2007, 39 = InfAuslR 2007, 462; InfAuslR 2009, 301; OLG Köln FGPrax 2005, 275; OLG Braunschweig InfAuslR 2009, 118). Dabei ist zu berücksichtigen, dass tagsüber und am Wochenende **richterliche Bereitschaftsdienste** auch außerhalb der üblichen Bürozeiten vorzusehen sind (BVerfG NJW 2002, 3161 = InfAuslR 2002, 406; NJW 2004, 1442; OLG

Celle FGPrax 2009, 87; siehe auch unten S. 409 ff.). Allein der unrechtmäßige Aufenthalt oder der unbekannte Aufenthalt eines vollziehbar ausreisepflichtigen Ausländers genügen nicht, da jeweils die Entziehungsabsicht hinzutreten muss (*Kessler* in Hoffmann/Hoffmann § 62 Rn. 45 ff.). Insbesondere planbare Abschiebungen rechtfertigen keine Festnahme durch die Ausländerbehörde (OLG Zweibrücken InfAuslR 2009, 399; *Wilhelm/Mohr* InfAuslR 2007, 354; ebenso KG InfAuslR 2009, 25 für den Fall einer Freiheitsentziehung nach § 82 Abs. 4 Satz 3 AufenthG i.V. mit § 40 BPolG). In der Regel muss es daher bei der vorherigen richterlichen Entscheidung verbleiben, wie es im Grundsatz Art. 104 Abs. 2 Satz 1 GG vorsieht (BVerfG InfAuslR 2010, 34 für einen Fall, in dem die Ausländerbehörde die Polizei zu der Festnahme des Ausländers veranlasste; zu den verfassungsrechtlichen Zweifeln *Kessler* in Hoffmann/Hoffmann § 62 Rn. 45 ff.). Die Feststellung der Rechtswidrigkeit einer Freiheitsentziehung durch die Ausländerbehörde richtet sich nach § 428 Abs. 2 FamFG (hierzu Kap. **F** § 428 FamFG S. 466 ff.).

39 **e) Prüfungskompetenz des Haftrichters.** Nach herrschender Meinung ist der Haftrichter an die der Ausweisung und Abschiebung zugrundeliegenden Verwaltungsakte gebunden und hat außer im Fall der Nichtigkeit **keine eigenständige Prüfungskompetenz** (BGH NJW 1981, 527; NJW 1986, 3024; OLG München FGPrax 2006, 233; kritisch hierzu *Huber/Göbel/Zimmermann* S. 459 ff.; *Beichel-Benedetti/Gutmann* NJW 2004, 3015 ff.). Dies bedeutet, dass der Haftrichter weder befugt ist, die Asylgründe nachzuprüfen, noch Abschiebungshindernisse überprüfen darf (BVerfG NJW 1987, 3076). Der Betroffene wird vielmehr auf das verwaltungsgerichtliche Verfahren verwiesen. Allerdings sind Entscheidungen der Verwaltungsgerichte vom Haftrichter von Amts wegen zu berücksichtigen und können zur Unzulässigkeit der **Anordnung oder Aufrechterhaltung der Abschiebungshaft** führen (BVerfG NJW 1987, 3076; InfAuslR 2000, 221; NJW 2009, 2659). Dies gilt insbesondere, wenn das Verwaltungsgericht die aufschiebende Wirkung des Widerspruchs gegen die Ausweisung oder Versagung der Aufenthaltserlaubnis anordnet oder entsprechenden Anträgen regelmäßig stattgegeben wird (BGH FGPrax 2010, 150 = InfAuslR 2010, 249). Sonst verbleibt dem Betroffenen in dringenden Fällen lediglich die Möglichkeit, bei dem Verwaltungsgericht gemäß § 123 VwGO die Ausländerbehörde zur Aufhebung bzw. Rücknahme des Antrags auf Sicherungshaft zu verpflichten (Hess. VGH InfAuslR 1989, 74; a. A. OVG Rheinland-Pfalz InfAuslR 1989, 72). Auf diese Möglichkeit ist der Ausländer hinzuweisen (BGH NJW 1981, 527; OLG Brandenburg FGPrax 2002, 280 = InfAuslR 2002, 478; OVG Münster InfAuslR 2007, 110).

Das Gericht hat im Rahmen der Entscheidung über die Abschiebungshaft nach herrschender Meinung zu prüfen, ob der Ausländer zur Ausreise verpflichtet ist, ob die Voraussetzungen für eine Abschiebung nach § 58 Abs. 1 AufenthG vorliegen, ob die Abschiebung überhaupt bzw. innerhalb von drei Monaten durchführbar ist, ob der begründete Verdacht besteht, der Betroffene wolle sich der Abschiebung entziehen und ob die Haft zur Durchführung der Abschiebung erforderlich und verhältnismäßig ist (BGH FGPrax

2010, 50 = InfAuslR 2010, 118). Im Fall der Aufenthaltsbeendigung muss geprüft werden, ob dem Ausländer die diesbezüglichen Verwaltungsakte wirksam zugestellt wurden. Die Prüfung der Frage, ob der Ausländer einen Anspruch auf Duldung hat, obliegt nach dieser Auffassung den Verwaltungsgerichten (OLG Frankfurt NJW 2004, 3050). Die gerichtliche Entscheidung kann auch nach Erledigung auf ihre Rechtmäßigkeit überprüft werden (§ 62 FamFG; BVerfG NJW 2002, 2456; InfAuslR 2008, 133; BGH FGPrax 2010, 150 = InfAuslR 2010, 249; hierzu Kap. F § 429 FamFG S. 468 ff.).

Die vorgenannte herrschende Meinung ist unter dem Blickwinkel der Gewährleistung des Freiheitsgrundrechts der Art. 2 Abs. 2, 104 Abs. 1 und 2 GG problematisch (hierzu grundsätzlich Kap. A S. 2 ff.). Dies betrifft vor allem die **Erforderlichkeit der Freiheitsentziehung** im Hinblick auf den mit ihr verfolgten Zweck (siehe S. 393 f.). Der Richter, der über die Freiheitsentziehung entscheidet, ist daher verpflichtet, sich vom Vorliegen aller tatbestandlichen Voraussetzungen einer Freiheitsentziehung zu überzeugen. Allein dies verpflichtet ihn, auch in Fällen, in denen keine Nichtigkeit der zugrundeliegenden Verwaltungsakte vorliegt, allen Zweifeln am Vorliegen der Voraussetzungen der Abschiebungshaft von Amts wegen nachzugehen (BVerfG NJW 2009, 2659; zu den Verfahrensgrundsätzen und dem Grundsatz ‚in dubio pro libertate' im Verfahren der freiwilligen Gerichtsbarkeit siehe Kap. **D** vor § 312 FamFG). Die Prüfungskompetenz kann schon von diesem Ausgangspunkt her nicht auf besonders schwere, offensichtliche Mängel beschränkt bleiben. Dies gilt vor allem für Fälle, in denen durch die Abschiebung **Grundrechte** (z. B. Art. 6 GG) verletzt würden (OLG Karlsruhe FGPrax 1998, 32 für den Fall der nachträglichen Heirat einer Deutschen) sowie für die **Abschiebungshindernisse** der §§ 60, 60 a AufenthG. Ein Verbot der Abschiebung sowie eine vorübergehende Aussetzung der Abschiebung mit einem Anspruch auf Duldung kommen aus politischen und humanitären Gründen in Betracht. Ein Ausländer darf insbesondere nicht in einen Staat abgeschoben werden, in dem ihm Verfolgung oder Folter oder unmenschliche oder erniedrigende Behandlung oder die Todesstrafe oder Gefahr für Leib, Leben oder Freiheit drohen (§ 60 AufenthG). Abschiebungshindernisse können außerdem aus familiären Gründen (Trennung von der Familie insbesondere bei Minderjährigkeit, beabsichtigte Eheschließung) sowie gesundheitlichen Gründen (Suizidalität, Risikoschwangerschaft, dringende ärztliche Behandlung) bestehen (*Beichel-Benedetti/Gutmann* NJW 2004, 3015; zur Aids-Erkrankung als Abschiebungshindernis BVerwG NVwZ 1998, 973). Bei Minderjährigen sind Alternativen der Sicherungshaft wie die Unterbringung in einer Einrichtung der Kinder- und Jugendhilfe zu prüfen (KG InfAuslR 2005, 268; OLG München InfAuslR 2005, 324; OLG Zweibrücken FGPrax 2006, 188; OLG Rostock FGPrax 2007, 46). Eine Betreuerbestellung als solche steht einer Abschiebung nicht entgegen (OVG Münster FamRZ 2007, 1554). Liegen Abschiebungshindernisse vor, ist auch Abschiebungshaft wegen des Grundsatzes der Verhältnismäßigkeit unzulässig. Bei Stellung eines Asylantrages bzw. Folgeantrages (hierzu S. 394) ist die aufenthaltsrechtliche Situation des Ausländers zu prüfen (OLG Stuttgart FGPrax 1996, 40). Wird trotz Stellung eines Asylantrags eine aufent-

E   Materielles Freiheitsentziehungsrecht

haltsbeendende Maßnahme erlassen, ist von Nichtigkeit gemäß § 44 VwVfG auszugehen.

4. Polizeilicher Gewahrsam

41   **a) Gesetzliche Grundlagen.** Die bundesrechtlichen Polizeigesetze sowie alle Polizeigesetze der Bundesländer (Überblick auf S. 369) enthalten Vorschriften über den polizeilichen Gewahrsam. Darin sind die Voraussetzungen des **Polizeigewahrsams** sowie die Zuständigkeit des Amtsgerichts für die nach Art. 104 Abs. 2 GG zu treffende richterliche Entscheidung geregelt. Für das weitere Verfahren wird jeweils auf die §§ 415 ff. FamFG verwiesen. Die Vorschriften des Bundesländer finden sich in § 28 PolG BW, Art. 17 ff. Bay PAG, §§ 30 ff. Berl ASOG §§ 17 ff. Bran PolG, §§ 15 ff. Bre PolG, §§ 13 ff. Hmb PolG, §§ 32 ff. Hess SOG, § 55 f. MeVo SOG, §§ 18 ff. Nds SOG, §§ 35 ff. NW PolG, §§ 14 ff. RhPf. POG, §§ 13 ff Saar PolG, § 22 Sachs PolG, §§ 37 ff. SaAn PolG, § 204 f. SH LVwG, §§ 19 ff. Thür PAG. Im folgenden wird von den Regelungen des MEPolG ausgegangen, soweit in den Bundesländern nicht Abweichendes geregelt ist.

§ 9 Identitätsfeststellung und Prüfung von Berechtigungsscheinen

(1) Die Polizei kann die Identität einer Person feststellen,

1. zur Abwehr einer Gefahr,
2. wenn sie sich an einem Ort aufhält,
   a) von dem aufgrund tatsächlicher Anhaltspunkte erfahrungsgemäß anzunehmen ist, daß dort
      aa) Personen Straftaten verabreden, vorbereiten oder verüben,
      bb) sich die Personen ohne erforderliche Aufenthaltserlaubnis treffen oder
      cc) sich Straftäter verbergen, oder
   b) an dem Personen der Prostitution nachgehen,

...

§ 11 Vorladung

(1) Die Polizei kann eine Person schriftlich oder mündlich vorladen, wenn

1. Tatsachen die Annahme rechtfertigen, daß die Person sachdienliche Angaben machen kann, die für die Erfüllung einer bestimmten polizeilichen Aufgabe erforderlich sind, oder
2. das zur Durchführung erkennungsdienstlicher Maßnahmen erforderlich ist.

(2) Bei der Vorladung soll deren Grund angegeben werden. Bei der Festsetzung des Zeitpunkts soll auf den Beruf und die sonstigen Lebensverhältnisse des Betroffenen Rücksicht genommen werden.

(3) Leistet ein Betroffener der Vorladung ohne hinreichenden Grund keine Folge, so kann sie zwangsweise durchgesetzt werden,

1. wenn die Angaben zur Abwehr einer Gefahr für Leib, Leben oder Freiheit einer Person erforderlich sind, oder
2. zur Durchführung erkennungsdienstlicher Maßnahmen.

...

4. Polizeilicher Gewahrsam

§ 12 Platzverweisung

Die Polizei kann zur Abwehr einer Gefahr eine Person vorübergehend von einem Ort verweisen oder ihr vorübergehend das Betreten eines Ortes verbieten. Die Platzverweisung kann ferner gegen Personen angeordnet werden, die den Einsatz der Feuerwehr oder von Hilfs- oder Rettungsdiensten behindern.

§ 13 Gewahrsam

(1) Die Polizei kann eine Person in Gewahrsam nehmen, wenn
1. das zum Schutz der Person gegen eine Gefahr für Leib und Leben erforderlich ist, insbesondere weil die Person sich erkennbar in einem die freie Willensbestimmung ausschließenden Zustand oder sonst in hilfloser Lage befindet oder
2. das unerläßlich ist, um die unmittelbar bevorstehende Begehung oder Fortsetzung einer Straftat oder einer Ordnungswidrigkeit von erheblicher Gefahr zu verhindern.

(2) Die Polizei kann Minderjährige, die sich der Obhut der Sorgeberechtigten entzogen haben, in Gewahrsam nehmen, um sie den Sorgeberechtigten oder dem Jugendamt zuzuführen.

(3) Die Polizei kann eine Person, die aus dem Vollzug von Untersuchungshaft, Freiheitsstrafen oder freiheitsentziehenden Maßregeln der Besserung und Sicherung entwichen ist oder sich sonst ohne Erlaubnis außerhalb der Justizvollzugsanstalt aufhält, in Gewahrsam nehmen und in die Anstalt zurückbringen.

§ 14 Richterliche Entscheidung

(1) Wird eine Person auf Grund von § 9 Abs. 2 Satz 3, § 11 Abs. 3 oder § 13 festgehalten, hat die Polizei unverzüglich eine richterliche Entscheidung über Zulässigkeit und Fortdauer der Freiheitsentziehung herbeizuführen. Der Herbeiführung der richterlichen Entscheidung bedarf es nicht, wenn anzunehmen ist, daß die Entscheidung des Richters erst nach Wegfall des Grundes der polizeilichen Maßnahmen ergehen würde.

(2) Für die Entscheidung nach Absatz 1 ist das Amtsgericht zuständig, in dessen Bezirk die Person festgehalten wird. Das Verfahren richtet sich nach den Vorschriften des Gesetzes über das gerichtliche Verfahren bei Freiheitsentziehung.

§ 15 Behandlung festgehaltener Personen

(1) Wird eine Person auf Grund von § 9 Abs. 2 Satz 3, § 11 Abs. 3 oder § 13 festgehalten, ist ihr unverzüglich der Grund bekanntzugeben.

(2) Der festgehaltenen Person ist unverzüglich Gelegenheit zu geben, einen Angehörigen oder eine Person ihres Vertrauens zu benachrichtigen, soweit dadurch der Zweck der Freiheitsentziehung nicht gefährdet wird. Unberührt bleibt die Benachrichtigungspflicht bei einer richterlichen Freiheitsentziehung. Die Polizei soll die Benachrichtigung übernehmen, wenn

die festgehaltene Person nicht in der Lage ist, von dem Recht nach Satz 1 Gebrauch zu machen und die Benachrichtigung ihrem mutmaßlichen Willen nicht widerspricht. Ist die festgehaltene Person minderjährig, entmündigt oder unter vorläufige Vormundschaft gestellt, so ist in jedem Falle unverzüglich derjenige zu benachrichtigen, dem die Sorge für die Person obliegt.

(3) Die festgehaltene Person soll gesondert, insbesondere ohne ihre Einwilligung nicht in demselben Raum mit Straf- oder Untersuchungsgefangenen untergebracht werden. Männer und Frauen sollen getrennt untergebracht werden. Der festgehaltenen Person dürfen nur solche Beschränkungen auferlegt werden, die der Zweck der Freiheitsentziehung oder die Ordnung im Gewahrsam erfordert.

§ 16 Dauer der Freiheitsentziehung

Die festgehaltene Person ist zu entlassen,

1. sobald der Grund für die Maßnahme der Polizei weggefallen ist,
2. wenn die Fortdauer der Freiheitsentziehung durch richterliche Entscheidung für unzulässig erklärt wird,
3. in jedem Falle spätestens bis zum Ende des Tages nach dem Ergreifen, wenn nicht vorher die Fortdauer der Freiheitsentziehung auf Grund eines anderen Gesetzes durch richterliche Entscheidung angeordnet ist.

Eine Gefahr im Sinn des allgemeinen Polizeirechts ist eine Sachlage, bei der im einzelnen Fall die hinreichende Wahrscheinlichkeit besteht, dass in absehbarer Zeit ein Schaden für die öffentliche Sicherheit (oder Ordnung) eintreten wird (*Dennninger* in Lisken/Denninger S. 316f.; zum Begriff der öffentlichen Sicherheit und Ordnung Kap. **B** S. 115f.). Als **konkrete Gefahr** gilt die im Einzelfall bestehende hinreichende Wahrscheinlichkeit eines Schadenseintritts. Die in der Regel für den einzelnen polizeilichen Eingriff erforderliche Gefahr muss im Einzelfall auf Grund der konkreten Sachlage durch eine **Prognoseentscheidung** festgestellt werden (*Gusy* S. 54ff.; *Denninger* in Lisken/Denninger S. 318ff.; zu Prognoseentscheidungen im Unterbringungsrecht grundlegend Kap. **A** S. 51ff.). Eine Gefahr im Sinn des Polizeirechts besteht auch im Fall einer sog. Anscheinsgefahr, nicht aber im Fall des sog. Gefahrenverdachts, bei dem das Vorliegen einer konkreten Gefahr noch zu klären ist. Da es sich auch bei dem Polizeigewahrsam um **präventive Freiheitsentziehung** handelt, ist dem Grundsatz der Verhältnismäßigkeit in besonderem Maß Rechnung zu tragen (siehe Kap. **A** S. 50). Dies bedeutet, dass im Fall einer Freiheitsentziehung der Eintritt des Schadens in der Regel mit **an Sicherheit grenzender Wahrscheinlichkeit** zu erwarten sein muss (BVerwG NJW 1974, 807).

42 **b) Begriff der Freiheitsentziehung im Polizeirecht.** Polizeilicher Gewahrsam ist **Freiheitsentziehung** im Sinn der Art. 2 Abs. 2 Satz 2 und 104 Abs. 2 GG. Dies erfordert die Einholung einer vorherigen richterlichen Entscheidung (hierzu grundsätzlich Kap. **A** S. 53). Anderenfalls ist die richterliche Entscheidung über Zulässigkeit und Fortdauer der Freiheitsentziehung unverzüglich herbeizuführen (§ 14 Abs. 1 Satz 1 MEPolG). Umstritten ist die Abgrenzung von Freiheitsentziehung und Freiheitsbeschränkung

4. Polizeilicher Gewahrsam

(hierzu grundsätzlich Kap. **F** § 415 FamFG S. 414 ff. Für den Begriff des Polizeigewahrsams bedeutet dies, dass nach herrschender Meinung die kurzfristige zwangsweise **Vorführung** nur als Freiheitsbeschränkung aufzufassen ist mit der Folge, dass diese nicht dem Richtervorbehalt des Art. 104 Abs. 2 GG unterliegt (siehe BGH NJW 1982, 753). Die Freiheitsbeschränkung ist im Gegensatz zur Freiheitsentziehung durch die Kurzfristigkeit und die Unterordnung unter einen anderen polizeilichen Zweck gekennzeichnet (*Rachor* in Lisken/Denninger S. 583 f.). Hinsichtlich der Kurzfristigkeit wird häufig von einer Zeitspanne von 2 bis 3 Stunden ausgegangen (siehe OVG Münster NJW 1980, 138). Im Einzelfall kann Freiheitsentziehung aber bereits früher vorliegen, wenn z. B. mehrere Personen gleichzeitig auf eine Dienststelle verbracht werden und dort der Reihe nach erkennungsdienstlich behandelt werden sollen. In diesem Sinn ist das Anhalten zur **Identitätsfeststellung** nur eine Freiheitsbeschränkung. Bei einem länger als kurzfristigen Festhalten liegt aber im vorgenannten Sinn Freiheitsentziehung vor.

c) Voraussetzungen des Polizeigewahrsams. aa) Schutzgewahrsam. 43
Alle Polizeigesetze sehen die Möglichkeit vor, eine Person zum Schutz vor einer **Gefahr für ihr Leib oder Leben** in Gewahrsam zu nehmen, insbesondere weil sie sich erkennbar in einem die freie Willensbestimmung ausschließenden Zustand oder sonst in hilfloser Lage befindet (§ 13 Abs. 1 Nr. 1 MEPolG, § 39 Abs. 1 Nr. 1 BPolG, § 28 Abs. 1 Nr. 2 PolG BW, Art. 17 Abs. 1 Nr. 1 Bay PAG, § 30 Abs. 1 Nr. 1 Berl ASOG, § 17 Abs. 1 Nr. 1 Bran PolG, § 15 Abs. 1 Nr. 1 Bre PolG, § 13 Abs. 1 Nr. 1 Hmb PolG, § 32 Abs. 1 Nr. 1 Hess SOG, § 55 Abs. 1 Nr. 1 MeVo SOG, § 18 Abs. 1 Nr. 1 Nds SOG, § 35 Abs. 1 Nr. 1 NW PolG, § 14 Abs. 1 Nr. 1 RhPf. POG, § 13 Abs. 1 Nr. 1 Saar PolG, § 22 Abs. 1 Nr. 2 Sachs PolG, § 37 Abs. 1 Nr. 1 SaAn PolG, § 204 Abs. 1 Nr. 1 SH LVwG, § 19 Abs. 1 Nr. 1 Thür PAG). Es handelt sich dabei um eine Konkretisierung der generellen Aufgabenzuweisung an die Polizei, Gefahren für die öffentliche Sicherheit oder Ordnung abzuwenden (§ 1 Abs. 1 Satz 1 MEPolG). Die Gefahr kann von der betroffenen Person selbst oder von Dritten ausgehen (zur Gefahrenprognose Kap. **A** S. 51).

Damit sind einerseits Personen gemeint, die aktuell nicht mehr in der Lage 44
sind, ihren **Willen zu betätigen** oder nach diesem Willen zu handeln (zur parallelen Problematik im Unterbringungsrecht Kap. **C** S. 218 ff.). Ursache können z. B. sein Bewusstlosigkeit, Schockzustände, hochgradige Alkoholisierung oder Gebrechlichkeit. Das Vorliegen einer psychischen Krankheit ist nicht Voraussetzung. Bei psychischen Krankheiten (hierzu Kap. **A** S. 42 ff. sind vorrangig die Regelungen der Unterbringungsgesetze der Bundesländer zu beachten (so ausdrücklich § 3 Satz 2 ThüPAG; hierzu Kap. **B**). Hilflos sind Personen, die sich nicht aus eigener Kraft aus der Gefahrensituation befreien können, ohne dass die freie Willensbestimmung aufgehoben ist. In Betracht kommen Unfallopfer, Kinder oder alte Menschen.

Der Schutzgewahrsam kann auch der **Verhinderung eines Selbstmor-** 45
des dienen, zumindest soweit nicht erkennbar ist, ob die selbstmordgefährdete Person in freier Betätigung ihres Willens handelt. Es kann im Polizeirecht in typisierender und generalisierender Weise davon ausgegangen

werden, dass sich eine Person bei Einleitung von Selbstmordhandlungen in einem psychischen Ausnahmezustand befindet (hierzu und zum Verhältnis zum Unterbringungsrecht BayVerfGH NJW 1989, 1790 und 1990, 2926). Die Verhinderung von Suiziden dient der Abwendung von Gefahren für das eigene Leben bzw. die eigene Gesundheit und damit die öffentliche Sicherheit, eines Rückgriffs auf den Begriff der öffentlichen Ordnung bedarf es nicht mehr. Dieser ist in der Generalklausel neuerer Polizeigesetze nicht mehr erwähnt und hat seine eigenständige Bedeutung als Schutzgut im Polizeirecht weitgehend verloren (siehe Kap. **B** S. 115).

46 Zu prüfen ist immer, ob der Gewahrsam **erforderlich** ist, d.h. weniger einschneidende Mittel zur Verfügung stehen (Lösungen ohne Freiheitsentziehung, Vorgehen gegen Störer).

47 **bb) Sicherungsgewahrsam.** Alle Bundesländer sehen die Möglichkeit des sog. Sicherungs- oder Unterbindungsgewahrsams zur Gefahrenabwehr bzw. nach den neuen Regelungen fast aller Polizeigesetze der Bundesländer zur **Verhinderung der** unmittelbar bevorstehenden **Begehung** oder Fortsetzung **einer Straftat** oder einer Ordnungswidrigkeit von erheblichem Gewicht vor (§ 13 Abs. 1 Nr. 2 MEPolG, § 39 Abs. 1 Nr. 3 BPolG, § 20p Abs. 1 Nr. 2 BKAG, § 23 Abs. 1 Nr. 8 ZFdG, Art. 17 Abs. 1 Nr. 2 Bay PAG, § 30 Abs. 1 Nr. 2 Berl ASOG, § 17 Abs. 1 Nr. 2 Bran PolG, § 15 Abs. 1 Nr. 2 Bre PolG, § 13 Abs. 1 Nr. 2 Hmb PolG, § 32 Abs. 1 Nr. 2 Hess SOG, § 55 Abs. 1 Nr. 2 MeVo SOG, § 18 Abs. 1 Nr. 2 Nds SOG, § 35 Abs. 1 Nr. 2 NW PolG, § 14 Abs. 1 Nr. 2 RhPf. POG, § 13 Abs. 1 Nr. 2 Saar PolG, § 37 Abs. 1 Nr. 2 SaAn PolG, § 204 Abs. 1 Nr. 2 SH LVwG, § 19 Abs. 1 Nr. 2 Thür PAG). Damit sollen die Eingriffsvoraussetzungen gegenüber der ursprünglichen polizeirechtlichen Generalklausel präziser umschrieben werden. Nur in Baden-Württemberg und Sachsen wird der Sicherungsgewahrsam noch generalklauselartig bei einer unmittelbar bevorstehenden Gefahr für die öffentliche Sicherheit (bzw. Ordnung) ermöglicht (§ 28 Abs. 1 Nr. 1 BW PolG, § 22 Abs. 1 Nr. 1 Sachs PolG). Ein Verstoß gegen die öffentliche Ordnung rechtfertigt aber keinen Gewahrsam (*Rachor* in Lisken/Denninger S. 587; *Gusy* S. 151; zum polizeirechtlichen Gefahrbegriff Kap. **B** S. 115ff.). Hinsichtlich der Erheblichkeit der Gefahr sind die Voraussetzungen für den Sicherungsgewahrsam in den einzelnen Bundesländern aber unterschiedlich gefasst.

48 Sicherungsgewahrsam zur Verhinderung geringfügiger Straftaten scheidet bereits wegen fehlender Verhältnismäßigkeit aus. Dies gilt für alle Straftaten, bei denen im Fall der Begehung Untersuchungshaft nach den §§ 112ff. StPO nicht angeordnet werden dürfte. Nach anderer Ansicht bezieht sich die Einschränkung „von erheblicher Gefahr" nur auf Ordnungswidrigkeiten (OLG Schleswig NVwZ 2003, 1412; OLG München FGPrax 2009, 38 bei Verstößen gegen das Versammlungsrecht). Im übrigen ist immer zu prüfen, ob der Sicherungsgewahrsam **unerlässlich** ist, um der drohenden Gefahr im Einzelfall zu begegnen, d.h. ob weniger eingreifende Mittel zur Beseitigung der Gefahr zur Verfügung stehen (§ 13 Abs. 1 Nr. 2 MEPolG; zu den Voraussetzungen des Sicherungsgewahrsams zur Verhinderung von Straftaten BVerwG NJW 1974, 807ff.).

4. Polizeilicher Gewahrsam   E

Die Zulässigkeit des Sicherungsgewahrsams zur Verhinderung von **Ord-** 49
nungswidrigkeiten von erheblichem Gewicht ist im Hinblick auf Art. 5
Abs. 1c) MRK problematisch, da dort eine präventive Freiheitsentziehung
nur zur Verhinderung von strafbaren Handlungen für zulässig angesehen
wird (*Rachor* in Lisken/Denninger S. 587 ff.; zur EMRK siehe Kap. **A** S. 2).
Nach Auffassung des Bayerischen Verfassungsgerichtshofs lässt sich nicht
eindeutig feststellen, dass nur mit Kriminalstrafe bedrohte Handlungen unter
Art. 5 Abs. 1c MRK fallen sollen (BayVerfGH BayVBl. 1990, 654, 658 f.).
Dem folgend wird der Sicherungsgewahrsam auch dann zur Verhinderung
von schwerwiegenden Ordnungswidrigkeiten als zulässig angesehen, wenn
anderenfalls der Eindruck entstehen würde, der Rechtsstaat könne sich nicht
durchsetzen (BayObLG NVwZ 1999, 106; VG Schleswig NJW 2000, 970;
VGH Mannheim NVwZ-RR 2005, 540). Dieser Auffassung ist nicht zu
folgen. Vielmehr ist Art. 5 Abs. 1c MRK seinem Wortlaut entsprechend auszulegen und ist es dem Gesetzgeber zu überlassen, welche Handlungen entsprechend den jeweiligen Anschauungen der Gesellschaft als Straftaten ein-
zustufen sind (so auch *Rachor* in Lisken/Denninger S. 588 f.). § 20p Abs. 1
Nr. 2 BKAG sowie § 23 Abs. 1 Nr. 8 ZFdG begrenzen den Gewahrsam
ausdrücklich auf die Verhinderung unmittelbar bevorstehender Straftaten.

Nach § 13 Abs. 1 Nr. 2 MEPolG muss die befürchtete Straftat **unmittel-** 50
bar bevorstehen (LG Berlin NJW 2001, 162; zu weit OLG Hamburg
NJW 1998, 2231 für die präventive Freiheitsentziehung eines Drogenhänd-
lers). Dies bedeutet, dass vor Ingewahrsamnahme in jedem Einzelfall eine
Prognoseentscheidung aufgrund konkreter Tatsachen zu treffen ist, dass die
Gefahr sich sofort oder in allernächster Zeit verwirklicht (OLG Köln
FGPrax 2007, 193 für den Fall eines Hooligans; zur Prognoseentscheidung
BVerwG NJW 1974, 807 sowie grundsätzlich Kap. **A** S. 51 ff.). Der Eintritt
des Schadens muss im Hinblick auf den Eingriff in das Grundrecht der Freiheit der Person mit an Sicherheit grenzender Wahrscheinlichkeit zu erwarten sein. Eine hinreichende Wahrscheinlichkeit genügt für den Gewahrsam
anders als nach allgemeinen polizeirechtlichen Grundsätzen nicht. Allerdings
kann bei besonders schweren drohenden Schäden eine nicht an Sicherheit
grenzende Wahrscheinlichkeit ausreichen (BVerwG NJW 1974, 807). In
Art. 17 Abs. 1 Nr. 2 BayPAG und in vergleichbaren Vorschriften der Polizeigesetze in Brandenburg, Hamburg, Sachsen-Anhalt und Thüringen wurden die **Anhaltspunkte für eine Gefahrensituation** gesetzlich konkretisiert (OLG Hamburg NJW 1998, 2231). Danach kann die Annahme einer
unmittelbar bevorstehenden Gefahr insbesondere darauf gestützt werden,
– dass Personen Straftaten ankündigen oder dazu auffordern bzw. Transpa-
  rente oder sonstige Gegenstände mit einer diesbezüglichen Aufforderung mit sich führen,
– dass bei der betroffenen Person Waffen, Werkzeuge oder sonstige Gegenstände gefunden werden, die zur Tatbegehung bestimmt oder geeignet
  sind, bzw. sie Kenntnis davon hat, dass eine Begleitperson solche Gegenstände mit sich führt,
– dass die Person in der Vergangenheit bereits mehrfach aus vergleichbarem
  Anlass bei der Begehung derartiger Taten angetroffen worden ist und

nach den Umständen eine Wiederholung dieser Verhaltensweise zu erwarten ist.

51 Das Vorliegen der vorstehenden Prognosekriterien ersetzt aber nicht die Prognose im Einzelfall. Vielmehr handelt es sich nur um eine Auslegungshilfe bzw. um Beispiele für Gesichtspunkte, die bei der Prognoseentscheidung eine Rolle spielen können (OLG München FGPrax 2009, 38 für den Fall des Verstoßes gegen das Vermummungsverbot des Versammlungsrechts; *Rachor* in Lisken/Denninger S. 590; *Berner/Köhler* Art. 17 Rn. 11). Ein polizeilicher Gewahrsam, der dazu dient, erst noch eine Gefahrenprognose treffen zu wollen, ist unzulässig (OLG München FGPrax 2007, 298; hierzu Kap. **B** S. 119). Vage Anhaltspunkte und bloße Vermutungen reichen nicht aus (OLG Hamm FGPrax 2008, 90 für den Fall einer Anschlagsgefahr durch eine islamistische Gruppe). Es genügt auch nicht, dass eine Person bereits polizeilich in Erscheinung getreten ist. Dabei kann es sich nur um ein Indiz im Rahmen der Gefahrenprognose handeln, wenn der Betroffene bereits **mehrfach aus vergleichbarem Anlass** bei der Begehung von Straftaten angetroffen wurde (*Rachor* in Lisken/Denninger S. 591). Anhaltspunkte für eine Gefahrenprognose müssen auch bei Gruppenmitgliedern bei jeder einzelnen Person vorliegen (OVG Bremen NVwZ 2001, 221; *Rachor* in: Lisken/Denninger S. 591; a. A. *Berner/Köhler* Art. 17 Rn. 14).

52 **cc) Ingewahrsamnahme Minderjähriger.** § 13 Abs. 2 MEPolG sieht in Übereinstimmung mit den Regelungen der Polizeigesetze der Bundesländer (Art. 17 Abs. 2 Bay PAG, § 30 Abs. 2 Berl ASOG, § 17 Abs. 2 Bran PolG, § 15 Abs. 2 Bre PolG, § 13 Abs. 2 Hmb PolG, § 32 Abs. 2 Hess SOG, § 55 Abs. 2 MeVo SOG, § 35 Abs. 2 NW PolG, § 14 Abs. 2 RhPf. POG, § 13 Abs. 2 Saar PolG, § 22 Abs. 2 Sachs PolG, § 37 Abs. 2 SaAn PolG, § 204 Abs. 2 SH LVwG, § 19 Abs. 2 Thür PAG) mit Ausnahme von Baden-Württemberg und Niedersachsen vor, dass **Minderjährige**, die sich der Obhut der Sorgeberechtigten entzogen haben, in Gewahrsam genommen werden können, um sie den Sorgeberechtigten oder dem Jugendamt zuzuführen. Wegen der abschließenden bundeseinheitlichen Regelung des § 8 JSchG kommt ein Eingreifen der Polizei nur unter den dort genannten Voraussetzungen in Betracht, wenn sich die Minderjährigen an **jugendgefährdeten Orten** aufhalten, an denen ihnen eine unmittelbare Gefahr für ihr körperliches, geistiges oder seelisches Wohl droht (*Rachor* in *Lisken/ Denninger* S. 593 f.; *Berner/Köhler* Art. 17 Rn. 27). Als Freiheitsentziehung kommt nur die Begleitung oder Verbringung zu den Sorgeberechtigten oder dem Jugendamt in Betracht, unter keinen Umständen das Einsperren des Minderjährigen in einem Haftraum. Das weitere Handeln der Sorgeberechtigten im Fall einer erforderlichen Freiheitsentziehung richtet sich nach §§ 1631b, 1800, 1909 BGB, das Handeln des Jugendamtes im Fall einer Inobhutnahme nach § 42 Abs. 5 SGB VIII (siehe hierzu Kap. **C** S. 187 ff.).

53 **dd) Ingewahrsamnahme Entwichener.** § 13 Abs. 3 MEPolG sieht in Übereinstimmung mit den Regelungen der Polizeigesetze der Bundesländer (Art. 17 Abs. 3 Bay PAG, § 30 Abs. 3 Berl ASOG, § 17 Abs. 3 Bran PolG, § 15 Abs. 3 Bre PolG, § 13 Abs. 3 Hmb PolG, § 32 Abs. 3 Hess SOG, § 55 Abs. 3 MeVo SOG, § 18 Abs. 2 Nds SOG, § 35 Abs. 3 NW PolG, § 13

4. Polizeilicher Gewahrsam **E**

Abs. 3 Saar PolG, § 22 Abs. 3 Sachs PolG, § 37 Abs. 3 SaAn PolG, § 204 Abs. 3 SH LVwG, § 19 Abs. 3 Thür PAG) mit Ausnahme von Baden-Württemberg und Rheinland-Pfalz vor, dass Personen, die aus dem Vollzug von Untersuchungshaft, Freiheitsstrafen oder freiheitsentziehenden Maßnahmen der Besserung und Sicherung **entwichen** sind oder sich sonst ohne Erlaubnis außerhalb der Justizvollzugsanstalt aufhalten, in Gewahrsam genommen und in die Anstalt zurückgebracht werden können. Auch in diesem Fall ist der Vorrang bundesgesetzlicher Vorschriften in §§ 127 Abs. 2, 457 StPO, 87 Abs. 1 StVollzG zu beachten. Dies bedeutet, dass die Polizei nur auf **Veranlassung der Vollzugsbehörde** gemäß § 87 Abs. 1 StVollzG oder nach Erlass eines **Vollstreckungshaftbefehls** gemäß § 457 StPO tätig werden darf (*Rachor* in Lisken/Denninger S. 594f; AK-StVollzG/*Brühl* § 87 Rn. 3; *Schwind/Böhm* § 87 Rn. 5; a. A. *Berner/Köhler*, Art. 17 Rn. 28 ff.; offengelassen bei *Gusy* S. 152, der ein polizeiliches Einschreiten im Wege des ersten Zugriffs für möglich hält). Allerdings kommt bei der Gefahr der Begehung von Straftaten ein Sicherungsgewahrsam in Betracht, soweit dessen Voraussetzungen vorliegen (hierzu oben S. 406).

ee) Gewahrsam zur Durchsetzung eines Platzverweises. Die Bundespolizeigesetze sowie die meisten Polizeigesetze der Bundesländer (nicht aber der MEPolG) erlauben einen Gewahrsam, der unerlässlich ist, um eine **Platzverweisung** durchzusetzen (§ 39 Abs. 1 Nr. 2 BPolG, § 20p Abs. 1 Nr. 1 BKAG, Art. 17 Abs. 1 Nr. 3 BayPAG, § 30 Abs. 1 Nr. 3 Berl ASOG, § 17 Abs. 1 Nr. 3 Bran PolG, § 15 Abs. 1 Nr. 3 Bre PolG, § 13 Abs. 1 Nr. 3 Hmb PolG, § 32 Abs. 1 Nr. 3 Hess SOG, § 55 Abs. 1 Nr. 4 MeVo SOG, § 18 Abs. 1 Nr. 3 Nds SOG, § 14 Abs. 1 Nr. 3 RhPf. POG, § 22 Abs. 1 Nr. 4 Sachs PolG, § 37 Abs. 1 Nr. 3 SaAn PolG, § 204 Abs. 1 Nr. 4 SH LVwG, § 19 Abs. 1 Nr. 3 Thür PAG). In diesen Fällen ist wegen des hohen Gewichts der Freiheitsgrundrechts aber eine besonders gründliche Prüfung der Unerlässlichkeit und des Verhältnismäßigkeitsgrundsatzes geboten (BayObLGZ 1999, 17). Unzulässig ist der sog. Verbringungsgewahrsam, durch den z.B. Demonstranten an einen weit entfernten Ort verbracht und dort ausgesetzt werden (*Rachor* in: *Lisken/Denninger* S. 596, *Gusy* S. 151; a. A. *Berner/Köhler* Art. 17 Rn. 25).

ff) Gewahrsam zur Identitätsfeststellung. § 11 Abs. 2 Satz 3 MEPolG ermöglicht in Übereinstimmung mit den Regelungen der meisten Bundesländer das Festhalten einer Person, wenn deren **Identität** auf andere Weise nicht oder nur unter erheblichen Schwierigkeiten festgestellt werden kann. Es kann sich wegen des Grundsatzes der Verhältnismäßigkeit immer nur um ein kurzfristiges Festhalten handeln, das in der Regel die Grenze zur Freiheitsentziehung nicht überschreitet (siehe S. 404).

d) Richterliche Entscheidung. In allen Polizeigesetzen des Bundes und der Bundesländer mit Ausnahme von Mecklenburg-Vorpommern und Schleswig-Holstein ist die Verpflichtung der Polizei geregelt, im Fall des Gewahrsams unverzüglich eine **richterliche Entscheidung** über Zulässigkeit und Fortdauer der Freiheitsentziehung herbeizuführen, es sei denn die Entscheidung würde erst nach Wegfall des Grundes der polizeilichen Maßnahme ergehen (§ 14 Abs. 1 MEPolG, § 40 Abs. 1 BPolG, § 28 Abs. 3 PolG

E   Materielles Freiheitsentziehungsrecht

BW, Art. 18 Abs. 1 Bay PAG, § 31 Abs. 1 Berl ASOG, § 18 Abs. 1 Bran PolG, § 16 Abs. 1 Bre PolG, § 13a Abs. 1 Hmb PolG, § 33 Abs. 1 Hess SOG, § 19 Abs. 1 Nds SOG, § 36 Abs. 1 NW PolG, § 15 Abs. 1 RhPf. POG, § 14 Abs. 1 Saar PolG, § 22 Abs. 7 Sachs PolG, § 38 Abs. 1 SaAn PolG, § 20 Abs. 1 Thür PAG). In Mecklenburg-Vorpommern und Schleswig-Holstein gilt unmittelbar Art. 104 Abs. 2 GG (siehe Kap. **A** S. 2). Zuständig ist das Amtsgericht, in dessen Bezirk die Person festgehalten wird (§ 14 Abs. 2 Satz 1 MEPolG, § 40 Abs. 2 BPolG, § 28 Abs. 4 PolG BW, Art. 18 Abs. 3 Bay PAG, § 31 Abs. 3 Berl ASOG, § 18 Abs. 2 Bran PolG, § 16 Abs. 3 Bre PolG, § 13a Abs. 2 Hmb PolG, § 33 Abs. 2 Hess SOG, § 19 Abs. 2 Nds SOG, § 36 Abs. 2 NW PolG, § 15 Abs. 2 RhPf. POG, § 14 Abs. 2 Saar PolG, § 22 Abs. 8 Sachs PolG, § 38 Abs. 2 SaAn PolG, § 20 Abs. 2 Thür PAG). Unverzüglich bedeutet ohne jede nicht aus sachlichen Gründen zu rechtfertigende Verzögerung (BVerwG NJW 1974, 807 ff.; hierzu Kap. **F** § 428 FamFG S. 466 ff.). Nach dieser Entscheidung erfordert Art. 104 Abs. 2 GG nicht, dass eine richterliche Entscheidung zu jeder Tages- oder Nachtzeit, also auch außerhalb der Dienstzeiten des Gerichts oder der Bereitschaftszeiten an dienstfreien Tagen herbeigeführt werden kann. Nach der neueren Rechtsprechung des Bundesverfassungsgerichts ist die Erreichbarkeit eines Richters tagsüber und am Wochenende auch außerhalb der üblichen Dienstzeiten, nachts aber nur bei einem praktischen Bedarf zu gewährleisten (BVerfG NJW 2002, 3161 = InfAuslR 2002, 406; NJW 2004, 1442; *Gusy* S. 154; siehe hierzu Kap. **F** § 428 FamFG S. 466 ff.). Der Gewahrsam wird rechtswidrig, wenn er länger als 2–3 Stunden dauert oder andauern soll, ohne dass die Entscheidung eines erreichbaren und zuständigen Richters herbeigeführt wird (OVG Münster NJW 1980, 138; OLG München FGPrax 2009, 38). Das Verfahren im Übrigen richtet sich nach den §§ 415 ff. FamFG (§ 40 Abs. 2 Satz 2 BPolG; siehe die Kommentierung in Kapitel **F**). Art. 18 Abs. 2 BayPAG, § 31 Abs. 3 Berl ASOG und § 19 Abs. 2 Satz 1 Nds SOG sehen ausdrücklich die Möglichkeit vor, bei dem zuständigen Amtsgericht innerhalb eines Monats nach Beendigung die **Feststellung der Rechtswidrigkeit** der Freiheitsentziehung zu beantragen, wenn die Freiheitsentziehung vor Erlaß einer gerichtlichen Entscheidung beendet ist und ein berechtigtes Interesse an der Feststellung besteht (zur Rechtswegzuweisung in Bayern BVerwG NJW 1989, 1048). Dies gilt auch, wenn das Amtsgericht die Rechtmäßigkeit des bisherigen Gewahrsams bestätigt, aber gleichzeitig die Entlassung des Betroffenen verfügt (BayObLGZ 1998, 56 = FGPrax 1998, 119). Nach § 13a Abs. 2 Satz 4 Hmb SOG ist dagegen in diesen Fällen der Verwaltungsrechtsweg eröffnet. Umstritten ist der Rechtsweg, wenn keine landesrechtliche Sonderregelung zur Rechtswegfrage vorliegt. Nach überwiegender Auffassung ist in diesen Bundesländern der Verwaltungsrechtsweg gegeben (siehe z. B. VGH Kassel NJW 1984, 821; OVG Münster NJW 1990, 3224; OVG Bremen NVwZ-RR 1997, 474; weitere Nachweise bei Keidel/*Budde* § 428 FamFG Rn. 9; ebenso OLG München FGPrax 2007, 298, das auch im Fall eines Gewahrsams nach § 39 BPolG zum Rechtsweg zu den Verwaltungsgerichten neigt; aA für Schleswig-Holstein OLG Schleswig BeckRS 2001, 30176917). Aufgrund

4. Polizeilicher Gewahrsam **E**

der neuen Rechtsprechung des Bundesverfassungsgerichts zur **nachträglichen gerichtlichen Überprüfung bei erledigten Grundrechtseingriffen** ist in allen Bundesländern auch ohne ausdrückliche gesetzliche Regelung von der Zulässigkeit des Feststellungsantrags auszugehen. Dies gilt beim polizeirechtlichen Gewahrsam auch, wenn das Amtsgericht bereits über die Freiheitsentziehung entschieden hat, weil der Betroffene eine Entscheidung des Beschwerdegerichts aufgrund der kurzen Dauer der Freiheitsentziehung nicht erreichen kann (BVerfG R&P 1998, 39; NJW 1999, 3773; 2002, 2456; siehe auch Kap. F § 429 FamFG S. 468 ff.).

e) Dauer des Gewahrsams. Die Höchstdauer des Gewahrsams durch 57 die Polizei orientiert sich zunächst an Art. 104 Abs. 2 Satz 2 GG (hierzu Kap. **A** S. 2 ff.), teilweise sind in den Polizeigesetzen der Bundesländer auch kürzere Zeiträume festgelegt. Nach § 16 MEPolG ist der Betroffene zu entlassen, wenn der Grund für den Gewahrsam entfallen ist oder das zuständige Amtsgericht die Fortdauer der Freiheitsentziehung für unzulässig erklärt hat, spätestens aber bis zum Ende des Tages nach Ergreifen, wenn nicht vorher die Fortdauer der Freiheitsentziehung aufgrund eines anderen Gesetzes gerichtlich angeordnet wurde. Entsprechende Regelungen finden sich in § 42 Abs. 1 BPolG, § 28 Abs. 3 Satz 2 PolG BW, Art. 20 Nr. 3 Bay PAG, § 31 Abs. 1 Nr. 3 Berl ASOG, § 20 Abs. 1 Nr. 3 Bran PolG, § 18 Abs. 1 Bre PolG, § 13c Abs. 1 Nr. 3 Hmb PolG, § 35 Abs. 1 Nr. 4 Hess SOG, § 55 Abs. 5 Nr. 2 MV SOG, § 21 Nr. 3 Nds SOG, § 38 Abs. 1 Nr. 3 NW PolG, § 22 Abs. 7 Satz 4 Sachs PolG, § 40 Abs. 1 Nr. 3 SaAn PolG, § 204 Abs. 5 Satz 2 SH LVwG, § 22 Nr. 3 Thür PAG. Nach § 17 Nr. 3 RhPf. POG und § 16 Nr. 3 Saar PolG ist der Betroffene spätestens 24 Stunden nach dem Ergreifen zu entlassen, wenn keine anderslautende gerichtliche Entscheidung vorliegt. Hierfür kommen vor allem strafrechtliche Vorschriften sowie bei psychisch kranken Menschen die Unterbringungsgesetze der Bundesländer in Betracht (hierzu Kapitel B). Die meisten Bundesländer beschränken den Polizeigewahrsam auf höchstens 48 Stunden (Berlin, Hamburg, Nordrhein-Westfalen, Rheinland-Pfalz, Saarland). Einige Bundesländer sehen eine über Art. 104 Abs. 2 Satz 3 GG hinausgehende **Höchstdauer** für den Gewahrsam von mehreren Tagen (Brandenburg, Hessen, Niedersachsen, Sachsen-Anhalt, Thüringen) oder höchstens 2 Wochen (Baden-Württemberg, Bayern, Sachsen) vor. In den Polizeigesetzen von Bremen, Mecklenburg-Vorpommern und Schleswig-Holstein sind keine Höchstfristen enthalten. Der Sächsische Verfassungsgerichtshof hat entschieden, dass die Festlegung einer Höchstdauer von 2 Wochen im Fall des Sicherungsgewahrsams mit der Sächsischen Verfassung vereinbar sei, nicht aber im Fall des Schutzgewahrsams sowie des Gewahrsams zur Identitätsfeststellung sowie zur Durchsetzung eines Platzverweises (SächsVerfGH DVBl. 1996, 1423; aA für die entsprechende bayerische Regelung BayVerfGH BayVBl. 1990, 654). § 42 Abs. 2 BPolG, § 33 Abs. 2 Berl ASOG, § 20 Abs. 2 Bran PolG, § 13c Abs. 2 Hmb POG, § 35 Abs. 2 Hess SOG, § 38 Abs. 2 NW PolG, § 40 Abs. 2 SaAn SOG und § 176d Abs. 3 SH LVwG SH begrenzen den Gewahrsam zur Feststellung der Identität auf zwölf Stunden. Bei strenger Beachtung des **Verhältnismäßigkeitsgrundsatzes** dürften kaum Fälle vorstellbar sein, bei denen ein die Frist des Art. 104 Abs. 2 Satz 3 GG übersteigender Gewahrsam gerechtfertigt ist. In aller Regel wird die präventive Freiheitsentziehung nur für wenige Stunden zulässig sein, bis der Grund für die Maßnahme entfallen ist. Alle längerfristigen Freiheitsentziehungen sind in besonderen Gesetzen zu regeln (*Rachor* in Lisken/Denninger S. 607; grundlegend zu Freiheitsentziehungsfristen im Polizeirecht *Lisken* ZRP 1996, 332).

58 **f) Behandlung während des Gewahrsams.** Nach § 15 Abs. 1 und 2 MEPolG und § 41 BPolG, § 28 Abs. 2 PolG BW, Art. 19 Bay PAG, § 32 Berl ASOG, § 19 Bran PolG, § 17 Bre PolG, § 13b Hmb PolG, § 34 Hess SOG, § 56 MV SOG, § 20 Nds SOG, § 37 NW PolG, § 16 RhPf. POG, § 15 Saar PolG, § 22 Abs. 4 bis 6 Sachs PolG, § 39 SaAn PolG, § 205 SH LWvG, § 21 Thür PAG ist der festgehaltenen Person der Grund der Maßnahme bekannt zu geben und ihr unverzüglich Gelegenheit zu geben, einen Angehörigen oder eine Person ihres Vertrauens zu benachrichtigen. Bei Minderjährigen oder Betreuten ist der Sorgerechtsinhaber bzw. der Betreuer durch die Polizei zu benachrichtigen. Bei richterlich angeordnetem Gewahrsam richtet sich die Benachrichtigungspflicht nach § 432 FamFG. In Bayern, Berlin, Mecklenburg-Vorpommern, Niedersachsen, Saarland, Sachsen und Schleswig-Holstein ist zusätzlich die Pflicht zur Belehrung über die zustehenden Rechtsmittel enthalten. Dies betrifft insbesondere den Rechtsweg und die Rechtsmittel bei Beendigung der Freiheitsentziehung (hierzu S. 410; zur Rechtsmittelbelehrung im Freiheitsentziehungsverfahren Kap. F § 421 FamFG S. 444). Nach § 15 Abs. 3 MEPolG und entsprechenden vorstehenden Regelungen aller Bundesländer soll die festgehaltene Person ohne ihre Einwilligung nicht gemeinsam mit Straf- oder Untersuchungsgefangenen untergebracht werden. Männer und Frauen sollen getrennt untergebracht werden. Art. 104 Abs. 1 Satz 2 GG (abgedruckt in Kap. **A** S. 2) enthält das Misshandlungsverbot festgehaltener Personen, das auch die Gewährleistung einer menschenwürdigen Unterbringung umfasst. Dazu gehören insbesondere der Zugang zu Toiletten sowie die Versorgung mit Lebensmitteln (*Rachor* in Lisken/Denninger S. 603). Weitergehende **Grundrechtseingriffe** bedürfen der gesetzlichen Regelung (*Gusy* S. 162; siehe grundlegend BVerfGE 33, 1 ff. = NJW 1972, 811, hierzu Kap. **A** S. 13). Die Generalklausel des § 15 Abs. 3 Satz 3 MEPolG bzw. entsprechende Vorschriften der Polizeigesetze der Bundesländer reichen hierfür nicht aus mit der Folge, dass der Vollzug eines eventuell mehrere Tage dauernden Gewahrsams weitgehend ungeregelt ist. Soweit nicht abweichende landesrechtliche Regelungen bestehen (hierzu S. 410 und für Bayern VGH München NJW 1989, 1754), ist gegen Maßnahmen im Vollzug des Polizeigewahrsams der Verwaltungsrechtsweg gegeben (siehe Kap. **F** § 422 FamFG S. 449f.).

F. Verfahren in Freiheitsentziehungssachen

Vorbemerkungen zu den §§ 415 bis 432 FamFG

Die §§ 415–432 FamFG regeln das Verfahren in Freiheitsentziehungssa- **1**
chen neu und ersetzen damit das frühere Gesetz über das gerichtliche Verfahren bei Freiheitsentziehungen (FEVG). Die Struktur des Verfahrens hat sich durch die Integration in das FamFG kaum verändert (vgl. *Jennissen* FGPrax 2009, 93; *Hoppe* ZAR 2009, 209). Die **Änderungen** beruhen im Wesentlichen darauf, dass in das FamFG ein umfangreicher Allgemeiner Teil (§§ 1–110) aufgenommen wurde, auf den sich die besonderen Vorschriften beziehen können.

Über den Hauptanwendungsfall des früheren FEVG, die Verhängung der **2**
Abschiebungshaft, existiert eine umfangreiche **Rechtsprechung** (Nachweise insbesondere bei *Melchior*, Internet-Kommentar zur Abschiebungshaft, www.abschiebungshaft.de). Die dort entwickelten Grundsätze bleiben auch nach der Gesetzesänderung weitgehend anwendbar. Zum FamFG sind zahlreiche **Kommentare** erschienen, die auch eine Kommentierung der Vorschriften zum Freiheitsentziehungsverfahren enthalten (vgl. insbesondere *Prütting/Jennissen*, MünchKommZPO/*Wendtland* und Keidel/*Budde*). Für die Richter und Richterinnen insbesondere der Amts- und Landgerichte kann dies eine erhebliche Erleichterung bedeuten, weil neben dem vorliegenden Kommentar, der bislang das Freiheitsentziehungsverfahren allein systematisch kommentierte, weitere Literaturquellen zur Verfügung stehen, mit deren Hilfe einer weit verbreiteten Unsicherheit und Unkenntnis begegnet werden kann. Bei einer Verbesserung der Effektivität des Rechtsschutzes der Betroffenen kann diese Entwicklung nur begrüßt werden.

Freiheitsentziehungssachen

415 (1) Freiheitsentziehungssachen sind Verfahren, die die auf Grund von Bundesrecht angeordnete Freiheitsentziehung betreffen, soweit das Verfahren bundesrechtlich nicht abweichend geregelt ist.

(2) Eine Freiheitsentziehung liegt vor, wenn einer Person gegen ihren Willen oder im Zustand der Willenlosigkeit insbesondere in einer abgeschlossenen Einrichtung, wie einem Gewahrsamsraum oder einem abgeschlossenen Teil eines Krankenhauses, die Freiheit entzogen wird.

1. Anwendungsbereich

Nach der in § 415 Abs. 1 enthaltenen **Definition der Freiheitsentzie-** **1**
hungssachen kommen die Verfahrensvorschriften der §§ 415 ff. bei allen

Freiheitsentziehungen (zum Begriff vgl. unten S. 414 ff.) zur Anwendung, die auf Grund von Bundesrecht angeordnet werden, soweit eine spezielle bundesrechtliche Verfahrensregelung (vgl. etwa 40 Abs. 2 Satz 2 BPolG) fehlt. Die Vorschriften sind weiter anzuwenden bei einer ausdrücklichen Verweisung im Landesrecht (vgl. etwa die Regelungen in den Polizeigesetzen der Länder, hierzu Kap. **E** S. 401). Die Gesetze der Länder, die noch auf das Freiheitsentziehungsgesetz verweisen, müssen zukünftig auf die §§ 415 ff. FamFG verweisen. Soweit eine Anpassung an die veränderte Gesetzeslage noch nicht erfolgt ist, kann die landesgesetzliche Regelung als dynamische Verweisung auf das neue Freiheitsentziehungsverfahrensrecht verstanden werden (Keidel/*Budde* § 415 Rn. 1). Der positive Anwendungsbereich des Verfahrens in Freiheitsentziehungssachen ist damit in Kapitel **E** (Materielles Freiheitsentziehungsrecht) umschrieben (vgl. Kap. **E** S. 367).

2 Wegen vorrangiger bundesrechtlicher Verfahrensvorschriften ist das Verfahren in Freiheitsentziehungssachen demgegenüber **nicht anwendbar:**
– auf die öffentlich-rechtlichen Unterbringungen nach den Unterbringungsgesetzen und Psychisch-Kranken-Gesetzen der Bundesländer i. V. m. § 312 Nr. 3 bzw. § 151 Nr. 7,
– auf die Genehmigung einer zivilrechtlichen Unterbringung durch den Betreuer oder den Bevollmächtigten nach § 1906 BGB i. V. m. § 312 Nr. 1 und 2,
– auf die Genehmigung einer freiheitsentziehenden Maßnahme gegen einen Minderjährigen durch die Eltern, den Vormund oder den Pfleger nach §§ 1631 b, 1800, 1915 BGB i. V. m. §§ 151 Nr. 6, 167,
– auf Freiheitsentziehungen im Rahmen der Strafrechtspflege (Untersuchungshaft, Freiheitsstrafe, Jugendstrafe, freiheitsentziehende Maßregeln der Besserung und Sicherung, Sicherungshaft nach § 453 c StPO, einstweilige Unterbringung nach § 126 a StPO, Sicherungsunterbringung nach §§ 453 c, 463 StPO, Unterbringungen nach § 81 StPO, §§ 71 Abs. 2, 72 Abs. 4, 73 JGG, Auslieferungshaft),
– auf Freiheitsentziehungen der Zivilhaft (Ordnungs-, Sicherungs-, Zwangs- und Erzwingungshaft).

2. Begriff der Freiheitsentziehung

3 § 415 Abs. 2 enthält eine **Definition des Begriffs der Freiheitsentziehung**. Danach ist ausschlaggebend für das Vorliegen einer Freiheitsentziehung, dass einer Person gegen oder ohne ihren Willen die Freiheit entzogen wird. Durch den Verzicht auf den noch in § 2 Abs. 1 FEVG verwendeten Begriff der „Unterbringung" soll nur der systematische Unterschied zu den Unterbringungssachen (§§ 312 ff. FamFG) hervorgehoben werden. Auch durch die Einführung des Oberbegriffs „abgeschlossene Einrichtung" anstelle der bisherigen Aufzählung beispielhafter Unterbringungsorte ist keine inhaltliche Änderung, sondern nur eine Korrektur der teilweise veralteten Begrifflichkeiten beabsichtigt. Im Vordergrund der gesetzlichen Definition („insbesondere") steht unverändert das Einsperren bzw. Einschließen. Dabei ist es unerheblich, ob dieser Zweck durch das Abschließen einer Tür oder

§ 415. Freiheitsentziehungssachen

dadurch erreicht wird, dass vor der unverschlossenen Tür eine Wache sitzt, die Sanktionen für den Fall des Entweichens androht (*Gusy* NJW 1992, 457, 459). Bei entsprechenden Kontrollmaßnahmen kann die Freiheitsentziehung auch in offenen oder halboffenen Einrichtungen durchgeführt werden (zum Begriff der Freiheitsentziehung im Unterbringungsrecht siehe Kap. C S. 218).

Freiheitsentziehung (Art. 104 Abs. 2 GG) wird üblicherweise definiert als 4 Aufhebung der – tatsächlich und rechtlich an sich gegebenen – körperlichen Bewegungsfreiheit nach jeder Richtung hin, und zwar für eine mehr als kurzfristige Zeitdauer (BVerfG NJW 2004, 3697; 2002, 3161). Freiheitsentziehung ist die schwerste Form der Freiheitsbeschränkung. Eine bloße Freiheitsbeschränkung (Art. 104 Abs. 1 GG) liegt vor, wenn jemand durch die öffentliche Gewalt gegen seinen Willen daran gehindert wird, einen Ort aufzusuchen oder sich dort aufzuhalten, der ihm an sich tatsächlich und rechtlich zugänglich ist. Für die Abgrenzung ist also die **Intensität des Eingriffs** entscheidend, wobei auch auf dessen Dauer abgestellt wird (kritisch hierzu *Gusy* in v. Mangoldt/Klein/Starck Art. 104 Rz. 20; für den Bereich des Unterbringungsrechts Kap. **C** S. 218 ff.). Insoweit kann als Faustregel ein **Zeitraum von zwei Stunden** gelten (*Rachor* in Lisken/Denninger S. 584). Demgegenüber werden sehr kurzfristige, von vornherein als vorübergehend angesehene polizeiliche Maßnahmen des unmittelbaren Zwangs als bloße Freiheitsbeschränkungen angesehen, die vom Begriff der Freiheitsentziehung nicht erfasst werden (BT-Drs. 16/6308 S. 290). Bei der Abgrenzung im Einzelfall kommt es weder auf die Motive noch den Zweck der behördlichen Maßnahme an, sondern entscheidend auf den Erfolg, die körperliche Bewegungsfreiheit aufzuheben.

Nach dem Gesetzeswortlaut („insbesondere in einer abgeschlossenen Einrichtung") können auch mehrstündige Ingewahrsamnahmen außerhalb einer Einrichtung wie die Einkesselung einer Personengruppe eine Freiheitsentziehung darstellen (vgl. KG NVwZ 2000, 468; OLG München NJW-RR 1997, 279). Gleiches gilt für die Verbringung Betroffener in eine Gefangenensammelstelle (vgl. BVerfG NVwZ 2006, 579).

Fälle von Freiheitsentziehungen sind beispielsweise 5

– im Ausländerrecht: die Zurückweisungshaft nach § 15 Abs. 5 und 6 AufenthG, die Zurückschiebungshaft nach § 57 Abs. 3 i. V. m. § 62 AufenthG, die Abschiebungshaft in Form der Vorbereitungshaft (§ 62 Abs. 1 AufenthG) oder Sicherungshaft (§ 62 Abs. 2 AufenthG), die Freiheitsentziehung zur Erzwingung der Vorführung nach § 82 Abs. 4 S. 3 i. V. m. § 40 BPolG, die Inhaftnahme nach § 59 Abs. 2 i. V. m. § 89 Abs. 2 AsylVfG,
– die zwangsweise Absonderung in einem abgeschlossenen Krankenhaus oder in einem abgeschlossenen Teil eines Krankenhauses nach § 30 Abs. 2 IfSG,
– im Polizeirecht die Freiheitsentziehungen nach §§ 23 Abs. 3 S. 4, 25 Abs. 3, 39 Abs. 1 und 2 oder § 43 Abs. 5 BPolG, die Ingewahrsamnahmen nach §§ 21 Abs. 7 BKAG, § 23 Abs. 1 S. 2 Nr. 8 ZFdG sowie den Polizeigesetzen der Bundesländer.

F Verfahren in Freiheitsentziehungssachen

6   Umstritten ist vor allem, ob Maßnahmen des unmittelbaren Zwangs zur Vollstreckung von Verhaltensaufforderungen wie die zwangsweise **Vorführung** vor eine Behörde eine Freiheitsentziehung im Sinne des Art. 104 Abs. 2 GG darstellen (vgl. *Rachor* in Lisken/Denninger S. 584). Nach der früheren Rechtsprechung des BGH war die Vorführung nach dem früheren § 18 GeschlKrG keine Freiheitsentziehung, sofern die Zeit der sich anschließenden Untersuchung nicht einen bestimmten Zeitraum überschritt, z. B. über Nacht andauerte (BGH NJW 1982, 753; offengelassen in BGH R&P 2001, 46 = FamRZ 2001, 149; abl. zu Recht *Jennissen* FGPrax 2009, 93).

7   Umstritten ist weiter die Einordnung zahlreicher **ausländerrechtlicher Maßnahmen**. Nach Ansicht des BVerfG (NVwZ 1996, 678; *Marx* § 18a Rn. 256, zweifelnd Prütting/*Jennissen* § 415 Rn. 24; aA zu Recht EGMR NVwZ 1997, 1102; *Lübbe-Wolff* DVBl 1996, 825) stellt die Unterbringung von Asylbewerbern im Transitbereich eines Flughafens während des Verfahrens nach § 18a AsylVfG weder eine Freiheitsentziehung noch eine Freiheitsbeschränkung dar. Demgegenüber ist der erzwungene Aufenthalt eines nicht einreiseberechtigten Ausländers im Transitbereich nach abgeschlossenem Flughafenverfahren eine Freiheitsentziehung, wenn die Zurückweisung nicht umgehend durchgeführt wird (OLG München FGPrax 2006, 44 = NVwZ-RR 2006, 728; *Marx* § 18a Rn. 268ff.; Prütting/*Jennissen* § 415 Rn. 25). Auch die Direktabschiebung (ohne Abschiebungshaft) ist aufgrund der damit verbundenen Eingriffe in die körperliche Bewegungsfreiheit als Freiheitsentziehung anzusehen (Prütting/*Jennissen* § 415 Rn. 23; *ders.* FGPrax 2009, 93; *Rittstieg* NJW 1996, 545, 550; abhängig vom Einzelfall: KG InfAuslR 2002, 315; *Renner* § 62 AufenthG Rz. 3). Nach der früheren Rechtsprechung des BVerwG (NJW 1982, 537; zust. Keidel/*Budde* § 412 Rn. 4) soll demgegenüber die Durchführung der Abschiebung als solche und der damit verbundene unmittelbare Zwang grundsätzlich keine Freiheitsentziehung im Sinn des Art. 104 Abs. 2 GG darstellen, wobei die üblichen Unterbrechungen auf dem Weg zur Abschiebung wie die Wartezeit vor dem Abflug unerheblich seien. Dagegen liegt auch nach dieser Auffassung eine Freiheitsentziehung vor, wenn sich der Abschiebungsvorgang über viele Stunden erstreckt und der Betroffene zwischenzeitlich in einem Haftraum untergebracht werden muss (BVerwG NJW 1982, 536; KG InfAuslR 2002, 315). Maßgebend ist danach, ob der Eingriff mehr Zeit in Anspruch nimmt, als für die jeweilige Maßnahme unter den gegebenen Umständen typischerweise zu veranschlagen ist. Maßnahmen zur Durchsetzung von Abschiebehaft darf die Ausländerbehörde nach dem für sie maßgeblichen bundeseinheitlichen Ausländerrecht grundsätzlich nicht ohne richterliche Vorabanordnung treffen (BGH NJW 1993, 3069; BVerwG NJW 1982, 536; KG InfoAuslR 2002, 315). Sie muss vielmehr regelmäßig vorher eine richterliche Entscheidung beantragen und einholen. Besteht ausnahmsweise eine gesetzliche Grundlage für eine polizeiliche oder behördliche Freiheitsentziehung, ist die richterliche Entscheidung unverzüglich nachzuholen (vgl. § 428 FamFG Rn. 3).

8   Eine Freiheitsentziehung liegt nur vor, wenn sie gegen den Willen des Betroffenen oder im Zustand der Willenlosigkeit erfolgt. Sie ist nicht gege-

§ 416. Örtliche Zuständigkeit

ben, wenn die **Einwilligung des Betroffenen** vorliegt und dieser über den maßgeblichen natürlichen Willen verfügt (hierzu Kap. **C** S. 218). Dies gilt nur bis zu dem Zeitpunkt, an dem der Betroffene seine Einwilligung widerruft oder die Einrichtung tatsächlich verlassen will (vgl. EGMR R&P 2005, 186). Die Einwilligung muss ernsthaft und verlässlich sein, fragwürdige oder fiktive Einwilligungen genügen nicht (Keidel/*Budde* § 412 Rn. 5; Schulte-Bunert/Weinreich-*Dodegge* § 415 Rn. 12; vgl. Kap. **C** S. 218 ff.).

Das Verfahren in Freiheitsentziehungssachen kommt nicht zur Anwendung, wenn die **Unterbringung durch den gesetzlichen Vertreter** in Ausübung des Aufenthaltsbestimmungsrechts erfolgt. So stellt der im Rahmen des Aufenthaltsbestimmungsrechts veranlasste und von den Behörden gestattete Aufenthalt eines Kleinkindes bei seiner in Sicherungshaft genommenen Mutter keine behördlich angeordnete Freiheitsentziehung dar (OLG München FGPrax 2009, 40). Nicht unter die §§ 415 ff. FamFG fallen auch alle zivilrechtlichen Unterbringungen, deren Verfahren sich nach §§ 312 ff. FamFG richten. Fehlt eine rechtlich verbindliche Einwilligung des Betroffenen und ist der gesetzliche Vertreter mit einer Freiheitsentziehung nicht einverstanden oder äußert sich hierzu nicht, ist das Verfahren in Freiheitsentziehungssachen einzuleiten. **9**

Da es um Freiheitsentziehung geht, wird hinsichtlich der **Verfahrensgrundsätze** auf die Ausführungen zum Unterbringungsverfahren verwiesen (siehe Kap. **D** vor § 312 FamFG). Im Übrigen kommen die allgemeinen Grundsätze des FamFG zur Anwendung. **10**

3. Konkurrenzen

Bestehen mehrere mögliche Gründe für eine Freiheitsentziehung, ist der Maßnahme der Vorzug zu geben, die der von dem Betroffenen ausgehenden Gefahr in erster Linie begegnet (Prütting/*Jennissen* § 415 Rn. 7). Voraussetzung ist allerdings, dass für das jeweilige Verfahren die Verfahrensvoraussetzungen vorliegen, insbesondere ein Antrag durch die zuständige Behörde (hierzu § 417 Rn. 3 ff.) gestellt ist (BayObLG NJW 1963, 2373 für den Fall eines geistig behinderten und alkoholsüchtigen Betroffenen, der an Tuberkulose erkrankt ist). Für die Anordnung der Abschiebungshaft neben einer Unterbringung nach Landesrecht oder dem Infektionsschutzgesetz gelten die zur Straf- und Untersuchungshaft aufgestellten Grundsätze (siehe Kap. **E** S. 398; zur Konkurrenz der Unterbringungsformen im übrigen Kap. **A** S. 59). **11**

Örtliche Zuständigkeit

416 Zuständig ist das Gericht, in dessen Bezirk die Person, der die Freiheit entzogen werden soll, ihren gewöhnlichen Aufenthalt hat, sonst das Gericht, in dessen Bezirk das Bedürfnis für die Freiheitsentziehung entsteht. Befindet sich die Person bereits in Verwahrung einer abgeschlossenen Einrichtung, ist das Gericht zuständig, in dessen Bezirk die Einrichtung liegt.

F   Verfahren in Freiheitsentziehungssachen

1. Anwendungsbereich

1   Die Vorschrift regelt in sachlicher Übereinstimmung mit dem früheren § 4 Abs. 1 FEVG die örtliche Zuständigkeit in Freiheitsentziehungssachen. Ergänzend gelten die §§ 2 bis 5 FamFG. Danach ist unter mehreren örtlich zuständigen Gerichten das Gericht zuständig, welches zuerst mit der Angelegenheit befasst ist (§ 2 Abs. 1). Die einmal begründete örtliche Zuständigkeit wird durch eine Veränderung der sie begründenden tatsächlichen oder rechtlichen Verhältnisse nicht berührt (§ 2 Abs. 2 FamFG). Dies gilt beispielsweise, wenn der Betroffene aufgrund der richterlichen Anordnung in einer geschlossene Einrichtung im Bezirk eines anderen Gerichts untergebracht wird. Auch zur Entscheidung über eine Verlängerung der Freiheitsentziehung nach § 425 Abs. 3 ist das die Haft erstmalig anordnende Gericht zuständig. Allerdings ist insoweit in § 106 Abs. 2 Satz 2 AufenthG eine Ausnahme vorgesehen. § 106 Abs. 2 Satz 2 AufenthG lautet:

> Ist über die Fortdauer der Zurückweisungshaft oder der Abschiebungshaft zu entscheiden, so kann das Amtsgericht das Verfahren durch unanfechtbaren Beschluss an das Gericht abgeben, in dessen Bezirk die Zurückweisungshaft oder Abschiebungshaft jeweils vollzogen wird.

Der Anwendungsbereich des § 106 Abs. 2 Satz 2 AufenthG ist umstritten. Nach inzwischen wohl überwiegender Auffassung wird hierdurch eine Zuständigkeit des Gerichts des Vollziehungsortes nicht nur für den vorliegenden und weitere Haftverlängerungsanträge begründet, sondern für alle künftigen Entscheidungen (OLG Oldenburg FGPrax 2010, 52; OLG München InfAuslR 2009, 397; OLG Düsseldorf FGPrax 2007, 245 = InfAuslR 2007, 291; KG FGPrax 2006, 280) § 106 Abs. 2 Satz 2 AufenthG beschreibe nur die Voraussetzungen, unter denen das Verfahren abgegeben werden kann, beschränke sie aber nicht inhaltlich auf einen Teil der noch zu treffenden Entscheidungen. Nach (uneingeschränkter) Abgabe sei die Sache deshalb so anzusehen, als läge ein von Anfang an beim neuen Gericht anhängig gewesenes Verfahren vor. Diese Auffassung ist mit dem Sinn und Wortlaut der Regelung nicht zu vereinbaren, so dass es für die Überprüfung der Erstentscheidung bei der bisherigen Zuständigkeit verbleibt (Keidel/*Budde* § 416 Rn. 1). Die Auswirkungen des Streits sind gering. Zum einen ist ein umfassender Abgabebeschluss nach § 106 Abs. 2 Satz 2 AufenthG bindend, was im Gesetzestext dadurch zum Ausdruck kommt, dass das Amtsgericht durch unanfechtbaren Beschluss entscheidet (OLG Düsseldorf InfAuslR 2007, 291; KG FGPrax 2006, 280). Zum anderen kann nach der allgemeinen Vorschrift des § 4 FamFG das Gericht die Sache aus wichtigem Grund an ein anderes, zur Übernahme bereites Gericht abgeben. Eine solche Abgabe, die bisher im FEVG nicht vorgesehen war, kann wegen der notwendigen Anhörung des Betroffenen am Vollziehungsort auch für ein Folgeverfahren in Betracht kommen. Vor einer Abgabe muss dem Betroffenen rechtliches Gehör gewährt werden (BVerfG InfAuslR 2009, 249 für die Abgabe nach § 106 Abs. 2 Satz 2 AufenthG).

§ 416. Örtliche Zuständigkeit **F**

Nach der Gesetzesbegründung (BT-Drs. 16/6308 S. 291) soll § 416 entsprechend anwendbar sein beim Antrag eines Betroffenen auf **nachträgliche Feststellung der Rechtswidrigkeit** einer Freiheitsentziehung. Dem steht jedoch entgegen, dass sich der Antrag nicht gegen die Haft als solche richtet, sondern gegen die staatliche Maßnahme, die zur Inhaftierung führte. Zuständig kann danach nur das für die Haftanordnung bzw. für die Kontrolle des vorgelagerten Behördengewahrsams zuständige Gericht sein (Prütting/ Jennissen § 416 Rn. 9). 2

2. Örtliche Zuständigkeit

§ 416 enthält in Anlehnung an § 4 Abs. 1 FEVG drei mögliche Gerichtsstände, nämlich den Ort des gewöhnlichen Aufenthalts (Rn. 4), bei dessen Fehlen den Ort, an dem das Bedürfnis für die Freiheitsentziehung entsteht (Rn. 5) und schließlich den Ort des Gewahrsams (Rn. 6). 3

Nach Satz 1 Halbsatz 1 ist örtlich zuständig das Gericht des **gewöhnlichen Aufenthalts**. Für die Auslegung des Begriffs ist die Legaldefinition des § 30 Abs. 3 S. 2 SGB I maßgebend (KG InfAuslR 2007, 17; OVG Berlin InfAuslR 2001, 165). Gemeint ist nicht der Wohnsitz des Betroffenen im Sinne des § 7 BGB, sondern der Ort des tatsächlichen Lebensmittelpunkts. Es kommt nicht auf eine bestimmte Dauer des bisherigen Aufenthalts, sondern auf die Prognose einer voraussichtlichen Dauerhaftigkeit an. Bei einem ausreisepflichtigen ehemaligen Asylbewerber gilt der ihm im Asylverfahren zugewiesene Aufenthaltsort als sein gewöhnlicher Aufenthalt auch wenn er sich inzwischen anderswo aufhält (KG InfAuslR 2007, 17; HK-AuslR/ *Keßler* § 62 AufenthG Rn. 68). 4

Nach Satz 1 Halbsatz 2 ist ansonsten das Amtsgericht zuständig, in dessen Bezirk das **Bedürfnis für die Freiheitsentziehung**, also die Gefahrensituation besteht, der durch die Freiheitsentziehung begegnet werden soll. Da mit der Neuregelung keine sachliche Änderung gegenüber dem eindeutigen § 4 Abs. 1 Satz 1 FEVG beabsichtigt ist (BT-Drucks. 16/6308 S. 291), bleibt die **Rangfolge** zwischen den beiden Alternativen des Satzes 1 erhalten. Das Bedürfnis für die Freiheitsentziehung kann die Zuständigkeit nur ersatzweise begründen, wenn ein gewöhnlicher Aufenthalt des Betroffenen nicht besteht oder nicht feststellbar ist. Folglich kann für einen Betroffenen, der sich an einem anderen als seinem gewöhnlichen Aufenthaltsort aufhält, an seinem gegenwärtigen Aufenthaltsort keine Freiheitsentziehungsmaßnahme durch eine Entscheidung in der Hauptsache getroffen werden, selbst wenn ein Bedürfnis für eine Freiheitsentziehung besteht (Keidel/*Budde* § 416 Rn. 2). In Betracht kommt insoweit bei besonders dringenden Fällen allenfalls der Erlass einer einstweilige Anordnung (§ 50 Abs. 2 FamFG). Das weitere Verfahren muss nach § 50 Abs. 2 Satz 2 FamFG dann aber an das Gericht des gewöhnlichen Aufenthaltsortes abgegeben werden. Verstöße gegen Zuständigkeitsbestimmungen unter Berufung auf eine angebliche Eilbedürftigkeit kommen nicht selten vor und setzen die betroffenen Amtsrichter unter erheblichen Entscheidungsdruck (vgl. BVerfG InfAuslR 2006, 462; HK-AuslR/*Hofmann* § 106 AufenthG Rn. 7). Insoweit kann auf die lehrreiche Entscheidung des AG Rottweil (InfAuslR 2005, 40) verwiesen werden. 5

6 Befindet sich der Betroffene bereits in Verwahrung einer **abgeschlossenen Einrichtung** ist nach der Spezialregelung in Satz 2 aus Gründen der Zweckmäßigkeit das Amtsgericht zuständig, in dessen Bezirk die Einrichtung liegt. Die Regelung betrifft außer der Strafhaft auch einen behördlichen Gewahrsam wie den Polizeigewahrsam, in welcher der Betroffene vor einer ersten Befassung eines Amtsgerichts aufgrund einer behördlichen Entscheidung festgehalten wird (OLG Hamm InfAuslR 2007, 455; OLG Düsseldorf FGPrax 1998, 200; OLG Frankfurt InfAuslR 1992, 13). Dies gilt auch in den Fällen, in denen der Betroffene nach seiner Festnahme in eine geschlossene Einrichtung verbracht wird, die in einem anderen Gerichtsbezirk liegt (Keidel/*Budde* § 416 Rn. 3). Zur entsprechenden Zuständigkeit für Entscheidungen über die Fortdauer einer polizeilichen Ingewahrsamnahme nach den Landespolizeigesetzen vgl. OLG Hamm FGPrax 2006, 183; OLG Frankfurt NJW 2006, 3443; OLG Karlsruhe NJW 2009, 926; aA OLG Köln FGPrax 2009, 189). Auf die Rechtmäßigkeit der Ingewahrsamnahme kommt in diesem Zusammenhang nicht an (OLG Hamm FGPrax 2009, 35; 2006, 183).

7 Aus Gründen der Zweckmäßigkeit soll der **Gerichtsstand des Satzes 2 in der Regel vorrangig** gegenüber denen des Satzes 1 sein (BT-Drs. 16/6308 S. 291). Der Regierungsentwurf verweist zur Begründung auf eine Entscheidung des OLG Hamm (FGPrax 2006, 183, 184) zur einstweiligen polizeilichen Ingewahrsamnahme und die 2. Auflage dieses Kommentars. Gesetzestext und Begründung lassen jedoch die entscheidende Frage offen, ob der Gerichtsstand des Satzes 2 die anderen Gerichtsstände verdrängt. Dafür könnte einerseits der eigentliche Zweck des Gerichtsstands sprechen, nämlich eine einfache Zusammenarbeit der Gerichte mit dem ortsnahen Gewahrsam zu ermöglichen etwa für die erforderliche Anhörung. Andererseits ist die Zuständigkeit des Gewahrsamortes im Gegensatz zu § 313 Abs. 3 S. 2 FamFG ausdrücklich nicht als ausschließliche bezeichnet worden. Im Übrigen sollten nach der Rechtsprechung und Literatur zu § 4 Abs. 1 FEVG (OLG Oldenburg InfAuslR 2006, 333; OLG Düsseldorf FGPrax 1998, 200; BayObLG NJW 1977, 2084; Vorauflage § 4 Rn. 2) die Gerichtsstände zumindest für den Fall der Anstaltsunterbringung auf der Grundlage einer strafprozessualen Haftmaßnahme gleichwertig nebeneinander stehen, weil sich etwa wegen der erforderlichen Anhörung naher Angehöriger der Gerichtsstand des gewöhnlichen Aufenthalts geradezu aufdrängen kann. Danach bleibt auch unklar, welches die Regelfälle sind, für die Satz 2 eine bloße Vorrangigkeit begründen soll (Keidel/*Budde* § 416 Rn. 4).

8 Im Falle eines **Zuständigkeitsstreits** wird das zuständige Gericht durch das nächsthöhere gemeinsame Gericht bestimmt (§ 5 FamFG). Zur Wahrung eines effektiven Rechtsschutzes gegen eine Freiheitsentziehung hat aber auch ein Gericht, welches sich für unzuständig hält, die Verfahrenshandlungen durchzuführen, die für eine Gewährleistung der Rechtsschutzgarantie notwendig sind wie etwa Anhörungen nach § 420 (Prütting/*Jennissen* § 416 Rn. 6).

9 Die frühere Eilfallregelung in § 4 Abs. 2 FEVG ist wegen der Zuständigkeitsbestimmung für einstweilige Anordnungen im Allgemeinen Teil des

§ 417. Antrag

FamFG (§ 50 Abs. 2) nicht mehr erforderlich. Die Ermächtigung der Landesregierungen, durch Rechtsverordnung einem Amtsgericht die Verfahren in Freiheitsentziehungssachen für die Bezirke mehrerer Amtsgerichte zuzuweisen (§ 4 Abs. 3 FEVG) und damit die Verfahren zu konzentrieren, ist nunmehr in § 23 d GVG geregelt. Die „sachliche Förderung" von Verfahren umfasst auch eine „schnellere Erledigung" im bisherigen Sinne (BT-Drs. 16/6308 S. 291).

Die gerichtlichen Handlungen eines örtlich unzuständigen Gerichts bleiben nach § 2 Abs. 3 FamFG wirksam. Nach der früheren Rechtslage bestand aber grundsätzlich die Möglichkeit, die Entscheidung des Gerichts wegen seiner Unzuständigkeit mit Rechtsmitteln anzufechten. Das Beschwerdegericht hatte die in der Unzuständigkeit liegende Rechtsverletzung zu berücksichtigen und die angefochtene Entscheidung deshalb gegebenenfalls aufzuheben, auch wenn sie in der Sache zutreffend war (vgl. BGH NJW-RR 2007, 1569; OLG Oldenburg InfAuslR 2006, 333; OLG München FGPrax 2006, 280; OLG Zweibrücken FGPrax 2007, 48). Dies ist jetzt ausgeschlossen. Nach der Neugestaltung des Beschwerdeverfahrens kann weder eine Beschwerde (§ 65 Abs. 4 FamFG) noch eine Rechtsbeschwerde (§ 72 Abs. 2 FamFG) darauf gestützt werden, dass das Gericht des ersten Rechtszuges seine örtliche Zuständigkeit zu Unrecht angenommen hat. Unberührt bleibt aber die Anfechtung nach allgemeinen Grundsätzen (weitergehend Prütting/*Jennissen* § 416 Rn. 7).

3. Sachliche Zuständigkeit

Für die Verfahren in Freiheitsentziehungssachen sind gemäß § 23a Abs. 2 Nr. 6 GVG die Amtsgerichte sachlich zuständig. Funktionell ist dort wegen der aus Art. 104 Abs. 2 GG folgenden Entscheidungskompetenz allein der Richter zuständig. Die Zuständigkeitsregelung betrifft das gesamte Freiheitsentziehungsverfahren einschließlich der Fortsetzungsfeststellungsanträge (§ 428 Abs. 2 FamFG), mit denen die Rechtswidrigkeit einer richterlichen Haftanordnung oder eines vorgelagerten Behördengewahrsams geltend gemacht wird (vgl. OLG München FGPrax 2009, 38; Prütting/*Jennissen* § 416 Rn. 1; Keidel/*Budde* § 422 Rn. 6). Der Rechtsweg zu den Verwaltungsgerichten ist ausgeschlossen (vgl. OVG Münster InfAuslR 2007, 110; OVG Lüneburg BeckRS 2009, 32739; InfAuslR 2007, 246; anders VGH Mannheim Justiz 2007, 220 für die Klage auf Feststellung, dass die Durchführung der Abschiebungshaft wegen eines unwirksamen Amtshilfeersuchens der Ausländerbehörde rechtswidrig war). Wird ein Verwaltungsgericht angerufen, hat dieses die Sache an das Amtsgericht zu verweisen (§ 17a Abs. 2 GVG).

Antrag

417 (1) **Die Freiheitsentziehung darf das Gericht nur auf Antrag der zuständigen Verwaltungsbehörde anordnen.**

(2) **Der Antrag ist zu begründen. Die Begründung hat folgende Tatsachen zu enthalten:**

1. die Identität des Betroffenen,
2. den gewöhnlichen Aufenthaltsort des Betroffenen,
3. die Erforderlichkeit der Freiheitsentziehung,
4. die erforderliche Dauer der Freiheitsentziehung sowie
5. in Verfahren der Abschiebungs-, Zurückschiebungs- und Zurückweisungshaft die Verlassenspflicht des Betroffenen sowie die Voraussetzungen und die Durchführbarkeit der Abschiebung, Zurückschiebung und Zurückweisung.

Die Behörde soll in Verfahren der Abschiebungshaft mit der Antragstellung die Akte des Betroffenen vorlegen.

1. Antragserfordernis

1   Das Freiheitsentziehungsverfahren ist gemäß § 417 Abs. 1 – wie nach dem früheren § 3 Satz 1 FEVG – ein reines Antragsverfahren. Die Anordnung einer Freiheitsentziehung darf deshalb nicht von Amts wegen erfolgen. Notwendige Voraussetzung für das Verfahren und die Rechtmäßigkeit der Freiheitsentziehung ist vielmehr ein **Antrag der zuständigen Verwaltungsbehörde.** Das Vorliegen eines zulässigen Antrags gehört zu den Verfahrensgarantien des Art. 104 Abs. 1 GG und ist daher in jeder Lage des Verfahrens von Amts wegen zu prüfen (BGH FGPrax 2010, 158; OLG Köln FGPrax 2009, 137; OLG Karlsruhe FGPrax 2008, 228; KG InfAuslR 2007, 17; BayObLG FGPrax 1997, 117). Wird das Antragsverhalten der Verwaltungsbehörde der Verfahrensbedeutung nicht gerecht, etwa weil die Behörde nicht erreichbar oder die Begründung nicht ausführlich und konkret genug ist, darf dies nicht zu Lasten der Freiheit des Betroffenen gehen. In solchen Fällen muss schon die einstweilige Genehmigung der Haft unterbleiben (*Beichel-Benedetti/Gutmann* NJW 2004, 3015). Mängel bei der Antragstellung können – gegebenenfalls nach einem entsprechenden Hinweis des Gerichts – für die Zukunft, nicht aber rückwirkend behoben werden (*Jennissen* FGPrax 2009, 93, 94).

2   Erforderlich ist ein förmlicher, schriftlicher **Antrag.** Ein bloßes Telefonat mit dem Haftrichter genügt nicht (HK-AuslR/*Keßler* § 62 AufenthG Rn. 68). Die Angaben im Antrag müssen vollständig und wahrheitsgemäß sein. Pauschale und formularmäßige Anträge genügen den Anforderungen angesichts der drohenden Maßnahme einer Freiheitsentziehung nicht. Der Haftantrag ist grundsätzlich unverzüglich zu stellen (OLG Celle InfAuslR 2005, 111; Huber/Göbel/*Zimmermann* Rn. 1272). Die Behörde muss den Haftantrag im Rahmen ihrer Möglichkeiten jedenfalls so rechtzeitig stellen, dass eine ordnungsgemäße Prüfung und notwendige Sachaufklärung möglich ist (AG Rottweil InfAuslR 2005, 40). Ein Nachholen des Antrags noch in der Beschwerdeinstanz soll, sofern es sich um dieselbe Angelegenheit handelt, zulässig sein (BayObLG InfAuslR 1991, 345). Dies kann aber nur zur Rechtmäßigkeit der Haft für die Zukunft führen (Prütting/*Jennissen* § 417 Rn. 9). Eine verspätete Antragstellung tangiert die Verfahrensgarantien des Betroffenen und schafft für das Gericht einen unnötigen Entscheidungsdruck. Die zuständige Verwaltungsbehörde darf auch nicht mehr Haftanträge stellen, als sie im Hinblick auf den Beschleunigungsgrundsatz

§ 417. Antrag

sachgerecht bearbeiten kann (OLG Frankfurt NVwZ 1994, 827; vgl. auch OLG Celle InfAuslR 2002, 305).

Der Antrag ist dem Betroffenen, zur **Wahrung des rechtlichen Gehörs** 3 zu übermitteln (vgl. §§ 23 Abs. 2, 418 FamFG). Zu den Einzelheiten vgl. § 420 Rn. 3; BGH FGPRax 2010, 154 = InfAuslR 2010, 246. Ergibt sich aus der (Ausländer-)Akte die Bevollmächtigung eines Rechtsanwalts, sollte die Verwaltungsbehörde das dem Gericht in dem Antrag ausdrücklich mitteilen, um dessen rechtzeitige Benachrichtigung vor der Anhörung des Betroffenen zu gewährleisten und eine ansonsten unumgängliche Vertagung zu vermeiden (Keidel/*Budde* § 417 Rn. 1). Ohne vorliegenden Antrag besteht keine Grundlage für eine gerichtliche Entscheidung. Gegenüber einem noch nicht gestellten, von dem Betroffenen aber erwarteten Antrag der Verwaltungsbehörde auf Anordnung der Haft ist ein vorbeugender Rechtsschutz mangels Rechtsschutzbedürfnisses nicht gegeben (OLG Hamm InfAuslR 2007, 293; Prütting/*Jennissen* § 415 Rn. 1).

Zulässig ist ein Haftantrag nur, wenn er von der **örtlich zuständigen** 4 **Verwaltungsbehörde** gestellt wird (OLG Karlsruhe FGPrax 2008, 228; KG InfAuslR 2007, 17; BayObLG FGPrax 1997, 117). Die Zuständigkeit der Behörde ergibt sich, abgesehen von den besonderen Fällen, in denen eine Bundesbehörde tätig wird, regelmäßig aus den landesrechtlichen Vorschriften. Welche Behörde im Einzelfall sachlich zuständig ist, bestimmt sich nach der jeweiligen Rechtsgrundlage für die Freiheitsentziehung.

Die für die Antragstellung **zuständige Behörde** ist: 5
– in Verfahren nach dem Infektionsschutzgesetz die nach dem Landesrecht für zuständig erklärte Verwaltungsbehörde (§ 54 IfSG),
– in Verfahren zur Ingewahrsamnahme nach § 21 Abs. 7 BKAG das Bundeskriminalamt,
– in Verfahren zur Ingewahrsamnahme nach § 39 BPolG die Bundespolizeibehörde,
– in Verfahren zur Ingewahrsamnahme nach § 23 Abs. 1 S. 2 Nr. 8 ZfdG das Zollkriminalamt,
– in Verfahren zur Durchsetzung der Verlassenspflicht nach § 59 Abs. 2 AsylVfG die Polizeien der Länder, die Grenzbehörde, bei der der Ausländer um Asyl nachgesucht hat, die Ausländerbehörde, in deren Bezirk sich der Ausländer aufhält, die Aufnahmeeinrichtung, in der der Ausländer sich gemeldet, sowie die Aufnahmeeinrichtung, die den Ausländer aufgenommen hat (§ 59 Abs. 3 AsylVfG),
– in Verfahren der Abschiebungs- und Zurückweisungshaft nach dem AufenthG gemäß § 71 Abs. 1 AufenthG die Ausländerbehörden. Örtlich zuständig für das Abschiebungshaftverfahren ist regelmäßig die Ausländerbehörde, in deren Bezirk der Betroffene seinen gewöhnlichen Aufenthaltsort hat bzw. seinen letzten gewöhnlichen Aufenthaltsort hatte (vgl. KG InfAuslR 2007, 17). Zur Zuständigkeit der Ausländerbehörde am Aufgriffsort BGH FGPrax 2010, 156. Zur örtlichen Zuständigkeit der Ausländerbehörde in Baden-Württemberg vgl. OLG Karlsruhe FGPrax 2008, 228, in Niedersachsen vgl. OLG Celle FGPrax 2008, 227, in NRW vgl. OLG Köln FGPrax 2009, 137; OLG Hamm InfAuslR 2007, 455;

OVG Münster NVwZ-RR 1998, 201. Darüber hinaus steht nach § 71 Abs. 3 Nr. 1 AufenthG auch den mit der polizeilichen Kontrolle des grenzüberschreitenden Verkehrs beauftragten Behörden und nach § 71 Abs. 5 AufenthG den Polizeien der Länder die Befugnis zu, Abschiebungs- bzw. Zurückschiebungshaft zu beantragen. Zuständige Behörde nach § 71 Abs. 3 ist die jeweilige Bundespolizeidirektion (LG Berlin InfAuslR 2010, 252). Von der Bundespolizeiinspektion gestellte Haftanträge sind solche der jeweiligen übergeordneten Bundespolizeidirektionen (BGH FGPrax 2010, 158). Im Regelfall wird aber nur die kompetentere Ausländerbehörde zur sachgerechten Begründung eines Haftantrags in der Lage sein (HK-AuslR/*Keßler* § 62 AufenthG Rn. 68).

6   Ein Haftantrag aufgrund einer Notzuständigkeit der mit der Sache befassten Behörde oder im Wege der **Amtshilfe** ist unzulässig (OLG Köln FGPrax 2009, 137; OLG Karlsruhe FGPrax 2008, 228; Prütting/*Jennissen* § 417 Rn. 4; *ders.* FGPrax 2009, 93, 94), da die auswärtige Verwaltungsbehörde mit Hilfe moderner Kommunikationsmittel den Antrag auch selbst stellen kann. Demgegenüber kann der Anhörungstermin durch Mitarbeiter anderer Behörden, etwa bei einem untergetauchten Ausländer in Abschiebungshaftsachen durch einen Beschäftigten des Ausländeramtes am Ergreifungsort wahrgenommen werden.

2. Antragsbegründung

7   Bereits auf der Grundlage des FEVG hatte die antragstellende Behörde den Antrag zu begründen und die für die Freiheitsentziehung maßgeblichen Tatsachen darzulegen. Im Gesetzgebungsverfahren zum FamFG wurden die Anforderungen auf Vorschlag des Rechtsausschusses (BT-Drs. 16/9733 S. 299) konkretisiert und über die allgemeine Regelung in § 23 FamFG hinaus kodifiziert. § 417 enthält nunmehr in Abs. 2 Satz 1 und 2 ausdrückliche Angaben zum Erfordernis und zum Inhalt der Begründung (Rn. 8 ff) und in Absatz 2 Satz 3 zur Vorlage der Ausländerakte in Verfahren der Abschiebungshaft (Rn. 16).

8   Mit den **zwingenden Angaben** des Absatz 2 Satz 2 Nr. 1–5 soll dem Gericht bereits durch den Inhalt des Freiheitsentziehungsantrags eine **hinreichende Tatsachengrundlage** für die Einleitung weiterer Ermittlungen bzw. die gerichtliche Entscheidung zugänglich gemacht werden (BT-Drs. 16/9733 S. 299). Die Angaben sind Voraussetzung für die Zulässigkeit eines Antrags auf Freiheitsentziehung. Ist der Antrag unvollständig, hat das Gericht zunächst auf eine entsprechende Ergänzung der Antragsbegründung hinzuwirken (BayObLG InfAuslR 1991, 345). Erfolgt diese nicht, ist der Antrag als unzulässig zurückzuweisen (BT-Drs. 16/9733 S. 299). Als Teil der Begründung verlangt **Absatz 2 Satz 2** konkrete Angaben zu folgenden Punkten:

9   Nach **Nr. 1** muss der Antrag Angaben zur Identität des Betroffenen enthalten. Die Feststellung der Identität setzt in Abschiebungshaftsachen wegen der Verwendung von Alias-Namen gelegentlich erkennungsdienstliche Maßnahmen voraus. Bei geklärter Identität kann die Verwaltungsbehörde

§ 417. Antrag

auf die wechselnden Angaben des Betroffenen und deren Bedeutung für das Vorliegen der Haftvoraussetzungen (wie die Aussichten und Dauer der Beschaffung von Papieren) hinweisen (Keidel/*Budde* § 417 Rn. 4).

Nach **Nr. 2** muss der Antrag Angaben zum gewöhnlichen Aufenthaltsort 10 des Betroffenen enthalten. Der gewöhnliche Aufenthalt ist sowohl für die Bestimmung der örtlichen Zuständigkeit des Gerichts (§ 416 Rn. 4) als auch der zuständigen Verwaltungsbehörde (Rn. 4) von entscheidender Bedeutung. Bislang wurden gelegentlich Feststellungen zum gewöhnlichen Aufenthalt vermieden und die Zuständigkeit anderweitig begründet. Eine solche Praxis ist mit den geltenden Anforderungen nicht zu vereinbaren.

Nach **Nr. 3** muss der Antrag die Erforderlichkeit der Freiheitsentziehung 11 begründen. Selbst bei Annahme einer begrenzten Prüfungskompetenz des Haftrichters ist dieser für die Beurteilung der Haftgründe im eigentlichen Sinne zuständig (HK-AuslR/*Keßler* § 62 AufenthG Rn. 78; *Beichel-Benedetti/Gutmann* NJW 2004, 3015, 3017; Kap. **E** S. 400). Eine ausreichende Antragsbegründung setzt deshalb ein konkretes Vorbringen der Behörde voraus, welches die Tatbestandsmerkmale der gesetzlichen Vorschrift erfüllt, die ihrer Auffassung nach die Anordnung der Freiheitsentziehung rechtfertigt. Für die Abschiebungshaft bedeutet dies insbesondere, dass etwa das Vorliegen eines der Haftgründe des § 62 Abs. 2 Satz 1 AufenthG (Kap. **E** S. 392) durch den Vortrag tatsächlicher Sachverhalte präzisiert wird. Bei der kleinen Sicherungshaft nach Satz 2 der Vorschrift muss nicht nur dargestellt werden, dass die kurzfristige Durchführung der Abschiebung des Betroffenen sichergestellt ist, sondern darüber hinaus konkretisiert werden, aufgrund welcher tatsächlicher Umstände eine Ermessensausübung des Gerichts im Hinblick auf die Anordnung dieser Haft angestrebt wird (Keidel/*Budde* § 417 Rn. 6).

Nach **Nr. 4** muss der Antrag Angaben zur erforderlichen Dauer der Frei- 12 heitsentziehung enthalten. Häufig wird nur die Verwaltungsbehörde, die die Haft in eigener Verantwortung zu vollziehen hat, sachgerecht abschätzen können, welche Dauer unter den Gesichtspunkten der Beschleunigung und der Verhältnismäßigkeit unbedingt benötigt wird. Ihre anhand einer konkreten Prognose im Einzelfall zu treffende Entscheidung über die voraussichtlich erforderliche Zeit muss die Behörde darlegen und begründen. Die Angabe der Behörde in dem Antrag beschränkt zugleich die Anordnungskompetenz des Gerichts: Die Anordnung einer über den Antrag hinausgehenden Haftdauer ist unzulässig (OLG Rostock FGPrax 2007, 46; OLG Brandenburg FGPrax 2002, 280 = InfAuslR 2002, 478).

Nach **Nr. 5** müssen in Verfahren der Abschiebungs-, Zurückschiebungs- 13 und Zurückweisungshaft außerdem die Verlassenspflicht des Betroffenen sowie die Voraussetzungen und die Durchführbarkeit der Abschiebung, Zurückschiebung und Zurückweisung begründet werden. Nach h.M. besteht insoweit nur eine eingeschränkte Prüfungskompetenz des Abschiebungshaftrichters (vgl. Kap. **E** S. 400). Ob die Ausländerbehörde die Abschiebung zu Recht betreibt, das heißt ob der Ausländer ausreisepflichtig ist und die Abschiebungsvoraussetzungen gegeben sind, ist danach ausschließlich durch die Verwaltungsgerichte zu prüfen. Was verwaltungsrechtlich bindend, weil nicht nichtig oder unwirksam ist, ist zu Grunde zu legen. Der Grundsatz der eingeschränkten Prüfungskompetenz ist in seiner Bedeutung für die Haftentscheidung jedoch überbetont worden. Die Einschränkung der richterlichen Prüfungskompetenz bezweckt nicht eine Einschränkung des Rechtsschutzes der Betroffenen (*Beichel-Bendedetti/Gutmann* NJW 2004, 3015, 3017). Der Haftrichter bleibt deshalb etwa zur Prüfung der Verhältnismäßigkeit berufen. Die Verwaltungsbehörde hat die „Verlassenspflicht" des Betroffenen näher zu begründen, also darzulegen, dass und warum dem Betroffenen ein Aufenthaltsrecht im Bundesgebiet nicht zusteht. Mit den „Voraussetzungen" und der „Durchführbarkeit" der Abschiebung sind die gesetzlichen Voraussetzungen der Zulässigkeit der Abschiebung und deren tatsächlicher Vollzug gemeint.

14 **Weitere Begründungsanforderungen** können sich für die antragstellende Behörde aus Verwaltungsvorschriften oder dem Grundsatz der Verhältnismäßigkeit allen Verwaltungshandelns ergeben. Dies betrifft beispielsweise die Anordnung von Abschiebungshaft gegen Minderjährige. Das deutsche Ausländerrecht behandelt Minderjährige, die das 16. Lebensjahr vollendet haben, als handlungsfähig (vgl. § 80 Abs. 1 AufenthG, § 12 AsylVfG). Hieraus wird in der Verwaltungspraxis die Befugnis zur Anordnung von Abschiebungshaft abgeleitet. Aus dem Verhältnismäßigkeitsgrundsatz folgt jedoch ein grundsätzliches **Verbot der Abschiebungshaft gegen Minderjährige**, das allenfalls in Ausnahmefällen durchbrochen werden darf (KG InfAuslR 2005, 268; OLG München InfAuslR 2005, 324; *Marx* 2007, 259, 270; *Heinhold* 2004, 45). Das Verbot folgt aus der besonderen Schutzwürdigkeit von Minderjährigen, die durch eine Haft typischerweise erheblich betroffen werden und in besonderem Maße dauerhafte Schäden davontragen können. Gegen Minderjährige darf Abschiebungshaft nur dann verhängt werden, wenn mildere Maßnahmen, wie zum Beispiel die Unterbringung in einer Jugendeinrichtung, nicht in Betracht kommen (BVerwG NVwZ 2005, 1433 = FamRZ 2005, 2067; OLG Rostock FGPrax 2007, 46). Oftmals dürften schon Maßnahmen wie sie im Bereich des § 72 JGG angewandt werden (Meldeauflagen, Beschränkungen des Aufenthalts etc.) ausreichend sein (*Grotkopp* SchlHA 2006, 373, 375). Die Prüfung milderer Maßnahmen hat die Ausländerbehörde in ihrem Haftantrag umfassend darzulegen (OLG Braunschweig InfAuslR 2005, 4, 119). Fehlt es an einer solchen Darlegung, ist davon auszugehen, dass die Ausländerbehörde die erforderliche Prüfung unterlassen hat und daher die Haftvoraussetzungen nicht vorliegen (OLG Köln OLGR 2003, 193). Nach Auffassung des OVG Lüneburg (InfAuslR 2007, 295) ist die Anordnung von Abschiebungshaft gegenüber einer 16-jährigen Ausländerin verhältnismäßig, wenn sie mit ihren Eltern abgeschoben werden soll und zu diesem Zweck gemeinsam in einer Justizvollzugsanstalt untergebracht wird. Besser wäre die konkrete Abwägung der schädlichen Folgen einer Trennung von den Eltern mit denen einer Unterbringung in der Haft. Bei einer Abschiebung ohne Eltern ist zu berücksichtigen, dass die Trennung Minderjähriger von ihren Eltern eine unmenschliche Behandlung nach Art. 3 und 8 EMRK darstellen kann (*Beichel-Benedetti/Gutmann* NJW 2004, 3015, 3019). Ob der Betroffene minderjährig ist, hat notfalls der Tatrichter von Amts wegen aufzuklären

§ 417. Antrag

(OLG Zweibrücken FGPrax 2006, 188; OLG Rostock FGPrax 2007, 46; OLG München OLGR 2005, 393).

Nach § 23 Abs. 1 FamFG sollen in dem Antrag auch die zur Begründung dienenden **Beweismittel** angegeben werden. Bei einem Antrag auf Freiheitsentziehung in einem Krankenhaus soll ein **ärztliches Gutachten** beigefügt werden (§ 420 Abs. 4 Satz 2 FamFG). 15

Nach **Absatz 2 Satz 3** hat die antragstellende Behörde in Verfahren der Abschiebungshaft mit der Antragstellung regelmäßig auch die **Akte des Betroffenen** vorzulegen, da sich häufig aus deren Inhalt weitere wesentliche Informationen für die Ermittlungen und die Entscheidung des Gerichts ergeben (BT-Drs. 16/9733 S. 299). Die gesetzliche Neuregelung war überfällig. Bislang war es eine verbreitete Verwaltungspraxis, die Akte allenfalls auf ausdrückliche Anforderung des Gerichts zu übersenden. Die Richter entschieden häufig nur auf der Grundlage der von der Ausländerbehörde selektierten Unterlagen. An Wochenenden und im Bereitschaftsdienst wurde gelegentlich Haft ganz ohne Unterlagen der Ausländerbehörde und nur aufgrund der Angaben der festnehmenden Polizei angeordnet. Dabei tragen die Betroffenen häufig Umstände vor, die nur anhand der vollständigen Akte beurteilt werden können. Für die Überprüfung, ob die Ausländerbehörde formal- und materiell-rechtlich richtig verfährt, ist deshalb die Akteneinsicht unentbehrlich (*Beichel-Benedetti/Gutmann* NJW 2004, 3015; HK-AuslR/ *Keßler* § 62 AufenthG Rn. 72; MüKo-*Wendtland* § 417 Rn. 9). Dementsprechend waren schon bisher nach der herrschenden Rechtsprechung die Akten der Ausländerbehörde bei einer Entscheidung über eine Haftanordnung regelmäßig beizuziehen (BVerfG NVwZ 2008, 304 = InfAuslR 2008, 133; InfAuslR 2008, 358; OLG Celle InfAuslR 2008, 225; FGPrax 2008, 227), um den hohen verfassungsrechtlichen Anforderungen an die eigenständige rechtliche Aufklärung und Feststellung der relevanten Tatsachen gerecht zu werden. 16

Hinsichtlich des **Aktenbegriffs** ist von § 29 VwVfG auszugehen, so dass auch alle mit dem Verfahren zusammenhängenden Vorakten umfasst sind. Zur **Wahrung des rechtlichen Gehörs** (Art. 103 Abs. 1 GG) muss der Richter den Betroffenen über den Inhalt der Ausländerakte informieren und ihm die Möglichkeit zur Stellungnahme geben. Sind aufgrund besonderer Umstände des Einzelfalls ausnahmsweise keine weiteren Informationen aus dem Akteninhalt zu erwarten, kann von einer Übersendung der Akte abgesehen werden. Die Aktenvorlage ist deshalb – anders als die Angaben zu Satz 2 Nr. 1 bis 5 – keine Voraussetzung für die Zulässigkeit des Freiheitsentziehungsantrags (BT-Drs. 16/9733 S. 299). Das Gericht ist auch in den zuletzt genannten Fällen aber nicht gehindert, im Rahmen der Amtsermittlung (§ 26 FamFG) die Akte anzufordern. 17

3. Anordnung der Freiheitsentziehung

Das Amtsgericht genehmigt nicht nur die durch die zuständige Behörde bereits vollzogene Freiheitsentziehung, sondern es ordnet sie an. Die richterliche Anordnung hat der Freiheitsentziehung grundsätzlich vorauszugehen. 18

Eine nachträgliche richterliche Entscheidung genügt nur dann, wenn der mit der Freiheitsentziehung verfolgte verfassungsrechtlich zulässige Zweck nicht erreichbar wäre, sofern der Festnahme die richterliche Entscheidung vorausgehen müsste (BVerfG BeckRS 2008, 35235). Der Richter darf sich nicht auf eine summarische Prüfung der Voraussetzungen der Freiheitsentziehung beschränken, sondern hat als Garant eines gesetzmäßigen und fairen Freiheitsentziehungsverfahrens den Sachverhalt vollständig aufzuklären (OLG Frankfurt InfAuslR 1998, 114f.). Die Anordnung der Freiheitsentziehung berechtigt zu keinen weiteren Grundrechtseingriffen, insbesondere nicht zu einer Zwangsbehandlung. Diese ist nur zulässig, wenn hierfür eine besondere gesetzliche Grundlage besteht.

Beteiligte

418 (1) **Zu beteiligen sind die Person, der die Freiheit entzogen werden soll (Betroffener), und die Verwaltungsbehörde, die den Antrag auf Freiheitsentziehung gestellt hat.**

(2) **Der Verfahrenspfleger wird durch seine Bestellung als Beteiligter zum Verfahren hinzugezogen.**

(3) **Beteiligt werden können im Interesse des Betroffenen**

1. **dessen Ehegatte oder Lebenspartner, wenn die Ehegatten oder Lebenspartner nicht dauernd getrennt leben, sowie dessen Eltern und Kinder, wenn der Betroffene bei diesen lebt oder bei Einleitung des Verfahrens gelebt hat, die Pflegeeltern sowie**
2. **eine von ihm benannte Person seines Vertrauens.**

1. Normzweck

1 Wie im FGG war auch im FEVG nicht ausdrücklich und klar geregelt, wer Beteiligter in einem Freiheitsentziehungsverfahren ist. Daher war die Vernachlässigung von Beteiligtenrechten und daraus möglicherweise folgende Verfahrensfehler häufiger Gegenstand der obergerichtlichen Rechtsprechung. Die gesetzliche Neuregelung versucht mit einer Formalisierung der Beteiligtenstellung in allgemeinen (§§ 7 ff. FamFG) und besonderen (§ 418) Vorschriften Klarheit zu schaffen (zweifelnd *Grotkopp* SchlHA 2008, 261, 262). § 418 knüpft an die allgemeine Bestimmung des Beteiligtenbegriffs in § 7 FamFG an und unterscheidet zwischen Beteiligten kraft Gesetzes (Rn. 2) und kraft Hinzuziehung (Rn. 5).

2. Beteiligte kraft Gesetzes (Abs. 1 und 2)

2 Bereits nach § 7 Abs. 1 FamFG ist in Antragsverfahren der Antragsteller Beteiligter. Dies ist in Freiheitsentziehungssachen die zuständige **Verwaltungsbehörde**, deren Antrag Zulässigkeitsvoraussetzung für das Verfahren ist. Deren zwingende Beteiligung stellt Abs. 1 noch einmal ausdrücklich fest.

3 Nach § 7 Abs. 2 Nr. 1 FamFG ist weiter zu beteiligen, derjenige, dessen Recht durch das Verfahren unmittelbar betroffen ist. Das ist in Freiheitsentziehungssachen die Person, der die Freiheit entzogen werden soll, d.h. nach

§ 418. Beteiligte

der Legaldefinition des Abs. 1 der **Betroffene**. Auch dessen zwingende Beteiligung stellt Abs. 1 noch einmal ausdrücklich fest. Zu beachten ist, dass die Vorschriften über die Verfahrensfähigkeit eines Betroffenen in Betreuungs- und Unterbringungssachen (§§ 275, 316) nicht gelten. Für einen geschäftsunfähigen Betroffenen, der z.B. zur Durchsetzung eines Platzverweises in Polizeigewahrsam genommen werden soll, ist daher gemäß § 9 Abs. 2 FamFG nur der gesetzliche Vertreter handlungsfähig. Ist dieser nicht bekannt, muss ein Verfahrenspfleger nach § 419 bestellt werden (Prütting/Jennissen § 418 Rn. 2; ders. FGPrax 2009, 93, 94).

Auch die Beteiligung eines Verfahrenspflegers (§ 419) tritt kraft Gesetzes **4** ein. Der **Verfahrenspfleger** wird mit seiner Bestellung durch das Gericht Beteiligter des Freiheitsentziehungsverfahrens. Ihm stehen damit alle Rechte und Pflichten eines Verfahrensbeteiligten zu (vgl. § 419 Rn. 7). Nach § 429 Abs. 3 ist er auch beschwerdebefugt. Die Beteiligung des Verfahrenspflegers endet mit der Aufhebung der Bestellung (§ 419 Abs. 2) oder mit der Rechtskraft des Beschlusses über die Freiheitsentziehung oder mit dem sonstigen Abschluss des Verfahrens (§ 419 Abs. 3).

3. Beteiligte kraft Hinzuziehung (Abs. 3)

Absatz 3 enthält eine abschließende Aufzählung der Personen, die im In- **5** teresse des Betroffenen als Beteiligte hinzugezogen werden können. Die Neuregelung erweitert gegenüber der früheren Bestimmung in § 5 Abs. 3 FEVG einerseits den Kreis der gegebenenfalls zu beteiligenden Personen, schränkt aber andererseits deren Rechtsschutz erheblich ein. Eine Beteiligung der genannten Personen liegt nämlich jetzt im pflichtgemäßen Ermessen des Gerichts und ihr Beschwerderecht hängt gemäß § 429 Abs. 2 Nr. 1 FamFG davon ab, dass sie in erster Instanz beteiligt worden sind (krit. zu Recht Prütting/Jennissen § 418 Rn. 4; ders. FGPrax 2009, 93, 94).

Nach **Abs. 3 Nr. 1** können beteiligt werden **nahe Angehörige** (vgl. **6** Kap. **D** S. 266), nämlich:
– der nicht dauernd getrennt lebende Ehegatte oder Lebenspartner des Betroffenen,
– die Eltern und Kinder, wenn der Betroffene bei diesen lebt oder bei Einleitung des Verfahrens gelebt hat und
– die Pflegeeltern.

Voraussetzung ist jeweils, dass ein Interesse des Betroffenen an der Beteiligung besteht. Das Interesse des Betroffenen ist nicht objektiv, sondern aus seiner Sicht unter Berücksichtigung seiner Wünsche und Belange zu beurteilen. Bestehen Zweifel, ob der Betroffene mit der Hinzuziehung einer Person einverstanden ist, muss er dazu befragt werden. Gegen den Willen des Betroffenen kommt eine Beteiligung von Verwandten nicht in Betracht, wenn dieser Wille dem objektiven Interesse des Betroffenen zuwiderläuft und keine erheblichen Gründe gegen die Beteiligung sprechen (BT-Dr. 16/6308 S. 266). Häufig wird schon die allgemeine **Sachaufklärungspflicht** des § 26 FamFG die Hinzuziehung nahestehender Personen gebieten (Jennissen FGPrax 2009, 94; vgl. auch Kap. **D** S. 266). Besonders in

Abschiebungshaftsachen wird die bei allen Haftgründen des § 62 Abs. 2 AufenthG relevante Frage nach dem Bestehen und dem Umfang sozialer Bindungen des Betroffenen eine Beteiligung nahestehender Personen oder zumindest ihre Vernehmung als Zeugen erforderlich machen (Prütting/ Jennissen § 418 Rn. 5). In besonderen Fällen dürfte trotz der Gesetzesfassung („kann") sogar eine **Beteiligungspflicht** bestehen. Wenn zum Beispiel Eltern an dem gegen ein minderjähriges Kind geführten Strafverfahren wegen des Eingriffs in ihr Erziehungsrecht zu beteiligen sind (BVerfG NJW 2003, 2004), muss dies erst recht für die Abschiebungshaft wegen des damit verbundenen Eingriffs in das Aufenthaltsbestimmungsrecht gelten (*Gutmann* InfAuslR 2003, 223; Beichel-*Benedetti/Gutmann* NJW 2004, 3015, 3019).

7 Nach **Abs. 3 Nr. 2** kann auch eine vom Betroffenen benannte **Person seines Vertrauens** beteiligt werden (vgl. § 315 S. 267). Eine Vertrauensperson hat, insbesondere wenn die in Nr. 1 genannten Personen fehlen, eine entscheidende Bedeutung, um die Kontakte des Betroffenen zur Außenwelt und die Hilfe bei der Wahrnehmung seiner Rechte zu sichern (vgl. HK-AuslR/*Keßler* § 62 AufenthG Rn. 93; *Heinhold* 2004, 279). In Betracht kommen sachkundige Personen wie Sozialarbeiter, Mitarbeiter einer karitativen Organisation oder Mitglieder einer Flüchtlingsinitiative. Einer gerichtlichen Zulassung oder einer besonderen beruflichen Qualifikation bedarf die Vertrauensperson nicht. Wird eine Vertrauensperson nicht am Verfahren beteiligt, kann sie als Beistand im Sinne des § 12 auftreten und so die Interessen des Betroffenen wahrnehmen und in seinem Namen durch Einsicht in die Gerichtsakten und vorgelegten Verwaltungsvorgänge tätig werden (Prütting/*Jennissen* § 418 Rn. 8).

8 Der Betroffene ist zu nahen Angehörigen bzw. einer Person seines Vertrauens zu befragen, weil ansonsten eine pflichtgemäße Ermessensentscheidung über deren Beteiligung nicht getroffen werden kann. Dem Gericht bekannte Personen, die als Beteiligte hinzugezogen werden können, sind von der Einleitung des Verfahrens zu benachrichtigen und über ihr Antragsrecht zu informieren (§ 7 Abs. 4). Eine Hinzuziehung bedarf keines formellen Aktes. Sie kann auch konkludent durch die Übersendung eines Schriftstückes oder die Ladung zu einem Termin erfolgen. Eine ausdrückliche Entscheidung erfordert das Gesetz nur, wenn ein Antrag auf Hinzuziehung zurückgewiesen wird (§ 7 Abs. 5 FamFG). Die Beteiligten sind grundsätzlich vom Gericht anzuhören (§ 420 Abs. 3 Satz 1). Das Beschwerderecht der in Abs. 3 genannten Personen hängt davon ab, dass sie im ersten Rechtszug beteiligt worden sind (§ 429 Abs. 2).

4. Dolmetscher

9 Ausländer in der Bundesrepublik haben die gleichen prozessualen Grundrechte und denselben Anspruch auf ein rechtsstaatliches Verfahren sowie auf umfassenden und objektiven gerichtlichen Schutz wie Deutsche (BVerfG NJW 2004, 50; 1975, 1597). Bei fehlenden oder ungenügenden Deutschkenntnissen eines Ausländers folgt aus Art. 3 Abs. 3, 103 Abs. 1 GG die Notwendigkeit, einen Dolmetscher beizuziehen. Der **Anspruch auf Bei**-

ziehung eines **Dolmetschers** besteht für das gesamte Verfahren und damit auch – soweit erforderlich – für vorbereitende Gespräche (OLG Celle Inf AuslR 2005, 394 = StV 2005, 452; OLG München NJW-RR 2006, 1511). Schon die Ausländerbehörde und der Polizeivollzugsdienst müssen sich um die möglichst frühzeitige Einschaltung eines erkennbar erforderlichen Dolmetschers bemühen (BVerfG InfAuslR 2007, 244; InfAuslR 2006, 462). Im Zweifelsfall ist ein Dolmetscher beizuziehen. Bei Verständigungsschwierigkeiten mit dem Betroffenen muss der Dolmetscher durch einen anderen ersetzt werden. Der Richter muss sich vor der Anordnung der Freiheitsentziehung vergewissern, dass der hinzugezogene Dolmetscher und der Betroffene in derselben Sprache miteinander kommunizieren (BGH FGPrax 2010, 152 f.), Die bloße Besprechung mit einem an der Gerichtsstelle anwesenden Dolmetscher ist für eine sachgerechte Vertretung nicht ausreichend, so dass der Betroffene auf diese Möglichkeit nicht verwiesen werden darf (OLG Celle InfAuslR 2005, 394 = StV 2005, 452; HK-AuslR/*Keßler* § 62 AufenthG Rn. 76). Die Staatskasse hat die Kosten für die Beiziehung eines Dolmetschers zu tragen, soweit dies für eine Verständigung des Betroffenen mit seinem Verfahrensbevollmächtigten und für eine sachgemäße Vertretung des Betroffenen erforderlich ist. Dies gilt auch, wenn der Betroffene bereits entlassen worden ist und das Verfahren nur noch die nachträgliche Feststellung der Rechtswidrigkeit betrifft (HK-AuslR/*Keßler* § 62 AufenthG Rn. 76). Der Anspruch auf Dolmetscherkosten ergibt sich aus einer entsprechenden Anwendung von Art. 6 Abs. 3 lit. e EMRK, da die Vorschrift auch auf andere Freiheitsentziehungen als das Strafverfahren anzuwenden ist (OLG München NJW-RR 2006, 1511; OLG Celle InfAuslR 2005, 394 = StV 2005, 452; *Meyer-Ladewig*, EMRK Art. 6 Rn. 96 b). Regelmäßig ist deshalb nach § 81 Abs. 1 Satz 2 anzuordnen, dass von der Erhebung von Dolmetscherkosten anzusehen ist (BGH FGPrax 2010, 154). Der unentgeltliche Beistand eines Dolmetschers erstreckt sich auch auf die schriftlichen Dokumente und Aussagen, die der Betroffene für ein faires Verfahren verstehen muss. Daraus folgt jedoch nicht, dass eine schriftliche Übersetzung des gesamten Beweismaterials oder der amtlichen Schriftstücke eines Verfahrens in allen Einzelheiten verlangt werden kann (Keidel/*Budde* § 418 Rn. 7). Selbst ein Anspruch auf Überlassung einer schriftlichen Übersetzung des Haftantrags soll nicht bestehen (OLG Hamm FGPrax 2010, 159). Das erscheint wegen der Effektivität der Rechtsverteidigung zweifelhaft. Allenfalls bei einfach gelagertem Sachverhalt, in dem der Betroffene ohne weiteres auskunftsfähig ist und geringem Umfang des Haftantrags kann von einer schriftlichen Übertragung abgesehen werden (BGH FGPrax 2010, 154 = InfAuslR 2010, 246).

Verfahrenspfleger

419 (1) **Das Gericht hat dem Betroffenen einen Verfahrenspfleger zu bestellen, wenn dies zur Wahrnehmung seiner Interessen erforderlich ist. Die Bestellung ist insbesondere erforderlich, wenn von einer Anhörung des Betroffenen abgesehen werden soll.**

(2) Die Bestellung eines Verfahrenspflegers soll unterbleiben oder aufgehoben werden, wenn die Interessen des Betroffenen von einem Rechtsanwalt oder einem anderen geeigneten Verfahrensbevollmächtigten vertreten werden.

(3) Die Bestellung endet, wenn sie nicht vorher aufgehoben wird, mit der Rechtskraft des Beschlusses über die Freiheitsentziehung oder mit dem sonstigen Abschluss des Verfahrens.

(4) Die Bestellung eines Verfahrenspflegers oder deren Aufhebung sowie die Ablehnung einer derartigen Maßnahme sind nicht selbständig anfechtbar.

(5) Für die Vergütung und den Aufwendungsersatz des Verfahrenspflegers gilt § 277 entsprechend. Dem Verfahrenspfleger sind keine Kosten aufzuerlegen.

1. Anwendungsbereich und Normzweck

1   Die Vertretung der Betroffenen in Freiheitsentziehungsverfahren war im früheren FEVG nur unbefriedigend geregelt. Insbesondere für das Abschiebungshaftverfahren hatten Teile der Rechtsprechung und Literatur aus Gründen der fairen Verfahrensführung ein Bedürfnis für die Bestellung eines Pflichtanwalts festgestellt (vgl. BGH FGPrax 1998, 198 = InfAuslR 1998, 454; OLG Frankfurt BeckRS 2000, 30145403; HK-AuslR/*Keßler* § 62 AufenthG Rn. 91; *Deichmann* MDR 1997, 16; *Gusy* NJW 1992, 457, 462). Der Hinweis auf einen ausreichenden Schutz der Betroffenen durch die Möglichkeit der Bewilligung von Prozesskostenhilfe (BayObLG NVwZ-Beilage I 2001, 56) löste das Problem nicht, weil das Prozesskostenhilfeverfahren nicht zu dem auf Beschleunigung angelegten Abschiebungshaftverfahren passte und die Bewilligungsvoraussetzungen restriktiv gehandhabt wurden. Die gesetzliche Neuregelung setzt nicht auf die Beiordnung eines Pflichtanwalts, sondern auf die erweiterte Möglichkeit der Bestellung eines Verfahrenspflegers (krit. *Grotkopp* SchlHA 2008, 261, 267).

2   § 419 regelt die Bestellung und **Funktion eines Verfahrenspflegers** im Freiheitsentziehungsverfahren. Nach der früheren Vorschrift des § 5 Abs. 2 FEVG war ein Verfahrenspfleger nur zu bestellen, wenn eine persönliche Anhörung des Betroffenen ausnahmsweise unterblieb und dieser nicht selbst bereits einen Rechtsanwalt beauftragt hatte. Über den engen Wortlaut der Vorschrift hinaus wurde aber bisher schon wegen der Schwere des Grundrechtseingriffs die Bestellung eines Verfahrenspflegers von Amts wegen für erforderlich gehalten, wenn der Betroffene seine Verfahrensrechte selbst nicht sachgerecht wahrnehmen konnte (EGMR NJW 1992, 2945 = R&P 1993, 30; *Gusy* NJW 1992, 457, 462). Daran anknüpfend regelt § 419 die Verfahrenspflegschaft in Anlehnung an die entsprechenden Vorschriften im Betreuungs- und Unterbringungsrecht (§§ 276, 317 FamFG) umfassend neu. Der Verfahrenspfleger hat die Aufgabe, den **Schutz des Betroffenen** vor einer Überforderung zu gewährleisten und die sachgerechte **Wahrung seiner Belange** im Verfahren zu garantieren. Der Betroffene soll in Freiheitsentziehungsverfahren nicht allein stehen, sondern – soweit erforder-

§ 419. Verfahrenspfleger

lich – fachkundig beraten und vertreten werden. Dazu ist die möglichst frühzeitige Bestellung eines qualifizierten Verfahrenspflegers erforderlich.

2. Bestellung eines Verfahrenspflegers

Absatz 1 Satz 1 beschreibt allgemein die Voraussetzungen für die Bestellung eines Verfahrenspflegers. Das Gericht hat danach dem Betroffenen von Amts wegen einen Verfahrenspfleger zu bestellen, wenn dies zur Wahrnehmung seiner Interessen erforderlich ist, d. h. wenn der Betroffene seine Verfahrensrechte selbst nicht sachgerecht wahrnehmen kann (BT-Drs. 16/6308 S. 291). Die Formulierung soll eine geeignete Basis bieten, um ohne schematische Vorgaben eine an den konkreten Umständen des Einzelfalls orientierte Entscheidung zu treffen (BT-Drs. 16/6308 S. 394). Liegen die Voraussetzungen vor, muss ein Verfahrenspfleger bestellt werden. Ein Ermessen des Gerichts besteht nicht.

Die Gesetzesbegründung (BT-Drs. 16/6308 S. 291) beschränkt die Bestellung eines Verfahrenspflegers in Freiheitsentziehungssachen wegen der Unterschiede zu den Unterbringungs- und Betreuungsverfahren auf Ausnahmen. Die Unterschiede zwischen den Betroffenen können eine Ungleichbehandlung jedoch nicht rechtfertigen, da psychische Erkrankungen oder Behinderungen nur eine mögliche Ursache für die Unfähigkeit sind, seine Interessen im Verfahren angemessen zu vertreten. Entscheidend ist die **Schwere des Grundrechtseingriffs**, während die aufgeführten Unterschiede demgegenüber unerheblich sind (Schulte-Bunert/Weinreich/*Dodegge* § 419 Rn. 3). Dementsprechend ist auch in Abschiebungshaftfällen ein Verfahrenspfleger zu bestellen, wenn der Betroffene durch die Situation überfordert ist und seine Verfahrensrechte nicht ausreichend wahrnehmen, d. h. sich zu dem Antrag auf Freiheitsentziehung und den Ermittlungen des Gerichts nicht substantiiert äußern und Einwendungen vorbringen kann. Dies ist wegen des schwerwiegenden Grundrechtseingriffs der Sicherungshaft etwa der Fall, wenn der Betroffene der deutschen Sprache nicht mächtig ist (AG Bremen InfAuslR 2009, 461). Daran ändert auch die Zuziehung eines Dolmetschers (§ 185 GVG) zum Anhörungstermin nichts, da dieser allenfalls Sprachschwierigkeiten beseitigt. Demgegenüber kann eine Verfahrenspflegerbestellung unterbleiben, wenn ein gerichtliches Verfahren ausscheidet, weil der Betroffene nur kurzzeitig wegen eines die freie Willensbestimmung ausschließenden Zustandes oder sonst hilfloser Lage in Gewahrsam genommen wird. Will das Gericht die Anordnung einer Freiheitsentziehung ablehnen, bedarf es keiner Verfahrenspflegerbestellung.

Nach dem **Regelbeispiel des Absatz 1 Satz 2** ist die Bestellung eines Verfahrenspflegers zwingend insbesondere dann erforderlich, wenn **von der Anhörung des Betroffenen abgesehen** werden soll. Eine persönliche Anhörung kann nach § 420 Abs. 2 unterbleiben, wenn hiervon nach einem ärztlichen Gutachten erhebliche Nachteile für die Gesundheit des Betroffenen zu besorgen sind oder wenn er an einer übertragbaren Krankheit im Sinne des Infektionsschutzgesetzes leidet und ein ausreichender Gesundheitsschutz für die Person, die die Anhörung durchführen soll, nicht gewährleistet ist. Ein Verfahrenspfleger ist auch dann zu bestellen, wenn eine Anhörung deshalb unterbleibt, weil der Betroffene offensichtlich nicht in der Lage ist, seinen Willen kundzutun (§ 34 Abs. 2 FamFG). Gleiches gilt, wenn das Gericht von der Bekanntgabe der Gründe eines Beschlusses an den Betroffenen absehen will, um erhebliche Nachteile für dessen Gesundheit zu vermeiden (§ 423 FamFG).

5 Wird allerdings gemäß § 68 Abs. 3 Satz 2 FamFG in der **Beschwerdeinstanz** von einer erneuten Anhörung des Betroffen abgesehen (vgl. in diesem Ausnahmefall BGH FGPrax 2010, 163; 2010, 154), soll dies nicht zwingend zu einer Verfahrenspflegerbestellung führen (BT-Drs. 16/6308 S. 291). Eine Bestellung liegt dann im pflichtgemäßen Ermessen des Gerichts.

6 Nach **Absatz 2** soll die Bestellung eines Verfahrenspflegers unterbleiben oder aufgehoben werden, wenn die Interessen des Betroffenen von einem **Rechtsanwalt oder einem anderen geeigneten Verfahrensbevollmächtigten** vertreten werden. Dies gilt auch, wenn ein Rechtsanwalt im Wege der Verfahrenskostenhilfe (§§ 76, 78 Abs. 2 FamFG) beigeordnet wird. In diesen Fällen besteht für die Bestellung eines Verfahrenspflegers in der Regel kein Bedürfnis mehr. Etwas anderes gilt aber dann, wenn eine ordnungsgemäße Vertretung des Betroffenen durch den von ihm bestellten Bevollmächtigten wegen häufigen Wechsels oder eines Interessenkonflikts nicht gewährleistet ist (vgl. Kap. **D** S. 273 f.).

7 Die Verfahrenspflegschaft darf nach ihrem Sinn und Zweck nicht zu einem Instrument formaler Legitimation gerichtlicher Entscheidungen werden (HK-BUR-*Bauer* § 70b FGG Rn. 72). Deshalb müssen die Bedingungen für eine erfolgreiche Tätigkeit des Verfahrenspflegers verbessert werden. Die **Auswahl der Person des Verfahrenspflegers** steht im pflichtgemäßen Ermessen des Gerichts. Anhaltspunkte für die Ermessensausübung enthält das Gesetz nicht. Der Aufgabenbereich eines Verfahrenspflegers in Freiheitsentziehungssachen ist als typische anwaltliche Tätigkeit gestaltet, so dass regelmäßig nur die Bestellung eines Rechtsanwalts in Betracht kommt. Auch ein Rechtsanwalt ist aber angesichts der häufig schwierigen Materie nur dann als Verfahrenspfleger geeignet, wenn er über ausreichende Erfahrungen und Kenntnisse in entsprechenden Freiheitsentziehungssachen verfügt, um die Interessen des Betroffenen sachgerecht wahrnehmen zu können. Wenn in der Praxis zu beobachten ist, dass Verfahrenspfleger eher selten von effektivem Nutzen für das Verfahren und für die Wahrung der Interessen des Betroffenen sind (BT-Drs. 16/6308 S. 394), sagt dies mehr über die Bestellungspraxis der Gerichte als über die Schwächen des Rechtsinstituts aus. Vorschläge und Ablehnungen des Betroffenen hinsichtlich der Person des Verfahrenspflegers können berücksichtigt werden, sind für das Gericht aber nicht bindend.

8 Der **Zeitpunkt der Bestellung** des Verfahrenspflegers ist im Gesetz nicht geregelt. Im Sinne eines effektiven Rechtsschutzes muss der Verfahrenspfleger aber möglichst frühzeitig bestellt werden, da er nur dann auf den Ablauf und das Ergebnis des Verfahrens ausreichend Einfluss nehmen kann. Ein frühzeitiger (anwaltlicher) Beistand trägt nicht nur zur fairen Verfahrensführung, sondern auch zur Vermeidung von Freiheitsentziehung bzw. deren

Verkürzung bei. Dies liegt im Interesse des Betroffenen, aber auch im Interesse des Staates (OLG Frankfurt BeckRS 2000, 30145403).

Wenn das Gericht bei Gefahr im Verzug vor der Bestellung und Anhörung des Verfahrenspflegers eine vorläufige Freiheitsentziehung anordnet, muss es die unterlassenen Verfahrenshandlungen unverzüglich nachholen (§ 427 Abs. 2). Die Bestellung des Verfahrenspflegers erfolgt durch das Gericht in der Besetzung, die auch zur Entscheidung in der Hauptsache berufen ist. § 419 sieht abweichend von den Regelungen im Betreuungs- und Unterbringungsrecht (§§ 276 Abs. 2, 317 Abs. 2 FamFG) **keine Begründungspflicht** des Richters vor, wenn er von der Bestellung eines Verfahrenspflegers absieht. 9

Hinsichtlich der **Rechtsstellung des Verfahrenspflegers** in Freiheitsentziehungssachen bestehen keine Besonderheiten zu seiner Position in Betreuungs- und Unterbringungssachen (vgl. Kap. D S. 273). Mit seiner Bestellung wird der Verfahrenspfleger selbständiger Beteiligter des Verfahrens (§ 418 Abs. 2). Er ist wie der Betroffene an den Verfahrenshandlungen zu beteiligen. An Weisungen ist der Verfahrenspfleger nicht gebunden. 10

3. Beendigung der Verfahrenspflegschaft

Nach **Absatz 3** endet die Bestellung des Verfahrenspflegers, wenn sie nach Absatz 2 durch das Gericht aufgehoben wird, weil die Interessen des Betroffenen von einem Rechtsanwalt oder einem anderen geeigneten Verfahrensbevollmächtigten vertreten werden. Ansonsten endet sie mit der Rechtskraft des Beschlusses über die Freiheitsentziehung (vgl. § 422 Rn. 2) oder mit dem sonstigen Abschluss des Verfahrens etwa durch die Rücknahme des verfahrenseinleitenden Antrags, der Entlassung des Betroffenen aus der Freiheitsentziehung oder mit dessen Tod. 11

4. Anfechtbarkeit

Nach **Absatz 4** können die Bestellung eines Verfahrenspflegers, die Ablehnung einer Bestellung trotz Anregung und die Aufhebung der Verfahrenspflegerbestellung nicht selbständig angefochten werden. Eine Überprüfung findet gemäß § 58 Abs. 2 FamFG nur im Rahmen der Endentscheidung statt. Die Frage der Anfechtbarkeit der Bestellung eines Verfahrenspflegers war im Betreuungs- und Unterbringungsrecht lange Zeit umstritten. Die Rechtsprechung (BGH NJW-RR 2003, 1369; OLG Schleswig FamRZ 2003, 1499) hat schließlich einem zügigen Verfahrensablauf Vorrang vor einer möglichen Beeinträchtigung der Interessen des Betroffenen eingeräumt. Dem ist der Gesetzgeber trotz erheblicher Gegenargumente gefolgt (krit. *Bumiller/Harders* § 419 Rn. 10) 11

5. Kosten

Nach **Absatz 5 Satz 1** gilt für die Vergütung und den Aufwendungsersatz des Verfahrenspflegers die Regelung des § 277 FamFG entsprechend (vgl. Kap. D S. 275ff.). § 277 lautet: 12

(1) Der Verfahrenspfleger erhält Ersatz seiner Aufwendungen nach § 1835 Abs. 1 bis 2 des Bürgerlichen Gesetzbuchs. Vorschuss kann nicht verlangt werden. Eine Behörde oder ein Verein erhält als Verfahrenspfleger keinen Aufwendungsersatz.

(2) § 1836 Abs. 1 und 3 des Bürgerlichen Gesetzbuchs gilt entsprechend. Wird die Verfahrenspflegschaft ausnahmsweise berufsmäßig geführt, erhält der Verfahrenspfleger neben den Aufwendungen nach Absatz 1 eine Vergütung in entsprechender Anwendung der §§ 1, 2 und 3 Abs. 1 und 2 des Vormünder- und Betreuervergütungsgesetzes.

(3) Anstelle des Aufwendungsersatzes und der Vergütung nach den Absätzen 1 und 2 kann das Gericht dem Verfahrenspfleger einen festen Geldbetrag zubilligen, wenn die für die Führung der Pflegschaftsgeschäfte erforderliche Zeit vorhersehbar und ihre Ausschöpfung durch den Verfahrenspfleger gewährleistet ist. Bei der Bemessung des Geldbetrags ist die voraussichtlich erforderliche Zeit mit den in § 3 Abs. 1 des Vormünder- und Betreuervergütungsgesetzes bestimmten Stundensätzen zuzüglich einer Aufwandspauschale von 3 Euro je veranlagter Stunde zu vergüten. In diesem Fall braucht der Verfahrenspfleger die von ihm aufgewandte Zeit und eingesetzten Mittel nicht nachzuweisen; weitergehende Aufwendungsersatz- und Vergütungsansprüche stehen ihm nicht zu.

(4) Ist ein Mitarbeiter eines anerkannten Betreuungsvereins als Verfahrenspfleger bestellt, stehen der Aufwendungsersatz und die Vergütung nach den Absätzen 1 bis 3 dem Verein zu. § 7 Abs. 1 Satz 2 und Abs. 3 des Vermünder- und Betreuervergütungsgesetzes sowie § 1835 Abs. 5 Satz 2 des Bürgerlichen Gesetzbuchs gelten entsprechend. Ist ein Bediensteter der Betreuungsbehörde als Verfahrenspfleger für das Verfahren bestellt, erhält die Betreuungsbehörde keinen Aufwendungsersatz und keine Vergütung.

(5) Der Aufwendungsersatz und die Vergütung des Verfahrenspflegers sind stets aus der Staatskasse zu zahlen. Im Übrigen gilt § 168 Abs. 1 entsprechend.

Absatz 5 Satz 2 stellt klar, dass dem Verfahrenspfleger keine Verfahrenskosten auferlegt werden können, da er allein im Interesse des Betroffenen tätig wird und dessen Rechte wahrnimmt.

Anhörung, Vorführung

420 (1) **Das Gericht hat den Betroffenen vor der Anordnung der Freiheitsentziehung persönlich anzuhören. Erscheint er zu dem Anhörungstermin nicht, kann abweichend von § 33 Abs. 3 seine sofortige Vorführung angeordnet werden. Das Gericht entscheidet hierüber durch nicht anfechtbaren Beschluss.**

(2) **Die persönliche Anhörung des Betroffenen kann unterbleiben, wenn nach ärztlichem Gutachten hiervon erhebliche Nachteile für seine Gesundheit zu besorgen sind oder wenn er an einer übertragbaren Krankheit im Sinne des Infektionsschutzgesetzes leidet.**

§ 420. Anhörung, Vorführung **F**

(3) Das Gericht hat die sonstigen Beteiligten anzuhören. Die Anhörung kann unterbleiben, wenn sie nicht ohne erhebliche Verzögerung oder nicht ohne unverhältnismäßige Kosten möglich ist.

(4) Die Freiheitsentziehung in einem abgeschlossenen Teil eines Krankenhauses darf nur nach Anhörung eines ärztlichen Sachverständigen angeordnet werden. Die Verwaltungsbehörde, die den Antrag auf Freiheitsentziehung gestellt hat, soll ihrem Antrag ein ärztliches Gutachten beifügen.

1. Anwendungsbereich

Die Vorschrift regelt die **Pflicht zur persönlichen Anhörung des Betroffenen vor der Anordnung der Freiheitsentziehung** einschließlich der Möglichkeit einer sofortigen Vorführung (Abs. 1), die Anhörung weiterer Beteiligter (Abs. 3) sowie die Anhörung eines ärztlichen Sachverständigen, wenn dem Betroffenen in einem abgeschlossenen Teil eines Krankenhauses die Freiheit entzogen werden soll (Abs. 4). Sie gilt auch für Entscheidungen über die Verlängerung der Freiheitsentziehung gemäß § 425 Abs. 3 (vgl. OLG Köln FGPrax 2008, 136; Prütting/*Jennissen* § 420 Rn. 6) sowie in Verfahren der einstweiligen Anordnung einer vorläufigen Freiheitsentziehung gemäß § 427 (vgl. KG InfAuslR 2009, 25; OLG Schleswig FGPrax 2008, 229; Prütting/*Jennissen* § 420 Rn. 5), bei der die Anhörung nur ausnahmsweise unverzüglich nachgeholt werden kann (§§ 51 Abs. 2, 427 Abs. 2). Eine persönliche Anhörung des Betroffenen ist weiter erforderlich bei einer grundlegenden Umgestaltung der Haftanordnung, die zu einem weiter hinausgeschobenen Haftende führt (OLG München NJW-RR 2006, 1505; Keidel/*Budde* § 420 Rn. 1). Demgegenüber richtet sich die Anhörungspflicht bei der Ablehnung oder Abkürzung einer Freiheitsentziehungsmaßnahme und im Verfahren auf nachträgliche Feststellung der Rechtswidrigkeit einer Freiheitsentziehung nicht nach § 420, sondern nach der Amtsermittlungspflicht des § 26 FamFG (vgl. OLG München FGPrax 2009, 38). 1

2. Persönliche Anhörung des Betroffenen und Vorführung

Absatz 1 Satz 1 entspricht inhaltlich dem früheren § 5 Abs. 1 Satz 1 FEVG. Das Gericht hat den Betroffenen vor der Anordnung der Freiheitsentziehung **zwingend persönlich anzuhören**. Die mündliche Anhörung des Betroffenen vor der Entscheidung über die Freiheitsentziehung gehört zu den wesentlichen Verfahrensgarantien gemäß Art. 104 Abs. 1 GG und ist Kernstück der Amtsermittlung im Freiheitsentziehungsverfahren (BVerfG NJW 2009, 2659; InfAuslR 2008, 308; OLG Düsseldorf FGPrax 2009, 89; vgl. auch EGMR NJW 2001, 51 zu Art. 5 Abs. 3 EMRK). Der Richter darf sich bei der Anordnung von Freiheitsentziehungen nicht auf die Prüfung der Plausibilität der von der antragstellenden Behörde vorgetragenen Haftgründe beschränken, sondern muss eigenverantwortlich Tatsachen feststellen, die eine Freiheitsentziehung rechtfertigen; hierfür ist die persönliche 2

Anhörung des Betroffenen ein geeignetes Mittel (BVerfG InfAuslR 2006, 462 = FGPrax 2007, 39 Ls. m. Anm. *Lorbacher*). Die Anhörung erschöpft sich nicht in der Garantie rechtlichen Gehörs, sondern hat den Zweck, dass sich der erkennende Richter von dem Betroffenen einen unmittelbaren Eindruck verschaffen kann (OLG Düsseldorf InfAuslR 2007, 294; OLG Frankfurt InfAuslR 1985, 8 = NJW 1985, 1294). So kann nur aufgrund einer persönlichen Anhörung des Betroffenen hinreichend sicher beantwortet werden, ob das einem Haftgrund entgegenstehende Beschwerdevorbringen glaubhaft ist (BGH FGPrax 2010, 152). Daher ist die Anhörung durch einen ersuchten Richter in aller Regel ausgeschlossen (OLG Frankfurt FGPrax 1995, 167; OLG Karlsruhe InfAuslR 2006, 90; Prütting/*Jennissen* § 420 Rn. 4; *Bumiller/Harders* § 420 Rn. 3; Schulte-Bunert/Weinreich/ *Dodegge* § 420 Rn. 5). Eine Ausnahme gilt etwa dann, wenn der Betroffene aus Anlass der kurz bevorstehenden Abschiebung bereits in eine mehrere hundert Kilometer entfernt gelegene, grenznahe Vollzugsanstalt überstellt worden ist (OLG Celle Nds. RPfl. 2009, 250).

3 Mit der **Ladung** zur Anhörung sind der Haftantrag und der Gegenstand, den das Gericht erörtern will, mitzuteilen (OLG Frankfurt InfAuslR 1985, 8 = NJW 1985, 1294; *Wilhelm/Mohr* InfAuslR 2007, 354). Dies muss so rechtzeitig erfolgen, dass der Betroffene zum Termin sachlich fundierte Einwendungen erheben und gegebenenfalls Zeugen, Unterlagen etc. beibringen kann (HK-AuslR/*Keßler* § 62 AufenthG Rn. 75). Dagegen soll die Eröffnung des Haftungsantrags zu Beginn der Anhörung genügen, wenn dieser einen einfachen, unübersehbaren Sachverhalt betrifft, zu dem die Betroffene auch unter Berücksichtigung einer etwaigen Überraschung ohne weiteres auskunftsfähig ist (BGH FGPrax 2010, 154 = InfAuslR 2010, 246). Zu den Grundsätzen eines fairen Verfahrens gehört auch, dass dem Betroffenen vor der richterlichen Anhörung zur Sache Gelegenheit gegeben wird, anwaltlichen Rat einzuholen (OLG Rostock FGPrax 2006, 187). Der rechtzeitige anwaltliche Beistand trägt neben der fairen Verfahrensgestaltung auch zur Vermeidung bzw. Verkürzung von Abschiebungshaft bei. Dies liegt im Interesse des Betroffenen und des Staates (OLG Frankfurt vom 23. 11. 2000 – 20 W 344/00). Hat der Betroffene einen **Rechtsanwalt** bevollmächtigt, ist dieser rechtzeitig durch das Gericht von dem Anhörungstermin zu unterrichten, damit er daran teilnehmen kann (OLG Celle InfAuslR 2008, 140 = InfAuslR 2008, 136; OLG Schleswig SchlHA 2007, 386; OLG Karlsruhe InfAuslR 2006, 90; OLG Rostock FGPrax 2006, 187). Eine Anhörung ohne Beteiligung des (nicht gänzlich verhinderten) Bevollmächtigten ist verfahrensfehlerhaft (vgl. OLG Rostock FGPrax 2006, 187; OLG München NStZ-RR 2007, 238; FGPrax 2006, 233; Prütting/*Jennissen* § 420 Rn. 7). Verfügt der Betroffene nicht über ausreichende deutsche Sprachkenntnisse ist ein **Dolmetscher** hinzuziehen (Art. 5 Abs. 2 EMRK; § 185 Abs. 1 GVG, vgl. § 418 Rn. 9). Davon kann allenfalls abgesehen werden, wenn der Betroffene die deutsche Sprache fließend in Wort und Schrift beherrscht (MünchKommZPO/*Wendtland* § 420 Rn. 5). Einem nicht fließend deutsch sprechenden Ausländer ist der Freiheitsentziehungsantrag spätestens vor seiner Anhörung vollständig zu übersetzen.

§ 420. Anhörung, Vorführung **F**

Ist der **Aufenthalt des Betroffenen unbekannt** und kann er deshalb 4
nicht angehört werden, darf eine abschließende Haftanordnung nicht getroffen werden. Ohne vorherige persönliche Anhörung darf lediglich bei Gefahr im Verzug eine einstweilige Anordnung gemäß § 427 Abs. 2 erlassen werden (KG FGPrax 1997, 74; Keidel/*Budde* § 420 Rn. 4).

Da sich das **Beschwerdeverfahren** gemäß § 68 Abs. 3 Satz 1 FamFG 5
nach den Vorschriften über das Verfahren im ersten Rechtszug richtet, ist auch das Beschwerdegericht grundsätzlich dazu verpflichtet, den Betroffenen vor seiner Entscheidung mündlich anzuhören. Von der Anhörung des Betroffenen im Beschwerdeverfahren kann es gemäß § 68 Abs. 3 Satz 2 FamFG nur ausnahmsweise absehen, wenn diese bereits im ersten Rechtszug vorgenommen wurde und von einer erneuten Anhörung keine zusätzlichen Erkenntnisse zu erwarten sind (vgl. BGH FGPrax 2010, 154 = InfAuslR 2010, 246; FGPrax 2010, 163). Entscheidend hierfür ist – wie bisher – die Prognose über die Relevanz der erneuten Anhörung für das Verfahren (Prütting/Helms/*Jennissen* § 420 Rn. 10; *ders.* FGPrax 2009, 93, 95). Sie darf nur unterbleiben, wenn mit Sicherheit auszuschließen ist, dass durch die Anhörung bedeutsame Erkenntnisse für die gerichtliche Entscheidung zu erwarten sind (so schon: OLG Düsseldorf FGPrax 2009, 89; OLG Celle InfAuslR 2008, 136; OLG Hamburg InfAuslR 2007, 74; OLG Köln OLGR 2005, 408). Davon kann nicht ausgegangen werden, wenn etwa der Betroffene erstmals in zweiter Instanz zu mehrdeutigen Umständen schriftlich Stellung nimmt, aus denen die antragstellende Behörde den begründeten Verdacht herleitet, der Betroffene wolle sich der Abschiebung entziehen (OLG Düsseldorf FGPrax 2009, 89; OLG München InfAuslR 2008, 87 = OLGR 2008, 106). Gleiches gilt, wenn sich die Verfahrenslage nach der erstinstanzlichen Entscheidung erheblich verändert hat (OLG Oldenburg InfAuslR 2002, 307) oder wenn das Anhörungsprotokoll des Amtsgerichts völlig unzureichend ist, weil danach unklar bleibt, ob der Betroffene zu dem entscheidungserheblichen Sachverhalt befragt worden ist (OLG Köln AuAS 2005, 147). Eine erneute mündliche Anhörung ist auch dann nicht entbehrlich, wenn sich der Betroffene vor dem Amtsgericht nicht geäußert hatte und eine Beschwerdebegründung nicht vorliegt (OLG Celle FGPrax 2008, 227). Wird von der erneuten Anhörung abgesehen, ist dies im Einzelnen zu begründen. Die jüngste Rechtsprechung des BVerfG (NJW 2009, 2659, 2661) verdeutlicht, dass nur in seltenen Fällen der Verzicht auf die Anhörung mit Art. 2 Abs. 2 GG i. V. m. Art. 104 Abs. 1 Satz 1 GG im Einklang stehen dürfte.

Der Ablauf der nicht öffentlichen (§ 170 Satz 1 GVG) Anhörung 6
ist gesetzlich nicht vorgegeben. Dem Betroffenen muss zunächst das Verfahren verständlich gemacht werden, damit er die für ihn wichtigen Gesichtspunkte vortragen kann, insbesondere solche, die gegen eine Freiheitsentziehung sprechen können (Schulte-Bunert/Weinreich/*Dodegge* § 420 Rn. 7). Der Anhörungspflicht wird nicht schon dadurch Genüge getan, dass der Betroffene in einem formalen Akt „gehört" wird, d. h. ihm die Möglichkeit gegeben wird, eine Erklärung zu dem Haft(verlängerungs-)Antrag abzugeben. Erforderlich ist darüber hinaus, dass das Gericht der Frage nachgeht, ob

die Haft bzw. eine Haftverlängerung erforderlich und geboten ist (HK-AuslR/*Keßler* § 62 AufenthG § 62 Rn. 74). Darüber hinaus ist das Gericht dazu verpflichtet, den entscheidungserheblichen Sachverhalt umfassend zu klären. Die Anhörung eines Bürgers der Europäischen Union dient auch dazu festzustellen, ob er freizügigkeitsberechtigt ist (OLG Celle InfAuslR 2004, 165). In Abschiebungshaftsachen besteht zusätzlich eine **Belehrungspflicht** analog §§ 115 Abs. 3 Satz 1, 136 Abs. 1 Satz 2 StPO über das Recht, Beweisanträge zu stellen und die Aussage zu verweigern, über die Möglichkeit der Hilfestellung durch die konsularische Vertretung sowie über gesetzliche Mitwirkungspflichten gemäß §§ 15 AsylVfG, 48 Abs. 3 und 82 AufenthG, 62 Abs. 3 AufenthG (Bahrenfuss/*Grotkopp* § 420 Rn. 22).

7 Die **Anordnung der sofortigen Vorführung** nach Absatz 1 Satz 2 entspricht inhaltlich weitgehend dem früheren § 5 Abs. 1 Satz 2 FEVG. Abweichend von § 33 Abs. 3 FamFG, dessen aufwendiges Verfahren nicht auf die eilbedürftigen Freiheitsentziehungssachen übertragbar ist, kann die sofortige Vorführung bereits angeordnet werden, wenn der Betroffene zu dem Anhörungstermin nicht erscheint. Dies setzt allerdings eine ordnungsgemäße Ladung voraus. Nach Abs. 1 Satz 3 ist ein Rechtsmittel gegen die Anordnung der Vorführung zur Anhörung nicht gegeben. Die Anordnung wird gemäß § 86 Abs. 1 Nr. 1 i. V. m. § 87 Abs. 3 FamFG durch den Gerichtsvollzieher vollstreckt, der polizeiliche Hilfe in Anspruch nehmen kann. Ein zwangsweises Betreten der Wohnung des Betroffenen zum Zwecke seiner Ergreifung und anschließender Vorführung bedarf einer besonderen richterlichen Genehmigung.

8 Das **Unterlassen einer verfahrensrechtlich gebotenen mündlichen Anhörung** drückt wegen deren grundlegender Bedeutung einer gleichwohl angeordneten Haft den Makel der rechtswidrigen Freiheitsentziehung auf, der durch eine Nachholung der Maßnahme rückwirkend nicht mehr zu tilgen ist (BVerfG InfAuslR 2008, 308; KG InfAuslR 2008, 169). Dementsprechend verbietet es sich, bei der nachträglichen gerichtlichen Überprüfung einer Freiheitsentziehung zu untersuchen, ob diese auf dem Unterbleiben der mündlichen Anhörung beruht (BVerfG InfAuslR 2006, 462). Der nicht mehr rückwirkend heilbare Verfahrensfehler einer vom Amtsgericht unterlassenen oder verfahrensfehlerhaft durchgeführten Anhörung kann aber vom Beschwerdegericht nachgeholt werden mit der Folge, dass die vorher rechtswidrige Freiheitsentziehung ab dem Zeitpunkt der Entscheidung des Beschwerdegerichts rechtmäßig wird (BVerfG InfAuslR 2008, 308; 1996, 198).

3. Unterbleiben der persönlichen Anhörung

9 **Absatz 2** entspricht dem früheren § 5 Abs. 2 Satz 1 FEVG. Die persönliche Anhörung des Betroffenen kann danach **unterbleiben,** wenn nach ärztlichem Gutachten hiervon erhebliche Nachteile für seine Gesundheit zu besorgen sind (hierzu Kap. **D** S. 281) oder wenn der Betroffene an einer übertragbaren Krankheit im Sinne des Infektionsschutzgesetzes leidet. Beides ist durch ein ärztliches Gutachten zu belegen, das schriftlich oder mündlich

§ 420. Anhörung, Vorführung

zu Protokoll zu erstatten ist. Sind ausreichende Möglichkeiten zum Gesundheitsschutz der Gerichtspersonen verfügbar, kann von einer persönlichen Anhörung des an einer übertragbaren Krankheit leidenden Betroffenen grundsätzlich nicht abgesehen werden (BT-Drs. 16/6308 S. 292). Der Vorschlag des Rechtsausschusses, von der Pflicht zur vorherigen Anhörung auch dann abzusehen, wenn sie den Zweck der Anordnung gefährden würde (BT-Drs. 16/9733 Seite 154), ist bewusst nicht in das Gesetz übernommen worden (Keidel/*Budde* § 429 Rn. 1).

Das Gericht hat die Entscheidung über das Unterbleiben der persönlichen 10 Anhörung nach pflichtgemäßem Ermessen zu treffen und zu begründen. Unterbleibt die Anhörung des Betroffenen, hat das Gericht ihm nach § 419 Abs. 1 Satz 2 einen **Verfahrenspfleger** zu bestellen (BT-Drs. 16/6308 S. 292). Eine persönliche Anhörung kann grundsätzlich unterbleiben, wenn das Gericht keine Freiheitsentziehung anordnen will.

4. Anhörung weiterer Beteiligter

Nach **Absatz 3 Satz 1** hat das Gericht die sonstigen Beteiligten anzuhö- 11 ren. Dazu gehören zunächst die zuständige Verwaltungsbehörde als Antragstellerin (§ 418 Abs. 1) und ein bestellte Verfahrenspfleger (§ 418 Abs. 2). Abweichend von § 5 Abs. 3 FEVG sind Ehegatten/Lebenspartner, Kinder und eine Vertrauensperson nach Absatz 3 nur anzuhören, wenn sie, sie gemäß § 418 Abs. 3 zum Verfahren hinzugezogen worden sind. Dies dürfte wegen der erforderlichen **Amtsermittlung** angesichts der Bedeutung der Personen (zur Vertrauensperson: *Heinhold* 2004, 279) fast immer erforderlich sein. Eine Hinzuziehung und damit eine Anhörung des Ehegatten ist beispielsweise erforderlich, wenn es in einem Abschiebungsverfahren auf die Art und Intensität der familiären Bindungen ankommt (vgl. OLG München AuAS 2007, 245; OLG Celle InfAuslR 2005, 423; 2004, 350; OLG Köln OLGR 2005, 408; Bahrenfuss/*Grotkopp* § 420 Rn. 27). Nur durch eine ausreichende Amtsermittlung kann die im Hinblick auf Art. 6 GG verfassungsrechtlich problematische Herabstufung der Muss- in Kann-Beteiligte und die daraus folgende Änderung der Anhörungspflicht überspielt werden.

Die Anhörung der weiteren Beteiligten muss im Gegensatz zur Anhörung 12 des Betroffenen keine persönliche Anhörung im Sinne des § 34 FamFG sein, d.h. das Gericht kann sie zwar zu einem Anhörungstermin laden, braucht es aber nicht. Es reicht vielmehr aus, wenn die sonstigen Beteiligten in irgendeiner Form rechtliches Gehör erhalten.

Wie in § 5 Abs. 3 Satz 4 FEVG kann nach **Absatz 3 Satz 2** die An- 13 hörung der genannten Personen unterbleiben, wenn sie nicht ohne erhebliche Verzögerung oder nicht ohne unverhältnismäßige Kosten möglich ist. Dies ist in der Regel der Fall, wenn der Angehörige im Ausland lebt oder seine alsbaldige Erreichbarkeit erkennbar nicht gewährleistet ist (OLG München AuAS 2007, 245). Fälle unverhältnismäßiger Kosten sind in der Praxis kaum denkbar (Schulte-Bunert/Weinreich/*Dodegge* § 420 Rz. 20). Soll keine Freiheitsentziehung angeordnet werden, kann auch die Anhörung der sonstigen Beteiligten unterbleiben.

5. Erforderlichkeit eines ärztlichen Sachverständigengutachten

14 Absatz 4 entspricht weitgehend dem früheren § 5 Abs. 4 FEVG und betrifft primär Freiheitsentziehungen nach § 30 des Infektionsschutzgesetzes (vgl. Kap. **E** S. 370). Die Vorschrift enthält zwei Regelungstatbestände: In Satz 2 die Vorlage eines ärztlichen Gutachtens durch die Verwaltungsbehörde als Zulässigkeitsvoraussetzung für den Antrag und in Satz 1 die Einholung eines Gutachtens durch das Gericht.

15 Bei der Unterbringung in einer abgeschlossenen Krankenanstalt oder einer abgeschlossenen Krankenabteilung ist vor der Anordnung der Freiheitsentziehung ein **ärztlicher Sachverständiger** zu hören (Abs. 4 Satz 1). Das erforderliche Gutachten ist von dem ärztlichen Sachverständigen nach einer Untersuchung des Betroffenen schriftlich zu erstellen oder in einem Termin, an dem die Beteiligten teilnehmen können, mündlich zu erstatten (zu den Anforderungen an ein ärztliches Sachverständigengutachten Kap. **D** S. 288).

16 Bereits mit dem Antrag auf Unterbringung ist von der zuständigen Behörde ein zeitnahes ärztliches Gutachten vorzulegen, aus dem sich die Notwendigkeit der Unterbringung ergibt (Abs. 4 Satz 2). Vergleichbare Vorschriften bestehen im öffentlichen Unterbringungsrecht (hierzu Kap. **B** S. 103). Fehlt das Gutachten oder ist es mangelhaft, liegt kein ordnungsgemäßer Antrag der zuständigen Behörde vor mit der Folge, dass der Antrag zurückzuweisen ist, wenn der Mangel trotz Aufforderung nicht behoben wird. Das behördliche Gutachten ersetzt nicht das vom Gericht einzuholende ärztliche Sachverständigengutachten (vgl. Kap. **D** S. 286).

6. Richterliche Entscheidungsfindung

17 Es ist die Aufgabe des Richters, der Bedeutung der Entscheidung für den Betroffenen durch die Gestaltung des Verfahrens gerecht zu werden (*Beichel-Benedetti/Gutmann* NJW 2004, 3015, 3019; Mangoldt/Klein/Stark/*Gusy* Art. 104 Rn. 13: Grundrechtssicherung durch Verfahren). Die Rolle des Richters darf sich nicht auf die eines „Buchhalters" beschränken, der den Antrag der Verwaltungsbehörde schlicht „abhakt" (*Wilhelm/Mohr* InfAuslR 2007, 354). Der Richter darf sich bei der Anordnung von Freiheitsentziehungen auch nicht auf die Prüfung der Plausibilität der von der antragstellenden Behörde vorgetragenen Gründe für die Freiheitsentziehung beschränken, sondern muss eigenverantwortlich die Tatsachen feststellen, die eine Freiheitsentziehung rechtfertigen (BVerfG InfAuslR 1996, 198). Es ist eine unverzichtbare Voraussetzung rechtsstaatlichen Verfahrens, dass Entscheidungen, die den Entzug der persönlichen Freiheit betreffen, auf zureichender richterlicher **Sachaufklärung** beruhen und eine in tatsächlicher Hinsicht genügende Grundlage haben, die der Bedeutung der Freiheitsgarantie entspricht. Hierzu sind grundsätzlich die vollständigen Akten der Ausländerbehörde beizuziehen (BVerfG NJW 2009, 2659; InfAuslR 2008, 133 = NVwZ 2008, 304; OLG Celle InfAuslR 2008, 225).

18 Entscheidend ist insoweit in Abschiebungshaftsachen auch der **Umfang der Prüfungskompetenz des Haftrichters** (BGH NVwZ 2006, 960 =

InfAuslR 2006, 332). Nach herrschender Meinung sind die Gerichte der freiwilligen Gerichtsbarkeit an eine bestandskräftige Abschiebungsanordnung gebunden. Ob die Abschiebung eines Betroffenen zu Recht betrieben wird, haben danach ausschließlich die Ausländerbehörden und Verwaltungsgerichte zu prüfen. Die ordentlichen Gerichte sollen demgegenüber nur für die Beurteilung der Haftgründe im engeren Sinne zuständig sein. Die Grundsätze zur eingeschränkten Prüfungskompetenz des Abschiebungshaftrichters werden in ihrer Bedeutung für die Haftentscheidung jedoch überbetont (*Beichel-Benedetti/Gutmann* NJW 2004, 3015, 3017). Die Bindung an verwaltungsrechtliche Entscheidungen gilt nicht, wenn sich die Verwaltungsakte wegen eines besonders schweren oder offenkundigen Fehlers als nichtig erweisen oder der Betroffene sich auf einen Umstand beruft, der erst nach Erlass und Bestandskraft der Verwaltungsakte oder verwaltungsgerichtlichen Entscheidungen eingetreten ist (HK-AuslR/*Keßler* § 62 AufenthG Rn. 78). Die Haftgerichte sind verpflichtet, zu überprüfen, ob die Ausreisepflicht besteht und ob Umstände vorliegen, durch die die Durchführbarkeit der Abschiebung für längere Zeit oder auf Dauer gehindert wird (BVerfG NJW 2009, 2659). Gegebenenfalls hat der Haftrichter den Stand und voraussichtlichen Fortgang des verwaltungsgerichtlichen Verfahrens aufzuklären und bei seiner Entscheidung zu berücksichtigen (BVerfG aaO.; BGH FGPrax 2010, 150 = InfAuslR 2010, 249). Der über die Abschiebungshaft entscheidende Richter hat auch die Wirksamkeit der Zustellung aufenthaltsbeendender Entscheidungen zu überprüfen (OLG Celle InfAuslR 2006, 202; OLG Stuttgart InfAuslR 2006, 89; HK-AuslR/*Keßler* § 62 AufenthG Rn. 73). In eigener Kompetenz zu entscheiden hat der Haftrichter weiter darüber, ob inlandsbezogene Abschiebungshindernisse vorliegen (*Huber/Göbel-Zimmermann* Rn. 1282). Ein solches Haftanordnungshindernis kann etwa vorliegen, wenn ein ausreisepflichtiger Ausländer auf Grund der bevorstehenden Abschiebung suizidgefährdet ist und dieser Gefahr nicht durch andere Maßnahmen begegnet werden kann. Der Haftrichter hat auch zu prüfen, ob die Verwaltungsbehörde dem Beschleunigungsgrundsatz ausreichend nachgekommen ist. Die Anordnung und Aufrechterhaltung von Abschiebungshaft ist nur verhältnismäßig, wenn die Abschiebung mit der größtmöglichen Beschleunigung betrieben wird (vgl. LG Mannheim InfAuslR 2010, 39; Saarländisches OLG InfAuslR 2010, 37).

Der Haftrichter hat in Abschiebungshaftsachen durch eine **Belehrung** 19 **des Betroffenen** (vgl. schon Rn. 6) über die Möglichkeiten des vorläufigen verwaltungsgerichtlichen Rechtsschutzes (§§ 80 Abs. 5, 123 VwGO) und die entsprechende zeitliche Gestaltung des Verfahrens den Grundrechten des Betroffenen Geltung zu verschaffen (OVG Nordrhein-Westfalen InfAuslR 2007, 110; OLG Brandenburg FGPrax 2002, 280 = InfAuslR 2002, 478). Er kann Anträge zu Protokoll nehmen und zur Entscheidung an die Verwaltungsbehörde oder das Verwaltungsgericht weiterleiten. Falls erforderlich hat er die bei Gericht vorhandenen Kommunikationsmittel (Telefon, Telefax etc.) zur Verfügung zu stellen und bei nicht anwaltlich vertretenen Betroffenen Hilfestellung bei der Antragsformulierung zu leisten (HK-AuslR/*Keßler* § 62 AufenthG Rn. 78).

F   Verfahren in Freiheitsentziehungssachen

20   Trotz dieser erheblichen Anforderungen hat auch das Gericht dem **Beschleunigungsgrundsatz** Rechnung zu tragen. Damit sind zugleich erhöhte Anforderungen an die Erreichbarkeit eines zuständigen Richters verbunden (BVerfG NJW 2002, 3162; OLG Celle FGPrax 2009, 87; OLG Oldenburg InfAuslR 2005, 61).

Inhalt der Beschlussformel

421 Die Beschlussformel zur Anordnung einer Freiheitsentziehung enthält auch

1. die nähere Bezeichnung der Freiheitsentziehung sowie
2. den Zeitpunkt, zu dem die Freiheitsentziehung endet.

1. Normzweck

1   Im früheren § 6 Abs. 1 FEVG war nur bestimmt, dass das Gericht über die Freiheitsentziehung durch einen mit Gründen versehenen Beschluss entscheidet. Die allgemeinen Regeln über die Art der Entscheidung und ihren Inhalt finden sich jetzt in § 38 FamFG. § 421 enthält ergänzende Bestimmungen über den Inhalt der Beschlussformel in Freiheitsentziehungssachen.

2. Notwendiger Inhalt nach den allgemeinen Vorschriften

2   Das Gericht entscheidet in Freiheitsentziehungssachen durch Beschluss. Der **Inhalt eines Beschlusses** ist in **§ 38 Abs. 2 und 3 FamFG** geregelt. Der Beschluss muss danach enthalten zunächst die Bezeichnung der Beteiligten, ihrer gesetzlichen Vertreter und der Bevollmächtigten (Abs. 2 Nr. 1), sodann die Bezeichnung des Gerichts und die Namen der Gerichtspersonen, die bei der Entscheidung mitgewirkt haben (Abs. 2 Nr. 2) sowie die Beschlussformel (Abs. 2 Nr. 3), wonach der Antrag der zuständigen Behörde zurückgewiesen, die Freiheitsentziehung angeordnet oder die Rechtswidrigkeit der Anordnung festgestellt wird. Nach Abs. 3 S. 1 und 2 ist der Beschluss zu begründen (vgl. Rn. 8) und zu unterschreiben, nach Abs. 3 S. 3 ist das Datum der Übergabe des Beschlusses an die Geschäftsstelle oder der Bekanntgabe durch Verlesen der Beschlussformel auf dem Beschluss zu vermerken. Zum Absehen von der Bekanntgabe vgl. § 423, zur Kostenentscheidung § 430. Bei einem Betroffenen, der der deutschen Sprache nicht ausreichend mächtig ist, ist dem Beschluss und der Rechtsmittelbelehrung eine **Übersetzung** beizufügen (Art. 5 Abs. 2 MRK). Der Ausländer ist binnen möglichst kurzer Frist in einfacher, verständlicher Sprache über die rechtlichen und tatsächlichen Gründe der Verhängung von Abschiebehaft zu unterrichten (EMRK 2009, 3).

3   Der Beschluss muss eine **Rechtsbehelfsbelehrung** enthalten. Mit der Einführung von § 39 FamFG, der für alle FamFG-Verfahren gilt, ist die teilweise abweichende frühere Rechtsprechung (OLG Zweibrücken InfAuslR 2005, 469; OLG München FamRZ 2000, 494) überholt. Die Belehrung soll über die Möglichkeiten einer Anfechtung der Entscheidung

§ 421. Inhalt der Beschlussformel **F**

und die dabei einzuhaltenden Voraussetzungen informieren. Eine fehlende oder fehlerhafte Rechtsbehelfsbelehrung steht weder der Wirksamkeit der gerichtlichen Entscheidung noch dem Beginn des Laufs der Rechtsmittelfrist entgegen. In Betracht kommt aber eine Wiedereinsetzung in den vorigen Stand (§ 17 FamFG).

3. Zusätzlicher Inhalt in Freiheitsentziehungssachen

§ 421 ergänzt die allgemeine Regelung des § 38 Abs. 2 Ziff. 3 FamFG um spezielle Regelungen zum Inhalt der Beschlussformel in Freiheitsentziehungssachen. 4

Nach **Ziff. 1** muss die Beschlussformel die **nähere Bezeichnung der Freiheitsentziehung** enthalten, d. h. sie muss verdeutlichen, um welche Art der Freiheitsentziehung es sich handelt. Diese ergibt sich aus der zur Begründung der Freiheitsentziehung herangezogenen Rechtsgrundlage. Das Erfordernis betrifft sowohl die Fälle, in denen das Gericht die Freiheitsentziehung anordnet als auch die Fälle, in denen das Gericht den Antrag der zuständigen Verwaltungsbehörde zurückweist oder die Rechtswidrigkeit der Anordnung der Freiheitsentziehung des Betroffenen feststellt. Bei der Unterbringung nach dem Infektionsschutzgesetz ist die Art des Krankenhauses zu bezeichnen, in dem der Betroffene untergebracht werden soll.

Nach **Ziffer 2** muss die Beschlussformel auch den **Zeitpunkt enthalten, zu dem die Freiheitsentziehung endet**. Der grundgesetzlich garantierte Schutz der persönlichen Freiheit (Art. 2, 104 GG) erfordert für die Anordnung, die Dauer und den Vollzug einer Freiheitsentziehung eine klare und eindeutige Grundlage, dem durch die Formulierung in der gerichtlichen Entscheidung Rechnung getragen werden muss (BGH NJW 1990, 1417). Deshalb ist ein bestimmtes oder zumindest bestimmbares Datum anzugeben. Um Unklarheiten bei der Fristenberechnung und eine Überschreitung gesetzlicher Höchstfristen zu vermeiden, sollte unbedingt ein bestimmter Kalendertag angegeben werden. Allerdings besteht in den Fällen, in denen die Freiheitsentziehung als sog. Überhaft im Anschluss an eine strafrechtliche Haft angeordnet wird, nur die Möglichkeit einer Bestimmung nach Wochen oder Monaten (vgl. § 425 Rn. 4). Bei Angabe eines bestimmbaren Datums (z. B. sechs Wochen) beginnt die Frist mit der Bekanntgabe der Entscheidung (§ 16 Abs. 1 FamFG). Insoweit ist bei Anordnung der sofortigen Wirksamkeit der Entscheidung § 422 Abs. 2 Satz 2 einschlägig. Das Fristende berechnet sich nach §§ 16 Abs. 2 FamFG, 222 Abs. 1 ZPO, 188 Abs. 2 Satz 1, 187 Abs. 1 BGB. Danach endet die Frist mit dem Ablauf des dem Fristbeginn entsprechenden Wochen- oder Monatstages. 5

Bei der Festlegung des Endes der Freiheitsentziehung wird sich das Gericht an der voraussichtlich notwendigen Dauer des Freiheitsentzuges orientieren. Die Dauer sollte unter Beachtung des Verhältnismäßigkeitsgrundsatzes so bestimmt werden, dass der Zweck der Freiheitsentziehung bis zum Fristablauf erreicht werden kann. Bei der Prognose in Haftsachen ist entscheidend das **Beschleunigungsgebot** (Art 2 Abs. 2 Satz 2 GG) zu beachten. Dieser Grundsatz, der auch für das gerichtliche Haftverfahren uneinge- 6 schränkt Anwendung findet (*Huber/Göbel-Zimmermann* Rn. 1287), gebietet es, den Grundrechtseingriff in die Freiheitsrechte des Betroffenen durch zügige Sachbehandlung so kurz wie möglich zu halten. Die beteiligten Behörden haben deshalb in jeder Lage des Verfahrens mit der größtmöglichen Beschleunigung zu arbeiten, um ein baldiges Ende der Freiheitsentziehung zu erreichen (OLG Düsseldorf FGPrax 2009, 87; InfAuslR 2007, 454; OLG Köln FGPrax 2008, 91; OLG Celle InfAuslR 2003, 444; 2001, 448; BayObLG InfAuslR 2001, 446). In Abschiebungshaftsachen ist die Haft auf den Zeitraum zu begrenzen, der unbedingt erforderlich ist, um die Abschiebung vorzubereiten und durchzuführen (OLG München FGPrax 2005, 276). Der Beschleunigungsgrundsatz verbietet es, die Verbüßung von Strafhaft abzuwarten und den Betroffenen im Anschluss daran in Abschiebungshaft zu nehmen, um die Abschiebung zu sichern. Abschiebungshaft kann in einem solchen Fall nur dann angeordnet werden, wenn sich die Ausländerbehörde zuvor vergeblich darum bemüht hat, eine Abschiebung aus der Strafhaft heraus zu erreichen und so eine zusätzliche Inhaftierung zu vermeiden (OLG Karlsruhe InfAuslR 2007, 356; OLG Oldenburg InfAuslR 2006, 281).

7   Das Gericht darf bestimmte **Fristen nicht überschreiten**. Dies betrifft zum einen gesetzliche Fristen (vgl. § 425 Abs. 1, § 62 AufenthG), zum anderen die entsprechenden Angaben im Antrag der zuständigen Verwaltungsbehörde. Da es sich um ein Antragsverfahren handelt, darf das Gericht keine längere Freiheitsentziehung als beantragt anordnen (OLG Rostock FGPrax 2007, 46; OLG Brandenburg FGPrax 2002, 280 = InfAuslR 2002, 478). Läuft die vom Gericht bestimmte Frist ab, ohne dass zuvor durch richterlichen Beschluss eine Verlängerung der Freiheitsentziehung angeordnet wurde, ist der Betroffene zwingend freizulassen (§ 425 Abs. 2).

4. Begründung der Entscheidung

8   Gemäß § 38 Abs. 3 Satz 1 FamFG ist der Beschluss zu begründen. Dies gilt auch dann, wenn ein Antrag der zuständigen Behörde auf Anordnung einer Freiheitsentziehung ablehnt wird. Die Beteiligten haben einen verfassungsrechtlich gesicherten Anspruch darauf, über die die Entscheidung tragenden Gründe und die dafür maßgeblichen Erwägungen in ausreichender Weise unterrichtet zu werden (EGMR NJW 1999, 2429; OLG Köln FamRZ 2005, 1921). Das setzt eine **einzelfallbezogene Begründung** voraus, die erkennen lässt, welche tatsächlichen Feststellungen das Gericht seiner Entscheidung zugrunde gelegt und welche konkreten Umstände und rechtlichen Erwägungen zum vorliegenden Ergebnis geführt haben (LG Göttingen InfAuslR 2005, 425). Die besonders im Ausländerrecht verbreiteten schematischen und floskelhaften Begründungen sind ebenso unzulässig wie die Verwendung von formularmäßigen Vordrucken (*Gusy* NJW 1992, 457, 463; *Bumiller/Harders* § 421 Rn. 7). Eine fehlende Begründung setzt die Beschwerdefrist nicht in Lauf. Von einer Begründung kann nach § 38 Abs. 4 Nr. 3 FamFG ausnahmsweise abgesehen werden, wenn alle Beteiligten auf Rechtsmittel verzichtet haben.

§ 422. Wirksamwerden von Beschlüssen

Wirksamwerden von Beschlüssen

422 (1) Der Beschluss, durch den eine Freiheitsentziehung angeordnet wird, wird mit Rechtskraft wirksam.

(2) Das Gericht kann die sofortige Wirksamkeit des Beschlusses anordnen. In diesem Fall wird er wirksam, wenn der Beschluss und die Anordnung der sofortigen Wirksamkeit

1. dem Betroffenen, der zuständigen Verwaltungsbehörde oder dem Verfahrenspfleger bekannt gegeben werden oder
2. der Geschäftsstelle des Gerichts zum Zweck der Bekanntgabe übergeben werden.

Der Zeitpunkt der sofortigen Wirksamkeit ist auf dem Beschluss zu vermerken.

(3) Der Beschluss, durch den eine Freiheitsentziehung angeordnet wird, wird von der zuständigen Verwaltungsbehörde vollzogen.

(4) Wird Zurückweisungshaft (§ 15 des Aufenthaltsgesetzes) oder Abschiebungshaft (§ 62 des Aufenthaltsgesetzes) im Wege der Amtshilfe in Justizvollzugsanstalten vollzogen, gelten die §§ 171, 173 bis 175 und 178 Abs. 3 des Strafvollzugsgesetzes entsprechend.

1. Anwendungsbereich

Nach § 40 Abs. 1 FamFG werden Beschlüsse mit der Bekanntgabe an den Beteiligten, für den sie ihrem wesentlichen Inhalt nach bestimmt sind, wirksam. Von dieser Regel abweichend sieht § 422 in den Absätzen 1 und 2 Ausnahmen für Entscheidungen vor, mit denen eine Freiheitsentziehung angeordnet wird. In den Absätzen 3 und 4 werden Regelungen zur Vollziehung dieser gerichtlichen Entscheidungen getroffen.

2. Wirksamkeit mit Rechtskraft

Absatz 1 entspricht inhaltlich dem früheren § 8 Abs. 1 Satz 1 FEVG. Danach wird eine **Entscheidung, durch die eine Freiheitsentziehung angeordnet wird**, erst mit Rechtskraft wirksam. Erfasst werden danach nur Entscheidungen, die eine Freiheitsentziehung positiv anordnen und zwar entweder in einer Entscheidung zur Hauptsache oder in Form einer einstweiligen Anordnung (§ 427). Für alle sonstigen Entscheidungen, die in Freiheitsentziehungssachen ergehen, gilt nicht Absatz 1, sondern § 40 FamFG (BT-Drs. 16/6308 S. 292). Der Grundsatz, den Vollzug der Entscheidungen bis zum Eintritt der formellen Rechtskraft hinauszuschieben, dient der in Freiheitsentziehungssachen besonders wichtigen Effektivität des Rechtsschutzes des Betroffenen. Formelle Rechtskraft liegt vor, wenn die Entscheidung durch keine beschwerdeberechtigte Person mehr angefochten werden kann. Die Beschwerdefrist beträgt grundsätzlich einen Monat (§ 63 Abs. 1 FamFG). Richtet sich die Beschwerde jedoch gegen eine einstweilige Anordnung (§ 427), ist sie binnen einer Frist von zwei Wochen einzulegen (§ 63 Abs. 2 Ziff 1 FamFG).

3. Sofortige Wirksamkeit

3 **Absatz 2 Satz 1** entspricht dem früheren § 8 Abs. 1 Satz 2 erster Halbsatz FEVG. Die Regelung gibt dem Gericht die Möglichkeit, die **sofortige Wirksamkeit anzuordnen** und dadurch das Wirksamwerden seiner Entscheidung vorzuziehen. In diesem Fall kann die für die Vollstreckung der Haft allein zuständige Verwaltungsbehörde die Haft schon vor Rechtskraft des Beschlusses vollziehen. Die im **Ermessen** des Gerichts liegende Anordnung der sofortigen Wirksamkeit ist zu begründen (KG InfAuslR 1985, 9). Bei Anordnung der Abschiebungshaft kann die Anordnung der sofortigen Wirksamkeit geboten sein, wenn der betroffene Ausländer sich in Freiheit befindet oder wenn seine Freilassung aus der Untersuchungs- oder Strafhaft zu einem nahen, nicht genau bestimmbaren Zeitpunkt zu erwarten ist (BT-Drs. 16/6308 S. 292; OLG Frankfurt InfAuslR 1995, 11); bei Unterbringungen nach dem Infektionsschutzgesetz dann, wenn wegen der von dem Betroffenen ausgehenden Gefahren die Freiheitsentziehung dringend geboten ist. Ist eine einstweilige Anordnung nach § 427 vorausgegangen, wird die Anordnung der sofortigen Wirksamkeit regelmäßig geboten sein. Damit für die Verwaltungsbehörde keine Zweifel an der Vollziehbarkeit vor Rechtskraft auftreten können, hat die Anordnung ausdrücklich durch Beschluss (§ 38 FamFG) zu erfolgen. Die Feststellung eines entsprechenden Willens des Gerichts nur anhand der Umstände reicht nicht (Prütting/*Jennissen* § 422 Rn. 5; MünchKommZPO/*Wendtland* § 422 Rn. 3; Bahrenfuss/*Grotkopp* § 422 Rn. 3; aA OLG Zweibrücken InfAuslR 2001, 446). Beim Fehlen einer eindeutigen Anordnung kann die Verwaltungsbehörde gegebenenfalls eine Ergänzung des Beschlusses (§ 43 FamFG) beantragen.

4 **Absatz 2 Satz 2** regelt, wie ein Beschluss, dessen sofortige Wirksamkeit angeordnet worden ist, wirksam wird. Nach **Nr. 1** wird der Beschluss wirksam mit der schriftlichen oder mündlichen Bekanntgabe der Entscheidung in der Hauptsache und der Anordnung der sofortigen Wirksamkeit gegenüber dem Betroffenen, der zuständigen Verwaltungsbehörde oder einem nach § 419 bestellten Verfahrenspfleger. Diese Alternative wird vor allem in Betracht kommen, wenn das Gericht nach der persönlichen Anhörung des Betroffenen die Anordnung der sofortigen Wirksamkeit für erforderlich hält. Das Gericht verliest dann in Anwesenheit des Betroffenen, des Vertreters der antragstellenden Behörde bzw. des Verfahrenspflegers die um die Anordnung der sofortigen Wirksamkeit ergänzte Beschlussformel (§ 41 Abs. 2 Satz 1 FamFG). Die Bekanntgabe der Haftentscheidung muss durch einen Richter erfolgen (OLG Celle InfAuslR 2010, 73). In diesen Fällen ist die schriftliche Bekanntgabe des vollständigen Beschlusses, die erst die Beschwerdefrist in Lauf setzt (§ 63 Abs. 3 FamFG), unverzüglich nachzuholen (§ 41 Abs. 2 Satz 3 und 4 FamFG). Wirksam wird der Beschluss mit der Anordnung der sofortigen Wirksamkeit nach **Nr. 2** auch, wenn er der Geschäftsstelle des Gerichts zum Zweck der Bekanntgabe übergeben wird. Nach **Abs. 2 Satz 3** ist vom Urkundsbeamten der Geschäftsstelle der Zeitpunkt der sofortigen Wirksamkeit auf dem Beschluss zu vermerken.

§ 422. Wirksamwerden von Beschlüssen **F**

Die Entscheidung über die Anordnung der sofortigen Wirksamkeit kann 5
nicht isoliert angefochten werden. Wird gegen die vom Amtsgericht
angeordnete Freiheitsentziehung Beschwerde eingelegt, hat das Beschwerdegericht bei seiner Entscheidung auch über die Anordnung der sofortigen
Wirksamkeit zu entscheiden. Es kann die bereits vom Amtsgericht getroffene
Anordnung bestätigen, deren Vollziehung aussetzen (§ 64 Abs. 3) oder seinerseits die sofortige Wirksamkeit anordnen (§§ 69 Abs. 3, 422), wenn dies
erstinstanzlich unterblieben war.

4. Vollzug der Freiheitsentziehung

Absatz 3 entspricht inhaltlich dem früheren § 8 Abs. 1 Satz 3 FEVG. 6
Danach wird die Freiheitsentziehung nicht durch die Justiz, sondern **von
der antragstellenden Verwaltungsbehörde** vollzogen. Diese entscheidet
allein darüber, ob überhaupt, wann und wie lange eine Freiheitsentziehung
innerhalb der vom Gericht angeordneten Geltungsdauer vollstreckt werden
soll (OLG Celle InfAuslR 2004, 306 = Nds. RPfl. 2004, 244; OLG Frankfurt InfAuslR 1995, 11). Dementsprechend enthält § 422 keine eigenständige Regelung des Rechtsverhältnisses zwischen dem Betroffenen und der
Verwaltungsbehörde während des Vollzugs der Freiheitsentziehung. Die
gesetzliche Unterscheidung zwischen dem Verfahren, in dem die Freiheitsentziehung angeordnet wird (das „Ob") und dem anschließenden Verwaltungsvollzug durch die antragstellende Behörde führt dazu, dass Einzelmaßnahmen des Vollzugs (das „Wie") nicht Entscheidungsgegenstand des
Freiheitsentziehungsverfahrens sein können (VGH Baden-Württemberg
Justiz 2007, 220; KG InfAuslR 1985, 9; Keidel/*Budde* § 422 Rn. 5 f).

Der Vollzug erfolgt entsprechend der Zuständigkeit der jeweiligen Ver- 7
waltungsbehörde im Organisationsbereich unterschiedlicher Ressorts und
wird in ganz unterschiedlichen Einrichtungen wie Krankenhäusern oder
dem Polizeigewahrsam vollstreckt (vgl. zur Systematik des Freiheitsentziehungs- und Unterbringungsrechts grundlegend Kap. A S. 13). Im Bereich
der Abschiebungshaft haben sich drei Modelle der Unterbringung herausgebildet (HK-AuslR/*Keßler* § 62 AufenthG Rn. 102; umfassend *Heinhold*
2004, 28 ff.). Einige Bundesländer haben eigene Abschiebungshafteinrichtungen, andere bringen die Abschiebungshäftlinge in den normalen Justizvollzugsanstalten unter oder haben dort spezielle Abteilungen für sie eingerichtet. Die Lebenssituation der Betroffenen hängt weitgehend von der Art
der Unterbringung ab. Separate Einrichtungen ermöglichen es eher, den
Vollzug dem Status der Abschiebungshäftlinge und dem Haftzweck anzupassen und die restriktive Vollzugsgestaltung einer Strafanstalt zu vermeiden.
Dennoch ist die Unterbringung häufig überreglementiert und von gravierenden, verfassungsrechtlich zumindest problematischen Defiziten geprägt
(*Heinhold* 2004, Gierlichs/*Uhe* 2007, 237: zur medizinischen Betreuung).

Absatz 4 entspricht mit den Ergänzungen zur Umsetzung aufenthalts- 8
und asylrechtlicher Richtlinien der Europäischen Union (BGBl 2008, I 162)
dem früheren § 8 Abs. 2 FEVG Wird danach die **Zurückweisungshaft**
(§ 15 AufenthG) oder die **Abschiebungshaft** (§ 62 des AufenthG) im

Lesting 449

Wege der Amtshilfe **in Justizvollzugsanstalten** vollzogen, gelten die §§ 171, 173 bis 175 und 178 Abs. 3 des Strafvollzugsgesetzes entsprechend. Dies hat über die Verweisungsvorschrift des § 171 StVollzG zur Folge, dass die Vorschriften über den Vollzug der Freiheitsstrafe (§§ 3–49, 51–122, 179–187 StVollzG) anwendbar sind, soweit nicht Eigenart und Zweck der Haft entgegenstehen oder in den §§ 173 bis 175 und § 178 Abs. 3 StVollzG etwas anderes bestimmt ist. Die abweichenden Bestimmungen betreffen die Erlaubnis zur Benutzung eigener Kleidung und Wäsche (§ 173 StVollzG), den Einkauf (§ 174 StVollzG), die Freistellung von der Arbeitspflicht (§ 175 StVollzG) sowie den unzulässigen Schusswaffengebrauch (§ 178 Abs. 3 StVollzG). Danach sind auch Vollzugslockerungen im Rahmen der Abschiebungshaft nicht völlig ausgeschlossen (OLG Frankfurt NStZ 1984, 477). Anstelle einer Beurlaubung (§ 13 StVollzG) ist eine Aussetzung des Vollzuges nach § 424 Abs. 1 FamFG zu prüfen (siehe § 424 Rn. 4 ff.). In diesen Fällen werden jedoch häufig zugleich die Voraussetzungen für die Aufhebung der Abschiebungshaft gemäß § 426 Abs. 1 FamFG vorliegen. Für Einwendungen gegen den Vollzug der Abschiebungshaft ist der **Rechtsweg zu den Strafvollstreckungskammern** der Landgerichte gemäß §§ 109 ff. StVollzG gegeben (*Calliess/Müller-Dietz* § 171 Rn. 1). Geht es allerdings nicht um die Art und Weise des Haftvollzugs, sondern allein um die Wirksamkeit des Amtshilfeersuchens, soll der Verwaltungsrechtsweg gegeben sein (VGH Baden-Württemberg Justiz 2007, 220; OVG Lüneburg NVwZ-RR 2009, 583; InfAuslR 2007, 246).

9 Soweit **Zurückweisung- und Abschiebungshaft außerhalb von Justizvollzugsanstalten** vollzogen wird, tritt das gesetzgeberische Defizit an speziellen Vollzugsvorschriften besonders deutlich zu Tage. In den meisten Bundesländern fehlen bis heute ausreichende gesetzliche Landesregelungen, die den rechtsstaatlichen Anforderungen genügen (AK-StVollzG/*Bammann/Feest* nach § 175 Rn. 32 ff.; zum rechtspolitischen Handlungsbedarf siehe auch Kap. **A** S. 8). Grundrechtseinschränkungen, die über die bloße Freiheitsentziehung hinausgehen, sind ohne gesetzliche Grundlage unzulässig (BVerfG NJW 1992, 811). Lediglich Berlin (GVBl 1995 S. 657), Brandenburg (GVBl 1995 I S. 98); Bremen (GBl 2001 S. 405), Rheinland-Pfalz (GVBl 1993 S. 627) und das Saarland (ABl. 1994 S. 1214) haben auf Landesebene gesetzliche Vorschriften über den Abschiebungshaftvollzug erlassen (vgl. HK-AuslR/*Keßler* § 62 AufenthG Rn. 14; Schwind/Böhm/Jehle/Laubenthal/*Schuler/Laubenthal* § 109 Rn. 2). Häufig werden in den Landesregelungen die Vorschriften des Strafvollzugsgesetzes für anwendbar erklärt, obwohl die Abschiebungshaft in besonderen Einrichtungen der Innenverwaltung vollzogen wird. Für Einwendungen gegen den Vollzug der Haft ist, soweit nicht (wie in Rheinland-Pfalz) etwas anderes bestimmt ist, der **Rechtsweg zu den Verwaltungsgerichten** gegeben (vgl. OVG Bremen NVwZ-RR 2009, 38 = InfAuslR 2008, 226; Prütting/Helms/*Jennissen* § 422 Rn. 14). Dies gilt auch dann, wenn die Landesvorschriften nur ein Beschwerderecht an den Gewahrsamsleiter vorsehen und keinen Hinweis auf den gerichtlichen Rechtsschutz enthalten (KG InfAuslR 1985, 9 ff.; LG Berlin InfAuslR 1999, 232, 242; AK-StVollzG/*Bammann/Feest* nach § 175

Rn. 39). Werden in einem solchen Fall also gegen den Betroffenen etwa Besuchsverbote oder Disziplinarmaßnahmen verhängt, kann er sich dagegen mit dem Antrag auf Erlass einer einstweiligen Anordnung an das Verwaltungsgericht wenden (HK-AuslR/*Keßler* § 62 AufenthG Rn. 102).

In Abschiebungshaft befindliche mittellose Personen sind **Leistungsemp-** 10 **fänger** nach § 1 Abs. 1 Nr. 5 AsylbLG. Sie haben damit Anspruch auf Grundleistungen nach §§ 3 ff. AsylbLG (VG Berlin InfAuslR 1994, 369; HK-AuslR/*Keßler* § 62 AufenthG Rn. 103). Nach § 5 AufnRL müssen in Gewahrsam genommene Asylbewerber verständliche und in der Regel schriftliche **Informationen** darüber erhalten, welche Organisationen oder Personengruppen spezifischen Rechtsbeistand gewähren und welche Organisationen im Zusammenhang mit den Aufnahmebedingungen, einschließlich medizinischer Versorgung, behilflich sein oder sie informieren können.

Abschiebungshaft ist keine Strafhaft. Um den nicht strafenden Cha- 11 rakter der Abschiebungshaft zu verdeutlichen, sollte sie in besonderen Einrichtungen vollzogen werden: „Ein Gefängnis ist *per definitionem* kein passender Ort, um jemanden festzuhalten, der weder strafrechtlich verurteilt noch einer Straftat verdächtig ist" (*CPT Standards*, 7. Jahresbericht Rn. 28). Obwohl es sich bei den Abschiebungsgefangenen um Unschuldige handelt, sind die **Standards des Abschiebungshaftvollzugs** häufig noch niedriger als in der Strafhaft. Diesem untragbaren Zustand muss durch eine erhebliche Verbesserung der Situation in den Haftanstalten Rechnung getragen werden (vgl. *Heinhold* 2004, 311 ff.). Auch für die Abschiebungshaft gilt, dass Eingriffe und Beschränkungen nur zulässig sind, wenn und soweit sie zur Abwehr von konkreten Gefahren für die Sicherheit und Ordnung unerlässlich sind. Als absolute Mindestanforderungen für eine menschenwürdige Unterbringung müssen die Europäischen Gefängnisregeln gelten (AK-StVollzG/*Bammn/Feest* nach § 175 Rn. 35). Bei **menschenunwürdigen Bedingungen** der Haft sind die über die Abschiebungshaft entscheidenden ordentlichen Gerichte befugt, die Fortdauer der Abschiebungshaft nur unter bestimmten Voraussetzungen zuzulassen (LG Bremen InfAuslR 1995, 67 und 113; siehe auch *Rittstieg* NJW 1996, 551). Zum Feststellungsinteresse bei einer wegen der konkreten Haftraumunterbringung menschenunwürdigen Abschiebungshaft vgl. BVerfG InfAuslR 2006, 86.

Bei der Unterbringung nach dem **Infektionsschutzgesetz** sind Vor- 12 schriften über Wegnahme von Gegenständen, die einem Entweichen dienen können sowie die Postkontrolle in § 30 Abs. 3 IfSG enthalten. Weitergehende Grundrechtseingriffe sind im Vollzug der Unterbringung wegen des Fehlens einer gesetzlichen Grundlage unzulässig; sie werden insbesondere nicht von der Anordnung der Freiheitsentziehung umfasst (zum rechtspolitischen Handlungsbedarf Kap. **A** S. 8.

5. Ende der Wirksamkeit

Die Wirksamkeit der Entscheidung, durch die eine Freiheitsentziehung 13 angeordnet worden ist, endet – vorbehaltlich einer Verlängerung – mit dem Ablauf der nach § 425 Abs. 1 festgesetzten Frist oder durch die vorherige

Aufhebung des Beschlusses (§ 426 Abs. 1). In welchen Fällen darüber hinaus die tatsächliche Beendigung der Freiheitsentziehung zur Wirkungslosigkeit der gerichtlichen Entscheidung führt, ist umstritten. Eine **Entlassung** macht die gerichtliche Entscheidung gegenstandslos mit der Folge, dass eine weitere Freiheitsentziehung eine erneute gerichtliche Entscheidung voraussetzt (Keidel/*Budde* § 422 Rn. 7; aA Schulte-Bunert/Weinreich/*Dodegge* § 422 Rn. 11). Demgegenüber bleibt die gerichtliche Entscheidung wirksam, wenn der Betroffene entweicht oder die Einrichtung eigenmächtig verlässt (Schulte-Bunert/Weinreich/*Dodegge* § 422 Rn. 11; aA Keidel/*Budde* § 422 Rn. 7).

14 Die richterliche Haftanordnung verliert außerdem ohne weiteres ihre Wirksamkeit, wenn die tatbestandlichen Voraussetzungen von zwei gesetzlichen Vorschriften erfüllt sind. Der Betroffene ist dann zwingend zu entlassen. Nach **§ 14 Abs. 3 Satz 3 AsylVfG** endet die Abschiebungshaft eines Betroffenen, der nach der Inhaftierung einen Asylantrag stellt, spätestens vier Wochen nach Eingang des Asylantrags beim Bundesamt, wenn nicht ein Auf- oder Wiederaufnahmeersuchen an einen anderen Vertragsstaat gerichtet wurde oder wenn das Bundesamt innerhalb dieser Frist keine Entscheidung getroffen hat (vgl. HK-AuslR/*Wolff* § 14 AsyVfG Rn. 10). Die Gründe für die Nichteinhaltung der Frist sind grundsätzlich unerheblich. Auch wenn das Bundesamt vor Ablauf der Frist den Asylantrag als offensichtlich unbegründet oder unbeachtlich abgelehnt hat, ist dies unerheblich, wenn die Entscheidung dem Betroffenen nicht vor Ablauf der Frist zugestellt worden ist (OLG Brandenburg FGPrax 2002, 278 = InfAuslR 2002, 481). Nach **§ 62 Abs. 2 Satz 5 AufenthG** gilt die Haftanordnung bei einer gescheiterten Abschiebung nur dann fort, wenn der Betroffene das Scheitern selbst herbeigeführt hat. Eine Abschiebungshaftanordnung verliert deshalb ihre Wirksamkeit, wenn der konkrete Abschiebungsversuch vorzeitig abgebrochen werden muss und der Betroffene dies nicht zu vertreten hat. In diesem Fall bedarf es zum weiteren Vollzug der Freiheitsentziehung einer neuen richterlichen Entscheidung (OLG Frankfurt FGPrax 2009, 188). Bei verfassungskonformer Auslegung sollte eine Haftfortgeltung nur in Betracht kommen, wenn die abgebrochene Abschiebung binnen kürzester Frist durchgeführt werden kann (HK-AuslR/*Keßler* § 62 AufenthG Rn. 38; aA Keidel/*Budde* § 422 Rn. 8).

15 Entfallen die **Voraussetzungen der Haft**, hat die Verwaltungsbehörde den Betroffenen sofort auf freien Fuß zu setzen. Einer vorherigen Aufhebung der Haftanordnung durch das Amtsgericht bedarf es nicht. Mit der Freilassung des Betroffenen sollte die Verwaltungsbehörde klarstellend allerdings auch die Aufhebung der Haftanordnung beantragen, damit in Zukunft von ihr kein Gebrauch mehr gemacht werden kann (OLG Celle InfAuslR 2004, 306 = Nds. RPfl. 2004, 244; OLG Düsseldorf NVwZ 1996, Beilage 1, 8).

16 Bei **rechtwidriger Haft** kommen Entschädigungsansprüche des Betroffenen aus Art. 5 Abs. 5 EMRK bzw. aus § 839 BGB i. V. m. Art. 34 GG in Betracht (vgl. OLG Oldenburg InfAuslR 2004, 216: Aufrechterhaltung der Haft trotz Undurchführbarkeit der Abschiebung; OLG Oldenburg InfAuslR 2003, 296: Inhaftierung aufgrund eines „vermeintlichen Abschiebungshaft-

§ 424. Aussetzung des Vollzugs **F**

befehls"; OLG Oldenburg InfAuslR 2002, 304: Haft aufgrund fiktiver Angaben eines Sachbearbeiters; LG Hamburg InfAuslR 2003, 297: Verhaftung ohne Abschiebungshaftbefehl; HK-AuslR/*Keßler* § 62 AuenthG Rn. 105 ff). Der Schadensersatzanspruch nach der Menschenrechtskonvention ist verschuldensunabhängig (BGH NVwZ 2006, 960 m. Anm. *Dörr* JZ 2006, 1065; InfAuslR 2006, 332) und deshalb leichter zu realisieren als der Amtshaftungsanspruch nach § 839 BGB i. V. m. Art 34 GG, dessen Anwendbarkeit teilweise bestritten wird (vgl. OLG Schleswig InfAuslR 2002, 302).

Absehen von der Bekanntgabe

423 Von der Bekanntgabe der Gründe eines Beschlusses an den Betroffenen kann abgesehen werden, wenn dies nach ärztlichem Zeugnis erforderlich ist, um erhebliche Nachteile für seine Gesundheit zu vermeiden.

1. Bekanntgabe der Entscheidung

Die Bekanntgabe des Beschlusses über den Antrag der Verwaltungsbehörde 1
auf Anordnung der Freiheitsentziehung ist in der allgemeinen Vorschrift des § 41 FamFG geregelt. Sie umfasst grundsätzlich den Inhalt des Beschlusses nach § 38 Abs. 2 und 3 sowie § 421. Die Adressaten der Bekanntgabe sind die gemäß § 418 am Verfahren Beteiligten, also der Betroffene und die antragstellende Verwaltungsbehörde (§ 418 Abs. 1), ein bestellter Verfahrenspfleger (§ 418 Abs. 2) sowie die Personen, die im Interesse des Betroffenen am Verfahren beteiligt worden sind (§ 418 Abs. 3).

2. Absehen von der Bekanntgabe

Nach dem früheren § 6 Abs. 4 Satz 1 FEVG konnte bei einer Gesund- 2
heitsgefährdung des Betroffenen die Bekanntgabe der gerichtlichen Entscheidung insgesamt unterbleiben. Nunmehr kann nach § 423 lediglich von der **Bekanntgabe der Gründe** der Entscheidung abgesehen werden, weil Fälle in denen von einer Bekanntgabe der Entscheidung selbst abgesehen werden kann, praktisch nicht denkbar sind (BT-Drs. 16/6308 S. 293). Ein „therapeutische Verschweigen" (vgl. hierzu die Kritik Kap. **D** S. 304) der Entscheidungsgründe setzt ein ärztliches Zeugnis voraus, welches erhebliche Gesundheitsgefahren gerade durch die Bekanntgabe der Entscheidungsgründe belegt. Praktische Fälle sind auch für die nunmehr eingeschränkte Geheimhaltung kaum vorstellbar. Der Beschluss, von der Bekanntgabe der Entscheidungsgründe abzusehen, ist zu begründen. Er ist nicht anfechtbar.

Aussetzung des Vollzugs

424 (1) **Das Gericht kann die Vollziehung der Freiheitsentziehung aussetzen. Es hat die Verwaltungsbehörde und den Leiter der Einrichtung vorher anzuhören. Für Aussetzungen bis zu einer Woche**

bedarf es keiner Entscheidung des Gerichts. Die Aussetzung kann mit Auflagen versehen werden.

(2) **Das Gericht kann die Aussetzung widerrufen, wenn der Betroffene eine Auflage nicht erfüllt oder sein Zustand dies erfordert.**

1. Normzweck

1   Die Vorschrift ersetzt die frühere Bestimmung des § 10 Abs. 3 FEVG, die nur die Möglichkeit einer „Beurlaubung" des Betroffenen vorsah. Angelehnt an die entsprechende Unterbringungsvorschrift des § 328 FamFG (Kap. **D** S. 325), sieht die Neuregelung die weitergehende Möglichkeit einer **Aussetzung des Vollzugs der Freiheitsentziehung** vor. Die Aussetzung lässt die gerichtliche Anordnung der Freiheitsentziehung fortbestehen. Sie kommt insbesondere zur Erprobung des Verhaltens des Betroffenen in Betracht, wenn eine vollständige Aufhebung der Freiheitsentziehung noch nicht vertretbar ist und der dem Freiheitsentzug zugrunde liegende Zweck dadurch nicht gefährdet wird. Die Entscheidung erfordert eine Prognose, bei der kalkulierte Risiken in Kauf genommen werden können (hierzu grundsätzlich Kap. **A** S. 51). Liegen dagegen die Voraussetzungen der Freiheitsentziehung nicht vor bzw. sind sie weggefallen, ist nicht auszusetzen, sondern die Anordnung einer Freiheitsentziehung abzulehnen bzw. unverzüglich aufzuheben. Die Aussetzung der Vollziehung kann sowohl in einem gesonderten Verfahren angeordnet als auch zugleich mit der Anordnung der Freiheitsentziehung verbunden werden. Auch das Beschwerdegericht kann unter Aufrechterhaltung der Anordnung der Maßnahme erstmals eine Aussetzung der Freiheitsentziehung anordnen (Keidel/*Budde* § 424 Rn. 1).

2. Gerichtliche und behördliche Aussetzung

Eine Aussetzung kann durch das Gericht oder in zeitlich befristetem Umfang auch durch die zuständige Verwaltungsbehörde erfolgen.

2   Nach **Absatz 1 Satz 1** kann das Gericht die Vollziehung der Freiheitsentziehung aussetzen. Vor einer **gerichtlichen Aussetzungsentscheidung** sind die Verwaltungsbehörde und der Leiter der Einrichtung (JVA, Abschiebehaftanstalt, Krankenhaus) zwingend anzuhören (Abs. 1 S. 2). Die Art und Weise der Anhörung ist nicht vorgeschrieben Sie kann zur Verfahrensbeschleunigung auch telefonisch oder per Fax erfolgen. Eine Anhörung des Betroffenen ist gesetzlich nicht vorgesehen und steht daher im Ermessen des Gerichts. Das Gericht kann die Aussetzung von Amts wegen anordnen; eines Antrags bedarf es hierzu nicht. Auf Antrag hat das Gericht auch über eine Aussetzung von bis zu einer Woche zu entscheiden. Liegen die Voraussetzungen für eine Aussetzung vor, muss das Gericht sie aussprechen; Absatz 1 gewährt kein Ermessen (Schulte-Bunert/Weinreich-*Dodegge* § 424 Rn. 9; aA Keidel/*Budde* § 424 Rn. 3). Einer Befristung der Aussetzung wie in § 328 Absatz 1 Satz 3 bedarf es im Hinblick auf die Höchstdauer der Freiheitsentziehung nicht.

3   Nach **Absatz 1 Satz 3** kann die Verwaltungsbehörde über Aussetzungen bis zu einer Woche selbst entscheiden. Für Aussetzungen in diesem zeitli-

chen Rahmen bedarf es keiner förmlichen Entscheidung des Gerichts. Die Verwaltungsbehörde kann aber, statt eine **behördliche Aussetzungsentscheidung** zu treffen, eine gerichtliche Entscheidung anregen. Trifft die Verwaltungsbehörde jedoch die Entscheidung, ist der Verwaltungsrechtsweg gegeben (Prütting/*Jennissen* § 424 Rn. 8; *ders.* FGPrax 2009, 93, 96; Schulte-Bunert/Weinreich/*Dodegge* § 424 Rn. 12; aA Keidel/*Budde* § 424 Rn. 2). Werden der Verwaltungsbehörde Umstände bekannt, die den Wegfall der Voraussetzungen der Freiheitsentziehung begründen, muss sie die Aufhebung der Freiheitsentziehung beantragen.

Nach **Absatz 1 Satz 4** kann die Aussetzung mit **Auflagen** verbunden werden. Mit „Auflagen" sind nach allgemeinem juristischem Sprachgebrauch tatsächlich Weisungen gemeint (vgl. Kap. **D** S. 326). Sie sollten erteilt werden, wenn sich die Verwaltungsbehörde bzw. das Gericht nur mit ihrer Hilfe zu einer positiven Aussetzungsentscheidung in der Lage sieht. Auflagen müssen klar und bestimmt sein. Sie dürfen nicht gegen Grundrechte verstoßen oder unverhältnismäßig, insbesondere ungeeignet oder unzumutbar, sein.

3. Widerruf der Aussetzung

Nach **Abs. 2** kann das Gericht die Aussetzung widerrufen, wenn der Betroffene eine Auflage nicht erfüllt oder sein Zustand dies erfordert. Die Regelung bedarf wegen ihres zu weiten Wortlauts der restriktiven Auslegung. Entsprechend § 49 Abs. 2 VwVfG setzt der **Widerruf** voraus, dass die der Aussetzung zugrunde liegende Prognose aufgrund nachträglich eingetretener Tatsachen ungünstig geworden und deshalb die weitere Vollstreckung erforderlich ist (siehe Kap. **D** S. 327). Deshalb kann ein Widerruf trotz der Nichterfüllung einer Auflage oder einer Zustandsverschlechterung unterbleiben, wenn die Aussetzung dennoch gerechtfertigt bleibt (Schulte-Bunert/Weinreich/*Dodegge* § 424 Rn. 11). Die Behörde muss bei ihrer Ermessensentscheidung über den Widerruf der Aussetzung den Grundsatz der Verhältnismäßigkeit und den Vertrauensschutz des Betroffenen an der ihn begünstigenden Rechtslage berücksichtigen. Nach der Rechtsprechung des Bundesverfassungsgerichts zum Vertrauensschutz im Vollzug setzt die Rückgängigmachung einer begünstigenden Maßnahme einen wichtigen Grund voraus (BVerfG StV 1996, 252; 1994, 147 = NStZ 1994, 100). Der in einem Weisungsverstoß liegende Ungehorsam reicht allein nicht aus (BayObLG R&P 1994, 143 = FamRZ 1995, 1001). Ein fehlendes Verschulden des Betroffenen hindert zwar nicht unbedingt einen Widerruf, kann aber bei der Ausübung des Ermessens von Bedeutung sein (*Jennissen* FGPrax 2009, 93, 96). Ein Widerruf kann nur auf Tatsachen gestützt werden, die hinreichend substantiiert und belegt sind.

4. Verfahren und Entscheidung

§ 424 enthält mit Ausnahme der Anhörungspflicht nach Abs. 1 Satz 2 keine **Regelung des Verfahrens** bei einer Aussetzung oder einem Widerruf. Insofern gelten die allgemeinen Verfahrensgrundsätze. Die Voraussetzungen der zu treffenden Entscheidungen sind im Rahmen der Amtsermittlungspflicht (§ 26 FamFG) festzustellen. Vor einem Widerruf ist dem Betroffenen rechtliches Gehör zu gewähren. Obwohl die Verfahrensgarantie des § 420 hier nicht gilt, wird regelmäßig eine persönliche Anhörung erforderlich sein (Keidel/*Budde* § 424 Rn. 5).

7 Bei den nach Absatz 1 und 2 zu treffenden **Entscheidungen** handelt es sich um Endentscheidungen im Sinne des § 58 FamFG, die mit der Beschwerde angegriffen werden können. Etwas anderes gilt nur, wenn die Verwaltungsbehörde nach Abs. 1 Satz 3 in eigener Zuständigkeit zum Nachteil des Betroffenen entschieden hat. In diesem Fall ist der Verwaltungsrechtsweg gegeben (Rn. 3). Inhalt und Bekanntgabe der Entscheidung richten sich nach den §§ 38, 41, 421. Hinsichtlich des Wirksamwerdens der Entscheidung ist § 422 anzuwenden (aA teilweise Prütting/Helms/*Jennissen* § 424 Rn. 6: nicht einschlägig ist § 422 Abs. 1).

Dauer und Verlängerung der Freiheitsentziehung

425 (1) **In dem Beschluss, durch den eine Freiheitsentziehung angeordnet wird, ist eine Frist für die Freiheitsentziehung bis zur Höchstdauer eines Jahres zu bestimmen, soweit nicht in einem anderen Gesetz eine kürzere Höchstdauer der Freiheitsentziehung bestimmt ist.**

(2) **Wird nicht innerhalb der Frist die Verlängerung der Freiheitsentziehung durch richterlichen Beschluss angeordnet, ist der Betroffene freizulassen. Dem Gericht ist die Freilassung mitzuteilen.**

(3) **Für die Verlängerung der Freiheitsentziehung gelten die Vorschriften über die erstmalige Anordnung entsprechend.**

1. Anwendungsbereich

1 § 425 regelt als **Auffangtatbestand** die Dauer der Freiheitsentziehung und die Möglichkeit ihrer Verlängerung. Spezialgesetzliche Eingriffsermächtigungen haben Vorrang. Die Vorschrift knüpft an die früheren Regelungen in §§ 9, 12 FEVG an, von denen jedoch in einigen Punkten abgewichen wird.

2. Dauer der Freiheitsentziehung

2 **Absatz 1** knüpft an § 421 Nr. 2 an, wonach das Gericht in seinem Beschluss den Zeitpunkt zu bestimmen hat, an dem die Freiheitsentziehung endet. Er gibt den zeitlichen Rahmen vor, innerhalb dessen das Gericht die Dauer der Freiheitsentziehung bestimmen kann. Mit der Angabe der Frist soll gewährleistet werden, dass die Freiheitsentziehung auf die voraussichtlich notwendige Zeit begrenzt wird. Das in Art. 2 Abs. 2 Satz 2 GG verankerte **Beschleunigungsgebot** und der Verhältnismäßigkeitsgrundsatz erfordern eine Abwägung zwischen der Erforderlichkeit der Freiheitsentziehung, der Dauer der Inhaftierung und der Art und Weise der Bearbeitung des Verfahrens durch die Verwaltungsbehörde und das Gericht.

§ 425. Dauer und Verlängerung der Freiheitsentziehung **F**

In dem Beschluss, der die Freiheitsentziehung anordnet, ist eine Frist fest- 3
zulegen, vor deren Ablauf über die Fortdauer der Freiheitsentziehung zu
entscheiden ist. Dabei ist der Fristablauf kalendermäßig festzulegen (BT-
Drs. 16/6308 S. 293). Eine Festlegung der Frist „ab Ergreifung" ist mangels
Bestimmtheit unzulässig (KG FGPrax 1997, 74). Bei der Jahresfrist handelt
es sich um eine **Höchstdauer**, die in der Regel nicht ausgeschöpft werden
darf. Eine spezialgesetzlich geregelte kürzere Höchstdauer der Freiheitsentziehung hat immer Vorrang. Mit der Einfügung des zweiten Halbsatzes in
Absatz 1 soll der **Auffangcharakter der Vorschrift** im Normtext deutli-
cher hervorgehoben werden (BT-Drs. 16/9733 S. 299). Die Frist für die
Dauer der Freiheitsentziehung ist einzelfallbezogen festzulegen und zu begründen (§ 38 Abs. 3 FamFG). Bei der Unterbringung wegen bestimmter
ansteckender Krankheiten nach dem Infektionsschutzgesetz hat sich die
Höchstdauer an der voraussichtlichen Behandlungsdauer bezogen auf den
Wegfall der Ansteckungsgefahr zu orientieren. Für die **Abschiebungshaft**
ist die Höchstdauer und damit die Befristung in §§ 62 Abs. 2 Satz 4, Abs. 3
Satz 1 und 2 AufenthG, 14 Abs. 4 Satz 3 AsylVfG besonders geregelt (hierzu
Kap. E S. 406; Prütting/Helms/*Jennissen* § 425 Rn. 4 ff.).

Durch eine zwischenzeitlich vollstreckte **Straf- oder Untersuchungshaft** 4
wird das Ende der festgelegten Frist nicht hinausgeschoben (BayObLGZ 1994,
155 = NVwZ-Beil. 8/1994, 64; BayObLG InfAuslR 1992, 46). Eine Unter-
brechung des Fristlaufs ist gesetzlich nicht vorgesehen und widerspräche dem
Sinn der Befristung, in bestimmten Zeitabständen die Erforderlichkeit der
Fortdauer der Freiheitsentziehung zu überprüfen (Keidel/*Budde* § 425 Rn. 3).
Abschiebungshaft darf während der Vollstreckung von Untersuchungshaft als
sog. Überhaft in der Weise angeordnet werden, dass sie im Anschluss an die
Untersuchungshaft zu vollstrecken ist und ihre Frist von da an zu laufen beginnt
(BGH NJW 1995, 1898). Dagegen ist die Anordnung von Abschiebungshaft
im Anschluss an eine künftig möglicherweise zu erwartende, aber noch nicht
verhängte (rechtskräftige) Strafhaft unzulässig (BGH NJW 1995, 2226 =
FGPrax 1995, 168; KG StV 1996, 107). Soll die Abschiebungshaft nicht mehr
im Anschluss an eine Untersuchungshaft, sondern die zwischenzeitlich verhängte Strafhaft vollzogen werden, ist die Durchführung eines förmlichen Ver-
längerungsverfahrens (Rn. 6) erforderlich. Über den entsprechenden Antrag
der Ausländerbehörde hat das Gericht nach erneuter mündlicher Anhörung
und nach erneuter Verhältnismäßigkeitsprüfung zu entscheiden (OLG München NJW-RR 2006, 1505). Von der verfahrensrechtlichen Zulässigkeit der
Fristbestimmung zu unterscheiden ist aber die Frage der materiellrechtlichen
Voraussetzungen für die Anordnung einer Freiheitsentziehung in der Form der
Überhaft. Die Anordnung von Abschiebehaft als Überhaft ist auf Ausnahmefälle beschränkt; sie darf nicht auf Vorrat angeordnet werden (OLG Naumburg
StV 2009, 423). Abschiebungshaft kann nur angeordnet werden, wenn sich
die Ausländerbehörde zuvor vergeblich darum bemüht hat, eine Abschiebung
aus der Untersuchungs- oder Strafhaft heraus zu erreichen und so eine zusätz-
liche Inhaftierung zu vermeiden (vgl. OLG Düsseldorf FGPrax 2008, 87;
OLG Karlsruhe InfAuslR 2007, 356; OLG Oldenburg InfAuslR 2006, 281;
Prütting/Helms/*Jennissen* § 425 Rn. 9 ff.).

3. Ende der Freiheitsentziehung

5 Nach **Absatz 2** ist der Betroffenen freizulassen, wenn nicht innerhalb der Frist durch richterlichen Beschluss die Verlängerung der Freiheitsentziehung angeordnet wird. Die Freilassung ist von der zuständigen Verwaltungsbehörde zu veranlassen, ohne dass es einer gerichtlichen Anordnung bedarf. Wird die Verwaltungsbehörde nicht tätig, hat die Vollzugseinrichtung den Betroffenen in eigener Verantwortung zu entlassen. Dies gilt auch dann, wenn während der richterlichen Frist eine kürzere gesetzliche Frist abläuft, etwa nach Anordnung von Abschiebungshaft für die Dauer von drei Monaten ein Asylantrag gestellt wird und die Frist des § 14 Abs. 3 Satz 3 AsylVerfG von vier Wochen endet (OLG Köln FGPrax 2007, 297; Prütting/Helms/*Jennissen* § 425 Rn. 2; *ders.* FGPrax 2009, 93, 96). Die Freilassung ist dem Gericht mitzuteilen (Abs. 2 Satz 2), um eine entsprechende gerichtliche Kontrolle zu ermöglichen.

4. Verlängerung der Freiheitsentziehung

6 Nach **Absatz 3** gelten für die Verlängerung der Freiheitsentziehung bis zu einer Höchstdauer von insgesamt einem Jahr (*Bumiller/Harders* § 425 Rn. 20) die Vorschriften für die erstmalige Anordnung entsprechend. Deshalb sind sämtliche Verfahrensgarantien für die Erstentscheidung uneingeschränkt auch im Verlängerungsverfahren anzuwenden (OLG Köln FGPrax 2008, 136). Das Gericht darf nur auf Antrag der zuständigen Verwaltungsbehörde (§ 417) über die Verlängerung der Freiheitsentziehung entscheiden. Das Erfordernis eines neuen Antrags wird auch durch die Streichung der Wörter „von Amts wegen" (§ 9 Abs. 1 FEVG) verdeutlicht (BT-Drs. 16/6308 S. 293). Wie bei der erstmaligen Anordnung bedarf es zwingend einer erneuten Anhörung des Betroffenen (§ 420 Rn. 2) sowie gegebenenfalls der Hinzuziehung weiterer Beteiligter (§ 418 Abs. 3). Inhalt und Wirksamkeit der Verlängerungsentscheidung richten sich nach §§ 38, 421, 422 FamFG.

7 Örtlich zuständig für die Entscheidung über die Verlängerung der Freiheitsentziehung ist das Gericht, welches die Haft erstmalig angeordnet hat (so schon zu § 12 FEVG: OLG München OLGR 2008, 144; FGPrax 2006, 280; OLG Celle FGPrax 2007, 244; OLG Zweibrücken FGPrax 2000, 212); allerdings ist eine Abgabe aus wichtigem Grund (§ 4 FamFG) an das Gericht des Vollziehungsortes möglich. Eine andere Zuständigkeit kann sich auch nach einer wirksamen Abgabe gemäß § 106 Abs. 2 Satz 2 AufenthG ergeben (vgl. § 416 Rn. 1).

8 Haftverlängerungsanträge sind so rechtzeitig zu stellen, dass den Beteiligten und dem Gericht ausreichend Zeit für eine ordnungsgemäße Terminsvorbereitung und die Einhaltung der Verfahrensgarantien bleibt (AG Berlin-Schöneberg InfAuslR 2002, 247). Wird der Antrag erst kurz vor Fristablauf gestellt wird und liegt die Ursache für die Verspätung im Bereich der Verwaltungsbehörde, ist der Verlängerungsantrag zurückzuweisen (OLG Düsseldorf InfAuslR 1996, 146; Prütting/Helms/*Jennissen* § 426 Rn. 16). Das Gericht hat vor der Entscheidung über den Verlängerungsantrag auch zu

§ 426. Aufhebung **F**

prüfen, ob die Verwaltungsbehörde dem verfassungsrechtlichen **Beschleunigungsgebot** ausreichend Rechnung getragen hat und weshalb sie mit der ihr in der vorherigen Anordnung zur Verfügung gestellten Zeit nicht ausgekommen ist. Die Verletzung der Pflicht, die Haft auf den Zeitraum zu begrenzen, der für die Durchführung des Zwecks unbedingt erforderlich ist, steht einer weiteren Haftanordnung entgegen (OLG München FGPrax 2005, 276). Dem Betroffenen dürfen zeitliche Verzögerungen, die durch behördeninterne Fehlorganisation bedingt sind, nicht zum Nachteil gereichen (OLG Celle InfAuslR 2001, 448). Abschiebehaftverfahren sind seitens der Ausländerbehörde vorsorglich auch dann zu fördern, wenn der Betroffene durch einen Asylfolgeantrag, einen Antrag auf Duldungsverfügung oder Ähnliches auf verwaltungsrechtlicher Ebene Anstrengungen unternimmt, seine Ausreiseverpflichtung zu bekämpfen (OLG Celle InfAuslR 2004, 247).

Eine Entscheidung über die Verlängerung der Freiheitsentziehung kommt 9 nur in Betracht, wenn die ursprünglich angeordnete **Frist noch nicht abgelaufen** ist. Anderenfalls kann die Freiheitsentziehungsmaßnahme nur neu angeordnet, nicht jedoch verlängert werden (OLG München InfAuslR 2008, 171). Das gleiche gilt nach dem Scheitern einer begonnen Luftabschiebung, da die vorangegangene Haft mit der begonnenen Abschiebung beendet und die Haftanordnung dadurch erledigt ist (OLG München FGPrax 2006, 233). Die Entscheidung über die Fortdauer der Haft ist ohne jegliche Verzögerung, die sich nicht aus sachlichen Gründen rechtfertigen lässt, zu treffen (OLG Celle InfAuslR 2003, 444).

Aufhebung

426 (1) Der Beschluss, durch den eine Freiheitsentziehung angeordnet wird, ist vor Ablauf der nach § 425 Abs. 1 festgesetzten Frist von Amts wegen aufzuheben, wenn der Grund für die Freiheitsentziehung weggefallen ist. Vor der Aufhebung hat das Gericht die zuständige Verwaltungsbehörde anzuhören.

(2) **Die Beteiligten können die Aufhebung der Freiheitsentziehung beantragen. Das Gericht entscheidet über den Antrag durch Beschluss.**

1. Anwendungsbereich

Die weitgehend dem früheren § 10 Abs. 1 und 2 FEVG entsprechende 1 Vorschrift regelt die Aufhebung der Freiheitsentziehung vor dem Fristablauf. Die Freiheitsentziehung nach den §§ 415 ff. FamFG ist an den zugrundeliegenden Zweck gebunden mit der Folge, dass sie unverzüglich durch das Gericht **aufzuheben** ist, wenn die **Voraussetzungen** für die Freiheitsentziehung vor Ablauf der festgesetzten Frist (§§ 425 Abs. 1, 421 Nr. 2) **weggefallen** sind.

2. Aufhebung von Amts wegen

Nach **Absatz 1** ist der Beschluss, durch den eine Freiheitsentziehung ange- 2 ordnet worden ist, von Amts wegen aufzuheben, wenn die materiellen Voraussetzungen der Freiheitsentziehung nicht mehr vorliegen. Eine Aufhebung der Haft kann nicht nur auf neue Umstände, sondern auch auf Einwände gegen ihre Anordnung gestützt werden. Trotz der engen Begrifflichkeit („weggefallen") wird nur ein solches weites Verständnis dem Zweck des Aufhebungsverfahrens gerecht, eine sachlich nicht gerechtfertigte Inhaftierung zur Verwirklichung der Freiheitsgarantie des Art. 104 GG umgehend zu beenden (BGH NJW 2009, 299 = InfAuslR 2010, 35). Der Zweck der Freiheitsentziehung ist beispielsweise mit dem Wegfall der Ansteckungsgefahr bzw. mit der Möglichkeit der Durchführung der Abschiebung entfallen. Gleiches gilt, wenn sich die Abschiebung nunmehr als undurchführbar erweist oder ein beachtlicher Asylantrag gestellt wird. Dies gilt auch, wenn der Asylantrag bereits im Verfahren der Abschiebungshaft gestellt und übergangen wurde, weil die Haftanordnung zwar der formellen, nicht aber einer materiellen Rechtskraft fähig ist und deshalb keine Bindungswirkung eintritt (BGH NJW 2009, 299; OLG Stuttgart FGPrax 1996, 40; OLG Celle InfAuslR 2003, 392).

3. Aufhebung auf Antrag

3   Abweichend vom früheren § 10 Abs. 2 FEVG war noch im Regierungsentwurf ein förmliches Antragsrecht der Beteiligten auf Aufhebung der Freiheitsentziehung nicht mehr vorgesehen (RegE BT-Drs. 16/6308 S. 293). Nachdem hieran im Verlauf des Gesetzgebungsverfahrens zu Recht Kritik geübt worden war, weil nur ein förmliches Antragsrecht effektiven Rechtsschutz ermöglicht, wurde auf Vorschlag des Rechtsausschusses wieder ein Antragsrecht der Beteiligten und damit ein Recht auf Bescheidung in **Absatz 2** eingefügt (BT-Drs. 16/9733 S. 299). Das **Antragsrecht** steht dem Betroffenen zu, der zuständigen Verwaltungsbehörde, die den Antrag auf Freiheitsentziehung gestellt hat (§ 418 Abs. 1), dem Verfahrenspfleger (§ 418 Abs. 2) und den Beteiligten, die im Interesse des Betroffenen zum Verfahren hinzugezogen worden sind (§ 418 Abs. 3).

4   Die zuständige Behörde ist verpflichtet, die Aufhebung der Freiheitsentziehung zu beantragen, wenn ihr Umstände bekannt werden, die den Wegfall der Voraussetzungen der Freiheitsentziehung begründen. Die **Pflicht zur Überwachung des Fortbestands der gesetzlichen Voraussetzungen der Freiheitsentziehung** besteht besonders im Hinblick auf Vorschriften wie § 14 Abs. 3 Satz 3 AsylVfG oder § 62 Abs. 2 Satz 5 AufenthG, deren Eintritt automatisch zur Beendigung der Freiheitsentziehung führt (Keidel/*Budde* § 426 Rn. 2). Muss sich für die Verwaltungsbehörde der Eindruck aufdrängen, dass die Voraussetzungen für die Freiheitsentziehung nicht mehr vorliegen, darf sie nicht einen Antrag des Betroffenen oder eine Aufhebung der Freiheitsentziehung von Amts wegen abwarten, sondern muss den einfacheren und schnelleren Weg gehen und von sich aus die Entlassung des Betroffenen veranlassen (OLG Zweibrücken InfAuslR 2008, 456; OLG Düsseldorf InfAuslR 2007, 454; *Jennissen* FGPrax 2009, 93, 97; Keidel/*Budde* § 426 Rn. 2). Auch in diesem Fall ist der Beschluss, ggf. auf Antrag der Verwaltungsbehörde, aufzuheben, um den von ihm ausgehenden Rechtsschein zu beseitigen und eine erneute Inhaftierung zu vermeiden.

§ 426. Aufhebung

Eine von der Verwaltungsbehörde pflichtwidrig unterlassene Beendigung 5
der Freiheitsentziehung kann Gegenstand eines Antrags auf Feststellung
der Rechtswidrigkeit des Vollzugs der Freiheitsentziehung sein (vgl. KG
InfAuslR 2009, 80; OLG München BeckRS 2005, 09936; FGPrax 2005,
276; Keidel/*Budde* § 426 Rn. 3).

4. Verfahren

§ 426 enthält außer der Pflicht zur Anhörung der Verwaltungsbehörde 6
keine besonderen **Verfahrensvorschriften**. Welches Verfahren bei der Aufhebung gewählt wird, insbesondere ob eine Anhörung des Betroffenen
durchgeführt wird, liegt deshalb im Ermessen des Gerichts. Sind die Gründe
für die Aufhebung evident, ist diese ohne weiteres anzuordnen. Will das
Gericht den Antrag des Betroffenen auf Aufhebung ablehnen, ist in aller
Regel eine Anhörung geboten. Entsprechendes gilt bei einem Aufhebungsantrag des Verfahrenspflegers oder einer der Personen, die im Interesse des
Betroffenen gemäß § 418 Abs. 3 im Verfahren über die Anordnung beteiligt
worden sind (Prütting/Helms/*Jennissen* § 426 Rn. 4).

Vor der Aufhebung hat das Gericht – anders als nach dem früheren § 10 7
Abs. 1 FEVG – die zuständige **Verwaltungsbehörde zwingend anzuhören** (Abs. 1 Satz 2). Die Abweichung von § 330 Satz 2 FamFG wird mit
der größeren Bedeutung der Anhörung aufgrund der Stellung der Verwaltungsbehörde im Verfahren gerechtfertigt (BT-Drs. 16/6308 S. 293). Die
Anhörung muss zur Vermeidung unberechtigten Freiheitsentzuges unverzüglich erfolgen etwa durch Telefon, Fax oder E-Mail.

Für die Entscheidung über einen Antrag auf Aufhebung der Haft ist das 8
Gericht zuständig, welches die erstmalige Entscheidung getroffen hat (OLG
Schleswig SchlHA 2004, 131; Keidel/*Budde* § 426 Rn. 4). Dies gilt auch
nach Verlegung des Betroffenen und Abgabe des Verfahrens gemäß § 106
Abs. 2 Satz 2 AufenthG, da es sich nicht um eine Entscheidung über die
Fortdauer der Haft handelt (AG Hannover Nds. RPfl 2005, 94). Dennoch
ist die Bindungswirkung eines solchen Beschlusses zu beachten (vgl. § 416
Rn. 1; KG FGPrax 2006, 280). Das Gericht entscheidet über den Antrag
durch **Beschluss** (Abs. 2 Satz 2). Durch die bloße Aufhebung der Haftanordnung wird eine feststellende Entscheidung über die Rechtswidrigkeit
verhängter Freiheitsentziehung nicht entbehrlich (OLG Celle InfAuslR
2009, 28). Für die Bekanntgabe der Entscheidung gilt § 41 FamFG. Die
Aufhebung einer Freiheitsentziehung wird gemäß § 40 Abs. 1 FamFG mit
der Bekanntgabe an den Betroffenen wirksam. Die Haftaufhebung muss
vom Gericht nach Wegfall der Gründe unverzüglich, gegebenenfalls telefonisch der Haftanstalt mitgeteilt werden (OLG Celle InfAuslR 2006, 281).

Entscheidungen im Aufhebungsverfahren sind Endentscheidungen im 9
Sinne des § 58 FamFG, die mit der **Beschwerde** anfechtbar sind (BGH
NJW 2009, 299; Prütting/Helms/*Jennissen* § 426 Rn. 9). Die Beschwerdebefugnis richtet sich nach § 429.

F   Verfahren in Freiheitsentziehungssachen

Einstweilige Anordnung

427 (1) **Das Gericht kann durch einstweilige Anordnung eine vorläufige Freiheitsentziehung anordnen, wenn dringende Gründe für die Annahme bestehen, dass die Voraussetzungen für die Anordnung einer Freiheitsentziehung gegeben sind und ein dringendes Bedürfnis für ein sofortiges Tätigwerden besteht. Die vorläufige Freiheitsentziehung darf die Dauer von sechs Wochen nicht überschreiten.**

(2) **Bei Gefahr im Verzug kann das Gericht eine einstweilige Anordnung bereits vor der persönlichen Anhörung des Betroffenen sowie vor Bestellung und Anhörung des Verfahrenspflegers erlassen; die Verfahrenshandlungen sind unverzüglich nachzuholen.**

1. Anwendungsbereich

1   Die früher in § 11 FEVG geregelte Möglichkeit der Freiheitsentziehung durch einstweilige Anordnung findet sich jetzt in § 427. Die Vorschrift ergänzt als **Sonderregelung** die allgemeinen Regelungen der §§ 49–57 FamFG für das Verfahren der einstweiligen Anordnung in Freiheitsentziehungssachen im Sinne des § 415 (vgl. auch die Kommentierung der Parallelvorschriften §§ 331 f). Das Verfahren der einstweiligen Anordnung ist nach der Neuregelung ein selbständiges Verfahren (§ 51 Abs. 3 Satz 1 FamFG) und nicht mehr Teil des Hauptsacheverfahrens. Das Gericht kann die einstweilige Anordnung auf Antrag der zuständigen Verwaltungsbehörde auch unabhängig vom Verfahrensstand des Hauptsacheverfahrens jederzeit aufheben oder ändern (§ 54 Abs. 1 FamFG). Auf Antrag eines Beteiligten hat das Gericht anzuordnen, dass die Verwaltungsbehörde, die die einstweilige Anordnung erwirkt hat, binnen einer zu bestimmenden Frist den Antrag auf Einleitung des Hauptsacheverfahrens stellt (§ 52 Abs. 2 Satz 1 FamFG). Wird dieser Anordnung nicht Folge geleistet, ist die einstweilige Anordnung aufzuheben (§ 52 Abs. 2 Satz 3 FamFG).

2   § 427 Abs. 1 knüpft inhaltlich an §§ 300 Abs. 1 und 331, 333 Satz 1 FamFG (Einstweilige Anordnung im Betreuungs- und Unterbringungsverfahren) an (BT-Drs. 16/6308 S. 293). Absatz 2 erweitert die bisher in § 11 Abs. 2 Satz 2 FEVG normierten Verfahrenserleichterungen für die sog. eilige einstweilige Anordnung dahingehend, dass neben der Anhörung des Betroffenen auch die Bestellung und Anhörung des Verfahrenspflegers zunächst unterbleiben kann. Damit ist auch der Fall erfasst, dass ein Verfahrenspfleger zwar bestellt ist, aus Zeitgründen aber auf seine vorherige Anhörung verzichtet wird. Für das Verfahren der einstweiligen Anordnung in Freiheitsentziehungssachen gelten die Verfahrensgrundsätze des Hauptsacheverfahrens nach §§ 415 ff., soweit sich nicht aus den Besonderheiten des einstweiligen Rechtsschutzes etwas anderes ergibt (§ 51 Abs. 2 Satz 1 FamFG).

2. Voraussetzungen der einstweiligen Freiheitsentziehung (Abs. 1)

3   Die Anordnung einer einstweiligen Freiheitsentziehung setzt zunächst einen den Anforderungen des § 417 entsprechenden **Antrag** der zuständigen

§ 427. Einstweilige Anordnung **F**

Verwaltungsbehörde einschließlich des nach § 420 Abs. 4 Satz 2 gegebenenfalls erforderlichen ärztlichen Gutachtens voraus (§ 51 Abs. 1 Satz 1 FamFG), weil auch das Hauptsacheverfahren nur auf Antrag eingeleitet werden kann. Das Gericht muss außerdem anhand konkreter Tatsachen eine doppelte Gefahrenprognose treffen (vgl. Kap. **D** S. 337): Es müssen zunächst **dringende Gründe für die Annahme bestehen, dass die Voraussetzungen für die Anordnung einer Freiheitsentziehung gegeben sind**. Damit wird klargestellt, dass die materiell-rechtlichen Voraussetzungen einer vorläufigen Freiheitsentziehung identisch mit denen sind, die für die endgültige Maßnahme gelten. Erforderlich ist nicht der volle Beweis für das Vorliegen der jeweiligen materiell-rechtlichen Voraussetzungen der Freiheitsentziehung, sondern es genügt eine erhebliche Wahrscheinlichkeit (OLG Frankfurt InfAuslR 1998, 114ff.; NJW-RR 1999, 144).

Außerdem muss ein **dringendes Bedürfnis für ein sofortiges Tätigwerden** bestehen. Insoweit muss feststehen, dass über die endgültige Freiheitsentziehung im Hauptsacheverfahren nach § 417 nicht rechtzeitig entschieden werden kann und die sofortige Freiheitsentziehung zwingend erforderlich ist. Eilbedürftigkeit in diesem Sinne liegt beispielsweise vor bei einer akuten Ansteckungsgefahr, der nicht anders als durch eine Freiheitsentziehung nach § 30 Abs. 2 IfSG begegnet werden kann. Gleiches gilt, wenn die Gefahr besteht, dass ein ausreisepflichtiger Ausländer, der abgeschoben werden soll, (erneut) untertaucht (BayObLG NJW 1997, 1713 = FGPrax 1997, 117; Prütting/Helms/*Jennissen* § 427 Rn. 3).

3. Voraussetzungen der eiligen einstweiligen Freiheitsentziehung (Abs. 2)

Absatz 2 schließt inhaltlich an den früheren § 11 Abs. 2 Satz 2 FEVG an. Er regelt den Fall einer **gesteigerten Dringlichkeit**. Diese liegt vor, wenn nicht nur ein Bedürfnis für ein sofortiges Tätigwerden besteht, sondern **Gefahr im Verzug** gegeben ist. Wegen der besonderen Eilbedürftigkeit kann dann zunächst sowohl die vorherige Anhörung des Betroffenen als auch die vorherige Bestellung und Anhörung des Verfahrenspflegers unterbleiben. Ein Verzicht auf die vorherige Anhörung des Betroffenen wegen Gefahr in Verzug ist nur selten gerechtfertigt, da der Anhörung Verfassungsrang zukommt. Die persönliche Anhörung des Betroffenen gehört zu den wesentlichen Verfahrensgarantien des Freiheitsentziehungsverfahrens. Sie soll dem zur Entscheidung berufenen Richter einen unmittelbaren Eindruck von dem Betroffenen verschaffen und dient zugleich der Sachaufklärung, weil sich der Richter bei der Anordnung von Freiheitsentziehungen nicht auf die Prüfung der Plausibilität der von der antragstellenden Behörde vorgetragenen Gründe beschränken darf, sondern eigenverantwortlich die Tatsachen festzustellen hat, die eine Freiheitsentziehung rechtfertigen (BVerfG InfAuslR 1996, 198; KG FGPrax 2008, 178). Gefahr im Verzug soll insbesondere dann vorliegen, wenn ein Ausländer zur Sicherung der Abschiebung, für die bereits ein Flug gebucht ist, in Abschiebungshaft genommen werden soll und zu befürchten ist, dass er einer Vorladung nach § 420 Abs. 1 Satz 2 nicht nachkommen wird (Prütting/Helms/*Jennissen* § 427 Rn. 10 unter Hinweis auf BVerfG InfAuslR 2006, 462). Gefahr im Verzug liegt nicht vor, wenn eine mündliche Anhörung des Betroffenen ohne weiteres möglich ist (OLG Zweibrücken InfAuslR 2001, 446) oder wenn Termine für einen Rückflug oder für eine geplante Vorführung des Ausländers bei der Botschaft seines Heimatlandes bereits längere Zeit vorher feststehen, die Verwaltungsbehörde den Anordnungsantrag aber erst unmittelbar vor dem Termin stellt (BVerfG InfAuslR 2006, 462; Prütting/Helms/*Jennissen* § 427 Rn. 12). Eine Gefahr im Verzug kann ohne das Vorliegen konkreter Anhaltspunkte auch nicht allein damit begründet werden, dem Betroffenen werde durch die Ladung der Haftantrag der Ausländerbehörde bekannt, so dass die Möglichkeit bestehe, sich der Verhaftung zu entziehen (KG FGPrax 2009, 86 = InfAuslR 2009, 79; InfAuslR 2008, 316 = BeckRS 2008, 08822). Gefahr im Verzug liegt schließlich auch dann nicht vor, wenn die Anhörung lediglich der Realisierung behördlicher Planungen und Vorkehrungen entgegenstünde (HK-AuslR/*Keßler* § 62 AufenthG Rn. 74). Zur Festnahmebefugnis der Ausländerbehörden nach § 62 Abs. 4 AufenthG vgl. Kap. **E** S. 407. Daraus ergibt sich eine Befugnis der Ausländerbehörde für Spontanfestnahmen, nicht aber für geplante Freiheitsentziehungen oder die Festnahme nach einer Ausschreibung wegen unbekannten Aufenthalts, da in solchen Fällen die Behörde zuvor eine einstweilige Anordnung nach § 427 erwirken kann (Prütting/Helms/*Jennissen* § 428 Rn. 3).

4. Verfahren

6   Für das Verfahren der einstweiligen Freiheitsentziehung gelten die Verfahrensvorschriften des Hauptsacheverfahrens. Deshalb ist vor der Entscheidung grundsätzlich eine **persönliche Anhörung des Betroffenen** und ggf. die Bestellung und Anhörung eines Verfahrenspflegers zwingend notwendig (BT-Drs. 16/6308 S. 293). Dies ergibt sich aus § 420 bzw. § 419. Von den genannten Verfahrenserfordernissen kann – von dem in Freiheitsentziehungssachen praktisch nicht einschlägigen § 34 Abs. 2 FamFG abgesehen – allenfalls unter den Voraussetzungen des Abs. 2 zunächst abgesehen werden. Nicht verzichtet werden kann bei einer Freiheitsentziehung in einem abgeschlossenen Teil eines Krankenhauses auf die Anhörung eines ärztlichen Sachverständigen (§ 420 Abs. 4). Die vor der Anhörung getroffene Haftanordnung steht von vornherein unter dem Vorbehalt, dass die nachträgliche Anhörung keine neuen, entscheidungserheblichen Tatsachen erbringt. Ergeben sich solche, ist das Gericht verpflichtet, die Haftanordnung aufzuheben oder zu ändern (OLG Schleswig FGPrax 2008, 229). Die Anhörung durch einen ersuchten Richter ist in aller Regel ausgeschlossen (OLG Frankfurt FGPrax 1995, 167; OLG Karlsruhe InfAuslR 2006, 90; aA Keidel/*Budde* § 427 Rn. 4). Eine Ausnahme soll gelten, wenn der Betroffene aus Anlass der kurz bevorstehenden Abschiebung in eine mehrere hundert Kilometer entfernt gelegene, grenznahe Vollzugsanstalt überstellt worden ist (OLG Celle FGPrax 2009, 188).

§ 427. Einstweilige Anordnung

Die Verfahrenshandlungen sind unverzüglich nachzuholen (Abs. 2 2. **7** Halbsatz). Die **Nachholung** hat in aller Regel an dem auf den Erlass der einstweiligen Anordnung folgenden Kalendertag zu erfolgen (BayObLG R&P 2001, 105 = FamRZ 2001, 578; § 332 Rn. 7 m. w. N.). Wird gegen das Gebot vorhergehender oder unverzüglich nachzuholender Anhörung verstoßen, ist die Freiheitsentziehung rechtswidrig, selbst wenn die Anhörung später nachgeholt wird (KG FGPrax 2008, 178). Demgegenüber kann der Verfahrensverstoß einer (nur) verfahrensfehlerhaften Anhörung geheilt werden (OLG Düsseldorf FGPrax 2008, 88; OLG Schleswig BeckRS 2007, 05369).

Zuständig für den Erlass einer einstweiligen Anordnung ist gemäß § 50 **8** Abs. 1 Satz 1 FamFG grundsätzlich das Gericht, das gemäß § 416 für die Hauptsache zuständig wäre. Nach § 50 Absatz 2 FamFG kann in besonders dringenden Fällen auch das Amtsgericht entscheiden, in dessen Bezirk das Bedürfnis für ein gerichtliches Tätigwerden besteht. Entgegen der bisherigen Rechtslage (vgl. OLG Schleswig FGPrax 2008, 229; BayObLG FGPrax 1997, 117) ist eine einstweilige Anordnung durch das Rechtsbeschwerdegericht mangels Zuständigkeit nicht mehr möglich (krit. Prütting/Helms/*Jennissen* § 427 Rn. 12). Die Annahme einer Gefahr im Verzug ist im Beschluss mit konkreten tatsächlichen Umständen zu begründen (KG InfAuslR 2009, 79). Der **Umfang der notwendigen Sachverhaltsaufklärung** muss sich an der Bedeutung des Freiheitsgrundrechts orientieren. Entscheidungen, die den Entzug der persönlichen Freiheit betreffen, müssen auf ausreichender richterlicher Sachaufklärung beruhen und eine in tatsächlicher Hinsicht genügende Grundlage haben, die der Bedeutung der Freiheitsgarantie entspricht (BVerfG Nds. RPfl. 2008, 97). In Abschiebungshaftsachen ist regelmäßig die Akte der Ausländerbehörde beizuziehen (BVerfG aaO.; OLG Celle FGPrax 2008, 227; vgl. auch § 427 Abs. 2 Satz 3).

Für den **Inhalt des Beschlusses** ist § 421 maßgebend. Art. 104 Abs. 1 **9** Satz 1 GG verlangt auch für den Erlass einer einstweiligen Anordnung in Freiheitsentziehungsverfahren einen Beschluss mit einer einzelfallbezogene Begründung, aus der sich die tatsächlichen Feststellungen sowie die den Beschluss tragenden rechtlichen Erwägungen des Gerichts ergeben (BVerfG InfAuslR 2010, 33; BVerfG vom 1. 4. 2008 – 2 BvR 1925/04). Die Entscheidungsbegründung muss auch erkennen lassen, dass entsprechend dem Verhältnismäßigkeitsgrundsatz eine konkrete Abwägung der Gefährdung mit dem Freiheitsgrundrecht des Betroffenen vorgenommen worden ist. Die **Höchstdauer** der einstweiligen Freiheitsentziehung beträgt 6 Wochen (Abs. 1 Satz 2). Sie darf in der Regel nicht ausgeschöpft werden, sondern ist einzelfallbezogen kürzer festzusetzen (Prütting/Helms/*Jennissen* § 427 Rn. 4). Entfallen innerhalb der festgesetzten Frist die Gründe für die Anordnung, sei es, weil die materiell-rechtlichen Voraussetzungen fortfallen oder kein Bedürfnis mehr für eine Eilentscheidung besteht, ist die Anordnung aufzuheben (Prütting/Helms/*Jennissen* § 427 Rn. 4). Die Bekanntgabe und Wirksamkeit der einstweiligen Anordnung richtet sich gemäß § 51 Abs. 2 Satz 1 FamFG nach § 422. Deshalb muss das Gericht die sofortige Wirksamkeit der Entscheidung besonders anordnen, wenn sie – entspre-

Lesting

chend dem Sinn und Zweck einer einstweiligen Anordnung – sofort wirksam werden soll (§ 422 Abs. 2). Eine „konkludente" Anordnung, wenn sich aus der besonderen Dringlichkeit der Maßnahme hinreichend deutlich ergibt, dass das Gericht ihre sofortige Wirksamkeit hat anordnen wollen, kommt nicht in Betracht (aA OLG Zweibrücken InfAuslR 2001, 446). Die einstweilige Anordnung tritt außer Kraft, wenn die gerichtlich bestimmte Frist (Abs. 1 Satz 2) abgelaufen ist, die Voraussetzungen des § 56 FamFG vorliegen oder das Gericht die Entscheidung in der einstweiligen Anordnungssache aufhebt (§ 54 Abs. 1 FamFG).

10 Der Erlass und die Ablehnung einer einstweiligen Anordnung sind nach den allgemeinen Vorschriften mit der **Beschwerde** anfechtbar (§ 58 Abs. 1 FamFG). Allerdings ist die regelmäßige Beschwerdefrist von einem Monat gemäß § 63 Abs. 2 FamFG auf zwei Wochen verkürzt. Nach § 70 Abs. 4 FamFG ist die Rechtsbeschwerde zum BGH gegen einen Beschluss im Verfahren über die Anordnung, Abänderung oder Aufhebung einer einstweiligen Anordnung nicht statthaft. Erledigt sich das Freiheitsentziehungsverfahren in der Beschwerdeinstanz besteht wegen des schwerwiegenden Grundrechtseingriffs (§ 62 Abs. 2 Nr. 1 FamFG) ein berechtigtes Interesse an der Feststellung, dass der Beschwerdeführer durch die Entscheidung in seinen Rechten verletzt worden ist. Das Gericht hat auf den erforderlichen Feststellungsantrag hinzuweisen (*Bummiler/Harders* § 427 Rn. 15).

Verwaltungsmaßnahme; richterliche Prüfung

428 (1) **Bei jeder Verwaltungsmaßnahme, die eine Freiheitsentziehung darstellt und nicht auf richterlicher Anordnung beruht, hat die zuständige Verwaltungsbehörde die richterliche Entscheidung unverzüglich herbeizuführen. Ist die Freiheitsentziehung nicht bis zum Ablauf des ihr folgenden Tages durch richterliche Entscheidung angeordnet, ist der Betroffene freizulassen.**

(2) **Wird eine Maßnahme der Verwaltungsbehörde nach Absatz 1 Satz 1 angefochten, ist auch hierüber im gerichtlichen Verfahren nach den Vorschriften dieses Buches zu entscheiden.**

1. Anwendungsbereich

1 Die Vorschrift entspricht dem früheren § 13 FEVG. Sie betrifft ausschließlich vorläufige Freiheitsentziehungen, die ohne vorherige richterliche Anordnung durch Verwaltungsmaßnahmen herbeigeführt worden sind. Absatz 1 regelt die Pflicht der Verwaltungsbehörde zur unverzüglichen Nachholung der richterlichen Entscheidung bei einer behördlichen Freiheitsentziehung. Absatz 2 eröffnet einen Rechtsweg für die nachträgliche gerichtliche Kontrolle behördlicher Freiheitsentziehungen.

2. Verfahren bei behördlicher Freiheitsentziehung

2 Art. 104 Abs. 2 Satz 1 GG verdeutlicht, dass eine **Freiheitsentziehung ohne vorherige richterliche Entscheidung nur ausnahmsweise mög-**

lich ist. Eine Freiheitsentziehung setzt in formeller Hinsicht eine hinreichend bestimmte gesetzliche Ermächtigung für die Exekutiventscheidung voraus. Die Ermächtigungsgrundlage für eine behördliche Freiheitsentziehung muss sich aus dem materiellen Freiheitsentziehungsrecht ergeben (hierzu Kapitel E). Materiell ist eine Freiheitsentziehung ohne vorherige richterliche Entscheidung nur zulässig, wenn der mit der Freiheitsentziehung verfolgte verfassungsrechtlich zulässige Zweck anders nicht erreicht werden kann (BVerfG InfAuslR 2010, 34; NVwZ 2007, 1044; NJW 2002, 3161). Art 104 Abs. 2 Satz 2 GG gebietet in einem solchen Fall, die richterliche Entscheidung unverzüglich nachzuholen. Freiheitsentziehungen, die konkret geplant werden können, bedürfen in aller Regel einer vorherigen richterlichen Anordnung (OLG Zweibrücken InfAuslR 2009, 399).

§ 428 Absatz 1 wiederholt die verfassungsrechtlichen Vorgaben des 3 Art. 104 Abs. 2 Satz 2 und 3 GG für das weitere **Verfahren nach einer behördlichen Freiheitsentziehung**. Nach **Absatz 1 Satz 1** hat die zuständige Verwaltungsbehörde in jedem Fall einer vorläufigen behördlichen Freiheitsentziehung unverzüglich eine gerichtliche Entscheidung herbeizuführen. **Unverzüglich** bedeutet, dass die richterliche Entscheidung ohne jede Verzögerung, die sich nicht aus sachlichen Gründen rechtfertigen lässt, nachgeholt werden muss (BVerfG NVwZ 2007, 1044; NJW 2002, 3161). Nicht vermeidbar sind zum Beispiel Verzögerungen, die durch die Länge des Weges, Schwierigkeiten beim Transport, die notwendige Registrierung und Protokollierung, ein renitentes Verhalten des Festgenommenen oder vergleichbare Umstände bedingt sind (BVerfG NVwZ 2006, 579; NJW 2001, 1121). Verzögerungen müssen von den an der Freiheitsentziehung beteiligten Behörden dokumentiert werden, um eine gerichtliche Überprüfung zu ermöglichen. Die fehlende Möglichkeit, einen Richter zu erreichen, kann nicht ohne weiteres als unvermeidbares Hindernis für die unverzügliche Nachholung der richterlichen Entscheidung gelten. Die Gerichtsverwaltungen haben nämlich die Erreichbarkeit eines zuständigen Richters zur Tageszeit, auch außerhalb der üblichen Dienstzeiten, stets zu gewährleisten. Ein **richterlicher Bereitschaftsdienst** zur Nachtzeit (§ 104 Abs. 3 StPO) ist demgegenüber nur bei einem praktischen, nicht auf Ausnahmefälle beschränkten Bedarf erforderlich (BVerfG NVwZ 2006, 579; NJW 2005, 1637; 2004, 1442; OLG Celle FGPrax 2009, 87). Das Gebot der Unverzüglichkeit wirkt darüber hinaus noch in anderer Hinsicht. Es verpflichtet nicht nur die den Betroffenen festhaltende Behörde zur unverzüglichen Einschaltung des zuständigen Richters, sondern auch das Gericht zur unverzüglichen weiteren Sachbehandlung (BVerfG NVwZ 2006, 579).

Die Nachholung der richterlichen Entscheidung ist grundsätzlich auch 4 dann erforderlich, wenn der Freiheitsentzug vor Ablauf der Frist des § 428 Abs. 1 Satz 2 endet (BVerfG NJW 2002, 3161). Sie ist nur ausnahmsweise entbehrlich, wenn ein Richterspruch wegen der Kürze der Zeit vor der Entlassung des Betroffenen voraussichtlich nicht erlangt werden kann (OLG München FGPrax 2009, 39; NVwZ-RR 2006, 153; VGH Mannheim NVwZ-RR 2005, 540). Anderenfalls würde die Regelung nämlich zu einer mit ihrem Rechtsschutzzweck nicht zu vereinbarenden Verlängerung der

Freiheitsentziehung führen. Das Gericht entscheidet im Rahmen des Absatz 1 nur über die Rechtmäßigkeit der Freiheitsentziehung für die Zukunft und nicht über die Rechtmäßigkeit des vorausgegangenen Behördengewahrsams (OLG Frankfurt InfAuslR 1997, 313; Prütting/Helms/*Jennissen* § 428 Rn. 6). Wenn der Betroffene aber zugleich auch einen Fortsetzungsfeststellungsantrag nach Abs. 2 stellt, kann das Gericht hierüber gleichzeitig befinden.

5 Nach **Absatz 1 Satz 2** muss die gerichtliche Entscheidung spätestens bis zum Ablauf des auf den Beginn der Freiheitsentziehung folgenden Tages herbeigeführt sein. Die Vorschrift setzt der behördlichen Freiheitsentziehung eine **äußerste Grenze**. Liegt eine gerichtliche Entscheidung über die Anordnung der Freiheitsentziehung zumindest im Wege der einstweiligen Anordnung nicht bis zu diesem Zeitpunkt vor, ist der Betroffene zu entlassen, anderenfalls liegt eine Freiheitsberaubung im Amt vor.

3. Gerichtliche Kontrolle von Verwaltungsmaßnahmen

6 **Absatz 2** ermöglicht die gerichtliche Kontrolle einer behördlichen Freiheitsentziehung und begründet hierfür die Zuständigkeit der Gerichte der freiwilligen Gerichtsbarkeit. Mit der Vorschrift wird zum einen der Rechtsschutzgarantie des Art. 19 Abs. 4 GG Rechnung getragen, zum anderen die Durchsetzung von Entschädigungsansprüchen vorbereitet, wenn auf Antrag des Betroffenen die Rechtswidrigkeit der Freiheitsentziehung festgestellt worden ist. Gegenstand einer gerichtlichen Entscheidung nach Absatz 2 ist – anders als nach Absatz 1 (Rn. 4) – nicht die Fortdauer der Freiheitsentziehung, sondern die Rechtmäßigkeit der vorangegangenen behördlichen Freiheitsentziehung. Darüber kann nur im Wege der Feststellung entschieden werden. Das hierfür erforderliche Feststellungsinteresse des Betroffenen ist wegen des Freiheitsverlustes infolge der Inhaftierung gegeben (BVerfG NJW 2002, 2456). Die „Anfechtung" ist an keine besondere Form oder Frist gebunden. Es muss nur der Wille zum Ausdruck kommen, dass die behördliche Maßnahme überprüft werden soll.

7 Die Feststellung der Rechtswidrigkeit der behördlichen Freiheitsentziehung stellt einen selbständigen Verfahrensgegenstand dar, über den aufgrund entsprechender Antragstellung gesondert neben der Entscheidung über die Fortdauer der Freiheitsentziehung zu entscheiden ist (OLG München InfAuslR 2010, 71; OLG Hamm FGPrax 2005, 90; OLG Braunschweig InfAuslR 2004, 166; OLG Celle InfAuslR 2004, 210; Keidel/*Budde* § 428 Rn. 5; aA OLG Köln NJW 2005, 3361; Prütting/Helms/*Jennissen* § 429 Rn. 3). Die Sachprüfung muss sich auf die Rechtmäßigkeit der Freiheitsentziehung des Betroffenen und die Unverzüglichkeit der Herbeiführung einer richterlichen Entscheidung erstrecken. Darüber hinaus können bei schwerwiegenden Verstößen gegen verfassungsrechtlich geschützte Grundwerte auch die Art und Weise des behördlichen Vollzugs der Freiheitsentziehung oder einzelne Maßnahmen Gegenstand des Feststellungsantrags sein (vgl. BVerfG NVwZ 2006, 597; Keidel/*Budde* § 428 Rn. 5).

8 Zu den behördlichen Freiheitsentziehungen, die ihre Grundlage ausschließlich im Landesrecht haben und deren gerichtliche Überprüfung vgl. Kap. **E** S. 418.

§ 429. Ergänzende Vorschriften über die Beschwerde

Ergänzende Vorschriften über die Beschwerde

429 (1) Das Recht der Beschwerde steht der zuständigen Behörde zu.

(2) Das Recht der Beschwerde steht im Interesse des Betroffenen
1. dessen Ehegatten oder Lebenspartner, wenn die Ehegatten oder Lebenspartner nicht dauernd getrennt leben, sowie dessen Eltern und Kindern, wenn der Betroffene bei diesen lebt oder bei Einleitung des Verfahrens gelebt hat, den Pflegeeltern sowie
2. einer von ihm benannten Person seines Vertrauens

zu, wenn sie im ersten Rechtszug beteiligt worden sind.

(3) Das Recht der Beschwerde steht dem Verfahrenspfleger zu.

(4) Befindet sich der Betroffene bereits in einer abgeschlossenen Einrichtung, kann die Beschwerde auch bei dem Gericht eingelegt werden, in dessen Bezirk die Einrichtung liegt.

1. Anwendungsbereich

Der frühere § 7 FEVG enthielt Regelungen zur Zulässigkeit der sofortigen Beschwerde in Freiheitsentziehungssachen, zur Beschwerdebefugnis sowie zur Einlegung und zum Verfahren der weiteren Beschwerde. Die allgemeinen Vorschriften zur Beschwerde und zur Rechtsbeschwerde in Freiheitsentziehungssachen finden sich jetzt in §§ 58 ff. im Allgemeinen Teil des FamFG (vgl. Rn. 10). § 429 enthält nur **ergänzende Regelungen**, die den Besonderheiten der Freiheitsentziehungsverfahren Rechnung tragen. Diese betreffen in den Ansätzen 1 bis 3 die Erweiterung der Beschwerdebefugnis auf einzelne Personen und die zuständige Verwaltungsbehörde sowie in Ansatz 4 eine Erleichterung der Beschwerdeeinlegung für den Fall, dass sich der Betroffene bereits in einer geschlossenen Einrichtung befindet.

2. Beschwerdebefugnis

a) Beschwerdebefugnis des Betroffenen. Die Beschwerdebefugnis des Betroffenen wird in § 429 nicht erwähnt, weil sie sich bereits aus der allgemeinen Regelung des § 59 Abs. 1 FamFG ergibt. Danach steht die Beschwerde demjenigen zu, der durch den Beschluss in seinen Rechten beeinträchtigt ist. Das ist der Betroffene, soweit durch eine Entscheidung in sein nach Art. 2 Abs. 2 GG geschütztes Freiheitsrecht eingegriffen wird, indem eine Freiheitsentziehung angeordnet, verlängert oder aufrechterhalten wird. Demgegenüber ist der Betroffene in seinen Rechten nicht beeinträchtigt durch eine Entscheidung, mit der eine Freiheitsentziehung abgelehnt oder eine solche Maßnahme aufgehoben wird (Keidel/*Budde* § 429 Rn. 2; *Jennissen* FGPrax 2009, 93, 97). Die Rechtswidrigkeit eines vorangegangenen Behördengewahrsams muss der Betroffene mit einem Antrag nach § 428 Abs. 2 geltend machen, da die hierdurch geschaffene Beschwer mangels richterlicher Entscheidung nicht ausreicht, um ein Beschwerderecht zu begründen.

3 Schon nach bisherigem Recht war anerkannt, dass trotz Erledigung der Hauptsache im Beschwerdeverfahren die **Feststellung der Rechtswidrigkeit der Freiheitsentziehung** beantragt werden kann (BVerfG InfAuslR 2008, 453; 2008, 133; NJW 2002, 2456). Erledigungen der Hauptsache sind in Freiheitsentziehungssachen vergleichsweise häufig, weil die Freiheitsentziehung wie bei der Ingewahrsamnahme nach Polizeirecht nur für kurze Zeit angeordnet wurde oder sich die Sachlage wie in den Abschiebungshaftfällen vor dem rechtskräftigen Abschluss des Verfahrens geändert hat (*Jennissen* FGPrax 2009, 93, 97; *Heinhold* 2004, 58). Dem trägt die ausdrückliche Regelung in § 62 Abs. 1 FamFG Rechnung. Danach kann bei Erledigung der angefochtenen Entscheidung in der Hauptsache das Beschwerdegericht auf Antrag aussprechen, dass die Entscheidung des Gerichts des ersten Rechtszuges den Beschwerdeführer in seinen Rechten verletzt hat. Voraussetzung ist neben dem **Antrag des Betroffenen**, dass der Beschwerdeführer an dieser Feststellung ein berechtigtes Interesse hat. In Freiheitsentziehungssachen ist typischerweise das Regelbeispiel des § 62 Abs. 2 Nr. 1 (schwerwiegender Grundrechtseingriff) gegeben. Demgegenüber begründet die bloße Anordnung einer Freiheitsentziehung ohne deren Vollzug regelmäßig kein **Feststellungsinteresse** nach Erledigung der Hauptsache (BayObLG FGPrax 2004, 307 = InfAuslR 2004, 444; Prütting/Helms/*Jennissen* § 429 Rn. 8; *ders.* FGPrax 2009, 93, 98, zur Ausnahme KG InfAuslR 2009, 25). Gleiches gilt hinsichtlich der der über den tatsächlichen Abschiebungstermin hinausgehenden Haftzeitbestimmung (OLG Hamm InfAuslR 2004, 212). Der Betroffene kann den Antrag auf Feststellung mit dem Rechtsmittel in der Hauptsache verbinden. Ist der Betroffene nicht anwaltlich vertreten, muss ihn das Gericht auf die Möglichkeit eines Feststellungsantrags hinweisen.

4 Eine Beschwerde, die auf die **Kosten** beschränkt wird, ist trotz Erledigung der ursprünglichen Hauptsache zulässig. Bei einer Erledigung vor Einlegung des Rechtsmittels muss allerdings der Beschwerdewert des § 61 FamFG von mehr als 600 Euro erreicht sein.

5 **b) Beschwerdebefugnis der zuständigen Behörde.** § 429 Abs. 1 räumt als besondere Vorschrift im Sinne des § 59 Abs. 3 FamFG der zuständigen Verwaltungsbehörde eine Beschwerdebefugnis in Freiheitsentziehungssachen ein. Die Behörde muss im Zeitpunkt der Beschwerdeeinlegung noch zuständig sein (OLG Schleswig FGPrax 1997, 236). Eine Beschwerde der Behörde kommt jedenfalls **bei einer ihr nachteiligen Entscheidung** in Betracht, wenn also ihr Antrag abgelehnt oder die Freiheitsentziehung aufgehoben wird. Da die Beschwerdebefugnis der Verwaltungsbehörde nicht an die Beeinträchtigung eigener Rechte gebunden ist, wird ihr auch das Recht zugebilligt, eine Beschwerde zu Gunsten des Betroffenen einzulegen, wenn etwa das Amtsgericht über die Dauer der beantragten Freiheitsentziehung hinausgegangen ist (Prütting/Helms/*Jennissen* § 430 Rn. 10). Dies erscheint wegen des fehlenden Rechtsschutzbedürfnisses zweifelhaft, da es die Verwaltungsbehörde in der Hand hat, jederzeit die Freiheitsentziehung aus eigenem Beschluss zu beenden (Keidel/*Budde* § 429 Rn. 4; *Bumiller/Harders* § 429 Rn. 2).

§ 429. Ergänzende Vorschriften über die Beschwerde **F**

Der Verwaltungsbehörde steht in den Fällen, in denen ihr Antrag auf An- 6
ordnung einer Freiheitsentziehung zurückgewiesen wird, grundsätzlich kein
Beschwerderecht mit dem Ziel der nachträglichen Feststellung der Rechtmäßigkeit des vorgelagerten Behördengewahrsams zu, da für sie die Voraussetzungen für einen Fortsetzungsfeststellungsantrag (§ 62 FamFG) in der Regel
nicht vorliegen (OLG München FGPrax 2006, 89; Prütting/Helms/ *Jennissen*
§ 430 Rn. 11; *ders.* FGPrax 2009, 93, 98). Von dem **fehlenden behördlichen
Fortsetzungsfeststellungsinteresse** nach Erledigung (OLG Frankfurt InfAuslR 2006, 468; BayObLG InfAuslR 2002, 438) zu unterscheiden ist aber
der Fall, dass das Amtsgericht auf Antrag des Betroffenen die Rechtswidrigkeit
einer gerichtlich angeordneten Freiheitsentziehung oder des Behördengewahrsams nach § 428 festgestellt hat. Hierbei handelt es sich um eine für die
Verwaltungsbehörde nachteilige Entscheidung in der Hauptsache über den
neuen Verfahrensgegenstand der Rechtmäßigkeit der ursprünglichen Maßnahme mit der Folge, dass sie nach Absatz 1 beschwerdebefugt ist (OLG Köln
FGPrax 2007, 193; OLG Rostock OLGR 2007, 957; OLG Celle FGPrax
2005, 48; *Jennissen* FGPrax 2009, 93, 98). Hinsichtlich der auf die Kosten beschränkten Beschwerde gelten keine Besonderheiten (vgl. Rn. 4).

c) Beschwerderecht nahe stehender Personen. Nach § 429 Abs. 2 7
steht das Recht der Beschwerde im Interesse des Betroffenen folgenden Personen zu,
nach **Nr. 1**:
– dem **Ehegatten oder Lebenspartner** (nach dem LPartG), wenn diese nicht dauernd getrennt leben,
– dessen **Eltern und Kindern**, wenn der Betroffene bei diesen lebt oder bei Einleitung des Verfahrens gelebt hat,
– dessen Pflegeeltern, bei der Freiheitsentziehung eines Minderjährigen,
nach **Nr. 2**:
– einer **Vertrauensperson**, die der Betroffene benannt hat.

Die genannten Personen können von der Beschwerdebefugnis nach
Abs. 2 zulässig nur **im Interesse des Betroffenen** Gebrauch machen, d. h.
Verfahrensgegenstand der anzufechtenden Entscheidung kann nur die Anordnung einer Freiheitsentziehung sowie die Ablehnung ihrer Aufhebung
sein. Die Möglichkeit der nahe stehenden Personen, auf das Verfahren zugunsten des Betroffenen einzuwirken, ist aber dadurch eingeschränkt, dass
ihr Beschwerderecht von ihrer Beteiligung im ersten Rechtszug (vgl. § 418
Abs. 3) abhängig gemacht wird. Gegenüber der bisherigen Regelung hat
sich dadurch der Rechtsschutz des Betroffenen verschlechtert (krit. zu Recht
Jennissen FGPrax 2009, 93, 100). Unbeschadet hiervon bleibt aber die Möglichkeit der Einlegung eines Rechtsmittels nicht im eigenen Namen, sondern namens und mit Vollmacht des Betroffenen, denn nahe Angehörige
können nach § 10 Ab. 2 Nr. 2 FamFG den Betroffenen als Bevollmächtigten
vertreten (Prütting/Helms/*Jennissen* § 430 Rn. 14). Die Beschwerdeberechtigung der genannten Personen bei einer Beeinträchtigung eigener Rechte
ergibt sich aus § 59 FamFG.

d) Beschwerderecht des Verfahrenspflegers. Nach § 429 Abs. 3 steht 8
dem Verfahrenspfleger in Freiheitsentziehungssachen ein aus seiner Funktion

folgendes eigenständiges Beschwerderecht zu. Nur so kann der Verfahrenspfleger als selbständiger Verfahrensbeteiligter (§ 418 Abs. 2) die Interessen des Betroffenen effektiv vertreten. Die Beschwerdebefugnis des Verfahrenspflegers ist auf den Umfang der Beschwer des Betroffenen durch die angefochtene Entscheidung beschränkt (Keidel/*Budde* § 429 Rn. 3). Der Verfahrenspfleger ist deshalb gehindert, gegen die Ablehnung oder Aufhebung der Freiheitsentziehung Beschwerde einzulegen. Ist der Verfahrenspfleger in eigenen Rechten verletzt, steht im unabhängig davon die Beschwerdebefugnis nach § 59 Abs. 1 FamFG zu. Das dem Betroffenen persönlich zustehende Beschwerderecht kann der Verfahrenspfleger nicht gelten machen (OLG Hamm BtPrax 2006, 190).

3. Rechtsmittelverfahren

9   § 429 enthält nur eine besondere Regelung zum Rechtsmittelverfahren. **Absatz 4 erweitert die Möglichkeit der Beschwerdeeinlegung.** Nach § 64 Abs. 1 FamFG kann die Beschwerde nur bei dem Gericht eingelegt werden, dessen Beschluss angefochten wird. Befindet sich der Betroffene jedoch bereits in einer abgeschlossenen Einrichtung, kann die Beschwerde auch bei dem Gericht eingelegt werden, in dessen Bezirk die Einrichtung liegt. Damit wird den eingeschränkten Verteidigungsmöglichkeiten einer Person, die geschlossen untergebracht oder inhaftiert ist, Rechnung getragen. Absatz 4 setzt nur voraus, dass sich der Betroffene in einer „geschlossenen Einrichtung" befindet. Die rechtliche Grundlage der Freiheitsentziehung ist insoweit unerheblich. Wird also etwa die Abschiebungshaft als Überhaft im Anschluss an eine gegenwärtig vollzogene Strafhaft angeordnet, kann der Betroffene die Beschwerde auch bei dem für die Justizvollzugsanstalt zuständigen Amtsgericht einlegen (Keidel/*Budde* § 429 Rn. 7). Für eine entsprechende Anwendung auf andere Beteiligte Prütting/Helms/*Jennissen* § 430 Rn. 15.

10   Die weiteren Regelungen zum **Beschwerdeverfahren** finden sich in den §§ 58 ff. FamFG. Nach § 58 Abs. 1 FamFG kann gegen Endentscheidungen der Amtsgerichte in Freiheitsentziehungssachen das Rechtsmittel der Beschwerde eingelegt werden. Die Beschwerde ist nach § 63 Abs. 1 FamFG grundsätzlich binnen einer Frist von einem Monat einzulegen. Bei einer Freiheitsentziehung aufgrund einer einstweiligen Anordnung (§ 427) beträgt die Frist nach § 63 Abs. 2 Nr. 1 FamFG zwei Wochen. Die Frist beginnt nach § 63 Abs. 3 FamFG regelmäßig mit der schriftlichen Bekanntgabe des Beschlusses an die Beteiligten. Sachlich zuständig für das Beschwerdeverfahren ist nach § 72 Abs. das Landgericht.

11   Nach § 65 Abs. 1 FamFG soll die Beschwerde begründet werden. Eine Entscheidung über den Antrag auf Beiordnung eines Dolmetschers zur Vorbereitung der Haftbeschwerde durch den Bevollmächtigten kann vor deren Begründung verlangt werden (KG InfAuslR 2005, 424).

12   Hält das Gericht, dessen Beschluss angefochten wird, die Beschwerde für begründet, hat es ihr abzuhelfen; anderenfalls ist die Beschwerde unverzüglich dem Beschwerdegericht vorzulegen (§ 68 Abs. 1 FamFG). Das Beschwerdeverfahren bestimmt sich im Übrigen nach den Vorschriften über das

§ 429. Ergänzende Vorschriften über die Beschwerde **F**

Verfahren im ersten Rechtszug (§ 68 Abs. 3). Zur grundsätzlich erneuten Anhörung des Betroffenen durch das Beschwerdegericht BGH FGPrax 2010, 163. Hat sich die angefochtene Entscheidung in der Hauptsache erledigt, spricht das Beschwerdegericht auf Antrag aus, dass die Entscheidung des Gerichts des ersten Rechtszuges den Beschwerdeführer in seinen Rechten verletzt hat (§ 62 Abs. 1 FamFG). Ist der Betroffene nicht anwaltlich vertreten, muss ihn das Gericht auf die Möglichkeit hinweisen, seinen Antrag auf Feststellung der Rechtswidrigkeit der Haftanordnung umzustellen.

Die Begründung der Entscheidung des Beschwerdegerichts muss erkennen lassen, dass sich das Gericht mit dem Beschwerdevorbringen auseinandergesetzt hat (OLG Celle Nds. RPfl 2004, 297). Es gilt das Verbot der reformatio in peius (OLG Hamm FGPrax 1995, 82). Zur Beschwerdeentscheidung im Übrigen vgl. § 69 FamFG.

Gegen die Beschwerdeentscheidung kann nach § 70 Abs. 3 Satz 1 Nr. 3 FamFG ohne Zulassung grundsätzlich die **Rechtsbeschwerde** eingelegt werden. In Freiheitsentziehungssachen gilt dies gemäß § 70 Abs. 3 Satz 2 aber nur, wenn sich die Rechtsbeschwerde gegen den Beschluss richtet, der die Unterbringung oder die freiheitsentziehende Maßnahme anordnet (vgl. BGH FGPrax 2010, 98 = InfAuslR 2010, 202). Sachlich zuständig ist der Bundesgerichtshof (§§ 119 Abs. 1 Nr. 1 b, 133 GVG). Erst auf Vorschlag des Rechtsausschusses ist die Statthaftigkeit der Rechtsbeschwerde auch ohne Zulassung durch das Beschwerdegericht normiert worden (§ 70 Abs. 3 Satz 1 Nr. 3, Satz 2 FamFG). Sie ist binnen eines Monats in der Form der §§ 10 Abs. 4, 71 Abs. 1 FamFG einzulegen, also durch einen Schriftsatz, der von einem beim Bundesgerichtshof zugelassenen Rechtsanwalt unterzeichnet ist. Das Formerfordernis besteht allerdings nicht für ein Gesuch auf Verfahrenskostenhilfe nach §§ 76 ff. FamFG (zu den verfassungsrechtlichen Anforderungen an die Beurteilung der Erfolgsaussichten vgl. BVerfG NJW 2003, 576). Angesichts ihrer wirtschaftlichen Voraussetzungen wird deshalb für die Betroffenen in Freiheitsentziehungssachen häufig die Möglichkeit bestehen, auch ohne die schwierige Einschaltung eines beim BGH zugelassenen Anwalts die Erfolgsaussichten einer Rechtsbeschwerde durch ein Verfahrenskostenhilfegesuch überprüfen zu lassen (*Jennissen* FGPrax 2009, 93, 98; vgl. auch BGH FGPrax 2010, 154 = InfAuslR 2010, 246). Auch im Rechtsbeschwerdeverfahren nach §§ 70 ff. ist ein § 62 entsprechender Feststellungsantrag des Betroffenen zulässig (BGH FGPrax 2010, 150 = InfAuslR 29010, 249). Damit kann auch die Feststellung verlangt werden, dass die Entscheidung des erstinstanzlichen Gerichts den Rechtsbeschwerdeführer in seinen Rechten verletzt hat (BGH FGPrax 2010, 152). **13**

Die Ersetzung der weiteren Beschwerde zum Oberlandesgericht durch die Rechtsbeschwerde zum Bundesgerichtshof bedeutet eine verfassungsrechtlich problematische, erhebliche Verschlechterung des Rechtsschutzes für die Betroffenen. Dies betrifft nicht nur die Schnelligkeit des Rechtsschutzes, sondern vor allem dessen Kontrolldichte. **14**

Auslagenersatz

430 Wird ein Antrag der Verwaltungsbehörde auf Freiheitsentziehung abgelehnt oder zurückgenommen und hat das Verfahren ergeben, dass ein begründeter Anlass zur Stellung des Antrags nicht vorlag, hat das Gericht die Auslagen des Betroffenen, soweit sie zur zweckentsprechenden Rechtsverfolgung notwendig waren, der Körperschaft aufzuerlegen, der die Verwaltungsbehörde angehört.

1. Anwendungsbereich

1   Das frühere FEVG enthielt zu Kostenfragen in den §§ 14 bis 16 eine umfangreiche, eigenständige Regelung. Mit der Gesetzesänderung wurde die Kostenvorschrift des bisherigen § 14 FEVG sowie die Regelung über die Kostenschuldnerschaft im bisherigen § 15 in die Kostenordnung übernommen. Der Kostenerstattungsanspruch des bisherigen § 16 Satz 1 FEVG findet sich jetzt in § 430. Danach sind unter bestimmten Bedingungen die Auslagen des Betroffenen der Körperschaft aufzuerlegen, der die Verwaltungsbehörde angehört, wenn ein Antrag auf Freiheitsentziehung abgelehnt oder zurückgenommen wird. Die Regelung bezweckt den Schutz des Betroffenen vor unbegründeten Anträgen, zu deren Abwehr er Kosten aufwenden muss. Die **Sondervorschrift** des § 430 weicht damit hinsichtlich der Kostenerstattung von den allgemeinen Vorschriften der §§ 81 Abs. 1 Satz 1 und 83 Abs. 2 2. Alt. FamFG ab. Die Vorschrift gilt für alle Instanzen, also auch für die Fälle, in denen der Antrag erst in der Rechtsmittelinstanz zurückgenommen oder zurückgewiesen wird (BT-Drs 16/6308 S. 294). Sie gilt auch im einstweiligen Verfügungsverfahren, da dieses nach der Neuregelung kostenrechtlich selbständig ist (§ 51 Abs. 4 FamFG). Eine entsprechende Anwendung kommt nur noch in den Fällen in Betracht, in denen vom Betroffenen der vorgelagerte Verwaltungsgewahrsam angefochten wird, da in § 428 Abs. 2 auf die §§ 415 ff. und damit auch auf § 430 verweisen wird (Prütting/Helms/*Jennissen* § 430 Rn. 4; *ders.* FGPrax 2009, 93, 99).

2   Ansonsten kommt eine über die ausdrücklich geregelten Fälle hinausgehende Anwendung des § 430 wegen der **umfassenden Kostenregelung in den §§ 81 ff. FamFG** nicht in Betracht (Prütting/Helms/*Jennissen* § 430 Rn. 4; *ders.* FGPrax 2009, 93, 99; Keidel/*Budde* § 430 Rn. 5). Bei Haftaufhebungsentscheidungen (§ 426) oder Fortsetzungsfeststellungsanträgen des Betroffenen sind nur die allgemeinen Vorschriften der §§ 81 ff. anzuwenden. Bei einer Erledigung der Hauptsache gilt § 83 Abs. 2 FamFG, der wiederum auf § 81 FamFG verweist, wonach das Gericht über die Verfahrenskosten nach billigem Ermessen zu entscheiden hat (BT-Drs. 16/6308 S. 294). Die Kosten eines ohne Erfolg eingelegten Rechtsmittels sollen nach § 84 FamFG dem Rechtsmittelführer auferlegt werden. Eine Auslagenerstattung nach § 430 kommt auch nicht Betracht, wenn die Aufhebung einer Freiheitsentziehungsmaßnahme auf einem Verfahrensfehler des Gerichts beruht (vgl. OLG Köln FGPrax 2008, 136; OLG Celle InfAuslR 2005, 423). Dem Betroffenen bleibt nur die Möglichkeit, die Kosten im Rahmen eines Entschädigungsanspruchs etwa aus Art. 5 EMRK geltend zu machen.

Für die **Gerichtskosten** in Freiheitsentziehungsverfahren ist in § 128 c 3
KostO eine Neuregelung geschaffen worden: Als Gebührentatbestände
kommen nach Absatz 1 in Betracht die Entscheidung, die eine Freiheitsentziehung oder ihre Fortdauer anordnet oder einen nicht vom Betroffenen
gestellten Aufhebungsantrag (§ 426) zurückweist. Der Wert der vollen Gebühr ist gemäß Absatz 2 nach § 30 Abs. 2 KostO zu bestimmen, also regelmäßig auf 3000,00 € festzusetzen. Kostenschuldner ist nach Absatz 3 der
Betroffene oder der ihm gesetzlich zum Unterhalt Verpflichtete, wenn nicht
das Gericht einem anderen die Kosten nach § 81 Abs. 1 FamFG auferlegt.
Von der Verwaltungsbehörde werden nach Absatz 3 Satz 2 Gebühren nicht
erhoben. In Abschiebungshaftsachen bleiben entstandene Gebühren regelmäßig gemäß § 10 KostVfg außer Ansatz (Keidel/*Budde* § 430 Rn. 2). Die
Auslagen des Gerichts sind weiter in §§ 136, 137 KostO geregelt. Die Auslagen können beträchtlich sein und die Gerichtsgebühren, etwa wenn es um
die Vergütung von Sachverständigen oder Dolmetschern geht, um ein Vielfaches übersteigen. Da grundsätzlich der Betroffene Kostenschuldner ist, hat
das Gericht in allen Fällen, in denen Entscheidungen zu seinen Gunsten
ergehen bzw. Anträge oder Rechtsmittel der Verwaltungsbehörde zurückgenommen werden, eine anderweitige Bestimmung zu treffen, also nicht nur
über eine eventuelle Erstattung seiner außergerichtlichen Kosten, sondern
auch über die Gerichtskosten zu entscheiden (Prütting/Helms/*Jennissen*
§ 430 Rn. 13; *ders.* FGPrax 2009, 93, 99). Kostenvorschüsse werden nach
§ 128 c Absatz 4 nicht erhoben. Dies gilt auch im Beschwerdeverfahren.

Die **Kosten der Freiheitsentziehung** sind jeweils in dem Gesetz gere- 4
gelt, welches auch die materiellen Voraussetzungen für die Anordnung der
Freiheitsentziehung enthält, so in den §§ 66, 67 AufenthG für die Abschiebungshaft oder in den §§ 16 Abs. 7, 69 Abs. 1 Nr. 7 IfSG für Maßnahmen
nach dem Infektionsschutzgesetz. Zu den unterschiedlichen Kostenarten vgl.
grundlegend Kapitel B S.174.

2. Voraussetzungen des Auslagenerstattung

Eine Auslagenerstattung kommt nur in Betracht, wenn ein **Antrag der** 5
Verwaltungsbehörde auf Freiheitsentziehung abgelehnt oder zurückgenommen wird. Andere Verfahrensbeendigungen als durch eine Ablehnung
oder Zurücknahme des Antrags werden von § 430 nicht erfasst (Rn. 2). Voraussetzung ist weiter, dass ein **begründeter Anlass zur Stellung des Freiheitsentziehungsantrags** nicht vorgelegen hat. Ein begründeter Anlass ist
nicht dasselbe wie das Vorliegen der materiell-rechtlichen Voraussetzungen. Es
kommt darauf an, wie die Behörde den Sachverhalt zur Zeit der Antragstellung beurteilen durfte, wenn sie alle ihr zuzumutenden Ermittlungen über die
Sach- und Rechtslage angestellt hätte. Kein begründeter Anlass hat danach
vorgelegen, wenn aufgrund ungenügender oder fehlender Tatsachenermittlungen oder mangelhafter Anwendung der einschlägigen Normen auf den
Sachverhalt ein Antrag auf Freiheitsentziehung gestellt wurde. Nachträglich
eingetretene Tatsachen scheiden aus der Beurteilung aus. Ein schuldhaftes
Verhalten von Verwaltungsbediensteten wird nicht vorausgesetzt. Angesichts

der im Verwaltungsverfahren erforderlichen Vorermittlungen (vgl. Kap. **A** S. 32; **B** S. 105) wird ein Erstattungsanspruch häufig anzuerkennen sein. Auf der anderen Seite muss die zuständige Verwaltungsbehörde nicht in demselben Maße ermitteln wie das Gericht vor der Anordnung einer Freiheitsentziehung. Wird der Antrag erst in der Rechtsmittelinstanz zurückgenommen oder zurückgewiesen, kommt es für die Beurteilung auf den Zeitpunkt der Einlegung der Beschwerde oder Rechtsbeschwerde an (OLG Hamm FGPrax 2005, 49 = InfAuslR 2005, 114; OLG Köln BeckRS 2004, 02988; BayObLGZ 1997, 338). Bleibt beispielsweise die Freiheitsentziehung bestehen, obwohl nachträglich ein Sachverhalt eingetreten ist, der zu ihrer Beendigung hätte führen müssen, sind die danach angefallenen Auslagen des Betroffenen zu erstatten (Keidel/*Budde* § 430 Rn. 7). Andererseits kann wegen der unterschiedlichen Ermittlungspflichten von Behörde und Gericht nicht von vornherein von einem Erstattungsanspruch des Betroffenen ausgegangen werden, wenn das (Rechts-)Beschwerdegericht die Erforderlichkeit weitergehender tatsächlicher Ermittlungen bejaht.

3. Rechtsfolgen

6 Liegen die Voraussetzungen des § 430 vor, ist die Anordnung der Auslagenerstattung zwingend. Ein Ermessensspielraum steht dem Gericht nicht zu. Die Auslagen müssen zur zweckentsprechenden Rechtsverfolgung notwendig gewesen sein. Was im konkreten Fall notwendig war, ist nach dem Zeitpunkt zu beurteilen, in dem die Aufwendungen gemacht wurden. Hierzu gehören wegen der Bedeutung der Angelegenheit insbesondere die Rechtsanwaltskosten (vgl. VV Nr. 6300 bis 6303 RVG). Erstattungsschuldner ist die Körperschaft, der die Verwaltungsbehörde angehört. Dies bestimmt sich nach öffentlich-rechtlichen Organisationsvorschriften. Regelmäßig wird der Landkreis oder eine kreisfreie Stadt zur Erstattung verpflichtet sein. Für die Kostenfestsetzung verweist § 85 FamFG auf die §§ 103 bis 107 ZPO.

Mitteilung von Entscheidungen

431 Für Mitteilungen von Entscheidungen gelten die §§ 308 und 311 entsprechend, wobei an die Stelle des Betreuers die Verwaltungsbehörde tritt. Die Aufhebung einer Freiheitsentziehungsmaßnahme nach § 426 Satz 1 und die Aussetzung ihrer Vollziehung nach § 424 Abs. 1 Satz 1 sind dem Leiter der abgeschlossenen Einrichtung, in der sich der Betroffene befindet, mitzuteilen.

1 Satz 1 schafft eine gesetzliche Grundlage für Mitteilungen von Entscheidungen in Freiheitsentziehungssachen. Für solche Mitteilungen gelten die §§ 308 und 311 FamFG entsprechend. Danach teilt das Gericht Entscheidungen anderen Gerichten, Behörden oder sonstigen öffentlichen Stellen mit, soweit dies unter Beachtung berechtigter Interessen des Betroffenen erforderlich ist, um eine erhebliche Gefahr für das Wohl des Betroffenen, für Dritte oder für die öffentliche Sicherheit abzuwenden (§ 308 Abs. 1). Über

§ 432. Benachrichtigung von Angehörigen **F**

den Inhalt und den Empfänger der Mitteilung unterrichtet das Gericht – vorbehaltlich der Regelung des § 308 Abs. 3 Satz 2 FamFG – sogleich den Betroffenen, seinen Verfahrenspfleger und die Verwaltungsbehörde (§ 308 Abs. 3 Satz 1). Der Inhalt der Mitteilung, die Art und Weise der Übermittlung, ihr Empfänger, die Unterrichtung des Betroffenen oder im Fall ihres Unterbleibens deren Gründe sowie die Unterrichtung des Verfahrenspflegers und der Verwaltungsbehörde sind aktenkundig zu machen (§ 308 Abs. 4). Der weiter in Bezug genommene § 311 FamFG regelt die Mitteilung zur Strafverfolgung. Wegen der Einzelheiten vgl. die Kommentierung zum entsprechenden § 338 Kap. **D** S. 360)

Satz 2 sieht vor, dass die Aufhebung einer Freiheitsentziehungsmaßnahme nach § 426 Satz 1 und die Aussetzung ihrer Vollziehung nach § 424 Abs. 1 Satz 1 dem Leiter der abgeschlossenen Einrichtung mitzuteilen sind, in der sich der Betroffene befindet. Die besondere Mitteilungspflicht soll die unverzügliche Entlassung des Betroffenen gewährleisten. Die Mitteilung muss unverzüglich erfolgen, um einen unberechtigten Freiheitsentzug zu vermeiden. 2

Benachrichtigung von Angehörigen

432 Von der Anordnung der Freiheitsentziehung und deren Verlängerung hat das Gericht einen Angehörigen des Betroffenen oder eine Person seines Vertrauens unverzüglich zu benachrichtigen.

Die Vorschrift ist klarstellend neu eingefügt worden. Sie übernimmt in einfachgesetzlicher Form die Vorgaben des **Art. 104 Abs. 4 GG**, wonach von jeder richterlichen Entscheidung über die Anordnung oder Fortdauer einer Freiheitsentziehung unverzüglich ein Angehöriger des Festgenommenen oder eine Person seines Vertrauens zu benachrichtigen ist. Die Vorschrift betrifft nicht die eine Haft ablehnenden oder beendenden Entscheidungen. Die gerichtliche Zurückweisung einer Haftbeschwerde ist eine Entscheidung über die Fortdauer und führt daher zur Benachrichtigungspflicht (BVerfG MDR 1975, 30). Der Betroffene kann auf eine Benachrichtigung wirksam verzichten (Prütting/Helms/*Jennissen* § 432 Rn. 3). An die Annahme eines wirksamen Verzichts sind wegen der Missbrauchsgefahren allerdings hohe Anforderungen zu stellen. Ein wirksamer Verzicht setzt neben der Belehrung über die Benachrichtigungspflicht eine eindeutige Erklärung des Betroffenen voraus. Eine besondere Form ist für die Benachrichtigung nicht vorgesehen. Sie sollte wie der Verzicht ausreichend dokumentiert werden. 1

Welche Person zu benachrichtigen ist, entscheidet – vorbehaltlich einer Gefährdung des Haftzwecks – allein der Betroffene. Der Begriff des Angehörigen ist weiter zu fassen als der in § 418 Abs. 3 Nr. 1 genannte Personenkreis. Es kommen alle Angehörigen im Sinne von § 52 Abs. 1 StPO einschließlich Pflegeeltern und Pflegekindern sowie Partner in eheähnlichen Gemeinschaften in Betracht. Eine Vertrauensperson kann etwa ein Freund und Kollege sein. Sind diese Personen bereits als Beteiligte nach § 418 Abs. 3 zu dem Verfahren hinzugezogen worden, erübrigt sich in der Regel 2 eine weitere Benachrichtigung nach § 432, da die Gefahr eines „spurlosen" Verschwindens des Betroffenen nicht mehr besteht (vgl. BT-Drs. 16/6308 S. 276).

3   Von der Anordnung der Freiheitsentziehung und deren Verlängerung ist außer den genannten Personen auf Verlangen des Betroffenen auch die konsularische Vertretung seines Heimatlandes zu unterrichten (Art. 36 Abs. 1 lit. b WÜK). Über dieses Recht ist der Betroffenen zu belehren (BVerfG NJW 2007, 499; *Wilhelm/Mohr* InfAuslR 2007, 354; *Grotkopp* SchlHA 2008, 261, 267). Bei Kindern müssen in jedem Fall die Eltern benachrichtigt werden (Art. 6 Abs. 2 GG).

4   Eine Verletzung der Benachrichtigungspflicht führt nicht zur Rechtswidrigkeit der Haftanordnung. Wird der Fehler erkannt, muss die Benachrichtigung unverzüglich nachgeholt werden (OLG Oldenburg InfAuslR 2004, 349).

Anhang:
Unterbringungsgesetze der Bundesländer

1. Baden-Württemberg

Gesetz über die Unterbringung psychisch Kranker (Unterbringungsgesetz – UBG)

In der Fassung vom 2. Dezember 1991

(GBl. S. 794), zuletzt geändert durch Art. 9 Viertes RechtsbereinigungsG v. 4. 5. 2009 GBl. S. 195

Inhaltsübersicht	§§
1. Abschnitt. Allgemeines	
Voraussetzungen der Unterbringung	1
Anerkannte Einrichtungen	2
2. Abschnitt. Unterbringungsverfahren	
Unterbringungsantrag	3
Fürsorgliche Aufnahme und Zurückhaltung	4
Ärztliche Untersuchung durch das Gesundheitsamt	5
3. Abschnitt. Die Unterbringung und ihre Durchführung	
Zuständigkeit zur Ausführung der Unterbringung	6
Unterbringung und Betreuung	7
Heilbehandlung	8
Persönliches Eigentum, Besuchsrecht, Telefonverkehr	9
Schrift- und Paketverkehr	10
Urlaub	11
Unmittelbarer Zwang	12
Entlassung	13
Fortdauer der Unterbringung	14
4. Abschnitt. Maßregelvollzug	15
5. Abschnitt. Kosten, Schlußbestimmungen, Grundrechte	
Kosten des Verfahrens	16
Kosten der Unterbringung	17
Einschränkung von Grundrechten	18
Übergangsvorschrift	19
Aufhebung von Rechtsvorschriften	20
Inkrafttreten	21

Anhang

Text der Ländergesetze

1. Abschnitt. Allgemeines

§ 1 Voraussetzungen der Unterbringung. (1) Psychisch Kranke können gegen ihren Willen in einer nach § 2 anerkannten Einrichtung untergebracht werden, wenn sie unterbringungsbedürftig sind.

(2) Psychisch Kranke im Sinne dieses Gesetzes sind Personen, bei denen eine geistige oder seelische

1. Krankheit,
2. Behinderung oder
3. Störung von erheblichem Ausmaß

einschließlich einer physischen oder psychischen Abhängigkeit von Rauschmitteln oder Medikamenten vorliegt (Krankheit).

(3) Steht der psychisch Kranke unter elterlicher Sorge oder Vormundschaft oder ist für ihn ein Pfleger oder Betreuer bestellt, dessen Aufgabenkreis die Aufenthaltsbestimmung umfaßt, so ist der Wille desjenigen maßgeblich, dem das Aufenthaltsbestimmungsrecht zusteht. Bei Bestellung eines Betreuers gilt dies nur, wenn der psychisch Kranke geschäftsunfähig ist oder für ihn ein Einwilligungsvorbehalt hinsichtlich der Aufenthaltsbestimmung angeordnet ist. Im übrigen ist Absatz 1 auch anwendbar, wenn der Sorgeberechtigte, Vormund, Pfleger oder Betreuer mit der Unterbringung einverstanden ist, eine Unterbringung nach §§ 1631b, 1705, 1800, 1906, 1915 des Bürgerlichen Gesetzbuchs aber unterbleibt.

(4) Unterbringungsbedürftig sind psychisch Kranke, die infolge ihrer Krankheit ihr Leben oder ihre Gesundheit erheblich gefährden oder eine erhebliche gegenwärtige Gefahr für Rechtsgüter anderer darstellen, wenn die Gefährdung oder Gefahr nicht auf andere Weise abgewendet werden kann.

§ 2 Anerkannte Einrichtungen. (1) Anerkannte Einrichtungen sind

1. Zentren für Psychiatrie,[1]
2. Universitätskliniken des Landes und das psychiatrische Krankenhaus des Zentralinstituts für Seelische Gesundheit in Mannheim,
3. sonstige durch die Regierungspräsidien nach Absatz 2 zugelassene Einrichtungen.

(2) Die Zulassung sonstiger Einrichtungen zur Unterbringung psychisch Kranker darf nur erfolgen, wenn die Einrichtung insbesondere im Hinblick auf ihre personelle und sachliche Ausstattung, Organisation sowie medizinische und persönliche Betreuung der Kranken für die Unterbringung geeignet ist. Die Zulassung kann entsprechend den Gegebenheiten in der Einrichtung auf bestimmte Krankengruppen beschränkt werden; sie kann mit Auflagen verbunden werden und ist widerruflich.

2. Abschnitt. Unterbringungsverfahren

§ 3 Unterbringungsantrag. (1) Die Unterbringung (§ 312 Nr. 3 und § 151 Nr. 7 FamFG), eine vorläufige Unterbringung auf Grund einer einstweiligen Anordnung (§§ 331 und 332 FamFG) oder eine Unterbringung zur Beobachtung und Erstellung eines Gutachtens (§§ 322, 283 und 284 FamFG) werden nur auf schriftlichen Antrag angeordnet. Antragsberechtigt ist die untere Verwaltungsbehörde; befindet sich der Betroffene bereits in einer anerkannten Einrichtung, so ist auch diese antragsberechtigt.

(2) Dem Antrag ist eine Darstellung des Sachverhaltes und das ärztliche Zeugnis eines Gesundheitsamtes beizufügen, aus dem der derzeitige Krankheitszustand des Be-

---

[1] Vgl. das G zur Errichtung der Zentren für Psychiatrie.

troffenen und die Unterbringungsbedürftigkeit ersichtlich sind. Das Zeugnis des Gesundheitsamtes kann durch das Zeugnis eines Arztes einer anerkannten Einrichtung ersetzt werden; das Zeugnis muß von einem Arzt mit psychiatrischer Gebietsbezeichnung unterschrieben sein. Liegt ein Zeugnis zum Zeitpunkt der Antragstellung noch nicht vor, ist es unverzüglich nachzureichen.

(3) Aus dem Zeugnis soll hervorgehen, ob der Betroffene ohne erhebliche Nachteile für seinen Gesundheitszustand durch das Gericht mündlich angehört werden kann; aus ihm soll ferner die voraussichtliche Behandlungsdauer ersichtlich sein.

§ 4 Fürsorgliche Aufnahme und Zurückhaltung. (1) Sind dringende Gründe für die Annahme vorhanden, daß die Voraussetzungen für eine Unterbringung vorliegen, und erscheint eine sofortige Unterbringung erforderlich, so kann eine anerkannte Einrichtung eine Person aufnehmen oder zurückhalten, bevor die Unterbringung beantragt oder angeordnet ist.

(2) Die dringenden Gründe für die Annahme einer Krankheit und der Unterbringungsbedürftigkeit müssen durch das Zeugnis eines Arztes, der nicht Arzt der anerkannten Einrichtung ist, belegt werden, wenn der Einholung eines solchen Zeugnisses keine besonderen Gründe entgegenstehen.

(3) Die aufgenommene oder zurückgehaltene Person ist unverzüglich von einem Arzt der anerkannten Einrichtung zu untersuchen. Bestätigt die Untersuchung die Annahme der Voraussetzungen für eine Unterbringung nicht, so ist die Person sofort zu entlassen.

(4) Die anerkannte Einrichtung hat den Antrag auf Anordnung der Unterbringung unverzüglich, spätestens aber bis zum Ablauf des dritten Tages nach der Aufnahme oder Zurückhaltung abzusenden, falls eine weitere Unterbringung gegen den Willen des Betroffenen erforderlich erscheint.

(5) Verbleibt der Betroffene freiwillig in der anerkannten Einrichtung, so ist die Aufnahme einer vom Betroffenen genannten Person seines Vertrauens mitzuteilen, wenn der Betroffene nicht ausdrücklich widerspricht. Ein Antrag nach Absatz 4 ist zurückzunehmen. Der Antragsrücknahme ist die Einwilligungserklärung des Betroffenen beizufügen.

§ 5 Ärztliche Untersuchung durch das Gesundheitsamt. Die untere Verwaltungsbehörde kann die ärztliche Untersuchung einer Person durch das Gesundheitsamt anordnen, wenn dringende Gründe für die Annahme vorhanden sind, daß bei dieser die Voraussetzungen für eine Unterbringung vorliegen. § 327 FamFG gilt entsprechend. Örtlich zuständig ist das Gericht, das für ein gleichzeitig beantragtes Unterbringungsverfahren zuständig wäre.

3. Abschnitt. Die Unterbringung und ihre Durchführung

§ 6 Zuständigkeit zur Ausführung der Unterbringung. (1) Die Ausführung der vom Gericht angeordneten Unterbringung, insbesondere die Auswahl einer geeigneten anerkannten Einrichtung, obliegt der unteren Verwaltungsbehörde. Bei der Auswahl der anerkannten Einrichtung sollen die Wünsche des Betroffenen und therapeutische Gesichtspunkte und der Grundsatz der Gemeindenähe angemessen berücksichtigt werden.

(2) Innerhalb einer anerkannten Einrichtung obliegt dieser die Ausführung der vom Gericht angeordneten Unterbringung. Die anerkannte Einrichtung unterliegt insoweit

Anhang

Text der Ländergesetze

der Rechtsaufsicht des Regierungspräsidiums, wenn keine andere Regelung über die Aufsicht des Landes getroffen ist.

(3) Für Maßnahmen nach Absatz 1 gilt das Landesverwaltungsvollstreckungsgesetz mit der Maßgabe, daß eine Anordnung nach § 6 Abs. 2 des Landesverwaltungsvollstreckungsgesetzes durch das Amtsgericht erfolgt, das die Unterbringung angeordnet hat oder an das das Unterbringungsverfahren abgegeben wurde.

(4) Die anerkannte Einrichtung ist verpflichtet, der zuständigen unteren Verwaltungsbehörde auf Verlangen diejenigen Angaben über den Betroffenen zu übermitteln, die die Verwaltungsbehörde zur Erfüllung ihrer Aufgaben nach diesem Gesetz benötigt. Sie ist hierzu berechtigt, wenn nach Auffassung der anerkannten Einrichtung Maßnahmen der Verwaltungsbehörde erforderlich werden.

§ 7 Unterbringung und Betreuung. (1) Die nach diesem Gesetz Untergebrachten werden so untergebracht, behandelt und betreut, daß der Unterbringungszweck bei geringstem Eingriff in die persönliche Freiheit erreicht wird.

(2) Die Untergebrachten haben diejenigen Maßnahmen zu dulden, die erforderlich sind, um Sicherheit oder Ordnung in der anerkannten Einrichtung zu gewährleisten oder sie selbst zu schützen.

(3) Kinder und Jugendliche sollen je nach Eigenart und Schwere ihrer Krankheit und ihrem Entwicklungsstand gesondert untergebracht und betreut werden.

(4) Den Untergebrachten soll Gelegenheit zu sinnvoller therapeutischer Beschäftigung und Arbeit gegeben werden.

(5) Die Untergebrachten sind verpflichtet, im Rahmen ihrer Möglichkeiten der anerkannten Einrichtung die für die verwaltungsmäßige Abwicklung und die Behandlung notwendigen Angaben, insbesondere zur Person, zum Kostenträger und bisherigen Krankheitsverlauf zu machen.

§ 8 Heilbehandlung. (1) Wer auf Grund dieses Gesetzes in einer anerkannten Einrichtung untergebracht ist, hat Anspruch auf notwendige Heilbehandlung. Die Heilbehandlung umfaßt auch Maßnahmen, die erforderlich sind, um dem Untergebrachten nach seiner Entlassung ein eigenverantwortliches Leben in der Gemeinschaft zu ermöglichen.

(2) Der Untergebrachte ist über die beabsichtigte Untersuchung oder Behandlung angemessen aufzuklären. Er hat diejenigen Untersuchungs- und Behandlungsmaßnahmen zu dulden, die nach den Regeln der ärztlichen Kunst erforderlich sind, um die Krankheit zu untersuchen und zu behandeln, soweit die Untersuchung oder Behandlung nicht unter Absatz 3 fällt.

(3) Erfordert die Untersuchung oder Behandlung einen operativen Eingriff oder ist sie mit einer erheblichen Gefahr für Leben oder Gesundheit verbunden, darf sie nur mit der Einwilligung des Untergebrachten vorgenommen werden.

(4) Ist der Untergebrachte in den Fällen des Absatzes 3 nicht fähig, Grund, Bedeutung oder Tragweite der Untersuchung oder Behandlung einzusehen oder seinen Willen nach dieser Einsicht zu bestimmen, so ist die Einwilligung seines gesetzlichen Vertreters maßgeblich. Besitzt der Untergebrachte die in Satz 1 genannten Fähigkeiten, ist er aber geschäftsunfähig oder beschränkt geschäftsfähig, so ist neben der Einwilligung des Untergebrachten die des gesetzlichen Vertreters erforderlich.

§ 9 Persönliches Eigentum, Besuchsrecht, Telefonverkehr. Der Untergebrachte hat das Recht, seine persönliche Kleidung zu tragen, persönliche Gegenstände in seinem Zimmer zu haben und Besuch zu empfangen, soweit es sein

1. Baden-Württemberg # Anhang

Gesundheitszustand gestattet und die Sicherheit oder Ordnung der anerkannten Einrichtung nicht gestört wird. Unter den gleichen Voraussetzungen ist er berechtigt, auf seine Kosten Telefongespräche zu führen.

§ 10 Schrift- und Paketverkehr. (1) Schriftliche Mitteilungen und Telegramme des Untergebrachten an seinen gesetzlichen Vertreter, an den mit seiner Vertretung beauftragten Rechtsanwalt, an Behörden, Gerichte oder an eine Volksvertretung und ihre Ausschüsse in der Bundesrepublik Deutschland dürfen nicht geöffnet und nicht zurückgehalten werden. Dies gilt entsprechend für schriftliche Mitteilungen und Telegramme der in Satz 1 genannten Personen und Stellen an den Untergebrachten. Satz 1 gilt entsprechend für schriftliche Mitteilungen und Telegramme des Untergebrachten an Mitglieder einer Volksvertretung in der Bundesrepublik Deutschland, soweit sie an die Anschrift der Volksvertretung gerichtet sind.

(2) Im übrigen dürfen schriftliche Mitteilungen, Telegramme und Pakete des Untergebrachten und an den Untergebrachten nur eingesehen werden, wenn dies erforderlich ist, um seinen Gesundheitszustand ärztlich zu beurteilen oder wenn Anhaltspunkte dafür vorliegen, daß eine Weiterleitung dem Untergebrachten gesundheitlichen Schaden oder sonst erhebliche Nachteile zufügen oder den Zweck der Unterbringung gefährden könnte, oder daß durch die Weiterleitung an den Untergebrachten die Sicherheit oder Ordnung der anerkannten Einrichtung gefährdet werden könnte.

(3) Schriftliche Mitteilungen, Telegramme und Pakete des Untergebrachten, die nach Absatz 2 eingesehen werden dürfen, können zurückgegeben werden, wenn sich aus der Weiterleitung für den Untergebrachten erhebliche Nachteile ergäben oder der Zweck der Unterbringung gefährdet würde. Soweit der Untergebrachte unter elterlicher Sorge, Vormundschaft oder Pflegschaft steht, sind diese Sendungen den Eltern, dem Vormund oder dem Pfleger zu übergeben.

(4) Schriftliche Mitteilungen, Telegramme und Pakete an den Untergebrachten, die nach Absatz 2 eingesehen werden dürfen, können zurückgehalten werden, wenn sie geeignet sind, dem Untergebrachten gesundheitlichen Schaden zuzufügen, den Zweck der Unterbringung oder die Sicherheit oder Ordnung der anerkannten Einrichtung zu gefährden. Im Falle der Zurückhaltung ist der Absender zu verständigen oder die Sendung zurückzusenden.

§ 11 Urlaub. (1) Die anerkannte Einrichtung kann den Untergebrachten bis zu vier Wochen beurlauben.

(2) Die Beurlaubung kann mit Auflagen, insbesondere der Verpflichtung zur Weiterführung der ärztlichen Behandlung, verbunden werden.

(3) Die Beurlaubung kann jederzeit widerrufen werden, insbesondere wenn Auflagen nicht befolgt werden.

§ 12 Unmittelbarer Zwang. (1) Bedienstete der anerkannten Einrichtungen dürfen gegen Untergebrachte unmittelbaren Zwang nur dann anwenden, wenn der Untergebrachte zur Duldung der Maßnahme verpflichtet ist. Unmittelbarer Zwang zur Untersuchung und Behandlung ist nur auf ärztliche Anordnung zulässig.

(2) Unmittelbarer Zwang ist vorher anzukündigen. Die Ankündigung darf nur dann unterbleiben, wenn die Umstände sie nicht zulassen.

§ 13 Entlassung. (1) Der Untergebrachte ist zu entlassen, wenn
1. die Unterbringungsfrist abgelaufen ist und nicht vorher die Fortdauer der Unterbringung angeordnet wurde,
2. die Anordnung der Unterbringung aufgehoben ist oder

Anhang

Text der Ländergesetze

3. im Falle der Unterbringung nach § 4 nicht spätestens bis zum Ablauf des Tages nach Eingang des Antrags bei Gericht die Unterbringung angeordnet ist.

(2) Der Untergebrachte ist zu entlassen, wenn der Grund für die Unterbringung weggefallen ist. Mit der Entlassung endet die Wirksamkeit des Gerichtsbeschlusses, der die Unterbringung angeordnet hat.

(3) Im Falle der Entlassung nach Absatz 1 Nr. 1 und 3 und Absatz 2 hat die anerkannte Einrichtung das Gericht und die Beteiligten nach § 315 FamFG zu benachrichtigen.

§ 14 Fortdauer der Unterbringung. Die anerkannte Einrichtung hat bei Gericht rechtzeitig einen Antrag auf Fortdauer der Unterbringung zu stellen, wenn dies nach Ablauf der bisherigen Unterbringungsdauer erforderlich ist. Die Notwendigkeit der Fortdauer der Unterbringung ist durch das Zeugnis nach § 3 zu belegen.

4. Abschnitt. Maßregelvollzug

§ 15 [Maßregelvollzug]. (1) Für den Vollzug der durch rechtskräftige strafgerichtliche Entscheidung angeordneten Unterbringung in einem psychiatrischen Krankenhaus oder in einer Entziehungsanstalt gelten die §§ 7 bis 10 und 12 entsprechend.

(2) Urlaub und Vollzugslockerungen, bei denen eine Aufsicht durch Bedienstete der Einrichtung nicht gewährleistet ist, können von der Einrichtung des Maßregelvollzugs nur mit Zustimmung der Staatsanwaltschaft, die das Verfahren gegen den Untergebrachten geführt hat, gewährt werden.

(3) Urlaub aus dem geschlossenen Vollzug kann bis zu einer jährlichen Höchstdauer von einer Woche gewährt werden. Die jährliche Höchstdauer für Urlaub aus dem offenen Vollzug beträgt sechs Wochen.

(4) Vollzugslockerungen zur Vorbereitung der Entlassung, sofern danach eine Aussetzung der Vollstreckung des Maßregelvollzugs zur Bewährung zu erwarten ist (extramurale Belastungserprobung), sind in der Regel bis zu sechs Monaten möglich. In besonders begründeten Fällen ist eine Verlängerung der extramuralen Belastungserprobung um weitere sechs Monate möglich.

(5) Bei erstmaliger Gewährung von Urlaub aus dem geschlossenen Vollzug und bei Vollzugslockerungen nach Absatz 4 kann die Staatsanwaltschaft bei Untergebrachten, die wegen einer Straftat gegen die sexuelle Selbstbestimmung oder wegen eines schweren Gewaltdelikts untergebracht sind, in der Regel die Vorlage eines unabhängigen Zweitgutachtens verlangen.

(6) Urlaub und Vollzugslockerungen dürfen nicht gewährt werden, wenn zu befürchten ist, daß der Untergebrachte sich dem Vollzug der Maßregel entziehen oder den Urlaub oder die Vollzugslockerungen mißbrauchen wird, oder wenn sonst der Zweck der Maßregel gefährdet würde. § 11 Abs. 2 und 3 findet auf die Bewilligung von Urlaub und Vollzugslockerung Anwendung.

5. Abschnitt. Kosten, Schlußbestimmungen, Grundrechte

§ 16 Kosten des Verfahrens. Für die Tätigkeit der Verwaltungsbehörden werden keine Kosten erhoben.

§ 17 Kosten der Unterbringung. Die Kosten einer nach diesem Gesetz durchgeführten Unterbringung fallen dem Untergebrachten, seinem Kostenträger oder den Unterhaltspflichtigen zur Last.

2. Bayern   Anhang

§ 18 Einschränkung von Grundrechten. Durch dieses Gesetz werden die Grundrechte auf körperliche Unversehrtheit und Freiheit der Person (Artikel 2 Abs. 2 des Grundgesetzes), Schutz von Ehe und Familie (Artikel 6 des Grundgesetzes), Unverletzlichkeit des Brief-, Post- und Fernmeldegeheimnisses (Artikel 10 des Grundgesetzes), Freizügigkeit (Artikel 11 des Grundgesetzes) und Unverletzlichkeit der Wohnung (Artikel 13 des Grundgesetzes) eingeschränkt.

§ 19 Übergangsvorschrift. Einrichtungen im Sinne von § 2 Abs. 1 Nr. 3, die gemäß § 8 Abs. 1 des Gesetzes über die Unterbringung von Geisteskranken und Suchtkranken vom 16. Mai 1955 (GBl. S. 87) zugelassen wurden, gelten als zugelassen.

§ 20 Aufhebung von Rechtsvorschriften. Es treten außer Kraft
1. das Gesetz über die Unterbringung von Geisteskranken und Suchtkranken (Unterbringungsgesetz – UnterbrG) vom 16. Mai 1955 (GBl. S. 87), zuletzt geändert durch das Zweite Gesetz über die Änderung von Zuständigkeiten der Ministerien vom 25. Juli 1972 (GBl. S. 400),
2. die Verordnung des Innenministeriums zur Durchführung des Gesetzes über die Unterbringung von Geisteskranken und Suchtkranken (UnterbrGDVO) vom 8. November 1955 (GBl. S. 248).

§ 21 Inkrafttreten. Dieses Gesetz tritt am 1. Juli 1983 in Kraft.

2. Bayern

Gesetz über die Unterbringung psychisch Kranker und deren Betreuung (Unterbringungsgesetz – UnterbrG)

In der Fassung der Bekanntmachung vom 5. April 1992 (GVBl. S. 60, BayRS 2128–1-I)[1], zuletzt geändert durch § 2 G zur Änd. des G zur Ausführung des SozialG und anderer Rechtsvorschriften v. 22. 12. 2009 (GVBl. S. 640)

Amtliche Inhaltsübersicht	Art.
Erster Abschnitt. Zulässigkeit und Zweck der Unterbringung	1–4
Voraussetzungen der Unterbringung	1
Unterbringungszweck	2
Hilfen	3
Fürsorgegrundsatz	4
Zweiter Abschnitt. Allgemeine Verfahrensvorschriften	5–8
Antrag	5
Örtliche Zuständigkeit der Kreisverwaltungsbehörde	6
Vorbereitendes Verfahren	7
Zuständigkeit zur Ausführung der Unterbringung	8

---

[1] Neubekanntmachung des Gesetzes über die Unterbringung psychisch Kranker und deren Betreuung (Unterbringungsgesetz – UnterbrG) vom 20. 4. 1982 (GVBl. S. 202) mit neuer Artikelfolge auf Grund des Art. 7 Abs. 4 Gesetz zur Ausführung des Betreuungsgesetzes vom 27. 12. 1991 (GVBl. S. 496).

Anhang

Text der Ländergesetze

	Art.
Dritter Abschnitt. Besondere Unterbringungsarten	9, 10
Vorläufige Unterbringung	9
Sofortige vorläufige Unterbringung	10
Vierter Abschnitt. Aufnahme und Betreuung während der Unterbringung	11–23
Aufnahmepflicht	11
Unterbringung und Betreuung	12
Heilbehandlung	13
Persönliche Ausstattung des Unterbringungsraums und persönlicher Besitz	14
Recht auf Besuch	15
Recht auf Schriftwechsel	16
Verwertung von Kenntnissen	17
Telefongespräche, Telegramme und andere Arten der Nachrichtenübermittlung	18
Unmittelbarer Zwang	19
Regelungen durch die Hausordnung	20
Besuchskommissionen	21
Beurlaubung	22
Ausgang in Begleitung und Beschäftigung außerhalb der Einrichtung	23
Fünfter Abschnitt. Beendigung der Unterbringung	24
Aussetzung des Vollzugs, Entlassung	24
Sechster Abschnitt. Kosten	25–27
Kosten während der Unterbringung	25
Übernahme der Kosten durch den Bezirk	26
Kosten der Besuchskommissionen	27
Siebter Abschnitt. Unterbringung in einem psychiatrischen Krankenhaus und in einer Entziehungsanstalt auf Grund strafgerichtlicher Entscheidung	28
Unterbringung auf Grund strafgerichtlicher Entscheidung	28
Achter Abschnitt. Schlußvorschriften	29–31
Einschränkung von Grundrechten	29
Ermächtigung zum Erlaß von Verordnungen	30
Inkrafttreten	31

Erster Abschnitt. Zulässigkeit und Zweck der Unterbringung

Art. 1 Voraussetzungen der Unterbringung. (1) Wer psychisch krank oder infolge Geistesschwäche oder Sucht psychisch gestört ist und dadurch in erheblichem Maß die öffentliche Sicherheit oder Ordnung gefährdet, kann gegen oder ohne seinen Willen in einem psychiatrischen Krankenhaus oder sonst in geeigneter Weise untergebracht werden. Unter den Voraussetzungen des Satzes 1 ist die Unterbringung insbesondere auch dann zulässig, wenn jemand sein Leben oder in erheblichem Maß seine Gesundheit gefährdet. Die Unterbringung darf nur angeordnet werden, wenn die Gefährdung nicht durch weniger einschneidende Mittel, insbesondere durch Hilfen nach Art. 3, abgewendet werden kann.

(2) Die Unterbringung kann nur vollzogen werden, wenn keine Maßnahmen nach §§ 81, 126 a der Strafprozeßordnung (StPO) oder nach §§ 63, 64 und 67 a des Strafge-

setzbuchs (StGB) getroffen sind. Ist jemand auf Grund des Unterbringungsgesetzes untergebracht und werden Maßnahmen auf Grund der in Satz 1 genannten Bestimmungen getroffen, so ist die Unterbringungsanordnung nach diesem Gesetz außer Vollzug zu setzen; sie kann aufgehoben werden, wenn nach den Umständen nicht zu erwarten ist, daß die Unterbringungsanordnung später wieder vollzogen werden muß.

Art. 2 Unterbringungszweck. Zweck der Unterbringung ist, die Gefährdung der öffentlichen Sicherheit oder Ordnung zu beseitigen; zugleich ist der Untergebrachte nach Maßgabe dieses Gesetzes wegen seiner psychischen Erkrankung oder Störung zu behandeln, um ihm ein eigenverantwortliches Leben in der Gemeinschaft zu ermöglichen.

Art. 3 Hilfen. (1) Um eine Unterbringung nach diesem Gesetz zu vermeiden oder so weit wie möglich zu verkürzen oder dem Betroffenen nach Beendigung der Unterbringung eine erforderliche Hilfestellung mit dem Ziel seiner gesundheitlichen Wiederherstellung und sozialer Eingliederung zu gewähren, sind die vorhandenen vorsorgenden, begleitenden und nachsorgenden Hilfen auszuschöpfen.

(2) Zur Erreichung des in Absatz 1 aufgezeigten Zwecks haben die Gesundheitsämter mit den Ärzten, den psychiatrischen Krankenhäusern, den Trägern der Sozial- und Jugendhilfe, den Verbänden der freien Wohlfahrtspflege und allen anderen öffentlichen, freigemeinnützigen und privaten Organisationen, Einrichtungen und Stellen, die vorsorgende, begleitende und nachsorgende Hilfen gewähren, eng zusammenzuarbeiten.

(3) Die Hilfen ergeben sich insbesondere aus den Bestimmungen des Sozialgesetzbuchs.

Art. 4 Fürsorgegrundsatz. Bei allen Maßnahmen auf Grund dieses Gesetzes ist auf den Zustand des Betroffenen besonders Rücksicht zu nehmen und sein Persönlichkeitsrecht zu wahren. Maßnahmen haben zu unterbleiben, wenn zu befürchten ist, daß sie den Zustand des Betroffenen nachteilig beeinflussen, es sei denn, daß sie unumgänglich sind.

Zweiter Abschnitt. Allgemeine Verfahrensvorschriften

Art. 5 Antrag. Die Unterbringung wird auf Antrag der Kreisverwaltungsbehörde angeordnet.

Art. 6 Örtliche Zuständigkeit der Kreisverwaltungsbehörde. (1) Örtlich zuständig ist die Kreisverwaltungsbehörde, in deren Bezirk das Bedürfnis für die Unterbringung hervortritt. Die Kreisverwaltungsbehörde teilt die getroffene Entscheidung der Kreisverwaltungsbehörde mit, in deren Bezirk der Betroffene seinen gewöhnlichen Aufenthalt hat.

(2) Die Kreisverwaltungsbehörde hat das Verfahren an die Kreisverwaltungsbehörde abzugeben, in deren Bezirk sich der Sitz des für die Unterbringungsmaßnahmen zuständigen Gerichts befindet.

Art. 7 Vorbereitendes Verfahren. (1) Die Kreisverwaltungsbehörde führt die Ermittlungen von Amts wegen durch. Ergeben sich gewichtige Anhaltspunkte für das Vorliegen der Voraussetzungen des Art. 1 Abs. 1, so hat sie ein schriftliches Gutachten eines Arztes am Gesundheitsamt darüber einzuholen, ob die Unterbringung aus medizinischer Sicht geboten ist oder ob und durch welche Hilfen nach Art. 3 die Unterbringung vermieden werden kann. Das nötigenfalls unter Beiziehung eines Arztes für

Psychiatrie zu erstellende Gutachten muß auf den gegenwärtigen Gesundheitszustand des Betroffenen abstellen und auf einer höchstens 14 Tage zurückliegenden persönlichen Untersuchung des Betroffenen beruhen. Zu diesem Zweck kann die Kreisverwaltungsbehörde den Betroffenen zu dem Arzt vorladen und, soweit erforderlich, durch die Polizei vorführen lassen; wird durch die Vorführung dem Betroffenen die Freiheit entzogen, hat die Kreisverwaltungsbehörde unverzüglich eine richterliche Entscheidung herbeizuführen; § 313 Abs. 3 Satz 1, § 167 Abs. 1 Satz 1 und §§ 335, 336, 167 Abs. 1 Satz 1 in Verbindung mit §§ 58 ff. des Gesetzes über das Verfahren in Familiensachen und in den Angelegenheiten der freiwilligen Gerichtsbarkeit (FamFG) gelten entsprechend. Aus dem Gutachten muß auch hervorgehen, ob der Betroffene offensichtlich nicht in der Lage ist, seinen Willen kundzutun und ob von seiner persönlichen Anhörung erhebliche Nachteile für seine Gesundheit oder eine Gefährdung Dritter zu besorgen sind. Das für den gewöhnlichen Aufenthalt des Betroffenen zuständige Gesundheitsamt soll gehört werden.

(2) Der Betroffene ist verpflichtet, die Untersuchung nach Absatz 1 zu dulden. Der Arzt kann, soweit es erforderlich ist und keine Nachteile für die Gesundheit des Betroffenen zu befürchten sind, auch ohne dessen Einwilligung Blutproben entnehmen und andere einfache diagnostischen Eingriffe vornehmen.

(3) Kommt die Kreisverwaltungsbehörde zu dem Ergebnis, daß die Voraussetzungen des Art. 1 Abs. 1 vorliegen, beantragt sie bei dem nach § 313 Abs. 3 Satz 1, § 167 Abs. 1 Satz 1 FamFG zuständigen Gericht, die Unterbringung anzuordnen. Dem Antrag, der zu begründen ist, sind die Ermittlungsergebnisse nach Absatz 1 beizufügen.

(4) Liegen nach Auffassung der Kreisverwaltungsbehörde die Voraussetzungen des Art. 1 Abs. 1 nicht vor, so teilt sie das dem Betroffenen mit, wenn eine Begutachtung nach Absatz 1 erfolgt ist, oder der Betroffene im Rahmen des Verfahrens schriftlich von der Einleitung Mitteilung erhalten hat.

(5) Gegen eine Maßnahme zur Regelung einzelner Angelegenheiten im Rahmen der Vorbereitung der Unterbringung kann der Betroffene auch schon vor der gerichtlichen Anordnung der Unterbringung Antrag auf gerichtliche Entscheidung stellen. Über den Antrag entscheidet das nach § 313 Abs. 3 Satz 1, § 167 Abs. 1 Satz 1 FamFG zuständige Gericht. §§ 327, 167 Abs. 1 Satz 1 FamFG sind entsprechend anzuwenden. Der Verwaltungsrechtsweg ist ausgeschlossen.

Art. 8 Zuständigkeit zur Ausführung der Unterbringung. (1) Die Ausführung der vom Gericht angeordneten Unterbringung obliegt der Kreisverwaltungsbehörde.

(2) Die Kreisverwaltungsbehörde kann sich zur Erfüllung ihrer Aufgaben nach Absatz 1 der Mitwirkung der Polizei bedienen.

Dritter Abschnitt. Besondere Unterbringungsarten

Art. 9 Vorläufige Unterbringung. (1) Vor einer vorläufigen Unterbringungsmaßnahme nach §§ 331, 332, 167 Abs. 1 Satz 1 FamFG gibt das Gericht dem Gesundheitsamt, in dessen Bezirk der Betroffene seinen gewöhnlichen Aufenthalt hat, Gelegenheit zur Äußerung, sofern nicht Gefahr im Verzug ist; in diesem Fall ist dem Gesundheitsamt alsbald nach Anordnung der vorläufigen Unterbringungsmaßnahme Gelegenheit zur Äußerung zu geben.

(2) Nach Ablauf der vom Gericht bestimmten Dauer der vorläufigen Unterbringung nach §§ 331, 332, 167 Abs. 1 Satz 1 FamFG ist der Betroffene vom Leiter der Einrichtung zu entlassen, sofern das Gericht nicht inzwischen die Unterbringung

durch eine weitere einstweilige Anordnung verlängert oder nach § 312 Nr. 3, §§ 323,151 Nr. 7, § 167 Abs. 1 Satz 1 FamFG angeordnet hat. Die Möglichkeit einer Anordnung nach Art. 10 bleibt unberührt.

(3) Ist die weitere Unterbringung des Betroffenen, dessen vorläufige Unterbringung nach §§ 331, 332, 167 Abs. 1 Satz 1 FamFG oder bei fehlendem Gutachten nach §§ 322, 167 Abs. 1 Satz 1 in Verbindung mit § 284 FamFG angeordnet wurde, nach Auffassung des Leiters der Einrichtung aus medizinischen Gründen nicht erforderlich, so kann er den Betroffenen entlassen. Hiervon sind das Gericht, die Kreisverwaltungsbehörde sowie bei Minderjährigen und Personen, für die ein Betreuer bestellt ist, derjenige, dem die Sorge für die Person obliegt, unverzüglich zu benachrichtigen.

Art. 10 Sofortige vorläufige Unterbringung. (1) Sind dringende Gründe für die Annahme vorhanden, daß die Voraussetzungen für eine Unterbringung nach Art. 1 Abs. 1 vorliegen und kann auch eine gerichtliche Entscheidung nach §§ 331, 332, 167 Abs. 1 Satz 1 oder nach §§ 322, 167 Abs. 1 Satz 1 in Verbindung mit § 284 FamFG nicht mehr rechtzeitig ergehen, um einen für die öffentliche Sicherheit oder Ordnung drohenden Schaden zu verhindern, so kann die Kreisverwaltungsbehörde die sofortige vorläufige Unterbringung anordnen und nach Maßgabe des Art. 8 vollziehen. Die Kreisverwaltungsbehörde hat das nach § 313 Abs. 3 Satz 1, § 167 Abs. 1 Satz 1 FamFG zuständige Gericht unverzüglich, spätestens bis zwölf Uhr des auf das Ergreifen folgenden Tages, von der Einlieferung zu verständigen.

(2) In unaufschiebbaren Fällen des Absatzes 1 kann die Polizei den Betroffenen ohne Anordnung der Kreisverwaltungsbehörde in eine Einrichtung im Sinn des Art. 1 Abs. 1 einliefern. Die Polizei hat das nach § 313 Abs. 3 Satz 1, § 167 Abs. 1 Satz 1 FamFG zuständige Gericht und die nach Art. 6 zuständige Kreisverwaltungsbehörde unverzüglich, spätestens bis zwölf Uhr des auf das Ergreifen folgenden Tages, von der Einlieferung zu verständigen. Satz 1 gilt auch in den Fällen, in denen sich ein Betroffener entgegen der Entscheidung des Gerichts der Obhut der Einrichtung entzieht.

(3) Bei einer Unterbringung nach Absatz 1 hat die Kreisverwaltungsbehörde der unterzubringenden Person die Gelegenheit zu geben, einen Angehörigen oder eine Person ihres Vertrauens zu benachrichtigen, sofern der Unterbringungszweck dadurch nicht gestört wird. Die Kreisverwaltungsbehörde hat die Benachrichtigung selbst zu übernehmen, wenn die unterzubringende Person nicht in der Lage ist, von dem Recht nach Satz 1 Gebrauch zu machen und die Benachrichtigung ihrem mutmaßlichem Willen nicht widerspricht. Ist die unterzubringende Person minderjährig, oder ist für sie ein Betreuer bestellt, so ist in jedem Fall unverzüglich derjenige zu benachrichtigen, dem die Sorge für die Person obliegt. Die Pflicht nach den Sätzen 1 bis 3 gilt bei einer Einlieferung nach Absatz 2 für die Polizei entsprechend. Eine Benachrichtigung nach den Sätzen 1 bis 3 soll auch durch die Einrichtung, in der der Betroffene untergebracht wurde, erfolgen, sofern die Benachrichtigung durch die Kreisverwaltungsbehörde oder die Polizei unterblieben ist.

(4) Befindet sich jemand in einer Einrichtung im Sinn des Art. 1 Abs. 1, ohne auf Grund dieses Gesetzes eingewiesen worden zu sein, so kann, wenn die Voraussetzungen des Absatzes 1 vorliegen, aber eine Entscheidung der Kreisverwaltungsbehörde nicht mehr rechtzeitig veranlaßt werden kann, der Betroffene gegen seinen Willen festgehalten werden. Die Entscheidung trifft der Leiter der Einrichtung. Er hat das nach § 313 Abs. 3 Satz 1, § 167 Abs. 1 Satz 1 FamFG zuständige Gericht und die nach Art. 6 Abs. 1 Satz 1 zuständige Kreisverwaltungsbehörde unverzüglich, spätestens bis zwölf Uhr des auf den Beginn des Festhaltens folgenden Tages zu verständigen.

(5) Der Leiter der Einrichtung hat in den Fällen der Absätze 1, 2 und 4 die sofortige Untersuchung des Betroffenen zu veranlassen. Ergibt diese, daß die Voraussetzungen des Art. 1 Abs. 1 nicht vorliegen, so darf der Betroffene nicht gegen seinen Wil-

len festgehalten werden; von der Entlassung sind das nach § 313 Abs. 3 Satz 1, § 167 Abs. 1 Satz 1 FamFG zuständige Gericht und die nach Art. 6 zuständige Kreisverwaltungsbehörde unverzüglich zu verständigen. Bestehen auf Grund der Untersuchung begründete Anhaltspunkte für das Vorliegen der Voraussetzungen nach Art. 1 Abs. 1, so teilt das der Leiter der Einrichtung dem nach § 313 Abs. 3 Satz 1, § 167 Abs. 1 Satz 1 FamFG zuständigen Gericht und der nach Art. 6 zuständigen Kreisverwaltungsbehörde spätestens bis zwölf Uhr des Tages mit, der dem Beginn des zwangsweisen Aufenthalts des Betroffenen folgt; wurde die Anordnung nach Absatz 1 von einer anderen Kreisverwaltungsbehörde erlassen, so ist auch dieser Mitteilung zu machen. Der Betroffene ist unverzüglich, spätestens am Tag nach dem Ergreifen oder dem Beginn des Festhaltens, dem Richter vorzustellen.

(6) Ergeht bis zum Ablauf des auf das Ergreifen oder den Beginn des Festhaltens des Betroffenen folgenden Tages keine Entscheidung des Gerichts, so ist der Betroffene zu entlassen. Hiervon sind das Gericht und die Kreisverwaltungsbehörde sowie bei Minderjährigen und Personen, für die ein Betreuer bestellt ist, derjenige, dem die Sorge für die Person obliegt, unverzüglich zu benachrichtigen.

(7) Gegen eine Maßnahme zur Regelung einzelner Angelegenheiten im Vollzug der Unterbringung kann der Betroffene auch schon vor der gerichtlichen Anordnung der Unterbringung Antrag auf gerichtliche Entscheidung stellen. Über den Antrag entscheidet das für die Anordnung der Unterbringung zuständige Gericht. §§ 327, 167 Abs. 1 Satz 1 FamFG sind entsprechend anzuwenden. Der Verwaltungsrechtsweg ist ausgeschlossen.

Vierter Abschnitt. Aufnahme und Betreuung während der Unterbringung

Art. 11 Aufnahmepflicht. Krankenhäuser, in denen psychisch Kranke oder psychisch Gestörte behandelt werden oder behandelt werden können, sind verpflichtet, denjenigen aufzunehmen, der nach Art. 10 oder nach § 312 Nr. 3, §§ 323, 151 Nr. 7, § 167 Abs. 1 Satz 1 FamFG, nach §§ 331, 332, 167 Abs. 1 Satz 1 oder nach §§ 322, 167 Abs. 1 Satz 1 in Verbindung mit § 284 FamFG untergebracht werden muß, soweit sie über die nötigen Sicherungseinrichtungen verfügen. Krankenhäuser, die nicht die nötigen Sicherungseinrichtungen besitzen oder in denen der psychisch Kranke oder psychisch Gestörte nicht behandelt werden kann, sind zur vorübergehenden Aufnahme verpflichtet, wenn aus zwingenden Gründen eine Unterbringung nach Satz 1 nicht rechtzeitig möglich ist. Die Pflicht nach den Sätzen 1 und 2 besteht nicht, wenn der Unterzubringende auch an einer anderen, ihn erheblich gefährdenden Krankheit leidet, die der alsbaldigen Behandlung bedarf, in der Einrichtung aber nicht behandelt werden kann, oder wenn durch die andere Krankheit Dritte durch den Betroffenen gefährdet werden. Die Pflicht nach Satz 2 besteht ferner nicht, wenn bei Fehlen der nötigen Sicherungseinrichtungen eine Selbstgefährdung besteht oder Dritte durch den Betroffenen gefährdet werden und die Gefährdung auch nicht durch geeignete, zumutbare Maßnahmen beseitigt werden kann.

Art. 12 Unterbringung und Betreuung. (1) Die nach diesem Gesetz Untergebrachten haben Anspruch, als Kranke behandelt zu werden. Sie werden so untergebracht, behandelt und betreut, daß der Unterbringungszweck bei geringstem Eingriff in die persönliche Freiheit erreicht wird.

(2) Kinder und Jugendliche sind grundsätzlich entsprechend dem Ausmaß ihrer Störung und ihrem Entwicklungsstand gesondert unterzubringen und zu betreuen.

(3) Den Untergebrachten soll unter Beachtung medizinischer, sozialtherapeutischer und sicherheitsrechtlicher Erkenntnisse und Möglichkeiten Gelegenheit zu sinnvoller Beschäftigung und Arbeit gegeben werden. Für geleistete Arbeit ist ein angemessenes Entgelt zu gewähren. Daneben sind mögliche weitere Hilfen nach Art. 3 zu gewähren oder zu veranlassen.

Art. 13 Heilbehandlung. (1) Wer auf Grund dieses Gesetzes in einer Einrichtung nach Art. 1 Abs. 1 untergebracht ist, hat Anspruch auf notwendige Heilbehandlung. Die Heilbehandlung umfaßt auch Maßnahmen, die erforderlich sind, um dem Kranken nach seiner Entlassung ein eigenverantwortliches Leben in der Gemeinschaft zu ermöglichen.

(2) Der in der Einrichtung nach Art. 1 Abs. 1 Untergebrachte hat unaufschiebbare Behandlungsmaßnahmen, die nach den Regeln der ärztlichen Kunst geboten sind, zu dulden, soweit sie sich auf die psychische Erkrankung oder Störung des Untergebrachten beziehen oder zur Aufrechterhaltung der Sicherheit oder Ordnung in der Einrichtung notwendig sind. In diesem Rahmen kann unmittelbarer Zwang angewandt werden.

(3) Ärztliche Eingriffe und Behandlungsverfahren nach Absatz 2, die mit einer erheblichen Gefahr für Leben oder Gesundheit verbunden sind oder die Persönlichkeit in ihrem Kernbereich verändern können, dürfen nur mit rechtswirksamer Einwilligung des Untergebrachten oder, falls er die Bedeutung und Tragweite des Eingriffs und der Einwilligung nicht beurteilen kann, desjenigen, dem die Sorge für die Person obliegt, vorgenommen werden.

Art. 14 Persönliche Ausstattung des Unterbringungsraums und persönlicher Besitz. Der Untergebrachte hat das Recht, seine persönliche Kleidung zu tragen und persönliche Gegenstände in seinem Zimmer zu haben, soweit hierdurch keine gesundheitlichen Nachteile für ihn zu befürchten sind oder die Sicherheit oder Ordnung der Einrichtung nicht erheblich gestört wird.

Art. 15 Recht auf Besuch. (1) Der Untergebrachte darf im Rahmen der allgemeinen Besuchsregelung Besuche empfangen. Die Besuchszeit beträgt mindestens eine Stunde in der Woche.

(2) Der Leiter der Einrichtung kann Besuche untersagen, wenn
1. die Sicherheit oder Ordnung der Einrichtung gefährdet würde oder
2. durch den Besuch gesundheitliche Nachteile für den Untergebrachten zu befürchten wären.

(3) Aus Gründen der Sicherheit oder Ordnung der Einrichtung kann ein Besuch davon abhängig gemacht werden, daß sich der Besucher durchsuchen läßt. Die Besuche dürfen aus Gründen der Behandlung oder der Sicherheit oder Ordnung der Einrichtung überwacht werden. Die Übergabe von Gegenständen beim Besuch kann von der Erlaubnis des Leiters der Einrichtung abhängig gemacht werden.

(4) Ein Besuch darf abgebrochen werden, wenn durch die Fortsetzung die Sicherheit oder Ordnung der Einrichtung gefährdet würde oder gesundheitliche Nachteile für den Untergebrachten zu befürchten wären.

(5) Auf Besuche von Rechtsanwälten, Verteidigern oder Notaren in einer den Untergebrachten betreffenden Rechtssache finden Absatz 2 Nr. 2 und Absatz 3 Satz 1 Anwendung. Ein Besuch dieser Person darf aus Gründen der Behandlung überwacht werden; er darf abgebrochen werden, wenn durch die Fortsetzung gesundheitliche Nachteile für den Untergebrachten zu befürchten wären. Absatz 3 Satz 3 findet mit der Maßgabe Anwendung, daß eine inhaltliche Überprüfung der vom Rechtsanwalt,

Anhang

Text der Ländergesetze

Verteidiger oder Notar mitgeführten Schriftstücke und sonstigen Unterlagen unzulässig ist und daß sie auch übergeben werden dürfen. Hinsichtlich der Besuche von Verteidigern bleiben die §§ 148 und 148a StPO unberührt.

Art. 16 Recht auf Schriftwechsel. (1) Der Untergebrachte hat das Recht, unbeschränkt Schreiben abzusenden und zu empfangen, soweit sich nicht aus Absatz 3 Einschränkungen ergeben.

(2) Der Schriftwechsel des Untergebrachten mit Gerichten und seinem Rechtsanwalt, Verteidiger oder Notar wird nicht überwacht. Dies gilt auch für Schreiben des Untergebrachten an Volksvertretungen des Bundes und der Länder sowie an deren Mitglieder, an die Europäische Kommission für Menschenrechte sowie bei ausländischen Staatsangehörigen an die konsularische oder diplomatische Vertretung des Heimatlandes.

(3) Der übrige Schriftwechsel darf aus Gründen der Behandlung des Untergebrachten oder der öffentlichen Sicherheit oder Ordnung von dem Leiter der Einrichtung eingesehen werden. Schreiben können angehalten werden, wenn sie für den Untergebrachten gesundheitliche Nachteile befürchten lassen oder geeignet sind, die öffentliche Sicherheit oder Ordnung erheblich zu gefährden. Von den Befugnissen der Sätze 1 und 2 kann auch dann Gebrauch gemacht werden, wenn die Sicherheit oder Ordnung der Einrichtung dazu Anlaß gibt bzw. erheblich gefährdet werden kann. Angehaltene Schreiben werden an den Absender zurückgegeben oder, sofern dies unmöglich oder aus Gründen des Satzes 2 untunlich ist, aufbewahrt. Von der Aufbewahrung ist dem Untergebrachten Mitteilung zu machen, sofern nicht dadurch für ihn gesundheitliche Nachteile zu befürchten sind. Die Gründe für die Nichtweiterleitung sind aktenkundig zu machen.

(4) § 148 Abs. 2 und § 148a StPO bleiben unberührt.

Art. 17 Verwertung von Kenntnissen. Kenntnisse aus der Überwachung der Besuche oder des Schriftwechsels dürfen nur verwertet werden, soweit dies

1. aus Gründen der Behandlung des Untergebrachten geboten ist oder
2. notwendig ist, um die öffentliche Sicherheit oder Ordnung oder die der Einrichtung zu wahren.

Art. 18 Telefongespräche, Telegramme und andere Arten der Nachrichtenübermittlung. (1) Der Untergebrachte hat das Recht, Telefongespräche zu führen oder Telegramme aufzugeben sowie Päckchen, Pakete und bildliche Darstellungen abzusenden und zu empfangen. Im übrigen gelten für Telefongespräche die Vorschriften über den Besuch (Art. 15), für Telegramme, Päckchen, Pakete und bildliche Darstellungen die Vorschriften über den Schriftwechsel (Art. 16) entsprechend.

(2) Absatz 1 gilt für andere Arten der Nachrichtenübermittlung sinngemäß.

(3) Art. 17 findet entsprechende Anwendung.

Art. 19 Unmittelbarer Zwang. (1) Bedienstete der Einrichtung dürfen gegen Untergebrachte unmittelbaren Zwang anwenden, wenn dies zur Durchführung des Art. 12 Abs. 1 und 2, des Art. 13 oder von Maßnahmen zur Aufrechterhaltung der Sicherheit oder Ordnung in der Einrichtung erforderlich ist. Bei Behandlungsmaßnahmen darf unmittelbarer Zwang nur angewendet werden, wenn der Betroffene zu deren Duldung verpflichtet ist.

(2) Gegen andere Personen darf unmittelbarer Zwang angewendet werden, wenn sie es unternehmen, Untergebrachte zu befreien oder in den Bereich der Einrichtung widerrechtlich einzudringen.

2. Bayern

(3) Unter mehreren möglichen und geeigneten Maßnahmen des unmittelbaren Zwangs sind diejenigen zu wählen, die den einzelnen und die Allgemeinheit voraussichtlich am wenigsten beeinträchtigen. Unmittelbarer Zwang unterbleibt, wenn ein durch ihn zu erwartender Schaden erkennbar außer Verhältnis zu dem angestrebten Erfolg steht.

(4) Unmittelbarer Zwang ist vorher anzudrohen. Die Androhung darf nur dann unterbleiben, wenn die Umstände sie nicht zulassen.

(5) Das Recht zu unmittelbarem Zwang auf Grund anderer Regelungen bleibt unberührt.

Art. 20 Regelungen durch die Hausordnung. Das Nähere über die Ausstattung der Räume mit Gegenständen des Untergebrachten, über die Art der Durchführung des Besuchs und des Schriftwechsels und deren Überwachung sowie über die Anwendung unmittelbaren Zwangs kann durch eine Hausordnung unter Beachtung der Art. 14 bis 19 geregelt werden.

Art. 21 Besuchskommissionen. (1) Unabhängige Besuchskommissionen haben Einrichtungen im Sinn von Art. 1 Abs. 1 daraufhin zu überprüfen, ob die Rechte der nach diesem Gesetz Untergebrachten gewahrt werden. Dabei ist diesen Gelegenheit zu geben, Wünsche oder Beschwerden vorzutragen. Die Einrichtungen sollen mindestens alle zwei Jahre einmal, in der Regel unangemeldet, besucht werden.

(2) Das Staatsministerium des Innern errichtet die notwendige Anzahl von Besuchskommissionen.

(3) Jede Besuchskommission setzt sich zusammen aus
1. einem Beamten mit der Befähigung zum Richteramt oder zum höheren Verwaltungsdienst, der die Geschäfte der Kommission führt,
2. einem Arzt für Nervenheilkunde oder Psychiatrie, der auch Medizinalbeamter sein kann,
3. einem Richter, der mit Unterbringungssachen befasst ist oder befasst war, und
4. einem in der Betreuung psychisch Kranker erfahrenen Sozialarbeiter.

Die genannten Personen dürfen weder in der zu besichtigenden Einrichtung tätig sein noch mit der Bearbeitung von Unterbringungssachen im Einzugsbereich der zu besichtigenden Einrichtung unmittelbar befaßt sein. Die Kommissionsmitglieder und die erforderliche Anzahl von Stellvertretern werden vom Staatsministerium des Innern, das richterliche Mitglied im Einvernehmen mit dem Staatsministerium der Justiz auf die Dauer von vier Jahren bestellt. Das Staatsministerium des Innern kann weitere Mitglieder, auch für einzelne Besuche der Kommissionen, bestellen.

(4) Jede Besuchskommission legt alsbald nach einem Besuch dem Staatsministerium des Innern einen Bericht mit dem Ergebnis der Überprüfung vor. Dabei sind auch Wünsche und Beschwerden der Untergebrachten zu behandeln und zweckdienliche Abhilfevorschläge zu machen. Im übrigen unterliegen die Mitglieder der Besuchskommission hinsichtlich der erlangten Kenntnisse der Schweigepflicht.

(5) Das Petitionsrecht, die Aufsichtspflichten und Befugnisse der zuständigen Behörde sowie die Schweigepflicht der mit der Behandlung der Untergebrachten betrauten Personen der besuchten Einrichtungen bleiben unberührt.

Art. 22 Beurlaubung. (1) Auf Antrag wird einem Untergebrachten von dem Leiter der Einrichtung bis zu zwei Wochen Urlaub gewährt, wenn es für die Therapie oder Rehabilitation unbedenklich oder geboten ist und dadurch die öffentliche Sicherheit oder Ordnung nicht gefährdet wird. Antragsberechtigt sind der Untergebrachte, sein Ehegatte, gesetzlicher Vertreter in persönlichen Angelegenheiten oder

Anhang

Text der Ländergesetze

beauftragter Rechtsanwalt. Hat der Untergebrachte den Antrag nicht selbst gestellt, so ist die Gewährung von Urlaub nur mit seinem Einverständnis zulässig.

(2) Vor der Beurlaubung ist die Kreisverwaltungsbehörde zu hören. Die Beurlaubung ist dem zuständigen Gericht, der Kreisverwaltungsbehörde, dem Untergebrachten sowie allen übrigen nach Absatz 1 Antragsberechtigten mitzuteilen. Wird einem Untergebrachten nur für einen Zeitraum bis zu 24 Stunden Urlaub gewährt, so ist die Beurlaubung lediglich der Kreisverwaltungsbehörde, dem Untergebrachten und, wenn der Untergebrachte den Antrag nicht selbst gestellt hat, dem Antragsteller mitzuteilen. In dringenden Eilfällen kann die Anhörung nach Satz 1 unterbleiben; in diesem Fall ist die Benachrichtigung unverzüglich nachzuholen.

(3) Die Beurlaubung kann an Bedingungen geknüpft und mit Auflagen verbunden werden, die im Interesse der öffentlichen Sicherheit oder Ordnung oder des Gesundheitszustands des Untergebrachten erforderlich sind. Sie ist jederzeit widerruflich, insbesondere wenn die gestellten Auflagen und Bedingungen nicht eingehalten werden. Im Fall des Widerrufs der Beurlaubung gilt Absatz 2 Satz 2 entsprechend.

(4) Wird ein Antrag auf Beurlaubung abgelehnt, so ist dies dem Antragsteller, dem zuständigen Gericht und der Kreisverwaltungsbehörde mitzuteilen. War der Untergebrachte Antragsteller und hat er einen gesetzlichen Vertreter in den persönlichen Angelegenheiten, so ist die Ablehnung auch diesem mitzuteilen.

Art. 23 Ausgang in Begleitung und Beschäftigung außerhalb der Einrichtung. (1) Auf Antrag kann einem Untergebrachten von dem Leiter der Einrichtung Ausgang gewährt werden, wenn es für die Therapie oder Rehabilitation unbedenklich oder geboten ist. Der Ausgang kann nur gewährt werden, wenn der Untergebrachte von geeigneten Bediensteten der Einrichtung begleitet wird (Ausgang in Begleitung) und dadurch eine Gefährdung der öffentlichen Sicherheit oder Ordnung ausgeschlossen werden kann. Art. 22 Abs. 1 Sätze 2 und 3 finden entsprechende Anwendung.

(2) Für die Beschäftigung eines Untergebrachten im Rahmen der Arbeitstherapie in einem Betrieb außerhalb der Einrichtung gelten Absatz 1 Sätze 1 und 2 entsprechend; ein Antrag ist nicht erforderlich, jedoch darf die Maßnahme nicht gegen den Willen des Untergebrachten erfolgen. Ist nach der Organisation des Betriebs gewährleistet, daß der Untergebrachte nicht unbemerkt entweichen kann oder der Unterbringungszweck nicht auf sonstige Weise gefährdet wird, kann der Untergebrachte auch ohne Beaufsichtigung durch einen Bediensteten der Einrichtung in dem Betrieb tätig sein. Vor dem Erlaß der Maßnahme ist die Kreisverwaltungsbehörde zu hören. Der Erlaß der Maßnahmen ist dem zuständigen Gericht und der Kreisverwaltungsbehörde mitzuteilen. Art. 22 Abs. 3 findet entsprechende Anwendung, ebenso Art. 22 Abs. 4, wenn einer der in Art. 22 Abs. 1 Satz 2 Genannten den Antrag gestellt hat.

Fünfter Abschnitt. Beendigung der Unterbringung

Art. 24 Aussetzung des Vollzugs, Entlassung. (1) Der Leiter der Einrichtung und die Kreisverwaltungsbehörde haben unverzüglich das Gericht zu verständigen, wenn nach ihrer Überzeugung die Voraussetzungen für eine Unterbringung nach Art. 1 Abs. 1 nicht mehr vorliegen.

(2) Die Überwachung der Einhaltung etwaiger Auflagen im Sinn des § 328 Abs. 1 Satz 2 und des § 167 Abs. 1 Satz 1 FamFG obliegt der Kreisverwaltungsbehörde, in deren Bezirk der Betroffene seinen gewöhnlichen Aufenthalt hat. Hat der Betroffene keinen gewöhnlichen Aufenthalt, so ist die Kreisverwaltungsbehörde zuständig, in deren Bezirk sich der Sitz des zuständigen Gerichts befindet. Sie kann sich der Mit-

wirkung des Gesundheitsamts bedienen. Art. 8 Abs. 2 gilt entsprechend. Die Gewährung von Hilfen durch die zuständigen Stellen nach Art. 3 mit dem Ziel einer gesundheitlichen Wiederherstellung und sozialen Eingliederung des Betroffenen bleibt unberührt.

(3) Unmittelbar vor Eintritt des nach § 323 Nr. 2, §§ 329, 167 Abs. 1 Satz 1 FamFG bestimmten Zeitpunkts stellt der Leiter der Einrichtung durch Rückfrage bei Gericht fest, ob eine Entscheidung über die Fortdauer der Unterbringung ergangen ist. Ist das nicht der Fall, so ist der Betroffene vom Leiter der Einrichtung mit Eintritt des nach § 323 Nr. 2, §§ 329, 167 Abs. 1 Satz 1 FamFG bestimmten Zeitpunkts zu entlassen.

Sechster Abschnitt. Kosten

Art. 25 Kosten während der Unterbringung. (1) Die Kosten der Einlieferung und der Unterbringung nach diesem Gesetz in einer Einrichtung im Sinn des Art. 1 Abs. 1 (Unterbringungskosten) und die dabei entstehenden Kosten für ärztliche Heilbehandlung und Rehabilitation (Heilbehandlungskosten) hat der Betroffene zu tragen. Auf Gesetz oder Vertrag beruhende Verpflichtungen Dritter, insbesondere eines Unterhaltspflichtigen oder eines Trägers der Sozialversicherung zur Kostentragung, bleiben unberührt.

(2) Wird eine gerichtliche Entscheidung aufgehoben, weil im Zeitpunkt ihres Erlasses die Voraussetzungen der Unterbringung nicht gegeben waren, so erlegt das Gericht die Unterbringungs- und Heilbehandlungskosten dem Staat auf; die Heilbehandlungskosten trägt der Staat jedoch nur, soweit nicht ein Träger der Sozialversicherung leistungsverpflichtet ist oder soweit der Betroffene nicht Kostenersatz von einer privaten Krankenversicherung erlangen kann. Hat die Kreisverwaltungsbehörde die sofortige Unterbringung angeordnet oder die Polizei den Betroffenen ohne Anordnung der Kreisverwaltungsbehörde in eine Einrichtung im Sinn des Art. 1 Abs. 1 eingeliefert, ohne daß die Voraussetzungen dafür vorlagen, so fallen die Unterbringungs- und Heilbehandlungskosten der Körperschaft der Anordnungsbehörde oder dem Freistaat Bayern als Träger der Polizei zur Last; Satz 1 Halbsatz 2 gilt entsprechend.

Art. 26 Übernahme der Kosten durch den Bezirk. (1) Der Bezirk, in dessen Bereich der Betroffene untergebracht ist, übernimmt die Unterbringungs- und Heilbehandlungskosten, soweit und solange nicht der Untergebrachte oder andere nicht unmittelbar tragen. Der Bezirk kann von dem Untergebrachten oder anderen Verpflichteten Ersatz der Kosten verlangen, deren Aufbringung ihnen zuzumuten wäre, wenn der Untergebrachte Eingliederungshilfe für Behinderte nach § 39 Abs. 1 Satz 1 und Abs. 2 des Bundessozialhilfegesetzes erhielte. Die Vorschriften des Bundessozialhilfegesetzes, insbesondere § 21 Abs. 3, § 27 Abs. 3 und die Abschnitte 4, 5, 6 und 10, sowie das Erste und Zehnte Buch des Sozialgesetzbuchs gelten entsprechend.

(2) Für die Unterbringungs- und Heilbehandlungskosten, die den Bezirken nicht ersetzt oder erstattet werden, gewährt der Staat einen Ausgleich nach Maßgabe des Finanzausgleichsgesetzes.

Art. 27 Kosten der Besuchskommissionen. Die Mitglieder der Besuchskommissionen nach Art. 21 erhalten Reisekostenvergütung nach dem Bayrischen Reisekostengesetz in der jeweils geltenden Fassung. Soweit es sich nicht um Richter, Beamte oder Angestellte des Freistaates Bayern oder der Bezirke handelt, wird eine Entschädigung nach dem Gesetz über die Entschädigung von Zeugen und Sachverständigen gewährt.

Anhang

Siebter Abschnitt. Unterbringung in einem psychiatrischen Krankenhaus und in einer Entziehungsanstalt auf Grund strafgerichtlicher Entscheidung

Art. 28 Unterbringung auf Grund strafgerichtlicher Entscheidung. (1) Für die Unterbringung auf Grund strafgerichtlicher Entscheidung in einem psychiatrischen Krankenhaus und in einer Entziehungsanstalt (§§ 63, 64 StGB, §§ 136 bis 138 des Strafvollzugsgesetzes – StVollzG) gelten die Art. 12 bis 21 entsprechend. In den Fällen des Art. 15 Abs. 5 Satz 4 sowie des Art. 16 Abs. 2 Satz 1 finden § 29 Abs. 1 Sätze 2 und 3 StVollzG sinngemäße Anwendung.

(2) Art. 22 und 23 gelten entsprechend mit folgender Maßgabe:

1. vor der Gewährung von Urlaub nach Art. 22 Abs. 1 und vor Erlaß einer Maßnahme nach Art. 23 Abs. 2 ist an Stelle der Kreisverwaltungsbehörde die Vollstreckungsbehörde zu hören; Art. 22 Abs. 2 Sätze 3 und 4 finden keine Anwendung;
2. die Gewährung von Urlaub ist neben den nach Art. 22 Abs. 1 Satz 2 Antragsberechtigten der Vollstreckungsbehörde mitzuteilen;
3. die nach Art. 23 Abs. 2 getroffene Maßnahme ist nur der Vollstreckungsbehörde mitzuteilen;
4. wurde ein Antrag auf Beurlaubung abgelehnt, so ist an Stelle der Kreisverwaltungsbehörde der Vollstreckungsbehörde Mitteilung zu machen.

Achter Abschnitt. Schlußvorschriften

Art. 29 Einschränkung von Grundrechten. Auf Grund dieses Gesetzes können die Grundrechte auf körperliche Unversehrtheit und Freiheit der Person, Unverletzlichkeit des Briefgeheimnisses, Freizügigkeit und auf Unverletzlichkeit der Wohnung eingeschränkt werden (Art. 2 Abs. 2, Art. 10, 11, 13 des Grundgesetzes, Art. 102, 106, 109, 112 der Verfassung).

Art. 30 Ermächtigung zum Erlaß von Verordnungen. Das Staatsministerium des Innern wird ermächtigt, im Einvernehmen mit dem Staatsministerium der Justiz durch Rechtsverordnung die erforderlichen Regelungen über das Verfahren bei der Unterbringung und Betreuung (Art. 12), den Schriftwechsel (Art. 16), die sonstigen Arten der Nachrichtenübermittlung (Art. 18), die Mindestanforderungen an die ärztlichen Gutachten, die Beurlaubung (Art. 22) und den Ausgang in Begleitung (Art. 23) zu treffen; dasselbe gilt für die Festlegung von Benachrichtigungspflichten, die zur Sicherstellung des Unterbringungszwecks erforderlich sind. Bei Regelungen über das Verfahren bei der Unterbringung und Betreuung (Art. 12) ist außerdem das Benehmen mit dem Staatsministerium für Arbeit, Familie und Sozialordnung herzustellen.

Art. 31 Inkrafttreten. (1) Dieses Gesetz tritt am 1. Juli 1982 in Kraft.[1]

(2) *(gegenstandslos)*

---

[1] Amtliche Anmerkung: Diese Vorschrift betrifft das Inkrafttreten des Gesetzes in der ursprünglichen Fassung vom 20. 4. 1982 (GVBl. S. 202). Der Zeitpunkt des Inkrafttretens späterer Änderungen ergibt sich aus den jeweiligen Änderungsgesetzen.

3. Berlin

Gesetz für psychisch Kranke (PsychKG)

Vom 8. März 1985
(GVBl. S. 586), zuletzt geändert durch Art. II des Gesetzes zur Ausführung des Betreuungsgesetzes und zur Anpassung des Landesrechts v. 17. 3. 1994 (GVBl. S. 86)
Das Abgeordnetenhaus hat das folgende Gesetz beschlossen:

Erster Abschnitt. Allgemeines

§ 1 Anwendungsbereich. (1) Dieses Gesetz regelt
1. Hilfen für psychisch Kranke, soweit sie geeignet sind, eine Unterbringung zu vermeiden,
2. die Unterbringung
    a) von psychisch Kranken nach diesem Gesetz
    b) von psychisch Kranken, die nach § 63 Abs. 1, § 64 des Strafgesetzbuches sowie § 7 des Jugendgerichtsgesetzes untergebracht sind.

(2) Psychisch Kranke im Sinne dieses Gesetzes sind Personen, die an einer Psychose, einer psychischen Störung, die in ihren Auswirkungen einer Psychose gleichkommt, oder einer mit dem Verlust der Selbstkontrolle einhergehenden Abhängigkeit von Suchtstoffen leiden und bei denen ohne Behandlung keine Aussicht auf Heilung oder Besserung besteht.

(3) Dieses Gesetz findet auch Anwendung auf geistig behinderte Personen, bei denen ohne Behandlung keine Aussicht auf Besserung besteht.

§ 2 Fürsorgegrundsatz. Bei allen Maßnahmen auf Grund dieses Gesetzes ist auf das Befinden des psychisch Kranken besonders Rücksicht zu nehmen und sein Persönlichkeitsrecht zu wahren.

Zweiter Abschnitt. Hilfen für psychisch Kranke

§ 3 Ziel der Hilfen. (1) Ziel der Hilfen ist es, durch rechtzeitige und umfassende Beratung und persönliche Betreuung sowie durch Vermittlung oder Durchführung geeigneter Maßnahmen, insbesondere von Behandlung, eine Unterbringung des psychisch Kranken entbehrlich zu machen (vorsorgende Hilfen) oder ihm nach der Unterbringung die Wiedereingliederung in die Gemeinschaft zu erleichtern und eine erneute Unterbringung zu verhüten (nachgehende Hilfen). Die Hilfen werden nach Möglichkeit so erbracht, daß der psychisch Kranke sie in Anspruch nehmen kann, ohne seinen gewohnten Lebensbereich aufzugeben.

(2) Die Hilfen sollen ferner bei Personen, die mit psychisch Kranken in Beziehung stehen, Verständnis für die besondere Lage der psychisch Kranken wecken und insbesondere die Bereitschaft zur Mitwirkung bei der Behebung von Schwierigkeiten der psychisch Kranken erhalten und fördern.

(3) Hilfen nach diesem Gesetz werden nur geleistet, wenn sie von den Betroffenen freiwillig angenommen werden.

Anhang
Text der Ländergesetze

§ 4 Art der Hilfen. (1) Unter Berücksichtigung der in § 3 genannten Grundsätze müssen für eine bedarfsgerechte psychiatrische Versorgung individuelle und institutionelle Hilfen im ambulanten, stationären, komplementären und rehabilitativen Bereich in erreichbarer Nähe für jeden Einzugsbereich vorhanden sein. Stationäre Hilfen sollen dabei nur dann geleistet werden, wenn das Ziel der Hilfe nicht auf anderem Weg erreicht werden kann.

(2) Das für das Gesundheitswesen zuständige Mitglied des Senats wirkt darauf hin, daß die psychiatrische Notfallversorgung, insbesondere durch einen fachärztlichen Bereitschaftsdienst und durch Kriseninterventionszentren, in enger Zusammenarbeit mit den Bezirksämtern sichergestellt wird.

§ 5 Ehrenamtliche Helfer. Sozialpsychiatrische Dienste und psychiatrische Krankenhäuser sollen die ehrenamtliche Hilfe für psychisch Kranke sowie die Selbsthilfe fördern. Sie können die fachlichen Hilfen vor, während und nach der Unterbringung ergänzen.

§ 6 Psychiatriebeirat. Das für das Gesundheitswesen zuständige Mitglied des Senats beruft einen aus fachkundigen Personen bestehenden Psychiatriebeirat, der es bei allen Fragen einer bedarfsgerechten Versorgung psychisch Kranker berät.

§ 7 Psychosoziale Arbeitsgemeinschaften. (1) Zur Erreichung des in § 3 genannten Zieles arbeiten die Sozialpsychiatrischen Dienste der Bezirke mit den niedergelassenen Ärzten, den Krankenhäusern, den Trägern der Sozial- und Jugendhilfe, den Verbänden der freien Wohlfahrtspflege und allen anderen öffentlichen, freigemeinnützigen und privaten Organisationen, Einrichtungen und Stellen, die vorsorgende, begleitende und nachgehende Hilfen erbringen, eng zusammen.

(2) Von den Bezirksämtern sind psychosoziale Arbeitsgemeinschaften zu bilden. Sie haben auf eine Zusammenarbeit aller an der Versorgung beteiligten Personen, Behörden, Institutionen und Verbände hinzuwirken und sind von den zuständigen Behörden bei der Wahrnehmung des Sicherstellungsauftrages für eine gemeindenahe und bedarfsgerechte psychiatrische Versorgung zu hören.

Dritter Abschnitt. Unterbringung

1. Unterabschnitt. Voraussetzungen und Zweck

§ 8 Voraussetzungen der Unterbringung. (1) Psychisch Kranke können nach § 1 Abs. 1 Nr. 2 Buchstabe a gegen oder ohne ihren Willen nur untergebracht werden, wenn und solange sie durch ihr krankheitsbedingtes Verhalten ihr Leben, ernsthaft ihre Gesundheit oder besonders bedeutende Rechtsgüter anderer in erheblichem Maße gefährden und diese Gefahr nicht anders abgewendet werden kann. Die fehlende Bereitschaft, sich behandeln zu lassen, rechtfertigt für sich allein keine Unterbringung.

(2) Eine Unterbringung nach § 1 Abs. 1 Nr. 2 Buchstabe a darf nicht angeordnet oder muß wieder aufgehoben werden, wenn eine Unterbringung nach § 1 Nr. 2 Buchstabe b oder nach § 81 oder § 126 a StPO angeordnet worden ist.

§ 9 Zweck der Unterbringung. Zweck der Unterbringung ist es, die in § 8 genannte Gefahr abzuwenden und den Untergebrachten nach Maßgabe dieses Gesetzes zu behandeln.

3. Berlin

Anhang

§ 10 Einrichtungen. (1) Die Unterbringung erfolgt in psychiatrischen Krankenhäusern, psychiatrischen Abteilungen in einem Krankenhaus, für psychisch Kranke geeigneten Heimen oder Teilen von solchen Heimen (Einrichtungen). Sie wird als geschlossene Unterbringung in Einrichtungen durchgeführt, die durch geeignete Maßnahmen gegen Entweichen des Untergebrachten gesichert sind. Eine geeignete Maßnahme kann auch darin bestehen, dem Untergebrachten zu untersagen, die Einrichtung zu verlassen.

(2) Das für das Gesundheitswesen zuständige Mitglied des Senats bestimmt die an der Unterbringung beteiligten Einrichtungen und beleiht sie mit hoheitlicher Gewalt. Sie unterliegen der Fachaufsicht des zuständigen Bezirksamtes; § 89 Abs. 2 des Gesetzes über Hochschulen im Land Berlin (Berliner Hochschulgesetz – BerlHG –) vom 12. Oktober 1990 (GVBl. S. 2165), zuletzt geändert durch Gesetz vom 21. Dezember 1993 (GVBl. S. 649) bleibt unberührt.

(3) Die an der Unterbringung beteiligten Einrichtungen müssen so gegliedert und ausgestattet sein, daß eine auf die unterschiedlichen Anforderungen abgestimmte Behandlung ermöglicht und die Wiedereingliederung der Untergebrachten gefördert wird. Es müssen insbesondere die Voraussetzungen für eine offene und geschlossene Unterbringung sowie für eine gesonderte Behandlung Jugendlicher und Heranwachsender vorliegen.

(4) Soweit nach diesem Gesetz die Mitwirkung oder die Entscheidung der Einrichtung vorgesehen ist, ist für diese der zuständige leitende Arzt verantwortlich.

2. Unterabschnitt. Einleitung des Verfahrens

§ 11 Antrag auf Unterbringung. Die Unterbringung wird auf schriftlichen Antrag des Bezirksamtes eingeleitet.

§ 12 *(aufgehoben)*

§ 13 Gerichtliche Verfahrensvorschriften. Für das gerichtliche Verfahren gelten die Vorschriften des Gesetzes über die Angelegenheiten der freiwilligen Gerichtsbarkeit.

§ 14 Örtliche Zuständigkeit des Bezirksamtes. (1) Soweit nach diesem Gesetz Maßnahmen des Bezirksamtes vorgesehen sind, ist für diese das Bezirksamt zuständig, in dessen Bezirk der Betroffene seinen gewöhnlichen Aufenthalt hat oder zuletzt hatte. Hat oder hatte er keinen gewöhnlichen Aufenthalt im Land Berlin oder ist der gewöhnliche Aufenthalt nicht feststellbar, so ist das Bezirksamt zuständig, in dessen Bezirk das Bedürfnis für eine Unterbringung entsteht.

(2) Für eine Maßnahme nach § 26 ist neben dem in Absatz 1 genannten Bezirksamt das Bezirksamt zuständig, in dessen Bezirk das Bedürfnis für die Unterbringung entsteht. Dieses Bezirksamt ist auch für die Antragstellung zuständig, wenn eine vorläufige Unterbringung durch einstweilige Anordnung nach § 70 h des Gesetzes über die Angelegenheiten der freiwilligen Gerichtsbarkeit erforderlich ist. Befindet sich der Betroffene bereits in einer Einrichtung, so ist auch das Bezirksamt zuständig, in dessen Bezirk die Einrichtung liegt.

(3) Das nach Absatz 2 tätig gewordene Bezirksamt gibt das Verfahren umgehend an das nach Absatz 1 Satz 1 dafür zuständige Bezirksamt ab. In besonders begründeten Ausnahmefällen kann das Verfahren auch von dem Bezirksamt, in dem die Einrichtung liegt, weitergeführt werden, wenn die Interessen des Betroffenen dem nicht entgegenstehen und damit eine einfache und zweckmäßige Durchführung des Verfahrens gewährleistet wird.

Anhang
Text der Ländergesetze

§ 15 Akteneinsicht des Betroffenen. Die Betroffenen haben grundsätzlich das Recht, alle Akten und Unterlagen einzusehen, die bei Behörden und Einrichtungen, die an der Durchführung hoheitlicher Maßnahmen beteiligt sind, über sie geführt werden. Dies gilt ausnahmsweise nicht, wenn nach ärztlichem Gutachten durch die Einsichtnahme derzeit eine erhebliche Gefährdung der Gesundheit des Betroffenen zu erwarten ist oder schützenswerte Interessen Dritter verletzt werden.

§§ 16–24 *(aufgehoben)*

3. Unterabschnitt. Voraussetzungen und Durchführung der vorläufigen behördlichen Unterbringung

§ 25 *(aufgehoben)*

§ 26 Vorläufige behördliche Unterbringung. (1) Bestehen dringende Anhaltspunkte für die Annahme, daß die Voraussetzung für die Unterbringung vorliegen und kann eine gerichtliche Entscheidung nicht rechtzeitig herbeigeführt werden, so kann das Bezirksamt eine vorläufige Unterbringung längstens bis zum Ablauf des auf die Unterbringung folgenden Tages anordnen.

(2) Kann das Bezirksamt die vorläufige Unterbringung nach Absatz 1 nicht rechtzeitig anordnen, so kann auch der Polizeipräsident in Berlin oder eine der in § 10 genannten Einrichtungen diese anordnen. Die Unterbringung durch den Polizeipräsidenten in Berlin ist nur zulässig, wenn sie auch ein Arzt für erforderlich hält. Die Einrichtung unterrichtet das Bezirksamt unverzüglich über die Unterbringung.

(3) Der aufnehmende Arzt in der Einrichtung hat bei der Aufnahme unverzüglich zu überprüfen, ob die Voraussetzung für die Unterbringung vorliegen. Liegen sie nicht vor, ist der Betroffene zu entlassen.

(4) Das Bezirksamt hat unverzüglich die gerichtliche Anordnung der Unterbringung zu beantragen, wenn es die Unterbringung für erforderlich hält.

(5) Personenbezogene Daten, die dem Polizeipräsidenten bei der vorläufigen Unterbringung nach Absatz 2 bekannt werden, dürfen nur zum Vollzug dieses Gesetzes und zur Aufklärung von Straftaten verwendet, insbesondere offenbart werden.

(6) Stellt der behandelnde Arzt während der Unterbringung Tatsachen fest, die über die Zeit der Unterbringung hinaus die Fahrtauglichkeit des Untergebrachten beeinträchtigen könnten, ist er befugt, der zuständigen Behörde davon Kenntnis zu geben.

4. Unterabschnitt. Aufnahme und Betreuung während der Unterbringung

§ 27 Durchführende Behörde. Die Unterbringung nach § 1 Abs. 1 Nr. 2 Buchstabe a wird von dem Bezirksamt durchgeführt; im Falle des § 26 Abs. 2 veranlaßt der Polizeipräsident in Berlin die Beförderung in die Einrichtung. Ist die behördliche Unterbringung nach § 26 Abs. 2 von der Einrichtung angeordnet worden, so ist von ihr auch die Durchführung zu veranlassen. Bei der Vollziehung der gerichtlichen und behördlichen Anordnung kann unmittelbarer Zwang nach den Vorschriften des Gesetzes über die Anwendung unmittelbaren Zwanges bei der Ausübung öffentlicher Gewalt durch Vollzugsbeamte des Landes Berlin (UZwG) vom 22. Juni 1970 (GVBl. S. 921), geändert durch Gesetz vom 26. November 1974 (GVBl. S. 2746), angewendet werden.

3. Berlin

Anhang

§ 28 Gestaltung der Unterbringung. (1) Die Unterbringung wird unter Berücksichtigung therapeutischer Gesichtspunkte den allgemeinen Lebensverhältnissen soweit wie möglich angeglichen. Hierzu gehört auch der regelmäßige Aufenthalt im Freien. Die Bereitschaft des Untergebrachten, an der Erreichung des Unterbringungszieles mitzuwirken, soll geweckt und sein Verantwortungsbewußtsein für ein geordnetes Zusammenleben gefördert werden.

(2) Während der Unterbringung fördert die Einrichtung die Aufrechterhaltung bestehender und die Anbahnung neuer sozialer Kontakte des Untergebrachten, soweit sie der Wiedereingliederung dienen.

(3) Während der Unterbringung erhalten Untergebrachte Leistungen nach den Vorschriften des Bundessozialhilfegesetzes, insbesondere einen angemessenen Barbetrag zur persönlichen Verfügung.

§ 29 Rechtsstellung des Untergebrachten. Der Untergebrachte unterliegt nur den in diesem Gesetz vorgesehenen Beschränkungen. Ihm dürfen nur solche Beschränkungen auferlegt werden, die im Hinblick auf den Zweck der Unterbringung oder zur Aufrechterhaltung der Sicherheit der Einrichtung unerläßlich sind. Die Vorschriften des Gesetzes über die Anwendung unmittelbaren Zwanges bei der Ausübung öffentlicher Gewalt durch Vollzugsbeamte des Landes Berlin (UZwG) finden insoweit Anwendung. Der Einsatz der in § 2 Abs. 3 UZwG besonders aufgeführten Hilfsmittel der körperlichen Gewalt mit Ausnahme der Fesseln ist unzulässig; der Einsatz der Mittel nach § 2 Abs. 4 UZwG ist ebenfalls unzulässig.

§ 29 a Besondere Sicherungsmaßnahmen. (1) Besondere Sicherungsmaßnahmen sind nur zulässig, wenn die gegenwärtige erhebliche Gefahr besteht, daß der Untergebrachte sich selbst tötet oder ernsthaft verletzt oder gewalttätig wird oder die Einrichtung ohne Erlaubnis verlassen wird und wenn dieser Gefahr nicht anders begegnet werden kann.

(2) Besondere Sicherungsmaßnahmen sind:
1. die Beschränkung des Aufenthalts im Freien,
2. die Wegnahme von Gegenständen,
3. die Absonderung in einen besonderen Raum,
4. die Fixierung.

(3) Jede besondere Sicherungsmaßnahme ist befristet anzuordnen, ärztlich zu überwachen und unverzüglich aufzuheben, wenn die Voraussetzung für ihre Anordnung weggefallen sind. Anordnung und Aufhebung der besonderen Sicherungsmaßnahmen sind zu dokumentieren. Von jeder Anordnung ist der Rechtsanwalt des Untergebrachten unverzüglich zu benachrichtigen.

§ 30 Behandlung. (1) Der Untergebrachte hat Anspruch auf die notwendige Behandlung. Die Behandlung schließt die dazu notwendigen Untersuchungen sowie beschäftigungs- und arbeitstherapeutische, heilpädagogische und psychotherapeutische Maßnahmen ein. Die Behandlung wegen der Erkrankung, die zu seiner Unterbringung geführt hat, erfolgt nach einem Behandlungsplan. Der Behandlungsplan soll mit dem Untergebrachten und auf seinen Wunsch mit seinem gesetzlichen Vertreter erörtert werden.

(2) Behandlungsmaßnahmen bedürfen des Einvernehmens mit dem Untergebrachten oder seinem gesetzlichen Vertreter. Unaufschiebbare Behandlungsmaßnahmen hat der Untergebrachte zu dulden, soweit sie sich auf die Erkrankung, die zu seiner Unterbringung geführt hat, beziehen. Der Rechtsanwalt des Untergebrachten ist unverzüglich zu informieren.

Anhang

Text der Ländergesetze

(3) Ärztliche Eingriffe und Behandlungsverfahren nach Absatz 2 Satz 2, die mit Lebensgefahr oder einer erheblichen Gefahr für die Gesundheit verbunden sind, dürfen nur mit rechtswirksamer Einwilligung des Untergebrachten oder, falls er die Bedeutung und Tragweite des Eingriffs und der Einwilligung nicht beurteilen kann, des gesetzlichen Vertreters in den persönlichen Angelegenheiten vorgenommen werden.

(4) Eine Behandlung, die die Persönlichkeit des Untergebrachten in ihrem Kernbereich ändern würde, ist unzulässig.

§ 31 Persönliche Habe. (1) Der Untergebrachte hat das Recht, seine persönliche Kleidung zu tragen.

(2) Der Untergebrachte hat das Recht, persönliche Gegenstände in seinem Zimmer aufzubewahren. Dieses Recht kann eingeschränkt werden, wenn gesundheitliche Nachteile für ihn zu befürchten sind oder die Sicherheit der Einrichtung oder ein geordnetes Zusammenleben in der Einrichtung erheblich gefährdet wird.

§ 32 Religionsausübung. Der Untergebrachte hat das Recht, innerhalb der Einrichtung am Gottesdienst und an den Veranstaltungen von Religions- und Glaubensgemeinschaften teilzunehmen.

§ 33 Besuchsrecht. (1) Das Recht des Untergebrachten, Besuch zu empfangen, darf nur eingeschränkt werden, wenn seine Gesundheit oder die Sicherheit der Einrichtung erheblich gefährdet ist.

(2) Bestehen Anhaltspunkte dafür, daß die Sicherheit der Einrichtung gefährdet wird, so kann ein Besuch davon abhängig gemacht werden, daß sich der Besucher durchsuchen läßt.

(3) Die Besuche dürfen aus Gründen der Behandlung oder der Sicherheit der Einrichtung überwacht werden. Die Übergabe von Gegenständen beim Besuch kann von der Erlaubnis der Einrichtung abhängig gemacht werden.

(4) Ein Besuch darf abgebrochen werden, wenn durch die Fortsetzung die Sicherheit der Einrichtung gefährdet wird oder gesundheitliche Nachteile für den Untergebrachten zu befürchten sind.

(5) Besuche von Verteidigern sowie von Rechtsanwälten und Notaren in einer den Untergebrachten betreffenden Rechtssache sind zu gestatten. Absatz 2 und Absatz 3 Satz 2 finden Anwendung. Eine inhaltliche Überprüfung der vom Verteidiger, Rechtsanwalt oder Notar mitgeführten Schriftstücke und sonstigen Unterlagen ist nicht zulässig.

§ 34 Recht auf Schriftwechsel. (1) Der Untergebrachte hat das Recht, Schreiben unbeschränkt und ungeöffnet abzusenden und zu empfangen.

(2) Der Schriftwechsel des Untergebrachten mit Gerichten, seinem Rechtsanwalt, seinem Verteidiger und dem Patientenfürsprecher unterliegen keiner Einschränkung. Dies gilt für Schreiben an Volksvertretungen des Bundes, der Länder und Bezirksverordnetenversammlungen sowie an deren Mitglieder, an die die Aufsicht ausübenden Organe, an die Europäische Kommission für Menschenrechte sowie bei ausländischen Staatsangehörigen für Schreiben an die konsularische oder diplomatische Vertretung des Heimatlandes.

(3) Der übrige Schriftwechsel darf nur im Bereich des Untergebrachten und nur dann eingesehen werden, wenn Anhaltspunkte dafür bestehen, daß die Gefahr des Einschmuggelns von Suchtstoffen oder gefährlichen Gegenständen oder der Verabredung von Straftaten besteht. Solche Schreiben können angehalten werden, wenn sie

3. Berlin

Anhang

für den Untergebrachten gesundheitliche Nachteile befürchten lassen oder geeignet sind, die Sicherheit der Einrichtung erheblich zu gefährden. Angehaltene Schreiben werden an den Absender zurückgegeben oder, sofern dies unmöglich oder aus den Gründen des Satzes 2 untunlich ist, aufbewahrt.

§ 35 Telefongespräche, Telegramme und andere Arten der Nachrichtenübermittlung. (1) Der Untergebrachte hat das Recht, Telefongespräche zu führen oder Telegramme aufzugeben sowie Päckchen, Pakete und bildliche Darstellungen abzusenden und zu empfangen. Im übrigen gelten für Telefongespräche die Vorschriften über den Besuch, für Telegramme, Päckchen, Pakete und bildliche Darstellungen die Vorschriften über den Schriftwechsel entsprechend.

(2) Absatz 1 gilt für andere Arten der Nachrichtenübermittlung sinngemäß.

§ 36 Offene Unterbringung. (1) Um das angestrebte Behandlungsziel zu erreichen, soll die Unterbringung nach Möglichkeit aufgelockert und weitgehend in freien Formen durchgeführt werden, sobald der Zweck der Unterbringung es zuläßt.

(2) Der Untergebrachte soll
1. im Fall der Unterbringung nach § 1 Abs. 1 Nr. 2 Buchstabe a nach Anhörung des Bezirksamtes,
2. im Falle der Unterbringung nach § 1 Abs. 1 Nr. 2 Buchstabe b nach Anhörung der Vollstreckungsbehörde

offen untergebracht werden, wenn dies seiner Behandlung dient, er den damit verbundenen Anforderungen genügt und nicht zu befürchten ist, daß er die Möglichkeit der offenen Unterbringung mißbraucht. Gegen den Willen des Untergebrachten ist die Verlegung in die offene Unterbringung nicht zulässig. Im Falle der Nummer 1 ist die Verlegung in die offene Unterbringung dem Gericht mitzuteilen.

§ 37 Beurlaubungen. (1) Der Untergebrachte kann durch die Einrichtung bis zu zwei Wochen beurlaubt werden, wenn der Gesundheitszustand und die persönlichen Verhältnisse des Untergebrachten es rechtfertigen und ein Mißbrauch des Urlaubsrechts nicht zu befürchten ist. Die Beurlaubung kann mit Auflagen verbunden werden.

(2) Die Beurlaubung von mehr als zwei Wochen bedarf
1. im Falle der Unterbringung nach § 1 Abs. 1 Nr. 2 Buchstabe a der vorherigen Anhörung des Bezirksamtes,
2. im Falle der Unterbringung nach § 1 Abs. 1 Nr. 2 Buchstabe b der vorherigen Anhörung der Vollstreckungsbehörde.
Im Falle der Nummer 1 ist die Beurlaubung dem Gericht mitzuteilen.

(3) Die Beurlaubung soll widerrufen werden, wenn der Beurlaubte die Auflage nicht oder nicht vollständig erfüllt hat oder sein Gesundheitszustand sich wesentlich verschlechtert hat oder ein Mißbrauch des Urlaubsrechts zu befürchten ist.

(4) Von der bevorstehenden Beurlaubung und dem Widerruf der Beurlaubung sind das Bezirksamt und der gesetzliche Vertreter des Untergebrachten rechtzeitig zu unterrichten.

§ 38 Beratende Kommission. (1) Das für das Gesundheitswesen zuständige Mitglied des Senats beruft eine beratende Kommission. Die Kommission setzt sich aus drei in der Psychiatrie tätigen Ärzten mit langjähriger klinischer Erfahrung zusammen. Für jedes Mitglied ist mindestens ein Ersatzmitglied zu bestellen.

(2) Die Kommission berät auf Wunsch die Einrichtung vor der Entscheidung über Lockerungen in den Fällen der §§ 36 und 37. Das für das Gesundheitswesen

Anhang

Text der Ländergesetze

zuständige Mitglied des Senats regelt das Nähere über die Berufung und die Aufgaben sowie die Entschädigung der Mitglieder der beratenden Kommission durch Rechtsverordnung.

(3) Die Kommission oder ein von ihr bestimmtes Mitglied verschafft sich einen persönlichen Eindruck von dem Untergebrachten.

§ 39 Hausordnung. (1) Die Einrichtung soll mit Zustimmung des für das Gesundheitswesen zuständigen Mitglieds des Senats eine Hausordnung erlassen. Die Hausordnung kann insbesondere Regelungen über die Einbringung von Sachen, Ausgestaltung der Räume, Einkaufsmöglichkeiten, Rauch- und Alkoholverbot, Besuchszeiten, Telefonverkehr, Freizeitgestaltung und den regelmäßigen Aufenthalt im Freien enthalten. Mitarbeitern und Patienten ist Gelegenheit zur Mitwirkung zu geben.

(2) Durch die Hausordnung dürfen Rechte des Untergebrachten nicht weiter eingeschränkt werden als nach diesem Gesetz zulässig.

§ 40 Patientenfürsprecher. (1) Dem Patientenfürsprecher nach § 25 Landeskrankenhausgesetz (LKG) in der Fassung vom 1. September 1986 (GVBl. S. 1533), zuletzt geändert durch Gesetz vom 13. November 1990 (GVBl. S. 2265) werden in psychiatrischen Krankenhäusern und psychiatrischen Abteilungen in einem Krankenhaus zwei bis vier weitere sachkundige Personen zugeordnet. Der Patientenfürsprecher und die in Satz 1 genannten Personen wirken über die in § 25 Abs. 2 des Landeskrankenhausgesetzes genannten Aufgaben hinaus bei der Gestaltung der Unterbringung beratend mit. Sie unterstützen die Einrichtung durch Anregungen und Verbesserungsvorschläge, insbesondere hinsichtlich des therapeutischen Klimas, und helfen bei der Eingliederung der Patienten nach der Entlassung und bei der Aufklärung der Öffentlichkeit über die Probleme psychisch Kranker.

(2) Die in Absatz 1 Satz 1 genannten Personen werden unter Mitwirkung der psychosozialen Arbeitsgemeinschaften der aufnahmeverpflichteten Bezirke gemeinsam mit dem Patientenfürsprecher und in gleicher Weise wie dieser von der Bezirksverordnetenversammlung gewählt. § 25 Abs. 3 des Landeskrankenhausgesetzes findet auf sie Anwendung.

§ 41 *(aufgehoben)*

5. Unterabschnitt. Beendigung der Unterbringung

§§ 42, 43 *(aufgehoben)*

§ 44 Beendigung der Unterbringung. Ist die Unterbringungsfrist abgelaufen oder der Unterbringungsbeschluß nach § 70 i des Gesetzes über die Angelegenheiten der freiwilligen Gerichtsbarkeit vorzeitig aufgehoben, so ist der Untergebrachte zu entlassen, wenn er nicht freiwillig in der stationären Behandlung verbleiben will.

§ 45 Benachrichtigung des Bezirksamtes. Die Einrichtung teilt dem Bezirksamt im Einvernehmen mit dem zu entlassenden Untergebrachten die bereits eingeleiteten Maßnahmen mit und ersucht dieses, unverzüglich für die ambulante Betreuung zu sorgen und nachgehende Hilfen in die Wege zu leiten.

Vierter Abschnitt. *(aufgehoben)*

Fünfter Abschnitt. Durchführung freiheitsentziehender Maßregeln

§ 46 Unterbringung auf Grund strafgerichtlicher Entscheidung. Für die Unterbringung nach § 1 Abs. 1 Nr. 2 Buchstabe b gelten die §§ 28 bis 40 entsprechend.

Sechster Abschnitt. Kosten

§§ 47, 48 *(aufgehoben)*

§ 49 Kosten der Unterbringung. Die Kosten der Unterbringung in einer Einrichtung und die Kosten für die nach diesem Gesetz erforderlichen Untersuchungen trägt der Untergebrachte, soweit nicht ein Träger der Sozialversicherung oder ein sonstiger Dritter zur Kostentragung verpflichtet ist.

Siebter Abschnitt. Übergangs- und Schlußvorschriften

§ 50 Verwaltungsvorschriften. Die Verwaltungsvorschriften zur Ausführung dieses Gesetzes erläßt das für das Gesundheitswesen zuständige Mitglied des Senats im Einvernehmen mit dem Senator für Justiz.

§ 51 Einschränkung von Grundrechten. Durch dieses Gesetz werden die Grundrechte auf Freiheit der Person und auf körperliche Unversehrtheit (Artikel 2 Abs. 2 des Grundgesetzes, Artikel 9 Abs. 1 Satz 1 der Verfassung von Berlin), auf Unverletzlichkeit des Briefgeheimnisses (Artikel 10 des Grundgesetzes, Artikel 10 der Verfassung von Berlin) und auf Unverletzlichkeit der Wohnung (Artikel 13 des Grundgesetzes, Artikel 19 Abs. 2 Satz 1 der Verfassung von Berlin) eingeschränkt.

§§ 52–54 *(aufgehoben)*

Anhang

Text der Ländergesetze

4. Brandenburg

Gesetz über Hilfen und Schutzmaßnahmen sowie über den Vollzug gerichtlich angeordneter Unterbringung für psychisch Kranke und seelisch behinderte Menschen im Land Brandenburg (Brandenburgisches Psychisch-Kranken-Gesetz – BbgPsychKG)

Vom 5. Mai 2009 (GVBl. S. 134)

Der Landtag hat das folgende Gesetz beschlossen:

Inhaltsübersicht §§

Abschnitt 1. Allgemeines

Anwendungsbereich	1
Grundsatz	2

Abschnitt 2. Ziel, Art und Träger der Hilfen

Anspruch auf Hilfen	3
Ziel der Hilfen	4
Art der Hilfen	5
Träger der Hilfen; örtliche Zuständigkeit	6
Psychiatriekoordination und psychosoziale Arbeitsgemeinschaften	7

Abschnitt 3. Öffentlich-rechtliche Unterbringung

Begriff und Voraussetzungen der Unterbringung	8
Zweck der Unterbringung	9
Beteiligte Krankenhäuser, Beleihung, Fachaufsicht	10
Antrag auf gerichtliche Entscheidung	11
Einstweilige Unterbringung	12
Sofortige Aufnahme im Krankenhaus und gerichtliche Unterbringungsanordnung	13
Zurückhaltung	14
Eingangsuntersuchung, Aufnahmebericht und Behandlungsplanung	15
Gestaltung der Unterbringung	16
Verlegung	17
Behandlung	18
Beurlaubung	19
Unmittelbarer Zwang, Begründungspflicht, Akteneinsicht	20
Besondere Sicherungsmaßnahmen	21
Besitz und Erwerb von Sachen	22
Freiheit der Religionsausübung	23
Besuchsrecht	24
Recht auf Schriftwechsel	25
Telefongespräche, Telegramme, Päckchen und andere Arten der Nachrichtenübermittlung	26
Bücher, Zeitungen, Zeitschriften; Hörfunk und Fernsehen	27
Hausordnung	28
Ausbildung, Weiterbildung, Arbeit	29

4. Brandenburg **Anhang**

	§§
Unterricht	30
Geld zur freien Verfügung	31
Beschwerderecht	32
Besuchskommissionen	33
Aussetzung und Aufhebung der Unterbringung	34
Kosten der Unterbringung	35

Abschnitt 4. Vollzug von Maßregeln der Besserung und Sicherung

Ziele des Maßregelvollzugs, Vollstreckungsplan, Beleihung	36
Eingangsuntersuchung und Behandlungsplanung	37
Gestaltung des Maßregelvollzugs, Beiräte	38
Lockerungen des Maßregelvollzugs	39
Behandlung der Anlasserkrankung	40
Andere Erkrankungen	41
Erkennungsdienstliche Maßnahmen, Festnahme	42
Fachaufsicht	43
Besondere Datenschutzbestimmungen in den Einrichtungen des Maßregelvollzugs	44
Rechte und deren Einschränkungen	45
Bildung, Arbeit, Beschäftigung	46
Taschengeld, Überbrückungsgeld, Hausgeld, Eigengeld	47
Beschwerderecht	48
Besuchskommission	49
Aussetzung und Erledigung der Maßregel, Umkehr der Vollstreckungsreihenfolge	50
Kosten der Unterbringung in Maßregelvollzugseinrichtungen	51

Abschnitt 5. Nachgehende Betreuung

Aufgaben	52
Mitwirkungspflichten	53

Abschnitt 6. Datenschutzbestimmungen

Grundsatz	54
Verarbeitung personenbezogener Daten	55
Zusammenwirken mit anderen Behörden und Einrichtungen	56
Datenübermittlung durch Unterbringungseinrichtungen	57
Automatisiertes Abrufverfahren und regelmäßige Datenübermittlung	58
Übermittlungsverantwortung, Unterrichtungspflicht	59

Abschnitt 7. Übergangs- und Schlussvorschriften

Verwaltungsvorschriften	60
Einschränkung von Grundrechten	61
Übergangsvorschriften	62
Inkrafttreten, Außerkrafttreten	63

Abschnitt 1. Allgemeines

§ 1 Anwendungsbereich. (1) Dieses Gesetz regelt
1. die Hilfen für Personen, die an einer psychischen Krankheit oder seelischen Behinderung leiden oder gelitten haben oder bei denen Anzeichen einer solchen Krankheit oder Behinderung vorliegen, die erforderlich sind, um die Krankheit zu heilen,

Anhang

deren Verschlimmerung zu verhüten, die Krankheitsbeschwerden zu lindern, der sozialen Ausgrenzung entgegenzuwirken und die soziale Wiedereingliederung zu ermöglichen,
2. das Verfahren bei einstweiliger Unterbringung psychisch kranker und seelisch behinderter Menschen, wenn dies aufgrund von Gefahr im Verzug zwingend erforderlich ist,
3. den Vollzug einer
   a) nach diesem Gesetz oder
   b) nach den §§ 63 und 64 des Strafgesetzbuches, den §§ 81 und 126a der Strafprozessordnung oder nach § 7 des Jugendgerichtsgesetzes
   angeordneten Unterbringung in einem psychiatrischen Krankenhaus, einer psychiatrischen Krankenhausabteilung oder in einer Entziehungsanstalt.

(2) Psychisch kranke oder seelisch behinderte Menschen im Sinne dieses Gesetzes sind Personen, die an einer Psychose, einer psychischen Störung, die in ihren Auswirkungen einer Psychose gleichkommt, oder einer mit dem Verlust der Selbstkontrolle einhergehenden Abhängigkeit von Suchtstoffen leiden und bei denen ohne Behandlung keine Aussicht auf Heilung oder Besserung besteht.

(3) Dieses Gesetz findet auch Anwendung auf geistig behinderte Menschen, die aufgrund hinzutretender psychischer Störungen im Sinne des Absatzes 2 besonderer Hilfen bedürfen.

§ 2 Grundsatz. (1) Bei allen Maßnahmen aufgrund dieses Gesetzes ist auf das Befinden des psychisch kranken oder seelisch behinderten Menschen besondere Rücksicht zu nehmen. Alle Rechte dieser Person und ihre menschliche Würde sind zu wahren. Einschränkungen ihrer Rechte nach diesem Gesetz unterliegen dem Grundsatz der Verhältnismäßigkeit.

(2) eine Maßnahme zur Regelung einzelner Angelegenheiten nach diesem Gesetz kann die von dieser Maßnahme betroffene Person, ihre gesetzliche Vertretungsperson oder ihre gerichtlich bestellte Betreuungsperson eine gerichtliche Entscheidung beantragen. Mit dem Antrag kann auch die Verpflichtung zum Erlass einer abgelehnten oder unterlassenen Maßnahme begehrt werden.

Abschnitt 2. Ziel, Art und Träger der Hilfen

§ 3 Anspruch auf Hilfen. Psychisch kranke Menschen und seelisch behinderte Menschen haben Anspruch auf die Hilfen nach diesem Gesetz. Die Hilfen sind nach pflichtgemäßem Ermessen zu leisten, sobald dem Träger der Hilfen bekannt wird, dass die Voraussetzungen für die Gewährung der Hilfen vorliegen. Bei Minderjährigen sind die Sorgeberechtigten und das Jugendamt hinzuzuziehen. Andere Bezugspersonen können einbezogen werden.

§ 4 Ziel der Hilfen. (1) Ziel der Hilfen ist es, durch umfassende Beratung und individuelle Betreuung sowie durch Vermittlung oder Durchführung geeigneter Maßnahmen, insbesondere von Behandlung und geeigneten Formen der Betreuung, die Hilfeempfänger so weit wie möglich bei einem eigenverantwortlichen und selbstständigen Leben und der Teilhabe an der Gemeinschaft zu unterstützen, sie dazu zu befähigen und eine Unterbringung in einem Krankenhaus zu vermeiden.

(2) Für Personen, die nach § 1 Abs. 1 Nr. 2 oder Nr. 3 untergebracht sind, sind die Hilfen darauf auszurichten, durch wirksame Angebote der Unterstützung und Betreuung oder durch deren Vermittlung die Unterbringungsdauer zu verkürzen, die Wiedereingliederung in die Gemeinschaft zu erleichtern und eine erneute Unterbringung

zu verhüten. Dies gilt auch bei einer Unterbringung nach § 1631b oder § 1906 des Bürgerlichen Gesetzbuches.

(3) Die Hilfen sollen in der Regel ambulant und nach Möglichkeit so erbracht werden, dass der psychisch kranke oder seelisch behinderte Mensch sie in Anspruch nehmen kann, ohne seinen gewohnten Lebensbereich aufzugeben. Hierbei ist sein persönliches Umfeld angemessen zu berücksichtigen. Die Hilfen sollen insbesondere die Angehörigen der Betroffenen sowie diejenigen, die mit den Betroffenen in häuslicher Gemeinschaft leben, mit einbeziehen und zu ihrer Entlastung beitragen.

(4) Hilfen nach diesem Gesetz werden nur geleistet, wenn sie von den Betroffenen freiwillig angenommen werden, es sei denn, es sind Maßnahmen zur Verhütung einer unmittelbaren Gefahr für die betroffene Person oder für Dritte erforderlich.

§ 5 Art der Hilfen. (1) Die Arten der Hilfen umfassen insbesondere

1. ambulante und aufsuchende Formen der vorsorgenden, begleitenden und nachgehenden Betreuung auch während der stationären Behandlung,
2. die Beratung der hilfebedürftigen Personen und ihrer Angehörigen sowie die Vermittlung von qualifizierten Behandlungs- und Betreuungsangeboten durch Dritte,
3. die beratende und vermittelnde Tätigkeit für diejenigen Personen, Einrichtungen und Dienste, die an der Behandlung und Betreuung psychisch kranker oder seelisch behinderter Menschen beteiligt sind,
4. die Gewährleistung einer ausreichenden ambulanten Notfallversorgung für psychisch kranke und seelisch behinderte Menschen in Zusammenarbeit mit den zuständigen ärztlichen Berufsorganisationen,
5. die Mitwirkung bei nach Maßgabe dieses Gesetzes vorzunehmenden Unterbringungsverfahren.

(2) Die Beauftragten der Träger der Hilfen haben bei Maßnahmen nach Absatz 1 das Recht, die Wohnung der betroffenen Person zu betreten, wenn dies erforderlich ist, um einer unmittelbaren erheblichen Gefahr für die öffentliche Sicherheit vorzubeugen. Die §§ 2 und 6 des Ordnungsbehördengesetzes bleiben unberührt.

(3) Art, Umfang und Dauer der Hilfen richten sich, soweit sie nicht durch Gesetz oder eine Gerichtsentscheidung bestimmt sind, nach der Besonderheit des Einzelfalles.

§ 6 Träger der Hilfen; örtliche Zuständigkeit. (1) Träger der Hilfen nach § 5 sind die Landkreise und kreisfreien Städte mit ihren sozialpsychiatrischen beziehungsweise jugendpsychiatrischen Diensten nach § 8 des Brandenburgischen Gesundheitsdienstgesetzes vom 23. April 2008 (GVBl. I S. 95). Die Dienste sollen in den Gesundheitsämtern eigenständig und fachärztlich geleitet sein.

(2) Örtlich zuständig ist derjenige Träger der Hilfen, in dessen Zuständigkeitsbereich die hilfebedürftige Person ihren Wohnsitz oder ihren gewöhnlichen Aufenthalt hat oder vor ihrer Aufnahme in ein Krankenhaus im Sinne von § 10 Abs. 1 Satz 1 hatte. Ist der letzte Wohnsitz oder der gewöhnliche Aufenthalt vor der stationären Aufnahme der hilfebedürftigen Person nicht mehr zu ermitteln, so ist derjenige Träger der Hilfen örtlich zuständig, in dessen Zuständigkeitsbereich sich das Krankenhaus befindet.

(3) Die Landkreise und kreisfreien Städte wirken darauf hin, dass

1. die für eine bedarfsgerechte psychiatrische Versorgung erforderlichen Angebote im ambulanten, stationären, teilstationären und rehabilitativen Bereich in erreichbarer Nähe zu ihrem jeweiligen örtlichen Zuständigkeitsbereich vorhanden sind und
2. die Träger dieser Angebote sich auf das Zusammenwirken bei der psychiatrischen Versorgung für einen oder mehrere örtliche Zuständigkeitsbereiche verpflichten.

(4) Zur Verwirklichung des in § 4 genannten Zieles der Hilfen arbeiten die sozialpsychiatrischen beziehungsweise jugendpsychiatrischen Dienste im Interesse der hilfebedürftigen Person mit der niedergelassenen Ärzteschaft, den Krankenhäusern und Entziehungsanstalten, den Sozialleistungsträgern, den Verbänden der Freien Wohlfahrtspflege, Angehörigen- und Betroffenenorganisationen und allen anderen öffentlichen, freigemeinnützigen und privaten Organisationen, Einrichtungen und Stellen, die Hilfen für psychisch kranke und seelisch behinderte Menschen erbringen, eng zusammen.

(5) Die sozialpsychiatrischen beziehungsweise jugendpsychiatrischen Dienste sollen die ehrenamtliche Hilfe für psychisch kranke und seelisch behinderte Menschen fördern. Sie wirken darauf hin, dass ehrenamtliche Hilfen die fachlichen Hilfsangebote in geeigneter Weise ergänzen.

§ 7 Psychiatriekoordination und psychosoziale Arbeitsgemeinschaften.
(1) Die Landkreise und kreisfreien Städte stellen die Wahrnehmung der koordinierenden und steuernden Aufgaben in der Versorgung psychisch kranker und seelisch behinderter Personen in ihrem örtlichen Zuständigkeitsbereich sicher. Sie können dazu eine Psychiatrie-Koordinatorin oder einen Psychiatrie-Koordinator berufen.

(2) Die an der Versorgung psychisch kranker und seelisch behinderter Menschen nach § 6 Abs. 3 und 4 Beteiligten können eine psychosoziale Arbeitsgemeinschaft für das Gebiet des Landkreises oder der kreisfreien Stadt bilden. Alle an der Versorgung Beteiligten haben ein Anrecht auf Mitgliedschaft in der psychosozialen Arbeitsgemeinschaft.

(3) Die psychosoziale Arbeitsgemeinschaft wirkt auf eine Zusammenarbeit aller an der Versorgung psychisch kranker und seelisch behinderter Menschen innerhalb des Landkreises oder der kreisfreien Stadt beteiligten Personen, Behörden, Institutionen und Verbände hin.

(4) Die psychosoziale Arbeitsgemeinschaft gibt sich eine Geschäftsordnung, in der auch das Verfahren zur Meinungsbildung des Gremiums geregelt ist. Ihr Votum ist von den zuständigen Behörden bei Planungen und Entscheidungen für eine gemeindenahe und bedarfsgerechte psychiatrische Versorgung zu hören.

Abschnitt 3. Öffentlich-rechtliche Unterbringung

§ 8 Begriff und Voraussetzungen der Unterbringung. (1) Eine Unterbringung im Sinne dieses Gesetzes liegt vor, wenn eine Person aufgrund ihrer psychischen Krankheit oder seelischen Behinderung gegen ihren Willen, in willenlosem Zustand oder gegen den Willen ihrer gesetzlichen Vertretungsperson oder gerichtlich bestellten Betreuungsperson nicht nur vorübergehend in eine Einrichtung der psychiatrischen Versorgung nach § 10 Abs. 1 eingewiesen und dort festgehalten wird.

(2) Psychisch kranke und seelisch behinderte Menschen dürfen nur dann untergebracht werden, wenn und solange durch ihr krankheitsbedingtes Verhalten oder die Auswirkungen ihrer Krankheit

1. ihr Leben oder ihre Gesundheit ernsthaft gefährdet sind oder
2. eine unmittelbare erhebliche Gefahr für die öffentliche Sicherheit besteht
und diese Gefahren nach fachärztlichem Urteil nicht anders abgewendet werden können.

(3) Eine ernsthafte Gefährdung oder unmittelbare Gefahr im Sinne von Absatz 2 Nr. 1 und 2 besteht dann, wenn infolge der Krankheitsauswirkungen ein schadenstiftendes Ereignis unmittelbar bevorsteht oder sein Eintritt zwar unvorhersehbar aber wegen der besonderen Umstände des Einzelfalles jederzeit zu erwarten ist.

4. Brandenburg

Anhang

§ 9 Zweck der Unterbringung. (1) Zweck der Unterbringung ist die Heilung, Besserung, Linderung oder Verhütung der Verschlimmerung der psychischen Krankheit oder seelischen Behinderung der untergebrachten Person, welche dazu geführt hat, dass die Voraussetzungen der Unterbringung gegeben waren. Zweck der Unterbringung ist auch die Sicherung der untergebrachten Person vor der Gefahr der Selbstschädigung und der Öffentlichkeit vor einer Gefährdung durch die untergebrachte Person.

(2) Können diese Zwecke auch durch eine ambulante Behandlung, insbesondere im Rahmen einer psychiatrischen Institutsambulanz nach § 118 des Fünften Buches Sozialgesetzbuch, oder durch teilstationäre Einrichtungen wie Tageskliniken oder Krisenbetten erreicht werden, so ist die Unterbringung zu beenden; für das Verfahren gilt § 34.

§ 10 Beteiligte Krankenhäuser, Beleihung, Fachaufsicht. (1) Die Unterbringung erfolgt möglichst gemeindenah in psychiatrischen Krankenhäusern und psychiatrischen Abteilungen an Krankenhäusern (Krankenhäuser). Die Unterbringung von Kindern und Jugendlichen soll in organisatorisch abgegrenzten kinder- und jugendpsychiatrischen Fachabteilungen der Krankenhäuser erfolgen.

(2) Das für Gesundheit zuständige Mitglied der Landesregierung bestimmt im Einvernehmen mit dem für Inneres zuständigen Mitglied der Landesregierung durch Rechtsverordnung die an der Unterbringung beteiligten Krankenhäuser und deren örtliche Zuständigkeit und beleiht sie insoweit mit hoheitlicher Gewalt. Die Beschäftigten der nicht öffentlichen Krankenhausträger, die am Vollzug der Unterbringung beteiligt sind, unterliegen der unmittelbaren staatlichen Aufsicht und sind durch die Aufsichtsbehörde widerruflich für die Vollzugsaufgaben mit der Befugnis zur Ausübung unmittelbaren Zwangs auf Anordnung der ärztlichen Leitung zu bestellen. Ihre Beschäftigung bedarf der Zustimmung der Aufsichtsbehörde im Hinblick auf ihre fachliche und persönliche Eignung.

(3) Diese Krankenhäuser müssen so ausgestattet sein, dass sie den Zweck der Unterbringung nach § 9 Abs. 1 erfüllen können. Sie müssen insbesondere gewährleisten, dass die Sicherheit der untergebrachten Person jederzeit gewährleistet ist und eine auf die unterschiedlichen Anforderungen abgestimmte Behandlung oder Betreuung der untergebrachten Personen ermöglicht und ihre Wiedereingliederung gefördert wird. Der Stand der medizinischen, therapeutischen und heilpädagogischen Erkenntnisse ist in der Behandlung und Betreuung zu berücksichtigen.

(4) Die Fachaufsicht über die nach Absatz 2 bestimmten Krankenhäuser wird vom Landesamt für Soziales und Versorgung ausgeübt. Sein fachliches Weisungsrecht erstreckt sich auch auf alle nach Absatz 2 Satz 2 bestellten Beschäftigten der für die Unterbringung zuständigen Krankenhäuser. Die oberste Fachaufsicht wird von dem für das Gesundheitswesen zuständigen Ministerium ausgeübt. Es kann die Befugnisse der Aufsichtsbehörde selbst ausüben, soweit dies für eine wirksame Wahrnehmung der Aufsichtsaufgaben zweckmäßig erscheint. Im Rahmen der Fachaufsicht ist den Aufsichtsbehörden insbesondere Auskunft zu erteilen, Einsicht in Akten oder sonstige Schriftstücke zu gewähren, ihren Weisungen Folge zu leisten und jederzeit Zugang zu den Räumlichkeiten des Krankenhauses zu gewähren. Die Aufsichtsbehörden können auf Kosten des Krankenhausträgers selbst tätig werden oder Dritte tätig werden lassen, wenn der Träger einer Weisung innerhalb einer bestimmten Frist nicht befolgt. Sie können das Selbsteintrittsrecht nach Satz 6 auch durch Weisungen gegenüber den Beschäftigten des Trägers ausüben.

(5) Soweit nach diesem Gesetz die Mitwirkung oder die Entscheidung des Krankenhauses oder seiner Leitung vorgesehen ist, ist für diese die ärztliche Leitung verantwortlich.

Anhang

Text der Ländergesetze

§ 11 Antrag auf gerichtliche Entscheidung. (1) Die gerichtliche Anordnung der Unterbringung setzt einen Antrag des sozialpsychiatrischen Dienstes, in dessen örtlichem Zuständigkeitsbereich sich die Notwendigkeit der Unterbringung zeigt, voraus. Eines solchen Antrags bedarf es nicht, sofern das Krankenhaus einen Antrag nach § 13 Abs. 2 oder § 14 Abs. 2 gestellt hat. Das gerichtliche Verfahren richtet sich nach dem Gesetz über die Angelegenheiten der freiwilligen Gerichtsbarkeit.

(2) Die Vollstreckung der gerichtlichen Unterbringungsanordnung obliegt dem sozialpsychiatrischen Dienst, der den Antrag auf Erlass dieser Anordnung gestellt hat. § 12 Abs. 2 und 3 gilt entsprechend.

§ 12 Einstweilige Unterbringung. (1) Sprechen dringende Gründe für die Annahme, dass die Unterbringungsvoraussetzungen nach § 8 erfüllt sind, und kann eine gerichtliche Entscheidung nicht rechtzeitig herbeigeführt werden, so kann der sozialpsychiatrische Dienst, in dessen örtlichem Zuständigkeitsbereich sich die Notwendigkeit der Unterbringung zeigt, die einstweilige Unterbringung der betroffenen Person anordnen. Die Landkreise und kreisfreien Städte nehmen die Aufgabe als Sonderordnungsbehörden wahr.

(2) Der sozialpsychiatrische Dienst gibt der betroffenen Person Gelegenheit, eine Person ihres Vertrauens zu benachrichtigen. Ist sie dazu nicht in der Lage, benachrichtigt der sozialpsychiatrische Dienst unverzüglich eine oder einen ihrer Angehörigen, sofern dies ihrem mutmaßlichen Willen nicht widerspricht. Bei Minderjährigen sind in jedem Fall die Personensorgeberechtigten und das Jugendamt zu informieren, bei betreuten Personen ist deren Betreuerin oder Betreuer zu benachrichtigen.

(3) Der sozialpsychiatrische Dienst kann seine Anordnung der einstweiligen Unterbringung selbst ausführen; dabei darf er unter den in § 20 Abs. 2 genannten Voraussetzungen unmittelbaren Zwang anwenden. Er kann zur Ausführung seiner Anordnung die Polizei um Vollzugshilfe ersuchen, soweit dies im Einzelfall erforderlich erscheint. Die betroffene Person ist unverzüglich in das nächstgelegene, nach § 10 Abs. 2 zuständige Krankenhaus zu bringen.

(4) Sind die Voraussetzungen nach Absatz 1 erfüllt, kann aber die Entscheidung des sozialpsychiatrischen Dienstes nicht rechtzeitig herbeigeführt werden, so hat die integrierte Leitstelle des Rettungsdienstes eine Notärztin oder einen Notarzt zu der betroffenen Person zu entsenden. Die Notärztin oder der Notarzt kann unter den Voraussetzungen des Absatzes 1 die einstweilige Unterbringung der Person anordnen und zur Ausführung dieser Anordnung die Polizei um Vollzugshilfe ersuchen. Die Notärztin oder der Notarzt hat nach Anordnung der einstweiligen Unterbringung dafür zu sorgen, dass die betroffene Person von dem Rettungsdienst in das nächstgelegene, nach § 10 Abs. 2 zuständige Krankenhaus gebracht wird. Das Krankenhaus hat unverzüglich die in Absatz 2 vorgesehenen Benachrichtigungen zu ermöglichen oder vorzunehmen und den sozialpsychiatrischen Dienst über den Aufenthalt der betroffenen Person zu unterrichten.

(5) Die betroffene Person ist unverzüglich, spätestens binnen 24 Stunden, seitdem die einstweilige Unterbringung nach Absatz 3 oder Absatz 4 begonnen hat, richterlich anzuhören. Spätestens bis zum Ende des dem Beginn der einstweiligen Unterbringung folgenden Tages hat das Gericht über Zulässigkeit und Fortdauer der Freiheitsentziehung zu entscheiden.

§ 13 Sofortige Aufnahme im Krankenhaus und gerichtliche Unterbringungsanordnung. (1) Ist eine Person nach § 12 Abs. 3 oder Abs. 4 in ein Krankenhaus gebracht worden, muss sie dort unverzüglich der diensthabenden Ärztin oder dem diensthabenden Arzt vorgestellt werden. Die diensthabende Ärztin oder der diensthabende Arzt entscheidet nach § 8 über die Notwendigkeit einer sofortigen Aufnahme.

(2) Im Fall der Aufnahme stellt die diensthabende Ärztin oder der diensthabende Arzt für das Krankenhaus unverzüglich einen Antrag auf Anordnung der Unterbringung beim zuständigen Gericht.

(3) Die betroffene Person ist aus dem Krankenhaus zu entlassen, wenn

1. die diensthabende Ärztin oder der diensthabende Arzt entscheidet, dass keine Notwendigkeit für eine sofortige Aufnahme besteht,
2. das Gericht den Antrag auf Anordnung der Unterbringung zurückgewiesen hat oder
3. das Gericht nicht bis zum Ende des auf den Beginn der Freiheitsentziehung folgenden Tages die Unterbringung angeordnet hat.

Die Entlassung ist dem sozialpsychiatrischen Dienst unverzüglich mitzuteilen. Dieser teilt den anderen Personen und Stellen, die von der einstweiligen Unterbringung nach § 12 Abs. 2 benachrichtigt worden sind, umgehend die Entlassung mit.

§ 14 Zurückhaltung. (1) Befindet sich eine Person in einem nach § 10 Abs. 2 zuständigen Krankenhaus, ohne nach diesem Gesetz untergebracht zu sein, so kann dessen ärztliche Leitung anordnen, dass diese Person gegen ihren Willen in dem Krankenhaus zurückgehalten wird, sofern aufgrund eines ärztlichen Zeugnisses dringende Gründe dafür sprechen, dass die Unterbringungsvoraussetzungen nach § 8 erfüllt sind, und eine gerichtliche Entscheidung nicht rechtzeitig herbeigeführt werden kann. § 12 Abs. 4 Satz 4 gilt entsprechend.

(2) Im Fall einer Anordnung nach Absatz 1 stellt die ärztliche Leitung für das Krankenhaus unverzüglich einen Antrag auf Anordnung der Unterbringung bei dem zuständigen Gericht. § 12 Abs. 5 gilt entsprechend.

(3) Setzt sich die betroffene Person über die Anordnung nach Absatz 1 hinweg, können die nach § 10 Abs. 2 Satz 2 bestellten Beschäftigten des Krankenhauses unter den in § 20 Abs. 2 genannten Voraussetzungen unmittelbaren Zwang anwenden, um den weiteren Aufenthalt der betroffenen Person in dem Krankenhaus sicherzustellen, bis das Gericht über den Unterbringungsantrag entschieden oder darüber bis zum Ende des auf den Beginn der Freiheitsentziehung folgenden Tages keine Entscheidung getroffen hat. Zu diesem Zweck kann die ärztliche Leitung auch die Polizei um Vollzugshilfe ersuchen.

(4) Die betroffene Person ist unter den in § 13 Abs. 3 Satz 1 Nr. 2 und 3 genannten Voraussetzungen zu entlassen. § 13 Abs. 3 Satz 2 und 3 gilt entsprechend.

§ 15 Eingangsuntersuchung, Aufnahmebericht und Behandlungsplanung.
(1) Die betroffene Person wird bei Aufnahme in das nach § 10 Abs. 2 zuständige Krankenhaus in einer Eingangsuntersuchung ärztlich untersucht. Dabei sollen auch Erkenntnisse über die Lebensverhältnisse der betroffenen Person erhoben werden, die für das Entstehen der psychischen Krankheit, ihre besondere Ausprägung oder ihre Behandlung bedeutsam sein können. Die Ergebnisse der Eingangsuntersuchung und die Berücksichtigung der besonderen Lebensverhältnisse bilden zusammen den Aufnahmebericht.

(2) Auf der Grundlage des Aufnahmeberichtes erstellt das Krankenhaus, in dem die Unterbringung vollzogen wird, binnen vier Wochen einen individuellen Behandlungs- und Wiedereingliederungsplan. Darin sollen auch Maßnahmen zur Einbeziehung nahestehender Personen, zur beruflichen Ausbildung und Fortbildung sowie zur Freizeitgestaltung enthalten sein. Der Behandlungsplan hat den Behandlungsbedürfnissen und den Sicherungsbedürfnissen in angemessener Weise Rechnung zu tragen.

Anhang
Text der Ländergesetze

Er ist im Abstand von längstens drei Monaten zu überprüfen und der Entwicklung der untergebrachten Person anzupassen. Der untergebrachten Person ist Gelegenheit zur Mitwirkung an diesem Behandlungsplan zu geben. Der Plan soll mit ihr und mit ihrer gesetzlichen Vertretungsperson oder der mit ihrer Betreuung betrauten Person regelmäßig erörtert werden. Die Erörterung mit der untergebrachten Person darf unterbleiben, wenn sich dadurch nach ärztlichem Urteil ihr Gesundheitszustand verschlechtern würde.

(3) Ergibt die Eingangsuntersuchung, dass die Voraussetzungen der Unterbringung nicht oder nicht mehr gegeben sind, so hat die ärztliche Leitung die untergebrachte Person zu beurlauben und unverzüglich einen Antrag auf Aussetzung oder Aufhebung der Unterbringungsmaßnahme beim zuständigen Gericht zu stellen. § 19 gilt entsprechend.

(4) Die Befunde der Eingangsuntersuchung nach Absatz 1 und der Behandlungsplan sowie seine Fortschreibungen nach Absatz 2 sind zu dokumentieren und zu den Patientenakten zu nehmen.

§ 16 Gestaltung der Unterbringung. (1) Die Unterbringung wird unter Berücksichtigung therapeutischer Gesichtspunkte den allgemeinen Lebensverhältnissen so weit wie möglich angeglichen. Die Bereitschaft der untergebrachten Person, an der Erreichung des Unterbringungszieles entsprechend dem Behandlungsplan mitzuwirken, soll aufgegriffen oder geweckt werden. Das Verantwortungsbewusstsein für ein geordnetes Zusammenleben ist zu fördern.

(2) Während der Unterbringung fördert das Krankenhaus die Aufrechterhaltung bestehender und die Anbahnung neuer sozialer Kontakte der untergebrachten Person in Vorbereitung ihrer Wiedereingliederung. Das Krankenhaus arbeitet dabei eng mit dem örtlich zuständigen sozialpsychiatrischen Dienst zusammen. Dieser hat das Recht, die untergebrachte Person zu besuchen und an der Entlassungsvorbereitung mitzuwirken.

(3) Wird die untergebrachte Person nach der Entlassung ihren Wohnsitz an einem Ort außerhalb des Zuständigkeitsbereichs des Trägers der Hilfen nach § 6 Abs. 2 nehmen, sind mit ihrem Einverständnis ihre Angehörigen und dann örtlich zuständige sozialpsychiatrische Dienst zu benachrichtigen. Bei Minderjährigen ist, wenn die personensorgeberechtigte Person zustimmt, auch das örtlich zuständige Jugendamt zu unterrichten.

(4) Um das Behandlungsziel zu erreichen, ist die Unterbringung nach Möglichkeit gelockert durchzuführen, sobald der Zweck der Unterbringung es zulässt. Die offene Unterbringung ist anzustreben. Sie darf nur nicht vollzogen werden, wenn sie dem Willen der untergebrachten Person widerspricht oder die Gefahr besteht, dass der Behandlungserfolg durch sie gefährdet wird, dass die untergebrachte Person Schaden nimmt oder dass sie die Möglichkeit der offenen Unterbringung missbraucht.

§ 17 Verlegung. (1) Die untergebrachte Person kann mit ihrer Zustimmung in ein anderes, nach § 10 Abs. 2 bestimmtes Krankenhaus verlegt werden, wenn dies den therapeutischen Zielen nicht entgegensteht.

(2) Ohne die Zustimmung der untergebrachten Person darf solch eine Verlegung nur erfolgen, wenn das Ziel der Unterbringung mit den Mitteln des Krankenhauses nicht oder nicht mehr zu erreichen ist. Dasselbe gilt, wenn eine Verlegung für die Behandlung oder Wiedereingliederung nach der Entlassung der untergebrachten Person notwendig oder aus Gründen der Vollzugsorganisation oder der Sicherheit unerlässlich ist. Die Gründe sind zu dokumentieren und den Betroffenen mitzuteilen.

(3) Die Verlegung wird von der ärztlichen Leitung angeordnet. Die Verlegung in die offene Unterbringung ist vorab dem Gericht mitzuteilen, das die Unterbringung angeordnet hat.

§ 18 Behandlung. (1) Die untergebrachte Person hat Anspruch auf eine zweckmäßige, notwendige und dem Stand der medizinischen Erkenntnis entsprechende Behandlung. Die Behandlung schließt die dazu notwendigen Untersuchungen sowie beschäftigungs- und arbeitstherapeutische, heilpädagogische, psychotherapeutische, sozialtherapeutische und medikamentöse Maßnahmen ein. Die Behandlung hat Angebote und Maßnahmen des Gesundheitsschutzes und der Gesundheitsförderung für die untergebrachte Person einzuschließen. Die Behandlung ist der untergebrachten Person zu erläutern.

(2) Behandlungsmaßnahmen bedürfen des Einvernehmens der untergebrachten Person. Ist sie nicht fähig, Grund, Bedeutung und Tragweite der Maßnahme einzusehen oder ihren Willen nach dieser Einsicht zu bestimmen, ist ist für sie eine Betreuung eingerichtet, zu deren Aufgaben die Gesundheitsfürsorge gehört, so ist das Einvernehmen der mit ihrer Betreuung betrauten Person maßgebend. Fehlt Minderjährigen die in Satz 2 genannte Fähigkeit, so ist das Einvernehmen der Personensorgeberechtigten maßgebend. Unaufschiebbare Behandlungsmaßnahmen hat die untergebrachte Person zu dulden, soweit sie sich auf die Erkrankung, anlässlich derer die Unterbringung angeordnet wurde, beziehen. Sie dürfen nur von einer Ärztin oder einem Arzt angeordnet werden. Die gesetzliche Vertretung der untergebrachten Person, die mit ihrer Betreuung betraute Person oder ihre Rechtsanwältin oder ihr Rechtsanwalt ist unverzüglich zu informieren.

(3) In den Fällen des Absatzes 2 Satz 2 bedarf die Einwilligung der mit der Betreuung betrauten Person in die Behandlungsmaßnahme nach § 1904 Abs. 1 des Bürgerlichen Gesetzbuches der Genehmigung des Vormundschaftsgerichts, wenn die begründete Gefahr besteht, dass die untergebrachte Person aufgrund der Maßnahme stirbt oder einen schweren und länger dauernden gesundheitlichen Schaden erleidet. Ohne diese Genehmigung darf die Maßnahme nur durchgeführt werden, wenn mit dem Aufschub Gefahr verbunden ist.

(4) Aus Gründen des Gesundheitsschutzes und der Hygiene ist die körperliche Untersuchung zulässig, soweit sie nicht mit einem körperlichen Eingriff verbunden ist.

(5) Eine Behandlung, die die Persönlichkeit der untergebrachten Person dauerhaft in ihrem Kernbereich ändern würde, ist unzulässig.

(6) Untergebrachte Personen dürfen auch dann nicht in Arzneimittelerprobungen einbezogen werden, wenn dies nach anderen Vorschriften ansonsten zulässig wäre.

(7) Alle Behandlungsmaßnahmen und die erteilten Einwilligungen sind zu dokumentieren. Die Dokumente sind zu den Patientenakten zu nehmen.

§ 19 Beurlaubung. (1) Die untergebrachte Person soll von der ärztlichen Leitung im Einklang mit dem Behandlungsplan beurlaubt werden, wenn ihr Gesundheitszustand und ihre persönlichen Verhältnisse rechtfertigen und ein Missbrauch des Urlaubsrechts nicht zu befürchten ist. Der Urlaub kann mit Auflagen und Weisungen verbunden werden. Er muss im Behandlungsplan begründet sein und ist dem sozialpsychiatrischen Dienst, der Betreuungsperson sowie bei Minderjährigen den Personensorgeberechtigten anzuzeigen.

(2) Soll der Urlaub 14 Kalendertage im Quartal übersteigen, so bedarf er des vorherigen Einverständnisses der gesetzlichen Vertretung der zu beurlaubenden Person oder der mit ihrer Betreuung betrauten Person.

Anhang
Text der Ländergesetze

(3) Die Beurlaubung soll widerrufen werden, wenn die beurlaubte Person ihr erteilte Auflagen nicht oder nicht vollständig erfüllt hat, ihr Gesundheitszustand sich wesentlich verschlechtert hat oder ein Missbrauch des Urlaubsrechts zu befürchten ist. Der Widerruf ist den in Absatz 1 Satz 3 genannten Personen und Stellen anzuzeigen.

(4) Soll der Urlaub 42 Kalendertage im Quartal übersteigen, bedarf es der vorherigen Aussetzung der Unterbringung durch das Gericht.

§ 20 Unmittelbarer Zwang, Begründungspflicht, Akteneinsicht. (1) Die untergebrachte Person unterliegt nur den in diesem Gesetz oder aufgrund anderer Gesetze vorgesehenen Beschränkungen. Ihr dürfen nur solche Beschränkungen auferlegt werden, die im Hinblick auf den Zweck der Unterbringung oder zur Aufrechterhaltung der Sicherheit des Krankenhauses unerlässlich sind. Sie hat insoweit den Anordnungen des therapeutischen Personals Folge zu leisten.

(2) Weigert sich die untergebrachte Person, den Anordnungen des Personals nach Absatz 1 Folge zu leisten, so dürfen die Beschäftigten des Krankenhauses unter den Voraussetzungen des Absatzes 1 Satz 2 unmittelbaren Zwang anwenden. Unmittelbarer Zwang im Sinne dieses Gesetzes ist die Einwirkung auf Personen durch körperliche Gewalt. Die Maßnahmen des unmittelbaren Zwangs unterliegen dem Grundsatz der Verhältnismäßigkeit und müssen so gewählt sein, dass die Würde der untergebrachten Person nicht verletzt wird. Unmittelbarer Zwang ist vorher anzudrohen und zu begründen. Die Androhung darf nur unterbleiben, wenn der Zustand der untergebrachten Person dies nicht zulässt oder Gefahr im Verzug ist. Maßnahmen des unmittelbaren Zwangs und ihre Begründungen sind zu dokumentieren. Dies gilt auch für Verletzungen der betroffenen Person, die bei der Anwendung unmittelbaren Zwangs hervorgerufen worden sind.

(3) Entscheidungen über persönliche Rechte und deren Einschränkungen im Vollzug von Unterbringungsmaßnahmen sind gegenüber der untergebrachten Person, der Betreuungsperson und den Personensorgeberechtigten schriftlich zu begründen sowie zu dokumentieren. Bei Gefahr im Verzug können Entscheidungen nach Satz 1 auch mündlich begründet werden. Die schriftliche Begründung ist unverzüglich nachzuholen.

(4) Kennzeichnende Kleidung darf nicht ausgegeben, ihr Tragen nicht angeordnet werden. Das Tragen ungeeigneter und gefährlicher Kleidung soll untersagt werden.

(5) Die untergebrachte Person hat, auch nach ihrer Entlassung, das Recht, alle über sie geführten Akten einzusehen, sich auf Wunsch Kopien auf eigene Kosten anfertigen zu lassen und Auskunft über den Inhalt der Akten zu erhalten. Dieses Recht kann im Interesse der Gesundheit der untergebrachten Person eingeschränkt werden. In diesen Fällen ist einer Person ihres Vertrauens Auskunft zu erteilen und Einsicht zu gewähren. Die Hinzuziehung einer Vertrauensperson und die Gründe hierfür sind zu dokumentieren. Das Recht auf Auskunft und Akteneinsicht kann auch nach Maßgabe des § 18 Abs. 5 des Brandenburgischen Datenschutzgesetzes eingeschränkt werden. Die Entscheidung über Anträge auf Akteneinsicht und Auskunft trifft die ärztliche Leitung.

§ 21 Besondere Sicherungsmaßnahmen. (1) Besondere Sicherungsmaßnahmen sind nur zulässig, wenn die gegenwärtige und erhebliche Gefahr besteht, dass die untergebrachte Person sich selbst oder andere tötet oder ernsthaft verletzt oder das Krankenhaus ohne Erlaubnis verlässt, und dieser Gefahr nicht mit anderen Mitteln begegnet werden kann. Sie dürfen nur ärztlich angeordnet werden. Besondere Sicherungsmaßnahmen sind vorher anzudrohen und zu begründen. Auf die ärztliche Androhung und Anordnung darf nur bei Gefahr im Verzug verzichtet werden. Die ärztliche Entscheidung ist dann unverzüglich nachzuholen. § 1906 Abs. 4 des Bürgerlichen Gesetzbuches bleibt unberührt.

(2) Besondere Sicherungsmaßnahmen sind:
1. die Beschränkung des Aufenthaltes im Freien,
2. die körperliche Durchsuchung,
3. die Absonderung in einem besonderen Raum,
4. die Fixierung oder sonstige mechanische Einschränkung der Bewegungsfreiheit,
5. die einer mechanischen Fixierung in ihrem Zweck und ihren Auswirkungen gleichkommende Ruhigstellung durch Medikamente.

(3) Jede besondere Sicherungsmaßnahme ist befristet anzuordnen und ärztlich zu überwachen. Die ständige Anwesenheit von therapeutischem Fachpersonal während der Sicherungsmaßnahme ist zu gewährleisten. Eine Sicherungsmaßnahme ist unverzüglich aufzuheben, wenn die Voraussetzungen für ihre Anordnung weggefallen sind. Dies gilt insbesondere für die Behandlung von Minderjährigen, bei der besondere Sicherungsmaßnahmen nach Absatz 2 Nr. 3 und 4 in der Regel nur für höchstens eine Stunde angeordnet werden sollen. Anordnung, Begründung, Verlauf und Aufhebung der besonderen Sicherungsmaßnahmen sind zu dokumentieren. Über die angeordneten besonderen Sicherungsmaßnahmen ist ein Verzeichnis anzulegen. Von jeder Anordnung oder Aufhebung ist die gesetzliche Vertretung der betroffenen Person, die mit ihrer Betreuung betraute Person oder ihre Rechtsanwältin oder ihr Rechtsanwalt unverzüglich zu benachrichtigen.

§ 22 Besitz und Erwerb von Sachen. (1) Besitz und Erwerb von Sachen sind frei. Um eine Gefährdung des Behandlungserfolges oder der Sicherheit des Krankenhauses abzuwenden, darf
1. der untergebrachten Person auferlegt werden, Sachen nur durch die Vermittlung des Krankenhauses zu erwerben,
2. der Erwerb oder der Besitz von Sachen zum Gebrauch in dem Krankenhaus verboten werden,
3. der in dem Krankenhaus verfügbare persönliche Besitz der untergebrachten Person kontrolliert werden,
4. die Wegnahme von Sachen angeordnet werden.

(2) Die Einschränkungen nach Absatz 1 dürfen nur von der ärztlichen Leitung angeordnet werden. Sie sind der untergebrachten Person gegenüber zu begründen. Bei Gefahr im Verzug sind auch andere Beschäftigte des Krankenhauses zu einschränkenden Anordnungen befugt. Sie haben die ärztliche Leitung unverzüglich über diese Fälle zu informieren. Die ärztliche Leitung hat sie zu überprüfen. Anordnung, Begründung und Dauer der Einschränkungen sind zu dokumentieren. Die Unterrichtungspflicht des § 21 Abs. 3 Satz 7 gilt entsprechend.

§ 23 Freiheit der Religionsausübung. (1) Die untergebrachte Person hat das Recht, innerhalb des Krankenhauses an den Veranstaltungen von Religions- und Glaubensgemeinschaften teilzunehmen und ihren Glauben nach den Regeln ihrer Glaubensgemeinschaft zu praktizieren.

(2) Besitz und Erwerb von Gegenständen des religiösen Gebrauchs sind frei.

(3) Eine Einschränkung dieser Rechte ist nur unter den Voraussetzungen des § 21 Abs. 1 Satz 1 zulässig. § 22 Abs. 2 gilt entsprechend.

§ 24 Besuchsrecht. (1) Die untergebrachte Person hat das Recht, im Rahmen der Hausordnung nach § 28 Besuche zu empfangen oder abzulehnen. Darin sind die Besuchsregelungen so zu gestalten, dass die familiären und sozialen Beziehungen er-

Anhang

halten und gestärkt werden, soweit nicht therapeutische Gründe entgegenstehen. Das Besuchsrecht darf nur eingeschränkt werden, wenn durch den Besuch eine unmittelbare Gefahr für die Gesundheit der untergebrachten Person oder für die Sicherheit des Krankenhauses besteht.

(2) Bestehen Anhaltspunkte dafür, dass die Sicherheit des Krankenhauses oder die Gesundheit der untergebrachten Person durch eine Besucherin oder einen Besucher gefährdet werden, so kann der Besuch

1. davon abhängig gemacht werden, dass sich die Besucherin oder der Besucher durchsuchen lässt,
2. überwacht werden,
3. in seiner Dauer begrenzt oder abgebrochen werden.

Eine Überwachung des Besuchs nach Satz 1 Nr. 2 ist den Betroffenen vorab mitzuteilen. Die Übergabe von Gegenständen beim Besuch kann von der Erlaubnis des Krankenhauses abhängig gemacht werden. Aus therapeutischen Gründen kann ein Besuch untersagt werden. Alle Einschränkungen des Besuchsrechts sind zu begründen und zu dokumentieren.

(3) Besuche von Betreuungspersonen, Rechtsanwältinnen oder Rechtsanwälten sowie Notarinnen oder Notaren in einer die untergebrachte Person betreffenden Rechtssache sind zu gestatten. Das Gleiche gilt für Besuche des Personals des sozialpsychiatrischen Dienstes und des Jugendamtes. Absatz 2 Satz 1 Nr. 1 und Satz 3 findet Anwendung. Eine inhaltliche Überprüfung der von den Besucherinnen und Besuchern nach Satz 1 mitgeführten Schriftstücke oder sonstigen Unterlagen ist nicht zulässig.

(4) Einschränkungen des Besuchsrechts sind der ärztlichen Leitung vorbehalten. In Fällen des Absatzes 2 Satz 1 Nr. 2 kann die mit der Überwachung betraute Person nach Lage der Dinge eigenständig über den Abbruch des Besuchs entscheiden. Einen Abbruch des Besuchs hat sie der ärztlichen Leitung unverzüglich mitzuteilen. Die ärztliche Leitung hat den Abbruch zu überprüfen.

§ 25 Recht auf Schriftwechsel. (1) Die untergebrachte Person hat das Recht, Schreiben unbeschränkt und ungeöffnet abzusenden und zu empfangen.

(2) Der Schriftwechsel der untergebrachten Person darf nur eingesehen werden, wenn Tatsachen die Annahme rechtfertigen, dass die Gefahr des Einschmuggelns von Suchtstoffen oder von gefährlichen Gegenständen oder der Verabredung von Straftaten gegen Leib, Leben oder andere bedeutende Rechtsgüter besteht. Sendungen dürfen nur angehalten werden, wenn sie für die untergebrachte Person gesundheitliche Nachteile befürchten lassen oder geeignet sind, die Sicherheit des Krankenhauses erheblich zu gefährden. Angehaltene Sendungen sind an die Absenderin oder den Absender zurückzugeben oder, sofern dies unmöglich ist, aufzubewahren.

(3) Kenntnisse, die bei der Einsichtnahme und der Beschränkung des Schriftwechsels erlangt werden, sind vertraulich zu behandeln. Sie dürfen nur verwertet werden, soweit dies zur Wahrung der Sicherheit in dem Krankenhaus oder zur Strafverfolgung erforderlich ist. Sie dürfen nur den zuständigen Bediensteten sowie den Gerichten und Behörden mitgeteilt werden, die für die Strafverfolgung zuständig sind.

(4) Maßnahmen nach Absatz 2 sind den Absenderinnen und Absendern sowie den Empfängerinnen und Empfängern der Sendung unverzüglich mitzuteilen und zu dokumentieren.

(5) Die Vorschriften des Absatzes 2 gelten nicht für den Schriftwechsel der untergebrachten Person mit ihrer Betreuungsperson, ihrer Rechtsanwältin oder ihrem Rechtsanwalt, den Gerichten, der oder dem Landesbeauftragten für den Datenschutz und für das Recht auf Akteneinsicht, mit zuständigen Stellen und Volksvertretungen

des Bundes, der Länder oder der kommunalen Selbstverwaltungskörperschaften und mit deren Mitgliedern, mit den die Aufsicht ausübenden Organen, dem Europäischen Ausschuss zur Verhütung von Folter und unmenschlicher oder erniedrigender Behandlung und Strafe und weiteren Einrichtungen, mit denen der Schriftverkehr aufgrund völkerrechtlicher Verpflichtungen der Bundesrepublik Deutschland geschützt ist, sowie bei ausländischen Staatsangehörigen mit den konsularischen und diplomatischen Vertretungen des Heimatlandes.

(6) Anordnungen nach Absatz 2 darf nur die ärztliche Leitung treffen.

§ 26 Telefongespräche, Telegramme, Päckchen und andere Arten der Nachrichtenübermittlung. (1) Die untergebrachte Person hat das Recht auf fernmündliche und elektronische Nachrichtenübermittlung. Die Überwachung dieser Kommunikationswege ist nur unter den Voraussetzungen des § 25 Abs. 2 zulässig. Vor einer Überwachung sind die Beteiligten über die anstehende Maßnahme zu unterrichten. Im Übrigen gilt § 25 Abs. 3 bis 6 entsprechend.

(2) Die untergebrachte Person ist berechtigt, Telegramme sowie Päckchen und Pakete abzusenden und zu empfangen. Einschränkungen dieses Rechts sind nur unter den Voraussetzungen des § 25 Abs. 2 zulässig. Im Übrigen gilt § 25 Abs. 3 bis 6 entsprechend.

§ 27 Bücher, Zeitungen, Zeitschriften; Hörfunk und Fernsehen. (1) Untergebrachte Personen haben das Recht auf den Zugang zu Büchern, Zeitungen und Zeitschriften sowie auf den Empfang von Hörfunk- oder Fernsehsendungen.

(2) Einschränkungen dieses Rechts sind nur zulässig, wenn der Inhalt von Druckerzeugnissen oder Hörfunk- und Fernsehsendungen in direktem Widerspruch zu den Zielen des Behandlungsplanes steht und eine offenkundige Gefährdung des Behandlungserfolges zu erwarten ist. Die Einschränkungen dürfen nur von der ärztlichen Leitung angeordnet werden; sie sind zu dokumentieren. Im Übrigen gilt § 25 Abs. 2 bis 4 entsprechend.

(3) Die Hausordnung nach § 28 kann Zeiten für den Empfang von Hörfunk- und Fernsehsendungen in dem Krankenhaus festlegen.

§ 28 Hausordnung. (1) Die mit der Durchführung der Unterbringungen betrauten Krankenhäuser sollen Hausordnungen erlassen. Die Hausordnung kann insbesondere Regelungen über die Einbringung von Sachen, die Ausgestaltung der Patientenzimmer, die Einkaufsmöglichkeiten, ein Rauch- und Alkoholverbot, die Besuchszeiten, den Telefonverkehr, die Freizeitgestaltung und den regelmäßigen Aufenthalt im Freien, den Umgang der untergebrachten Personen untereinander sowie über den Umgang mit Regelverstößen enthalten. Dem Personal, den untergebrachten Personen und der Patientenfürsprecherin oder dem Patientenfürsprecher ist Gelegenheit zur Mitwirkung bei der Aufstellung der Hausordnung zu geben.

(2) Durch die Hausordnung dürfen die Rechte der untergebrachten Personen nicht über die Regelungen dieses Gesetzes hinaus eingeschränkt werden. Die Hausordnung ist der in § 10 Abs. 4 genannten Fachaufsichtsbehörde zur Kenntnis zu geben.

§ 29 Ausbildung, Weiterbildung, Arbeit. (1) Untergebrachten Personen soll bei entsprechender Eignung im Rahmen der bestehenden Möglichkeiten Gelegenheit zur beruflichen Erstausbildung, Fortbildung, Umschulung oder zur Teilnahme an anderen berufsbildenden oder weiterbildenden Maßnahmen gegeben werden. Maßnahmen nach Satz 1 sollen, soweit der Gesundheitszustand der untergebrachten Person und die Belange der Sicherheit dies gestatten, auch außerhalb des Krankenhauses in Zusammenarbeit mit den hierfür zuständigen Bildungsträgern angeboten werden.

Anhang
Text der Ländergesetze

(2) Das Krankenhaus soll den untergebrachten Personen im Rahmen seiner Möglichkeiten und des Behandlungsplanes Arbeit anbieten, die ihren Fähigkeiten und Fertigkeiten entspricht oder diese fördert. Die Arbeit soll auch dem Ziel dienen, Fähigkeiten für eine Erwerbstätigkeit nach dem Ende der Unterbringungsmaßnahme zu vermitteln, zu erhalten und zu fördern. Absatz 1 Satz 2 gilt entsprechend.

§ 30 Unterricht. Untergebrachten Personen, die keinen Schulabschluss erreicht haben, soll im Rahmen der bestehenden Möglichkeiten Unterricht in einer Form angeboten werden, die ihrem Alter und ihrem bisherigen Bildungsweg oder ihrer Behinderung angepasst ist. Das Unterrichtsangebot soll auf den Erwerb eines schulischen Abschlusses ausgerichtet sein. § 29 Abs. 1 Satz 2 gilt entsprechend.

§ 31 Geld zur freien Verfügung. (1) Untergebrachten Personen, die einer Arbeit nachgehen oder an einer Maßnahme der beruflichen Aus-, Weiter- und Fortbildung nach § 29 teilnehmen, steht ein angemessenes Arbeitsentgelt zu. Die Höhe des Entgeltes soll sich an den geltenden Tarifverträgen und den im Bereich der beruflichen Bildung geltenden Regelungen orientieren sowie nach der Leistung der untergebrachten Person bemessen.

(2) Wird das Einkommen der untergebrachten Person zur Beteiligung an den Kosten der Unterbringung herangezogen, ist ihr ein Taschengeld in Höhe des jeweils gültigen Satzes nach dem Dritten Kapitel des Zwölften Buches Sozialgesetzbuch zu belassen. Ansparmöglichkeiten für die Zeit nach dem Ende der Unterbringung sind anzustreben.

(3) Untergebrachten Personen, die im Sinne des § 29 keiner Arbeit nachgehen oder an keiner beruflichen Bildungsmaßnahme teilnehmen, steht Taschengeld in der Höhe des jeweils geltenden Satzes nach dem Dritten Kapitel des Zwölften Buches Sozialgesetzbuch zu, soweit sie aufgrund ihrer wirtschaftlichen Verhältnisse bedürftig sind. Absatz 2 Satz 2 gilt entsprechend.

§ 32 Beschwerderecht. (1) Die untergebrachte Person hat das Recht, sich mit ihren Wünschen, Anregungen und Beschwerden in Angelegenheiten, die sie selbst betreffen, an die ärztliche Leitung zu wenden. Regelmäßige Sprechstunden sind einzurichten. In jedem nach § 10 Abs. 2 zuständigen Krankenhaus soll eine Patientenfürsprecherin oder ein Patientenfürsprecher benannt werden.

(2) Das Beschwerderecht der untergebrachten Person gilt auch gegenüber den Mitgliedern der Besuchskommissionen. Der ungehinderte Zugang zu den Mitgliedern der Besuchskommissionen während ihres Besuches in einem Krankenhaus ist zu gewährleisten.

(3) Die Möglichkeiten der Dienstaufsichtsbeschwerde bleiben unberührt.

(4) Kenntnisse, die im Rahmen einer Beschwerde über persönliche Belange einer untergebrachten Person erlangt werden, sind vertraulich zu behandeln. Sie dürfen nur mit Genehmigung der untergebrachten Person und nur zu dem Zweck verwertet werden, zu welchem sie mitgeteilt worden sind.

§ 33 Besuchskommissionen. (1) Das für Gesundheit zuständige Mitglied der Landesregierung beruft im Einvernehmen mit den für Inneres und Justiz zuständigen Mitgliedern der Landesregierung Besuchskommissionen, die jährlich mindestens einmal, in der Regel unangemeldet, die nach § 10 Abs. 2 bestimmten Krankenhäuser besuchen und darauf überprüfen, ob die mit der Unterbringung verbundenen besonderen Aufgaben erfüllt und die Rechte der untergebrachten Personen gewahrt werden. Dies gilt auch für Unterbringungen in Krankenhäusern und anderen Einrichtungen nach den §§ 1631b und 1906 des Bürgerlichen Gesetzbuches.

4. Brandenburg **Anhang**

(2) Für jedes Versorgungsgebiet, das in der nach § 10 Abs. 2 erlassenen Rechtsverordnung genannt wird, soll eine Besuchskommission gebildet werden.

(3) Für Krankenhäuser, in denen Minderjährige untergebracht sind, ist eine gesonderte kinder- und jugendpsychiatrische Besuchskommission zu bilden. Für deren Berufung ist auch das Einvernehmen mit dem für Jugend zuständigen Mitglied der Landesregierung herzustellen.

(4) Bei den Besuchen können untergebrachte Personen Wünsche, Anregungen und Beschwerden nach § 32 vortragen. Die Besuchskommissionen haben das Recht, die Krankenakten mit Einwilligung der Patientinnen und Patienten einzusehen. Den Besuchskommissionen ist zur Überprüfung der Einhaltung der Psychiatrie-Personalverordnung Einsicht in die Stellenpläne zu gewähren. Die Behandlungsbedingungen aller Stationen und der Tageskliniken sind in die Begehung der Kliniken einzubeziehen.

(5) Die Besuchskommission legt alsbald nach einem Besuch dem für Gesundheit zuständigen Mitglied der Landesregierung einen Besuchsbericht über das Ergebnis der Überprüfung vor. Der Besuchsbericht hat Wünsche und Beschwerden von untergebrachten Personen zu berücksichtigen; die Kommission soll dazu Stellung nehmen. Der Bericht soll auch angeben, ob die Personalausstattung des Krankenhauses den Anforderungen der Psychiatrie-Personalverordnung entspricht. Den Bericht der kinder- und jugendpsychiatrischen Besuchskommission erhält das für Jugend zuständige Mitglied der Landesregierung umgehend zur Kenntnis. Einmal in der Legislaturperiode übersendet das für Gesundheit zuständige Mitglied der Landesregierung dem Landtag eine Zusammenfassung der Besuchsberichte und nimmt dazu Stellung.

(6) Den Besuchskommissionen müssen angehören:
1. eine im öffentlichen Dienst mit Medizinalangelegenheiten betraute Person,
2. eine Ärztin oder ein Arzt mit abgeschlossener Weiterbildung oder mindestens fünfjähriger Berufserfahrung im Fachgebiet Psychiatrie,
3. eine Person im öffentlichen Dienst, die die Befähigung zum Richteramt oder zum höheren Verwaltungsdienst hat, und
4. eine in der Betreuung psychisch Kranker erfahrene Person aus einem nichtärztlichen Berufsstand.

In die kinder- und jugendpsychiatrische Besuchskommission ist abweichend von Satz 1 Nr. 2 eine Ärztin oder ein Arzt mit einer abgeschlossenen Weiterbildung oder mindestens fünfjähriger Berufserfahrung im Fachgebiet Kinder- und Jugendpsychiatrie zu berufen. Zusätzlich ist in diese Kommission eine Vertreterin oder ein Vertreter eines Jugendamtes zu berufen. Das für Gesundheit zuständige Mitglied der Landesregierung kann weitere Mitglieder, insbesondere aus Angehörigen- oder Betroffenenorganisationen, auch für einzelne Besuche oder Kommissionen, berufen.

(7) Die Mitglieder der Besuchskommissionen werden für die Dauer von fünf Jahren berufen. Ihre erneute Berufung ist zulässig. Sie sind zur Verschwiegenheit verpflichtet. Kenntnisse, die sie über persönliche Belange von untergebrachten Personen erlangen, sind vertraulich zu behandeln. Sie dürfen nur in einer Form in die Berichte aufgenommen werden, die Rückschlüsse auf einzelne Personen ausschließt, es sei denn, die untergebrachte Person hat schriftlich zuvor in die Weiterleitung oder Veröffentlichung der über sie gewonnenen Kenntnisse eingewilligt.

(8) Die Mitglieder der Besuchskommissionen sind unabhängig. Sie nehmen ihre Aufgaben ehrenamtlich wahr. Für ihre Entschädigung gelten die Vorschriften des Justizvergütungs- und -entschädigungsgesetzes entsprechend.

(9) Das Petitionsrecht, die Aufsichtspflichten und -rechte der zuständigen Behörden sowie das Gebot der ärztlichen Schweigepflicht bleiben unberührt.

Anhang

Text der Ländergesetze

§ 34 Aussetzung und Aufhebung der Unterbringung. Hält die ärztliche Leitung die Voraussetzungen der Unterbringung nach § 8 für nicht oder nicht mehr erfüllt, hat sie bei dem zuständigen Gericht die Aufhebung der Anordnung der Unterbringung zu beantragen. Hält sie eine Aussetzung der Vollziehung der Unterbringung nach § 70k des Gesetzes über die Angelegenheiten der freiwilligen Gerichtsbarkeit für geboten, beantragt sie diese beim Gericht.

§ 35 Kosten der Unterbringung. Die Kosten einer nach diesem Gesetz durchgeführten Unterbringung sowie der dafür erforderlichen Untersuchungen und Maßnahmen der Heilbehandlung trägt die untergebrachte Person, soweit sie nicht einem Unterhaltspflichtigen, einem Träger der Sozialversicherung, einem Träger der Sozialhilfe, einem Träger der Jugendhilfe oder einem sonstigen Dritten zur Last fallen.

Abschnitt 4. Vollzug von Maßregeln der Besserung und Sicherung

§ 36 Ziele des Maßregelvollzugs, Vollstreckungsplan, Beleihung. (1) Durch den Vollzug von Maßregeln der Besserung und Sicherung sollen die untergebrachten Personen soweit möglich geheilt oder ihr Zustand soweit gebessert werden, dass er nicht mehr gefährlich ist. Bei Unterbringung in einer Entziehungsanstalt soll die untergebrachte Person durch die Behandlung von ihrem Hang geheilt und die zugrunde liegende Fehlhaltung behoben werden. Der Vollzug dient außerdem dem Schutz der Allgemeinheit.

(2) Das für Justiz zuständige Mitglied der Landesregierung erstellt zu diesem Zweck im Einvernehmen mit dem für Gesundheit zuständigen Mitglied der Landesregierung einen Vollstreckungsplan derjenigen geeigneten Einrichtungen, in denen Maßregeln der Besserung und Sicherung vollzogen werden.

(3) Die Maßregeln der Besserung und Sicherung nach den §§ 63 und 64 des Strafgesetzbuches sowie des § 7 des Jugendgerichtsgesetzes werden in psychiatrischen Krankenhäusern und Entziehungsanstalten vollzogen, soweit sie in den Vollstreckungsplan nach Absatz 2 aufgenommen sind. Einrichtungen anderer öffentlicher und privater Träger kann die Durchführung dieser Aufgabe mit deren Zustimmung widerruflich übertragen werden, wenn sie sich dafür eignen. Insoweit werden sie von dem für Gesundheit zuständigen Mitglied der Landesregierung mit hoheitlicher Gewalt beliehen und unterstehen der Fachaufsicht der nach § 43 zuständigen Behörde. § 10 Abs. 2 und Abs. 4 Satz 2 bis 7 gilt entsprechend. Die Sätze 1 bis 4 gelten entsprechend für die Unterbringung des Beschuldigten zur Beobachtung nach § 81, für die einstweilige Unterbringung nach § 126a und die Sicherungshaft nach den §§ 453c, 463 Abs. 1 der Strafprozessordnung, soweit diese wegen des drohenden Widerrufs der Aussetzung einer freiheitsentziehenden Maßregel angeordnet worden ist.

(4) Für die Verlegung in eine andere im Vollstreckungsplan nach Absatz 2 genannte Einrichtung gilt § 17 Abs. 1 und 2 entsprechend. Über solch eine Verlegung entscheidet die nach § 43 zuständige Fachaufsichtsbehörde. Die Verlegung in oder aus Einrichtungen eines anderen Landes der Bundesrepublik Deutschland richtet sich nach der Strafvollstreckungsordnung.

(5) Die Verantwortung für die in Absatz 3 genannten Einrichtungen trägt die ärztliche Leitung. Sie ist verpflichtet, die fachliche Umsetzung des Maßregelvollzugs in der von ihr geleiteten Klinik nach Maßgabe der nachfolgenden Bestimmungen durchzuführen und für deren Einhaltung Sorge zu tragen. Die ärztliche Leitung und ihre Vertretung darf nur durch Beamte oder Verwaltungsangehörige im Sinne des Artikels 96 Abs. 3 der Verfassung des Landes Brandenburg wahrgenommen werden.

§ 37 Eingangsuntersuchung und Behandlungsplanung. (1) Die untergebrachte Person ist bei ihrer Aufnahme in eine Einrichtung des Maßregelvollzugs in einem ärztlichen Aufnahmegespräch über die Ziele des Maßregelvollzugs zu belehren und über ihre Rechte und Pflichten aufzuklären.

(2) Sie ist unverzüglich, längstens innerhalb einer Frist von 24 Stunden nach ihrer Aufnahme, ärztlich zu untersuchen. Die Untersuchung muss sich auch auf die Umstände erstrecken, die für die Aufstellung des Behandlungsplanes bedeutsam sind. Im Übrigen gilt § 15 entsprechend.

(3) Die Erörterung des Behandlungsplanes mit der untergebrachten Person darf unterbleiben, wenn sich dadurch nach ärztlichem Urteil ihr Gesundheitszustand verschlechtern würde.

(4) Spätestens nach Ablauf von jeweils drei Jahren ist die untergebrachte Person von einer oder einem Sachverständigen zu begutachten, die oder der nicht in der Maßregelvollzugseinrichtung arbeitet. Diese Sachverständigen müssen Fachärztinnen und Fachärzte für Psychiatrie sowie Psychologinnen und Psychologen sein und forensische Erfahrungen nachweisen können. Sie werden von dem für Gesundheit zuständigen Mitglied der Landesregierung benannt. Das für Gesundheit zuständige Mitglied der Landesregierung wird ermächtigt, durch Rechtsverordnung das Verfahren der Benennung der Sachverständigen sowie den Nachweis ihrer forensischen Erfahrung zu regeln.

(5) Die oder der Sachverständige wird auf Vorschlag der ärztlichen Leitung durch den Träger der Einrichtung mit der Erstellung des Gutachtens beauftragt.

(6) Das Gutachten ist der ärztlichen Leitung und der Vollstreckungsbehörde unverzüglich zur Kenntnis zu bringen.

§ 38 Gestaltung des Maßregelvollzugs, Beiräte. (1) Die Unterbringung, Behandlung und Betreuung muss die unterschiedlichen diagnostischen, therapeutischen und sozialen Erfordernisse sowie die altersbedingten Besonderheiten der untergebrachten Personen berücksichtigen.

(2) Die Unterbringung soll unter Berücksichtigung therapeutischer Gesichtspunkte den allgemeinen Lebensverhältnissen angeglichen werden. Die Bereitschaft der untergebrachten Person, an der Erreichung des Unterbringungsziels entsprechend dem Behandlungsplan mitzuwirken, soll aufgegriffen oder geweckt werden. Das Verantwortungsbewusstsein für ein geordnetes Zusammenleben ist zu fördern.

(3) Schädlichen Folgen des Freiheitsentzugs ist entgegenzuwirken. § 16 Abs. 2 gilt entsprechend.

(4) Die Einrichtungen nach § 36 Abs. 3 sind verpflichtet, forensische Ambulanzen vorzuhalten.

(5) Zur Förderung des Verständnisses und der gesellschaftlichen Akzeptanz des Maßregelvollzugs und seiner Ziele sollen ehrenamtliche Beiräte gebildet werden, die als Mittler zwischen den Einrichtungen und der Öffentlichkeit dienen und insbesondere in Zusammenarbeit mit dem jeweiligen Träger über die Zwecke des Maßregelvollzugs und seine Behandlungsmittel in verständlicher Form informieren.

§ 39 Lockerungen des Maßregelvollzugs. (1) Der Vollzug der Maßregel soll gelockert werden, wenn die begründete Erwartung besteht, dass die untergebrachte Person die Lockerung nicht zu Straftaten missbrauchen und sich nicht dem Maßregelvollzug entziehen wird. Dies gilt auch für die Gewährung von Urlaub. Aus Gründen der öffentlichen Sicherheit oder der Behandlung können Lockerungen und Urlaub mit Auflagen verbunden werden. Die endgültige Entscheidung über Lockerungen und Urlaub obliegt der ärztlichen Leitung.

Anhang

Text der Ländergesetze

(2) Ist die Unterbringung im Zusammenhang mit einem Tötungsdelikt, einer schweren Gewalttätigkeit gegen Personen oder einer Straftat gegen die sexuelle Selbstbestimmung angeordnet worden, so darf ein erstmaliger unbeaufsichtigter Ausgang, die Verlegung in den offenen Vollzug oder die Gewährung von Urlaub nur nach Einholung eines Gutachtens nach § 37 Abs. 4 und 5 veranlasst werden. § 37 Abs. 6 gilt entsprechend.

(3) In den Fällen des Absatzes 2 ist vor Vollzugslockerungen, bei denen die untergebrachte Person den gesicherten Bereich verlassen darf, die Staatsanwaltschaft des Anlassverfahrens insbesondere zu der Frage anzuhören, ob sie seit der Rechtskraft des die Unterbringung anordnenden Urteils Erkenntnisse über neue Straftaten der untergebrachten Person erlangt hat.

(4) Die ärztliche Leitung kann die Gewährung einer Lockerung oder eines Urlaubs widerrufen, wenn die untergebrachte Person eine Auflage nicht erfüllt hat oder Umstände eintreten oder bekannt werden, die eine Versagung der Lockerung oder des Urlaubs gerechtfertigt hätten.

(5) Urlaub, Urlaubsauflagen und der Widerruf von Urlaub sowie die Verlegung in die offene Unterbringung sind der Vollstreckungsbehörde vor der Maßnahme schriftlich anzuzeigen. Bei Gefahr im Verzug kann die Anzeige unverzüglich nachgeholt werden.

§ 40 Behandlung der Anlasserkrankung. (1) Die untergebrachte Person hat Anspruch auf eine den fachlichen Erkenntnissen entsprechende Behandlung der Erkrankung, auf die sich die Anordnung der Maßregel bezieht (Anlasserkrankung). Die Behandlung umfasst die gebotenen medizinischen, psychotherapeutischen, sozialtherapeutischen, ergotherapeutischen und heilpädagogischen Maßnahmen sowie die dazu notwendigen Untersuchungen. Die Behandlung ist der untergebrachten Person zu erläutern.

(2) Behandlungsmaßnahmen bedürfen, außer im Fall des Absatzes 3, des Einvernehmens der untergebrachten Person. Ist sie nicht fähig, Grund, Bedeutung und Tragweite der Maßnahme einzusehen oder ihren Willen nach dieser Einsicht zu bestimmen, und ist für sie eine Betreuung eingerichtet, zu deren Aufgaben die Gesundheitsfürsorge gehört, so ist das Einvernehmen der mit der Betreuung betrauten Person maßgebend. Fehlt Minderjährigen die in Satz 2 genannte Fähigkeit, so ist das Einvernehmen der Personensorgeberechtigten maßgebend.

(3) Ist eine Behandlungsmaßnahme erforderlich, um eine erhebliche Gefahr für Leben oder Gesundheit der untergebrachten Person oder für Leben oder Gesundheit Dritter abzuwenden, ist sie auch ohne Einvernehmen der untergebrachten Person und im Fall des Absatzes 2 Satz 2 auch ohne Einvernehmen der Betreuungsperson zulässig. Die Maßnahme darf nur von ärztlichem Personal angeordnet werden. Als erste Hilfe darf sie auch von nichtärztlichem Personal angeordnet werden, sofern mit dem Aufschub eine Steigerung der Gefahr verbunden wäre; in diesem Fall ist die Maßnahme unverzüglich ärztlich zu überprüfen.

§ 41 Andere Erkrankungen. Die untergebrachte Person hat hinsichtlich anderer Erkrankungen als der Anlasserkrankung gegenüber dem Träger der Einrichtung einen Anspruch auf Krankenbehandlung, Vorsorgeleistungen und sonstige medizinische Maßnahmen entsprechend den Grundsätzen und Maßstäben der gesetzlichen Krankenversicherung.

§ 42 Erkennungsdienstliche Maßnahmen, Festnahme. (1) Zur Sicherung des Vollzugs der Maßregel sind erkennungsdienstliche Maßnahmen zulässig. Zu diesem

Zweck können bei den untergebrachten Personen folgende Maßnahmen vorgenommen werden:
1. die Aufnahme von Lichtbildern,
2. die Feststellung äußerlicher Merkmale,
3. Messungen.

(2) Die erkennungsdienstlichen Unterlagen sind getrennt von den Krankenakten aufzubewahren. Sie dürfen zu kriminalpolizeilichen Sammlungen genommen werden.

(3) Nach Erledigung der Maßregel sind erkennungsdienstliche Unterlagen aus Maßnahmen nach Absatz 1 zu vernichten. Diese Pflicht erstreckt sich auch auf die nach Absatz 2 Satz 2 behandelten Unterlagen.

(4) Eine untergebrachte Person, die entwichen ist oder sich ohne Erlaubnis außerhalb der Vollzugseinrichtung aufhält, kann durch diese oder auf deren Veranlassung hin festgenommen und in die Einrichtung zurückgebracht werden. Die Vollstreckungsbehörde ist unverzüglich hierüber zu unterrichten.

§ 43 Fachaufsicht. Die Fachaufsicht über die Einrichtungen nach § 36 Abs. 3 wird vom Landesamt für Soziales und Versorgung ausgeübt, die oberste Fachaufsicht von dem für das Gesundheitswesen zuständigen Mitglied der Landesregierung. Zur Wahrnehmung dieser Aufgaben soll es insbesondere auf die Einhaltung der §§ 37 und 38 hinwirken und deren ordnungsgemäße Anwendung regelmäßig überprüfen. Es kann zu diesem Zweck unabhängig von den Begutachtungen nach § 37 Abs. 4 und § 39 Abs. 2 jederzeit eine Begutachtung zur Überprüfung der Lockerungen von untergebrachten Personen anordnen, wenn begründete Zweifel an der Richtigkeit der gewährten Lockerungen bestehen. § 37 Abs. 4 Satz 2 gilt entsprechend.

§ 44 Besondere Datenschutzbestimmungen in den Einrichtungen des Maßregelvollzugs. (1) Auf die Verarbeitung personenbezogener Daten in Einrichtungen nach § 36 Abs. 2 finden die Vorschriften des Abschnittes 6 Anwendung, soweit nicht in den folgenden Absätzen abweichende Regelungen enthalten sind.

(2) Personenbezogene Daten dürfen zur Erfüllung von Aufsichts- und Kontrollbefugnissen sowie zur Rechnungsprüfung verarbeitet werden, wenn dies erforderlich ist, weil die Aufgabe auf andere Weise, insbesondere mit anonymisierten Daten, nicht oder nur mit unverhältnismäßigem Aufwand erfüllt werden kann. Die Einsichtnahme in Krankenakten zum Zwecke der Aufsicht darf, soweit hierdurch der Inhalt von Therapiegesprächen betroffen ist, nur durch eine Ärztin oder einen Arzt beziehungsweise eine Psychologin oder einen Psychologen erfolgen, die oder der hierzu beauftragt ist.

(3) Werden Sachverständige mit der Begutachtung von untergebrachten Personen aufgrund des § 37 Abs. 5, § 39 Abs. 2 oder § 43 Satz 3 beauftragt, ist ihnen, soweit dies für die gutachterliche Tätigkeit erforderlich ist, Einsicht in die Krankenakten zu gewähren.

(4) Die Einrichtung darf erheben und speichern, welche Besucherin oder welcher Besucher zu welchem Zeitpunkt welche untergebrachte Person besucht hat. Die Besucherin oder der Besucher ist über die Erhebung und Speicherung ihrer beziehungsweise seiner personenbezogenen Daten zu unterrichten. Die Daten sind spätestens nach der Entlassung der untergebrachten Person, längstens jedoch fünf Jahre nach dem Besuch zu löschen.

§ 45 Rechte und deren Einschränkungen. (1) Die §§ 20 bis 28 finden entsprechende Anwendung.

Anhang
Text der Ländergesetze

(2) Die ärztliche Leitung ist über jede Anwendung unmittelbaren Zwangs nach § 20 Abs. 2 und jede besondere Sicherungsmaßnahme nach § 21 Abs. 2, die sie nicht selbst angeordnet hat, unverzüglich zu informieren. Sie hat diese Maßnahmen unter rechtlichen und therapeutischen Gesichtspunkten zu überprüfen.

§ 46 Bildung, Arbeit, Beschäftigung. (1) Die Einrichtung fördert die schulische und berufliche Bildung der untergebrachten Personen; sie dürfen dabei nicht schlechter gestellt werden als Strafgefangene. Für ihre Teilnahme an Maßnahmen der schulischen oder beruflichen Bildung erhalten sie eine Ausbildungsbeihilfe, soweit sie dafür nicht von anderer Stelle eine Beihilfe erhalten. Für die Höhe der Ausbildungsbeihilfe gilt Absatz 3 Satz 2 entsprechend.

(2) Jede untergebrachte Person, die zu arbeiten in der Lage ist, soll hierzu die Möglichkeit erhalten. Für Arbeit, insbesondere für Dienstleistungen zugunsten der Einrichtung, steht ihr eine Vergütung zu. Diese darf nicht geringer sein als das Arbeitsentgelt nach § 43 Abs. 2 des Strafvollzugsgesetzes. Sieht ein Arbeitsvertrag zwischen der untergebrachten Person und einem externen Arbeitgeber eine geringere Vergütung vor, so kann die ärztliche Leitung die Genehmigung des Vertrages aus diesem Grund verweigern.

(3) Für eine Beschäftigung, die als therapeutische Maßnahme geboten ist, erhält die untergebrachte Person eine finanzielle Zuwendung. Diese darf nicht geringer sein als das Entgelt für zugewiesene arbeitstherapeutische Beschäftigung nach § 43 Abs. 4 des Strafvollzugsgesetzes.

§ 47 Taschengeld, Überbrückungsgeld, Hausgeld, Eigengeld. (1) Die untergebrachte Person erhält ein Taschengeld, soweit sie aufgrund ihrer wirtschaftlichen Verhältnisse bedürftig ist. Die Höhe des Taschengeldes und die Bestimmung der Bedürftigkeit richten sich nach den Maßstäben des Dritten Kapitels des Zwölften Buches Sozialgesetzbuch. Die Ausbildungsbeihilfe nach § 46 Abs. 1 und die finanzielle Zuwendung nach § 46 Abs. 3 werden auf das Taschengeld nicht angerechnet. Die Vergütung nach § 46 Abs. 2 ist darauf anzurechnen, soweit sie das Zweifache des Taschengeldbetrages übersteigt.

(2) Aus den Einkünften nach § 46 wird in monatlichen Raten ein Überbrückungsgeld gebildet. Die Raten sollen so bemessen werden, dass die untergebrachte Person ihren Lebensunterhalt für einen Monat nach der Entlassung mit dem Überbrückungsgeld bestreiten kann. Soweit die Einkünfte nicht für das Überbrückungsgeld gebraucht werden, stehen sie der untergebrachten Person als Hausgeld zu.

(3) Über Taschengeld und Hausgeld kann die untergebrachte Person frei verfügen, soweit dies mit dem Zweck der Unterbringung vereinbar ist.

(4) Eingebrachtes Geld und alle Bezüge, die nicht zu den Einkünften nach § 46 zählen, werden als Eigengeld der untergebrachten Person gutgeschrieben. Ihre Verfügungen über das Eigengeld bedürfen der Genehmigung der ärztlichen Leitung. Diese darf die Genehmigung nur dann versagen, wenn die Verwendung des Geldes den Erfolg der Behandlung oder die Sicherheit der Einrichtung gefährden würde.

(5) Die untergebrachte Person wird in ihrem Bemühen unterstützt, den durch die Anlasstat verursachten Schaden wieder gutzumachen.

(6) Das für Gesundheit zuständige Mitglied der Landesregierung wird ermächtigt, durch Rechtsverordnung die Höhe der Einkünfte nach § 46 und des Überbrückungsgeldes sowie das Verfahren der Verwaltung des Überbrückungs- und des Eigengeldes zu bestimmen.

§ 48 Beschwerderecht. § 32 findet entsprechende Anwendung.

4. Brandenburg **Anhang**

§ 49 Besuchskommission. Für den Maßregelvollzug ist eine eigenständige Besuchskommission zu bilden. Dieser Besuchskommission gehört neben den in § 33 Abs. 6 Satz 1 genannten Personen zusätzlich eine Richterin, ein Richter, eine Staatsanwältin oder ein Staatsanwalt an. Die Besuchskommission soll jährlich mindestens einmal die Einrichtungen des Maßregelvollzugs, die im Vollstreckungsplan des Landes aufgeführt sind, besuchen. Ihr Besuchsbericht ist den für Gesundheit und Justiz zuständigen Mitgliedern der Landesregierung zeitgleich vorzulegen. Im Übrigen findet § 33 entsprechende Anwendung.

§ 50 Aussetzung und Erledigung der Maßregel, Umkehr der Vollstreckungsreihenfolge. (1) Die Maßregelvollzugseinrichtung hat gegenüber der Vollstreckungsbehörde die Aussetzung einer Maßregel der Besserung und Sicherung zur Bewährung, die Erledigung der Maßregel oder die Umkehr der Vollstreckungsreihenfolge anzuregen, sofern sie die gesetzlichen Voraussetzungen dieser Anordnungen für erfüllt hält.

(2) In Fällen von Unterbringungen nach § 64 des Strafgesetzbuches hat die Einrichtung die Vollstreckungsbehörde unverzüglich zu unterrichten, wenn für die untergebrachte Person eine konkrete Aussicht auf einen Behandlungserfolg nicht oder nicht mehr besteht.

§ 51 Kosten der Unterbringung in Maßregelvollzugseinrichtungen. Die Kosten der Unterbringung in Einrichtungen des Maßregelvollzugs, die im Vollstreckungsplan ausgewiesen sind, trägt das Land, soweit sie nicht von einem Träger der Sozialversicherung oder der untergebrachten Person nach § 138 Abs. 2 des Strafvollzugsgesetzes zu tragen sind.

Abschnitt 5. Nachgehende Betreuung

§ 52 Aufgaben. (1) Die nachgehende Betreuung im Sinne des § 5 Abs. 1 Nr. 1 bis 3 wird von dem örtlich zuständigen sozialpsychiatrischen Dienst jeder Person angeboten, deren Entlassung aus einem psychiatrischen Krankenhaus oder einer Entziehungsanstalt bevorsteht; dies gilt auch für Personen, die nach § 1631b oder § 1906 des Bürgerlichen Gesetzbuches untergebracht worden sind.

(2) Aufgabe der nachgehenden Betreuung ist es, der entlassenen Person in Zusammenarbeit mit den in § 6 Abs. 4 genannten Stellen durch individuelle, fachärztlich angeleitete Beratung und Betreuung den Übergang in das Leben außerhalb des Krankenhauses oder der Entziehungsanstalt und die Anpassung an das Leben in der Gemeinschaft zu erleichtern.

(3) Die nachgehende Betreuung umfasst auch die Beratung der Angehörigen der betroffenen Person und derjenigen Personen, mit denen sie in häuslicher Gemeinschaft lebt, zu Fragen ihrer Wiedereingliederung, soweit die betroffene Person dem nicht widerspricht. Auf dieses Widerspruchsrecht hat der sozialpsychiatrische Dienst die betroffenen Personen hinzuweisen.

(4) Die nachgehende Betreuung soll vom sozialpsychiatrischen Dienst frühzeitig vorbereitet werden. Er arbeitet dazu schon vor der Entlassung eng mit der behandelnden Einrichtung zusammen. Das Besuchsrecht des § 16 Abs. 2 Satz 3 gilt für freiwillig in stationärer Behandlung befindliche Personen in Verbindung mit § 4 Abs. 4 entsprechend.

§ 53 Mitwirkungspflichten. Sind für eine Person für die Dauer ihres Urlaubs oder für die Zeit der Aussetzung der Unterbringungsmaßnahme Auflagen erlassen worden, so hat das Krankenhaus oder die Entziehungsanstalt den örtlich zuständigen sozialpsychiatrischen Dienst davon zu unterrichten. Dieser kann an der Überwachung der Auflagen mitwirken.

Anhang

Abschnitt 6. Datenschutzbestimmungen

§ 54 Grundsatz. (1) Für die Verarbeitung personenbezogener Daten gilt das Brandenburgische Datenschutzgesetz, soweit dieses Gesetz nichts anderes bestimmt.

(2) Für Einrichtungen, die Aufgaben nach diesem Gesetz erfüllen und die zugleich Krankenhäuser im Sinne des Krankenhausgesetzes des Landes Brandenburg sind, gelten § 28 des Krankenhausgesetzes des Landes Brandenburg vom 11. Mai 1994 (GVBl. I S. 106), das zuletzt durch Artikel 26 des Gesetzes vom 23. September 2008 (GVBl. I S. 202, 209) geändert worden ist, und die auf seiner Grundlage erlassenen Rechtsverordnungen, soweit dieses Gesetz nichts anderes bestimmt.

§ 55 Verarbeitung personenbezogener Daten. (1) Die Träger der Hilfen nach § 6 Abs. 1, die Krankenhäuser nach § 10 Abs. 2 und die Einrichtungen nach § 36 Abs. 2 dürfen personenbezogene Daten erheben, speichern, verändern und nutzen, soweit

1. deren Kenntnis oder Verarbeitung zur rechtmäßigen Erfüllung ihrer Aufgaben nach diesem Gesetz erforderlich ist,
2. deren Verarbeitung nach anderen Rechtsvorschriften erlaubt ist oder
3. die betroffene Person in die Verarbeitung einwilligt.

(2) Personenbezogene Daten dürfen in Akten aufgenommen werden, soweit dies für die Erfüllung der jeweiligen in diesem Gesetz vorgesehenen Aufgaben erforderlich ist oder eine Verpflichtung zur Dokumentation von diagnostischen und therapeutischen Maßnahmen gegeben ist. Eine Speicherung personenbezogener Daten auf sonstigen Datenträgern ist dann zulässig, wenn die Aufnahme in Akten nach diesem Gesetz oder anderen Rechtsvorschriften zur Erfüllung der Aufgaben nicht ausreicht.

(3) Die Träger der Hilfen sind im Rahmen der Gesundheitsberichterstattung nach dem Brandenburgischen Gesundheitsdienstgesetz berechtigt, anonymisierte Daten von den bei der Erfüllung der Aufgaben nach diesem Gesetz beteiligten Behörden, Körperschaften, Verbänden, Vereinigungen und Einrichtungen sowie niedergelassenen Ärztinnen oder Ärzten zu verlangen.

(4) Soweit nicht bereits § 203 Abs. 1 Nr. 1 oder Abs. 3 Satz 1 des Strafgesetzbuches Anwendung findet, dürfen alle bei den Trägern der Hilfen oder den Trägern von Einrichtungen oder in den Einrichtungen beschäftigten oder von diesen beauftragten Personen, die an der Erfüllung der Aufgaben nach diesem Gesetz beteiligt sind, fremde Geheimnisse und personenbezogene Daten, die ihnen bei ihrer Tätigkeit anvertraut oder sonst bekannt geworden sind, nicht unbefugt offenbaren. Im Übrigen dürfen Daten von den nichtärztlich tätigen Personen, die an der Erfüllung der Aufgaben nach diesem Gesetz beteiligt sind, nur unter den Voraussetzungen offenbart werden, unter denen eine der in § 203 Abs. 1 oder Abs. 3 des Strafgesetzbuches genannten Personen dazu befugt wäre.

(5) Aufzeichnungen der Träger der Hilfen oder der Einrichtungen und Stellen, die an der Erfüllung der Aufgaben nach diesem Gesetz beteiligt sind, über amts-, gerichts- und vertrauensärztliche sowie über gutachterliche Tätigkeiten sind in der Regel zehn Jahre aufzubewahren, soweit nicht eine längere Aufbewahrungsfrist durch andere Rechtsvorschriften vorgeschrieben ist. Aufzeichnungen nach Satz 1 dürfen nach Ablauf der Aufbewahrungsfrist nicht mehr verwertet werden und sind zu löschen, wenn nicht ihre Archivierung nach besonderen Rechtsvorschriften vorzunehmen ist.

§ 56 Zusammenwirken mit anderen Behörden und Einrichtungen. (1) Die Träger der Hilfen nach § 6 Abs. 1, die Krankenhäuser nach § 10 Abs. 2 und die Einrichtungen nach § 36 Abs. 2 unterstützen sich untereinander und andere Behörden. Sie können den zuständigen Verwaltungsbehörden die erforderlichen personenbezogenen Daten übermitteln, wenn sie bei der Wahrnehmung von Aufgaben nach diesem

4. Brandenburg **Anhang**

Gesetz den begründeten Verdacht von Verstößen gegen gesetzliche Vorschriften gewonnen haben.

(2) Die Träger der Hilfen nach § 6 Abs. 1, die Krankenhäuser nach § 10 Abs. 2 und die Einrichtungen nach § 36 Abs. 2 dürfen personenbezogene Daten untereinander und an die in § 6 Abs. 4 genannten nicht öffentlichen Stellen zu dem Zweck übermitteln, zu dem sie erhoben worden sind, oder soweit die Übermittlung zur rechtmäßigen Erfüllung der Aufgaben der übermittelnden Stelle nach diesem Gesetz oder anderen Gesetzen erforderlich ist.

(3) Außer in den Fällen nach den Absätzen 1 und 2 dürfen die Behörden und Einrichtungen, die an der Erfüllung der Aufgaben nach diesem Gesetz beteiligt sind, personenbezogene Daten an Dritte nur übermitteln, wenn

1. die betroffene Person eingewilligt hat,
2. die Daten zur rechtmäßigen Aufgabenerfüllung dieser Stellen zwingend erforderlich sind und die Übermittlung zur Erfüllung von in diesem Gesetz insbesondere in den §§ 5, 6, 12, 13, 17, 18, 52 oder § 53 genannten Zwecken erfolgt oder
3. die Übermittlung durch andere Rechtsvorschriften ausdrücklich zugelassen ist.

§ 57 Datenübermittlung durch Unterbringungseinrichtungen. Krankenhäuser nach § 10 Abs. 2 und Einrichtungen nach § 36 Abs. 2 dürfen, außer nach § 56 oder mit Einwilligung der untergebrachten Person, Patientendaten an Personen und Stellen außerhalb des Krankenhauses oder der Einrichtung nur übermitteln, wenn und soweit dies erforderlich ist:

1. zur Weiterbehandlung der betroffenen Person in einem Krankenhaus oder einer Einrichtung, in die sie nach § 17 oder § 36 Abs. 4 verlegt worden ist oder verlegt werden soll,
2. zur Durchführung einer Maßnahme der Schul- oder Berufsausbildung, der Umschulung oder Berufsförderung oder zur Berufsausübung außerhalb des Krankenhauses oder der Einrichtung,
3. zur Erläuterung einer Anfrage des Krankenhauses oder der Einrichtung an einen Dritten, die zum Zwecke der Durchführung der Unterbringungsmaßnahme gestellt wird,
4. zur Abwehr einer gegenwärtigen Gefahr für Leben, Gesundheit oder persönliche Freiheit eines Dritten oder für bedeutende Rechtsgüter, wenn die Abwendung der Gefahr ohne die Weitergabe der Daten nicht möglich ist,
5. zur Abwehr erheblicher Nachteile für untergebrachte Personen, sofern diese Nachteile deren Geheimhaltungsinteressen überwiegen und die Abwehr der Nachteile anders als durch die Weitergabe der Patientendaten nicht möglich ist,
6. im Rahmen eines Verfahrens über die Bestellung einer Betreuungsperson für die untergebrachte Person,
7. zur Geltendmachung von Ansprüchen des Krankenhauses oder der Einrichtung sowie zur Abwehr von Ansprüchen oder zur Verfolgung von Straftaten oder Ordnungswidrigkeiten, die gegen das Krankenhaus oder die Einrichtung gerichtet sind,
8. zur Wahrnehmung gesetzlicher Befugnisse des Krankenhauses oder der Einrichtung gegenüber der Vollstreckungsbehörde, der Strafvollstreckungskammer, der Bewährungshelferin oder dem Bewährungshelfer, dem sozialpsychiatrischen Dienst und der gesetzlichen Vertretung der betroffenen Person,
9. zur Unterrichtung der Besuchskommissionen, sofern die betroffene Person damit einverstanden ist.

Die Empfängerin oder der Empfänger darf die ihm übermittelten personenbezogenen Daten nur für die Zwecke verwenden, zu deren Erfüllung sie übermittelt worden sind.

Anhang
Text der Ländergesetze

§ 58 Automatisiertes Abrufverfahren und regelmäßige Datenübermittlung. (1) Für die Einrichtung eines automatisierten Abrufverfahrens sowie für regelmäßige automatisierte Datenübermittlungen zwischen den Einrichtungen des Maßregelvollzugs und der Aufsichtsbehörde nach § 43 findet § 9 des Brandenburgischen Datenschutzgesetzes entsprechende Anwendung.

(2) Daten im Sinne des § 4a des Brandenburgischen Datenschutzgesetzes dürfen nur übermittelt werden, wenn dies zu statistischen Zwecken der Aufsichtsbehörden oder zur Ausübung der Aufsichtsaufgaben bei Gefahr im Verzug erforderlich ist. Zu dem letztgenannten Zweck dürfen Daten
1. zur Aufnahme und Entlassung,
2. zum Verlauf der Unterbringung,
3. zur strafrechtlichen Situation,
4. zu aktuellen Diagnosen,
5. zur forensisch-psychiatrischen Vorgeschichte,
6. zur Begutachtung,
7. zu den Empfehlungen des Krankenhauses für Entscheidungen der Strafvollstreckungskammer bezüglich der Fortdauer der Unterbringung,
8. zu Nationalität und ausländerrechtlichem Status,
9. zur sozialen Situation und zum sozialen Hintergrund

übermittelt werden. Die Daten für statistische Zwecke nach Satz 1 sind vor der Übermittlung zu anonymisieren.

(3) Im Fall des Absatzes 2 trägt die ärztliche Leitung die Verantwortung für die Bereitstellung der personenbezogenen Daten zum Abruf. Die Verantwortung für die Zulässigkeit des einzelnen Abrufs trägt der Empfänger. Die übermittelnde Stelle prüft die Zulässigkeit der Abrufe stets, wenn dazu Anlass besteht. Sie überprüft die Zulässigkeit der Übermittlung personenbezogener Daten auch durch geeignete Stichprobenverfahren.

§ 59 Übermittlungsverantwortung, Unterrichtungspflicht. (1) Bei der Übermittlung personenbezogener Daten nach § 56 Abs. 1 und 2 sowie § 57 trägt die Verantwortung für die Zulässigkeit der Übermittlung die übermittelnde Stelle.

(2) Der betroffenen Person ist die Übermittlung personenbezogener Daten nach den §§ 56 und 57 mitzuteilen, sofern nicht schwerwiegende Gründe dafür sprechen, dass aufgrund dieser Mitteilung eine gegenwärtige erhebliche Gefahr für ihre Gesundheit oder für die öffentliche Sicherheit entsteht.

Abschnitt 7. Übergangs- und Schlussvorschriften

§ 60 Verwaltungsvorschriften. Verwaltungsvorschriften zur Ausführung dieses Gesetzes erlässt das für Gesundheit zuständige Mitglied der Landesregierung im Einvernehmen mit den für Inneres und Justiz zuständigen Mitgliedern der Landesregierung, soweit dieses Gesetz nichts Abweichendes bestimmt.

§ 61 Einschränkung von Grundrechten. Durch dieses Gesetz werden die Grundrechte auf Freiheit der Person und auf körperliche Unversehrtheit (Artikel 2 Abs. 2 des Grundgesetzes, Artikel 8 Abs. 1 und Artikel 9 Abs. 1 der Verfassung des Landes Brandenburg), auf Unverletzlichkeit des Brief-, Post- und Fernmeldegeheimnisses (Artikel 10 des Grundgesetzes und Artikel 16 der Verfassung des Landes Brandenburg), auf Freiheit der Kommunikation (Artikel 19 der Verfassung des Landes Brandenburg), auf Datenschutz (Artikel 11 Abs. 1 der Verfassung des Landes Brandenburg) und auf Unverletzlichkeit der Wohnung (Artikel 13 des Grundgesetzes und Artikel 15 der Verfassung des Landes Brandenburg) eingeschränkt.

§ 62 Übergangsvorschriften. Die beim Inkrafttreten dieses Gesetzes beschlossenen oder begonnenen Unterbringungsmaßnahmen werden nach Maßgabe dieses Gesetzes durchgeführt.

§ 63 Inkrafttreten, Außerkrafttreten. Dieses Gesetz tritt am Tag nach der Verkündung in Kraft. Gleichzeitig tritt das Brandenburgische Psychisch-Kranken-Gesetz vom 8. Februar 1996 (GVBl. I S. 26), zuletzt geändert durch Gesetz vom 29. Juni 2004 (GVBl. I S. 342), außer Kraft.

5. Bremen

Gesetz über Hilfen und Schutzmaßnahmen bei psychischen Krankheiten und zur Änderung anderer Gesetze

Vom 19. Dezember 2000

(GBl. S. 471), zuletzt geändert durch Art. 2 FamilienverfahrensGAnpassungsG v. 23. 6. 2009 (GBl. S. 233)

Der Senat verkündet das nachstehende von der Bürgerschaft (Landtag) beschlossene Gesetz:

Artikel 1

Gesetz über Hilfen und Schutzmaßnahmen bei psychischen Krankheiten (PsychKG)

Teil 1: Allgemeines

§ 1 Anwendungsbereich. (1) Dieses Gesetz regelt:
1. Hilfen für psychisch Kranke, die wegen der Besonderheit psychischer Störungen und zur Erlangung der Ansprüche psychisch Kranker notwendig sind, um Erkrankungen zu heilen, deren Verschlimmerung zu verhüten, Krankheitsbeschwerden zu lindern und Wiedereingliederung zu fördern,
2. Schutzmaßnahmen für psychisch Kranke,
3. die Unterbringung psychisch Kranker und
4. den Vollzug von Maßregeln nach den §§ 63, 64 des Strafgesetzbuches sowie § 7 des Jugendgerichtsgesetzes (Maßregelvollzug).

(2) Psychisch Kranke im Sinne dieses Gesetzes sind Personen, die an einer Psychose, einer Suchtkrankheit, einer anderen krankhaften seelischen Störung oder an einer seelischen Behinderung leiden oder gelitten haben oder bei denen Anzeichen einer solchen Krankheit, Störung oder Behinderung vorliegen.

§ 2 Fürsorgegrundsatz. Bei allen Maßnahmen aufgrund dieses Gesetzes ist auf die individuelle Situation der psychisch Kranken besondere Rücksicht zu nehmen. Ihr Wille und ihre Würde sind zu achten. Ihre Persönlichkeitsrechte sind zu wahren.

§ 3 Träger der Hilfen und Schutzmaßnahmen. (1) Die Aufgaben nach den §§ 5 und 7 dieses Gesetzes erfüllen die Stadtgemeinden Bremen und Bremerhaven als Auftragsangelegenheiten.

Anhang

(2) Der Senator für Arbeit, Frauen, Gesundheit, Jugend und Soziales bestimmt in der Stadtgemeinde Bremen die zuständige Behörde oder Einrichtung. In der Stadtgemeinde Bremerhaven ist der Magistrat die zuständige Behörde.

(3) Hilfen und Schutzmaßnahmen werden durch den Sozialpsychiatrischen Dienst oder durch das regionale Psychiatrische Behandlungszentrum, in das der Sozialpsychiatrische Dienst integriert ist (Sozialpsychiatrischer Dienst), durchgeführt und vermittelt.

(4) Die Durchführung von Hilfen und Schutzmaßnahmen kann anderen Einrichtungen in öffentlich-rechtlicher Trägerschaft übertragen werden. Der Senator für Arbeit, Frauen, Gesundheit, Jugend und Soziales kann geeigneten juristischen Personen des privaten Rechts mit deren Zustimmung widerruflich die Befugnis verleihen, die Durchführung von Hilfen und Schutzmaßnahmen in eigenem Namen und in Handlungsformen des öffentlichen Rechts wahrzunehmen. Der Senator für Arbeit, Frauen, Gesundheit, Jugend und Soziales überträgt die Aufgaben nach Satz 1 und 2 durch Verwaltungsakt oder öffentlich-rechtlichen Vertrag. Geeignet sind Einrichtungen, die die notwendige Fachkunde und Zuverlässigkeit nachweisen. Das Nähere regelt der jeweilige Rechtsakt, mit dem die Aufgaben übertragen werden. Der Senator für Arbeit, Frauen, Gesundheit, Jugend und Soziales übt die Fachaufsicht aus.

§ 4 Aufgaben des Sozialpsychiatrischen Dienstes. (1) Aufgabe des Sozialpsychiatrischen Dienstes ist es,

1. Hilfen nach § 5 anzubieten oder Hilfen zu vermitteln, wenn psychisch Kranke oder ihnen nahestehende Personen diese Hilfen in Anspruch nehmen wollen oder ihm bekannt wird, dass eine Person dieser Hilfen bedarf und
2. die Schutzmaßnahmen nach § 7 durchzuführen.

(2) Der Sozialpsychiatrische Dienst kann im Rahmen von Vereinbarungen zusätzliche Leistungen erbringen, die ihm von anderen Versorgungsträgern übertragen werden.

§ 5 Hilfen. (1) Im Rahmen einer bedarfsgerechten Versorgung für psychisch Kranke, zu der beratende, ambulant und stationär behandelnde, komplementäre und rehabilitative Angebote gehören, sind individuelle und institutionelle Hilfen gemeinde- und wohnortnah vorzuhalten.

(2) Ziel der Hilfen ist es, durch rechtzeitige und umfassende Beratung und Betreuung sowie durch Vermittlung oder Durchführung geeigneter Maßnahmen, insbesondere von Behandlung,

1. die selbständige Lebensführung beeinträchtigende und die persönliche Freiheit einschränkende Maßnahmen entbehrlich zu machen (vorsorgende Hilfen),
2. solche Maßnahmen zu verkürzen (begleitende Hilfen) oder
3. nach solchen Maßnahmen die Wiedereingliederung in die Gemeinschaft zu erleichtern und zu fördern (nachgehende Hilfen).

(3) Die Hilfen sind in Kooperation mit anderen Anbietern und Trägern von Hilfen und Leistungen für psychisch Kranke zu erbringen. Die Träger der Hilfen und Schutzmaßnahmen beteiligen sich an der Koordination der Hilfs- und Leistungsangebote für psychisch Kranke. Zu den Hilfen gehören insbesondere:

1. Abhalten von regelmäßigen Sprechstunden unter der Leitung einer Fachärztin oder eines Facharztes für Psychiatrie, ausnahmsweise einer in der Psychiatrie erfahrenen Ärztin oder eines in der Psychiatrie erfahrenen Arztes,
2. Vornahme von Hausbesuchen, wenn dies zur Durchführung der Hilfen angezeigt ist,

3. Vermittlung von Hilfen und Leistungen für psychisch Kranke, die von anderen Anbietern und Trägern erbracht werden,
4. Kooperation mit Anbietern und Trägern von Hilfen und Leistungen für psychisch Kranke,
5. Beteiligung an der Koordination der Hilfs- und Leistungsangebote für psychisch Kranke.

(4) Hilfen sind nur insoweit bereitzustellen, als psychisch Kranke Leistungen nach dem Sozialgesetzbuch nicht nutzen können oder von diesen nicht erreicht werden. Es ist darauf hinzuwirken, dass die Hilfen oder deren Kosten als Regelleistungen von anderen Anbietern oder Leistungsträgern übernommen werden.

(5) Die Hilfen sind so auszugestalten, dass sie den Bedürfnissen der psychisch Kranken und den Besonderheiten ihrer Störungen gerecht werden. Eine stationäre Behandlung soll nur dann vermittelt werden, wenn das Ziel der Hilfen nicht auf anderem Wege erreicht werden kann.

(6) Psychisch Kranken nahestehende Personen sollen entlastet, unterstützt, ihre Bereitschaft zur Mitwirkung bei den Hilfen erhalten und gefördert werden.

(7) Ehrenamtliche Hilfe, Angehörigenarbeit und Selbsthilfe sind zu fördern und in die Versorgung psychisch Kranker einzubeziehen.

§ 6 Rechtsanspruch auf Hilfen. (1) Auf die Hilfen nach diesem Gesetz besteht ein Rechtsanspruch. Art, Ausmaß und Dauer der Hilfen richten sich nach den Besonderheiten des Einzelfalles.

(2) Psychisch Kranke haben das Recht, die Hilfen abzulehnen.

(3) Die Hilfen sind zu leisten, sobald einem Träger der Hilfen und Schutzmaßnahmen bekannt wird, dass die Voraussetzungen für die Gewährung der Hilfen vorliegen.

§ 7 Schutzmaßnahmen. (1) Wenn gewichtige Anzeichen dafür vorhanden sind, dass eine psychisch kranke Person ihre Gesundheit, ihr Leben oder andere eigene bedeutende Rechtsgüter oder bedeutende Rechtsgüter Dritter zu gefährden droht, hat der Sozialpsychiatrische Dienst
1. zunächst die betroffene Person aufzufordern, sich beraten und bei einer Ärztin oder einem Arzt ihrer Wahl untersuchen zu lassen,
2. wenn die betroffene Person dieser Aufforderung nicht folgt, einen Hausbesuch vorzunehmen und
3. wenn angezeigt, eine ärztliche Untersuchung durchzuführen.

Im begründeten Ausnahmefall kann von der vorstehenden Reihenfolge abgewichen werden.

(2) Die von der zuständigen Behörde beauftragten Personen sind befugt, die Wohnung der betroffenen Person zu betreten und die betroffene Person ärztlich zu untersuchen, wenn gewichtige Anhaltspunkte dafür vorhanden sind, dass dies zur Abwehr von gegenwärtigen Gefahren für Gesundheit, Leben oder andere bedeutende Rechtsgüter der betroffenen Person aufgrund ihrer psychischen Erkrankung erforderlich ist. Das *gleiche* gilt, wenn eine gegenwärtige Gefahr für Gesundheit, Leben oder andere bedeutende Rechtsgüter Dritter besteht.

(3) Wird eine psychische Erkrankung festgestellt und ist zu befürchten, dass die betroffene Person ihre Gesundheit, ihr Leben oder andere eigene bedeutende Rechtsgüter oder bedeutende Rechtsgüter Dritter aufgrund ihrer psychischen Erkrankung gefährdet, ist sie aufzufordern, sich in ambulante oder stationäre Behandlung zu begeben. Dem Behandelnden werden die Untersuchungsergebnisse mitgeteilt.

Anhang

Text der Ländergesetze

(4) Folgt die betroffene Person der Aufforderung nach Absatz 3 Satz 1 nicht und liegen hinreichende Tatsachen dafür vor, dass eine Unterbringung in Betracht kommen kann, ist die Ortspolizeibehörde zu unterrichten.

§ 8 Begriff der Unterbringung. (1) Eine Unterbringung im Sinne dieses Gesetzes liegt vor, wenn eine psychisch kranke Person gegen ihren Willen oder im Zustand der Willenlosigkeit in ein psychiatrisches Krankenhaus oder in eine psychiatrische Abteilung eines Allgemeinkrankenhauses eingewiesen und dort zurückgehalten wird.

(2) Eine Unterbringung im Sinne dieses Gesetzes liegt auch dann vor, wenn die Einweisung oder das Zurückhalten ohne Einwilligung des oder der Personensorgeberechtigten oder, soweit die betroffene Person nicht einwilligungsfähig ist, ohne Zustimmung eines anderen gesetzlichen Vertreters erfolgt, dessen Aufgabenkreis das Recht zur Aufenthaltsbestimmung umfasst.

(3) Das Gericht kann die Zurückhaltung einer psychisch kranken Person in einem psychiatrischen Krankenhaus oder in einer psychiatrischen Abteilung eines Allgemeinkrankenhauses nach § 328 Abs. 1 des Gesetzes über das Verfahren in Familiensachen und in den Angelegenheiten der freiwilligen Gerichtsbarkeit mit der Auflage einer ambulanten oder teilstationären Behandlung aussetzen, wenn hinreichende Anhaltspunkte dafür vorliegen, dass hierdurch der Zweck der Unterbringung nach § 10 ohne die Zurückhaltung der psychisch kranken Person in einem psychiatrischen Krankenhaus oder in einer psychiatrischen Abteilung eines Allgemeinkrankenhauses erreicht werden kann.

(4) Die für die psychisch kranke Person, deren Zurückhaltung nach Absatz 3 ausgesetzt ist, zuständige Einrichtung nach § 13 überwacht die Einhaltung der Auflage und führt diese durch. Der § 22 Abs. 1, 2 und 5 und die §§ 23 und 25 finden bei einer Aussetzung der Zurückhaltung im ambulanten Bereich entsprechende Anwendung. Im teilstationären Bereich gilt darüber hinaus § 26 Abs. 1 entsprechend.

(5) Das Gericht kann nach § 328 Abs. 2 des Gesetzes über das Verfahren in Familiensachen und in den Angelegenheiten der freiwilligen Gerichtsbarkeit die Aussetzung der Zurückhaltung nach Absatz 3 widerrufen, wenn die Patientin oder der Patient die vom Gericht angeordnete Auflage einer ambulanten oder teilstationären Behandlung nicht erfüllt.

(6) Wird die Aussetzung nach Absatz 3 durch das Gericht aufgehoben, weil die Patientin oder der Patient die Auflage nicht erfüllt, findet § 15 entsprechende Anwendung.

§ 9 Voraussetzungen der Unterbringung. (1) Eine Unterbringung nach diesem Gesetz kommt in Betracht, wenn Hilfen und Schutzmaßnahmen erfolglos waren, nicht durchgeführt werden konnten oder nicht möglich sind und die Voraussetzungen nach Absatz 2 vorliegen.

(2) Die Unterbringung einer psychisch kranken Person ist nur zulässig, wenn und solange durch ihr krankheitsbedingtes Verhalten eine gegenwärtige Gefahr für

1. ihr Leben oder ihre Gesundheit oder
2. die Gesundheit, das Leben oder andere bedeutende Rechtsgüter Dritter besteht und diese Gefahr nicht anders abgewendet werden kann.

(3) Eine gegenwärtige Gefahr im Sinne von Absatz 2 besteht dann, wenn infolge der psychischen Erkrankung ein schadenstiftendes Ereignis bereits eingetreten ist, unmittelbar bevorsteht oder zwar zeitlich nicht vorhersehbar, wegen besonderer Umstände jedoch jederzeit zu erwarten ist.

5. Bremen **Anhang**

(4) Die fehlende Bereitschaft, sich einer notwendigen ärztlichen Behandlung zu unterziehen, oder die regelmäßige Einnahme schädigender Substanzen im Zusammenhang mit einer Suchterkrankung rechtfertigen für sich allein keine Unterbringung.

(5) Eine Unterbringung nach diesem Gesetz darf nicht angeordnet oder muss aufgehoben werden, wenn Maßnahmen nach den §§ 126a und 453c der Strafprozessordnung, nach § 7 des Jugendgerichtsgesetzes oder nach den §§ 63, 64 und 66 des Strafgesetzbuches getroffen werden.

§ 10 Zweck der Unterbringung. Zweck der Unterbringung ist es, durch Heilung, Besserung, Linderung oder Verhütung der Verschlimmerung der psychischen Krankheit oder der seelischen Behinderung der Patientin oder des Patienten die in § 9 genannten Gefahren abzuwenden.

§ 11 Zweck des Maßregelvollzuges. Der Maßregelvollzug ist darauf auszurichten, die Patientin oder den Patienten zur Erreichung des Vollzugszieles nach § 136 Satz 2 und § 137 des Strafvollzugsgesetzes insbesondere durch ärztliche, psychotherapeutische, soziotherapeutische oder heilpädagogische Maßnahmen zu behandeln sowie sie oder ihn sozial und beruflich einzugliedern.

§ 12 Rechts- und Pflichtenbelehrung der Patientin oder des Patienten. Die Patientin oder der Patient ist über ihre oder seine Rechte und Pflichten während des Unterbringungsverfahrens, der Unterbringung und des Maßregelvollzuges zu belehren, soweit dies der Gesundheitszustand der Patientin oder des Patienten erlaubt. Die Belehrung ist zu dokumentieren und von der Patientin oder dem Patienten mit Unterschrift zu bestätigen.

§ 13 Einrichtungen. (1) Der Senator für Arbeit, Frauen, Gesundheit, Jugend und Soziales bestimmt die an der Unterbringung und im Einvernehmen mit dem Senator für Justiz und Verfassung die an dem Maßregelvollzug beteiligten Einrichtungen. Geeigneten Einrichtungen in nicht öffentlich-rechtlicher Trägerschaft kann mit deren Zustimmung widerruflich die Befugnis verliehen werden, diese Aufgabe in eigenem Namen und in Handlungsformen des öffentlichen Rechts wahrzunehmen. Ausgenommen sind Entscheidungsbefugnisse im Rahmen des Maßregelvollzugs, für die das Gesetz die Wahrnehmung durch die ärztliche Leiterin oder den ärztlichen Leiter vorsieht, sowie entsprechende pflegerische Entscheidungen. Satz 3 findet keine Anwendung auf die Unterbringung von einzelnen Maßregelvollzugspatientinnen und -patienten, die auf Stationen der regionalen psychiatrischen Behandlungszentren befristet behandelt und gesichert werden. Der Senator für Arbeit, Frauen, Gesundheit, Jugend und Soziales überträgt diese Aufgaben durch Verwaltungsakt oder öffentlich-rechtlichen Vertrag. Geeignet sind Einrichtungen, die die notwendige Fachkunde und Zuverlässigkeit nachweisen. Das Nähere regelt der jeweilige Rechtsakt, mit dem die Aufgaben übertragen werden. Der Senator für Arbeit, Frauen, Gesundheit, Jugend und Soziales übt die Fachaufsicht aus.

(2) Einrichtungen für die Unterbringung sind die regional zuständigen psychiatrischen Krankenhäuser, psychiatrischen Abteilungen an Allgemeinkrankenhäusern und psychiatrischen Behandlungszentren, die stationäre psychiatrische Behandlungsformen vorhalten.

(3) Einrichtungen für den Maßregelvollzug sind insbesondere psychiatrische Krankenhäuser und Allgemeinkrankenhäuser mit einer psychiatrischen Abteilung. Darüber hinaus können es Einrichtungen kommunaler oder freier Träger sein, die der psychiatrischen, psychotherapeutischen oder soziotherapeutischen Behandlung, Betreuung oder Rehabilitation dienen.

Anhang

Text der Ländergesetze

(4) Mit anderen Bundesländern können Vollzugsgemeinschaften zur Durchführung des Maßregelvollzuges gegründet werden. Die Maßregeln können aufgrund besonderer Vereinbarungen auch in Einrichtungen außerhalb des Landes Bremen vollzogen werden.

(5) Die Einrichtungen müssen so ausgestattet sein, dass eine auf die unterschiedlichen Anforderungen abgestimmte Behandlung und Betreuung der Patientinnen und Patienten gewährleistet ist. Dies schließt sowohl notwendige Sicherungsmaßnahmen als auch die Möglichkeit der offenen Unterbringung ein.

(6) Den Mitarbeiterinnen und Mitarbeitern der Einrichtungen sollen die für ihre Tätigkeit notwendigen zusätzlichen Kenntnisse und Fähigkeiten durch Fort- und Weiterbildungsmaßnahmen vermittelt werden.

§ 14 Unterbringungsverfahren. (1) Die Anordnung einer freiheitsentziehenden Unterbringung durch das zuständige Gericht erfolgt nur auf Antrag der Ortspolizeibehörde und unter den Voraussetzungen nach § 9.

(2) Der Antrag ist zu begründen, das Ermittlungsergebnis und ein Zeugnis einer Fachärztin oder eines Facharztes für Psychiatrie sind beizufügen. Ein entsprechendes Zeugnis kann auch von einer Ärztin oder einem Arzt erstellt werden, die in einem psychiatrischen Fachdienst tätig sind. Aus dem Zeugnis muss hervorgehen, aus welchen Tatsachen und ärztlichen Beurteilungen sich ergibt, dass die Unterbringung geboten ist.

(3) Vor Anordnung einer Unterbringungsmaßnahme gibt das Gericht neben den in § 315 Abs. 1 Nr. 2, Abs. 3, Abs. 4 Nr. 1, 2 und 3 des Gesetzes über das Verfahren in Familiensachen und in den Angelegenheiten der freiwilligen Gerichtsbarkeit genannten Personen und Stellen

1. dem Sozialpsychiatrischen Dienst, der behandelnden niedergelassenen Ärztin, dem behandelnden niedergelassenen Arzt, der behandelnden niedergelassenen Psychotherapeutin oder dem behandelnden niedergelassenen Psychotherapeuten und
2. der behandelnden Ärztin oder dem behandelnden Arzt der Einrichtung, sofern eine sofortige Unterbringung vorgenommen worden ist oder die Patientin oder der Patient sich schon in der Einrichtung befindet,

Gelegenheit zur Äußerung.

§ 15 Vollzug der Unterbringung. (1) Die vom Gericht angeordnete Unterbringung soll möglichst wohnortnah erfolgen. Sie wird von der Ortspolizeibehörde vollzogen. Der Verfahrenspfleger und der Sozialpsychiatrische Dienst sind zu unterrichten. Hat die Patientin oder der Patient einen Rechtsanwalt beauftragt, ist auch dieser zu unterrichten.

(2) Der Vollzug durch die Ortspolizeibehörde endet mit der Aufnahme in der zuständigen Einrichtung. Der weitere Vollzug erfolgt durch die Einrichtung.

§ 16 Sofortige Unterbringung. (1) Eine Unterbringung ohne vorherige gerichtliche Entscheidung (sofortige Unterbringung) kann von der Ortspolizeibehörde vorgenommen werden, wenn

1. eine gerichtliche Entscheidung nicht rechtzeitig herbeigeführt werden kann,
2. die sofortige Unterbringung das einzige Mittel ist, um die von der psychisch kranken Person aufgrund ihres krankheitsbedingten Verhaltens ausgehende gegenwärtige Gefahr im Sinne des § 9 abzuwenden und
3. ein ärztliches Zeugnis über den Gesundheitszustand der psychisch kranken Person aufgrund einer frühestens am Vortage durchgeführten Untersuchung vorliegt.

5. Bremen **Anhang**

(2) Nimmt die Ortspolizeibehörde eine sofortige Unterbringung vor, so hat sie unverzüglich beim Gericht einen Antrag auf Anordnung einer Unterbringung zu stellen. Die betroffene Person ist in geeigneter Weise zu unterrichten. Ihr ist Gelegenheit zu geben, Angehörige oder eine sonstige Person ihres Vertrauens zu benachrichtigen. Bei Minderjährigen sind die Personensorgeberechtigten zu unterrichten. Entsprechend ist bei Personen zu verfahren, für die ein gesetzlicher Vertreter bestellt ist, dessen Aufgabenkreis das Recht zur Aufenthaltsbestimmung oder die Sorge für die Gesundheit umfasst.

(3) Wird eine Unterbringung nicht bis zum Ablauf des auf den Beginn der sofortigen Unterbringung folgenden Tages durch das Gericht angeordnet, ist die Patientin oder der Patient durch die ärztliche Leiterin oder den ärztlichen Leiter der Einrichtung zu entlassen, es sei denn, sie oder er verbleibt aufgrund ihrer oder seiner rechtswirksamen Einwilligung in der Einrichtung. Von der Entlassung sind das Gericht, die in § 14 Abs. 3 dieses Gesetzes und in § 70 d des Gesetzes über die Angelegenheiten der freiwilligen Gerichtsbarkeit genannten Personen und Stellen, die Ortspolizeibehörde sowie die Ärztin oder der Arzt zu benachrichtigen, die oder der die Patientin oder den Patienten vor der Unterbringung wegen ihrer oder seiner psychischen Erkrankung behandelt hat.

(4) Lehnt das Gericht den Antrag der Ortspolizeibehörde nach Absatz 2 ab, hat die ärztliche Leiterin oder der ärztliche Leiter der Einrichtung den Patienten sofort zu entlassen, es sei denn, er verbleibt aufgrund seiner rechtswirksamen Einwilligung in der Einrichtung.

§ 17 Fürsorgliche Zurückhaltung. (1) Befindet sich eine Patientin oder ein Patient in der Einrichtung, ohne aufgrund dieses Gesetzes untergebracht zu sein, so kann bei Gefahr im Verzug die behandelnde Ärztin oder der behandelnde Arzt der Einrichtung unter den Voraussetzungen des § 16 Abs. 1 Nrn. 1 und 2 entscheiden, die Patientin oder den Patienten gegen oder ohne ihren oder seinen Willen zurückzuhalten. Die Gründe hierfür sind zu dokumentieren.

(2) Die Einrichtung hat unter Vorlage eines ärztlichen Zeugnisses die Ortspolizeibehörde sofort zu benachrichtigen. Für das weitere Verfahren gilt § 16 Abs. 2 bis 4 entsprechend.

(3) Der Patientin oder dem Patienten ist durch die Einrichtung Gelegenheit zu geben, Angehörige oder sonstige Personen ihres oder seines Vertrauens zu benachrichtigen.

§ 18 Maßnahmen vor Beginn der Unterbringung. (1) Vor Beginn der Unterbringung ist der psychisch kranken Person der Grund der Unterbringung mitzuteilen und ihr Gelegenheit zu geben, Angehörige oder Personen ihres Vertrauens zu benachrichtigen.

(2) Bei einer Abholung der psychisch kranken Person aus ihrer Wohnung ist ihr Gelegenheit zu geben, für die Zeit ihrer Abwesenheit Vorsorge zu treffen, soweit dies mit der Anordnung der Unterbringung vereinbar ist.

(3) Ist die psychisch kranke Person nicht in der Lage, selbst Vorsorge für ihre häusliche Umgebung zu treffen, und werden weder Angehörige noch sonstige Vertrauenspersonen von der Unterbringung benachrichtigt, hat der Polizeivollzugsdienst zu prüfen, ob in der häuslichen Umgebung der unterzubringenden Person durch ihre Abwesenheit Personen, Tiere oder Sachen gefährdet werden, und die zur Abwehr dieser Gefahr erforderlichen Maßnahmen einzuleiten. Zu diesem Zweck darf die Wohnung der untergebrachten Person, die nicht erkennbar durch andere Personen betreut wird, durch den Polizeivollzugsdienst betreten werden. Die Maßnahmen sol-

Anhang

len mit der psychisch kranken Person erörtert werden, soweit ihr Gesundheitszustand dies zulässt.

Teil 4: Betreuung während der Unterbringung und des Maßregelvollzuges

§ 19 Entscheidungsbefugnisse. Für die Betreuung während der Unterbringung und des Maßregelvollzuges ist die ärztliche Leiterin oder der ärztliche Leiter der Einrichtung verantwortlich. Sie oder er kann ihre oder seine Entscheidungsbefugnisse auf Mitarbeiterinnen und Mitarbeiter übertragen, sofern nicht das Gesetz die Wahrnehmung von Aufgaben durch die ärztliche Leiterin oder den ärztlichen Leiter der Einrichtung nach § 13 oder die behandelnde Ärztin oder den behandelnden Arzt vorsieht.

§ 20 Rechtsstellung der Patientin oder des Patienten. (1) Die Patientin oder der Patient unterliegt während der Unterbringung und des Maßregelvollzuges den in diesem Gesetz vorgesehenen Beschränkungen ihrer oder seiner Freiheit. Diese müssen im Hinblick auf den Zweck der Unterbringung und des Maßregelvollzuges oder zur Aufrechterhaltung der Sicherheit der Einrichtung oder zur Abwehr einer Gefahr für das geordnete Zusammenleben in der Einrichtung unerlässlich sein. Die Beschränkungen müssen in einem angemessenen Verhältnis zu ihrem Zweck stehen und dürfen die Patientin oder den Patienten nicht mehr und nicht länger als notwendig beeinträchtigen.

(2) Entscheidungen über die Eingriffe in die Rechte der Patientin oder des Patienten sind der betroffenen Person und ihrem gesetzlichen Vertreter gegenüber schriftlich zu erlassen und zu begründen. Bei Gefahr im Verzug können Entscheidungen nach Satz 1 auch mündlich getroffen werden. Sie sind unverzüglich schriftlich zu begründen.

§ 21 Eingangsuntersuchung. (1) Die Patientin oder der Patient ist unverzüglich nach ihrer oder seiner Aufnahme ärztlich zu untersuchen. Hierbei soll die Art der vorzunehmenden Behandlung festgelegt werden.

(2) Ergibt die ärztliche Untersuchung, dass die Voraussetzungen der Unterbringung nach § 9 nicht oder nicht mehr vorliegen, hat die Einrichtung
1. die Ortspolizeibehörde, die die Unterbringung veranlasst hat,
2. die Ärztin oder den Arzt, die oder der die Person wegen ihrer psychischen Erkrankung vor der Unterbringung behandelt hat,
3. das Gericht und
4. soweit vorher beteiligt, den Sozialpsychiatrischen Dienst sowie die in § 70 d des Gesetzes über die Angelegenheiten der freiwilligen Gerichtsbarkeit genannten Personen, soweit deren Anschriften bekannt sind,

unverzüglich zu unterrichten sowie die betroffene Person sofort zu beurlauben.

§ 22 Behandlung. (1) Während der Unterbringung und des Maßregelvollzuges hat die Patientin oder der Patient Anspruch auf eine nach dem Stand der wissenschaftlichen Erkenntnis notwendige, angemessene und rechtlich zulässige Behandlung unter Berücksichtigung aller im Krankenhaus vorhandenen therapeutischen Angebote; die Behandlung schließt die notwendigen Untersuchungen mit ein.

(2) Die Behandlung bedarf vorbehaltlich der Regelungen in den Absätzen 3 und 4 der Einwilligung der Patientin oder des Patienten. Bei Minderjährigen ist die Einwilligung der Personensorgeberechtigten in die ärztliche Behandlung erforderlich. Kann

die Patientin oder der Patient die Bedeutung und Tragweite des Eingriffs und der Einwilligung nicht beurteilen und ist ein Betreuer bestellt, dessen Aufgabenkreis die Sorge für die Gesundheit umfasst, so ist dessen Einwilligung in die ärztliche Behandlung erforderlich.

(3) Die Behandlung der Patientin oder des Patienten ist ohne ihre oder seine Einwilligung oder die ihres oder seines gesetzlichen Vertreters bei gegenwärtiger Gefahr für das Leben oder die Gesundheit der Patientin oder des Patienten oder Dritter zulässig.

(4) Die Behandlung ist auch zulässig, soweit sie zur Erreichung des Zweckes der Unterbringung oder des Maßregelvollzuges zwingend notwendig ist. Soweit die Patientin oder der Patient Einwendungen erhebt, ist die Behandlung im Rahmen der Unterbringung nur mit Zustimmung des Vormundschaftsgerichtes zulässig. Für Einwendungen gegen die Behandlung im Rahmen des Maßregelvollzuges gilt § 138 Abs. 2 in Verbindung mit den §§ 109 bis 121 des Strafvollzugsgesetzes.

(5) Eine Behandlung, die die Persönlichkeit der psychisch kranken Person tiefgreifend und auf Dauer schädigen könnte, ist unzulässig. Ebenfalls unzulässig ist eine Behandlung, die der Erprobung von Arzneimitteln oder Verfahren dient.

(6) Eine Ernährung gegen den Willen der Patientin oder des Patienten ist nur zulässig, wenn sie erforderlich ist, um eine gegenwärtige Gefahr für das Leben der Patientin oder des Patienten abzuwenden.

(7) Kann eine Krankheit der Patientin oder des Patienten in einer Einrichtung nach § 13 nicht erkannt oder behandelt werden, ist die Patientin oder der Patient in ein anderes Krankenhaus einzuweisen oder zu verlegen, das über entsprechende Erkennungs- und Behandlungsmöglichkeiten verfügt.

§ 23 Behandlungsplan. (1) Die Behandlung erfolgt nach einem Behandlungsplan, der bei der Unterbringung unverzüglich und im Maßregelvollzug spätestens sechs Wochen nach der Aufnahme zu erstellen ist. Der Behandlungsplan ist mit der psychisch kranken Person und seinem gesetzlichen Vertreter zu erörtern, im Abstand von längstens drei Monaten zu überprüfen und fortzuschreiben.

(2) Der Behandlungsplan hat die Persönlichkeit, das Alter, den Entwicklungsstand und die Lebensverhältnisse der Patientin oder des Patienten zu berücksichtigen. Er umfasst auch die erforderlichen Maßnahmen, die der Patientin oder dem Patienten nach der Entlassung ein eigenverantwortliches Leben in der Gemeinschaft ermöglichen sollen. Der Behandlungsplan enthält Angaben insbesondere über:
1. die ärztliche, psychotherapeutische, soziotherapeutische oder heilpädagogische Behandlung,
2. die Einbeziehung von nahestehenden Personen in Behandlungsmaßnahmen,
3. Maßnahmen zur Freizeitgestaltung und
4. die in §§ 29 und 38 genannten Maßnahmen.

Im Behandlungsplan für den Maßregelvollzug sind darüber hinaus Maßnahmen der beruflichen Ausbildung, Fortbildung oder Umschulung, die Teilnahme an Veranstaltungen der Weiterbildung und die in § 45 Abs. 2 genannten Maßnahmen aufzuführen.

§ 24 Gestaltung der Unterbringung und des Maßregelvollzuges. (1) Die Unterbringung und der Maßregelvollzug sollen unter Berücksichtigung medizinischer, therapeutischer und sicherheitsbedingter Gesichtspunkte den allgemeinen Lebensverhältnissen soweit wie möglich angepasst werden, sofern der Zweck der Unterbringung und des Maßregelvollzuges dies zulässt.

Anhang

Text der Ländergesetze

(2) Kinder und Jugendliche sollen je nach Eigenart und Schwere ihrer Krankheit und nach ihrem Entwicklungsstand untergebracht werden.

(3) Der Patientin oder dem Patienten ist regelmäßig Aufenthalt im Freien zu gewähren.

(4) Der Patientin oder dem Patienten soll Gelegenheit zu sinnvoller Beschäftigung gegeben werden.

§ 25 Begleitende Hilfen während der Unterbringung. Der Sozialpsychiatrische Dienst leistet der Patientin oder dem Patienten während der Unterbringung begleitende Hilfen.

§ 26 Persönlicher Besitz. (1) Die Patientin oder der Patient hat das Recht, ihre oder seine persönliche Kleidung zu tragen und persönliche Gegenstände sowie Geld und Wertsachen in ihrem oder seinem unmittelbaren Besitz zu haben. Dieses Recht kann nur eingeschränkt werden, wenn und soweit für die Patientin oder den Patienten gesundheitliche Nachteile zu befürchten, die Sicherheit der Einrichtung oder das geordnete Zusammenleben in der Einrichtung gefährdet sind.

(2) Geld und Wertsachen können auch ohne Zustimmung der Patientin oder des Patienten in Gewahrsam genommen werden, wenn und soweit die Patientin oder der Patient zum Umgang damit nicht in der Lage ist und ein Verfahren zur Bestellung eines Betreuers für diesen Aufgabenkreis eingeleitet, aber noch nicht abgeschlossen ist.

(3) Die Patientin oder der Patient des Maßregelvollzuges kann über das Taschengeld frei verfügen, soweit dies im Einklang mit dem Behandlungsplan steht.

§ 27 Recht auf Postverkehr. (1) Die Patientin oder der Patient hat das Recht, Schreiben unbeschränkt und ungeöffnet abzusenden und zu empfangen.

(2) Schriftliche Mitteilungen der Patientin oder des Patienten und an die Patientin oder den Patienten dürfen in der Einrichtung durch die behandelnden Ärztin oder den behandelnden Arzt geöffnet und eingesehen werden, wenn tatsächliche Anhaltspunkte dafür vorliegen, dass eine Weiterleitung der Patientin oder dem Patienten erhebliche Nachteile zufügen oder die Sicherheit der Einrichtung gefährden könnte, insbesondere wenn die Gefahr des Einschmuggelns von Suchtstoffen oder gefährlichen Gegenständen oder der Verabredung von Straftaten besteht.

(3) Der Schriftwechsel der Patientin oder des Patienten mit ihrem oder seinem gesetzlichen Vertreter oder Pfleger, der Besuchskommission, den Verteidigern, Rechtsanwälten und Notaren, den Gerichten und Behörden, mit einer Volksvertretung des Bundes oder der Länder sowie mit deren Mitgliedern, wird nicht überwacht. Entsprechendes gilt für Schreiben an das Europäische Parlament und dessen Mitglieder, die Europäische Kommission für Menschrechte, den Europäischen Ausschuss zur Verhütung von Folter und unmenschlicher oder erniedrigender Behandlung oder Strafe sowie bei ausländischen Staatsangehörigen an die konsularischen oder diplomatischen Vertretungen des Heimatlandes.

(4) Schriftliche Mitteilungen der Patientin oder des Patienten, die eingesehen werden dürfen, können zurückgegeben werden, wenn sich aus der Weiterleitung für die Patientin oder den Patienten erhebliche Nachteile ergeben würden oder der Zweck der Unterbringung und des Maßregelvollzuges oder die Sicherheit der Einrichtung gefährden würde. Sofern die Patientin oder der Patient einen gesetzlichen Vertreter hat, erfolgt die Rückgabe an diesen.

(5) Schriftliche Mitteilungen an die Patientin oder den Patienten, die eingesehen werden dürfen, können zurückgehalten werden, wenn sie geeignet sind, der Patientin

5. Bremen — Anhang

oder dem Patienten gesundheitlichen Schaden zuzufügen oder den Zweck der Unterbringung und des Maßregelvollzuges, oder die Sicherheit der Einrichtung zu gefährden. Im Falle der Zurückhaltung ist der Absender zu verständigen oder die schriftliche Mitteilung zurückzusenden, wobei der Grund, weshalb sie der Patientin oder dem Patienten nicht ausgehändigt worden ist, anzugeben ist.

(6) Die Absätze 1 bis 5 gelten entsprechend für Pakete, für Telegramme, Telefaxe und sonstige Mittel der Telekommunikation sowie für Datenträger und Zugänge zu Datennetzen. Für Telefongespräche gelten die Vorschriften über den Besuch in § 28 Abs. 1 und 2 entsprechend.

(7) Kenntnisse, die bei der Überwachung und der Beschränkung des Postverkehrs gewonnen werden, sind vertraulich zu behandeln.

§ 28 Recht auf Besuch. (1) Die Patientin oder der Patient hat das Recht, im Rahmen einer allgemeinen Besuchsregelung der Einrichtung Besuch zu empfangen.

(2) Besuche können beschränkt oder untersagt werden, wenn und soweit für die Patientin oder den Patienten gesundheitliche Nachteile zu befürchten oder die Sicherheit der Einrichtung oder das geordnete Zusammenleben in der Einrichtung gefährdet sind.

(3) Aus Gründen der Sicherheit der Einrichtung kann ein Besuch davon abhängig gemacht werden, dass sich der Besucher durchsuchen lässt. Ein Besuch kann überwacht und abgebrochen oder die Übergabe von Gegenständen untersagt werden, wenn anderenfalls gesundheitliche Nachteile für die Patientin oder den Patienten zu befürchten oder die Sicherheit der Einrichtung oder das geordnete Zusammenleben in der Einrichtung gefährdet wären.

(4) Absatz 3 Satz 1 gilt für Besuche von Verteidigern, Rechtsanwälten und Notaren in einer die Patientin oder den Patienten betreffenden Rechtssache mit der Maßgabe, dass eine inhaltliche Überprüfung der von ihnen mitgeführten Schriftstücke und sonstigen Unterlagen unzulässig ist; die Übergabe dieser Schriftstücke oder Unterlagen an die Patientin oder den Patienten darf nicht untersagt werden. Für Besuche von Verteidigern bleiben die §§ 148 und 148a der Strafprozessordnung unberührt.

§ 29 Beurlaubung und Ausgang. (1) Die ärztliche Leiterin oder der ärztliche Leiter der Einrichtung kann im Rahmen der Unterbringung die Patientin oder den Patienten bis zu zehn Tagen beurlauben, wenn der Zweck der Unterbringung dadurch nicht beeinträchtigt wird und eine Gefahr für Gesundheit, Leben oder andere bedeutende Rechtsgüter Dritter nicht zu befürchten ist. Vor Beginn der Beurlaubung sind, wenn ein gesetzlicher Vertreter für die Patientin oder den Patienten bestellt ist, dieser und der Sozialpsychiatrische Dienst, soweit sie beteiligt waren, rechtzeitig zu benachrichtigen.

(2) Im Maßregelvollzug kann der Patientin oder dem Patienten Urlaub bis zu 30 Kalendertagen im Kalendervierteljahr gewährt werden, soweit nicht Tatsachen die Befürchtung begründen, dass die Patientin oder der Patient sich dem Vollzug der Maßregel entzieht oder den Urlaub zu rechtswidrigen Taten missbraucht.

(3) Die Beurlaubung kann mit Auflagen, insbesondere der Verpflichtung zur Weiterführung der ärztlichen Behandlung, verbunden werden. Sie kann jederzeit widerrufen werden, insbesondere wenn Auflagen nicht befolgt werden. Ein Anspruch auf Beurlaubung besteht nicht.

(4) Absatz 1 Satz 1 und Absatz 3 finden auf stundenweise Beurlaubung im Rahmen der Unterbringung (Ausgang) entsprechende Anwendung.

(5) Die untergebrachte Patientin oder der untergebrachte Patient kann mit Zustimmung der ärztlichen Leiterin oder des ärztlichen Leiters der Einrichtung unter der

Anhang

Text der Ländergesetze

Aufsicht einer Mitarbeiterin oder eines Mitarbeiters das Gelände der Einrichtung verlassen. Ein Anspruch auf begleiteten Ausgang besteht nicht.

§ 30 Hausordnung. (1) Die Einrichtung erlässt eine Hausordnung, die vor Inkrafttreten dem Senator für Arbeit, Frauen, Gesundheit, Jugend und Soziales zur Kenntnis zu geben ist. Die Hausordnung regelt die Rechte und Pflichten der Patientinnen und Patienten; sie kann insbesondere Regelungen über die Einbringung von Gegenständen, die Ausgestaltung der Räume, die Einkaufsmöglichkeiten, ein Rauch-, Alkohol- und Drogenverbot, die Besuchszeiten, den Telefonverkehr, den Schriftwechsel, die Freizeitgestaltung und den Aufenthalt im Freien enthalten. Den Patientinnen und Patienten und der Besuchskommission ist Gelegenheit zur Mitwirkung beim Erlass der Hausordnung zu geben. Die Hausordnung ist durch ständigen Aushang in der Einrichtung allgemein bekannt zu machen.

(2) Durch die Hausordnung dürfen Rechte der Patientinnen und Patienten nicht weiter als nach diesem Gesetz zulässig eingeschränkt werden.

§ 31 Besondere Schutz- und Sicherungsmaßnahmen. (1) Besondere Schutz- und Sicherungsmaßnahmen sind nur dann zulässig, wenn und solange von der Patientin oder dem Patienten die gegenwärtige Gefahr von Gewalttätigkeiten gegen Personen oder Sachen, der Selbstverletzung, der Selbsttötung oder der Flucht ausgeht und diese Gefahr nicht anders abgewendet werden kann. Als besondere Schutz- und Sicherungsmaßnahmen sind zulässig:
1. die Beschränkung des Aufenthaltes im Freien,
2. die Absonderung von anderen Patientinnen und Patienten,
3. die Unterbringung in einem besonders gesicherten Raum,
4. die Fixierung und
5. die vorübergehende Ruhigstellung durch Medikamente.

(2) Besondere Schutz- und Sicherungsmaßnahmen dürfen nur von einer Ärztin oder einem Arzt der Einrichtung aufgrund eigener Untersuchung befristet angeordnet werden. Bei Gefahr im Verzug können besondere Schutz- und Sicherungsmaßnahmen mit Ausnahme von Absatz 1 Nr. 5 auch von anderen Mitarbeiterinnen und Mitarbeitern der Einrichtung angeordnet werden; die Entscheidung der Ärztin oder des Arztes ist unverzüglich nachzuholen.

(3) Bei besonderen Schutz- und Sicherungsmaßnahmen nach Absatz 1 Nr. 3 ist eine angemessene und regelmäßige Überwachung und nach Absatz 1 Nr. 4 eine ständige Betreuung zu gewährleisten.

(4) Art, Beginn und Ende einer besonderen Schutz- und Sicherungsmaßnahme sowie die Gründe für ihre Anordnung sind zu dokumentieren.

§ 32 Durchsuchung und Untersuchung. (1) Die Patientin oder der Patient, ihre oder seine Sachen und die Räume der Einrichtung dürfen durchsucht werden, sofern der Zweck der Unterbringung und des Maßregelvollzuges oder die Sicherheit der Einrichtung gefährdet ist.

(2) Eine mit der Entkleidung verbundene Durchsuchung ist nur bei begründetem Verdacht zulässig, dass die Patientin oder der Patient Waffen, andere gefährliche Gegenstände oder Stoffe, die dem Betäubungsmittelgesetz unterliegen, am Körper führt. Diese Durchsuchung muss in einem geschlossenen Raum durchgeführt werden; andere Patientinnen oder Patienten dürfen nicht anwesend sein. Frauen dürfen nur durch weibliches Personal, Männer nur durch männliches Personal durchsucht werden. Auf das Schamgefühl ist Rücksicht zu nehmen.

(3) Begründen Tatsachen den Verdacht, dass sich in Körperhöhlen oder im Körper der Patientin oder des Patienten Stoffe befinden, die dem Betäubungsmittelgesetz unterliegen, kann durch eine Ärztin oder einen Arzt eine Untersuchung der Patientin oder des Patienten vorgenommen werden.

(4) In den Fällen des Absatzes 2 und 3 kann die ärztliche Leiterin oder der ärztliche Leiter der Einrichtung auch allgemein anordnen, dass Patientinnen oder Patienten bei der Aufnahme, nach jeder Abwesenheit und nach jedem Besuch zu durchsuchen oder zu untersuchen sind.

(5) Bei suchtgefährdeten Patientinnen oder Patienten können die Untersuchungen durchgeführt werden, die zum Nachweis von im Körper befindlichen Stoffen notwendig sind.

(6) Über die Durchsuchung und die Untersuchung ist ein Protokoll zu fertigen, das der Patientin oder dem Patienten zur Kenntnis zu geben ist.

§ 33 Voraussetzung des unmittelbaren Zwangs. (1) Mitarbeiterinnen und Mitarbeiter der Einrichtung dürfen zur Durchsetzung der in diesem Gesetz vorgesehenen Einschränkung der Rechte der Patientin oder des Patienten unmittelbaren Zwang anwenden.

(2) Unmittelbarer Zwang ist die Einwirkung auf Personen durch körperliche Gewalt.

(3) Unmittelbarer Zwang ist vorher anzudrohen. Die Androhung darf nur dann unterbleiben, wenn die Umstände sie nicht zulassen oder unmittelbarer Zwang sofort angewendet werden muss, um eine rechtswidrige Tat zu verhindern oder eine gegenwärtige Gefahr abzuwenden.

Teil 5: Psychiatrieplan, Psychiatrieausschuss, Besuchskommission, Beschwerderecht

§ 34 Psychiatrieplan. (1) Der Senator für Arbeit, Frauen, Gesundheit, Jugend und Soziales erstellt auf der Grundlage der kommunalen Psychiatriepläne einen Psychiatrieplan für das Land Bremen, der regelmäßig fortzuschreiben ist.

(2) Im Psychiatrieplan werden im Einvernehmen mit dem Magistrat der Stadtgemeinde Bremerhaven
1. die Koordinierungsfunktionen,
2. die Versorgungsregionen,
3. die Gesundheitsberichterstattung und
4. die Entwicklungsplanung

für die psychiatrische Versorgung einschließlich der Suchtkrankenhilfe auf kommunaler Ebene festgelegt.

(3) Bei der Aufstellung des Psychiatrieplans ist der Psychiatrieausschuss zu beteiligen.

§ 35 Psychiatrieausschuss. (1) Für das Land Bremen wird ein Psychiatrieausschuss eingerichtet. Der Psychiatrieausschuss hat die Aufgabe, den Senator für Arbeit, Frauen, Gesundheit, Jugend und Soziales in grundsätzlichen Fragen zur Planung und Gewährleistung der Versorgung psychisch Kranker zu beraten und sich an der Aufstellung des Psychiatrieplans zu beteiligen.

Anhang

Text der Ländergesetze

(2) Der Senator für Arbeit, Frauen, Gesundheit, Jugend und Soziales wird ermächtigt, durch Rechtsverordnung das Nähere zu regeln. In der Rechtsverordnung sind insbesondere Regelungen über
1. die Aufgaben des Psychiatrieausschusses,
2. die Voraussetzungen für sein Tätigwerden,
3. die Zusammensetzung des Psychiatrieausschusses,
4. die Anforderungen an die Sachkunde und die Pflichten der Mitglieder,
5. das Verfahren,
6. die Geschäftsführung,
7. die Aufgaben des Vorsitzenden und
8. die Bekanntgabe der Beschlüsse
zu treffen.

(3) Der Magistrat der Stadtgemeinde Bremerhaven kann für die Stadtgemeinde Bremerhaven einen kommunalen Psychiatrieausschuss einrichten

§ 36 Besuchskommission. (1) Der Senator für Arbeit, Frauen, Gesundheit, Jugend und Soziales beruft eine Besuchskommission, die in der Regel ohne Anmeldung jährlich mindestens einmal die Einrichtungen nach § 13 besucht und überprüft, ob die mit der Unterbringung, Behandlung, Betreuung und mit dem Maßregelvollzug verbundenen Aufgaben erfüllt und die Rechte der Patientinnen und Patienten gewahrt werden. Dabei ist den Patientinnen und Patienten Gelegenheit zu geben, Wünsche oder Beschwerden vorzutragen.

(2) Der Besuchskommission ist ungehinderter Zugang zu den Einrichtungen nach § 13 und zu den Patientinnen und Patienten zu gewähren. Die Einsicht in die über die Patientin oder den Patienten vorhandenen Unterlagen ist mit Einverständnis der Patientin oder des Patienten oder des gesetzlichen Vertreters zu ermöglichen. Der Patientin oder dem Patienten oder ihrem oder seinem gesetzlichen Vertreter ist bei der Aufnahme Gelegenheit zu geben, der Besuchskommission die Einwilligung in die Einsichtnahme der Krankenunterlagen schriftlich zu erteilen.

(3) Die Besuchskommission soll sich darüber hinaus in anderen Einrichtungen, in denen psychisch Kranke behandelt oder betreut werden, einen Eindruck über die Versorgung psychisch Kranker verschaffen.

(4) Innerhalb von zwei Monaten nach jedem Besuch einer Einrichtung fertigt die Besuchskommission einen Bericht an, der auch die Wünsche und Beschwerden der Betroffenen enthält und zu ihnen Stellung nimmt. Eine Zusammenfassung dieser Berichte übersendet der Senat der Bremischen Bürgerschaft mindestens alle zwei Jahre.

(5) Der Besuchskommission gehören an:
1. eine Vertreterin oder ein Vertreter des Senators für Arbeit, Frauen, Gesundheit, Jugend und Soziales,
2. eine Fachärztin oder ein Facharzt für Psychiatrie,
3. eine Richterin oder ein Richter,
4. eine Mitarbeiterin oder ein Mitarbeiter des Trägers der Hilfen und Schutzmaßnahmen aus Bremen bei Besuchen in der Stadtgemeinde Bremen oder eine Mitarbeiterin oder ein Mitarbeiter des Trägers der Hilfen und Schutzmaßnahmen aus Bremerhaven bei Besuchen in der Stadtgemeinde Bremerhaven.

Der Senator für Arbeit, Frauen, Gesundheit, Jugend und Soziales beruft die Mitglieder der Besuchskommission auf Vorschlag der Deputation für Arbeit und Gesundheit und benennt ein Mitglied, das Ansprechpartner für psychisch Kranke und deren Angehörige ist und deren Interessen vertritt. Für jedes Mitglied ist mindestens eine Stellvertreterin oder ein Stellvertreter zu berufen. Die Deputation für Arbeit und Gesundheit kann Mitglieder der Deputation und bei Besuchen in der Stadtgemeinde Bremerhaven auch Mitglieder der Stadtverordnetenversammlung als weitere Mitglieder der Besuchskommission dem Senator für Arbeit, Frauen, Gesundheit, Jugend und Soziales vorschlagen. Darüber hinaus kann die Deputation für Arbeit und Gesundheit weitere Mitglieder auch für Einzelbesuche vorschlagen. Der zuständigen Amtsärztin oder dem zuständigen Amtsarzt ist Gelegenheit zur Teilnahme an den Besuchen zu geben.

(6) Die Mitglieder und ihre Stellvertreterinnen oder Stellvertreter werden für zwei Jahre berufen. Eine erneute Berufung ist zulässig.

(7) Die Mitglieder der Besuchskommission sind nicht an Weisungen gebunden. Sie sind zur Verschwiegenheit verpflichtet. Ihre Entschädigung richtet sich nach den Bestimmungen des Justizvergütungs- und -entschädigungsgesetzes über die Entschädigung der ehrenamtlichen Richterinnen und Richter.

(8) Die Besuchskommission gibt sich eine Geschäftsordnung.

(9) Das Petitionsrecht der Patientin oder des Patienten und die Aufsichtspflichten und -rechte der zuständigen Behörden bleiben unberührt.

§ 37 Beschwerderecht. Die Patientin oder der Patient hat das Recht, sich mit Wünschen, Anregungen und Beschwerden in Angelegenheiten, die sie oder ihn selbst betreffen, an die ärztliche Leiterin oder den ärztlichen Leiter der Einrichtung und an den Senator für Arbeit, Frauen, Gesundheit, Jugend und Soziales zu wenden. Die Patientin oder der Patient hat im Rahmen der §§ 27, 28 und 29 das Recht, sich auch an andere Stellen zu wenden, die die Interessen von Patientinnen und Patienten wahrnehmen.

Teil 6: Beendigung der Unterbringung und des Maßregelvollzuges

§ 38 Entlassung. (1) Die Einrichtung nach § 13 unterrichtet unverzüglich das Gericht, wenn nach ihrer Überzeugung die Voraussetzungen für eine Unterbringung nicht vorgelegen haben oder nicht mehr vorliegen.

(2) Die Patientin oder der Patient ist bei Aufhebung der Unterbringung durch das Gericht oder nach Beendigung des Maßregelvollzuges durch gerichtlichen Beschluss zu entlassen.

(3) Nach Ablauf der vom Gericht bestimmten Dauer für die Unterbringungsmaßnahme ist die Patientin oder der Patient zu entlassen, wenn nicht zum gleichen Zeitpunkt eine weitere Unterbringungsanordnung wirksam wird oder die Patientin oder der Patient aufgrund seiner oder ihrer rechtswirksamen Einwilligung in der Einrichtung verbleibt

§ 39 Entlassungsvorbereitung. (1) Die Vollziehung einer Unterbringungsmaßnahme kann nach § 328 des Gesetzes über das Verfahren in Familiensachen und in den Angelegenheiten der freiwilligen Gerichtsbarkeit als Entlassungsvorbereitung ausgesetzt werden, wenn dies nach dem Gesundheitszustand und den persönlichen Verhältnissen der Patientin oder des Patienten gerechtfertigt erscheint. Je nach Betreuungs- und Behandlungsbedarf kann die Anordnung des Gerichtes mit der Auflage, den Sozialpsychiatrischen Dienst im Rahmen der nachgehenden Hilfen in Anspruch zu nehmen, sich in ärztliche oder psychotherapeutische Behandlung zu begeben und die ärztlichen oder psychotherapeutischen Anordnungen zu befolgen, verbunden werden.

Anhang

Text der Ländergesetze

(2) Die Einrichtung nach § 13 hat nach Abstimmung mit dem Sozialpsychiatrischen Dienst dem Gericht und den an den nachgehenden Hilfen Beteiligten mitzuteilen, welche nachgehenden Hilfen notwendig sind und ob eine ärztliche oder psychotherapeutische Weiterbehandlung erforderlich ist.

§ 40 Nachgehende Hilfe. (1) Der Sozialpsychiatrische Dienst hat nachgehende Hilfen zu erbringen. Aufgabe der nachgehenden Hilfen ist es, den Personen, die aus der Unterbringung, dem Maßregelvollzug oder einer sonstigen stationären psychiatrischen Behandlung entlassen werden, durch individuelle medizinische und psychosoziale Beratung und Betreuung den Übergang in das Leben außerhalb des Krankenhauses zu erleichtern.

(2) Ist die Aussetzung der Vollziehung einer Unterbringung nach § 328 des Gesetzes über das Verfahren in Familiensachen und in den Angelegenheiten der freiwilligen Gerichtsbarkeit mit Auflagen über eine ärztliche oder psychotherapeutische Behandlung und psychosoziale Beratung verbunden, gehört es zur Aufgabe der nachgehenden Hilfen, auf die Einhaltung dieser Auflagen hinzuwirken und die Patientin oder den Patienten über die Folgen einer Unterbrechung der notwendigen ärztlichen oder psychotherapeutischen Behandlung zu informieren.

(3) Die behandelnde Ärztin, der behandelnde Arzt, die behandelnde niedergelassene Psychotherapeutin oder der behandelnde niedergelassene Psychotherapeut hat die Einrichtung nach § 13 zu unterrichten, wenn die ärztlichen oder psychotherapeutischen Anordnungen von der Patientin oder dem Patienten nicht eingehalten werden oder eine ärztliche oder psychotherapeutische Behandlung nicht mehr erforderlich ist.

(4) Der Patientin oder dem Patienten des Maßregelvollzuges können durch das Gericht im Rahmen von Entlassungsvorbereitungen oder im Zusammenhang mit der Aufhebung des Maßregelvollzuges Auflagen erteilt werden, insbesondere der Aufenthalt in einer komplementären Einrichtung oder eine ärztliche oder psychotherapeutische Behandlung.

Teil 7: Besondere Bestimmungen für den Maßregelvollzug

§ 41 Beschäftigungs- und Arbeitstherapie, Arbeit, Ausbildung und Weiterbildung. (1) Die Patientin oder der Patient des Maßregelvollzuges erhält im Rahmen des Behandlungsplans beschäftigungs- und arbeitstherapeutische Angebote. Arbeitstherapeutische Angebote dienen insbesondere dem Ziel, Fähigkeiten für eine Erwerbstätigkeit nach der Entlassung zu vermitteln, zu erhalten oder zu fördern. Darüber hinaus soll die Patientin oder der Patient Gelegenheit zur Arbeit erhalten. Bundesgesetzliche Regelungen bleiben unberührt.

(2) Im Rahmen des Maßregelvollzuges soll der Patientin oder dem Patienten Gelegenheit zur Berufsausbildung, beruflichen Fortbildung, Umschulung oder Teilnahme an anderen ausbildenden oder weiterbildenden Maßnahmen gegeben werden. Es kann der Patientin oder dem Patienten des Maßregelvollzuges auch gestattet werden, einer Arbeit, Berufsausbildung, beruflichen Fortbildung oder Umschulung außerhalb der Einrichtung nachzugehen oder an anderen ausbildenden oder weiterbildenden Maßnahmen teilzunehmen.

(3) Patientinnen und Patienten des Maßregelvollzuges, die den Abschluss der Hauptschule nicht erreicht haben, soll Unterricht in den zum Hauptschulabschluss führenden Fächern erteilt oder Gelegenheit gegeben werden, an einem der Art und dem Grunde der Behinderung der Patientin oder des Patienten entsprechenden Unterricht teilzunehmen. Bei der beruflichen Ausbildung oder Umschulung ist berufs-

bildender Unterricht zu ermöglichen. Absatz 2 Satz 2 findet entsprechende Anwendung.

§ 42 Gewährung von Arbeitsentgelt und Zuwendungen bei Eingliederungsmaßnahmen für Maßregelvollzugspatienten. (1) Für geleistete Arbeit ist ein angemessenes Entgelt zu gewähren. Bei Teilnahme am Unterricht, an einer Maßnahme der Berufsausbildung, der beruflichen Fortbildung oder Umschulung, an heilpädagogischer Förderung oder an arbeitstherapeutischen Maßnahmen kann der Patientin oder dem Patienten eine Zuwendung gewährt werden. Von der Gewährung des Entgelts oder der Zuwendung kann aus Gründen des therapeutischen Konzepts der Einrichtung mit Zustimmung der Patientin oder des Patienten abgesehen werden.

(2) Der Senator für Arbeit, Frauen, Gesundheit, Jugend und Soziales regelt im Einvernehmen mit dem Senator für Justiz und Verfassung im Einzelnen die Höhe des Arbeitsentgelts und der Zuwendung.

§ 43 Vollstreckungsplan. (1) Der Senator für Arbeit, Frauen, Gesundheit, Jugend und Soziales und der Senator für Justiz und Verfassung regeln einvernehmlich die örtliche und sachliche Zuständigkeit der Einrichtungen des Maßregelvollzuges in einem Vollstreckungsplan.

(2) Abweichungen vom Vollstreckungsplan sind zulässig, wenn
1. die Behandlung der Patientin oder des Patienten oder ihre oder seine Eingliederung nach der Entlassung gefördert werden oder
2. Gründe der Vollzugsorganisation oder andere wichtige Gründe die Abweichung rechtfertigen.

§ 44 Verlegung. (1) Die Patientin oder der Patient darf mit ihrer oder seiner Zustimmung abweichend vom Vollstreckungsplan in eine andere für den Vollzug der Maßregeln der Besserung und Sicherung zuständige Einrichtung verlegt werden, wenn dies mit dem Zweck des Maßregelvollzuges in Einklang steht.

(2) Ohne Zustimmung der Patientin oder des Patienten darf ein Wechsel der Einrichtung angeordnet werden,
1. wenn dieser für eine Behandlung der Patientin oder des Patienten oder ihre oder seine Eingliederung nach der Entlassung notwendig ist,
2. wenn dieser aus Gründen der Vollzugsorganisation oder aus Sicherheitsgründen unerlässlich ist.

§ 45 Maß des Freiheitsentzuges. (1) Das Maß des Freiheitsentzuges richtet sich nach dem Krankheitsbild der Patientin oder des Patienten. Daneben sind Gefährdungen, die von der Patientin oder dem Patienten ausgehen können, zu berücksichtigen. Das Maß des Freiheitsentzuges ist nach § 24 zu überprüfen und gegebenenfalls anzupassen.

(2) Die Behandlung schließt als Lockerungen des Maßregelvollzuges insbesondere ein, dass
1. die Patientin oder der Patient außerhalb der Einrichtung regelmäßig einer Beschäftigung unter Aufsicht oder ohne Aufsicht nachgeht,
2. die Patientin oder der Patient außerhalb der Einrichtung wohnt, weiterhin jedoch an den therapeutischen Maßnahmen der Einrichtung teilnimmt oder
3. der Patientin oder dem Patienten für eine bestimmte Zeit innerhalb eines Tages Ausgang mit oder ohne Begleitung gewährt wird.

Anhang

(3) Ausgang mit oder ohne Begleitung kann auch zur Erledigung persönlicher, familiärer, rechtlicher oder geschäftlicher Angelegenheiten, zur Teilnahme an gerichtlichen Terminen oder aus anderen wichtigen Gründen bewilligt werden.

(4) Lockerungen nach Absatz 2 dürfen nicht gegen den Willen der Patientin oder des Patienten angeordnet werden. Sie dürfen nicht bewilligt werden, wenn Tatsachen die Befürchtung begründen, dass sie oder er sich dem Vollzug der Maßregel entzieht oder die Lockerungen des Vollzuges zu rechtswidrigen Taten missbraucht.

Teil 8: Datenschutz

§ 46 Grundsatz. Soweit in diesem Gesetz nichts anderes bestimmt ist, gelten die Vorschriften der §§ 31 bis 36 des Gesundheitsdienstgesetzes entsprechend. Hinsichtlich der Unterbringung in einem Krankenhaus und der Abrechnung der Institutsambulanz gelten die Vorschriften des Bremischen Krankenhausdatenschutzgesetzes.

§ 47 Besondere Zweckbindung. (1) Personenbezogene Daten, die zur Erfüllung von Aufgaben nach diesem Gesetz von dem Träger der Hilfen und Schutzmaßnahmen oder von anderen an Schutzmaßnahmen beteiligten Diensten erhoben und gespeichert worden sind, insbesondere die Untersuchungsergebnisse, ärztlichen Zeugnisse und der Aufenthalt einer nach diesem Gesetz untergebrachten Person, dürfen abweichend von § 32 Abs. 2 des Gesundheitsdienstgesetzes für andere Zwecke nur verarbeitet werden, wenn

1. der oder die Betroffene eingewilligt hat oder
2. wenn eine gegenwärtige Gefahr für Leib oder Leben der betroffenen Person oder Dritter nicht anders abgewendet werden kann.

Das gilt auch für Stellen, denen diese Daten übermittelt worden sind.

(2) Die Verantwortung für die Zulässigkeit einer Übermittlung unter den in Absatz 1 Nrn. 1 und 2 genannten Voraussetzungen trägt die übermittelnde Stelle. Erfolgt die Übermittlung auf Ersuchen des Empfängers oder der Empfängerin, trägt dieser oder diese die Verantwortung für die Richtigkeit der Angaben in seinem oder ihrem Ersuchen.

(3) Personenbezogene Daten dürfen Angehörigen und Bezugspersonen der Patientinnen oder der Patienten mitgeteilt werden, wenn nur so die Hilfen nach § 5 gewährleistet werden können.

(4) Die Verarbeitung personenbezogener Daten zur Erfüllung von Aufsichts- und Kontrollbefugnissen, zur Rechnungslegung und -prüfung oder zur Durchführung von Organisationsuntersuchungen ist zulässig, soweit diese Aufgaben nicht auf andere Weise, insbesondere mit anonymisierten Daten, erfüllt werden können. Die Verarbeitung der in Absatz 1 Satz 1 aufgeführten Daten für diese Zwecke ist nur mit Einwilligung des oder der Betroffenen zulässig.

(5) Eine Übermittlung an das zuständige Gericht ist auch zulässig, soweit dies zur Durchführung des Betreuungsgesetzes erforderlich ist.

§ 48 Benachrichtigung. Ist anzunehmen, dass der oder die Betroffene infolge seiner oder ihrer Krankheit oder Behinderung im Sinne von § 1 Abs. 2 das eigene Leben oder die eigene Gesundheit oder Leben, Gesundheit oder andere, in der Bedeutung vergleichbare Rechtsgüter eines Dritten gefährdet, so kann der Sozialpsychiatrische Dienst oder die Einrichtung nach § 13, in der der oder die Betroffene untergebracht ist, die für die Abwehr der Gefahr zuständige Behörde über die getroffenen

Feststellungen unterrichten. Dem oder der Betroffenen ist Gelegenheit zu geben, sich zu der Unterrichtung zu äußern. § 7 Abs. 4 bleibt unberührt.

§ 49 Datenschutz im Maßregelvollzug. (1) Im Rahmen des Maßregelvollzuges sind Ärztinnen oder Ärzte, Psychotherapeutinnen oder Psychotherapeuten, Psychologinnen oder Psychologen, Gerichte und Behörden befugt, der Einrichtung Strafurteile, staatsanwaltliche Ermittlungssachverhalte, psychiatrische und psychologische Gutachten aus gerichtlichen oder staatsanwaltlichen Verfahren, den Lebenslauf und Angaben über die bisherige Entwicklung sowie Angaben über Krankheiten, Körperschäden und Verhaltensauffälligkeiten des oder der Betroffenen zu übermitteln, es sei denn, dass Rechtsvorschriften außerhalb der allgemeinen Regelungen über die Berufs- und Amtsverschwiegenheit dies untersagen.

(2) Die Einrichtung im Rahmen des Maßregelvollzuges darf listenmäßig erfassen und speichern, welche Personen zu welchem Zeitpunkt und zu welchem Zweck die Einrichtung betreten oder verlassen haben.

Teil 9: Kosten

§ 50 Kosten der Hilfen, der ärztlichen Behandlung und der Unterbringung. (1) Die Kosten der Hilfen nach den §§ 5, 25 und 40 und der Untersuchungen nach § 7 Abs. 1 Nr. 3 und Abs. 2 tragen die in § 3 Abs. 1 bestimmten Träger der Hilfen und Schutzmaßnahmen.

(2) Die Kosten einer ambulanten oder stationären ärztlichen Behandlung trägt die Patientin oder der Patient, soweit nicht ein Träger von Sozialleistungen oder ein anderer zur Gewährung gleichartiger Leistungen verpflichtet ist.

(3) Die Kosten einer nach diesem Gesetz durchgeführten Unterbringung in einer Einrichtung nach § 13 trägt die Patientin oder der Patient, soweit sie nicht einem Dritten, insbesondere einem Unterhaltspflichtigen, einem Träger der Sozialversicherung oder einem Träger der Sozialhilfe zur Last fallen.

(4) Die Kosten einer Unterbringung sind vom Land zu tragen, wenn der Antrag auf Anordnung einer Unterbringung abgelehnt oder zurückgenommen wird oder aus anderen Gründen seine Erledigung findet und die Voraussetzungen für eine Unterbringung von Anfang an nicht vorgelegen haben.

(5) Hat das Verfahren ergeben, dass ein begründeter Anlass zur Antragstellung nicht vorlag, so kann das Gericht die Kosten der Unterbringung ganz oder teilweise der Stadtgemeinde auferlegen, deren Ortspolizeibehörde den Antrag gestellt hat.

(6) In den Fällen der Absätze 4 und 5 hat die in der Hauptsache ergehende Entscheidung auszusprechen, wer die Kosten der Unterbringung zu tragen hat. Wenn eine Entscheidung in der Hauptsache nicht ergeht, ist über die Kosten unter Berücksichtigung des bisherigen Sachstandes nach billigem Ermessen zu entscheiden.

(7) Die gerichtliche Entscheidung über die Kosten der Unterbringung ist nur mit der sofortigen Beschwerde selbständig anfechtbar.

§ 51 Kosten des Maßregelvollzuges. Die Kosten des Maßregelvollzuges werden durch das Land getragen, soweit nicht ein Sozialleistungsträger oder die Patientin oder der Patient zu den Kosten beizutragen hat.

Anhang

Teil 10: Übergangs- und Schlussbestimmungen

§ 52 Einschränkung von Grundrechten. Durch dieses Gesetz werden im Rahmen des Artikel 19 Abs. 2 des Grundgesetzes die Rechte auf körperliche Unversehrtheit und auf Freiheit der Person (Artikel 2 Abs. 2 des Grundgesetzes), auf Unverletzlichkeit des Briefgeheimnisses (Artikel 10 des Grundgesetzes) und auf Unverletzlichkeit der Wohnung (Artikel 13 des Grundgesetzes) eingeschränkt.

§ 53 Überleitung anhängiger Verfahren. Die beim Inkrafttreten dieses Gesetzes bei einem Gericht anhängigen Verfahren sind nach den Vorschriften dieses Gesetzes weiterzuführen.

§ 54 Außer-Kraft-Treten. Dieses Gesetz tritt mit Ablauf des 30. Juni 2010 außer Kraft.*

Artikel 2

Änderung des Ausführungsgesetzes zum Gerichtsverfassungsgesetz

§ 26 Abs. 3 Satz 2 des Gesetzes zur Ausführung des Gerichtsverfassungsgesetzes in der Fassung der Bekanntmachung vom 21. August 1974 (Brem.GBl. S. 297–300-a-1), das zuletzt durch Artikel 3 des Gesetzes vom 24. November 1998 (Brem.GBl. S. 305) geändert worden ist, wird wie folgt gefasst:
„Abweichend von Satz 1 entscheidet über die Beschwerde der nach § 13 Abs. 1 Satz 2 des Gesetzes über Hilfen und Schutzmaßnahmen bei psychischen Krankheiten zuständige Senator, soweit es sich um eine Beschwerde gegen Maßnahmen im Zusammenhang mit der Durchführung des Maßregelvollzuges handelt."

Artikel 3

Änderung der Verordnung zur Bestimmung des zuständigen Gerichts

In § 1 der Verordnung zur Bestimmung des zuständigen Gerichts für Verfahren über Unterbringungsmaßnahmen nach dem Gesetz über Hilfen und Schutzmaßnahmen bei psychischen Krankheiten vom 21. Januar 1992 (Brem.GBl. S. 13–2120-a-4) werden folgende Worte gestrichen:
„vom 9. April 1979 (Brem.GBl. S. 123–2120-a-2)".

---

* Laut Mitteilung der Senatsverwaltung vom 14. 6. 2010 soll das Gesetz um 5 Jahre verlängert werden.

Artikel 4

Änderung der Verordnung über die Verarbeitung personenbezogener Daten in Behörden und Einrichtungen des Öffentlichen Gesundheitsdienstes

§ 1 der Verordnung über die Verarbeitung personenbezogener Daten in Behörden und Einrichtungen des Öffentlichen Gesundheitsdienstes vom 15. Dezember 1999 (Brem.GBl. 2000 S. 2) wird wie folgt geändert:

1. in Absatz 1 Satz 2 werden nach dem Wort „Gesundheitsdienstgesetzes" folgende Worte eingefügt:
„oder nach § 47 Abs. 1 des Gesetzes über Hilfen und Schutzmaßnahmen bei psychischen Krankheiten".

2. Absatz 2 erhält folgende Fassung:

„(2) Soweit die Sozialpsychiatrischen Dienste der Gesundheitsämter Daten eines Betroffenen bei einer freiwilligen Inanspruchnahme von Beratungsangeboten nach § 31 Abs. 2 Satz 7 des Gesundheitsdienstgesetzes, bei der Gewährung von Hilfen oder bei einer Behandlung erheben, sind diese in Akten oder auf sonstigen Datenträgern von den Daten des Betroffenen getrennt zu speichern, die bei Schutzmaßnahmen nach Teil 2 des Gesetzes über Hilfen und Schutzmaßnahmen bei psychischen Krankheiten oder bei der Erstellung eines Zeugnisses, insbesondere im Unterbringungsverfahren nach § 14 dieses Gesetzes, erhoben werden. Die Daten dürfen nur zusammengeführt werden, soweit die jeweilige Zweckänderung nach § 47 Abs. 1 des Gesetzes über Hilfen und Schutzmaßnahmen bei psychischen Krankheiten zulässig ist."

Artikel 5

Rückkehr zum einheitlichen Verordnungsrang

Die auf Artikel 3 und 4 beruhenden Teile der geänderten Rechtsverordnungen können aufgrund der einschlägigen Ermächtigungen durch Rechtsverordnung geändert werden.

Artikel 6

Inkrafttreten

Dieses Gesetz tritt am 1. Januar 2001 in Kraft. Gleichzeitig treten

1. das Gesetz über Hilfen und Schutzmaßnahmen bei psychischen Krankheiten vom 9. April 1979 (Brem.GBl. S. 123–2120-a-2), geändert durch Artikel 2 des Gesetzes vom 18. Februar 1992 (Brem.GBl. S. 31),
2. das Maßregelvollzugsgesetz vom 28. Juni 1983 (Brem.GBl. S. 407–312-d-1) und
3. die Verordnung über die zuständige Behörde für die Durchführung der Hilfen nach dem Gesetz über Hilfen und Schutzmaßnahmen bei psychischen Krankheiten vom 13. August 1979 (Brem.GBl. S. 343–2120-a-3) außer Kraft.

Anhang

Text der Ländergesetze

6. Hamburg

Hamburgisches Gesetz über Hilfen und Schutzmaßnahmen bei psychischen Krankheiten (HmbPsychKG)

Vom 27. September 1995 (GVBl S. 235), zuletzt geändert durch Art. 10 des Gesetzes zum Neuerlass des Hamburgischen Informationsfreiheitsgesetzes v. 17. 2. 2009 (GVBl. S. 29)

Der Senat verkündet das nachstehende von der Bürgerschaft beschlossene Gesetz:

Inhaltsübersicht	§§

Erster Abschnitt. Allgemeines

Anwendungsbereich	1

Zweiter Abschnitt. Allgemeine Bestimmungen über Hilfen für psychisch Kranke

Hilfebedürftige Personen	2
Anspruch auf Hilfen	3
Umfang der Hilfen	4
Zusammenarbeit	5

Dritter Abschnitt. Vorsorgende Hilfe

Ziel der vorsorgenden Hilfe	6

Vierter Abschnitt. Untersuchung

Maßnahmen der zuständigen Behörde	7

Fünfter Abschnitt. Unterbringung
Erster Unterabschnitt. Begriff und Voraussetzungen

Begriff der Unterbringung	8
Voraussetzungen der Unterbringung	9

Zweiter Unterabschnitt. Anordnung der Unterbringung

Unterbringungsantrag	10
Berichtspflicht	11
Sofortige Unterbringung	12

Dritter Unterabschnitt. Vollzug der Unterbringung

Aufgabe	13
Maßnahmen beim Beginn der Unterbringung	14
Eingangsuntersuchung	15
Behandlung der psychischen Krankheit	16
Andere ärztliche Behandlungen	17
Fixierungen	18
Persönliches Eigentum; Besuchsrecht	19

6. Hamburg   **Anhang**

§§

Schrift- und Paketverkehr 20
Telefongespräche 21
Beurlaubungen 22
Aufsichtskommission 23

Vierter Unterabschnitt. Entlassung

Entlassung 24

Sechster Abschnitt. Nachgehende Hilfe

Ziel der nachgehenden Hilfe... 25
Mitwirkung bei einer Aussetzung der Vollziehung der Unterbringung 26

Siebenter Abschnitt. Verarbeitung personenbezogener Daten

Datenerhebung... 27
Datenspeicherung... 28
Datennutzung... 29
Datenübermittlung.. 30
Forschung mit personenbezogenen Daten 31
Auskunft und Akteneinsicht... 32
Datenlöschung.. 33

Achter Abschnitt. Kosten

Kosten der Unterbringung 34
Sonstige Kosten 35

Neunter Abschnitt. Schlußbestimmungen

Einschränkung von Grundrechten.. 36

Erster Abschnitt. Allgemeines

§ 1 Anwendungsbereich. (1) Dieses Gesetz regelt
1. die Gewährung von Hilfen für Personen, die an einer psychischen Krankheit oder deren Folgen leiden, die von einer psychischen Krankheit bedroht sind oder bei denen Anzeichen für eine psychische Krankheit bestehen,
2. die Untersuchung von Personen, bei denen Anzeichen dafür bestehen, daß sie aufgrund einer psychischen Krankheit sich selbst oder andere erheblich gefährden,
3. die Unterbringung von Personen, bei denen aufgrund einer psychischen Krankheit die gegenwärtige Gefahr besteht, daß sie sich selbst oder andere Personen erheblich schädigen.

(2) Psychische Krankheiten im Sinne dieses Gesetzes sind Psychosen, behandlungsbedürftige Abhängigkeitskrankheiten und andere behandlungsbedürftige psychische Störungen. Als psychische Krankheit im Sinne dieses Gesetzes gilt auch eine geistige Behinderung, soweit die behinderte Person wegen der psychischen Auswirkungen dieser Behinderung behandlungsbedürftig ist.

(3) Dieses Gesetz gilt nicht für Personen, bei denen Maßregeln der Besserung und Sicherung nach § 61 Nummer 1 oder 2 des Strafgesetzbuchs vollzogen werden.

Anhang

Text der Ländergesetze

Zweiter Abschnitt. Allgemeine Bestimmungen über Hilfen für psychisch Kranke

§ 2 Hilfebedürftige Personen. Personen,
1. die an einer psychischen Krankheit oder deren Folgen leiden,
2. die von einer psychischen Krankheit bedroht sind oder
3. bei denen Anzeichen für eine psychische Krankheit bestehen (hilfebedürftige Personen), sollen durch fachgerechte, der Art ihrer Erkrankung angemessene ärztliche und psychosoziale Beratung und Betreuung (Hilfe) dazu befähigt werden, ein menschenwürdiges Leben in der Gemeinschaft zu führen.

§ 3 Anspruch auf Hilfen. Die zuständige Behörde hat die Hilfen anzubieten, sobald ihr bekannt wird, daß die Voraussetzungen hierfür vorliegen. Personen, die aufgrund ihrer psychischen Krankheit nicht in der Lage sind, sich selbst um Hilfen zu bemühen, sollen zu diesem Zweck durch Mitarbeiter der zuständigen Behörde aufgesucht werden. Die zuständige Behörde hat sicherzustellen, daß die Hilfen den hilfebedürftigen Personen wohnortnah gewährt werden können. Bei der Gewährung von Hilfen an Kinder und Jugendliche sind deren besondere Bedürfnisse zu berücksichtigen.

§ 4 Umfang der Hilfen. (1) Art, Ausmaß und Dauer der Hilfen richten sich nach den Erfordernissen des Einzelfalles, soweit dieses Gesetz nicht bestimmte Maßnahmen vorschreibt.

(2) Die Hilfen umfassen auch die psychosoziale Beratung von Angehörigen und sonstigen Bezugspersonen, die eine hilfebedürftige Person betreuen.

(3) Befindet sich eine hilfebedürftige Person wegen ihrer psychischen Krankheit in ärztlicher Behandlung, so kann die Hilfe zur Ergänzung der Behandlung gewährt werden.

(4) Zur Gewährung von Hilfen sind bei der zuständigen Behörde regelmäßig Sprechstunden unter der Leitung eines in der Psychiatrie erfahrenen Arztes abzuhalten. Sie dienen dazu, im Einzelfall festzustellen, ob und in welcher Weise geholfen werden kann, ob eine Beratung Erfolg gehabt hat und ob weitere ärztliche oder psychosoziale Betreuungsmaßnahmen zu treffen sind. Darüber hinaus sind in dem erforderlichen Umfang Hausbesuche durchzuführen.

(5) Bei der Gewährung der Hilfen sollen in der zuständigen Behörde Angehörige der verschiedenen bei der Beratung und Behandlung psychisch Kranker tätigen Berufsgruppen zusammenwirken.

§ 5 Zusammenarbeit. Die für die Gewährung der Hilfen zuständige Behörde arbeitet mit den in Betracht kommenden Organisationen, den Einrichtungen der freien Wohlfahrtspflege, den psychiatrischen Krankenhausabteilungen und sonstigen psychiatrischen Einrichtungen einschließlich den dort tätigen Sozialdiensten sowie den niedergelassenen Ärzten zur Unterstützung und Ergänzung der eigenen Maßnahmen zusammen.

Dritter Abschnitt. Vorsorgende Hilfe

§ 6 Ziel der vorsorgenden Hilfe. Die vorsorgende Hilfe soll insbesondere dazu beitragen, daß Personen, die an einer psychischen Krankheit oder deren Folgen leiden oder davon bedroht sind oder bei denen Anzeichen für eine psychische Krankheit bestehen,

1. rechtzeitig, umfassend und ihren Problemen angemessen betreut und behandelt werden,
2. so lange wie möglich in ihrem jeweiligen Lebenskreis bleiben oder zumindest ein weitgehend selbständiges Leben außerhalb von psychiatrischen Einrichtungen führen können.

Vierter Abschnitt. Untersuchung

§ 7 Maßnahmen der zuständigen Behörde. (1) Sind Anzeichen dafür vorhanden, daß eine Person aufgrund einer psychischen Krankheit sich selbst oder andere erheblich gefährdet, kann die zuständige Behörde diese Person zu einer Untersuchung in der Sprechstunde der Behörde auffordern. Die Untersuchung soll von einem Arzt mit einer abgeschlossenen Weiterbildung auf psychiatrischem Gebiet vorgenommen werden; in jedem Fall muß der Arzt in der Psychiatrie erfahren sein. Das Ergebnis der Untersuchung teilt der Arzt der untersuchten Person mit. Soweit es erforderlich erscheint, soll er der untersuchten Person empfehlen, sich ärztlich behandeln zu lassen. Begibt sie sich daraufhin in ärztliche Behandlung, so teilt die Behörde den Untersuchungsbefund dem behandelnden Arzt mit; dies ist der untersuchten Person mitzuteilen.

(2) Der Person, die nach Absatz 1 zu einer Untersuchung in der zuständigen Behörde aufgefordert wird, steht es frei, sich statt dessen innerhalb der gesetzten Frist durch einen Arzt ihrer Wahl mit einer abgeschlossenen Weiterbildung auf psychiatrischem Gebiet untersuchen zu lassen, wenn der zuständigen Behörde dadurch keine Kosten entstehen und der Arzt die zuständige Behörde unverzüglich darüber unterrichtet, welche Maßnahmen nach diesem Gesetz erforderlich erscheinen. Die Person ist in der Aufforderung nach Absatz 1 auf diese Möglichkeit hinzuweisen.

(3) Folgt die Person der Aufforderung nach Absatz 1 nicht und geht auch keine Mitteilung eines Arztes nach Absatz 2 ein, so soll nach Ablauf der gesetzten Frist durch Mitarbeiter der zuständigen Behörde, die mit der Durchführung von Hilfen nach § 2 betraut sind, ein Hausbesuch durchgeführt werden. Ist ein Hausbesuch undurchführbar oder unzweckmäßig, so soll versucht werden, sich auf andere Weise einen Eindruck von dem Gesundheitszustand der Person zu verschaffen. Kann dadurch das Vorliegen einer Gefährdung im Sinne von Absatz 1 Satz 1 nicht ausgeschlossen werden, so dürfen die Mitarbeiter der zuständigen Behörde zur weiteren Aufklärung des Sachverhalts die Wohnung, in der die Person lebt, betreten.

(4) Sind gewichtige Anhaltspunkte dafür vorhanden, daß von einer Person eine gegenwärtige Gefahr im Sinne von Absatz 1 Satz 1 ausgeht, so kann der Arzt der zuständigen Behörde die Untersuchung unmittelbar durchführen. Er darf zu diesem Zweck die Wohnung, in der die Person lebt oder sich aufhält, betreten.

Fünfter Abschnitt. Unterbringung

Erster Unterabschnitt. Begriff und Voraussetzungen

§ 8 Begriff der Unterbringung. (1) Eine Unterbringung im Sinne dieses Gesetzes liegt vor, wenn eine Person gegen ihren natürlichen Willen in den abgeschlossenen Teil einer psychiatrischen Krankenhausabteilung oder in eine sonstige geeignete Einrichtung eingewiesen wird oder dort verbleiben soll. Eine Unterbringung liegt auch dann vor, wenn einer Person untersagt wird, eine nicht abgeschlossene Einrichtung der in Satz 1 genannten Art zu verlassen, oder wenn sie daran gehindert wird.

(2) Eine Unterbringung im Sinne dieses Gesetzes liegt auch dann vor, wenn ein Minderjähriger gegen den Willen seines gesetzlichen Vertreters in eine der in Absatz 1 genannten Einrichtungen eingewiesen wird oder dort verbleiben soll oder wenn der gesetzliche Vertreter hierzu keine Erklärung abgibt. Dies gilt entsprechend, wenn einem Volljährigen ein Betreuer mit dem Recht zur Aufenthaltsbestimmung bestellt worden ist.

§ 9 Voraussetzungen der Unterbringung. (1) Eine Unterbringung ist nach diesem Gesetz nur zulässig, wenn und solange aufgrund einer psychischen Krankheit der unterzubringenden Person die gegenwärtige Gefahr besteht, daß die Person sich selbst oder eine andere Person erheblich schädigt, und diese Gefahr nicht anders abgewendet werden kann. Die fehlende Bereitschaft, sich behandeln zu lassen, rechtfertigt für sich allein keine Unterbringung.

(2) Eine gegenwärtige Gefahr im Sinne von Absatz 1 besteht dann, wenn sich die psychische Krankheit so auswirkt, daß ein schadenstiftendes Ereignis unmittelbar bevorsteht oder sein Eintritt zwar unvorhersehbar, wegen besonderer Umstände jedoch jederzeit zu erwarten ist.

(3) Eine Unterbringung nach diesem Gesetz ist unzulässig, solange die betroffene Person nach § 126 a der Strafprozeßordnung einstweilen untergebracht ist.

Zweiter Unterabschnitt. Anordnung der Unterbringung

§ 10 Unterbringungsantrag. (1) Die Anordnung der Unterbringung durch das Vormundschaftsgericht bedarf eines Antrags der zuständigen Behörde. Dies gilt nicht für die Verlängerung der Unterbringung.

(2) Dem Antrag ist das Zeugnis eines Arztes beizufügen.

§ 11 Berichtspflicht. Rechtzeitig vor dem in der gerichtlichen Entscheidung bestimmten Ende der Unterbringung haben die zuständige Behörde und die Krankenhausabteilung oder die sonstige Einrichtung, in der die betroffene Person untergebracht ist, dem Gericht über den Zustand der betroffenen Person und die Aussichten für eine Beendigung der Unterbringung zu berichten.

§ 12 Sofortige Unterbringung. (1) Ist aufgrund eines ärztlichen Zeugnisses, das auf einer frühestens am Vortag bei der unterzubringenden Person durchgeführten eigenen Untersuchung beruht, anzunehmen, daß eine Gefahr im Sinne von § 9 Absatz 1 Satz 1 besteht, und kann diese Gefahr nicht anders abgewendet werden, so kann die zuständige Behörde die sofortige Unterbringung anordnen, wenn eine gerichtliche Entscheidung nicht rechtzeitig herbeigeführt werden kann.

(2) Die unterzubringende Person soll vor der sofortigen Unterbringung von einem in der Psychiatrie erfahrenen Arzt der zuständigen Behörde aufgesucht und untersucht werden. Ergibt sich hierbei, daß durch eine sofort beginnende ambulante Heilbehandlung die Unterbringung entbehrlich werden würde, so soll, sofern die betroffene Person damit einverstanden ist, der Arzt mit der Heilbehandlung beginnen.

(3) Ordnet die zuständige Behörde eine sofortige Unterbringung an, so hat sie unverzüglich eine gerichtliche Entscheidung über die Zulässigkeit der weiteren Unterbringung zu beantragen, es sei denn, daß eine gerichtliche Entscheidung voraussichtlich erst nach der Entlassung der untergebrachten Person ergehen würde.

(4) Über die Rechtmäßigkeit der Anordnung einer sofortigen Unterbringung entscheidet auf Antrag der untergebrachten Person das Vormundschaftsgericht, wenn die untergebrachte Person ein berechtigtes Interesse an der Feststellung der Rechts-

widrigkeit hat. Auf das Verfahren finden die für Unterbringungsmaßnahmen geltenden Vorschriften des Gesetzes über die Angelegenheiten der freiwilligen Gerichtsbarkeit entsprechende Anwendung; die Beschwerde steht nur der untergebrachten Person und der zuständigen Behörde zu.

Dritter Unterabschnitt. Vollzug der Unterbringung

§ 13 Aufgabe. (1) Die vom Vormundschaftsgericht angeordnete Unterbringung und die sofortige Unterbringung werden von der zuständigen Behörde oder in einer von der zuständigen Behörde ermächtigten sonstigen geeigneten Einrichtung vollzogen.

(2) Die Ermächtigung sonstiger Einrichtungen darf nur erfolgen, wenn die Einrichtung insbesondere im Hinblick auf ihre personelle und sachliche Ausstattung, Organisation sowie medizinische und persönliche Betreuung der Kranken für die Unterbringung geeignet ist. Die Ermächtigung kann entsprechend den Gegebenheiten in der Einrichtung auf bestimmte Krankengruppen beschränkt werden; sie kann mit Auflagen verbunden werden und ist widerruflich.

(3) Die untergebrachte Person unterliegt während der Unterbringung nur den in diesem Gesetz vorgesehenen Beschränkungen ihrer Freiheit.

(4) Wird eine Person, die in einem anderen Bundesland nach den dort geltenden landesrechtlichen Vorschriften wegen einer psychischen Krankheit untergebracht ist, nach oder durch Hamburg befördert, so kann der Vollzug der Unterbringung während des Transports auf dem Gebiet der Freien und Hansestadt Hamburg von Bediensteten des anderen Bundeslandes nach den bisher für die Unterbringung maßgebenden Rechtsvorschriften und Entscheidungen fortgesetzt werden.

§ 14 Maßnahmen beim Beginn der Unterbringung. (1) Beim Beginn der Unterbringung ist der unterzubringenden Person der Grund der Unterbringung mitzuteilen und ihr Gelegenheit zu geben, Angehörige oder eine Person ihres Vertrauens zu benachrichtigen.

(2) Bei einer Abholung der unterzubringenden Person aus ihrer Wohnung ist ihr Gelegenheit zu geben, für die Zeit ihrer Abwesenheit Vorsorge zu treffen, soweit dies mit der Anordnung der Unterbringung vereinbar ist.

(3) Ist die unterzubringende Person nicht in der Lage, selbst Vorsorge für ihre häusliche Umgebung zu treffen, und werden weder Angehörige noch sonstige Vertrauenspersonen von der Unterbringung benachrichtigt, hat die zuständige Behörde zu prüfen, ob in der häuslichen Umgebung der unterzubringenden Person durch deren Abwesenheit Personen, Tiere oder Sachen gefährdet werden, und die zur Abwehr dieser Gefahr erforderlichen Maßnahmen einzuleiten. Zu diesem Zweck darf die Wohnung, in der die unterzubringende Person bisher gelebt hat und die nicht erkennbar durch andere Personen betreut wird, betreten werden. Die Maßnahmen sollen mit der unterzubringenden Person erörtert werden, soweit ihr Gesundheitszustand dies zuläßt.

(4) Sofern notwendig, erfolgt die Beförderung der unterzubringenden Person in ein Krankenhaus oder eine sonstige Einrichtung durch die zuständige Behörde mit einem dafür geeigneten Fahrzeug unter Betreuung von zwei im Umgang mit psychisch Kranken erfahrenen Begleitern.

§ 15 Eingangsuntersuchung. (1) Bei der Aufnahme in die psychiatrische Krankenhausabteilung oder die sonstige in § 8 Absatz 1 genannte Einrichtung ist die eingewiesene Person unverzüglich ärztlich zu untersuchen.

Anhang

Text der Ländergesetze

(2) Ergibt die ärztliche Untersuchung, daß die Unterbringungsvoraussetzungen nicht oder nicht mehr vorliegen, so ist

1. in den Fällen einer gerichtlich angeordneten Unterbringung das Gericht und die zuständige Behörde, die die Anordnung der Unterbringung nach § 10 beantragt hat, unverzüglich zu unterrichten und die eingewiesene Person bis zur erneuten Entscheidung des Gerichts zu beurlauben,
2. in den Fällen einer sofortigen Unterbringung die zuständige Behörde unverzüglich zu unterrichten, damit diese die Anordnung der sofortigen Unterbringung aufheben kann.

§ 16 Behandlung der psychischen Krankheit. (1) Die untergebrachte Person wird wegen der psychischen Krankheit, die zu ihrer Unterbringung geführt hat, nach den anerkannten Regeln der ärztlichen Kunst behandelt; die Behandlung schließt die dazu notwendigen Untersuchungen sowie die gebotenen psychotherapeutischen und soziotherapeutischen Maßnahmen ein. Maßnahmen ohne Einwilligung der untergebrachten Person oder ihres gesetzlichen Vertreters dürfen nur auf Anordnung und unter Leitung eines Arztes durchgeführt werden, unbeschadet der Leistung erster Hilfe für den Fall, daß ein Arzt nicht rechtzeitig erreichbar und mit einem Aufschub Lebensgefahr verbunden ist. Die Anordnung und ihre Gründe sind aufzuzeichnen.

(2) Ist die Behandlung mit erheblicher Gefahr für Leben oder Gesundheit der untergebrachten Person verbunden oder würde sie die Persönlichkeit der untergebrachten Person auf Dauer wesentlich verändern, so darf sie nur mit Einwilligung der untergebrachten Person und nur dann vorgenommen werden, wenn sie nicht außer Verhältnis zu dem zu erwartenden Erfolg steht.

(3) Ist die untergebrachte Person in den Fällen des Absatzes 2 nicht fähig, Grund, Bedeutung und Tragweite der Behandlung einzusehen oder ihren Willen nach dieser Einsicht zu bestimmen, so ist die Einwilligung ihres gesetzlichen Vertreters maßgebend. Besitzt die untergebrachte Person zwar die in Satz 1 genannten Fähigkeiten, ist sie aber minderjährig, so ist neben ihrer Einwilligung die Einwilligung ihres gesetzlichen Vertreters in den persönlichen Angelegenheiten erforderlich.

(4) Eine Behandlung, die die Persönlichkeit der untergebrachten Person in ihrem Kernbereich verändern würde, ist unzulässig. Ebenfalls unzulässig ist eine Behandlung, die der Erprobung von Arzneimitteln oder Verfahren dient.

(5) Die Behandlung ist der untergebrachten Person in einer ihrem Gesundheitszustand angemessenen Weise zu erläutern.

§ 17 Andere ärztliche Behandlungen. (1) Wegen einer anderen als der in § 16 genannten Krankheit ist eine ärztliche Untersuchung und Behandlung bei Lebensgefahr oder bei Gefahr für die Gesundheit anderer Personen auch ohne Einwilligung der untergebrachten Person oder ihres gesetzlichen Vertreters zulässig.

(2) Die Zwangsmaßnahme muß für die Beteiligten zumutbar sein. Sie darf insbesondere das Leben der untergebrachten Person nicht gefährden.

(3) Die Maßnahmen dürfen nur auf Anordnung und unter Leitung eines Arztes durchgeführt werden, unbeschadet der Leistung erster Hilfe für den Fall, daß ein Arzt nicht rechtzeitig erreichbar und mit einem Aufschub Lebensgefahr verbunden ist. Die Anordnung und ihre Gründe sind aufzuzeichnen.

(4) Eine Behandlung, die der Erprobung von Arzneimitteln oder Verfahren dient, ist unzulässig.

§ 18 Fixierungen. (1) Eine untergebrachte Person darf zeitweise fixiert werden, wenn und solange die gegenwärtige Gefahr besteht, daß sie gegen Personen gewalttätig wird oder sich selbst tötet oder sich verletzt, und diese Gefahr nicht anders abgewendet werden kann. Die fixierte Person ist an Ort und Stelle ständig in geeigneter Weise zu betreuen. Dies gilt nicht, wenn aufgrund besonderer Umstände des Einzelfalles eine ständige Betreuung nicht erforderlich ist und außerdem sichergestellt ist, daß die fixierte Person auf ihr Verlangen unverzüglich von einem zur Betreuung geeigneten Mitarbeiter aufgesucht wird.

(2) Eine Fixierung darf nur von einem Arzt aufgrund einer eigenen Untersuchung befristet angeordnet werden. Bei Gefahr im Verzug darf eine Fixierung vorläufig auch von einer Pflegekraft angeordnet werden; die Entscheidung eines Arztes ist unverzüglich herbeizuführen. Soll eine Fixierung über 12 Stunden hinaus andauern oder nach weniger als 12 Stunden erneut angeordnet werden, so ist außerdem die Zustimmung des ärztlichen Leiters der Krankenhausabteilung oder der sonstigen Einrichtung, in der die fixierte Person untergebracht ist, oder eines weiteren Arztes mit einer abgeschlossenen Weiterbildung auf psychiatrischem Gebiet erforderlich.

(3) Art, Beginn und Ende einer Fixierung, die Gründe für ihre Anordnung und die Art der ständigen Betreuung oder etwaige Gründe für das Absehen von einer ständigen Betreuung sind aufzuzeichnen.

(4) Die Absätze 1 bis 3 gelten entsprechend, wenn eine untergebrachte Person durch vergleichbare Maßnahmen in ihrer Bewegungsfreiheit auf engen Raum beschränkt wird.

§ 19 Persönliches Eigentum; Besuchsrecht. Die untergebrachte Person hat das Recht, ihre persönliche Kleidung zu tragen, persönliche Gegenstände in ihrem Zimmer zu haben und Besuch zu empfangen, soweit es ihr Gesundheitszustand gestattet und die Sicherheit und das Zusammenleben in dem Krankenhaus oder der sonstigen Einrichtung nicht erheblich gefährdet werden.

§ 20 Schrift- und Paketverkehr. (1) Der Schriftverkehr der untergebrachten Person darf überwacht werden, soweit es zur Verhinderung von erheblichen Nachteilen für die untergebrachte Person oder von erheblichen Gefahren für die Sicherheit oder das Zusammenleben in dem Krankenhaus oder der sonstigen Einrichtung erforderlich ist. Die Anordnung der Überwachung und ihre Gründe sind aufzuzeichnen. Die untergebrachte Person ist unverzüglich über die Überwachung zu unterrichten, sobald ihre Gesundheit dadurch nicht gefährdet wird. Nicht überwacht wird der Schriftverkehr der untergebrachten Person mit ihrem gesetzlichen Vertreter, mit dem mit ihrer Vertretung beauftragten Rechtsanwalt oder dem für sie bestellten Pfleger für das Verfahren sowie mit Gerichten, Behörden und Volksvertretungen in der Bundesrepublik Deutschland, dem Europäischen Parlament, der Europäischen Kommission für Menschenrechte, der Aufsichtskommission nach § 23 und dem Hamburgischen Beauftragten für Datenschutz und Informationsfreiheit.

(2) Schreiben an die untergebrachte Person dürfen wegen ihres Inhalts nur angehalten werden, wenn ihre Weiterleitung der untergebrachten Person gesundheitlichen Schaden zufügen oder die Sicherheit oder das Zusammenleben in dem Krankenhaus oder der sonstigen Einrichtung erheblich gefährden würde. Schreiben der untergebrachten Person dürfen wegen ihres Inhalts nur angehalten werden, wenn durch ihre Weiterleitung erhebliche Nachteile für die untergebrachte Person zu befürchten sind und die untergebrachte Person aufgrund ihres Zustandes unfähig ist, die Folgen ihres Verhaltens zu übersehen oder nach dieser Einsicht zu handeln. Schreiben der untergebrachten Person, die unrichtige Darstellungen enthalten oder auf krankhaften Vorstellungen beruhen, kann ein Begleitschreiben beigefügt werden, wenn die untergebrachte Person auf der Absendung besteht.

Anhang

Text der Ländergesetze

(3) An die untergebrachte Person gerichtete Schreiben, die angehalten werden, sind, sofern die untergebrachte Person einen gesetzlichen Vertreter hat, diesem zu übergeben. Andernfalls sind die Schreiben an den Absender zurückzugeben oder, wenn dies nicht möglich oder aus besonderen Gründen nicht zweckmäßig ist, für die untergebrachte Person zu verwahren. Wird ein solches Schreiben länger als drei Tage angehalten, ohne zurückgegeben zu werden, so ist dies dem Absender und, wenn deren Gesundheit dadurch nicht gefährdet wird, der untergebrachten Person mitzuteilen. Schreiben der untergebrachten Person, die angehalten werden, sind der untergebrachten Person zurückzugeben oder, wenn dies aus besonderen Gründen nicht zweckmäßig ist, ihrem gesetzlichen Vertreter zu übergeben oder für sie zu verwahren; die Verwahrung ist der untergebrachten Person spätestens am dritten Tag danach mitzuteilen.

(4) Die Absätze 1 bis 3 gelten entsprechend für die Absendung und den Empfang von Telegrammen und Bild- und Tonträgern sowie für ähnliche Formen der individuellen Nachrichtenübermittlung. Absatz 1 Sätze 1 bis 3 und die Absätze 2 und 3 gelten außerdem entsprechend für die Absendung und den Empfang von Paketen.

(5) Kenntnisse aus einer Überwachung nach Absatz 1 oder Absatz 4 dürfen außer für den mit der Überwachung verfolgten Zweck nur für die Behandlung der untergebrachten Person und zur Abwehr von erheblichen Gefahren für die Sicherheit oder das Zusammenleben in dem Krankenhaus oder der sonstigen Einrichtung verwendet werden. Die Kenntnisse dürfen außerdem Polizeidienststellen mitgeteilt werden, soweit konkrete Anhaltspunkte dafür vorliegen, daß eine der in § 138 Absatz 1 des Strafgesetzbuchs aufgeführten Straftaten oder eine gefährliche oder schwere Körperverletzung, eine Kindesentziehung, eine Freiheitsberaubung oder eine Erpressung begangen werden soll.

§ 21 Telefongespräche. (1) Für Telefongespräche gelten die Regelungen über Besuche in § 19 entsprechend.

(2) Telefongespräche dürfen in entsprechender Anwendung des § 20 Absätze 1 und 2 überwacht und abgebrochen werden. Die Überwachung ist nur in der Form zulässig, daß ein Mitarbeiter im Gegenwart der untergebrachten Person das Gespräch verfolgt. Der Gesprächspartner ist hierüber zu Beginn des Gesprächs zu unterrichten.

(3) Für die Verwertung von Kenntnissen aus der Überwachung gilt § 20 Absatz 5 entsprechend.

§ 22 Beurlaubungen. (1) Der behandelnde Arzt kann die untergebrachte Person bis zu einer Dauer von zehn Tagen beurlauben.

(2) Die Beurlaubung kann mit Auflagen, insbesondere der Verpflichtung zur Weiterführung der ärztlichen Behandlung, verbunden werden.

(3) Die Beurlaubung kann jederzeit widerrufen werden, insbesondere, wenn Auflagen nicht befolgt werden.

§ 23 Aufsichtskommission. (1) Die zuständige Behörde beruft eine Aufsichtskommission, die jährlich mindestens einmal, in der Regel unangemeldet, Krankenhäuser oder sonstige Einrichtungen, in denen Personen nach diesem Gesetz oder wegen einer psychischen Krankheit durch ihren gesetzlichen Vertreter untergebracht sind, besucht und daraufhin überprüft, ob die mit der Unterbringung von psychisch Kranken verbundenen besonderen Aufgaben erfüllt und die Rechte der untergebrachten Personen gewahrt werden. Aufgrund besonderer Vereinbarung mit den Trägern kann die Aufsichtskommission auch außerhalb der Freien und Hansestadt Hamburg gelegene psychiatrische Krankenhäuser und Einrichtungen besuchen, in denen psychisch Kranke aus Hamburg untergebracht sind. Die untergebrachten Personen, ihre gesetzlichen Vertreter und die Leiter und Mitarbeiter der Krankenhäuser und Einrichtungen können der Aufsichtskommission Wünsche oder Beschwerden mündlich oder schriftlich vortragen. Schriftliche Eingaben, die Unterbringungen nach Satz 1 betreffen, nimmt die Aufsichtskommission auch von anderen Personen entgegen.

(2) Die Ärzte der psychiatrischen Krankenhausabteilungen und der Einrichtungen sind verpflichtet, die Aufsichtskommission auf Verlangen bei ihrer Besichtigung zu begleiten und die gewünschten Auskünfte zu erteilen.

(3) Die Aufsichtskommission ist berechtigt, Krankengeschichten und die über die untergebrachten Personen ausgestellten ärztlichen Zeugnisse und Gutachten einzusehen, soweit dies zur Erfüllung ihrer Aufgabe erforderlich ist.

(4) Die Aufsichtskommission fertigt alsbald nach einem Besuch einen Bericht für die zuständige Behörde an, der das Ergebnis der Überprüfung sowie die vorgetragenen Wünsche und Beschwerden der untergebrachten Person mit einer Stellungnahme der Aufsichtskommission enthält. Das Ergebnis der Überprüfung ist dem Krankenhaus oder der Einrichtung sowie dem Träger und, soweit darin Beanstandungen enthalten sind, zusätzlich der hierfür zuständigen Aufsichtsbehörde mitzuteilen. Die Aufsichtskommission entscheidet im Einzelfall, ob und wieweit auch Wünsche und Beschwerden mitgeteilt werden. Eine Zusammenfassung der Berichte übersendet der Senat alle zwei Jahre der Bürgerschaft der Freien und Hansestadt Hamburg.

(5) Der Aufsichtskommission müssen angehören:
1. ein Vertreter der für das Gesundheitswesen zuständigen Behörde,
2. ein Arzt mit einer abgeschlossenen Weiterbildung auf psychiatrischem Gebiet,
3. ein Mitglied mit der Befähigung zum Richteramt,
4. drei weitere Mitglieder.

Die Mitglieder werden für vier Jahre bestellt. Nach Ablauf ihrer Amtszeit führen sie ihr Amt bis zur Bestellung eines Nachfolgers fort. Die zuständige Behörde kann weitere Mitglieder, auch für einzelne Besuche der Aufsichtskommission bestellen. Der Aufsichtskommission müssen sowohl Männer als auch Frauen angehören. Die §§ 83 bis 86 des Hamburgischen Verwaltungsverfahrensgesetzes vom 9. November 1977 (Hamburgisches Gesetz- und Verordnungsblatt Seiten 333, 402), zuletzt geändert am 1. Juli 1993 (Hamburgisches Gesetz und Verordnungsblatt Seiten 149, 150), gelten entsprechend.

(6) Die Mitglieder wählen für zwei Jahre den Vorsitzenden der Aufsichtskommission. Absatz 5 Satz 3 gilt entsprechend.

(7) Das Petitionsrecht sowie die Aufsichtspflichten und -rechte der zuständigen Behörden bleiben unberührt.

Vierter Unterabschnitt. Entlassung

§ 24 Entlassung. Die untergebrachte Person ist zu entlassen, wenn
1. die ihre Unterbringung anordnende Entscheidung aufgehoben worden ist,
2. im Falle der sofortigen Unterbringung nicht bis zum Ende des auf ihren Beginn folgenden Tages das Gericht eine Unterbringung angeordnet hat,
3. die Frist für die Unterbringung zur Vorbereitung eines Gutachtens abgelaufen ist, sofern nicht das Gericht vorher die vorläufige oder endgültige Unterbringung angeordnet hat,
4. die Frist für die vorläufige Unterbringung abgelaufen ist, sofern nicht das Gericht vorher die endgültige Unterbringung angeordnet hat,
5. die Frist für die endgültige Unterbringung abgelaufen ist,
6. das Gericht die Vollziehung der Unterbringung aussetzt.

Anhang

Text der Ländergesetze

Sechster Abschnitt. Nachgehende Hilfe

§ 25 Ziel der nachgehenden Hilfe. Aufgabe der nachgehenden Hilfe ist es, den Personen, die aus der Unterbringung oder einer sonstigen stationären psychiatrischen Behandlung entlassen wurden, durch fachgerechte, der Art ihrer Erkrankung angemessene ärztliche und psychosoziale Beratung und Betreuung den Übergang in das Leben außerhalb des Krankenhauses oder der sonstigen Einrichtung und in der Gemeinschaft zu erleichtern. Angaben über die betroffene Person, die zur Erfüllung dieser Aufgabe erforderlich sind, soll das Krankenhaus oder die sonstige Einrichtung, in der die betroffene Person stationär behandelt wird, bereits vor deren Entlassung an die für die Gewährung nachgehender Hilfen zuständige Behörde übermitteln, soweit die betroffene Person darin einwilligt.

§ 26 Mitwirkung bei einer Aussetzung der Vollziehung der Unterbringung.

(1) Ist die Aussetzung der Vollziehung der Unterbringung mit der Auflage verbunden worden, daß die betroffene Person sich in ärztliche Behandlung begibt, so hat die betroffene Person oder ihr gesetzlicher Vertreter der psychiatrischen Krankenhausabteilung oder der sonstigen Einrichtung, in der sie untergebracht war, unverzüglich den Namen und die Anschrift des behandelnden Arztes mitzuteilen.

(2) Der Arzt, der die betroffene Person während der Unterbringung behandelt hat, übersendet dem nunmehr behandelnden Arzt umgehend einen ärztlichen Entlassungsbericht. Gleichzeitig hat der Arzt die Entlassung und den nunmehr behandelnden Arzt der für die Gewährung nachgehender Hilfen zuständigen Behörde mitzuteilen.

(3) Die zuständige Behörde hat die Aufgabe, die betroffene Person bei der Einhaltung der Auflage zu unterstützen. Zu diesem Zweck kann sie sich bei dem behandelnden Arzt darüber unterrichten, ob die Auflage von der betroffenen Person eingehalten wird und ob eine ärztliche Behandlung noch erforderlich ist.

Siebenter Abschnitt. Verarbeitung personenbezogener Daten

§ 27 Datenerhebung. (1) Die für die Gewährung von Hilfen zuständige Behörde und die für die Untersuchung nach § 7 zuständige Behörde dürfen Daten über eine hilfebedürftige oder zu untersuchende Person erheben, soweit dies für die Beurteilung erforderlich ist, ob ihr Hilfen zu gewähren sind oder ihre Unterbringung oder die Bestellung eines Betreuers für sie geboten ist. Die für die Beantragung oder Anordnung einer Unterbringung zuständige Behörde darf Daten über eine unterzubringende oder untergebrachte Person erheben, soweit dies für die Entscheidung über die Unterbringung und ihre Fortdauer, für eine Behandlung nach § 12 Absatz 2 Satz 2, für die Durchführung des gerichtlichen Unterbringungsverfahrens oder für die Zuführung und die Aufnahme der unterzubringenden Person in das Krankenhaus oder die sonstige Einrichtung erforderlich ist. Das Krankenhaus oder die sonstige Einrichtung darf Daten über eine nach diesem Gesetz dort unterzubringende oder untergebrachte Person erheben, soweit dies für die Durchführung des gerichtlichen Unterbringungsverfahrens, für den Vollzug der Unterbringung bei dieser Person oder für ihre Wiedereingliederung erforderlich ist.

(2) Zu den Daten über eine in Absatz 1 genannte Person (psychisch kranke Person) können gehören:
1. die ihrer Identifizierung dienenden Angaben (Name, Geschlecht, Geburtstag und -ort, Anschrift, Staatsangehörigkeit),

2. Name, Anschrift und Telefonnummer eines nach § 1896 des Bürgerlichen Gesetzbuchs für sie bestellten Betreuers oder eines sonstigen gesetzlichen Vertreters sowie von nahen Angehörigen oder sonstigen ihr nahestehenden Personen,
3. Name, Anschrift und Telefonnummer von Ärzten und sonstigen Personen oder Stellen, die die psychisch kranke Person behandeln oder betreuen,
4. Angaben über Verwaltungs- und Gerichtsverfahren, die die Unterbringung der psychisch kranken Person oder die Bestellung eines Betreuers für die psychisch kranke Person zum Gegenstand haben oder in denen ein psychiatrisches Gutachten über sie eingeholt worden ist,
5. ihr Lebenslauf;
6. Angaben über gegenwärtige und frühere Krankheiten, Körperschäden und Verhaltensauffälligkeiten der psychisch kranken Person,
7. Angaben über ihr soziales Umfeld (zum Beispiel über das Bestehen von Miet- und Arbeitsverhältnissen und das Ausmaß der sozialen Kontakte).

Die Erhebung weiterer Daten bedarf einer besonderen Begründung. In den Fällen des Absatzes 1 Sätze 2 und 3 können zu den Daten über eine psychisch kranke Person auch gehören:

1. Name, Anschrift und Telefonnummer eines für sie bestellten Pflegers für das gerichtliche Verfahren sowie von Verfahrensbevollmächtigten,
2. die Angabe des Kostenträgers.

(3) Sonstige personenbezogene Daten, die auch Dritte betreffen, insbesondere Daten über Verwandte der psychisch kranken Person und über Personen aus ihrem sozialen Umfeld, dürfen die in Absatz 1 genannten Behörden, Krankenhäuser und sonstigen Einrichtungen (zuständige Stellen) erheben, soweit dies zur Beurteilung des Gesundheitszustands der psychisch kranken Person oder zu ihrer Eingliederung erforderlich ist. Für Fürsorgemaßnahmen nach § 14 Absatz 3 dürfen die zuständigen Stellen außerdem Angaben über zu versorgende Personen und Tiere und über den Zustand der häuslichen Umgebung der unterzubringenden Person erheben.

(4) Daten über die psychisch kranke Person sollen bei ihr erhoben werden. Sie dürfen bei Dritten erhoben werden, soweit die Daten zur Beurteilung des Gesundheitszustands der psychisch kranken Person oder zu ihrer Eingliederung erforderlich sind oder soweit eine Erhebung bei ihr nicht möglich ist.

(5) Ärzte und sonstige behandelnde oder betreuende Personen sowie Gerichte und Behörden sind, wenn Daten nach Absatz 4 Satz 2 bei ihnen erhoben werden, befugt, den zuständigen Stellen die in Absatz 2 Satz 1 genannten Angaben zu übermitteln, soweit diese im Zusammenhang mit einer Untersuchung nach § 7 oder für die Beantragung, Anordnung, Durchführung oder Beendigung einer Unterbringung benötigt werden und Rechtsvorschriften außerhalb der allgemeinen Regelungen über die Berufs- und Amtsverschwiegenheit die Übermittlung nicht untersagen.

§ 28 Datenspeicherung. (1) Die zuständigen Stellen dürfen die nach § 27 erhobenen und die ihnen sonst von anderen mitgeteilten personenbezogenen Daten speichern, soweit dies für die Erfüllung der in § 27 Absatz 1 genannten Zwecke bei der jeweiligen psychisch kranken Person oder für Fürsorgemaßnahmen nach § 14 Absatz 3 erforderlich ist. Ferner dürfen die zuständigen Stellen Untersuchungsergebnisse und Diagnosen sowie Angaben über die Behandlung der psychisch kranken Person, über die gewährten Hilfen, über sonstige ihr gegenüber getroffene Entscheidungen und Maßnahmen und über gerichtliche Unterbringungsverfahren speichern. Die in § 27 Absatz 3 Satz 1 genannten Daten über Dritte dürfen nur gespeichert werden, wenn nicht entgegenstehende schutzwürdige Interessen des Dritten überwiegen. Soweit diese Daten nicht bei der psychisch kranken Person oder beim Dritten selbst erhoben worden sind, ist die erstmalige Speicherung dem Dritten mitzuteilen, es sei denn, daß dadurch die Eingliederung oder sonstige schutzwürdige Interessen der psychisch kranken Person beeinträchtigt werden.

(2) Daten über Dritte dürfen nur in den über die jeweilige psychisch kranke Person geführten Aufzeichnungen gespeichert werden und nicht unter dem Namen des Dritten abrufbar sein.

§ 29 Datennutzung. (1) Die zuständigen Stellen dürfen personenbezogene Daten, die nach § 28 gespeichert sind oder gespeichert werden dürfen, nutzen, soweit dies erforderlich ist für

1. die Durchführung dieses Gesetzes,
2. die Abwehr erheblicher Nachteile für die psychisch kranke Person,
3. Maßnahmen, die der Fürsorge für minderjährige Kinder der psychisch kranken Person dienen,
4. Maßnahmen zur Abwehr einer von der psychisch kranken Person ausgehenden erheblichen Gefahr für sich selbst oder andere oder für bedeutende Sachwerte,
5. die Anfertigung von Gutachten für Unterbringungssachen oder Betreuungssachen hinsichtlich der psychisch kranken Person,
6. die Geltendmachung von Ansprüchen der zuständigen Stelle sowie für die Abwehr von Ansprüchen oder die Verfolgung von Straftaten oder Ordnungswidrigkeiten, die gegen die zuständige Stelle oder ihre Mitarbeiter gerichtet sind,
7. die Auswertung der Tätigkeit der zuständigen Stelle zu organisatorischen oder statistischen Zwecken,
8. die Überprüfung der Tätigkeit der in der zuständigen Stelle tätigen Mitarbeiter,
9. die Aus-, Fort- und Weiterbildung der in der zuständigen Stelle tätigen Mitarbeiter,

und soweit, dies ferner mit anonymisierten Daten nicht möglich ist und in den Fällen der Nummer 9 überwiegende Interessen der Betroffenen nicht entgegenstehen. In der für die Beantragung oder Anordnung einer Unterbringung zuständigen Behörde und in dem Krankenhaus oder der sonstigen Einrichtung dürfen die Daten außerdem für die Durchführung des gerichtlichen Unterbringungsverfahrens genutzt werden. In dem Krankenhaus oder der sonstigen Einrichtung dürfen die Daten außerdem für die Wiedereingliederung der psychisch kranken Person sowie für die Fortsetzung oder Wiederaufnahme einer zunächst nach diesem Gesetz durchgeführten Behandlung genutzt werden.

(2) Die in den zuständigen Stellen tätigen Mitarbeiter dürfen gespeicherte personenbezogene Daten nur einsehen, soweit dies zur rechtmäßigen Erfüllung der ihnen obliegenden Aufgaben erforderlich ist. Sie dürfen personenbezogene Daten anderen Mitarbeitern nur mitteilen, soweit diese die Daten zur rechtmäßigen Erfüllung der ihnen obliegenden Aufgaben benötigen. Sind mir den benötigten Daten andere personenbezogene Daten so verbunden, daß sie nur mit unvertretbarem Aufwand getrennt werden können, so dürfen auch die anderen Daten mitgeteilt werden, soweit nicht berechtigte Interessen der Betroffenen an deren Geheimhaltung offensichtlich überwiegen. Eine Verarbeitung dieser Daten ist unzulässig.

§ 30 Datenübermittlung. (1) Die zuständigen Stellen dürfen personenbezogene Daten, die nach § 28 gespeichert sind oder gespeichert werden dürfen, an Dritte übermitteln, soweit dies erforderlich ist
1. in Unterbringungssachen oder Betreuungssachen, die die psychisch kranke Person betreffen,
2. zur Erläuterung einer Anfrage der zuständigen Stelle, die diese an den Dritten zur Durchführung dieses Gesetzes bei der psychisch kranken Person richtet,
3. zur Abwehr erheblicher Nachteile für die psychisch kranke Person,

4. zur Geltendmachung von Ansprüchen der zuständigen Stelle sowie zur Abwehr von Ansprüchen oder zur Verfolgung von Straftaten oder Ordnungswidrigkeiten, die gegen die zuständige Stelle oder ihre Mitarbeiter gerichtet sind,
5. zur Unterrichtung des Dritten im Rahmen einer ihm über die zuständige Stelle oder ihre Mitarbeiter obliegenden Aufsicht.

(2) Die für die Gewährung von Hilfen zuständige Behörde darf die Daten darüber hinaus

1. an Dritte übermitteln, soweit dies
   a) zur Abwehr einer von der psychisch kranken Person ausgehenden erheblichen Gefahr für sich selbst oder andere oder für bedeutende Sachwerte erforderlich ist,
   b) zur weiteren Behandlung oder ärztlichen oder psychosozialen Betreuung der psychisch kranken Person erforderlich ist und die psychisch kranke Person nach Unterrichtung über die beabsichtigte Übermittlung dieser nicht widersprochen hat,
2. an Angehörige oder sonstige Bezugspersonen der psychisch kranken Person übermitteln, soweit dies für die Beratung nach § 4 Absatz 2 erforderlich ist und die psychisch kranke Person nicht einen gegenteiligen Willen kundgetan hat oder sonstige Anhaltspunkte dafür bestehen, daß eine Übermittlung nicht angebracht ist.

Satz 1 Nummer 1 gilt entsprechend für die Übermittlung durch die für die Untersuchung nach § 7 zuständige Behörde.

(3) Die für die Beantragung oder Anordnung einer Unterbringung zuständige Behörde darf die Daten über Absatz 1 hinaus an Dritte übermitteln,

1. soweit dies
   a) zur Abwehr einer von der psychisch kranken Person ausgehenden erheblichen Gefahr für sich selbst oder andere oder für bedeutende Sachwerte
   b) zur Fortsetzung einer nach § 12 Absatz 2 Satz 2 begonnenen Behandlung oder für die Behandlung der unterzubringenden Person durch das Krankenhaus oder die sonstige Einrichtung
   c) für die Abrechnung der Kosten durch das Krankenhaus oder die sonstige Einrichtung
   erforderlich ist,
2. um Fürsorgemaßnahmen nach § 14 Absatz 3 zu veranlassen,

Im Zusammenhang mit einer Unterbringung darf sie außerdem nahe Angehörige der untergebrachten Person und sonstige ihr nahestehende Personen sowie die für sie zuständige konsularische Vertretung über ihren Verbleib unterrichten, soweit die untergebrachte Person nicht einen gegenteiligen Willen kundgetan hat oder sonstige Anhaltspunkte dafür bestehen, daß eine Übermittlung nicht angebracht ist.

(4) Das Krankenhaus oder die sonstige Einrichtung, in denen eine psychisch kranke Person untergebracht ist oder war, darf die Daten über Absatz 1 hinaus an Dritte übermitteln,

1. um Fürsorgemaßnahmen nach § 14 Absatz 3 zu veranlassen,
2. soweit dies
   a) für die Weiterbehandlung der untergebrachten Person in einer anderen Einrichtung, in die sie verlegt worden ist oder verlegt werden soll, erforderlich ist,
   b) für die sonstige Weiterbehandlung oder die weitere ärztliche oder psychosoziale Betreuung erforderlich ist und die untergebrachte Person nach Unterrichtung über die beabsichtigte Übermittlung dieser nicht widersprochen hat,
   c) für die Festnahme einer entwichenen oder nicht zurückgekehrten untergebrachten Person erforderlich ist.

Absatz 3 Satz 2 gilt entsprechend.

Anhang

(5) Der Empfänger darf die übermittelten Daten nur für die Zwecke verarbeiten, zu denen sie ihm übermittelt wurden. Er darf sie an andere nur weiterübermitteln, wenn diesen die Daten auch unmittelbar von der zuständigen Stelle übermittelt werden dürften.

§ 31 Forschung mit personenbezogenen Daten. Für die Verarbeitung der nach § 27 erhobenen und der nach § 28 gespeicherten personenbezogenen Daten für Forschungszwecke gilt § 27 des Hamburgischen Datenschutzgesetzes vom 5. Juli 1990 (Hamburgisches Gesetz- und Verordnungsblatt Seiten 133, 165, 226), zuletzt geändert am 10. März 1992 (Hamburgisches Gesetz- und Verordnungsblatt Seite 39) mit folgenden Maßgaben:
1. Eine Übermittlung an nicht-öffentliche Stellen ist nur zulässig, wenn der Betroffene eingewilligt hat oder die Daten vor der Übermittlung so verändert werden, daß ein Bezug auf eine bestimmte natürliche Person nicht mehr erkennbar ist.
2. Über die Übermittlung entscheidet die für das Gesundheitswesen zuständige Behörde.

§ 32 Auskunft und Akteneinsicht. (1) Die zuständigen Stellen haben der psychisch kranken Person auf Verlangen unentgeltlich Auskunft über die zu ihrer Person gespeicherten Daten zu erteilen und, soweit dies ohne Verletzung schutzwürdiger Interessen anderer Personen möglich ist, Einsicht in die sie betreffenden Unterlagen zu gewähren. Der psychisch kranken Person können Auskunft und Einsicht versagt werden, wenn eine Verständigung mit ihr wegen ihres Gesundheitszustands nicht möglich ist.

(2) Die für die Beantragung oder Anordnung einer Unterbringung zuständige Behörde und das Krankenhaus oder die sonstige Einrichtung haben Auskunft und Einsicht nach Absatz 1 auch dem Pfleger für die gerichtliche Verfahren sowie Verfahrensbevollmächtigten der psychisch kranken Person zu gewähren.

(3) Die zuständigen Stellen haben Dritten auf Verlangen unentgeltlich Auskunft über die Daten zu erteilen, die über sie unter dem Namen der psychisch kranken Person gespeichert sind, soweit dadurch die Eingliederung und sonstige schutzwürdige Interessen der psychisch kranken Person nicht gefährdet werden. Die Auskunft braucht nur erteilt zu werden, wenn im Auskunftsverlangen der Name der psychisch kranken Person angegeben worden ist. Die Auskunft kann ferner verweigert werden, soweit derjenige, der die Daten der zuständigen Stelle mitgeteilt hat, ein schutzwürdiges Interesse an deren Geheimhaltung hat.

§ 33 Datenlöschung. Die nach § 28 unter dem Namen einer psychisch kranken Person gespeicherten personenbezogenen Daten sind zu löschen
1. von der für die Gewährung von Hilfen zuständigen Behörde spätestens 15 Jahre nach der Beendigung der Gewährung von Hilfen,
2. von der für die Untersuchung nach § 7 zuständigen Behörde spätestens 15 Jahre nach der letzten Untersuchung,
3. von der für die Beantragung oder Anordnung einer Unterbringung zuständigen Behörde spätestens drei Jahre nach der Beendigung des Unterbringungsverfahrens, sofern die Daten nicht nach Nummer 1 oder Nummer 2 länger aufbewahrt werden dürfen,
4. von dem Krankenhaus oder der sonstigen Einrichtung spätestens 30 Jahre nach der Beendigung der Unterbringung.

Ist zu den in Satz 1 genannten Zeitpunkten ein Rechtsstreit anhängig, so sind die für den Rechtsstreit benötigten Daten erst nach dessen Beendigung zu löschen.

Achter Abschnitt. Kosten

§ 34 Kosten der Unterbringung. (1) Die nach diesem Gesetz untergebrachte Person trägt die Kosten ihres Aufenthalts und ihrer Behandlung in dem Krankenhaus oder der sonstigen Einrichtung nach den hierfür geltenden Pflegesätzen sowie die Fahrkosten einer Beförderung nach § 14 Absatz 4, soweit nicht ein Träger von Sozialleistungen oder ein anderer zur Gewährung gleichartiger Leistungen verpflichtet ist.

(2) Die Kosten einer vorläufigen Unterbringung oder einer Unterbringung zur Vorbereitung eines Gutachtens sind von der Freien und Hansestadt Hamburg zu tragen, wenn der Antrag auf Anordnung der Unterbringung abgelehnt oder zurückgenommen wird oder aus anderen Gründen seine Erledigung findet und die Voraussetzungen für die Unterbringung von Anfang an nicht vorgelegen haben.

(3) In den Fällen des Absatzes 2 hat die in der Hauptsache ergebende Entscheidung auszusprechen, wer die Kosten der vorläufigen Unterbringung oder der Unterbringung zur Vorbereitung eines Gutachtens zu tragen hat. Über die Kosten ist auch zu entscheiden, wenn eine Entscheidung in der Hauptsache nicht ergeht, und zwar unter Berücksichtigung des bisherigen Sachstandes nach billigem Ermessen.

(4) Die Entscheidung über die Kosten der vorläufigen Unterbringung oder der Unterbringung zur Vorbereitung eines Gutachtens ist mit der sofortigen Beschwerde selbständig anfechtbar.

§ 35 Sonstige Kosten. Die Kosten der Gewährung von Hilfen und der Maßnahmen der zuständigen Behörde nach § 7 trägt die Freie und Hansestadt Hamburg.

Neunter Abschnitt. Schlußbestimmungen

§ 36 Einschränkung von Grundrechten. Durch dieses Gesetz werden die Rechte auf körperliche Unversehrtheit und Freiheit (Artikel 2 Absatz 2 des Grundgesetzes) sowie auf Unverletzlichkeit des Brief-, Post- und Fernmeldegeheimnisses (Artikel 10 des Grundgesetzes) und der Wohnung (Artikel 13 des Grundgesetzes) eingeschränkt.

7. Hessen

Gesetz über die Entziehung der Freiheit geisteskranker, geistesschwacher, rauschgift- oder alkoholsüchtiger Personen

Vom 19. Mai 1952
(GVBl. S. 111), zuletzt geändert durch Art. 48 Erstes Gesetz zur Rechts- und Verwaltungsvereinfachung v. 15. 7. 1997 (GVBl. I S. 217)

I. Abschnitt. Zulässigkeit der Unterbringung

§ 1. (1) Geisteskranke, geistesschwache, rauschgift- oder alkoholsüchtige Personen sind auch gegen ihren Willen in einer geschlossenen Krankenabteilung oder in einer anderen geeigneten Verwahrung unterzubringen, wenn aus ihrem Geisteszustand oder ihrer Sucht eine erhebliche Gefahr für ihre Mitmenschen droht und diese nicht anders abgewendet werden kann.

Anhang
Text der Ländergesetze

(2) Bilden die in Absatz 1 genannten Personen infolge ihres Geisteszustandes oder ihrer Sucht eine Gefahr für sich selbst, so können sie in gleicher Weise untergebracht werden, wenn die Gefährdung erheblich ist und nicht anders abgewendet werden kann.

(3) Die Unterbringung dauert nur solange, wie ihr Zweck es erfordert. Die Unterbringung von Rauschgift- und Alkoholsüchtigen darf nicht länger als zwei Jahre dauern.

II. Abschnitt. Zuständigkeit und Verwaltungsverfahren

§ 2. (1) Das Unterbringungsverfahren wird durch einen Antrag der Verwaltungsbehörde beim Vormundschaftsgericht eingeleitet; der Erlaß einer einstweiligen Anordnung von Amts wegen nach § 70h Abs. 1 des Gesetzes über die Angelegenheiten der freiwilligen Gerichtsbarkeit bleibt unberührt.

(2) Zuständige Verwaltungsbehörde ist der Gemeindevorstand.

§ 3. Zuständig ist die Verwaltungsbehörde des Wohnsitzes oder des Aufenthaltsorts des Unterzubringenden. Bei einer vorläufigen Unterbringungsmaßnahme nach § 70h Abs. 1 des Gesetzes über die Angelegenheiten der freiwilligen Gerichtsbarkeit ist auch die Verwaltungsbehörde zuständig, in deren Bezirk die Notwendigkeit der Maßnahme auftritt.

§ 4. *(gestrichen)*

§ 5. (1) Der Antrag auf Unterbringung ist schriftlich einzureichen.

(2) Dem Antrag ist das Zeugnis eines approbierten Arztes über den Geisteszustand oder die Süchtigkeit des Unterzubringenden beizufügen, das auf einer höchstens 14 Tage zurückliegenden Untersuchung beruht.

§§ 6 bis 9. *(gestrichen)*

§ 10. Liegen die Voraussetzungen für eine Unterbringung nach § 1 Abs. 1 oder 2 mit hoher Wahrscheinlichkeit vor und ist Gefahr im Verzug, kann die allgemeine Ordnungsbehörde oder die Polizeibehörde die sofortige Ingewahrsamnahme anordnen und vollziehen. In diesem Fall ist unverzüglich eine richterliche Entscheidung über die Zulässigkeit und Fortdauer der sofortigen Ingewahrsamnahme herbeizuführen.

§§ 11 bis 15h. *(gestrichen)*

III. Abschnitt. Durchführung der Unterbringung

§ 16. Die vom Gericht angeordneten Unterbringungen führt die Verwaltungsbehörde durch.

§ 17. Der Untergebrachte unterliegt der Anstaltsordnung. Die Unterbringung umfaßt auch die Behandlung mittels eines Heil- oder Entziehungsverfahrens. Ärztliche Eingriffe, die mit erheblicher Gefahr für Leben oder Gesundheit verbunden sind, dürfen nur mit Einwilligung des Untergebrachten oder seines gesetzlichen Vertreters vorgenommen werden. Bei welchen ärztlichen Eingriffen diese Voraussetzungen vorliegen, bestimmt die Landesregierung durch Rechtsverordnung.[1]

§ 18. (1) Briefe des Untergebrachten dürfen von den durch die Anstaltsordnung hierzu bestimmten Ärzten eingesehen und zurückbehalten werden, wenn dies im wohlverstandenen Interesse des Untergebrachten, des Empfängers oder eines Dritten liegt. Im Falle der Zurückbehaltung sind sie zu verwahren. Briefe des Untergebrachten an seine Angehörigen sollen nicht zurückbehalten werden. Briefe an den gesetzlichen Vertreter und an eine Behörde dürfen nur mit Zustimmung des Gerichts zurückbehalten werden. Briefe an den gewählten oder bestellten Rechtsanwalt oder an die Aufsichtsbehörde der Anstalt dürfen nicht zurückbehalten werden.

(2) Briefe an den Untergebrachten dürfen von den durch die Anstaltsordnung hierzu bestimmten Ärzten eingesehen und, wenn ihre Aushändigung an den Untergebrachten untunlich erscheint, zurückgewiesen werden. Ist der Absender eine Behörde, der gesetzliche Vertreter oder der Rechtsbeistand, so entscheidet auf deren Antrag das Gericht.

§ 19. (1) Erscheint eine Unterbrechung der Unterbringung vertretbar, so kann der Leiter der Anstalt den Untergebrachten beurlauben. Die jederzeit widerrufliche Beurlaubung kann davon abhängig gemacht werden, daß der Beurlaubte bestimmte Auflagen erfüllt.

(2) Wenn die Beurlaubung drei Monate überschreitet, ist sie dem Richter mitzuteilen.

(3) Die Dauer des Urlaubs wird auf die in § 1 Absatz 3 Satz 2 genannte Frist nicht angerechnet.

IV. Abschnitt. Entlassung

§ 20. Untergebrachte sind mit dem Zeitpunkt, zu dem die Unterbringungsmaßnahme endet, freizulassen, ohne daß es einer gerichtlichen Anordnung der Entlassung bedarf.

§ 21. *(gestrichen)*

§ 22. Der Untergebrachte, die Verwaltungsbehörde, der Leiter der Anstalt oder eine in § 70 d Abs. 1 Satz 1 Nr. 1 bis 4 des Gesetzes über die Angelegenheiten der freiwilligen Gerichtsbarkeit genannte Person kann bei dem Gericht eine Entscheidung über die Entlassung oder eine andere Art der Unterbringung beantragen.

§§ 23 bis 25. *(gestrichen)*

V. Abschnitt. Kosten der Unterbringung

§§ 26 bis 30. *(gestrichen)*

---

[1] Siehe die DurchführungsV v. 7. 9. 1954 (GVBl. I S. 154 = GVBl. II 352-2):
§ **1** Ärztliche Eingriffe, die wegen einer erheblichen Gefahr für Leben oder Gesundheit nur mit Einwilligung des Untergebrachten oder seines gesetzlichen Vertreters vorgenommen werden dürfen, sind alle hirnchirurgischen Eingriffe.

Anhang
Text der Ländergesetze

§ 31.[1] Die Kosten einer Unterbringung nach diesem Gesetz trägt der Untergebrachte; hierzu gehören auch die Kosten der Überführung in die Anstalt. Soweit der Untergebrachte die Kosten nicht aus eigenen Kräften und Mitteln aufbringen kann oder von anderer Seite erhält, trägt der Landeswohlfahrtsverband Hessen die Kosten; die Vorschriften des Bundessozialhilfegesetzes finden entsprechende Anwendung.

VI. Abschnitt. Schlußbestimmungen

§ 32. *(gestrichen)*

§ 33. In dem in diesem Gesetz bezeichneten Umfange werden die Grundrechte der Freiheit der Person, der körperlichen Unversehrtheit und der Unverletzlichkeit des Brief-, Post- und Fernmeldegeheimnisses (Art. 2 und 10 des Grundgesetzes für die Bundesrepublik Deutschland und Art. 5, 6 und 12 der Verfassung des Landes Hessen) eingeschränkt.

§ 34. *(gestrichen)*

§ 35. Dieses Gesetz tritt einen Monat nach seiner Verkündung in Kraft.

8. Mecklenburg-Vorpommern

Gesetz über Hilfen und Schutzmaßnahmen für psychisch Kranke (Psychischkrankengesetz – PsychKG M-V)

Vom 1. Juni 1993, in der Fassung der Bekanntmachung vom 13. April 2000 (GVBl. S. 182), zuletzt geändert durch Art. 9 SGB XII, SGB II – und ZuwanderungsG – AnpG v. 20. 12. 2004 (GVBl. S. 546)

Inhaltsübersicht §§

Präambel
Abschnitt I. Allgemeines

Anwendungsbereich	1
Fürsorgegrundsatz	2

Abschnitt II. Hilfen für psychisch Kranke

Ziel der Hilfen	3
Anspruch auf Hilfen und deren Umfang	4
Träger der Hilfen	5
Sozialpsychiatrischer Dienst	6
Durchführung der vorsorgenden Hilfe	7
Maßnahmen des Gesundheitsamtes	8

Abschnitt III. Unterbringung

Möglichkeit der Unterbringung	9
Begriff der Unterbringung	10
Voraussetzungen der Unterbringung	11

---

[1] § 31₁ i. d. F. des G v. 15. 7. 1970 (GVBl. I S. 411).

8. Mecklenburg-Vorpommern   **Anhang**

	§§
Ziel der Unterbringung	12
Einrichtungen	13
Antragstellung	14
Sofortige Unterbringung	15
Anhörung sonstiger Personen	16
Vollziehung der Unterbringungsanordnung	17

Abschnitt IV. Durchführung der Unterbringung

Eingangsuntersuchung	18
Gestaltung der Unterbringung	19
Finanzielle Regelungen	20
Rechtliche Stellung	21
Besondere Sicherungsmaßnahmen	22
Behandlung	23
Persönliche Habe	24
Religionsausübung	25
Besuchsrecht und Telefongespräche	26
Recht auf Schriftwechsel	27
Urlaub	28
Hausordnung	29
Offene Unterbringung	30

Abschnitt V. Besuchskommission

Besuchskommission	31

Abschnitt VI. Beendigung der Unterbringung, Nachgehende Hilfen

Beendigung der Unterbringung	32
Aussetzung der Unterbringung	33
Vorbereitung der Entlassung	34

	§§
Nachgehende Hilfen	35
Mitwirkung bei der Aussetzung der Unterbringung	36

Abschnitt VII. Besondere Vorschriften für den Maßregelvollzug

Unterbringung aufgrund strafgerichtlicher Entscheidung	37
Erkennungsdienstliche Maßnahmen	38
Durchsuchungen	39
Weitere Einschränkungen	40
Verwertung von Erkenntnissen	41

Abschnitt VIII. Unmittelbarer Zwang

Unmittelbarer Zwang	42

Abschnitt IX. Datenschutz, Akteneinsicht

Personenbezogene Daten	43
Bekanntgabe und Begründung von Anordnungen, Akteneinsicht	44

Anhang

Text der Ländergesetze

Abschnitt X. Kosten, Schlussvorschriften

Kosten 45
Einschränkung von Grundrechten 46
Verwaltungsvorschriften 47
In-Kraft-Treten, Außer-Kraft-Treten von Vorschriften 48

Präambel

Psychisch Kranke sind vollwertige Bürger unserer Gesellschaft. Akut oder chronisch psychisch Erkrankte haben ein Recht auf Hilfe und Schutz.

Der Landtag Mecklenburg-Vorpommern hat in der Absicht,
– die Situation der psychisch Kranken zu verbessern,
– ihnen insbesondere diejenigen Hilfen zu gewähren, die sie zur Überwindung ihrer Krankheit und zur Sicherung eines geachteten Platzes in unserer Gesellschaft benötigen, und
– bei einer gegebenenfalls nicht vermeidbaren Unterbringung in einer geeigneten Einrichtung zu gewährleisten, dass ihre Gesundung gefördert wird und ihre Rechte weitestgehend erhalten bleiben,
das folgende Gesetz beschlossen:

Abschnitt I. Allgemeines

§ 1 Anwendungsbereich. (1) Dieses Gesetz regelt
1. Hilfen für psychisch Kranke,
2. Maßnahmen gegenüber psychisch Kranken,
3. die Unterbringung
   a) von psychisch Kranken nach diesem Gesetz, soweit das Verfahren nicht in dem Gesetz über die Angelegenheiten der freiwilligen Gerichtsbarkeit geregelt ist,
   b) von psychisch Kranken, die nach § 63, § 64 des Strafgesetzbuches sowie § 7 des Jugendgerichtsgesetzes untergebracht sind.

(2) Psychisch Kranke im Sinne dieses Gesetzes sind Personen, die an einer Psychose, einer psychischen Störung, die in ihren Auswirkungen einer Psychose gleichkommt, oder einer mit dem Verlust der Selbstkontrolle einhergehenden Abhängigkeit von Suchtstoffen leiden.

(3) Dieses Gesetz findet auch Anwendung auf geistig behinderte Personen, bei denen ohne Behandlung keine Aussicht auf Besserung besteht.

(4) Die in diesem Gesetz geregelten Hilfen werden auch Personen gewährt, bei denen Anzeichen einer der in Absatz 2 genannten psychischen Erkrankungen bestehen.

§ 2 Fürsorgegrundsatz. Bei allen Maßnahmen aufgrund dieses Gesetzes ist auf das Befinden der psychisch Kranken besonders Rücksicht zu nehmen und ihr Persönlichkeitsrecht zu wahren.

Abschnitt II. Hilfen für psychisch Kranke

§ 3 Ziel der Hilfen. (1) Ziel der Hilfen ist es, durch rechtzeitige und umfassende medizinische und psychosoziale Beratung und persönliche Betreuung sowie durch Vermittlung oder Durchführung geeigneter Maßnahmen, insbesondere von Behandlung, eine Unterbringung der psychisch Kranken entbehrlich zu machen (vorsorgende Hilfen) oder ihnen nach der Unterbringung die Wiedereingliederung in die Gemeinschaft zu erleichtern und eine erneute Unterbringung zu verhindern (nachgehende Hilfen). Die Hilfen werden nach Möglichkeit so erbracht, dass die psychisch Kranken sie in Anspruch nehmen können, ohne ihren gewohnten Lebensbereich aufzugeben.

(2) Die Hilfen sollen ferner bei Personen, die mit psychisch Kranken in Beziehung stehen, Verständnis für die besondere Lage der psychisch Kranken wecken und insbesondere die Bereitschaft zur Mitwirkung bei der Behebung von Schwierigkeiten der psychisch Kranken erhalten und fördern.

(3) Hilfen nach diesem Gesetz werden nur geleistet, wenn sie von den Betroffenen freiwillig angenommen werden.

§ 4 Anspruch auf Hilfen und deren Umfang. (1) Auf die Hilfen nach diesem Gesetz besteht ein Rechtsanspruch. Art, Ausmaß und Dauer der Hilfen richten sich nach den Besonderheiten des Einzelfalls.

(2) Die Hilfen sind von dem Träger dieser Hilfen zu gewähren, sobald bekannt wird, dass eine Person psychisch erkrankt ist oder Anzeichen einer psychischen Erkrankung bestehen.

§ 5 Träger der Hilfen. (1) Die Aufgaben nach den §§ 3 und 4 erfüllen die kreisfreien Städte und Landkreise als Aufgaben des übertragenen Wirkungskreises. Die Durchführung des Gesetzes obliegt insoweit dem für den Wohnsitz der psychisch kranken Person zuständigen Oberbürgermeister (Bürgermeister) oder Landrat. Das Sozialministerium übt die Fachaufsicht aus.

(2) Die Durchführung von Hilfen kann anderen Einrichtungen in öffentlich-rechtlicher, freigemeinnütziger oder privatrechtlicher Trägerschaft übertragen werden.

§ 6 Sozialpsychiatrischer Dienst. (1) Zur Durchführung der Hilfen ist bei den Gesundheitsämtern der Landkreise und kreisfreien Städte ein Sozialpsychiatrischer Dienst einzurichten. Die Leitung des Sozialpsychiatrischen Dienstes soll einem Arzt für Psychiatrie übertragen werden. Der Sozialpsychiatrische Dienst ist mit dem für die Aufgabenstellung angemessenen und bedarfsgerechten psychiatrischen und psychosozialen Fachpersonal auszustatten.

(2) Der Sozialpsychiatrische Dienst und die Einrichtungen, denen die Durchführung der Hilfen übertragen ist, sollen mit den psychiatrischen Krankenhäusern und sonstigen psychiatrischen Einrichtungen, den niedergelassenen Ärzten, den Trägern der Sozial- und Jugendhilfe, den Verbänden der freien Wohlfahrtspflege, Selbsthilfegruppen und anderen in Betracht kommenden Organisationen, Einrichtungen und Behörden zur Unterstützung und Ergänzung der eigenen Maßnahmen zusammenarbeiten.

(3) Für den Versorgungsbereich eines psychiatrischen Krankenhauses oder einer psychiatrischen Abteilung eines Allgemeinkrankenhauses werden Beauftragte (Psychiatriekoordinatoren) bestellt, die in Zusammenarbeit mit den in Absatz 2 aufgeführten Stellen die Betreuung der psychisch Kranken im Versorgungsbereich des Krankenhauses koordinieren. Die Kosten werden von den Landkreisen und kreisfreien Städten des jeweiligen Versorgungsbereichs anteilig entsprechend ihrer Einwohnerzahl getragen. Die Versorgungsbereiche werden durch den Sozialminister im Benehmen mit den kommunalen Landesverbänden im Rahmen eines Psychiatrieplans festgelegt. § 5 Abs. 1 Satz 1 und Satz 3 gilt entsprechend.

Anhang
Text der Ländergesetze

§ 7 Durchführung der vorsorgenden Hilfe. (1) Zur Durchführung der vorsorgenden Hilfe sind bei dem Sozialpsychiatrischen Dienst regelmäßig Sprechstunden unter der Leitung eines Arztes für Psychiatrie oder mit ausreichender Erfahrung in der Psychiatrie und von Fachpersonal für psychiatrische und psychosoziale Aufgaben abzuhalten. Sie dienen dazu, im Einzelfall festzustellen, ob und in welcher Weise geholfen werden kann und ob eine Beratung Erfolg gehabt hat.

(2) Die Mitarbeiter des Sozialpsychiatrischen Dienstes sollen Hausbesuche vornehmen, wenn dies zur Durchführung der vorsorgenden Hilfe angezeigt ist.

§ 8 Maßnahmen des Gesundheitsamtes. (1) Sind gewichtige Anhaltspunkte dafür vorhanden, dass eine psychisch kranke Person sich selbst schwerwiegenden persönlichen Schaden zuzufügen oder die öffentliche Sicherheit zu gefährden droht, soll die Person vom Gesundheitsamt aufgefordert werden, dort zu einer Beratung oder ärztlichen Untersuchung zu erscheinen. Die Aufforderung kann wiederholt werden. Folgt die Person der Aufforderung nicht, sollen Mitarbeiter des Gesundheitsamtes einen Hausbesuch durchführen. Erscheint eine Untersuchung notwendig, so ist diese von einem Arzt im Sinne des § 7 Abs. 1 vorzunehmen. Ist ein Hausbesuch undurchführbar oder nicht angezeigt oder kann während des Hausbesuchs die erforderliche Untersuchung nicht vorgenommen werden, ist die Person erneut aufzufordern, zu einer Beratung oder ärztlichen Untersuchung zu erscheinen.

(2) Die Beauftragten des Gesundheitsamtes gemäß Absatz 1 haben das Recht, zur Verhütung von gegenwärtigen Gefahren für Leben oder Gesundheit der psychisch kranken Person oder für die öffentliche Sicherheit die Wohnung, in der die betreffende Person lebt, zu betreten.

(3) Mit den Aufforderungen nach Absatz 1 und beim Hausbesuch ist der psychisch kranken Person anheimzustellen, sich wegen der psychischen Erkrankung innerhalb einer zu bestimmenden Frist in die Behandlung eines Arztes nach eigener Wahl zu begeben, den entsprechenden Namen unverzüglich mitzuteilen und diesen Arzt zu ermächtigen, das Gesundheitsamt von der Übernahme der Behandlung zu unterrichten.

(4) Das Gesundheitsamt teilt das Ergebnis der Untersuchung nach Absatz 1 der psychisch kranken Person in geeigneter Weise mit, es sei denn, die Mitteilung wäre mit erheblichen Nachteilen für den Gesundheitszustand der betroffenen Person verbunden. Begibt sich die betroffene Person nach der Untersuchung wegen der psychischen Erkrankung in ärztliche Behandlung, so teilt das Gesundheitsamt das Untersuchungsergebnis dem Arzt mit. Dem Gesundheitsamt und den beteiligten Behörden wird die Übermittlung der für die Durchführung der notwendigen Maßnahmen erforderlichen personenbezogenen Daten der betroffenen Person im Rahmen der für die jeweilige Behörde anzuwendenden Datenschutzvorschriften auch ohne Einwilligung der betroffenen Person gestattet.

Abschnitt III. Unterbringung

§ 9 Möglichkeit der Unterbringung. Eine Unterbringung nach diesem Gesetz kommt nur in Betracht, wenn vorsorgende Hilfen und Maßnahmen des Gesundheitsamtes nach § 8 erfolglos waren, nicht durchgeführt werden konnten oder nicht möglich sind und die Voraussetzungen des § 11 vorliegen.

§ 10 Begriff der Unterbringung. (1) Eine Unterbringung im Sinne von § 1 Abs. 1 Nr. 3a liegt vor, wenn eine psychisch kranke Person gegen ihren Willen oder im Zustand der Willenlosigkeit in ein psychiatrisches Krankenhaus, die psychiatrische

8. Mecklenburg-Vorpommern **Anhang**

Abteilung eines Allgemeinkrankenhauses oder eine andere geeignete Einrichtung eingewiesen wird und dort verbleibt.

(2) Steht der Betroffene unter elterlicher Sorge oder unter Vormundschaft, so ist der Wille der Personen maßgebend, denen die gesetzliche Vertretung in den persönlichen Angelegenheiten zusteht. Ist für eine psychisch kranke Person ein Betreuer bestellt, so ist dessen Willen maßgebend, wenn sein Aufgabenkreis die Aufenthaltsbestimmung und die Gesundheitsfürsorge umfasst.

§ 11 Voraussetzungen der Unterbringung. (1) Die Unterbringung von psychisch Kranken nach § 1 Abs. 1 Nr. 3a ist nur zulässig, wenn und solange durch ihr krankhaftes Verhalten gegen sich oder andere eine gegenwärtige erhebliche Gefahr einer Selbstschädigung oder für die öffentliche Sicherheit besteht, die nicht anders abgewendet werden kann. Die fehlende Bereitschaft, sich einer notwendigen ärztlichen Behandlung zu unterziehen, rechtfertigt für sich allein keine Unterbringung.

(2) Eine gegenwärtige Gefahr im Sinne von Absatz 1 besteht dann, wenn infolge der Krankheit ein schadenstiftendes Ereignis unmittelbar bevorsteht oder sein Eintritt zwar unvorhersehbar, wegen besonderer Umstände jedoch jederzeit zu erwarten ist.

§ 12 Ziel der Unterbringung. (1) Ziel der Unterbringung nach § 1 Abs. 1 Nr. 3a ist es, die in § 11 genannte Gefahr abzuwenden und die untergebrachte Person nach Maßgabe dieses Gesetzes zu behandeln.

(2) Ziel der Unterbringung nach § 1 Abs. 1 Nr. 3b ist die Heilung oder Besserung des Zustandes im Sinne der §§ 136, 137 des Strafvollzugsgesetzes insbesondere durch ärztliche, psychotherapeutische, sozialtherapeutische oder heilpädagogische Maßnahmen sowie die soziale und berufliche Eingliederung.

§ 13 Einrichtungen. (1) Die Unterbringung erfolgt in psychiatrischen Krankenhäusern, psychiatrischen Abteilungen in einem Krankenhaus, für psychisch Kranke geeigneten Heimen oder Teilen solcher Heime (Einrichtungen). Sie wird in Einrichtungen durchgeführt, die durch geeignete Maßnahmen gegen Entweichen der Betroffenen gesichert sind. Eine geeignete Maßnahme kann auch darin bestehen, dem oder der Betroffenen zu untersagen, die Einrichtung zu verlassen.

(2) Das Sozialministerium bestimmt die an der Unterbringung beteiligten Einrichtungen. Sie unterliegen der Fachaufsicht des zuständigen Gesundheitsamtes. Soweit die Einrichtungen dem Hochschulrecht unterliegen, bleiben die entsprechenden Zuständigkeiten unberührt.

(3) Die an der Unterbringung beteiligten Einrichtungen müssen so gegliedert und ausgestattet sein, dass eine auf die unterschiedlichen Anforderungen abgestimmte Behandlung ermöglicht und die Wiedereingliederung der Betroffenen gefördert wird. Insbesondere müssen die Voraussetzungen für eine offene und geschlossene Unterbringung sowie gegebenenfalls für die gesonderte Behandlung Jugendlicher und Heranwachsender gegeben sein.

(4) Soweit nach diesem Gesetz die Mitwirkung oder die Entscheidung der Einrichtung vorgesehen ist, ist für diese der leitende Arzt verantwortlich.

§ 14 Antragstellung. Die Anordnung einer freiheitsentziehenden Unterbringung durch das Amtsgericht kann nur auf Antrag des örtlich zuständigen Landrats oder Oberbürgermeisters (Bürgermeisters) als Ordnungsbehörde erfolgen. Dem Antrag ist das Zeugnis eines Arztes mit Erfahrung in der Psychiatrie beizufügen. Das Zeugnis muss auf einer persönlichen Untersuchung beruhen, die bei Antragstellung höchstens zwei Wochen zurückliegt.

Anhang
Text der Ländergesetze

§ 15 Sofortige Unterbringung. (1) Ergibt sich aus einem ärztlichen Zeugnis, das auf einer frühestens am Vortage durchgeführten eigenen Untersuchung beruht, dass die Voraussetzungen für eine Unterbringung vorliegen und kann eine gerichtliche Entscheidung nicht rechtzeitig herbeigeführt werden, so kann der Landrat oder Oberbürgermeister (Bürgermeister) eine sofortige Unterbringung längstens bis zum Ablauf des auf die Unterbringung folgenden Tages anordnen.

(2) Der aufnehmende Arzt in der Einrichtung hat bei der Aufnahme unverzüglich zu überprüfen, ob die Voraussetzungen für die Unterbringung vorliegen. Liegen diese nicht vor, so ist der Betroffene unverzüglich zu entlassen und die anordnende Stelle zu informieren.

(3) Die Behörde, die die vorläufige Unterbringung veranlasst hat, hat unverzüglich beim Gericht einen Antrag auf Anordnung der Unterbringung zu stellen. Der Betroffene ist in geeigneter Weise zu unterrichten. Ihm ist Gelegenheit zu geben, Angehörige oder eine sonstige Vertrauensperson zu benachrichtigen. Bei Minderjährigen oder Personen, für die ein Betreuer bestellt ist, sind die gesetzlichen Vertreter, der Betreuer oder Pfleger zu unterrichten.

(4) Wird eine Unterbringung oder vorläufige Unterbringung nicht bis zum Ablauf des auf den Beginn der sofortigen Unterbringung folgenden Tages durch das Gericht angeordnet, ist der Betroffene unverzüglich zu entlassen, es sei denn, er verbleibt aufgrund einer rechtswirksamen Einwilligung in der Einrichtung. Von der Entlassung sind das Gericht, die in § 16 dieses Gesetzes und in § 70 d des Gesetzes über die Angelegenheiten der freiwilligen Gerichtsbarkeit genannten Personen und Stellen, die einweisende Behörde sowie der Arzt, der die psychische Erkrankung vor der Unterbringung behandelt hat, zu benachrichtigen.

(5) Personenbezogene Daten der Betroffenen oder Dritter, die den in Absatz 1 genannten Behörden bei der sofortigen Unterbringung bekannt werden, dürfen nur zum Vollzug dieses Gesetzes und des Gesetzes über die Angelegenheiten der freiwilligen Gerichtsbarkeit sowie zur Aufklärung von Straftaten verwendet, insbesondere übermittelt oder offenbart werden.

(6) Stellt der behandelnde Arzt während der Unterbringung Tatsachen fest, die über die Zeit der Unterbringung hinaus die Fahrtauglichkeit des Betroffenen so beeinträchtigen, dass dieser selbst oder andere Personen gefährdet werden könnten, hat er der zuständigen Behörde davon Kenntnis zu geben, soweit die Gefahr des Führens eines Kraftfahrzeuges gegenwärtig ist.

§ 16 Anhörung sonstiger Personen. Vor einer Unterbringungsmaßnahme gibt das Gericht neben den in § 70 d des Gesetzes über die Angelegenheiten der freiwilligen Gerichtsbarkeit genannten Personen und Stellen
1. dem Mitarbeiter des Sozialpsychiatrischen Dienstes und
2. dem behandelnden Arzt der psychiatrischen Klinik oder der psychiatrischen Abteilung eines Allgemeinkrankenhauses, sofern eine sofortige Unterbringung vorgenommen oder eine vorläufige Unterbringungsmaßnahme angeordnet worden ist,
Gelegenheit zur Äußerung.

§ 17 Vollziehung der Unterbringungsanordnung. Die Zuführung zu der Einrichtung wird von dem Landrat oder Oberbürgermeister (Bürgermeister) vollzogen. Verfahrenspfleger und Sozialpsychiatrischer Dienst sollen hinzugezogen werden. Hat der Betroffene eine anwaltliche Vertretung, ist auch diese hinzuzuziehen.

8. Mecklenburg-Vorpommern — Anhang

Abschnitt IV. Durchführung der Unterbringung

§ 18 Eingangsuntersuchung. (1) Der ärztliche Leiter der Einrichtung veranlasst, dass der Betroffene sofort nach der Einweisung ärztlich untersucht wird. Hierbei soll die Art der vorzunehmenden Heilbehandlung festgelegt werden.

(2) Ergibt die ärztliche Untersuchung, dass die Voraussetzungen der Unterbringung nach § 1 Abs. 1 Nr. 3a nicht mehr vorliegen, hat der ärztliche Leiter der Einrichtung
1. die Behörde, die die Unterbringung veranlasst hat,
2. den vorbehandelnden Arzt,
3. die in § 16 dieses Gesetzes und in § 70d des Gesetzes über die Angelegenheiten der freiwilligen Gerichtsbarkeit genannten Personen und Stellen und
4. das Gericht

unverzüglich zu unterrichten sowie den Betroffenen nach Anhörung der Behörde nach Nummer 1 sofort zu entlassen.

§ 19 Gestaltung der Unterbringung. (1) Die Unterbringung wird unter Berücksichtigung therapeutischer Gesichtspunkte den allgemeinen Lebensverhältnissen soweit wie möglich angeglichen. Dabei sind erforderlichenfalls Sicherheitsinteressen in angemessener Weise zu berücksichtigen. Ein regelmäßiger Aufenthalt im Freien ist zu gewährleisten. Die Bereitschaft des Betroffenen, an der Erreichung des Unterbringungsziels mitzuwirken, soll geweckt und das Verantwortungsbewusstsein für ein geordnetes Zusammenleben gefördert werden.

(2) Während der Unterbringung fördert die Einrichtung die Aufrechterhaltung bestehender und die Anbahnung neuer sozialer Kontakte des Betroffenen, soweit sie der Wiedereingliederung dienen.

§ 20 Finanzielle Regelungen. (1) Während der Unterbringung erhalten die Betroffenen einen Barbetrag zur persönlichen Verfügung nach den Grundsätzen und Maßstäben des Zwölften Buches Sozialgesetzbuch. Die Verfügung über sonstige Geldbeträge kann eingeschränkt werden, falls dadurch der Zweck der Unterbringung gefährdet wird oder das Zusammenleben in der Einrichtung beeinträchtigt wird.

(2) Geldbeträge, die von den Betroffenen in die Einrichtung eingebracht werden und für das tägliche Leben in der Einrichtung nicht benötigt werden, sind, soweit sie nicht von den gesetzlichen Vertretern oder Betreuern verwaltet werden, von der Einrichtung zu verwahren.

(3) Für Arbeitsleistungen erhalten die Betroffenen ein Arbeitsentgelt. Übt ein Betroffener aus therapeutischen Gründen eine sonstige Beschäftigung aus oder nimmt er an einer heilpädagogischen Förderung, am Unterricht oder an Maßnahmen der Berufsausbildung, der beruflichen Fortbildung oder Umschulung teil, so kann eine Zuwendung gewährt werden.

§ 21 Rechtliche Stellung. Die Betroffenen unterliegen nur den in diesem Gesetz vorgesehenen Beschränkungen. Ihnen dürfen nur solche Beschränkungen auferlegt werden, die im Hinblick auf den Zweck der Unterbringung oder zur Aufrechterhaltung der Sicherheit der Einrichtung und zum Schutz anderer Betroffener unerlässlich sind.

§ 22 Besondere Sicherungsmaßnahmen. (1) Besondere Sicherungsmaßnahmen sind nur zulässig, wenn die gegenwärtige erhebliche Gefahr besteht, dass der Betroffene sich selbst tötet oder ernsthaft verletzt oder gewalttätig wird oder die Einrichtung

Anhang

ohne Erlaubnis verlassen wird und wenn dieser Gefahr nicht anders begegnet werden kann.

(2) Besondere Sicherungsmaßnahmen sind:
1. die Beschränkung des Aufenthalts im Freien,
2. die Wegnahme von Gegenständen,
3. die Absonderung in einen besonderen Raum,
4. die Fixierung.

(3) Jede besondere Sicherungsmaßnahme ist durch die ärztliche Leitung befristet anzuordnen, ärztlich zu überwachen und unverzüglich aufzuheben, wenn die Voraussetzungen für ihre Anordnung weggefallen sind. Anordnung und Aufhebung der besonderen Sicherungsmaßnahmen sind schriftlich zu dokumentieren. Von jeder Anordnung ist der Rechtsanwalt des Betroffenen unverzüglich zu benachrichtigen.

§ 23 Behandlung. (1) Die Betroffenen haben Anspruch auf die notwendige Behandlung und psychosoziale Beratung. Die Behandlung schließt die dazu erforderlichen Untersuchungen sowie beschäftigungs- und arbeitstherapeutische, heilpädagogische und psychotherapeutische Maßnahmen mit ein. Die Behandlung soll außerhalb der Einrichtung durchgeführt werden, wenn dadurch ihre Erfolgsaussichten verbessert werden. Die Behandlung wegen der Erkrankung, die zu der Unterbringung geführt hat, erfolgt nach einem Behandlungsplan. Der Behandlungsplan soll mit dem Betroffenen und auf seinen Wunsch mit den gesetzlichen Vertretern oder Betreuern erörtert werden.

(2) Behandlungsmaßnahmen bedürfen der Einwilligung des Betroffenen oder der gesetzlichen Vertreter. Ohne Einwilligung darf eine Behandlung nur durchgeführt werden, wenn der Betroffene aufgrund der Krankheit einsichts- oder steuerungsunfähig ist und die Behandlung nicht mit erheblichen Gefahren für Leben oder Gesundheit verbunden ist oder er sich in einem Zustand befindet, in dem ohne sofortige Behandlung eine erhebliche und unmittelbare Gefahr für Leben oder Gesundheit der kranken Person oder Dritter besteht. Der Rechtsanwalt des Betroffenen ist unverzüglich zu informieren.

(3) Eine Behandlung, die die Persönlichkeit des Betroffenen dauerhaft in ihrem Kernbereich ändern würde, insbesondere ein psychochirurgischer Eingriff, ist unzulässig.

§ 24 Persönliche Habe. (1) Die Betroffenen haben das Recht, ihre persönliche Kleidung zu tragen.

(2) Die Betroffenen haben das Recht, persönliche Gegenstände in ihrem Zimmer aufzubewahren. Dieses Recht kann eingeschränkt werden, wenn gesundheitliche Nachteile zu befürchten sind oder die Sicherheit der Einrichtung oder das geordnete Zusammenleben in der Einrichtung erheblich gefährdet wird.

§ 25 Religionsausübung. Die Betroffenen sind berechtigt, innerhalb der Einrichtung an Gottesdiensten und sonstigen religiösen Veranstaltungen ihrer Religionsgemeinschaft teilzunehmen, soweit diese angeboten werden. An Veranstaltungen anderer Religionsgemeinschaften können sie teilnehmen, wenn deren Seelsorger oder Seelsorgerin zustimmt.

§ 26 Besuchsrecht und Telefongespräche. (1) Das Recht der Betroffenen, Besuch zu empfangen, darf nur eingeschränkt werden, wenn ihre Gesundheit oder die Sicherheit der Einrichtung durch den Besuch erheblich gefährdet ist.

8. Mecklenburg-Vorpommern **Anhang**

(2) Ein Besuch darf durch den zuständigen Arzt der Einrichtung abgebrochen werden, wenn durch die Fortsetzung die Sicherheit der Einrichtung gefährdet wird oder gesundheitliche Nachteile für den Betroffenen zu befürchten sind.

(3) Absätze 1 und 2 gelten für das Führen von Telefongesprächen entsprechend.

§ 27 Recht auf Schriftwechsel. (1) Der Schriftwechsel der Betroffenen mit Gerichten, ihrer anwaltlichen Vertretung und der Besuchskommission nach § 31 unterliegt keiner Einschränkung. Dies gilt auch für Schreiben an Volksvertretungen des Bundes und der Länder, an kommunale Vertretungen sowie an deren Mitglieder, an die Aufsichtsorgane der Einrichtung, an den Landesbeauftragten für den Datenschutz, an die Europäische Kommission für Menschenrechte sowie bei ausländischen Staatsangehörigen für Schreiben an die konsularische oder diplomatische Vertretung des Heimatlandes.

(2) Der übrige Schriftverkehr darf nur durch den behandelnden Arzt eingesehen werden, wenn Anhaltspunkte dafür vorliegen, dass eine Weiterleitung dem Betroffenen gesundheitliche Schäden oder sonstige erhebliche Nachteile zufügen, den Zweck der Unterbringung gefährden oder die Sicherheit der Einrichtung oder anderer Patienten beeinträchtigen könnte.

(3) Schreiben dürfen wegen ihres Inhalts nur angehalten werden, wenn ihre Weiterleitung dem Betroffenen gesundheitliche Schäden oder sonstige erhebliche Nachteile zufügen oder die Sicherheit oder das geordnete Zusammenleben in der Einrichtung oder die Eingliederung des Betroffenen oder anderer Betroffener nach der Entlassung gefährden würde.

(4) Nach Absatz 3 angehaltene Schreiben sind den gesetzlichen Vertretern des Betroffenen zu übergeben. Ist für den Aufgabenkreis des § 1896 Abs. 4 des Bürgerlichen Gesetzbuches ein Betreuer bestellt, sind sie diesem zu übergeben. Anderenfalls sind die Schreiben an den Absender zurückzugeben oder, wenn dies nicht möglich oder wegen einer zu erwartenden Besserung des Gesundheitszustandes des Betroffenen nicht zweckmäßig ist, für den Betroffenen zu verwahren. Die Verwahrung ist dem Absender und dem Betroffenen mitzuteilen.

(5) Die Absätze 1 bis 4 gelten für Telegramme, Päckchen, Pakete, bildliche Darstellungen und andere Arten der Nachrichtenübermittlung entsprechend.

§ 28 Urlaub. (1) Betroffene können durch die ärztliche Leitung der Einrichtung bis zu zwei Wochen beurlaubt werden, wenn es ihr Gesundheitszustand und die persönlichen Verhältnisse rechtfertigen und ein Missbrauch des Urlaubsrechts nicht zu befürchten ist. Die Beurlaubung kann mit Auflagen, insbesondere der Verpflichtung zur Weiterführung der ärztlichen Behandlung, verbunden werden.

(2) Eine Beurlaubung von mehr als zwei Wochen bedarf
a) bei einer Unterbringung nach § 1 Abs. 1 Nr. 3a der vorherigen Anhörung des Landrats oder Oberbürgermeisters (Bürgermeisters),
b) bei einer Unterbringung nach § 1 Abs. 1 Nr. 3b der vorherigen Anhörung der Vollstreckungsbehörde.
Im Fall des Buchstabens a ist die Beurlaubung dem Gericht mitzuteilen.

(3) Die Beurlaubung soll widerrufen werden, wenn der Betroffene eine Auflage nicht oder nicht vollständig erfüllt hat oder der Gesundheitszustand sich wesentlich verschlechtert hat oder ein Missbrauch des Urlaubsrechts zu befürchten ist.

(4) Von der bevorstehenden Beurlaubung und dem Widerruf der Beurlaubung sind der Landrat oder Oberbürgermeister (Bürgermeister) und die gesetzlichen Vertreter oder Betreuer oder die Vollstreckungsbehörde rechtzeitig zu unterrichten.

Anhang

(5) Absatz 1 Satz 1 findet auf stundenweise Beurlaubung (Ausgang) entsprechende Anwendung.

(6) Die Betroffenen können mit Zustimmung der ärztlichen Leitung unter Aufsicht eines Mitarbeiters der Einrichtung das Gelände des Krankenhauses verlassen (Ausführung).

§ 29 Hausordnung. (1) Die Einrichtung erlässt mit Zustimmung des Sozialministeriums eine Hausordnung. Die Hausordnung kann insbesondere Regelungen enthalten über die Einteilung des Tages in Beschäftigungs- und Behandlungszeiten, Freizeit und Ruhezeit, die Ausstattung der Räume mit persönlichen Gegenständen, den Umgang mit den Sachen der Einrichtung, Besuchsregelungen, das Verfahren bei Absendung und Empfang von Schreiben und Paketen, die Telefonbenutzung, die Freizeitgestaltung, ein Rauch-, Alkohol- und Drogenverbot sowie die Verfügung über Geld. Dem Personal der Einrichtung und den Betroffenen ist Gelegenheit zur Mitwirkung zu geben.

(2) Durch die Hausordnung dürfen die Rechte der Betroffenen nicht weiter eingeschränkt werden als nach diesem Gesetz zulässig.

§ 30 Offene Unterbringung. (1) Um das angestrebte Behandlungsziel zu erreichen, soll die Unterbringung nach Möglichkeit aufgelockert und weitgehend in freien Formen durchgeführt werden, sobald der Zweck der Unterbringung es zulässt.

(2) Die Betroffenen sollen offen untergebracht werden, wenn dies ihrer Behandlung dient, sie den damit verbundenen Anforderungen genügen und nicht zu befürchten ist, dass sie die Möglichkeit der offenen Unterbringung missbrauchen. § 28 Abs. 2 ist entsprechend anzuwenden.

Abschnitt V. Besuchskommission

§ 31 Besuchskommission. (1) Für das Land Mecklenburg-Vorpommern werden eine oder mehrere Besuchskommissionen gebildet, die in der Regel ohne Anmeldung mindestens einmal jährlich die Einrichtungen, in denen Personen nach diesem Gesetz untergebracht sind, besuchen und überprüfen, ob die mit der Unterbringung von psychisch Kranken verbundenen Aufgaben erfüllt und die Rechte der Betroffenen gewahrt werden. Dabei ist den Betroffenen Gelegenheit zu geben, Wünsche oder Beschwerden vorzutragen.

(2) Innerhalb von zwei Monaten nach jedem Besuch einer Einrichtung fertigt die Besuchskommission einen Bericht an, der auch die Wünsche und Beschwerden der Betroffenen enthält und zu ihnen Stellung nimmt. Eine Zusammenfassung dieser Berichte übersendet das Sozialministerium dem Landtag, erstmals zwei Jahre nach In-Kraft-Treten dieses Gesetzes, sodann mindestens alle zwei Jahre.

(3) Der Besuchskommission gehören an:
1. ein sachkundiger Mitarbeiter des Sozialministeriums,
2. ein Arzt für Psychiatrie,
3. ein Richter,
4. ein Sozialarbeiter des für den Bereich, in dem die besuchte Einrichtung liegt, zuständigen Sozialpsychiatrischen Dienstes,
5. ein Bürger ohne Fachkunde, der von dem für Gesundheit zuständigen Ausschuss des Landtages benannt wird,
6. ein Vertreter eines Interessenverbandes der Freunde oder Angehörigen psychisch Kranker, der von dem Landkreis oder der kreisfreien Stadt benannt wird, in deren Zuständigkeit die besuchte Einrichtung liegt.

8. Mecklenburg-Vorpommern **Anhang**

Dem zuständigen Amtsarzt ist Gelegenheit zur Teilnahme an den Besuchen zu geben. Das Sozialministerium kann im Benehmen mit der Besuchskommission weitere Personen zu den Besuchen hinzuziehen, soweit der Zweck des Besuches dadurch besser erfüllt werden kann.

(4) Das Sozialministerium beruft die Mitglieder der Besuchskommission und richtet eine Geschäftsstelle zu deren Aufgabenerfüllung ein. Für jedes Mitglied ist mindestens ein Stellvertreter zu berufen.

(5) Die Mitglieder und ihre Stellvertreter werden für zwei Jahre berufen. Eine erneute Berufung ist zulässig.

(6) Die Mitglieder der Besuchskommission sind nicht an Weisungen gebunden. Sie sind zur Verschwiegenheit verpflichtet. Ihre Entschädigung richtet sich nach den gesetzlichen Vorschriften über die Entschädigung der ehrenamtlichen Richter.

(7) Die Aufsichtspflichten und -rechte der zuständigen Behörden sowie das Recht der Betroffenen, andere Überprüfungs- oder Beschwerdeinstanzen anzurufen, bleiben unberührt.

Abschnitt VI. Beendigung der Unterbringung, Nachgehende Hilfen

§ 32 Beendigung der Unterbringung. Betroffene sind bei Aufhebung der Unterbringungsmaßnahme durch das Gericht und in den Fällen des § 15 Abs. 2 oder Absatz 4 zu entlassen, es sei denn, sie wollen freiwillig in der stationären Behandlung verbleiben.

§ 33 Aussetzung der Unterbringung. (1) Die Aussetzung der Vollziehung einer Unterbringungsmaßnahme nach § 70k des Gesetzes über die Angelegenheiten der freiwilligen Gerichtsbarkeit soll mit der Verpflichtung, den Sozialpsychiatrischen Dienst im Rahmen der nachgehenden Hilfe (§ 35) in Anspruch zu nehmen sowie sich in ärztliche Behandlung zu begeben und die ärztlichen Anordnungen zu befolgen, verbunden werden.

(2) Der ärztliche Leiter der Einrichtung hat, nach Abstimmung mit dem Sozialpsychiatrischen Dienst, Angaben darüber zu machen, welche nachgehenden Hilfen notwendig sind und ob eine ärztliche Weiterbehandlung erforderlich ist.

§ 34 Vorbereitung der Entlassung. Die Einrichtung benachrichtigt den Sozialpsychiatrischen Dienst, den Landrat oder Oberbürgermeister (Bürgermeister) und die gesetzlichen Vertreter rechtzeitig von der bevorstehenden Entlassung. Die Einrichtung teilt dem Sozialpsychiatrischen Dienst im Einvernehmen mit dem Betroffenen die bereits eingeleiteten Maßnahmen mit und ersucht diesen, unverzüglich für die ambulante Betreuung zu sorgen und nachgehende Hilfen in die Wege zu leiten.

§ 35 Nachgehende Hilfen. (1) Die nachgehende Hilfe hat die Aufgabe, den Personen, die aus der Unterbringung oder einer sonstigen stationären psychiatrischen Behandlung entlassen werden, durch individuelle medizinische und psychosoziale Beratung und Betreuung den Übergang in das Leben außerhalb der Einrichtung und in der Gesellschaft zu erleichtern. Hierzu gehört auch die Zusammenarbeit mit anderen Trägern sozialer Hilfen und den Behörden, um den Betroffenen bei der Beschaffung einer Unterkunft und einer Arbeitsstelle zu helfen.

(2) Ist die Aussetzung der Vollziehung einer Unterbringung nach § 70k des Gesetzes über die Angelegenheiten der freiwilligen Gerichtsbarkeit mit Auflagen über eine ärztliche Behandlung und psychosoziale Beratung verbunden, gehört es zur Aufgabe der nachgehenden Hilfe, auf die Einhaltung dieser Auflagen hinzuwirken und insbe-

sondere die Betroffenen über die Folgen einer Unterbrechung der notwendigen ärztlichen Behandlung zu beraten.

§ 36 Mitwirkung bei der Aussetzung der Unterbringung. (1) Ist die Aussetzung der Vollziehung durch das Gericht nach § 70 k des Gesetzes über die Angelegenheiten der freiwilligen Gerichtsbarkeit von der Fortsetzung der ärztlichen Behandlung abhängig gemacht worden, haben der Betroffene oder die gesetzlichen Vertreter der Einrichtung unverzüglich Namen und Anschrift des behandelnden Arztes mitzuteilen.

(2) Der ärztliche Leiter übersendet dem behandelnden Arzt und dem Sozialpsychiatrischen Dienst umgehend einen ärztlichen Entlassungsbericht.

Abschnitt VII. Besondere Vorschriften für den Maßregelvollzug

§ 37 Unterbringung aufgrund strafgerichtlicher Entscheidung. (1) Für die Unterbringung nach § 1 Abs. 1 Nr. 3 Buchstabe b gelten die Vorschriften der Abschnitte IV und V sowie § 35 und die Vorschriften dieses und der folgenden Abschnitte.

(2) Die Maßregeln werden in psychiatrischen Krankenhäusern, psychiatrischen Abteilungen von Krankenhäusern, Suchtfachabteilungen oder Suchtfachkliniken (Einrichtungen des Maßregelvollzuges) öffentlich-rechtlicher Träger, die vom Sozialministerium im Einvernehmen mit dem Justizministerium bestimmt werden, nach Maßgabe des § 12 Abs. 2 vollzogen; § 96 Abs. 2 Satz 3 und 4 des Landeshochschulgesetzes vom 5. Juli 2002 (GVOBl. M-V S. 398) bleibt unberührt. Geeigneten Einrichtungen in nicht öffentlich-rechtlicher Trägerschaft kann diese Aufgabe vom Sozialministerium im Einvernehmen mit dem Justizministerium durch Beleihung mit hoheitlicher Befugnis widerruflich übertragen werden.

(3) Einrichtungen des Maßregelvollzuges sind durch geeignete Maßnahmen gegen ein Entweichen der Betroffenen zu sichern. Sie müssen so gegliedert oder ausgestattet sein, dass eine auf die unterschiedlichen Anforderungen abgestimmte Behandlung ermöglicht wird und das Ziel der Unterbringung im Sinne des § 12 Abs. 2 erreicht werden kann. Im Übrigen gilt § 13 Abs. 4.

(4) Das Justizministerium überwacht die Einrichtungen des Maßregelvollzuges daraufhin, dass die Anforderungen des Absatzes 3 Satz 1 eingehalten werden, und erlässt im Benehmen mit dem Sozialministerium allgemeine Sicherheitsbestimmungen. Im Übrigen werden die Einrichtungen des Maßregelvollzuges vom Sozialministerium überwacht. Für die Aufsicht nach den Sätzen 1 und 2 gelten die Regelungen über die Fachaufsicht in den §§ 113, 114 des Landesverwaltungsverfahrensgesetzes in der Fassung der Bekanntmachung vom 10. August 1998 (GVOBl. M-V S. 743) entsprechend.

(5) Abweichend von § 29 wird die Zustimmung zur Hausordnung vom Sozialministerium im Einvernehmen mit dem Justizministerium erteilt.

§ 38 Erkennungsdienstliche Maßnahmen. (1) Zur Sicherung des Vollzugs der Maßregel dürfen erkennungsdienstliche Maßnahmen angeordnet werden. Zu diesem Zweck können Lichtbilder aufgenommen, äußerliche körperliche Merkmale festgestellt und Messungen an den Betroffenen vorgenommen werden.

(2) Die erkennungsdienstlichen Unterlagen sind, soweit sie nicht zugleich für die Behandlung erforderlich sind, getrennt von den Krankenakten aufzubewahren und bei Entlassung der jeweiligen Betroffenen zu vernichten.

8. Mecklenburg-Vorpommern Anhang

§ 39 Durchsuchungen. (1) Betroffene, ihre Sachen und der entsprechende Wohn- und Schlafbereich dürfen auf Anordnung des zuständigen Arztes auf das Vorhandensein von Gegenständen durchsucht werden, die den Zweck der Unterbringung oder das geordnete Zusammenleben in der Einrichtung gefährden können. Durchsuchungen dürfen nicht von einem Mitarbeiter allein durchgeführt werden und nur in Gegenwart einer Person, die nicht zu den diesen Betroffenen regelmäßig betreuenden Mitarbeitern gehört. Für die inhaltliche Überprüfung von Schriftstücken gelten die Beschränkungen des § 27 Abs. 1 entsprechend.

(2) Besteht der begründete Verdacht, dass der Betroffene solche Gegenstände im oder am Körper versteckt hat, kann er außerdem durch einen Arzt untersucht werden.

(3) Die ärztliche Leitung kann anordnen, dass Betroffene bei der Aufnahme, bei einer Rückkehr in die Einrichtung und nach einem Besuch auf das Vorhandensein solcher Gegenstände zu durchsuchen und zu untersuchen sind.

§ 40 Weitere Einschränkungen. (1) Abweichend von § 22 Abs. 1 sind besondere Sicherungsmaßnahmen zulässig, sobald die Gefahr besteht, dass der Betroffene sich selbst tötet oder ernsthaft verletzt oder gewalttätig wird oder die Einrichtung ohne Erlaubnis verlässt wird, und dieser Gefahr nicht anders begegnet werden kann. Besondere Sicherungsmaßnahmen dürfen nur durch den zuständigen Arzt der Einrichtung angeordnet werden. § 22 Abs. 3 Satz 3 ist nicht anzuwenden.

(2) Abweichend von § 26 kann ein Besuch davon abhängig gemacht werden, dass sich der Besucher durchsuchen lässt und Gegenstände, die den Zweck der Unterbringung oder das geordnete Zusammenleben in der Einrichtung gefährden können, für die Dauer des Besuchs abgibt. Besuche und Telefongespräche dürfen zu dem Zweck überwacht werden, dass durch sie der Zweck der Unterbringung und das geordnete Zusammenleben in der Einrichtung nicht gefährdet werden. Wird eine solche Gefährdung erkennbar, so können Besuche und Telefongespräche untersagt oder abgebrochen werden. Die beabsichtigte Überwachung eines Telefongespräches ist den Gesprächspartnern vor dem Gespräch mitzuteilen. Die Sätze 1 und 2 gelten nicht für Besuche von Rechtsanwälten und Notaren in einer Rechtssache und für Telefongespräche mit diesen Personen.

(3) Abweichend von § 27 dürfen Briefe, Päckchen und Pakete in Anwesenheit des Betroffenen stets daraufhin kontrolliert werden, ob sie Gegenstände enthalten, die den Zweck der Unterbringung oder das geordnete Zusammenleben in der Einrichtung gefährden können.

(4) Gegenstände, die den Zweck der Unterbringung oder das geordnete Zusammenleben in der Einrichtung gefährden können, dürfen dem Betroffenen für die Dauer der Unterbringung weggenommen werden.

(5) Soweit dieses Gesetz keine besondere Regelung enthält, dürfen den Betroffenen und Besuchern zusätzlich Einschränkungen auferlegt werden, die für die Sicherheit der Einrichtung oder zur Abwendung einer schwerwiegenden Gefährdung des geordneten Zusammenlebens in der Einrichtung unerlässlich sind. Über nach Satz 1 getroffene Maßnahmen ist dem Justizministerium und dem Sozialministerium innerhalb von drei Tagen zu berichten.

§ 41 Verwertung von Erkenntnissen. Erkenntnisse aus einer Überwachung der Besuche, des Schriftverkehrs, der Telefongespräche, der Pakete oder der sonstigen Nachrichtenübermittlung dürfen außer für die mit der Überwachung verfolgten Zweck nur für die Behandlung des Betroffenen und zur Abwehr von Gefahren für die Sicherheit und das geordnete Zusammenleben in der Einrichtung verwendet werden. Die Erkenntnisse dürfen außerdem Polizeidienststellen mitgeteilt werden, soweit konkrete Anhaltspunkte dafür vorliegen, dass eine der in § 138 Abs. 1 des Strafgesetzbu-

Anhang

Text der Ländergesetze

ches aufgeführten Straftaten oder eine gefährliche oder schwere Körperverletzung, eine Kindesentziehung, eine Freiheitsberaubung, ein besonders schwerer Fall des Diebstahls, eine Erpressung, eine gemeinschädliche Sachbeschädigung oder eine Straftat nach dem Betäubungsmittelgesetz begangen werden soll.

Abschnitt VIII. Unmittelbarer Zwang

§ 42 Unmittelbarer Zwang. (1) Soweit es die Durchführung der Maßnahmen nach diesem Gesetz gebietet, sind Ärzte der Einrichtungen befugt, unmittelbaren Zwang anzuwenden. Soweit es erforderlich ist, können sie diese Befugnis im Einzelfall auf andere Bedienstete der Einrichtung übertragen.

(2) Gegenüber anderen Personen als den Betroffenen darf unmittelbarer Zwang angewendet werden, wenn sie es unternehmen, Betroffene zu befreien, oder wenn sie unbefugt in den Bereich der Einrichtung eindringen oder sich unbefugt dort aufhalten.

(3) Das Recht zur Anwendung unmittelbaren Zwanges aufgrund anderer Vorschriften bleibt unberührt.

Abschnitt IX. Datenschutz, Akteneinsicht

§ 43 Personenbezogene Daten. (1) Für die Verarbeitung personenbezogener Daten der Betroffenen oder Dritter gelten die Vorschriften des Landesdatenschutzgesetzes und des Landeskrankenhausgesetzes, soweit nicht in den folgenden Absätzen abweichende oder ergänzende Regelungen getroffen werden.

(2) Personenbezogene Daten der Betroffenen und Dritter, insbesondere Angehöriger und gesetzlicher Vertreter, dürfen durch die einweisende Behörde, das Sozialministerium, den Sozialpsychiatrischen Dienst, das Gesundheitsamt und die Einrichtung verarbeitet werden, soweit es für die Gewährung von Hilfen, für die ordnungsgemäße Unterbringung und Behandlung einschließlich der staatlichen Aufsicht und der Abwehr von Gefahren für die Sicherheit sowie das geordnete Zusammenleben in der Einrichtung und für die Wiedereingliederung der Betroffenen nach der Entlassung erforderlich ist. Bei Unterbringungen nach § 1 Abs. 1 Nr. 3 Buchstabe b gilt dies auch für das Justizministerium.

(3) Im Rahmen der Unterbringung nach § 1 Abs. 1 Nr. 3b sind Ärzte, Psychologen, Gerichte und Behörden befugt, der Einrichtung Strafurteile, staatsanwaltliche Ermittlungssachverhalte, psychiatrische und psychologische Gutachten aus gerichtlichen oder staatsanwaltlichen Verfahren, den Lebenslauf und Angaben über die bisherige Entwicklung sowie Angaben über Krankheiten, Körperschäden und Verhaltensauffälligkeiten des Betroffenen zu übermitteln, es sei denn, dass Rechtsvorschriften außerhalb der allgemeinen Regelungen über die Berufs- und Amtsverschwiegenheit dies untersagen.

(4) Im Rahmen der Unterbringung nach § 1 Abs. 1 Nr. 3b darf die Einrichtung listenmäßig erfassen und speichern, welche Personen zu welchem Zeitpunkt und zu welchem Zweck die Einrichtung betreten oder verlassen haben.

(5) Die beteiligten Stellen dürfen die gemäß Absatz 2 erhobenen und gespeicherten personenbezogenen Daten für die Einleitung oder Durchführung eines Verfahrens nach dem Betreuungsgesetz an die zuständigen Behörden und Gerichte übermitteln, soweit es für das Verfahren erforderlich ist. Insoweit dürfen diese Daten auch für die Erstellung eines psychiatrischen oder psychologischen Gutachtens verwendet werden.

(6) Soweit die nach Absatz 2 gespeicherten Daten nicht in Krankenakten aufgenommen worden sind, sind sie spätestens zwei Jahre nach Beendigung der Unterbringung zu löschen. Nach Absatz 4 gespeicherte Daten sind unmittelbar nach der Entlassung der Betroffenen, auf die sie sich beziehen, zu löschen. Soweit ein solcher Bezug nicht besteht, sind diese Daten spätestens ein Jahr nach der Speicherung zu löschen.

§ 44 Bekanntgabe und Begründung von Anordnungen, Akteneinsicht.
(1) Entscheidungen und Anordnungen im Rahmen der Unterbringung sind den Betroffenen unverzüglich bekanntzugeben und, soweit es der gesundheitliche Zustand des Betroffenen zuläßt, zu erläutern. Sie sind in den jeweiligen Krankenakten zu vermerken und zu begründen. Soweit Entscheidungen oder Anordnungen schriftlich ergehen, erhalten die jeweiligen gesetzlichen Vertreter eine Abschrift.

(2) Die Betroffenen und ihre gesetzlichen Vertreter erhalten auf Verlangen unentgeltlich Auskünfte über die zur Person der Betroffenen gespeicherten Daten sowie Einsicht in die über sie geführten Akten. Den Betroffenen können Auskunft und Einsicht verweigert werden, wenn eine Verständigung mit ihnen wegen ihres Gesundheitszustandes nicht möglich ist. Ist bei einer vollständigen Auskunft oder Einsichtnahme mit schwerwiegenden gesundheitlichen Nachteilen bei dem Betroffenen zu rechnen, so soll der behandelnde Arzt die entsprechenden Inhalte unter Berücksichtigung des Gesundheitszustandes an den Betroffenen vermitteln. Die Verweigerung von Auskunft oder Einsicht ist mit einer Begründung in den Akten zu vermerken.

Abschnitt X. Kosten, Schlussvorschriften

§ 45 Kosten. (1) Die Kosten der Unterbringung nach § 1 Abs. 1 Nr. 3a und der nach diesem Gesetz erforderlichen Untersuchungen tragen die Betroffenen, soweit nicht ein Träger von Sozialleistungen oder sonstige Dritte, insbesondere Unterhaltspflichtige, zur Kostentragung verpflichtet sind.

(2) Die Kosten einer sofortigen Unterbringung nach § 15 sind vom Land zu tragen, wenn der Antrag auf Anordnung einer Unterbringungsmaßnahme abgelehnt oder zurückgenommen wird oder aus anderen Gründen seine Erledigung findet und die Voraussetzungen für eine Unterbringungsmaßnahme von Anfang an nicht vorgelegen haben.

(3) Die Kosten einer Unterbringung nach § 1 Abs. 1 Nr. 3b trägt das Land, soweit nicht der Betroffene zu den Kosten beigetragen hat.

§ 46 Einschränkung von Grundrechten. Durch dieses Gesetz werden die Grundrechte auf Freiheit der Person und auf körperliche Unversehrtheit (Artikel 2 Abs. 2 des Grundgesetzes), auf Unverletzlichkeit des Brief-, Post- und Fernmeldegeheimnisses (Artikel 10 des Grundgesetzes) und auf Unverletzlichkeit der Wohnung (Artikel 13 des Grundgesetzes) eingeschränkt.

§ 47 Verwaltungsvorschriften. Die Verwaltungsvorschriften zur Ausführung dieses Gesetzes erlässt das Sozialministerium. § 37 Abs. 4 Satz 1 bleibt unberührt.

§ 48 In-Kraft-Treten, Außer-Kraft-Treten von Vorschriften.

Anhang

9. Niedersachsen

Niedersächsisches Gesetz über Hilfen und Schutzmaßnahmen für psychisch Kranke (NPsychKG)

Vom 16. Juni 1997 (GVBl. S. 272), zuletzt geändert durch Art. 1 ÄndG v. 25. 1. 2007 (GVBl. S. 50)

Der Niedersächsische Landtag hat das folgende Gesetz beschlossen:

Inhaltsübersicht §§

Erster Teil. Allgemeines

Anwendungsbereich	1
Grundsätze	2
Zuständigkeit	3

Zweiter Teil. Hilfen

Leistungen nach anderen Rechtsvorschriften	4
Verpflichtung zu Hilfen	5
Zweck und Art der Hilfen	6
Sozialpsychiatrischer Dienst	7
Sozialpsychiatrischer Verbund	8
Sozialpsychiatrischer Plan	9
Zusammenarbeit, Übertragung von Aufgaben	10
Mitteilung von Feststellungen, Behandlungsermächtigung	11

Dritter Teil. Schutzmaßnahmen

Erster Abschnitt. Allgemeines

Allgemeine Bestimmungen	12

Zweiter Abschnitt. Untersuchung

Untersuchung	13

Dritter Abschnitt. Unterbringung

Begriff der Unterbringung	14
Eignung von Krankenhäusern	15
Voraussetzung der Unterbringung	16
Antragserfordernis	17
Vorläufige Einweisung	18

Vierter Abschnitt. Betreuung während der Unterbringung

Grundsätze	19
Untersuchung	20
Ärztliche Behandlung	21
Freiheitsbeschränkungen	22
Persönliche Habe, Besuchsrecht	23
Ausübung religiöser und weltanschaulicher Bekenntnisse	24
Post- und Fernmeldeverkehr	25
Form der Unterbringung, Beurlaubung	26

Fünfter Abschnitt. Beendigung der Unterbringung	§§
Entlassung	27
	§§
Aussetzung der Vollziehung einer Unterbringungsmaßnahme	28
Weiterer Krankenhausaufenthalt	29

Vierter Teil. Ausschuß für Angelegenheiten der psychiatrischen Krankenversorgung, Besuchskommissionen

Berufung und Aufgaben	30
Verordnungsermächtigung	31

Fünfter Teil. Datenschutz

Datenverarbeitung	32
Besonders schutzwürdige Daten	33
Unterrichtung in besonderen Fällen	34
Datenspeicherung	35
Auskunft und Löschung	36

Sechster Teil. Kosten

Kosten der Unterbringung	37

Siebenter Teil. Kosten der Landkreise und kreisfreien Städte

Deckung der Kosten	38

Achter Teil. Schlußvorschriften

Einschränkung der Grundrechte	39
Inkrafttreten, Übergangsbestimmungen	40

Erster Teil. Allgemeines

§ 1 Anwendungsbereich. Dieses Gesetz regelt

1. Hilfen für Personen, die infolge einer psychischen Störung krank oder behindert sind oder gewesen sind oder bei denen Anzeichen für eine solche Krankheit oder Behinderung bestehen,
2. die Unterbringung von Personen, die im Sinne der Nummer 1 krank oder behindert sind.

§ 2 Grundsätze. (1) Bei allen Hilfen und Schutzmaßnahmen ist auf den Zustand der betroffenen Person besondere Rücksicht zu nehmen. Ihre Würde ist zu achten.

(2) Hilfen sollen insbesondere der Anordnung von Schutzmaßnahmen vorbeugen. Eine Hilfe durch stationäre Behandlung soll nur dann erfolgen, wenn andere Hilfen keinen Erfolg versprechen.

(3) Diagnostische oder therapeutische Maßnahmen, die nicht unumgänglich sind, haben zu unterbleiben, wenn zu befürchten ist, daß sie den Zustand der betroffenen Person nachteilig beeinflussen.

§ 3 Zuständigkeit. Die Landkreise und kreisfreien Städte nehmen die Aufgaben nach diesem Gesetz als Aufgabe des übertragenen Wirkungskreises wahr.

Anhang

Text der Ländergesetze

Zweiter Teil. Hilfen

§ 4 Leistungen nach anderen Rechtsvorschriften. Werden Hilfen nach diesem Gesetz geleistet, so werden sie ergänzend zu den Leistungen erbracht, die die betroffene Person nach anderen Rechtsvorschriften in Anspruch nehmen kann.

§ 5 Verpflichtung zu Hilfen. (1) Werden einem Landkreis oder einer kreisfreien Stadt Umstände bekannt, nach denen eine Person der Hilfen im Sinne des § 6 oder 11 Abs. 2 Satz 1 bedarf, so sind dieser Person Hilfen durch den Sozialpsychiatrischen Dienst (§ 7) anzubieten oder zu vermitteln.

(2) Der Sozialpsychiatrische Dienst soll regelmäßige Sprechstunden einrichten und Personen, die auf Grund ihrer Krankheit oder Behinderung im Sinne des § 1 Nr. 1 nicht in der Lage sind, sich selbst um Hilfe zu bemühen, zu diesem Zweck aufsuchen.

§ 6 Zweck und Art der Hilfen. (1) Hilfen sind insbesondere die medizinische, psychologische oder pädagogische Beratung, Behandlung und Betreuung der betroffenen Person.

(2) Die Hilfen sollen dazu beitragen, daß Krankheiten oder Behinderungen im Sinne des § 1 Nr. 1 rechtzeitig erkannt und ärztlich behandelt werden.

(3) Die Hilfen sollen das Ziel verfolgen, der betroffenen Person eine möglichst selbständige, bei Bedarf beschützte Lebensführung in einer ihr zuträglichen oder gewohnten Gemeinschaft zu erhalten oder wieder zu ermöglichen.

(4) Durch die Hilfen soll die Eingliederung in das Leben in der Gemeinschaft nach einer stationären psychiatrischen Behandlung oder einer Unterbringung vorbereitet und erleichtert werden. Der Sozialpsychiatrische Dienst hat in Zusammenarbeit mit dem Krankenhaus und der weiterbehandelnden Ärztin oder dem weiterbehandelnden Arzt sicherzustellen, daß eine weiterhin erforderliche ambulante Betreuung der betroffenen Person rechtzeitig eingeleitet wird.

(5) Befindet sich eine Person wegen ihrer Krankheit oder Behinderung im Sinne des § 1 Nr. 1 in der Behandlung einer niedergelassenen Ärztin oder eines niedergelassenen Arztes, so können die Hilfen zur Ergänzung der Behandlung geleistet werden.

(6) Die Hilfen sollen auch darauf gerichtet sein, bei denjenigen, die mit der betroffenen Person in näherer Beziehung stehen, Verständnis für die besondere Lage der betroffenen Person zu wecken und die Bereitschaft zur Mitwirkung bei der Behebung ihrer Schwierigkeiten zu fördern und zu erhalten. Die Hilfen sollen die nahestehenden Personen auch in ihrer Fürsorge für die betroffene Person entlasten und unterstützen.

(7) Die Hilfen sind gemeindenah zu leisten, so daß die betroffene Person soweit wie möglich in ihrem gewohnten Lebensbereich verbleiben kann. Die Landkreise und kreisfreien Städte haben darauf hinzuwirken, daß Einrichtungen der nichtklinischstationären, der teilstationären und der ambulanten Versorgung und Rehabilitation sowie soziale und pädagogische Dienste in Anspruch genommen werden können.

§ 7 Sozialpsychiatrischer Dienst. (1) Die Landkreise und kreisfreien Städte richten Sozialpsychiatrische Dienste ein.

(2) Der Sozialpsychiatrische Dienst steht unter der Leitung einer Ärztin oder eines Arztes mit abgeschlossener psychiatrischer oder kinder- und jugendpsychiatrischer Weiterbildung.

9. Niedersachsen **Anhang**

(3) Die Landkreise und kreisfreien Städte sollen, soweit erforderlich, Kinder- und Jugendpsychiatrische Dienste einrichten.

§ 8 Sozialpsychiatrischer Verbund. (1) Die Landkreise und kreisfreien Städte bilden Sozialpsychiatrische Verbünde. Im Sozialpsychiatrischen Verbund sollen alle Anbieter von Hilfen im Sinne des § 6 Abs. 1 vertreten sein. Der Sozialpsychiatrische Dienst führt dessen laufende Geschäfte.

(2) Der Sozialpsychiatrische Verbund sorgt für die Zusammenarbeit der Anbieter von Hilfen und für die Abstimmung der Hilfen, um die Versorgung nach Maßgabe des § 6 Abs. 7 sicherzustellen. Die Sozialpsychiatrischen Verbünde in benachbarten Versorgungsgebieten sollen zu diesem Zweck zusammenarbeiten.

(3) Plant ein Anbieter von Hilfen oder dessen Träger eine wesentliche Änderung des Angebots an Hilfen, so hat er den Sozialpsychiatrischen Verbund hierüber unverzüglich zu unterrichten.

§ 9 Sozialpsychiatrischer Plan. Der Sozialpsychiatrische Dienst erstellt im Benehmen mit dem Sozialpsychiatrischen Verbund einen Sozialpsychiatrischen Plan über den Bedarf an Hilfen und das vorhandene Angebot. Der Sozialpsychiatrische Plan ist laufend fortzuschreiben.

§ 10 Zusammenarbeit, Übertragung von Aufgaben. (1) Der Sozialpsychiatrische Dienst arbeitet zur Erfüllung seiner Aufgaben mit den Anbietern von Hilfen, insbesondere mit den Trägern der Sozialversicherung, der Sozial- und Jugendhilfe, den psychiatrischen Krankenhäusern und Fachabteilungen, den Sozialstationen, den ambulanten Pflegediensten, den niedergelassenen Ärztinnen und Ärzten, Psychologinnen und Psychologen sowie ärztlichen und psychologischen Psychotherapeutinnen und ärztlichen und psychologischen Psychotherapeuten, den Verbänden der Freien Wohlfahrtspflege und den Kirchen und Religionsgemeinschaften des öffentlichen Rechts zur Erfüllung der Aufgaben nach § 5 zusammen.

(2) Die Hilfen sollen mit dem Angebot anderer Beratungs- und Behandlungseinrichtungen abgestimmt werden, die Aufgaben wahrnehmen, die denen des Sozialpsychiatrischen Dienstes vergleichbar sind oder diese ergänzen. Die Landkreise und kreisfreien Städte sollen den Sozialpsychiatrischen Dienst und andere Beratungs- und Behandlungseinrichtungen im Sinne des Satzes 1, die sie unterhalten, nach Möglichkeit räumlich zusammenfassen.

(3) Der Landkreis oder die kreisfreie Stadt kann Organisationen, Einrichtungen und Personen, die Hilfen anbieten, die Wahrnehmung der Aufgaben des Sozialpsychiatrischen Dienstes ganz oder teilweise übertragen, wenn diese bereit und in der Lage sind, auf Dauer die zu übertragenden Aufgaben entsprechend den Vorschriften dieses Gesetzes zu erfüllen. Die Übertragung erfolgt durch öffentlich-rechtlichen Vertrag.

§ 11 Mitteilung von Feststellungen, Behandlungsermächtigung. (1) Werden bei der Leistung der Hilfen Feststellungen getroffen, die für die Belange der betroffenen Person bedeutsam sein können, so sind ihr diese mitzuteilen, soweit es ärztlich zu verantworten ist. Ist nach den getroffenen Feststellungen die Aufnahme einer Behandlung angezeigt, so soll der betroffenen Person empfohlen werden, die behandelnde Person oder Einrichtung zu ermächtigen, den Sozialpsychiatrischen Dienst von der Aufnahme der Behandlung zu benachrichtigen. Auf eine solche Nachricht teilt der Sozialpsychiatrische Dienst der behandelnden Person oder Einrichtung die getroffenen Feststellungen nach Maßgabe des § 33 Abs. 1 Satz 1 Nrn. 1 und 3 sowie Abs. 2 mit.

(2) Ist es der betroffenen Person durch innere oder äußere Umstände nicht möglich, eine Behandlung ihrer Krankheit oder Behinderung im Sinne des § 1 Nr. 1 durch

Anhang

eine niedergelassene Fachärztin oder einen niedergelassenen Facharzt aufzunehmen oder fortzusetzen, so hat der Sozialpsychiatrische Dienst eine solche Behandlung nach Möglichkeit zu vermitteln und zu fördern. Ist dies nicht zu erreichen, so hat der Sozialpsychiatrische Dienst nach Maßgabe des Absatzes 3 die Behandlung durch eigene fachärztliche Kräfte so lange zu gewährleisten, bis sich die weitere ambulante Behandlung im Sinne des Satzes 1 anschließen kann.

(3) Der Landkreis oder die kreisfreie Stadt hat darauf hinzuwirken, daß die Behandlung von Versicherten der gesetzlichen Krankenkassen nach Absatz 2 Satz 2 im Rahmen der vertragsärztlichen Versorgung erfolgt.

Dritter Teil. Schutzmaßnahmen

Erster Abschnitt. Allgemeines

§ 12 Allgemeine Bestimmungen. (1) Der Landkreis oder die kreisfreie Stadt setzt zur Beurteilung von Krankheiten oder Behinderungen im Sinne des § 1 Nr. 1 nur solche ärztliche Bedienstete ein, die die entsprechende Befähigung durch das Recht zum Führen einer entsprechenden Gebietsbezeichnung oder zumindest durch längere Erfahrung in der Beurteilung psychischer Krankheiten nachweisen können. Stehen hierfür nicht genügend ärztliche Bedienstete zur Verfügung, so darf der Landkreis oder die kreisfreie Stadt nur solche Ärztinnen oder Ärzte außerhalb des Landkreises oder der kreisfreien Stadt mit dieser Aufgabe beauftragen, die berechtigt sind, eine entsprechende Gebietsbezeichnung zu führen.

(2) Soweit in diesem Gesetz nichts anderes bestimmt ist, gilt für Schutzmaßnahmen das Niedersächsische Gesetz über die öffentliche Sicherheit und Ordnung (Nds. SOG).

(3) Die Ärztinnen und Ärzte des Sozialpsychiatrischen Dienstes sind, soweit es die Durchführung der Schutzmaßnahmen gebietet, befugt, unmittelbaren Zwang anzuwenden. Im übrigen können, soweit es zur Durchführung dieses Gesetzes erforderlich ist, Bedienstete von Verwaltungsbehörden, von Krankenhäusern und Krankentransportunternehmen entsprechend den Vorschriften des allgemeinen Gefahrenabwehrrechts zu Verwaltungsvollzugsbeamtinnen oder Verwaltungsvollzugsbeamten bestellt werden.

Zweiter Abschnitt. Untersuchung

§ 13 Untersuchung. (1) Bestehen Anhaltspunkte dafür, daß eine Unterbringung durch Leistung von Hilfen nicht abgewendet werden kann, so kann der Sozialpsychiatrische Dienst die betroffene Person
1. auffordern, sich innerhalb einer bestimmten Frist durch eine Ärztin oder einen Arzt ihrer Wahl untersuchen zu lassen und diese Ärztin oder diesen Arzt zu ermächtigen, das Ergebnis der Untersuchung dem Sozialpsychiatrischen Dienst mitzuteilen, oder
2. zu einer Untersuchung aufsuchen oder laden.

(2) Bestehen dringende Anhaltspunkte dafür, daß die Voraussetzungen einer Unterbringung vorliegen, so hat die betroffene Person die Untersuchung durch eine Ärztin oder einen Arzt des Sozialpsychiatrischen Dienstes zu dulden. Die betroffene Person kann vorgeführt werden. Die Wohnung darf nach Maßgabe des § 24 Nds. SOG zum Zwecke der Untersuchung und der Vorführung betreten und durchsucht werden.

(3) Die Ärztin oder der Arzt teilt das Ergebnis der Untersuchung der betroffenen Person mit, soweit dies ärztlich zu verantworten ist. Ist die betroffene Person zuvor regelmäßig von einer anderen Ärztin oder einem anderen Arzt behandelt worden, so

9. Niedersachsen **Anhang**

ist auch dieser oder diesem der Untersuchungsbefund nach Maßgabe des § 33 Abs. 1 Satz 1 Nrn. 1 und 3 sowie Abs. 2 mitzuteilen. § 11 ist entsprechend anzuwenden.

Dritter Abschnitt. Unterbringung

§ 14 Begriff der Unterbringung. (1) Eine Unterbringung im Sinne dieses Gesetzes liegt vor, wenn jemand gegen seinen Willen oder im Zustand der Willenlosigkeit in den abgeschlossenen Teil eines geeigneten Krankenhauses nach § 15 eingewiesen wird oder dort verbleiben soll.

(2) Eine Unterbringung im Sinne dieses Gesetzes liegt auch dann vor, wenn die Einweisung oder der Verbleib ohne Zustimmung der Personensorgeberechtigten oder des Personensorgeberechtigten oder ohne Zustimmung derjenigen Person erfolgt, die zur Betreuung oder Pflege bestellt ist und deren Aufgabenkreis das Aufenthaltsbestimmungsrecht umfaßt.

§ 15 Eignung von Krankenhäusern. (1) Die Unterbringung wird in Krankenhäusern als Einrichtungen des Landes vollzogen. Das Fachministerium kann den Vollzug der Unterbringung einer juristischen Person des öffentlichen Rechts oder im Wege der Beleihung einer juristischen Person des Privatrechts oder einer Kommanditgesellschaft als Träger einer entsprechenden Einrichtung mit deren Zustimmung durch Verwaltungsakt unter dem Vorbehalt des Widerrufs oder durch öffentlich-rechtlichen Vertrag mit dem Recht zur Kündigung übertragen. Von der Übertragung auf eine juristische Person des Privatrechts oder eine Kommanditgesellschaft sind Maßnahmen nach § 24 Abs. 1 Satz 2 ausgeschlossen.

(2) Die Einrichtungen des Landes und die Träger der übrigen Einrichtungen unterliegen der Fachaufsicht des Fachministeriums. Im Rahmen der Fachaufsicht ist dem Fachministerium insbesondere Auskunft zu erteilen, Einsicht in Akten und sonstige Schriftstücke zu gewähren, Weisungen des Fachministeriums Folge zu leisten sowie dem Fachministerium und insbesondere den Mitgliedern der Besuchskommissionen (§ 30) jederzeit Zugang zu den Räumlichkeiten der Einrichtung zu gewähren.

(3) Im Fall der Übertragung nach Absatz 1 Satz 2 kann das Fachministerium anstelle und auf Kosten des Trägers der Einrichtung tätig werden oder Dritte tätig werden lassen, wenn der Träger eine Weisung innerhalb einer bestimmten Frist nicht befolgt. Das Fachministerium kann das Selbsteintrittsrecht nach Satz 1 auch durch Weisungen gegenüber den Beschäftigten des Trägers in der Einrichtung ausüben.

(4) Die Krankenhäuser nach Absatz 1 müssen personell und sächlich so ausgestattet sein, daß eine auf die unterschiedlichen Anforderungen abgestimmte Behandlung und Betreuung der untergebrachten Personen ermöglicht werden und deren Wiedereingliederung in die Gemeinschaft gefördert wird. Die Voraussetzungen für eine geschlossene Unterbringung, insbesondere im Hinblick auf die notwendigen Sicherheitsvorkehrungen, sowie für eine offene Unterbringung müssen vorliegen.

§ 16 Voraussetzung der Unterbringung. Die Unterbringung einer Person ist nach diesem Gesetz nur zulässig, wenn von ihr infolge ihrer Krankheit oder Behinderung im Sinne des § 1 Nr. 1 eine gegenwärtige erhebliche Gefahr (§ 2 Nr. 1 Buchst. b und c Nds. SOG) für sich oder andere ausgeht und diese Gefahr auf andere Weise nicht abgewendet werden kann.

§ 17 Antragserfordernis. (1) Das Vormundschaftsgericht entscheidet über die Unterbringung nach diesem Gesetz auf Antrag der zuständigen Behörde. Satz 1 gilt entsprechend, wenn die betroffene Person zur Vorbereitung eines Gutachtens über

Anhang
Text der Ländergesetze

ihren Gesundheitszustand untergebracht werden soll, um festzustellen, ob die Voraussetzungen des § 16 erfüllt sind. Dem Antrag ist ein ärztliches Zeugnis beizufügen.

(2) Die Ärztin oder der Arzt, die oder der das ärztliche Zeugnis nach Absatz 1 Satz 3 erstellt hat, soll in dem weiteren Verfahren nicht für die Verwaltung tätig werden.

(3) Absatz 1 gilt entsprechend, wenn der Person, die nach diesem Gesetz untergebracht werden soll oder bereits untergebracht ist, durch mechanische Vorrichtungen, Medikamente oder auf andere Weise über einen längeren Zeitraum oder regelmäßig die Freiheit zusätzlich beschränkt werden soll. In diesen Fällen ist auch die Leitung des Krankenhauses antragsberechtigt.

§ 18 Vorläufige Einweisung. (1) Kann eine gerichtliche Entscheidung nicht rechtzeitig herbeigeführt werden, so kann die zuständige Behörde die betroffene Person längstens bis zum Ablauf des folgenden Tages vorläufig in ein geeignetes Krankenhaus (§ 15) einweisen, wenn die Voraussetzungen des § 16 durch das Zeugnis einer Ärztin oder eines Arztes mit Erfahrung auf dem Gebiet der Psychiatrie dargelegt werden, dem ein frühestens am Vortage erhobener Befund zugrunde liegt.

(2) § 19 Nds. SOG findet mit der Maßgabe Anwendung, daß das Vormundschaftsgericht über die vorläufige Einweisung entscheidet. Die vorläufig eingewiesene Person ist über die ihr zustehenden Rechtsbehelfe zu belehren. Ihr ist nach Maßgabe des § 20 Abs. 2 Nds. SOG unverzüglich Gelegenheit zu geben, eine Person ihrer Wahl zu benachrichtigen.

Vierter Abschnitt. Betreuung während der Unterbringung

§ 19 Grundsätze. (1) Die Unterbringung ist unter Berücksichtigung therapeutischer Gesichtspunkte nach Möglichkeit den allgemeinen Lebensverhältnissen anzugleichen, soweit dies der Zweck der Unterbringung zuläßt, eine Gefahr im Sinne des § 16 abzuwenden und die Behandlung nach Maßgabe des § 21 sicherzustellen. Wünschen der untergebrachten Person zur Gestaltung der Unterbringung ist nach Möglichkeit Rechnung zu tragen.

(2) Die Behandlung der untergebrachten Person ist darauf auszurichten, ihre Bereitschaft zu wecken, selbst am Erreichen des Behandlungsziels mitzuwirken. Die Behandlung soll die untergebrachte Person befähigen, soweit und sobald wie möglich in ein selbständiges und eigenverantwortliches Leben in der Gemeinschaft zurückzukehren. Zu diesem Zweck fördert das Krankenhaus während der Unterbringung die Aufrechterhaltung bestehender und die Anbahnung neuer sozialer Kontakte, wenn gesundheitliche Belange der betroffenen Person nicht entgegenstehen.

(3) Das Krankenhaus hat mit den Behörden, Stellen und Personen zusammenzuarbeiten, die das Ziel der Unterbringung im Sinne des Absatzes 2 Satz 2 fördern können. In Zusammenarbeit mit den Einrichtungen der Forschung und Lehre sollen insbesondere die Behandlungsmethoden wissenschaftlich fortentwickelt und die Ergebnisse für die Zwecke einer verbesserten Gestaltung der Unterbringung nutzbar gemacht werden.

§ 20 Untersuchung. Wird eine Person auf Grund dieses Gesetzes eingewiesen oder untergebracht, so ist sie unverzüglich nach ihrer Aufnahme ärztlich zu untersuchen. Die Untersuchung dient insbesondere dazu, die Heilbehandlung (§ 21) zu bestimmen und einen Behandlungsplan zu entwickeln. Die betroffene Person hat die Untersuchung zu dulden.

9. Niedersachsen **Anhang**

§ 21 Ärztliche Behandlung. (1) Eine untergebrachte Person erhält während der Unterbringung die nach den anerkannten Regeln der ärztlichen Kunst gebotene Heilbehandlung. Diese kann die Förderung durch heilpädagogische und psychotherapeutische sowie durch beschäftigungs- und arbeitstherapeutische Maßnahmen einschließen.

(2) Die Heilbehandlung bedarf der Einwilligung der untergebrachten Person. Ist die untergebrachte Person nicht fähig, Grund, Bedeutung und Tragweite der Behandlung einzusehen oder ihren Willen nach dieser Einsicht zu bestimmen, so ist die Einwilligung der Personensorgeberechtigten oder des Personensorgeberechtigten oder die Einwilligung der Person einzuholen, die zur Betreuung oder Pflege bestellt ist und deren Aufgabenkreis diese Einwilligung umfaßt. § 1904 des Bürgerlichen Gesetzbuches bleibt unberührt.

(3) Ist eine Einwilligung im Sinne des Absatzes 2 nicht erteilt, so hat die untergebrachte Person eine Heilbehandlung zu dulden, wenn diese notwendig ist, um
1. diejenige Krankheit oder Behinderung zu heilen oder zu lindern, wegen derer sie untergebracht ist, oder
2. die Gesundheit anderer zu schützen.

Satz 1 ist im Falle der Nummer 1 nicht anzuwenden, wenn die nach § 1904 des Bürgerlichen Gesetzbuches erforderliche Genehmigung des Vormundschaftsgerichts nicht erteilt worden ist.

§ 22 Freiheitsbeschränkungen. Die untergebrachte Person unterliegt nur denjenigen Beschränkungen ihrer Freiheit, die sich aus dem Zweck der Unterbringung und aus den Anforderungen eines geordneten Zusammenlebens in dem Krankenhaus ergeben, in dem sie untergebracht ist. Maßnahmen, welche die Freiheit der untergebrachten Person beschränken, sind im Verlauf der Behandlung ständig zu überprüfen und der Entwicklung der betroffenen Person anzupassen.

§ 23 Persönliche Habe, Besuchsrecht. Das Recht der untergebrachten Person, ihre persönliche Kleidung zu tragen, persönliche Gegenstände in ihren Zimmern aufzubewahren und Besuch zu empfangen, darf nur eingeschränkt werden, wenn dies erforderlich ist, um gesundheitliche Nachteile für die untergebrachte Person oder erhebliche Gefahren für die Sicherheit oder ein geordnetes Zusammenleben in dem Krankenhaus abzuwehren.

§ 24 Ausübung religiöser und weltanschaulicher Bekenntnisse. (1) Der untergebrachten Person ist die seelsorgerische Betreuung durch eine Religionsgemeinschaft und die ungestörte Religionsausübung im Krankenhaus zu gewährleisten. Aus zwingenden Gründen der Sicherheit in dem Krankenhaus kann die Teilnahme am Gottesdienst oder an anderen religiösen Veranstaltungen eingeschränkt oder untersagt werden. Die Seelsorgerin oder der Seelsorger soll hierzu vorher gehört werden.

(2) Absatz 1 gilt für Angehörige weltanschaulicher Bekenntnisse entsprechend.

§ 25 Post- und Fernmeldeverkehr. (1) Die untergebrachte Person hat das Recht, briefliche Sendungen, Telegramme oder Pakete frei abzusenden und zu empfangen sowie Telefongespräche frei zu führen, soweit dieses Recht nicht nach Absatz 2 beschränkt ist. Der Schriftverkehr mit
1. Gerichten,
2. Staatsanwaltschaften,
3. Rechtsanwältinnen und Rechtsanwälten,
4. Verfahrenspflegerinnen und Verfahrenspflegern nach § 70 b des Gesetzes über die Angelegenheiten der freiwilligen Gerichtsbarkeit,

5. Aufsichtsbehörden,
6. der Landesbeauftragten oder dem Landesbeauftragten für den Datenschutz,
7. den Volksvertretungen des Bundes und der Länder sowie deren Mitgliedern,
8. der Europäischen Kommission für Menschenrechte,
9. dem Ausschuß für Angelegenheiten der psychiatrischen Krankenversorgung einschließlich der Besuchskommissionen (§ 30) und
10. der konsularischen oder diplomatischen Vertretung des Heimatlandes ausländischer Staatsbürgerinnen und Staatsbürger

darf weder eingeschränkt noch überwacht werden.

(2) Mit Ausnahme des Schriftverkehrs nach Absatz 1 Satz 2 darf der Post- und Fernmeldeverkehr der untergebrachten Person nur überwacht und beschränkt werden, wenn

1. die Weiterleitung in Kenntnis des Inhalts einen Straftatbestand verwirklichen würde,
2. die Weiterleitung die Eingliederung einer untergebrachten Person nach deren Entlassung gefährden würde oder
3. der begründete Verdacht vorliegt, daß Suchtstoffe oder Waffen befördert oder Straftaten verabredet werden.

(3) Die Absätze 1 und 2 finden auf Schriftverkehr und sonstige Sendungen, die innerhalb des Krankenhauses gewechselt werden, entsprechende Anwendung.

(4) Maßnahmen der Überwachung oder der Beschränkung im Sinne der Absätze 2 und 3 ordnet die Leitung des Krankenhauses an. Über die Anordnung ist die untergebrachte Person zu unterrichten. Angehaltene Sendungen sind der Absenderin oder dem Absender unter Angabe des Grundes zurückzugeben. Soweit dies unmöglich oder aus besonderen medizinischen Gründen nachteilig ist, sind die Sendungen vom Krankenhaus zu verwahren.

(5) Kenntnisse, die bei Maßnahmen der Überwachung oder der Beschränkung im Sinne der Absätze 2 und 3 gewonnen werden, dürfen nur weitergegeben oder übermittelt werden, wenn

1. die Voraussetzungen des § 33 Abs. 1 Satz 1 Nr. 1, 2 oder 3 erfüllt sind oder
2. dies zur Wahrung der Sicherheit in dem Krankenhaus oder zur Verfolgung einer Straftat von erheblicher Bedeutung erforderlich ist.

Im Falle des Satzes 1 Nr. 2 dürfen die Kenntnisse nur an die für die Sicherheit der Einrichtung zuständigen Personen weitergegeben oder an die für die Strafverfolgung zuständigen Gerichte und Behörden übermittelt werden.

§ 26 Form der Unterbringung, Beurlaubung. (1) Die Unterbringung soll nach Möglichkeit in gelockerter Form durchgeführt werden, wenn dies der Behandlung der untergebrachten Person dient, sie den damit verbundenen Anforderungen genügt und ein Mißbrauch nicht zu befürchten ist.

(2) Die untergebrachte Person kann unter den Voraussetzungen des Absatzes 1 bis zu einer Dauer von jeweils zwei Wochen beurlaubt werden. Die Beurlaubung ist der zuständigen Behörde und dem Sozialpsychiatrischen Dienst vorab mitzuteilen.

(3) Die Beurlaubung kann mit Auflagen verbunden werden, soweit dies für den Zweck der Unterbringung erforderlich ist. Der untergebrachten Person kann insbesondere die Auflage erteilt werden, ärztliche Anweisungen zu befolgen.

(4) Die Beurlaubung kann jederzeit und insbesondere dann widerrufen werden, wenn Auflagen nicht befolgt werden.

(5) Maßnahmen nach den Absätzen 1 bis 4 werden durch die ärztliche Leitung des Krankenhauses getroffen und sollen im Einvernehmen mit der untergebrachten Person erfolgen.

Fünfter Abschnitt. Beendigung der Unterbringung

§ 27 Entlassung. (1) Hält es die ärztliche Leitung des Krankenhauses für geboten, die untergebrachte Person zu entlassen, so ist das Gericht hiervon unverzüglich zu unterrichten. Die untergebrachte Person kann auf ihren Antrag bis zur Entscheidung des Gerichts beurlaubt werden. § 26 Abs. 2 ist mit der Maßgabe anzuwenden, daß auch dem Gericht die Beurlaubung vorab mitzuteilen ist.

(2) Die untergebrachte Person ist zu entlassen, wenn
1. das Gericht die Unterbringungsmaßnahme aufhebt oder die Vollziehung der Unterbringung aussetzt,
2. die Unterbringungsfrist abgelaufen ist, ohne daß das Gericht zuvor die Verlängerung der Unterbringung angeordnet hat,
3. im Falle der vorläufigen Einweisung gemäß § 18 nicht bis zum Ablauf des auf die Einweisung folgenden Tages ein gerichtlicher Unterbringungsbeschluß vorliegt.

(3) Das Krankenhaus benachrichtigt rechtzeitig das Gericht, die zuständige Behörde und den Sozialpsychiatrischen Dienst von der bevorstehenden Entlassung. Die zuständige Behörde unterrichtet die in § 70d Abs. 1 Satz 1 Nrn. 1 bis 4 des Gesetzes über die Angelegenheiten der freiwilligen Gerichtsbarkeit genannten Personen. Das Krankenhaus benachrichtigt ferner die Ärztin oder den Arzt, von der oder von dem sich die betroffene Person behandeln lassen will, es sei denn, daß die betroffene Person widerspricht.

§ 28 Aussetzung der Vollziehung einer Unterbringungsmaßnahme. Hat das Gericht die Aussetzung der Vollziehung einer Unterbringung für die betroffene Person mit der Auflage verbunden, sich in ärztliche Behandlung zu begeben, so hat sie unverzüglich den Namen und die Anschrift der Ärztin oder des Arztes dem Krankenhaus, in dem sie untergebracht war, und dem Sozialpsychiatrischen Dienst mitzuteilen. Das Krankenhaus übersendet unverzüglich dem Sozialpsychiatrischen Dienst und der Ärztin oder dem Arzt einen Bericht über die bisherige Behandlung.

§ 29 Weiterer Krankenhausaufenthalt. Verbleibt die aus der Unterbringung entlassene Person weiter im Krankenhaus, so teilt das Krankenhaus dies dem Gericht und der zuständigen Behörde mit. Diese unterrichtet die in § 70d Abs. 1 Satz 1 Nrn. 1 bis 4 des Gesetzes über die Angelegenheiten der freiwilligen Gerichtsbarkeit genannten Personen.

Vierter Teil. Ausschuß für Angelegenheiten der psychiatrischen Krankenversorgung, Besuchskommissionen

§ 30 Berufung und Aufgaben. (1) Das für die Sicherstellung der Krankenversorgung zuständige Ministerium beruft einen Ausschuß für Angelegenheiten der psychiatrischen Krankenversorgung.

(2) Der Ausschuß prüft, ob die in § 1 Nr. 1 genannten Personen entsprechend den Vorschriften dieses Gesetzes betreut und behandelt werden. Er soll für die Belange dieses Personenkreises eintreten und in der Bevölkerung Verständnis für dessen Lage wecken.

(3) Der Ausschuss bildet Besuchskommissionen für die mit den in § 1 Nr. 1 genannten Personen befassten Krankenhäuser und Einrichtungen. Die Hälfte der Mitglieder des Ausschusses soll in den Besuchskommissionen vertreten sein.

Anhang

Text der Ländergesetze

(4) Die Besuchskommissionen haben die Krankenhäuser und Einrichtungen im Sinne des Absatzes 3 in dem ihnen vom Ausschuß zugewiesenen Bereich in der Regel einmal jährlich zu besuchen. Sie können, wenn es ihnen angezeigt erscheint, von einer vorherigen Anmeldung ihres Besuches absehen. Die Besuchskommissionen berichten dem Ausschuß über festgestellte Mängel sowie über Möglichkeiten, die Behandlung und Betreuung des betroffenen Personenkreises zu verbessern. Feststellungen, die zu Beanstandungen oder Anregungen Anlaß geben, sind mit der Leitung des betroffenen Krankenhauses oder der Einrichtung im Sinne des Absatzes 3 zu erörtern.

(5) Die Krankenhäuser und Einrichtungen im Sinne des Absatzes 3 sowie ihre Träger sind verpflichtet, den Ausschuß und die Besuchskommissionen bei ihrer Arbeit zu unterstützen. Sie haben ihnen, soweit es zur Erfüllung der in den Absätzen 2 bis 4 genannten Aufgaben erforderlich ist, Auskünfte zu erteilen, Akteneinsicht zu gewähren und Gespräche mit untergebrachten oder betreuten Personen sowie den Bediensteten zu ermöglichen. Krankenunterlagen dürfen nur mit Einwilligung der betroffenen Person oder, soweit vorhanden, der Personensorgeberechtigten oder des Personensorgeberechtigten oder der Betreuerin oder des Betreuers zur Einsichtnahme vorgelegt werden.

(6) Die Mitglieder des Ausschusses und der Besuchskommissionen sowie die stellvertretenden Mitglieder sind nicht an Weisungen gebunden. Sie sind zur Verschwiegenheit verpflichtet. Ihre Entschädigung richtet sich nach Abschnitt 4 des Justizvergütungs- und -entschädigungsgesetzes vom 5. Mai 2004 (BGBl. I S. 718), zuletzt geändert durch Artikel 19 des Gesetzes vom 22. Dezember 2006 (BGBl. I S. 3416).

(7) Der Ausschuß berichtet einmal jährlich dem Landtag und dem für die Sicherstellung der Krankenversorgung zuständigen Ministerium über seine Tätigkeit, insbesondere über die Feststellungen und Anregungen der Besuchskommissionen.

§ 31 Verordnungsermächtigung. Das für die Sicherstellung der Krankenversorgung zuständige Ministerium wird ermächtigt, durch Verordnung nähere Bestimmungen zu treffen über

1. die Zusammensetzung des Ausschusses und der Besuchskommissionen,
2. das Verfahren der Berufung des Ausschusses und der Bildung der Besuchskommissionen,
3. die Aufgaben des Ausschusses und der Besuchskommissionen sowie deren Wahrnehmung,
4. die Amtszeit, die Rechte und Pflichten der einzelnen Mitglieder sowie stellvertretenden Mitglieder und
5. die Anzahl und regionale Zuständigkeit der Besuchskommissionen.

Fünfter Teil. Datenschutz

§ 32 Datenverarbeitung. (1) Auf die Verarbeitung personenbezogener Daten im Rahmen dieses Gesetzes findet das Niedersächsische Datenschutzgesetz (NDSG) Anwendung.

(2) Personenbezogene Daten dürfen nur dann zur Erfüllung von Aufsichts- und Kontrollbefugnissen, zur Rechnungsprüfung oder zur Durchführung von Organisationsuntersuchungen verarbeitet werden, wenn dies nach der Beurteilung der öffentlichen Stelle, die eine solche Befugnis wahrnimmt, erforderlich ist, weil sie ihre Aufgabe sonst nicht oder nur mit unverhältnismäßigem Aufwand auf andere Weise, insbesondere mit anonymisierten Daten, erfüllen kann.

9. Niedersachsen **Anhang**

§ 33 Besonders schutzwürdige Daten. (1) Personenbezogene Daten, die einem Berufs- oder besonderen Amtsgeheimnis unterfallen, dürfen der Sozialpsychiatrische Dienst oder die an Schutzmaßnahmen beteiligten Stellen für andere Zwecke als die, für die die Daten erhoben oder erstmals nach § 10 Abs. 1 Satz 2 NDSG gespeichert worden sind, nur speichern, verändern, übermitteln oder sonst nutzen, wenn

1. die betroffene Person eingewilligt hat,
2. ein Gesetz dies vorschreibt oder
3. eine Lebensgefahr oder eine Gefahr für die körperliche Unversehrtheit nicht anders abgewendet werden kann.

Eine Übermittlung an das Vormundschaftsgericht, an die Betreuungsbehörde oder eine Betreuerin oder einen Betreuer, die oder der nach den Vorschriften des Bürgerlichen Gesetzbuches bestellt ist, ist darüber hinaus zulässig, soweit dies für eine Unterbringung oder vorläufige Einweisung nach diesem Gesetz oder für die Betreuung erforderlich ist.

(2) Werden in den Fällen des Absatzes 1 Satz 1 Daten übermittelt, so hat der Empfänger diese Daten gegen unbefugte Kenntnisnahme zu sichern. Hierauf ist der Empfänger hinzuweisen.

§ 34 Unterrichtung in besonderen Fällen. Ist anzunehmen, daß eine Person infolge ihrer Krankheit oder Behinderung im Sinne des § 1 Nr. 1 sich oder andere durch das Führen von Kraftfahrzeugen oder durch den Umgang mit Waffen gefährdet, so kann der Sozialpsychiatrische Dienst oder das Krankenhaus, in dem die Person untergebracht ist, die zuständige Behörde über die getroffenen Feststellungen unterrichten. Der betroffenen Person ist zuvor Gelegenheit zu geben, sich zu der Unterrichtung zu äußern.

§ 35 Datenspeicherung. (1) Besonders schutzwürdige Daten (§ 33 Abs. 1 Satz 1) dürfen nur gespeichert werden, soweit dies für die Erfüllung der in diesem Gesetz vorgesehenen Aufgaben oder für die Dokumentation von diagnostischen oder therapeutischen Maßnahmen erforderlich ist. Sie sind in Akten aufzunehmen. Eine Speicherung auf sonstigen Datenträgern ist nur zulässig, wenn

1. die Daten nur vorübergehend gespeichert werden, um einen Vorgang zu bearbeiten, oder
2. die Aufnahme der Daten in Akten zur Erfüllung der Aufgaben nicht ausreicht.

(2) Untersuchungs- oder Behandlungsergebnisse sind gesondert aufzubewahren.

§ 36 Auskunft und Löschung. Der Antrag, Auskunft über die nach diesem Gesetz gespeicherten personenbezogenen Daten zu erteilen, darf nicht nach § 16 Abs. 4 Nr. 1 NDSG abgelehnt werden. Der Anspruch auf Auskunft kann durch die mündliche Auskunft einer Ärztin oder eines Arztes erfüllt oder der Antrag über § 16 Abs. 4 Nrn. 2 und 3 NDSG hinaus abgelehnt werden, soweit andernfalls Schutzmaßnahmen wesentlich gefährdet oder Hilfen wesentlich erschwert werden.

Sechster Teil. Kosten

§ 37 Kosten der Unterbringung. (1) Die Kosten einer nach diesem Gesetz durchgeführten Unterbringung trägt die betroffene Person, soweit sie nicht einer Unterhaltspflichtigen oder einem Unterhaltspflichtigen, einem Träger von Sozialleistungen oder einer anderen Person zur Last fallen.

Anhang

Text der Ländergesetze

(2) Die Kosten einer vorläufigen Unterbringungsmaßnahme sind vom Land zu tragen, wenn

1. der Antrag auf Anordnung einer Unterbringung abgelehnt oder zurückgenommen wird oder aus anderen Gründen seine Erledigung findet oder
2. die Anordnung einer Unterbringung vom Beschwerdegericht aufgehoben wird und die Voraussetzungen für die Unterbringung von Anfang an nicht vorgelegen haben.

(3) Das Gericht hat in den Fällen des Absatzes 2 in der von ihm in der Hauptsache getroffenen Entscheidung auszusprechen, wer die Kosten der vorläufigen Unterbringungsmaßnahme zu tragen hat. Über die Kosten ist auch zu entscheiden, wenn eine Entscheidung in der Hauptsache nicht ergeht, und zwar unter Berücksichtigung des bisherigen Sachstandes nach billigem Ermessen.

(4) Die gerichtliche Entscheidung über die Kosten der vorläufigen Unterbringungsmaßnahme ist mit der sofortigen Beschwerde selbständig anfechtbar.

Siebenter Teil. Kosten der Landkreise und kreisfreien Städte

§ 38 Deckung der Kosten. Die aus der Wahrnehmung von Aufgaben nach diesem Gesetz den Landkreisen und kreisfreien Städten entstehenden Kosten werden im Rahmen ihrer Finanzausstattung durch Finanzausgleichszuweisungen und sonstige Einnahmen gedeckt.

Achter Teil. Schlußvorschriften

§ 39 Einschränkung der Grundrechte. Durch dieses Gesetz werden die Grundrechte auf körperliche Unversehrtheit und auf Freiheit der Person (Artikel 2 Abs. 2 des Grundgesetzes), auf die Unverletzlichkeit des Briefgeheimnisses sowie des Post- und Fernmeldegeheimnisses (Artikel 10 des Grundgesetzes) und der Wohnung (Artikel 13 des Grundgesetzes) eingeschränkt.

§ 40 Inkrafttreten, Übergangsbestimmungen. (1) Dieses Gesetz tritt am 1. Juli 1997 in Kraft.

(2) Gleichzeitig tritt das Gesetz über Hilfen für psychisch Kranke und Schutzmaßnahmen vom 30. Mai 1978 (Nds. GVBl. S. 443), zuletzt geändert durch Artikel 10 des Gesetzes vom 17. Dezember 1991 (Nds. GVBl. S. 367), außer Kraft.

(3) Auf Sozialpsychiatrische Dienste, die bei Inkrafttreten dieses Gesetzes hauptberuflich von einem in der Psychiatrie erfahrenen Arzt im Sinne des § 4 Abs. 2 des Niedersächsischen Gesetzes über Hilfen für psychisch Kranke und Schutzmaßnahmen vom 30. Mai 1978 (Nds. GVBl. S. 443), zuletzt geändert durch Artikel 10 des Gesetzes vom 17. Dezember 1991 (Nds. GVBl. S. 367), geleitet werden, ist § 7 Abs. 2 dieses Gesetzes nicht anzuwenden, solange diese Ärztin oder dieser Arzt die Leitungsfunktion wahrnimmt.

(4) Die Landkreise oder kreisfreien Städte haben den Sozialpsychiatrischen Plan (§ 9) erstmals innerhalb von zwei Jahren nach Inkrafttreten dieses Gesetzes aufzustellen.

(5) Diejenigen Landkreise und kreisfreien Städte, die einen Sozialpsychiatrischen Verbund (§ 8) gebildet haben, erhalten eine Finanzzuweisung des Landes. Der Antrag auf Finanzzuweisung ist bis zum 1. November 1998 zu stellen. Der für Finanzzuweisungen insgesamt zur Verfügung stehende Betrag von 5 250 000 Deutsche Mark ist auf die Landkreise und kreisfreien Städte nach der Einwohnerzahl aufzuteilen. § 38 bleibt unberührt.

10. Nordrhein-Westfalen

**Gesetz über Hilfen und Schutzmaßnahmen
bei psychischen Krankheiten
(PsychKG)**

Vom 17. Dezember 1999 (GVBl. S. 662), zuletzt geändert durch Art. 3 des
Gesetzes zur Änderung gesundheitsrechtlicher Vorschriften v. 8. 12. 2009
(GVBl. S. 750)

Der Landtag hat das folgende Gesetz beschlossen, das hiermit verkündet wird:

Inhaltsübersicht §§

Abschnitt I. Allgemeines

Anwendungsbereich	1
Grundsatz	2

Abschnitt II. Allgemeine Bestimmungen über die Hilfen für psychisch Kranke

Ziel und Art der Hilfen	3
Anspruch auf Hilfen	4
Träger der Hilfen	5
Zusammenarbeit	6

Abschnitt III. Vorsorgende Hilfe für psychisch Kranke

Ziel der vorsorgenden Hilfe	7
Durchführung der Hilfe	8
Maßnahmen der unteren Gesundheitsbehörde	9

Abschnitt IV. Unterbringung

Unterbringung und Aufsicht	10
Voraussetzungen der Unterbringung	11
Sachliche Zuständigkeit	12
Anwendung der Vorschriften über die freiwillige Gerichtsbarkeit	13
Sofortige Unterbringung	14
Beendigung der Unterbringung	15
Rechtsstellung der Betroffenen	16
Aufnahme und Eingangsuntersuchung	17
Behandlung	18
Persönlicher Besitz	19
Besondere Sicherungsmaßnahmen	20
Schriftverkehr	21
Besuche, Telefongespräche, Telekommunikation	22
Besuchskommissionen	23
Beschwerdestellen	24
Beurlaubungen	25
Freiwilliger Krankenhausaufenthalt	26

Anhang

Text der Ländergesetze

§§

Abschnitt V. Nachsorgende Hilfe für psychisch Kranke

Ziel der nachsorgenden Hilfe	27
Durchführung	28
Mitwirkung bei der Aussetzung	29

Abschnitt VI. Zuständigkeit und Kosten

Aufsichtsbehörden	30
Kosten der Hilfen für psychisch Kranke	31
Kosten der Unterbringung	32
Kosten der Behandlung	33
Einschränkung von Grundrechten	34
Änderungsvorschrift	35
In-Kraft-Treten	36

Abschnitt I. Allgemeines

§ 1 Anwendungsbereich. (1) Dieses Gesetz regelt

1. Hilfen für Personen, bei denen Anzeichen einer psychischen Krankheit bestehen, die psychisch erkrankt sind oder bei denen die Folgen einer psychischen Krankheit fortbestehen (Betroffene),
2. die Anordnung von Schutzmaßnahmen durch die untere Gesundheitsbehörde, soweit gewichtige Anhaltspunkte für eine Selbstgefährdung oder eine Gefährdung bedeutender Rechtsgüter anderer auf Grund einer psychischen Krankheit bestehen, und
3. die Unterbringung von den Betroffenen, die psychisch erkrankt sind und dadurch sich selbst oder bedeutende Rechtsgüter anderer erheblich gefährden.

(2) Psychische Krankheiten im Sinne dieses Gesetzes sind behandlungsbedürftige Psychosen sowie andere behandlungsbedürftige psychische Störungen und Abhängigkeitserkrankungen von vergleichbarer Schwere.

(3) Dieses Gesetz gilt nicht für Personen, die auf Grund der §§ 63, 64 StGB, 81, 126a, 453c in Verbindung mit § 463 StPO, §§ 7, 73 JGG und §§ 1631b, 1800, 1915 sowie 1906 BGB untergebracht sind.

§ 2 Grundsatz. Bei allen Hilfen und Maßnahmen auf Grund dieses Gesetzes ist auf den Willen und die Bedürfnisse der Betroffenen besondere Rücksicht zu nehmen. Dies gilt auch für Willensäußerungen der Betroffenen vor Beginn einer Maßnahme, insbesondere für Behandlungsvereinbarungen mit Ärztinnen und Ärzten ihres Vertrauens. Für eine ausreichende Dokumentation ist Sorge zu tragen.

Abschnitt II. Allgemeine Bestimmungen über die Hilfen für psychisch Kranke

§ 3 Ziel und Art der Hilfen. (1) Die Hilfen sollen Betroffene aller Altersstufen durch rechtzeitige, der Art der Erkrankung angemessene medizinische und psychosoziale Vorsorge- und Nachsorgemaßnahmen befähigen, ein eigenverantwortliches und selbstbestimmtes Leben in der Gemeinschaft zu führen, sowie Anordnungen von Schutzmaßnahmen und insbesondere Unterbringungen vermeiden. Befinden sich die

Betroffenen in ärztlicher, psychologisch psychotherapeutischer oder kinder- und jugendlichenpsychotherapeutischer (ärztlicher und psychotherapeutischer) Behandlung, werden die Hilfen ergänzend gewährt.

(2) Art, Ausmaß und Dauer der Hilfen richten sich, soweit dieses Gesetz nicht bestimmte Maßnahmen vorschreibt, nach den Besonderheiten des Einzelfalles. Sie werden nur geleistet, wenn sie freiwillig angenommen werden.

§ 4 Anspruch auf Hilfen. (1) Die Hilfen sind zu gewähren, sobald dem Träger dieser Hilfen durch begründeten Antrag Hilfebedürftiger oder Dritter bekannt wird, dass die in § 1 Abs. 1 Nr. 1 bezeichneten Voraussetzungen vorliegen.

(2) Der Träger der Hilfen soll darüber hinaus von Amts wegen tätig werden, wenn Anhaltspunkte vorliegen, dass Hilfebedürftige nicht in der Lage sind, Hilfen zu beantragen.

§ 5 Träger der Hilfen. (1) Die Hilfen obliegen den Kreisen und kreisfreien Städten – unteren Gesundheitsbehörden – als Pflichtaufgabe zur Erfüllung nach Weisung und werden insbesondere durch Sozialpsychiatrische Dienste geleistet. Die unteren Gesundheitsbehörden haben darauf hinzuwirken, dass insbesondere ambulante Dienste und Einrichtungen, die die klinische Versorgung ergänzen, in Anspruch genommen werden können. § 5 Abs. 3 des Gesetzes über den öffentlichen Gesundheitsdienst (ÖGDG) vom 25. November 1997 (GV. NRW. S. 430) in der jeweils geltenden Fassung bleibt unberührt.

(2) Die Aufsicht über die Kreise und kreisfreien Städte als Träger der Hilfen führen die Aufsichtsbehörden nach § 30.

(3) Die Aufsichtsbehörden können Weisungen erteilen, um die rechtmäßige Erfüllung der Aufgaben zu sichern.

(4) Zur zweckmäßigen Erfüllung dieser Aufgaben können die Aufsichtsbehörden allgemeine Weisungen erteilen, um die gleichmäßige Durchführung der Hilfen zu sichern.

§ 6 Zusammenarbeit. Zur Unterstützung und Ergänzung der eigenen Maßnahmen arbeitet der Träger der Hilfen insbesondere

– mit Betroffenen- und Angehörigenorganisationen,
– mit Krankenhäusern im Sinne von § 10 Abs. 2 Satz 1,
– mit niedergelassenen Ärztinnen und Ärzten,
– mit niedergelassenen psychologischen Psychotherapeutinnen und Psychotherapeuten, Kinder- und Jugendlichenpsychotherapeutinnen und -therapeuten (Psychotherapeuten),
– mit Einrichtungen der Suchthilfe,
– mit sonstigen Einrichtungen des Gesundheits- und Sozialwesens,
– mit der Sozial- und Jugendhilfe,
– mit Betreuungsbehörden und -vereinen und
– mit den Verbänden der freien Wohlfahrtspflege

zusammen. Dabei ist die Koordination der psychiatrischen und Suchtkrankenversorgung gemäß §§ 3 und 23 ÖGDG in der jeweils geltenden Fassung zu gewährleisten.

Anhang

Text der Ländergesetze

Abschnitt III. Vorsorgende Hilfe für psychisch Kranke

§ 7 Ziel der vorsorgenden Hilfe. Die vorsorgende Hilfe soll insbesondere dazu beitragen, dass Betroffene rechtzeitig medizinisch und ihrer Krankheit angemessen behandelt werden, und sicherstellen, dass zusammen mit der ärztlichen und psychotherapeutischen Behandlung psychosoziale Maßnahmen und Dienste in Anspruch genommen werden.

§ 8 Durchführung der Hilfe. (1) Zur Durchführung der vorsorgenden Hilfe sind bei den Sozialpsychiatrischen Diensten der unteren Gesundheitsbehörden regelmäßig Sprechstunden abzuhalten. Diese sollen unter der Leitung einer in dem Gebiet der Psychiatrie weitergebildeten Ärztin oder eines in dem Gebiet der Psychiatrie weitergebildeten Arztes, zumindest aber einer in der Psychiatrie erfahrenen Ärztin oder eines in der Psychiatrie erfahrenen Arztes durchgeführt werden. Sie dienen dazu, im Einzelfall festzustellen, ob und in welcher Weise geholfen werden kann, ob eine Beratung Erfolg gehabt hat oder ob weitere Maßnahmen zu treffen sind.

(2) Hausbesuche sind anzubieten.

(3) Die vorsorgende Hilfe soll sich auch auf eine Beratung der Personen erstrecken, die Betroffene gesetzlich vertreten, mit ihnen zusammenleben oder von ihnen ausdrücklich als Vertrauenspersonen benannt worden sind. Sie soll Verständnis für die besondere Lage der Betroffenen bei den Vorgenannten wecken, ihre Bereitschaft zur Mitwirkung fördern und Unterstützung bei der Wahrnehmung der Hilfen leisten.

§ 9 Maßnahmen der unteren Gesundheitsbehörde. (1) Sind gewichtige Anhaltspunkte dafür vorhanden, dass Betroffene wegen einer psychischen Krankheit sich selbst erheblichen Schaden zuzufügen oder bedeutende Rechtsgüter anderer zu gefährden drohen, kann die untere Gesundheitsbehörde die Betroffenen auffordern, zu einer Untersuchung in der Sprechstunde des Sozialpsychiatrischen Dienstes zu erscheinen. Ihnen ist die Möglichkeit zu eröffnen, statt in die Sprechstunde zu kommen, sich unverzüglich in ärztliche Behandlung zu begeben, den Namen der behandelnden Ärztin oder des behandelnden Arztes anzugeben und diese aufzufordern, die untere Gesundheitsbehörde von der Übernahme der Behandlung zu unterrichten. Machen Betroffene von ihrem Wahlrecht nach Satz 2 Gebrauch, ist von weiteren Maßnahmen nach den Absätzen 2 und 3 abzusehen.

(2) Folgen Betroffene der Aufforderung nach Absatz 1 nicht, sind sie zu Hause aufzusuchen und dort zu untersuchen.

(3) Ist ein Hausbesuch undurchführbar oder nicht zweckmäßig oder kann während des Hausbesuches die erforderliche Untersuchung nicht vorgenommen werden, ist die Aufforderung nach Absatz 1 unter Androhung einer zwangsweisen Vorführung zu wiederholen. Die Vorführung zur Untersuchung erfolgt auf Veranlassung der unteren Gesundheitsbehörde durch die örtliche Ordnungsbehörde.

(4) Untersuchungen nach den Absätzen 1 bis 3 sind von einer Ärztin oder einem Arzt vorzunehmen.

(5) Soweit die örtliche Ordnungsbehörde eine sofortige Untersuchung durch den Sozialpsychiatrischen Dienst aus Gründen beantragt, die eine besondere Eilbedürftigkeit belegen, hat die untere Gesundheitsbehörde die Maßnahmen nach den Absätzen 1 bis 3 durchzuführen. Absatz 1 Satz 2 findet keine Anwendung.

(6) Das Ergebnis der Untersuchungen nach den Absätzen 1 bis 3 teilt die untere Gesundheitsbehörde den Betroffenen oder deren gesetzlicher Vertretung und, sofern sie einen Antrag nach Absatz 5 gestellt hat, der örtlichen Ordnungsbehörde mit.

10. Nordrhein-Westfalen **Anhang**

Wenn gewichtige Anhaltspunkte dafür vorliegen, dass eine Mitteilung an die Betroffenen zu erheblichen Nachteilen für deren Gesundheit führt, kann sie unterbleiben. Begeben sich Betroffene nach der Untersuchung in ärztliche Behandlung, teilt die untere Gesundheitsbehörde ihren Untersuchungsbefund der behandelnden Ärztin oder dem behandelnden Arzt auf Anforderung mit.

(7) Wenn gewichtige Anhaltspunkte dafür bestehen, dass Betroffene sich selbst oder bedeutende Rechtsgüter anderer erheblich gefährden, kann der Sozialpsychiatrische Dienst der unteren Gesundheitsbehörde bei Gefahr im Verzug im Fall des Absatzes 2 Wohnungen, in denen Betroffene leben, betreten.

Abschnitt IV. Unterbringung

§ 10 Unterbringung und Aufsicht. (1) Ziel der Unterbringung ist es, die in § 11 Abs. 1 und 2 genannten Gefahren abzuwenden und die Betroffenen nach Maßgabe dieses Gesetzes zu behandeln.

(2) Eine Unterbringung im Sinne dieses Gesetzes liegt vor, wenn Betroffene gegen ihren Willen oder gegen den Willen Aufenthaltsbestimmungsberechtigter oder im Zustand der Willenlosigkeit in ein psychiatrisches Fachkrankenhaus, eine psychiatrische Fachabteilung eines Allgemeinkrankenhauses oder einer Hochschulklinik (Krankenhaus) eingewiesen werden und dort verbleiben. Die §§ 1631b, 1800, 1915 und 1906 BGB bleiben unberührt. Die Krankenhäuser haben durch geeignete Maßnahmen sicherzustellen, dass sich die Betroffenen der Unterbringung nicht entziehen.

(3) Die Zuständigkeit der Krankenhäuser ergibt sich aus § 2 in Verbindung mit § 16 Krankenhausgestaltungsgesetz des Landes Nordrhein-Westfalen – KHGG NRW – vom 11. Dezember 2007 (GV. NRW. S. 702, ber. 2008 S. 157) in der jeweils geltenden Fassung.

(4) Die Rechtsaufsicht über Krankenhäuser nach Absatz 2, soweit Betroffene untergebracht sind, führt die Aufsichtsbehörde. § 11 KHGG NRW bleibt unberührt.

§ 11 Voraussetzungen der Unterbringung. (1) Die Unterbringung Betroffener ist nur zulässig, wenn und solange durch deren krankheitsbedingtes Verhalten gegenwärtig eine erhebliche Selbstgefährdung oder eine erhebliche Gefährdung bedeutender Rechtsgüter anderer besteht, die nicht anders abgewendet werden kann. Die fehlende Bereitschaft, sich behandeln zu lassen, rechtfertigt allein keine Unterbringung.

(2) Von einer gegenwärtigen Gefahr im Sinne von Absatz 1 ist dann auszugehen, wenn ein schadenstiftendes Ereignis unmittelbar bevorsteht oder sein Eintritt zwar unvorhersehbar, wegen besonderer Umstände jedoch jederzeit zu erwarten ist.

(3) Die Anordnung der Unterbringung ist aufzuheben, wenn Maßnahmen nach den in § 1 Abs. 3 genannten Bestimmungen erfolgt sind.

§ 12 Sachliche Zuständigkeit. Die Unterbringung wird auf Antrag der örtlichen Ordnungsbehörde im Benehmen mit dem Sozialpsychiatrischen Dienst vom zuständigen Amtsgericht angeordnet. Dem Antrag ist ein den §§ 321 und 331 FamFG, bei Minderjährigen in Verbindung mit §§ 167 Absatz 1 und 6 sowie 151 Nummer 7 FamFG entsprechendes ärztliches Zeugnis beizufügen. Antragstellung und Unterbringung sind von der örtlichen Ordnungsbehörde zu dokumentieren und dem Sozialpsychiatrischen Dienst der unteren Gesundheitsbehörde unverzüglich mitzuteilen.

§ 13 Anwendung der Vorschriften über die freiwillige Gerichtsbarkeit. (1) Für einstweilige, längerfristige und Unterbringungen zur Begutachtung sowie für das ge-

Anhang
Text der Ländergesetze

richtliche Verfahren gelten die Vorschriften des Gesetzes über das Verfahren in Familiensachen und in den Angelegenheiten der freiwilligen Gerichtsbarkeit (FamFG).

(2) Gemäß §§ 320 in Verbindung mit 315 Absatz 4 FamFG, bei Minderjährigen in Verbindung mit § 167 Absatz 1 FamFG gibt das Gericht vor Unterbringungsmaßnahmen auch dem Sozialpsychiatrischen Dienst der unteren Gesundheitsbehörde Gelegenheit zur Äußerung und teilt ihm die Entscheidung mit.

§ 14 Sofortige Unterbringung. (1) Ist bei Gefahr im Verzug eine sofortige Unterbringung notwendig, kann die örtliche Ordnungsbehörde die sofortige Unterbringung ohne vorherige gerichtliche Entscheidung vornehmen, wenn ein ärztliches Zeugnis über einen entsprechenden Befund vorliegt, der nicht älter als vom Vortage ist. Zeugnisse nach Satz 1 sind grundsätzlich von Ärztinnen oder Ärzten auszustellen, die im Gebiet der Psychiatrie und Psychotherapie weitergebildet oder auf dem Gebiet der Psychiatrie erfahren sind. Sie haben die Betroffenen persönlich zu untersuchen und die Notwendigkeit einer sofortigen Unterbringung schriftlich zu begründen. Will die örtliche Ordnungsbehörde in der Beurteilung der Voraussetzungen für eine sofortige Unterbringung von einem vorgelegten ärztlichen Zeugnis abweichen, hat sie den Sozialpsychiatrischen Dienst der unteren Gesundheitsbehörde zu beteiligen.

(2) Nimmt die örtliche Ordnungsbehörde eine sofortige Unterbringung vor, ist sie verpflichtet, unverzüglich beim Amtsgericht einen Antrag auf Unterbringung zu stellen. In diesem Antrag ist darzulegen, warum andere Hilfsmaßnahmen nicht ausreichten und eine gerichtliche Entscheidung nicht möglich war. Ist die Unterbringung und deren sofortige Wirksamkeit nicht bis zum Ablauf des auf den Beginn der sofortigen Unterbringung folgenden Tages durch das Gericht angeordnet, so sind die Betroffenen von der ärztlichen Leitung des Krankenhauses, bei selbstständigen Abteilungen von der fachlich unabhängigen ärztlichen Leitung der Abteilung (ärztliche Leitung), zu entlassen.

§ 15 Beendigung der Unterbringung. Ordnet das Gericht nicht die Fortdauer der Unterbringung an, sind die Betroffenen nach Ablauf der festgesetzten Unterbringungszeit durch die ärztliche Leitung zu entlassen. Von der bevorstehenden Entlassung sind zu benachrichtigen:
1. das Gericht,
2. der Sozialpsychiatrische Dienst der unteren Gesundheitsbehörde,
3. die Ärztin, der Arzt und die Psychotherapeuten, die die Betroffenen vor der Unterbringung behandelt haben,
4. die örtliche Ordnungsbehörde, die die Unterbringung veranlasst hat,
5. die gesetzliche Vertretung der Betroffenen,
6. Bevollmächtigte nach § 1906 Abs. 5 BGB und
7. von den Betroffenen benannte Personen ihres Vertrauens.

§ 16 Rechtsstellung der Betroffenen. (1) Die Betroffenen unterliegen nur denjenigen Beschränkungen ihrer Freiheit, die sich zwingend aus dem Zweck der Unterbringung und aus den Anforderungen eines geordneten Zusammenlebens in einem Krankenhaus ergeben. Maßnahmen, die die Freiheit der Betroffenen beschränken, sind im Verlauf der Behandlung ständig zu überprüfen und dem Behandlungsfortschritt anzupassen. Der regelmäßige Aufenthalt im Freien ist zu gewährleisten.

(2) Eingriffe in die Rechte Betroffener sind schriftlich festzuhalten und zu begründen. Diese Unterlagen können Betroffene, ihre gesetzlichen Vertretungen, sowie die für die Betroffenen bestellten Verfahrenspflegerinnen und Verfahrenspfleger oder ihre Verfahrensbevollmächtigten einsehen.

10. Nordrhein-Westfalen **Anhang**

(3) Die Betroffenen sind darin zu unterstützen, notwendige Maßnahmen für ihre Familien und hilfsbedürftigen Angehörigen sowie ihre Vermögensangelegenheiten zu veranlassen.

§ 17 Aufnahme und Eingangsuntersuchung. (1) Bei der Aufnahme unterrichtet das Krankenhaus die Betroffenen mündlich und schriftlich über ihre Rechte und Pflichten. Eine Person ihres Vertrauens ist unverzüglich über die Aufnahme zu benachrichtigen. Satz 1 gilt für die Vertrauensperson entsprechend.

(2) Nach der Aufnahme sind die Betroffenen sofort ärztlich zu untersuchen. Es ist sicherzustellen, dass die Erforderlichkeit der weiteren Unterbringung fortlaufend ärztlich überprüft und dokumentiert wird.

(3) Ergibt eine ärztliche Untersuchung, dass die Unterbringungsvoraussetzungen nicht mehr vorliegen, hat die ärztliche Leitung die in § 15 Satz 2 Genannten unverzüglich zu unterrichten. Bis zur Entscheidung des Gerichts können die Betroffenen sofort nach § 25 beurlaubt werden.

§ 18 Behandlung. (1) Während der Unterbringung wird eine ärztlich und psychotherapeutisch gebotene und rechtlich zulässige Heilbehandlung vorgenommen.

(2) Unverzüglich nach der Aufnahme ist für die Betroffenen ein individueller Behandlungsplan zu erstellen. Die Behandlung und der Plan sind den Betroffenen und ihrer gesetzlichen Vertretung zu erläutern. Befinden sich die Betroffenen in einer akuten Krise, sind Zeitpunkt und Form der Erläuterung des Behandlungsplanes nach therapeutischen Kriterien zu bestimmen. Betroffenen, ihren Verfahrenspflegerinnen Verfahrenspflegern, Verfahrensbevollmächtigten und ihrer gesetzlichen Vertretung ist auf Verlangen unter Beachtung der datenschutzrechtlichen Bestimmungen Einsicht in die Krankenunterlagen zu gewähren. Wenn gewichtige Anhaltspunkte dafür vorliegen, dass die Einsicht in die Krankenunterlagen zu erheblichen Nachteilen für die Gesundheit der Betroffenen führt, kann sie unterbleiben.

(3) Die Behandlung bedarf vorbehaltlich der Regelungen in den Absätzen 4 und 5 der Einwilligung der Betroffenen. Können die Betroffenen bei einer erforderlichen Einwilligung Grund, Bedeutung und Tragweite der Behandlung nicht einsehen oder sich nicht nach dieser Einsicht verhalten, ist die Einwilligung der gesetzlichen Vertretung oder der rechtsgeschäftlich Bevollmächtigten erforderlich. § 1904 BGB bleibt unberührt.

(4) Nur in den Fällen von Lebensgefahr, von erheblicher Gefahr für die eigene und für die Gesundheit anderer Personen ist die Behandlung ohne oder gegen den Willen Betroffener oder deren gesetzlicher Vertretung oder der rechtsgeschäftlich Bevollmächtigten zulässig.

(5) Maßnahmen nach Absatz 4, die ohne Einwilligung der Betroffenen, ihrer gesetzlichen Vertretung oder ihrer Bevollmächtigten durchgeführt werden, dürfen nur durch die ärztliche Leitung, bei deren Verhinderung durch deren Vertretung angeordnet werden und nur durch Ärztinnen oder Ärzte vorgenommen werden.

§ 19 Persönlicher Besitz. Betroffene haben das Recht, persönliche Gegenstände in ihrem Zimmer aufzubewahren. Dieses Recht darf nur eingeschränkt werden, soweit dies erforderlich ist, um gesundheitliche Nachteile für Betroffene oder erhebliche Gefahren für die Sicherheit oder das geordnete Zusammenleben abzuwehren.

§ 20 Besondere Sicherungsmaßnahmen. (1) Bei einer gegenwärtigen erheblichen Selbstgefährdung oder einer gegenwärtigen erheblichen Gefährdung bedeutender Rechtsgüter anderer können

Anhang

Text der Ländergesetze

- Beschränkung des Aufenthalts im Freien
- Unterbringung in einem besonderen Raum
- Fixierung (Einschränkung der Bewegungsfreiheit durch mechanische Hilfsmittel)

angeordnet werden, soweit und solange die Gefahr nicht durch weniger einschneidende Maßnahmen abgewendet werden kann.

(2) Maßnahmen nach Absatz 1 sind den Betroffenen vorher anzudrohen und zu begründen. Von der Androhung kann bei einer Fixierung ausnahmsweise abgesehen werden, wenn die Umstände sie nicht zulassen, insbesondere wenn die sofortige Anwendung des Zwangsmittels zur Abwehr einer Gefahr notwendig ist. Sie bedürfen der ärztlichen Anordnung und Überwachung. Sie sind zu befristen und sofort aufzuheben, sobald die Voraussetzungen für ihre Anordnung entfallen. Bei Fixierungen ist eine ständige Beobachtung sicherzustellen. Anlass, Anordnung, Art, Umfang und Dauer der Maßnahmen sind zu dokumentieren und der Verfahrenspflegerin, dem Verfahrenspfleger, den Verfahrensbevollmächtigten und der gesetzlichen Vertretung der Betroffenen unverzüglich mitzuteilen.

§ 21 Schriftverkehr. (1) Die Betroffenen haben das Recht, Schreiben abzusenden und zu empfangen.

(2) Der Schriftwechsel mit den gesetzlichen Vertretungen, den Verfahrenspflegerinnen und Verfahrenspflegern, den Verfahrensbevollmächtigten, Notarinnen und Notaren, mit dem Europäischen Parlament, Volksvertretungen des Bundes und des Landes, ihren Mitgliedern, dem Träger des Krankenhauses sowie seiner Beschwerdestelle, den zuständigen Behörden, den Gerichten oder Staatsanwaltschaften in der Bundesrepublik Deutschland, dem Bürgerbeauftragten der Europäischen Union, der Europäischen Kommission für Menschenrechte in Straßburg sowie den für die Datenschutzkontrolle zuständigen Stellen darf weder unterbunden noch überwacht werden.

(3) Um eine erhebliche Selbstgefährdung oder eine erhebliche Gefährdung bedeutender Rechtsgüter anderer zu vermeiden, können der Schriftwechsel überwacht und Schreiben angehalten oder verwahrt werden. Absenderinnen und Absender sowie die Betroffenen sind unverzüglich zu unterrichten, soweit die Schreiben nicht zurückgesendet werden. Die Unterrichtung der Betroffenen kann solange unterbleiben, wie dies aus Gründen der Behandlung zwingend geboten ist. Hiervon sind die Verfahrenspflegerinnen und Verfahrenspfleger, die gesetzliche Vertretung und die Verfahrensbevollmächtigten zu unterrichten.

(4) Die vorstehenden Bestimmungen sind auch auf Telegramme, Pakete, Päckchen, einzelne Zeitungen und Zeitschriften anzuwenden. Wenn Pakete und Päckchen geöffnet werden, hat dies in Gegenwart der Betroffenen zu geschehen. § 19 Satz 2 gilt entsprechend.

§ 22 Besuche, Telefongespräche, Telekommunikation. (1) Die Betroffenen haben das Recht, regelmäßig Besuche zu empfangen. § 19 Satz 2 gilt entsprechend. Näheres kann durch Hausordnung geregelt werden.

(2) Besuche der gesetzlichen Vertretung, der Verfahrenspflegerinnen oder Verfahrenspfleger, der in einer Angelegenheit der Betroffenen tätigen Rechtsanwältinnen und Rechtsanwälte oder Notarinnen und Notare dürfen nicht untersagt werden. Schriftstücke und sonstige Unterlagen, die diese Personen mit sich führen, werden nicht überprüft. Für die Übergabe anderer Gegenstände gilt § 19 Satz 2 entsprechend.

(3) Für die Nutzung von Telekommunikationsmitteln gelten die Absätze 1 und 2 entsprechend.

10. Nordrhein-Westfalen **Anhang**

§ 23 Besuchskommissionen. (1) Das für das Gesundheitswesen zuständige Ministerium beruft Besuchskommissionen, die mindestens einmal in zwölf Monaten unangemeldet die Krankenhäuser, in denen Betroffene nach diesem Gesetz untergebracht werden, besuchen und daraufhin überprüfen, ob die mit der Unterbringung von psychisch Kranken verbundenen besonderen Aufgaben erfüllt werden. Dabei können Betroffene Wünsche und Beschwerden vortragen. Soweit zur Erfüllung ihrer Aufgaben erforderlich, darf eine Besuchskommission personenbezogene Daten der Betroffenen, der Beschäftigten und in diesem Zusammenhang unvermeidbar mitbetroffener Dritter erheben und unter Wahrung der schutzwürdigen Belange weiterverarbeiten. Für eine ausreichende Datensicherung hat die Besuchskommission Sorge zu tragen.

(2) Jede Besuchskommission legt alsbald, spätestens drei Monate nach einem Besuch der Aufsichtsbehörde einen Besuchsbericht mit dem Ergebnis der Überprüfung vor, der auch zu den Wünschen und Beschwerden von Betroffenen Stellung nimmt. Der Bericht wird von dem in Absatz 4 Nr. 2 genannten Mitglied der Kommission erstellt. Die Aufsichtsbehörde leitet ihn unverzüglich mit einer Stellungnahme und einem Bericht über die veranlassten Aufsichtsmaßnahmen an das für das Gesundheitswesen zuständige Ministerium weiter. Der Krankenhausträger erhält zeitgleich eine Durchschrift des Berichts nach Satz 2.

(3) Das für das Gesundheitswesen zuständige Ministerium legt dem Landtag alle zwei Jahre eine Zusammenfassung der Besuchsberichte nach Absatz 2 vor.

(4) Den Besuchskommissionen müssen angehören:
1. eine staatliche Medizinalbeamtin oder ein staatlicher Medizinalbeamter der Aufsichtsbehörde,
2. eine in der Psychiatrie weitergebildete Ärztin oder ein in der Psychiatrie weitergebildeter Arzt und
3. eine Vormundschaftsrichterin oder ein Vormundschaftsrichter oder eine Beamtin oder ein Beamter mit der Befähigung zum Richteramt oder zum höheren Verwaltungsdienst.

Das für das Gesundheitswesen zuständige Ministerium kann weitere Mitglieder, auch für einzelne Besuche der Kommission, bestellen, insbesondere der Betroffenen- und Angehörigenorganisationen. Angehörige der unteren Gesundheitsbehörde können an den Besuchen teilnehmen.

(5) Das Petitionsrecht, die Aufsichtspflichten und -rechte der zuständigen Behörden sowie das Gebot der Schweigepflicht der Angehörigen der Heilberufe bleiben unberührt.

§ 24 Beschwerdestellen. (1) In Krankenhäusern (§ 10 Abs. 2) sind die Betroffenen in geeigneter Weise über Name, Anschrift, Aufgabenbereich und Sprechstundenzeiten der Mitglieder der Patientenbeschwerdestelle nach § 5 Absatz 1 KHGG NRW zu unterrichten. Sprechstunden sollen bei Bedarf im geschlossenen Bereich des Krankenhauses abgehalten werden.

(2) Geeignet als Mitglied von Patientenbeschwerdestellen für die Belange Betroffener sind nach diesem Gesetz insbesondere Personen, die in der Behandlung und Betreuung von psychisch Kranken eine langjährige Erfahrung haben.

(3) Die Mitglieder der Patientenbeschwerdestellen haben im Rahmen ihrer Aufgaben das Recht, Unterbringungs- und Behandlungsräume zu begehen und bei Beanstandungen auf eine Änderung hinzuwirken. Sie prüfen die Wünsche und Beschwerden der Betroffenen und tragen sie auf deren Wunsch dem Krankenhausträger und den Besuchskommissionen (§ 23) vor. Schwerwiegende Mängel teilen sie der Aufsichtsbehörde unverzüglich mit.

Anhang
Text der Ländergesetze

§ 25 Beurlaubungen. (1) Die ärztliche Leitung kann die Betroffenen bis zu zehn Tagen beurlauben. Ein längerer Urlaub darf nur im Einvernehmen mit dem zuständigen Amtsgericht gewährt werden. In den Fällen des Satzes 2 ist der Sozialpsychiatrische Dienst der unteren Gesundheitsbehörde zu unterrichten.

(2) Die Beurlaubung kann mit Auflagen, insbesondere der Verpflichtung zur Weiterführung der ärztlichen Behandlung, verbunden werden.

(3) Die Beurlaubung kann jederzeit widerrufen werden, insbesondere, wenn Auflagen nicht befolgt werden.

§ 26 Freiwilliger Krankenhausaufenthalt. Verbleiben die Betroffenen nach Aufhebung der Unterbringungsanordnung, Ablauf der angeordneten Unterbringungszeit oder Eintritt der Entlassungsverpflichtung gemäß § 14 Abs. 2 auf Grund rechtswirksamer Einwilligung weiter in dem Krankenhaus, ist dies durch die ärztliche Leitung dem Gericht, der örtlichen Ordnungsbehörde, dem Sozialpsychiatrischen Dienst der unteren Gesundheitsbehörde und der gesetzlichen Vertretung der Betroffenen mitzuteilen.

Abschnitt V. Nachsorgende Hilfe für psychisch Kranke

§ 27 Ziel der nachsorgenden Hilfe. (1) Ziel der nachsorgenden Hilfe ist es, die Betroffenen nach einer Unterbringung oder einer sonstigen stationären psychiatrischen Behandlung durch individuelle, ärztlich geleitete Beratung und psychosoziale Maßnahmen zu befähigen, ein eigenverantwortliches und selbstbestimmtes Leben in der Gemeinschaft zu führen.

(2) Ist die Aussetzung der Vollziehung einer Unterbringung nach § 328 Absatz 1 FamFG, bei Minderjährigen in Verbindung mit § 167 Absatz 1 FamFG von Auflagen über eine ärztliche Behandlung abhängig gemacht worden, gehört es zur Aufgabe der nachsorgenden Hilfe, die Einhaltung dieser Auflagen zu überwachen.

§ 28 Durchführung. (1) Soweit Krankenhäuser soziale Dienste nach § 6 KHG NRW oder Institutsambulanzen nach § 118 SGB V vorhalten, ist die nachsorgende Hilfe in enger Zusammenarbeit mit diesen durchzuführen und von den unteren Gesundheitsbehörden zu koordinieren. § 8 gilt entsprechend. Sprechstunden und Hausbesuche können nach Absprache mit dem Träger der Hilfe für die untere Gesundheitsbehörde von den Einrichtungen nach Satz 1 wahrgenommen werden.

(2) In der nachsorgenden Hilfe sind, insbesondere nach Ablauf einer Aussetzung der Vollziehung, die Betroffenen erforderlichenfalls über die Folgen einer Unterbrechung der notwendigen ärztlichen Behandlung aufzuklären.

§ 29 Mitwirkung bei der Aussetzung. (1) Ist die Aussetzung der Vollziehung einer Unterbringung durch das Gericht nach § 328 Absatz 1 FamFG, bei Minderjährigen in Verbindung mit § 167 Absatz 1 FamFG davon abhängig gemacht worden, dass Betroffene sich in ärztliche Behandlung begeben, haben Betroffene oder ihre gesetzlichen Vertretungen unverzüglich Namen und Anschrift der behandelnden Ärztin oder des behandelnden Arztes dem Krankenhaus, in dem sie untergebracht waren, mitzuteilen.

(2) Das Krankenhaus übersendet unverzüglich einen ärztlichen Entlassungsbericht der behandelnden Ärztin oder dem behandelnden Arzt. Gleichzeitig ist eine Zweitschrift des Entlassungsberichtes unter Angabe der behandelnden Ärztin oder des behandelnden Arztes dem für den Aufenthaltsort der Betroffenen zuständigen Sozialpsychiatrischen Dienst der unteren Gesundheitsbehörde zu übersenden.

(3) Die behandelnde Ärztin oder der behandelnde Arzt haben den Sozialpsychiatrischen Dienst der unteren Gesundheitsbehörde zu unterrichten, wenn die ärztlichen Anordnungen von den Betroffenen nicht eingehalten werden. Der Sozialpsychiatrische Dienst der unteren Gesundheitsbehörde hat das zuständige Amtsgericht hiervon und über getroffene Maßnahmen zu unterrichten sowie eine Stellungnahme zum weiteren Vorgehen abzugeben. Soweit eine ärztliche Behandlung nicht mehr erforderlich ist, gilt § 15 Satz 2 entsprechend.

Abschnitt VI. Zuständigkeit und Kosten

§ 30 Aufsichtsbehörden. Aufsichtsbehörde ist die Bezirksregierung. Oberste Aufsichtsbehörde ist das für das Gesundheitswesen zuständige Ministerium.

§ 31 Kosten der Hilfen für psychisch Kranke. Die Kosten der Hilfen für psychisch Kranke einschließlich der Untersuchung nach § 9 tragen die Kreise und kreisfreien Städte.

§ 32 Kosten der Unterbringung. (1) Die Kosten einer nach diesem Gesetz durchgeführten Unterbringung in einem Krankenhaus tragen die Betroffenen, soweit sie nicht von Unterhaltspflichtigen, einem Träger der Sozialversicherung, einem Träger der Sozialhilfe oder anderen zu zahlen sind. Die Kosten einer Unterbringung nach diesem Gesetz trägt bei Gefangenen des Justizvollzuges und bei Sicherungsverwahrten das Land, vertreten durch das für die Rechtspflege zuständige Ministerium; gleiches gilt bei Strafarrestanten, wenn der Strafarrest in einer Einrichtung der Justiz vollzogen wird.

(2) Die Kosten einer Unterbringung sind von der Staatskasse zu tragen, wenn der Antrag auf Anordnung der Unterbringung abgelehnt oder zurückgenommen wird oder aus anderen Gründen seine Erledigung findet und die Voraussetzungen für die Unterbringung von Anfang an nicht vorgelegen haben.

(3) Hat das Verfahren ergeben, dass ein begründeter Anlass zur Antragstellung nicht vorlag, so kann das Gericht die Kosten der Unterbringung ganz oder teilweise der Gebietskörperschaft, deren Behörde den Antrag gestellt hat, auferlegen.

(4) In den Fällen der Absätze 2 und 3 hat die in der Hauptsache ergehende Entscheidung auszusprechen, wer die Kosten der Unterbringung zu tragen hat. Über die Kosten ist auch zu entscheiden, wenn eine Entscheidung in der Hauptsache nicht ergeht, und zwar unter Berücksichtigung des bisherigen Sachstandes nach billigem Ermessen. Den Beteiligten nach Absatz 1 ist die Entscheidung mitzuteilen.

(5) Die Entscheidung über die Kosten der Unterbringung ist mit der sofortigen Beschwerde selbstständig anfechtbar.

§ 33 Kosten der Behandlung. Die Kosten einer ambulanten oder stationären ärztlichen und psychotherapeutischen Behandlung tragen die Betroffenen, soweit sie nicht von Unterhaltspflichtigen, einem Träger der Sozialversicherung, einem Träger der Sozialhilfe oder anderen zu zahlen sind.

§ 34 Einschränkung von Grundrechten. Durch dieses Gesetz werden im Rahmen des Artikel 19 Abs. 2 des Grundgesetzes die Rechte auf körperliche Unversehrtheit und auf Freiheit der Person (Artikel 2 Abs. 2 des Grundgesetzes), auf Unverletzlichkeit des Brief-, Post- und Fernmeldegeheimnisses (Artikel 10 des Grundgesetzes) und der Wohnung (Artikel 13 des Grundgesetzes) eingeschränkt.

Anhang

Text der Ländergesetze

§ 35 Änderungsvorschrift. *(hier nicht abgedruckt)*

§ 36 In-Kraft-Treten. *(hier nicht abgedruckt)*

§ 37 Berichtspflicht. Über die Erfahrungen mit diesem Gesetz ist dem Landtag bis zum 31. Dezember 2014 und danach alle fünf Jahre zu berichten.

11. Rheinland-Pfalz

Landesgesetz für psychisch kranke Personen (PsychKG)

Vom 17. November 1995 (GVBl. S. 473), zuletzt geändert durch Art. 4 des Landesgesetz zur Anpassung des Landesrechts an das FGG-Reformgesetz v. 22. 12. 2009 (GVBl. S. 413)

Inhaltsübersicht §§

Erste Teil. Allgemeines

Anwendungsbereich	1
Fürsorgegrundsatz	2
Landespsychiatriebeirat	3

Zweiter Teil. Hilfen für psychisch kranke Personen

Allgemeines	4
Sozialpsychiatrische Dienste	5
Ehrenamtliche Hilfen und Selbsthilfe	6
Planung und Koordination der Hilfen	7

Dritter Teil. Schutzmaßnahmen für psychisch kranke Personen

Beratung und ärztliche Untersuchung	8
Behandlungsauflage, Unterrichtung der Unterbringungsbehörde	9
Rechtsschutz	10

Vierter Teil. Unterbringung

Erster Abschnitt. Voraussetzungen, Einrichtungen

Voraussetzungen der Unterbringung	11
Einrichtungen	12

Zweiter Abschnitt. Zuständigkeit und Verfahren, sofortige Unterbringung

Zuständigkeit	13
Verfahren	14
Sofortige Unterbringung	15

11. Rheinland-Pfalz

Anhang

§§

Dritter Abschnitt. Betreuung während der Unterbringung

Gestaltung der Unterbringung	16
Rechtsstellung der untergebrachten Person, besondere Sicherungsmaßnahmen	17
Körperliche Durchsuchung	18
Unmittelbarer Zwang	19
Behandlung	20
Persönlicher Besitz	21
Religionsausübung, Pflege weltanschaulicher Bekenntnisse	22
Besuchsrecht, Telefongespräche	23
Recht auf Schriftwechsel und Information	24
Verwertung von Kenntnissen	25
Offene Unterbringung	26
Beurlaubungen	27
Hausordnung	28
Besuchskommissionen	29

Vierter Abschnitt. Beendigung der Unterbringung

Entlassung	30

Fünfter Abschnitt. Nachsorge

Nachgehende Hilfen	31

Fünfter Teil. Mitteilungen, Akteneinsicht, Datenschutz

Information der betroffenen Person	32
Besondere Mitteilungspflichten	33
Datenschutz	34
Datenschutz bei Forschungsvorhaben	35
Religionsgemeinschaften und Datenschutz	36

Sechster Teil. Kosten

Allgemeines	37
Kosten der Unterbringung	38

Siebter Teil. Übergangs- und Schlußbestimmungen

Verwaltungsvorschriften	39
Einschränkung von Grundrechten	40
Änderung des Landesgesetzes zur Ausführung des Bundessozialhilfegesetzes	41
Änderung des Maßregelvollzugsgesetzes	42
Übergangsregelungen	43
Inkrafttreten	44

Anhang

Text der Ländergesetze

Der Landtag Rheinland-Pfalz hat das folgende Gesetz beschlossen:

Erster Teil. Allgemeines

§ 1 Anwendungsbereich. (1) Dieses Gesetz regelt Hilfen und Schutzmaßnahmen für psychisch kranke Personen einschließlich der freiheitsentziehenden Unterbringung.

(2) Psychisch krank im Sinne dieses Gesetzes sind Personen, die an einer Psychose, an einer psychischen Störung, die in ihrer Auswirkung einer Psychose gleichkommt, oder an einer mit dem Verlust der Selbstkontrolle einhergehenden Abhängigkeit von Suchtstoffen leiden.

§ 2 Fürsorgegrundsatz. Bei allen Maßnahmen auf Grund dieses Gesetzes ist auf das Befinden der psychisch kranken Person und ihre Persönlichkeit besondere Rücksicht zu nehmen. Den Wünschen der psychisch kranken Person soll soweit wie möglich Rechnung getragen werden. Dies gilt auch für Wünsche, die sie vor Beginn der Maßnahme geäußert hat, es sei denn, sie will erkennbar hieran nicht festhalten.

§ 3 Landespsychiatriebeirat. (1) Das fachlich zuständige Ministerium beruft einen Landespsychiatriebeirat, dem insbesondere Vertreter an der psychiatrischen Versorgung beteiligter Organisationen einschließlich der Leistungs- und Kostenträger sowie Angehörige psychisch kranker Personen und Mitglieder von Selbsthilfegruppen angehören. Den Vorsitz führt der fachlich zuständige Minister oder eine von ihm bestimmte Person.

(2) Der Landespsychiatriebeirat berät die Landesregierung in grundsätzlichen Fragen der Planung der psychiatrischen Versorgung; er soll auch zu sonstigen wesentlichen Fragen der psychiatrischen Versorgung gehört werden.

Zweiter Teil. Hilfen für psychisch kranke Personen

§ 4 Allgemeines. (1) Für eine bedarfsgerechte Versorgung der psychisch kranken Personen sollen individuelle und institutionelle Hilfen im beratenden, ambulanten, teilstationären, stationären, komplementären und rehabilitativen Bereich gemeinde- und wohnortnah vorgehalten werden.

(2) Ziel der Hilfen ist es, durch rechtzeitige und umfassende Beratung und persönliche Betreuung sowie durch Vermittlung oder Durchführung geeigneter Maßnahmen, insbesondere von Behandlung, eine Unterbringung oder sonstige stationäre psychiatrische oder psychotherapeutische Behandlung von psychisch kranken Personen entbehrlich zu machen (vorsorgende Hilfen) oder zu verkürzen (begleitende Hilfen) oder nach der Unterbringung oder sonstigen stationären psychiatrischen oder psychotherapeutischen Behandlung die Wiedereingliederung in die Gemeinschaft zu erleichtern (nachgehende Hilfen).

(3) Die Hilfen sollen ferner Personen, die mit psychisch kranken Personen als Angehörige oder in sonstiger Weise in Beziehung stehen, entlasten und unterstützen. Sie sollen bei ihnen insbesondere die Bereitschaft zur Mitwirkung bei der Behebung von Schwierigkeiten erhalten und fördern.

(4) Die Hilfen sollen nach Möglichkeit so geleistet werden, daß psychisch kranke Personen sie in Anspruch nehmen können, ohne ihren gewohnten Lebensbereich aufzugeben. Stationäre Hilfen sollen nur dann geleistet werden, wenn das Ziel der Hilfen nicht auf anderem Weg erreicht werden kann.

(5) Hilfen nach diesem Gesetz werden nur geleistet, wenn sie freiwillig angenommen werden.

11. Rheinland-Pfalz — Anhang

§ 5 Sozialpsychiatrische Dienste. (1) Bei den Gesundheitsämtern werden Sozialpsychiatrische Dienste eingerichtet. Bei einem Gesundheitsamt kann mit Zustimmung des fachlich zuständigen Ministeriums auch ein Sozialpsychiatrischer Dienst für die Bezirke mehrerer Gesundheitsämter eingerichtet werden.

(2) Der Sozialpsychiatrische Dienst hat dafür Sorge zu tragen, dass psychisch kranke Personen sowie Personen, bei denen Anzeichen einer psychischen Erkrankung vorliegen, rechtzeitig ärztlich und psychosozial beraten und betreut werden. Zur Erfüllung dieser Aufgabe hat er insbesondere darauf hinzuwirken, daß die von den niedergelassenen Ärzten, den Krankenhäusern, den Trägern der Sozial- und Jugendhilfe, den Kirchen und Religionsgemeinschaften des öffentlichen Rechts, den Verbänden der freien Wohlfahrtspflege und allen sonstigen geeigneten öffentlichen, freigemeinnützigen und privaten Organisationen, Einrichtungen und Stellen angebotenen Hilfen vorrangig in Anspruch genommen werden. Soweit und solange eine Inanspruchnahme der in Satz 2 genannten Hilfsangebote nicht möglich ist, soll der Sozialpsychiatrische Dienst die erforderliche ambulante ärztliche und psychosoziale Beratung und Betreuung selbst durchführen.

§ 6 Ehrenamtliche Hilfen und Selbsthilfe. Ehrenamtliche Hilfen einschließlich der Angehörigenarbeit sowie Projekte der Selbsthilfe sind in die Versorgung psychisch kranker Personen einzubeziehen. Soweit dies deren Wünschen entspricht, haben diese Hilfen Vorrang vor öffentlichen Hilfen.

§ 7 Planung und Koordination der Hilfen. (1) Die Planung und Koordination der Hilfen, die im Rahmen eines Gemeindepsychiatrischen Verbundes erbracht werden sollen, obliegt den Landkreisen und den kreisfreien Städten; sie erfüllen diese Aufgaben als Pflichtaufgaben der Selbstverwaltung. Sonstige gesetzliche Zuständigkeiten bleiben unberührt. Die Landkreise und die kreisfreien Städte wirken darauf hin, daß die Leistungserbringer zusammenarbeiten und dabei insbesondere Absprachen über eine sachgerechte Erbringung der Hilfen treffen. Sie können zur Durchführung der ihnen obliegenden Aufgaben Koordinierungsstellen für Psychiatrie einrichten.

(2) Die Landkreise und die kreisfreien Städte können Psychiatriebeiräte bilden, denen insbesondere Vertreter an der psychiatrischen Versorgung beteiligter Organisationen einschließlich der Leistungs- und Kostenträger sowie Angehörige psychisch kranker Personen und Mitglieder von Selbsthilfegruppen angehören. Der Psychiatriebeirat berät den Landkreis oder die kreisfreie Stadt in grundsätzlichen Fragen der Planung und Koordination der örtlichen psychiatrischen Versorgung sowie bei der Erstellung kommunaler Psychiatrieberichte. Er soll auch zu sonstigen wesentlichen Fragen der örtlichen psychiatrischen Versorgung gehört werden.

(3) Benachbarte Landkreise und kreisfreie Städte können auf Grund regionaler Besonderheiten eine gemeinsame Koordinierungsstelle für Psychiatrie einrichten und einen gemeinsamen Psychiatriebeirat bilden.

(4) Die Landkreise und die kreisfreien Städte fördern die Bildung von Psychosozialen Arbeitsgemeinschaften und unterstützen ihre Arbeit; sie können die Geschäfte der Psychosozialen Arbeitsgemeinschaft führen. Die Psychosoziale Arbeitsgemeinschaft ist ein Forum für die Kontaktaufnahme und gegenseitige Information der Beschäftigten der Dienste und Einrichtungen, die sich mit der Versorgung psychisch kranker Personen befassen; sie arbeitet dem Psychiatriebeirat fachlich zu.

(5) Das Land beteiligt sich an den den Landkreisen und den kreisfreien Städten entstehenden Kosten pauschal mit 0,51 EUR je Einwohner pro Jahr. Die Auszahlung erfolgt jeweils zum 1. Juli; maßgebend ist die zum 30. Juni des Vorjahres nach den

Anhang

Text der Ländergesetze

melderechtlichen Vorschriften unter Anwendung des landeseinheitlichen Verfahrens für das Meldewesen ermittelte Einwohnerzahl mit Hauptwohnung. Zuständige Behörde für die mit der Kostenbeteiligung zusammenhängenden Aufgaben des Landes ist das Landesamt für Soziales, Jugend und Versorgung.

Dritter Teil. Schutzmaßnahmen für psychisch kranke Personen

§ 8 Beratung und ärztliche Untersuchung. (1) Sind gewichtige Anhaltspunkte dafür vorhanden, daß eine Person psychisch krank ist und sich selbst schwerwiegenden Schaden zuzufügen oder die öffentliche Sicherheit oder Ordnung zu gefährden droht, soll der Sozialpsychiatrische Dienst einen Hausbesuch durchführen oder die betroffene Person auffordern, beim Sozialpsychiatrischen Dienst zu einer Beratung oder ärztlichen Untersuchung zu erscheinen. Der Sozialpsychiatrische Dienst kann die betroffene Person auch ohne deren Einwilligung oder ohne Einwilligung der Person, der die gesetzliche Vertretung obliegt, ärztlich untersuchen, soweit dies erforderlich ist, um eine psychische Erkrankung festzustellen. Dies gilt nicht für ärztliche Eingriffe sowie für Untersuchungen, die mit einem wesentlichen gesundheitlichen Risiko verbunden sind.

(2) Die Bediensteten des Sozialpsychiatrischen Dienstes haben das Recht, die Wohnung, in der die betroffene Person lebt, zu betreten, wenn gewichtige Anhaltspunkte dafür vorhanden sind, daß dies auf Grund der psychischen Erkrankung erforderlich ist zur Abwehr einer Lebensgefahr für einzelne Personen oder zur Verhütung einer dringenden Gefahr für die öffentliche Sicherheit oder Ordnung.

§ 9 Behandlungsauflage, Unterrichtung der Unterbringungsbehörde.
(1) Stellt der Sozialpsychiatrische Dienst die psychische Erkrankung einer Person fest und ist zu befürchten, daß sie sich selbst schwerwiegenden Schaden zufügen wird oder die öffentliche Sicherheit oder Ordnung durch ihre Erkrankung gefährdet, so gibt er ihr auf, sich in ambulante oder stationäre psychiatrische oder psychotherapeutische Behandlung zu begeben oder andere geeignete Maßnahmen zur Abwendung der Gefahr zu ergreifen und ihn über die erfolgten Maßnahmen zu unterrichten. Begibt sich die betroffene Person in Behandlung, so teilt der Sozialpsychiatrische Dienst den Untersuchungsbefund der behandelnden Person oder Einrichtung mit.

(2) Der Sozialpsychiatrische Dienst unterrichtet die für die Einleitung und Durchführung des Unterbringungsverfahrens zuständige Behörde über die von ihm getroffenen Feststellungen, wenn dringende Gründe für die Annahme bestehen, daß die Voraussetzungen für eine Unterbringung vorliegen.

§ 10 Rechtsschutz. Gegen Schutzmaßnahmen des Sozialpsychiatrischen Dienstes kann die betroffene Person Antrag auf gerichtliche Entscheidung stellen. Über den Antrag entscheidet das Betreuungsgericht, bei Minderjährigen das Familiengericht, in dessen Bezirk die Schutzmaßnahme erfolgt. § 327 des Gesetzes über das Verfahren in Familiensachen und in den Angelegenheiten der freiwilligen Gerichtsbarkeit (FamFG) ist entsprechend anzuwenden.

Vierter Teil. Unterbringung

Erster Abschnitt. Voraussetzungen, Einrichtungen

§ 11 Voraussetzungen der Unterbringung. (1) Psychisch kranke Personen können gegen ihren Willen oder im Zustand der Willenlosigkeit untergebracht werden, wenn sie durch ihr krankheitsbedingtes Verhalten ihr Leben, ihre Gesundheit oder besonders bedeutende Rechtsgüter anderer gegenwärtig in erheblichem Maße gefährden und diese Gefahr nicht anders abgewendet werden kann. Eine gegenwärtige Gefährdung im Sinne des Satzes 1 besteht dann, wenn infolge der psychischen Erkrankung ein schadenstiftendes Ereignis unmittelbar bevorsteht oder sein Eintritt zwar unvorhersehbar, wegen besonderer Umstände jedoch jederzeit zu erwarten ist. Die fehlende Bereitschaft, sich behandeln zu lassen, rechtfertigt für sich allein keine Unterbringung.

(2) Die Bestimmungen dieses Gesetzes über die Unterbringung finden keine Anwendung, wenn eine Person auf Grund des Aufenthaltsbestimmungsrechts der Person, der die gesetzliche Vertretung obliegt, untergebracht und die in Absatz 1 Satz 1 genannte Gefahr damit abgewendet wird.

(3) Eine Unterbringung nach diesem Gesetz darf nicht vollzogen werden, wenn die betroffene Person sich auf Grund richterlicher Anordnung in Haft oder in sonstigem öffentlich-rechtlichen Gewahrsam befindet.

§ 12 Einrichtungen. (1) Die Unterbringung erfolgt in vom fachlich zuständigen Ministerium als geeignet anerkannten psychiatrischen Krankenhäusern, psychiatrischen Fachabteilungen sonstiger Krankenhäuser, psychiatrischen Hochschulkliniken und anderen für psychisch kranke Personen geeigneten Einrichtungen; die Anerkennung ist im Staatsanzeiger für Rheinland-Pfalz bekanntzumachen. Die psychiatrischen Krankenhäuser, die psychiatrischen Fachabteilungen sonstiger Krankenhäuser und die psychiatrischen Hochschulkliniken können vom fachlich zuständigen Ministerium einen regionalen Pflichtversorgungsauftrag erhalten; der Ausschuß für Krankenhausplanung (§ 8 Landeskrankenhausgesetz) ist vorher anzuhören. Bei den psychiatrischen Hochschulkliniken ist das Einvernehmen des für die Hochschulkliniken zuständigen Ministeriums erforderlich.

(2) Die an der Unterbringung beteiligten Einrichtungen sind im Rahmen der Qualitätssicherung zur Basisdokumentation ihrer Arbeit verpflichtet.

(3) Die Einrichtungen sind durch geeignete Maßnahmen gegen Entweichen der untergebrachten Personen zu sichern. Sie sollen auch für eine offene Unterbringung geeignet sein.

(4) Die Einrichtungen müssen so ausgestattet sein, daß eine auf die unterschiedlichen Anforderungen abgestimmte Behandlung ermöglicht und die Wiedereingliederung der untergebrachten Personen gefördert wird. Jugendliche sind in kinder- und jugendpsychiatrischen Krankenhäusern oder vergleichbaren Einrichtungen unterzubringen.

(5) Das Landesamt für Soziales, Jugend und Versorgung führt die Aufsicht über die in Absatz 1 genannten Einrichtungen im Hinblick auf die dort erfolgten Unterbringungen. Die Einrichtungen unterrichten das Landesamt für Soziales, Jugend und Versorgung über alle wesentlichen Angelegenheiten und über besondere Vorkommnisse und erteilen auf Anfrage die erforderlichen Auskünfte. Das Landesamt für Soziales,

Anhang

Text der Ländergesetze

Jugend und Versorgung kann den Einrichtungen allgemeine Weisungen und Weisungen für den Einzelfall erteilen. Oberste Aufsichtsbehörde ist das fachlich zuständige Ministerium.

Zweiter Abschnitt. Zuständigkeit und Verfahren, sofortige Unterbringung

§ 13 Zuständigkeit. (1) Zuständige Behörde für die im Zusammenhang mit der Einleitung und Durchführung des Unterbringungsverfahrens einschließlich des gerichtlichen Verfahrens anfallenden Aufgaben ist die Kreisverwaltung, in kreisfreien Städten die Stadtverwaltung. Die Landkreise und die kreisfreien Städte nehmen die Aufgaben als Auftragsangelegenheit wahr.

(2) Örtlich zuständig ist die Behörde, in deren Bezirk die betroffene Person ihren gewöhnlichen Aufenthalt hat; hat sie keinen gewöhnlichen Aufenthalt in Rheinland-Pfalz oder läßt sich ein solcher nicht feststellen, so ist die Behörde zuständig, in deren Bezirk das Bedürfnis für die behördlichen Maßnahmen hervortritt. Befindet sich die betroffene Person bereits in einer Einrichtung im Sinne des § 12 Abs. 1, so ist die Behörde zuständig, in deren Bezirk die Einrichtung liegt. Für eilige behördliche Maßnahmen ist neben der nach den Sätzen 1 oder 2 zuständigen Behörde auch die Behörde einstweilen zuständig, in deren Bezirk das Bedürfnis für diese Maßnahmen hervortritt; in diesem Fall ist die nach den Sätzen 1 oder 2 zuständige Behörde unverzüglich über die getroffenen Maßnahmen zu unterrichten.

(3) Für Maßnahmen im Vollzug der Unterbringung ist die Einrichtung zuständig.

(4) Die Befugnisse der Polizei, Personen gemäß den Bestimmungen des Polizei- und Ordnungsbehördengesetzes in Gewahrsam zu nehmen, bleiben unberührt. Die Polizei hat die zuständige Behörde unverzüglich über die von ihr getroffenen Maßnahmen zu unterrichten, soweit diese Personen betreffen, bei denen die Voraussetzungen des § 11 Abs. 1 Satz 1 vorliegen.

§ 14 Verfahren. (1) Die Unterbringung wird vom zuständigen Gericht auf schriftlichen Antrag der zuständigen Behörde angeordnet.

(2) Dem Antrag ist ein Gutachten eines Arztes für Psychiatrie oder für Kinder- und Jugendpsychiatrie beizufügen. Das Gutachten muß auf einer höchstens eine Woche vor der Antragstellung erfolgten, von dem Arzt selbst durchgeführten Untersuchung der betroffenen Person beruhen. Aus ihm muß hervorgehen, aus welchen Tatsachen und ärztlichen Beurteilungen sich ergibt, daß die Unterbringung geboten ist und aus welchen Gründen die Unterbringung nicht durch Hilfen oder sonstige Maßnahmen vermieden werden kann. Aus dem Gutachten soll hervorgehen, ob die betroffene Person ohne erhebliche Nachteile für ihre Gesundheit durch das Gericht persönlich angehört werden kann.

(3) Der Vorlage eines Gutachtens bedarf es nicht, wenn sie wegen Gefahr im Verzug nicht möglich ist. In diesem Fall ist dem Antrag eine Darstellung des wesentlichen Sachverhalts und ein ärztliches Zeugnis, aus denen in kurzer Zusammenfassung der Krankheitszustand der betroffenen Person und die Unterbringungsbedürftigkeit ersichtlich sind, beizufügen. Ist auch die Beifügung des ärztlichen Zeugnisses nicht möglich, weil es zum Zeitpunkt der Antragstellung noch nicht vorliegt, ist es unverzüglich nachzureichen. Absatz 2 Satz 1 und 2 gilt entsprechend. Die Nichtvorlage des Gutachtens oder des ärztlichen Zeugnisses sind im Antrag zu begründen.

(4) Dem Antrag sollen auch der zuständigen Behörde vorliegende Niederschriften über erfolgte Anhörungen der betroffenen Person oder Dritter sowie ein Bericht der Person, die das Verwaltungsverfahren geführt hat, beigefügt werden; dem Antrag

11. Rheinland-Pfalz **Anhang**

sollen Namen und Anschriften der in § 315 FamFG genannten Beteiligten, bei Minderjährigen auch der in § 167 Abs. 4 FamFG genannten weiteren Personen beigefügt werden.

(5) Die zuständige Behörde kann auch ohne Einwilligung der betroffenen Person oder der Person, der die gesetzliche Vertretung obliegt, die Vorführung und Untersuchung der betroffenen Person sowie sonstige damit zusammenhängende Maßnahmen vornehmen oder vornehmen lassen, soweit dies zur Durchführung des Unterbringungsverfahrens erforderlich ist. Dies gilt nicht für ärztliche Eingriffe sowie für Behandlungen und Untersuchungen, die mit einem wesentlichen gesundheitlichen Risiko verbunden sind.

(6) Anordnungen des zuständigen Gerichts können von der zuständigen Behörde durch unmittelbaren Zwang nach den Bestimmungen des Landesverwaltungsvollstreckungsgesetzes vollstreckt werden; einer Androhung des Zwangsmittels bedarf es nicht.

(7) Die zuständige Behörde und die Leitung der Einrichtung, in der die betroffene Person untergebracht ist, haben das zuständige Gericht unverzüglich zu unterrichten, wenn Gründe für die Annahme bestehen, daß die Voraussetzungen für die Aufhebung oder die Aussetzung der Vollziehung einer Unterbringung oder deren Widerruf vorliegen.

(8) Die zuständige Behörde hat bei der Durchführung ihrer Aufgaben den Sozialpsychiatrischen Dienst zu beteiligen, soweit dies aus fachlichen Gründen geboten ist.

(9) Gegen eine Maßnahme im Rahmen der Vorbereitung einer Unterbringung kann die betroffene Person auch vor der gerichtlichen Anordnung der Unterbringung Antrag auf gerichtliche Entscheidung stellen. Über den Antrag entscheidet das Betreuungsgericht, bei Minderjährigen das Familiengericht, in dessen Bezirk das Bedürfnis für die Unterbringungsmaßnahme hervortritt. § 327 FamFG ist entsprechend anzuwenden.

§ 15 Sofortige Unterbringung. (1) Sind dringende Gründe für die Annahme vorhanden, dass die Voraussetzungen für eine Unterbringung nach § 11 Abs. 1 Satz 1 vorliegen und kann eine gerichtliche Entscheidung nach § 331 oder nach § 322 in Verbindung mit § 284 FamFG nicht mehr rechtzeitig ergehen, um die in § 11 Abs. 1 Satz 1 bezeichnete Gefahr abzuwenden, so kann die zuständige Behörde die betroffene Person in Gewahrsam nehmen und die sofortige Unterbringung längstens bis zum Ende des auf die Ingewahrsamnahme folgenden Tages in einer Einrichtung im Sinne des § 12 Abs. 1 anordnen und nach Maßgabe des § 14 Abs. 6 vollstrecken.

(2) Voraussetzung der Anordnung der sofortigen Unterbringung ist, dass ein Arzt die betroffene Person untersucht und aufgrund des Ergebnisses der Untersuchung die Notwendigkeit der sofortigen Unterbringung festgestellt hat; über die Untersuchung und ihr Ergebnis ist ein Protokoll zu erstellen.

(3) Der betroffenen Person ist unverzüglich Gelegenheit zu geben, Angehörige oder Personen ihres Vertrauens zu benachrichtigen. Die zuständige Behörde hat die Benachrichtigung auf Wunsch der betroffenen Person zu übernehmen; sie soll sie übernehmen, wenn die betroffene Person nicht in der Lage ist, von ihrem Recht nach Satz 1 Gebrauch zu machen und die Benachrichtigung ihrem mutmaßlichen Willen nicht widerspricht. Die Person, der die gesetzliche Vertretung obliegt, ist im Rahmen ihres Aufgabenbereiches unverzüglich zu benachrichtigen.

(4) Bei der Aufnahme in die Einrichtung ist die betroffene Person unverzüglich durch einen Arzt für Psychiatrie oder für Kinder- und Jugendpsychiatrie zu untersuchen; dabei ist zu prüfen, ob die Voraussetzungen für die sofortige Unterbringung vorliegen. Über das Ergebnis der Prüfung ist die zuständige Behörde unverzüglich zu

unterrichten. Sie hat die sofortige Unterbringung aufzuheben, wenn aufgrund der ärztlichen Untersuchung erhebliche Zweifel an dem Vorliegen der Voraussetzungen für die sofortige Unterbringung bestehen.

(5) Im Fall der Anordnung einer sofortigen Unterbringung hat die zuständige Behörde unverzüglich die gerichtliche Anordnung der Unterbringung zu beantragen, sofern sie die weitere Unterbringung für erforderlich hält.

(6) Sofern die rechtzeitige Anordnung der sofortigen Unterbringung durch die zuständige Behörde nicht möglich ist, können die in den Absätzen 1 bis 3 und 4 Satz 3 dargestellten Maßnahmen auch durch den Sozialpsychiatrischen Dienst vorgenommen werden; hält sich die betroffene Person bereits in einer Einrichtung im Sinne des § 12 Abs. 1 auf, so können die Maßnahmen nach den Absätzen 1 bis 3 auch von der Einrichtung getroffen werden. Die zuständige Behörde ist unverzüglich zu unterrichten; sie hat die getroffenen Maßnahmen zu prüfen und die sofortige Unterbringung aufzuheben, wenn aufgrund des Prüfungsergebnisses Zweifel an dem Vorliegen der Voraussetzungen für die sofortige Unterbringung bestehen.

(7) Gegen eine Maßnahme zur Regelung einzelner Angelegenheiten im Vollzug der sofortigen Unterbringung kann die betroffene Person auch schon vor der gerichtlichen Anordnung der Unterbringung Antrag auf gerichtliche Entscheidung stellen. Über den Antrag entscheidet das Betreuungsgericht, bei Minderjährigen das Familiengericht, in dessen Bezirk die Maßnahme erfolgt. § 327 FamFG ist entsprechend anzuwenden.

Dritter Abschnitt. Betreuung während der Unterbringung

§ 16 Gestaltung der Unterbringung. (1) Die Unterbringung ist unter Berücksichtigung therapeutischer Gesichtspunkte den allgemeinen Lebensverhältnissen soweit wie möglich anzupassen. Hierzu gehören auch die regelmäßige Beschäftigung, Anregungen für die Gestaltung der Freizeit und der tägliche Aufenthalt im Freien.

(2) Während der Unterbringung fördert die Einrichtung die Aufrechterhaltung bestehender und die Anbahnung neuer sozialer Kontakte der untergebrachten Person, soweit sie der Wiedereingliederung dienen.

§ 17 Rechtsstellung der untergebrachten Person, besondere Sicherungsmaßnahmen. (1) Die untergebrachte Person unterliegt nur den in diesem Gesetz vorgesehenen Beschränkungen. Ihr dürfen nur solche Beschränkungen auferlegt werden, die im Hinblick auf den Zweck der Unterbringung oder zur Aufrechterhaltung der Sicherheit oder Ordnung in der Einrichtung unerläßlich sind.

(2) Besondere Sicherungsmaßnahmen sind nur zulässig, wenn die gegenwärtige erhebliche Gefahr besteht, dass die untergebrachte Person sich selbst tötet oder ernsthaft verletzt, gewalttätig wird oder die Einrichtung ohne Erlaubnis verlassen wird und wenn dieser Gefahr nicht anders begegnet werden kann. Besondere Sicherungsmaßnahmen sind:

1. die Wegnahme oder das Vorenthalten von Gegenständen,
2. die Beschränkung des Aufenthalts im Freien,
3. die Absonderung in einem besonderen Raum,
4. die Fixierung,
5. die Ruhigstellung durch Medikamente, soweit die dabei eingesetzten Medikamente nicht bereits der Behandlung der Grunderkrankung dienen.

(3) Jede besondere Sicherungsmaßnahme ist befristet anzuordnen, ärztlich zu überwachen und unverzüglich aufzuheben, wenn die Voraussetzungen für ihre Anordnung weggefallen sind. Anordnung und Aufhebung der besonderen Sicherungs-

maßnahmen sind aktenkundig zu machen. Eine mehr als einen Tag dauernde Absonderung in einem besonderen Raum bedarf der Zustimmung der Aufsichtsbehörde. Die Zustimmung darf für jeweils höchstens eine Woche erteilt werden. Bei der Fixierung ist eine ständige Beobachtung zu gewährleisten.

§ 18 Körperliche Durchsuchung. Die untergebrachte Person darf bei Gefahr einer erheblichen Störung der Sicherheit oder Ordnung in der Einrichtung oder bei einer erheblichen Selbstgefährdung durchsucht werden. Eine mit einer Entkleidung verbundene körperliche Durchsuchung ist nur bei Gefahr im Verzug im Einzelfall zulässig. Sie muss in einem geschlossenen Raum durchgeführt werden; andere Patienten dürfen nicht anwesend sein. Frauen sollen nur durch weibliches Personal, Männer nur durch männliches Personal durchsucht werden. Das Schamgefühl der untergebrachten Person ist zu achten. Über die Durchsuchung ist ein Protokoll zu fertigen, das der untergebrachten Person zur Kenntnis zu geben ist.

§ 19 Unmittelbarer Zwang. (1) Das ärztliche, therapeutische, pflegerische und sonstige mit der Aufsicht betraute Personal der Einrichtung darf im Rahmen der Unterbringung unmittelbaren Zwang anwenden, wenn dies erforderlich ist, um die öffentliche Sicherheit oder Ordnung oder die Sicherheit oder Ordnung in der Einrichtung bei einer erheblichen Gefährdung aufrechtzuerhalten oder um die untergebrachte Person, die sich selbst zu schädigen droht, zu schützen.

(2) Unmittelbarer Zwang im Sinne dieses Gesetzes ist die Einwirkung auf Personen oder Sachen durch körperliche Gewalt und ihre Hilfsmittel.

(3) Unmittelbarer Zwang ist vorher anzudrohen. Die Androhung darf nur dann unterbleiben, wenn die Umstände sie nicht zulassen, insbesondere unmittelbarer Zwang sofort angewendet werden muß, um eine gegenwärtige erhebliche Gefahr abzuwenden.

(4) Unter mehreren möglichen und geeigneten Maßnahmen des unmittelbaren Zwangs sind diejenigen zu wählen, die die betroffene Person und die Allgemeinheit voraussichtlich am wenigsten beeinträchtigen. Unmittelbarer Zwang hat zu unterbleiben, wenn ein durch ihn zu erwartender Schaden erkennbar außer Verhältnis zu dem angestrebten Erfolg steht.

(5) Die Anwendung unmittelbaren Zwangs einschließlich der Gründe hierfür sind aktenkundig zu machen.

§ 20 Behandlung. (1) Die untergebrachte Person hat Anspruch auf die notwendige Behandlung; sie ist bei der Aufnahme in die Einrichtung zur Feststellung der erforderlichen Behandlungsmaßnahmen durch einen Arzt für Psychiatrie oder für Kinder- und Jugendpsychiatrie zu untersuchen. Soweit erforderlich, schließt die Behandlung sonstige Untersuchungen sowie beschäftigungs- und arbeitstherapeutische, heilpädagogische und psychotherapeutische Maßnahmen ein. Die Behandlung der Erkrankung, die zur Unterbringung geführt hat, erfolgt nach einem Behandlungsplan. Den Wünschen der untergebrachten Person soll im Rahmen der Behandlung soweit wie möglich Rechnung getragen werden.

(2) Der Behandlungsplan und die Behandlung sind der untergebrachten Person zu erläutern. Ist sie in der Lage, den Grund, die Art, den Umfang und die Tragweite der Behandlung einzusehen, so soll die Erläuterung darauf gerichtet sein, ihre Zustimmung zur Behandlung zu erreichen. Der Person, der die gesetzliche Vertretung obliegt, ist Gelegenheit zu geben, im Rahmen ihres Aufgabenbereichs an der Erläuterung teilzunehmen.

Anhang

Text der Ländergesetze

(3) Ärztliche Eingriffe und sonstige Behandlungsmaßnahmen, die mit Lebensgefahr oder einer erheblichen Gefahr für die Gesundheit verbunden sind, dürfen nur mit rechtswirksamer Einwilligung der untergebrachten Person oder, falls sie die Bedeutung und Tragweite der Maßnahme und der Einwilligung nicht beurteilen kann, der Person, der die gesetzliche Vertretung obliegt und, soweit erforderlich, mir Genehmigung des Betreuungsgerichtes vorgenommen werden.

§ 21 Persönlicher Besitz. (1) Die untergebrachte Person hat das Recht, ihre persönliche Kleidung zu tragen.

(2) Die untergebrachte Person hat das Recht, persönliche Gegenstände in ihrem Zimmer aufzubewahren. Dieses Recht kann nur eingeschränkt werden, wenn gesundheitliche Nachteile für sie zu befürchten sind oder die Sicherheit oder Ordnung in der Einrichtung erheblich gefährdet wird.

§ 22 Religionsausübung, Pflege weltanschaulicher Bekenntnisse. (1) Der untergebrachten Person ist die seelsorgerische Betreuung durch eine Religionsgemeinschaft und die ungestörte Religionsausübung in der Einrichtung zu gestatten. Das Recht auf Teilnahme an Gottesdiensten oder anderen religiösen Veranstaltungen darf nur eingeschränkt werden, wenn durch die Teilnahme die Gesundheit der untergebrachten Person oder die Sicherheit oder Ordnung in der Einrichtung erheblich gefährdet wird; der Seelsorger soll hierzu vorher gehört werden.

(2) Absatz 1 gilt für Angehörige weltanschaulicher Bekenntnisse entsprechend.

§ 23 Besuchsrecht, Telefongespräche. (1) Die untergebrachte Person hat das Recht, Besuche zu empfangen. Dieses Recht darf nur eingeschränkt werden, wenn durch den Besuch ihre Gesundheit oder die Sicherheit oder Ordnung in der Einrichtung erheblich gefährdet wird.

(2) Bestehen Anhaltspunkte dafür, daß die Sicherheit oder Ordnung in der Einrichtung erheblich gefährdet wird, so kann ein Besuch davon abhängig gemacht werden, daß sich die besuchende Person durchsuchen läßt. Die Durchsuchung ist aktenkundig zu machen.

(3) Die Besuche dürfen aus Gründen der Behandlung oder der Sicherheit oder Ordnung in der Einrichtung überwacht werden; die besuchende und die untergebrachte Person sind hierüber zu unterrichten. Die Übergabe von Gegenständen beim Besuch kann von der Erlaubnis der Einrichtung abhängig gemacht werden.

(4) Ein Besuch darf abgebrochen werden, wenn durch die Fortsetzung erhebliche gesundheitliche Nachteile für die untergebrachte Person zu befürchten sind oder die Sicherheit oder Ordnung in der Einrichtung erheblich gefährdet wird. Der Abbruch eines Besuches ist aktenkundig zu machen.

(5) Besuche von Rechtsanwälten und Notaren in einer die untergebrachte Person betreffenden Rechtsangelegenheit, von Seelsorgern und des Patientenfürsprechers der Einrichtung sind zu gestatten. Die Absätze 2 und 3 finden keine Anwendung.

(6) Die Absätze 1 und 3 Satz 1 und die Absätze 4 und 5 gelten für Telefongespräche entsprechend.

§ 24 Recht auf Schriftwechsel und Information. (1) Die untergebrachte Person hat das Recht, Schreiben unbeschränkt und ungeöffnet abzusenden und zu empfangen.

(2) Der Schriftwechsel darf überwacht und beschränkt werden, wenn Anhaltspunkte dafür vorliegen, daß die Gefahr der Einbringung von Suchtstoffen oder gefährlichen

11. Rheinland-Pfalz **Anhang**

Gegenständen besteht. Schreiben können eingesehen und angehalten werden, wenn Anhaltspunkte dafür vorliegen, daß sie zu einer erheblichen gesundheitlichen Gefährdung der untergebrachten Person führen können oder geeignet sind, die Sicherheit oder Ordnung in der Einrichtung erheblich zu gefährden. Angehaltene Schreiben werden an die Person, die sie abgesandt hat, zurückgegeben oder, sofern dies unmöglich oder aus besonderen Gründen untunlich ist, aufbewahrt. Die aufbewahrten Schreiben werden der untergebrachten Person spätestens bei ihrer Entlassung aus der Einrichtung ausgehändigt.

(3) Der Schriftwechsel der untergebrachten Person mit Gerichten, Rechtsanwälten, Notaren, dem Patientenfürsprecher der Einrichtung, dem Seelsorger, der Person, der die gesetzliche Vertretung obliegt, der Besuchskommission und den aufsichtsführenden Behörden unterliegt keiner Einschränkung. Das gleiche gilt für den Schriftwechsel mit den Volksvertretungen des Bundes und der Länder sowie deren Mitgliedern, mit der Europäischen Kommission für Menschenrechte, mit dem Bürgerbeauftragten und mit dem Landesbeauftragten für den Datenschutz sowie bei ausländischen Staatsangehörigen des Schriftwechsels mit den konsularischen und diplomatischen Vertretungen des Heimatlandes.

(4) Die Absätze 1 bis 3 gelten für andere Postsendungen, Telegramme und andere Arten der Nachrichtenübermittlung auf Bild- oder Tonträgern entsprechend.

(5) Die untergebrachte Person darf Zeitungen und Zeitschriften beziehen.

(6) Einschränkungen sind aktenkundig zu machen.

§ 25 Verwertung von Kenntnissen. (1) Kenntnisse aus der Überwachung der Besuche und Telefongespräche sowie aus Überwachungsmaßnahmen nach § 24 sind vertraulich zu behandeln. Sie dürfen nur verwertet werden, soweit dies
1. aus Gründen der Behandlung geboten ist oder
2. notwendig ist, um die Sicherheit oder Ordnung in der Einrichtung zu wahren sowie Straftaten zu verhüten, zu unterbinden oder zu verfolgen;
in den Fällen der Nummer 1 soll die untergebrachte Person gehört werden, wenn nicht Gründe der Behandlung entgegenstehen.

(2) Die Kenntnisse dürfen nur den für die Unterbringung zuständigen Bediensteten sowie den Gerichten und Behörden mitgeteilt werden, die zuständig sind, Straftaten zu verhüten, zu unterbinden oder zu verfolgen.

§ 26 Offene Unterbringung. Um das angestrebte Behandlungsziel zu erreichen, soll die Unterbringung nach Möglichkeit aufgelockert und weitestgehend in freien Formen durchgeführt werden, sobald der Gesundheitszustand der untergebrachten Person dies zuläßt.

§ 27 Beurlaubungen. (1) Die untergebrachte Person kann durch die Einrichtung bis zu einem Monat beurlaubt werden, wenn ihr Gesundheitszustand und ihre persönlichen Verhältnisse es rechtfertigen und ein Mißbrauch des Urlaubsrechts nicht zu befürchten ist. Die Beurlaubung kann mit Auflagen verbunden werden, soweit dies im Hinblick auf das Behandlungsziel erforderlich ist.

(2) Die Beurlaubung soll widerrufen werden, wenn die beurlaubte Person die Auflagen nicht erfüllt, ihr Gesundheitszustand sich wesentlich verschlechtert oder ein Mißbrauch des Urlaubsrechts zu befürchten ist.

(3) Über die bevorstehende Beurlaubung und den Widerruf der Beurlaubung sind die zuständige Behörde und die Person, der insoweit die gesetzliche Vertretung obliegt, rechtzeitig zu unterrichten.

Anhang

Text der Ländergesetze

§ 28 Hausordnung. (1) Die Einrichtung erläßt eine Hausordnung. Diese regelt die Rechte und Pflichten der untergebrachten Personen; sie kann insbesondere Regelungen über die Einbringung von Gegenständen, die Ausgestaltung der Räume, die Einkaufsmöglichkeiten, ein Rauchverbot, ein Alkoholverbot, die Besuchszeiten, den Telefonverkehr, den Schriftwechsel, die Freizeitgestaltung und den Aufenthalt im Freien enthalten. Den untergebrachten Personen, dem Personal der Einrichtung und dem Patientenfürsprecher ist Gelegenheit zur Mitwirkung beim Erlass der Hausordnung zu geben.

(2) Die Hausordnung ist durch ständigen Aushang in der Einrichtung allgemein bekanntzumachen.

(3) Durch die Hausordnung dürfen Rechte der untergebrachten Personen nicht weiter eingeschränkt werden als nach diesem Gesetz zulässig.

§ 29 Besuchskommissionen. (1) Der Stadtrat der kreisfreien Stadt oder der Kreistag des Landkreises, in deren Gebiet sich eine Einrichtung im Sinne des § 12 Abs. 1 befindet, soll für jeweils fünf Jahre eine Besuchskommission berufen. Aufgabe der Besuchskommission ist es, die Einrichtungen in Abständen von längstens einem Jahr zu besichtigen, um zu prüfen, ob die Rechte der untergebrachten Personen nach diesem Gesetz gewahrt werden. Der Besuchskommission ist ungehinderter Zugang zu den Einrichtungen zu gewähren. Bei den Besichtigungen ist den untergebrachten Personen Gelegenheit zu geben, Wünsche und Beschwerden vorzutragen. Die Einrichtungen sollen die Besuchskommission bei ihrer Tätigkeit unterstützen.

(2) Die Mitglieder der Besuchskommission dürfen an Überprüfungen nicht mitwirken, die sich auf Einrichtungen beziehen, in denen sie beschäftigt sind. Sie sind zur Verschwiegenheit in persönlichen Angelegenheiten der untergebrachten Personen verpflichtet.

(3) Die Besuchskommission legt dem Stadtrat oder dem Kreistag, der sie berufen hat, nach jeder Besichtigung einen Bericht mit dem Ergebnis der Überprüfung vor.

(4) Die Mitglieder der Besuchskommission erhalten für ihre Tätigkeit Entschädigung für Zeitversäumnis und Aufwand sowie Ersatz der Fahrtkosten nach den §§ 1 bis 5 und 9 bis 11 des Gesetzes über die Entschädigung der ehrenamtlichen Richter in der Fassung vom 1. Oktober 1969 (BGBl. I S. 1753) in der jeweils geltenden Fassung. Die Festsetzung und Auszahlung der Entschädigung und des Fahrtkostenersatzes erfolgt durch die nach Absatz 1 Satz 1 zuständige Stadt- oder Kreisverwaltung.

Vierter Abschnitt. Beendigung der Unterbringung

§ 30 Entlassung. Die untergebrachte Person ist zu entlassen
1. wenn das zuständige Gericht die von ihm angeordnete Unterbringung aufgehoben hat,
2. wenn das zuständige Gericht die Vollziehung der Unterbringung ausgesetzt hat,
3. wenn die vom zuständigen Gericht bestimmte Dauer der Unterbringung abgelaufen ist, sofern nicht das zuständige Gericht vorher die Unterbringung verlängert hat,
4. wenn die zuständige Behörde die Entlassung anordnet,
5. im Fall einer sofortigen Unterbringung nach § 15
    a) nach Aufhebung der sofortigen Unterbringung,
    b) nach Ablauf der in § 15 Abs. 1 bestimmten Frist,
sofern nicht das zuständige Gericht vorher eine Unterbringung angeordnet hat, soweit nicht die untergebrachte Person rechtswirksam einem weiteren Verbleiben in der Einrichtung ausdrücklich zustimmt.

Fünfter Abschnitt. Nachsorge

§ 31 Nachgehende Hilfen. (1) Nachgehende Hilfen nach der Entlassung aus der Unterbringung oder einer sonstigen stationären psychiatrischen oder psychotherapeutischen Behandlung sollen mit Zustimmung der betroffenen Person in enger Zusammenarbeit zwischen der Einrichtung, dem weiterbehandelnden Arzt und dem zuständigen Sozialpsychiatrischen Dienst so umfassend und rechtzeitig vorbereitet und eingeleitet werden, daß eine weiterhin erforderliche ambulante Betreuung der betroffenen Person gesichert ist.

(2) Bei der Gewährung von nachgehenden Hilfen arbeiten der Sozialpsychiatrische Dienst und die in § 5 Abs. 2 Satz 2 genannten Personen und Stellen eng zusammen.

(3) Nachgehende Hilfen sind rehabilitativ auszurichten und besonders in den Bereichen Wohnen, Arbeit sowie Teilhabe am Sozialleben anzubieten. Besonderes Gewicht ist auf die individuelle ärztliche Behandlung der betroffenen Person zu legen. Sie soll auf die mögliche Inanspruchnahme von Sozialleistungen hingewiesen werden.

(4) Im Rahmen der nachgehenden Hilfen ist die betroffene Person erforderlichenfalls über die Folgen einer Unterbrechung der notwendigen ärztlichen Behandlung zu informieren.

(5) Ist die Aussetzung der Vollziehung der Unterbringung durch das zuständige Gericht davon abhängig gemacht worden, daß die betroffene Person sich wegen ihrer psychischen Erkrankung in ärztliche Behandlung begibt, hat sie oder die Person, der insoweit die gesetzliche Vertretung obliegt, unverzüglich Namen und Anschrift des Arztes der Einrichtung, in der sie untergebracht war, mitzuteilen. Die Einrichtung übersendet dem behandelnden Arzt umgehend einen ärztlichen Entlassungsbericht. Ist die Aussetzung der Vollziehung mit der Auflage verbunden, Kontakt mit dem Sozialpsychiatrischen Dienst aufzunehmen, erhält dieser eine Zweitschrift des Entlassungsberichts unter Angabe des behandelnden Arztes.

Fünfter Teil. Mitteilungen, Akteneinsicht, Datenschutz

§ 32 Information der betroffenen Person. (1) Werden im Zusammenhang mit der Durchführung von Hilfen, Schutzmaßnahmen und Unterbringungen Feststellungen getroffen, die für die Belange der betroffenen Person von Bedeutung sein können, so sind ihr diese mitzuteilen.

(2) Auf Antrag ist der betroffenen Person unentgeltlich
1. Auskunft über die im Zusammenhang mit der Durchführung von Hilfen, Schutzmaßnahmen und Unterbringungen zu ihrer Person gespeicherten Daten, auch soweit sie sich auf die Herkunft und die Personen und Stellen, an die die Daten übermittelt worden sind, beziehen, und
2. Einsicht in die im Zusammenhang mit der Durchführung von Hilfen, Schutzmaßnahmen und Unterbringungen zu ihrer Person geführten Akten

zu gewähren.

(3) Die Mitteilung nach Absatz 1 und die Gewährung von Auskunft und Akteneinsicht nach Absatz 2 können unterbleiben, soweit und solange dies nach ärztlichem Zeugnis wegen einer Lebensgefahr oder einer Gefahr schwerwiegender gesundheitlicher Nachteile für die betroffene Person erforderlich ist; sie haben zu unterbleiben, soweit und solange überwiegende berechtigte Geheimhaltungsinteressen Dritter entgegenstehen. Soweit medizinische Daten betroffen sind, dürfen die Mitteilung und die

Anhang

Text der Ländergesetze

Gewährung von Auskunft und Akteneinsicht nur von einem Arzt vorgenommen werden.

(4) Die Feststellungen nach Absatz 1 sind auch der Person, der die gesetzliche Vertretung obliegt, mitzuteilen; das Auskunftsrecht und das Akteneinsichtsrecht nach Absatz 2 steht auch der Person, der die gesetzliche Vertretung obliegt, zu. Die Mitteilung und die Gewährung von Auskunft und Akteneinsicht nach Satz 1 erfolgen bei volljährigen Personen nur, soweit dies für die Wahrnehmung der Aufgaben der Person, der die gesetzliche Vertretung obliegt, erforderlich ist. Absatz 3 gilt entsprechend.

§ 33 Besondere Mitteilungspflichten. (1) Ist die betroffene Person im Besitz einer Fahrerlaubnis und ergeben sich im Zusammenhang mit der Durchführung von Hilfen und Schutzmaßnahmen durch den Sozialpsychiatrischen Dienst erhebliche Zweifel an ihrer Eignung zum Führen von Kraftfahrzeugen, so hat der verantwortliche Arzt diesen Befund eingehend mit der betroffenen Person zu erörtern mit dem Ziel, sie vom Führen von Kraftfahrzeugen abzuhalten. Ist die betroffene Person nicht bereit, auf das Führen von Kraftfahrzeugen zu verzichten oder liegen hierfür wesentliche Anhaltspunkte vor, so soll der Sozialpsychiatrische Dienst die für die Entziehung der Fahrerlaubnis zuständige Verwaltungsbehörde über die getroffenen Feststellungen unterrichten; der Unterrichtung ist ein Gutachten eines Arztes für Psychiatrie oder für Kinder- und Jugendpsychiatrie beizufügen, aus dem hervorgeht, aus welchen Tatsachen und ärztlichen Beurteilungen sich die erheblichen Zweifel an der Eignung der betroffenen Person zum Führen von Kraftfahrzeugen ergeben.

(2) Ergeben sich die erheblichen Zweifel an der Eignung der betroffenen Person zum Führen von Kraftfahrzeugen im Zusammenhang mit der Entlassung aus einer Einrichtung im Sinne des § 12 Abs. 1, so unterrichtet die nach § 13 Abs. 1 zuständige Behörde oder der verantwortliche Arzt der Einrichtung den Sozialpsychiatrischen Dienst über die getroffenen Feststellungen; der Sozialpsychiatrische Dienst prüft den Sachverhalt und führt das Verfahren nach Absatz 1 durch, wenn auch auf Grund seiner Prüfung erhebliche Zweifel an der Eignung der betroffenen Person zum Führen von Kraftfahrzeugen bestehen.

(3) Die betroffene Person und die Person, der die gesetzliche Vertretung obliegt, sind über die getroffenen Feststellungen und über die Unterrichtung des Sozialpsychiatrischen Dienstes und der für die Entziehung der Fahrerlaubnis zuständigen Verwaltungsbehörde zu informieren.

(4) Hat eine Behörde die nach § 13 Abs. 1 zuständige Behörde für den Fall der Entlassung einer untergebrachten Person aus einer Einrichtung um Unterrichtung ersucht, weil sie mit Rücksicht auf den Gesundheitszustand der untergebrachten Person die Vollstreckung einer Haft oder eines sonstigen öffentlich-rechtlichen Gewahrsams aufgeschoben oder unterbrochen hat, so unterrichtet die zuständige Behörde sie rechtzeitig von einer vorgesehenen Entlassung.

§ 34 Datenschutz. (1) Soweit in diesem Gesetz nichts anderes bestimmt ist, sind die jeweils geltenden Vorschriften über den Schutz personenbezogener Daten anzuwenden.

(2) Personenbezogene Daten dürfen nur erhoben, gespeichert oder genutzt werden, soweit
1. dies im Rahmen der Durchführung von Hilfen, Schutzmaßnahmen und Unterbringungen erforderlich ist,
2. eine Rechtsvorschrift es erlaubt oder
3. die Person, auf die sich die Daten beziehen (betroffene Person), eingewilligt hat.

11. Rheinland-Pfalz **Anhang**

Die Einwilligung nach Satz 1 Nr. 3 bedarf der Schriftform, soweit nicht wegen besonderer Umstände eine andere Form angemessen ist. Wird die Einwilligung mündlich erteilt, ist dies aktenkundig zu machen. Die betroffene Person ist in geeigneter Weise über die Bedeutung der Einwilligung sowie über den Zweck der Erhebung und die vorgesehene weitere Verarbeitung der Daten aufzuklären; sie ist darauf hinzuweisen, daß ihr wegen einer Verweigerung der Einwilligung keine Nachteile entstehen.

(3) Eine Übermittlung personenbezogener Daten ist nur zulässig,
1. soweit sie erforderlich ist
   a) zur Erfüllung einer gesetzlich vorgeschriebenen Behandlungs- oder Mitteilungspflicht,
   b) zur Durchführung von Schutzmaßnahmen oder Unterbringungen,
   c) zur Abwehr von gegenwärtigen Gefahren für das Leben, die Gesundheit oder die persönliche Freiheit der betroffenen Person oder einer dritten Person, sofern die genannten Rechtsgüter das Geheimhaltungsinteresse der betroffenen Person erheblich überwiegen,
   d) zur Durchführung eines mit der Durchführung von Hilfen, Schutzmaßnahmen und Unterbringungen zusammenhängenden gerichtlichen Verfahrens,
   e) zur Feststellung der Kostenträgerschaft und zur Abrechnung,
2. an Personen, denen die gesetzliche Vertretung obliegt, soweit dies für die Wahrnehmung der damit zusammenhängenden Aufgaben erforderlich ist und
3. an Angehörige, soweit dies zur Wahrung ihrer berechtigten Interessen erforderlich ist, schutzwürdige Belange der betroffenen Person nicht beeinträchtigt werden und die Einholung der Einwilligung für die betroffene Person gesundheitlich nachteilig wäre.

Im übrigen ist eine Übermittlung nur mit Einwilligung der betroffenen Person zulässig; Absatz 2 Satz 2 bis 4 gilt entsprechend.

(4) Personenbezogene Daten, die nach den Bestimmungen dieses Gesetzes übermittelt worden sind, dürfen nur für den Zweck verarbeitet werden, zu dessen Erfüllung sie befugt übermittelt worden sind. Im übrigen haben die Personen und Stellen, an die die personenbezogenen Daten übermittelt worden sind, die personenbezogenen Daten in demselben Umfang geheimzuhalten wie die übermittelnde Person oder Stelle selbst.

(5) Personenbezogene Daten, die im Rahmen einer Beratung oder zu sonstigen Zwecken ohne rechtliche Verpflichtung anvertraut worden sind, dürfen nur im Rahmen dieser Zweckbestimmung gespeichert oder genutzt werden; eine Übermittlung oder eine sonstige Weitergabe an andere Personen und Stellen ist nur in den Fällen des Absatzes 3 Satz 1 Nr. 1 Buchst. a und c und Satz 2 zulässig.

(6) Personenbezogene Daten sind zu löschen, wenn
1. ihre Speicherung unzulässig ist oder
2. sie zur Erfüllung des mit ihrer Speicherung verbundenen Zwecks nicht mehr erforderlich sind, vorgeschriebene Aufbewahrungsfristen abgelaufen sind und kein Grund zu der Annahme besteht, daß durch die Löschung schutzwürdige Interessen der betroffenen Person oder dritter Personen beeinträchtigt werden können.

(7) Es sind die technischen und organisatorischen Maßnahmen zu treffen, die erforderlich und angemessen sind, um die Beachtung der geltenden Datenschutzbestimmungen zu gewährleisten.

§ 35 Datenschutz bei Forschungsvorhaben. (1) Die mit der Durchführung von Hilfen, Schutzmaßnahmen und Unterbringungen befaßten Ärzte dürfen die bei ihnen in diesem Zusammenhang anfallenden personenbezogenen Daten für eigene wissenschaftliche Forschungsvorhaben speichern und nutzen. Satz 1 gilt entsprechend für

Anhang

Text der Ländergesetze

sonstiges wissenschaftliches Personal, soweit es der Geheimhaltungspflicht des § 203 des Strafgesetzbuches unterliegt.

(2) Zu Zwecken der wissenschaftlichen Forschung ist die Übermittlung von personenbezogenen Daten, die im Zusammenhang mit der Durchführung von Hilfen, Schutzmaßnahmen und Unterbringungen anfallen, an Dritte und die Speicherung und Nutzung durch sie zulässig, wenn die betroffene Person eingewilligt hat. § 34 Abs. 2 Satz 2 bis 4 gilt entsprechend.

(3) Die personenbezogenen Daten sind zu anonymisieren, sobald dies nach dem Forschungszweck möglich ist. Solange dies nicht möglich ist, sind die Merkmale, mit deren Hilfe ein Personenbezug hergestellt werden kann, gesondert zu speichern, sobald es der Forschungszweck erlaubt; die Merkmale sind zu löschen, sobald der Forschungszweck erreicht ist.

(4) An Personen und Stellen, auf die die Bestimmungen dieses Gesetzes keine Anwendung finden, dürfen personenbezogene Daten nur übermittelt werden,
1. wenn sie sich verpflichten,
   a) die Daten nur für das von ihnen genannte Forschungsvorhaben zu verwenden,
   b) die Bestimmungen des Absatzes 3 einzuhalten und
   c) dem Landesbeauftragten für den Datenschutz auf Verlangen Einsicht und Auskunft zu gewähren, sowie
2. wenn sie nachweisen, daß bei ihnen die technischen und organisatorischen Voraussetzungen vorliegen, um die Verpflichtung nach Nummer 1 Buchst. b zu erfüllen.

§ 36 Religionsgemeinschaften und Datenschutz. Soweit Religionsgemeinschaften oder diesen gleichgestellte oder ihnen zuzuordnende Einrichtungen, unabhängig von ihrer Rechtsform, Hilfen und Unterbringungen durchführen oder bei der Durchführung von Hilfen und Unterbringungen mitwirken, können diese unter Berücksichtigung ihres kirchlichen Selbstverständnisses anstelle der datenschutzrechtlichen Bestimmungen dieses Gesetzes eigene bereichsspezifische Bestimmungen erlassen, die einen den Grundsätzen dieses Gesetzes entsprechenden Datenschutz gewährleisten.

Sechster Teil. Kosten

§ 37 Allgemeines. Für die Tätigkeit der Behörden nach diesem Gesetz werden keine Kosten erhoben, soweit sich aus § 38 nichts anderes ergibt. Auf Gesetz oder Vereinbarung beruhende Verpflichtungen zur Kostentragung, insbesondere von Sozialleistungsträgern, bleiben unberührt.

§ 38 Kosten der Unterbringung. (1) Die Kosten der Unterbringung in einer Einrichtung einschließlich der Transportkosten trägt die untergebrachte Person, soweit nicht Unterhaltspflichtige, Sozialleistungsträger oder sonstige Dritte zur Kostentragung verpflichtet sind.

(2) Wird ein Antrag auf gerichtliche Anordnung der Unterbringung abgelehnt oder zurückgenommen oder im Fall des § 15 ein Antrag auf gerichtliche Anordnung der Unterbringung nicht gestellt, so trägt die Kosten einer vorläufigen oder sofortigen Unterbringung in einer Einrichtung einschließlich der Transportkosten der Träger der nach § 13 Abs. 1 zuständigen Behörde, in den Fällen des § 15 Abs. 6 der Träger des Sozialpsychiatrischen Dienstes oder der Einrichtung, soweit nicht Unterhaltspflichtige, Sozialleistungsträger oder sonstige Dritte zur Kostentragung verpflichtet sind.

(3) Absatz 2 gilt bei Anordnung der sofortigen Wirksamkeit einer Unterbringungsmaßnahme entsprechend.

12. Saarland

(4) Die Kosten der Besuchskommission trägt die nach § 29 Abs. 1 Satz 1 zuständige kommunale Gebietskörperschaft.

Siebter Teil. Übergangs- und Schlußbestimmungen

§ 39 Verwaltungsvorschriften. Die zur Durchführung dieses Gesetzes erforderlichen Verwaltungsvorschriften erläßt das fachlich zuständige Ministerium in Einvernehmen mit den Ministerien, deren Geschäftsbereich berührt wird.

§ 40 Einschränkung von Grundrechten. Durch dieses Gesetz werden die Grundrechte aus Artikel 2 Abs. 2 Satz 1 und 2 (körperliche Unversehrtheit und Freiheit der Person), Artikel 6 (Einheit der Familie), Artikel 10 Abs. 1 (Brief-, Post- und Fernmeldegeheimnis) und Artikel 13 Abs. 1 (Unverletzlichkeit der Wohnung) des Grundgesetzes eingeschränkt.

§ 41 Änderung des Landesgesetzes zur Ausführung des Bundessozialhilfegesetzes

§ 42 Änderung des Maßregelvollzugsgesetzes

§ 43 Übergangsregelungen. Die zum Zeitpunkt des Inkrafttretens dieses Gesetzes anhängigen Unterbringungsverfahren gehen in der Lage, in der sie sich befinden, auf die nach diesem Gesetz zuständigen Behörden über. Ist zu diesem Zeitpunkt ein Unterbringungsantrag nach den bisher geltenden Bestimmungen wirksam gestellt, so gilt er als Antrag nach § 14 Abs. 1.

§ 44 Inkrafttreten. (1) Dieses Gesetz tritt am 1. Januar 1996 in Kraft.

(2) Gleichzeitig treten außer Kraft:
1. das Unterbringungsgesetz vom 19. Februar 1959 (GVBl. S. 91, 114), geändert durch Artikel 2 des Gesetzes vom 20. Dezember 1991 (GVBl. S. 407), BS 2012–2,
2. die Landesverordnung über die Übertragung von Aufgaben der Kreisverwaltung auf die Stadtverwaltungen der großen kreisangehörigen Städte vom 14. Juli 1960 (GVBl. S. 139), zuletzt geändert durch § 1 Nr. 2 der Verordnung vom 16. Dezember 1983 (GVBl. S. 371), BS 2020–1-7.

12. Saarland

Gesetz über die Unterbringung psychisch Kranker (Unterbringungsgesetz – UBG)

Vom 11. November 1992 (ABl. S. 1271), zuletzt geändert durch Art. 8 Abs. 3 Verwaltungsstrukturreformgesetz v. 21. 11. 2007 (ABl. S. 2393)

Der Landtag des Saarlandes hat folgendes Gesetz beschlossen, das hiermit verkündet wird:

§ 1 Personenkreis. Psychisch Kranke im Sinne dieses Gesetzes sind Personen, bei denen eine geistige oder seelische Krankheit oder Störung von erheblichem Ausmaß vorliegt oder die an einer mit dem Verlust der Selbstkontrolle einhergehenden Abhängigkeit von Suchtstoffen leiden.

Anhang

Text der Ländergesetze

§ 2 Subsidiarität der Unterbringung. Um eine Unterbringung nach diesem Gesetz zu vermeiden, so weit wie möglich zu verkürzen oder einer untergebrachten Person nach Beendigung der Unterbringung die notwendige Hilfestellung mit dem Ziel ihrer gesundheitlichen Wiederherstellung und sozialen Eingliederung zu gewähren, sind alle vorhandenen vorsorgenden, begleitenden und nachsorgenden Hilfen auszuschöpfen.

§ 3 Wahrung der Persönlichkeitsrechte. Bei allen Maßnahmen auf Grund dieses Gesetzes ist auf den Zustand der betroffenen Personen besondere Rücksicht zu nehmen; ihre Persönlichkeitsrechte sind zu wahren. Sie sind so unterzubringen, zu behandeln und zu betreuen, daß der Unterbringungszweck mit dem geringstmöglichen Eingriff in die persönliche Freiheit erreicht wird.

§ 4 Voraussetzungen der Unterbringung. (1) Eine psychisch kranke Person darf nach diesem Gesetz gegen oder ohne ihren Willen in einem Krankenhaus im Sinne des § 10 stationär nur untergebracht werden, wenn und solange die betroffene Person durch ihr krankheitsbedingtes Verhalten ihr Leben, ihre Gesundheit, bedeutende eigene oder bedeutende Rechtsgüter Dritter in erheblichem Maße gefährdet und diese Gefahr nicht anders als durch stationäre Aufnahme in einem Krankenhaus abgewendet werden kann.

(2) Absatz 1 ist auch anwendbar, wenn eine Unterbringung psychisch Kranker nach den §§ 1631b, 1800, 1906 und 1915 des Bürgerlichen Gesetzbuches durch ihre gesetzlichen Vertreter/innen, denen das Aufenthaltsbestimmungsrecht zusteht, unterbleibt oder der/die gesetzliche Vertreter/in, dem/der Aufenthaltsbestimmungsrecht zusteht, der Unterbringung widerspricht.

§ 5 Anordnung der Unterbringung. (1) Die Unterbringung wird auf schriftlichen Antrag der zuständigen Verwaltungsbehörde durch das Vormundschaftsgericht angeordnet.

(2) Der Antrag der Verwaltungsbehörde ist zu begründen. Aus dem Antrag muß hervorgehen, inwieweit die betroffene Person durch ihr krankheitsbedingtes Verhalten ihr Leben, ihre Gesundheit, bedeutende eigene oder bedeutende Rechtsgüter Dritter in erheblichem Maße gefährdet und diese Gefahr nicht anders als durch die Unterbringung abgewendet werden kann. Er soll die betreffende Person bezeichnen, ihren gewöhnlichen oder derzeitigen Aufenthaltsort angeben und die Personen, die nach § 70d des Gesetzes über die Angelegenheiten der freiwilligen Gerichtsbarkeit zu hören sind, nach Namen und Anschrift benennen.

(3) Dem Antrag ist das Gutachten eines(r) Sachverständigen beizufügen, aus dem sich ergeben muß, daß die Voraussetzungen der Unterbringung nach § 4 Abs. 1 vorliegen. Der/Die Sachverständige soll in der Regel Arzt/Ärztin für Psychiatrie sein; in jedem Fall muß er/sie Arzt/Ärztin mit Erfahrung auf dem Gebiet der Psychiatrie sein. Das Gutachten muß auf den gegenwärtigen Gesundheitszustand der betroffenen Person abstellen und auf einer höchstens drei Tage zurückliegenden persönlichen Untersuchung beruhen.

§ 6 Einstweilige Unterbringung in Eilfällen. (1) Sind dringende Gründe für die Annahme vorhanden, daß die Voraussetzungen für eine Unterbringung nach § 4 Abs. 1 vorliegen und kann eine gerichtliche Entscheidung nach § 70h oder nach § 70e Abs. 2 in Verbindung mit § 68b Abs. 4 des Gesetzes über die Angelegenheiten der freiwilligen Gerichtsbarkeit nicht rechtzeitig ergehen, um einen unmittelbar drohenden Schaden zu verhindern, so kann die zuständige Verwaltungsbehörde die einstweilige Unterbringung anordnen. Die zuständige Verwaltungsbehörde hat das nach § 70 Abs. 5 Satz 1 des Gesetzes über die Angelegenheiten der freiwilligen Gerichtsbarkeit zuständige Gericht unverzüglich zu verständigen und spätestens bei zum Ablauf des auf die Einweisung folgenden Tages auf eine Entscheidung über die Unterbringung hinzuwirken.

(2) In unaufschiebbaren Fällen des Absatzes 1 kann die Polizei die/den Betroffene/n ohne Anordnung der zuständigen Verwaltungsbehörde in einer Einrichtung im Sinne des § 10 unterbringen. Die Polizei hat das nach § 70 Abs. 5 Satz 1 des Gesetzes über die Angelegenheiten der freiwilligen Gerichtsbarkeit zuständige Gericht, die nach § 8 zuständige Verwaltungsbehörde sowie die nächsten Angehörigen bzw. den/die zuständige/n Betreuer/in unverzüglich von der Unterbringung zu verständigen; Absatz 1 Satz 2 gilt entsprechend. Satz 1 gilt auch in den Fällen, in denen sich eine psychisch kranke Person entgegen der Entscheidung des Gerichts der Obhut der Einrichtung entzieht.

(3) Gegen eine Maßnahme zur Regelung einzelner Angelegenheiten im Vollzug der Unterbringung kann der/die Betroffene auch schon vor der gerichtlichen Anordnung der Unterbringung Antrag auf gerichtliche Entscheidung stellen. Über den Antrag entscheidet das für die Anordnung der Unterbringung zuständigen Gericht (§ 70 des Gesetzes über die Angelegenheiten der freiwilligen Gerichtsbarkeit). Der Verwaltungsrechtsweg ist ausgeschlossen.

(4) In den Fällen der Absätze 1 und 2 ist vor der Anordnung der Einweisung durch die Verwaltungsbehörde oder der Unterbringung durch die Polizei eine Begutachtung des/der Betroffenen gemäß § 5 Abs. 3 einzuholen; das Gutachten kann in diesen Fällen auch durch eine(n) approbierte(n) Ärztin/Arzt erstattet werden.

§ 7 Anwendung der Vorschriften über die Angelegenheiten der freiwilligen Gerichtsbarkeit. Hinsichtlich der vorläufigen und endgültigen Unterbringung durch das Gericht sowie für das gerichtliche Verfahren wird auf die Vorschriften der §§ 70 ff. des Gesetzes über die Angelegenheiten der freiwilligen Gerichtsbarkeit (FGG) verwiesen.

§ 8 Zuständige Verwaltungsbehörden. (1) Zuständige Verwaltungsbehörden nach diesem Gesetz sind die Landkreise, der Regionalverband Saarbrücken, die Landeshauptstadt Saarbrücken und die kreisfreien Städte.

(2) Für die örtliche Zuständigkeit der Verwaltungsbehörde gilt § 70 des Gesetzes über die Angelegenheiten der freiwilligen Gerichtsbarkeit entsprechend.

§ 9 Durchführung der Unterbringung. (1) Die Ausführung einer vom Gericht angeordneten Unterbringung obliegt der zuständigen Verwaltungsbehörde. Innerhalb einer Einrichtung im Sinne des § 10 obliegt dieser die Durchführung einer vom Gericht angeordneten Unterbringung.

(2) Zur Erfüllung ihrer Aufgaben nach Absatz 1 kann sich die zuständige Verwaltungsbehörde der Vollzugshilfe der Polizei (§§ 41 bis 43 des Saarländischen Polizeigesetzes vom 8. November 1989 – Amtsbl. S. 1750) und der Mitwirkung des Rettungsdienstes (Saarländisches Rettungsgesetz in der Fassung der Bekanntmachung vom 13. Januar 2004 – Amtsbl. S. 170) bedienen.

§ 10 Einrichtungen zur Unterbringung. (1) Die Unterbringung erfolgt in psychiatrischen Krankenhäusern oder psychiatrischen Krankenhausabteilungen.

Anhang

Text der Ländergesetze

(2) Die in Absatz 1 genannten Einrichtungen müssen besondere Vorkehrungen gegen Entweichungen vorhalten.

(3) Für die Aufsicht über die Einrichtungen gilt § 6 des Saarländischen Krankenhausgesetzes vom 15. Juli 1987 (Amtsbl. S. 921).

§ 11 Untersuchung und Behandlung in besonderen Fällen. (1) Unmittelbarer Zwang zur medizinischen Untersuchung und Behandlung einer Person darf nur angewendet werden, wenn dadurch eine akute Gefährdung ihres Lebens oder eine erhebliche Gefährdung ihrer Gesundheit oder Rechtsgüter Dritter abgewendet werden kann. Solche Zwangsmaßnahmen sind nur durch eine(n) Ärztin/Arzt oder auf deren Anordnung zulässig. Mitarbeiter/innen einer Einrichtung im Sinne des § 10 dürfen gegenüber untergebrachten Personen unmittelbaren Zwang nur dann anwenden, wenn dies zur Aufrechterhaltung der Sicherheit innerhalb der Einrichtung erforderlich ist; die Fortdauer solcher Zwangsmaßnahmen bedarf ärztlicher Anordnung.

(2) Maßnahmen nach Absatz 1 sind der untergebrachten Person vorher anzudrohen; die Androhung darf nur dann unterbleiben, wenn die Umstände sie nicht zulassen.

§ 12 Betreuung und Heilbehandlung. (1) Die nach diesem Gesetz untergebrachten Personen haben Anspruch darauf, als Kranke behandelt zu werden.

(2) Die nach diesem Gesetz untergebrachten Personen haben Anspruch auf die notwendige Heilbehandlung; diese umfaßt alle Leistungen, die im Einzelfall nach Art und Schwere der Krankheit für die Behandlung im Krankenhaus notwendig sind, insbesondere ärztliche Behandlung, Krankenpflege, Versorgung mit Arznei-, Heil- und Hilfsmitteln, Unterkunft und Verpflegung, und die erfolgreich sind, um der untergebrachten Person nach ihrer Entlassung ein eigenverantwortliches Leben in der Gemeinschaft zu ermöglichen. Die Behandlung ist der untergebrachten Person nach Möglichkeit zu erläutern.

(3) Aus therapeutischen oder anderen wichtigen Gründen kann einer untergebrachten Person durch den/die Leiter/in der Einrichtung eine kurzzeitige Abwesenheit aus der Einrichtung mit oder ohne Begleitung gestattet werden. Das Vormundschaftsgericht und die für die Unterbringung zuständige Verwaltungsbehörde sind vorher hiervon in Kenntnis zu setzen.

(4) Im Zusammenhang mit Maßnahmen nach Absatz 3 ist zu prüfen, ob eine Aussetzung der Unterbringung nach § 70 k des Gesetzes über die Angelegenheiten der freiwilligen Gerichtsbarkeit angezeigt ist.

§ 13 Einwilligung in Behandlungsmaßnahmen. (1) Medizinische Eingriffe oder Behandlungsmaßnahmen im Sinne des § 12 Abs. 2 dürfen nur mit Einwilligung der untergebrachten Person oder, falls diese die Behandlung und Tragweite der Maßnahme oder der Einwilligung nicht beurteilen kann, mit Einwilligung ihres(r) gesetzlichen Vertreters/in vorgenommen werden.

(2) Ohne Einwilligung darf eine Maßnahme nach Absatz 1 nur vorgenommen werden, wenn mit einem Aufschub eine akute Gefahr für das Leben oder eine schwerwiegende und dauernde Gesundheitsbeeinträchtigung verbunden wären.

(3) Für die Fälle, in denen die untergebrachte Person unter Betreuung steht, wird auf § 1904 Abs. 1 BGB verwiesen.

(4) Medizinische Experimente dürfen an untergebrachten Personen nicht vorgenommen werden.

§ 14 Beendigung der Unterbringung. (1) Die untergebrachte Person ist zu entlassen, wenn

12. Saarland **Anhang**

1. die Unterbringungsfrist des § 70f Abs. 1 Nr. 3 des FGG abgelaufen ist und die Fortdauer der Unterbringung nicht zuvor angeordnet wurde,
2. die Anordnung der Unterbringung vom zuständigen Gericht aufgehoben oder ausgesetzt worden ist oder
3. im Falle einer einstweiligen Unterbringung im Sinne des § 6 eine vorläufige oder endgültige Unterbringung im Sinne der §§ 70ff. FGG nicht spätestens bis zum Ablauf des auf die Unterbringung folgenden Tages gerichtlich angeordnet worden ist.

In den Fällen der Nrn. 1 und 3 sind das zuständige Gericht und die in § 70d des FGG genannten Beteiligten unverzüglich von der Entlassung in Kenntnis zu setzen.

(2) Ergibt eine ärztliche Untersuchung, daß die Unterbringungsvoraussetzungen nicht oder nicht mehr vorliegen, ist vor allen Beteiligten unverzüglich auf die gerichtliche Aufhebung der Unterbringung hinzuwirken.

(3) Nach jeweils sechs Monaten Unterbringungsdauer ist eine Begutachtung durch eine/n Sachverständige/n im Sinne des § 5 Abs. 3 herbeizuführen, der den/die Betroffene(n) bisher weder behandelt noch begutachtet hat, noch der Einrichtung angehört, in der der/die Betroffene untergebracht ist.

§ 15 Persönliches Eigentum, Besuchsrecht, Telefon- und Postverkehr, Religionsausübung. (1) Die untergebrachte Person hat das Recht, ihre persönliche Kleidung zu tragen, persönliche Gegenstände in ihrem Zimmer zu haben und Besuch zu empfangen, soweit es ihr Gesundheitszustand gestattet und die Sicherheit oder Ordnung der Unterbringungseinrichtung dadurch nicht gestört wird. Unter den gleichen Voraussetzungen ist die untergebrachte Person berechtigt, Telefongespräche zu empfangen und auf ihre Kosten zu führen sowie mit Personen und Stellen außerhalb der Unterbringungseinrichtung auf dem Postwege zu verkehren.

(2) Der Schriftverkehr der untergebrachten Person mit ihrem/r gesetzlichen Vertreter/in, Rechtsanwalt/in, Verteidiger/in, Notar/in, mit Gerichten, Volksvertretungen des Bundes und der Länder sowie deren Mitgliedern, mit der Europäischen Kommission für Menschenrechte sowie bei ausländischen Staatsangehörigen mit der diplomatischen Vertretung des Heimatlandes wird nicht überwacht.

(3) Die Religionsausübung ist zu gewährleisten.

§ 16 Kosten der Unterbringung. (1) Die Kosten einer nach diesem Gesetz durchgeführten Unterbringung trägt der/die Kranke, soweit nicht wegen der Behandlung im Sinne des § 12 nach anderen Vorschriften sonstige Sozialleistungsträger Leistungen zu erbringen haben. Die Pflicht zur Erstattung der Kosten durch Dritte bleibt hiervon unberührt.

(2) Soweit der/die Kranke kostenpflichtig bleibt, kann in besonderen Härtefällen das Land die Kosten übernehmen.

(3) Die Kosten des nach § 5 Abs. 3, § 6 Abs. 4 und § 14 Abs. 3 erforderlichen Gutachtens trägt die Verwaltungsbehörde.

§ 17 Einschränkung von Grundrechten. Durch dieses Gesetz werden die Grundrechte auf körperliche Unversehrtheit und Freiheit der Person (Artikel 2 Abs. 2 des Grundgesetzes), Schutz von Ehe und Familie (Artikel 6 des Grundgesetzes), Unverletzlichkeit des Brief- und Post- und Fernmeldegeheimnisses (Artikel 10 des Grundgesetzes), auf Freizügigkeit (Artikel 11 des Grundgesetzes) und auf Unverletzlichkeit der Wohnung (Artikel 13 des Grundgesetzes) eingeschränkt.

§ 18 Erlaß von Verwaltungsvorschriften. Das Ministerium für Justiz, Gesundheit und Soziales wird ermächtigt, zur Durchführung dieses Gesetzes im Einvernehmen

Anhang

Text der Ländergesetze

mit dem Ministerium für Inneres, Familie, Frauen und Sport Verwaltungsvorschriften zu erlassen.

§ 19 Inkrafttreten, Außerkrafttreten. Dieses Gesetz tritt am 1. Januar 1993 in Kraft; zum gleichen Zeitpunkt tritt das Gesetz über die Unterbringung von psychisch Kranken und Süchtigen (Unterbringungsgesetz) vom 10. Dezember 1969 (Amtsbl. S. 22), zuletzt geändert durch Artikel 2 des Gesetzes zur Ausführung des Gesetzes zur Reform des Rechts der Vormundschaft und Pflegschaft für Volljährige (AG-BtG) und zur Änderung landesrechtlicher Vorschriften vom 15. Juli 1992 (Amtsbl. S. 838), außer Kraft.

13. Sachsen

Sächsisches Gesetz über die Hilfen und die Unterbringung bei psychischen Krankheiten (SächsPsychKG)

Vom 10. Oktober 2007 (GVBl. S. 422), zuletzt geändert durch Art. 5 des Gesetzes zur Anpassung landesrechtlicher Verjährungsvorschriften v. 8. 12. 2008 (GVBl. S. 940)

Inhaltsübersicht §§

Erster Abschnitt. Allgemeines

Anwendungsbereich	1
Psychiatrische Krankenhäuser, Aufnahme- und Behandlungspflicht	2
Besuchskommissionen	3
Patientenfürsprecher	4

Zweiter Abschnitt. Hilfen für psychisch Kranke und Zuständigkeiten

Hilfen	5
Durchführung der Hilfen	6
Koordination der psychiatrischen Versorgung	7
Örtliche Zuständigkeit	8

Dritter Abschnitt. Unterbringung und Verfahren

Rechtsbelehrung des Patienten	9
Unterbringung und deren Voraussetzungen	10
Verweisung auf FGG	11
Örtlich zuständige Verwaltungsbehörde	12
Vorbereitendes Verfahren	13
Vollstreckung der Unterbringung	14
Vollzug der Unterbringung	15
Gerichtliche Entscheidung über die Behandlung	16

Anhang

13. Sachsen

Vierter Abschnitt. Besondere Unterbringungsarten	§§
Vorläufige Unterbringung	17
Sofortige vorläufige Unterbringung und fürsorgliche Aufnahme oder Zurückhaltung	18

Fünfter Abschnitt. Rechtsstellung und Betreuung während der Unterbringung

Rechtsstellung des Patienten	19
Eingangsuntersuchung	20
Behandlung	21
Behandlung ohne Einwilligung des Patienten	22
Unmittelbarer Zwang	23
Persönliches Eigentum	24
Recht auf Besuch	25
Postverkehr	26
Andere Arten der Nachrichtenübermittlung	27
Verwertung von Kenntnissen	28
Offene Unterbringung	29
Urlaub und Ausgang	30
Sicherungsmaßnahmen	31
Durchsuchung	32
Belastende Vollzugsmaßnahmen, Dokumentationspflicht	33

Sechster Abschnitt. Beendigung der Unterbringung

Aussetzung des Vollzugs, Entlassung	34
Freiwilliger Aufenthalt	35

Siebenter Abschnitt. Kosten

Kosten der Unterbringung	36
Kosten des Verfahrens	37

Achter Abschnitt. Unterbringung in einem psychiatrischen Krankenhaus oder einer Entziehungsanstalt aufgrund strafgerichtlicher Entscheidung

Rechtsstellung des Patienten	38
Verfügungsbeschränkung, Taschengeld	39
Festnahmerecht, unmittelbarer Zwang	40

Neunter Abschnitt. Schlussvorschriften

Einschränkung von Grundrechten	41
Durchführungsbestimmungen	42
Außerkrafttreten	43
Inkrafttreten	44

Erster Abschnitt. Allgemeines

§ 1 Anwendungsbereich. (1) Dieses Gesetz regelt
1. Hilfen für psychisch kranke Menschen und von psychischer Krankheit bedrohte Menschen,
2. die Anordnung von Maßnahmen für psychisch kranke Menschen,
3. die Unterbringung von psychisch kranken Menschen,

Anhang

Text der Ländergesetze

4. den Vollzug der Maßregeln nach den §§ 63 und 64 des Strafgesetzbuches (StGB) in der Fassung der Bekanntmachung vom 13. November 1998 (BGBl. I S. 3322), das zuletzt durch Artikel 2 des Gesetzes vom 22. August 2006 (BGBl. I S. 1970, 1971) geändert worden ist, und § 7 des Jugendgerichtsgesetzes (JGG) in der Fassung der Bekanntmachung vom 11. Dezember 1974 (BGBl. I S. 3427), das zuletzt durch Artikel 9 des Gesetzes vom 21. Dezember 2004 (BGBl. I S. 3599, 3601) geändert worden ist, in den jeweils geltenden Fassungen.

(2) Psychisch kranke Menschen im Sinne dieses Gesetzes sind auch Personen, bei denen eine Suchtkrankheit vorliegt.

§ 2 Psychiatrische Krankenhäuser, Aufnahme- und Behandlungspflicht.
(1) Krankenhäuser im Sinne dieses Gesetzes sind psychiatrische Krankenhäuser und psychiatrische Abteilungen an Allgemein- oder Fachkrankenhäusern (Krankenhäuser).

(2) Krankenhäuser sind verpflichtet, die einer psychiatrischen Krankenhausbehandlung bedürfenden Patienten aus einem festgelegten Einzugsgebiet, in dem sie ihren gewöhnlichen Aufenthalt haben oder in dem die stationäre Behandlungsbedürftigkeit eingetreten ist, aufzunehmen und zu behandeln. Den gewöhnlichen Aufenthalt im Sinne von Satz 1 hat eine Person dort, wo sie sich unter den Umständen aufhält, die erkennen lassen, dass sie an diesem Ort oder in diesem Gebiet nicht nur vorübergehend verweilt. Gewöhnlicher Aufenthalt im Sinne von Satz 1 ist auch der Aufenthalt in einer stationären Einrichtung nach § 13 Abs. 1 Satz 2 des Zwölften Buches Sozialgesetzbuch (SGB XII) – Sozialhilfe – (Artikel 1 des Gesetzes vom 27. Dezember 2003, BGBl. I S. 3022, 3023), das zuletzt durch Artikel 8 des Gesetzes vom 20. Juli 2006 (BGBl. I S. 1706, 1718) geändert worden ist, in der jeweils geltenden Fassung. Die Sätze 1 bis 3 finden keine Anwendung bei Unterbringungen in psychiatrischen Einrichtungen aufgrund strafrechtlicher Entscheidung.

(3) Die Einzugsgebiete der Krankenhäuser legt das Staatsministerium für Soziales in einem Einzugsgebietsplan durch Rechtsverordnung fest, wobei es das Einvernehmen mit den Krankenhausträgern anstrebt. Es kann in begründeten Fällen Krankenhäuser zeitlich befristet von der Vollversorgungsverpflichtung nach Absatz 2 Satz 1 entbinden und sich daraus ergebende ergänzende Versorgungsverpflichtungen für andere Krankenhäuser festlegen.

§ 3 Besuchskommissionen. (1) Das Staatsministerium für Soziales beruft im Benehmen mit den kommunalen Spitzenverbänden und der Liga der Spitzenverbände der freien Wohlfahrtspflege unabhängige Kommissionen (Besuchskommissionen), die mindestens alle drei Jahre, in der Regel unangemeldet, die Krankenhäuser und die anderen stationären psychiatrischen Einrichtungen besuchen. Die Besuchskommissionen können sonstige stationäre Einrichtungen, in denen psychisch kranke Menschen aufgenommen oder untergebracht sind, teilstationäre psychiatrische Einrichtungen und ambulante psychiatrische Dienste besuchen. Die Besuchskommissionen überprüfen, ob die Rechte der Patienten oder Bewohner gewahrt werden und inwieweit die Krankenhäuser und Einrichtungen die allgemein anerkannten Mindeststandards der Behandlung und Betreuung erfüllen. Die Krankenhäuser und Einrichtungen sind verpflichtet, die Besuchskommissionen zu unterstützen und ihnen die gewünschten Auskünfte zu erteilen. Personenbezogene Unterlagen dürfen nur mit Einwilligung des Betroffenen oder seines gesetzlichen Vertreters eingesehen werden. Die Schweigepflicht der mit der Behandlung und Betreuung der Betroffenen betrauten Personen bleibt unberührt. Den Betroffenen ist Gelegenheit zu geben, Wünsche oder Beschwerden vorzutragen.

(2) Jede Besuchskommission legt spätestens zwei Monate nach einem Besuch dem Krankenhaus oder der psychiatrischen Einrichtung, deren Träger und dem Staatsmi-

nisterium für Soziales einen Bericht vor. Das Staatsministerium für Soziales berichtet dem Landtag einmal in der Legislaturperiode zusammenfassend über die Ergebnisse der Arbeit der Besuchskommissionen.

(3) Die Aufsichtspflichten und Befugnisse der zuständigen Behörden sowie das Recht der Betroffenen, andere Überprüfungs- oder Beschwerdeinstanzen anzurufen, bleiben unberührt.

(4) Die Besuchskommissionen bestehen aus Personen mit der Befähigung zum Richteramt, der Anerkennung zum Facharzt für Psychiatrie und Psychotherapie oder einer anderen Facharztanerkennung mit Berufserfahrung in der Psychiatrie oder der Anerkennung als Fachkrankenschwester oder Fachkrankenpfleger für Psychiatrie oder einer abgeschlossenen Berufsausbildung in der Krankenpflege mit mindestens dreijähriger Berufserfahrung auf dem Gebiet der Psychiatrie oder einer abgeschlossenen sozial- oder heilpädagogischen Ausbildung mit mindestens dreijähriger Berufserfahrung auf dem Gebiet der Psychiatrie. Angehörige psychisch kranker Menschen oder von psychischer Krankheit Betroffene müssen vertreten sein. Es können Bürger berufen werden, die sich in besonderem Maße für die Belange psychisch kranker Menschen eingesetzt haben. Soweit eine Besuchskommission in Einrichtungen und Diensten für Suchtkranke tätig wird, soll eine Fachkraft für Suchtgefährdete und Suchtkranke Mitglied sein. Soweit eine Besuchskommission in kinder- und jugendpsychiatrischen Einrichtungen tätig wird, soll ein Vertreter der öffentlichen Jugendhilfe Mitglied sein. Die Mitglieder werden für eine Amtszeit von drei Jahren berufen.

(5) Die Mitglieder der Besuchskommissionen haben über die Angelegenheiten, die ihnen bei ihrer Tätigkeit bekannt geworden sind, Verschwiegenheit zu bewahren. Dies gilt nicht für die Berichtspflicht nach Absatz 2 und nicht für Tatsachen, die offenkundig sind oder ihrer Bedeutung nach keiner Geheimhaltung bedürfen.

§ 4 Patientenfürsprecher. (1) Für Krankenhäuser und andere stationäre psychiatrische Einrichtungen bestellen die Kreisfreie Stadt oder der Landkreis, in deren Gebiet die Einrichtung liegt, im Benehmen mit den Psychosozialen Arbeitsgemeinschaften ehrenamtliche Patientenfürsprecher, die nicht in einer solchen Einrichtung tätig sind. Die Patientenfürsprecher prüfen Wünsche und Beschwerden der Patienten und beraten diese. Bei Bedarf vermitteln sie zwischen Patienten und Mitarbeitern der Einrichtungen. Die Patientenfürsprecher haben Zugang zu allen Bereichen der Einrichtungen und zu den Patienten.

(2) Stellen die Patientenfürsprecher erhebliche Mängel bei der Betreuung fest, denen nicht in angemessener Frist abgeholfen wird, informieren sie den Leiter der Einrichtung, den Träger sowie die Besuchskommission.

(3) Patientenfürsprecher werden für maximal fünf Jahre bestellt. Die wiederholte Bestellung ist nicht möglich.

Zweiter Abschnitt. Hilfen für psychisch Kranke und Zuständigkeiten

§ 5 Hilfen. (1) Vorsorgende Hilfen tragen dazu bei, dass Zeichen einer psychischen Krankheit rechtzeitig erkannt werden und der Betroffene rasch behandelt werden kann.

(2) Begleitende Hilfen unterstützen den psychisch kranken Menschen darin, mit seiner Krankheit zu leben, eine Verschlechterung zu vermeiden und eine Besserung zu erreichen.

(3) Nachsorgende Hilfen dienen der Wiedereingliederung und dem Vermeiden von Rückfällen nach einer psychiatrischen stationären oder teilstationären Behandlung.

Anhang

Text der Ländergesetze

(4) Die zur Bewältigung psychischer Krankheiten notwendige Hilfe soll möglichst ohne stationäre Behandlung, vor allem ohne Unterbringung erbracht werden. Die ambulante Betreuung erfolgt insbesondere durch ärztliche und psychosoziale Beratung und Behandlung des Kranken sowie durch Beratung seiner Angehörigen und Bezugspersonen.

(5) Betreutes Wohnen, tagesstrukturierende und andere komplementäre Angebote sowie beschützte Arbeitsplätze sind Elemente der Betreuung psychisch kranker Menschen.

§ 6 Durchführung der Hilfen. (1) Unbeschadet der Verpflichtungen Dritter sind die Landkreise und Kreisfreien Städte im Rahmen ihrer Leistungsfähigkeit für die Gewährung der Hilfen im Sinne von § 5 und deren Koordinierung zuständig. Sie richten Sozialpsychiatrische Dienste und Suchtberatungs- und Suchtbehandlungsstellen ein und wirken darauf hin, dass weitere erforderliche komplementäre psychiatrische Einrichtungen eingerichtet werden. Mehrere Landkreise oder Kreisfreie Städte können zur besseren Wahrnehmung ihrer Aufgaben eine Einrichtung nach Satz 2 gemeinsam einrichten und betreiben. Die Landkreise und Kreisfreien Städte können die Aufgaben der Suchtberatungs- und Suchtbehandlungsstellen, der Sozialpsychiatrischen Dienste sowie der anderen komplementären psychiatrischen Einrichtungen Verbänden der freien Wohlfahrtspflege oder gemeinnützigen Institutionen übertragen, soweit und solange diese zur Aufgabenerfüllung geeignet und bereit sind.

(2) Dem Sozialpsychiatrischen Dienst obliegen die Aufgaben nach § 5 Abs. 1 bis 4 dieses Gesetzes und § 11 Abs. 1 Satz 2 Nr. 6 des Gesetzes über den öffentlichen Gesundheitsdienst im Freistaat Sachsen (SächsGDG) vom 11. Dezember 1991 (SächsGVBl. S. 413), das zuletzt durch Artikel 18 der Verordnung vom 10. April 2003 (SächsGVBl. S. 94, 96) geändert worden ist, in der jeweils geltenden Fassung. Ihm obliegen ferner die Diagnostik und die ärztliche ambulante Behandlung, soweit niedergelassene Ärzte oder psychiatrische Institutsambulanzen sie nicht sicherstellen können oder diese für die Patienten nicht erreichbar sind. Der Sozialpsychiatrische Dienst steht unter der Leitung eines Arztes, der die Facharztanerkennung für das Fachgebiet Psychiatrie erworben hat. Das Staatsministerium für Soziales kann in begründeten Einzelfällen zeitlich befristet Ausnahmen genehmigen. Bei wiederholter Bestellung kann die zeitliche Befristung entfallen. Die Sozialpsychiatrischen Dienste und die Krankenhäuser arbeiten zusammen.

§ 7 Koordination der psychiatrischen Versorgung. (1) Die Landkreise und Kreisfreien Städte richten als beratendes Gremium in den Fragen der psychiatrischen Versorgung Psychosoziale Arbeitsgemeinschaften ein. Diese sind vor grundlegenden Veränderungen in der psychiatrischen Versorgung zu hören. Den Psychosozialen Arbeitsgemeinschaften sollen niedergelassene Ärzte, vor allem Ärzte, die eine Facharztanerkennung für das Fachgebiet Psychiatrie erworben haben, Psychotherapeuten, Krankenhäuser, Sozialleistungsträger, Verbände der freien Wohlfahrtspflege, öffentliche Stellen, die für Hilfen für psychisch kranke Menschen zuständig sind, Angehörigen- und Betroffenenverbände sowie Hilfsvereine angehören. Den Interessen von Kindern und Jugendlichen mit seelischen Behinderungen ist durch eine Fachkraft der öffentlichen Jugendhilfe Rechnung zu tragen. Zur Sicherstellung und Koordination der Hilfen nach den §§ 5 und 6 bestellen die Landkreise und Kreisfreien Städte einen fachkompetenten Mitarbeiter ihres Bereiches zum Psychiatriekoordinator. Mehrere Landkreise und Kreisfreie Städte können gemeinsam eine Psychosoziale Arbeitsgemeinschaft und einen oder mehrere Psychiatriekoordinatoren bestellen.

(2) Die psychiatrischen Dienste und Einrichtungen dokumentieren ihre Leistungen. Inhalt, Form und Zweck der Psychiatrieberichterstattung werden in einem besonderen Gesetz geregelt.

(3) Zur fachlichen Abstimmung auf Landesebene wird als beratendes Gremium ein Landesbeirat Psychiatrie vom Staatsministerium für Soziales berufen.

§ 8 Örtliche Zuständigkeit. Örtlich zuständig für die Gewährung von Hilfen nach § 5 ist der Landkreis oder die Kreisfreie Stadt, in deren Gebiet der Hilfsbedürftige seinen gewöhnlichen Aufenthalt hat oder zuletzt hatte. Ist dieser nicht feststellbar, ist der Landkreis oder die Kreisfreie Stadt zuständig, in deren Gebiet die Hilfsbedürftigkeit eintritt.

Dritter Abschnitt. Unterbringung und Verfahren

§ 9 Rechtsbelehrung des Patienten. Der Patient ist über seine Rechte während des Unterbringungsverfahrens und der Unterbringung zu belehren und schriftlich zu informieren.

§ 10 Unterbringung und deren Voraussetzungen. (1) Eine Unterbringung liegt vor, wenn ein psychisch kranker Mensch gegen oder ohne seinen Willen aufgrund einer gerichtlichen Entscheidung, einer vorläufigen Einweisung oder einer fürsorglichen Aufnahme oder Zurückhaltung nach diesem Gesetz in ein Krankenhaus eingewiesen wird oder dort weiterhin zu bleiben hat.

(2) Eine Unterbringung ist nur zulässig, wenn und solange ein psychisch kranker Mensch infolge seiner psychischen Krankheit sein Leben oder seine Gesundheit erheblich und gegenwärtig gefährdet oder eine erhebliche und gegenwärtige Gefahr für bedeutende Rechtsgüter anderer darstellt und die Gefahr nicht auf andere Weise abwendbar ist.

(3) Die Unterbringung kann nur vollzogen werden, wenn keine Maßnahmen nach §§ 81, 126a und 453c StPO oder nach §§ 63 und 64 StGB getroffen worden sind. Ist jemand aufgrund dieses Gesetzes untergebracht und werden Maßnahmen aufgrund der in Satz 1 genannten Bestimmungen getroffen, so ist die Unterbringungsanordnung nach diesem Gesetz außer Vollzug zu setzen oder aufzuheben.

§ 11 Verweisung auf das FGG. Für das Verfahren bei Unterbringungen gilt das Gesetz über die Angelegenheiten der freiwilligen Gerichtsbarkeit (FGG) vom 17. Mai 1898 (RGBl. S. 189) in der Fassung der Bekanntmachung vom 20. Mai 1898 (RGBl. S. 771), zuletzt geändert durch Artikel 6 des Gesetzes vom 14. August 2006 (BGBl. I S. 1911, 1948), in seiner jeweils geltenden Fassung, soweit in diesem Gesetz keine andere Bestimmung getroffen ist.

§ 12 Zuständige Verwaltungsbehörde. Zuständige Verwaltungsbehörde im Sinne dieses Abschnitts und der nachfolgenden Abschnitte ist der Landkreis oder die Kreisfreie Stadt. Örtlich zuständig ist die Verwaltungsbehörde, in deren Bezirk das Bedürfnis für die Unterbringung entsteht. Von einer Antragstellung ist die Verwaltungsbehörde, in deren Bezirk der Patient seinen gewöhnlichen Aufenthalt hat, zu informieren.

§ 13 Vorbereitendes Verfahren. (1) Die Verwaltungsbehörde ermittelt von Amts wegen, wenn sich gewichtige Anhaltspunkte für das Vorliegen der Voraussetzungen einer Unterbringung ergeben. In diesem Falle hat sie ein amtsärztliches Gutachten darüber einzuholen, ob eine Unterbringung aus medizinischer Sicht erforderlich ist oder ob andere minder belastende Maßnahmen ausreichen, ob und welche Behandlungen ohne Zustimmung des Patienten notwendig sind, ob der Patient offensichtlich nicht in der Lage ist, seinen Willen kundzutun und ob von seiner persönlichen Anhö-

Anhang
Text der Ländergesetze

rung erhebliche Nachteile für seine Gesundheit oder eine Gefährdung Dritter zu besorgen sind. Die beabsichtigte Maßnahme und mögliche Alternativen sind mit dem Patienten zu erörtern. Das Gutachten, an dessen Erstellung ein Arzt, der eine Facharztanerkennung für das Fachgebiet Psychiatrie erworben hat, oder ein in der Psychiatrie erfahrener Arzt zu beteiligen ist, muss auf den gegenwärtigen Gesundheitszustand des Patienten abstellen und auf dessen persönlicher Untersuchung beruhen. Zum Zeitpunkt der Entscheidung über die Unterbringung darf die persönliche Untersuchung nicht länger als drei Werktage zurückliegen.

(2) Das für den gewöhnlichen Aufenthalt des Patienten zuständige Gesundheitsamt soll gehört werden. Ist der Patient minderjährig, so ist unverzüglich der Sorgeberechtigte zu benachrichtigen. Ist dem Patienten ein Betreuer für die Aufgabenkreise des Aufenthaltsbestimmungsrechtes oder der Gesundheitssorge bestellt, so ist dieser unverzüglich zu benachrichtigen. Auf Wunsch des Patienten sind Angehörige oder eine Person seines Vertrauens zu hören, wenn der Zweck der Unterbringung dies zulässt und das Verfahren nicht unverhältnismäßig behindert wird.

(3) Leistet der Patient der Vorladung zur Untersuchung keine Folge, kann das Gericht anordnen, dass zum Zweck der Untersuchung ein Vertreter der Verwaltungsbehörde unter Beiziehung eines Arztes die Wohnung des Patienten betreten kann oder der Patient vorgeführt wird. Es ist die Maßnahme zu treffen, die am wenigsten in die Rechte des Betroffenen eingreift. Bei Maßnahmen nach Satz 1 kann sich die Verwaltungsbehörde der Mitwirkung des Polizeivollzugsdienstes bedienen.

(4) Der Patient hat die Untersuchung nach den Absätzen 1 und 3 zu dulden. Der mit der Untersuchung beauftragte Arzt ist berechtigt, nach den Regeln der ärztlichen Kunst zu Untersuchungszwecken erforderliche Blutproben zu entnehmen und andere einfache diagnostische Eingriffe vorzunehmen, wenn keine Nachteile für die Gesundheit des Patienten zu befürchten sind.

(5) Ist nach dem Ergebnis der Untersuchung zu erwarten, dass der Patient untergebracht werden muss, wenn er nicht ärztlich behandelt wird, so kann ihm das Gesundheitsamt aufgeben, sich innerhalb einer bestimmten Frist in die ambulante Behandlung eines Arztes, in ein Krankenhaus oder in eine andere geeignete Einrichtung zu begeben, deren Anweisungen zu befolgen und deren Namen und Anschrift mitzuteilen. Kommt der Patient dieser Aufforderung nicht nach und sind die Voraussetzungen für eine Unterbringung weiterhin gegeben, ist das Unterbringungsverfahren einzuleiten.

(6) Kommt die Verwaltungsbehörde zu dem Ergebnis, dass die Voraussetzungen einer Unterbringung vorliegen, beantragt sie deren Anordnung beim Gericht. Der Antrag ist zu begründen und die Ermittlungsergebnisse nach Absatz 1 sind beizufügen. Andernfalls teilt die Verwaltungsbehörde dem Patienten mit, dass die Voraussetzungen einer Unterbringung nicht vorliegen; dies ist immer erforderlich, wenn eine Begutachtung nach Absatz 1 erfolgt ist oder der Patient schriftlich von der Einleitung des Verfahrens benachrichtigt wurde.

(7) Gegen eine Maßnahme zur Regelung einzelner Angelegenheiten im Rahmen der Vorbereitung der Unterbringung nach diesem Gesetz kann der Patient jederzeit einen Antrag auf gerichtliche Entscheidung stellen. Der Verwaltungsrechtsweg ist ausgeschlossen.

§ 14 Vollstreckung der Unterbringung. Die Vollstreckung der vom Gericht angeordneten Unterbringung obliegt der Verwaltungsbehörde, die sich dabei der Mitwirkung des Polizeivollzugsdienstes bedienen kann.

§ 15 Vollzug der Unterbringung. Die Unterbringung erfolgt grundsätzlich in dem Krankenhaus, das nach § 2 Abs. 2 für die Pflichtversorgung des Ortes zuständig

13. Sachsen

ist, in dem der Patient seinen gewöhnlichen Aufenthalt hat oder zuletzt hatte. Ist dieser nicht feststellbar, richtet sich die Unterbringung nach dem Ort, in dem die Unterbringungsbedürftigkeit aufgetreten ist.

§ 16 Gerichtliche Entscheidung über die Behandlung. Ist zum Zeitpunkt der gerichtlichen Entscheidung über die Unterbringung für den volljährigen Patienten kein Betreuer für den Aufgabenkreis der Gesundheitssorge bestellt, so entscheidet das Gericht auch, ob und welche Behandlung ohne Zustimmung zulässig ist.

Vierter Abschnitt. Besondere Unterbringungsarten

§ 17 Vorläufige Unterbringung. (1) Vor einer vorläufigen Unterbringungsmaßnahme gibt das Gericht dem Gesundheitsamt, in dessen Bezirk der Patient seinen gewöhnlichen Aufenthalt hat, Gelegenheit zur Äußerung, sofern nicht Gefahr im Verzug ist; bei Gefahr im Verzug ist dem Gesundheitsamt alsbald nach Anordnung der vorläufigen Unterbringungsmaßnahme Gelegenheit zur Äußerung zu geben.

(2) Nach Ablauf der vom Gericht bestimmten Dauer der vorläufigen Unterbringung ist der Patient zu entlassen, sofern das Gericht seine Anordnung nicht durch eine weitere einstweilige Anordnung verlängert oder die Unterbringung angeordnet hat. Die Möglichkeit einer Anordnung nach § 18 bleibt unberührt.

(3) Ist die weitere Unterbringung des Patienten, dessen vorläufige Unterbringung angeordnet wurde, aus medizinischen Gründen nicht erforderlich, kann er entlassen werden. Hiervon sind das Gericht und die Verwaltungsbehörde zu benachrichtigen. Bei Minderjährigen und bei Patienten, für die ein Betreuer für die Aufgabenkreise des Aufenthaltsbestimmungsrechtes oder der Gesundheitssorge bestellt ist, ist der Sorgeberechtigte unverzüglich zu benachrichtigen.

§ 18 Sofortige vorläufige Unterbringung und fürsorgliche Aufnahme oder Zurückhaltung. (1) Bestehen dringende Gründe für die Annahme, dass die Voraussetzungen für eine Unterbringung vorliegen, und kann eine gerichtliche Entscheidung nicht mehr rechtzeitig ergehen, um die drohende Gefahr abzuwenden, so kann die Verwaltungsbehörde die sofortige vorläufige Unterbringung anordnen und nach Maßgabe des § 14 vollstrecken. Sie hat das zuständige Gericht unverzüglich, spätestens bis 10 Uhr des auf den Beginn des Festhaltens folgenden Tages, von der Unterbringung zu verständigen.

(2) Im Falle des Absatzes 1 ist der Patient unverzüglich zu untersuchen. Ergibt die Untersuchung, dass die Voraussetzungen für eine Unterbringung nicht vorliegen, so ist der Patient zu entlassen, es sei denn, er verbleibt aufgrund einer rechtswirksamen Einwilligung im Krankenhaus. Von der Entlassung sind das zuständige Gericht und die Verwaltungsbehörde unverzüglich zu verständigen.

(3) Bei Gefahr im Verzug kann der Polizeivollzugsdienst in Fällen des Absatzes 1 einen Patienten ohne Anordnung der Verwaltungsbehörde dem nach § 15 zuständigen Krankenhaus vorführen. Soweit möglich, ist vorher ein Arzt beizuziehen. Der Patient ist unverzüglich zu untersuchen. Ergibt die Untersuchung, dass die Voraussetzungen für eine Unterbringung vorliegen, so kann der Patient gegen oder ohne seinen Willen fürsorglich aufgenommen werden. Satz 1 gilt auch in den Fällen, in denen sich ein Patient entgegen der Entscheidung des Gerichtes der Obhut des Krankenhauses entzieht.

(4) Befindet sich ein Patient in einem Krankenhaus, ohne aufgrund dieses Gesetzes untergebracht zu sein, so kann er, wenn die Voraussetzungen des Absatzes 1 vorliegen,

die Verwaltungsbehörde aber nicht mehr rechtzeitig entscheiden kann, gegen oder ohne seinen Willen zurückgehalten werden.

(5) In den Fällen der Absätze 1, 3 und 4 hat das Krankenhaus unter Vorlage eines Gutachtens, in dem die Fragen nach § 13 Abs. 1 Satz 2 beantwortet sein müssen, das Gericht und die Verwaltungsbehörde unverzüglich, spätestens bis 10 Uhr des Tages, der auf den Beginn des zwangsweisen Aufenthaltes des Patienten folgt, zu benachrichtigen.

(6) In den Fällen der Absätze 1 bis 4 ist dem Patienten durch die Verwaltungsbehörde, den Polizeivollzugsdienst und das Krankenhaus Gelegenheit zu geben, Angehörige oder eine Person seines Vertrauens zu benachrichtigen. Die Personen nach Satz 1 sind auf Wunsch des Patienten zu hören, wenn der Zweck der Unterbringung dies zulässt und das Verfahren nicht unverhältnismäßig behindert wird.

(7) Ergeht bis zum Ablauf des auf das Ergreifen oder den Beginn des Festhaltens des Patienten folgenden Tages keine Entscheidung des Gerichtes, so ist der Patient zu entlassen. Hiervon sind das Gericht, die Verwaltungsbehörde, bei Minderjährigen der Sorgeberechtigte und bei Personen, für die ein Betreuer für die Aufgabenkreise des Aufenthaltsbestimmungsrechtes oder der Gesundheitssorge bestellt ist, dieser unverzüglich zu benachrichtigen.

(8) Gegen eine Maßnahme zur Regelung einzelner Angelegenheiten im Vollzug der Unterbringung nach diesem Gesetz kann der Patient auch schon vor der gerichtlichen Anordnung der Unterbringung Antrag auf gerichtliche Entscheidung stellen.

Fünfter Abschnitt. Rechtsstellung und Betreuung während der Unterbringung

§ 19 Rechtsstellung des Patienten. (1) Aufgrund dieses Gesetzes eingewiesene Patienten unterliegen während der Unterbringung nur den in diesem Gesetz vorgesehenen Beschränkungen ihrer Freiheit. Diese müssen im Hinblick auf den Zweck der Unterbringung oder zur Aufrechterhaltung der Sicherheit oder zur Abwendung einer schwerwiegenden Störung der Ordnung des Krankenhauses unerlässlich sein.

(2) Das Krankenhaus informiert den Patienten über seine Rechte und Pflichten, soweit das der Gesundheitszustand des Patienten erlaubt.

(3) Kinder und Jugendliche sollen je nach Eigenart und Schwere ihrer Krankheit und nach ihrem Entwicklungsstand gesondert untergebracht werden.

(4) Die Patienten sollen unter Beachtung medizinischer, sozialtherapeutischer und sicherheitstechnischer Erkenntnisse und Möglichkeiten Gelegenheit zu sinnvoller Beschäftigung und Arbeit haben. Für geleistete Arbeit ist ein angemessenes Entgelt zu gewähren.

(5) Den Patienten ist der regelmäßige Aufenthalt im Freien zu ermöglichen.

§ 20 Eingangsuntersuchung. Wer aufgrund dieses Gesetzes durch Gerichtsbeschluss eingewiesen oder untergebracht wird, ist unverzüglich nach seiner Aufnahme in das Krankenhaus ärztlich zu untersuchen. Liegen danach die Unterbringungsvoraussetzungen nicht oder nicht mehr vor, so hat der verantwortliche Arzt die Verwaltungsbehörde und das zuständige Gericht unverzüglich zu unterrichten.

§ 21 Behandlung. (1) Der Patient hat Anspruch auf die notwendige Behandlung. Sie schließt die erforderlichen Untersuchungen sowie sozialtherapeutische, psychotherapeutische, heilpädagogische, beschäftigungs- und arbeitstherapeutische Maßnahmen ein. Die Behandlung erfolgt nach einem Behandlungsplan. Sie umfasst auch Maßnahmen, die erforderlich sind, um dem Patienten nach seiner Entlassung ein eigenverantwortliches Leben in der Gemeinschaft zu ermöglichen.

(2) Der Behandlungsplan ist mit dem Patienten zu erörtern. Der Patient ist über die erforderlichen diagnostischen Verfahren und die Behandlung sowie die damit verbundenen Risiken umfassend aufzuklären.

§ 22 Behandlung ohne Einwilligung des Patienten. (1) Zu allen nach den anerkannten Regeln der ärztlichen Kunst erforderlichen Behandlungsmaßnahmen ist grundsätzlich das Einverständnis des Patienten oder seines gesetzlichen Vertreters einzuholen. Liegt eine Zustimmung nach § 16, eine Einwilligung eines Betreuers mit dem Aufgabenkreis der Gesundheitssorge oder bei Minderjährigen des Sorgeberechtigten nicht vor, so dürfen die Behandlung und die dafür notwendigen Untersuchungen ohne Einwilligung des Patienten nur durchgeführt werden, wenn durch den Aufschub das Leben oder die Gesundheit des Patienten erheblich gefährdet wird.

(2) Ärztliche Eingriffe und Behandlungsverfahren im Sinne des Absatzes 1, die mit einem operativen Eingriff oder einer erheblichen Gefahr für Leben oder Gesundheit verbunden sind, sind nur nach rechtswirksamer Einwilligung des Patienten oder, falls er die Bedeutung und Tragweite des Eingriffs und der Einwilligung nicht beurteilen kann, des gesetzlichen Vertreters erlaubt.

(3) Eine Ernährung gegen den Willen des Patienten ist nur zulässig, wenn sie erforderlich ist, um eine gegenwärtige erhebliche Gefahr für das Leben oder die Gesundheit des Patienten abzuwenden.

(4) Sämtliche Maßnahmen dürfen die Würde des Patienten nicht verletzen und nur auf Anordnung und unter unmittelbarer Leitung und Verantwortung eines Arztes durchgeführt werden.

§ 23 Unmittelbarer Zwang. Sind Maßnahmen, die der Patient zu dulden hat, oder Anordnungen nach diesem Gesetz anders nicht durchsetzbar, dürfen die Bediensteten des Krankenhauses nach Ankündigung unmittelbaren Zwang gegen den Patienten anwenden. Die Ankündigung kann unterbleiben, wenn die Umstände des Einzelfalles sie nicht zulassen.

§ 24 Persönliches Eigentum. Der Patient hat das Recht, seine persönliche Kleidung zu tragen und persönliche Gegenstände in seinem unmittelbaren Besitz zu haben, soweit es sein Gesundheitszustand zulässt und die Sicherheit oder Ordnung des Krankenhauses oder der Allgemeinheit dadurch nicht erheblich gestört wird. Geld und Wertgegenstände können in Gewahrsam genommen werden, wenn und soweit der Patient zum Umgang damit nicht in der Lage ist und ein Verfahren zur Bestellung eines Betreuers für diesen Wirkungskreis eingeleitet, aber noch nicht entschieden ist.

§ 25 Recht auf Besuch. (1) Der Patient hat das Recht, im Rahmen einer allgemeinen Besuchsregelung Besuche zu empfangen.

(2) Besuche können untersagt werden, wenn sie die Sicherheit oder Ordnung des Krankenhauses oder der Allgemeinheit gefährden.

(3) Aus Gründen der Sicherheit oder Ordnung des Krankenhauses kann ein Besuch davon abhängig gemacht werden, dass sich der Besucher durchsuchen lässt. Ein Besuch kann überwacht werden, wenn anders die Sicherheit oder Ordnung des Krankenhauses oder der Allgemeinheit gefährdet oder gesundheitliche Nachteile für den Patienten zu befürchten wären. Die Übergabe von Gegenständen beim Besuch kann untersagt werden, wenn eine Gefahr für die Sicherheit oder Ordnung des Krankenhauses oder der Allgemeinheit nicht auszuschließen ist.

Anhang

(4) Ein Besuch darf abgebrochen werden, wenn seine Fortsetzung die Sicherheit oder Ordnung des Krankenhauses oder der Allgemeinheit gefährden würde oder erhebliche gesundheitliche Nachteile für den Patienten zu befürchten wären.

(5) Absatz 3 Satz 3 gilt für Besuche von Rechtsanwälten, Verteidigern oder Notaren in einer den Patienten betreffenden Rechtssache mit der Maßgabe, dass eine inhaltliche Überprüfung der von ihnen mitgeführten Schriftstücke und sonstigen Unterlagen unzulässig ist; die Übergabe dieser Schriftstücke oder Unterlagen an den Patienten darf nicht untersagt werden. Für Besuche von Verteidigern bleiben die §§ 148, 148a StPO unberührt.

§ 26 Postverkehr. (1) Der Patient hat das Recht, unbeschränkt Postsendungen abzusenden und zu empfangen, soweit die Absätze 3 und 4 nichts anderes bestimmen.

(2) Der Schriftwechsel des Patienten mit Gerichten, Staatsanwaltschaften, seinem Rechtsanwalt, Verteidiger oder Notar und der Besuchskommission im Sinne von § 3 wird nicht überwacht. Dies gilt auch für den Postverkehr in Ausübung des Petitionsrechts nach Artikel 17 Grundgesetz und Artikel 35 der Verfassung des Freistaates Sachsen. Satz 1 gilt bei ausländischen Staatsangehörigen auch für den Postverkehr mit den konsularischen und diplomatischen Vertretungen ihres Heimatlandes.

(3) Eingehende Postsendungen können unter Berücksichtigung von Absatz 2 von Bediensteten in Anwesenheit des Patienten auf deren materiellen Inhalt kontrolliert werden.

(4) Liegen Anhaltspunkte für eine erhebliche Gefährdung der Sicherheit oder Ordnung des Krankenhauses oder der Allgemeinheit vor, so darf unter Berücksichtigung von Absatz 2 der Schriftwechsel eingesehen und angehalten werden. Angehaltene Schriftstücke sind dem Absender oder dessen gesetzlichem Vertreter unter Angabe der Gründe zurückzugeben. Soweit dies unmöglich oder aus anderen Gründen des Satzes 1 untunlich ist, sind sie aufzubewahren und die Gründe hierfür aktenkundig zu machen.

(5) § 148 Abs. 2 und § 148a StPO bleiben unberührt.

§ 27 Andere Arten der Nachrichtenübermittlung. § 26 gilt sinngemäß für Pakete und sonstige Sendungen, Telegramme sowie andere Mittel der Telekommunikation.

§ 28 Verwertung von Kenntnissen. Kenntnisse aus der Überwachung nach §§ 24 bis 27 dürfen ohne Zustimmung des Patienten nur verwertet werden, soweit dies notwendig ist, um die öffentliche Sicherheit oder Ordnung oder die des Krankenhauses zu wahren.

§ 29 Offene Unterbringung. Um das angestrebte Behandlungsziel zu erreichen, soll die Unterbringung nach Möglichkeit in offenen und freien Formen erfolgen, soweit der Zweck der Unterbringung dies zulässt.

§ 30 Urlaub und Ausgang. (1) Urlaub im Sinne dieses Gesetzes ist ein wenigstens eine Nacht einschließender Aufenthalt außerhalb des Krankenhauses ohne Beaufsichtigung durch einen Bediensteten des Krankenhauses. Ausgang ist ein entsprechend kürzerer Aufenthalt außerhalb des Krankenhauses.

(2) Dem Patienten kann Urlaub bis zur Dauer von vier Wochen und Ausgang gewährt werden, sofern der Zweck der Unterbringung dies zulässt.

(3) Der Urlaub und die Gewährung von Ausgang können an Bedingungen geknüpft und mit Auflagen verbunden werden, die im Hinblick auf den Zweck der

Unterbringung erforderlich sind. Sie sind jederzeit widerrufbar, vor allem wenn die gestellten Auflagen und Bedingungen nicht eingehalten werden.

(4) Die Verwaltungsbehörde ist vor einer beabsichtigten Beurlaubung zu informieren. Wird einem Patienten für einen Zeitraum von mehr als sieben Tagen Urlaub gewährt, so ist auch das zuständige Gericht zu unterrichten.

§ 31 Sicherungsmaßnahmen. (1) Der Patient darf nur solchen Sicherungsmaßnahmen unterworfen werden, die für den Zweck der Unterbringung und zur Vermeidung oder Beseitigung einer erheblichen Störung der Sicherheit oder Ordnung des Krankenhauses unerlässlich sind. Als Sicherungsmaßnahmen sind zulässig

1. der Entzug oder das Vorenthalten von Gegenständen,
2. die Beobachtung bei Nacht,
3. die Absonderung von anderen Patienten,
4. der Entzug oder die Beschränkung des Aufenthalts im Freien,
5. die Unterbringung in einem besonders gesicherten Unterbringungsraum ohne gefährdende Gegenstände und
6. die Fesselung.

(2) Sicherungsmaßnahmen nach Absatz 1 sind auch dann zulässig, wenn nach dem Verhalten des Patienten oder aufgrund seines seelischen Zustandes vermehrt die Gefahr von Flucht oder von Gewalttätigkeiten gegen Personen oder Sachen oder von Selbsttötung oder Selbstverletzung besteht.

(3) Bei Ausführung, Vorführung oder Transport ist die Fesselung auch dann zulässig, wenn erhöhte Fluchtgefahr besteht.

(4) Die in Absatz 1 genannten Beschränkungen dürfen nur aufrechterhalten werden, soweit es ihr Zweck erfordert.

§ 32 Durchsuchung. (1) Der Patient, seine Sachen und die Räume des Krankenhauses dürfen durchsucht werden, sofern der Zweck der Unterbringung oder die Aufrechterhaltung der Sicherheit oder Ordnung des Krankenhauses dies erfordern. Bei der Durchsuchung männlicher Patienten dürfen nur Männer, bei der Durchsuchung weiblicher Patienten nur Frauen anwesend sein. Auf das Schamgefühl ist Rücksicht zu nehmen.

(2) Eine mit einer Entkleidung verbundene körperliche Durchsuchung darf nur in einem geschlossenen Raum geschehen. Andere Patienten dürfen nicht anwesend sein.

§ 33 Belastende Vollzugsmaßnahmen, Dokumentationspflicht. Belastende Vollzugsmaßnahmen sind nur auf Anordnung des ärztlichen Leiters des Krankenhauses im Sinne des § 2 Abs. 1 oder dessen Vertreter zulässig. Alle medizinischen Maßnahmen und belastenden Vollzugsmaßnahmen sind zu dokumentieren.

Sechster Abschnitt. Beendigung der Unterbringung

§ 34 Aussetzung des Vollzugs, Entlassung. (1) Das Krankenhaus und die Verwaltungsbehörde haben unverzüglich das Gericht zu verständigen, wenn nach ihrer Überzeugung die Voraussetzungen für eine Unterbringung nicht mehr vorliegen.

(2) Die Überwachung der Einhaltung etwaiger Auflagen bei Aussetzung des Vollzugs der Unterbringung obliegt der Verwaltungsbehörde, in deren Gebiet der Patient seinen Aufenthalt hat. § 14 gilt entsprechend. Die Gewährung von Hilfen durch die zuständigen Stellen nach §§ 5 und 6 mit dem Ziel einer Wiederherstellung der Gesundheit des Patienten und seiner sozialen Eingliederung bleibt unberührt.

Anhang

Text der Ländergesetze

(3) Ist die Aussetzung der Unterbringung mit der Auflage verbunden, dass sich der Patient in ärztliche Behandlung begibt, hat er oder derjenige, dem die Sorge für ihn obliegt, dem Krankenhaus, in dem er untergebracht war, unverzüglich den behandelnden Arzt mitzuteilen.

(4) Unmittelbar vor Ablauf der vom Gericht bestimmten Dauer der Unterbringung fragt das Krankenhaus das Gericht, ob es über die Fortdauer der Unterbringung entschieden hat. Ist dies nicht der Fall, ist der Patient zu entlassen.

§ 35 Freiwilliger Aufenthalt. Bleibt der Patient aufgrund einer rechtswirksamen Einwilligung ohne Vorliegen der Voraussetzungen für die Unterbringung weiter in dem Krankenhaus, ist dies dem Gericht, der Verwaltungsbehörde, dem Gesundheitsamt und, soweit der Patient damit einverstanden ist, den in § 70 d Abs. 1 Satz 1 Nr. 1 bis 4 FGG Genannten mitzuteilen.

Siebenter Abschnitt. Kosten

§ 36 Kosten der Unterbringung. (1) Die Kosten einer nach diesem Gesetz durchgeführten Untersuchung hat der Patient zu tragen. Die Verjährung der Ansprüche auf Erstattung der Kosten der Unterbringung beginnt mit Beendigung der Unterbringung. Auf Gesetz oder Vertrag beruhende Verpflichtungen Dritter, vor allem eines Unterhaltspflichtigen oder eines Sozialleistungsträgers, bleiben unberührt.

(2) Wird eine gerichtliche Entscheidung aufgehoben, weil im Zeitpunkt ihres Erlasses die Voraussetzungen der Unterbringung nicht gegeben waren, so legt das Gericht die Unterbringungskosten dem Freistaat Sachsen auf, soweit nicht ein Sozialleistungsträger leistungsverpflichtet ist oder eine private Krankenversicherung dem Patienten die Kosten ersetzt oder dieser Anspruch auf Beihilfe nach den beamtenrechtlichen Bestimmungen hat. Hat die Verwaltungsbehörde die sofortige Unterbringung angeordnet, ohne dass die Voraussetzungen dafür vorlagen, hat die Körperschaft der Anordnungsbehörde die Unterbringungskosten zu tragen; Satz 1 gilt entsprechend.

(3) Der überörtliche Sozialhilfeträger übernimmt die Unterbringungskosten, soweit und solange sie der Patient oder andere nicht unmittelbar tragen. Der überörtliche Sozialhilfeträger kann von dem Patienten oder anderen Verpflichteten Ersatz der Kosten verlangen, deren Aufbringung zuzumuten wäre, wenn der Patient Eingliederungshilfe für behinderte Menschen nach dem Zwölften Buch Sozialgesetzbuch (SGB XII) – Sozialhilfe – (Artikel 1 des Gesetzes vom 27. Dezember 2003, BGBl. I S. 3022, 3023), zuletzt geändert durch Artikel 27 Nr. 2 des Gesetzes vom 21. März 2005 (BGBl. I S. 818, 835), in der jeweils geltenden Fassung, erhielte. Die Vorschriften des Ersten Buches Sozialgesetzbuch (SGB I) – Allgemeiner Teil – (Artikel 1 des Gesetzes vom 11. Dezember 1975, BGBl. I S. 3015), zuletzt geändert durch Artikel 2 des Gesetzes vom 21. März 2005 (BGBl. I S. 818, 821), in der jeweils geltenden Fassung, des Zehnten Buches Sozialgesetzbuch – Sozialverwaltungsverfahren und Sozialdatenschutz – (SGB X) in der Fassung der Bekanntmachung vom 18. Januar 2001 (BGBl. I S. 130), zuletzt geändert durch Artikel 6 des Gesetzes vom 20. Juli 2006 (BGBl. I S. 1706, 1717), in der jeweils geltenden Fassung, und des Zwölften Buches Sozialgesetzbuch gelten entsprechend.

§ 37 Kosten des Verfahrens. Verwaltungsbehörden und Polizeivollzugsdienst erheben für ihre Tätigkeit nach diesem Gesetz keine Kosten.

13. Sachsen

Anhang

Achter Abschnitt. Unterbringung in einem psychiatrischen Krankenhaus oder einer Entziehungsanstalt aufgrund strafgerichtlicher Entscheidung

§ 38 Rechtsstellung des Patienten. (1) Das Leben in den Einrichtungen des Maßregelvollzugs soll den allgemeinen Lebensverhältnissen angeglichen werden, soweit es ohne Beeinträchtigung des Zwecks der Unterbringung möglich ist. Für den Vollzug der Unterbringung in einem psychiatrischen Krankenhaus oder in einer Entziehungsanstalt nach den §§ 63, 64 Abs. 1 StGB sowie § 7 JGG gelten § 19 Abs. 5, §§ 21 bis 29 und 31 bis 33 entsprechend.

(2) Der Patient soll entsprechend dem Behandlungsplan Gelegenheit zu einer Schul- und Berufsausbildung, Umschulung, Teilnahme an berufsfördernden Maßnahmen, Berufsausübung oder Arbeit erhalten, die seinen Fähigkeiten und Fertigkeiten entspricht und diese fördern kann. Diese Tätigkeiten können den Patienten auch außerhalb des Krankenhauses gestattet werden, soweit es dem Zweck der Unterbringung dient. Für geleistete Arbeit ist ein angemessenes Arbeitsentgelt, für die Zeiten einer Ausbildung eine angemessene Ausbildungsbeihilfe zu gewähren.

(3) Vollzugslockerungen werden entsprechend dem Behandlungsplan gewährt, wenn nicht zu befürchten ist, dass sich der Patient dem Vollzug der Maßregel entzieht, die Vollzugslockerungen missbrauchen, eine Gefahr für andere sein oder sonst den Zweck der Maßregel gefährden wird. Jeder Aufenthalt des Patienten außerhalb des Geländes der Einrichtung ohne Beaufsichtigung durch einen Bediensteten der Einrichtung oder des Polizeivollzugsdienstes ist eine Vollzugslockerung im Sinne dieses Gesetzes. Vor der Gewährung einer Vollzugslockerung ist die Vollstreckungsbehörde zu hören. Die Gewährung einer Vollzugslockerung ist der Vollstreckungsbehörde mitzuteilen. Der Vollzug von Maßregeln der Besserung und Sicherung erfolgt auch während der Dauer der Inanspruchnahme von Vollzugslockerungen.

(4) Steht die Entlassung des Patienten bevor oder ist sie zu erwarten, arbeitet das Krankenhaus mit den Personen und Institutionen zusammen, welche den Patienten künftig betreuen oder ihm beistehen werden. Es obliegt dem Krankenhaus, sie für die nachsorgende Betreuung während der Bewährungszeit zu beraten und in allen die spezielle Problematik der aus dem Maßregelvollzug auf Bewährung entlassenen Patienten betreffenden Angelegenheiten zu unterstützen.

(5) Die Kosten der Unterbringung trägt der Freistaat Sachsen, soweit nicht ein Sozialleistungsträger oder der Patient nach Maßgabe von § 138 Abs. 2 des Gesetzes über den Vollzug der Freiheitsstrafe und der freiheitsentziehenden Maßregeln der Besserung und Sicherung (Strafvollzugsgesetz – StVollzG) vom 16. März 1976 (BGBl. I S. 581, 2088, 1977 S. 436), das zuletzt durch Gesetz vom 23. März 2005 (BGBl. I S. 930) geändert worden ist, in der jeweils geltenden Fassung, beizutragen hat. Der Untergebrachte hat Anspruch auf Krankenhilfe, Versorgungsleistungen und sonstige Maßnahmen entsprechend den Vorschriften des Fünften Buches Sozialgesetzbuch (SGB V) – Gesetzliche Krankenversicherung – (Artikel 1 des Gesetzes vom 20. Dezember 1988, BGBl. I S. 2477, 2482), zuletzt geändert durch Artikel 5 des Gesetzes vom 20. April 2007 (BGBl. I S. 554, 566), in der jeweils geltenden Fassung. Der Anspruch auf Leistungen nach Satz 2 ruht, solange der Untergebrachte aufgrund eines freien Beschäftigungs- oder Ausbildungsverhältnisses oder wegen Bezugs einer gesetzlichen Rente krankenversichert ist.

(6) Mit der Durchführung von Aufgaben des Vollzugs der Maßregeln nach den §§ 63 und 64 StGB können durch den Freistaat Sachsen kommunale Körperschaften und Anstalten des öffentlichen Rechts beauftragt werden. § 3 des Gesetzes über den

Anhang

Text der Ländergesetze

Kommunalen Sozialverband Sachsen (SächsKomSozVG) vom 14. Juli 2005 (Sächs-GVBl. S. 167, 171), in der jeweils geltenden Fassung, bleibt unberührt. Nimmt eine kommunale Körperschaft oder Anstalt des öffentlichen Rechts für den Freistaat Sachsen Aufgaben nach Satz 1 wahr, unterliegt er in diesem Bereich den Weisungen des Staatsministeriums für Soziales.

§ 39 Verfügungsbeschränkung, Barbetrag zur persönlichen Verfügung.
(1) Das Verfügen über Bargeld oder Wertgegenstände kann eingeschränkt werden, soweit es der Zweck der Unterbringung oder die Aufrechterhaltung von Sicherheit oder Ordnung des Krankenhauses erfordern. Soweit der Patient über sein Geld nicht verfügt hat, hat es das Krankenhaus wie Mündelgeld anzulegen.

(2) Ist der Patient bedürftig, erhält er einen Barbetrag nach § 35 Abs. 2 SGB XII zur persönlichen Verfügung.

(3) Aus den im Maßregelvollzug erzielten Bezügen wird über angemessene Sparraten ein Überbrückungsgeld bis zur Höhe des Betrages gebildet, der nach den Vorschriften des Zwölften Buches Sozialgesetzbuch über den Einsatz des Vermögens bei Leistungen nach dem Fünften bis Neunten Kapitel des Zwölften Buches Sozialgesetzbuch vom Einsatz oder der Verwertung ausgenommen ist. § 51 Abs. 3 StVollzG gilt entsprechend.

§ 39 a Erkennungsdienstliche Maßnahmen. (1) Zur Sicherung des Vollzuges sind als erkennungsdienstliche Maßnahmen zulässig:
1. die Abnahme von Fingerabdrücken,
2. die Aufnahme von Lichtbildern mit Kenntnis des Betroffenen,
3. die Feststellung äußerer körperlicher Merkmale,
4. Messungen.

Die nach Satz 1 gewonnenen erkennungsdienstlichen Unterlagen sind getrennt von den Patienten- und Behandlungs- oder Krankenakten aufzubewahren.

(2) Die nach Absatz 1 erhobenen Daten dürfen den Maßregelvollstreckungs- oder Strafverfolgungsbehörden übermittelt werden, soweit dies zum Zwecke der Fahndung oder Festnahme eines entwichenen oder sich sonst ohne Erlaubnis außerhalb der Anstalt aufhaltenden Untergebrachten erforderlich ist. Die Daten sind durch den Empfänger nach Beendigung der Fahndung oder Festnahme des Gesuchten zu löschen.

(3) Die nach Absatz 1 erhobenen Daten sind zu löschen und die Unterlagen zu vernichten, sobald die vollstreckungsrechtliche Entscheidung über die Beendigung des Vollzuges rechtskräftig ist.

§ 40 Festnahmerecht, unmittelbarer Zwang. (1) Ein Patient, der entwichen ist oder sich sonst ohne Erlaubnis außerhalb des Krankenhauses aufhält, kann durch Bedienstete des Krankenhauses oder auf ihre Veranlassung hin durch den Polizeivollzugsdienst festgenommen und in das Krankenhaus zurückgebracht werden.

(2) Gegen Personen, die nicht Patienten des Maßregelvollzuges sind, dürfen die Bediensteten des Krankenhauses unmittelbaren Zwang anwenden, wenn diese es unternehmen, Patienten zu befreien oder das Zurückbringen nach Absatz 1 zu verhindern oder widerrechtlich in das Krankenhaus einzudringen, oder wenn sie sich unbefugt darin aufhalten.

13. Sachsen

Anhang

Neunter Abschnitt. Schlussvorschriften

§ 41 Einschränkung von Grundrechten. Durch Maßnahmen nach diesem Gesetz können das Recht auf körperliche Unversehrtheit (Artikel 2 Abs. 2 Satz 1 des Grundgesetzes für die Bundesrepublik Deutschland, Artikel 16 Abs. 1 Satz 1 der Verfassung des Freistaates Sachsen), die Freiheit der Person (Artikel 2 Abs. 2 Satz 2 des Grundgesetzes, Artikel 16 Abs. 1 Satz 2 der Verfassung des Freistaates Sachsen), das Recht auf informationelle Selbstbestimmung (Artikel 33 der Verfassung des Freistaates Sachsen), das Brief-, Post- und Fernmeldegeheimnis (Artikel 10 des Grundgesetzes, Artikel 27 Abs. 1 der Verfassung des Freistaates Sachsen), das Recht auf Freizügigkeit (Artikel 11 Abs. 1 des Grundgesetzes) und die Unverletzlichkeit der Wohnung (Artikel 13 Abs. 1 des Grundgesetzes, Artikel 30 Abs. 1 der Verfassung des Freistaates Sachsen) eingeschränkt werden.

§ 42 Durchführungsbestimmungen. (1) Das Staatsministerium für Soziales wird ermächtigt, im Einvernehmen mit dem Staatsministerium des Innern und dem Staatsministerium der Justiz durch Rechtsverordnung das Verfahren bei Besuch (§ 25), Urlaub (§ 30), Sicherungsmaßnahmen (§ 31), Vollzugslockerungen (§ 38 Abs. 3), Unterbringung und Betreuung, die Benachrichtigungspflichten, die zur Sicherstellung des Unterbringungszwecks erforderlich sind, sowie die Festlegung der Einzugsgebiete im Sinne von § 2 Abs. 2 zu regeln.

(2) Der Träger der Einrichtung wird ermächtigt, unter Beachtung der gesetzlichen Bestimmungen durch Satzung oder Hausordnung das Nähere über die Ausstattung der Räume mit Gegenständen des Patienten, die Art der Durchführung des Besuchs, des Schriftwechsels und deren Überwachung sowie über die Anwendung unmittelbaren Zwangs zu regeln.

(3) Im Übrigen erlässt das Staatsministerium für Soziales im Einvernehmen mit dem Staatsministerium der Justiz die zum Vollzug dieses Gesetzes erforderlichen Ausführungsvorschriften für den Maßregelvollzug im Sinne des Achten Abschnitts.

§ 43 Außerkrafttreten. (1) Mit dem Inkrafttreten dieses Gesetzes tritt das Gesetz über die Einweisung in stationäre Einrichtungen für psychisch Kranke vom 11. Juni 1968 (GBl. DDR I Nr. 13 S. 273) außer Kraft.

(2) Das nach Artikel 9 Abs. 1 des Einigungsvertrages in Verbindung mit Artikel 1 des Gesetzes vom 23. September 1990 (BGBl. II S. 885) als Landesrecht fortgeltende Recht tritt mit dem Zeitpunkt des Inkrafttretens dieses Gesetzes außer Kraft, soweit es zu diesem Gesetz in Widerspruch steht, insbesondere
1. die Anordnung über die Durchführung und Finanzierung der Arbeitstherapie in den Einrichtungen des Gesundheits- und Sozialwesens vom 29. Mai 1968 (GBl. DDR II Nr. 61 S. 357),
2. die Verordnung über die Aufgaben der örtlichen Räte und der Betriebe bei der Erziehung kriminell gefährdeter Bürger vom 19. Dezember 1974 (GBl. DDR I 1975 Nr. 6 S. 130) in der Fassung der 2. Verordnung vom 6. Juli 1979 (GBl. DDR I Nr. 21 S. 195),
3. die 4. Durchführungsbestimmung zum Suchtmittelgesetz (Betreuung von Suchtkranken) vom 28. Januar 1974 (GBl. DDR I Nr. 16 S. 165),
4. die gemeinsame Richtlinie über das Zusammenwirken der Bereiche Innere Angelegenheiten, Gesundheits- und Sozialwesen sowie der Organe der Jugendhilfe, der Räte der Kreise, Stadtbezirke, Städte und Gemeinden bei der Erziehung von gefährdeten Bürgern vom 6. Mai 1971 (Verfügungen und Mitteilungen des Ministeriums für Gesundheitswesen – VuM – vom 5. Oktober 1971 Nr. 15 S. 79).

§ 44 *(Inkrafttreten)*

Anhang

Text der Ländergesetze

14. Sachsen-Anhalt

Gesetz über Hilfen für psychisch Kranke und Schutzmaßnahmen des Landes Sachsen-Anhalt (PsychKG LSA)

Vom 30. Januar 1992 (GVBl. S. 88; ber. in GVBl. S. 432), zuletzt geändert durch Art. 4 des Gesetzes zur Änderung des Landesrechts aufgrund des Gesetzes zur Reform des Verfahrens in Familiensachen und in den Angelegenheiten der freiwilligen Gerichtsbarkeit v. 13. 4. 2010 (GVBl. S. 192).

Erster Teil. Allgemeines

§ 1 Anwendungsbereich. Dieses Gesetz regelt

1. Hilfen für Personen, die an einer Psychose, Suchtkrankheit, einer anderen krankhaften seelischen oder geistigen Störung oder an einer seelischen oder geistigen Behinderung leiden oder gelitten haben, oder bei denen Anzeichen einer solchen Krankheit, Störung oder Behinderung vorliegen;
2. Schutzmaßnahmen bis hin zu Unterbringung für Personen, die an einer Krankheit, Störung oder Behinderung im Sinne der Nummer 1 leiden.

§ 2 Grundsatz.
1. Bei allen Hilfen, Behandlungs- und Therapiemaßnahmen ist auf den Zustand des Kranken oder Behinderten besondere Rücksicht zu nehmen. Wie bei körperlich Kranken haben ambulante Behandlungs- und Therapiemaßnahmen Vorrang vor einer stationären Unterbringung. Der Hausarzt bzw. ein Arzt des Vertrauens ist in den Behandlungsprozeß einzubeziehen, soweit dies ohne Gefährdung des Behandlungsziels unter Berücksichtigung des Zustands des Betroffenen vertretbar erscheint.
2. Maßnahmen, die nicht unumgänglich sind, haben zu unterbleiben, wenn zu befürchten ist, daß sie den Zustand des Kranken oder Behinderten nachteilig beeinflussen.

Zweiter Teil. Hilfen

§ 3 Zweck und Art der Hilfen. (1) Die Hilfen sollen dazu beitragen, daß Krankheiten, Störungen oder Behinderungen im Sinne des § 1 Nr. 1 rechtzeitig erkannt werden. Sie sollen das Ziel verfolgen, den betroffenen Personen durch eine der Art der Krankheit, Störung oder Behinderung angemessene individuelle ärztlich geleitete Beratung und Betreuung eine selbständige Lebensführung in der Gemeinschaft zu ermöglichen.

(2) Durch vorsorgende Hilfen soll insbesondere darauf hingewirkt werden, daß der Betroffene bei Anzeichen einer Krankheit, Störung oder Behinderung im Sinne des § 1 Nr. 1 rechtzeitig ärztlich behandelt wird. Durch nachsorgende Hilfsmaßnahmen soll den aus stationärer psychiatrischer Behandlung oder einer Unterbringung entlassenen Personen der Übergang in das Leben außerhalb stationärer Einrichtungen und die Eingliederung in die Gemeinschaft erleichtert werden.

(3) Die Hilfen sind so zu leisten, daß der Betroffene soweit wie möglich in seinem gewohnten Lebensbereich verbleiben kann (ortsnahe Hilfen). Es ist darauf hinzuwir-

14. Sachsen-Anhalt

ken, daß vorhandene Einrichtungen der nichtklinisch-stationären, der teilstationären und der ambulanten Versorgung und Rehabilitation sowie soziale und pädagogische Dienste in Anspruch genommen werden können.

(4) Die Hilfen sollen auch darauf gerichtet sein, bei denjenigen, die mit dem Betroffenen in näherer Beziehung stehen, Verständnis für seine besondere Lage zu wecken und die Bereitschaft zur Mitwirkung bei der Behebung seiner Schwierigkeiten zu fördern und zu erhalten.

(5) Die Hilfen treten nicht an die Stelle der Sozialleistungen, die nach anderen Vorschriften von anderen Stellen zu gewähren sind.

§ 4 Träger der Hilfen. Die Leistung der Hilfen obliegt den Landkreisen und kreisfreien Städten als Aufgabe des übertragenen Wirkungskreises.

§ 5 Sozialpsychiatrischer Dienst. (1) Zur Leistung der Hilfen richten die Landkreise und kreisfreien Städte beim Gesundheitsamt einen sozialpsychiatrischen Dienst ein. Der sozialpsychiatrische Dienst soll mit Körperschaften, Behörden, Organisationen, Hilfsvereinen und Personen zusammenarbeiten, die seine eigenen Maßnahmen unterstützen und ergänzen. Dazu gehören insbesondere Gemeinden, Krankenhäuser, Leistungsträger von Sozialleistungen, Verbände der Freien Wohlfahrtspflege, Träger von Sozialeinrichtungen und niedergelassene Ärzte.

(2) Der sozialpsychiatrische Dienst soll unter der Leitung eines Facharztes für Psychiatrie und/oder Neurologie oder eines auf diesen Gebieten weitergebildeten Arztes stehen. Solange ein derartig aus- oder weitergebildeter Arzt nicht zur Verfügung steht, kann die Leitung des sozialpsychiatrischen Dienstes mit Genehmigung der Aufsichtsbehörde vom zuständigen Amtsarzt wahrgenommen werden.

(3) Unter Berücksichtigung der örtlichen Gegebenheiten und Anforderungen können zwei oder mehrere Landkreise oder kreisfreie Städte vereinbaren, daß einer der an der Vereinbarung Beteiligten die Aufgaben des sozialpsychiatrischen Dienstes auch für den beziehungsweise die anderen Beteiligten wahrnimmt. Die Einrichtung sozialpsychiatrischer Dienste einschließlich der personellen Besetzung und Vereinbarungen über die Zusammenarbeit bedürfen der Genehmigung des Ministeriums für Arbeit und Soziales.

(4) Soweit Einrichtungen oder Personen im Sinne von Absatz 1 Satz 2 bereit und in der Lage sind, Aufgaben des sozialpsychiatrischen Dienstes in den Versorgungsgebieten ganz oder teilweise entsprechend den Vorschriften dieses Gesetzes wahrzunehmen, soll ihnen der Landkreis oder die kreisfreie Stadt diese Aufgaben in entsprechendem Umfange überlassen, soweit das ohne Nachteile für die Wahrnehmung der Aufgaben möglich ist. Voraussetzung einer derartigen Überlassung ist daneben, daß die Erfüllung der Aufgaben auf längere Zeit gewährleistet ist. Die Einzelheiten sind durch öffentlich-rechtlichen Vertrag zu vereinbaren. Der Landkreis oder die kreisfreie Stadt bleibt für die Wahrnehmung der Aufgaben im übrigen verantwortlich. Absatz 3 Satz 2 gilt entsprechend.

§ 6 Mitteilung von Feststellungen. Werden bei der Leistung der Hilfen Feststellungen getroffen, die für die Belange des Betroffenen bedeutsam sein können, so sind ihm diese mitzuteilen, soweit es ärztlich zu verantworten ist. Wenn es angezeigt erscheint, soll ihm nahegelegt werden, sich in die ambulante Behandlung eines Arztes, in ein Krankenhaus oder in eine andere geeignete Einrichtung zu begeben und diese zu ermächtigen, den sozialpsychiatrischen Dienst von der Übernahme der Behandlung zu benachrichtigen. Auf eine solche Nachricht teilt der sozialpsychiatrische Dienst dem Arzt, dem Krankenhaus oder der Einrichtung die getroffenen Feststellungen mit, es sei denn, daß der Betroffene widerspricht.

Anhang

Text der Ländergesetze

Dritter Teil. Schutzmaßnahmen

Erster Abschnitt. Allgemeines

§ 7 Allgemeine Vorschriften. (1) Schutzmaßnahmen einschließlich des Vollzugs der gerichtlichen Entscheidung über die Unterbringung obliegen den Landkreisen und kreisfreien Städten (Verwaltungsbehörden) als Aufgabe des übertragenen Wirkungskreises.

(2) Die Verwaltungsbehörde setzt zur Durchführung der Schutzmaßnahmen besondere geeignete und ausgebildete Bedienstete ein.

(3) Ärztliche Aufgaben bei der Durchführung von Schutzmaßnahmen sind grundsätzlich Ärzten zu übertragen, die ihre Befähigung zur Beurteilung psychischer Krankheiten durch das Recht zum Führen einer entsprechenden Facharzt- bzw. Gebietsbezeichnung nachweisen können. Steht ein derartiger aus- bzw. weitergebildeter Arzt nicht zur Verfügung, sind für diese Aufgabe Ärzte mit längerer Erfahrung in der Beurteilung psychischer Krankheiten heranzuziehen, wobei zunächst auf bei der Verwaltungsbehörde angestellte Ärzte zurückzugreifen ist. Im Zusammenhang mit der Durchführung von Schutzmaßnahmen sind die eingesetzten Ärzte befugt, unmittelbaren Zwang anzuwenden, soweit dies zur Wahrnehmung der Aufgabe erforderlich ist.

(4) Außer Bediensteten von Verwaltungsbehörden können auch solche von Krankenhäusern und Krankentransportunternehmen zur Durchführung dieses Gesetzes entsprechend den geltenden Vorschriften des allgemeinen Gefahrenabwehrrechts zu Vollzugsbeamten bestellt werden.

(5) Die Polizei leistet den Verwaltungsbehörden, Krankenhäusern und Krankentransportunternehmen Vollzugshilfe.

(6) Soweit in diesem Gesetz nichts anderes bestimmt ist, gilt das Gesetz über die öffentliche Sicherheit und Ordnung des Landes Sachsen-Anhalt vom 19. Dezember 1991 (GVBl. LSA S. 538).

Zweiter Abschnitt. Untersuchung, Behandlung

§ 8 Untersuchung, Mitteilung. (1) Bestehen Anhaltspunkte dafür, daß jemand wegen einer Krankheit, Störung oder Behinderung im Sinne des § 1 Nr. 1 sich oder anderen schwerwiegenden Schaden zuzufügen droht, so kann er zu einer ärztlichen Untersuchung geladen oder zum Zwecke einer solchen Untersuchung durch einen von der Verwaltungsbehörde dazu beauftragten Arzt in seiner Wohnung aufgesucht werden.

(2) Ergeben sich aus dem Verhalten des Betroffenen dringende Anhaltspunkte dafür, daß die Voraussetzungen für eine Unterbringung vorliegen, so kann er zu einer ärztlichen Untersuchung vorgeführt werden. Der Betroffene hat die Untersuchung zu dulden und an ihr mitzuwirken.

(3) Der Arzt teilt das Ergebnis der Untersuchung dem Betroffenen mit, soweit es ärztlich zu verantworten ist. Ist der Betroffene zuvor regelmäßig von einem anderen Arzt behandelt worden, so ist auch diesem der Untersuchungsbefund mitzuteilen, es sei denn, daß der Betroffene widerspricht.

§ 9 Behandlungsempfehlung. Wenn das Ergebnis der Untersuchung nach § 8 dazu Anlaß gibt, kann die Verwaltungsbehörde dem Betroffenen empfehlen, sich in die ambulante Behandlung eines Arztes, in ein Krankenhaus oder in eine andere geeignete Einrichtung zu begeben und diese zu ermächtigen, das Gesundheitsamt von der Übernahme der Behandlung und dem Befund zu unterrichten. Das Gesundheitsamt teilt dem Arzt, dem Krankenhaus oder der Einrichtung den Untersuchungsbefund mit, es sei denn, daß der Betroffene widerspricht.

§ 10 Behandlungsauflage. (1) Ist nach dem Ergebnis einer Untersuchung nach § 8 zu erwarten, daß der Betroffene untergebracht werden muß, wenn er nicht ärztlich behandelt wird, so kann ihm die Verwaltungsbehörde aufgeben, sich innerhalb einer bestimmten Frist in die ambulante Behandlung eines Arztes, in ein Krankenhaus oder in eine andere geeignete Einrichtung zu begeben, deren Anweisungen zu befolgen sowie deren Namen und Anschrift unverzüglich mitzuteilen. Dem behandelnden Arzt bzw. der behandelnden Einrichtung wird vom Gesundheitsamt der Untersuchungsbefund mit der Verpflichtung übersandt, die Nichtaufnahme oder den Abbruch der Behandlung und die Nichtbefolgung von Anweisungen durch den Betroffenen unverzüglich anzuzeigen. Das Gesundheitsamt ist auch in Kenntnis zu setzen, wenn eine Behandlung nicht mehr erforderlich ist.

(2) Eine Auflage nach Absatz 1 Satz 1 darf nicht mit Zwangsmitteln durchgesetzt werden. Kommt der Betroffene der Auflage nicht nach, sind die Voraussetzungen für ein Unterbringungsverfahren zu prüfen.

Dritter Abschnitt. Unterbringung

§ 11 Begriff der Unterbringung. (1) Eine Unterbringung im Sinne dieses Gesetzes liegt vor, wenn jemand gegen seinen Willen oder im Zustand der Willenlosigkeit in den abgeschlossenen Teil eines Krankenhauses eingewiesen wird und dort verbleiben soll.

(2) Eine Unterbringung im Sinne dieses Gesetzes liegt auch dann vor, wenn jemand unter elterlicher Sorge oder unter Vormundschaft steht, oder ihm ein Pfleger oder ein Betreuer bestellt ist, dessen Aufgabenkreis die Aufenthaltsbestimmung umfaßt, und wenn die Einweisung nach Absatz 1 gegen den Willen des Inhabers der elterlichen Sorge, des Vormunds, Pflegers oder Betreuers erfolgt oder der Inhaber der elterlichen Sorge, der Vormund, Pfleger oder Betreuer keine Erklärung abgibt. Bei Bestellung eines Betreuers gilt dies nur, wenn der psychisch Kranke geschäftsunfähig ist oder für ihn ein Einwilligungsvorbehalt hinsichtlich der Aufenthaltsbestimmung angeordnet ist.

§ 12 Vollzug der Unterbringung. (1) Die Unterbringung wird in der Regel in Krankenhäusern des Landes vollzogen. Krankenhäusern anderer Träger kann diese Aufgabe mit deren Zustimmung widerruflich übertragen werden, wenn diese sich dafür eignen.

(2) Zuständig für die Feststellung der Eignung und die Übertragung der Aufgaben nach Absatz 1 Satz 2 ist das Landesverwaltungsamt. Dieses übernimmt auch die Aufsicht im Umfang der übertragenen Aufgaben.

§ 13 Voraussetzungen der Unterbringung. (1) Eine Unterbringung ist nur zulässig, wenn und solange
1. die gegenwärtige erhebliche Gefahr besteht, daß der Betroffene sich infolge einer Krankheit, Störung oder Behinderung im Sinne des § 1 Nr. 1 schwerwiegende gesundheitliche Schäden zufügt,
   oder
2. das durch die Krankheit, Störung oder Behinderung bedingte Verhalten des Betroffenen aus anderen Gründen eine gegenwärtige erhebliche Gefahr für die öffentliche Sicherheit oder Ordnung darstellt,

und die Gefahr auf andere Weise nicht angewendet werden kann.

Anhang

Text der Ländergesetze

(2) Eine Unterbringung nach diesem Gesetz darf nicht angeordnet werden, wenn eine Maßnahme nach § 126a der Strafprozeßordnung oder den §§ 63, 64 des Strafgesetzbuches oder § 7 des Jugendgerichtsgesetzes getroffen worden ist. Wird eine solche Anordnung oder Maßregel nach einer Unterbringung getroffen, ist die Unterbringung aufzuheben.

§ 14 Antragserfordernis. (1) Eine Unterbringung oder eine vorläufige Unterbringungsmaßnahme kann nur auf Antrag der Verwaltungsbehörde durch gerichtliche Entscheidung angeordnet werden.

(2) Für das Unterbringungsverfahren gelten die Vorschriften des Gesetzes über das Verfahren in Familiensachen und in den Angelegenheiten der freiwilligen Gerichtsbarkeit.

§ 15 Vorläufige Einweisung. Kann eine gerichtliche Entscheidung über eine Unterbringungsmaßnahme nicht rechtzeitig herbeigeführt werden, so kann die Verwaltungsbehörde den Betroffenen längstens bis zum Ablauf des folgenden Tages vorläufig in den geschlossenen Teil eines Krankenhauses einweisen, wenn ein ärztliches Zeugnis über einen Befund vorliegt, nach dem die Voraussetzungen der Unterbringung nach § 13 vorliegen, und wenn der Befund frühestens am Tage vor der vorläufigen Einweisung erhoben worden ist. Die Angehörigen sollen benachrichtigt werden; über die Benachrichtigung soll die Verwaltungsbehörde unter Abwägung aller Umstände des Einzelfalles entscheiden.

Vierter Abschnitt. Betreuung während der Unterbringung

§ 16 Eingangsuntersuchung. (1) Personen, die auf Grund dieses Gesetzes eingewiesen oder untergebracht sind, werden unverzüglich nach ihrer Aufnahme ärztlich untersucht. Die Untersuchung erstreckt sich vor allem auch auf die Umstände, die maßgeblich für die Unterbringung waren. Sie soll zugleich schon dazu dienen, die individuell gebotene Heilbehandlung abzuklären und einen Behandlungsplan zu entwickeln. Liegen nach der Eingangsuntersuchung die Unterbringungsvoraussetzungen nicht oder nicht mehr vor, hat der verantwortliche Arzt
1. die Verwaltungsbehörde, welche die Einweisung veranlaßt hat oder die Unterbringung beantragt hat,
und
2. das zuständige Gericht unverzüglich zu unterrichten.

(2) Zeigt sich bei der Eingangsuntersuchung die Notwendigkeit einer ärztlichen Behandlung, ohne daß die Unterbringungsvoraussetzungen vorliegen, soll der untersuchende Arzt darauf hinwirken, daß der Patient sich umgehend in ärztliche Behandlung begibt und einer Bekanntgabe der Untersuchungsergebnisse an den Arzt seines Vertrauens, der die Behandlung fortführen soll, zustimmt.

(3) Ist nach dem Ergebnis der Eingangsuntersuchung eine stationäre Behandlung geboten, ohne daß die Voraussetzungen der Unterbringung vorliegen, soll der untersuchende Arzt aus seiner Verantwortung heraus die Einwilligung des Patienten zur stationären Behandlung zu erreichen versuchen.

(4) Die fehlende Bereitschaft des Patienten, sich ambulant oder stationär behandeln zu lassen, rechtfertigt für sich allein nicht die weitere Unterbringung.

(5) In den Fällen der Absätze 1 bis 3 ist die betroffene Person bis zur Entscheidung über die Aufhebung der Einweisung oder Unterbringung zu beurlauben.

§ 17 Ärztliche Behandlung. (1) Während seiner Unterbringung erhält der Untergebrachte die nach den anerkannten Regeln der ärztlichen Kunst gebotene Heilbehandlung. Diese kann weitere Untersuchungen einschließen, soweit sie im Rahmen der Behandlung oder zum Schutz der Gesundheit des Untergebrachten oder anderer Personen erforderlich sind.

(2) Für die Behandlung wegen der Erkrankung, die zur Unterbringung geführt hat, ist auf Grund der Untersuchungsergebnisse ein Behandlungsplan aufzustellen. Dieser umfaßt auch die die gebotene Heilbehandlung fördernden heilpädagogischen und psychotherapeutischen sowie beschäftigungs- und arbeitstherapeutischen Maßnahmen.

(3) Das Ergebnis der Untersuchungen, die vorgesehene Heilbehandlung und der Behandlungsplan sind dem Untergebrachten zu erläutern, soweit dies ärztlich zu verantworten ist. Ist der Untergebrachte fähig, Grund, Bedeutung und Tragweite der Behandlungs- und Fördermaßnahmen einzusehen, soll die Erläuterung auch dem Ziel dienen, die Zustimmung des Untergebrachten zur Behandlung zu erhalten.

(4) Eine Behandlung, die die Persönlichkeit des Untergebrachten in ihrem Kernbereich verändern würde, ist unzulässig.

(5) Erfordert die Behandlung einen operativen Eingriff oder ist sie mit Gefahr für Leben oder Gesundheit des Untergebrachten verbunden oder würde sie seine Persönlichkeit wesentlich oder auf Dauer nachteilig verändern, so darf sie nur mit seiner Einwilligung und nur dann vorgenommen werden, wenn sie nicht außer Verhältnis zu dem zu erwartenden Erfolg steht.

(6) Ist der Untergebrachte in den Fällen des Absatzes 5 nicht fähig, Grund, Bedeutung und Tragweite der Behandlung einzusehen oder seinen Willen nach dieser Einsicht zu bestimmen, ist die Einwilligung seines gesetzlichen Vertreters maßgebend. Besitzt der Untergebrachte zwar die in Satz 1 genannten Fähigkeiten, ist er aber minderjährig, so ist zusätzlich die Einwilligung seines gesetzlichen Vertreters erforderlich. Entsprechendes gilt bei Volljährigen, für die nach § 1896 des Bürgerlichen Gesetzbuches ein Betreuer für diesen Aufgabenkreis bestellt und ein Einwilligungsvorbehalt angeordnet worden ist.

(7) Wegen anderer akuter Erkrankungen ist eine ärztliche Untersuchung und Behandlung bei Lebensgefahr oder bei Gefahr für die Gesundheit anderer Personen auch ohne Einwilligung des Untergebrachten oder seines gesetzlichen Vertreters zulässig. Eine zwangsweise Ernährung ist zulässig, wenn dies zur Abwendung einer Gefahr für das Leben oder die Gesundheit des Untergebrachten erforderlich ist.

(8) Die Zwangsmaßnahme muß für die Beteiligten zumutbar sein. Sie darf insbesondere das Leben des Untergebrachten nicht gefährden.

§ 18 Gestaltung der Unterbringung. (1) Die Unterbringung ist unter Berücksichtigung therapeutischer Gesichtspunkte so zu gestalten, daß eine möglichst weitgehende Angleichung an die allgemeinen Lebensverhältnisse erreicht wird. Zugleich soll die Bereitschaft des Untergebrachten geweckt werden, aktiv am Erreichen des Behandlungszieles mitzuwirken.

(2) Während der Unterbringung fördert die Einrichtung die Aufrechterhaltung bestehender und die Anbahnung neuer sozialer Kontakte des Untergebrachten, soweit sie sein Verantwortungsbewußtsein für ein geordnetes Zusammenleben stärken und damit der Wiedereingliederung dienen.

(3) Untergebrachten soll während der Unterbringung ein angemessener Barbetrag zur persönlichen Verfügung stehen. Die Einrichtung hat bei erforderlichen Anträgen Beratung und Unterstützung zu geben.

§ 19 Besondere Sicherungsmaßnahmen. (1) Besondere Sicherungsmaßnahmen sind
1. die Wegnahme von Gegenständen,
2. die Beschränkung des Aufenthaltes im Freien,

Anhang

Text der Ländergesetze

3. die Absonderung in einem besonderen Raum,
4. die Fixierung.

(2) Besondere Sicherungsmaßnahmen sind nur ausnahmsweise und nur dann zulässig, wenn und solange die gegenwärtige erhebliche Gefahr besteht,
1. daß der Untergebrachte sich selbst tötet oder einen schwerwiegenden gesundheitlichen Schaden zufügt,
2. daß der Untergebrachte gewalttätig wird und andere Patienten, Mitarbeiter des Krankenhauses oder Besucher gefährdet oder daß er erheblichen materiellen Schaden anrichtet,
droht,
3. daß der Untergebrachte die Einrichtung ohne Erlaubnis verläßt
und wenn der Gefahr nicht anderweitig begegnet werden kann.

(3) Eine besondere Sicherungsmaßnahme darf nur vom verantwortlichen Arzt angeordnet werden. Sie ist zu befristen, ärztlich zu überwachen und unverzüglich aufzuheben, wenn die Voraussetzungen für ihre Anordnung weggefallen sind. Anordnung und Aufhebung der besonderen Sicherungsmaßnahmen sind zu dokumentieren. Dem Träger des Krankenhauses ist jährlich eine Auflistung der ergriffenen besonderen Sicherungsmaßnahmen vorzulegen.

§ 20 Rechtsstellung des Untergebrachten. Der Untergebrachte unterliegt nur denjenigen Beschränkungen seiner Freiheit, die sich aus dem Zweck der Unterbringung und aus den Anforderungen eines geordneten Zusammenlebens in dem Krankenhaus ergeben, in dem er untergebracht ist. Maßnahmen, welche die Freiheit des Untergebrachten beschränken, sind im Verlaufe der Behandlung ständig zu überprüfen und der Entwicklung des Untergebrachten anzupassen.

§ 21 Persönliche Habe, Besuchsrecht. (1) Der Untergebrachte hat das Recht seine persönliche Kleidung zu tragen, persönliche Gegenstände in seinem Zimmer aufzubewahren und Besuch zu empfangen.

(2) Dieses Recht darf nur eingeschränkt werden, wenn dadurch gesundheitliche Nachteile für den Untergebrachten zu befürchten sind oder die Sicherheit der Einrichtung oder ein geordnetes Zusammenleben in der Einrichtung erheblich gefährdet wird.

§ 22 Postverkehr und Telekommunikation. (1) Der Untergebrachte hat das Recht, Postsendungen frei abzusenden und zu empfangen.

(2) Im Rahmen des § 20 kann der Schriftverkehr des Untergebrachten überwacht und beschränkt werden. Dies gilt nicht für den Schriftverkehr mit
1. Gerichten,
2. Staatsanwaltschaften,
3. Rechtsanwälten,
4. Aufsichtsbehörden,
5. Volksvertretungen des Bundes und der Länder sowie deren Mitgliedern und dem Europäischen Parlament,
6. der Europäischen Kommission für Menschenrechte,
7. dem Ausschuß für Angelegenheiten der psychiatrischen Krankenversorgung und Besuchskommissionen (§ 29).

Bei ausländischen Staatsangehörigen ist eine Überwachung und Beschränkung des Schriftverkehrs auch nicht zulässig für Schreiben an die konsularische oder diplomatische Vertretung des Heimatlandes. Schriftliche Mitteilungen der in Satz 2 und 3 genannten Stellen und Personen an den Untergebrachten dürfen nicht geöffnet und nicht zurückgehalten werden.

(3) Für die Maßnahmen der Überwachung und der Beschränkung des Schriftverkehrs ist der Leiter des Krankenhauses verantwortlich. Er hat im Einzelfall zu überprüfen, ob und ggf. in welchem Umfange derartige Maßnahmen geboten sind. Dies ist insbesondere dann der Fall, wenn Anhaltspunkte dafür bestehen, daß die Gefahr des Einschmuggelns von Suchtstoffen oder gefährlichen Gegenständen oder der Verabredung von Straftaten besteht.

(4) Über Maßnahmen der Überwachung und Beschränkung des Schriftverkehrs ist der Untergebrachte zu unterrichten. Angehaltene Schreiben werden dem Absender unter Angabe des Grundes zurückgesandt oder, wenn dies nicht möglich oder aus Gründen des Absatzes 3 Satz 3 untunlich ist, aufbewahrt. Für Schreiben des Untergebrachten gilt entsprechendes.

(5) Kenntnisse, die bei der Überwachung und der Beschränkung des Schriftverkehrs gewonnen werden, sind vertraulich zu behandeln. Sie dürfen nur verwertet werden, soweit dies erforderlich ist, um die Sicherheit oder Ordnung des Krankenhauses zu bewahren oder Straftaten oder Ordnungswidrigkeiten zu verhüten, zu unterbinden oder zu verfolgen.

(6) Die vorstehenden Bestimmungen gelten sinngemäß für Pakete und andere Sendungen, Telegramme, Telefongespräche und andere Möglichkeiten der Telekommunikation. Die Überwachung eines Ferngesprächs wird in der Weise vorgenommen, daß ein Bediensteter der Einrichtung das Gespräch in Gegenwart des Untergebrachten mithört.

§ 23 Offene Unterbringung. (1) Sobald der Zweck der Unterbringung es zuläßt, soll die Unterbringung nach Möglichkeit aufgelockert und in weitgehend freien Formen durchgeführt werden, um das angestrebte Behandlungsziel zu erreichen. Eine Lockerung der Unterbringung oder eine offene Unterbringung soll vom verantwortlichen Arzt dann gewährt werden, wenn dies der Behandlung des Untergebrachten dient, er den damit verbundenen Anforderungen genügt und ein Mißbrauch nicht zu befürchten ist.

(2) Ist der Untergebrachte länger als 14 Tage offen untergebracht, sind die Verwaltungsbehörde und das Gericht unverzüglich zu benachrichtigen. Das Gericht prüft, ob die die Unterbringung anordnende gerichtliche Entscheidung aufgehoben werden kann. Gegen den Willen des Untergebrachten ist eine Verlegung in die offene Unterbringung nicht zulässig.

§ 24 Beurlaubungen. (1) Dem Untergebrachten kann Urlaub bis zur Dauer von zwei Wochen durch den Ärztlichen Leiter des Krankenhauses oder einen von ihm bestimmten anderen Arzt gewährt werden, insbesondere, wenn der Gesundheitszustand und die persönlichen Verhältnisse des Untergebrachten dies rechtfertigen und zu erwarten ist, daß dadurch das Behandlungsziel gefördert wird und ein Mißbrauch des Urlaubs nicht zu befürchten ist.

(2) Die Beurlaubung kann mit Auflagen verbunden werden, soweit dies im Hinblick auf das Behandlungsziel erforderlich ist. Dem Untergebrachten kann insbesondere die Auflage erteilt werden, ärztliche Anweisungen zu befolgen.

(3) Die Beurlaubung ist der Verwaltungsbehörde vorab mitzuteilen. Eine länger dauernde Beurlaubung bedarf der Abstimmung mit der Verwaltungsbehörde und dem Gericht.

(4) Die Beurlaubung kann jederzeit widerrufen werden, insbesondere, wenn Auflagen nicht oder nicht vollständig erfüllt werden oder der Gesundheitszustand des Beur-

Anhang

Text der Ländergesetze

laubten sich wesentlich verschlechtert hat oder ein Mißbrauch des Urlaubs zu befürchten ist.

§ 25 Religionsausübung. (1) Der Untergebrachte hat das Recht, innerhalb der Einrichtung am Gottesdienst und an Veranstaltungen von Religions- und Glaubensgemeinschaften teilzunehmen.

(2) Religions- und Glaubensgemeinschaften ist die Möglichkeit einzuräumen, innerhalb der Einrichtung Gottesdienste und religiöse Veranstaltungen abzuhalten, soweit die Besonderheiten der Einrichtung und Behandlungserfordernisse nicht entgegenstehen.

Fünfter Abschnitt. Beendigung der Unterbringung

§ 26 Entlassung. (1) Der Ärztliche Leiter der Einrichtung unterrichtet unverzüglich das Gericht, wenn er es für geboten hält, den Untergebrachten zu entlassen. Bis zur Entscheidung des Gerichts kann der Untergebrachte beurlaubt werden; § 24 Abs. 3 und 4 gilt entsprechend.

(2) Der Untergebrachte ist zu entlassen, wenn
1. die seine Unterbringung anordnende gerichtliche Entscheidung aufgehoben worden ist,
2. im Falle der vorläufigen Einweisung gemäß § 15 nicht bis zum Ende des auf die Einweisung folgenden Tages ein gerichtlicher Unterbringungsbeschluß vorliegt,
3. die Unterbringungsfrist abgelaufen ist, ohne daß das Gericht zuvor die Verlängerung der Unterbringung angeordnet hat,
4. das Gericht die Entlassung anordnet.

(3) Von der Entlassung benachrichtigt das Krankenhaus das Gericht und die Verwaltungsbehörde. Diese unterrichtet die in § 315 Abs. 1 Nrn. 2 und 3 sowie Abs. 4 Satz 1 Nrn. 1 und 2 des Gesetzes über das Verfahren in Familiensachen und in den Angelegenheiten der freiwilligen Gerichtsbarkeit genannten Personen. Das Krankenhaus benachrichtigt ferner den Arzt, von dem sich der Betroffene behandeln lassen will.

§ 27 Vorläufige Entlassung. (1) Kommt auf Grund des Gesundheitszustandes des Untergebrachten und seiner persönlichen Verhältnisse eine Aussetzung der Vollziehung der Unterbringung durch das Gericht nach § 320 Abs. 1 des Gesetzes über das Verfahren in Familiensachen und in den Angelegenheiten der freiwilligen Gerichtsbarkeit in Betracht, können als Auflagen insbesondere die Verpflichtungen ausgesprochen werden, Hilfen nach dem zweiten Teil dieses Gesetzes in Anspruch zu nehmen, sich in ärztliche Behandlung zu begeben oder ärztliche Anweisungen zu befolgen.

(2) Ist dem Betroffenen zur Auflage gemacht worden, sich in ärztliche Behandlung zu begeben, so hat er den Namen und die Anschrift des Arztes unverzüglich dem Krankenhaus mitzuteilen, in dem er untergebracht war. Das Krankenhaus übersendet dem Arzt und dem zuständigen sozialpsychiatrischen Dienst einen Bericht über die bisherige Behandlung. Der Arzt unterrichtet die Verwaltungsbehörde, wenn der Betroffene sich nicht in Behandlung begibt, ärztliche Anweisungen nicht befolgt oder wenn eine Behandlung nicht mehr erforderlich ist.

(3) Das Gericht kann die vorläufige Entlassung widerrufen, wenn der vorläufig Entlassene die ihm erteilten Auflagen nicht oder nicht vollständig erfüllt oder wenn sich sein Gesundheitszustand erheblich verschlechtert.

(4) Zeigt sich während der Aussetzung der Vollziehung der Unterbringung, daß eine Behandlung nicht mehr erforderlich ist, stellt die Verwaltungsbehörde beim Gericht den Antrag auf Aufhebung der Unterbringungsmaßnahme.

14. Sachsen-Anhalt

§ 28 Freiwilliger Krankenhausaufenthalt. Verbleibt der Betroffene auf Grund seiner rechtswirksamen Einwilligung weiter in dem Krankenhaus, obwohl die Voraussetzungen des § 26 Abs. 2 vorliegen, so teilt das Krankenhaus dies dem Gericht, der Verwaltungsbehörde und, soweit der Betroffene damit einverstanden ist, den in § 315 Abs. 1 Nrn. 2 und 3 sowie Abs. 4 Satz 1 Nr. 1 und 2 des Gesetzes über das Verfahren in Familiensachen und in den Angelegenheiten der freiwilligen Gerichtsbarkeit genannten Personen mit.

Vierter Teil. Ausschuß für Angelegenheiten der psychiatrischen Krankenversorgung

§ 29 Berufung und Aufgaben. (1) Das Ministerium für Arbeit und Soziales beruft einen Ausschuß für Angelegenheiten der psychiatrischen Krankenversorgung.

(2) Der Ausschuß prüft, ob die in § 1 Nr. 1 genannten Personen entsprechend den Vorschriften dieses Gesetzes behandelt und betreut werden. Er soll für die Belange dieses Personenkreises eintreten und bei der Bevölkerung Verständnis für die Lage psychisch Kranker und behinderter Menschen wecken.

(3) Der Ausschuß bildet für die Krankenhäuser und Einrichtungen, die der psychiatrischen Krankenversorgung dienen, Besuchskommissionen. Die Besuchskommissionen haben jährlich mindestens einmal die Krankenhäuser und sonstigen Einrichtungen des ihnen vom Ausschuß zugewiesenen Bereichs zu besuchen. Sie können, wenn es ihnen angezeigt erscheint, von einer vorherigen Anmeldung ihres Besuches absehen.

(4) Die Krankenhäuser und sonstigen Einrichtungen sowie ihre Träger sind verpflichtet, den Ausschuß und die Besuchskommissionen bei ihrer Arbeit zu unterstützen. Sie haben ihnen, soweit es zur Erfüllung der in Absatz 2 und 3 genannten Aufgaben erforderlich ist, Auskünfte zu erteilen und Akteneinsicht zu gewähren. Krankenunterlagen dürfen nur mit Einwilligung des Betroffenen oder seines gesetzlichen Vertreters zur Einsichtnahme vorgelegt werden.

(5) Der Untergebrachte ist berechtigt, unmittelbar mit dem Ausschuß und den Besuchskommissionen sowie deren Mitgliedern zu korrespondieren. Eine Überwachung und Beschränkung des beiderseitigen Schriftverkehrs ist nicht zulässig.

(6) Die Mitglieder des Ausschusses und der Besuchskommissionen sowie ihre Stellvertreter sind nicht an Weisungen gebunden. Sie sind zur Verschwiegenheit verpflichtet. Ihre Entschädigung richtet sich nach Abschnitt 4 des Justizvergütungs- und entschädigungsgesetzes.

(7) Der Ausschuß berichtet einmal jährlich dem Landtag und dem Ministerium für Arbeit und Soziales über seine Tätigkeit, insbesondere über die Feststellungen und Anregungen der Besuchskommissionen.

§ 30 Verfahren. Das Ministerium für Arbeit und Soziales wird ermächtigt, durch Verordnung nähere Bestimmungen zu treffen über
1. die Zusammensetzung des Ausschusses und der Besuchskommissionen,
2. das Verfahren zur Berufung des Ausschusses und zur Bildung der Besuchskommissionen,
3. die Aufgaben des Ausschusses und der Besuchskommissionen sowie deren Wahrnehmung,
4. die Amtszeit, die Rechte und Pflichten der einzelnen Mitglieder sowie ihrer Stellvertreter.

Anhang

Text der Ländergesetze

Fünfter Teil. Nachsorge

§ 31 Nachsorgende Hilfen. (1) Nachsorgende Hilfsmaßnahmen im Sinne des § 3 Abs. 2 Satz 2 sollen in enger Zusammenarbeit zwischen dem Krankenhaus oder der Einrichtung, dem weiterbehandelnden Arzt und dem zuständigen sozialpsychiatrischen Dienst so umfassend und rechtzeitig eingeleitet und vorbereitet werden, daß eine weiterhin erforderliche ambulante Betreuung der betroffenen Personen gesichert ist.

(2) Bei den nachsorgenden Hilfsmaßnahmen ist ein besonderes Gewicht auf die individuelle ärztliche und psychosoziale Beratung der entlassenen Person über die erforderliche gesundheitliche Lebensführung und die Einhaltung etwaiger Auflagen zu legen. Es soll auch auf die mögliche Inanspruchnahme von Sozialleistungen hingewiesen werden.

Sechster Teil. Kosten

§ 32 Kosten der Unterbringung. (1) Die Kosten einer nach diesem Gesetz durchgeführten Unterbringung trägt der Betroffene, soweit sie nicht einem Sozialleistungsträger, einem Unterhaltspflichtigen oder einem anderen zur Last fallen.

(2) Die Kosten einer vorläufigen Einweisung sind vom Land zu tragen, wenn

1. der Antrag auf Anordnung einer Unterbringung abgelehnt oder zurückgenommen wird oder aus anderen Gründen seine Erledigung findet oder
2. die Anordnung einer Unterbringung vom Beschwerdegericht aufgehoben wird

und die Voraussetzungen für die Unterbringung von Anfang an nicht vorgelegen haben.

(3) Das Gericht hat in den Fällen des Absatzes 2 in der von ihm in der Hauptsache getroffenen Entscheidung auszusprechen, wer die Kosten der vorläufigen Einweisung zu tragen hat. Über die Kosten ist unter Berücksichtigung des bisherigen Sachstandes nach billigem Ermessen auch dann zu entscheiden, wenn eine Entscheidung in der Hauptsache nicht ergeht.

(4) Die gerichtliche Entscheidung über die Kosten der einstweiligen Unterbringung ist mit der sofortigen Beschwerde selbständig anfechtbar.

Siebenter Teil. Kosten der Landkreise und kreisfreien Städte

§ 33 Finanzausgleich. Die den Landkreises und kreisfreien Städten aus der Durchführung dieses Gesetzes entstehenden Verwaltungskosten werden im Rahmen des Finanzausgleichs gedeckt.

Achter Teil. Schlußvorschriften

§ 34 Einschränkung von Grundrechten. Durch dieses Gesetz werden die Grundrechte auf körperliche Unversehrtheit und auf Freiheit der Person (Artikel 2 Abs. 2 des Grundgesetzes, Artikel 5 Abs. 2 der Verfassung des Landes Sachsen-Anhalt), auf Schutz der Familie (Artikel 6 des Grundgesetzes, Artikel 11 der Verfassung des Landes Sachsen-Anhalt) auf die Unverletzlichkeit des Brief-, Post- und Fernmeldegeheimnisses (Artikel 10 des Grundgesetzes, Artikel 14 der Verfassung des

15. Schleswig-Holstein **Anhang**

Landes Sachsen-Anhalt) und der Wohnung (Artikel 13 des Grundgesetzes, Artikel 17 der Verfassung des Landes Sachsen-Anhalt) eingeschränkt.

§ 35 Inkrafttreten und Übergangsvorschriften. Dieses Gesetz tritt am Tage nach seiner Verkündung[1] in Kraft.

15. Schleswig-Holstein

Gesetz zur Hilfe und Unterbringung psychisch kranker Menschen (Psychisch-Kranken-Gesetz – PsychKG)

Vom 14. Januar 2000 (GVBl. S. 106, ber. S. 206)
GS Schl.-H. II, Gl. Nr. 2126–10, zuletzt geändert durch Art. 4 des Gesetzes zur Anpassung des schl.-h. Landesrechts an das Gesetz über das Verfahren in Familiensachen und in den Angelegenheiten der freiwilligen Gerichtsbarkeit
v. 24. 9. 2009 (GVBl. S. 633)

Der Landtag hat das folgende Gesetz beschlossen:

Inhaltsübersicht §§

Erster Teil. Allgemeines

Anwendungsbereich; Grundsätze für den Umgang mit psychisch kranken Menschen	1
Träger	2

Zweiter Teil. Hilfen

Begriff und Zweck der Hilfen	3
Gewährung der Hilfen	4
Arbeitskreise für gemeindenahe Psychiatrie	5
Vorladung, Untersuchung	6

Dritter Teil. Unterbringung in einem Krankenhaus

Abschnitt 1. Gerichtliches Verfahren

Voraussetzung der Unterbringung	7
Unterbringungsantrag	8
Zuständigkeit des Amtsgerichts	9
Geltung der Vorschriften über die freiwillige Gerichtsbarkeit	10
Vorläufige Unterbringung	11

Abschnitt 2. Rechtsstellung während der Unterbringung und Behandlung

Rechtsstellung der untergebrachten Menschen	12
Vollzug der Unterbringung	13
Behandlung	14

---

[1] Verkündet am 5. 2. 1992.

Anhang

Text der Ländergesetze

	§§
Ordnung im Krankenhaus	15
Anwendung besonderer Sicherungsmaßnahmen	16
Unmittelbarer Zwang	17
Eingriffe in das Brief-, Post- und Fernmeldegeheimnis und Besuchsrechte	18
Schriftwechsel	19
Pakete	20
Telefongespräche	21
Besuche	22
Dokumentation von Eingriffen	23
Beurlaubungen	24
Entlassungen	25
Anliegenvertretung	26

Vierter Teil. Datenschutz

Datenverarbeitung	27
Besonders schutzwürdige Daten	28
Unterrichtung in besonderen Fällen	29
Datenspeicherung	30
Auskunft, Akteneinsicht	31

Fünfter Teil. Kosten

Grundsatz	32
Kosten der Unterbringung	33
Bedürftigkeit des psychisch kranken Menschen	34

Sechster Teil. Übergangs- und Schlussvorschriften

Einschränkung von Grundrechten	35
Verordnungsermächtigungen	36
Geschäftsführende Besuchskommissionen	37
Inkrafttreten; Außerkrafttreten	38

Erster Teil. Allgemeines

§ 1 Anwendungsbereich; Grundsätze für den Umgang mit psychisch kranken Menschen. (1) Dieses Gesetz regelt Hilfen für psychisch kranke Menschen und ihre Unterbringung in einem Krankenhaus.

(2) Psychisch kranke Menschen im Sinne dieses Gesetzes sind Personen, bei denen eine seelische

1. Krankheit,
2. Behinderung oder
3. Störung von erheblichem Ausmaß

einschließlich einer Abhängigkeit von Rauschmitteln oder Medikamenten erkennbar ist.

(3) Im Umgang mit psychisch kranken Menschen ist auf ihre Rechte, ihre Würde und auf ihr Befinden besondere Rücksicht zu nehmen. Ihren Wünschen nach Hilfen soll entsprochen werden. Sie sollen nach Möglichkeit in einer Patientenverfügung vor Behandlungsbeginn festgehalten werden. Personen ihres Vertrauens sind in geeigneter Weise einzubeziehen. Ambulante Formen der Hilfe haben Vorrang.

15. Schleswig-Holstein

Anhang

§ 2 Träger. Träger der Aufgaben nach diesem Gesetz sind die Kreise und kreisfreien Städte. Sie nehmen die Aufgaben zur Erfüllung nach Weisung wahr.

Zweiter Teil. Hilfen

§ 3 Begriff und Zweck der Hilfen. (1) Hilfen nach diesem Gesetz sind Leistungen, die psychisch kranke Menschen befähigen, menschenwürdig und selbstverantwortlich zu leben. Sie sollen insbesondere Maßnahmen nach § 6 oder eine Unterbringung erübrigen oder abkürzen und die Behandlung unterstützen. Sie sollen dazu beitragen, dass seelische Krankheiten oder Störungen von erheblichem Ausmaß sowie Abhängigkeiten von Rauschmitteln und Medikamenten rechtzeitig erkannt und behandelt werden, und psychisch kranke Menschen befähigen, im Zusammenwirken mit der Behandlung die Dienste geeigneter Einrichtungen in Anspruch zu nehmen. Hilfen nach diesem Gesetz sind im Sinne von Subsidiarität und Vorrangigkeit von freier Wohlfahrtspflege entsprechend SGB I § 17 zu leisten.

(2) Die Hilfen sollen weiterhin bei Personen, die mit psychisch kranken Menschen in Beziehung stehen, Verständnis für die besondere Lage der psychisch kranken Menschen wecken und insbesondere die Bereitschaft zur Mitwirkung bei der Behebung von Schwierigkeiten der psychisch kranken Menschen erhalten und fördern.

(3) Im Anschluss an eine stationäre Behandlung sollen die Hilfen den psychisch kranken Menschen vornehmlich den Übergang zu selbstverantwortlichem Leben und das Leben außerhalb des Krankenhauses erleichtern.

§ 4 Gewährung der Hilfen. (1) Hilfen werden durch Beratung und Betreuung gewährt; dafür sollen auch Hausbesuche angeboten werden. Weitere Ansprüche, insbesondere auf Heilbehandlung, Pflege, Geld- oder Sachleistungen bestehen nach diesem Gesetz nicht.

(2) Hilfen sind zu gewähren, wenn die Voraussetzungen dafür vorliegen und diese Aufgabe nicht von anderen Stellen zu erfüllen ist oder erfüllt wird.

(3) Die Kreise und kreisfreien Städte richten zur Gewährung der Hilfen einen Sozialpsychiatrischen Dienst ein.

§ 5 Arbeitskreise für gemeindenahe Psychiatrie. Die Kreise und kreisfreien Städte koordinieren die Hilfsangebote für psychisch kranke Menschen und richten zu diesem Zweck Arbeitskreise für gemeindenahe Psychiatrie ein. Die oberste Landesgesundheitsbehörde erlässt eine Empfehlung zur Zusammensetzung der Arbeitskreise.

§ 6 Vorladung, Untersuchung. (1) Machen psychisch kranke Menschen von den Hilfen nach § 4 Abs. 1 keinen Gebrauch und liegen Anzeichen dafür vor, dass sie infolge ihrer Krankheit ihr Leben, ihre Gesundheit oder Rechtsgüter anderer erheblich gefährden, kann der Kreis oder die kreisfreie Stadt sie vorladen, um erneut Hilfen anzubieten und eine ärztliche Untersuchung durchzuführen. In der Vorladung ist den psychisch kranken Menschen anheim zu stellen, statt der Vorladung zu folgen, sich unverzüglich in die Behandlung einer Ärztin oder eines Arztes zu begeben. Die psychisch kranken Menschen haben dem Kreis oder der kreisfreien Stadt den Namen und die Anschrift dieser Ärztin oder dieses Arztes mitzuteilen und die Ärztin oder den Arzt zu ermächtigen, den Kreis oder die kreisfreie Stadt von der Übernahme der Behandlung zu unterrichten.

(2) Folgt ein psychisch kranker Mensch der Vorladung nicht und begibt sich auch nicht in die ärztliche Behandlung nach Absatz 1 Satz 2 und 3, soll ein Hausbesuch durchgeführt werden. Ist ein Hausbesuch undurchführbar oder untunlich oder kann

Anhang

Text der Ländergesetze

während des Hausbesuchs die erforderliche Untersuchung nicht durchgeführt werden, ist der Betroffene erneut vorzuladen. Er ist verpflichtet, dieser Vorladung zu folgen und eine ärztliche Untersuchung zu dulden; in der Vorladung ist darauf hinzuweisen. Für die ärztliche Untersuchung gilt § 14 Abs. 3 entsprechend. Die Verpflichtungen nach Satz 3 können im Wege des unmittelbaren Zwangs durchgesetzt werden; § 17 Abs. 1 gilt entsprechend.

(3) Das Ergebnis der Untersuchung nach Absatz 2 wird dem psychisch kranken Menschen mitgeteilt. Die Mitteilung kann unterbleiben, wenn Nachteile für seinen Gesundheitszustand zu erwarten sind. Begibt sich der psychisch kranke Mensch nach der Untersuchung in ärztliche, psychologisch-psychotherapeutische oder kinder- und jugendlichenpsychotherapeutische Behandlung, so teilt der Kreis oder die kreisfreie Stadt den Untersuchungsbefund den Behandelnden mit.

Dritter Teil. Unterbringung in einem Krankenhaus

Abschnitt 1. Gerichtliches Verfahren

§ 7 Voraussetzungen der Unterbringung. (1) Psychisch kranke Menschen können gegen oder ohne ihren Willen in einem geeigneten Krankenhaus untergebracht werden, wenn und solange sie infolge ihrer Krankheit ihr Leben, ihre Gesundheit oder Rechtsgüter anderer erheblich gefährden und die Gefahr nicht anders abgewendet werden kann.

(2) Eine Gefahr im Sinne von Absatz 1 besteht insbesondere dann, wenn sich die Krankheit so auswirkt, dass ein schadenstiftendes Ereignis unmittelbar bevorsteht oder unvorhersehbar ist, jedoch wegen besonderer Umstände jederzeit damit gerechnet werden muss.

(3) Absatz 1 ist auch anwendbar, wenn eine Unterbringung psychisch kranker Menschen nach den §§ 1631b, 1705, 1800, 1906, 1915 des Bürgerlichen Gesetzbuches durch ihre gesetzlichen Vertreterinnen oder Vertreter, denen das Aufenthaltsbestimmungsrecht zusteht, unterbleibt oder die gesetzliche Vertreterin oder der gesetzliche Vertreter, der oder dem das Aufenthaltsbestimmungsrecht zusteht, der Unterbringung widerspricht.

§ 8 Unterbringungsantrag. Die Unterbringung (§ 312 Nr. 3 des Gesetzes über das Verfahren in Familiensachen und in den Angelegenheiten der freiwilligen Gerichtsbarkeit) kann nur auf schriftlichen Antrag des Kreises oder der kreisfreien Stadt angeordnet werden. Dem Antrag ist ein Gutachten beizufügen, in dem die Erfüllung der Voraussetzungen für die Unterbringung durch entsprechende Tatsachenfeststellungen sowie durch Beurteilungen einer in der Psychiatrie erfahrenen Ärztin oder eines in der Psychiatrie erfahrenen Arztes bescheinigt wird.

§ 9 Zuständigkeit des Amtsgerichts. Die Entscheidungen über die Unterbringung werden vom Amtsgericht getroffen.

§ 10 Geltung der Vorschriften über die freiwillige Gerichtsbarkeit. Für das gerichtliche Verfahren gelten die Vorschriften des Gesetzes über das Verfahren in Familiensachen und in den Angelegenheiten der freiwilligen Gerichtsbarkeit.

§ 11 Vorläufige Unterbringung. (1) Kann eine gerichtliche Entscheidung nicht rechtzeitig herbeigeführt werden, so kann der Kreis oder die kreisfreie Stadt die Unterbringung im Rahmen des Artikels 104 Abs. 2 des Grundgesetzes vorläufig vornehmen, längstens jedoch bis zum Ablauf des auf die Unterbringung folgenden Tages; § 8 Satz 2 gilt entsprechend. In diesem Falle ist unverzüglich beim Gericht ein Antrag auf Unterbringung zu stellen.

(2) Der Kreis oder die kreisfreie Stadt hat eine der nachstehend genannten Personen unverzüglich über die Unterbringung zu unterrichten:
1. die Ehegattin oder den Ehegatten, die eingetragene Lebenspartnerin oder den eingetragenen Lebenspartner, wenn sie nicht dauernd getrennt leben,
2. einen Elternteil oder ein Kind bei dem der untergebrachte Mensch lebt oder bei Einleitung des Verfahrens gelebt hat,
3. bei minderjährigen Kindern einen Elternteil,
4. die gesetzliche Vertreterin oder den gesetzlichen Vertreter in persönlichen Angelegenheiten,
5. eine Betreuerin oder einen Betreuer sowie eine Pflegerin oder einen Pfleger sofern der Aufenthalt des untergebrachten Menschen von der Betreuungs- oder Pflegeperson bestimmt werden kann,
6. eine volljährige Person, mit der der untergebrachte Mensch eine Lebensgemeinschaft führt,
7. die Leiterin oder den Leiter der Einrichtung, in der der untergebrachte Mensch lebt oder
8. eine Person des Vertrauens des untergebrachten Menschen, nach der der untergebrachte Mensch zu befragen ist, sofern eine solche nicht bereits bekannt ist.

Ein untergebrachter volljähriger Mensch hat das Recht, eine Unterrichtung der in den Nummern 1, 2, 6, 7 oder 8 genannten Personen zu untersagen.

Abschnitt 2. Rechtsstellung während der Unterbringung und Behandlung

§ 12 Rechtsstellung der untergebrachten Menschen. (1) Untergebrachte Menschen sind über ihre Rechte und Pflichten während der Unterbringung unverzüglich nach der Aufnahme aufzuklären. Die Information ist dem untergebrachten Menschen in schriftlicher Form auszuhändigen. Dies betrifft insbesondere auch das Beschwerderecht.

(2) Untergebrachte Menschen unterliegen während der Unterbringung nur den in diesem Gesetz vorgesehenen Beschränkungen ihrer Freiheit. Diese müssen im Hinblick auf den Zweck der Unterbringung oder zur Aufrechterhaltung der Sicherheit oder zur Abwendung einer schwerwiegenden Störung der Ordnung des Krankenhauses unerlässlich sein.

(3) Kinder und Jugendliche sollen je nach Eigenart und Schwere ihrer Krankheit und nach ihrem Entwicklungsstand nach Möglichkeit in Einrichtungen der Kinder- und Jugendpsychiatrie untergebracht und behandelt werden.

§ 13 Vollzug der Unterbringung. (1) Die Entscheidung, durch welche die Unterbringung angeordnet worden ist, wird von dem Kreis oder der kreisfreien Stadt vollzogen.

(2) Der Kreis oder die kreisfreie Stadt bestimmt, in welchem für die Behandlung der Erkrankung geeigneten Krankenhaus die Unterbringung erfolgt. Bei der Bestimmung des Krankenhauses ist der von der obersten Landesgesundheitsbehörde veröffentlichte Unterbringungsplan zu beachten, in dem Einzugsbereiche festgelegt werden. Ein Wunsch des betroffenen Menschen soll nach Möglichkeit berücksichtigt werden.

Anhang

Text der Ländergesetze

(3) Die Kreise und kreisfreien Städte können den natürlichen und juristischen Personen des Privatrechts, die den Krankentransport durchführen, und den Trägern privater oder freigemeinnütziger Krankenhäuser Aufgaben der öffentlichen Verwaltung beim Vollzug der Unterbringungsanordnung und der Unterbringung zur Erledigung in den Handlungsformen des öffentlichen Rechts übertragen. Die Landrätin oder der Landrat oder die Bürgermeisterin oder der Bürgermeister der kreisfreien Stadt ist Aufsichtsbehörde. Für den Umfang und die Mittel der Aufsicht gelten § 15 Abs. 2, § 16 Abs. 1, 3 und 4 und § 18 Abs. 3 des Landesverwaltungsgesetzes entsprechend.

(4) Beim Transport in das in Absatz 2 bestimmte Krankenhaus dürfen Vollzugskräfte nach § 252 des Landesverwaltungsgesetzes auch außerhalb des Bezirks des zuständigen Kreises oder der zuständigen kreisfreien Stadt unmittelbaren Zwang anwenden. § 16 Abs. 1, 2 Nr. 1, Abs. 3 und 5 sowie § 17 Abs. 1 gelten entsprechend.

§ 14 Behandlung. (1) Ein untergebrachter Mensch hat Anspruch auf die notwendige Behandlung. Diese schließt die erforderlichen Untersuchungen sowie ärztliche, sozialtherapeutische, psychotherapeutische, pflegerische, heilpädagogische und ergotherapeutische Maßnahmen ein. Die Behandlung erfolgt nach einem Behandlungsplan. Sie umfasst auch Maßnahmen, die erforderlich sind, um dem untergebrachten Menschen nach der Entlassung ein eigenverantwortliches Leben in der Gemeinschaft zu ermöglichen.

(2) Der Behandlungsplan ist mit dem untergebrachten Menschen zu erörtern und nach Möglichkeit abzustimmen. Er ist über die erforderlichen diagnostischen Verfahren und die Behandlung sowie die damit verbundenen Risiken umfassend aufzuklären. Um das angestrebte Behandlungsziel zu erreichen, soll die Unterbringung nach Möglichkeit in offenen und freien Formen erfolgen, soweit der Zweck der Unterbringung dies zulässt.

(3) Ärztliche Eingriffe, die mit Lebensgefahr oder erheblicher Gefahr für die Gesundheit des untergebrachten Menschen verbunden sind, dürfen nur mit seiner Einwilligung vorgenommen werden. Bei Volljährigen, welche die Bedeutung und Tragweite der Behandlung und der Einwilligung nicht beurteilen können, und bei Minderjährigen ist für die Einwilligung der Wille der gesetzlichen Vertreterin oder des gesetzlichen Vertreters maßgebend. Dies betrifft auch die Erprobung von Arzneimitteln und medizinischen Verfahren sowie die Teilnahme an wissenschaftlichen Studien.

(4) Ärztliche Eingriffe sind nur dann ohne Einwilligung zulässig, wenn sie erforderlich sind, um von dem untergebrachten Menschen eine nicht anders abwendbare gegenwärtige Gefahr einer erheblichen Schädigung seiner Gesundheit oder für sein Leben abzuwenden.

(5) Bei der Aufnahme ist der untergebrachte Mensch unverzüglich ärztlich zu untersuchen. Ergibt die Untersuchung, dass die Unterbringungsvoraussetzungen nicht oder nicht mehr vorliegen, gilt § 24 Abs. 2 entsprechend.

(6) Der untergebrachte Mensch kann den Wunsch äußern, bei der Untersuchung sowie im Rahmen der weiteren Behandlung und bei ärztlichen Eingriffen entweder von einer Ärztin oder von einem Arzt untersucht zu werden. Der Wunsch sollte in einer Patientenverfügung festgehalten werden. Dem Wunsch des psychisch kranken Menschen ist nach Möglichkeit zu entsprechen.

§ 15 Ordnung im Krankenhaus. Die notwendigen Regelungen zur Ordnung im Krankenhaus erlassen unbeschadet der §§ 16 bis 24 die Träger der öffentlichen und die nach § 13 Abs. 3 Satz 1 beliehenen Träger der privaten oder freigemeinnützigen Krankenhäuser durch Satzung, insbesondere über

1. die Einbringung und Verwahrung von Geld, Wertsachen und anderen Gegenständen,

2. die Ausgestaltung der Räume,
3. die Einkaufsmöglichkeiten,
4. ein Rauchverbot,
5. ein Alkoholverbot,
6. ein Verbot der Einnahme mitgebrachter oder beschaffter Medikamente,
7. die Besuchszeiten,
8. die Freizeitgestaltung und
9. den Aufenthalt im Freien.

§ 16 Anwendung besonderer Sicherungsmaßnahmen. (1) Ein untergebrachter Mensch darf zeitweise durch eine Maßnahme nach Absatz 2 in seiner körperlichen Bewegungsfreiheit beschränkt werden, wenn und solange die Gefahr besteht, dass er

1. gegen Personen gewalttätig wird oder
2. sich selbst tötet oder erheblich verletzt.

Eine Maßnahme hat zu unterbleiben, wenn die Gefahr auch anders abgewendet werden kann oder ein durch die Maßnahme zu erwartender Schaden erkennbar außer Verhältnis zu dem angestrebten Erfolg steht. Der von einer Maßnahme betroffene Mensch ist ständig in geeigneter Weise zu betreuen.

(2) Besondere Sicherungsmaßnahmen dienen der Beschränkung der körperlichen Bewegungsfreiheit durch mechanische Vorrichtungen oder auf andere Weise, insbesondere durch

1. Fixierung oder
2. Ruhigstellung durch Medikamente.

(3) Eine Maßnahme nach Absatz 2 ist vor ihrer Anwendung anzukündigen. Die Ankündigung darf nur dann unterbleiben, wenn die Umstände sie nicht zulassen.

(4) Eine Maßnahme nach Absatz 2 darf nur von einer Ärztin oder einem Arzt aufgrund eigener Untersuchung befristet angeordnet werden. Bei Gefahr im Verzug darf eine Fixierung auch von einer oder einem therapeutischen Mitarbeiterin oder Mitarbeiter angeordnet werden; die Entscheidung einer Ärztin oder eines Arztes ist unverzüglich herbeizuführen. Soll eine Fixierung über zwölf Stunden hinaus andauern oder nach weniger als zwölf Stunden erneut angeordnet werden, so ist außerdem die Zustimmung der ärztlichen Leitung der Krankenhausabteilung erforderlich.

(5) Bei Maßnahmen nach Absatz 2 sind mindestens aufzuzeichnen:

1. die Ankündigung oder ihr Unterbleiben,
2. die Gründe für die Anordnung,
3. die Art und der Beginn,
4. die Art der Betreuung sowie
5. die Verlängerung und das Ende.

Die Aufzeichnung erfolgt durch die Ärztin oder den Arzt und ist zu den Krankenakten zu nehmen.

§ 17 Unmittelbarer Zwang. (1) Anordnungen nach diesem Gesetz dürfen von Vollzugskräften nach § 252 des Landesverwaltungsgesetzes im Wege des unmittelbaren Zwangs nach § 251 Abs. 1 Nr. 1 und 2 des Landesverwaltungsgesetzes gegenüber untergebrachten Menschen durchgesetzt werden. Die Anwendung des unmittelbaren Zwangs ist mündlich anzudrohen.

(2) Das Recht zur Anwendung unmittelbaren Zwangs aufgrund anderer Vorschriften bleibt unberührt.

Anhang

Text der Ländergesetze

§ 18 Eingriffe in das Brief-, Post- und Fernmeldegeheimnis und Besuchsrechte. (1) Die für die Behandlung verantwortliche Ärztin oder der für die Behandlung verantwortliche Arzt darf im Einzelfall Überwachungen, Einschränkungen oder Untersagungen des Schriftwechsels, bei Paketen, Telefongesprächen und Besuchen (§§ 19 bis 22) nur dann anordnen, wenn Tatsachen dafür sprechen, dass bei freien Schriftwechseln, Paketempfängen, Telefongesprächen und Besuchen aufgrund der Krankheit erhebliche Nachteile für den Gesundheitszustand des psychisch kranken Menschen zu erwarten sind oder der Zweck der Unterbringung gefährdet werden könnte.

(2) Einzelheiten regeln die §§ 19 bis 22.

§ 19 Schriftwechsel. (1) Untergebrachte Menschen sind berechtigt, Schriftwechsel zu führen.

(2) Nicht überwacht wird der Schriftwechsel eines untergebrachten Menschen mit
1. seiner anwaltlichen und gesetzlichen Vertretung und seiner Betreuerin oder seinem Betreuer,
2. Behörden, Gerichten, Seelsorgerinnen und Seelsorgern sowie Mitgliedern der Anliegenvertretung,
3. Volksvertretungen des Bundes und der Länder sowie deren Mitgliedern,
4. Vertretungskörperschaften der Gemeinden und Gemeindeverbände sowie deren Mitgliedern,
5. der Europäischen Kommission für Menschenrechte und
6. bei ausländischen Staatsbürgerinnen und Staatsbürgern auch mit der konsularischen oder diplomatischen Vertretung des Heimatlandes.

(3) Ergibt die Überwachung, dass eine der Voraussetzungen nach § 18 vorliegt, so kann die Sendung angehalten werden. Dies ist dem untergebrachten Menschen mitzuteilen; die Sendung ist der Absenderin oder dem Absender zurückzugeben.

§ 20 Pakete. (1) Untergebrachte Menschen sind berechtigt, Pakete abzusenden und zu empfangen.

(2) Der Inhalt von Paketen kann in Gegenwart des untergebrachten Menschen daraufhin überprüft werden, ob darin
1. Schreiben oder sonstige Nachrichten oder
2. Gegenstände, deren Besitz den Zweck der Unterbringung oder die Sicherheit oder das geordnete Zusammenleben im Krankenhaus gefährden würde,

enthalten sind.

(3) Auf Schreiben oder sonstige Nachrichten, die in Paketen enthalten sind, ist § 19 anzuwenden. Enthält ein Paket Gegenstände der in Absatz 2 Nr. 2 genannten Art, so sind diese Gegenstände der Absenderin oder dem Absender oder der Eigentümerin oder dem Eigentümer zurückzugeben. Ist dies nicht möglich oder aus besonderen Gründen nicht zweckmäßig, so sollen sie aufbewahrt oder an eine von dem untergebrachten Menschen oder seiner gesetzlichen Vertreterin oder seinem gesetzlichen Vertreter benannte Person versandt werden, soweit dies nach Art und Umfang möglich ist.

(4) Eine Maßnahme nach Absatz 3 ist auch gegenüber der Absenderin oder dem Absender bekanntzugeben und zu begründen.

§ 21 Telefongespräche. (1) Untergebrachte Menschen sind berechtigt, Telefongespräche zu führen. § 18 Abs. 1 findet für Telefongespräche mit den in § 19 Abs. 2 genannten Stellen keine Anwendung.

(2) Telefongespräche dürfen nur dadurch überwacht werden, dass eine Mitarbeiterin oder ein Mitarbeiter des Krankenhauses in Gegenwart des untergebrachten Menschen den Gesprächsverlauf verfolgt und das Gespräch mithört. Wird ein Telefongespräch überwacht, so ist die Gesprächspartnerin oder der Gesprächspartner zu Beginn des Gesprächs darüber zu unterrichten. Die Fortsetzung des Gespräch kann nur unter den Voraussetzungen des § 18 Abs. 1 untersagt werden.

§ 22 Besuche. (1) Untergebrachte Menschen sind berechtigt, entsprechend den Besuchsregelungen Besuch zu empfangen oder abzulehnen. Wird ein Besuch aufgrund einer Anordnung nach § 18 Abs. 1 überwacht, so sind der untergebrachte Mensch und die Besucherin oder der Besucher zu Beginn des Besuchs darüber zu unterrichten.

(2) Besuche durch die gesetzliche Vertreterin oder den gesetzlichen Vertreter des untergebrachten Menschen, durch Betreuerinnen oder Betreuer, durch Rechtsanwältinnen, Rechtsanwälte, Notarinnen oder Notare in einer den untergebrachten Menschen betreffenden Rechtssache und durch eine Seelsorgerin oder einen Seelsorger dürfen zahlenmäßig nicht beschränkt werden. Bei diesen Besuchen dürfen Schriftstücke, die mit dem Anlass des Besuches im Zusammenhang stehen, übergeben werden.

(3) Andere Gegenstände als Schriftstücke dürfen bei Besuchen nur mit Erlaubnis übergeben werden. Aus Gründen der Sicherheit, bei suchtkranken untergebrachten Menschen auch zur Sicherung des Zwecks der Unterbringung, können Besuche davon abhängig gemacht werden, dass sich die Besucherin oder der Besucher durchsuchen lässt; dies gilt nicht für Rechtsanwältinnen, Rechtsanwälte, Notarinnen oder Notare.

§ 23 Dokumentation von Eingriffen. Soweit in den §§ 19 bis 22 keine weitergehenden Regelungen enthalten sind, sind die Anordnung der Überwachung, Einschränkung und Versagung hinsichtlich
1. des Schriftwechsels,
2. der Pakete,
3. von Telefongesprächen und
4. von Besuchen,

ihre Gründe und die Durchführung aufzuzeichnen; die Aufzeichnung ist ebenso wie eine Stellungnahme des untergebrachten Menschen zu den Krankenakten zu nehmen. Der untergebrachte Mensch und gegebenenfalls seine gesetzliche Vertreterin oder sein gesetzlicher Vertreter erhalten auf Verlangen Auskunft oder Einsicht in die Aufzeichnungen nach § 31.

§ 24 Beurlaubungen. (1) Das Krankenhaus kann einen untergebrachten Menschen bis zu zwei Tagen unter vorheriger Benachrichtigung des Kreises oder der kreisfreien Stadt und einer der in § 11 Abs. 2 genannten Personen beurlauben.

(2) Ergibt eine ärztliche Untersuchung, dass die Tatsachen und ärztlichen Beurteilungen, die der Unterbringung zugrunde liegen, nicht oder nicht mehr vorliegen, hat das Krankenhaus den untergebrachten Menschen sofort zu beurlauben und
1. den Kreis oder die kreisfreie Stadt,
2. die Personen nach § 6 Abs. 3, die die untergebrachte Person behandelten,
3. das Amtsgericht und
4. eine der in § 11 Abs. 2 genannten Personen

unverzüglich zu benachrichtigen.

Anhang

Text der Ländergesetze

§ 25 Entlassung. (1) Ein untergebrachter Mensch ist zu entlassen, wenn
1. die Unterbringungsfrist abgelaufen ist und das Gericht nicht vorher die Fortdauer der Unterbringung angeordnet hat,
2. das Gericht die Anordnung der Unterbringung aufgehoben hat oder
3. das Gericht im Falle der vorläufigen Unterbringung nicht spätestens bis zum Ablauf des auf den Beginn der vorläufigen Unterbringung folgenden Tages die Unterbringung und die sofortige Wirksamkeit seiner Entscheidung angeordnet hat.

(2) In den Fällen des Absatzes 1 Nr. 1 und 3 benachrichtigt das Krankenhaus das Amtsgericht, die oder den nach § 314 des Gesetzes über das Verfahren in Familiensachen und in den Angelegenheiten der freiwilligen Gerichtsbarkeit bestellte Verfahrenspflegerin oder bestellten Verfahrenspfleger, den Kreis oder die kreisfreie Stadt und die in § 11 Abs. 2 Genannten von der Entlassung.

§ 26 Anliegenvertretung. (1) Zur Vertretung der Belange und Anliegen der untergebrachten Menschen bestellt der Kreis oder die kreisfreie Stadt für die Krankenhäuser, in denen in seinem oder ihrem Bezirk Unterbringungen vollzogen werden, eine Besuchskommission oder eine Patientenfürsprecherin und ihren Vertreter oder einen Patientenfürsprecher und seine Vertreterin (Anliegenvertretung). Es können auch beide Institutionen bestellt werden. Der Sozialpsychiatrische Dienst unterstützt die Anliegenvertretung und führt ihre Geschäfte.

(2) Die Anliegenvertretung soll die Krankenhäuser mindestens zweimal jährlich besuchen. Zwischen zwei Besuchen dürfen nicht mehr als sechs Monate liegen. Es ist sicherzustellen, dass die Anliegenvertretung auch zwischen den Besuchen für Anliegen und Beschwerden erreichbar ist. Die Anliegenvertretung soll prüfen, ob die Rechte der untergebrachten Menschen gewahrt werden und der Zweck der Unterbringung erfüllt wird. Sie wirkt bei der Gestaltung der Unterbringung beratend mit. Aufgabe der Anliegenvertretung ist es, Anregungen und Beschwerden der untergebrachten Menschen entgegenzunehmen und zu prüfen. Mitglieder von Anliegenvertretungen dürfen Aufgaben der Anliegenvertretung nicht in Krankenhäusern wahrnehmen, in denen sie beschäftigt sind. Die Anliegenvertretung kann zu einem Besuch weitere geeignete Personen hinzuziehen, die nicht im besuchten Krankenhaus beschäftigt sind. Die Anliegenvertretung ist berechtigt, die Krankenhäuser unangemeldet zu besuchen.

(3) Einer Besuchskommission gehören mindestens vier Personen an; jeweils hälftig sollen Frauen und Männer berücksichtigt werden. Mitglieder sind
1. eine Ärztin oder ein Arzt des Kreises oder der kreisfreien Stadt,
2. eine in Unterbringungsangelegenheiten erfahrene Person mit Befähigung zum Richteramt,
3. ein Mitglied auf Vorschlag von Vereinigungen der Psychiatrie-Erfahrenen und
4. ein Mitglied auf Vorschlag der Vereinigungen der Angehörigen und Freunde psychisch kranker Menschen.

Die Mitglieder wählen die Vorsitzende oder den Vorsitzenden und die Vertreterin oder den Vertreter; Wiederwahl ist zulässig. Beim Ausscheiden eines Mitgliedes ist für die Restdauer der Amtszeit der Besuchskommission ein Ersatzmitglied zu bestellen.

(4) In den Krankenhäusern ist durch Aushang an geeigneter Stelle unter Bekanntgabe des Namens und der Anschrift des oder der Vorsitzenden der Besuchskommission oder der Patientenfürsprecherin und ihres Vertreters oder des Patientenfürsprechers und seiner Vertreterin auf die Anliegenvertretung und ihre Aufgaben hinzuweisen.

(5) Der Anliegenvertretung ist ungehinderter Zugang zu den Krankenhäusern zu gewähren; ihr sind die erforderlichen Auskünfte zu erteilen. Personenbezogene Auskünfte bedürfen der Zustimmung der betroffenen untergebrachten Menschen. Bei

den Besuchen ist den untergebrachten Menschen auch Gelegenheit zu geben, in Abwesenheit von Mitarbeiterinnen oder Mitarbeitern des Krankenhauses Wünsche und Beschwerden vorzutragen. Das Krankenhaus hat die Anliegenvertretung bei ihrer Tätigkeit zu unterstützen.

(6) Über ihre Tätigkeit berichtet die Anliegenvertretung dem Kreis oder der kreisfreien Stadt (Absatz 1) einmal jährlich.

(7) Für die Tätigkeit in der Anliegenvertretung und für die nach Absatz 2 hinzugezogenen Personen gelten die Vorschriften für ehrenamtliche Tätigkeit. Für die Tätigkeit in der Anliegenvertretung ist eine Amtsdauer von mindestens vier und höchstens sechs Jahren festzulegen; Wiederbestellung ist zulässig. Die Anliegenvertretung bleibt nach Ablauf ihrer Amtsdauer bis zum Amtsantritt der neuen Anliegenvertretung im Amt.

Vierter Teil. Datenschutz

§ 27 Datenverarbeitung. (1) Auf die Verarbeitung personenbezogener Daten durch öffentliche Stellen nach diesem Gesetz findet das Landesdatenschutzgesetz Anwendung, soweit in Absatz 2 und in den §§ 28 bis 31 abweichende Regelungen nicht enthalten sind.

(2) Personenbezogene Daten dürfen nur dann zur Erfüllung von Aufsichts- und Kontrollbefugnissen sowie zur Rechnungsprüfung verarbeitet werden, wenn dies erforderlich ist, weil die Aufgabe auf andere Weise, insbesondere mit anonymisierten Daten, nicht oder nur mit unverhältnismäßigem Aufwand erfüllt werden kann.

§ 28 Besonders schutzwürdige Daten. (1) Personenbezogene Daten, die einem Berufs- oder besonderen Amtsgeheimnis unterfallen, dürfen die Kreise oder kreisfreien Städte oder die an einem Unterbringungsverfahren beteiligten Stellen für andere Zwecke als die, für die die Daten erhoben und nach den Vorschriften des Landesdatenschutzgesetzes gespeichert worden sind, nur weiterverarbeiten, wenn
1. die betroffene Person eingewilligt hat,
2. eine Rechtsvorschrift dies erlaubt oder
3. eine Lebensgefahr oder eine Gefahr für die körperliche Unversehrtheit nicht anders abgewendet werden kann.

Eine Übermittlung an das Vormundschaftsgericht, an die Betreuungsbehörde oder eine Betreuerin oder einen Betreuer, die oder der nach den Vorschriften des Bürgerlichen Gesetzbuchs bestellt ist, ist darüber hinaus zulässig, soweit dies für eine Unterbringung oder vorläufige Unterbringung nach diesem Gesetz oder für die Betreuung erforderlich ist.

(2) Werden in den Fällen des Absatzes 1 Satz 1 Daten übermittelt, so hat die Empfängerin oder der Empfänger diese Daten gegen unbefugte Kenntnisnahme zu sichern; hierauf ist sie oder er hinzuweisen.

§ 29 Unterrichtung in besonderen Fällen. Ist aufgrund der Art und Schwere seiner Erkrankung anzunehmen, dass ein psychisch kranker Mensch sich oder andere durch das Führen eines Kraftfahrzeuges oder durch den Umgang mit Waffen gefährden könnte, so kann die Leitung des Sozialpsychiatrischen Dienstes oder die ärztliche Leitung des Krankenhauses, in dem der Mensch untergebracht ist, die zuständige öffentliche Stelle über die getroffenen Feststellungen unterrichten. Dem psychisch kranken Menschen ist vorher Gelegenheit zu geben, sich zu der Unterrichtung zu äußern; eine Äußerung ist der Unterrichtung beizufügen.

Anhang

Text der Ländergesetze

§ 30 Datenspeicherung. (1) Besonders schutzwürdige Daten (§ 28 Abs. 1 Satz 1) dürfen nur gespeichert werden, soweit dies für die Erfüllung der in diesem Gesetz vorgesehenen Aufgaben oder für die Dokumentation von diagnostischen oder therapeutischen Maßnahmen erforderlich ist. Sie sind in Akten aufzunehmen. Eine Speicherung auf sonstigen Datenträgern ist nur zulässig, wenn

1. die Daten nur vorübergehend gespeichert werden, um einen Vorgang zu bearbeiten, oder
2. die Aufnahme in Akten zur Erfüllung der Aufgaben nicht ausreicht.

(2) Untersuchungs- oder Behandlungsergebnisse sind gesondert aufzubewahren.

§ 31 Auskunft, Akteneinsicht. Der psychisch kranke Mensch hat Anspruch auf Auskunft über die nach diesem Gesetz gespeicherten Daten nach den Vorschriften des Landesdatenschutzgesetzes. Die Auskunft kann mündlich durch eine Ärztin oder einen Arzt erteilt werden. Auf Wunsch ist dem psychisch kranken Menschen Akteneinsicht zu gewähren. Die Auskunft oder Einsicht kann versagt werden, soweit eine Untersuchung nach § 6, eine Unterbringung nach § 7 oder eine vorläufige Unterbringung nach § 11 wesentlich gefährdet oder Hilfen wesentlich erschwert würden.

Fünfter Teil. Kosten

§ 32 Grundsatz. Für die Durchführung dieses Gesetzes erheben die Kreise und kreisfreien Städte keine Kosten.

§ 33 Kosten der Unterbringung. (1) Die Kosten der Unterbringung nach dem Dritten Teil trägt der untergebrachte Mensch. Für die nach dem Pflegesatzrecht festgesetzten Krankenhauskosten ist der Krankenhausträger Kostengläubiger gegenüber diesem Menschen. Auf Gesetz oder Vertrag beruhende Verpflichtungen Dritter, insbesondere von Unterhaltspflichtigen oder Trägern der Sozialversicherung, zur Kostentragung bleiben unberührt.

(2) Hat der Kreis oder die kreisfreie Stadt Unterbringung vorläufig vorgenommen, trägt er oder sie die Kosten der Unterbringung, wenn das Gericht die Unterbringung nicht anordnet, weil sie zum Zeitpunkt der Anordnung nicht erforderlich war.

§ 34 Bedürftigkeit des psychisch kranken Menschen. Soweit ein psychisch kranker Mensch bei freiwilligem Aufenthalt in einem Krankenhaus Anspruch auf Sozialhilfe hätte, sind in den Fällen der Unterbringung nach dem Dritten Teil vom Träger der Sozialhilfe Leistungen in entsprechender Anwendung des Bundessozialhilfegesetzes und des Gesetzes zur Ausführung des Bundessozialhilfegesetzes zu gewähren.

Sechster Teil. Übergangs- und Schlussvorschriften

§ 35 Einschränkung von Grundrechten. Durch dieses Gesetz werden im Rahmen des Artikels 19 Abs. 2 des Grundgesetzes die Rechte auf körperliche Unversehrtheit und auf Freiheit der Person (Artikel 2 Abs. 2 des Grundgesetzes), auf Unverletzlichkeit des Brief-, Post- und Fernmeldegeheimnisses (Artikel 10 des Grundgesetzes) und der Wohnung (Artikel 13 des Grundgesetzes) eingeschränkt.

§ 36 Verordnungsermächtigungen. Die oberste Landesgesundheitsbehörde wird ermächtigt, durch Verordnung
1. die Qualifikationsanforderungen für die Leitung des Sozialpsychiatrischen Dienstes festzulegen und
2. zu bestimmen,
    a) welche weiteren Anforderungen das Gutachten nach § 8 erfüllen muss,
    b) welche Qualifikation die Gutachterin oder der Gutachter für die Erstellung dieses Gutachtens haben muss und
    c) dass die örtlichen Träger der Sozialhilfe Aufgaben des überörtlichen Trägers nach § 34 durchführen.

§ 37 Geschäftsführende Besuchskommissionen. Die bei Inkrafttreten dieses Gesetzes in den Kreisen und kreisfreien Städten bestehenden Besuchskommissionen führen die Geschäfte bis zur Bildung einer Anliegenvertretung nach § 26, längstens für die Dauer eines Jahres nach Inkrafttreten dieses Gesetzes, fort (geschäftsführende Besuchskommission). Aufgaben und Befugnisse der geschäftsführenden Besuchskommissionen richten sich nach § 26 Abs. 2 und Abs. 5 bis 7, die Rechtsstellung ihrer Mitglieder nach den bisherigen Regelungen.

§ 38 Inkrafttreten; Außerkrafttreten. (1) Dieses Gesetz tritt mit Ausnahme des § 36, der am Tage nach der Verkündung in Kraft tritt, am 1. April 2000 in Kraft.

(2) Gleichzeitig tritt das Gesetz für psychisch Kranke (PsychKG) vom 26. März 1979 (GVOBl. Schl.-H. S. 251), zuletzt geändert durch Gesetz vom 17. Dezember 1991 (GVOBl. Schl.-H. S. 693), Zuständigkeiten und Ressortbezeichnungen ersetzt durch Verordnung vom 24. Oktober 1996 (GVOBl. Schl.-H. S. 652), außer Kraft.

16. Thüringen

Thüringer Gesetz zur Hilfe und Unterbringung psychisch kranker Menschen (ThürPsychKG)

Neubekanntmachung vom 5. Februar 2009 (GVBl. S. 10)

Inhaltsübersicht §§

Erster Abschnitt. Allgemeines

Anwendungsbereich	1

Zweiter Abschnitt. Hilfen

Fürsorgegrundsatz	2
Begriff und Zweck der Hilfen	3
Durchführung der Hilfen	4
Planung und Koordination der Hilfen	5
Maßnahmen des Sozialpsychiatrischen Dienstes	6

Dritter Abschnitt. Unterbringung

Voraussetzungen und Zweck der Unterbringung	7
Unterbringungsantrag und -verfahren	8
Vorläufige Unterbringung durch den Sozialpsychiatrischen Dienst	9

Anhang

Text der Ländergesetze

Vierter Abschnitt. Rechtsstellung und Betreuung während der Unterbringung §§

Rechtsstellung des untergebrachten Patienten	10
Eingangsuntersuchung	11
Behandlung	12
Gestaltung der Unterbringung	13
Besondere Sicherungsmaßnahmen	14
Durchsuchung	15
Unmittelbarer Zwang	16
Persönlicher Besitz	17
Religionsausübung	18
Besuchsrecht	19
Recht auf Postverkehr	20
Verarbeitung und Nutzung von Erkenntnissen aus der Überwachung	21
Beurlaubung	22
Hausordnung	23
Besuchskommission	24
Patientenfürsprecher	25
Beendigung der Unterbringung	26

Fünfter Abschnitt. Entlassung und nachsorgende Hilfen für psychisch kranke Menschen

Aufhebung der Unterbringung	27
Nachsorgende Hilfen	28

Sechster Abschnitt. Besonderheiten des Maßregelvollzuges

Voraussetzung und Zweck der Maßregeln	29
Zuständigkeiten	30
Betreuung während der Unterbringung	31
Auflagen, Widerruf von Lockerungen	32
Beschäftigungs- und Arbeitstherapie, Arbeit, Aus- und Fortbildung	33
Verfügungsbeschränkung, Barbetrag zur persönlichen Verfügung, Überbrückungsgeld	34
Erkennungsdienstliche Unterlagen	35

Siebenter Abschnitt. Datenschutz

Allgemeine Regelungen zum Datenschutz	36
Datenschutz im Maßregelvollzug	37
Datenverarbeitung mit optisch-elektronischen Einrichtungen im Maßregelvollzug	38

Achter Abschnitt. Zuständigkeit und Kosten

Aufsichtsbehörden	39
Kosten der Unterbringung	40

Neunter Abschnitt. Schlussbestimmungen

Einschränkung von Grundrechten	41
Gleichstellungsbestimmung	42
(Inkrafttreten, Außerkrafttreten)	43

16. Thüringen **Anhang**

Erster Abschnitt. Allgemeines

§ 1 Anwendungsbereich. (1) Dieses Gesetz regelt Hilfen und Schutzmaßnahmen für psychisch kranke Menschen einschließlich der Unterbringung in Einrichtungen nach § 7 Abs. 1.

(2) Psychisch kranke Menschen im Sinne dieses Gesetzes sind Personen, bei denen eine seelische
1. Krankheit,
2. Behinderung oder
3. Störung von erheblichem Ausmaß mit Krankheitswert

einschließlich einer physischen oder psychischen Abhängigkeit von Rauschmitteln, Suchtmitteln oder Medikamenten vorliegt.

(3) Das Gesetz regelt ferner den Vollzug der als Maßregel der Besserung und Sicherung angeordneten Unterbringung nach § 61 Nr. 1 und 2 des Strafgesetzbuchs.

Zweiter Abschnitt. Hilfen

§ 2 Fürsorgegrundsatz. Bei allen Maßnahmen aufgrund dieses Gesetzes ist auf das Befinden des psychisch kranken Menschen besondere Rücksicht zu nehmen. Seine Rechte und seine Würde sind zu wahren.

§ 3 Begriff und Zweck der Hilfen. (1) Hilfen nach diesem Gesetz sind Leistungen, die über die allgemeinen Gesundheitshilfen hinaus den psychisch kranken Menschen befähigen sollen, eigenverantwortlich und selbstbestimmt zu leben.

(2) Es ist das Ziel der vorsorgenden Hilfen, durch frühzeitige Beratung und persönliche Betreuung, durch soziale Unterstützung und Begleitung sowie durch die Vermittlung und Durchführung geeigneter Maßnahmen, insbesondere von ärztlicher Diagnostik, seelische Erkrankungen oder Störungen von erheblichem Ausmaß rechtzeitig zu erkennen und durch geeignete und ausreichende Behandlung die die selbstständige Lebensführung beeinträchtigenden und die persönliche Freiheit einschränkenden Maßnahmen entbehrlich zu machen.

(3) Die nachsorgenden Hilfen sollen nach einer stationären Behandlung die Wiedereingliederung in die Gesellschaft erleichtern und eine erneute Unterbringung verhindern.

(4) Die Hilfen sollen weiterhin bei Partnern und anderen Personen, die mit dem psychisch kranken Menschen in Beziehung stehen, Verständnis für dessen besondere Lage wecken und die Bereitschaft erhalten und fördern, bei der Wiedereingliederung mitzuwirken.

§ 4 Durchführung der Hilfen. (1) Zur Erfüllung der Aufgaben nach diesem Gesetz werden an den Gesundheitsämtern Sozialpsychiatrische Dienste eingerichtet. Aufgaben der Vor- und Nachsorge können vertraglich an andere Einrichtungen freier gemeinnütziger Träger übertragen werden. Der Sozialpsychiatrische Dienst wird durch einen Facharzt für Psychiatrie und Psychotherapie, in Ausnahmefällen durch einen in der Psychiatrie erfahrenen Arzt geleitet. Er ist mit dem für die Erfüllung seiner Aufgaben erforderlichen psychiatrischen und psychosozialen Fachpersonal auszustatten; er bietet regelmäßig Sprechstunden an, führt Hausbesuche durch und gewährt weitere im Einzelfall notwendige Hilfen.

(2) Hilfen sind zu gewähren, wenn die Notwendigkeit dafür vorliegt und diese Aufgaben nicht von anderen Stellen zu erfüllen sind oder erfüllt werden.

Anhang

(3) Der Sozialpsychiatrische Dienst arbeitet mit allen öffentlichen, freigemeinnützigen und privaten Organisationen, Einrichtungen und Stellen zur Betreuung, Begleitung, Behandlung, sozialen Integration und Rehabilitation für psychisch kranke Menschen zusammen, die seine eigenen Leistungen unterstützen und ergänzen. Hierzu zählen niedergelassene Ärzte, Krankenhäuser, Einrichtungen und Dienste der gemeindepsychiatrischen Versorgung, Träger der Sozial- und Jugendhilfe, Hilfsvereine, Betroffenen- und Angehörigenorganisationen, Träger der Freien Wohlfahrtspflege, gerichtlich bestellte Betreuer und Betreuungsbehörden.

§ 5 Planung und Koordination der Hilfen. Die Planung und Koordination der Hilfen nach diesem Gesetz obliegt den Landkreisen und kreisfreien Städten; sie erfüllen diese Aufgaben im übertragenen Wirkungskreis. Sonstige gesetzliche Zuständigkeiten bleiben unberührt. Die Landkreise und kreisfreien Städte wirken darauf hin, dass die Leistungserbringer und Leistungsträger im Rahmen eines Gemeindepsychiatrischen Verbundes zusammenarbeiten und dabei insbesondere Absprachen über eine sachgerechte Erbringung der Hilfen treffen. Sie sollen zur Durchführung der ihnen obliegenden Aufgaben zusätzlich einen fachkompetenten Mitarbeiter ihres Bereiches zum Psychiatriekoordinator bestellen.

§ 6 Maßnahmen des Sozialpsychiatrischen Dienstes. (1) Macht der psychisch kranke Mensch von den angebotenen Hilfen nach § 3 keinen Gebrauch und liegen Anzeichen dafür vor, dass er infolge seines Leidens sein Leben, seine Gesundheit, eigene oder Rechtsgüter anderer erheblich gefährdet, kann der Sozialpsychiatrische Dienst ihn zur Abwendung eines Unterbringungsverfahrens vorladen oder einen Hausbesuch anbieten, um ihm erneut Hilfen anzubieten und eine ärztliche Untersuchung durchzuführen. In der Vorladung kann dem psychisch kranken Menschen anheim gestellt werden, sich unverzüglich in die Behandlung eines Arztes seiner Wahl zu begeben, statt der Vorladung zu folgen. Er hat dann den Namen und die Anschrift dieses Arztes der vorladenden Stelle mitzuteilen und den Arzt zu ermächtigen, diese von der Übernahme der Behandlung zu unterrichten.

(2) Während des Unterbringungsverfahrens sind Angehörige, Vertrauenspersonen und der Betreuer des psychisch kranken Menschen einzubeziehen.

(3) Folgt der psychisch kranke Mensch der Vorladung nicht und begibt sich auch nicht in die Behandlung eines Arztes nach Absatz 1 Satz 2, soll ein Hausbesuch durchgeführt werden. Ist der Hausbesuch undurchführbar oder kann während des Hausbesuches die erforderliche Untersuchung nicht durchgeführt werden, ist der psychisch kranke Mensch erneut vorzuladen. Er ist verpflichtet, dieser Vorladung zu folgen und eine ärztliche Untersuchung zu dulden. Darauf ist in der Vorladung hinzuweisen. Die Verpflichtungen nach Satz 3 können im Wege des unmittelbaren Zwangs durchgesetzt werden; § 16 gilt entsprechend.

(4) Die Mitarbeiter des Sozialpsychiatrischen Dienstes haben darüber hinaus das Recht auf Zugang in die Wohnung des psychisch kranken Menschen, wenn unmittelbare Gefahren für das Leben oder erhebliche Gefährdungen für Rechtsgüter anderer, die sich aus einer psychischen Erkrankung ergeben, erkennbar und sofort abzuwenden sind.

(5) Das Ergebnis der Untersuchung nach Absatz 3 wird dem psychisch kranken Menschen, seinem Betreuer und mit deren Einwilligung auch seinen Angehörigen oder einer Vertrauensperson in geeigneter Form mitgeteilt. Die Mitteilung kann unterbleiben, wenn Nachteile für den Gesundheitszustand zu erwarten sind. Begibt sich der psychisch kranke Mensch nach der Untersuchung in ärztliche Behandlung, teilt der Sozialpsychiatrische Dienst den Untersuchungsbefund dem behandelnden Arzt

mit. Die strafrechtlichen und berufsrechtlichen Bestimmungen der Schweigepflicht bleiben unberührt.

(6) Gegen Maßnahmen des Sozialpsychiatrischen Dienstes kann der psychisch kranke Mensch Antrag auf gerichtliche Entscheidung stellen. Dieser Antrag hat keine aufschiebende Wirkung. § 70 I des Gesetzes über die Angelegenheiten der freiwilligen Gerichtsbarkeit findet entsprechende Anwendung.

Dritter Abschnitt. Unterbringung

§ 7 Voraussetzungen und Zweck der Unterbringung. (1) Ein psychisch kranker Mensch kann gegen oder ohne seinen Willen in einem psychiatrischen Fachkrankenhaus oder in der psychiatrischen Fachabteilung eines Krankenhauses untergebracht und behandelt werden, wenn und solange er infolge seines Leidens sein Leben, seine Gesundheit oder bedeutende Rechtsgüter anderer erheblich gefährdet und die gegenwärtige Gefahr nicht anders abgewendet werden kann. Die fehlende Bereitschaft, sich behandeln zu lassen, rechtfertigt für sich allein keine Unterbringung.

(2) Die Krankenhäuser haben durch geeignete Maßnahmen sicherzustellen, dass sich die Betroffenen der Unterbringung nicht entziehen. Die Zuständigkeit der Krankenhäuser ergibt sich aus § 2 in Verbindung mit § 4 des Thüringer Krankenhausgesetzes in der Fassung vom 30. April 2003 (GVBl. S. 262) in der jeweils geltenden Fassung.

(3) Eine gegenwärtige Gefahr im Sinne des Absatzes 1 besteht dann, wenn infolge der psychischen Erkrankung ein Schaden stiftendes Ereignis bereits eingetreten ist, unmittelbar bevorsteht oder sein Eintritt zwar unvorhersehbar, wegen besonderer Umstände jedoch jederzeit zu erwarten ist.

(4) Der Zweck der Unterbringung ist, die in Absatz 1 genannte Gefahr abzuwenden und den psychisch kranken Menschen nach Maßgabe dieses Gesetzes zu behandeln.

(5) Steht der psychisch kranke Mensch unter elterlicher Sorge oder Vormundschaft oder ist für ihn ein Pfleger oder Betreuer bestellt, dessen Aufgabenkreis die Aufenthaltsbestimmung umfasst, ist der Wille desjenigen maßgeblich, dem das Aufenthaltsbestimmungsrecht zusteht.

§ 8 Unterbringungsantrag und -verfahren. (1) Die Unterbringung kann nur auf schriftlichen Antrag des zuständigen Sozialpsychiatrischen Dienstes durch gerichtliche Entscheidung angeordnet werden. Für das gerichtliche Verfahren gelten die Bestimmungen des Gesetzes über die Angelegenheiten der freiwilligen Gerichtsbarkeit.

(2) Dem Antrag ist ein dem § 70 e Satz 1 und 2 des Gesetzes über die Angelegenheiten der freiwilligen Gerichtsbarkeit vom 17. Mai 1898 (RGBl. S. 189, 369, 771) in der jeweils geltenden Fassung entsprechendes ärztliches Gutachten eines Sachverständigen beizufügen. Der Sachverständige soll in der Regel ein Facharzt für Psychiatrie und Psychotherapie sein; in jedem Fall muss er Arzt mit Erfahrungen auf dem Gebiet der Psychiatrie sein. Das Gutachten muss auf einer höchstens drei Tage zurückliegenden Untersuchung beruhen. Aus diesem Gutachten müssen die Unterbringungsvoraussetzungen nach § 7 im Einzelnen hervorgehen.

(3) Eine Unterbringung nach § 7 Abs. 1 darf nicht angeordnet oder muss aufgehoben werden, wenn eine Maßnahme nach den §§ 63, 64 des Strafgesetzbuchs, nach § 126 a der Strafprozessordnung oder nach § 7 des Jugendgerichtsgesetzes getroffen worden ist.

Anhang

Text der Ländergesetze

§ 9 Vorläufige Unterbringung durch den Sozialpsychiatrischen Dienst.
(1) Bestehen dringende Anhaltspunkte für die Annahme, dass die Voraussetzungen für die Unterbringung vorliegen und kann eine gerichtliche Entscheidung nicht rechtzeitig herbeigeführt werden, kann der Sozialpsychiatrische Dienst die vorläufige Unterbringung längstens für 24 Stunden ab dem Beginn der Unterbringung anordnen. Er hat unverzüglich beim zuständigen Gericht einen Antrag auf Unterbringung nach § 8 zu stellen.

(2) Der sozialpsychiatrische Dienst hat eine oder soweit im Einzelfall erforderlich mehrere der nachstehend genannten Personen unverzüglich über die Unterbringung zu unterrichten:
1. den Ehegatten des psychisch kranken Menschen, wenn die Ehegatten nicht dauernd getrennt leben,
2. den Lebenspartner des psychisch kranken Menschen, wenn die Lebenspartner nicht dauernd getrennt leben,
3. jedes Elternteil und Kind, bei dem der psychisch kranke Mensch lebt oder bei Einleitung des Verfahrens gelebt hat,
4. bei Minderjährigen die Elternteile, denen die Personensorge zusteht, der gesetzliche Vertreter in persönlichen Angelegenheiten und die Pflegeeltern,
5. den Betreuer des psychisch kranken Menschen,
6. eine von dem psychisch kranken Menschen benannte Person seines Vertrauens,
7. den Leiter der Einrichtung, in der der psychisch kranke Mensch lebt.

Vierter Abschnitt. Rechtsstellung und Betreuung während der Unterbringung

§ 10 Rechtsstellung des untergebrachten Patienten. (1) Der Patient unterliegt während der Unterbringung den in diesem Gesetz vorgesehenen Beschränkungen seiner Freiheit. Diese müssen im Hinblick auf den Zweck der Unterbringung oder zur Gewähr des geordneten Zusammenlebens in der Einrichtung erforderlich sein. Die Beschränkungen müssen in einem angemessenen Verhältnis zu ihrem Zweck stehen und dürfen den Patienten nicht mehr und nicht länger als notwendig beeinträchtigen.

(2) Entscheidungen über Eingriffe in die Rechte des Patienten sind zu dokumentieren und zu begründen. Bei Gefahr in Verzug können Entscheidungen nach Satz 1 auch mündlich getroffen werden; sie sind danach unverzüglich schriftlich zu begründen.

(3) Der Patient ist durch den aufnehmenden Arzt unverzüglich und möglichst in einer für ihn verständlichen Sprache und Form über seine Rechte und Pflichten während der Unterbringung aufzuklären. Sollte es sein Gesundheitszustand nicht erlauben, ist dies so bald wie möglich nachzuholen. Die Belehrung ist zu dokumentieren und vom Patienten mit Unterschrift zu bestätigen.

§ 11 Eingangsuntersuchung. (1) Die ärztliche Leitung der Einrichtung nach § 7 Abs. 1 hat die sofortige Untersuchung der aufgrund dieses Gesetzes eingewiesenen Patienten sicherzustellen.

(2) Ergibt die ärztliche Untersuchung, dass die Unterbringungsvoraussetzungen nicht oder nicht mehr vorliegen, hat der verantwortliche Arzt den zuständigen Sozialpsychiatrischen Dienst, der die Unterbringung veranlasst hat, den Arzt, der den Patienten vor der Unterbringung behandelt hat, und das zuständige Gericht sowie im Falle einer Unterbringung nach § 1 Abs. 3 auch die Vollstreckungsbehörde unverzüglich zu unterrichten. Der Patient ist bis zur Entscheidung über die Aufhebung der Unterbringung zu beurlauben, soweit nicht eine Unterbringung nach § 1 Abs. 3 vorliegt.

16. Thüringen **Anhang**

§ 12 Behandlung. (1) Der Patient hat Anspruch auf die notwendige Behandlung. Sie schließt die erforderlichen Untersuchungen sowie sozialtherapeutische, psychotherapeutische, heilpädagogische, beschäftigungs- und arbeitstherapeutische Maßnahmen ein. Die Behandlung erfolgt nach einem Behandlungsplan, der bei der Unterbringung unverzüglich zu erstellen ist. Die Behandlung im Maßregelvollzug erfolgt nach Therapieplänen, die spätestens sechs Wochen nach der Aufnahme zu erstellen und halbjährlich fortzuschreiben sind. Die Behandlungs- und Therapiepläne sind mit dem Patienten zu erörtern.

(2) Behandlungsmaßnahmen bedürfen vorbehaltlich der Regelungen in den Absätzen 3 und 5 der Einwilligung des Patienten, des Betreuers oder des sonstigen Sorgeberechtigten.

(3) Die Behandlung des Patienten ist ohne seine Einwilligung, ohne die seines Betreuers oder sonstiger Sorgeberechtigter bei gegenwärtiger Gefahr für das Leben oder die Gesundheit des Patienten oder Dritter zulässig.

(4) Ärztliche Eingriffe und Behandlungsverfahren, welche mit einer erheblichen Gefahr für Leben oder Gesundheit verbunden sind oder welche die Persönlichkeit tiefgreifend und auf Dauer schädigen könnten, sind unzulässig.

(5) Eine Ernährung gegen den Willen des Patienten ist nur zulässig, wenn dies zur Abwendung einer Gefahr für das Leben oder die Gesundheit des Patienten erforderlich ist. Zur Durchführung der Maßnahme ist die Einrichtung nicht verpflichtet, solange von einer freien Willensbestimmung des Patienten ausgegangen werden kann.

(6) Die Maßnahmen nach den Absätzen 1 bis 5 dürfen nur auf Anordnung und unter Leitung eines Arztes durchgeführt werden. Erste Hilfe muss davon unbeschadet dann erfolgen, wenn ärztliche Behandlung nicht rechtzeitig erreichbar und mit einem Aufschub Lebensgefahr verbunden ist.

§ 13 Gestaltung der Unterbringung. (1) Die Unterbringung wird unter Berücksichtigung medizinischer, therapeutischer und sicherungsbedingter Gesichtspunkte den allgemeinen Lebensverhältnissen soweit wie möglich angeglichen. Der regelmäßige Aufenthalt im Freien ist zu gewährleisten. Um das angestrebte Behandlungsziel zu erreichen, soll die Unterbringung nach Möglichkeit in offenen und freien Formen durchgeführt werden, soweit der Zweck der Unterbringung dies zulässt.

(2) Die Bereitschaft des Patienten, an der Erreichung des Unterbringungsziels mitzuwirken, soll geweckt und sein Verantwortungsbewusstsein für ein geordnetes Zusammenleben gefördert werden.

(3) Während der Unterbringung fördert die Einrichtung die Aufrechterhaltung bestehender und die Anbahnung neuer sozialer Kontakte des Patienten, soweit sie der Wiedereingliederung dienen. Angehörige sind möglichst einzubeziehen.

(4) Kinder und Jugendliche sollen je nach Eigenart und Schwere ihrer Krankheit nach ihrem Entwicklungsstand untergebracht und betreut werden.

§ 14 Besondere Sicherungsmaßnahmen. (1) Bei einer gegenwärtigen erheblichen Selbst- oder Fremdgefährdung oder einer gegenwärtigen erheblichen Gefährdung bedeutender Rechtsgüter Dritter können

1. die Beschränkung des Aufenthaltes im Freien,
2. die Wegnahme von Gegenständen,
3. die Absonderung in einem besonderen Raum,
4. die zeitweise Fixierung (Einschränkung der Bewegungsfreiheit) oder
5. bei erhöhter Fluchtgefahr die Fesselung bei Ausführung, Vorführung oder Transport

Anhang

Text der Ländergesetze

angeordnet werden, wenn und solange die Gefahr nicht durch weniger einschneidende Maßnahmen abgewendet werden kann.

(2) Jede besondere Sicherungsmaßnahme ist vom zuständigen Arzt befristet anzuordnen und zu überwachen. Sie ist unverzüglich aufzuheben, wenn die Voraussetzungen für ihre Anordnung weggefallen sind. Bei Gefahr in Verzug dürfen besondere Sicherungsmaßnahmen auch von anderen Mitarbeitern der Einrichtung angeordnet werden. Die Entscheidung des zuständigen Arztes ist unverzüglich nachzuholen.

(3) Bei besonderen Sicherungsmaßnahmen nach Absatz 1 Nr. 3 ist eine angemessene und regelmäßige Überwachung und zusätzlich nach Absatz 1 Nr. 4 eine ständige Beobachtung sicherzustellen. Anordnung und Aufhebung der besonderen Sicherungsmaßnahmen sind zu dokumentieren.

(4) Hält sich der Patient ohne Erlaubnis außerhalb der Einrichtung auf, hat die Einrichtung eine unverzügliche Zurückführung zu veranlassen.

(5) Bei Anordnung besonderer Sicherungsmaßnahmen nach Absatz 1 Nr. 3 und 4 ist das zuständige Gericht und im Falle einer Unterbringung nach § 1 Abs. 3 die Vollstreckungsbehörde zu unterrichten.

§ 15 Durchsuchung. (1) Der Patient, seine Sachen und die Unterbringungsräume dürfen durchsucht werden, sofern dies der Zweck der Unterbringung, die Aufrechterhaltung der Sicherheit oder das geordnete Zusammenleben in der Einrichtung erfordern. Eine mit einer Entkleidung verbundene Durchsuchung ist nur bei dem begründeten Verdacht zulässig, dass der Patient Waffen, andere gefährliche Gegenstände oder Stoffe, die dem Betäubungsmittelgesetz unterliegen, am Körper führt. Diese Durchsuchung muss in einem geschlossenen Raum durchgeführt werden; andere Patienten dürfen nicht anwesend sein. Bei der Durchsuchung männlicher Patienten sollten nur Männer, bei der Durchsuchung weiblicher Patienten nur Frauen anwesend sein. Auf das Schamgefühl ist Rücksicht zu nehmen.

(2) Bei dem begründeten Verdacht, dass sich in Körperhöhlen oder im Körper des Patienten Stoffe befinden, die dem Betäubungsmittelgesetz unterliegen, kann durch einen Arzt eine Untersuchung des Patienten vorgenommen werden. Absatz 1 Satz 3 bis 5 gilt entsprechend.

(3) Bei dem begründeten Verdacht auf Alkohol- und Drogenkonsum können die Untersuchungen durchgeführt werden, die zum Nachweis von im Körper befindlichen Stoffen notwendig sind.

(4) Über die Durchsuchung oder Untersuchung ist ein Protokoll zu fertigen, das dem Patienten, dem Betreuer oder sonstigen Sorgeberechtigten zur Kenntnis zu geben ist.

§ 16 Unmittelbarer Zwang. (1) Mitarbeiter der Einrichtung dürfen zur Durchsetzung der in diesem Gesetz vorgesehenen Einschränkungen der Rechte des Patienten unmittelbaren Zwang anwenden. Bei Untersuchungs- und Behandlungsmaßnahmen ist unmittelbarer Zwang nur auf ärztliche Anordnung und dann zulässig, wenn der betroffene Patient zur Duldung entsprechend § 12 Abs. 3 verpflichtet ist.

(2) Gegenüber anderen Personen darf unmittelbarer Zwang angewendet werden, wenn sie es unternehmen, Patienten zu befreien oder wenn sie unbefugt in den Bereich der Einrichtung eindringen oder sich unbefugt darin aufhalten.

(3) Unmittelbarer Zwang ist die Einwirkung auf Personen durch körperliche Gewalt und ihre Hilfsmittel. Hilfsmittel der körperlichen Gewalt sind insbesondere Fesseln.

(4) Unter mehreren möglichen und geeigneten Maßnahmen des unmittelbaren Zwanges sind diejenigen zu wählen, die den einzelnen und die Allgemeinheit voraus-

sichtlich am wenigsten beeinträchtigen. Unmittelbarer Zwang hat zu unterbleiben, wenn ein durch ihn zu erwartender Schaden erkennbar in einem unangemessenen Verhältnis zum angestrebten Erfolg steht.

(5) Absatz 3 Satz 3 gilt für die Besuche von Rechtsanwälten, Verteidigern und Notaren in einer den Patienten betreffenden Rechtssache mit der Maßgabe, dass eine inhaltliche Überprüfung der von diesen mitgeführten Schriftstücke und sonstigen Unterlagen unzulässig ist und eine Übergabe an den Patienten auch nicht untersagt werden darf.

(6) Das Recht zu unmittelbarem Zwang aufgrund anderer Regelungen bleibt unberührt.

§ 17 Persönlicher Besitz. (1) Der Patient hat das Recht, seine persönliche Kleidung zu tragen und persönliche Gegenstände sowie Geld und Wertsachen in seinem Zimmer aufzubewahren. Dieses Recht kann eingeschränkt werden, wenn der Zweck der Unterbringung, die Sicherheit der Einrichtung oder das geordnete Zusammenleben in der Einrichtung gefährdet werden.

(2) Geld und Wertsachen können auch ohne Zustimmung des Patienten in Gewahrsam genommen werden, wenn und soweit der Patient zum Umgang damit nicht in der Lage ist.

§ 18 Religionsausübung. Der Patient hat das Recht, in der Einrichtung an Gottesdiensten und sonstigen religiösen Veranstaltungen teilzunehmen. Er kann von der Teilnahme ausgeschlossen werden, wenn der Zweck der Unterbringung oder das geordnete Zusammenleben in der Einrichtung gefährdet wird. Das Recht auf Inanspruchnahme der Krankenhausseelsorge bleibt unberührt.

§ 19 Besuchsrecht. (1) Der Patient hat das Recht, regelmäßig Besuche zu empfangen. Dieses Recht darf nur eingeschränkt oder untersagt werden, wenn der Zweck der Unterbringung, die Sicherheit oder das geordnete Zusammenleben in der Einrichtung gefährdet ist.

(2) Bestehen Anhaltspunkte dafür, dass die Sicherheit der Einrichtung gefährdet wird, so kann ein Besuch davon abhängig gemacht werden, daß sich die Besuchenden durchsuchen lassen. § 15 Abs. 1 gilt entsprechend.

(3) Ein Besuch darf aus Gründen der Behandlung oder der Sicherheit der Einrichtung überwacht werden. Der Patient und der Besucher sind zu Beginn des Besuchs darüber zu informieren. Die Übergabe von Gegenständen beim Besuch kann untersagt werden, wenn eine Gefahr für die Sicherheit oder Ordnung der Einrichtung nicht auszuschließen ist.

(4) Ein Besuch darf abgebrochen werden, wenn gesundheitliche Nachteile für den Patienten oder Dritte zu befürchten sind oder durch die Fortsetzung der Zweck der Unterbringung gefährdet wird.

(5) Der Besuch von Rechtsanwälten, Verteidigern und Notaren in einer den untergebrachten psychisch Kranken betreffenden Rechtssache darf nur eingeschränkt, überwacht oder abgebrochen werden, wenn anderenfalls erhebliche gesundheitliche Nachteile für den untergebrachten psychisch Kranken zu befürchten sind. Die Absätze 2 und 3 Satz 2 finden mit der Maßgabe Anwendung, dass eine inhaltliche Überprüfung der vom Rechtsanwalt, Verteidiger oder Notar mitgeführten Schriftstücke und sonstigen Unterlagen unzulässig ist und dass diese auch übergeben werden dürfen.

§ 20 Recht auf Postverkehr. (1) Ein Patient hat das Recht, Schreiben und Pakete abzusenden sowie zu empfangen.

Anhang

Text der Ländergesetze

(2) Der Schriftwechsel eines Patienten sowie der Paketverkehr können durch den behandelnden Arzt überwacht und angehalten werden, soweit es zur Verhinderung von Nachteilen für den Patienten, zur Sicherung des Zwecks der Unterbringung, für die Sicherheit der Einrichtung oder zur Verhinderung einer Gefährdung bedeutender Rechtsgüter Dritter erforderlich ist.

(3) Angehaltene Schreiben und Pakete werden an den Absender zurückgegeben oder, sofern dies unmöglich oder aus den Gründen des Absatzes 2 untunlich ist, aufbewahrt. Im Falle der Aufbewahrung wird der Patient verständigt. Die Gründe der Nichtweiterleitung werden dokumentiert.

(4) Der Schriftwechsel eines Patienten mit Gerichten, Rechtsanwälten, Verteidigern, seinen gesetzlichen Vertretern oder Betreuern unterliegt keiner Einschränkung. Dies gilt auch für den Schriftwechsel mit den Volksvertretungen des Bundes und der Länder sowie deren Mitgliedern, mit den Kommunalvertretungen, den Aufsichtsbehörden, der Besuchskommission, dem Patientenfürsprecher, dem Landesbeauftragten für den Datenschutz, dem Bürgerbeauftragten, der Europäischen Kommission für Menschenrechte, dem Europäischen Ausschuss zur Verhütung von Folter und unmenschlicher oder erniedrigender Behandlung oder Strafe sowie bei Patienten mit ausländischer Staatsangehörigkeit für den Schriftwechsel mit der konsularischen oder diplomatischen Vertretung des Heimatlandes.

(5) Die Absätze 1 bis 4 gelten entsprechend für Telegramme, Telefaxe und sonstige Mittel der Telekommunikation sowie für Datenträger und Zugänge zu Datennetzen. Für Telefongespräche gelten die Bestimmungen über den Besuch in § 19 entsprechend.

§ 21 Verarbeitung und Nutzung von Erkenntnissen aus der Überwachung.

(1) Erkenntnisse aus einer Überwachung der Besuche, des Schriftverkehrs, der Telefongespräche oder der Pakete dürfen nur verarbeitet und genutzt werden, soweit dies

1. aus Gründen der Behandlung des Patienten, der Sicherheit oder des geordneten Zusammenlebens in der Einrichtung oder
2. zur Abwehr von konkreten Gefahren für das Leben oder die Rechtsgüter Dritter und des Patienten

erforderlich ist.

(2) Die nach Absatz 1 gespeicherten Daten sind zu löschen, wenn der Zweck der Datenerhebung wegfällt oder der Patient entlassen wird.

§ 22 Beurlaubung.

(1) Der Patient kann durch die ärztliche Leitung der Einrichtung bis zu zwei Wochen beurlaubt werden, wenn der Gesundheitszustand und die persönlichen Verhältnisse es rechtfertigen und ein Missbrauch des Urlaubs nicht zu befürchten ist. Die Beurlaubung kann mit Auflagen verbunden werden.

(2) Die Beurlaubung soll widerrufen werden, wenn der Patient die Auflagen nicht oder nicht vollständig erfüllt oder wenn sich der Gesundheitszustand des Patienten wesentlich verschlechtert.

(3) Vor der Beurlaubung und bei einem Widerruf sind der Sozialpsychiatrische Dienst, das zuständige Gericht, die Angehörigen, der Betreuer und sonstige Sorgeberechtigte rechtzeitig zu benachrichtigen.

(4) Absatz 1 Satz 1 und Absatz 2 finden auf stundenweise Beurlaubungen (Ausgang) entsprechende Anwendung.

§ 23 Hausordnung.

(1) Einrichtungen, in denen psychisch kranke Menschen behandelt und untergebracht werden, erlassen eine Hausordnung, die den Patienten zur Kenntnis zu geben ist. Bei Einrichtungen des Maßregelvollzugs bedarf der Erlass der

16. Thüringen   **Anhang**

Hausordnung des Einvernehmens mit dem für das Gesundheitswesen und dem für die Justiz zuständigen Ministerium. Die Hausordnung soll insbesondere Regelungen über die Einbringung von Sachen, die Ausgestaltung der Räume, Einkaufsmöglichkeiten, Rauch-, Alkohol- und Drogenverbote, Besuchszeiten, Telefonverkehr, Freizeitgestaltung und den regelmäßigen Aufenthalt im Freien enthalten.

(2) Die Hausordnung in den Einrichtungen des Maßregelvollzugs kann auch Disziplinarmaßnahmen bei vorsätzlichen Verstößen gegen ihre Regelungen vorsehen. Disziplinarmaßnahmen dürfen die Rechte der Patienten nicht weiter als nach diesem Gesetz zulässig einschränken. Disziplinarmaßnahmen dürfen nur von der Leitung der Einrichtung angeordnet werden. Sie sind vorab anzudrohen und zu dokumentieren.

§ 24 Besuchskommission. (1) Das für das Gesundheitswesen zuständige Ministerium beruft eine unabhängige Besuchskommission, die Einrichtungen nach § 7 Abs. 1 und § 29 Abs. 1, in denen psychisch kranke Menschen untergebracht werden, besucht und daraufhin überprüft, ob die mit der Unterbringung von psychisch kranken Menschen verbundenen besonderen Aufgaben erfüllt werden.

(2) Die Besuchskommission hat die Aufgaben,
1. die stationäre Unterbringung, die Verpflegung und Kleidung psychisch kranker Menschen sowie die allgemeinen Verhältnisse in den Einrichtungen zu überprüfen,
2. mündliche und schriftliche Anregungen, Wünsche und Beschwerden von Patienten entgegenzunehmen und diesen, soweit möglich, an Ort und Stelle nachzugehen,
3. sonstige schriftliche Anregungen, Wünsche und Beschwerden von Patienten zu überprüfen und auszuwerten,
4. über die Durchführung von Maßnahmen zur Versorgung psychisch kranker Menschen zu berichten und, soweit erforderlich, Maßnahmen anzuregen.

(3) Der Besuchskommission gehören an:
1. ein Vertreter des für das Gesundheitswesen zuständigen Ministeriums,
2. ein Arzt für Psychiatrie einer Einrichtung nach § 7 Abs. 1,
3. eine mit Unterbringungsangelegenheiten vertraute, zum Richteramt befähigte Person,
4. ein Arzt für Psychiatrie einer Einrichtung nach § 4 Abs. 1,
5. einen Arzt aus einer Einrichtung zur Durchführung des Maßregelvollzugs,
6. ein Vertreter der Liga der freien Wohlfahrtspflege,
7. ein Mitglied des Landesverbandes Thüringen der Angehörigen psychisch Kranker,
8. ein Mitglied des Thüringer Landesverbandes der Psychiatrie-Erfahrenen.

(4) Zu den Besuchen können weitere Personen hinzugezogen werden, insbesondere die Patientenfürsprecher.

(5) Der Besuchskommission ist ungehinderter Zugang zu den Einrichtungen nach Absatz 1 und zu den Patienten zu gewähren. Die Einsicht in die Patientenunterlagen ist mit Einwilligung des Patienten zu ermöglichen.

(6) Die Mitglieder werden durch das für das Gesundheitswesen zuständige Ministerium für eine Amtsperiode von jeweils vier Jahren berufen. Sie wählen aus ihrer Mitte einen Vorsitzenden. Die Mitglieder sind weisungsunabhängig und zur Verschwiegenheit verpflichtet.

(7) Die Besuchskommission berichtet regelmäßig dem für das Gesundheitswesen zuständigen Ministerium über die Durchführung der Aufgaben nach Absatz 2 und spricht Empfehlungen aus. Werden schwerwiegende Mängel bei der Unterbringung oder Behandlung festgestellt, informiert die Besuchskommission hierüber unverzüglich die ärztliche Leitung der Einrichtung und das für das Gesundheitswesen zuständige Ministerium.

Anhang

Text der Ländergesetze

(8) Das für das Gesundheitswesen zuständige Ministerium führt die Geschäfte der Besuchskommission.

§ 25 Patientenfürsprecher. (1) Für geschlossene Stationen und Betreuungsbereiche in Einrichtungen nach § 7 Abs. 1 und § 29 Abs. 1 ist je Einrichtung ein Patientenfürsprecher zu bestimmen. Die Einrichtung gibt dem Patienten Name, Anschrift, Sprechstundenzeiten und Aufgabenbereich des Patientenfürsprechers in geeigneter Weise bekannt. Der unmittelbare Zugang zum Patientenfürsprecher muss gewährleistet sein.

(2) Der Patientenfürsprecher prüft Wünsche und Beschwerden der Patienten und trägt sie auf Wunsch dem Krankenhausträger und der Besuchskommission vor. Er hat jederzeit Zugang zu allen Räumen der geschlossenen Stationen und Betreuungsbereiche. Bei Anregungen oder Beanstandungen berät er die Mitarbeiter der Einrichtung. Der Patientenfürsprecher wird in Rechtsfragen von der Besuchskommission beraten.

(3) Werden schwerwiegende Mängel bei der Unterbringung oder Behandlung festgestellt, informiert der Patientenfürsprecher unverzüglich hierüber die ärztliche Leitung der Einrichtung und die Aufsichtsbehörde.

(4) Als Patientenfürsprecher sollen durch den Träger der Einrichtung im Einvernehmen mit dem für das Gesundheitswesen zuständigen Ministerium und im Benehmen mit der ärztlichen Leitung der Einrichtung solche Personen bestellt werden, die nicht Mitarbeiter der Einrichtung sind und die durch langjährige Erfahrungen in der Behandlung oder Betreuung von psychisch kranken Menschen eine besondere Eignung erworben haben. Die Patientenfürsprecher arbeiten ehrenamtlich.

§ 26 Beendigung der Unterbringung. (1) Fallen die Voraussetzungen für die Unterbringung weg, hat die ärztliche Leitung der Einrichtung dies dem zuständigen Gericht unverzüglich mitzuteilen.

(2) Hat das zuständige Gericht die Unterbringung nicht über den in der gerichtlichen Entscheidung bestimmten Zeitpunkt hinaus verlängert, hat die Einrichtung den Sozialpsychiatrischen Dienst sowie den Betreuer oder sonstigen Sorgeberechtigten von der bevorstehenden Aufhebung der Unterbringung des Patienten zu benachrichtigen.

Fünfter Abschnitt. Entlassung und nachsorgende Hilfen für psychisch kranke Menschen

§ 27 Aufhebung der Unterbringung. Der untergebrachte Patient ist zu entlassen, wenn

1. die die Unterbringung anordnende gerichtliche Entscheidung aufgehoben oder ausgesetzt worden ist,
2. im Fall der vorläufigen Unterbringung durch den Sozialpsychiatrischen Dienst nicht spätestens innerhalb von 24 Stunden eine vorläufige oder endgültige Unterbringung oder die Unterbringung zur Vorbereitung eines Gutachtens nach § 68b Abs. 4 des Gesetzes über die Angelegenheiten der freiwilligen Gerichtsbarkeit gerichtlich angeordnet worden ist oder
3. die Unterbringungsfrist nach § 70f Nr. 3 des Gesetzes über die Angelegenheiten der freiwilligen Gerichtsbarkeit abgelaufen ist und die Fortdauer der Unterbringung nicht zuvor angeordnet wurde.

§ 28 Nachsorgende Hilfen. (1) Aufgabe der nachsorgenden Hilfe ist es, dem aus der Unterbringung oder einer sonstigen stationären psychiatrischen Behandlung Ent-

16. Thüringen **Anhang**

lassen durch individuelle ärztliche und psychosoziale Beratung sowie Betreuung den Übergang in das Leben außerhalb des Krankenhauses zu erleichtern.

(2) Bei der Gewährung von nachsorgenden Hilfen arbeiten der Sozialpsychiatrische Dienst und die in § 4 Abs. 3 genannten Einrichtungen und Träger eng zusammen.

(3) In der nachsorgenden Hilfe ist der Patient erforderlichenfalls über die Folgen einer Unterbrechung der notwendigen ärztlichen Behandlung zu beraten.

(4) Der Arzt, der den Patienten während der Unterbringung behandelt hat, übersendet dem zuständigen Gericht und dem Sozialpsychiatrischen Dienst unverzüglich eine Entlassungsmitteilung. Der nunmehr behandelnde Arzt und der Leiter des Sozialpsychiatrischen Dienstes erhalten mit Einwilligung des Patienten, seines Betreuers oder sonstiger Sorgeberechtigter einen ärztlichen Entlassungsbericht.

(5) Ist die Aussetzung der Vollziehung einer Unterbringung nach § 70k des Gesetzes über die Angelegenheiten der freiwilligen Gerichtsbarkeit von Auflagen über eine ärztliche oder psychotherapeutische Behandlung oder eine psychosoziale Beratung abhängig gemacht worden, gehört es zur Aufgabe der nachsorgenden Hilfe, auf die Einhaltung dieser Auflagen hinzuwirken. Der Patient, sein Betreuer oder sonstiger Sorgeberechtigter hat der Einrichtung, in der der Patient untergebracht war, unverzüglich Name und Anschrift des jetzt behandelnden Arztes mitzuteilen. Das zuständige Gericht ist vom Sozialpsychiatrischen Dienst über die Erfüllung der Auflagen zu unterrichten.

Sechster Abschnitt. Entlassung und nachsorgende Hilfen für psychisch kranke Menschen

§ 29 Voraussetzung und Zweck der Maßregeln. (1) Der Vollzug der durch strafrichterliche Entscheidungen angeordneten freiheitsentziehenden Maßregeln der Besserung und Sicherung erfolgt in einem psychiatrischen Krankenhaus oder einer Entziehungsanstalt.

(2) Ziel der Unterbringung in einem psychiatrischen Krankenhaus oder einer Entziehungsanstalt ist es, den Patienten durch Behandlung und Betreuung (Therapie) soweit wie möglich zu heilen oder seinen Zustand soweit zu bessern, dass er keine Gefahr mehr für die Allgemeinheit darstellt. Die Sicherheit und der Schutz der Allgemeinheit vor weiteren erheblichen rechtswidrigen Taten soll gewährleistet werden.

(3) Behandlung und Betreuung haben therapeutischen und sozialpädagogischen Erfordernissen Rechnung zu tragen. Die Bereitschaft des Patienten zur Mitwirkung und sein Verantwortungsbewusstsein sollen geweckt und gefördert werden.

§ 30 Zuständigkeiten. (1) Die Maßregeln werden in Einrichtungen nach § 29 Abs. 1 vollzogen. Krankenhäusern und entsprechenden Einrichtungen nichtöffentlicher Träger kann diese Aufgabe vom Land mit deren Zustimmung durch Verwaltungsakt oder öffentlich-rechtlichen Vertrag widerruflich übertragen werden, wenn sie die dafür notwendige Fachkunde und Zuverlässigkeit nachweisen. Die Einrichtungen unterstehen insoweit der Aufsicht der nach § 39 Abs. 1 zuständigen Behörden. Die Maßregeln können im Einvernehmen mit der Aufsichtsbehörde auch in Einrichtungen außerhalb des Landes Thüringen vollzogen werden, wenn zwingende therapeutische Gründe dies erfordern.

(2) Das für das Gesundheitswesen zuständige Ministerium wird ermächtigt, durch Rechtsverordnung die örtliche und sachliche Zuständigkeit der Einrichtungen in einem Vollstreckungsplan zu regeln und nach allgemeinen Merkmalen zu bestimmen. Vom Vollstreckungsplan kann mit Zustimmung der Aufsichtsbehörde abgewichen

Anhang

Text der Ländergesetze

werden, wenn dies der Behandlung oder Eingliederung des Patienten dient oder wichtige Gründe, insbesondere der Vollzugsorganisation oder der Sicherheit, es erfordern.

(3) Der Patient kann in eine Einrichtung, die für Patienten seines Alters nicht vorgesehen ist, verlegt werden, wenn dies zu seiner Behandlung notwendig ist. Die Behandlung der übrigen Patienten in dieser Einrichtung darf dadurch nicht gefährdet werden.

§ 31 Betreuung während der Unterbringung. (1) Es gelten die §§ 10 bis 21 und die §§ 23 bis 25 entsprechend.

(2) Der Patient hat Anspruch auf Krankenhilfe, Vorsorgeleistungen und sonstige medizinische Maßnahmen entsprechend den Grundsätzen und Maßstäben der gesetzlichen Krankenversicherung.

(3) Das Maß des Freiheitsentzugs richtet sich nach der seelischen Störung des Patienten und der Gefährdung der Allgemeinheit, die von dem Patienten ausgehen kann. Der Vollzug der Maßregel soll gelockert werden, sobald zu erwarten ist, dass dadurch die Ziele des Maßregelvollzugs gefördert werden und der Patient die ihm eingeräumten Möglichkeiten nicht missbraucht.

(4) Als Vollzugslockerung kann insbesondere zugelassen werden, dass der Patient

1. regelmäßig einer Beschäftigung außerhalb der geschlossenen Einrichtung unter Aufsicht eines Mitarbeiters der Einrichtung (Außenbeschäftigung) oder ohne Aufsicht (Freigang) nachgeht,
2. zu bestimmten Zeiten die geschlossene Einrichtung des Maßregelvollzugs unter Aufsicht eines Mitarbeiters (Ausführung) oder ohne Aufsicht (Ausgang) verlässt oder
3. Urlaub erhält, soweit nicht Tatsachen die Befürchtung begründen, dass er sich dem Vollzug der Maßregel entzieht oder den Urlaub zu rechtswidrigen Taten missbraucht.

Unter den Voraussetzungen des Absatzes 3 kann der Patient auch in eine nicht geschlossene Einrichtung verlegt werden (offener Vollzug).

§ 32 Auflagen, Widerruf von Lockerungen. (1) Bei Vollzugslockerungen, Beurlaubung und Verlegung in die offene Unterbringung können dem Patienten zur Förderung des in § 29 Abs. 2 genannten Ziels Auflagen erteilt werden, insbesondere

1. sich einer Behandlung zu unterziehen,
2. sich von einer bestimmten Stelle oder Person beaufsichtigen zu lassen,
3. Anforderungen über den Aufenthalt oder ein bestimmtes Verhalten außerhalb der Vollzugseinrichtung zu befolgen,
4. in bestimmten Abständen in die Vollzugseinrichtung zurückzukehren.

(2) Zur Erfüllung dieses Zwecks arbeitet die Einrichtung insbesondere mit Sozialleistungsträgern, Trägern der freien Wohlfahrtspflege, dem Sozialpsychiatrischen Dienst und anderen der für die Gewährung nachgehender Hilfen für psychisch kranke Menschen zuständigen Behörden, der Führungsaufsichtsstelle und dem Bewährungshelfer zusammen. Die erforderlichen Patientendaten sind zur Erfüllung dieser Aufgaben an die beteiligten Einrichtungen zu übermitteln.

(3) Vollzugslockerungen, Beurlaubung und Verlegung in die offene Unterbringung bedürfen des Einvernehmens mit der Vollstreckungsbehörde und können widerrufen werden, wenn

1. nachträglich Umstände eintreten oder bekannt werden, die eine Versagung gerechtfertigt hätten,

2. der Patient die Vollzugslockerung missbraucht oder
3. Auflagen nicht nachkommt.

§ 33 Beschäftigungs- und Arbeitstherapie, Arbeit, Aus- und Fortbildung.
(1) Der Patient des Maßregelvollzugs erhält im Rahmen des Behandlungsplans beschäftigungs- und arbeitstherapeutische Angebote. Arbeitstherapeutische Angebote dienen insbesondere dem Ziel, Fähigkeiten für eine Erwerbstätigkeit nach der Entlassung zu vermitteln, zu erhalten oder zu fördern. Für die Tätigkeit im Rahmen einer Arbeitstherapie erhalten die Patienten ein Therapieentgelt; es ist vom Träger der Einrichtung unter Berücksichtigung der erwirtschafteten Überschüsse, des Arbeitsergebnisses und der Verwertbarkeit festzusetzen.

(2) Patienten soll entsprechend ihrer Eignung die Gelegenheit zur beruflichen Fortbildung oder Teilnahme an anderen ausbildenden oder fortbildenden Maßnahmen gegeben werden.

(3) Unter Berücksichtigung der Organisation der Einrichtung des Maßregelvollzugs und der besonderen Fähigkeiten des Patienten sind ihm bei Vorliegen der Voraussetzungen der Vollzugslockerung nach § 31 Abs. 4 die Erlangung eines Schulabschlusses, berufsfördernde Maßnahmen, eine Berufsausbildung, Umschulung oder Berufsausübung auch außerhalb der Einrichtung zu ermöglichen.

§ 34 Verfügungsbeschränkung, Barbetrag zur persönlichen Verfügung, Überbrückungsgeld. (1) Der Patient erhält nach den Grundsätzen und Maßstäben des Zwölften Buches Sozialgesetzbuch einen angemessenen Barbetrag zur persönlichen Verfügung (Taschengeld).

(2) Die Verfügung über Bargeld, Eigengeld oder in die Einrichtung eingebrachte Wertgegenstände kann eingeschränkt werden, soweit es der Zweck der Unterbringung oder die Aufrechterhaltung von Sicherheit oder Ordnung der Einrichtung erfordert.

(3) Aus den während des Vollzugs der Maßregel erzielten Bezügen ist über angemessene Sparraten ein Überbrückungsgeld bis zur Höhe desjenigen Betrags zu bilden, der dem Patienten und seinen Unterhaltsberechtigten den notwendigen Lebensunterhalt für die ersten vier Wochen nach seiner Entlassung sichert.

(4) Das Überbrückungsgeld ist in geeigneter Weise anzulegen und zu verzinsen. Es wird dem Patienten bei der Entlassung in die Freiheit ausgezahlt. Der Anspruch auf Auszahlung des Überbrückungsgeldes ist unpfändbar. Die Einrichtungsleitung kann gestatten, dass das Überbrückungsgeld für Ausgaben in Anspruch genommen wird, die der Eingliederung des Patienten dienen.

§ 35 Erkennungsdienstliche Unterlagen. (1) Zur Sicherung des Vollzugs der Maßregel werden erkennungsdienstliche Unterlagen über den Patienten angefertigt. Zu diesem Zweck können Lichtbilder aufgenommen, äußerliche körperliche Merkmale festgestellt und Messungen vorgenommen werden.

(2) Diese Unterlagen sind, soweit sie nicht zugleich für die Behandlung erforderlich sind, getrennt von den Personal- und Krankenunterlagen aufzubewahren und bei der Entlassung des jeweiligen Patienten zu vernichten.

Siebter Abschnitt. Datenschutz

§ 36 Allgemeine Regelungen zum Datenschutz. (1) Es gelten die Bestimmungen des Thüringer Krankenhausgesetzes und des Thüringer Datenschutzgesetzes (ThürDSG) in der Fassung vom 10. Oktober 2001 (GVBl. S. 276) in der jeweils geltenden Fassung, soweit in diesem Gesetz nichts anderes bestimmt ist.

Anhang

Text der Ländergesetze

(2) Die Verarbeitung personenbezogener Daten zur Erfüllung von Aufsichts- und Kontrollbefugnissen, zur Rechnungsprüfung oder zur Durchführung von Organisationsuntersuchungen sind zulässig, soweit diese Aufgaben nicht auf andere Weise, insbesondere mit anonymisierten Daten, erfüllt werden können.

(3) Eine Übermittlung von Daten an das zuständige Gericht ist auch zulässig, soweit dies zur Durchführung eines Betreuungsverfahrens erforderlich ist.

(4) Auf Antrag ist dem Patienten unentgeltlich Auskunft über die zu seiner Person gespeicherten Daten zu erteilen und, soweit dies ohne Verletzung schutzwürdiger Belange Dritter möglich ist, Einsicht in die über ihn geführten Akten zu gewähren. Die Auskunftserteilung oder die Akteneinsicht können verweigert werden, wenn Nachteile für den Gesundheitszustand oder den Therapieverlauf des Patienten zu erwarten sind.

§ 37 Datenschutz im Maßregelvollzug. (1) Im Rahmen des Maßregelvollzugs sind über § 36 hinaus Ärzte, Psychotherapeuten, Psychologen, Gerichte und Behörden befugt, der Einrichtung Strafurteile, staatsanwaltschaftliche Ermittlungssachverhalte, psychiatrische und psychologische Gutachten aus gerichtlichen oder staatsanwaltschaftlichen Verfahren, den Lebenslauf und Angaben über die bisherige Entwicklung sowie Angaben über Krankheiten, Körperschäden und Verhaltensauffälligkeiten des Betroffenen zu übermitteln, soweit dies für den Zweck der Unterbringung erforderlich ist.

(2) Für die Übermittlung personenbezogener Daten an Gerichte und Staatsanwaltschaften gelten § 20 Abs. 2 Nr. 7 und § 21 ThürDSG.

(3) Die für die Rechnungslegung erforderlichen Daten können den von dem für das Gesundheitswesen zuständigen Ministerium bestimmten Stellen übermittelt werden.

§ 38 Datenverarbeitung mit optisch-elektronischen Einrichtungen im Maßregelvollzug. (1) Die Überwachung von Außenanlagen, Gebäuden und allgemein zugänglichen Räumen der Maßregelvollzugseinrichtung, mit Ausnahme der in Absatz 3 genannten Bereiche, mittels optisch-elektronischer Einrichtungen ist zulässig, soweit dies zur Gewährleistung der Sicherheit und Ordnung erforderlich ist.

(2) Werden bei der Erfüllung der in Absatz 1 genannten Aufgaben personenbezogene Daten gespeichert, dürfen diese nur für die Zwecke, für die sie erhoben wurden sowie zur Strafverfolgung oder für gerichtliche Verfahren verarbeitet und genutzt werden. Sie sind unverzüglich zu löschen, wenn sie zum Erreichen des Zwecks nicht mehr erforderlich sind.

(3) Die Nutzung optisch-elektronischer Einrichtungen ist in Interventions-, Aufenthalts-, Wohn- und Schlafräumen im begründeten Einzelfall zeitlich befristet erlaubt, soweit dies von der ärztlichen Leitung angeordnet wird und zur Abwehr einer gegenwärtigen erheblichen Selbst- oder Fremdgefährdung durch den Patienten erforderlich ist. Die Speicherung personenbezogener Daten ist hierbei unzulässig.

(4) Die Datenverarbeitung nach den Absätzen 1 bis 3 darf auch dann erfolgen, wenn bei der Datenerhebung Dritte unvermeidbar betroffen sind.

(5) Auf den Umstand der Nutzung optisch-elektronischer Einrichtungen ist durch geeignete Maßnahmen hinzuweisen.

Achter Abschnitt. Schlussbestimmungen

§ 39 Aufsichtsbehörden. (1) Soweit Aufgaben nach diesem Gesetz von den Gesundheitsämtern wahrgenommen werden, ist zuständige Aufsichtsbehörde das Landesverwaltungsamt. Für die Einrichtungen des Maßregelvollzugs ist das Landesamt für Lebensmittelsicherheit und Verbraucherschutz zuständige Aufsichtsbehörde. Oberste Aufsichtsbehörde ist das für das Gesundheitswesen zuständige Ministerium.

(2) Das Landesamt für Lebensmittelsicherheit und Verbraucherschutz wird ermächtigt, für den Bereich des Maßregelvollzugs Verwaltungsvorschriften zu erlassen.

§ 40 Kosten der Unterbringung. (1) Die Kosten der Hilfen für psychisch kranke Menschen einschließlich der Untersuchung nach § 6 tragen die Landkreise und kreisfreien Städte.

(2) Die Kosten der Unterbringung in einer Einrichtung und die Kosten für die nach diesem Gesetz erforderlichen Untersuchungen und Heilbehandlungen tragen ein Träger der Sozialversicherung oder ein sonstiger Dritter. Soweit diese zur Kostenübernahme nicht verpflichtet sind, trägt sie der untergebrachte psychisch kranke Mensch.

(3) Die Kosten einer vorläufigen Unterbringung nach § 9 werden von der Staatskasse getragen, wenn der Antrag auf Anordnung der Unterbringung nach § 8 abgelehnt oder zurückgenommen wird und das Verfahren ergeben hat, dass ein begründeter Anlass, den Unterbringungsantrag zu stellen, nicht vorgelegen hat. Diese Regelung findet bei Anordnung der sofortigen Wirksamkeit der Unterbringung entsprechende Anwendung.

(4) Untergebrachte psychisch kranke Menschen erhalten, wenn kein anderer Sozialleistungsträger eintritt, Hilfe zum Lebensunterhalt und nach den Erfordernissen des Einzelfalls Hilfen nach den Bestimmungen des Zwölften Buches Sozialgesetzbuch.

(5) Die Kosten einer Unterbringung nach § 1 Abs. 3 trägt das Land, soweit nicht der Patient oder ein Sozialleistungsträger einen Kostenbeitrag zu leisten hat.

Neunter Abschnitt. Schlussbestimmungen

§ 41 Einschränkung von Grundrechten. Durch dieses Gesetz werden die Rechte auf körperliche Unversehrtheit und Freiheit der Person (Artikel 2 Abs. 2 des Grundgesetzes, Artikel 3 Abs. 1 der Verfassung des Freistaats Thüringen), auf Schutz seiner personenbezogenen Daten (Artikel 6 Abs. 2 der Verfassung des Freistaats Thüringen), auf Unverletzlichkeit des Briefgeheimnisses, des Post- und Fernmeldegeheimnisses sowie des Kommunikationsgeheimnisses (Artikel 10 Abs. 1 des Grundgesetzes, Artikel 7 der Verfassung des Freistaats Thüringen), der Wohnung (Artikel 13 des Grundgesetzes, Artikel 8 der Verfassung des Freistaats Thüringen), auf freie Meinungsäußerung (Artikel 5 des Grundgesetzes, Artikel 11 der Verfassung des Freistaats Thüringen) und auf Ehe und Familie (Artikel 6 des Grundgesetzes, Artikel 17 bis 19 der Verfassung des Freistaats Thüringen) eingeschränkt.

§ 42 Gleichstellungsbestimmung. Status- und Funktionsbezeichnungen in diesem Gesetz gelten jeweils in männlicher und weiblicher Form.

§ 43 (Inkrafttreten, Außerkrafttreten). (1) Dieses Gesetz tritt am Tage nach der Verkündung in Kraft und mit Ablauf des 31. Dezember 2013 außer Kraft.

(2) Gleichzeitig mit dem Inkrafttreten des Gesetzes nach Absatz 1 tritt das Gesetz über die Einweisung in stationäre Einrichtungen für psychisch Kranke vom 11. Juni 1968 (GBl. I Nr. 13 S. 273) außer Kraft.

Sachregister

Zahlen = Seiten

Abgabe 262
Abhängigkeit 43, 48, 112, 126, 179, 223
Abschiebung 10
Abschiebungshaft 26, 378 ff., 425, 449, 450
Abschiebungshindernisse 401
Absehen von der Genehmigung 212
Absonderung 376
AIDS 376
AIDS-Test 140
Akteneinsicht 101, 172, 427
Akutstationen 137 ff.
Alkoholintoxikation 126
Altersvorsorgevollmacht
s. a. Psychopharmaka
Ambulante Behandlung 79
Ambulante Zwangsbehandlung 211
Amtshilfe 424
Amtspflichtverletzung 177
Anfechtungsantrag, Vollzugsrechtsweg 313
Angehörige 138, 248, 429, 471, 476
Angleichungsgrundsatz 134, 156
Anhörung 11, 101, 215, 318, 436, 439 ff., 460, 464
– des Betroffenen 277 ff., 339
– des gesetzlichen Vertreters 254
– der sonstigen Beteiligten 283, 339, 440
– der zuständigen Behörde 284, 460
Anlasskrankheit 141, 203 ff., 225
Anordnungen des Personals 169
Anscheinsgefahr 115
Anspruch auf Behandlung 145
Ansteckungsverdacht 376
Antidepressiva s. a. Behandlung
Antrag 421 ff., 460, 469
Antragsarten, Vollzugsrechtsweg 313
Antragsbefugnis 243, 316

Antragsprinzip
– Vollzugsrechtsweg 311
Antragsverfahren 242
Arbeit 158
Arzneimittelgesetz 213
Ärztliche Aufklärung 148, 200
Ärztliche Maßnahmen 197 ff.
– Vollzugsrechtsweg 321
Ärztliches Zeugnis 41, 103 ff., 291, 338
Asylantrag 394
Asylberechtigte 378
Asylbewerber 378, 393
Attest s. Beendigung der Unterbringung
Aufenthaltsbestimmung 4, 182, 188, 217
Aufenthaltsgesetz 378
Aufgabenkreis 182 ff., 217
– des Betreuers 244
Aufhebung
– der Abschiebungshaft 398
– der Freiheitsentziehung 453, 459
– der Unterbringung 158, 331 ff.
s. a. Vollstreckung
Auflage bei Lockerungen 160
Aufnahme 137 ff.
Ausführung der Landesgesetze
s. Behandlung durch Gesundheitsämter
Ausführung des Patienten 159
Ausgang 159
Ausländer 392
Ausländerakte 426
Ausländerbehörde 398 ff., 423, 427 ff.
Ausreisepflicht 394
Außenbeschäftigung 159
Außenkontakte 158

Sachregister

Zahlen = Seiten

Aussetzung
- der Unterbringung 325 ff.
- des Vollzugs 453
Ausweisung 392

Beendigung
- der Entscheidung 298, 445
- der Unterbringung 230
Behandlung 135, 141, 165
- durch Gesundheitsämter 93, 378
Behandlungsabbruch 207
Behandlungsalternativen 201
Behandlungsauflage 105
Behandlungsbedürftigkeit 43
Behandlungsbegriff 142
Behandlungsermächtigung
s. Rechtsanwalt
Behandlungsmaßnahmen 203 ff.
Behandlungsmethoden 143 ff.
Behandlungspflicht 146
Behandlungsplan 140
Behandlungsvereinbarung 76, 182, 209, 217
Bekanntgabe
- der Entscheidung 302, 452
- von Maßnahmen 101
Belehrungspflicht 439, 443
Belehrungspflichten 247
Beliehene Unternehmer 131
Benachrichtigung von Angehörigen 365, 476
Beobachtungsunterbringung 295
Beschäftigung, arbeitstherapeutische 158
Beschleunigungsgebot 445, 458
Beschleunigungsgrundsatz 398
Beschlussformel 443
Beschützende Werkstätte 159
Beschwerde 324, 346 ff., 465, 468 ff.
Beschwerdeberechtigung 351
Beschwerdeeinlegung 356
Beschwerdestellen 324
Beschwerdeverfahren 354, 472
Besitz
- im Krankenhaus 138, 166
- von Sachen 157

Besondere Sicherungsmaßnahmen 170
Besonderes Gewaltverhältnis 133, 232
Besorgung der Angelegenheiten 180
Bestimmtheitsgebot 190, 216 ff., 224
Besuchskommission 173
Besuchsrecht 158, 167, 184
Beteiligte 264, 428
Betreuer 178 ff.
Betreuungsgericht 259
Betreuungsgerichtliche Genehmigung 15
Betreuungsrecht 177 ff.
Betreuungsverfahren 177
Betreuungsverfügung 185
Bettgitter 234
Beurteilungsspielraum 319
Bevollmächtigter 199, 217
Beweisantragsrecht 249
Beweisrecht 55, 245, 284 ff.
Beweisverbote 242, 248
Briefe 168
Bundesverfassungsgericht 11 ff.

Datenschutz 138
Dauer
- der Abschiebungshaft 393, 397, 456
- der Freiheitsentziehung 455 ff.
- des Gewahrsams 411
- der Unterbringung 33
Demenzen 48
Diagnose 41, 45
Dienstaufsichtsbeschwerde 324
Direktabschiebung 416
Disziplinarmaßnahmen 171
Dolmetscher 430, 438
Duldungspflicht 95, 106, 169
Dunkelziffer 30
Durchsuchung 170

Effektiver Rechtsschutz 323
Eingangsuntersuchung 140
Eingliederungsgrundsatz 134
Eingliederungshilfe 229

Zahlen = Seiten

Sachregister

Einkauf im Krankenhaus 157
Einrichtung 231, 233
Einrichtungsbegriff 218
Einsichtsfähigkeit 227
Einstweilige Anordnung 461
Einstweilige Maßregeln 344
Einwilligung 148, 190, 219
Einwilligungsfähigkeit 148, 200, 219
Elektrokrampftherapie 144, 206
Entlassung des Betroffenen 109, 230
Entlassungskompetenz 129
Entscheidungsgründe 298
Entwöhnungsbehandlung 227
Erforderlichkeitsgrundsatz 46, 81, 123, 127, 150, 165, 180 ff., 209, 228, 238, 393, 396, 401
Ergotherapie 145
Erledigung der Hauptsache 355, 410, 468
Ermessen
– Vollzugsrechtsweg 320
Europäische Menschenrechtskonvention 1
Europäischer Gerichtshof für Menschenrechte 9 ff.

Fahrerlaubnis 364
Falsche Negative 57
Falsche Positive 57
Familiengericht 189, 192
Fehlerrisiko bei der Prognose 57 ff.
Fernmelde- und Postkontrolle 183
Festnahmebefugnis der Ausländerbehörde 398 ff.
Feststellung der Rechtswidrigkeit 410
Feststellungsantrag
– Unterbringung 355 ff.
– Vollzugsrechtsweg 314
Fixierungen 31, 170, 235, 238
Fixierungsrichtlinien 233
Förderungspflicht 250
Fortdauer der Freiheitsentziehung 457
Freibeweisverfahren 245

Freie Willensbestimmung 113, 126, 179, 221
Freigang 160
Freiheit zur Krankheit 6, 12, 224
Freiheitsbeschränkung 3, 190, 218, 415
Freiheitsentziehende Maßnahmen 31, 183, 231 ff.
Freiheitsentziehung 3, 9, 189, 218 ff., 377, 404, 414 ff.
Freiheitsentziehungssachen 413, 444
Freiwillige Gerichtsbarkeit 241 ff.
Freiwilligkeit 89, 92, 111, 147
Fremdgefährdung 16, 36, 38, 60, 80, 123, 191
Fürsorgerecht 73
Fürsorgliche Zurückhaltung 41

Gefahr 116 ff., 196, 202, 230
Gefahrbegriff 113 ff.
Gefahrenabwehr 6, 83
Gefahrenprognose
– Vollzugsrechtsweg 318
Gefährlichkeitsprognose 38, 51 ff., 118 ff., 161, 222, 337, 407, 463
Gegenwirkungsgrundsatz 134
Gehör, rechtliches
s. gerichtliche Genehmigung
Geistige Behinderung 43, 48, 49, 178
Gemeingefährliche Krankheiten 16
Genehmigungsquote 24
Genehmigungsvorbehalt
s. sexuell übertragbare Krankheiten
Generalklausel für Eingriffe 164
Gerichtliche Genehmigung 5, 188, 198, 208 ff., 229, 237 ff.
Geschlechtskrankheiten
s. Verhältnismäßigkeit
Gesetzgebungskompetenz 81, 368
Gesetzliche Vertreter und Behandlung 152
Gesundheitsamt 79, 89, 375, 378
Gesundheitsfürsorge 87, 182
Gesundheitsgefährdung 122, 124

Sachregister

Zahlen = Seiten

Gesundheitsgefährdung/
   -schädigung 222, 237
Gesundheitsschädigung 202
Gesundheitsstrukturrecht 76, 79, 82, 122
Gewaltverhältnis, besonderes 132
Gewöhnlicher Aufenthalt 419
Gleichbehandlung 82, 92
Grundrechte 85, 177, 179, 201, 210, 232, 238, 401 ff., 412
Grundrechtsunmündigkeit 133
Grundsatz der Verhältnismäßigkeit
   s. Sachverständigengutachten
Gutachten
 − Anforderungen 288
 − Fragenkatalog 286
 − Mindeststandards 289
 − mangelhaftes 291
 − Überprüfung durch das Gericht 290
Gutachtenverweigerungsrecht 292 ff.

Haftgründe 393
Haftung 65 ff.
 − Geldentschädigung 65
 − Richterprivileg 65
 − Schadensersatzpflicht 65
 − Schmerzensgeld 66
 − Strafbarkeit 65
Hausbesuch 95, 106
Hausordnung 171, 232
Hausrecht 171
Haustiere 139
Heilbehandlung 183, 199
Heimeinweisung 183
Hilfen 74, 87 ff., 90 ff., 180, 228
HIV-Infektion 376
HIV-Test 140

Identitätsfeststellung 405, 409
In dubio pro libertate 13, 50, 55, 74, 86, 136, 150
Infektionsschutzgesetz 8, 368, 370 ff.
Ingewahrsamnahme Entwichener 408
Ingewahrsamnahme Minderjähriger 194, 408

Inobhutnahme 193
Institutsgarantie 88
Interkurrente Krankheiten 141

Jagdschein 364
Justizvollzugsanstalten 449

Kastration 143, 206
Kinder- und Jugendhilfe 189
Kinder- und Jugendpsychiatrie 190
Kindschaftssachen 251
Klassifikationssysteme 47
Kleidung 157
Klinische Prüfung 214
Konkurrenz
 − der Freiheitsentziehungen 417
 − der Unterbringungsformen 59 ff., 130, 239
Kosten 174 ff., 470, 473 ff.
 − in Unterbringungssachen 357 ff.
Kostenbeschwerde 470
Kostenfestsetzung 359
Krankenakten 172
Krankenhausbehandlung 78, 229
Krankheitsbegriff 42 ff., 112
Krankheitsbilder 34
Krankheitseinsicht 82, 125, 227
Krisendienste 38, 91
Krisenintervention 8, 76, 91, 122

Landesgesetze 479
Langzeitbehandlung 205
Lebenserhaltende Behandlung 207
Lebensgefahr 126, 405
Lebensverlängernde Behandlung 207
Legalismus 18, 75

Maßregelrecht 61 ff.
Maßregelvollzug 214
Maßregelvollzugsrecht 134
Medikalismus 18, 75
Medikamente 235
Menschenwürde 85, 156
Miete 138
Milieutherapie 145

Sachregister

Zahlen = Seiten

Mitteilung
- von Entscheidungen 360, 476
- von gerichtlichen Entscheidungen 109, 364
- von Lockerungen 161

Mitteilungspflicht 95
Mittel der Freiheitsentziehung 234

Natürlicher Wille 111, 148, 206, 417
Nebenwirkungen 204
Neue Bundesländer 41, 75
Neuroleptika s. Sicherheit und Ordnung
Neurosen 48
Notfallbehandlung 142, 155

Offene Unterbringung 218
Offener Vollzug 163
Öffentliche Sicherheit und Ordnung 115
Öffentlicher Gesundheitsdienst 77
Öffentlich-rechtliche Unterbringung 71 ff., 257
Offizialmaxime
- Vollzugsrechtsweg 312
Operationen 143, 203
Ordnungsmaßnahmen 134, 136
Ordnungswidrigkeiten 406
Organisation des Unterbringungsverfahrens 41

Pakete 157
Patientenakten 172
Patientenautonomie am Lebensende 198
Patientenfürsprecher 173, 324
Patientenverfügung 76, 127, 186, 208 ff., 217
Personenortungsanlagen 235
Personensorge 183
Persönliche Anhörung
s. Verfahrenspfleger
Persönlichkeitsstörungen 48
Petition 324
Pfleger s. Fernmelde- und Postkontrolle

Pflegeversicherung 229
Platzverweisung 409
Polizeigesetz 368, 402
Polizeigewahrsam 12, 401 ff.
Polizeirecht 73, 81, 115
Post 168
Postkontrolle
s. Gefährlichkeitsprognose
Präventive Freiheitsentziehung 118, 367, 404
Prioritätsgrundsatz 60
Private Krankenhäuser 131
Probezeit bei Aussetzung 325
Prognose s. Gefährlichkeitsprognose
Prognoseentscheidung 181, 392, 404
s. a. Anhörung
Prüfungskompetenz des Haftrichters 400 ff., 442
Psychiatrie-Enquete 6
Psychiatriereform 75
Psychiatrische Versorgung 78
Psychiatrischer Notdienst 91
Psychische Krankheit 43 ff., 47, 112, 178
Psychische Störungen 48, 113
Psychochirurgie 145, 156
Psychopharmaka 144, 204, 226, 235
Psychosen 48
Psychotherapie 144, 206, 227

Qualifikation des Sachverständigen 255, 288
Quarantäne 375

Ratenzahlungspflichten 138
Rechtliches Gehör
s. a. Verschwiegenheit
Rechtsanwalt 101, 273, 438
Rechtsbeschwerde 350, 472 ff.
Rechtskraft 251, 447
Rechtsmittel 40, 348
Rechtsmittelbelehrung 444
Rechtspfleger 241
Rechtstatsachenforschung 20
Regionale Unterschiede 25, 40
Rehabilitation 74, 85, 177
Religion 158

Sachregister

Zahlen = Seiten

Resozialisierung 133, 146
Richterliche Entscheidung 409 ff.
Richterlicher Bereitschaftsdienst 399
Rubrum 296
Rücknahme der Genehmigung 193

Sachen des Patienten 139, 166
Sachverständige 102, 285 ff., 287
Sachverständigengutachten 44, 103, 192, 215, 285 ff., 441
Sammelabschiebung 395
Schadensersatzpflicht 179
Schriftverkehr 168
Schutzgewahrsam 405
Schutzmaßnahmen 74, 87, 90
Schweigepflicht 95, 179
Seelische Behinderung 47, 178
Selbstbestimmung 179
Selbstgefährdung 12, 16, 36, 39, 60, 80, 114, 123 ff., 191, 220 ff., 405
Selbsthilfegruppen 228
Selbsttötung 235, 237
Sexuell übertragbare Krankheiten 378
Sicherheit und Ordnung 115, 121, 135
Sicherstellungspflicht 8, 78, 93
Sicherungsgewahrsam 406 ff.
Sicherungshaft 393 ff.
Sicherungsmaßnahmen 170
Sicherungsunterbringung 130
Sicherungsverwahrung 130
Sitzwachen 238
Sonderopfer 84, 135, 137
Sonstige Krankheiten 141
Soziale Kontrolle 88
Sozialgeheimnis 103
Sozialrecht 78, 229
Sozialstaat 19, 146
Spezialitätsgrundsatz 60
Stationäre Behandlung 79
Steuerungsfähigkeit 227
Strafhaft 398, 456
Strafrechtliche Unterbringung
 s. Abhängigkeit

Straftaten 406
Straftaten Minderjähriger 194
Strafvollzugsrecht 133
Strengbeweisverfahren 245
Subsidiaritätsgrundsatz 61, 92
Sucht s. Selbsttötung
Suggestivfragen 279
Suizidalität 221
Suizidversuch
 s. Sicherungsgewahrsam

Telefonieren im Krankenhaus 158
Therapeutisches Privileg 281

Übermaßverbot 377
Übersetzung 430, 438
Übertragbare Krankheiten 376
UN-Behindertenkonvention 3, 7, 83, 92, 212, 224
Untätigkeitsantrag
 – Vollzugsrechtsweg 315
Unterbindungsgewahrsam
 s. Vorsorgevollmacht
Unterbringung
 – von Abhängigen 126, 223, 227
 – durch den Betreuer 217 ff.
 – im Drittinteresse 220, 237
 – von Kindern 26, 31, 188
 – Minderjähriger 252
 – in der Wohnung 232
Unterbringungsbegriff 217
Unterbringungssachen 255
Unterbringungszahlen 21 ff.
Unterhaltspflichten 138
Unterlassungsantrag 152
 – Vollzugsrechtsweg 314
Untersuchungen 203, 375
Untersuchungshaft 398
Untertauchen 395
Urlaub 158 ff.

Verbringungshaft 395
Vereitelung der Abschiebung 396
Verfahrensbeistand 253
Verfahrensfähigkeit 101, 254, 268
Verfahrensgarantien 32
Verfahrenskostenhilfe 273

Sachregister

Verfahrenspfleger 215, 263 ff., 265, 339, 429, 431, 440, 471
Verfassungsbeschwerde 323
Verfügungsgrundsatz
- Vollzugsrechtsweg 312
Vergütung des Verfahrenspflegers 274
Verhaltenstherapie 145
Verhältnismäßigkeit 12, 50, 86, 92, 123, 165, 191, 209, 228, 238, 242, 392, 401, 411
Verhinderung
- des Betreuers 195
Verlängerung
- der Freiheitsentziehung 455, 457
- der Unterbringung 328 ff.
Verlegung 163
Vermögensschaden 223
Verpflichtungsantrag
- Vollzugsrechtsweg 314
Verschwiegenheit, therapeutische 141, 248, 292
Versorgungsstruktur 75, 80
Vertrauensperson 430, 471
Verwahrlosung 125, 223
Verwaltungsrechtsweg 109, 450
Verwaltungsunterbringung 14, 31, 106 ff.
Verwaltungsverfahren 14, 19, 101 ff.
Verweigerung der Behandlung 223
Vollmacht s. Anhörung
Vollstreckung 16, 59, 128
Vollstreckungsplan 131
Vollzug 4, 8, 13, 16, 19, 59, 129, 132, 377, 448
- des Polizeigewahrsams 412
Vollzugsangelegenheiten 307
Vollzugskosten 369
Vollzugslockerungen 158
Vollzugsrechtsweg 308 ff.
Vorbereitungshaft 392
Vorführung 95, 106, 283, 293, 294, 378, 399, 404, 439
Vorladung 95, 106, 375
Vorläufige Unterbringungsmaßnahmen 17, 333 ff.
Vorläufiger Betreuer 195

Vormundschaft 194
Vornahmeantrag
- Vollzugsrechtsweg 315
Vorrangige Hilfsmöglichkeiten
s. ärztliches Zeugnis
Vorsorgevollmacht 76, 181, 199, 217

Waffenschein 366 ff.
Weisungen
- bei Aussetzung 326
- bei Lockerungen 160
Werkstätte, beschützende
s. Vorsorgevollmacht
Widerruf
- der Aussetzung 327, 454
- der Einwilligung 111, 220
- von Lockerungen 162
Wille
- des Betroffenen 86, 179
- zur Fortbewegung 236
Wirksamkeit der Entscheidung 446
Wirksamwerden von Beschlüssen 299, 446
Wohl des Betreuten 220, 237
Wohl des Kindes 190
Wohngruppen 157
Wohnraum in Krankenhaus 157
Wünsche des Betroffenen 86, 184 ff., 208 ff.

Zeugen 284
Zeugnis
s. Verwaltungsunterbringung
Zeugnisverweigerungsrecht 242, 248, 268
Ziel der Unterbringung 135
Zivilrechtliche Unterbringung 256
Zuführung 16, 305 ff.
Zurückschiebung 378
Zurückweisung 378
Zuständigkeit
- der Behörde 102, 421 ff.
- gerichtliche 259, 317, 417 ff.
Zuständigkeitsstreit 262
Zwang 88, 94, 171

Sachregister

Zahlen = Seiten

Zwangsbefugnisse des Betreuers 186
Zwangsbehandlung 10, 150 ff., 182, 198, 210 ff., 227, 377
Zwangsbetreuung 179
Zwangseinweisungsrate 20, 27, 29, 37
Zweck und Ziel der Unterbringung 83, 136
Zweifelssatz 56, 242, 247